I0317139

1830 CENSUS
EAST TENNESSEE

transcribed and indexed by
Byron Sistler

Evanston, Illinois
1969

1830 Census: East Tennessee

Originally published, Evanston, Illinois
1969

Reprinted by

Janaway Publishing, Inc.
732 Kelsey Ct.
Santa Maria, California 93454
(805) 925-1038
www.JanawayGenealogy.com

2006, 2011

ISBN: 978-1-59641-033-6

Made in the United States of America

HOW TO USE THIS BOOK

This book was prepared only because it was needed. Genealogists searching for Tennessee origins are frequently stymied because they do not know in which counties to look. Great grandfather "came from Tennessee," but if he ever left a record of where in Tennessee, it has long been obliterated, or at best misplaced. His illiteracy didn't help matters--sometimes there never was a written record of his origins.

With this volume, plus its companions for Middle and West Tennessee (to be published at a later date) the genealogist can, in a matter of minutes, spot the exact counties where further searches should be conducted.

A note of caution. These schedules were transcribed from the microfilm copies of the original census schedules, which were prepared in longhand by the census marshals in 1830. The transcriber is not always certain of the letters in those proper names; vowels particularly are hard to make out. What looks like an "a" may well be a "u" or "o", and "e" and "i" often look alike. Among capital letters it is often easy to confuse "I" and "J", and "S", "T", and "L", to name a few. In addition, the spelling of names was quite fluid, particularly with the widespread illiteracy, so that many people probably could not tell the marshall how their names should be spelled.

The researcher, therefore, should seek out all conceivable alternate spellings when using this book. In addition, wherever possible, he should examine the microfilm himself, for what is printed here may in some cases be incorrect. Since we lack the resources of a Bell Telephone system, it stands to reason that this volume, with almost 31,000 entries, will be less accurate than a telephone directory, for there just has not been time for the laborious checking and re-checking needed to eliminate all possible mistakes.

The first portion of the volume contains, in sequence, copies of the schedules, county by county and page by page. The 24 counties are arranged alphabetically. Six pages of schedules appear on each page here, one column for each page. The number of the page (corresponding to the number on the microfilm) is at the top of the column, and above it in the center of the sheet is the name of the county.

Each entry consists of two lines--name of the head of the family with number of individuals by sex and age group directly beneath it. Each digit represents an age group, the ones to the left of the hyphen (-) being males and those to the right being females. Age groups at this census were: under 5, 5-10, 10-15, 15-20, 20-30, 30-40 and so forth by ten year groupings up to the "over 100" category. Examples follow.

The first entry, in Anderson County, page 167 of the microfilm, reads

Dickson, William
000101-10001

meaning William Dickson's household consisted of 1 male 15-20 and 1 male 30-40, 1 female under 5 and 1 female 20-30.

This entry 0-0130002 means a household with no males, 1 female 5-10, 3 females 10-15, and 2 females 40-50.

It should be observed that the transcription does not include detail on the slave and free colored schedules, although the names of free colored heads of households are mingled with the names of white heads of families. Thus where you find an entry 0-0 you know that is a free colored family. Sometimes a household would include both white and free Negro individuals, which can result in the anomaly of a male named as head of the household but no males shown in the numerical listing. This is an unfortunate limitation of the book, but one which lack of time and finances forced upon us.

Some of these "free colored" people were actually Indians, and this appears to have been particularly true of the mixed households.

The index is in the back portion of the book. Each surname appears only once, when the name is first listed.

After the name there is a symbol consisting of letter(s) and a number. The letter(s) refers to the county and the number to the microfilm page number appearing at the top of the appropriate column. The key to these letter symbols follows:

A	Anderson	G	Grainger	Mo	Monroe
B	Bledsoe	Gr	Greene	Mr	Morgan
Bl	Blount	H	Hamilton	O	Overton
C	Campbell	Ha	Hawkins	R	Rhea
Ca	Carter	J	Jefferson	Ro	Roane
Cl	Claiborne	K	Knox	S	Sevier
Co	Cocke	M	Marion	Su	Sullivan
F	Fentress	Mc	McMinn	W	Washington

Thus, the first entry in the index, for Abraham Aaron, Gr-187, means Greene County, page 187.

The area occupied by these 24 counties now includes, in addition to those listed above, Bradley, Cumberland, Hamblen, Hancock, Johnson, Loudon, Meigs, Pickett, Polk, Scott, Sequatchie, Unicoi, and Union.

167

Dickson, William
000101-10001
Price, Charles
00010001-0000001
Barton, Hugh
10200001-0111001
Harding, Jacob
10001-00001
Moore, George
0101001-121001
Crozier, John B.
001121-21001
Hackney, Benjamin P.
301101-10001
Murray, John C.
200001-10001
Crozier, Arthur
00101001-0212101
McAdoo, John
0100011001-121011001
Weber, Casper
0000101-0200001
Weber, John
00001-0001
Davis, Hugh
0002001-012211
Garner, John
2220001-0123001
Dale, William
2220010001-010001001
Epison, Josuah
22001-020001
Harding, Martin
210001-011001
Reaves, George
00011-1001
Portwood, Micajah
1201001-0000001
Stewart, Margaret
00001-1212001
Tiller, Daniel
000100001-100100001
Irish, Solomon
10001-11001
Keeling, Carlton
03000100001-310001
Milican, James
000001-01001
Milican, Harve
21001-0001
Sartin, Will(torn)
11001-10002001

168

Stephens, William
2100111-01102001
Martin, William
0001-10001
Keith, Margaret
00013001-00010001
Portwood, Page
0011000001-000012001
Hicks, Mary
0-0002001
Hicks, James
00001-30001
Frost, Samuel
00000001-00010001
Gossett, Andrew
00000001-00010001
Waldo, James
1320001-11001
Roberts, Moses
00001-10101
Mastengill, Nicholas
200001-20001
Hill, Masten
121001-101001
Doherty, Daniel
31021-101001
Noel, Martha
1111-1100001
Johnson, Kinza
000001001-01000001
Johnson, Mark
200001-2112001
Oliver, Charles Y.
0010111001-1021001
Disney, Thomas
01000001-1200001
Frost, Lewis
210001-111001
Mitchel, John
00011-0001
Robins, Samuel
1000101-212001
Albright, William
120001-100001011
Roberts, Ninion
102001-21101
Paine, John
01220001-0011201
Ashlock, William
20001-200001
Martin, George
01110001-0131001

169

Martin, John
000001-300001
Miller, Pleasant
020001-2010001
Hackney, Benjamin R.
001100001-000000001
Levi, Rice
211000001-111001001
Horton, Fanny
021-221020001
Wood, Obadiah
1011100001-020200001
Sinclair, James
001001-210001
Sinclair, Abraham
001011-230001
Tiller, Thomas
110001-10001
Farmer, Abner
1012101-1200001
Cross, Mary
00121-01000001
Worthington, Joseph
100001-01001
Qualls, Abram
1200101-012101
Worthington, Jesse
000111-310001001
Van, Darcus
00001-010100001
Russel, Reuben
110001-121001
Scarboro, William
40001-00002
Worthington, Elizabeth
0001-000101
Ashlock, Obadiah
1010101-0010001
Hudson, Thomas
122001-01010101
Manley, Answell
000100001-00000001
Butler, William
01100001-101201
Gilbreth, Alexander
2121001-111101
Durret, William
10001-00011
Right, William
00001-1000101
Butler, Henry
00000001-0000011

170

Butler, William
000000000001-0001
Oliver, Richard
200021-110001
Tunnel, William
11300001-0002201
Butler, Caleb
00001-10001
Griffith, William
0000200001-000100001
Locket, Benjamin
1010001-112102
Peck(Peak?), Amelia
021-100001
McKamy, Andrew
021100001-11111001
Gilbreth, Robert
11000001-0030001
Pryor, William
10001-10001
Oliver, Duglas
00001-10001
Roberts, Collins
00010011-121202
Pryor, Rebecca
11-01101
Freels, Isaac
11431001-1100001
Whitaberry, George
00001-0001
Harris, Elizabeth
11-0001100001
Fry, George
01013001-1110001
Butler, Jacob
10110001-00000001
Butler, William
101001-131001
Davidson, Alexander
00001001-01112
Sims, Willis
110001-01101
Fry, John
01013002-52000001
Profit, David
21001001-00011
Beeler, Ann
0011002-00100001
Fagan, Widow
12001-01200001
Gammon, Westley
10001-01001

ANDERSON

171

Peak, Jacob
03302001-200001001
Oliver, Duglass
0001010001-00100001
Gamel, William
0121300101-0221101
Noel, Elizabeth
001002-021001
Leath, Willis
21120001-112001
Voles(?), Larken
20001-20001
Ashlock, William
10001-00001
Ashlock, Henry
00001-00001
England, Zepheniah
00001-00001001
Lowery, John
00011001-00010001
Davidson, William
00001001-00220001
Nickle, James
000001-10001
Davidson, John
120001-10101
Hackworth, Mary
1122-1001001
Durret, Goodly
00000001-0010001
Miller, Mary
0-00000000001
Kernell, Thomas
01010001-00001001
Gambil, Robert
10001-2000101
Kernell, Goodley
10001-20001
Usrey, Thomas
2010001-000001
Hall, Thomas
10001-00001
Davison, William
231001-011001
Scarboro, Milly
0-0010100001
Nickle, William
00002001-00200001
Right, Betsy
10001-000101011
Cross, William
000033001-00121

172

Shonore(?), Henry
00001-00001
Cross, Elijah
000001-100001
Golson, Reuben
0112101-10201001
Scarboro, David
001000001-0
Shooman, William
0110001-0011001
Turpin, Martin
30120001-01110001
Pitman, John
001001-20201
Peters, Thomas
0120001-1211001
Peters, Henry
01000001-000002
Peters, Henry
0200001-21001
Prince, Numon
2111001-2011001
Scarboro, Jonathan
121011001-102011000l
Scarboro, Isaac
2000001-01001
Freman, Lewis
110001-1122001
Prince, John
0001-00110001
White, Ephraim
000001-1100001
Yarnell, Henry
100001-110001
Brown, James
00001001-01001
Brown, James
10001-00001
Crabtree, William
0011001-00010001
Black, Joseph
0111101-0120101
Hall, David
001001001-00010001
Daniel, Sarah
00211-001200001
Hall, James
00001-0002
Winton, George
000201-0
Maclin, George
0-0

173

Wilson, Thomas
000010001-000000001
Prince, Edward
202001-031001
Parks, John
00100001-10001
Hall, John
100001-0120001
Ingrum, Thomas
10001-20001
Yarnell, Daniel
31001-100001
Gastin, Alexander
00100001-001000001
Hendon, Elijah
001000001-010001
Hall, David
10001-10001
Oneal, John
110001-10002
Robinson, Joseph
02100001-01240001
Marshal, Stephen
00011-10001
Marshal, Hardy
000011-100101
Chiles, John
0221001-2110001
Coward, John
010011-100001
Chapman, John H.
00000001-0100001
Phibbs, Nancy
0001-0010001
Coward, Isaac
22101-110001
Slaughter, Barnet
101001-102001
Reads, John
141001-100001
Bradley, Stephen
00220001-130111
Keezling, David
200001-02101
Frost, Joshua
1122201-0011101
York, Enoch
30001-00001
Jinkins, Caty
00001-01011001
Edmundson, Lewis
10001-20010011

174

Edmundson, Samuel
10010001-31001001
Beats, Daniel
111001-110201
Beats, George
1001-0001
Altrum, Charles
100001-000101
Altrum, William
21001-00001
Beats, John
00000001-0000001
Weber, Solomon
2120001-211101
Brey, John
000210001-1002001
Norman, Isaac
000210001-00101001
Williams, John
111011-01001
Norman, Hiram
211001-11001
Risenden, Robert
001000001-00110001
Coward, Thomas
1012001-021101
Altrum, Spencer
1010001-120001
Jennings, Daniel
001000001-0000001
Dizmany, Dudley
10001-00001
Milican, Mary
001-0011001
Shelton, Jesse
00001-0001
Trowel, James
201000001-221001
Weaver, Robert
01001-01001
Smith, Anthony
10000001-001011
Thompson, John
000020001-00121001
Russel, John
01112001-001001
Daniel, Sarah
11-11001
Russel, James
10001-00011
Moore, Lazarus
10101-111001

175

Clardy, John
11011-110011
Farmer, Henry
001000001-1000001
Martin, William
100000001-001010001
Clardy, Machael
00200101-0010001
Luallen, Richard
210110001-1111110001
Severs, Wm.
112000001-2210011
Severs, James
0001-1001
Baily, Cil
2020010001-00200100001
Edwards, Ezechal
100011-0001
Severs, George
110001-10001
Vowel, Ban
100001-20001
Slover, Aaron
00221001-00011001
Webb, Wm.
00001-101001
Webb, Geo.
110010001-12001
Handcock, Lewis
200010001-00021
James, Betsey
0-001001
Severs, John
20001-100001
Huckaba, Wm.
0130001-21001
Ross, James
021111001-01011011
Macan, Moses M.
12101-100001
Lewallen, John
0200001-001201
Linard, Jacob
0010201-00030001
Linard, Jacob
10102-10001
Smith, Sterling
001011-1102001
Linard, Wm.
20011-32001
Spesard, John
002001001-012000001
Severs, Wm.
21001-11001

176

Daniel, Washington
1101-21001
Dagley, Elias
002201-001101
Dunn, Saml.
0000001-00000001
Spesard, Michael
011001-110001
Hoskins, Jessee
221001-220101
Argabright, Susan
22-11002001
Shinliver, Charles
00124101-00132001
Vowell, Thos.
1210001-011001
Farmer, Patsy
21-22002
Robbins, Wm.
000000001-00001
Johnson, Craven
0002000001-00000001
Acnes(Acnas?), John
13001-20001
Lovely, Polly
01-30001
Henderson, Pleasant
110001-120101
McKonky, Saml.
223001-111001
Keeny, Joseph
2101101-0221001
Keeny, Michael
601101-312002
Keeny, William
002201-121001
Roberts, John
10001-00001
Webb, Joseph
20011-11011
Bowling, Larkin H.
0311101-1212001
Williams, Saml.
000010001-01001001
Vandegriff, Jacob
0120001-101001
Roberts, Jacob
011001-0110001
White, John
0120001-101001
Vandegriff, John
20002-010001
Dagley, Lucy
00001-0000001

177

Miller, Michael
10001-210011
Vandagriff, Wm.
1001-0000011
Miller, John
011-31111001
Roberts, Wm.
00001-000001
Vandagriff, Leonard
1110001-100101
Williams, Samul
20001-10001
Dale, James
3100001-02101
Bowling, Absolom
011101-0011001
Galler, Allen
0001101-0001
Johnson, John
00101-20001
Reynolds, Lile E.
1-02100001
White, Mary
001-00001001
White, Abraham
0001-00001
White, Jacob
00001-00001
White, Hannah
1-02001
Hatmaker, Jacob
000001-1201
Johnson, Wm.
1110001-211101
Johnson, Daniel
221001-200011
Newlin, Solomon
0000000001-0000001
Morgan, Allen
020001-20001
Millakin, John
201001-021001
Kirkpatrick, Arthur
120001-000001
Jennings, Thomas
00001-0001
Dizney, Solomon
11001-110001
Dizney, Thomas
1000000001-0000000001
Dizney, Elisha
110001001-020001

178

Williams, Thos.
00001-000001
England, Alfred
210011001-110101
England, Wm.
102001001-111001
Williams, Frederick
23106101-01000001
Parks, Joseph
00132001-00102001
Johnson, Benjamin
000001-22201
Cockran, Abner
00010001-2002101
Armstrong, Isaac
00000001-000100001
Johnson, Peter
00000001-0000000001
Kesterson, Syvester
22210001-12310001
Kee, David
030001001-20001
Nite, Geo.
10122001-00111001
Vance, Joseph
11001-10001
Butler, Henry
00001-30001
Butler, Thos.
010100001-110011001
Butler, Wm.
300001-00001
Williams, Alex.
0100001-0000000101
Kirk, Thos.
1022001-20011
Kirk, John
10001-0001
Loy, Wm.
010001-0001
Bearden, Wm.
111001-110001
Loy, Jacob
10001-21001
Hoskins, George
00002001-0001001
Tunnel, Samuel
00001-00001
Tunnel, Nancy
01211-10022001
Vandergriff
21101-100001
England, Andrew
11200001-11001

179

Moony, John
11001-12003
More, Saml.
110001l-110001
Jackson, Claiborn
1111001-0111001
Robbins, Saml.
1120001-201001
More, Joseph
000001-000001
Evans, Cornelius
0111101-0120001
Weaver, Jacob
000000001-001200001
Weaver, Lewis
00001-00001
Weaver, James
300001-00001
Hunter, James
10001-1001
Romines, Jeremiah
01001001-20011001
Landrum, Thomas
00121001-03000001
Kirk, John
01210001-110001
Phibbs, Matthew
00001-10001
Phibbs, Nancy
0001-00010001
Starmer, Geo.
11100011-1111001
Young, Willie
00010001-00000001
Ross, John
321001-100001
Dew, Wallah
11001-21001
Rhea, Levi
00001-00001
Kirkpatrick, Robt.
000001-0
Cox, John
1220001-101001
Foust, Daniel
0241001-110001
Epperson, Jas.
21001-00001
Bevins, Elijah
021120001-0011101
York, David
20001-20002
McLin, Wm.
11001-10001

180

Stokes, Isaac
1100001-0110001
Eppison, James
000000001-000100001
Overton, Joseph
0002000001-00222001
Moore, Jas.
000001-10011
Rizdon, Wm.
00001-20001
More, James
000110001-0000100001
More, Lemuel
11001-01001
More, Osten
20001-01011
Umphreys, John
011000001-00100001
Baker, Geo.
00020001-0110001
Shaw, Joseph
22000001-000001
Owens, Daby
21-20001
Woods, Mason
01001-20001
Thompson, Mary
001-00000000101
Heavens, Joseph
231001-000001
Heavens, Jn.
10001-1001
Heavens, Richd.
00000001-00020001
Weaver, Timothy
10001-21001
Bookout, Thomas
00001-00001
James, John
00000001-0000101
Owens, Reuben
00000001-01000001
Gray, Wm.
202001-121101
Blackburn, John
10001-10001
Brock, Obediah
320001-202001
Cloud, Reuben
10002-11001
Graham, William
0001-10001

181

Graham, William
0000000001-00000001
Handsford, Archibald
00001-11111
Lewis, Jessee
120001-10201
Baker, Christopher
00000001-001
Morton, David
21102-12001
Morton, Tilda
00001-0000011
Baker, Solomon
110001-21001
Pearson, James
112101-000001
Morrow, Ann
0-012001
Morton, James
0000201-0012001
Warrick, Willie
00100001-0010001
Warrick, Wm.
00101-00001
Turner, John
00001-0001
Butcher, Ezechael
20001-00001
Butcher, David
00001-0001
Turner, Jas.
00002-10011
Turner, John
111001-2201101
Turner, Geo.
002211001-00102
Warrick, Edmond
00001-00001
Carrell, Katharin
00001-0010001
Luallen, Patton
221001-00001
Gentry, Anderson
0210001-1001001
Wallace, James
121001-220001
Norris, Alfred
00011-0001
Norris, Thos.
2110001-20001
Henderson, Wm.
2000001-031001

182

Albason, John
0000001-0
Breaden, Jas.
000101-00001
Sally, Willis W.
000002-110001
Breden, Andrew
101010001-100120001
Davis, Charles
001001-000001
Parr, Abner
0211001-0000001
Hogshead, Ann
002-00114101001
Farmer, Henry
00210001-000101001
Courtney, John
1001-10001
McKamy, Robert
200101-20001
Keith, Spencer
211101-020101
Beach, Tabitha
11-111011
Harrell, Wm.
110001-010001
Smith, Bowling
1111001-1210001
Dunken, Alfred
100001-20001
Hibbs, William
200001-112001
Rogan, Hyram
1001-10001
Walten, Allen
30002-11021
Miller, John
11001-1122101
Childress, Wm.
210001-1101
Whitson, John
200101-10001
Sharp, John
2153001-21112010l
Powell, Rachael
00002-10001
Jackson, Wm.
11002-1002
Wallace, Robt.
10001-11001
Powell, Wm.
110001-11001

183

Jackson, Churchwell
11000000001-00003
Taylor, Henry
0010101-0011001
Gibbs, John
00001001-000010001
Edwards, Mary
00001-000011001
Weaver, Wm.
210001-21001
Weaver, Benj.
10001-0001
Luallen, Charles
100101-00001
Millaken, Julius
111000001-0102001
Millacan, Julius
21001-00101
Miles, Rebeca
0102-1010001
Carrooth, James
12101-110101
Jackson, Samuel
00001-0001
Harlos, Philip
02100001-00000001
Cox, Widener
110001-10001
Snodoly, Mary
0113-01012101
Stukesbury, Wm.
120001-201001
Brumly, Wm.
211100001-2201001
Poor, Peter
200120001-000120001
Oaks, Josiah
1322001-0111001
Miller, Lewis
100001-00102
Kee, Matthew
0001001-2111001
Gilbert, Pleasant
21001-011001
Lett, John
00001-20001
Miller, Isaac
022021-010001
Carden, Answell L.
111001-110001
Snodoly(Snodoby?), John
20001-201001

184

Lett, Elizabeth
00002-00010001
Lett, Wm.
10001-00001
Pile, Wm.
111201-311101
Reader, Wm.
0100001-31001
Weaver, Timothy
110110001-00100001
Demarcus, Job
00001-10001
Sharp, Nicholas
112101-110101
Reader, Benjamin
000000001-000100001
Demarcus, Mary
00101-0012101
Boatright, Chesley H.
110001-11101
Wright, Nancy
0002-010101
Gibbs, John
110001-101001
Walker, Joseph
0001-00001
Umphreys, Wm.
20001-10001
Evans, Wm.
1001-00001
Demarcus, Amos
00001-30001
Taylor, Zephaniah
1010001-111011
Long, James
00001-10001
Umphry, Nathan
212001-111101
Childress, John
211001-111101
Kirk, Elijah
0131001-0230001
Whitten, Edmond
110001-111001
Reynolds, John
1221001-220001
Wallace, John
2211201-201101
Wallace, Joseph
211001-000001
Scruggs, John
0011200001-000010002

185

Dew, Robert
13202001-0003001
Foster, Isaac
200001-02001
Adkins, Elijah
000101-210001
Lamarr, James
02001-20001
Lamarr, Wm.
113000001-020001001
Rucker, James
10001-0001
Harrell, John
210001-00001
Harrell, John
0000000001-000000001
Jennings, Jessee
11001-10001
Slaughter, Rebecca
001-110001
Hancock, Joseph
002000001-000100001
Norman, Henry
11001-100001
Cooper, Saml.
1211l001-001101
Norman, Aaron
11200001-00032001
Norman, Wilson
20001-00001
Norwood, John
210001-20001
Weaver, John
31001-00001
Norman, Eli
1112001-111001
York, Henry
00003001-001100001
Long, Elijah
00001-2001
Long, Thomas B.
00001-0001
Lamarr, Charles
00101-20001
Aldrid, Solomon
01000001-00000001
Taylor, Walter
00200001-20001
Arthur, Wm.
0200001-001201
Kirkpatrick, James
0211001-301101
Phibbs, Wm.
00001-10001

ANDERSON

186

King, Nancy
00201-0020101
Heart, Thos.
111100001-1121201
Bookout, Maringduke
0121010001-01210101
Irick, Benjamin
10001-10001
Lamarr, John M.
20001-00001
Heavens, John
10001-10001
Shelton, William
0102001-0120101
Ashurst, John M.
001001-001001
Long, Isaac
00300001-00000001
Adkins, Levi
211101-02101
Rucker, Oston
10110001-0310111
Etter, Samuel
12120001-01000001
Maberry, Isaac
00011001-0011001
Heavens, Joseph
222001-00001
Butcher, Saml.
110001-10201
Cooper, Benj.
1120101-0001001
Keller, Nickolus
000000001-000000001
Cooper, Chas.
10001-00001
Williams, Rebeca
0-11101
Hundoss, Thos.
10001-0001
Keller, Leonard
0011001-1101
Ridenor, Elizabeth
11-121001
Robbinson, Saml.
200001-002001
Branum, Jonathan
00001-0001
Branum, Chas.
0101001-1120001
Perry, James
020001-311001

187

Sharp, Wm.
0121101-120101
Reatherford, Micajah
300001-021001
Lutes, Luz
0-000101
Sharp, John
2100101-0112001
Stanley, John
20001-10001
Herring, Armisted
1000001-0010001
Albright, John
1131-320111
Loy, John
2022101-0111001
Reatherford, Joseph
011000001-10102001
Clear, Peter
1011001-121201
Reatherford, Benj.
00001-00101
Robbins, Isaac
2000001-000001
Still, Jas.
00100001-00101001
Seber, Nimrod
00001-00001
Lively, Robt. G.
00001-00001
Sebre, Philip
000010001-00001001
Young, Saml. C.
12001-200001
McKamy, Wm.
001200001-01000002
Sebre, Saml.
1121001-1001001
Laughery, Jas.
00001-21001
Bunch, James
120101-20001
Carroll, Wm.
10001-00001
Reatherford, Loyd
0210001-2210001
Long, Henry
100101-11001
Rhea, John
310100001-0010001
Edmonson, John
10101-00001

188

Smith, Geo.
011001-0202001
Gilbreath, Saml.
102110001-00212001
Hawkins, Edward
0000001-0000003
Russell, Izra
13200010001-110101
Haygler, Thomas
21001-202001
Butler, Wm.
00001-20001
Norman, Wm.
201001-102001
Ridenour, Henry
011100001-01000001
White, Wm.
0100110001-2000100001
Andross, Richard
1001-1002
Patterson, John
3210001-101001
Ridenour, John
3122001-1010001001
Ridenour, David
311011-111201
Johnson, Craven
202001-201001
Dunkin, Moses
210001-101001
Farmer, Luke
020001-101001
Webb, John
01010001-200001
Marten, George
001001-100011
Huckaby, Polly
0212-0000001
Foster, Enoch
00101001-11130001
Jones, Abram
00001001-000000001
Brumet, Elijah
10001-10001
Harding, Toloson
00011-10001
Leach, Wm.
210001-21201
Breadin, Andrew
000110001-0101
Scruggs, John
110001-22001
Brumet, Thos.
0011000001-000101

189

Dew, John
10001-00001
Underwood, James
1231001-000101
Taylor, John
00020001-0000001
Kerneld, Thos. H.
000100001-00010001
Matrin, Daniel
02000001-01110001
England, Titus
221-010001
Peters, John
01001-01001
Wyath, Edward
0000000001-000000001
Cross, Jas.
321001-000001
Gallaher, Jas.
110001-100001
Kingcade, Clinging
201101-121001
Kingcade, Thos.
00001000001-00001
Taylor, Saml.
00110001-2210001
Shannon, Urwin
10001-20001
McClure, Robt.
00011C001-00011001
Gallaher, Benjamin
00001-20001
Gallaher, Geo.
1000101-110010001
Henderson, Jerry
100001-21001
Hix, Wm.
10001-10001
Dikes, Thos.
10010001-1012001
Dyar, Jas.
10001-00001
Heavens, Richard
000000001-000200001
Heavens, John
10001-1001
Albright, Philip
412001-020101
Albright, Simpson
10001-0001
Evans, Peter
22100001-211011

190

Gilbert, Pleasant
21001-01101
Gilbreath, Kamus
1032001-20001
Reid, Jonathan
1001-00001
Brumet, Peter
00001-10001
Jones, William
110001-20001
Leach, John
00110001-0011102
Anderson, John
03100001-00020001
Brown, Moses
01011001-00120001
Breaden, Isaac
00001-0001
Stukesberry, Robt.
1112001-1201001
Dunkin, Isaac
110101-01201
Cooper, Sally
01-20001
Vandagriff, David
00001-20001
Feild, Adam
0-0
Melton, James
202100001-1101001
Moser, Abram
0001000001-110010001
Loy, George
000000001-0000001
Kitchen, John
1000000001-001011001
Fox, George
1201001-20011
Moser, Abraham
200001-02001
Whitten, Neil
11002-11001
McCoy, Adam
220001-000010001
Carroll, Morton
00001-1001
Fox, John
2000001-02201
Fox, Isaac
100001-00001
James, William
00001000001-01001001

ANDERSON

191

Stukesberry, Isaac 001010001-000100001
Bridges, Wm. 00000001-0000001
Bridges, Harris 21001-10001
Wilson, Ally 0111-01001200l
Moser, John 1110001-110101
Reid, John 0-0
Wilson, Amos 201001-220201
Wilson, Augustus 0010000001-00000001
Stukesberry, Enoch 10001-0001
Landrum, Joseph 00020001-0010001
Dennis, Wm. 231001-00001
Reatherford, Joseph 110010001-000110001
Stukesberry, Jacob 100001-21001
Reatherford, John 11001-320001
Reatherford, Julius 3200000001-000010001
Reatherford, Robt. 2120001-110011
Reatherford, Nancy 011-010001
Miller, Hyram 10001-11002
Bates, Pegg 001-000001
Marten, Robt. 1002001-100001
Maberry, Jas. 200001-02001
Sartin, Isaac 211001-011001
Overton, Jas. 000001-01001
Overton, John 20001-0001
Overton, Hal 00001-10001
Underwood, Susan 0-000000001

192

Pritchet, William 110001-10001
Underwood, Washington 000001-22101
Deaton, Joseph 310101-101101
Peters, Tobias 12220001-01000001
Philips, Micajah 10001-00001
Johnson, Wilson 10001-21001
Burnet, Winston 10001-00001
Keith, John 22001-10001
Tuggle, John 2121101-20121
Hoskins, John 1111001-110001
Mitchel, Saml. 0-0
Kinkton, John 000001-10001
Rector, Elizabeth 1112-00000001
Russell, Izra 00001-20001
Russell, William 01000001-1101101
Rector, John 0110101-0101201
Manley, John 10001-00001
Thacker, Amos 12001-110001
Golston, Reuben 02021001-1020101
Dunington, Joshua 00001-00001
Pitman, Wm. 22001-100101
Taylor, Gideon 110001-11001
Craig, Chas. 10001-21001
Scarbro, John B. 000001-0000001
Andross, John 00110001-00200001
Dunnington, Reuben 002320001-0000101

193

Shelton, Palatum 210001-001001
Whittaberry, Geo. 000000001-10003001
Childs, Thomas 003001-12100101
Vann, Eleazer 0-00000001
Childs, Amelia 0-000000001
Pitman, Clarisa 002-00000001
Childs, Micajah 0001-20001
Childs, Henry 10001-10001
Pitman, Reason 20001-00001
Forgoson, Andrew 100010001-10001
Jackson, Sally 10011-010001
Marshal, Mark 0200001-1000001
Farmer, Fany 01021-010001
Pitman, James 00110001-10110001
McCorry, Thos. 00010001-01100001
Foster, Saml. 110001-100201
Childress, Wm. 12100001-0000001
Phillips, Chas. 01040001-1003001
Dougherty, Solomon 1011000l-01000001
Marlow, John 30001-10001
Hix, Saml. 20001-10001
Lovely, Wm. 121100001-1120001
Reatherford, Absolum 000001-20001
Ward, Benjn. 1021001-11100001
Carrell, Drew 10001-0001
Carroll, John 00000001-0000001

194

Kennedy, Martin 00300001-00100001
Goodman, Henry 0100000001-0000000101
Low, Philip 21001-10001
Mastagill, Matthew 00010001-01001
Mastagill, Matthew 1121001-120001
Carroll, John 0000001001-00000000001
Carroll, John 00110001-0001001
Sylcock, William 11120001-10000001
Low, Michael 00000001-0000001
Masengill, Matthew 00000000001-00000001001
Low, Micheal 000001-212001
Overton, David 010001-100001
Mastagill, Wm. 200001-12001
Amus, Blick 10001-0101001
Maberry, Michal 000001-21001
Paterson, Robert 00110001-00130001
Paterson, English 01001-21001
Paterson, William 0010000001-00001001
Rucker, John 00001-00001
Stout, Joseph 1012001-0000101
Aiken, Geo. 00001-0
Kernell, John 20001-00001
Brown, Joseph 10001-10001
Cummings, Saml. 2310001-011001
Cummings, Martha 01101-0000001
Huling, John 020001-112001
Paterson, Matthew 1100011-11001

195

Huling, Jonathan 000001-230001
White, Wm. 0000100001-0001000001
White, Thos. 100001-20001
Usra, Thos. 010001-300001
Nolin(Nolner?), John G. 21100001-201001
Huffman, Henry 01100001-200101
Sebre, John 332001-010001
Lively, Clarissa 00202-000021001
McKamy, John 00001-20001
Brown, Celia 21-001001
Dunkin, Judge(Jude?) 1211-1230101
Brown, Eli 10001-10001
Dougterty, Asa 10001-111001
Mastason, John 10001-0001
White, James 000001-00001
Dunkin, James 12000001-112101
Woods, George 12210001-0001
Anderson, John 02200001-0101001
Ashurst, John 001000001-000000001

196

Key, Betsey 21-01001
Gasperson, John 00000000001-00100001
Smith, Philip 00001-00001
Sims, William 0-000000001

265

Story, Samuel L.
00001-10011
Smith, Joseph G.
00011-10001
Whiteside, James A.
30003001-02111001
Smith, Kinzey
200101-10002
Acuff, John
20013-200021
Wiles, Darling A.
01101-00001
Elborn, Joseph
000031-10002
Lewis, Davis
00012-20001
Penrod, Daniel
00021-00001
Graves, Joel C. S.
00001-10001
Kerklen, Elisha
020021-10201
Gilbreath, Alexander M.
00001-10001
Woodward, Joseph B.
00002-0001
Terry, Scott
01101-0001011
Bratten, William
001001-11001
Thurman, Philip
0000100001-00000001
Davis, William
10001-1001
Vick, Elijah
100100001-01101
Thurman, Eli
1012001-002001
Acuff, William
0002101-0010001
Haynes, David R.
00001-10001
Clemmons, William
10011-0001
Chambers, John
000000001-00000001
Walker, William
101101-221001
Rice, Joseph
11001-11001
Vernon, Robert
10001-01001
Maxwell, John
00001-00001

266

Young, John
22111001-0011001
Vernon, William
10001-10001
Rogers, Jonathan
201110001-0211001
Gilbreath, David
02110001-0101001
Carter, John
00001001-0131001
Smith, Thomas
01001-00001
McClannahan, Robert
01010001-21010001
Hutcheson, Charles
00001-10001
Bridgman, John
1021001-101001
Grigsby, James
00001-0001
Clark, Tapley
000001-001001
Henderson, John
2210001-130001
Chambers, John W.
00001-00001
Skillern, Anderson
10220001-3200001
Porter, Robert
01210001-0003001
Snodgrass, Elijah
111001-100001
Swafford, Jacob
000100001-000000001
Swafford, Alexander
211001-1010001
Cowan, James
100001-21111
Boyd, Hugh M.
10001-00001
Hutcheson, William
2211001-000101
Cannon, Benjamin
00201001-2001001
Cathey, Archibald
110001-20001
Nelson, George
110001-220001
Allen, Josiah R.
0012101-0101001
Hail, William
1110001-0120001
Vernon, Harrison
001001-001001

267

Ogle, Joseph
00001-1001
Sullivan, Henry
2201001-11111
Swafford, Wasson(?)
01101-0001
Agee, Michael
2102001-0010001
Greer, John F.
1221101-210101
Reel(?), George
10010101-221011001
Painter, Nathaniel
00210001-0101001
Foster, George D.
100011-00011
Rankin, Samuel
21001-10001
McCandless, Richard A.
100011-00001
Conner, John
20011001-00200001
Schoolfield, Aaron
01122001-0021001
Masey, Charles
122001-1221
Marsh, John
111001-00001
Worthington, John
00012-10001
Moore, Nimrod
212001-120201
Spring, Valentine
0001001-0001001
Ketchum, Joseph
2122001-010001
Spears, John H.
0110001-0011001
Runyan, Aaron
02000001-0013001
Lloyd, James
1101001-0200001
Anderson, William
1000101-00011001
Kelley, Mary
00001-00011001
Kerlen, Matthew
102001-01111
Vernon, Robert
000000001-000000001
Hoodenpyl, Peter
202001-011011
Cooper, Alexander
00001-00002

268

Carnes, Mary
00111-00000001
Henson, Jonathan
0020001-220001
Atchley, John
20001-00001
Gardner, Thomas
110011-10001
Craig(?), Cornelius
21100001-110101
Raney, Isaac
10001-11001
Stepp, John
20001-22101
Smith, Leighton
0000000001-010000001
Smith, Moses
112001-120101
Lea, John
0113101-201001
Whittenberg, Peter
01020001-0110101
Whittenberg, Samuel
00001-00001
Shoemake, Samuel
000000000001-0000101
Whittenberg, Joseph
00011-0101
Cantrell, Jacob
2012001-111101
Matthews, James
0011001-1220001
Hamilton, George
00001-00001
Waterman, Western
000001-20001
Miller, Henry
102001-111001
Sherrell, Samuel R.
120002-20101001
Sherrel, Craven
100001-10010001
Brown, Daniel
10001-30001
Sales, Thomas
0000000001-000000001
Sherrell, Charles K.
011001-300101
Orm, Elly
011001-000001
Viteto, Jeremiah
01110001-10011001
Sales, Gilhampton
10001-10001

269

Prater, John
00001-30001
Feters(Teters?), Isam
10101-10001
Kearley, William
220011-100001001
Petty, Isaac
000001-000001
Stinson, Martin M.
001001-00001001
Boyd, William
0110001-200001
Gill, Thomas
10001-10001
McGhee, David
0120001-230001
Ragsdale, Benjamin
20001-10001
Farmer, William
10001-00001
Clark, Anderson
12001-20001
Prater, William
0010001-201001
Goff, Ambrose
001000001-00111001
Hoodenpyl, David
20001-000011
Woods, Isaac
111001-200101
Wheeler, Burden
00001-1001
Lasseter, William M.
11102-000001
Johnson, Lee
010001-32011
Clark, James
123001-01001
Kerklen, George
00110001-000020001
Sutherland, Daniel
0000001001-0000001
Sutherland, John
1101001-111201
Sutherland, Thomas
311001-002001
Beason, Solomon
11100001-0002021
Holloway, Catharine
0022-000001
McGraw, John
020001-300001
Dotson, William
00001-21001

270

Stewart, William
1120001-1112101
Austin, Zachariah
12000001-102100101
Hail, Howard
0-0
Dalton, John
00000001-000001
Ellis, Josiah
01001-00001
Thomas, Lewis
000001-10001
Lyon, Stephen
10001-00001
Walker, Samuel
001101-110101
Smith, Henry
00001-20001
Pyle, William
2101101-00101
Oxsheer, Samuel
00110101-11110001
Perrygin, Isaac
00001-10001
Cooper, John
0000000001-0000000001
Johnson, Benjamin
010001-21001
Beaty, Hugh
00101001-0201201
Hail, William
01001-20001
Burnett, John
22001-00001
Yates, John
000001-100001
Hall, Joel
202101-10101
Black, George W.
100001-11001
Worthington, William
10001-00001
Jones, Abraham
00010001-0100001
Wherry, John
0000100001-000000001
Parham, Allen
000001-32001
Nelson, James
10010001-0020001
Strain(?), Henry
01010001-00210001
Schoolfield, James L.
31001-00001

271

Tollette, John
3111001-1120001
Hurt, Joseph
200001-021001
Orme, Moses
02111001-1100001
Deaton, William
000001-0001
White, Stephen
00000001-00001
McLaughlin, Alexander
2000001-01001
Patton, Robert
10001-2001
Hurt, David
111001-011001
Read, Cannon
0101-10001
Orme, Nathan
000001-002001
Swenney, William
100001-21001
Neill, William
1010101-211201
Hintch, John
20001-10002
Jones, George F.
100001-000100001
Frazier, Robert
00001-1001
Bennett, James
10001-00001
Selby, Joshua
00212001-0112001
Cravens, Robert
0111001-0111001
Dyer, Robert
20001-00001
Rose, William
210001-001101
Coulter, Charles
210001-10001
Lowe, Moses
010001-20001
Graham, David
00200001-00020001
Orme, James
01000100001-0000100011
Selby, James
3000001-21001
Dunkin, Joshua
3200001-11001
Hamilton, Benjamin
221001-10101

272

Thurman, John
01001-31001
Houston, William
220001-111001
Lowe, Andrew
100001-122001
Ganaway, William
120001-111001
Ganaway, Thomas
30001-000011
Bryant, William
00001-10001
Bryant, Owen
1001011-020101
Brown, Thomas
10001-000001
Day, Jesse
1010001-110001
Swafford, Ezekiel
00001-010001
Milliard, Rial H.
102001-211101
Reed, David
0-0
Randolph, William
00001-0
Johnson, Tandy
21001-01001
Woodey, Burley
0100001-11001
Pullen, James
00001-0001
Holden, Samuel
0011001-0011101
Sales, Thomas
01001-11001
Blalock, Nelley
1-00101001
Smith, Ally
01101-0102001
Hall, Elisha
1000001-010001
Hall, James T.
122001-110001
Peters, William & Charles
00012-03
Smith, Beford T.
00001-0001
Goodwin, John
10001-10001
Houson, James
100001-100001
Gott, Richard
1111001-021101

273

Nichol, James
11210001-211001
Massey, Richard
101001-210001
Brown, Stephen
0000000001-0000000001
Evans, Lucy
0-0010001
Stephens, Isaac
0001201-0012001
Nail, Thomas
002001-113001
Smith, Isaac
1111001-120001
McKinney, Peggy
01001-0001001
Bruce, James
120001-020001
McGinnis, Andrew
10001-0001
Kimmer, John
2000101-121001
Williams, Henry
00111001-00011001
Belberry, James
101001-120001
Stewart, John
00400001-001101
Lambert, Lytle
00001-1001
Anderson, John
20000001-00001
Matthews, Hening
0000001-10001
Renfrow, William
211001-0001
Campbell, Isaac
100011-21001
Tapley, William
00010001-0000101
Keeton, William
210101-00001
Parham, John
100020001-000010001
Branson, Andrew
00001-0001
Newson, Robert
1000001-12001
Dyer, Lydia
2-000001
Allen, Betsy
2-00001
Jones, John H.
20001-10001

274

Jones, David
00021001-1000201
Hale, Mary
0101-0010001
Sales, William
022001-300001
Smith, Wyatt
000021001-011010001
Smith, Brachel
00001-200111
Hankins, Mary
001-00000001
McClellan, Samuel
10100001-111001
Hankins, Stephen G.
00001-20001
Ballard, Stephen
00120001-11022001
Swafford, Charles
00001-00001
Gahagan, Joseph
20001-10001
Ballard, Jefferson
10001-00001
Prater, Thomas
0001-0001
Clements, Hezekiah
101001-231001
Sadler, Thomas
1010001-0101001
McDowel, William
300001-00001
McDowel, Joseph
110001-11001
Jones, Isabella
0-000001001
Jones, William
01001-1001
Hixson, Joseph
20001-10001
Hixson, Ingoba
0-00011011
Smith, John
000000001-000000001
Crawford, Jonathan
030001-100001
Hutcheson, Philip
.0001-0001
Marsh, William
200001-121001
Pollard, Hansford
1110001-1112001
Kilgore, Sally
0011-01001

275

Rhea, William
10001-10001
Brown, William
010011-321011
Ogle(?), Thomas
21121001-0021001
Hardin, Martin
1001001-0000011
Parrott, David
0000001-0000001
Thurman, William
201001-01001
Edmonds, Richard
32001-10001
Segraves, Alfred
00001-10001
Baltesmon, William
211001-000001
Curtis, John
000100001-00000001
Evitt, John
00010001-00021001
Ahl, Benjamin
1120001-1101001
Tucker, Caswell
10001-0001
Rippeto, William
00100001-00000001
Goodwin, James
11120001-01100011
Worthington, Thomas
00011001-00002
Sigler, George H.
00001-00001
Sigler, Jacob
11001-00001
Sigler, John
01001-210001
Sadler, Fleming
00001-1001
Nail, John
0200001-103101
Stone, Margery
00111-000001
Tucker, William
11001-21001
Evitt, William
10001-0001
Blalock, Hubbert
0110001-2300001
Standifer, Israel
10001-0001
Moss, William
20101-0200011

276

Morgan, James
100001-00001
Wilson, Charles
111001-20101
Worthington, Robert
001011-121201
Walker, John
000001-20001
Rodgers, Reuben
001000001-00100001
Paine, Walter R.
1000021-11001
Sigler, Philip
000000001-00110001
Sweat, Nathan
20001-00001
Billingsly, Samuel
0110001-01011001
Billingsly, John
00001-00001
Billingsly, Jonathan
10001-10001
Cathy, Samuel B.
00001-0001
Acuff, Nicholas
20001-00001
Beason, Joseph
00001-20001
Roberts, Nehemiah H.
00001-10001
Clark, Charles
3101001-000101
Tibbs, William
1111001-111001
McClendon, Joseph
211001-101001
Worthington, Samuel
00210001-1212001
Ahl, John
00111001-0000001
Tucker, Elijah
211001-110001
Billingsly, John
0111201-02101
Billingsly, Mary
0-0000000001
Morgan, Charles
00102001-22011001
Parker, Hezekiah
00001-1001
Sherly, Jesse
132001-211001
Burke, Robert
001242-00000001

277

Hedgecoff, John
02021001-0111001
Newman, Joseph
0010001-020101
Houson, William
01010001-10101001
Lea, Francis
000000001-000000001
Vanwinkle, James
22001-0000100001
Hayes, James
0011001-0010001
Hixon, David
0102001-2100001
Redwine, Wiley
000001-211101
Ford, Reuben
21001-10001
Ford, John
000000001-00100001
Nail, Aquilla
2100001-022001
Ford, John
210001-01001
Bristoe, Nathaniel
110111-010001
Gibson, Pleasant
110001-10001
Hart, Joel H.
00001-10101
Loudin, James
0010100001-00000001
Brewer, Elijah
110101-112101
Gibson, William
01100001-0102001
Lea, William
110001-00001
Price, James
101001-20001
Lea, Isaac
20001-1100001
Ivey, Sarah
00001-000010001
Cox, Hardy
1120001-111010001
Stewart, Benjamin
21110001-1111
Gibson, Benjamin
211001-101001001
Loudin, William
210001-110011
Brimer, William
00001-10001

278

Matthews, Richard
11000001-0000001
Looney, Leroy
11001-10001
Miller, Thomas
0032001-220101
Dudly, Samuel
2211001-1100001
Lambeth, Joseph
10001-0001
Lambeth, Samuel
1120001-2102001
Ingram, James
1311101-2102001
Barnawell, Benjamin
202001-020001
Swenny, Miles
00010001-000100001
Brown, Daniel
000001-22101
McClendon, Willis
0002001-002001
Bennett, William
00001001-00110001
Bennett, Rezin
00001-00001
Kearly, Daniel
2001101-10101
Maney(?), Nathaniel
0131001-210001
Walker, Richard
10001001-2000011
Craig, Thomas
3010001-100201
Hall, John
0001-10001
Swafford, James
00001-00001
Swafford, Elizabeth
00111-00010001
Hall, John
10110001-10101
Hale, John
0000000001-0000000001
Hall, John
000000001-000000001
Hall, William
2010101-131101
Swafford, Larkin
111001-20001
Hale, John
1112001-1110001
Cooper, Irby
00010001-001

279

Ramsey, William
00012001-0011001
Skillern, Nancy
1000101-000101001
Humphreys, James
2012101-012001
Thomas, Elisha
00220001-1000101
Swafford, John
00001-01001
Weaver, Samuel
10001-12001
Cathy, Samuel
00011001-00110001
Perrigin, Sally
2-0200101
Duncan, Macedonia
0001-11200001
Jackson, James
00001-30001
Snodgrass, John
10001-10001
Findley, Samuel
0100001-11001
Brannon, Richard
0101001-0010001
Gregory, George
111001-201001
Horn, John
200001-00001
Crawford, Gazzaway
11110001-0002001
Marcum, Patience
00211-000001
Clark, John
0100001-21001
Marcum, Daniel
00001-00001
Marcum, Reuben
00000001-0020001
Sloan, Rebecca
001-120001
Connor, Priscilla
1-00001
Smith, Nancy
2-01001
Shomak, Thomas
0-0
Gibson, George
00001-0
Richardson, Sally
0-0
Spring, John
1011101-1001001

280

Brown, Reuben
0110001-1013101
Isle, James
00001-002010001
Skillern, James
000012-10101
Skillern, John
012000001-0101001
Caldwell, John
12001-21001
McDaniel, Aaron
110001-120001
Sears, John
00200001-0023001
Hutcheson, John
210001-000001
Johnson, Wright
01001-30001
Johnson, Aquilla
102000001-12010001
Lowe, Andrew R.
0000110001-0010000001
Parham, Johnson
220101-101001
Morris, Lucy
0-002001
Walker, James
10001-11001
Wilson, Temperance
0-0000000001
Farmer, Aquilla
10100001-0012001
Davis, Andrew P.
302001-011001
Goodwin, Thomas
120000001-1001101
Holland, Daniel
01011-12001
Grigsby, James
01010000001-00010001
Rainey, Chloe
0-000000001
Keezy, Henry
010001-22001
Moffitt, William
200001-01001
Turner, Thomas
20001-10001
Worley, James
13110001-00100001
Holman, Reuben
0000101-0
Manes, Josiah
2110001-110001

281

Bolen, Reuben
10001-10001
Cantrell, Richard
311001-210001
Cagle, Charles
1001001-110001
Cagle, John
100001-01101
Bolerjack, Joseph
00001-00101
Russell, John
0210001-3011001
Carmack, Jesse
200001-10001
Snodgrass, Robert
00210001-00121001
Snodgrass, Henderson
10001-10001
Forrester, Evelon
20001-11001
Carmack, John
00001001-0031001
Riddle, Johnson
10001-0001
Riddle, John
000210001-001000001
Ingram, William
100000001-1100001
Vernon, Obadiah C.
00001001-0000001
Manus, John
011000001-20120001
Presley, William
000000001-00010001
Greer, Hosias
1100001-110001
Riddle, Thomas
1001001-121101
Winningham, John
50001-11002
Smith, James
0-0
Thomas, John
0001100001-00000001
Shomake, Betsy
0-100101
Simmons, Sarah
00201-001001
Simmons, Jesse
10001-0001
Simmons, Amos
0001-0001
Grigsby, Samuel
132101-210001

282

Pike, John
0002100001-01010001
Shomake, Robert
0-00001
Cowan, Samuel
00001-20001
Parkes, Lewis
01001-10001
Camren, Elijah
00200001-00000001
Johnson, Soloman
100001-1011001
Colman, Charles
01110001-11110001
Mayo, Benjamin
3000001-000001
Brown, Petaway
120001-101001
Foster, William
10101-00001
Roberson, James
0121001-11001
McDonough, Andrew
0000000001-000000001
Rainy, Yancy
110001-20001
Spring, Rachael
2-11001
Crawley, Jarret
110001-21101
Graves, Thomas
1211001-110101
Swafford, Thomas
11121001-111101
Swafford, Alfred
00001-21001
Hale, Isham
210001-01101
Carden, David D.
00001-20001
Boyd, Elliot H.
020001-20101
Sears, William
2010001-011001
Dawson, George
1001202-0120001
Duff, Josiah
000001-110101
Barker, Simeon
00001-1001
Haney, Francis
010101-31101
Simms, John
00001-10001

283

McDonough, Calvin
10001-00001
Alfred, James
200001-130001
McDonough, William
1201001-0112001
Keedy(?), Lewis
0120120001-0011110001
Foster, James, sr.
000020001-00100001
Burch, Henry
10000001-11111010001
Chipman(Chissman?),Washington
00001-10001
Taylor, Robert
00010001-0020001
Narramore, John
010110001-0021101
Walker, Jesse
00000001-0000101
Walker, Jesse
210001-010001
Reed, George
231131-001001
Rodgers, Frederick J.
11001-00001
Boyd, Alexander
1111001-001111
Roberson, Isaac
00001-30001
Turkinett, George
010001-000001001
McReynolds, Samuel
20000101-110001
Perry, Abraham
00001-10001
Chipman, Betsy
1-10111001
Johnson, James
200001-000001
Standifer, Benjamin
000200001-0011001
Hughs, John
10012001-0221001
Hughs, Hezakiah
10001-301010001
Jones, Mary
000001-0
Langly, Nathaniel
0010002-0110001
McDonough, Andrew
2100001-111001
Hunter, Jesse
0001-0001

284

Lewis, Henry
11200001-1200001
Walker, George
0000000001-00000000001
McCord, Joseph
22100001-0100101
Latham, Birdy
2202001-0110001
Walker, West
10001-11001
Walker, John
210001-110001
McKinney, James
00001-10001
Woolton, James
200001-011001
Moore, James
1211001-100001
McReynolds, Rachael
00001-00010001
Skiles, Nancy
2001-112001
Smith, Levi
0001-00001001
Smith, William
222101-200101
Hunter, Alexander
211001-101001
Lassiter, Burrel
000100001-00100001
Hughs, Aaron
201001-220001
Lassiter, Hardy
00001-010001
Horn, Henry
00001-00001
Graham, Thomas
1012001-111001
Seeton, James
00001-20001
Hughs, Ephraim
00001-00001
Graham, Esther
00001-00110101
Teague, James
00001-00001
Smith, Susan
0-1011001
Smith, Peggy
0001-0000001
Hixson, Joseph
100220001-00020001
Hixson, Alexander
10001-0001

285

Hixson, William
110001-31001
Russell, John
2011001-011201
Bowman, Daniel
22011001-01200001
Foster, Enoch
0100001-100001
Roberts, Sally
0-10101001
Simms(Simins), Thadeus
00001-10001
Simms, Asa
00001-10001
Horn, Daniel
001001-10001
Hixson, John
10001-00001
Horn, John
020001-20101
Horn, Jacob
20011-10001
Richards, David
00000001-0210001
Davis, Timothy
00001-10001
Davis, William
010000001-0011001
Horn, David
10001-10001
Swarner, Jacob
21001-01001
Horn, Jacob
000000001-000000001
Stewart, John
2210001-001001
Skiles, Henry
10001-21001
Walker, Ephraim
31001-00001
Hixson, Ephraim
10001-10001
Bowman, Elizabeth
0-000010100001
Johnson, Alexander
20210001-01001001
Skiles, Ephraim
20001-10001
Hoge, William S.
10001-10001
Haney, Hiram
200001-11001
Kennedy, William
000020001-01000101

286

Hudenpyl, Thomas J.
210011-000001
Hoge, James
201001-13001
McWilliams, John
210001-1100010001
Hoge, Barbara
000111-000000001
Welch, Ephraim
000200001-000000001
Welch, Ephraim
10001-00001
Hoge, Joseph
10001-00001
Haney, Sarah
20121-00111101
Ingram, Thomas
010011-100001
Wheeler, Riley
00001-20001
Turner, Thomas
00001-0001
Alfred, Richard
1200001-022001
Turner, Patsy
1-10001
Cantrell, Rayburn
20001-30001
Turner, John
210001-10001
Turner, Fielding
00001-00001
Burden, Eli
0020001-200011
Wheeler, Joel
0002001-0230001
Roberts, James
1110001-1310101
Mansfield, Thomas
00001-0102101
Ellis, John
11100001-2102101
Minor, Joseph B.
010001-210011
Reynolds, John
120001-01020101
Reynolds, Fanny
0-000200001
Carper, Joseph
0011001-00011001
Badget, William
00100001-200001

BLEDSOE

287

Davis, William
10001-20001
Harmon, William
130000001-1003001
Wheeler, Benjamin
110001-10101
Wheeler, John
20001-10001
Heard, Byram
20001-11001
Kennon, James E.
210001-10001
Ellis, Joseph
10001-00001
Turner, Whaling
11001-000020001
Simms, William
10001-01001
Cantrell, Elisha
00001-10001
Herring, Delany
30001-10001
Humphreys, William
20001-10002
Burgess, Smith
10001-10001
Hooks, Philip
000001-00001
Hooks, John
001000001-000010001
Howard, William
10001-1001
Bratcher, Benjamin
00100001-01100001
Dill, Nimrod
00001-21001
Dill, Nimrod
000000001-000010001
Newman, Alexander
001001-000001
Austin, Edward
10002-30001
King, Richard
0022001-0102101
King, William
00010001-1210001
Dill, Joseph
00001-0001
Smith, David
0110101-2110001
Young, David
000001-000010001

288

Hatcher, Samuel
10000001-122
Phelps, Robert
10001-0001
Phelps, Nancy
0132-0000001
Newman, John
10012001-20011001
Austin, Jonathan
0222001-1001001
Newman, Sarah
01-210001
Davis, Andrew
0000000001-000000001
Mayfield, Gideon
00001-10001
Standifer, James
00110001-0000001
Thomas, James
10001-300001
Standifer, Shelton C.
0001-0001
Parkerson, Peter
11001-010101
Griffith, Scott
00001-1001
Snodgrass, William
210001-020001
McClure, Galaza
00011-01111001
Rains, John
0000000001-000000001
Holland, Joseph R.
11200001-02000001
Poiner, William
000000001-000001
Coulter, John J.
00001-0001
Griffith, Thomas
00010001-00000001
Pearson, Sarah
0-01001001
Wade, Nehemiah
101001-000001
McCarroll, Nancy
011-000101
Phelps, William
00001-00001
Rains, Samuel
10001-11001001
Gass, Betsy
21002-102000101

BLEDSOE

289

Lamb, Alexander
0002001-01210001
Lamb, Adam
2010001-202101
Anderson, James M.
00001-1001
Gardner, James
110011-21101
Smith, John
00111001-00110001
Smith, Nimrod
00002001-00001001
Burgess, William
00001-20001
Jackson, James
11121-1000201
Smith, Bird
11001-10001
Cazzort(Cuzzort?), David
00001-10001
Griffith, Benjamin
10000001-00011001
Boyd, Hugh
2100001-101001
Ridley, Margaret
0011-0110001
Jones, James
00001-0001
Jones, Daniel
000001-010001
Burgess, James
31001-00001
Newman, Alexander
00101-00001
Rodgers, John
3100201-010201
Hunter, William
112101-110101
Manns, Robert
100001-00001
Howard, Rezin
000100001-000000001
Howard, Buckner
00001-00001
Howard, Nathan
10001-10001
Jordan, Lavina
1-10001
Killian, Jesse
10002001-22011
O'Neeil(O'Neal), James
20001-00001

290

Johnson, Daniel
0131001-120101
Thornton, William J.
1211001-110001
Coulter, Alexander H.
00001-1001
Coulter, Louisa
2012-0000001
Smith, Jordan
00001-30001
Oxendyne, Edny
0-0
Pike, Hugh
20101000001-000001001
Carter, Levi
310001-112001
Shomake(Shomak?), Sarah
0-0
Shadrick, Mary(May?)
10001-10001
Henson, Wm. & John
00002-1101
Thomas, Abraham
2211101-101101
Fawcett, Rebecca
0-011201
Hutcheson, Alfred
10001-1001
Hutcheson, Rebecca
0-00010001
Standifer, Israel
0010101-10100100001
Brock, Betsy
11-100001
Jenkins, Obadiah
11010001-1021001
Rhea, William
00021001-00110001
Lowry, Betsy
0003-0001001
Nanny, Nicholas
102001-01001
Henderson, Thomas
000000001-0000101
Henderson, James
11001-10001
Brogdon, David
000001-0001
Parsons, George M.
00001-10001
Williams, Gabreel H.
00001-0001

291

Smith, Thomas
0110000101-010001
Hoodenpyl, Philip
0000000001-000100001
Lowry, John
100011-000010001
Odel, John
21001-00001
Woods, Martin
200001-11001
Galbraith, Thomas
00100001-0011001
Lowry, Levi
20001-10001
Matthews, James
100001-01001
Galbraith, Peter
00001-00001
Crawford, John
110001-210001
Hale, Robert
2110001-101001
Hankins, Barbara
0001-00000001
Miser, John
10001-00001
Crawford, Nancy
0-000010001
Carnes, William D.
10001-10001
Stoncypher, Danl.
00100001-01010001
Lewis, John
3101001-021101
Denton, Benjamin
011001-20001
Hall, Jesse
0001001-0201001
Denton, Jonathan
1010001-1101001
Porter, James
00001-00001
Lowry, Alexander
00000001-00000001
Swafford, Sally
0002-00001001

249

Cox, Nathaniel
1121001-120101
Whittenbarger, Henry
1211201-0101101
Whittenbarger, Christopher
00001-0
Whittenbarger, Matt
1010001-121001
Whittenbarger, Henry
000000001-010020001
Whittenbarger, Wm.
11001-110010001
Johnston, Wm.
110001-100001
Young, Jeremiah L.
20001-00001
James, Benjamin
1011001-122001001
Vanpelt, Joseph
0020001-1121101
Byerly, Jasper
00102000001-00000001
Stone, John
200001-010010001
Bright, Michael
001111-0001210001
Gorley, Edward
1101001-002101
Heartsill, Abraham
12111001-1111101
Bonham, Martin
11212001-11111010001
Boring, Morris
20002-00001
Boring, Isaac
100001-21001
Saffell, Wm.
011000001-01000001
Hooks, Andrew
01212-0100101
Hicks, Martin
210001-01001
Warren, Barton L.
00013-20001
Kee, Andrew
0110001-011221
Wallace, Wm.
0101001-0121001
Winchester, David
00001001-00011010001
Hood, John
200001-01001
Stone, Joel
400001-0001

250

Nipper, Saml.
112001-100001
Jones, John
2110001-0110001
Saffell, Samuel
10211001-0001101
Shackelford, Richard
000001-00001
Daly, Jacob
30011-00001
Warren, James L.
20011-10001
Cox, John
00020001-0010010111
Rankin, Saml. U.
000101-101001000l
Daniel, Wm.
10001-21001
Loyd, Jesse
00001-30001
Shoat, Elizabeth
011-00001
George, Edward
00001001-00011001
Campbell, John
1010010001-000011
Hood, Nathaniel
01010001-00101
Gillespie, James
10001-1001
Houston, M. M.
000001-120001
Warren, John
0-0
Balinger, Dempsey
210001-12001
Dyer, John
010001-010001
Dyer, Jacob
000010001-000121
Norwood, Ruth
0-000010001
Saffell, Walter
1000001-0000001
Gillespie, John
200000001-110020001
French, Wm.
1211001-0011101
Myers, Philip
1210001-21101
Bright, Jasper
021001-001001
Warren, Charles H.
01203001-0103001

251

Lee, Nathan
21100001-00012001
Corley, Wm.
1210001-1021001
Young, Robert
0102001-0130001
Tallent, James
2312101-2130001
Bonham, Benj.
02111001-0012001
Wigginton, John
01000001-0120001
Tallent, Enoch
0001-0001
Tallent, Aaron
10001-00002
Jeffreys, Thornton
100001-11001
Bolin, John
0-0
McHeran, Wm.
000110010001-0001001
Langford, John
20001-100011
Houston, John
1022001-110001
Gillespie, James
112020001-101001
Bilderback, Jacob
2100001-1020001
Burns, John
01000001-213101
Bussell, John
020002-200001
Henderson, Wm.
000000001-00001001
Hutcheson, Wm.
00110001-000012
Hillard, Jesse
1100001-11001
Hays, Avice
0-20001
Key, James
100001-100001
Brown, Joseph
1010011-021111
Brown, John
00001-0001101
Brown, Martin
00001-10001
Nelson, James
0210001-1011001
James, Jesse
131001-100002

252

Baily, John
0011001-110001
Privett, Hezekiah
10001-00011
James, Jesse
00001-0001
Carter, Bazzel
200001-02001
Adams, Lemuel
110001-012001
Cannon, John
100100001-0210201
Mangrim, Goodrich
001000001-0010001
Badget, Wm.
11220001-0010001
Aston, Saml. M.
00001-0
Roach, John
120001-10001
Green, Wm.
00000000001-000000001
Vaught, Jacob
0101101-00202001
Key, Peter
000020001-00010001
Key, David
212011-010001
King, Wm. L.
2000001-11201
Lingcumfelter, Jacob
300001-010001
Henderson, Wm.
20001-00001
Currier, Richard
10001-00002
Smith, Nicholas
101001-321001
Currier, Polly
00111-00100001
Edmonson, Parker
100001-00001
Gillespy, Thomas
10011-1001
Parker, Elender
02-0000001
Long, John
010001-11001
Tucker, John
101001-11101
Young, George
1220001-200101
Tarbut, Samuel
120001-100001

253

Tarbut, Saml.
000000001-000023001
Tarbut, Hugh
200001-200001
Prator, George W.
00001-0001
Henley, John
1001201-0110001
Jones, Hiram
10001-11002
Hunt, John
00120001-1301101
Smith, Rebecca
0021-121101
Cox, Ambrose
2102001-012001
Robertson, John
000000000001-000000001
Richards, Betsy
0-0000101
Brooks, Jeremiah
01112001-0011001
Tipton, Benj.
00001-21001
Davis, Wm.
2200001-00001
Enos, Elizabeth
1001-000110101
Enos, Thomas
20001-01001
Bowerman, Peter
0010100001-0010100001
Hooks, Willaby
0020000001-00000001
Ish, A.
0000001-00001
Finley, John
110001-110011
Durossett, Benj.
0001-0001
Tuck, Edward
1201001-210101
Lain, Thomas
12001-20001
Robertson, Thomas
10001-10001
Parks, Abner
1100001-011001
Lain, Saml.
10001-11001
Melson, Isaac
22001-10001001
Coulston, John
00011001-10101001

254

Lewis, Thomas
00001001-00021001
Mills, Benj.
1001-10001
Jones, Saml.
210001-110011
Lewis, Henry
00011-21001
Tuck, Carey
000110001-00000001
Tuck, Carey
010001-01
Eaton, Wm.
11200001-211001
Hanshaw, Uriah
0122101-2110001
Paul, Edley
110001-100010001
Coplin, Wm.
00201-000000001
Hackney, John
120011-010101
Lain, Tandy
0011001-1011
Tuck, John
0001001-1221001
Boring, Joshua
00100001-02120001
Dunlap, Ephraim
0311001-201101
Goodman, John
0110001-0111001
Thompson, James
10001-210010001
Bowerman, Michael
2121001-011101
Bowerman, Henry
000011-0
Farmer, Mary Ann
0011-021001
Misor, Henry
010001-21001
Misor, George
11110001-0010201
Parks, James
00000000001-0000001
Jacobs, Alford
10001-10001
Bradberry, Milton
000001-00001000001
Brown, Wm.
0011101-1012101
Pesterfield, Henry
0100000001-000000001

255

Stewart, Alexr.
010200001-00100001
Pesterfield, Henry
0001001-0000001
Snider, Thomas
100101-110001
Colburn, Wm.
000001-0
Privett, Harris
0110001-001101
Key, Joseph
00002-10001
O'Conner, Thos. D.
21000001-010001
Massy, James
0102001-1220001
Moore, James
020001-411001
Blankenship, Gilbert
111101-02011
Lain, Peyton
100101-21001
Davis, Sally
0-00000001001
Bradberry, Wm.
0200010001-210001
Hollinsworth, Wm.
01000001-001001
Fowler, Philo
000000001-00000001
McRoy, Henry
300001-0100001
Perkins, Levi
2020101-1111001
Tedford, John
00001-10001
Hendrixson, Wm.
20001-00011
Hendrixson, Charity
0001-00111001
Gossage, Mary
11-000001
Able, John
100001-220001
McCully, Robert
001110001-000120001
McCully, Joseph
000001-10001
Sharps, Absolom
11001-100001
McLay, Robert
001000001-00022001
Hendrixson, John
11021001-0010301

256

Lunsford, Ailsy
11-100001
Henderson, Joseph
00001-100010001
Adimson, Seth
10001-10001
Hutcheson, John
30001-10001
Hackney, John
10001-00001
Hackney, Jane
101-0312001
Allen, Sarah
00021-00111001
Lee, Ephraim
10110001-1200001
Brooks, Saml.
011100001-0011001
Jones, James
10001-10001
Ray, Joseph
002001-200001
Henderson, Joseph
210010001-1112001
Brooks, Boling
00002-20001
Jones, Francis
010120001-001100001
Henderson, Wm.
221001-1000011
Ellis, Enis
2111001-011101
McClurg, Wm.
00001-10001
Hackney, Thomas
1111001-111101
Jones, Francis
00001-10001
Siler, John
00000001-001001
Weaver, Wm.
00001-0001
McLin, John
0010001-0001101
McReynolds, John
100001-000010100l
McKaskle, Geo. W.
00001-000001
Scott, Robert
00110001-00111001
Fryer, Hamilton
10001-0000010001
Hunter, Thomas
0200100001-001001

257

Simmons, Catherine
000001-0000100001
Brown, Bazel C.
00001-0001
Stevenson, James
1000001-0021001
Goodlink, Michael
010100001-00005001
Goodlink, Saml.
000001-210001
Dobson, Joseph
01211001-01111
McCully, John
201010001-101010001
Earout, Isaac
02110001-00121001
Early, Andrew
1011101-2211101
Snoddy, Robt. H.
300001-00001
Sheril, Saml. E.
00001-10001
Elliot, Moses
00100001-0012001
Aston, James
002000001-200011
Frew, Isabella
0-01211001
Scott, William
100001-10001
Frew, John R.
00011-10001
Sterling, Robert
000100001-000010001
Frew, James
10001-00001
Yearout, Daniel
2001001-2011001
Early, Wm.
2100011-00001
Young, Rebecca
000001-0000000001
Cuming, Andrew
0100100001-1000100001
Debusk, Elias
110000001-1210001
Love, Robert
01120001-0101101
Jackson, John
210101-200020001
Scoot(Scott), Joseph
00001-00001
Culton, Patrick
0011001-0000101

258

Barnhill, David
0111001-001001
Wilson, Josh
201001-10001
Wilson, Joseph
000000001-0000000001
Wilson, John
001001-120001
Coldwell, Robert
101001-00001
Mays, Levi
1000101-0211001
McCamble, Wm. B.
1201001-0021201
Conger, Abijah
0101101-1220001
Bronner, Bazel
02102001-211101
Wilson, John D.
10001-00001
McCamy, Wm.
1100010001-1100010001
Tedford, James
0000000001-000002
Gault, John
110001001-21000101
Burton, Wm.
100001-120001
Leiper, Hugh B.
002011-111001
Weldon, Harvy
01001-20001
Dunlap, John
00001001-00020001
Minis, Robert
100001-10001
Minis, Saml.
3020001-020001
Hamble, James
1112001-0111
Caruthers, James
0000100001-000101001
May, Littleberry
02100001-0000001
May, John
00011-00102
McCamy, David
1020001-0001001
McWilliams, Robert
12210001-220201
Strain, Allen
1111001-011001
Means, John
0111001-01200011

BLOUNT

259

Fowler, Wm.
000001-00001
Maxwell, James
100001-310001
Maxwell, Thomas
00100001-00120001
Means, Wm.
2112001-11200101
Delzell, Wm.
0102001-1130001
Young, Robert
1120001-110211
Hamilton, Joshua
10001-000001
Hamble, Hugh
101101-020001
Hamble, Henry
10001-00001
Hamble, David
000001-001001001
Tedford, Robert
0000200001-100011001
Tedford, David
0100001-201001
Saffell, Green B.
10001-12001
Dixon, Robert
000001-100011
Dixson, Saml.
000001-00011
Miller, Wm.
2100001-010001
Moor, James
01000001-0100001
Moor, Wm. D.
00001-00001
Dykes, Bryon
01001-0001
Jackson, Saml.
00001-10001
Pugh, Wm.
00010001-20001
Williams, Wesly
00001-00001
McMahan, James
0212001-2201001
Hail(Hall), Alexr.
000100001-00010001
Wilson, Sarah
0032-0000101
Rankin, John
211001-001001
Cope(Cape?), James
010011-100101

260

Bolton, Solomon
100001-111101
McMahan, John
0211001-21211
Hutton, Josiah
00001001-00122001001
Hutton, Wm.
11001-20001
Poland, John
3101001-112101
Parcons(Parsons?), Robert
30001-100001
Carr, David
0000201-030001000l
Davis, Arabian
11001-00001
Davis, Wm.
001100001-000100001
Asher, Wm.
2312001-1110001
Williams, Martin
1000100001-10001
Moss, Ann
0-200010001
Cope, Saml.
10001-00001
Williams, Richard
0002101-00000001
Dixon, James
01001001-0112101
Houston, James
100001-311001
Asher, Solomon
220001-00001
Tedford, James
201001-011001
May, James
1001-01011
Plummer, John
00001-11001
Plummer, Joseph
01001001-10021001
Lomex, Theophilus
112001-220101
Carr, Ransom
11001-01001
McGhee, John
110001-11101
McGhee, Wm.
100001-20001001
Cooper, Isabela
0-00002101
Cooper, Wm.
100001-12001

261

Nolon, Joseph
011211-2221001
Gay, Wm.
0000001-100001
Forgeson, Hugh
00000001-000010011
Stalions, Wm.
110001-11001
Easterly, Conrod
20002001-1212101
Tedford, John
10001100001-000010001
Tedford, George
0001001-0012001
Marony, Phil D.
10112001-00220001
Johnston, J. Benj.
10001-00001
Marony, Wm.
20001-01001
Maxwell, John
0000001001-1001
Bledsoe, Grigsby
00002-00000l
Hartgrove, Wm.
00001101-1000102
Hollaway, Barns
1133001001-110021001
Reagan, Wm.
100001-10101
Taylor, Benj.
400000101-0121001
Goin, Edward
111001-220010001
Maxwell, Arch.
1111201-0111001
Ross, John
00002-0001
Davis, Morgan
10001-10001
Morton, Wm.
001110001-00111001
Gardner, Michael
0121001-1103001
Ross, Thomas
00101-11001
Sloan, Wm.
002010001-020011001
Cook, Margaret
1221-0001201
McNab(McNob?), Wm.
100001-10001
Martin, Matilda
1021-0200001

262

Cook, Alexander
010001-230101
McTier, James
001110001-00101
Plumer, Joseph
01001001-01021001
McCamy, James
0000001-0
Cope, Betsy Ann
011-010001
Cook, John
00001-0001
Cook, James
00100001-02121001
Harris, Wm.
11011001-01001
McCalland, James
0212001-2001001
Rian, David
000001-0100001
Best, Christopher
10212001-0111001
Hamble, Robert
2100001-213001
Cobb, Wm.
13000010001-101001000l
Taylor, Randolph
10001-21001
Henry, James
00111001-221001
Ridge, Abraham
10001-10001
Logan, Saml.
02120001-01000101
Ashly, Josph
10001-1001
Best, Daniel
00012001-00010001
Allin, Thomas
00001-10001
Adams, John
10211001-0101001
Roach, James
002300001-01101001
Weathers, Hugh
200001-120001
Edmons, Matthew
0110001-0011001
Edmons, Wm.
10001-00001
Best, Henry
01001-20001
Maroon, Saml.
20001-000010001

263

Anderson, James
11112001-1010101
Pain, Tanda
011001-1101001
Amburn, Joseph
0-00001
Halpain, Josiah
0000001-0122001
Thompson, Samuel
120100100001-0001101
Cantrell, Richard
210001-10001
Brown, Daniel
000001-10001001
Ridge, Nancy
0011-00000001
Melson, Abraham
01020001-0020101
Crye, John
11100001-320001
Best, John
100001-121
Sharp, John
02210001-1011001
McGaughy, Aaron
100011-0101001
Garner, Wm.
1200001-0011001
Williamson, Wm.
02021001-0101101
Tullock, Magnus
000111001-210011
Runnion, John
01101-110101
Hamble, Saml.
220001-00200101
Devenport, George
00001-0001001
Hall, John
3000201-0000101
Moor, Andrew
00200001-000001
Delany, Dan
100100001-012001
Colwell, John
0221001-300101
McCammon, Saml.
000000001-200001
Cromwell, John
00010001-00011001
Harrison, Nathaniel
0000200001-0000300001
Hail, John B.
010001-312001

264

Henry, Mary
00001-0000101001
Henry, Mary
001-010001
Henry, Samuel
100011-112001
Wallace, Thomas
00120001-0100001
Montgomery, Samuel
0120101-001101
Webb, John T.
22001-00001
Brown, Wm.
000001-000001
McClurg, John
00020001-01010001
Ray, Leonard
10101-210001
Wear, Saml.
100001-10001
Kanada, Andrew
0001000001-000020001
Kanada, Alexander
1001-00001
Pew, Jonathan
100001-10001
Logan, Henry
102210001-00002001
McRannels, Joseph
011001-111001
Miller, Andrew
2101001-112001
Henry, James
20001-20002
McTerr, Samuel
100001-12001
Caldwell, Altha
00001-000020001
Ford, Benj.
1000001-031001
Henry, James
120001-100001
Tuck, Stephen B.
110001-10102
King, Stephen
10001-11102
Bogle, Robert
0010001-0011001001
Mosier, Jeremiah K.
210001-00001
Thompson, Robt.
00001001-0100001
Greer, Arthur
00112001-0211301

265

Moor, Saml.
10001-210010001
McGhee, John W.
200011-00001
Taylor, Joseph S.
0011001-0000001
McTier, Martha
00101-00010001
Armstrong, Wm.
0122101-0000201
Cunningham, Miles
010101-10002
Gould, John
00100001-00001
Vaught, Andrew
00022001-00011001
Snider, Jacob
0110001-12201
Cantrell, Jacob
11001-11001
Mortin(?)(Martin?), Sarah
1-0010001
Kenady, Catharine
2-000001
Spradlin, Nath.
2000001-00001
Pacely, Hezekiah
00000001-01001001
Spradlin, Thomas
00110001-011000101
Spradlin, John
00001-12001
Shreamsher, Milla
0012-0000101
McCall, John
2200001-102001
Samples, Matt.
10001-100001
Samples, Wm.
000030001-00010001
Howard, Geo.
001040001-11110001
Findley, Wm.
12121001-1010001
Samples, John
200001-21001
Cowan, Andrew
1001101-10002001
McGhee, Wm. R.
10001-21001
King, Wm.
00010101-00012101
Gould, Saml.
010100001-00000101

266

Logan, Elizabeth
00001-000000001
Herrald(Harle), Baldwin
000011001-100020001
Suttles, Mary
0-11001
Laurence, Beverage
200001-022001
Rider, John
0000000001-000000001
Rider, John
110001-01001
Ray, Obadiah
1100001-11101
Black, John
01011001-0012201
Townsly, George
0000010001-000001001
Wimberly, Mark
02010001-0121001
Utter, Saml.
010001-111001
Mercer, Elbert
10001-00001
Simons, Thomas W.
001001-000001
Thompson, Robert
2100101-10011
Thompson, John
00012001-0012001
Kirkpatrick, Will
100001-0100100001
Dyer, Josiah
10001-1001
Prichard, Joseph
01002001-11001001
Utter, Abraham
000110001-00002001
Karr, Jesse
1012101-0210001
Coughron, Barnabas
021010001-0111101
McClung, Wm.
011001001-200110001
McRoy, Nancy
0-010001
Henderson, Alexn.
12001001-002101
Hains(?), John
01010001-12100101
Glass, Isaac
10101-10011
Hendrixson, Jesse
1101-230001

267

Weir, Margaret
00000100001-0000100001
Cromwell, Andrew
1010001-1010001
Cromwell, Thomas L.
00001-00020001
McCully, Saml.
00001-2000201
Crawford, James
00001000001-00000001
Crawford, Wm.
000001-0001
Duncan, Geo.
00001-00002
Cookran, Robert
201002-000010101
Cookran, James
1120001-111101
Thompson, Benj. J.
11001-10001
Greer, Frances
00001001-00003101
Bain, Wm.
1100010001-201010001
Nash, Abraham
11002001-11222101
Greer, Ashur(Arhur?)
0001-00001
Cookran, John
010001-10001
Allen, Isaac
11001-210001
McConnell, James
10201001-210101
Orr, Either
00011-0011001
McCarny(?), James
100001-200001
McKaskle, John B.
00222-00010101
McRanels, Joseph
00001-00001
Edmondston, David
100001-110001
Ewing, Wm.
0010001-0012101101
Steel, Saml.
200001-210001
Moor, Saml.
100001-20001
Edmondson, Wm.
01220001-0010201
Hudson, Thomas
02220001-0001101

268

Richards, Saml.
000000001-001010001
Boyd, Ann
0101-0010101
Collons, Aaron
00001-101001
West, Wm.
1111002-111101
Davis, Robert
2102101-1102002
Lockard, Robert
00000001-00001010001
Isles, Wm.
002001-0000001
Bingum, Wm.
1000100001-00001
Wallace, Matt
000000001-01000100011
Duggan, John
200101-030001
Orr, Saml.
0000001-00001011
McNab, Absolom
00002001-0021101
Adams, Isam
1100001-122001
Stone, Wm.
1120001-120201
Akins, Wm.
010002-000101
Logan, Joseph
001001-00013
Montgomery, John P.
1020001-0211001
Carson, Alexr.
120001-21001
Montgomery, Mary
0101-01000100001
Barnet, Jas.
200001-10001001
McNeely, Robert
011001-111001
Taylor, John
1102101-0110001
Montgomery, Jas.
100001-10001
Weir, Ann
0-01001
Inmon, Wm.
11001-20001
Inmon, Lazarus
0120001-221001
Vance, Andrew
000001-10001

269

Cookron, William
00001-00001
Cookron, John
10001-00011
Norwood, Westly
110001-202101
Logan, John
100001-11001
Hamontree, Jesse
211001-010001
Hamontree, James
00001-20101
Cunningham, John
100001-0001
Cunningham, Hugh
000010001-0
Carson, Joseph
10001-10001
Carson, David
00000001-000000001
Dohorty, Edward
1010001-010001
Hamontree, James
00110001-11011001
Conner, James
01120011-01000001
McCollum, Alexr.
00000001-001010001
Perkins, John
0320001-30100001
McTier, Robert
120001-2200001
Wilson, John
0000001-0000001
Woods, Wm.
02010001-1012001
Wilson, Robert
0011001-0000001
Hamontree, Hugh
200101-10001
Wood, Robert
00001-10001
Hamontree, Phil
10001-10001
Duncan, Marvel
012011-01001
Irvin, Joseph
222101-0010010001
Duncan, John
3220101-012001
Duncan, Joseph
00000001-00110001000
Duncan, Barkly
00010111-0012001

270

Wood, John
00010111-0012001
Hamontree, John
01100001-1212001
Sheddan, James
300001-01001000
Abanather(Abernathy?), Berry
0100101-11002
Cobb, Silvester
20101-00001
Smoot, Cyrus
10001-0001
Moris, Hampton
00001-000001
Gold, John
20001-00001
Hamontree, Wm.
20001-00001
Hamontree, Jeremiah
01001-20001
Chambers, Moses
20001-00001
Shadon, Charles
310001001-000010001
Jones, Judah
0001-0100001
Barnhill, Wm.
2221001-0100101
Humphreys, David
3211001-0100101
Thompson, Sol.
00001-20001
Waddle, Thos.
10001-0001
Biggs, John
1010001-211001
Carson, John
100001-1221001
Anderson, Jas.
0012101-0010000101
Thompson, Larkin
10001-10001
Thompson, Malinda
00101-00020001
Thompson, Harvy
00001-10001
McGhill, Robert
0300101-1010001
Robertson, Wm.
110001-12001
Robertson, Joseph
000001001-0000100001
Cole, Andrew
20001-00001

271

Duncan, James
1021101-0011101
Cook, John
22000101-00001001
Montgomery, Thomas
10001-30001
Shanks, Holden
0010100001-000120001
Wilson, Wm.
0010001-0000001
Forgeson, John
00030001-0211001
Harmon, Conrad
0100000001-000101001
Alexander, James
10001-1001
Carter, Joseph
00002-00000001
Glass, Harvy
010001-30101
Sparks, Peterson
00001-10001
Kickchie, Ely
011001-112001
Forgeson, John
11001-20001
Bell, John B.
110001-02201
Tucker, Wm.
120001-002001
Duncan, Andrew
1100101-212001
Taylor, Wm. G.
00001-20001
Forgeson, Jas.
20002-00011
Duncan, Joseph
121101-002101
Kitchie, Robert
1201001-0000001
Jones, Richard
000010000001-001001001
McConnell, John
02100001-202002
Perkins, David
000000001-001000001
Hair, Joseph
1000111-10011
Jones, Thomas
10001-000001
Jones, James
00001-110011
Jones, Saml.
00221001-02003001001

272

Bedford, James
01011-0001001
Bedford, Joseph
00011-22001
Best, David W.
210001-10001
Henson, Philip
1010001-1210011
Alexander, Francis
00111000001-00100001
Wilson, John
120001-10001
Walker, John
00120010001-0000200101
Jones, Johnson
000020001-000112001
Shaw, Saml.
02101011-00122011
Lewis, Saml.
00011-20001
Griffitts(Griffith?), John
11001-10102
Ewing, Wm. M.
00001-00001
Shaw, Francis
100000001-21001
Jones, Joseph
1101001-0112101
Uchabay(Huchabay), Thomas
021001-11001
Griffitts, Geo.
10101-0001
Johnson, Josiah
1112001-0110001
Griffitts, Wm.
00011001-0010001
Stenfield, John
10001-00001
Camron, Jeremiah
000001-12001000001
Alexander, John
10001-00001
Jones, James
2220101-100102
Briant, Sarah
0101-121001
Brocks(Brooks?), John
21001-100011001
Walker, David
0210101-2111001
Matthis, Harlin
120001-012001001
Matthis,(Matthas), James
10001-1000101

273

Keebing, Elijah
11001-10001
McLin, Elizabeth
001-0000101
Carhon, Jesse
2100001-0100001
White, Simeon
11001-10001001
Keeling, Thomas
120001-21011001
Lemar, Zach.
000001-210101
Couch, John
00010001-01100001
Gipson, Daniel
010001-20001
Hunt, James
0001-1001
Belew, Robert
00001-0001
Hunt, Thomas
0240001-1100001
Ross, Mary
1111-2202001
Sparks, Peterson
00001-10001
Glass, John
01101001-0000001
Glass, James
10001-10111
Glass, Robert
00001-0001
Forgeson, Andrew
20001-020001001
Carson, Robert
12001-10001
Myers, Jacob
20001-00001
Saxton, Mark
000010001-100100001
Singleton, Catharine
00011-10002100001
Dockro, Abel
100001-2211001
Wade, Walter
101101-220020001
Humphreys, Alexr.
00100300001-20101
Hair, Jacob
110011-20001
Carpenter, Armsted
10001-00001
Winters, Saml.
011110001-1200101

274

Hammer, Jesse
2000001-112001
Underwood, Sarah
0-10000001
Huckebaugh, Robert
0130000001-00000001
Cartright, Fanny
21211-0000001
Brotherton, Thomas
011001-01001
Brotherton, John
0100001-1012101
Thompson, Spencer
111001-10001
Bains(Barns?), James
010001-101001
Pickins, John
0011001-101001
Kanady, Geo. W.
10001-00101
Henderson, F. J.
11001-10001
Blackburn, Thomas
000000001-0000001
Barns, Wm.
01001001-00011001
Theen(?), Enoch
2200001-011001
McClure, Elizabeth
00011-00010001
Hair, John H.
010001-10001
Greenway, Nancy
000011-00101001
Greenway, David
011001-100101
Currier, Jas.
10000001-0211001
Greenway, Wm.
012001-220001
Tuck, Joseph
10101-11002
Rains, John
10001-11001
Cook, Geo.
20001-00001
Tuck, Wm.
00011-2001
Rains, Jesse
10001-20001
Bansom, Rice
000000001-000000001
Bond, Henry
0010001-000001

275

Bausum, Berril
201001-12001
Wooden, Wm.
01001-00101
Canston, Levi
10111-0000201
Tuck, Tomas
112201-210001
Noble, Leroy
10001001-0020001
Noble, John H.
10001-0001
Bausom, Thomas
00001-20001
Cox, Elisha
01120001-000001
Lea, Saml.
400001-01001
Beasley, Cornelius
10100001-00001
Underwood, Hiram
10001-0001
Mulvany, Christopher
320101-012101
Stone, Conaway
10000100001-100002
Caster, Jess
100001-11001
Sutton, James
00011001-00010001
Sutton, John
230001-00001
Sutton, Charles
10001-1001
Hughs, Hiram
00012-0001001
Miller, Nancy
1001011-0001011
Rossin, John
021001-310101
Malcon, Alexr.
0110101-0110101
Strain, John
01110001-0001201
Weir, Robert
0021101-02102
Hall, James
111010001-020000001
Henry, Wm.
013100001-12002
Badget, James
1000000001-01001
Scruggs, Moses
0000001-00001

276

Douglass, James
111001-100001
Ragan, John
01001101-0120001
Johnson, Lazarus
00001-21101
Boring, Ezekiel
30001-00001
McGaughy, Daniel
200001-122001
Stone, Jame
00000001-0
Morris, Robert
112101-010001
Johnson, Archer
00000001-10000001
Hyre, Alexr.
00001-20001
McCommon(McCamnon?), James
0201001-302201
Grisby, Elizabeth
0112-11021001
Grigsby, Wm. A.
00001-11001
McLain, John
00110001-00200002
Gallahorn, Robert
010001-111001
Robinett, Enoch
31001-01001
Robinett, Moses
0000000001-0000100001
Lain, Charles
0010100001-00020001
Douthet, Saml.
01210001-0101101
McKey, Alexr.
01110010001-0010001001
Rian, Wm.
0001-00001
Hollaws, Zach.
000001-0
Henderson, John
0-00001
Wiley, James
000010001-20001
Howel, Susannah
0001-0010020001
Browder, Jeptha
00001-0001
Owens, Thomas
1123001-010002
Coatney, James
10001-21001

BLOUNT

277

Bustle, James
020101-111001
Yarber, Wm.
00001-00001
Cloud, Saml.
001001-010001
Morrow, James
1110001-12001
Stailey, John
000001-20001
Williams, James
220011-00002
Coppack, Elizabeth
111-011001
Elmore, George
0211001-0101001
Morgan, Obadiah
110001-11001
Bond, Jonah
02001-012201
Ellage, John B.
00001-00001
Allen, John
00001-1001
Hudgeons, Wm.
0010001-000011
Taylor, Elizabeth
00011-00000001
Allen, Robert
00021001-00100001
Briant, Elias
210101-123001
Stratton, Absolum
10001-12001
Edmonston, David
000000001-0

(no entries on
pages 278-281)

282

Stephens, Jehu
0000021-00201111
Giffin, Ann
202-010001
Trice, James
001010001-00010001
Kerby, James
112200101-120001
Paine, Samuel
211001-001001
Tipton, William
001000001-000001001
Dickson, Thomas
000000001-00000001
Badgett, Samuel
020001-0000001
Singleton, Hugh L.
00001-0000101
Singleton, Andrew
00001-10001
Singleton, James
1201001-202101
Smith, Sterling
0101001-1012001
Descarn, Elisha
1000001-220001
Blecker, Dolphus
1110001-010221
McFadden, Ellendor
00101-00021001
Bonham, John
210001-00001
Rudder, Edward
10001-0001
Rudder, Robert
0010000001-0001100001
Keltner, John
200001-1220001
Wright, Isaac
000110001-00111001
Underwood, Benjamin
031001-10101
Byerly, David
110001-221001
Somlack, Jacob
000000001-000000001
Courtny, Jefferson
11101-10001
George, Samuel
10002001-00020001
Morgan, Gabriel
2110001-0112001
Morgan, William
20001-00001

283

Parks, Joshua
23002-00101
Paul, James
000110001-00011001
Ranking, Thomas
0011001-0110001
George, Charles N.
200001-002201
Byerly, Michael
000001-01001
Bunker, Jesse F.
010001-000010001
Carless, Wm. C. C.(Don Carlos)
00000001-0
Biddle, James
0101001-112001
Chandler, Richard
001111001-01210001
Caldwell, Joseph
000120001-02101001
Caldwell, Carson
000001-10001
Keywood, Madison
22001-10001
Duncan, Jeremiah
201001-10001
Kidd, Randolp
201001-10001
Warren, Nelly
01001-10001
Warren, Joshua
00001-10101
Gibbs, Samuel
1010001-120201
Taylor, Greenfield
2222101-0001001
Gillespie, William
200020001-00001
McClure, John
00001001-00002001
George, Alexander
20102-20002
Akeridge, Abel
01020001-001001
Maxwell, William
01011001-1110001
Houston, James
10101-10121001
McNutt, James
00110001-000112
Layman, Joseph
0021201-0011101
Wear, Margaret
00002-00002l001

284

Wear, William
1110001-110001
Wear, Hugh
1001001-122101
Wear, John
1100001-110001
Hart, Edward
2210001-102101
Aylette, Sally
00011-00211001
Hart, Thomas
100001-132001001
Duncan, George
00101-10101
McClure, Robeson
100001-10001
McClure, William
10001-10002001
McClure, Charles
00002001-00002001
Tedford, Paxton
110101-1000001
Fleming, Sally
0-1000101
Cameron, Margaret
22-0010110001
Parsly, Betsy
2101-100002
McCauly, John
0101001-000100100001
Collins, Aron
11011001-211111
McBath, Andrew
10021101-0220001
Harris, Nathaniel
0001101-010001
Bowen, Charles
00000000001-0000000001
Rector, William
000001-20001
Sensaboy, Jacob
110001-11001
Hitch, Elias
210011-112101
McColloch, Thomas
1111001-1010001
Hood, Luke
21112001-01010010001
Hood, Isaac
00001-1001
Haddox, Ben (Benj.?)
0122011-101101
Vinyard, Tabler
0331001-0001001

285

Wheeler, William
002200001-00000101
Harris, James
0102001-0010001
Tharp, Jonathan
0001001-000001
Tipton, Thomas J.
00002-20001
Harris, William
20001-10001
Jordon, John
0001000001-0000000001
Williams, Ann
11-000111
Crawly, Gabriel
100001-031201
Roddy, Alexander
110001-12001
Roddy, Gideon B.
00001-21001
Stinnitt, Benjamin
0020001-0110001
Giffin, David
1020001-110001
Wheeler, Severn
2100001-01001
Roddy, Cowan
01001-00001
Harris, Ellender
10022-0112001
Wheeler, John
111200001-1110101
Roddy, John
030001-200001
Caldwell, Thomas
10001101-10011200l
Dearmond, Thomas G.
010011-211001
Hope, Samuel
0101001-201001
Wilson, James
0101101-010001
Gamble, Josias
20001-00001
Keywood, Ednay
0000001-0
Cowan, Andrew
2110001-111001
Berry, James
110021-101001
Tipton, Benjamin
2011101-01111
Freeman, John
21000101-10001

286

White, Thomas
220211-01001
Gillespy, James H.
100011-0000011
Temple, John
011101-20001
Taylor, John
11001-10001
Deaver, William
100001-11001
Wallace, Jesse
000120001-00000001
Smith, Michael
0110101-1112001
Downes, Daniel S.
100001-01001
Heyden, James A.
100111-10001
Campbell, A.B.
0010101-0011001
Shaven, John D. W.
10011-00001
Love, Samuel
010210001-0100001
Trundle, James
0212002-3010001
Cates, Reuben S.
000011-13001
Pride, Samuel
100111-00002
Thompson, Jesse
200101-01001
Wallace, William
210001-012001
Norwood, John
0210301-2101101
Tool, William
020031-110001
Hoyt, Darius
10002-10011
Keith, William
0000001-0022001
Rice, Alexander
000001-10001
Anderson, James M.
10001-00001
Aiken, John A.
1010001-002001
Thompson, Elizabeth
00001-000110001
Yearout, Abram
000100001-00010001
Anderson, Isaac
0000401-0000001

287

Spencer, William A.
00022-00001
Cusick, John B.
00002001-00010001
Houston, John
002001101-000001001
Foute, Jacob F.
210011-10000101
Temple, Daniel
10002-20001
Atkins, John T.
000041-0000001
Woods, John
010200001-001001
Anderson, William
2111201-0011001
Berry, John S.
10112-00011
Formault, Jacob
00000001-0
McCandlass, Daniel
0-0
Graham, John
000021-00001
Sherrel, Uriah
0110101-1013001
Martin, James
120001-101011
McGhee, Philo
0-0
Curtis, John
011001-211111
Read, Elijah
00001-10001
Fitzgerald, Patrick
000000001-0
Gaut, William
000001-000011
Hoffar, Walker A.
00001-10011
Garrett, Britton
00001-10001
Cummings, John
00002-0001
Smith, Joshua
010001-00001
McCully, John(boarding house)
0108(21)-111001
Foute, Daniel D.
10014-120100101
Kirkpatrick, Thomas
00003-0
Montgomery, John
010020001-0001

288

Kidd, Horatio
102001-220001
Thompson, James
000001-322001
Clark, James
2020001-0301010001
Eagleton, John
0001001-010001
Eagleton, Robert
001001-200001001
Fulkner, Jacob
130001-10001
Hammontree, Sally
00011-00011001
Hammontree, Joseph
000001-00001
Marney, Jeremiah
20001-10001
Boyd, John
1000100001-0000201
Bledsoe, Moses
000000001-000000001
Boyd, James
10001-01001
White, David
00120100001-0001
McQuimy, Malcolm
000100001-01111001
Lambert, Hiram
200001-00001
Keller, George
210001-10002
Raulston, George
1100001-211001
Smith, Jacob
11120001-1111101
Morton, James
000001-0001
Scroggs, Miles
100001-000101
Hartzell, George
110001-1200100001
Wallace, Abram
0022301-00001001
Gibson, David
00200001-1111001
Huffstutler, Adam
020001-20001
Green, Phillmore
01210001-1312101
Hamilton, Nancy
002-100100101
Rorax, Martin
00112001-00011001

289

McReynolds, James(Janie?)
01011-00111001
Elloitte, Sally
1001-010011
Long, Henry
003110001-00012001
Long, Peter
100001-2011
Cupp, David
02210001-20111001
Cupp, George
00001-20001
Finger, Henry
00200001-00001001
Smith, Henry
00120001-00102
Smith, Jacob
10001-0001
Smith, James
000001-30001
Owens, Jane
00001-00010001
Ambrester, John
20221001-2200101
Spillman, William
10001-00001
Montgomery, Andrew C.
010011001-10001
McGhee, Alexander
111001-10001
Houston, Mary
00031-000020001
Torbut, John
10001-110001
Wright, Nelson
001101-121101
Gaut, John
00002-000020001
Irvin, George
01220001-0001311
Stephens, Nancy
00001-000010001
Turk, Thomas
0000100001-0000000101
Turk, William
411001-010001
Brown, John
211001-021101
Smith, Daniel
100001-00001
Kelly, Solomon
100101-0001
Cooper, Daniel
0-0

290

Rodgers, John
1100001-011101
Trotter, William
110001-01001
Graston, Josiah
021001-00002
Houston, Robert
1012001-222001
Houston, Samuel
000001-10001
Farr, Samuel
220001-10100101
Tedford, Mary
00003-001110001
Bell, Thomas
20000001-012201
Trippett, Johnathan
0000100001-0101
Farr, Henry
1010001-111001
Houston, Samuel
00110001-000011
Wear, Hugh
1132101-1101001
Wear, Johnathan
0000000001-0000000001
McCally, William
10001-00101
Dearmond, John
100001-10002
Hannah, Matthew
0001001-010011
Blair, Robert
000001-20001
Hannah, John
110001-00001
Hannah, Jane
00001-00001001
McReynolds, James
0021001-0001001
Davis, John
0010000001-000000001
Scroggs, David
130001-100001
Dalzell, Robert
2220001-001001
Dalzell, David
3121001-021001
Dalzell, James
200001-012001
Gowens, Hugh
221001-10001000l
Parks, Charles
00001-201

291

Glass, John
00310001-0101001
Rudd, Stephen
1000001-22101
Morton, John
411001-00001
Thompson, John
00001-10001
Thompson, Thomas
01301001-1012001
Griffin, James
110001-120001
Griffy, Jesse
01001001-00101002
Murray, John
00001-0001
Murray, James
0010001-011001
Dunkin, John
0001200001-00001001
Steele, William
000100001-00011001
Roddy, Henry
10001-00001
Dunkin, Joseph
00001-1001
Yount, Larkin
00002-0001
Wear, James
01120001-1100001
Futhy, John M.
2011-00001
McQuaig, William
00001-01001
Reagan, Richard
10001-1001
Hunington, Alexander
200001-00001
Parks, Isra
00001-00001
Fuller, Eliza
10211-010001
Duncan, George
00000001-00000001
Hitch, Eleven
2211001-0012001
Browne(?)(Broom?), Milas
01110001-1110001
Teffutuller, Jacob
1112001-011001
Wear, Hugh
11200001-1101101
Hartzell, John
1111101-0201001

292

Wilkenson, Margaret
01101-0000001
Campbell, William
0012101-0110101
Clemens, Peter
110001-00011
Clemens, Joseph
10001-10101
Grissom, Archibald
01001-30001
Bramly, Joseph
12001-10002
McGinly, James
010000001-0002001
Findly, James
10001-00001
McConnel, Betsy
12011-0021001
Russell, Isaac
00221001-00000101
Russell, Abram
10001-20001
Hall, Betsey
0001001-0001001
Russell, Richard
00203-00211
Lambert(Limberly?), John
2200101-1010001
Wells, Isaac
10001-10001
Crews, Tolivar
21001-01001
Everette, Thomas
2210001-100101
Burnette, John C.
120001-120001
Everette, William
011001-223001
McCauly, Esther
001-0011201
Ranzbarger, John
020100001-100012001
Coulter, John
00001-10001
Wells, George
110000001-11101
King, Frances Ann
00021-00011001
Whitehead, William
2121001-0101001
Kite, Jacob
110001-21001
Snider, William
12001-10001

293

Everette, Mary
0011-020001
Curtis, Cyrus
100001-1221101
McConnell, Frank
000001-2001
White, Isaac
220001-003001
Hall, Crawford
20001-20001
Fagg, James
0220001-21001
McDonald, James
000010001-32101
Swanson, John D.
310001-100001
Tipton, James
0310001-0111001
Ketchen(Kitchen?), John
121011-100101
Martin, Jacob
1220001-100001
Bellew, Thomas
0211001-0110002
Millsaps, Jesse
00101001-12210001
Millsaps, Jesse
10001-00001
Hendrix, William
210011-10002
Coulter, Elizabeth
001001-000001001
Coulter, Stephen
100001-131001
Gamble, Moses
200001-11010001
Gamble, Joseph C.
200001-11101
Gamble, Moses
00000001-0001001
Reagan, John
0000001-2101001
Gamble, Alexander B.
1001101-121101
Gamble, Elizabeth
001-00020001
Keller, Mary
0111-00021001
McCamy, Robert
20011-00001
Nichols, William
000002-00001
Reagan, Lear
01-11001100l

294

Johnson, James
0110001-2201110001
Harp, William
020001-110001
Williams, William B.
110001-21001
Harper, Thomas
00002001-00000001
Waller, Aron
1340001-0010001
Swanson, John
111001-111001
Kennonmon, Dicy
01112-00120001
Lowry, Jane
011-112001
Nuckolls, Thomas
011001-201001
Snider, George
111001-001201
Sneed, Taylor
121001-211001
Bellew, William
000101-00210001
Lowry, William
010011-11001
Burk, Hughs
0112101-1111010001
Daw(Davis?), Fanny
001-10021001
Rowan, Jane
00012-00111001
Teffetaller, William
00001-20001
Teffetaller, Michael
00000000001-0000000001
Sawtell, Ephraim
10001-10001
Morton, William
10001-20001
Keys, John
10110001-0101201
Berry, Betsy
000001-002032001
Cannaday(Cumming?), Rebecca
011-012001
Caragin, James
211110001-10002001
McKamy, William
0132301-0000001
Carragin, Phillamon
1011-00101
Dawn, John
111001-211001

295

Henderson, Christiana
110000001-111001
Fagg, William
00000001-0010001
Fagg, John A.
20001-10001
Read, Mitchell
2212001-0000101
Read, Samuel
3210001-101201
Duffe, John T.
3210001-0110001
Caldwell, William F.
1110010001-210001
Caldwell, John
0000101001-100012110l
Caldwell, James
0110001-0110001
Anderson, William D.
000000001-000020001
Gamble, Aron
00100001-0111001
Kidd, Lewis
00101001-01011001
Sharp, Adison
110001-10101
Hooke, Harvy
10001-001
Holbert, Joseph
100011-00001
Hardin, Mary
01-01001
Young, Jane
0101-000001
Hooke, Robert
00100001-0000001
Gamble, John
00001-0001
Cunningham, Hurd
00001-20001
Kennemon, James
10001-10001
Teffutaller, Martha
011-0000001
Potter, John
00001-20001
Everette, Margaret
1-000020001
Everette, James
00001-00001
Coulter, Andrew
10001-00001
Clark, James
010000001-01

296

McGinley, Ebenezer
00001-10001
McConnel, Tedford
00001-001
Campbell, Eli
10001-10001
Morton, Houston
00001-0001
Gillespie, James
00001101-00001001
Gillespie, William C.
210001-01001
Ryon, Fuller
121001-210001
McColloch, Samuel
1110l001-110101
Ewing, George
0000000001-000000001
Thompson, William
011001-0210001
Swatzell, Peter
321001-110001
Wilson, Phillip
00001-20001
Henry, James
20001-00001
Wampler, Henry
01101001-00010101
Borlind, Robert
10000001-00001
Henry, John
010001-12101
Henry, James
0131101-2000100001
Henry, Hugh
00001-30001
Breakbill, Peter
001101-0100101
Norton, Wilson
00001-00001
King, John
0201001-0110001
Dunlapp, Joseph
300001-00001
Dunlapp, James
00100001-000110101
Johnson, Ezekiel
10001-00001
Dunlapp, William
00001-1001
Julian, James
21001-01001
Macafee, Thomas
01200001-011101

297

Logan, John
00001-00001
Cummings, William
000101-30001
Cummings, William
0101000001-0000101001
Bogle, Samuel
002010001-00032001
Bogle, Margaret
001101-000000001
Evans, John
21101-0100100001
Williams, Richard
000210001-00002001
Williams, John
10001-00001
Hooper, Moses
001001-111001
McTeer, William
02000001-1000101
Koonse, Adam
01001001-010100001
Latham, Mary
1-1000201
Graves, Adam
101102-010001
Wheeler, Jacob
00001-1001
Murrin, Robert
00211001-01001001
Murrin, Robert
110001-310001
Jeffries, Margaret
0001-00002001
Spence, Stephen
02001-30001
McNeely, James
1031001-100001
Black, Jane
0001-0000001001
Davis, James
001111-1212001
Steele, Elizabeth
0121-100011
Davis, George
000101-01102
Rodgers, Wm.
01101-00101
Rogers, Lot
211101-012101
Gardner, Dolly
2-100001
Tipton, John
2111001-0011101

298

Davis, William
310001-11001
Willcox, Thomas
120001-10001
Deane, Silas
000001-130001001
White, John
111001-111001
Johnson, William
110101-1120001
Rodgers, Shade
10001-20011
Ormund(Orman?), Martin
10001-10010001
Wheeler, Jesse
00000001-0200001
Rodgers, Susan
000001-0010100101
Rodgers, Vincent
301001-021001
Davis, James
00001-2001
Borland, Betsy
2-012001000l
Borland, Larkin
00200001-010100101
Borland, Shade
00001-0001
Smith, George
10001-10001
Rodgers, John
2011001-00001
Rodgers, Beedy
001-0000001
Ormund, Daniel
021001-110001
Rodgers, Jesse
110001-12011
Gardner, Henry
10001-21001
Gardner, Peter
010000001-111101001
Gardner, Adam
200101-112001
Perry, William
1230000l-000001
Greenfield, Peter
131001-101001
Gardner, John
00010001-000000001
Brown, Samuel
00001-10001
Williams, George
111001-200001

BLOUNT

299

Sims, Milas
0-1121001
Ellige, Betsy
01001-30001
Bullinger(Ballinger?), James
211001-10001
Greenfield, Catharine
11-01101
Keble, Thomas
21001-00001
Farmer, John
000020001-000010001
Bullinger(Ballinger?), Joseph
100001-12101
Langford, James
110011-200010001
Kibble, William
0002000001-0120001
Craig, Hugh
01100001-0001001
Henry, Hugh
4021001-01001
Reagan, William
0-0
Perry, Andrew
00001-10001
Wilson, Rebecca
001-1001001
Julian, Isaac
020201-101001
Vance, David
000000001-000000001
Cavet, Betsy
00001-000000001
Yates, Clifford
12010001-0010001
Ewing, James
000010001-00100001
Moore, Jesse
1020001-2002001
Cowan, Jane
0112-131001
McClellan, James
00010000001-000011
Erving, Martha
0011-00021001
Ewing, Samuel
00001-00001
Hume, David
100001-2100001
Ormand, Henry
10001-10001
Hess, Mary
01-10001

300

Gingly, Charles
00001-00001
Crews, John
000001-01001
Waller, Henry
00001-00001
Norton, Alexander
0100100001-000000001
Ballinger, Lydia
0-010001
Breakbill, Sally
11-00001
Koonse, Michael
10001-00001
Latham, Sally
1-10001
Orman, Mary
01001-00010001
Mitchell, Edward
110011-10001
Wolf, James
002001-220001
Wolf, Elizabeth
0-000010001
Stone, Elizabeth
00211-00010001
McKamey, James
21001-10001
Cavet, James
00001-21001
Norton, Nicholas
202001-020001
Julian, George
000100001-000000001
Logan, Hannah
000001-00011101
Thompson, Isaac
000100001-00000001
McCauly, Robert
0000001-00000001
Logan, Alexander
101001-111001
Fann, William
10001-0001
McHenry, Thomas
001001-020001
Ranney, Joseph
00001-21001
Palmer, Samuel
00000001-00024
Thompson, James
112001-101001
Rogers, John
12001-11001

301

Donalson, Robert
000001-20001
Donalson, Betsey
00111-00000001
Bogle, Joseph
01120001-0120001
Bradshaw, Sally Ann
0-01000001
McTeer, Martin
00000001-00100001
Brown, William
1200001-1000001
Bogle, Hugh
00104001-00101002
Bogle, Elizabeth
0000201-0000000001
Hooper, James
10001-10001
Delosure, Jesse
1210001-120001
Jeffries, James
00001-100001
Anderson, Mansfield
200001-01001
Hooper, James
00100001-01111001
Rassem, John
000000001-0000100001
Cayton, Stephen
201001-10001
Williams, John
000010001-000001001
Hadden, George
11001000001-11101
Rhea, Samuel
010001-111001
McNully, John
01111001-0000001
Carlton, Alfred
30001-00001001
Sims, William G.
020001-40001
Davis, Thomas
010001001-0001000001
Johnson, William
022001-010001
Tipton, Joseph
10110001-111001
Haphly, John
1103001-0111001
Brown, Johnathan
10001-100001
Forrester, Susan
0-00000001

302

Sims, James
0000000001-0000100001
Brown, Jesse
00201001-1000001
Lane, Thomas
23001-000001
Cuningham, Benjamin
101001-110001
Crews, Wat
20011001-23013001
Kirkpatrick, Nancy
000111-000020001
Sims, Vance
00001-1001
McClurg, James
10001001-010000001
Sims, John
110001-012001
McMurry, Newton
20001-10001
McMurry, Joseph
11010001-1021101
McMurry, William
211001-11001
Bohannon, Robert
01001-20001
Hicky, David
000001-22001
Bohannon, Thomas
00101001-00000001
Evans, William
2220001-101001
Creswell, Evans
0020001-011210101

Boyd, James
0023001-00004001
Evans, James H.
110001-10001
Pickens, John
0001100001-001110001
Pickens, Alexander
00001-0001
Thompson, Alexander
00100001-00012001
Toops, Henry
22000001-111001
Toops, George
000001-000010001
Vinyard, John
0110001-211101
McCauly, Archibald
11001-110001
McCauly, John
0000000001-0100000001

303

Hill, Susan
1-0100101
Kerby, William
10001-10001
Haly,(Staly?), David
20002-00002
Breakbill, John
011001-321001
Tipton(Upton?), James
00001001-00000001
McTier, Robert
00001-00011
Neumon(Neuman?), George
011001-2210001
Jones, Wiley
0100001-202001
English, Sally
0-0012001
Murphy, Mary
01011-0012101
Neumon, David
2222001-010001
Halnam, Malinda
0-111201
Johnson, Jeffry
100100001-000010001
Crews, Joseph
10001-10001
Wheeler, Peter
10001001-0112001
Johnson, James
000001-222001
Neumon, Catharine
1-000010001
Cupp, Jacob
001000001-010000001
Cupp, Jacob
1100001-11101
Cupp, George
00001-1001
Sharp, Robert
10001001-10001
Caylor, James
00012001-01201101
Haphly, Peggy
0011-0002001
Mays, Gardner
00310001-3102001
Tipton, Joseph
00001-10001
Mays, David
00001-1001
Crews, Hard
0101001-0212101

304

Rhea, James
200001-12001
Henson, Isom(Isam?)
00102001-00111
Plumblee, Stephen
202101001-010000001
Martin, John
1111001-111101
Martin, Martha
0-000000001
Wolf, William
110001-10001
Harris, Darcas
0012-010001
Deadney, Mary
1102-0100001
Sharp, Alexander
1200001-311001
Reader, Majors
110011-11001
Kenny, John
11001-200001
White, Gordon
000010001-00010001
Ewing, William
001C2001-00011
McNutt, Alexander
2110101-001C01
Hitch, Archibald
00110001-00012001
Taylor, Daniel
300001-01201
Boyd, Samuel
00001-0001
Haphly, Betsy
0-0001000001
Smith, Peggy
0-000110001
Plumblee, Stephen J.
10001-10001
Alexander, Ezekiel
100001-00001
Russell, Jane
00021-0001001
Kirkpatrick, Thomas
200011-10001
Houston, Robert
00011-10001
Davis, James
00001-0001
Morgan, Thomas
00000001-00000001
French, Peter
00001-1001

BLOUNT

305

Rodgers, William
00001-0001
Macolm, James
20001-00001
Jones, Josiah
00001-10001
Bohannan, Thomas
0001-0001
Campbell, Silas
200001-01001
Duncan, Benjamin
10002-00001
Cardwell, Wm. P.
10001-0001
Morgan, Martin
000001-110001
Shook, Jacob
00001-000001
Tipton, Samuel
110001-11101
Stinnett, John
210001-010001
Thurmon, William
010001-0001
Stewart, Thomas
00001-00001
Teffutaller, John
110001-20001
Luster, Henry
000001-001201
Jones, Layben
000001-0
Heddrix(Haddrix?), James
00001-0001
Cagle, Christian
000000001-000000001
Henry, Samuel
0021C101-02101
Swaggerty, Stokely D.
11001-10001
Walker, Samuel
01C01001-00000001
Henry, Spencer
00001-20001
Walker, Vance
21001-00001
Hix, Thomas
0212001-200011
Taylor, Joshua
00001-30001
McGill, Robert
1212101-20111001
Taylor, Pleasant
00001-0001

306

Walker, James
212001-200001
Panther, John
000C1-00001
Tate, Joseph
10001-00001
Watters, John
012100001-0001001
Lanston, John
111001-21001
Lanston, Mary
0001-10001C01
Cowden, Henry
1110101-1212001
Cowden, Thomas
12020101-10100001
Jones, John
1001-00001
Watters, Enoch
1000001-0221001
Farmer, James W.
0001-0001
Stewart, Martin
00001-00001C001
Davis, William
00001-10001
Davis, Phillip
00012001-01011101
Davis, James
000001-20001
McClenahan, David
21011001-1131C1
Thurman, John
021C01-2100021C1
McFall, Arthur
02110001-011001
Lacy, John
1112001-1011001
Farr, David
120001-20001
Tipton, Thomas
01202001-00010001
Tipton, John
00001-0001
Lane, Jesse
2020001-111001
Calloway, William
21C001-110001
Suite, Samuel
101C1-10001
Wiseman, Davenport
011001-011101
Davis, Richard
000000001-0001

BLOUNT

307

Davis, John
100001-211001
Davis, Henry Scott
000001-0001010001
Davis, William
0110001-211101
Hubboard, John
210001-01201
Lane, Patsy
011-001101
Renfroe, Absalom
201001-020001
Wiseman, Martin
121001-010001
Walker, James B.
0220001-3100001
Suite, Johnson
10000100001-000001
Clarke, Zachariah
0011101-100001
Sheilds, Robert
1222001-1100101
Frazier, John
001001-113111
Jones, Michael
020000001-0002001
Lyon, David
0000001-0000001
Oliver, John
2000001-012001
Campbell, Westly
000001-012001
Cable, Peter
100001-0200001
Reagan, Josias
000001-21001
Baker, John
30001-00003
Tipton, Jacob
112101-030001
Freeman, Samuel
030001-100001
Brown, Hardin
200001-000001
Tipton, John
100001-13001
Denton, John
00001-00001
Campbell, Jeremiah
010001-21001
Oliver, James
12011-10001
Job, Joshua
2321001-100201

309

Campbell, Joseph
0211001-1011001
Jones, Thomas
001001011-00010001
Macky, William
0000000001-00010001
McDaniel, Fredrick
111001-010001
Carver, James
10001-00001
Jones, Lewis
00101001-3022
Muckelroy, Elizabeth
0001-000001
Hamby, William
00000000001-000000001
Thomas, John
110001-21001
Jones, John
210001-020001
Walker, Pleasant
10001-10001
Walker, Mary
00111-0101001
Heart, Isaac
010101-0000001
Johnson, James
1010001-021001
Russell, Martin
0111001-121001
Cable, Samuel
200001-121001
Johnson, Charles
10001-1001
Tipton, Butler
00001-00001
Wiseman, Betsey
0001-0000010001
Gorely, Samuel
120001-21101
Moore, James
110001-102001
Moore, John
2321001-000001
Carver, Thomas
001010001-011001
Brewer, John
22110001-1011211
Neely, John
10001-0001
Heddrix, Sally
0-1010001
Cameron, James
1111101-2112001

310

Brewer, Nicholas
10001-0001
Flinn, William
00001-0001
Flinn, Joseph
00001-000010000l
Lawson, William
22001-10001
Lawson, Howel
20001-20001
Scott, William
00010001-0001101
Law, Abram
0021001-1220102
Scott, Daniel
20001-10001
Myers, John
102101-130001
Green, Ephraim
00330001-01100001
Emmitt, Frederick
1122001-031001
Duggan, Henry
21101-00001
McClanahan, James
1100001-120001
Rausum, William
010001-0000010001
Rush, James
110001-120001
Brewer, James
03010001-0001101
Ogle, David
11001-00001
McBryant, William
10001-10001
McBryant, Richard
1011001-0211101
Bricky, Peter
000000001-100000001
Smith, William
10001-10001
Bricky, William
00001001-00131001
Keller, William
10001-10001
Sheilds, Robert
00001-10001
Shields, Arnet
01200001-00101001
Keller(Kaylor?), George
22010001-00010001
Keller, Eli
00001-0001

311

Bourdon, Jacob
0000101-000001
Heddrix, William
20001-01001
Barnette, John
10000001-00001001
Headdrix, Jacob
100001-21001
Dunn, Daniel
2202001-1020101
Dunn, William
021001-211001
Walker, William
1121001-12010010001
Heddrix, William
122001-110001
Heddrix, John
00110001-00000001
Perman, Joseph
221001-011001
Stephenson, James
1111101-0121001
Lambert, Mary
0111-0012001
Winder, Christopher T.
121001-2100001
James, Edward
000000001-000000001
James, William W.
00001-12001
Davis, Leo.
0-101001
Brewer, Daniel
11101-10001
Brewer, Acy
00001-0001
Dunn, Levi
2220001-0100001
Smith, John
000000001-00000001
Davis, Isabella
1-10001
Cammeron, Samuel
22220001-1120201
Snider, Moses
20001-0001
Bird, Jacob
01210001-0100001
Bird, Daniel
00001-0001
Stewart, James
0001-10001
Quiet, James
00110001-2011001

BLOUNT

312

Blair, Samuel
1110001-000001
Martin, Onell B.
00001-1
Snider, Peter
00102001-00011001
Stewart, William
02001-10001
Farmer, Nathan
000100001-00000001
Stanton, Lewis
00011001-0111001
Tipton, Mashac
0010000001-000100001
Rhea, James
10001-1001
Rhea, Jesse
30011001-1131001
Hendrix, John
222001-10001
Blair, John
01110001-1011001
Kebble(Kibble?), Manly
00001-00001
Blair, William
00001-1001
Hatcher, Elijah
210001000001-12101
Turnbull, Ann
12-102101
Farmer, Green
00001-20001
Roop, Martin
2310001001-001000001
Davis, Thomas
222001-010001
Coulter, Robert
000100011-00001
Coulter, Charles
00001-10001
Love, William
101001-120001
Blair, William
00000001-00001001
Williams, James
00120001-0121101
Roberts, Richard
01010001-011001
Carson, James
111213-110001
Rustan, Nathan
10001-00001
Russell, Thomas
1000001-01001

313

Danly, Hezekiah
1031001-1111001
Lowry, William
110001-100001
Robbs, James
110001-11001
Greer, James
011001-210001
Smith, William
310101-021001
Carter, James
0-0
Tedford, Michael
0-0
Porter, Robert
100011-200001
Hitch, Wise
11001-11001
Campbell, Isaac
100001-00001
Lea, Frank
0-0
Gardner, John Fush
00000000001-0

211

Hart, Joseph
31120001-000001
Wheeler, Richd. D.
101011-10101
Wheeler, John E.
00001-10001
Smith, James
001031-0
Montgomery, A. N.
210001-01001
Peterson, Joseph
112001-000001
Richardson, Wm.
000002-00002
Sweaton, Robert
00001-30101
Phillips, John
001121-000001
Izely, John
310001-020001
Dabney, Cornelius
001001-110001
Bibee, Joshua
00001-1000101
Swan, Moses H.
1100001-020010001
Rains, Allen
10001-000010001
Boswell, Harrison
00010001-0210001
Wheeler, Thos.
001010101-01121001
Wheeler, Margaret
0-0100000001
Bridgman, Wm.
2132001-1121101
Murray, Jas.
010001-21001
Smith, Jourdain
210001-00001
Queener, John
00001-10011
Vickory, Jas.
10001-10011
Gross, Jas.
10001-00011
Martin, Danl.
000020001-000000001
Collier, Henry
200002-100101
Hayter, Abrh.
011111-011001
Proffet, Jos.
10001-20001

212

Chambers, Wm.
00010001-00010001
Smith, Ali
0101001-2111001
Glenn, Jas.
2110011-111001
Wheeler, Ben N.
211001-111001
Montgomery, Hu
000100001-000000001
Sharp, James
0112001-0121101
Miller, Theophilus
12322001-00001001
Hope, Thos.
210101-12001
Nestor, Frederick
111001-021101
Chambers, Thomas
21110001-110001
Jester(Justus?), Joseph
00100001-10020001
Sartain, Wright
210001-101001
Dunkin, Joshua
11001-10001
Acres(Akers?), Danl.
020001-20001
Jones, Henry
00001-21001
Joice, John M.
00001-0
McDonald, Allen
30012-01001
Jeffries, John
10210010001-021000100001
Hewit, Wm.
110001-21201
Smith, Drury
0011001-000101
Gray, Jacob
0211101-01110010001
Lawson, David
10000001-0112001
Ketherly, William
00010001-00000001
Gray, James
203001-12010001
Smith, Wm.
00000000001-0
Thomas, Wm.
010200001-10001001
Thomas, Abner
010001-30001

213

Cotton, Aaron W.
10111001001-2211101
Terry, Josiah
1110001-210001
Anderson, Jacob
0012101-211001
Stephens, Edmond
000010001-000000001
Stephens, Solomon
01110001-12100001
Dobbs, Moses
00001-10001
Chitwood, Jno.
00001-?0001
Chitwood, Jas.
0000000001-0000000001
Litton, Jas.
120001-00001
Terry, Elijah
001001-0101001
Phillips, Jonathan
11001-11001
Carson, Wm.
00011-10001
Davis, Jas.
1110001-0110001
Smith, Frederick
000101-01001
Anderson, Saml.
12100001-110101
Carlock, Joseph
12001-200011
Holliway, Jeremiah
1010001-121201
Smith, Wiley
00010001-0121001
Williams, A. T.(or G?)
0010010001-2210100001
Hatfield, Davis
110001-200001
Grimes, Saml.
121001-002101
Vanderpool, Wm.
10001-00001
Morgan, Jessee
10001-00001
Morgan, Chas.
000000001-000000001
Inglish, Joshua
000001-000001
Hayter, Sarah
02211-0100001
Walker, Jno.
20001-00001

214

Chambers, Wm.
102101-120101
Wiley, Edwd.
110001-11001
Sharp, John
0020010001-0000001
Walker, Jas.
10001-20001
Chapman, Wm.
0001001-000101
Stare, Frances
00000001-0010201
Ford, Stephen
011001-212001
Queener, Jacob
001000001-00000001
King, Wm.
0002001-0010001
Malone, Richd.
10110001-001101
Cross, Absolom
10002-20001
Reed, Isaac
2210001-101301
Goad, Joshua
0121001-311101
Perkins, Peter
21121001-0020001
Perkins, Wm.
00001-30001
Hatfield, Reuben
1122001-1111001
Brown, Jno.
010110001-11201001
Province, Sampson
101001-21001
Loe, Fielding
000100001-02100001
Phillips, Thos.
00200001-00000001
Slaton, Hampton
00001-0001
David, C. M.
00000001-000000001
Archer, Jas.
00001-0001
Wilhite, Starns
11001-20001
Baker, Thos.
120101-002001
Hopper, Charles
11101-11001
Johnson, James
200001-00001

CAMPBELL

215

Roach, Wm.
01001-10001
Jeffries, Archd.
11001-10001
Sharp, Andw.
10001-00001
Adkins, Shared
10210011-130001
Graham, Spencer
001110001-01011001
Queener, Thos.
21012-20001
Campbell, Jas.
000100001-00101001
Campbell, Joseph
01100001-00120001
Reeves, John
1101001-0211001
Hudson, Wm.
120011-10001
Richardson, Jno.
112001-111101
Reeves, Jerman B.
00001-20001
Powell, Wm.
20001-20001
Jackson, David
210011-12001
Cannon, Leonard
20002-00001
Kincaid, Jas.
10001-0001
Smiddey, Reuben
2202001-0110001
Craven, Richd.
10112001-0100101
Lindsay, Wm.
10300001-1001001
Flemming, Bird M.
100001-11001
Walker, Wm.
001020001-0002001
Skidmore, Saml.
100001-11001
Skidmore, Thos.
01200001-2103001
Kincaid, Jno.
21042-10011
Hatfield, Andw.
11301001-1002001
Wheeler, N. B.
012101-120101
Hicks, Thos.
2021001-1111001

216

Cordell, Jas.
210001-001001
Crabtree, Jesse
20001-00001
Smith, Nancy
121101-0000001
Smith, George
000001-010001001
Owen, Jas.
10001-00001
Smith, John L.
201001-020001
Craven, Joshua
00000001-00000001
Craven, Jeremiah
40001-00011
Harris, James
00001-2001
Queener, Henry
03000001-000001
Dagley, Benjn.
100101-122101
Dagley, Jonathan
120001-111001
Williams, D. D.
000001-10001
Adkins, J. G.
10100101-111001
Marcum, Jo.
00001-10011
Adkins, Richd.
00001-2001
Cross, Caswell
00001-10001
Sharp, Isham
11101001-10011001
Bowling, Wm.
200001-01201
Chitwood, Wm.
10001-10001
Chitwood, Jas., jr.
21001-01201
Holt, Henry
0232001-3100001
Hasless, Joel
1011201-111001
Cornelius, Hannah
0-010001
Ross, Robert
010001-30011
Ryan, Joseph
1212001-202001
Trammell, Dennis
10001-00001

217

Chitwood, Wm.
1011001-10101
Angel, Archibald
10110001-2100000001
Trammel, Peter
2100001-0132001
Lay, Jno. D.
020001-212001
Beard, Joseph
000001-12101
Lay, Jno. M.
122101-011001
Beard, Wm.
120101-101001
Broyles, Michael
20001-20001
Province, Jas. H.
00001-20001
Cox, Matthew
10001-21001
Ford, Mordecai
000001-10001
Allen, Saml.
21001-001001
Dunkin, Peter
00001-20001
Lay, David
00001-00001
Anderson, Isaac
00001-1001
Perkins, Jefferson
10001-0001
Walden, Benjn.
012000001-000002001
Anderson, Jno.
120001-00001
Tacket, Jno.
0100001-212101
Dunkin, George
000000001-000000001
Smith, Wm.
10001-100001
Birk, Mary
1-012001
Maples, Ellison
10101-011001
Yancy, Uriah
0000001-22001
Faulkner, Jas.
10001-122001
Mobley, Archibald
00001-000001
Marler, George
310001-00101

218

Archer, Enoch
00001-00000001
Dunkin, Jeremiah
10120001-22300001
Cruse, Jas.
210001-00001
Cooper, Wm.
110001-00000101
Dunkin, Jno.
020001001-10001
Watts, Martha
0-0000000001
Warrener, Saml.
0001-0001
Branham, Jas.
2020001-112101
Thomas, Saml.
00000001-0010001
Hackler, Aaron
10001-10001
Davis, George
00000001-00100001
Davis, Leroy T.
20001-10001
Hoyt(Hoyl?), Jno.
001100001-01111001
King, Thos. M.
00001-0001
Angel, Jas.
00001-0001
Douglas, Matthew
231101-001101
Walden, Wm.
10001-0001
Broyles, Aaron
010100001-00100001
Douglas, Wm.
2120001-0312001
Douglas, George P.
00001-00001
Wilhite, Jas.
1001-0001
Glascock, George
0002001-0001001
Douglas, Jas. H.
00001-00001
Allen, Jos.
00120001-00000101
Allen, Wm.
00011-0001
Bridwell, Wm.
000101-000001
Agers, Mahala
0-001001

219

Davidson, Jas.
00001-0
Rustin, Wm.
20001-00001
Edwards, Walter
210001-01001
Wilhite, Julius
000100001-00000001
Branham, Martin
11110001-111101001
Branham, Jacob
00001-0001
Wilhite, Claibourne
10001-11001
Roberts, Wm.
10001-1001
Davidson, Nusom
10001-10001
Jones, Mary
100101-120001
Barron, Joseph
211001-01001
Sharp, Richd.
20000001-00001101
Lamb, Jeremiah
00001-20001
David, Isaac
00000001-00111001
McCaleb, Jas. N.
200001-10001
Baker, George
2220001-0011001
McGee, John
300001-03001
Jones, Thos.
2210001-000000101
Douglas, Thos.
0010001-321001
Cloud, Saml.
220001-000001
Waters, Champless
000010001-000001
Bolton, James
0-000001
Bolton, Jessee
1-20001
Murray, Jas.
1012001-0110001
Williams, Silas
000201-120001
Thomas, Adonijah
0001001-00021001
Sweaton, Edward
00001-10001

220

Dabney, Thomas
00001-00001
Carlock, Jas.
10001-10001
McDaniel, Aaron
110001-11001
Privet, Ervin
0111001-212101
Morriss, Richard
10001-100001
Crosswhite, Wm.
210001-01001
Perkins, Stephen
0-0
Wilhite, Simeon
01110001-1111001
Gray, Andrew
00001-00001
Grimes, George
11110001-1110001
Murray, Leah
0122-0021101
Riggs, Thos.
10001-21001
Moyres, Isaac
10001-00001
Sexton, Saml.
00001-1001
Murray, Jno.
20001-00001
Stanley, Andw.
111001-231001
Davis, Phillamon
10010001-1012201
Hatfield, Jas.
1010001-120011
Hatfield, Jas.
10001-10001
Burgess, Thos.
01010001-10001
Stanley, Sabray
0021-121001
Burnet, Thos.
12001-11001
Moad, Danl.
20001-00001
Burnet, Wm.
10111001-02111001
Shoemake, Nancy
021-10001
Petree, Saml.
01000001-1112101
Petree, Emanuel
30001-0001

CAMPBELL

221

Lamb, John
011001-301001
Lamb, Hannah
000001-00002111
Hatfield, Jeremiah
120001-100001
Kinsard, Abner
10002-10001
Moyres, John
001000001-00000001
Sharp, David
20001-00001
Sharp, Laban
10001-10001
Swan, Jno. D.
0210001-1202001
King, Jno.
010001-300001
Marcum, Elizabeth
101-100201
Dunkin, Henry
11010001-10110101
Warman, Joseph
12120001-0010101
Queener, Jacob
113101-110001
Rains, George
00001-0001
Rains, Jas.
00001-20001
Harness, Thos.
110001-011001
Harness, Christopher
211001-000001
Harness, Jno.
01111001-0002001
Wheeler, Penelope
00011-000000001
Baker, Jno.
2210001-000001
Archer, Isaac
10002-00001
Emery, Drury
1000000001-000010001
James, John
211101-210001
Baker, Bowling
200001-20001
Graves, Hardy
000001-00001
Baker, Jas.
0001001-000000001
Comer, John
020001-00001

222

Agee, Jessee
110001-12001
Bratcher, F. H.
00012-0001
Cross, Micager
22001-10001
Dagley, Jonathan
32001-01001
Emery, James
2211001-011001
Rian, Harris
000000001-00200001
Conley, Silas
00001-0001
Agee, Jas.
1011001-013001
Dagley, Joseph
2221001-1010101
Phillips, Wm.
100000001-10001000001
Longmire, Jno.
001000001-30011001
Correll, Wm.
11001-11001
Ryon, Jno.
12001-10001
Thomas, Joseph
201101-001010001
York, Thos.
11001-11101
Garland, Jos.
011101-0110101
Tudor, Harris
201000001-010010001
Ivy, Winney
0-0
Ballard, Winston
10001-0001
Ballard, Micajah
10120001-0210001
Witt, Edmd.
3100001-0022001
Baker, Wm.
200001-10001
Alder, Barnabas
2210001-101201
Floyd, Nimrod
10001-00001
Goin, Wm.
10001-2001
Chavis, Dicy
0-0
Dial, Tapley
0-0

223

Duke, Nelson N.
10210001-2110001
Craig, Jno.
0002001-0221001
Wiley, Jno.
10011001-00112001
Brown, Saml.
11120001-1110001
Brantley, Thos.
100001-1210001
Ivy, Jas.
0-0
Agee, Isaac
0000000001-0000000001
Ivy, Patsy
0-0
Shoemake, Hannah
001-110101
Longmire, Elijah
12111001-1111101
Willer, John
00001-00001
Ivy, Absolom
0-0
Sweat, Benjn.
0000001-10001
Sweat, Wm.
12100001-1011101
Sweat, George
00001-10001
Hudson, Jno.
11001-100001
Ivy, Danl.
0-0
Dannel, Dicy
0102-0100011
McNealy, Wm.
000001-30001
McNealy, Wm.
0000001-10001001
McNealy, George
00001-10001
Heatherly, Wm.
120001-10001
Rodgers, Isaac
210101-110001
Stout, Elizabeth
202-110001
Dooset, Tempy
001-121001
Heatherly, John
000100001-210110001
Butler, Hosaah
00001-0001

224

Musingo, Jno.
101001-210001
Robertson, Delila
00000001-0010001001
McGraw, Rachael
1011-10001001
Bratcher, Biddy
0001-0001001
Robertson, Wm.
00011-1002
Patterson, Wm.
00011001-0022001
Patterson, Rachael
01-20001
Smith, Wm.
201101-100001
Smith, Ali
000000001-000100001
Dougherty, Jno.
110001-110001
Grant, Jas.
0000001-0010001
Campbell, Jane
12-11001
Friley, Mary
0-000000001
Proffet, Wm.
021100001-0021001
Furry, Jno.
0200001-212001
Moyres, Abm.
000101-10102001
Williams, Jno.
2130101-100201
Gross, Isaac
10001-10001
Hays, Batson
03001-200002
Queener, Danl.
001110001-0001001
Rowan, N.
1120001-211101
Teag, William
1021001-211001
Jackson, Evin
310001-00001
Cabbage, Jno.
0001001-0011001
Hudson, Calvin
20001-00011000l
Hartley, William
0201101-1021101
Murray, David
2101001-002001

225

English, Jas.
1100001-10001
Burgess, Saml.
00001-20001
Stanley, Reuben
00000001-0
Usher, Anna
0-0111001
Burnet, Jno.
10001-00001
Hunter, Abm.
00121001-00000001
Cowan, Saml.
00110001-01011001
Elliot, Thos.
0020001-0002002
Carden, Armstead
130001-21002
Doak, Robert
01100001-31111
Smith, Benjn.
202001-12101
Maupin, Overton
200001-02001
Mars, Jas. J.
10001-100001
Proffet, David
00002-20001
Miller, John
11001-13101
Pebley, Thos.
100001-21011
Pebley, George
00001-1001
Goin, Canada
00001-1001
Cain, Wm.
000101-32001
Miller, Nimrod
211001-12001
Proffet, Jeremiah
00002-0001
Basham, Archd.
120101-200001
Robertson, Fielding
011001-0011001
Day, Saml.
20001-000001
Coger, Isaac
20001-00001
Bratcher, Charles
001000101-000011001
Hubbard, James
02131001-10001101

226

Goin, Isham
111120101-1010101
Smith, Euricus
21010001-0221001
Ayres, Jacob
0000000001-0000000001
Basham, Archibald
100001-10001
Pebley, Jno.
10011-1001
Kincaid, Wm.
100001-22001
Parrot, Joel
0011000101-000000101
Smith, Robert
000100001-00010001
Smith, Jacob
0011001-1011101
Smith, Ransom
100010001-000010001
Petree, George
010010001-00101001
Meador, Joel
00011001-0322101
Meador, Jason
00001-20001
Burgess, Elijah
00001-10001
Herrin, Wm.
023001-21001
Roberts, Moses
00011-10001
Williamson, Jos.
11001-11001
Maupin, Amos
32102001-1022001
Hollingsworth, Rebecca
00112-0100001
Hollingsworth, Jno.
00001-00001
Hollingsworth, Danl.
00100001-0000001
Moad, L.
2100001-200001
Gross, Edmd.
12022001-1011101
Baker, Robert
00001001-4202101
Ayres, H.
11001-10001
Warrener, Jno.
001000001-21011101
Wilson, Jas. H.
210001-100001

227

Pritchet, Joseph
10001-10001
Murray, Robert
10001-0001001
Vickory, Edmd.
000001-00001000l
Hickey, Cornelius
210001-01001
Liveday(Loveday?), Jas.
0110001-2110001
Whitton, Elijah
111001-310001
Wilson, Eli
00100001-00220001
Reynolds, Anderson
20001-00001
Richardson, Amos
000020001-000120001
Walker, Jno.
000000001-000010000l
Sharp, Russel
10001-10001
Haddon, Zachariah
00210001-1111001
Shoopman, David
00001-00001
Shoopman, Jacob
000100001-00110001
Housley, Joseph
101201-111001
Allen, Jas.
100001-01001
Harmon, Elisha B.
10001-10001
Elswick, Jacob
0001-0001
Rusk(Rust?), Lewis
300001-100011
Cannon, Jas.
10010001-00100001
Morgan, Jno.
00010001-00100001
Barrow, Jno.
01010001001-412001
Richardson, Solomon
10001001-0000201
James, Rolling
211010001-1010020001
Dowel, Betsey
1-10001
Carpenter, Wm.
10001-00001
Glenn, Robert
010220001-00001001

228

Swopes, Nancy
0-121001
Rodgers, Isaac
0001000001-000000001
Kincaid, Martha
00011001-00101001
Pebley, Sarah
00102-0010001
Collet, Andw.
0010101-011101
Dorset, Edmd.
1000001-120001
Burgess, Wm.
00011001-00010001
Young, George
111001-101001
Petree, Danl.
200001-01001
Clyborn, Jno.
0010101-000101
McGlothlen, Nancy
01111-10021001
Lant(Lanter?), Reuben
010001-11001
McCarty, Danl.
001000001-000110001
Richardson, Aaron
111001-211001
McCarty, Noah
00001-31001
Herron, Delany
02010001-01110001
Fowler, Asa
00001-1001
McGlauchlin, Chas.
00001-00001
Pierce, Jas.
10001-120010001
Usher, David
00001-1001
Inglish, Tony
0-0
Quillier, Thos.
200001-01001
Sharp, George
20011-010001
Elington, David
110000001-100001
Chavis, Jessee
0-0
Brasfield, Jas.
2100001-002101
Kirk, Thos.
0131001-310001

229

Kirk, Jonathan
00001-20001
Sharp, Peter
120001-120001
Sharp, Isaac
220001-00001
Braden, Edward
10001-31001
Jones, Jno.
10001-12101
Stanley, Wm.
11001-02001
Stanley, Page
11111001-0100001
Mullens, Jno.
110001-10001
Childers, Curtis
00001-10001
Pierce, Wm.
10001-00001
McCleary, Jno.
0001-0001
Turner, Jessee
21011-00001
Dulen, Spencer
0111001-00031001
Walker, Wm.
10001-11001
Smith, Abraham
121001-00001
Thomas, Anne
1-00001
McCarty, Dabney
000001-332001
McCleary, Wm.
0120101-1100001
Smith, Fanny
0011-00000001
Elliot, Robert
00110001-00102001
Doak, David
00001-10001
Basham, Elizabeth
0-00000001
Butler, Tolofor
0300011-0010001
Miller, Wm.
1230001-01101
Forester, Wm.
10001-00001
Dossett, Robt.
1221001-101101
Willoughby, Sarah
00102-00021001

230

McSpadden, Jno.
00111001-1001001
Parrot, Eli
10001-20001
Hammon, Milley
001-000101
Campbell, Nancy
0001-0300001
Hunter, Jno.
10001-11001
Davis, Vachal
10000001-10001
Moore, Linch
110001-020001
Campbell, Zachariah
00001-00001
Gailor, John
30001-00001
Perkins, John
20001-00001
Riortin(?), Wm.
20001-00001
Sweaton, Rebecca
0-000000001
Murray, Martha
0-000000001
Whitman, Jacob
0000001001-0100101
Chavis, Burrel
001-0
Griffeth, Wm.
212101-000001
Ballard, Richd.
0111001-0211101
Pettit, Jonas
010110001-0112001
Broyles, Felix
100001-20001
Brown, Jas.
210011-12001
Loe, John
10001-10001
Campbell, Zachariah
100001-010001
Burton, Jno.
010010001-01120001
Pettit, Jos.
01001001-20001
Brown, Hugh
00001-10001
Brown, Felix
000110001-001000001
Dagley, Elias
0220001-1012001

231

Dagley, Thos.
00001-20001
Brown, Wm.
2310001-0010001
York, Wm.
110001-111002
Cooper, Eli
21101-010001
Nations, Thos.
113001-21021
Ridenhour, Wm.
22001-010101
Hancock, Martin
010001-002011
Strader, Danl.
10011-11001
Irwine, Francis
00002001-001000001
Grant, David
20001-20001
Strader, Jacob
0021000001-02101001
Hancock, Wm.
22101001-0012001
Hancock, Wm.
00100000001-0010001
Loy, Jno.
12001-000001
Nelson, Susannah
001-00100001
Grant, Jonathan
00001-20001
Smith, Anthony
010001-22001
Hill, Terry
00001-20001
Loy, Jno.
000000001-10010001
McCoy, Catharine
1101-113001
Campbell, John
1120001-120101
Searat, Nancy
121-000001
Craven, David
10001-00001
Owins, Jas.
310001-100001
Musgrove, Wilson
00000001-000001
Grant, Jno.
0000100001-0000011
Grant, Jno.
110001-202011

232

Mosler, Adam
2021001-1211001
Sharp, Jacob
0010001-01001
Sharp, George
1102001-212001
Cooper, Peter
1112001-122101
Kirk, Josiah M.
00001-00001
Nausler, Sebastian
102200001-0120001
Murray, Jno.
00001-00001
Sharp, Aaron
12110001-0012101
Burris, Wm.
001101-210001
Gailor, Allen
00001-00001
Hatmaker, Wm.
120001-21001
Hatmaker, Joseph
101010001-10001
Hatmaker, Francis
101210001-0010001
Faulkner, Mary
02111-000001
Griffith, Martin
01011-000001
Ellison, Robert
11211-210001
Young, Martin
0020000001-000001
Gwinn, Jno.
11101-000001
Gwinn, Saml.
02100001-0001001
Dehart, Wm.
100001-111001
Usery, Wm.
11001-110001
Weaver, David
10001-11001
Snodderly, George
0121001-3100001
Snodderly, Jacob
10001-0001
Smith, Jno.
1001-0001
Rice, George
110001-210001
Sharp, George
10001-0001
Rice, Rebecca
00101-001101001

233

Jackson, Thos.
1221001-101101
Hill, Elijah
23001-00001
Woodard, Alexander
020001-100001
Pritchet, David
110001-12001
Sharp, Nicholas
212001-010001
Loy, Peter
001001-201001
Sharp, Jacob
10003-20111
Oaks, Joshua
000000001-0000000001
Rice, Enoch
212101-120011
Jackson, Nancy
0-0122001
Nash, Noah
00001-00001
Oaks, Joshua
1001-00001
Watson, Nancy
1-0020001
Rice, Chas.
000001-10001
Wilson, Isaac
2000001-0212001
Stanley, Joseph
111001-10001
Martin, Jessee
000110001-10111001
Arwine, Jas.
110001-10001
Brim, Henry
1010001-0112001
Brim, Jno.
10001-10001
Black, Jno.
000001-0001001001
Luster, Robert
10001-00001
Craig, Reuben
0100001-2120001
Swafford, Wm.
00000001-00001
Heath, Richmond
10001-10001001
Johnson, Pleasant
00010001-0000101

234

Johnson, Claiborne
000001-000001
Sharp, Isaac
31012-02001
Longmire, Robert
20001-00001
Hill, Matthew
00120001-00100001
Sharp, Sarah
0001-0001001
Jackson, Michael
20001-10001
Lower, Jno.
00000001-00100001
Snodderly, John
000011001-000000001
Nelson, Wm.
10100001-021001
Snodderly, Jno.
11001-20001
Adams, Wm. E.
10001-10001
Hill, David
20001-10001
Sharp, Henry
3210001-0022001
Nelson, Gabl.
11001-11001
Erwine, John
21001-01001
Wilhite, Joseph
20001-01001
Gray, Nathan
0100001-0110001
Smith, Josiah
10020001-0110001
Chitwood, Danl.
010101-211101
Riseden, Isaac
110001-00001
McCulley, Peter
20011001-110101
Hatfield, Jeremiah
10110001-11120001
Milstead, John
1210001-100001
Miller, John
10001-10001
Leach, Tilman
10001-00001
Stanley, Wm.
10002-20001
Craven, Joseph
210001-00001

235

Richardson, Danl.
10001-11001
Richardson, Thos.
120001-000001
Lawson, Elisha
212001-110001
Morriss, Mary
00001-00010001
Jones, Solomon
1000100101-31211001
Chapman, Robert
002000001-01020001
Wilson, Wm.
122001-110001
Simpson, Nancy
00001-0100001
Gailor, Thos.
10001-00001
Gray, Jos.
1111201-010101
Hobbs, Jno.
210001-011001
Murray, Morgan
021101-200101
Cook, Wm.
00001-1001
Delk, Gabl.
11001-11001
Adkins, George
011001-211101
Hicks, James
20001-10001
Cook, John
00001-10001
Adkins, Mahala
1-0001101
Cross, Absolom
0-0
Craven, Meriday
01001-000001
Delk, John
122001-110201
Marcum, Anne
0121-00010001
Dougherty, Elisha
00001-0001
Lawson, Maxwell
10001-40001
Bruce, Danl.
200001-11001
Wallen, Brittain
00001-1001
Stanley, Roads
20100001-0211001

236

Stephens, John
00001-10001
Taylor, E. D.
0000001-00001
Smiddy, Jessee
001100001-00010001
Smiddy, Reuben
1001-00001
Thompson, Harmon
200001-013001
Thompson, Lewis
0211001-211001
Elswick, Charity
0011-00100001
Allen, Saml.
00111001-00010001
David, Wm.
101100001-0301001
Gilson(Gilpon?), Enoch
10110001-0101001
Hatfield, Emanuel
20001-00001
Hatfield, Joseph
00000000001-0000000001
Parker, Delila
011-00000101
Cecil, Jas.
21001-10001
Butram, Andw.
00010001-0010001
Young, John
00220001-0010101
Shoat, Labe
00001-30001
Reed, Jno.
001001001-100010001
McDonald, Jas.
01110001-1010001
Reed, Jno.
21001-111001
Reed, Joseph
0001000001-000000001
Sexton, Wm.
0100001-212001
McDaniel, Amos
00001-0001
Brown, Robert
221001-10001
Jeffries, Jas.
00001001-00110001
Lawson, Thos.
20001-11001
Lawson, Randolph
000100001-0011001

237

Cox, Jas.
21001-01001
Lawson, Robert
000000001-00000001
Thompson, Blackburn
110101-211101
Griffith, Richd.
01120001-221101
Delk, Jourdan
100001-00001
Goodin, Joseph
0011001-1300001
Jeffries, Robert
100001-10001
Adkins, Henry
0000000001-00000001
Cox, Noah
120001-11001
Bruce, Wm.
01001-10001
Brown, John
00001-10001
Brown, Alfred
10001-10001
Smith, Jno.
0020001-11000001
Griffith, Jane
01-0000001
Lawson, Saml.
00001-0001
Burge, Wm.
140001-20001
Phillips, Jos.
321001-001001
Bowling, Andw.
21001-00001
Roach, Wm.
000001-0100001
Bruce, Jno.
0000001-0001001
Poteet, Wm.
00001-00001
Shoopman, Jno.
10001-10001
Carrol, Andw.
10001-01001
Prewit, Harden
220001-111101
Basham, Nathan
10001-10001
Ridenhour, Martin
12110001-C010001
Davis, George
1000001-01001

238

Davis, Robert
0000001-0000001
Dougherty, N.
10000001-10001
Woods, Belfier B.
1001000001-0132001
Miller, Susannah
0-0010001
Sharp, Wm.
110001-11001
Staunton, Thos.
100001-10001
White, Wm.
100001-22001
Bullock, Jno.
120001-200001
Prock, Elizabeth
0-011001
Prock, Margaret
01-10001
Whitton, Robt.
C00000001-00011001
Phillips, John
0-0
Ketherly, Simpkin
10001-0001
Caywood, Stephen
020001-310001
Martin, Wm.
1320001-010101
McGee, Jas. C.
001210001-1210101
Baker, D.
000001-1001001
Adkins, Richd.
21110001-100001
Campbell, Abel
20001-20001
Delk, Joseph
00001-30001
Smiddey, Wm.
20001-0001
Mallicoat, Phillip
231101-10110201
Adkins, Joseph
10001-1002
Lovet, Francis
. 0110001-111011
Sowders, Jacob
0011101-0100001001
Adkins, John
00001-30001
Bird, Jessee
31001-00001

CAMPBELL

239

Bird, Wm.
00001-20001001
Shoopman, Jno.
00100001-0011001
Moad, Thos.
00010001-0121201
Jeffries, Wm.
01110001-00110001
Roberts, Nelson
00002-0000101
Goad, Ephraim
22001-00001
Hewit, Danl.
20001-10001
Lawson, Mary
101-0110001
Morgan, Joseph
111101-000101
Shoopman, Wm.
00001-1001
Vinzant, George
1133001-0011001
Campbell, Jeremiah
00011001-10110101
York, Reuben
00001-00001
York, Crecy
00021-0011001
Huckaby, Jno.
114001-100001
Chambers, Riley
00001-10001
Davis, George
0-0
Minton, Isaac
200010001-20002
Slavy, Richd.
12100001-10101
Slavy, Jas.
00001-10001
Carson, Jno.
10010001-1211001
Foster, Jas.
00001-11001
Brown, Thos.
000110001-001001001
Chitwood, Shadrac
2212001-101001
Chitwood, Pleasant
00220001-01000001
Trammel, Rachael
0112-211001
Davis, Wilson
0111001-211001

240

Wright, Elizabeth
12-000001
Baker, George
00100110001-1000010001
Baker, Saml.
10001001-10001101
Crissenberry, Hiram
100001-00001
Sharp, Jno.
01001-10001
Harmon, Jno.
100101001-120001
Harmon, Paul
200001-02001
Hunter, Andw.
3003001-0021001001
Robertson, Joseph
220001-000001
Emery, Benjn.
210001-020001
Province, Sampson
101001-21001
Clodfelter, Frederick
10001-00001
Chavis, Sally
1-0001
Trammel, David
111001-202001
Wright, Nancy
0001-0001001
Baker, Robert
20011-01001
Turner, Richd.
20001-01001
Mead, Jas.
00100001-0002
Siler, Wimer
100001-00001
Evans, Elizabeth
122-0002001
Prock, Christian
0000000001-000000001

CARTER

3

Messeck, William
0011011-110001
Hughs, Saml. M.
10002-00001
Powell, Joseph
10002-0002
Parks, Abial C.
20101201-000111
Cameron, Jacob
200011-01001
Singletary, Thomas
000021-02001
Harris, John R.
10001-00001
Folsom, Malcolm N.
111021-11002
Adams, Jessee
010111001-01100001
Mitchell, William
10001-00002
Mitchell, Arthur
11001-20001
Carter, Alfred M.
0220011-000201
Solls(?), William
002101-010101
White, William
100001-20001
Inser, John H.
00021-0001
Taylor, Joseph
100101-110001
Nelson, David
00120001-11100001
Adams, David
100101-211001
Tipton, Abraham
000001-010001
Nicholls, Thomas
200001-30001001
Murry, Ryland S.
100001-01001
Tipton, John
00001-1001
Daughtery, John C.
000000001-0
Tipton, Saml.
0000000001-000100001
Huffman, Moses
0001101-0111101
Carter, William B.
101101-00000101
Gott, William
100001-100211
Housley, Howel
10101-00001

4

Lacey, Alexander
0100001-001101
Williams, James
11000001-211001
Justice, Clabourn
10001-100001
McIntosh, Anguish
200001-11001
Justice, Sarah
000111-000000001
Miller, Jacob
20001-10001
Morton, Alexander
01110001-2021101
Pearce, George
11001-10001001001
Campbell, Zachariah
00103101-10010101
Campbell, Elisha
111001-111001
Campbell, David
100011-20101
Campbell, Isaac
00001001-00121001
Smith, George
10001001-0032101
Smith, Daniel
2022001-2001001
Smith, Ezekiel
2101001-2130001
Berry, John
110011-210001
Smith, Mary
0-000000001
Bishop, William
101001-110001
Cole, Zacheriah
00001-10001
Helton, Silas
12001-111101
Miller, Bayles
110001-01101
Bowers, Valentine
111201-011001
Taylor, Alfred W.
210001-00001
Ervin, Saml. A.
202001-101101001
Nave, Abraham
20001-10001
Leon, William
0001-00001
Williams, Pleasant
20002-0001

5

Rowe, Abraham
10001-0000101
Kite, Anderson
21002-1001
Heart, Leonard
000000001-000100001
Heart, Leonard
10001-10011
Oliver, John
00001-20001
Hyder, Benjamin
10001-00001
Fletcher, John
01101001-310001
Bradley, James L.
000001-0001
Moody, David C.
00001000001-000011
Greenway, George W.
100001-10001
Lacey, George
012001-111011
Tipton, James I.
111001-11101
Nave, Henry H.
310001-1000101
Blevins, Moses
1100011-10001
McLeod, Abner
0000001-10001
Scott, John
2101001-020001
Rollins, John
2200001-101001
Drake, Saml.
0000011-10101
Nave, Godfrey
1-00011
Williams, Archibald
00022101-002
Tipton, Isaac
220001-110001
Helms, John C.
410001-010001
Helton, Trueman
0022001-0100101
Hathaway, John
11001-20001
Estep, William
001001-211101
Edens, James
0110001-00000001
Edens, Nathaniel
01001-12001
Lacey, Mark
01001-0112001

6

Hughs, William
00120001-0101001
Nave, William
1001001-042101
Hays, David
100001-120011
Whaley, Jeremiah
10001-110001
Shields, John
010001-0
Hendricks, Solomon
1111001-211001
Gifford, William
100001-000001
Taylor, James P.
01102101-201001
West, Jessee
2202001-011001
Boren, William
11001-10002
Nave, William
10001-00001
Renfro, Joseph
000120001-002011
Humphreys, Elisha
000310001-00101001
Humphreys, Jessee
00001-10001
Kelly, Vincent
1200101-00201
Foster, Benjamin
310001-110001
Hatcher, Reuben
00002001-10001
Patton, Saml. E.
01000101-000000011
Lacey, Philemon
10001-00001
Inman, Lazarus C.
200001-11001
Williams, George
001130001-00102001
Febrie(?), Alexander
00001-100001
Williams, John L.
0221001-1010111
Shields, James
1110002001-020001
Harden, Elish(Elisha?)
110001-22001
Jones, William
11011001-1210001
Nelson, Carrick W.
0001-0001

CARTER

7

Wilson, Larkin
0001-0001
Gwinn, David
00101-00101
Nave, Eli
10001-210001
Wallace, John
10001-0001
Jinkins, James H.
20001-00001
Lacey, Rheuben
0000001-20001
Miller, Saml.
11001-21001
Hendricks, Solomon
0020000001-0000000001
Stephens, William
0000001-0000001
Heart, Solomon
00001-00001
Emmett, Peter
00001-0001
Hardin, Kelley
10101-11001
Linster, William
1100001-110001
Williams, James
1100001-211001
Williams, Elizabeth
111001-11101
Clark, James
1110001-2012001
Bowers, John T.
121001-101001
Hardin, John
10001-1001
Sams, Alfred C.
10101-011201
Emmert, George
1110001-0011001
Hatcher, William
00001-00001
Morris, Robert
0021001-0121110001
Nave, Henry
10111001-0111001
O'Brien, Brien
4102001-0201001
Bowers, Henry
020001-103001
Gorely, Thomas
00001-01101
Lacey, Philemon
110001-10011

8

Hyder, Joseph
00110001-0010001
McNab, Taylor
0002-00101
Estep, Levi
20001-00001
Nave, Thomas
00001-00001
Shooks, Mathew
010001-011001
Lyons, Michael
20001-10001
Hendricks, Tobias
01001-00101
Slone, Thomas
1111001-021001
Stover, Daniel
01010001-00110001
Bishop, David
10011-0001
Blevins, George
102011-220011
Thompson, Larkin
111001-211001
Garland, William
00000010001-0
Smith, Littleton
0011001-221101
Hudson, Gabriel
200001-021001
Lacy, Hannah
000001-0010010001
Curtis, Mary
01-000000001
Myres, Daughterty
0-000000010001
Hudson, Clark
110001-122011
Curtis, John
1100001-12001
Kuhn, Jacob
10101001-11113001
Hudson, Sarah
10001-00200001
Humphreys, William
10001-10001
Lyons, Ezekiel
20001-21001
Daugherty, William
100001-10001
Obrien, John
00113101-0
Conley, Samuel
10001-000001
Emmert, George
1100000001-010001

9

Carter, William
 1010101-0000001
Smith, Mahaley
 1-10001
Colbaugh, Henry
 01001001-00112001
Smith, William
 00001-1001
Motron, John
 1101001-2210101
Taylor, Jacob
 20001-100001
Inks, Jemima
 1101-000010001
Emmert, Lucas
 1112001-201001
Hendricks, John
 0000100001-010010001
Range, Jonathan
 12001-200010001
Whitehead, John
 111001-110201
Grimestaff, Henry
 10101001-00001
Obrien, William
 200001-111001
Nave, Abraham
 002202001-00213001
Drake(?), Jacob
 000001-11001
Range, James
 231001-110001
Skipper, Jacob
 0000001-0
Rockhold, Dorsen
 0000000001-000000001
Buck, Bathuel
 1000001-10001
Reno, Mary
 0-21001
Lewis, Ephraim
 2010001-020101
Range, Jacob
 10001-21001
Daniels, William
 10001-10001
Daniels, Noah
 000001-100001
Carter, William
 311001-110101
Inser, Thomas L.
 120101-000001
Dickson, Lucinda
 0102-111111
Lea, John H.
 00001-20001

10

Lyle, Allen
 00003-00001001
Loudermilk, Adam
 111001-121001
Loudermilk, Henry
 022001-100001
Gourley, Hannah
 1-21001
Taylor, Johnathan
 211001-021001
Taylor, Andrew
 00110001-001211001
Taylor, Andrew
 1110001-001201
Matlock, Ruth
 121-011001
Morgan, John
 001000001-00000001
Kuhn, John
 2201001-001001
Hughs, James
 112011-000001
Paylor(Saylor?), Henry
 21011-10001
Kelton, Patsey
 12-00000001
Swanner, Joshua
 310011-01001
Williams, Edmund
 100011-01001
Peler, Solomon
 12100001-1012101
Rowland, Michael
 00011001-2120001
Guy, Sarah
 2251-0011001
Linebach, Nancy
 01-10001
Hampton, Ann
 00001-00021000l
McKee, David
 2100001-010001
Humphreys, Mary
 0-0001000001
Cooper, Joel
 00002001-000011
Cooper, Joel
 000000000001-010101
Saylor, Joseph
 00001-10001
Taylor, Caswell C.
 000021-0
Pugh, Jonathan
 200001-00001
Hunt, Henson
 2020101-1200201

11

McInturff, William
 110001-211001
Swanner(?), Wyot
 110001-00010001
Barlow, John
 01000000001-000000001
Denton, Joseph
 00100000001-0000000001
Haynes, David
 211211-121001
Lytterell, John
 10001-20001
Smith, Caleb
 0012101-1020001
Owens, William
 2000001-10001
Loveless, Charles
 1200101-1211101
Taylor, John
 200001-02001
Robeson, James
 1000001-20001
Buck, Ephraim
 102101-022001
Sanders, Robert
 1000001-21001
Anderson, Isaac
 110001-210001001
Holt, William B.
 11002-100001
Pugh, Samuel
 00001-00001
Pugh, David
 01111001-001011011
Tipton, Jemima
 1-001001
Keen, Mathias
 00000000001-0000000001
Miller, Ann
 2-000010001
Bowman, William
 00011-2000101
Haun, Adam
 000000001-000000001
Haun, Abraham
 102001-100201
Haun, David
 00002-101000011
McInturff, John
 12122001-1010101
Carrol, Jacob
 0001-00011
McInturff, John
 23001-00021
Kite, Isaac
 011130001-001000011

12

Greer, John
 000100001-00010001
Greer, Robert
 00001-00001
Greer, Richard
 210001-0000000001
Greer, William
 111001-112101
Haun, John
 111111-111001
Rowe, Thomas
 000220001-00001
Rowe, John
 20001-10001
Lusk, Samuel
 12000001-100011
Moreland, John
 010001-321101
Morgan, Joshua
 1210001-1100001
Gorely, James
 1011001-2201001
Kates, Jeremiah
 0210001-1002001
Simerly, Adam
 0020100001-00011001
Picket, William
 11001-20001
Moore, Absolom
 000100001-01000001
Hyder, Jonathan H.
 11001-10001
Boyd, John
 0201001-1011001
Adkyns, John
 0000001-0
Bowman, Peter
 00010001-11101001
Tipton, Samuel
 10001-10001
Lowe, John
 0000001-0
Hyder, Michael
 001110001-1001001
Lewis, Lewis D.
 0011201-1122001
Adams, Joshua
 0020001-00010001
Albany, John
 3211001-000001
Miller, John
 000000001-0010100001
Woods, Alexander T.
 10001-00001
Cooper, Hiram
 1030001-0120001

CARTER

13

May, Samuel
 00000001-0
Duncan, Enoch
 10001-10001
Combs, Joseph
 100001-110001
Vaughn, William
 00001-21001
Douglass, James
 11001-21001
Nelson, Mathew
 00001-20001
Epley, John
 000001-2001
McKleehan, George
 110001-00001001
McGehen, John
 11000101-110001
McGehen, Samuel
 110001-120001
McGehen, Brewer
 000000001-00010001
Peoples, Samuel W.
 0000001-00001
Overhults, Hannah
 02211-0001001
Lusk, John L.
 110011-10001
Simmerly, William
 010001-11001
Inman, John
 111001-10021
Boyd, William
 20001-00001
Nelson, Jessee
 0010001-1121101
Broyles, John
 20001-0001
Broyles, Mathias
 30001-00001
Perry, William
 111001-111001
Perry, James
 110000001-00001
Renfro, James W.
 201011-000003
Drake, Abraham
 100001001-100010001
Brummet, Samuel
 10001-00001
Lacey, James
 00011001001-0001000101
Ellet, Thomas
 11200001-2012001
Blooper, Armstead B.
 00001-1001

14

Love, Thomas D.
 1110001-120001
Scott, Nancy
 111-000101
Penney, James
 1100001-200001
Lacey, Samuel
 10001-00001
Murry, Jabus
 00201001-00000001
Morgan, Lewis
 111001-000001
Kendred, William
 10001-00001
McNab, Nathaniel
 0201101-1111101
Green, Enoch
 011101-201001
McIntosh, Adam
 001101-1110010000l
Graham, James
 0-0
McNab, Elizabeth
 000001-000010001
Crow(?), Elizabeth
 0-0
Brown, Caldwell
 010011001-00111001
Brown, William
 201001-00001
Moreland, Thomas
 10001-00001
Morrison, Isham
 00001-00001001
Gwinn, Austin
 211001-111101
Peoples, Winney
 00101-121101
Helms, Rachael
 1-0010001
McInturff, John
 10001-10011
Tilson, James
 00001-10001
Kates, Barney
 000001-10001
Kates, Ester
 1001-001001
McInturff, Thomas
 221001-111011
Scott, John
 0000000001-0000001
Miller, Jacob
 00011001-00011001
Carrol, Isaac
 31001-000001

15

Carrol, William
00001-01001
Wilcox, John
101101-01001
Jeanes, Wyatt
10001-10001
McNab, Andrew T.
112001-210001
Carrol, James
212101-020001
Helton, John
00120001-021101
Watson, Eliazear
10001-1001
Brit, David
220001-000010001
Vance, Alexander
00101-00001
Bogart, Samuel
00100001-000101001
Haynes, George
000210001-000000001
Goreley, Charles, M.D.
100001-11001
Rogers, Mary
002-0000001
Goreley, Thomas
100001-000001
Ward, John
201020001-00011001
Toney, William
001000001-00010000l001
Hyder, Michael E.
210001-02001
Hyder, John
000100001-10001020001
Hyder, Johnathan
1001001-2211001
Payne, Nicholas
000001-1011
Hatcher, Thomas
0120001-0022201
Taylor, Isaac
0100000001-00000001
Stroud, James
0120001-022001
Carter, Thomas
200001-00001
Buckner, Thomas
20001-00001
Grace, Azariah
1001-0002
Roland, Robert
10001-11001
Gillis, Thomas
00001-20001

16

Morris, John
02000001-0023101
Keener, John
01100001-000211
Brit, William
0001001-00000001
Smith, James
01121101-0120101
Smith, John
120001-1010011
Smith, Samuel
00001-10001
Fry, Nicholas
100001-11001
Smitherman, Samuel
00002001-110101
Burchfield, Nathan
01202001-0000001
Burchfield, Nathan
10001-20001
Moseley, Benjamin
1133101-11201
Whitson, William
00001-00001
McLaughlin, John
211001-011001
Hincle, Joseph
111001-122201
Baker, William
0111001-0022001
Archer, John
10001-10001
Stephens, Isaac G.
100001-211001
Garland, Susannah
00011-0011101
Woodby, Eppy
2120001-120101
Banks, Uriah
00001-0000100001
Banks, William
10001-10001
Brummet, James
00210001-0000001
Banks, Moses
221001-000001
Ingram, Sarah
1-0000101
Grimestaff, Catherine
01010001-0111001
Moon(Moore?), James
100001-100001
Currd(Carrol?), William
210001-101010000l
Brit, John
0211001-0110001

17

West, Thomas
1121001-1011001
Brit, Jessee
100001-100001
Whaley, Jeremiah
0020001-200031
Whaley, Matilda
011-011001
Orton, James
20001-110001
Bowman, Elijah
00001-00001
Maddox, Jessee
00001001-20010001
Grant, David
10010000001-000001
Wright, John
0100001-012000101
Carrol, John
00020001-00010001
Swanner, Philip
10011-10001
Price, Christopher
100001-032001
Brumet, Carinder
10001-00001
Peoples, William
2110001-012001
Williams, George
00001-1001
Lisenby, Charles
110101-10001
Hays, George
2200001-011001
Kelley, Richard
010000001-101011001
Taylor, William
10001-20002
Taylor, John
00001-10001
Bullock, Samuel
00001-10001
Ellis, Radford
00001-21001
Parry, David
100100001-000200001
Carriger, John
13220001-000101
Nidefer, George
3102001-113111
Crow, Campbell
2101101-112111
Walling(?), William
110001-0021001
Suttle, George
121101-0002001

18

Foster, Thomas
000011-000002
Caraiger, Christian
01130001-1121001
Lincoln, Mary
0-000000001
Williams, Mordecai
0100001-10110001
Lansdowne, Rheuben
00010001-00021001
Lansdowne, Joel
00001-0001
Morgan, James
101001-201101
Jinkins, Jessee
20001-11001
Merrit, Benjamin
210001-010001
Huff, Samuel
30001-00001
Wallace, Thomas
110000001-3002201
Crow, Thomas
0011001-0000001
Oaks, Barnabas
1101001-022001
Peake, James H.
1010001-011001
Montgomery, Samuel
1100001-0111001
White, Benjamin
2130001-010101
Lips, Jonathan
01022001-0000000101
Estep, Moses
311000001-0212001
Hetherly, Ewings
10020101-10201001
Hicks, Russell
10001-100201
Hoof, Nancy
01102-0010001
Lyons, John
02110001-01100001
Pots, Thomas
01000001-11001
Fur, Sherred
121001-210001
Pearce, Anderson
0001-000001
Dugger, Abel
1001001-1300101
Vanhoose, Valentine
00011001
Pearce, Michael
000001-00001

19

Warren, Turner
00001-0
Stalcup, Aaron
0100101-00001
Devenport, John
10001-00001
McHenry, Hugh
0011010001-131001
Dugger, Julus
010100001-010020001
Pearce, Henry
10001-00001
Vaughen, Joel
000001-21001
Justice, Charles
200001-10001
Moreland, Wright
000001-22001
Moreland, Charles
100000001-000000001
Pruet, Charlotta
112-0210001
Lewis, William
100001-10001
Goodwin, Lawson
0020101-1202001
Dugger, Joel
1211101-1100001
Shuffield, James
00111001-0020001
Whitehead, James
1100001-210001
Robertson, Daniel
10001-00001
Stout(Stourt?), Daniel
22001-100001
Potter, John
10101-001101
Potter, Peter
12001-00001
Bunton, William
11011001-11011001
Bunton, James
11001-22001
Potter, Johnson
00001-1001
Potter, Daniel
00001-00001
White, Lawson
0222001-0100001
Miller, James
0210001-000101
Wilson, Hugh
10001-00001
Clauson, Robert
00001-10001

20

Vine, William
10001-10001
Vine, Elias
0000100001-100010001
Dugger, William
10001-00001
Dugger, John
1213201-1111101
Hickey, James
300001-03001
Dugger, William
0000002-0
Dugger, John
10002-10001
Cabel, Benjamin
2000001-2311001
Guinn, James
000100001-001000001
Hester, Thomas
000001-00102
Davenport, Absolom
2102001-0100101
Laws, Jeremiah
10001-00101
Price, John
110001-100001
Brown, Mary
0-0010101
Banks, Joshua
010000001-0121201
Cabel, Casper
010001-000010001
Cabel, Conrad
0113001-2202001
Guinn, Abel
210001-000001
Swinney, Daniel
001100001-00101001
Buntin, William
000001-20001
Workman, David
1200100001-10002
Jones, William
00001-10001
Razor, Eli
3310011-001001
Baker, Mathias
00001-00001
Baker, John
100100001-000001001
Mort, Adam
1010101-0112201
Laws, Welcome
0120101-1103001
Ward, Daniel
00110001-00101001

21

Slimp, Joseph
020011-30011
Slimp, Michael
21121001-0210001
Ward, Samuel
10001-00001
Ward, Thomas
00001-00001
Baker, Benjamin
10001-10001
Daugherty, Jacob
112011-100101
Slimp, John
110001-20001
Baily, John
00011-20001
Johnson, Nancy
0001-010001
Martin, William
00001-11001
Snyder, Mary
02001-010001
Arnold, William
0011101-01011001
Fletcher, Silas
22200001-0110001
Snyder, Peter
00111001-2210001
Snyder, Christly(Christley?)
00000001-00100001
Wagoner, Jacob
1111001-1100001
Wilson, Tapley
1211000101-110101
Wagoner, Mathias
000100001-10011001
Hockety, Jonathan
11001-10001
Musgrave, Isaac
0001101-001101
Ostern(?), Joseph
012001-211001
Musgrave, Aaron
00001-00001
Adkins, Williams
1001001-0110001
Stewart, Britton
00001-10001
Taylor, John
120001-012001
Taylor, Stephen
10001-10001
Taylor, Charles
210001-101001
Minks(?), Hiram T.
00001-00001

22

Williams, William
1000001-01001
Musgrave, John
00002-00101
Musgrave, Samuel
00001-00001
Musgrave, Enoch
00001-20001
Potter, John
211201-011001
Workman, Grammer
11001-10001
Brooks, David
012101-211001
Modlin, Charles
0020001-0000001
Moore, Greene
000101-20001
Shoun, Leonard
02100001-01130001
Davis, William
11001-110001
Moore, Rufus
00001-10001
Wade, David
01000001-000001
Dodsen, Rheuben
11101001-1221001
Musgrave, John
0000000001-000000001
Taylor, Stephen
00010001-001110010001
Price, David
010001-111001
Wagoner, Mathias
200001-10001
Wagoner, David
21100001-0102001
Price, Moses
10001-0011
Price, William
000000001-000000001
Cook, Augustus
10001-10001
Cook, Thomas
2221001-0001301
Arnold, Jarret
1010001-210001
Arnold, John
00011-0
Smith, Sidney
0011-0000001000001
Jackson, Archibald
00001-10001
Stewart, John
100001-12101

23

Mathews, Elizabeth
10001-10001
Wagoner, David
10001-00001
Rusten, John
210000001-211001
Cook, William
0000000001-000000001
Baldwin, Elisha
110001-110001
Grey, John
0001001-0000001
Shaver(?), John
00001001-00001001
West, W. R.
1000001-10001
Guy, David
00001-0001
Pennington, Edward
10101-00101
Arnold, Richard
111001-12101001
Heath, Leroy
100001-122201
Dodson, Jourden
10001-01001
Reese, Daniel
220011-0001101001
Hutcheons, Jessee
012201-110001
Reese, Jacob
000010001-00011001
Wilson, Lemuel
211001-111001
Williams, John
00001-00001
May, Elizabeth
2001-001001
Snyder, Adam
100001-10001
Greer, Joshua
20001-10001
Greer, John
00210001-01000001
Curd, Ezekiel
201101-01101
Hammonds, Richard
10001-00001
McElyea, Larken
10001-00001
Morris, Moses
000001-000000001
Wagoner, Mathias M.
00001-00001
Dun, Booker
00001-00001

24

Deen(Dun?), Godfrey
00211001-00210001
Wilson, Booker
02210001-0201101
Woodby(Woodly?), William
00111001-00010001
Morefield, John
0100001-1111001
McElyea, Henry
00000001-0020001
Wilson, Talton
00011-00001
Jinkins, Rowland
00001-00001
Woodby(Woodly?), Thomas
121001-100001
Reese, Isaac
0100001-000001
Vaught, Joseph
00120001-0000001
Vaught, John
10001-10001
Netherly, William
01001-02201
Stout, Nicholas
00001-10001
Stout, Daniel
10001-10001
Wallace, Dory
00001-1001
Rolins, Absolem
300001-011001
Mullins, James
00001-00001
Wilson, John
00001-10001
Percilla, Susannah
0-0001001
Grace, David
21120001-1210001
Luster(Leister?), Robert
01120001-00110001
Wilson, Joseph
100000001-0001
Baker, Daniel
11300010001-1210001
Stout, Henry
1211001-101001
Moreland, John
210001-11001
Razor(Ruyor?), Peter
111101-12001
Roberts, Williams
00002-0010100001
Moreland, Sarah
0-0000000001

25

Grimestaff, Nicholas
20100001-20000011
Adams, Jessee
110001-11001
Stout, George
001100001-00011001
Stout, David
00011-10001
Mesemore, Francis
000000001-0
Razor(Royar?), John
001120001-1310001
Stuffinstrut, George
10001-00001
Howard, John
310001-10101
Wagoner, Joseph
500001-0002
Bradley, James
00100001-1122001
Bradley, George
00001-00001
Ball(Bale?), Nelson
01001-000001
Maton, John W.
110001-020001
Gilleland, James
12100001-301001
Brumet, David
310001-1110001
Shell, John
200001-10001
Wilson, Andrew
300001-010001
Whaley, Abraham
000001-100001
Rainbolt, Elisha
101001-1110001
Clauson, James W.
0100101-0110001
Whaley, John
010000001-1022101
Whaley, Rachael
0-00001001
Laws, James
0001001-00000002
Perkins, Joshua
230101-01001
Perkins, William
10001-0001
Henkins(Jinkins?), John
00001-00001
Perkins, Nancy
01001-000020001
Shell, Philip
110001-22001

26

Duncan, Abner
0010001-0222001
Duncan, Benjamin
10001-00001
Kennich(Kinnich?), David R.
0000101-01211
Hampton, Thomas
010001-21011
Laws, Lucinda
01-100001
Hampton, Mary
00021-00201001
Laws, Elizabeth
0-000001001
Hampton, William L.
00001-3101
Smithpeters, Michael
0032000001-01000001
Walka, Ansel
00001-20001
Campbell, James
0000000001-0000000001
Proffet, Jackson
00001-31001
Rowland, William
212001-110001
Gamble, William B.
00001-10001
Proffet, Turner C.
000001-0
Carta(Carter?), George W.
000002-0
Launcford, Elisha
00001-0
Netherly, Nancy
00001-0101101
Bunton, Hugh
00001-0
Rains, John
1100000001-001002
Grimestaff, John
10001-00001
Howard, Baldwin
00001-1001
Brown, George
0001201-0010001
Howard, Samuel
100001-20011
Rankins, John
20001-100101
Adams, William
00001-10001
Heaton, Vaught
1000010000001-1100010001

27

Dugger, Mendy
10001-0001
Whitehead, John
111001-110101
Smithpeters, Micheal
101101-111101
Heaton, Joseph
210001-00101
Robertson, Joseph
11111001-1102001
Taylor, Mary
0011-00000001
Worley, Alla
1-00001
Heaton, George W.
00011-00001
Tompkins, William
21001-00001
Shelley, Joseph
210001-00001
Stout, Daniel
2122001-0011001
Stout, Edward
00001-00001
Stout, David
111001-210001
Moreley, James B.
21021100101-21001
Morely, Sarah
0-10001
McDaniel, James
000120001-00000001
Johnson, Thomas
1011001-021201
Burns, Samuel
000010001-00114301
Babb, William
20001-00001
Dugger, Thomas
110001-10001
Dugger, William
00120000001-001212001
Worley, Valentine
11001-00001
Worley, Michael
41001-100011
Jenkins, Hugh
000020001-010011
Mullins, Joab
0001-10001
Morefield, Vincent
200001-112001
Collins(?), William
0-0

28

Snyder, George W.
20003-02011
Vanabel, Matilda
10011-221001
Mullens, William
010101001-00000101
Winsel, Adam
00000000001-0
Christie, Norman
10001-0001
Gibson, Amos
00001001-0
Hampton, Johnson
01111101-01112001
Hampton, Hamilton B.
00001-10001
Hendricks, Mary
0101-001010001
Woolered(Woolerer?), Joseph
000001-20001
Stokes, Thomas J.
10002-0002
Donley, Richard
1210001-21001
Wilson, William
000000001-000000001
Wilson, Andrew L.
0000200001-010011000l
Hampton, Jacob
01010001-111111
Johnston, Thomas
111001-100011
Arnold, Elijah
00001-1001
Clauson, James
00001-00001001
Wilson, John
101100001-201101
Suttles, Joseph
200011-1000001
Morefield, James
10000001-100001
Clauson, William
1001001-0101001
Jones, Abraham
0110001-010011
Berry, William
100001-20001
Smith, Henry
00111001-00000001
Abel, William
220001-011001
McCann, Michael
21200001-01100001

29

Wells, Lewis
2000001-1111101
Gentry, David
212111-021101
Gentry, Joseph
0010000001-000000001
Ward, John
2100201-132011
Farris, William
000100001-000000001
Austin, Joseph
01001-40001
Helmstatler, Francis
10001-00001
Green, Elijah
10001-1001
Morefield, Henry
10001-10001
Michaels, William
110001-10001
Morefield, John
10001-20001
Warden, Hughs
2110101-002101
Carnlet(Carnut?), John
1021001-222201
Grey, Thomas
010001-212001
Greer, Thomas
110001-10001
Rowe, John
000000001-000000001
Reeve(Rowe?), Edward
12001-22001
Lyons, Ezekiel
0100001-0000001
Keys, James
02100001-0010101
Todd, Robert
000001-200010001
Dkinkins(Dinkins?), Douglass
110001-110001
Snyder, Elizabeth
000000001-00001101
Dorin, William
110001-120001
Dorin, Robert L.
1021001-2201001
Dorin, Elizabeth
0-000000001
Hills, Peter
12121001-1101101
Austin, Edward
1000100001-000200001

30

Loyed, (Loyld?), Absolam
212001-010001
Anderson, Charles
10011-01112001
McDildy, Allen
000001-210001
Donley, William
110001-10001
Wilson, Alexander H.
121001-100001
Mink, John
110101-112001
Wilson, Benjamin
000001-00001
Cress, David
131001-110001
Cress, Samuel
000001-31001
McQueen, William
000120001-00010001
Sweeney, Joseph
202200001-0100101
McQueen, Thomas
0111101-12100010001
Gentry, Benjamin
0001001-00020001
Gentry, John
10001-10001
Gentry, William
10001-00001
Miller, Martin
10001-00001
Davis, Henry
0111001-011101
Davis, Hiram
00001-00001
Gentry, Joseph
10001-10001
Wilson, Andrew
100001-100201
Shown, John
212022-10021
Jackson, Stephen
101101-212001
Reed, George
10011001-00100001
Johnson, Thomas
0000000001-0000000001
Loyd, John
10001-10001
Stout, John
01100001-0000001
Gentry, Jessee
11001-20001

31

Stott, Francis
000001-0
Shelley, William
000001-0
Low, Abraham
00001-21001
Roberts, Jacob
211001-100001
Shown, Isaac
10001-10001
Crosswhite, Jessee
20001-00001
Manes, Elizabeth
2-10001
Robertson, Lydda
00101-00010001
Mullins, Freelove
021-00110001
Maddern, John
222001-1110001
Low, Jacob
000100001-00100001
Dodson, William
11001-10001
Stout, Godfrey
00000000001-0000000001
Donley, William
2000001-21001
Douglass, Zilpha
001001-0010001
Kid, Johnson
10001-00001
Bartee, John
100001-10001
Shown, William
10001-10001
Crosswhite, George
00001001-00110001
Basendine, Charles
000000001-00000001
Markland, Parrot W.
10001-10001
Rambo, Aaron
100001-21001
Powell, Green
10001-10001
Woodby, John
001000001-002111
Crosswhite, John
220001-01001
Shown, Andrew
120001-110001
Wagoner, John
0001001-000001

32

Paxton, Thomas
20001-00001
Wilson, Garland
00102001-00120001
Miller, Reuben
1000001-00001
Dew, John
002001-0001001
Berry, Charles
200001-020001
Arrawood, Loyd
120101-110101
Shown, Joseph
00001-2001
Shown, Frederick
10001-20001
Arnold, Andrew
00100101-22001
Arnold, Alexander
010001-330001
Jinkins, Joseph
000001-00001
Barry, Thomas
001001-121001
Brown, Charlotta
0-001201
Frazer, Joshua
13000001-00020001
Stover, Jacob
0110001-121001
Cole, Isaac
20001-00001
Morris, Edward
0210001-1100010001
Cross, Elisha
110001-12001
Cross, William
110001-10001
Simerly, Henry
020001-210001
Lewis, Howel
00021-11001
Roysten, John
10002001-01120001
Cabel, Daniel
10001-?0001
Cole, Benjamin
20001-10001
Edwards, Abel
10011-20001
Parsons, Stitherd
00001-0
Cox, Caleb B.
100001-100011

33

Estep, John
020001-21001
Vanhoose, Mathias
330001-010001
Pearce, Griffith(Giffeth?)
221001-11001
Wallace, John
10001-0001
Cole, Israel
20001-00001
Cloud, Thomas
130001-00001
Smith, Isaac
110001-21001
Caver(Carver?), Benjamin
1311001-2100001
Holla, David
00001-01001
Hyder, Benjamin
010001-210001
Whitehead, James
100001-31001
Smith, Hozakiah
00001-11001
Simmerly, Jacob
021001-210001
Oliver, George
1100001-0212101
Cross, James
11001-20001
Cross, Solomon
111101-221001
Cross, Catherine
0-00000001
Morgan, Leonard
20001-11001
Kade, Lewis
0010001-1000001
Jones, Georden
10001-1001
Dugger, Julius A.
00000001-001001
Obrien, Joseph
203001-100001
Campbell, Nathaniel
10001-11001
Campbell, Isaac
10001-10001
Grimestaff, Michael
10001-1001
Jourdan, John
10001-10001
Carpenter, Kinchea(Kincheon?)
10111001-0012001

34

Simmerly, John
00010000001-0010000001
Boyd, Elizabeth
0113-003001
Jones, Nancy
0-000001001
Chambers, James
00001-10001
Miller, Jacob
10002001-0000001
Lewis(?), William
210001-100001
Bowman, Barnabas
0011001-0110001
Rose, Samuel
10001-10001
Sizemore, Jessee
201001-0100001
Cantrell, William
00001-211001
Bice, John
0010101-00011
Cantrell, Joseph
000000001-00010001
Cantrell, Isaac
00001-10002
Vance, John
00001-00001
Caver(Carver?), Delila
0-000000001
Vance, Robert
1111101-0021001
Hampton, Johnston
00001-10001
Smith, Jacob
220001-011001
Snyder, William
00012001-00000001
Snyder, Michael
20001-00001
Heart, Agnes
1-10001
Cabel, Daniel
01001-21001
Sheffield, George
00001-20001
Sheffield, John
20001-12001
Graves, James
010101-000011
Holden, James
10001-00001
Shell, Daniel
2101201-1110001

35

Hoss, Catherine
011-100001
Wilcox, Samuel
21020001-0220001
Shell, George
10001-0001
Wilson, Larkin
00001-00001
Wilson, John J.
0001201-22101
Smith, Elisha
10001-10001
Smith, Susannah
000111-00100001
Caver(Carver?), Reuben
210001-01101
Jones, James
211001-111001
Heanny(Heaving?), Jeremiah
10001-20001
Whitehead, Thomas
0001201-0200001
Whitehead, Charity
0-11001
Chambers, Elizabeth
0-0102101
Martin, Turner
0101201-111001
Hicks, Joel D.
10002-10001
Overby, William
1100001-011011
Madison, Mary
0-00000001
Estep, Barshaby
11002-00001001
Taylor, William
10001-10001
Pearce, Scion
10001-10001
Pearce, Arthur
10010001-00001001
Berry, James
112001-10001
Williams, Mark
01100001-0011001
Jinkins, Noah
120001-020001
Church, Samuel
100001-01001
Ritchie, Dempsey
00000001-02
Donathen, Elizabeth
1-00001

36

Ellis, Solomon
310001-01001
Henkle, George
222001-100001
Lewis, James
100001-12011
Nave, Tennessee
00001-00001
Massengill, Bennet
0010001-100001
Lewis, Peter
110001-11001
Peters, William
10001-00001
Brooks, Mary
0001-0000101
Carriger, James(Jane?)
10001-00001
Myres, Peter
211000001-12020001
Brooks, Reuben
00000001-0
McKenney, Charles
01001-10001
Lyttle, George
1211111-0002001
Blevins, Walter
1101001-0212101
Crews, John B.(Blevins?)
10001-00001
Patterson, Mary
0011-200001
Peters, Milly
2011-21003001
Brewer, Benjamin
10111021-1000001
Garland, William
01320001-0000001
Garland, Samuel
10001-00001
Lewis, Charles
000001001-100001
Head, Alexander S.
01320001-0000001
Bolds, Jessee
11001-01001
Jinkins, Emanuel
21210100001-012101
Edwards, Owen
22110001-001000101
Edwards, Wyly B.
00001-1001
Cabel, Joseph
2210001-010001

37

Bartee, George
01210001-02002001
Long, John
000011-10001
Emmet, Andrew
220001-111001
Hinkle, John
000001-000001
Williams, Elisha
20122001-0211001
Miller, Jacob
000001-0
Nicholson, Maclin
00001-10001
Forbush, William
000001-22001
Forbush, David
001210001-00011001
Barnet, James
340001-000001
Taylor, David
10001-10001
Grimestaff, John
011000001-00020001
Grimestaff, Michael
10001-1001
Pearce, Sarah
1102-011001
Stone, Arthur
0000000001-000000001
Estep, Enoch
00001-00001
Housley, James
00001-0001
Barron, Robert
030101-003001
Chance, Daniel
001001-020001
Hurley, Nehemiah
1210001-0002101
Overstreet, George(Crestath?)
0011001001-101001
Estep, Levi
20001-00001
Hodge, Benjamin
2010000001-000120001
Wilson, Thomas
10010001-00000001
Peters, Benjamin
11200001-2120001
Estep, Isaac
211001-00101
Shell, Aaron
00001-0001

38

Richardson, John
2110201-1002001
Brown, Susannah
0-0000000001
Gurthman, Daniel
00111001-00110001
Blevins, Dillian
10022001-1101101
Cole, Sampson
00001-100001
Gentry, Jessee
11001-20001
Gentry, John
10000001-0011001
Buckles, Edward
10001-11001
Lovelace, Thomas
2200001-110001
Blevins, William
10001-00001
Blevins, Mathew
0020111-0101101
Hickambotam, Moses
12210001-001001
Blevins, Gatewood
2101001-10011
Cole, Jesse
1011001-1113001
Blevins, James
011001-21101
Rosinbum, Nicholas
010001-010100001
Blevins, John
110001-00001
Blevins, William R.
00001001-0000001
Blevins, John
10001-20001
Blevins, Sarah
01-010101
Blevins, Bounaparte
20101-02001
Wright, John
00010001-0021001
Brown, James
023001-201001
Nave, John
00015001-00111001
Carriger, Tennessee L.
02014-010201
Ellis, Wyly
200001-10001
Cooper, Mary
0001-0010001

CARTER

39

Wyles, Samuel
1210001-101001
Smith, Absalom
00001-00001
Forrister, John
120001-210001
Hathaway, Elijah
00000001-00000001
Ellis, John
01001-0001
Peery, Thomas
10001-00001
Campble, Jeremiah
001000001-00001
Allen, John T.
002020001-0203

104

McClary, Thomas
100002-000001
Hill, James
000021001-001011001
Harris, Thomas
00001-10001
Hurst, Jesse
10001-10001
McCarmack, John
1010001-220101
Hill, John
00001-10001
Dunsmore, Joseph
00001-0001
Hill, William
010001-11001
Smith, Hiram
221001-103001
Bartlett, John
0212001-311011
Kersey, David
00001-0001
Stone, Thomas
000001-30001
Breeding, Bryant
12100001-2000001
Hurst, Jesse
2021001-010001
Damron, Joseph
11001-00001
Sanders, Marshal
01101-00001
Bundren, Greenzill
00001-10001
Hobbs, Thomas
0010000001-011000001
Willis, Woodson
110001-211001
Hurst, William
2010001-02001
Dunsmore, Nathan
00001-00001
Miller, Daniel
000000001-00001001
Miller, Daniel
200001-00001
Hodges, John
110020001-0000001
Frasher, Robert
20010001-00201001
Ritter, William
0031001-220001
Cook, Joab
21011-010001
Herald, Demsey
000001-110001

105

Willis, Mary
111-1011101
Childres, Jeremiah
11001-11001
Hurst, Thomas
010000001-00011000l
Shoults, George
000011-21011
Hill, Thomas
101101-11011
Shoults, Jacob
00011101-00100001
Ritter, Moses
101001-130001
Wells, John
00001-32001
Frasher, Fleming
00001-20001
Willis, William
111001-011001
Ward, William
01010001-0000101
Tow, Thomas
21001-01001
Burch, Richard
120001-111001
Saunders, John
03023001-0012001
Campbell, Archibald
0220001-010001
Devolt, Hiram
00001-10001
Devolt, Catharine
10001-00112001
Carpenter, Wilson
00001-10011
White, Richard
2121001-1001001
Carpenter, Drucilla
101-0211001
Barnet, Anderson
20001-0001
Lacock, Elizabeth
0-00001
Barnet, James
00101-20001
Howarton, William
001200001-0111001001
Clark, William
0010001-1002101
Bundren, Francis
010200001-10001001
Carpenter, James
000010001-20001

106

Carpenter, Jesse
000001-2001
Carpenter, Yelvoten
00210001-00100001
Carpenter, John
001-00001
Pearson, Michael
11012001-0111001
Spradling, James
10002-00001
Spradling, James
00000000001-000100001
Roberts, Claiborne
10101-00001
Cloud, Benjamin
22200001-1001101
Cloud, William
00001-20001
Pearson, John
010101-11101
Mitchell, John
12000001-0011001
Sprowl, Abraham
100001-21001
Howarton, Benjamin
1200010001-11001
Wadkins, Milly
0001-0010001
Posey, David C.
0110001-21011
O'Donnell, Daniel
00011001-00000001
Sims, Mathew
00001-00001
McVey, Eli
010200001-00000001
Sims, James
00001001-01001001
Wear, James
00000001-000211001
Parker, John
00000001-00010001
Edwards, Hiram
011001-000001
Mize, Thomas
0-000001
Hobbs, Hardy
10001-10001
Patterson, Francis
000210001-00001001
Goin, James
000001-20001
Cook, William
20001-00001

107

Cook, Marcurius
000010001-00000102
Campbell, John
10100001-01010001
Campbell, Jacob
11001-01101
Hicks, William
011001-1111001
McVey, William
00001-00021
Bray, Thomas
0121001-2000001
Mason, John
201001-12101
Estes, John
1012001-0211001
Cunningham, William
000000001-00000001
Mason, Reuben
10001-10001
Cunningham, Mordeca
120001-100001
Webb, Preston
20001-00001
Ward, Jesse
00100001-0102001
Perryman, Nancy
00011-00011001
Barksdale, Richard H.
1100001-11001
Lawson, Stokely
01011001-202101
Evans, William
100001-10001
Devolt, John
10011-00001
Mitchel, James
00001-20011
Davis, Joshua
000010001-010000001
Dobbs, James
2210004-010001
Davis, Alexander
211001-031001
Davis, Joseph
01002-00001
Hays, Ransom
0111001-001001
Roe, Pharoh
10101-01001
Johnson, William
00001-01001
Cloud, Jane
1122-0000001

108

Crawley, Hugh
00001-0001
Crawley, William
100001-11001
Wilson, Margaret
00102-00110001
Wilson, Nathan
200001-001001
Dodson, Thomas
00000001-0
Dodson, George
000001-0220001
Martin, Jesse
0000001-00002001
Slavens, Daniel
000000001-01000001
Irwin, Thomas
001010001-00020001
Leger, Peter
12111001-0100001
Russel, Elizabeth
20111-0110001
Gray, William
000001-00001
Morgan, Sarah
00111-000010001
King, Burwell
0121001-1101001
Brewer, Joab
1231201-1111002
Ginnings, John
211001-010001
Gray, John
102001-110201
Givens, Thomas
100001-01101
McNiel, John
10001-200001
Fairchild, Joel
0022001-0200001
Irvin, Squire
10001-11001
Wilbourn, Lewis
30001-02001
Wilbourn, Lewis
00000001-00000001
Wilbourn, James
320011-02001
Wilbourn, Richard
231001-101001
McConky, John
20001-10001
Hurley, Moses
000001-10001

109

Buttery, Robert
0000000001-01201001
Seals, William
100100001-00020001
Seals, William
20001-00001
Morris, Thomas
000001-2001
Reece, Martin
20001-01001
McCollum, Martha
02-000001
Rhea, John
000010001-010030001
Rhea, Nancy
00121-011001
Rhea, John
10001-10001
McCollough, William
01020001-0010001
Buttery, William
12101-110001
Trammel, Jackson
100001-10001
Lawless, Benjamin
20001-12001
Maiden, James
01000001-0
Mills, James
212001-111101
Johnson, Lewis
110011-12002
King, Andrew
11001-10001
King, Andrew
00200000001-00000000001
Allen, James
20111001-0200001
Bray, Abijah
01111-130101
Bray, Stogner
1000001-012001
Bray, Benjamin
0000000001-011010001
Walters, Rebeccah
0-0001
Tanner, Henry
0111001-21100001
Helton, Alexander G.
121001-30101
Grisham, Robert
011001-01301001
West, John
21101001-0100001

CLAIBORNE

110

Short, Elizabeth
1-00001
Barnet, George
1022101-0100101
Long, Pirtmon
00101001-00010001
Young, Jeremiah
21100001-0020001
Long, John
00001-0001
West, Isaac
1120001-1000001
Barnet, Jonathan
101012-120010001
Dunsmore, Sarah
201-0000101
Woodall, Bluford
00000101-10000001
Kesterson, William
00001-0001
Givens, William
0010001-00020001
Moore, William
2100001-0210001
Day, Samuel
21011-11001
Whiteacre, Rice
0110101-0011001
McCubbin, Zachariah
00000000001-0000000001
McBee, Samuel
03021001-0010001
Clark, Joseph
00000000001-00000000001
Frier, Daniel
020010001-2022001
Nunn, Elisha
2010001-111101
Neal, Joseph
11230001-2110001
Hodges, Bibby
11013001-0121001
Simmons, John
22100001-0010001
Ginnings, Anderson
010001-12101
Hurst, Hiram
121101-200201
Plank, Christian
11001001-1010001
Evans, John
11001001-10101001
Richardson, Hardy
11000001-221001

111

Henderson, Preston
10001-10001
Henderson, Thomas
000101001-20011
Hardy, Thomas
101000001-01001101
Estes, Elisha
100101-23001
Wooton, Edward
1111001-120101
Hurst, John
111001-00001
Ginnings, Edward
10111001-00011001
Campbell, George
01102001-10210001
Kesterson, David
002000001-00021001
Lanham, Abel
110010001-1210001
Hunt, John
11010001-1101001
Lanham, William
120001-200001
Dobkins, Solomon
0122001-3001101
Dobkins, Jacob
0000000001-0000000001
Green, William
00001-10001
Bray, Mary
00003-000110001
McClary, Andrew
10001-00001
Wilson, John
20001-00001
Parks, Franklin
00001-000001
Parks, Robert G.
01010001-1020001
Willis, Joel
200011001-20102
McClary, Andrew
000000001-0000001001
McNight, Joseph
10011-00010001
Upton, Richard
20001-00001001
Frasher, Alexander
010111-01001
Moore, John
200011-12001
Mize, Littleton
0-0

112

Miller, Thomas P.
20001-00001
Jones, John
002101001-00111101
Chadwell, George
0210001-200001
Jones, Thomas
00101-10001
Gibson, Drury
200001-010001
Wallace, John S.
202001-101001
Day, Ransom
0001001-1020001
Day, John
001001-220001
Pitmon, James
000011-32001
Simmons, Wesley
10001-11001
Ginnings, William
01210001-011101
Simmons, Isaam
10001-20001
Evans, Jesse
10001-0001
Evans, William
2001-10001
Day, Ambrose
11001-10001
Day, Reuben
100010001-10001001
Day, Ransom
0010000001-0000000001
Stone, Susannah
00011-0001001
Day, Sarah
01-121101
Hurst, Henly
10001-20001
Mays, Susannah
00001-000001
Hurst, Simpson
20011-00001
Herald, Ezekiel
201001-120001
Fitzgerald, James
10001-0001
Hodges, Edward
0100001-0010001
Day, Ambrose
011100001-00100001
Dunsmore, William
10011-00001

113

Bundren, Peter
000011-1001
Givens, Edward
101001-12102
Webb, Jesse
00110001-00010001
Smith, Mary
0-11001
Goin, William
2120001-020101
Bowles, Green
10001-00001
Evans, Hamilton
00002-0001
Givens, John
110011-00001
Bunch, David
101001-121001
Johnson, Joseph
01000001-2111010001
Johnson, John
01010001-112001
Mountain, James
1112001-111001
Nunn, Harmon
0001-0001
Ginnings, Joseph
220001-100001
Bunch, Winslow
11001-10001
Yarbrough, Abner
00100001-0101001
Bunch, James
000001-200110001
Hopson, Richard
20011-00101
Nunn, Whorton
000000001-001000001
Shelton, Ralph
1020001-12101
Bunch, John
1010001-121101
Cardwell, William
020001001-110001
Williams, John
201001-010001
Hopson, Jesse
20001-11001
Felps, Henry
10001-1001
Lebow, Daniel
0120001-001101
Condray, John
0020001-120001

CLAIBORNE

114

Henderson, William
000001-110001
Hopson, Sarah
0011-00000001
Herald, Elizabeth
0-1000001
Martin, Joel
1020001-0010001
Nunn, Jeremiah
3121101-000201
Herald, Drury
1121001-1101101
Hopson, Penelope
32-011101
Weddle, Robert
110001-210001
Dobkins, Lorenzo Dow
10001-10001
Dobkins, John
00000001-00010001
Harkins, Samuel R.
100001-0001
White, James
310001-00011
Lankford, Benjamin
110001-12001
Dobbs, Lucy
01-001001
Rowlet, John H.
003001-120001
Brooks, Hezekiah
122101-100001
Killion, William
02020001-1110001
Ward, George
10001-00002001
Claxton, Farwix
12101-10000101
Bales, Caleb
110001-211001
Dobbs, John
00200001-0203001
Huddleston, John
21020001-0101001
Moore, Jonah
1120001-101201
Lewis, Jesse
210001-01011
Shelby, Samuel
1300001-0031001
Lowry, Catharine
00001-00030001
Campbell, Abraham
211001-010001

115

Overton, John
021001-211101
Overton, James
121001-001001
Williams, James
0000001-1000001
Brooks, Bartley
000000001-001000001
Jinkins, James
00002001-0200001
Wallace, James
111001-01001
Hurst, Elijah
1111001-1110001
Crutchfield, Palmer
100001-12101
Cadle, Mark
220001-00001
Cloud, Abner
20001-00011
Cloud, Jacob
020001-211001
Keck, John
202211-021101
Dykes, Jesse
21001001-00001
Shearmon, Charles
010101-001201
Wallace, William
01021001-00001001
McDowell, Nathan S.
000001-000001
McBroom, James
00100001-00001001
Watson, Azariah
001001-00100001
Mundy, James
220001-100001
Hamilton, Joseph
1000301-00002001
Cheek, Corbin
00040001-0001101
Cheek, Richard
0000000001-0
Hodges, James
00001-10001
Harper, Richard
000000001-000000001
Kincaid, William
300101-01001
Miller, Isaac
000001-1201
Wilson, Joseph
0-0

116

Fugate, William
100011-0001
Farris, Gideon
11012001-1121001
Hooper, William
00022001-00002001
Harper, John
2112001-2100201
Neal, Peter
1002101-220001
Hurst, Jesse
2110001-1001
Dunn, Joseph
00001-30001
Harrison, Elias
00001001-300111
Barton, Azariah
11001-110001
Hurst, Arthur
00001-20001
Butcher, Barnabas
010100001-00200001
Sharp, Henry
00001001-00100001
Collins, Moses
11010001-111211
Bledsoe, David
110001-221001
Carroll, Benjamin
101001-000001
Wallin, John
00100001-0001001
Lebow, Isaam
10001-00001
Stallings, William
0112001-011001001
Williams, William
00210001-00100001
Croxdale, Isaam
10001-00011
Hanley, John
221001-111001
Perry, Nathan
000100001-000010001
Perry, Edward
11001-11001
McCrary, George
210001-111001
Huddleston, David
00020001-0010001
Brock, John
01020001-02011001
Laka, James
030001-200001

117

Pike, Jacob
0000001-100001
Sweet, Owen
011001-110001
Hardy, Thomas J.
200001-10002
Murphy, John
0012110001-001001001
Tate, Thomas T.
000001-221001
Pace, John
100001-20001
Hamilton, Samuel
01100001-0010101
Thompson, William R.
00001-20001
Bullard, William
300001-11001
Philips, Andrew
002001-0100101
Norvel, Timothy
10001-100001
Ousley, John
0000000001-0001000001
Burkard, Daniel
21001001-11112
Shoemate, John
0100001-001101
Rowarks, John
00111-30001
Johnson, Almerin
100001-0100100001
Busick, Levin
110001-21001
Ousley, Stephen
0111001-2112001
Peck, Alexander
00001-1001
Murphy, William
1112001-0110011
Whitted, Thomas
0101101-1110001
Hurst, John
1011201-110211
Ginnings, John
00002-00001
Lawson, William
01001-21001
Margrave, Tennessee
10002-01001
English, Robert
00002-10001
McCubbin, John
0000001-0000001

118

Crutchfield, Sarah
00211-0012001
Hardy, Stephen
100001-0100001
Byse, Abraham
10001-10001
Sanders, Isaac
111101-101001
Neal, Peter
0000000001-0000000001
Ginway, Joseph
10001-10001
Neal, Jesse
111001-111001
Simpson, James
00210001-1200001
Newby, William
10000001-011001
Chadwell, David
001000000001-0
Holly, Obadiah
0-0
Markum, William
10010100001-2101010001
Lane, Ann
002-0101101
Lane, Isaac C.
10002-10001
Evans, Elijah
1010131-130201
Marcum, Peter
002101-110001
Marcum, Daniel
00001-00001
Noel, Alfred
100012-022001
Graham, Hugh
2000101-021101
Evans, Walter
001010001-0000001
Cooper, Archibald
200201-221101
Spillars, William
20002-00001
Robinson, William B.
0000001-00010001
Cloud, Benjamin
000020001-0002001
Houston, William
001001-00101
Sewell, Benjamin
0011101-00101
Wilson, Samuel
000001-22001

119

Dickinson, James
200101-00011
Chrisman, Lewis
000121-00001
Shackleford, Gabriel P.
00002-00001
Chapman, Joshua H.
001031-000001
Rose, Reuben
0001201-0021001
Kesterson, John
200001-000001
Walker, Joseph
031001-101001
Poe, Henry
20001-10001
Tussy, Jonathan
101101-122101
Walker, Jonathan
01001-1001
Walker, Samuel
20001-021001
Walker, Edward
111001-120101
Walker, Edward
0000100001-00120001
Clouse, Ezekiel
10001-00001
Moore, David
00100001-00110001
Clouse, Christian
1022001-1210101
Ritchie, Alexander
000140001-00000001
Baker, Allen
00001-0
Robinson, Sarah
01-010001
Grubb, Darius
1020001-02001
McConnell, William
000001-221001
Parky, Joseph
100001-000001
Colmon, Thomas P.
2121001-0001101
Mays, Nancy
. 0011-0022001
Baker, John
00001-20001
Baker, Thomas
00200001-0001101
Hobbs, Thomas
100001-211001

120

Farris, Martin
210101-011001
Sumpter, William
01100001-00000101
Chapman, Elizabeth
0002-0000010001
Jones, Foster
001001-12001
Sumpter, Charles
00001-21002
Sumpter, Henry
00111001-00114001
King, Thomas
00001-30001
Baker, John
00011001-0121101
Martin, Nancy
103-010001
Rice, Susannah
010221-10020001
Woodson, John
21110001-1100101
Baker, William
20001-00001
Rice, Lewis
000001-2000100001
Wheelis, Elizabeth
0011-000101
Hatfield, Abner
00020001-00210001
Busic, Elizabeth
12-000001
Lawson, Nathan
2210001-012101
Lawson, William
0001-10001
Cole, Israel
000000001-001000001
Edwards, Arthur
1111201-0120001
Edwards, Joshua
00001-10101
Vandeventer, Jacob
1012001-0310001
Coutch, John
10001-0001
Ramsey, Thomas
010001-20001
Hopkins, George
000001-312001
Hopkins, Nehemiah
222201-000001
Hopkins, Stephen
10001-20001

121

Hopkins, Isaac
00001-10001
Hopkins, Stephen
00120010001-00001101
Rogers, Royal
00001-1001
Gollihon, Elizabeth
0111-0100001
Gollihon, John
00001-20001
Jones, Isaah
10001-22001
Jones, Daniel
10001-00011
Jones, John (M Gap)
20001-10001
Jones, Samuel
00210001-00010001
Jones, Rachel
00101-000100001
Peck, Charles
000012-10002
McNiel, George
2021001-100001
Pugh, Nancy
2-110111
Blevins, Daniel
110101-02101
Denham, David
0-0
Jones, Daniel
0020000001-000001
Hopkins, Elijah
00001-10001
Bishop, Joseph
000010001-00010001
Martin, Wilkerson
00001-0001
Thomas, Isaac
220001-001001
Plank, Benedict
10001-10001
Vandeventer, Thomas
02011001-0120001
Bishop, William
20001-10001
Gibson, Bryson
0-0
Howe, William
1210002-0113
Hopkins, Adam
21012-0100101
Jones, James
00001-10001

122

Hopkins, Thomas
10001-0001
Bolin, William
00001-1001
Hopkins, Jabish
12000001-0011001
Jones, Thomas
00100001-1011101
Cardwell, Richard
110001-12101001
Sullivan, Squire
10001-10001
Sullivan, Burrel
0000001-1000101
Gully, Emily
21-00001
Anderson, Rachel
011-010201
Wadkins, Benjamin
210001-00001
Scidmore, John
0112000101-0212101001
Fletcher, Alfred
10001-10001
Davis, Eli
02111001-2011011
McNiel, Neal
010001-101001
McNiel, Elizabeth
00011-000000001
Cooly, Daniel R.
00100001-000001
Ramsey, Josiah
101030001-00024001
Cowan, Ann
01-101001
Mahan, Joseph
0200101-0002001
Mann, Robert
0000000001-000010001
Cole, William
20001-00001
Vernoy, Elijah
0012001-2120101
Eldridge, Samuel
1210001-110001
Harper, Elizabeth
1-10001
Hurst, Thompson
201101-021001
Hurst, Aaron
3020001-020001
Hurst, Charles
00001-33001

123

Wells, Fanny
00001-00010001
Johnson, James
0110001-21001
McNew, Isaac
10001-10001
Ginnings, Isaam
00020001-0131001
Ginnings, Elizabeth
0-00000000001
Day, Garland
00001-20001
Hurst, Rody
0001-201001
Breeding, John
200001-10001001
Welsh, Joseph
0012101-0120001
McCubbin, William
110001-000001
Lebow, Mary
01010001-0111001
Bowles, Sarah
0-00100001
Hurst, John
00001-21001
Cardwell, Royal
032001-200101
Ginnings, Sarah
0001-00000001
Bowles, Martin
21011-10001
Gollihon(r?), Isaac
11001-17001
Plank, Christian
21002-10001
Peck, George
00000001-00000001
Luttrell, William
111001-0101001
Shoemate, Daniel
210001-010001
McBee, Alexander
00002-2001
Lewis, William
111001-231001
Hacker, John
00011-10001
Branson, Sarah
1-001101
Nicely, George
10001-200001
Hacker, Julius
10001-0001

124

Beeler, Daniel
1031101-1310001
Long, Abraham
100010001-20001
Hunter, Saloma
00001-0002001
Smith, Aaron
10001-10001
Powell, John
1201001-0010001
Sanders, John
0000000001-000000001
McDowell, John P.
210001-00001
Capps, John
0221001-1010101
Smith, Frederick
2210001-0101001
Boyers, Michael
0001100001-00022
Boyers, Abraham
100001-12001
Grubb, John
12100001-0011001
Grubb, William
20001-10001
McBee, Isaac
11001-01001
McBee, William
230001-011001
McBee, Caswell
20001-00101
Dobbs, Hiram
20001-10001
Dobbs, Ephraim
00001-200001
Barnwell, William
000010010001-1000101
Felps, Valentine
01010101-3120001
Collins, Alexander
110001-120001
Turner, Elizabeth
0-00010001
Felps, Solomon
0000101-0002001
Simmons, Enoch
22001-00001
Simmons, William
20001-00001
Goin, William
0000100001-00000101
Goin, Pleasant
1000001-1001

125

Goin, William
1100001-02001
Williams, James
200001-10001
Merony, Philip N.
21101-110001
Mays, Jonathan
001001-021011
Maples, William
320001-020001
Moore, Nathan
1110001-201001
Ward, John M.
00001-10001
Mays, Willie
10001-11011
Moore, Samuel
012201-210001
Lewis, Charles
110001-212001
Lewis, George
10001-2001
Ward, Richard
1210001-1111001
Stubblefield, Lucy
01-10011001
Bruce, Masheck
00001-1001
Bullard, John
011010001-32000101
Bullard, John
10001-0001
January, William
10001-100001
Bullard, Bowyer
00001-20001
Moore, Alfred
20001-10001
Holmes, Rebeccah
000101-000000001
Snodgrass, William
10000001-03001
Capps, William
00020001-01201
Collins, David
00100001-002101
Ford, George
2121001-110201
Botts, Seth
10001-10001
Powell, Joseph
010110001-000100002
Cobb, Morris
021001-101001

126

Brock, Ragan
10001-21011
Williams, David
0001-00001
Walters, Philemon A.
10001-10001
Breaden, George
011101-210001
Palmer, Robert
010002-010001
Hubbard, David
1000010001-000001
Mays, Sherod
10001-10101
Mays, Thomas
01200001-00030001
Lewis, Fielding
001000001-10101001
Wallace, John
21001-00001
Edwards, Spencer
311001-011001
Adams, Jacob
2112001-011101
Vance, Patrick
00001-000001
Vance, Amy
0-00001001
Wiser, Henry
310001-002001
Gower, John C.
00000001-00000001
Wiser, George
000000001-000010001
Vance, Sion
21001-010001
Stone, Thomas
02100001-1011101
Kelsey, Aaron
10001-21001
Nash, Robert
00000001-000100001
Nash, Thomas
110001-20001
Pitmon, John
20001-00001
Hammock, Martin
0220001-100001
Pitmon, William
0001-00001
Dunn, Drury
2111001-010001
Quarles, Gillum
100001-00001

127

Burntregars, Martin
0000001-000001
Hurst, William
211001-021001
Parker, Luke
111001-112001
Romines, Layton
010001-111001
Harper, Willis
00200001-0100001
Garrett, John J.
00001-00001
Peck, Peter
00000001-00220001
Pitmon, John
010110001-01110001
Crutchfield, Richard
0011C001-00011C01
Wilbourn, Stephen
011000001-0211001
Suffrage, Thomas
30001-00001
Parks, Levi
10101-10001
Grimes, Gainford
00111001-000100011
Grimes, William
10011-00001
Aynes, Reuben
01200001-00000001
Lawson, Amos
10001-00001
Martin, Thomas D.
00000001-100001
Lawson, Drury
0000000001-00000001
Martin, Betty
0-00300010001
Hatfield, Ralph
0211001-101001
Lawson, Thomas
311001-110001
Sutton, Thomas
011001-311001
Riley, John
01210001-1010001
Fugate, Henley
001010001-0101001
Montgomery, Hugh
0101101-211101
Yerry, William
0021001-0102001
Lawson, Reuben
10001-10001

128

Matlock, Sarah
01-0001001
Matlock, William
100001-00001
Aynes, Gabriel
11001-10001
Parky, Peter
211001-111001
Sharp, Powel H.
032011-2001
Claxton, Sarah
000101-00010101
Plank, John
30001-00001
Croxdale, John
030001-00001
Ellis, Samuel
20001-00001
Blevins, Mary
0-002001
Hudson, Harmon
0200001-103101
Sampson, Charles
22000001-01101
Herald, William
010001-012101
Bales, William
000000001-000020001
Bales, Archibald
021001-101101
Bales, Alexander
1000001-200001
King, Rebeccah
00011-00010001
Seek, Mary
002-010101
Parrott, John
001110001-000000001
Fugate, Elizabeth
00131-00000001
Welsh, Tandy
340001-00001
Ball, George
3221101-00111010001
Ball, John
10001-10001
McDowell, John
1200001-200001
McDowell, Michael
00000100001-0000100001
Dean, Reuben
102001-0101001
Moore, Shadrick
0200001-120001

129

Farris, Robert
101110001-1111001
Farris, Maple
0-0000101
Townsen, Enoch
00000001-20001
Grimes, John
020120001-00112001
Grimes, Henry
00001-000001
Dooley, Bazil
00001-20001
Manning, Mary
1-0021001
Smith, Lydia
101-0120012
Smith, Jacob
20100001-122001
Hatfield, Isaac
00001-1001
Yerry, Adam
1110001-111101
Dooly, James
00001-00000001
Dooly, Charles
00001-00001
Dooly, James
000100001-0
Grimes, John
000001-30001
Grimes, John (little)
22001-00001
Hatfield, Lynch
2111001-111001
Manning, Sarah
0-00001
Hatfield, George
0001-0001
Dooly, Thomas
200001-12201
Yerry, Henry
211001-330001
Liford, John
221001-101001
Morgan, William
221001-100001
Carmack, Levi
222001-101201
Hale, William
00000011-0011001
Hale, William
00001-0001
Redmon, John
00001-00000001001

130

Cheek, James
220001-101001
Dupee, James
1100001-011001
Greer, John
111001-110001
Dodson, Samuel
00001-0001
Dodson, Sampson
2010001-021001
Russell, James
1212001-1010001
Cloud, Greenberry
3100001-011001
Hill, John
2000001-231001
Hurst, Andrew
002001-31101
Hurst, Squire
20001-10001
Jones, John
210001-00001
Dobkins, George
10001-00001
Brooks, Nancy
021-121001
Campbell, Barney
321001-11001
Campbell, James
00001-20001
Brooks, Gideon
2000010001-030010001
Kesterson, Abel
00002-10001
Lanham, Randolph
22001-10001
Brooks, Armstead
21001-21001
Jones, Elisha
10011-0020101
Holt, Preston
10002-10001
Smith, Joseph W.
00010001-1331001
Henderson, Jeremiah
010001-131002
Rutledge, Thomas
02110001-000101
Cannon, Mary
01-001001
Frye, John
00100001-00100001
Hodges, Canada
20001-0001

131

Graham, John
01100001-001102
McNeelance, John
00100001-112001
Graham, William
000000001-00000001
Graham, Francis
10001-00001
Sims, Henry
001-0
Kello, Nehemiah
0010001-0021001
Thompson, William
1100101-0312001
Thompson, James
102101-020101
Garland, Tabitha
01001-0011001
Brewer, James
200001-00001
Hodges, James
02020010001-0121001
Hurst, Fielding
00001-00001
Davis, Andrew
111001-11001
Cupp, Jacob
000000001-00010001
Cupp, Valentine
0001-0001
Lewis, Isbel
11-00001
Harp, Elijah
0011001-0001001
Goin, Levi
02121001-1010001
Goin, Uriah
10001-01001
Dykes, William
1001-0001
Holton, Wright
00001-20011
Goin, Levi
0001-10001
Goin, Uriah
0100001-0111001
Botts, John
00100001-00000001
Powell, Jonathan
222011-11002
Powell, Absalom
10001001-300101
Hurst, Harmon
000000001-000000001

132

Burnett, Elias
00002-10001
Seals, Jeremiah
00100001-0011001
Whitted, Robert
000000001-000000001
Lowry, Henry
10001-00001
Lay, Lewis
110001-21101
Lay, Thomas
000000001-000000001
Rutherford, William
210001-10101
Ball, Valentine
10101001-1101001
Lovday, Henry
00001-1001
Giddens, Edward
1110001-2111001
Miller, Martin
021100001-00100001
Anderson, Andrew
1101001-002001001
Ousley, Matthew
1111001-0111001
Keck, Christian
10011-100011
Tucker, John
112000001-100001
Stanley, John
000100001-000010001
Nations, Sarah
12-21101
Willis, Moses
011001-02101
Fields, Lucy
00001-00010001
Sharp, Peter
100001-122001
Nash, Arthur
120001-10101
Barney, Benjamin
010001-000101
Honeycut, Jacob
10001-0001
Prichard, Jesse
00010001-00100001
Graves, Solomon
310001-01001
Poindexter, Samuel
10101-200010002
Graves, John
000001-0

133

Sharp, William
021001-201001
Graves, John
10201001-01010001
Griffen, Richard
00001-00001
Graves, Elias
00001-22001
Morton, Rachel
0-0000000001
Sharp, John
1011011-102001
Bridges, Reuben H.
11001-10001
Barney, Pierson
0000000001-0000000001
Carter, Young
010001-22001
Lee, Abraham
012000001-00100001
Henderson, Isaac
00000000001-0000000001
Inglebarger, Catharine
0-00000000001
Cardwell, Perrim
0000001-100110001
Cardwell, John
011001-20001
Butcher, Richard
20001-10001
Sanders, Abraham
031001-200101
Perry, William
000101-20001
Lay, David
000100001-000100002
Brogan, John
20001-21001
Shofner, Michael
1000001-010001
Keck, Andrew
201001-100001
Streefle, John
110001-113001
Streefle, Jane
00001-00010001
Housmon, Catharine
1-00000101
Housmon, Benjamin
11001-11011
Hopper, William
00001-21001
Adams(?), William
10001-00001

CLAIBORNE

134

Edwards, James
002001-010001
Liclighter, Peter
000200001-000010001
Whitted, Reuben
10001-10001
Riggle, George
101001-211001001
Nipp, Annis
0102-210001001
Savage, William
001000001-000000001
Mosely, Thomas
20010001-00001
Potter, John
102001-2002001
Rollin, George
001001-101001
Hopper, Jesse
1201001-101001
Hopper, Harmon
0100000001-010010101
Hopper, Thomas
110001-11101
Brock, Daniel
00001-10001
Goin, Thomas
0000000001-0
Goin, Isaac
011101-012001
Goin, Isaac
00001-1001
Goin (barrons), William
01001-20001
Perry, Luke
322101-000001
Brock, Judah
0-10001001
Perry, Edmond
1021001-1201001
Critchfield, John
001002001-110001001
Alford, Thomas
02001-10002
Perry, Benjamin
10002-10001
McNew, Sarah
00011-0020001
Davis, Benjamin
122001-102001
Sweet, Mellissa
01-111001
Davis, Thomas
220001-0100101001

135

Large, Thomas
2120001-101001
Wallace, Big John
010001-220001
Sweet, David
02001-20001
Cloud, Samuel
001200001-0000001
Brewer, Sylvester
01111001-0010001
Cupp, Abram(Aham?)
1000100001-10001
Cupp, Abigail
02-001001
Bridges, Thomas
01100001-00110001
Bridges, William
000000001-000100001
Bridges, William
110001-01001
Drummond, William
01111001-00021001
Bridges, James
11001-00001
Hurst, Calvin
10001-0001
Perry, William
210001-110001
Vance, John
10001-10001
Perry, Irvin
00001-10001
Moyer, Henry
022001-200001
Davis, Elisha
10001-10001
Wallace, William
21001-10001
Davis, Harmon
30001-10001
Edes, Jesse
1-1
Hoskins, Thomas
00001-21001
Forgerson, Thomas
100001-00001
Estes, Richard
100001001-11001001
Davis, Moses
10111001-0111101
Long, John
112101-010001
Long, Jacob
2010001-1202001

136

Long, Henry
000210001-00001001
Long, Conrad
20001-00001
Long, Henry
00001-00001
Collins, Matthew
10001-10001
Vanbibber(River), Isaac
131001-111001
Queen, Francis
00001-20001
Queen, James
00110001-00010001
Collins, Owen
201101-111001
Sparks, James
10001-10001
Collins, Sarah
001-100001
Evans, Joseph
00001-10001
Williams, Silas
000000001-000000001
Braden, John
001011001-00010001
Russel, Joseph
00112101-00003001
Williams, William
10001-12001
Stiner, Henry
020001-000001
Graves, Boston
10001001-000010001
Lay, Jesse
10001-10001
Burk, Thomas
200001-03001001
Moyer, Henry
1010001-1002001
Tucker, Obadiah
022001-20001
Honeycut, John
10200001-0211001
Chapman, Thomas
200001-00001
Fugate, Martin
121001-141001
Cain, James
020010001-2100100001
Cain, Jesse
1200001-0111001
Bratcher, John
0001001-0000011

137

Green, Richard G.
1212001-201001
Boruff, Christian
20001-00001
Brassfield, Thomas
121001-110001
Ellison, James
00001-1001
Ellison, James
00000001-0000001
Sharp, George
201101-122101
Ellington, William
10001-0001
Ellison, Berry
00001-00001
Paul, Joseph
010001-20001
Corder, Richard
00020010001-0000001
Sharp, William
220001-110001
Cox, Higgason
1131101-0001001
Lamar, James
13110001-1011002001
Morgan, John
10001-100001
Dunn, Francis
021001-202001
Fisher, Bazil
120101001-11200101
Shutter, Elijah
1001-0000101
Braden, Alexander
00001-00001
Lynch, Alfred
200101-031001
Ellington, John
100010001-00001001
Smith, John
020001-20001
Lynch, Aaron
10001-11001
Pike, Benjamin
2110001-00021011
Carroll, George
210001-010001
Ferry, Daniel
01200001-00101001
Ferry, Joseph Stigal
0001-00001
Lee, John
00001-00001

CLAIBORNE

138

Buckler, Daniel
111-10001
McLaughlin, Charles
00001-00001
Critchfield, Joshua
111110001-1210201
Sylvester, Jeremiah
000012-10001
Walker, James
1101001-0112101
Clark, Francis
00001-10001
Rogers, William
01001-20001
Spear, David
2100001-112101
Small, James
0001-00001
Lee, Archer
0102001-000001
Boyd, John
101102-111001
Shutter, George
000010001-000100001
Davis, Anderson
202201-010101
Rogers, William
00110001-0020101
Saint John, William
0220001-301001
Munday, Samuel
00001-30002
Rogers, Samuel
0000001-0000101
Lewis, Solomon
0000000001-0000000001
Hampton, Elisha
001001-203001
Beeler, John
10001-21001
Beeler, Peter
000100001-00212
Beach, Joel
001001-000001
Parrott, James
0100201-0012001
Yoakum, Jesse
0113001-00101001
Leforce, Renny
00001-0001
Parrott, Reuben
1010001-0211010001
Marler, Joseph
01001-0001001

139

Buckhannan, John
000120001-01000001
Hislop, Thomas
100101-10001
King, Francis
00000101-00000001
Hamblen, George
1110001-121001
Buckhannan, Henry
201001-130001
Bruce, Major
100001-00001
Spires, William
1120001-202101
Bruce, Hezekiah
201001-111001
Bruce, Thomas
20011-00001
Sawyers, John
01020001-1101001
Grimes, John
000001-0
Leforce, Robert
00000001-110101
Wells, Zachariah
00001-0001
Bolinger, Frederick
110111-200110001
Moore, David
02001-0
Rogers, David
1222301-0010001
Ramsey, William
20011-01001
Vanderpool, Samuel
000120001-001000001
Murry, Ambrose
110001-110001
Bowman, William
220001-000001
Cormony, John
030001-201001
Huddleston, Effy
2-0010110101
Owens, Isaac
01011001-00310001
Cole, John
0-0
Miller, James
1100000001-010001
Huddleston, David
111100100001-0110001
Moore, Mary
001-000000001

140

Vanderpool, Abraham
111001-121001
Bruce, Thomas
00200001-0011
Ginnings, George
101100001-2201001
Leach, William
10001-00002
McNew, William
1111101-101011
Beeler, Adam
10002-10002
Leech, David
00001-00001
Peevely, Elijah
10001001-1120101
Smith, Anderson
0012001-0110001
Bowman, William
000020001-000100001
Bowman, John
2101001-012001
Rogers, James
0023201-00011001
McClain, Thomas
120101001-101101
Pearce, John
10200001-0001001
Wilson, David
00220001-01012001
Leach, Landon
00001-0001
Leach, Hannah
32022-0111201
Ridenor, Nancy
11-100001
Keywood, Rebeccah
21-010001
Huddleston, Pleasant
10011-20001
Trease, George
00111001-0100001
Ousley, Isaac
0100001-2120001
Norvell, Mary
00212-0101001
Langley, William
00030001-10001001
Langley, Cornelius
00001-1001
Langley, James
00001-00001
Gibson, Robert
21010001-001001

141

Rogers, John
00001-11001
Graves, Boston
1000001-112101
Carr, John
100001-24001
Freeman, Mary
1011-011001
Sharp, Christian
210011-01
Yoakum, Isaac
00211001-00000001
Yoakum, George
00001-20001
Davis, Harmon
0111101-0121101
Davis, Moses
20001-01001
Stinnett, Isaam
000000001-00120001
Stinnett, Isaam
10001-10001
Sharp, George
000010001-000010001
Sharp, John
01021001-0021101
Crockett, Anthony
0-0
Sharp, Martin
30001-00001
Moyer, Michael
000000001-0010000001
Moyer, Philip
301001-01001
Hunter, Joseph
102001-032101
Smith, John
210001-00001
Davis, Elizabeth
101-0010100001
Moyer, John
211001-00001
Freeman, Thomas
200001-1100101
Parker, John
010001-31001
Rogers, David
001201-110001
Berry, Joseph
30011-00001
Carroll, William
110001-110101
Lynch, Chany
00001-20001

142

Hunter, Frederick B.
20002-00001
Bolinger, David
00001-2001
Lamar, Mary
1-10001
Owens, Elijah
0002001-0000001
Wilson, Peter
100001-31001
Leach, John
0210001-1012101
Cassel, Jacob
00200001-011101
Parker, Isaac
2013201-0310001
Lamar, Mary
10011-00001001
Ausamus, Henry
00110001-1221001
Lamar, James
01001-21001
Hopper, Elizabeth
00122-00001201
Musgrove, Elijah
12001-00101
Ausamus, Benjamin
11001-10001
Price, Mordecah
010001-01101
Lynch, Jesse
00001001-00010001
Lynch, Aaron
00001-100001
Carr, James
30001-00001
Harris, John
0111001-1110001
Rogers, Lewis
20001-10001
Berry, John
01001001-00010001
Robinson, Henry
00000001-00000001
Branscomb, Joseph
200102-120001
Bowman, Cornelius
000001-121001
Dunn, Thomas
000100001-000010001
Dunn, John
320001-00001
Freeman, William
1100001-1112101

143

Rogers, John
0112001-1210101
Smith, Elmus
220001-00101
Robinson, Allen
00000001-00001
Carr, John
000000001-0011001
Lewis, Solomon
001301-0000101
Vanbibber, James
30001-00001
Moss, Reuben
02112001-1011001
Vanibber, James
010000001-000100001
Sharp, Rachel
00001-0000011
Moss, Marcellus
20110001-000101
Vanbibber, Isaac
102001-030001
Stinnett, William
110001-012001
Maddy, Mann
100001-02101
Vanbibber, Peter
010001-11001
Root, Daniel
1010001-0110001
Vanbibber, Jacob
0200001-20101
Hance, James
2100002-012001
Vanbibber, Lazarus
00002-000010001
Vanbibber, James
00001-00001
Vanbibber, Gabriel
10101-11002
Vanbibber, Wiliam
00001-0001
Yoakum, John
10001-00001
Yoakum, Moses
00001-00001
Sowder, Emanuel
. 100001-10001
Sowder, Daniel
0202001-0010001
Guthery, Henry
0120001-220001
Sowder, Adam
000000001-0100001

CLAIBORNE

144

Sharp, Isaac
211011-00002
Owens, Pleasant
10001-10001
Mizer, Mary
0-0
Owens, Mathew
11210001-100001
Owens, Jacob
2102001-1000001
Massy, James
210001-11101
Turner, Joseph
210101-102010001
Parker, Lilly
011-0011001
Walker, Nancy
0011-00010001
Gibson, Henry
100001-13001
Collins, Larkin
00001-0001
Moss, Joshua
2121101-0000001
Norvell, Thomas C.
100001-120001
Snuffer, Ruth
1001-011101
Sharp, William
000010001-00020001
Sharp, Henry
00001-00001
Shoemate, Demarcus
100001-20001
Sharp, Daniel
200001-011001
Martin, Wilson
100001-12001001
Martin, Sarah
12111-010101
Lee, Jubal
000001-21101
Lee, Thomas
000000001-000010001
Snuffer, Jacob
1110001-101001
Henderson, Edward
20100001-021201
Ferrel, Joseph
110022-220011
Clark, Peter
02000001-202101
Hooker, William
110101-0021001

145

Webb, Asa
10001-10001
Hoskins, James
000001-110001
Ferrel, Roger
00000001-00000001
Russell, Henry
0001-0001
Hoskins, Thomas
00000001-0102001
Martin, Catharine
1-02001
Burkhard, John
21001-00001
Critchfield, William
00000001-01000001
Webb, Joseph
01101001-0011001
Honey, John
000010001-1200100001
Murray, Elizabeth
01-101201101
Vicory, William
1110001-110001
Jackson, William
210001-00001
Myres, John
011001-111001
Southern, Robert
11210001-00100001
Morrison, William
101001-110001
Nunn, Thomas
1200000001-00001
Fletcher, James
10001-00001
Harrison, William
00001-1001
Hunter, James
00000001-0
Whiteacre, Joseph
00001-0001
Holton, Allen
00001-0001
Parker, James
20001-00001
Pitmon, Samuel
00101-10001001
Williams, Shadrick
01010001-0022001
Cosby, David
000010001-0100001
Cooper, Joseph
011001-210001

CLAIBORNE

146

Pitmon, James
110001-100001
Pitmon, Samuel
30001-0100101
Hendrix, Sarah
00201-010001
Williams, James H.
10001-10001
Henderson, William G.
120001-000001
Whiteacre, William
00001-10001
Rowarks, William
10001-10001
Frier, Thomas
00021001-10001
Fulce, John
110001-221101
Baltrip, Elizabeth
01000001-1100001
Bussel, Mathew
01200000001-0000002
Johnson, Hiram
112001-010001
Burk, David
1100001-100110000l
Louthen, James
1020001-101001
Southern, Isaac
002100001-221001
Gibbs, James
00311001-100101
Daniel, John
01000001-0010001
Jones, Thomas
00000000001-0000000001
Right, Reason
2011001-022001
Simmons, Joseph
30001-00002
McCrary, Lydia
000301-3010101
Shoemate, Thomas
20001-10001
Jones, Jesse
001101-120001
Cleghorn, William
000001-110001
Fielden, Joseph
11001-200001
Dougherty, Ezekiel
00002101-0
Grady, Lewis
0010001-010201

147

Rowarks, Timothy
012000001-1000001
Stephens, John
000000001-10001001
Stephens, Larkin
101001-210001
Dougherty, James
000001-0001
Davis, Sarah
0001-0000001
Norvell, James
1000001-00001
Stephens, Isaah
110001-11001
Stephens, Abner
110001-11001
Condray, William
0010100001-10001001
McCubbin, James
00001-01001
McDowell(McDewell?), Henry
00001-20001
McDowell(McDewell?), John
2100001-013101
Gibson, John
00001-0001
Nale, Joseph
020001-110001
Bruster, John
0110001-1120001
Jones, Elijah
3200001-11001
Valentine, John
0-0
Dorum, Lydia
0-0
Hardy, John S.
1100201-100001
Drake, Thomas
10001-00001
McCarrell, William
000210001-0000201
Beaty, William
000011-00001
Critchfield, James
110001-20001
Monk, Ezekiel
211001-011001
Gray, Peter
01000001-00011001
Davis, William F.
110001-010001
Huff, Daniel
0000102-10001

148

Lee, Henry
10001-00001
Williams, Elizabeth
0-00000100001
Wells, Richard
10001-00001
Wallen, James
00001-10001
Aly, Solomon
00011-11001
Sevier, Samuel R.
00001-10001
Johnson, Larkin
000001-1001
Jenkins, William
211001-01001
Sharp, Balaam
22210001-0111001
Billingsly, William P.
101001-130001
McCrary, John
12000001-1021001
McWilliams, Nelson
01100101-211001
Forgerson, James
000001-21011
Estes, Lawson
10001-10001
Cadle, Jason
10001-20001
Richardson, James
10001-00001
Mundy, William
210000001-0000001
Baltrip, William
1010001-0100001
Coze, Aaron
0110001-1100001
Hurst, Mark
00001-10001
Richardson, Joseph
00001-001
Whiteacre, Nancy
00001-0021001
Dinkin, Mary Ann
0002-10001001
Townsley, William
1102001-1031
Hamilton, James
000001-20001
Carrell, James
01111001-02011001
Holland, William
300001-12100101

149

Carrell, James
20001-00001
England, Wesley
00001-0001
England, James
00001-0001
Hamilton, Matthew
0110001-200001
England, Thomas
01000001-0112001
Lanham, Joseph
101011-120001
Cloud, Jeremiah
2220001-000001
Berry, Thomas J.
21001-10001
Hurst, Nancy
0-000000101
Lawrence, Thomas
10001-00002
Cole, Phemonus
10001-00001
Mitchell, Almerin
00001-0001
Walton, George
110110001-00210201
Burnes, Dennis
01020001-0140001
Estes, James
01110001-1100001
Forgerson, John
00110001-00100001
Yost, George
1200001-1001001
Harmon, Lewis
10001-00002
Harmon, Henry
00110001-0000011
Hays, John
10001-10001
Dodson, Samuel
0100001-0001001
Ellis, James
000010001-00100001
Griffen, Peter
10000001-0100001
McIntire, Martin
10001-0001
Harp, Thomas
1112101-0111002
Mays, Liggon
10001-00001
Taylor, William
0121201-0001001

150

Brown, Coleman J.
1011101-121201
Brown, Armstead
000101-210001
Hamilton, James
0000100001-00001101
Berry, Thomas
00001001-00020001
Collinsworth, Frances
0-000102
Jinkins, Thomas
1121001-1100001
Griffeth, Nancy
101-21101
Williams, George
000011-11001
Johnson, James
0111101-1011101
English, Charles
10001-10001
English, Samuel
11201001-0112001
Holton, Elizabeth
0002-00000001
Cadle, James
110001-121001
Cadle, Mary
001-00020001
Lowry, Charles
00101001-01111
Dobbs, Hezekiah
00001-0001
Smith, Ann
00011-010001
Critchfield, Jesse
000001-2000100001
Critchfield, Joshua
10001-2001
Meeler, John
221001-011001
Carr, Daniel
0212001-1010001
Wilson, William
000000001-000000001
Wilson, William
00001-20001
Carr, Jesse
120001-201002
Ferrel, James
00001-10001
Shoemate, Mark
000100001-001000101
Taylor, Thomas
00011001-00000001

151

Logan, Alfred
10001-10001
Lea, John
100001-20001
Lea, Major
00000000001-0000000001
Critchfield, Zophar
130001-111001
Lingear, Mary
111-1000101
Jinkins, William
00110001-0001001
Jinkins, Henry
10001-00001
Berry, Mary
1-00001
Norvel, William
10001-10001
Jinkins, John
00001001-00001001
Ferrel, Jonathan
10001-20001
Guthery, John
120001-11001
Jones, Thomas
0001-0001000011
Davis, William
10001-20001
Turner, William
00010001-00010001
Huffacre, Peter
000130001-000011001
Stewart, Henry
100001-10001
Shoemate, William
222001-00001
Hicks, John
1120001-210001
Freeman, Mary
0-1000100001
Bayles, Abraham
0002001-01001001
Ely, Isaac
10001-21001
Chumley, Andrew
20001-01001
Taylor, Griffin
10001-00001
York, Riley
0001-0001
Mundy, James
000000001-00101001
Chumley, Lewis
00001-00001

152

Ely, William
2100001-122001
Ely, Solomon
211001-111001
Ely, Barton
111001-201001
Cadle, James
01011001-2011001
Johnson, Martin
10001000001-20001
Cadle, Zachariah
1100001-103001
Cadle, Abraham
00000001-0000001
McHenry, William
0010001-0210001
Mundy, Elizabeth
0-001002
Mize, William
0-0
Suffrage, John
00020001-00000001

COCKE

242

Howard, T.(P.?) A.
000001-211001
Roadman, William C.
1110101-111011
Rankin, William B.
00011-1001
Hutson, William B.
20001-11001
Howell, John J.
2110001-0111001
Young, Loyd B.
10001-10001
Parrott, Samuel
00001-20101
Milliken, James
0001001001-000020001
Haskins, Samuel
0000101-0110001
Green, Joseph W.
111001-20200100001
Carmichel, John
0000001001-0
Taylor, James C.
100001-000001
Burnett, Edward P.
000111-00001
Pressnell, Stephen
10001-00011
O'Neal, Joseph
20002-10001
Stuart, George
121011-0
Womble, John
10001-10001
Stephens, Daniel
1120101-1112001
Smith, Alexander E.
20002-1000101
Chamberlain, Daniel C.
200001-020001
Martin, Thomas J.
10001-11001
Hall, William S.
00001-10001
Rhotan, Josiah
10001-00001
Story, William C.
010031-01001
Hall, John W.
100001-31001
Hall, Royal C.
20001-0000101
Martin, Joseph J.
001100001-01110001

243

Hudlin, Nathaniel
0100001-012
Job, Winney
0-0
Williams, John
110001-11001
Epps, George
0-0
Lucus, Seliah
0-0
Thomas, George
12101001-0100001
Ball, Samuel
1111001-2211001
Camran, George
021001-311001
Fox, Elihu
100001-10001
Anderson, Readick
01001001-11110001
Sisk, Lawson
10001-00001
Gibson, James
22000001-301010001
Morris, William
20000011-00001001
Clark, John
00000001-00010001
Fox, Jonathan
00111001-0112001
Odell, Benjamin
002110001-00102001
Smith, Benjamin
20101-10001
Wiley, Abraham
0111301-0201001
Faubian, Moses
00002-00001
Neatherton, James
00001-0001
Neatherton, Moses
1112001-01011001
Click, George L.
12120001-01120001
Waddell, Mary
0-00001001
Wiley, Elijah
100001-0000100001
Wiley, George
213001-10111
Keeney, Michael
222001-000001
Roberts, Benjamin
2110000001-0121001

244

Inman, Henry
001100001-000020001
Jones, Haskins
222001-012001
Hargrove, Thomas
1000101-20002
Hawkins, James
00001-00001
Pagget, Joseph
10001-22001
Allen, John
101001-010201
McNabb, William
00001-00001
Williams, Pleasant
0001-0001
Robinson, William
100001-21001
Jester, Isaac
001010001-00122010l
Jester, John
02001-1
Jennings, James
021011-210001
Chapman, Luna
120101-20001
Wilson, Thomas
00000001-011030001
Stoakeley, Joseph
00001-10001
Huff, Stephen
211011-11000101
Inman, Green
00001-10001
Childers, John
101001-111201
Porter, Lorenzo D.
00001-00001
Hageton, Prudence
2111-0100001
Pendland, William
221000001-102001
Nichols, Richard
0-0
Helton, James
0-0
Gray, James
00001001-00002001
Faubian, William
1122201-1011002
Holland, Thomas
101001-121001
Faubian, Abraham
001001-20011

245

Black, Joseph
00111001-1130201
Earvans, James
00100001-0002201
Neatherton, Henry
00001-201010001
Sayars, Archibald
120001-201002
Bridges, Jesse
00200001-00201001
Smith, Jacob
010201-30101
Huff, Thomas
00001-2002
Nichols, Charles
0100001-1111001
Davis, Benjamin
10001-21001
Carney, John
3100001-011001
Manar, Nathan
200001-01101
Woody, John
0012001-001001
Buckhannon, Elihu
10001-1101
Holland, William
00001-10001
Holland, John
21001-32101001
Sayard, Archibald
1101000001-010001
Boydston, Nathaniel
00004001-0111001
Boydston, William
000000001-000000001
Mooneyham, William
101000001-301011
Mooneyham, Thomas
00001-00002
Boydston, Thomas
1211201-201001
Crilley, David
000001-021001
Mooneyham, William
10001-21101
Pendley, James
10001-10001
Hooper, Andy
001120001-01100001
Davis, Peter J.
31014-101001
McLaughlin, Willis
210001-011001

COCKE

246

Lawson, Rhilley
100010001-10001
Nolen, William
00220001-031001
Hooper, Clemman
00100001-0020001
Hooper, Clemmon
00001-00001
Miller, Peter
00001-0000001
Garrett, John
000001-00101
Russell, James
21101-21001
Stephens, Susan
1-100001
Russell, William
10011001-110011
Church, Allen
010001-11001
Holland, Hugh L.
000001-20001
Sayers, Thomas
01000110001-3101
Allen, Mary
0101-0111001
Allen, James
20001-00001
Sayers, James
002-001001
Hopkins, Solomon
11001-11101
Boydston, Jacob
00001-1001
McClain, Daniel
110001-20001
Holland, James
200001-200101
Holland, Thomas
10001-11101
Holland, John
00010000001-00100001
Holland, Benjamin
000101-0
Ellison, Jacob
1200100001-100001
Fugitt, John
101010001-000000001
Fugatt, Ezekiel
000001-20001
Warren, Jane
01-100201
Holland, Thomas
000010001-001000001

247

Knight, William
0000000001-00000001
Knight, William
20001-00001
Nichols, Christopher
20001-00002
Ellison, John
00101001-10001
Ellison, Jesse
1000001-100001
Young, Pleasant
20001-00001
Carter, Fedarick
00000001-0000001
Harris, William P.
10001-21001
Fugett, James
00001-2001
Knight, Richard
10001-20001
Fugitt, Irvan
120101-110001
Jones, Russel
2003101-111101
Eastas, Nicajah
3220001-01121001
Manor, John
110000001-101001
Eastredge, Margret
313-112001
Young, Harvey
11001-1101
Rollin, Abraham L.
101001-10001
Fortenbury, Jacob
101021-0020201
Young, Joseph
22101-211001
Huff, Joseph
000001-20001
Sharp, John
103101-101001
Johnson, Logan
1000011-0000001
Woody, Nicholas
210001-11101
Stoakeley, Royal
2211001-0011001
Ellison, Jacob
1200001-100001
Davis, Martin
10001-00001
Cardwell, Asia F.
10000001-000001

248

Justice, Reubin
 01001-10001
Yates, Samuel
 0000000001-0000000001
Free, Jesse
 00110001-003111
Brooks, Joel
 32100001-021101
Brooks, William
 23000001-001011
Black, Reuben
 000000001-00310001
Black, Reuben
 01200001-00000003
Rose, Green
 10001-00001
Yates, Nathaniel
 10001-01001
Ellison, Martha
 0-1000101
Palmer, Benoni
 1120001-00110001
Nicholes, James
 0000001-0001001
Marbury, Josiah
 10002-102
Bailey, John
 20001-1002
Ellis, James
 001010001-002121
Taylor, Nelly
 2111-0110001
Parrett, George
 00101001-001100001
Fowler, William
 00002-31001
Parrott, Job
 201001-200001
Parrott, Jacob
 200001-000020001
Laws, Joseph
 002001-12101001
Hale, William
 1110001-10101001
Parrett, George
 00001-301001
Bryant, Hesekiah
 20001-20001
Jefferson, Richard
 1020001-11101
Yett, William
 10200001-121001
Icenhower, Martin
 1203001-1010101

249

Kilgore, Thomas
 00001-00001
Partin, Benjamin
 21001-10001
Partin, Gabriel
 211001-110001
Fowler, Thomas
 002000001-00001001
Swaggerty, John
 002000001-01200001
Wilson, James
 03000001-11010001
Swaggerty, James
 01010001-0011
Bass, Benjamin
 10001-00001
Icenhower, John
 00113-01111001
Blaizar, Daniel
 2111200001-01211
Williams, Joseph
 20001-00001
Utinger, Abraham
 11001-40001
Blazir(Blazier?), Daniel
 10001-00001
Maloy, Jacob
 00012-10001
Utinger, John
 00101001-01110001
Utinger, Lewis
 00001-20001
Maloy, James
 00100001-00000001
Utinger, Michael
 120001-10001
Jones, John
 000010001-0
Reames, Priscilla
 00001-00001001
Williams, David
 10000001-10001
Williams, Joseph
 11000001-111201
Williams, Isaac
 01012001-00121001
Justice, Eli
 100101-00001
Justice, Polly
 3-20001
Chapman, William
 00000001-00001001
Davis, Thomas
 220001-10101

250

Faubian, Moses
 10001-10001
Faubian, Spencer
 030101-3120101
Faubian, Diana
 0-0000000001
Faubian, Jacob
 20001-11011
Dotson, Henry
 210001-011001
Shelton, Armistead
 000001-310001
Garrett, William
 21000001-111002
Hokiett(?), Henry
 10002001-11120001
Spencer, Edward
 0001001-00100001
Spencer, Alfred
 00001-1001
Ebbs, John
 11221001-1211101
Faubian, John
 001010001-11110001
Saint John, Noah
 10001-20001
Busbay, Reeve
 1410001-1000001
Dotson, Henry
 210001-011001
Cooper, Robert
 000010001-000110001
Reeve, Jesse
 000300001-00001001
Kelley, William
 12000001-2200001
Winter, Catharine
 0001-00010001
Winter, Andy
 00001-00001
Worden, David
 000000001-00110001
Gragg, John
 0010001-00001
Utinger, Henry
 200101-10001
Utinger, Peter
 0100101-010010001
Utinger, Peter
 0111001-1112
Sollars, John B.
 3010001-012101
Gragg, Ruth
 0-20001

251

Gragg, Thomas
 212001-020001
Gragg, John
 300001-11001
McMurtay(McMurtry?), Joseph
 0110101-1222
Rice, John
 00000000001-00000000001
Runner, Peter
 10001-00001
Weatly, John
 110101-122001
Kirkendoll, John
 20001-01001
Potter, James
 000020001-000010001
Handcoke, William W.
 111101-01111
McKay, Argus
 0000001-0
Niece, George
 0112201-012001
Hickey, Isaac
 1310001-011011
Baker, James
 12001-200001
Morrison, John
 10001-30001
Stuart, Hugh
 10101-120001
Miklesan, John
 120001-11001
Pack(Puck?), Ellias
 2120001-100001
Cooper, John
 120001-220001
Niece, Michael
 200001-01001
Justice, Martin
 20001-0001
Miller, Charles
 311001-21200011
Renn, Josiah
 01001-003002001
Petty, Jacob
 00001-320001
Uting(?), Henry
 320001-200001
Smelser, Feaderick
 0112001-01202011
Borden, John
 000010001-000020001
Blazier, Samuel
 00001-1001

COCKE

252

Fay(?), James
 100001-100001
Borden, Elijah
 121001-211001
Dawson, James
 01100000001-111101
Blazier, Adam
 0100201-10231001
Utinger, George
 2300001-212001
Easterly, Jacob
 00120001-00101001
Mims, Alfred
 302001-01001
Frey, John
 210001-00001
Niece, Joseph
 000001-0010001
Buckner, Daniel
 10001-1001
Eslinger, David
 12110001-1121001
Harned, David
 0010001-100001
Harned, Samuel
 000000001-000000001
Fanshier, John
 011001-211101
Niece, Adam
 0212301-0101101
Eatherton, James
 240001-0001010001
Oneal, Darius
 112100001-1100001
Oneal, Washington
 1001-00001
Boyer, Isaac
 110001-10001
Boyer, Lewis
 000001-20001
Boyer, Henry
 00001-00011
Boyer, Jacob
 000000001-000000001
Faubian, Jacob
 1011101-1121001
Faubian, William
 00001-10001
Mason, Polly
 10101-1031001
Mason, James
 01110001-0110001
Bridendine, Thomas
 22100001-111001

253

Gett, Edward
 00001-00001
Smith, Simon
 000030001-001000001
Smith, John
 00000000001-0000000001
Smith, Thomas
 120001-11001
More, William
 001001-211101
Kelley, John
 010001-311001
Mills, Henry
 00001-1001000001
Smith, John
 10001-10001
Smith, Thomas
 01111001-0012201
Driskill, David
 01112001-10110001
Driskill, Moses
 00001-00001
Davis, Arthur
 00010001-00101001
Jones, Daniel
 00112001-00011001
Rippito, James
 0001-1001
Shields, John
 0000100001-00011
Smith, Martha
 11011-000000001
Hall, Washington
 20001-010101
Clower, Jacob
 00001-0001
Hodges, Andrew
 00001-0
Colier, William
 220001-10001
Williams, Owens
 10001-101001
Williams, William
 1310001-211001
Brizindine, John
 00000011-0001001
Smith, Isaac
 1021001-1200001
Smith, James
 10001-00001
Waymen, Solomon
 0001-0001
Brizenden, Clem
 210001-000011

254

Driskill, Thomas 022001-12001
Price, Priscilla 0001-01000001
Wice, Joseph 0-0
Laws, James 21101-11001
Hall, Elizabeth 11-00001
Doughty, Benjamin 000000001-000100001
Doughty, James 00001-0001
Coffee, James 00014001-1200002
Waymire, Jonas 00001-000001
Martin, James 00001-1001
Puckett, Rice N. 1010001-30101
Smith, Jesse 11001-10001
Bragg, William 011100001-00000101
Nelson, Andrew 00001-10001
Solomon, James 0310001-203001
Campbell, John 010000001-000011
Talley, Joseph A. 10001-30001
Solomon, William 3220001-011001
Smith, John 001010001-1000201
Campbell, James 001000001-00040001
Inman, Jonathan 20001-10001
Inman, Daniel 100010001-010010001
Inman, John 00101-00121
Gowin, Sheadrick 11100001-100101
Tally, Dudley 01210001-1111101
Tally, Bartley 10001-10001
Talley, Carter 002010001-0000001101

255

Talley, James 300001-3201
Miller, William 200010001-01201
Davis, Nancy 0-0000001
Davis, William 100001-211001
Fox, William 100001-00001
Harrison, James 01211-0020001
Harrison, Abner 20001-01011
Reames, John 110001-110001
Martin, Samuel 01000000001-000000011
Martin, John 001000001-01110001
Waymire, Valentine 1001001-1110001
Jester, Jacob 0001-0001
Talley, William 210001-10001
Williams, John 10001-10001
Colier, William 220001-100001
Conner, Julius 000000001-00000001
Conner, James 2100001-11001
More, Eli 10001-10001
Rightsell, John 0312001-2010001
Ripeto, William 00001-00001
Phillips, Robert 00100001-00001001
Harrison, Ignicious 0011001-0101001
Harrison, William 0010201-000101
Harvey, Phebe 121-210001
Smith, Rebeca 0011-0011101
Smith, John 10001-10001
Smith, John 110001-210001

256

Smith, Nancy 002-0002001
Myers, Allen 11001-00001
Buckner, John 201001-00001
Buckner, James 000010001-00111001
More, Daniel 100001-11101
More, Dempsey 00001-0
Rippeto, Henry 10001-13001
Palmer, Thomas 101000001-01020011
Nicholson, Elijah 2100001-11001
Palmer, Charles 100001-20001001
Reames, Daniel 00001-10001
Smith, William 001100001-00010001
Smith, Simon 20001-10001
Conway, James 10001-10001
Holleway, Sally 0011-000100001
Conner, Mus. 0001001001-00010001
Murray(?), Isaac 0-0
Golliher, William 11301-201001
Ramsey, William 1010001-12001
Thompson, John 00000001-00000001
Thompson, William 30111-000110001
High, Samuel 10001-0001
Holt, Basdell 00001-2001
Holt, Asia 0121001-110001
Mason, Joel 0000001-00001
Edington, Sarah 00112-00001001
Edington, Nancy 1-01001

258 (258 appears twice)

Brady, Nancy 02011-0111001
Frishower, John 11201-1200101
Worth, John 001210101-0120201
Driskell, Joshua 0001001-0020001
Smith, Joshua 00001-2001
Lofty, William 000000001-000110001
Lofty, Page 21000001-011
Doughty, James 2100001-0100001
Gregory, Richard 000001-310001
Eaton, Henry 11220001-011
Hutson, Starling 000000001-001001001
Hutson, Clinton 20001-00001
Hutson, John 20001-00001
Hall, Martin 10010001-0211001
Palmer, William 210001-11001
Searcey, David 210001-12001
Ramsey, Sally 00001-00010001
Smith, John 00100001-11000001
Hampton, Jobe 00001-00100001
Ray, William 0000001-00010001
Green, John 10001-22001
Dawson, Sally 0011-00010001
Dawson, Amos 200001-20001
Fowler, Isaac 00010001-00001001
Fowler, Larkin 10001-10001
Dean, William 0000001-100001
Buckner, George 1010001-123001

258

Niece, John 00001-10001
Gooden, Elizabeth 011-0001001
Holt, James 131001-00001
Driskell, Thomas T. 00001-20001
Holt, Berry 130001-102001
Holt, Edward 221001-10003
Oneal, Margret 0011-10003
Bibay, Thomas 000000000001-00000000001
Gillett, John 001101-021001
Lofty, Abraham 1010001-122001
Hedgcocke, Sally 111-01001
Bullman, John W. 20001-10001
Bullman, William 11001-21001
Gregorory, George 000100001-00110001
Hampton, Wade 00001-00001
Holt, George 00011001-00000001
Sanders, James 1111001-101101
Hampton, John 12001-10001
Cristain, James 00001-10001
Christain, Anthony 20001-10001
Christain, Thomas 211001-100001
Christian, Anthony 00000001-000000001
Story, Thomas 000001-210001
Wiggins, James 001001-320001
Watson, John 001001-211001
Christain, Thomas 0010000001-0
Lowell, John 00100001-0000001

259

Gillett, William P. 220001-000001
Wood, John 3000001-00101
Wolen, Wiley 20001-12001
Wood, David 1110001-001001
Manning, David 020001-2210010001
Hall, Zibadee 000001-22001
Gouch, Martin 00001-20001
Swaggerty, James 00002-2001
Manning, Richard 21001-10001
Ward, Joseph 10001-1010000001
Manning, Tobitha 0-0000001000001
Snodgrass, Hyram 200001-00001
Boyer, Aaron 200001-00001
Wice, Simon 0-0
Fox, Elijah 00000001-00000001
Clark, John 100001-00001
Talley, Thomas 200001-0001
Fox, Ransome 20001-10001
More, White 100001-11001
Striplinn, John 20001-21101
Lea, Eppa 211101-021101
Gooden, William P. 00001-100010001
Cooper, Isaac 100001-21001
Ramsey, Andrew 130200001-220101
Paul, Thomas 000000001-00001
Gauch, William 00111001-001201
Cooper, Isaac 0000200001-0010001

260

Viles, Amas
1112001-1110101
Viles, Eli
00001-00001
Sluder, William
220001-011001
Gray, Willis
01001-01001
Henry, Reuben
200001-1101
Henry, William
0000101-1011001
Coleman, Benjamin
110001-212001
Allen, Hyram
102101-200001
Gray, William
210001-20001
Bailey, William
0100101-0001101
Clevinger, John
02102001-0101101
Click, James
00001-10001
Baxter, Aaron
000011-0
Lewis, Leah
211-200001
Lewis, John
10001-100001
Ross, Charles
00001-0001
Allen, Isaac
001111001-01000001
Smith, Edward O.
000001-10001
Sisk, Elias
10010001-132101
Jenkins, Thomas
200001-0001
Nash, Gilbert
000000001-0
North, James
20001-00001
Bird, Christopher
2100001-4001101
Denton, William
300001-00001
Vickeroy, Phebe
0-0101001
Case, Laxton
1220001-22011
Williams, James
2110001-1111001

261

Williams, Elizabeth
0-00000001
Bird, Dennis
21001-10001
Huff, John
0311001-201301
Murrall, William
00001-20001
Butler, John
000000001-000000001
Murrell, Job
11001-10001
Gregory, Mary
00111-00001001
Butler, Zarah
00001-1001
Gregory, William
00001-20001
Lax, Obeisence
0-2000101
Hix, David
0000001-00001
Murrell, William
001000001-00001001
Cochran, Samuel
120001-11001
Murrh, Jeremiah
200001-00001
Wilson, Joseph
0111001-220001
Robinson, George
10011-0001
Davis, Joseph
0011101-00100001
Bryant, John
100001-120001
McFalls, James
011001-212101
Bryant, Sally
0-21211
Benson, Eason
12-000001
Bryant, Elizabeth
1-11001
Turner, Pressley
210001-12001
Newcome, David
120200001-0020001
Newcome, John
10001-20001
Sutton, Joseph
0001001001-1121001
Sutton, John
30001-01001

262

Dennis, Joel
1311001-0000011
Hix, David
00001-00001
Cavender, Francis A.
02001-21001
Leatherwood, Thomas
000110001-00001001
Jenkins, Jeremiah
10001-100011
Runnian, George
00002-10001
Valentine, Henry
11001-1001
Jenkins, Elijah
002000001-00000001
Jenkins, Jesse
00001-0001
Jenkins, John
21001-0001
Jenkins, Phillip
001210001-000001001
Wilhite, Reuben
00001-10001
Mcgahee, Robert
200001-02
Harrison, Reuben
211001-113101
Coleman, Jesse
001000001-000001
Seales, Russel
000010001-00001
Ball, Osbern
21100001-23221001
Ball, Royal
00001-10001
Price, James
001100001-0001
Price, Ruth
01-2000001
McMathan, Eli
12120001-2000001
McMathan, Sanders
10001-2000001
Williams, Jordan
011100001-0000001
Tilley, Syntha
1-120001
Williams, Solomon
30001-00001
Jiles, Jesse
101001-23101
Valentine, William
300001-10001

263

Garrett, James
10001-20001
Piercy, Stephen
11001-0011001
Raines, John
0010001-11201
Phillips, Joseph
02001-2001
Sutton, Cornelius
0110100000001-20001
Thomas, Sarrah
0-00110001
Baxter, James
21101-110001
Green, John
20001-20001
Green, Francis
0000001-0000001
Byers, Sally
21-1101001
Runnian, Joseph
00140001-00100001
Dennis, Robert
001-1001
Gilland, William
00000001-00000001
Smith, Samuel
00002-10001
Gilliland, James
30001-02001
Giles, William
00110001-0000001
Burlason, Margaret
0-000001
Harrison, Cyrus
211001-11001
Broiles, William
10001-121001
Broiles, Samuel
01001001-01022001
Weaver, John
1101001-220001
Wilhite, William
10001-10001
Wilhite, William
0000001-01100001
Jiles, Daniel
012001-110001
Seales, John
00003-20001001
Melton, Archelous
100000001-22001
Jennings, Samuel
000010001-00103101

264

Jennings, Jesse
000001-11001
Lewis, George
30001-01001
Lillard, Abraham
220001-112001
Kelley, Samuel
11001-10001
Denton, Samuel
01001-110001
Allen, William
0001-0001
Lain, William
00001-0010001
Gilleland, Robert
00100011-0001
Gilleland, William
10001-1
Lillard, James
200001-2010001
Hix, Timothy
10211-101101
Lewis, Benjamin
01110001-000020001
Hix, Nancy
01002-0100001
Runnells, Thomas
10001-1001
Lewis, Jacob
10001-00001
Morrison, Alexander
0000001-0
Lain, Randolph
11001-20001
Odell, Easther
01-01000101
Odell, Caleb
00001-10001
Odell, Rachel
0-01100001
Sneed, James
0001-0001
Allen, Thomas
0101101-1001001
Davis, William
000211001-0000001
Allen, James
1120001-0011101
Hix, Moses
01011001-00001001
Lewis, John
001000001-100020001
Bryant, Tarlton
0012001-1100011

265

Busler, Henry
210001-2120001
Lain, William
12001-12001
Dehart, Jefferson
10001-00001
Land, James
00001-00001
Land, Ann
0-20011001
Earley, Charles
01110001-110001
Surratt, Samuel
00001-00001
Cooper, Joseph
20001-11001
Thompson, Hartha
0-0001
Strage, John W.
0010001-332001
Hardin, Benjamin
0-0
Jack, Henry
0110001-2000001
Coleman, William
001000001-000000001
Rutherford, Joseph
00001-00001
Surratt, William
0121001-110101
Coleman, Consellar
00101-221001
Ogden, Rachel
10001-00010001
Ward, John
111001-101001
Miller, George
012001-010010001
Crookshanks, George
00001-00001
Leonax, John
000100001-00100001
Phinney, Thomas
10001-1000101
Clark, Shelton
021001-21001
Clark, James
01001-21001
Ward, Gabriel
1100001-21001
Bibay, William
3100001-1101001
Billings, Bowling
300001-11001

266

Ward, Russell
110001-20001
Campbell, Joseph
113001-20002
Striplin, Sampson
02100001-110001
Rodgers, Thomas
00011001-2102001
Lucas, Samuel
0-0
Payton, John
0020001-0011001
Franklin, Lawson B.
20001-00001
Miller, James
10001-0001
Lain, John
0000201-2221101
Cochran, Job
00110001-01000001
Elliot, James
0-0
Wice, Peter
0-0
Dolton, Cassey
001-0001001
More, Seth
20001-00001
Rodgers, Isaac
100000001-0011001
Coffee, Jackson
10001-00001
Welch, Lucinda
00003-1001101
Striplinn, John
200001-22001
Rodgers, Robert
00212001-01001001
Daniel, Levi
02101-200001
Dungy, Charles
01-000001
DeWitt, William H.
0100001-22101
Shepherd, William
000001-0
DeWitt, Richard B.
200111-11001

267

Herley, Daniel A.
212001-0102001
Manning, Joseph
10001-10002
Huff, William
100001-21101
Smith, Thomas
1010000001-010001
Robinson, John
2121001-0110001
Hall, John
30001-10001
Shaver, Polly
0111-100001
Wamble, Zelpha
0-0010000l
Hoover, Fedarick
2101001-2200001
Kendrick, Edom
00220001001-00001001
Kilgore, Jane
01011-1110001
Hance, Samuel
000100001-01010001
Hall, Samuel
0001-00001
Lawery, Mourning
0-1000001
Hall, William(1)
0100001-0012
Hall, William(2)
10001-11001
Hadley, John
111101-110001
Hall, Ann
00101-022001
Poe, David
301001-110101
Heathcock, James
110010001-11001
Ogden, William
00001-10001
Jackson, William
11001-00001
Clark, James
0111001-0123001
Clark, John
000000001-00000000001
Puckett, John
200011-00001
Campbell, George
010001-101001
Shelton, John
11101001-021000001

268

Miller, James
10001-0001
Everett, William
00101001-0121001
Larew, George
00210001-0201001
Heathcocke, Thomas
300001-010101
Phillips, Martin
00001-02102
Booker, Abraham
02120001-000002001
Booker, Greenlee
00001-00001
Blair, William
000000001-0
Carter, Esther
00021-0011001
McGill, Hamilton
012001-0100101
Doughty, Benjamin
11001-011001
Doughty, Rebeca
11-10001000l
Pruett, Thomas
00001-3001
Pruett, William
20011001-0100100001
Puckett, Polly
111-000001
James, William
0111001-0100001
James, Henry
01012101-0201001
Griffin, Noah
10001-02001
Sims, William R.
00001-00001
Francis, Burgess
10001-00001
Francis, Edward
10001-00001
Francis, David
00111001-0020001
Miller, Samuel
20001-00001
Surratt, Allen
000001-00001
Surratt, Allen
000010001-000102
Simis, Elliott
001020001-0000100001
Boyer, John
222001-010001

269

Finch, Abraham
100001-11001
McSwain, Mordica
01210001-01010001
Henry, Robert
00001-0001
Samples, Cyrus
00001-01001
Henry, John
00001-000001
Hart, Burgess
00001-2001
Rymell, Jacob
00000001-00001
Hightower, Thomas
011000001-00002001
Hightower, Allen
1001-0001
Wilson, William
003311-210201
Click, George
222001-111001
Reeve, William
02300001-001001
Wood, John
1412001-0002101
Dean, William
00001-20002
Robinson, Thomas
0110001-011101
Clark, Hyram
002001-00001
Mantooth, John
1102101-0020001
Fox, Mathew
11100001-0110001
Henry, John
0001101001-001000001
Dyer, John B.
01000001-001101
Sisk, Toliver
120001-120001
Odell, William
120001-31001
Sisk, Bartlett
000011001-0000000001
Click, Lewis
101001-20001
Felkor, William
111001-01001
Denton, Jonathan
101001-000001
Roberts, George
200000001-10001

COCKE

270

North, Anderson
0011001-01011
Rutherford, Robert
11201-000001
Denton, Thomas
0011101-1101001
Allen, Abraham
000001-210001
Alington, Samuel
00001-00001
Lillard, John
122001-10001
Denton, Abraham
120001-10101
Huff, Elizabeth
0-0000001001
Allen, James
00001-0001
Wolf, Margaret
0-10100001
Allen, John
0011001-01010001
Prady, John
0000201-00000001
Prady, Pettis
0110001-110001
Vinson, James
30001-110001
Abbet, Benjamin
21001-11001
Harper, George
11001-21001
Maddux, Schofield
020001-202001
Raines, Joel
2211001-201001
Bush, Calvin
010001-20001
Clark, Alfred
01001-210001
McMathan, Anderson
012001-111001
Wood, Elizabeth
0001-0111000001
Witson, Stephen
00101001-0011001
Whitson, William
10001-20001
Coleman, Spencer
01001-20001
Wilhite, Caleb
200001-02001
Perry, Solomon
110001-20001

271

Youngblood, Joseph
20001-111001
Youngblood, Mary
0-00001001
Hart, Caleb
021000001-110001
Maddux, Joseph
0100001-210001
Inman, Green
00001-10001
Maddux, Nathaniel
2110001-10001
McNabb, John
00001-1001
McNabb, John
01110001-00112
Mantooth, Thomas
112001-100201
Vinson, William
0000101-00210001
Mantooth, James
10001-0001
McNabb, George
112101-110001
McNabb, Margaret
02001-0210101
McNabb, John
10001-0001
Rutherford, Elizabeth
0112-02101
Davis, Noble
1001-10002
Frazier, Benjamin
0001-10001
Lee, Stephen
00100001-1222001
Dillon, Thomas
000000001-00000001
Camron, Greenvelle
100001-20001
Thompson, John
0000000001-01000001
Kelley, William
00001001-00100001
Williams, Rachel
0001-12120001
Stancil, Milly
112-111101
Dean, Richard
0000000001-00110001
Strick, Richard
200001-00000001
Ellis, John
0000001-002001

272

Ellis, Nathaniel
10001-00001
Fox, John
11001-10001
Bandy, Robert
2220001-000001
Ellis, Moses
301001-110201
Loyd, Pleasant
010001-001001
Lee, John
00000000001-000100001
Johnson, Joseph
001001-100001
Frazier, Martin
20001-10001
Mantooth, Thomas
021000001-011010001
Mantooth, William
00001-1001
Gann, Christopher
01-000001001
Gann, John
110001-13101
Nelson, Moses A.
220001-1300020001
Neatherton, Enoch
1211001-02101
Ford, Tipton
30001-10001
Brooks, McCall
1120101-200211
Vinson, John
00001-000001
Dillon, James
300001-11001
Dillon, John
000001-100201
Paney, Nathan
400001-31001
Webb, Isaac
3200001-100001
Clevinger, Elias
14101001-00020001001
Cains, Abraham
00001-20101
Perry, Patrick
00001-10001
Jennings, Thomas
011301-000001
Corman, John
00201001-2211201
Timmons, William
100000001-20001

273

Burnett, Robert
20001-001
Camron, Joseph
011000001-0001
Gann, Isaac
2022001-0102
Neff, Isaac
000001-000001
Odell, Solomon
000001-0
Burnett, Leroy
000000001-00001000
Huff, Johnathan
01101000001-410001
Williamson, George
22001-01001
Huff, David
20001-10001
Banset, John
11000001-12101
Headrick, John
211001-110001
Jenkins, Bradley
000001-000001
Brooks, Samuel
0030300001-0110001
Norrod, John
10001-00001
Brooks, Samuel
00001-00001
Hurst, Uriah
011001-10001
McKay, Jeremiah
0310001-102121001
Borden, Archibald
00001-0001
McKay, Abraham
2210001-111101
Driskill, John
010201-012001
Camron, Martin
11001-10001
Wood, Catharine
001-0000001
Lassley, Jane
11-00001
Heaton, John
000001-310001
Heaton, Thomas
000000001-000000001
Pruett, Samuel
00210001-01003001
Lewis, Peter
100001-121001

274

Clevinger, Nancy
01101-0010101
Miller, Abraham
0110001-0002001
Pate, Anthony
000000001-01000001
Lain, Azariah
00100001-00220001
Allen, Reuben B.
110001-1220001
Gann, John
0002001-2221101
Romines, James
00002001-00011001
Sourett(Sourell?), Martha
00101-00010201
Free, John
1121101-121001
Walker, David
10001-20001
Pressley, Sally
0-00001001
Shannon, Hugh
10001-20001
Keezal, Andrew
100001-0001
Wilson, Margaret
001-0000000001
Broadrick, Hugh
20001-100010001
Boyer, Samuel
2121001-010101
Carmickle, William
10001-00001
Hix, John
1111001-1110001
Sneed, Henly
30020001-0011101
Edwards, James
010000001-011101
Burnett, Silas E.
10001-00001
Stuart, John
100001-100001
Freeman, Elijah
10001-10001
Hance, William
10001-20001
Jack, Nancy
00111-110001
Brown, Elijah
10001-200001
Brown, Mary
00101-0001001

275

Gann, William
211001-111101
Gann, Nathan
21001-02001
Hood, Sally
011-110101
Hood, Phebe
0-000000001
Lain, Moses
000001-0000010000l
Ward, Cyrus
0000001-011001
Garrett, William
00210001-0101001
Gray, Elizabeth
0-0000002001
Ogden, Joseph
3010001-00001
Fine, Abraham
1102101-1120101
Porter, George M.
00001-00001

COCKE

2

Beaty, George
0022001-210101
Franklin, Patsy
2-010001
Beaty, John
0010001-0111101
Wilson, Joseph
320001-011001
Gwinn, John
0111101-0100001
Swiner(?), Jeremiah
21001-01002
Sublette, John S.
210001-00001
Morgan, Nathan
302001-041011
Owen, Joshua
210011-10001
Owen, William
10001-21001
York, Andrew
210001-00101
Owen, Bailey
0000000001-10011001
Smith, Philip
001230001-00100001
Campbell, James
000010001-00002020001
Hull, Daniel
010001-11001
Chilton, William
010001-21011
Singleton, Daniel
1011001-300011
Noland, William
100001-210001
Alderson, John
00011001-0001001
Blair, Samuel
00020001-00100001
Bates, Charles
0110001-0
Chapman, John
10001-10001
Hull, Moses
11021001-00111001
Flatt, Benjamin
02110001-1000001
Vaughn, William
2120001-1111001
Binns, Joseph
00001-0001
Odle, John
211011-121001

3

Hisaw, Andrew
10001001-00022001
Thrasher, Samuel
1000001-000001
Poor, Joseph
00020001-01100001
Sharpe, Obadiah
00001-20001
Odle, Margaret
00002-00021001
Wright, Moses
11100001-200001
Smith, Andrew
01001-31001
Hinds, William
00001-31001
Storey, Joshua
00001-00001
Hinds, John
20001-00001
Evans, Archibald
00101-0001
Hinds, Levi
00000001-1010201
Hooser, John V(an)
000000001-00010101
Pritchard, Thomas
00200001-00110001
Smith, Matthew
4000001-00001
Westmoreland, Shadrick
00001-2001
Westmoreland, John
102001-42001
Leeton, James
100011-0000000001
Poor, Moses
2011201-0121001
McDonnold, Elizabeth
0001-010101001
Morton, John
10001-00001
Bakeman, Joseph
12100001-0000001
McClellan, John
001122001-02011001
Beaty, Thomas
200011-002101
Wood, Matthew
20002-1001
Mace, Henry
0021001-0101001
Carpenter, Consider
010001-10001
Guthney, John
210001-00001

4

Reagan, Rebecca
0-0000000001
Reagan, Peter
00012001-00010001
Reagan, Caleb
10001-12001
Pennycuff, John
02111001-10102001
Story, Joshua
00001001-0000001
Corcelis, George
010001-110001
Jones, Simin
21-01001
Woolsey, Jeremiah
0012001-2220101
Smith, William
10001-11001
Petty, Joseph
10101-10001
Evans, Nathan
102001-11001
Beech, William
02110001-0001000101
Clybourn, Leonard
021001-21001
Beech, Abram
00001-10001
Duncan, Joseph
011001-011101
Westmoreland, Joseph
10001-01001
Whitehead, James
10001-0002
Story, James
00001-0001
Trail, Archibald
0100001-300001
Lovin, Garland
10001-00001
Payne, Linsey
001310001-00011001
Beaty, David
0121001-3212001
Connatser, John
000001-001001
Connatser, Philip
12100100001-211001
Finlay, James
11110001-0121001
Mullinax, Nathaniel
300101-01001
Mullinax, Israel
30002-10001
Mullinax, Eli
002000001-0110001

5

Guthrey, George
000100001-00011001
Pritchard, John
101001-220001
Cooper, Jacob
000010001-0000001001
Smith, William
10011-10001
Wood, Isaac
10011-10001
Stephens, Thomas
0000000001-0000100001
Hays, William
011100001-100010001
Choat, Edward
1000011-10001
Tipton, Jonathan
00010000001-0000001
Cobb, Jesse
202021-022101
Hinds, Joel
200102-13001
Moles, David
00001-0001
Millsapp, Hiram
310101-10001
McGee, Robert
200021-21001
Martin, John
2121101-111101
Wood, Spenser
100001-02001
Williams, Hardin
200051-10002
Taylor, John
020001-21101
Richardson, William B.
10001-00001
Clemens, John M.
100001-20001
Clemens, Hanibal
00001-0001
McGee, William H.
211011-02102
Wood, Jesse
00113001-00021001
Albertson, John
220001-111011
Roseberry, Absolom
001115001-0011001
Mayberry, David
20001-120001
Pogue, Joshua
0111001-0000001
West, John A.
00001-10011

6

Davidson, Frances
0211001-201101
Chilton, George
1000000001-000100001
Brown, Michael
00001-1001
Harmon, Caleb
210001-111001
Jackson, Archibald
110001-100001
Jennings, Nancy
11-011001
Hicks, William
111001-101101
Higny, Griffith
001111-1202001
Cross, William
1010001-0000001
Pruit, John
100001-200001
Davidson, James
00010001-00200001
Cooper, Nancy
0-00123001
Davidson, Abner
1102201-0110001
Davidson, Joseph
0232001-2002201
Keeton, Miles
202001-120001
Travis, William
010110200001-1012001
Evans, Jabez
20001-01001
Evans, William
01110101-00012001
Simonds, John
00120001-0100001
Lewis, Mordecai
00001001-00011001
Moles, George
010101001-00000001
Moles, William
101011-1110001
Thacker, Ambros
00000000001-00000000001
Davidson, Alexander
0011001-1220001
Napier, Isaac
200001-0101001
Poor, Mary
1-001001
Pollard, Thomas
1000001-0000001
Smith, Thomas
01-1000001

7

Hicks, Abram
200001-0210001
Hicks, Isaac
1021000001-0000121
Westmoreland, Robert
000000001-00011010001
Anderson, John
10001-00001
Graham, John
210001-211001
Honeycutt, John
200001-11001
Beech, William
00001-0001
Evans, Joseph
0101101-200101
Conatser, Nicholas
00000000001-00000000001
Owens, Westley
1011001-0101101
Cherry, Peterson
20001-0001
Albertson, Easly
0211001-102001
Guthrey, George L.
00002-1001
Frogg, Arthur R.
00021001-01110001
Fowler, Agel
002001-21001
Holaway, James
00010001-000001
Guthrey, Young
0001-0001
Morgan, Randal
10001-20001
Cooper, Andrew
021001-210001
Gentry, Jesse
10001-11001
Pruit, Micajah
000000001-00000001
Mayberry, Jacob
0012100001-000100001
Martin, Zerah
0111001-0102001
Martin, Solomon G.
00001-20001
Cowan, Alfred
120001-10001
Beeson, Jacob
00000001-1001001
Gill, Alexander
0011001-00100001
Hicks, John
0010001001-0011010001

8

Hoover, James
01001-10001
Smith, William
01000001-102201
Sutton, Thomas
000010001-000000001
Huckaby, John
20001-01001
Spurlin, James
00001001-00020010001
Lea, William
02000001-100001
Gill, Charles M.
00001-00001
Johnson, William
000001-00001
Finch, George
212000001-1000001
Spurlin, Daniel
20002-00001
Johnson, Hardin
32001-00001
Johnson, James
0001000001-200000001
Buck, Thomas
22011001-0022001
Meredith, John
020001-121101
Schuyler, Joseph H.
22101011-0011001
Black, Adam
00001-00001
Franklin, Edward
00001-2001
Smith, Celia
00001-00020001
Smith, William
301011-021001
York, Thomas
11020001-01200001
Lea, James
20100001-0212101
Winningham, Solomon
10001-20001
Stephens, Joshua
1211001-0001001
York, Jeremiah
1000001-01210001
Stanton, Charles
2011001-1120001
Akeman, James B.
200001-10101
Taylor, Isaac
0212101-0020101
Stout, William
220001-012001

9

Johnson, James
00001-00001
French, Joseph
000000001-000001001
French, Martin L.
10001-0001
Wilson, John
21100001-1222001
Gauney, John
001101-201101
Choat, Jacob
00001-0
Young, Patsey
0-20001
Stephens, Nancy
1-11001
Smith, Elizabeth
11-11101
Pritchard, John
110001-12001
Smith, Daniel
00011001-00010001
Joner(Jones?), Elizabeth
00011-0000001
Pritchard, Henry
10001-10001
Hood, Mary
1-00001
Smith, William
100001-10001
Choat, John
11001-20001
Choat, Christopher
11011001-20011001
Choat, Thomas
10001-00001
Pulse, John
10001-32101
Eidleman, Daniel
100001-12001
Huckaby, George
01001-20001
Smith, Charles
10001-0001
Buxton, John
102001-21201
Wood, John
20001-10001
Brewster, Jeremiah
01111001-00101001
McBath, John
100001-10001
Pile, Jehu
00001-21001
Lynn, John W.
120001-001001

10

Holbert, Joel
0012101-0131001
Wright, Joel
10001-10001
Wright, Jesse
001120001-00001101
Crabtree, Richard
20000001-01001001
Tacket, George
1111001-211001
Smith, Henry
210001-101001
Miller, David
110001-21001
Hatfield, Armstead
10001-0001
Waldriff, William
120001-011001
Slavey, Jonathan
00001-10001
Slavey, William
00001-10001
Young, Burdine
02011-30001
Evans, Samuel
120001-000201
Evans, Simes
10001-110001
Baker, Abraham
310001-021001
Crabtree, Thomas
111001-011001
Edwards, James
00000001-0
Brown, Thomas
00100001-00000001
Boudin, Elias
300101-02001
Edwards, Arthur
10100001-2210001
Fipps, Peter
1020001-2100001
West, Charles
0111201-2112001
Wilson, Robert
21021001-011001
Morgan, John
00121001-01201001
Obrient, Isaac
10002-10001
Crawford, Joseph
30001-00001
Brewster, James
121011-00001
Coyle, James
00212001-00010001

11

Meredith, James
2011001-0100001
Phillips, Pleasant
100001-02001
Mason, Isaac
12000101-000001
Gilpin, Elias
00101-00110001
Gentry, William
111000001-1011001
Schuyler, Nathan
10001-0001
David, Sampson
00001-00001
Simpson, Job
30001-00001
Huckaby, Thomas
1200001-0020001
Whitehead, James
01211001-0210001
Poor, Calaway
1001-0001
Westmoreland, Sarah
0001-00000001
Goodman, Solomon
00001-001
Garrott, Henderson
0001-00020001
Taylor, Mary
0-100101
Hammonds, Absolem
210000001-30001
Beech, Benjamin
30001-10001
Lovin, Garland
10001-00001
Beech, Enoch
10001-00001
West, John
030001-110001
Story, Robert
0000000101-00001001
Story, James
300001-100001
Davidson, Thomas
20001-20001
Lewis, Nancy
011-002001
Angel, Squire
.220001-3100010001
Young, Parkes
1111001-012101
Rich, John
0012001-1110001
Davidson, Michael
20001-1000101

12

Rich, Hardin
201001-010001
Reneau, Jane
0101-000100001
Reed, Adam
100101-10011
Mullinax, Nathaniel
10000001-11001
Stephens, Zorobabel
1020001-0110101
Campbell, Joseph
00110001-00200001
Crockett, William
121120101-0011101
Brown, Larkin
00001-0001
Simpson, John W.
110001-20001
Reneau, Chrisley
00001-20001
Simpson, Braxton
00001-00001
Keeton, Joel
0001101-00010001
Lewis, Mordecai
20001-10001
Guffey, Ephraim
00001-10001
Atkinson, William
1010101-001101001
Groom, Thomas
110001-110001
Groom, John
01001-11001
Johnson, Asa
00001-2000101
Crouch, Martin
2000 1-11001
Helm, George
0000000001-000000001
Moody, John
110001-12001
Groom, Nelly
0-000010001
Harmon, John
020011-20001
Keeton, Yearby
00100001-00010001
Francis, John
0001-00001
Evans, John
110001-211001
McFarland, James
2112101-021001
Helm, George
10110001-120001

13

Riley, Thomas
010110001-2000101
Riley, William
12001-11001
Labens, Thomas L.
2101001-2111001
Rich, William
2110001-110001
Evans, Jane
000001-0001100001
Williams, Charlotte
2-00001
Crouch, John
30001-10001
Kelton, Henry
00001-0001
Rule, James
10001-00101
Williams, Philip
111001-231011
Combs, John
0110001-0001001
Williams, Francis
1012001-1110001
Pile, Conrad
110020001-000100001
Overton, James
1100001-103001
Jones, Levi
10001-22001
Looper, William
1300001-00001
Long, John
11000001-0131001
Redmond, Francis
1012101-1220001
Crouch, James
01000001-000001
Kidd, Elias
1210101-0110001
Upchurch, Joseph
110001-20001
Jennings, Mark
00001-100101
Baker, Thomas
00001-30001
Crouch, William
010001-000001
Flatt, John
10001-00001
Williams, John
231001-110001
Rich, Catharine
0-00200001
Hatfield, James
10001-20001

14

Helm, Henry
0000001-011101
Rhodas, John
010000001-01130001
Craig, Mahala
1-10001
Helm, William
21001-10001
Hatfield, John
0111001-0210001
Rich, Joseph
20001-10001
Hatfield, Ephraim
0000001-000001
Crabtree, James
1001-00000001
Keeton, John W.
00002-10001
Clanton, John
213001-00101
Frogg, Strother
12012001-10001001
Pile, Elijah
112001-111001
Simpson, Jonathan
110001-10001
Hicks, James
00001-1000101
Barton, John
00001-0001
Brown, William
00001-1001
Huff, John
0011201-0013101
Hildrith, Henry
110001-00001
Richardson, Robert
0201001-011210100001
Davis, James
20001-10001
Miller, Pearson
00213001-00111101
Richardson, John H.
12100001-0012001
Wright, James
00220001-1110001000l
Burnett, Reuben
11011001-1321101
Frogg, Evan
10001-0001
Williams, Keland
000001-232001
Wright, John
2121001-110101
West, William
00001-00001

15

Duvall, John
00001001-0000001
Lance, Samuel
01001000l-00000001
Sittle, Isaac W.
200001-10001
Roseberry, Isam
01001-20001
Goode, Nancy
0-000000001
Gauney, Timothy
00000000001-0
Davis, Thomas
10001000l-20000101
Ferguson, Henry
311001-022001
Potter, Elizabeth
2-000001
McCoy, Cornelius
020120001-0030201
Cecil, Benjamin S.
110001-20001
Hatfield, Ali
00110001-1011001
Owen, Willis
02100001-1120001
Brown, John
001010001-010000001
Blevins, Abram
21001-020001
Minton, Robert
20001-10001
Finlay, Hiram
00001-30001
Slavey, Susanna
0101-0023101
Smith, John
000100001-00101001
Tacket, William
0001-10001
Smith, William
00001001-001100001
Sprowl, William
011100001-001001
Hatfield, Ali
00001-10001
Dorse, William
01000001-111101
Anderson, Russell
12001-20001
Smith, Samuel
20001-00001
Simpson, Winney
0001-00000001
Copley, James
01001001-1010001

16

Millsapp, Thomas
111001-220001
Cooper, Thomas
010200001-01000001
Price, James
00001-00001
Sullivan, Ruth
3-11001
Reagah, Rachel
21011-01011001
Reagan, William
00001-0001
Choat, Austin
110011-201001
Stephens, David
31110001-1010001
Wilson, John
112001-101001
Hood, Elisha
20001-10001
Hood, Andrew
12001001-0000001
Beaty, William
112001-21001
Beaty, David
10001-10001
Hicks, John
00001-31001
Owen, George
122001-100001
York, Jesse
00001-30001
King, Robert
10110001-1221001
Pritchard, Levi
10001-00001
Culver, John
021001-201201
Owen, Reuben
210001-11001
Owen, Baxter
011001-120001
King, John
101001-12001
Westmoreland, Henry
11110100001-111001
King, Amanda
2-10001
Cooper, Margaret
0-10001
Smith, Matthew
000001-0001
Bowles, Robert
110031-22001
Stephens, Balam
00001-0001

17

Turner, Jerritta
00001-00010001
Davidson, William
10001-00001
Knipp, John
01000001-1212001
Pile, Nancy
1-11001
Shortridge, Arthur
0000000001-000000001
Evans, Mary
0021-0001001
Evans, Jesse(?)
20001-10001
Moles, Thomas
00001-0001

353

Lacey, John
2120001-020001
Braden, Edward
100001-10001
McBee, Israel
000011001-010020001
Bundy, Thomas
13001-100001
McBee, George H.
230001-000001
Wirick, John
1221001-0010001
Yadon, William P.
210001-131011
Haynes, John
0000000001-000000001
Cox, John
122001-111101
Widener, Lewis
2001001-0121001
McHone, Micajah
10001-10001
Hitch, Loyd
1011001-0000001
Haynes, Carlisle
21001-20001
Cabbage, John
0200001-201001
Capps, William
000110001-0000000001
Sellers, John
20001-11001
Brock, James
211001-110001
Acuff, Benjamin
21001-10002
Holland, Josiah
000101-012001
Mullins, Barnet L.
10001-10001
Sharp, Moses
120011-00101001
Semore, George
00001-00001
Dennis, Thomas
001100001-00010001
Dennis, Joseph
00001-10001
Dennis, Joseph
200101-12001
McMillen, Thomas
212101-010001
Hill, Joseph
000120001-01010001

354

Dunehewe, Henry
10001-10002
Martin, Robert
00001-0001
Popejoy, Nathaniel
0110101-0100001
Elkins, David
001100001-00100001
Mullins, John
00000001-031001
Dyer, Isaac
0022001-1210001
Blancet, William
10001-110001
Hubbs, John
02101-20102
Culbyhouse, John
00001-10001
Lane, James
0100000001-000001
Dyer, William
100001-10001
McDaniel, John
00001-0001
Dyer, George
21001-00001
Morris, Dicy
1102-00200002
Rookard, Thomas
0100001-100201001
Bowers, David
10001-10001
Mynatt, Milly
0011-0000001
Lane, William
00011001-0120001
McBee, Pryor
10001-00001
Hill, William
10001-000001
Dennis, William
011001-11011
Hickle, William
10001-10011
Devault, Isaac
001001-01001
Howerton, William
2011001-021101
Bounds, Jesse
000000001-000000001
Jackson, Corbin
021002-100001
Devault, John
121001-100101

355

Damewood, Henry
00000001-00010001
Damewood, Isaac
20001-10001
Peters, Hugh H.
20001-00001
Peters, William
200001-01001
Peters, John
000100001-0111011
Sharp, Amos
1111001-111101
Booker, George
210001-01001
Chesney, John
0000000001-000000001
Chesney, John
111011-000101
Wirick, Peter
1101001-120101
Norris, William
00010001-0311101
Norris, Garland
2000010001-102001
Semore, Isaac
10001-21001
Herrelson, Predina
311-0202001
Norris, Brown
00001-0001
Norris, James
211101-101101
Norris, George
00001-3001
Norris, Reuben
2020001-020001
Norris, George
000200001-000000001
Norris, William
101001-220001
Baker, William
1110001-301001
Lovell, Jeremiah
0110001-220001
Lovell, John
0000000001-00110001
Norris, Jarret
00010001-0000001
Norris, Milly
0-0000001
Hutchesan, Julian
121-010002
Rockard, William
11001-001001

356

Damewood, James
11001-10001
Carden, William
000001-20001
Semore, Larkin
0000000001-0000000001
Semore, Cardwell
121001-100001
Waters, William
210001-011001
Phipps, James
01111001-22210001
Kitts, Peter
0000100001-00111001
Kitts, Jacob
111001-110001
Atkins, George
00001-00001
Merrett, Edward
121001-20001
Wirick, Joseph
010001-00001
Monroe, Robert
200101-00001
Monroe, Robert
0000000001-0000100001
Hamilton, William
13011-10101
Lay, William
211001-121001
Kitts, John
3211001-100101
Hamilton, Robert T.
10001-00001
Willis, Lavinia
01301-0001001
Semore, James
0020001-130001
Hamilton, Alexander
00110011-002000101
Hampton, Sarah
01-0020001
Carden, Robert
000100001-001000001
Monroe, John
2101001-1111001
Smith, Joseph
-021001-201001
Parkey, Sarah
101-001001
Warrick, Elias
20001-20001
Southerland, Ambrose
00001-10001

GRAINGER

357

Warrick, Mary
001-000001
Johnson, John
20001-100001
Smith, Archelus
11001-11001
Colvin, Elijah
00001-31001
Colvin, John
01100001-1101001
Sally, John
10112001-00011
Colvin, William
10001-01001
Condry, Dennis
1000000001-000010001
Condry, Hanson
100001-0001
Branson, Solomon
00001-0001
Branson, Susannah
0111-00100001
Dyer, Thomas
0000001-00000001
Sexton, Charles
111100001-2100001
Butcher, Polly
10102-00000101
Evans, David
00100001-0011101
Moulder, Valentine
00210001-01010001001
Willis, Richard
10001-11001
Railey, Vincent
2202001-1022001
Hundley, William
10210001-0110001
Swaford, John
10001-10001
McFetridge, William
01010001-0211001
Selvidge, Jeremiah
100001-020001
Selvidge, James
012001-010001
Oaks, Richard
3200001-001101
Turner, Edward
21100001-0110001
Jennes, Nancy
112-11001
Oaks, Isaac
1101000101-1113001

358

Washam, Thomas
012001-400011
Davidson, James
000001-0101001
Oaks, Richard
00001-1001
Savage, Rora
10001-00001
Johnson, James
20001-300001
Carden, John
10001-00001
Butcher, Isaac B.
10001-12011
Hill, James
110001-10001
Hill, Lettess
001-0000010001
Savage, Jeremiah
00000001-00120001
Hundley, James
10001-10001
Spainhower, Jonathan
10001-00001
York, Enoch
0201001-2121001
Smith, Josiah
12010011-0121001
Lambdin, John
00000001-0
Floyd, Hiram
10001-10001
Robertson, George
00101-20001
Martin, William
0100001-20210010001
Smith, John
000100001-011001
Hill, Joseph
1110001-112002
McBee, Silas
1100001-120001
Fields, Robert
000000001-00000001
Dunehewe, William
100001-20001
Wirick, Samuel
11001-10001
Wirick, William
01001001-01010001
Wirick, Robert
00001-0001
Mullens, Archibald
00001-10001

359

Davidson, Edward
11110001-2012001
Waters, Obadiah
00110001-0002011
Wirick, Philip
120001-01001
Colvin, James
00001-1001
Kitts, Polly
11-30002
Wirick, John
10001-0001
Ruth, Jacob
221001-001001
Goan, David
0-0
Robertson, William
22100001-0002001
Videtoe(Videloe?), Elizabeth
0012-00000001
Dyer, James
00110001-0011001
Dyer, James
00001-00002
Hubbs, William
111101-1110011
Lane, Samuel
111001-0120001
Wirick, Christopher
100001-12100101
Harden, Robert
11001-11001
Rookard, Brownberry
000001-11101
Hill, Abel
10101-20001
Hill, James
1010101-0010101
Frost, Stephen
0101201-0110101
Wirick, Michael
212001-120001
Brown, Thomas
0000000101-00000001
Satterfield, Elizabeth
0221-100001
Carter, William
001001-001001
Dail, Abel
000000001-000000001
Dail, James
240001-102001
Dail, Abner
3212001-012001

360

Hill, John
000010001-0
Fields, Joel
011001-001011
Dyer, William
001210001-00011001
McHaffee, John
000011-120001
Dennis, John
000211001-000110001
Hampton, Jordan
200001-12201
Jack, Samuel
20011-020001
Arnwine, John
0000100001-00101001
Atkins, John
110000001-010010001
Atkins, Lewis
1012001-1110101
Coffman, Leonard
10001-10001
Greer, Archibald
00000001-01200001
Cabbage, Jacob
110001-010001
Smith, Thomas
00001-30001
Hammack, John
0011001-00021001
Evans, Amos
0001-0001
Hammack, John
0000000001-000100001
Yadon, David
10001-0001
Bolton, Peter
120001-21001
Coffman, William
100001-10001
Waggoner, Samuel
2000101-1120001
Waggoner, Joseph
10001-10001
Willis, John
110001-20001
Hammack, John
00000001-120001
Waters, John
01230001-00000001
Waters, Thomas
00001-00001
Willis, Davidson
00001-20001

361

Smith, Seth
10001-10001
Smith, Isaac
0011101-01010001
Shelton, Eli
001001-232001
Malicoat, Larkin
110002-22011101
Dyer, Owen
21001-00001
Grills, Tanner
0001-0000001
Evans, Elijah
210001-01001
Rowe, Jacob
00001-0001
Housley, Thomas
00001-1001
Housley, William
012001-220001
Cook, James
231101-001001
Cyrus, John
00001-10001
Cook, Martin
200001-110111
McCulley, John
000001-21101
Cook, William
000100001-000000001
Thompson, Stephen
10101-11001
Young, William
00001-0001
Bledsoe, William
0001-0001
Lower, Jacob
111101-101001
Graves, Anthony
110001-1201
Womble, John
000001-00001
Starns, Benjamin
11001-11001
Butcher, Jacob
20011-10001
Beeler, Woolry
0110001-210201
Harrison, William A.
10001-21001
Jordan, Nathan
110001-212001
Housley, Ransome
0001-0011

362

Capps, Sarah
0001-00000001
Cook, Marcarias
00001-30001
Rice, John
00110001-0000101
Capps, John
220001-10001
Waters, Thomas
10001-10001
Yadon, Jacob
2211001-0101001
Haynes, Sterling
102201-111001
Haynes, William
1111101-212101
Condry, Isaac
00001-20001
Yadon, Thomas
11001-01001
McBee, John
212001-001001
Yadon, Joseph
010001-200001
Yadon, Joseph
0000000001-000000001
Womble, Sampson
120001-10101
Davis, Isaac
000200001-00000011
Greer, William W.
20001-0001
Capps, Joab
2000001-13001
McMahan, Alexander
01001-00001
Hickman, John
00100001-12200001
Obryant, Holcomb
1102001-220101
Obryant, Mary
0101-0001001001
Barnett, James
00001-00001
Atkison, Betsey
0-10001001
Dyer, Jesse
1200001-100001
Martin, Joel
1201001-0111001
Needham, Henry
120001-10001
Mincy, Samuel
3200001-000001

363

Vandegriff, Gilbert
2103001-1120001
Gray, Moses
0001001-00220001
Brock, George
10000001-1120001
Martin, William
00001-10001
Sellers, James
020001-302001
Burnett, John
00010001-00010101
Goforth, Isaac
0210001-0101001
Brock, Moses
02001-20001
Needham, John
0120001-11111
Hammack, William
10001-10001
Hammack, Daniel
001001-220001
Spiers, Ruth
0-010010001
Coffman, Rinehart
1112001-0010001
Hammack, John B.
00001-00001
Nicely, David
011101-011101
Coats, Jesse
00001-20001
Wiggs, James K.
20001-0001
Haynes, Robert
21101-10001
Waters, Braxton
21001-21001
Kein, Anderson
0011001-0000001001
Kein, William
10001-00001
Waggoner, Thomas
11001-10001
Davis, James
00001-0001
Zimerle(Timerle?), Jacob
100001-000001
Vansel, Elias
00000001-00000002
Braden, James
00001-20001
Braden, Edward
000010001-00110001

364

Yadon, David
1210001-102101
Peterson, William
100001-12001
Bullock, Elijah
0000001-122101
Huddleston, Robert
0012101-0211001
Waters, John
00001-10001
Buckner, Ezra
210001-01001
Waggoner, William
01110001-01100101
Cabbage, Adam
110001-120001
Cabbage, Adam
01000000001-0000020001
Nicely, John
11001-10001
Nicely, James
110001-000001
Nicely, Elizabeth
0001-00000001
Long, John
210001-20001
Odell, William H.
010001-320001
Capps, David
010001-221001
Hammack, William
32110001-00210001
Hammack, Noah
11001-10002
Nicely, Benjamin
00100001-00111001
Monroe, Mark
102101-221001
Atkins, Moses
00001-10001
Dalton, Carter
10001-22010001
Mullens, Sally
00101-0002001
Agee, Benjamin
100001-100001
Dennis, John
200001-011001
Cutts, Robert
311001-00101
Mullens, John
10001-00001
Starns, Adam
010101011-000100001

365

Starns, William
011001-110001
Starns, Adam
000101-0011001
Moore, John
10011-0001
Clark, Eli
001101-012001
Cutts, William
0000000001-0000000001
Rector, Eli
111001-211101
Acuff, Jeremiah
10001-10001
Chandler, Daniel
001110001-01110101
Cleveland, Martin
1112001-111001
Large, Hugh
10001-121001
Videtoe, William
1100001-1210001
Griams, Margaret
0-11001
Branson, Nathaniel
0121001-1020001
Large, Mary
0001-00100001
Ragan, Jesse
110001-100001
Moore, Samuel
21001-00002
Atkins, Morris
10001-00001
Moore, Katharine
01001-0111101
Strange, Smith
10000001-0221201
Needham, Ira
11001-21001
Beelor, Joseph
00022-0
Smith, Joseph
30003-00001
Smith, Mary
0111-00210001
Tuttle, James
000010001-00002001
Sellers, Robert
00001-21001
Idol, Adam
21010001-0021201
Wolfinbarger, Joseph
120200101-102001

366

Sellers, James
0001000001-000010001
Dodson, Reuben
011001-2210001
Vance, Samuel
02110001-31022001
Bowers, Henry
00002-0001
Arnwine, Daniel
123001-100101
Bowers, John
00001-0001
Wilks, Henry
000101-0121001
McMahan, James
000001-20001
Arnwine, Albartis
0000001-0
Lively, Nancy
0001-00010001
Romines, Allen
0000001-0000001
Vance, John
00001-00001
Bowers, Andrew
110001-212001
Arnwine, James
200011-02001
Arnwine, Rosannah
0-0000000001
Beelor, Daniel
300001-00011
Wolfinbarger, Peter
111001-111001
Beelor, John
01122001-0000101
Petery, John
11012001-100101000001
Dyer, James
100001-21001
Dyer, Charlton
1102001-1110001
Dalton, David
011001-220001
Dyer, George
0220001-0012001
Strange, James
00001-1000101
Branson, Lemuel
01121001-0110001
Lewis, Seth
10001-00001
Washburn, Joshua
2000001-122001

367

Dyer, Joseph
00000001001-0000000001
Acuff, Clabourn
20001-00001
Lewis, Benjamin
00100101-0010000l001
Shelton, Gabriel
00000001-00000001
Ford, Jane
02-0010001
Lefew, William
0-0001
Shelton, James
201001-121101
Lefew, Elisha
0-0
Lefew, Samuel
0-0001
Williams, Reese
110001-12001
Lefew, Joseph
0-0
Akin, Willis
00001-10001
Akin, Michael
00100001-00000001
Kerby, John
0000001-0
Needham, John
00000000001-000000001
Carroll, Talton
00111001-1201001
Lefew, Lavina
0-0
Dockry, Greenville
01001-10001000l
Letchworth, Polly
0-0100001
Letchworth, John
00001-1001
Jones, Peter
0-0
Carroll, Hugh
20002-0001
Hopson, John
102001-020001
Dodson, Samuel
000101-220001
Williams, Shadrach
000000001-0000000001
Fry, Benjamin
000001-00001
Fry, Robert
001001-321011

368

Bulien, Joseph
200001-22001
Dotson, Joel
011201-111001
Bullen, Isaac
00001-00001
Bullen, Rachel
11-000011001
Bullen, James
110001-200001
Fry, Gabriel
011000001-000101
Yarber, Albartis
00001-20001
Jinnings, John
000010001-00000001
Cheek, Milton
10001-20001
Jinnings, Ryal
001110001-01010001
Herrell, William
1220001-0001001
Honn, Cinthy
11-10001
Herrell, Larkin C.
10001-0011001
McNeely, Fryer
0000001-110001001
Lathem, John
01200001-0101101
Latham, John
000002-100001
Nash, Dedmon
10101-1001
Malicoat, Dedmon
00120002-11000001
Thacker, Nathaniel
200011-00001
Clonch, Jacob
0-0
Malicoat, James K.
00001-10001
Malicoat, William
0000001-11
Nash, Thomas
01211001-01120001
Atkins, Peter
10001-0001
Atkins, Winston
00020001-00100001
Atkins, Winright
10001-00001
Dunbar, Samuel
10001-20001

GRAINGER

369

Clonch, Daniel
0-0
Ellis, Joseph
000000001-100001
Daniel, William
0112001-10000001
Malicoat, Dedmon
00001-10001
Atkins, Harrison
00001-0001
Malicoat, John
00001-10001
Malicoat, John
000000000001-0000000101
Dotson, Samuel
00011001-0
Dotson, William
00101-10001
Farmer, John
01022001-0020101
Neel, Landon
00001-0001
Dotson, John
211001-011001
Dotson, Abner
00001-1001
Dotson, Clabourn
2011-00111
Ruth, John
10001-210001
Taylor, Patsey
11-000001
Rook, Hezekiah
2110001-1110001
Rear, Charles
121001-20101
Nuckles, Overton
11200001-1101001
Rook, Willis
0001-10001
Bunch, William
1201001-1201101
Teague, Stephen
111001-111101
Richeson, John
200001-01001
Ruth, Stephen
111001-100001
Burnett, Richard
0000101-2221001
Campbell, John
10001-00001
Creach, John
10001-11001

370

Ruth, Isaac
01110001-00101001
Acuff, Thomas
012201-0110001
Grady, Kenny
00001-020001
McPheters, Andrew
010000001-2100100010001
Burnet, Joseph
01000001-0000001
Burnet, Benjamin
00001-10001
McPheters, Daniel
200011-11011
Acuff, Charles
00001-0001
Acuff, John
002000001-10011101
Merrit, John
300001-11001
Harmon, Samuel
00001-10001
Watson, David
00020001-00212001
Acuff, Anderson
10001-0001
Acuff, Richard
00010001-00210001
Videtoe, Thomas
002001-230201
Acuff, John
122001-11011
Acuff, David
110001-210001
Watson, William
10101-10001
Parker, Anna
01-211001
Williams, Joseph
00001-30001001
Clark, William
200001-01001
Clark, Edward
00001-0001
Clark, Joseph
11001-10001
Beelor, Isaac
101001-10001
Clark, John
00001-01001
Burnett, Joseph
00001-1001
Baker, Martin
022111-122101

371

Boman, Jeremiah
001001-010001
Latham, Clabourn
20001-00001
Bowen, Joseph
001101001-00003001
Bowen, George A.
20001-00001
Evans, George
210101-01001
Hutcheson, Jeremiah
1001001-212111
Pilant, James
101001-011101
McAnally, David
21010001-022101
Asberry, James
03001-0001
Evans, William
110011-10001
Nash, Marvell
00001-20001
Williams, Henry
00001-00001
McAnally, David
00002000001-000000001
Carroll, Mary
01-20111
McAnally, Charles
00120001-1001002
Pain, Aquilla
020001-200001
Harvey, Lorada
10001-000001
Bass, Drury
00000001-00100001
Mills, Henry
0100001-211001
Bull, George
00020001-01011001
Russell, Matthew
31001-00001
Ogan, Peter
010001-310001
Ogan, John
00000001-00000001
McDaniel, James
00001-10001
Bull, Hannah
1-00001
Bull, Clabourn
10001-100001
Laycocke, Thomas
200001-00001

372

Bales, William
00000001-0
Gibson, Thomas
1210001-00101
Imes, John
000010001-000000101
Harvey, Bosier
01110001-11111001
Macky, Enoch
1001-10001
Coker, Thomas
21001-11001
Jordan, Allis
012-210001
Bryant, James
0000000001-000000001
Doss, Thomas
211001-112001
Hurley, Jonathan
1000001-1111001
Bird, James
112001-110001
Crawley, John
00001-0001
Bunch, Betsey
01-000101
Adams, Thomas
10322-110001
Gideons, Isham
110001-11001
Walker, Elisha
0100001-20001
Jinnings, John P.
0000011-220001
Pain, Moses
2112001-112001
Rucker, William
101011-021001
Elder, Andrew
00001000001-0000000001
Hays, William
211001-11101
Hays, Harmon
00001-10001
Hedrick, John
00002-20001
McGinnis, Aaron
221201-100101
Hays, Thomas
0221001-1010001
Hipsher, Henry
110100001-000000001
Hipshan, Henry
00001-0001

373

Dalton, Reuben
00001-0001
Dalton, Enos
00210001-00000001
Dalton, Matilda
011-110001
Hipsher, Jacob
000001-20001
McCoy, David
000110001-000000001
McCoy, David
10001-10001
Wolf, Adam
1122001-120101
Adams, William
021010001-00001001
Harville, John
1101101-1102001
Brown, John
1100001-100001
Dalton, Timothy
10001-0001
Collins, Condly
0-0
Collins, Dowel
0-0
Gray, James
00001-0
Collins, Lewis
0-0
Collins, Encey
0-0
Collins, Hardin
0-0
Collins, Edmund
0001-003101
Dalton, Meredith
212111-120001
Collins, Andrew
0-0
Pirtle, Nelson
00001-21000101
Taylor, Elizabeth
00002-00010001
Taylor, Pendleton
21001-10001
Coffee, Thomas
1001-10001
Rucker, Colby
000010001-000010001
Rucker, John
100001-011
Coffee, George
0020001-2201001

374

Hipsher, John
00001-11001
Campbell, Susannah
0011-00000001
Williams, George
10001-10001
Collins, Allen
0-0
Coliens, Moses
0-0
McGinnis, Robert
00111001-00100001
Dunsmore, Moses
10001-00002
Jinnings, Pleasant
000011-20001
Collins, Joseph
0-0
Tonner, John
000000001-00010001
Crouse, William
10001-11001
Hurt, Henry
0010001-0110001
January, Thomas
00001-10101
Page, Elizabeth
01111-1201001
Ford, Benjamin
000001-010011
Maples, Josiah
0011101-01010001
Crouse, Matthias
00000001-0021
Eaton, Robert D.
00011001-00010001
Manly, John M.
110001-20001
Hancocke, Edwin
00001-1001
Whalen, Frances
0-001001
Kitts, Peter
100001-1210001
Evans, Absalom
00100001-00110001
Gibson, Caleb
01001-010011
Kirk, Alexander
22101-100001
Hollis, Zacheriah
00001-0001
Hollis, Martha
0001-00000001

375

Toliver, Margaret
1011001-121001
Finley, Samuel A.
200001-02001
Holt, David
011000001-010101001
Prince, John
0000001-100001
Read, Frances
101-200030001
Collens, Larkin
0-0
Collens, Griffin
0-0
Collens, Levi
0-0
Daughtry, William
2000001-01001
Johnson, William
0000000001-0100001
Parton, Winston
0000001-0
Francis, Dolly
0021-01012001
Lemmons, John
00000000001-0000100001
Champlain, Thomas
121001-200001
Coats, Lewis
100001-00001
Brown, Henry
0000000001-00010001
Richards, Elizabeth
0-0000000001
Oaks, Absalom
000001-100001
Brown, William
000001-130001
Wiles, Haburn
100001-13001
Wright, George
220001-002001
Elkins, James
001000001-10000101
Hume, Charles
2200001-00001
Richards, Polly
0-000101
Hume, Elizabeth
0-0010001
Hume, Margaret
01-000001
Reece, Simon
000000001-00010001

376

Campbell, James
1220001-101001
Mynatt, Thomas
1000001-121001
Mynatt, William
1000001-100011
Devault, Jacob G.
110101-11001
Mynatt, William
020001-111001
Howell, James
210101-02001
Wilson, Elizabeth
01001-010010001
Wilson, James
010001-213001
Greer, John
10001-10001
Lea, Harmon G.
00001-10001
Love, Benjamin
010001-310101
Morris, Lucy
00101-000002001
Campbell, Matthew
01113001-0010101
Greer, Nathan
00001-10001001
Blain, Robert
0111402-1201001
Cavender, Henry
0001001-0212
Coats, Richard
00000001-00012001
Coram, Martin
20001-0001
Reader, Alexander
311001-012001
Foster, Joseph
00000001-000000001
Hankins, Anne
0021-11002001
Chiles, Paul
10001-0001
Runnels, William
22001-11001
Harris, Robert
01003001-00002001
Duncan, Philip
12001-10001
Richards, Thomas
00001-001001
Duncan, Thomas
000000001-000000001

377

Price, Willis G.
12001-20101
Haley, Clabourn
00001001-0000001
Haley, Martha
0-00000010001
Mynatt, Silas
0120001-1112001
Coram, William
2101001-0020011
Coram, Frederick
00001-0001
Romines, George
21001-10001
Large, John
1100001-232001
Hankins, William
2100001-0220101
Hankins, Eli
0111101-0021001
Sharp, David
0000101001-00100001
McKinney, Seth
00110001-00010001
Hankins, William
0002000001-010110001
Adams, Anna
11-01001
Hamilton, Peter
000000001-000000001
Reeder, William
2112001-1100010001
Davidson, Isaac
10001-1001101
Davidson, William
0012001-0110101
Vinyard, Andrew
110001-012101
Mitchell, Tabitha
001-010001
McBride, Robert
00110001-00010001
Griffin, Madison
10001-0001
Lea, Lavinia
0001-00001001
Daniel, Robert
00001-10001
Daniel, Garret
00000001-00100001
Lea, Pryor
110002-1100101
Kelly, Anderson
0010001-0000011

378

Culbyhouse, Lewis
00001-10011
Smith, Pleasant
00000001-0011001
Anglea, William
20000001-11101
Lemmons, Barbary
001-000001
Lemmons, William
00001-200001
Jarnagin, Francis
20001-10001
Beard, William
00000001-0011001
Aldridge, Joel
110001-10001
Brockus, Mary
0011-00010001
Shoat, Emanuel
120001-10001
Bledsoe, Giles J.
000001-00101
Hand, Spencer
10001-10001
Coram, Travis
10000001-0211101
Vinyard, John
0010000001-0000000001
Vinyard, Matthias
100001-230001
Patterson, Nathaniel
00001-0000111
Patterson, Thomas
320001-011001
Coram, Sally
0-0213001
Higgs, Alexander
10001-0001
Mitchell, Greenberry
0111101-2110001
Perrin, Joab
10001-11001
Davidson, James
0001-00001
Stone, Michael H.
00002-20001
Griffin, James
10001-10001
Griffin, William
001000001-010001001
Bradshaw, Susannah
0012-0000001
Smallwood, Russel
30001-000101

379

McKinney, John
10001-0001
Hodges, Rebecca
0-00000001
Hodges, Samuel C.
0001-10001
Perrin, Mary
01-011001
Corum, Thornton
00001-10001
Ferguson, Thomas
120001-00001
Churchman, Edward
00000001-01211001
Churchman, Elizabeth
0-00000001
Vinyard, Martin
200001-10001
Ferguson, Andrew
10001-11001
Ferguson, Nancy
01311-00110101
Ore, James
1220001-100001
Smith, Benjamin
000001-11001
Cavender, Benjamin
00001-1001
Nance, Reuben
0111101-101001
Vinyard, Jacob
11001-10001
White, Rebecca
001-11001
Bolen, Jane
0-20001
Bradley, Isaac
1011101-1101001
Mitchell, Mary Ann
1-00001
Perrin, William
1102001-112101
Denniston, Robert
000001-00001
Sharp, Nancy
212-100101
Stone, Robert
0111100001-1001001
Talbott, James
20001-11001
Grubb, John
01001-21001
Curnutt, David
11001-00001

380

Wright, Mary
11-12002
Grubb, Jacob
00000001-0000001
Grubb, Jacob
10001-00001
Gilmore, Samuel
2021001-110001
Bolen, James
0000000001-000000001
Simmons, Robert
00002-0
Curnutt, William
211001-100001
Smith, Humphrey
0000101-00010001
Finley, Patsey
1-21001
Hines, Zepheniah
120001-00001
Gains, Robert
10211001-0201001
Dent, John
000100001-00000001
Dent, John
01001-30001
Nemore, Hiram M.
20001-00001
Johnson, Joshua
10001-200010001
Johnson, James
11001-00002
Vinyard, Daniel
111001-110001
Vinyard, Nicholas
0100001-322001
Smith, Thomas
00001-100001
Southerland, Nancy
0-000000101
Smith, Thomas
001100001-00110001
Bolen, Alexander
20001-00001
Coats, David
030001-200001
Humbard, Jacob
000000001-000000001
Humbard, William
10001-20001
Nichols, Matthias
000001-20001
Thompson, John
00020001-00001001

GRAINGER

381

Crain, Charles
2002001-003001
Trogdon, Abraham
00001-00001
Trogdon, Solomon
0100001-204001
Atkins, Anderson
000101-011001
Walker, Benjamin
00011001-00101
Crane, Pleasant
00001-20001
Crane, Charles
01120001-00001001
Yates, John
210000001-010002
Smith, Evan
0010001-00011001
January, Isaac
00001-1002
Chesher, Edmund
02001-20001
Smith, David
0000000001-0000000001
Perry, Matilda
011-0010001
Ray, Robert
11111-100101
Harris, Isaac
1010101-110001
Smith, Thomas
00001-0001
Hinshaw, Anne
102-111001
Hinshaw, John
100001-120001
Coffee, Joel
00101-10001
Curnutt, John
001000001-001011
Lewis, William
100011-120001
Ray, David
10001-00001
Townsley, Joseph
02100001-0010001
Harris, Evan
0000000001-0000000001
Sparkman, James
011020001-00030001
Wright, Moses
2201001-1020001
Parsley, Jesse
000001-1001

382

Sparkman, McGilvera
10001-0001
Allsup, Henry
200011-011001
Mitchell, Benjamin
100001-11001
Saunders, Harmon
00011-10001
Davis, John
00001-10001
Gilmore, Thomas
0011001-120001
Crane, John
10101-10001
Simmons, John
00110001-000100001
Yates, James
0100001-201001
West, James
10011-10001
Coffee, James
10001-20001
Coffee, Meredith
001100001-01111001
Pearson, Malen
300001-01001001
Mitchell, Jubal
210001-00101
Whitlock, James
120001-202001
Wilson, James
0011001-231101
Hinshaw, Joshua
000001-00001
Mitchell, Elijah
001100001-00001101
Sallsworth, John
10001-00001
Whitlock, John
21001-110010001
Simmons, Thomas
1201001-110001
Stallsworth, Martha
0001-0011001
Trogdon, Ezekiel
010010001-0
Trogdon, Abner
1021001-100201
Smith, Samuel
00001-100010001
Dyer, Joseph
00111001-00100002
Carr, Henry
1031101-1000001

383

Smith, Moses
021011-10001
Gallion, John
110001-121001
Sallsworth, Amos
00001-10001
Johns, Henry
00200001-0001001
Gilmore, Peter
00112001-0121201
Mitchell, Aquilla
000000001-000000001
Mitchell, Aquilla
00001-100101
Dixon, Reuben
00000001-000010001
Mitchell, William
211001-011001
Chesher, Thomas
111001-21201001
Thomason, Robert
30001-010001
Ray, Samuel
200001-1220010001
Heath, John
11001-000001
James, William
00000000001-0001000001
Gallion, James
121001-000001
Gilmore, William
10001-21011
Gilmore, James
320001-010001
Gilmore, Hugh
2110001-002201
Fielding, James
02210001-1000101
Childers, Mary
001-000010001
Simmons, Joseph
00001-1001
Wilson, John
400001-01001
Spencer, Nathaniel
0001-00001
Boils, John
00001-00001
Allsup, William
1000000001-010001000001
Ezell, Jesse
2100001-220001
Kinder, Jacob
2111001-1121001

384

Todd, Jesse
000101-000001001
Massengill, Michael
0000000001-000000001
Butler, Enoch
0200001-0021101
Arnet, Jacob
11001-11001
Owen, Benjamin H.
0210001-0100101
Sparkman, John
11101-110001
Sparkman, Hardy
00001-10001
Miller, Levi
12220001-1000001
Miller, Noah
00001-00001
Rice, Daniel
11001-01001
Key, Urijah
0120001-220001
Key, Adonijah
010001-210001
Ray, Benjamin
02200001-0003001
Smith, Eli
101001-02101
Sparkman, William
000200001-0001
Sparkman, Celia
0-100010001
Yates, Meredith
000001-000001
Floyd, Lemuel
00001-120001
Davis, Thomas
2301001-0121001
Yates, Reuben
11001-10011
Whitehead, Drusilla
0-121001
Walker, William
01002-20001
Thomason, James
21000001-00010001
Thomason, John
00001-10001
Nichols, Jonathan
00102001-0112001
Ray, Thomas
121001-10101
Hancock, Benjamin
20001-00101

385

West, Samuel
01020001-0120001
Dyer, William S.
1102001-1221010001
Casey, Agness
1111-01011001
Tate, David
0001000001-000000001
Conner, John
01000001-10100011
Simmons, John
110001-21001
Simmons, James
00011001-0112001
Carback, Elisha
001011-000101
Collens, George W.
10001-0001
Sanders, John
00211001-00110001
Ore, Joseph
001000001-00100011
Smith, Willis
12110001-0101100101
Spencer, Phebe
00101-00010001
Cockram, David
11100001-0012201
Cockram, Matthew
10001-110001
Davis, Samuel
220101-01001
Davis, John
00001-00001
Davis, John L.
130001-001001
Davis, John
000010001-01111001
Watson, Samuel
10001-00001
Davis, James
10011-20001
Cotner, Martin
2000001-022101
Cotner, Elizabeth
0022-120001
Manly, David
02200001-0002001
Dyer, Thomas
020001-12001
Hammers, Ezra
00001-10001
Dyer, Isaac
2010001-010001

386

Hightower, Epaphroditas
100001-102001
Massengill, Robert
0011001-102001
Williamson, William
000001-11002
Jarnagin, Jeremiah
0000001-212101
Jarnagin, John
20011-00001
Clay, William
0010000001-000000001
Jarnagin, Noah
000020001-000010001
Read, George G.
110001-11011
Purkepile, Rachel
0-00001001
Purkepile, Michael
01011001-00110001
Ford, Ralph
0000000001-00000000001
Treece, Michael
210000001-102101
Rogers, Thomas
00001-1001
Harris, Peter
0000001001-0
Rail, George
2100010001-0001001
Counts, David
0001001-0111
Evans, Flemming B.
010001-22001
Bowen, Sally
00111-10001001
Bowen, Polly
1-101001
Counts, Aaron
120001-111001
Counts, Nicholas
0000000001-0000000001
Counts, Henry
00002-20001
Shepherd, David
10001-1000101
Estes, John
0010101-00020001
Read, William
121001-11001
Read, Felps
001001001-0
Woods, Elizabeth
11-021011

387

Sampson, Elijah
10001-0001
Rogers, Joseph
10001-21001
Rice, John
0001442-00001
Craigmiles, Joseph
1202001-012011
Youngblood, Alfred
20001-0001
Andrews, Harvey
211001-11101
Wright, Lindsey
0011001-000001
Robertson, Thomas
00001-00001
Edgar, Alexander
21000001-112001
Harrison, John
10001-0001
Holston, William
10001-20101
Nelson, Lewis
20001-00001
Mann, Celia
0-1221001
Godsey, Bartley B.
310001-010001
Burgess, James
13001-11001
Rogers, Isaac
01200001-0101001
Robertson, Thomas
021221001-10400201
Taylor, Richard
10001-00002
Easterly, John
1021001-1310001
Barton, Isaac
01201001-00010001
Shannon, Joseph
0221001-0000001
Shannon, William
0001000001-0000012
Shannon, John
1000001-110001
Boaz, Obadiah
0000001-000002
Shannon, William
10001-10001
Turner, William
01001-10001
Turner, Archibald
00001-0001

388

Estes, William
10001-10001
Holston, Lucy
00101-00110001
Shipley, Varner
012001-211101
Garretson, John
10001-20001
Henderson, George
00001-00001
Cain, William
00100001-00111001
Shipley, Isabella
001121-00010001
Shipley, Adam
110001-01011
Grantham, Willis
10003-10001
Shields, James
100031-00001
Bentley, William
0121001-0002201
Orr, William
00002-00021
Riggs, Jesse
100011-01001101
Rogers, David
10001001-01010001
Estes, John
010010001-00000001
Estes, Washington
300101-01001
Harris, Jane
0101-022101
Long, Robert
00012001-0
Maxwell, Isaac
0-0
Murphy, Randolph
00001-21001
Blair, William
00001-0001
Wardon, William
1000001-1200001
Kirkham, Elizabeth
000002-000010001
Hale, Mark
001001-310001
Taylor, Hughs W.
00011-22001
Grantham, Richard
0001200001-001000101
Taylor, Hughs O.
21100001-1011101

389

Morrow, John
1111001-001001
Mays, James
1011101-101101
Hodges, Frazar
110101-300001
Rail, William
0222001-1010001
Rail, Preston F.
00001-10001
Henderson, John
11210001-0210001
Long, Samuel
00011001-00020001
Long, Arthur
00001-0001
Long, Lawson
10001-100001
Brown, William
100001-1100001
Cox, Mary
0011-00110001
West, Thomas
21101-10001
West, Thomas
011011-211001
Collinsworth, John
011100001-1000101
Perryman, Charles M.
00001-0001
Cobb, Ailey(Ailcy?)
0-000101
Talbott, John
00001-0001
Triplin, Elizabeth
21-010001
Tate, David
2100001-1210001
Carroll, Page
10101-12001
Watson, Sarah
1011-0110001
Combs, Philip
01110001-1000301
Combs, Agness
0012-00010001
Combs, Pleasant
00001-0001
Combs, Sarah
10001-100011
Tate, Edward
0122001-000101
Pharoah, Stephen
000001-220001001

390

Helton, William
10001-200011
Churchman, Edward
1000000001-000112101
Snider, Jacob
0002101-1200001
Box, James
1121001-211001
Eaton, Daniel
000002-0
Eaton, William
00000001-0
Voss, Clement
0022001-0000001
Crawford, William
11001-00001
Cardwell, Robert
0011101-0012001
Seffey, Reuben
001101-112001
Ore, Wilson
220001-000101
Collinsworth, Adison
10001-000010001
James, William
000000001-0000001
McDaniel, James
10102-110001
McDaniel, John
100101-222001
McDaniel, Elizabeth
0-00000001
Cates, Charles
100001-10011101
Loyd, Thomas
000020001-000011001
Stubblefield, Robert
0100001-010001
Cody, John
0000100001-000120001
Ezell, George
113001-100101
Anderson, John
0001-0001
Massengill, James
120001-11101
Nicely, William
110001-21101
Malicoat, James
020000001-00121001
Roach, Drury
122001-122001
Roach, William
01001-20001

391

Roach, Absalom
00110001-00002101
Loyd, Robert
00001-00001
Cothron, Lemuel
00100001-001010001
Clark, John
121001-1011010001
Coffman, David
3210001-011101
Birket, Mary
00001-0000001
Henderson, George
1212001-201101
Pharoah, Thomas
000001-21001
Cardwell, John
00001-00001
Young, Francis
301101-020001
Eaton, James
0000001-0
Rice, Presley
00020001-00000001
Smith, William
000000001-001100001
Smith, John
100001-31101
Denison, John
00000001-000010001
Bolen, David
0020001-01031001
Bolen, Washington
00001-10001
Watkins, Gasaway
11000001-000001
Howell, Caleb
00001001-00000001
Millikan, Benjamin
10001-00001
Smith, Barnet
010001-200001
Ivey, Henry
10001-00001
Millikan, David
00000001-0021001
Purkepile, Reuben
220001-110001
Evans, William
00001-21001
Mills, Richard
11011-00001
Frank, William
01001-10001

392

Evans, John
10002-11001
Chanay, Abraham
00001-0001
Hazlewood, Joshua
00001-10001
Russell, Matthew
020001-201101
Cooter, Abraham
00021001-0021001
Chanay, William
01110001-00100001
Haun, Nathaniel
00001-1001
Curry, George
022100001-0000101
Gray, John
0101001-0120001
McNiece, Samuel
0111001-112001
Johnson, Rebecca
0001-00010001
Malicoat, James
100001-01002
Dixon, Hannah
0-000002
Chamberlain, Andrew
00002-0
Woldridge, Daniel
00010001-0111001
Morgan, Valentine
200000001-010001001
Wade, John
00001-0001
Lowrey, John
0001000001-0000000001
Norton, William
010001-013001
Jones, Hugh
00010100001-100100001
Pain, Charles
100001-01001
Neely, Benjamin
000001-00011
Thomas, John
0010001-2020001
Lacey, James
202001-110001
Low, Abner
113010001-0002101
Satterfield, Matthew
111001-01110l001
Bittle, Benjamin
00000001-0110001

GRAINGER

393

Houston, Hugh
000021-210001
Hammers, Enos
000130001-01001001
Hixon, John
11011-20001
Hickey, Joshua
11030001-01
Pollard, Samuel
01100001-1021001
Leffew, Elisha
0-0
Hodges, Philip
102001-210101
Bunch, Samuel H.
10001-0001
Roach, Green
021001-121001
Kline, Jacob
1022001-000101
Cocke, James R.
00102-0001
Cocke, John
10010001-01000001
Mitchell, Robert
0011001-0
Coose, William
110011-20001
Duglass, John
000001-11001
Rich, Joseph
00020002-0211201
Godwin, Peter
010200001-2210001
McConnel, Abraham
2010001-21001
Godwin, Jacob
00001-0001
Morgan, Anne
1-00001
Bridgeman, Susannah
0-10001
Ellis, Lewis
00001-20001
Ferguson, John
211001-021201
Hancocke, John
000001-21001
Moberley, Rebecca
121-0111001
Hancocke, John
000010001-000000001
Collison, Samuel
0111001-210101

394

Morgan, Dotson
110001-110001
McElhaney, Hugh
10001-2001001
Morgan, John
011001-210001
Morgan, Chesley
122101-101001
Counts, Jesse
100001-11001
Counts, Rachel
0-00001101
Bunch, Pryor
210001-00001
Hodges, William
00001-00001
Hodges, Jesse
0001101-02110011
Daniel, John
0121001-0110301
Satterfield, George G.
10001-21001
Satterfield, Eunicey
0-000000001
Satterfield, Levi
1121001-200001
Hodges, William
0000001-00000001001
Pollard, James
00001-1001
Phillips, Isaac
00101-00001
Willis, Sarah
0-0110001
Smith, Dixon
11001-11001
Satterfield, Clement
112001-110001
Cameron, Absalom
100101-011101
Smith, Westley
00001-10001
Smith, Susannah
0001-00010001
Kennon, James
110001-111001
Brazeal, Robert
02100001-211001
James, James
20001-00001
Williams, Rebecca
0102-0201101
Mays, William
0112001-1221101

395

Ezell, Solomon
110001-102001
Smith, Adam
00100001-000010001
Stiffey, John
0000000001-000010001
Smith, Joseph
221001-100001
Greenlee, Eli
10001-00001
Greenlee, John
11000001-01000001
Kennon, John
30001-01001
Bittle, Charles
20001-10001
Kennon, John
000000001-00111001
Ivey, John
0010001-111001
Southerland, James
001001-211001
Mays, Thomas
022001-21001
Mays, Edward
210001-121001
Mitchell, Mary
00001-00011001
Meek, John
1111101-1012001
Cardwell, Anthony
210101-10001
Cocke, Thomas
00001-00001
McCarty, Isaac
10101-10001
Watson, Andrew
210001-10000101
Williams, James
20001-10001
Williams, Jonathan
10032001-00012001
Boyd, James
00011001-00020001
Ivey, John
00001-10001
Piott, John
01100001-111301
Ramsey, John
001001-220101
Kidwell, John
221100001-1101101
Kidwell, David
11001-10001

396

Jeffreys, Marmadick
1110001-111001
Kidwell, Joshua
10001-00001
Ivy, Benjamin
2101001-011111
Ivy, Henry
0000000001-0000000001
Hixon, John
0000001-0120201
Sims, Elijah
110001-12001
Ivy, Thomas
1111201-0101001
Daniel, John
0000000001-0
Daniel, James
000111-322001
Glossep, Zachariah
200001-00001
Price, Gooden
111001-011001
McGill, Rowland
2101001-0110001
Biba, Pryor
0-0
Daniel, Joseph
1000001-020011001
Mays, Dudley
0101001-00011001
Mays, Sherred
0001000001-0000000001
Mays, Rachel
0-010001001
Solomon, Thomas
310001-00001
Joyce, John
12110001-0100001
Joyce, James
00001-1001
Daniel, Edward
0000100001-000010001
Smith, James B.
30001-00001001
Daniel, William
110001-100001
Smith, Thomas
20101-11101
Moody, George
001010001-00110001
McCarty, John
003200011-0100101
Joyce, Wortham
00001-00001

397

Bowen, Henry
20001-01001
Mays, Goodwin
0000001-121101
Copland, Thomas
21001-010001
Boatright, William
0122101-21101
Magee, Nehemiah
10001-10001
Bryant, James
0000001-0010001
Jones, Satira
0112-0021001
Western, Pleasant
00001-10001
Daniel, Joseph
0011101-1111001
Hopper, Joshua
00120001-00000001
Cole, Matthew
11001-10001
Solomon, Elizabeth
00101-000001
Bivens, Frances
11-12001
Mays, Legan
000100001-01111001
Solomon, Goodwin
000001-0
Solomon, Fanny
0000001-000000001
Joyce, Thomas
00001-10001
Kennon, Hugh
20001-00001
Irby, James
00001-20001
Kirk, Coly
111001-0002101
Mays, Henry
01001-20001
Nance, Clement C.
120001-1001
Groves, Reuben
10010001-2121101
Hamers, Joel
0000000001-000010001
McElhaney, Alexander
200001-120011
McElhaney, Moses
00001-10001
Counts, Nicholas
222001-001001

398

Phillips, William
00001-2001
Perry, Thomas
00001-000001
Goan, Daniel
01311001-0001001
Randolph, Nancy
11-00001
Wisener, Henry
100011-10001
Jarnagin, John
00002001-00000001
Jarnagin, James
00001-00001
Renfro, John
0011101-221101
Grabel, Jacob
010001-0010000001
Goan, Jeremiah R.
10001-00001
Goan, Drury
222001-111001
Wiles, Banister
0111001-1111001
Lea, Thomas J.
120011-110001
Simmons, Sarah
11-110001
Hines, William B.
0001001-0211001
Taylor, Lucinda
10101-00010001
Hightower, Joshua
00111001-1012101
Herrell, Elijah S.
00001-10001
Willis, John
00110001-0200001
Long, John
1110101-0001101
Dyer, William
1212011-2001101
Beckham, Elijah
0110001-001201
Bridgeman, Rhoda
10001-00010001
Bridgeman, Hezekiah
310001-010001
Sherley, Balser
0110001-200001
Butler, Stephen
00001-0001
Dutton, Katharine
0-01001

399

Edwards, Mary
01-000001001
Hancocke, James
10101-100001
Wickliff, Marvel M.
10001-110001
Bunch, John
2001001-012001
Bunch, Samuel
0101001-30001
Moyers, Mary
00001-00001001
McBroom, Mary
000101-0000000001
Craighead, Benjamin
000011-0001
Cocke, William E.
200121-121001
Brownlow, Henry
0-0
Jarnagin, Asa
110101-121101
Jarnagin, Chester
100001-210001
Dutton, George
010001-000001
Purky, John
00001-10001
Hainey, George
000001-00001
Claypole, Joseph
21000001-000001
Hainey, Jeremiah
01200001-0000001
Cannady, William
201001-120001
Hulstine, Peter
000001-00001
Crues, John
20002-11001
Crues, William
00010001-000000001
Thomason, Eliasha
22001-00001
Lynn, James
0220001-201101
Mays, John
31001001-0021001
May, Frederick
00001-00001
McHone, Zacheriah
21110001-001101
Haggerty, Isabella
0-0001001

400

Brewer, Ancil
121210001-0000201
Sorrell, Hardy
0121001-0100001
Ivy, Nancy
0001-00000001
Oliver, Wilson
0001001-00010001
Province, Lewis
10001-20001
Helton, Alexander
00001-1001
Carmichael, Daniel
10001-00011
Evans, Ambrose
00001-10001
Magee, Tera
11111001-0101001
Watson, Thomas
000100001-00000101
Watson, Thomas
00001-00001
Shropshire, Walter
1112001-011001
Copland, Reuben
01010001-0122001
Miller, Michael
0011001-212001
Bell, Lewis
0001001-0000001
Kirk, Armstead
2220001-111001
Oakly, John
010001-200001
Roberts, Dennis
21110001-010011
Bird, James
01011001-0110001
Miller, Jane
0001-0010001
Rich, George
210001-01011
Noe, Jacob
1000001-1112101
Boatman, Henry
010010001-00001001
Miller, Absalom
00001-00001
Durham, John
00000001-00000001
Davis, Lewis
1211001-211001

401

Spoon, Sarah
21-00002
Harbin, John
22001-00001
Yancey, Robert M.
00001-000001
Cobb, Pharoah B.
110001-10001
McGoldrick, James
01211001-0110001
Flora, John
11210001-00002
Carroll, Benjamin
11201001-0212001
Kennay, Sina
0001-0100001
Hill, John
0110001-1111001
Barton, Sarah
00011-00000001
Godwin, John
10001-10001
Long, John
1011101-1222001
Cobb, Joseph
00001001-000200011
Adkison, William
120001-00001
Arnet, John
1110011-0111201
Embry, Joel
100101-11001
McKnight, Robert
000001-21101
Kennon, Isaac B.
20001-00001
Turley, Thomas
1212001-1110001
Diddep, John
00001-0
Miles, John W.
00001-0
Rogers, William
00001-10011
Long, Mary
0-000011001
Whiteside, Thomas
000101-0
Knight, Tristram D.
000111-00001
Gill, Thomas
01000001-10001

402

McGee, John
00001-0
Proffet, Joseph
00001-2001
Proffet, Mary
0011-0210001
Proffet, Gabriel
00001-10001
Harris, Malen
120001-10001
Long, Lawson
10001-10001
Dunavant, Wilson
21001-00002
Waddel, George
0102001-2110201
Woods, Jacob
00101-1011
Harris, Elender
00011-000000001
McDaniel, Charles
02100001-00100001
Harris, Miles
2010001-1110001
Moore, Rice
010001001-000100001
Moore, John
200001-100101
Mumpcwer, Jonathan
001010001-10013001
Lebo, John
0000100001-000030001
Bryant, Joseph
100000001-2200001
Bryant, John
0110001-0101001
Phillips, James
00002-21001
Grubb, Henry
20001-00001
Homel, Henry
00010001-0011001
Gamewell, Jonathan
00002-10001
Moore, Mackness
000000001-000010001
Rush, Nancy
00011-01000001
Rush, Polly
0-110001
Jones, James
100001001-000010001

403

Harvey, Pryor
00001-00001
Tate, William
00001-0
Lafferty, John
00001-0
Cumming, John
032101-210101
Long, Piteman
00001-1001
Long, Reuben
101001-221001
Shropshire, David
00001-00001
Long, Reuben
0000000001-000000001
Tate, Samuel B.
100001-00001
Senter, Elizabeth
0111101-11100011
Colyer, John
21100001-11101
Collins, Griffin
0-0
Jones, Betsey
0-100001
Campbell, Robert
100001-10001
Brewer, Zion
00210001-20003001
McKinnon, Roderick
0001-0001
Johnson, Thomas
00000001-2110301
Henderson, Nancy
00001-3001201
Harris, Richard
10001-12001
Samsel, Mary
00112-00000001
Henderson, Thomas
001001-112001
Jones, Aquilla
010021001-001120001
Samsel, John
00001-0001
Conn, James
0110001-110101
Jack, Elizabeth
011-121201
McKinnon, Peter
00000001-00000001

404

McKinnon, Angus
00001-11002
Lide, John W.
210001-12001
Matlock, George W.
100001-010001
Greer, Stephen
11110001-0310101
Proffet, John B.
000011-120001
McCollom, William
102011-011101
Mays, Peter
100100001-000020101
Lynn, William
0111001-2210001
Burgess, William
0000001-301001
Ivy, James
11001-21001
Birchell, Thomas
0020001-2201101
Hall, Milly
0-0
Williams, William T.
200012-001101
Young, Thomas
000001-00001
Easley, Warham
1011001-12011
Latham, James
02010001-00010001
Read, Robert
121001-001001
Widons, Daniel
200001-110001
Phillips, John
00010001-01200001
Phillips, John
10001-00001
Freeman, John
0222001-0011001
Robertson, Winfrey
011001-011001
Evans, Jesse
100001-20011
Robertson, Fanny
2-000001
Moody, John
1211001-000001
Campbell, John
000120001-0001

405

Easley, Mary
00101-0201C1001
Mathes, Peter
0-0
Hodges, James
1012001-112001
Phillips, Joel
12201-000001
McElhaney, Nancy
0-00002001
Lipscombe, Elizabeth
00001-0111001
Kirk, William
0002000001-100010001
Bowen, Reece
20001-10001
Robertson, Daniel
000200001-01010001
Robertson, William
020101-102002
McGinnis, William
00000001-0
Robertson, Field
2210001-112001
McCravy, Benjamin
00001-33011
Chanay, John
000001-020001
Curry, Margaret
01-010001
Barker, Thomas
0010001-0000001
Harris, Thomas
01100001-2101001
Cox, Benjamin
0110001-000001
Hodges, Eli
2011001-011001
Williams, William
0000000001-0000000001
Williams, Henry
000010001-21001
Williams, Francis
2011101-121111
Cox, Sarah
0122-0210001
Millikan, William
00100001-0001000001
Millikan, George
110001-110001
Stephens, Silas B.
110001-1100101

406

Ivy, Hamilton
00001-10000001
Goan, John
0-0
Coin, Walter D.
1000001000001-210001
Spoon, Abraham
01300001-2101001
Vance, James
21001-11001
Turner, Paschal
00001-0101001
Maness, James
00001-10101
Noe, Joseph
211101-11001
Goan, Thomas
0-0
Goan, Nancy
0-0
Goan, Preston
0-0
Goan, Fanny
0-0
Brooks, Charles
1200001-0001001
Denson, John
10001-00001
Noe, Jonathan
20001-00002
Denson, William
01110001-0000001
Parker, Joseph
0010300l0001-10011010001
Livingston, Jesse
11001-10001
Williford, Jacob
00001000001-000000001
Williford, Simeon
00001-0001
Williford, James
000001-00101
Dunham, Philip
0-00001
Kein, Eli
1021001-210001
Bean, Jesse
000001-000001
Noe, David
220201-1111010001
Riggs, Ninian
1001201-112111

407

Garretson, John
0112000001-00011001
Reece, David
101001-111001
Chanay, James
200001-020001
Bolen, Edmund
0-0
Bolen, Ezekiel
0-0
Goan, Shadrach
0-0
Purkepile, John
000011-00001
Howell, Benjamin
0000000001-0100100001
Spoon, Abraham
10001-0001
McGill, William
0011001-00001
Goan, Clabourn
0-0
Spoon, John
00001-00001
Spoon, John
11001-10001
Purkepile, Jacob
20001001-02023001
Spoon, Barbary
0-00000001001
Spoon, Sarah
2-010001
Bolen, Edmund
0-0
Hodges, Rachel
200100001-021001
Walker, Priscilla
001-001001
Coffman, Barton
00001-00001
Hodges, Edmund
000001-011001
Boatman, Ezekiel
200001-111001
Noe, Solomon
0000101-2100001
Howell, Thomas K.
00001-00000001
Cox, John
10001-10001
Helton, John
112001-110101

408

Helton, Alexander
0010000001-00000001
Spoon, Eli
00001-0001
Helton, James
100001-12001
Noe, Joseph
00020001-00000001
Noe, John
320001-002001
Carmichael, James
000220001-0121C001
Newton, John
10110001-012101
Midkiff, Isaiah
000000001-0000000001
Treece, Susannah
01-01001
Holt, Sarah
02-0000001
Coffman, Andrew
011001-21001
Coffman, Andrew
000010001-00000001
Read, Charles
0110001-2320001
Winkles, William
0001-0001
Henderson, Mastin
10001-10001
Stroud, Christopher
101101-121101
Livingston, Jacob
01320001-1111001
Brooks, Thomas
200011-01101
Noe, John
00000001-00000001
Noe, Daniel
0001-0001
Noe, John
01001-0001
Hughy, James
02001-12001
Darnel, Abraham
00211C001-0001101
Garretson, Job
00110100001-000011
Prewett, William
31001-011001
Bull, Elisha
0200001-2120100001

409

Walker, Thomas
31000001-112101
Riggs, Ellis
002001-010001
Walker, John
10001-10001
Poindexter, John
110001-0011001
Jamison, John
0000000001-0000001
Glossup, William
0102101-0011001
Biddie, Elvin
300001-01001
Williams, Joseph
1000001-0010001
Williams, Sarah
0-0101001
Coward, Solomon
00001001-00000001
Reece, Thomas
02111001-0011101
Coward, James
00001-10001
Glasgow, Thomas
0000001-000001
Boatman, George
10111001-1121101
Cox, Harmon
210001-113001
Cox, Solomon
220001-010001
Cox, Samuel
00100000001-0000000001
Pullin, Leroy
00100001-0000001
Bryant, Peter
00000001-020001
Cox, Jeremiah
00010001-0111001
Lebo, Joseph
1021001-211101
Williams, Samuel
0001-0001
Reece, Isaiah
100001-120010001
Williams, John
11001-10001
Taylor, Hughs O.
101011-240001
Taylor, Daniel
100001001-100000101

410

McAnally, David
200001-020001
Johnson, Stephen
00001001-00000001
Jones, James
20001-00001
Stubblefield, Joseph
00010001-0001
Thompson, William
121001-202001
Moore, Mastin
0111001-0020001
Moore, Lemuel
11000001-0022201
Roberts, William
10001-11001
Poindexter, Chapman
121000001-101001
Hutson, Robert
0001001-3121101
Blair, James
011100001-011000001
Royal, Joseph
002010001-0201001
Sterling, Thomas
120011-20001
Gray, Nathan
022011-000001
Smiddy, Fielding
10001-00001
Bowdon, Enoch
20001-20001
Easley, Daniel
00000001-001201
Newman, John
001110101-0010001
Keeton, John
0000001-300010001
Owens, David
202001-200101
Blair, Alexander
000010001-00011001
Hightower, Epaphroditas
00000000001-00000000001
Jarnagin, Chesley
00002-10001
Jarnagin, Thomas
110001-11001
Nicely, Katharine
01101-0020001
Jonas, Jacob
00210001-121101

411

Ray, Jesse
00001-0
Curl, John T.
1001001-0212101
Curl, William
10001-00001
Chesher, Thornton
0112101-0111001
Gibson, Sarah
0-000000001
Brown, James
01121001-1111201
Dyer, Wilson
00001-0001
Flinn, Sarah
0-0000001
Smith, Edward
11001-11001
Harris, Gideon
122001-1001001
Nichols, Isaac
10001-11001
Hines, James
00100000001-00001001

153

Smelcer, George
130001-210001
Smelcer, Henry
20001-010001
Dyche, Christian
0001001-0010101
McKeehan, James
200001-20001
Harrison, Isaiah
010020001-001100001
Harrison, John K.
210001-110001
Harrison, Josiah
00001-10001
Farnsworth, Henry A.
00012-001001
Crum, Jacob
1002001-0111101
Crum, John
1311001-131001
Hope, Abner
10001-00001
Davis, John
00010001-0000201
Morgan, Josiah
10001-10001
Reynolds, Henry
10001-00001
Reeves, George
020001-202001
Allison, John
0101101-0010211
Reeves, Samuel
0112001-0111001
Bailey, James
11110001-0012001
Neilson, Nancy A.
101-000001
Riddle, Eunace
1-011101
McNew, William
00001001-02000001001
Eddleman, John
110001-122201
French, John P.
132001-101001
Kelley, Eleanor
01011-111001
Hughs, Hezekiah
320001-110001
Hughs, Moses
00003120011-0002
Lytle, Rebeckah
0001-00010001
Bailey, Alexr. W.
00001-00001

155

Fellers, Michael
010001-10001
Harrison, Jeremiah
1211001-2000001
Lintz, George
000001-00001
Kelley, John
00013000001-0100110001
Farnsworth, Thomas
210001-111011
Lotspitch, James
12101-10000101
Fannon, Greenberry H.
00001-10001
Harrison, William
0100101-1212001
Lotspitch, Samuel
221001-0100010101
Williams, James
2000010001-1000020001
Dinsmore, James
0011001-0010001
Johnson, Thomas
0011001-0021001
Camron, Polly
0001-00110001
George, Michael
000001-10001
Dinsmore, Samuel
000001-120001
Dinsmore, Elizabeth
00001-000010001
Dinsmore, Adam
20001-010001
Brooks, Thomas
0001001-0011001
Lintz, Jonathan
010101-00001
Cutshaw, Christopher
01001-01001
Lintz, Elizabeth
00001-0000010001
Fellers, Jacob
11102001-01120001
Everett, Philip
00010001-00000001
Woolsey, Gilbert
0123301-021001
Ricker, George
0212101-0010001
Smithers, Eve
31-00001
Lintz, Jacob
000001-010101

156

Woolsey, William
0200101-20211010001
Rollins, Nancy
0-0010001
Brotherton, John W.
1210001-0002001
Fan, George
220001-011001
Fan, Solomon
1210001-0212001
Fan, Frederick
10001-00001
Fan, George
00001-0001
Weese, Elizabeth
021-111101
Ricker, Martin
111001-111001
Cook, Henry
110001-110001
Hale, John
110001-10002
Hare, Abraham
010001-210001
Crum, John
0000000001-0000000001
Rollins, William
1330001-110001
Kellar, Leonard
2110001-121101
Wilson, Sally
00011-0001101
Farnsworth, George
10001-00002
Varner, William
10001-21001
Hixon, William
10001-00002
Gibbs, Smith
10001-00001
Parson, John
0001001-0002001
Moore, Samuel
00001-1001
Houston, William
01010001-0011
Daniel, John
201001-110001
Smithers, Philip
00111001-00110001
Smithers, Philip
10001-10001
Myers, Gabriel
01001-10001

157

Hutchinson, Joseph
220001-100001001
Myers, Barney
000001-321001
Freshour, George
00101-20001
Kiker, Peter
210001-00101
Hawk, Palser
000011001-0000000001
Long, Henry
000000001-21001
Willhoite, Solomon
01101-21001
Bowie, William
00000001-0
Gowins, Joseph
10001-00001
Willhoite, William
00001-00001
Willhoite, Catharine
0001-10100001
Ricker, Gideon
11001-10001001
Kelly, James
00001-10001
Fan, Hiram
32011-11001
Ricker, Frederick
0223001-1201001001
Ricker, John
20001-12001
Cutshall, Catharine
0-001000001
McNew, Shadrach
00001-000001
Knowles, Jonathan
20000001-000001
Miller, John
000001-22001
Cutshall, John
4220001-001001
Mysinger, William
110001-211001
Mysinger, John
111001-111001
Crum, Margaret
00001-0000001
Holt, Jesse
1001-0001
Miller, Jacob
002100001-000100001
Crum, Michael
111001-01001

158

Perman, Emanuel
00200001-00010001
Cook, John
1101001-121301
Bird, Matthias
10001-1001
Bird, Eprain
00001-0001
Lawson, Thomas
01010001-00100001
Wells, Humphreys
10002-00001
Jack, Jeremiah
0000001-0
Love, John
210001-011001
Smithers, George
021001-100001
Stepnens, Andrew
001231001-011
Freshour, Joseph
1000001-000001
Bailey, James
20000001-1001
Dudley, George W.
0010000001-000000001
Varner, Henry
001000001-000000001
Porter, Samuel
220001-002001
Wells, Lewis
00011000001-20111001
Dudley, Thompson
12001-1011
Tarlton, William
1110001-0110001
McCoy, Nancy
01-11101
Daniel, Polly
00001-000150001
Dillard, Benjamin
001000001-10100101
Reynolds, William
1011301-00011001
Reynolds, Thomas
10001-00001
Kent, John
1200010001-21001001
Howlet, Alfred
11001-10001
Potterson, Andrew
22340001-1130001
McCoy, George G.
121001-10001

159

Hydenrick, Gregory
2000001-022001
Harris, Anny
0-11010001
Williams, Enos
1110001-0103001
Williams, Wm.
00001-00001
Jack, Catharine
0-0000001
Youngblood, William
20001-00001
Horton, John
000110001-10011001
Freshour, John
010010001-000011001
Farnsworth, Robert
10001-10001
Farnsworth, Jane
00001-000001001
Renner, John
000200001-00010001
Renner, Michael
00001-20001
Gladin, John
0120001-1202101
Houston, Howell
210001-200001
Gable, Barney
001110001-00122001
Gable, Elias
10001-00001
Ottinger, John
112001-000101
Bowers, John
01110001-00014001
Henderson, Samuel
21020001-2301101
Brumfield, Humphrey
000001-002101
Ball, Lewis
000001011-001010001
St. John, Jemimah
000012-00011001
St. John, William
10001-10001
Hinkle, William
21001-00001
Brumley, Jacob
0120001-0000001
Morgan, Thomas
01120001-1101001
Roberts, Jeremiah
00001-00001

GREENE

160

Messemore, Peter
010011-13001
Kimry, Sarah
01321-00000001
Jack, James
1000100001-10101
Wells, George
000110001-00021001
Woolsey, Zephaniah
10001-30001
Ricker, Jacob
00101001-1110001
Willet, Joshua
1111001-221101
Everley, John
000001-00001
Willhoite, John
0112001-1221001
Farnsworth, Rebeckah
01001-0021201
Likins, William
021100001-1010001
Gann, George
0001-2001
Bird, David
30011001-0221001
Willhoite, Simeon
00001-1001
Perman, John
10001-1001
Willhoite, Samuel
10101-11001
Wright, Andrew
000111-11001
Henderson, John
00001-1001
Fann, George
0220000001-01031001
Latlers(?), Fielding
2110101-0003001
Farner, Abraham
11100001-1112001
Coggburn, Patrick
1210101-0011001
Flinn, James
20001-10001
Woods, Michael
01010001-110100101
Wampler, Michael
000000001-000100001
Crawford, William M.
0110001-110001001
Dyche, Moses
100001-220001

161

Shirley, John
210001-00001
Stephens, Samuel
0000101-0
Smith, Stephen
1121001-0002
Garrett, Jacob
01000001-0002001
Freshour, John
211101-001201
Dawson, James
10211001-2201
Wall, Margaret
101001-20000101
Rowes, Alexander
0110001-101001
Evans, Charles
01010001-01010001
Holt, Jacob
30001-00001
Browning, Benjamin D.
020001-2030010001
Weller, John
00011001-0121001
Brady, John
000001-10011
Reader, Jacob
222001-000001
Peters, Jacob
00101-10001
Peters, Abraham
000010001-00000001
Hinkle, Philip
00110001-00010001
Ottinger, Jacob
1200001-0012001
Neese, John
0010100001-0000010001
Neese, Adam
101001-21201
Neese, John
0113001-101001
Blazer, Christian
10001-100011
Cook, Adam
12101-110001
Cannon, James
231001-1010001
McMurtry, James
00000001-0
Cunningham, John
000001-30001
McMurtry, John
2121001-1201001

162

Linebarger, Charles
000001-10001
Renner, John
000001-10001
Shirley, Isaac
0101111-0111101
Shirley, Nathan
00001-0001
Coggburn, Archibald
11210001-2010001
Peters, John
20001-11001
Henderson, John
00110001-11200001
Henderson, Joseph
10001-00001
Justis, Alfred
10001-00001
Neese, Abraham
20001-21002
Neese, Samuel
20001-00001
Pack, Henry
000001-2200101
Masner, Teter
00001-20001
Neese, Philip
101001-101001
Stuart, William
00001-20001
Berry, John
121001-020001
Ottinger, John
0000110001-0
Whittenberg, Jacob
110001-10001
Hise(Hess?), Jacob
1100001-000001
Stine, John
000000001-000002001
Simmon, William
00001-2000101
Barnet, John W.
100001-211001
Callahan, James
0110001-102001
Gammon, Ivy
1310001-2011001
Stein, Andrew
000001-02
Russell, Celia
0-01320001
Easterley, George
0212001-0011201

163

Coleburn, Jane
00001-0000001
Easterley, Anne
110001-130001
Cloninger, Daniel
110001-111001
Easterley, Philip
02020001-1010001
Easterley, Jacob
00001-300101
Gannon, Jesse
000000001-000020001
Yearout, John
101001-120001
Yearout, Charles
10001-10001
Neilson, Archibald
111001-310001
Davis, Fields
021001-11001
Gammon, Henry
100001-12001
Reese, John
2303001001-0101001
Luttrell, James
22111001-012001
Bustler, Christian
00011000001-00000001
Henderson, John
010001-00001
Luttrell, Prestly
110001-20001
Kiker, John
01100001-111001
Evans, Robert
0023201-0010101
Love, Charles J.
1310001-300001
Luttrell, William
00001-20001
Cannon, John
111101-10001
Mamer, George
20121001-1110001
Toby, Henry
0100001-111
McAmy, Samuel
000000001-000000001
McAmy, Alexander
231001-01101
McAmy, Robert
0101101-0011101
McAmy, Samuel
100001-210001

GREENE

164

Woods, James
10002-00001
Buster, William
000001-000001
Masmer, Teter
12120001-101001
Buster, Archibald
00001-10001
Borden, Daniel
00111001-00001001
Morgan, Hugh
0022001-00020001
Gragg, Robert
200001-01001
Kelley, Jacob
40001-200001
Ottinger, Jonas
300001-000001
Smith, Reuben
210001-100001
Jackson, Laetitia
121-001001
Bell, Joseph E.
0213001-001101
Gragg, William
00201001-00002001
Cook, George
00012001-0010101
Miller, Elizabeth
1-01001
Maloy, John
20002-00001
Cochran, Samuel
00001-10001
McCoy, William
121201-212001
Coggburn, John
1022001-01021
Gragg, John
000020001-001000001
Smith, James
20210001-1110001
Hale, Joseph
201001-131001
Reeves, Moses
011110001-10111001
Stephens, Andrew
000001-10001
Buster, Isabella
00001-100010001
McNew, James
00001-10001
Chapman, Sarah
00001-0003001

165

Wills, Phebe
1-221001
Chapman, William
00001-00001
Wilson, Ephraim
0010001-10001
Biggs, James
110001-100110001
Hall, William
120010001-1023
McDonald, Jonathan
01011-0001
Roberts, James
0100001-00010100001
Sheffey, John
00001-10002
Garvin, John
001100001-00101
Jones, Phinas
00001001-0010101
Allison, David
00200001-0202001001
Martin, William
110101-112201
Whittenberg, Peter
0101111-113101
Russell, Robert
00012001-0122201
Beals, William
1100001-1021001
Jones, Alexander
00002-1001
Temple, Mary
0122-100201
Wilson, Hugh
2000001-222101
Ross, Sally
00001-0001001
Good, David
1121001-0101001
Johnson, Larkin
2120001-012101
Alexander, George
100001-10002
Brooks, Jacob
10001-0001
Farnsworth, Henry
00100001-00001011
Sikes, Joshua
110001-111001
Russell, Thomas
1100001-231001
Wyatt, Thomas
11001-10001

166

Maloney, Robert
0113101-2111001
Brown, Joseph
011100001-00001011
Patterson, James
00000001-0000001
Perry, William S.
00110001-00100001
Guinn, John
010101-20002
Craig, Robert
00001-10001
Clawson, Elizabeth
011-10111001
Maloy, Thomas
000001-00101
Johnson, Andrew
10211-1001
Coulter, John
000001-001001
Cutter, Joseph
00010111-00001
Russell, Jane
00002-00000001
Dickson, William
00021001-000000001
Dickson, John
00002011-0000101
Nelson, Joshua
010011-2110010001
Jones, George
100131-10001
Ingram, John
0110001-2110001
George, William
200001-020001
Dewitt, Frances
01-02101001
Cornwell, James
13001-20001
Pearce, James
1300001-003001
Cornwell, John
000001-000001
Johnson, Allen
021101-210011
Medlin, Abraham
221001-101001
Sexton, Hiram
31001-10001
Beaulipaw, Geo.
10001-0001
Rymel, Abraham
20001-00001

167

Dunlap, John
1100001-142101
Ayleshire, John
1220101-0001001
Allen, Martha
00000101-000000001
Allen, Daniel
320101-022001
Henderson, Charles
00001-01001
Bird, Philip
00001-20101
Farner, Conrad
10001-00001
Chambers, John
10001-00001
Maloy, Hugh
1111001-1022201
Dillard, James
010001-202001
Farner, Daniel
111101-111001
Dyche, Jacob
0101101-022001
Susong, John
021001-311001
Brown, Mary
2-01120001
Lauderdale, Margaret
00002-00021001
Lauderdale, James
010001-221001
Thompson, Henry
00021001-00100002
Susong, Andrew
1102101-0120001
Russell, William
210001-121001
Russell, Archibald
01001-02001
Snyder, Abraham
01011001-00002001
Snyder, David
00001-00001
Eason, Adin
00001-20001
Elkins, William
00001-000001
Lauderdale, Samuel
10001-10001
Russell, Hezekiah
000110001-00020001
Russell, James
00001-00001

168

Susong, Alexander
11001-20001
Susong, Elizabeth
0-100110001
Roberts, John
02101-11101
Peace, James
20101-00001
Philips, Jesse
00001001-00201001
Burrell, Giles
00001-10001
McBride, William
00012001-0010101
Huff, Joseph
1021101-0101001
Swatzel, Henry
01000001-211001
Russell, David
1121001-110001
Feazle, Henry
0021101-0010101
Farner, Catharine
0-00000001
Williams, Clement
2122001-0001001
Champlain, Elizabeth
1001-1011001
Rector, John
0021000001-11110010001
Guinn, James
210001-10001
Rector, John
00001-00001
Durston, Abraham
10001-20001
Swatzel, Polly
0-011001
Champlain, James
00001-00001
Casey, Simpson
0000011-000001
Anderson, Vincent
311001-011001
Weese, Hugh
011001-0210001
Graham, William
00001-00011
Graham, John
0010001-1010011
Hybarger, Joseph
20001-10001
Durston, Rachael
000012-00002001

169

Swatzel, Henry
0000001-000001
Basinger, Philip
20021-1000201
Peters, Elizabeth
00211-0000101
Basinger, George
00001-00001
Basinger, Jacob
00001-0001
Basinger, Michael
10110001-0011101
Woolhaver, Philip
1020001001-220001
Woolhaver, John
2110001-020101
Swatzel, Jacob
1111101-1000001
Wikle, William
111201-111001
Greenlea, John
20001-10001
Malone, Alexander
10001-21001
Ealy, Adam
2222001-000011
Guin, Rachael
0311-1002101
Maxwell, Moses
0110001-0020001
Glass, James
20001-00001
Glass, Martha
0-00001
Dyche, Henry
12011001-0001101
Susong, Andrew
210001-011001
Bailey, Nancy
11100001-210001
Dyche, Henry
00001-00001
Gibson, John
10001-10001
Fowler, Benjamin
1000001-202001
Girdner, Conrad
0201101-1011001
McAmis, Thomas
002000001-010100011
Basinger, Jacob
20111001-00121001
Craige, Jane I.
00001-00000101

GREENE

170

Chambers, William
01100001-00000001
McAlpin, John
111001-102001
Swatzel, Mary
22-00001
Sharpe, Thomas
11010001-01111001
McKeehan, Samuel
112001-10001
Glass, John
00110001-00130001
Smelcer, Jacob
0010001-1111001
Miller, William
00010001-00201001
Aiken, Samuel
10001-10001
Aiken, David
10001-00001
McKeehan, John
000000001-000100001
Swatzel, Philip
010001001-10001001
Jeffreys, Francis
0-00000011
Call, Joseph
2321001-0210001
Bell, George
002001-110001
Hollingsworth, Abraham
000000001-01111001
Harmon, Christian
01110001-1010001
Farnswoth, Jeremiah
121001-10101
Gibson, James
02110001-00010001
Gibson, William
00001-10001
Willhoite, Philip
0111001-110201
Jacobs, Lewis
010001-20001
Wright, Samuel
00011-00001
Winters, Christopher
00211001-3112101
Wright, John
020001-201001
Woolsy, William
10001-10001
Woolsey, Zephaniah
00001-10001

171

Jones, Martin
02020001-0020001
Bible, Adam
2021001-1021101
Henderson, William
00001-0001
Benson, Daniel
110011-02101
McAmis, Robert
000001-111001
Osborne, Hiram
01001-00001
Trobaugh, Daniel
111001-000001
Gass, Charles
001001-000001
Hoss, Henry
2133511-111001
Dawson, Charles
0-0
Greenlea, Civiletz
0-00000001
Thomas, Elijah
320001-000001
Love, John
100110001-11001
Aiken, William
0101001-0011001
Burrell, Peter
00001-10001
Wheeler, John A.
10001-10011
Cook, Christian
0012101-2110001
Magill, Hugh
00321001-00211001
Lauderdale, Mary
00001-0022001
Guinn, Peter R.
11001-10001
Kilgore, Martha
0-000000001
Kilgore, Thomas
01001-001001
Kilgore, Margaret
2-002101
Elkins, Harmon
10001-20001
Hale, Alex
000200001-00111001
Walker, John
1213001-221001001
Wilson, Adam
0113001-1200001

172

Wilson, Susannah
0-000010001
Walker, James
021201-101001
Handley, Michael
1200001-2432001
Rhinehart, Jacob
1001101-0012001
Hennegar, Henry
2022001-0101101
Kifer, John
102000001-1110001
Love, John
00000001-0000001
Pack, Noah
22001-10001
Welty, John
00000000001-100010001
Hodges, Andrew
00001-00001
Clowers, John
00010001-011
Clowers, William
10001-00001
Roberts, William
00003-00002
Joans, James
10001-20001
Henkle, Samuel
0221001-211001
Benson, James
010001-310001
Campbell, James
00210001-21001
Massy, Stephen
1210001-10101
Ratledge, James
01111001-00100001
Shaw, James
00001-00001
Shannon, James
000110001-0001001
Patrick, James L.
00001-0001
Dyche, Henry
10121001-12011001
Rolston, William
000000001-021000001
Magill, James
0000500001-010100001
Magill, Thomas
020001-211001
Love, Ann
0-000000100001

173

Evans, Evan
0112101-00102
Cochran, Robert
00001-10001
Henry, James
1022001-110001
Evans, Hannah
0-000000001
Bowers, Joel
00001-10001
Farner, Jacob
010001-001
Pitsenbarger, John
00001-20001
Farner, John
001000001-010010001
Durston, Isaac
00001-10001
Farner, Jacob
11001-10002
Weese, Henry
00001-10002
Stine, John
210001-11001
Jones, Johanna
000111001-0
Brumley, William
00001-00001
Jones, Samuel
00001-00001
Gosnell, Elizabeth
0011-1110001
Clem, Martin
221001-001101
Basinger, Michael
01001-30001
Wren, James
11001-10101
Shields, Esther
00101-00022001
Shields, John
00001-00001
Smith, Daniel
11001-11001
Lowry, William
00001-00001
Wilson, Moses G.
120001-00001
Wilson, Thomas
10001-10001
Quinton, Samuel
01010001-0101001
Smith, James
00101001-100101

174

Guinn, William
0101001-0201001
Flowers, Charles
100001-21001
Hill, Robert
00011001-0110001
Gillet, Abner
00001-30001
Gillet, Nancy
00003-000000001
Bewley, John
00115001-01112001
Vogles, Henry
1201001-021001
Lackey, John
00101001-0001001
Trail, James
000001-10001
Stroud, Amos
00001-10001
Stroud, Thomas
120001-300001
Courtney, James
00010000001-0001000001
Courtney, Fielding
101001-02001
Courtney, George
02120001-1001001
Ward, Enoch
120001-120001
Trail, James
011000001-010000101
Matthews, James
00010001-00020101
Matthews, William
01220001-01001
Matthews, Joseph
10100001-10101001
Miller, Samuel
021101-202001
Murray, Reuben
011101-111101
Coffman, Harmon
00230001-00001001
Newell, John
2231001-111001
Scott, Elijah
220001-01001
Cox, Rachael
0001-000001
McMullen, John
10001-10001
Jackson, George
20001-01001

175

Dyer, John
10001-000010001
Fielding, Jesse
0101000001-000000001
Lannum, Cluffy
00001-00001
Kesterson, John
0000000001-0100000001
Fielding, Malinda
02-20001
Kesterson, Charles
110001-200001
Kesterson, John
210001-200001
Senter, William
0121001001-011000101
Newell, Margaret
0000111-0000020001
Senter, James C.
10001-00001
Murray, George
0200001-200011
Gammon, John K.
110001-12101
Jackson, Thomas (of Va.)
10001-0001
Hurley, Zachariah
21000001-2121001
Massey, Joseph
220001-110001
Vogles(Voyles?), Levi
200001-121001
Kesterson, Thomas
231001-00001
Bowman, John
1110001-221001
Rhinehart, Conrad
1121001-210001
Myers, Elizabeth
00001-00010001
Myers, Martha
01-00101
Dunnigan, Nicolas
2021001-120001
Dunnigan, David
0010000001-00100001
Black, Myra
001-0000003
Wilkinson, Richard
1300001-021301
Black, John
40001-00001
Kesterson, William
021100001-001000001

176

Hale, Hugh D.
0112001-111101
Boleyn, Joshua
00011001-00100101
Boleyn, Edmund
10001-00001
Wisecarver, Jno.
000200001-00001001
Myers, Wilson
10001-10001
Hurley, Polly
0-10001
Vogles,(Voyles?), Robert
2110101-0111001
Thompson, James
111011-100001
Morris, Howell
00001-20001
Curton, Thomas
2010001-0212101
Maloney, Hugh
0002001-0
Smith, William
0121001-0002001
Smith, Charles
00001-00001
Sevier, John
110010001-111101
Bowers, Moses
200001-100001
Bowers, Elizabeth
00011-00002001
Smelcer, Joseph
010001-22001
Balch, John
0020201-0030001
Irvine, George
000001-21001
Blakeley, John
200001-10001
Starnes, George D.(?)
0000201-00010001
Dunlap, William
20000100001-110001001
Brabson, Robert
0001001-0001
Coffman, Jacob
10001-00001
Johnson, Anderson
010001-10101
Alexander, David
00002-10001
Vestal, William
20001-00001

177

Hull, John
1121001-2011001
Hull, John
1000000001-1000020001
Hill, Wyatt
210001-120001
Clinger, Sylvanus
10001-00001
Olinger, John
00001-00001
Wright, Hannah
00011-00001001
Easterley, Caspar
1223001-0110101
Bumpass, Washington
00001-00001
Hull, Jacob
300001-010001
Adams, John
0110101-100101
French, Henry
02100001-0022101
Wright, George
1000001-12001
Davis, Thomas
000000000001-00000000001
Davis, Thomas
01121001-0111001
Reynolds, Joseph
000000001-000000001
Reynolds, Vincent
001001-31101
Adams, Ann
02-110001
Lambert, Adam
10001-10001
Redmond, William
221001-100101
Dyche, Catharine
00001-000001
Lynch, James
0000000001-000000001
Lynch, James
210101-21201
Dyche, Andrew
010001-100001
Kerbough, Daniel
100001-22101
Dyche, Charles
000010001-0000100001
Carson, William
10001-10001
Kilday, John
20001-00010001

178

Park, Andrew 10101-000120001
Park, James 000020001-00011001
Evans, William 112101-110101
Britton, Daniel 100001-100001
Fortner, Jacob 122001-20001
Dyche, John 00001-00001
Davis, John 200001-11001
Myers, Jonathan 10001-00001
Myers, Henry 00211001-12012001
Kerbough, Jacob 110001-010001
Kerbough, John 0001101-12101
Hartman, Marshall 2102001-222001
Deals, Solomon 00001-10001
Trobough, William 000010001-000000001
Troubough, Nic M. 10001-0001
Trobough, George 000001-230001
Sipe, Benjamin 0110001-210001
Evans, Gilbert 00000001-0000001
Harmon, Philip 21001-10001
Harmon, John (of Ph) 10001-10001
Harmon, Philip 00000001-1021001
Kirby, Jesse 1111001-1201001
Davis, Paul 20001-00001
Guinn, Robert C. 00001-00101
Shaffer, Frederick 0000000001-000000001
Shaffer, Benjamin 10001-0001
Evilciser(?), Philip 001001-011001

179

Fry, Elizabeth 0-000000001
Fry, Philip 020001-301001
Fry, Christopher 10001-30001
Hall, Charles 001100001-0020001
Fry, Peter 02001001-0033001
Fry, George 210001-20001
Fry, James 00001-00001
Hall, Wilson 100001-00001
Wood, Abigail 001-100001
Lowry, Charles 00124001-01010001
Sipe, Henry 10010001-1220001
Harmon, Jacob 00110001-0002001
Messimore, Mary 00000001-0000200101
Smiley, Andrew 1000001-221001
Kinser, Jacob 20001-10001
Black, Joseph 221001-000001
Cobble, Jacob 100001-10001
Cobble, Peter 2110101-1021001
Cobble, Adam 110001-20001
Cobble, John 101101-220101
Mays, Henry 1010001-221201
Miller, Christopher 010110001-1211001
Ingledon, William 21001-00001
Henderson, John 001120001-00011001
Kinser, Jacob 11100001-0121101
Shields, James 0001000001-000000001
Clary, Zachi 031001-211001

180

Lonas, Adam 00000001-00000001
Foster, William R. 00001-00001
Barnes, Westly 10001-10001
Andrews, Andrew 00001-00001
Laughner, Daniel 100001-120001
Wampler, Solomon 10001-11001
Trobough, William 00001-10001
Wampler, Benjamin 100001-00001
Wampler, Frederick 00001-0001
Bohart, Jacob 10001-10001
Bohart, John 00001-20001
Bohart, William 00001-1001
Good, John 111001-111101
Johnson, Richard 20001-10001
Kisling, John 00002-30001
Kinser, Henry 111001-010001
Dunwoody, John 120001-2110001
Catron, Valentine 2110001-212101
King, Stephen 10001-1001
Leming, Robert 000001-001001
Ingle, William 000001-100001
Etter, Washington 10001-00001001
Boyle, John 00011001-0011001
Williams, Elias 00001-20001
Butler, William 210001-031001
Smithers, Thomas 210010001-100010001
Boyles, George 00001-20001

181

Scott, John 0000101-00000001
Proffitt, Adam 100001-110001
Campbell, David 30101-201001
Lindsey, Elizabeth 001-10101001
Trobough, George 02101001-01021001001
Dunwoody, William 0110001-210110001
Pogue, Thomas 0002001-002011
Jackson, Vincent 00101001-0021001
Brooks, Stephen 000120001-0022101
Myers, John 000000001-000000001
Frazier, Thomas 0000000001-0000000001
Jackson, Daniel 001000001-000000001
Fry, Henry 21001-10001
Park, Andrew 0101101-0022001
Howell, Joseph 00001-10001
Goodwin, Greene 10001-00001
Price, John 0200001-0022001
Weston, John 0010001-3300001
Vance, James 0110001-1211001
Hunter, Thomas 10110001-0112001
Hunter, Mary 001-0010001001
Hill, Pleasant 11122001-10001001
McAmis, John 00001-10001
Foster, Peter R. 2020301-0111201
Barns, William 20211001-1001101
McAdams, Thomas 10001-00001

182

Hunter, John 000001-210001
Balch, Mary 0211-0110001
Morgan, Lewis 10001-11001
Crouce, Jacob 000010001-00011001
Smiley, Walter 2300001-00001
Lozig, James 10001-20001
Hodge, Silas 0300001-00001
Williams, Benjamin 1322101-201001
Ricket, Barzilla 022001-201001
Kirby, Christopher 00111001-000120021
Weems, George 200001-10011
Carter, Ellis 312001-000001
Brotherton, Benjamin 2011001-210101
Jeffreys, Robert 00001-00001
Williams, Ira 10001-00001
Sweet, Isaac 00001-00001
Jordan, River 1211101-1111001
Adams, Thomas 210001-10001
Hartley, Daniel 011001-21101
Goodwin, James 11101001-1020101
Brotherton, James 011001-010001
Jones, Lemuel H. 00001-00001
Johnson, Obadiah 00020001-00200001
Kirbaugh, George 200001-00011
Dunwoody, Patrick M. 1110001-0201001
Trobaugh, Jacob 1021001-111201
Trobaugh, Frederick 000110001-00011001

183

Debusk, Mary 0111-00012001
Lonas, George 21001-110001
Laughner, Christian 000110001-00011001
Smith, Susan 0011-0011001
Henderson, John 10001-10003
Keazle, John 00002-30001
Bohart, Barbary 0-00000001
Cobble, Philip 00001-00002001
Etter, John 01011001-0120001
Etter, Jefferson 10001-20001
Laughner, John 110001-131001
Kinser, George 21100101-11111
Scott, James 111001-111011
Smith, Ezekial 0211001-202001
Black, Eleanor 10002-00013001
Kiker, Jacob 10001-00001
Ingledove, William 00012001-00111001
Ingledove, Hiram 00001-20001
Bottles, Jacob 1010001-221101
Kirk, James 20001-11001
Kirk, Barbary 00101-0011001
Kirk, John 20001-20001
Davis, Leland 01001-20001
Davis, Joseph 01001001-0022202
Boleyn, Edmund 2220000001-00001
Catching, John 1012001-1211001
Dyer, Samuel 10001-21001

184

Matthews, James
10001-21001
Kimmon, John
30001-00001
Watson, Washington
10011-10001
Bryan, Daniel
0101001-131101
Reed, David
310001-10001
Davis, Nathan
00000100001-2000210001
Pettit, Joel
20001-00011
Fain, John
02200011-0100001
Wisecarver, William
122001-200001
Merryday, Jane
11-0001101
Poe, Wm. H.
000101-10001
Greene, Thos.
000001-10001
Owen, Richard
20220001-0101001
Harrison, Josiah
10001-11001
Munroe, John W.
0000000001-0
Scully, William
100001-11001
Williams, James
30002-2001
Bewley, Anthony
03011001-210101
Landrum, Johanna
00011-0001101
White, Joseph
0223001-211101
Smith, Robert
00120001-00021001
Weese, Benjamin
110001-001001
Luster, William
321001-200011
Luster, Mary
00001-00000001
Bolyn, Joshua
20001-10001
Bible, Isaac
21001-110101
Bible, George
2111201-1101001

185

Bible, Lewis
2011001-0321001
Bible, John
01210001-00210001
Bible, Jacob
121001-210001
Bible, Abraham
300001-11001
Bible, Christian
00001000001-00010000001
Bible, Christian
00001-10001
Bible, Philip
0001000001-021030001
Neilson, William D.
1100101-10001
Neilson, Joseph
111211-010001
Neilson, George
0001001-00001001
Hale, Joseph
2100001-100101
Hale, Thomas L.
201101-121101
Hale, Patrick H.
110001-11001
Hale, Catherine
0-000000001
Scruggs, James
200021-10001
Scruggs, Richard
001200001-00010001
Conway, William
00000001-0000001
Brown, John
012001-211001
Callahan, Ann
0-0000000001
Scruggs, William
0000010001-222101
Cox, Matthew
20001-00001
Brown, Isaac
2111001-2101101
Ayres, Samuel
2230001-120001
Walder, Cecilia
0-01021001
Bewly, Anthony
00000000001-0
Brown, Abraham
111001-112101
Brown, David
10001-100010001

186

Coffman, Daniel
000100001-0001
Smith, James
020110001-1101201
Lemons, John
100001-1100001
Pardu, James
21101-01011
Harrison, Solomon
01001-00001
Bible, Jonathan
00001-10001
Large, Eliza
0-100001
Berry, Matthias
10001-10001
Stults, Lewis
001000001-00001101
Stults, John
140001-220101
Rankin, William
0010000001-000010001
Rankin, David
00001-20001
Landrum, James
000000001-00010001
Crosby, Elizabeth
0-002301
Proffitt, William
220002-011201
Sevier, James
011001-21001
Gordon, Robert C.
00010001-000001
Boleyn, William
10001-11001
Vanscyock, Moses
10001-1
Jackson, Thomas
00001-0001
Reader, William
210001-01001
Brown, Peter
021011-10001
Bolles, Elizabeth
24221-22101001
Justis, George
100001-02001
Jeans, William
00101001-000100001
Whittenberg, John
20001-10001
Bolles, Jacob
00001-1001

187

Whittenberg, William
00002001-00011001
Guthrie, John
100001-10001
Benson, James
001001-310001
Taylor, Thomas
01001001-01021
Walden, Uriah
220101-100001
Baker, Allen
00001-10001
Bible, Jacob
000101-230101
Broyles, Cyrus
10001-20001
Bewley, Jacob M.
231001-000001
Casner, Susan
01-010001
Curton, Richard
010001-221001
Baker, William C.
00101-0011001
Thompson, Elijah
1121001-110111
Reagan, Robert A.
1122001-121001
Aaron, Abraham
10001-0001
Nip(Ness), Varner
000100001-000000101
Nip(Ness), Daniel
110001-110001
Gummels(?), Ann
02-0200011
Dyche, Michael
2111001-1111001
Greenlea, Marion
10001-21001
Greenlea, Rainey
12-10001
Rankin, Anthony
120001-100001
Butler, Huldah
0-01001
Lamb, Marmaduke
0231001-110101
Harrison, Jesse
1100001-2000001
Debusk, Elijah
10001-10001
Wren, Josiah
010010001-001220001

188

Catron, Jacob
21000001-100001
Glascock, John
00003001-00220001
King, George
10102001-00021001
Andrews, George
00001001-00210001
Mitchell, Thomas
0000010001-000020001
Mitchell, Thomas
00001-20001
Alton, James
1321001-100001
Bowen, Abraham
1200001-120001
Reader, John
01110001-00211001
Burkhart, Frederick
0000000001-010000001
Burkhart, Isaac
10001-0001
Phillips, Thomas
20001-130001
McPherron, Susan
00021-00010001
McPherron, Andrew
00001-00001
Prince, Isham
10010001-10111001
Drake, Gabriel
01121001-01001001
Williams, William
12001-10001
Reader, Caspar
10001-10001
Mace, David
00002-00001
Willoughby, John
10001-10001
Mace, John
0000101-12121
Sharpe, William S.
10001-00001
Mace, Nicolas
120001-100001
Brown, David
0001001-1131001
Willoughby, Wm.
130001-101001
Israel, Benjamin
21001-0001
McCarter, John
0000001-0100001

189

Sharp, Richard
00001-0002
Myers, Jacob
00001-0001
Sands, Jacob
2121001-10101001
Self, Agnes
01111-00001001
Manes, Stephen
110101-001001
Self, Claibourne
10001-00001
McDaniel, John
10001-20001
Rutherford, Ruth
10001-001010001
Rutherford, Benjamin
1110001-221001
Crozier, Thomas
10001-10001
Dobson, Samuel
00100001-00110001
Dobson, Edmund
01002-210001
Moore, Peter
00001-10001
Moore, William
10001-10001
Shelly, James
110110001-120020001
Varnum, Betsy
0011-0000001
Myers, Christopher
20001-11001
Neil, George
00001-00001
Myers, Barbary
01-21001
Couch, John
000000001-0
Myers, Michael
1100001-10001
Osborne, Geoffrey
11320001-00101001
Neil, Obadiah
00000001-10031001
Pratt, Robert
001001-02001
Hill, Whitnell
211001-011001
Harmon, Moses
0111301-0111001
Harmon, Stephen
00001-0001

190

Carter, Ezekiel 00001-1001
Pratt, Alexander 00001-001
Wells, Israel 002001-2200001
Weems, Abraham 10002-01001
Jones, Lewis 0000101-10010001
Prestly, David 00001-20001
Luster, Zach 00011-01001
Long, William 10001-10001
Jones, William 11101001-0011001
Price, Sandy 00001-20001
Carter, Barton 112001-11002
Pogue, Howell 10001-10001
Pratt, Constant 210001-0121001
Jones, Samuel 01020001-1001001
Pogue, Nancy 0-00000011
Lowe, James 00001-10101
Merryman, William 000001-21101
Pogue, William 110001-11001
Crumley, Samuel 200001-01101
Hale, Jesse W. 111001-111001
Vance, Joseph 20001-00001
Hardy, James 2110001-100002
Wright, Allen 20001-00001
Bragg, William 014200001-0012001
Bragg, Ephm, 20001-00001
Fields, Lansford 10001-10001
Nichols, Charles 122001-100001

191

Stout, Peter 000000001-001000101
Stout, Jesse 01101-320001
Medley, Bryan 00101001-10021001
Medley, Bryan 01001-00001
Medley, Isham 110001-000001
Frazier, George 2222001-2101101
Frazier, John 00001-00001
Payne, William 01111001-2100201
Sloan, William 1200001-002001
Pogue, Farmer 010002-201101
Brown, Thomas G. 0111001-0101001
Myers, Nancy 0-0010001
Martin, Joseph 000201-111001
Yates, Samuel 10101-10001
Boxley(Baxley?), Zephaniah 0001-0000101
Frazier, David 0110001-0011101
Frazier, Johnson 000001-11001
Rudder, Alex 110001-211001
Pilot, John 00001-00001
Brown, David 00001-10001
Brown, George 00001-00001
Self, Thomas 00120001-0110101
McCoy, John 11001-111001
Welty, Martin 101001-10001
Abel, Jonathan 0011001-0211001
Guinn, Elizabeth 001-000101
Harmon, John 20001-00001

192

McBride, John 100021-20101
Reader, Henry 00012001-00111001
Reader, William 110001-010001
Reader, Joseph 10001-00001
Glascock, George 20001-00001
Hudson, William J. 10220001-0220001
Lady, John 1310101-021001
Reader, Jesse 00001-11001
Burkhart, George 00001-00001
Reader, Elizabeth 0011-0000001
Lady, William 00001-00001
Hawn, Catharine 00222-01200001
McIntosh, Abel 0000000001-0
Bryan, John 00001-30001
Bryan, John 00210001-010100011
Bryan, William 11001-12001
Hurley, Joseph 01010001-0113001
Hawn, John 010001-142001
Bryan, Elizabeth 0-0001000001
Hawn, Christopher 000010001-000000001
Young, Henry 310001-00001
McMullen, Drury 01212001-1002001
Smith, Robert 11001-10001
Hawn, Daniel 130001-20001
Law, Mary 0-011001
Dyer, Ruth 0-00001101
Dyer, John 10001-00001

193

Dyer, Jacob 10001-0001
Reid, Solomon 000101-0001
Pettit, Nehemiah 1310001-000001
Reader, John 230001-000001
Dobson, Robert 00010001-00011001
Key, David 00001-10001
Brannon, William 0132101-2001001
Reynolds, Clement 112001-110001
Eller, William 00001-00001
Jack, Abraham 10001-10001

196

Snapp, Samuel 0110101-0010101
Blake, Ewen 101001-222001
Allison, Hervey 00001-001001
Allison, Ewen 2000101-00011
Farnsworth, David 200001-020101
Butler, Samuel 010001-200001
Jones, Bayles 10001-0001
McCalpin, Henry 212101-1110001
Kerr, William 0100001-1210001
Jones, George 000000001-000000001
Fowler, Ann M. 0-0
Ward, William 10001-00001
Reynolds, Henry 0211010001-00020001
Williams, Chas 11101-02001
Hays, Sarah 122-0002001
Barns, Thos. 011100001-0021001
Light, Enoch 00001-11001
Kelly, George 10002-1001
McAfee, Archd. 1102001-0121001
Davis, Thos. 000001-00001
Davis, Elizabeth 0003-0000001
Jones, Thos. 011001-22001
Medlock, Polly 001-0000001
Reeves, Wm. 00001-00000001
Broyles, Mary 0001-0002001
Waddle, Martin 000000001-00000001
Waddle, Benjn. 111101-211001
Skiles(?), John 101001-22001

197

Lane, John 120001-201101
Bowman, Benjamin 000001-20101
Skiles, John 00001-00001
House, George 110200001-0200001
Rhea, Sarah 0002-1100001
Lane, Elizabeth 0-0000000001
Nelson, William 0100001-2110001
Nelson, Jeremiah 10001-00001
Cummings, Agnes 0001-0021001
Cummings, Luraney 1-01101
Light, John 00300001-00010001
Light, Obadiah 000001-0001001
Reynolds, Thos. 1132001-110211
McCord, John 001101-130001
Low, William 110001-21101
Low, John 201101-102001
Lane, Ephm. 2010001-021101
Bowman, Spurling 1002001-1301101
Cannon, Stephen 001001-020001
Hopton, Aaron 010020001-0113001
Kennedy, Danl. 120001-00001
Miller, Wm. 2200001-0112001
Ward, Dewey 0001-0
Spurgen, John 2000001-2201101
Farmer(Fannon?), John 12001-20001
Muncher, John 101011-2221001
Farmer, Alfred 0001-10011
Bowman, Spurling 0000300001-000000001

198

Stokes, John
00010001-0020001
Fanner, Nancy
000100001-0
Kelly, David
210002-10101
Kennedy, John
00000001-0011001
Kennedy, Allen
10001-10011
Kennedy, William
201001-02001
Johnston, Stephen
0120011-221001
Park, Enos
0211001-200001
McCoy, Wm.
210001-12001
Kennedy, James
11001-10001
Swatzel, Joseph
000001-111011
Alexander, Wm.
210011-12001
Henshaw, Washington
00211001-00020001
Boucher(?), Thos.
0-0
Alexander, George
000101001-00012001
Alexander, Lorenzo
10001-00001
Click, Catherine
0001-00010001
Morris, Elisha
00010001-0000001
Click, John
220001-01001
Waddle, Washington
111001-100001
Smith, Moses
0110001-002001
Wilhoit, James
010001-100001
White, Absm.
0001-0001
Jennings, James
20001-00001
Maltsbarger, Geo.
10001-00001
Jennings, Wm.
000100001-0130001
White, Eli
00001-01001
Morgan, Adonijah
000001-0

199

Long, James
1001001-1010001
Morgan, John
0000000001-0000001
Johnston, Wm.
00120001-211001
Morgan, Lewis
00010001-0000001001
Morgan, Thos.
0201001-101101
Morgan, John
210001-1001
Morgan, Wm.
00001-0
Simmons, Zachariah
000101-00101
Simmons, Joseph
0000000001-000101101
Miller, Adam
10001-10001
Broyles, Michael
00000002001-00000000001
Miller, George
00001-12101
Kendall, Wm.
000000001-0
Nelson, John
00001-11001
Williamson, Jeremiah
201001-010001
Rymall, Isaac
01001-21001
Stafford, John
0000000001-0000000001
Seaton, Benjn.
001110001-00000001
Seaton, Moses
00001-0001
Rambo, Eli
411001-010001
Williamson, Thos.
000100001-000000001
Williamson, T. W.
200001-010001
Rogers, Thos.
00001-01001
Hoyal, Michael
110021-020011
Painter, William
1120201-1112101
Painter, Jesse
200001-00001
Bitner, William
002101-220001
Painter, Adam
1111001-011201

200

Stanbery, John
0001-0001
Good, Emanuel
012001-1120100001
Burgner, Elizabeth
0011-0101100101
Prater, Delilah
00102-000020001
Stanbery, Wm.
2210001-1121
Rymall, Rebecca
0-000000001
Broyles, John
01111001-00200001
Morrison, Robert
0102001-1100001
Waddle, Saml.
11001-00001
Brown, Wm.
0000000001-000000001
Broyles, Ephn.
000000001-0000001
Broyles, John
10001-122001
Bird, John
000000001-00001001
Bird, John
1201001-212001
French, Stephen
0001-00001
Hoyal, Jacob
100101-121001
Fox, Ezekial
201001-02001
Broyles, Jacob
212001-201001
Wilhoit, John
00200101-110011
Click, Martin
001100001-00200001
Click, George
10011-10001
Pierce, Jno.
0021101-1022001001
Morgan, Stephn.
0001-20001
Houston, George
020001-10101
Click, Malachai
12100001-0001001
Jennings, Geo.
00001-00001
Jennings, Jno.
1100001-213001
Cannon, Wm.
00001-00001

201

Fox, James
100001-100001
Fox, Isaac
00011-00001
Haworth, Absalom
0101001-0211
Fox, Andw.
00001-20001
Fox, Sarah
00001-000000001
Fellers, T. J.
00001-00001
Barnhart, Felix
00001-2001
Newbery, William
111001-211001
Barnhart, M. H.
00001-000100001
Barnhart, Henry
10001-10001
Messor, Thos.
000001-220001
Riser, Jacob
01111001-0111201
Earnest, Barton
30001-00001
Patton, William
110001-112001
Earnest, Henry
21000001-01002
Ward, Stephn.
30001-00101
Earnest, Jacob
01122001-0112001
Earnest, Peter
01100001-0212101
Earnest, Mary
0-00000000001
Earnest, Laurence
002100001-0000101
Earnest, Felix
032100001-00001101
Fellers, M. J.
0002-0000100001
Couch, John
3321001-0100101
Smith, Thos.
11110001-02021001
Smith, Anthony
00001-0001
Smith, Robert
00110001-0000101
Brotherton, Patsy
202-0201001
Smith, Henry
100001-10001

202

Couch, Peter
321101-010101
Martin, Danl.
00220001-00010001
Martin, Thos.
1001-0001
Jeffries, W. W.
10001-0010001
Brown, David
00012001-00000001
Price, Richardson
010001-00001
Price, John
0000000001-0000000011
Myers, Christopher
2001101-031201
Myers, Michael
1100001-100001
Brotherton, Wm.
0000000001-000000001
Carter, Benjn.
00002-10001
Carter, Saml.
110001-012001
Carter, Eli
00101-0001
Carter, Elias
201001-01001
Smith, Beverly
112101-112001
Jeffries, Orsborn
03100001-10101001
West, Reuben
1111001-111211
Ridenhour, John
20001-00001
Pogue, John
0111001-0011
Baratt, Miles
001000001-0000001
Smith, John
30001-00101
Carter, Elisha
0122001-011101
Everhart, David
10001-200001
Saylor, Jacob
0001001-10001
Saylor, Godfry
000120001-002210001
McKeehan, John
00001-00001
McKeehan, Betsy
0001-1031001
McFarland, Andrew
20001-00001

203

McFarland, Andrew
1200000001-001000001
McFarland, J. H.
330001-000010001
Babb, Philip
020001-00001
McFarland, Betsey
102-001201
Blanton, John
0020001-0001001
Carter, John
110001-111001
Morgan, Jesse
100101-22001
Reynolds, George
0001-00001
Carter, Abel
11001-00001
Pierce, James
00001-20001
Green, Jonathan
210001-00101
McAmis, James
1011201-1111101
Spears, George
000000001-000000001
Dill, Mary
00001-00000001
Smith, Jacob
2002001-110001
Dill, Henry
110011-100001
Smith, Fredk.
1111001-1121001
Smith, George
00001-0001
Montgomery, Lettitia
11-0111001
Waterbarger, Jacob
221001-201001
McCurry, Josh(Joseph?)
212001-121001
Cooter, Philip
00130001-00101001
Henry, Josh.
020001-11001
Boothe, Jas.
21001-10001
McCalpin, Alexr.
120001-1110001
Kinney, John
221001-010001
Wright, John
2220001-01002
Carter, Jacob
20001-12001

204

Jeffries, John
0001-11001
Weems, James
002001-100101
Perkins, Elijah
110001-10001
Weems, John
000101-00001
Spears, Eleven
01001-10001
Hybarger, Jacob
00001-100001
Weems, George
01021001-00101001
Lashley, Alexr.
110001-212101
Williams, Joseph
01211001-00012101
Cooter, John
00001-200001
Brown, David
10001-100001
Brown, Jas.
00001-100001
Waterbarger, Adam
0102001-1110101
Tarrant, Henry
000110001-010100001
Keller, Danl.
0102101-00130001
Keller, Benjn.
00001-10001
Morelock, Enoch
0001-00001
Limbough, Danl.
000010001-00022001
Young, Fredk.
00011-11001
Rhea, Saml.
01000001-00113001
Limbough, Jacob (of Jno)
100001-10001
Limbough, John
0010101-00012001
Keller, Benjn.
1111101-0202001
Limbough, Jacob (of Joe)
01001-10001
Limbough, Saml.
000011-10001
Hawkins, Saml. B.
010200000001-0010001
Saylor, David
00001-00001
Owens, Elias
110001-211001

205

Johnston, George
30001-000001001
Tate, Edwd.
002101-120001
Strong, William
20001-10001
Childress, Joseph
011001-211001
Bailey, Phoebe
0-000101
Bailey, Thos.
2100010001-110010001
Robertson, Thos.
0001000001-000000001
Bruner, Saml.
20001-000001
Bruner, Jacob
000010001-000000001
Norton, Susanna
00001-00110101
Houts, Christopher
000000001-011012
Dugger, Joseph
10001-00001
Bowman, Saml.
1210001-200001
Malone, Weston
30011-00001
Olinger, David
010001-200001
White, Fred
0011001-001001
Thomason, Wm.
010001-10001
Moore, Elizabeth
0-0110001
McNees, Rachael
011001-0001101
Moore, Jas.
000210001-000000001
Woods, William
00001-21001
Campbell, Archd.
2131001-0011001
Moore, Edwd.
122001-101001
Bruner, Danl.
10001-00001
Murphy, Edwd.
01120001-00010001
McClain, Thos.
101220001-00011001
Jackson, Wm.
10001-10001
Simpson, Wm.
11001-10001

206

McCurry, Jas.
03210001-0120001
McNeis, Wm.
0110001-1111001
Haynes, Abn.
00101-00001
English, Thos.
021001-200011
Williams, Hugh
100000001-01010011
Benham, John
20001-10001
Mays, John
00000001-0000001
Rodgers, Jas.
00001-10001
Mays, Peter
001001-10001
Shanks, Nicholas
00001001-03121001
Rogers, John M.
0011001-0100001
Mays, Jesse
02001-20001
Logan, David
00011001-01120001
Olinger, John
00003-00001001
Morelock, Catherine
0001-002101
McCollom, John
0001001-0111001
Starnes, Wm.
01221001-1000101
Tate, Gershim
011001-200001
Hawkins, Spears S.
10001-00001
Myers, Henry
0001-000001
Myers, Henry
00210001-01010001
Pratt, Mary
111-021011
Tate, Robt.
00101-10002
Maltsbarger, John
00001-1001
Reynolds, John
0111201-0101001
Shields, William
10001-10001
Smith, Hiram
10001-01001
Shanks, Jas.
00001-10001

207

Pope, Simon
000000001-00000001
English, John
001001-101101
Pierce, Richd.
10002-0001
Britt, Mary
002-00010001
Thrasher, Isaac
012100001-1112101
Jackson, William
222001-101101
Brandon, James
21001-10001
Fowler, Alice
0-20100101
Brandon, John
120001-110001
Brandon, Thomas
00011-20001
Brandon, Thomas
10210001-00120101
Dyche, Joseph
20002-00001
Hicks, Stephen
110001-11001
Basket, William
0101001-1030201
Wheeler, Isaac
00010001-0000001
Mullanin, Elizabeth
2111-010001
Edgeman, Saml.
110001-221001
Moore, Abnr.(Absm.?)
101001-021001
Hensley, Saml.
0110001-100001
Pierce, Jonathan
120001-000001
Mills, Thos.
00001-11001
Slatton, Hezekiah
00001-20001
Wheeler, Jesse
11001-21101
Wheeler, Margaret
0-000000001
Wheeler, Jos.
00001-10001
Headerick, E. W.
20001-00001
Hall, Jas.
111001-000001
Ritter, Henry
020001-111001

GREENE

208

Moore, Abram
000000001-00010001
Delaney, Benjn.
0000000001-011020001
Harold, Jesse
10001-20001
Hall, Endimgon
10001-10001
Hall, Wm.
00011001-00010001
Hall, David
00001-10001
Brandon, Wm.
21001-000001
Stonecypher, Henry
10001-21001
Detheridge, John
10001-10001
West, Jos.
0001-00001
Gilles, John
110001-1100010001
Johnston, James
000100001-000000001
Hybarger, David
001110001-000001001
Bright, Michael
0000200001-001000001
Bright, Michael
1100101-0100001
English, John
00001-10001
Baxter, James
000001-00001
Reid, Robert
1110001-210001
Fincher, Josh.
100001-110011
McDaniel, John
00001-0000001
Fincher, Polly
111-10001
Johnston, John
20001-01001
Kirk, George
01210001-1001001
English, Alexr.
00101001-00020001
English, Andrew
00001-00001
Robertson, John
0121101-2100001
Corder, John
20001-0001
Neill, Stetherd
2220001-1002101

209

Hale, Mishac
0011110001-00010001
White, Richd.
0110001-211101
Harold, Amasa
00101001-00010001
Ritter, Danl.
001220001-01011001
Smith, Josh.
11000001-1200001
Shackleford, David
221001-101101
Baxter, Barnett
00101-200200001
Baxter, Edwd.
11001-10001
Tadlock, James
012001-002001
Caldwell, Saml.
00022001-0001200101
Collier, Thos.
00111001-0100201
Ryan, Christian
00001-00001001
Corder, Jonathan
200001-00002
Robertson, George
1101101-121101
Tadlock, John
011001-212101
Phillips, George
101101-211001
Hacker, Jacob
000110001-00111001
Cole, Sarah
0-0010001
Hacker, Jos.
110001-21001
Rhea, Chas.
00001-00001
McPherson, Danl.
20002-01001
Shanks, Wm.
11001-10001
Row, Wm.
20011-0001
Collier, Rebecca
11-0021101
Philips, Ryal
22002-11001
Philips, Chas.
00002-10001
Caldwell, Thos.
00110001-00022001
Hays, Wm.
00012001-0100001

GREENE

210

Neill, Chas.
00002-00001
Pickens, Robert
11000001-01001
Fincher, Richd.
20001-20001
Fincher, John
00001001-0001
Fincher, Chas.
11001-01001
Wheeler, Lewis
011001-121101
Row, Frederick
02110001-0011001
Campbell, James
2001001-031002
Coleson, Thos.
0000000001-001101
Banter, Hale
21001-10001
Moore, W. L.
022001-110001
Smith, Turner
0111001-1012001
Crawford, John
21211001-0001001
Monteith, Henry
01002101-100001
Woolsey, Fithias
10021-20001
Dobbins, Andw.
00000001-00022101
Dobbins, Wm.
20001-01001
Crawford, Saml.
00001-10001
Smith, Cornelius
210001-112001
Smith, John
202001-010001
Smith, Aaron
00001-00001
Smith, Cornelius
00011001-00001001
Smith, Milly
0-0100001
Mannan, John
20001-03101
Yokely, Isaiah
31001-010001
Grubbs, Wm.
0011001-1111001
Holland, Andw.
00001-10001
Vice, Josh.
1130001-001011

211

Thompson, Alexander
10001-00001
Newman, Jacob
220011-11001
Monteith, Henry
000000000001-0000010001
Monteith, George
0110001-3102001
Pickering, Ellis
02120001-0020101
Kirby, Danl.
01000001-0011001
Jones, Jane
0-0000000001
Maltsbarger, John
2100101-1222001
Coleson, Elijah
000001-000010001
Gentry, Simon
00000001-00000001
Fincher, John
00001-00001
Hays, Robert
000120001-00010001
Hays, Chas.
11001-10001
Morelock, Nathan
20101-11001
Hays, Joseph
0010001-1000101
Hays, John
030001-200001
Hays, J. L.
00001-10001
Gray, Robert
00001-000010001
Pickering, Phins(Phinis?)
00001-10001
Pickering, Nancy
101-0000001
Nixon, Robert
01001-20001
Armstrong, Lannty
200001-11011
Crabbtree, Peggy
00122-00021001
Crabbtree, William
00001-10001
Mullins, William
10001-00001
Walker, Samuel
00001-300001
Moody, John
00001-00101
Gentry, Richd.
020001-20001

212

Thompson, Mary
00031-0210001
Vice, Sarah
0-0000001
Vice, Robert
11102-10131
Thompson, Thos.
1211001-1122201
Vice, Henry
010001-110001
Vice, Jacob
00110001-00010001
Haynes, Azariah
000001-21101
Haynes, Abner
002000001-20011001
Bruner, Joseph
130001-100001
Drain, Peggy
001-100001
Dodd, John
221201-100001001
Dodd, John
001000001-1000101
Dodd, Thos.
001001-1002
Jones, Alexr.
10001-10001
Russell, William
000001-001101
Williams, Henry
10101-000001
McCurry, John
00001-0001
Hughs, Neill
121001-100001
Starns, Jacob
10001-00001
Morrison, William
00001-20001
Bryant, John
0120001-010001
Limbough, John
01100001-0301101
Morrison, Elijah
10001-12001
Morrison, Wesley
10001-10001
Henry, Thornton
120001-102001
Morrison, John
0000000001-01100001
Henry, William
000200001-00101001
Ford, William
0000000001-000000001

213

McAmis, William
1312001-0010001
Davis, Sarah
0201-0011001
Davis, Fields
00001-20001
Henry, Gabrael
10001-20001
Lane, John
0100001-0201001
Babb, Henry
10101-0001
Babb, Elizb.
0-0110001
Hoggatt, Anthony
000000001-00000001
Thomason, Howel
10001-110001
Hoggatt, Nathan
220001-110001
Lane, Saml.
01011001-0100001
Craddock, William
101101-02200100011
McCollom, Nancy
0002-001001
Bright, Chas.
1101001-012001
Jones, Rachael
1-00110001
Orsborne, Elihu
00001-00001
Smith, Josh.
11001-20001
Duncan, Josh.
00100001001-0000001
Dodd, Wm.
00010000101-01110001
Follot, Jerh.
011110001-01112
Swatzell, Banjn.
20001-0001
White, Blumn.
00010001-100010001
Pratt, Achilles
11001-012001
Bailey, Martin
0001001-0021101
Grubb, Edwin
00001001-00211001
Bayles, Jacob
001000001-01000001
McNeis, Saml.
00010001-01101001
Yokely, Susan
0021-00111001

GREENE

214

Ford, Mary
00011-00110001
Harold, Jonathan
010001-011001
Babb, Seth
10001-030001
Humbard, Jonathan
000001001-000010001
Humbard, Jonathan
00001-31001
Harold, Amasa
101001-110001
McNees, Marmaduke
131001-201001
Stonecypher, Solomon
01200001-0002
McCollom, Jas.
021011-1011010001
Walker, Lee
10001-20001
Douty, Ephm.
001001-111001
Douty, Azariah
00000000001-00000001
Douty, Jesse
220001-0001
Millikin, Saml.
00020001-00002001
Reynolds, Joseph
0001101-1221001
Webb, Theopholus
101101-111001
Simpson, Thos.
00010001-01011001
Reynolds, Christiana
011-110010001
Thompson, Absolum
10001-2011
White, Absolum
11001-00001
Hybarger, Saml.
00001-00001
Thompson, Jane
0-000001
Lane, Dutton
0000001-000001
Starnes, Leonard
00010001-0011100101
Brown, William
221001-000001
Atkinson, Geo.
101001-110001
Bowman, Jacob
00000000001-000010001
Bowman, Josh.
111001-210001

215

Keller, Jacob
20001-10001
Weems, John (of Geo.)
21001-00101
Jones, Caleb
00001-02101
Farnsworth, Elizabeth
0-000000001
Bennett, James
1221001-1011001
Malone, Joseph
2111001-110101
Thomason, John
01000001-000010001
Gass, John (of Jacob)
01001-110001
Milburn, David
00001-0001
Holder, Rachael
021-1000001
Henry, Smith
100001-111001
Gass, William
311201-012001
Grimes, James
00001-2001
Justice, Isaac
00212001-120021
Carter, Hugh
01000010001-0000010001
Malone, Amy
02-110001
Malony, John
120001-100011
Wicker, Robert
01221001-0000001
Britton, William
0000101-00011
Britton, Wallan
1011-0001
Simpson, James
10001-10001
Stewart, James
01100001-1211001
Babb, Abner
111001-201001
Wicker, Wm.
00001-10001
Babb, Seth
0000000001-000101001
Babb, Saml.
00001-20001
Harrison, Jesse
100000001-01020101
Thomason, John
10001-00001

216

Babb, Isaac
0101010001-21001
Vice, Abm.
00110001-00121001
Bradley, Joseph
110001-010001
Babb, Philip
000010001-000020001
Stonecypher, Absolam
00110010001-00020001
Saunders, Wm.
22001-10001
McCurry, Josiah
200001-03001
McCurry, Robert
00001-10001
McCurry, John
000010001-00010001
Davis, Nathl.
10000001-022101
Brown, Thos.
0002000001-00010001
Colton(Cotton?), James
11001-121001
Colton(Cotton?), James
00210101-0111101
Humbard, Aden
00002001-00001001
Humbard, John
00001-20001
Humbard, Henry
010001-221001
Morelock, Geo.
001010001-000010001
Stacy, Sarah
2-11001
Morelock, Jonathan
C10001-03001
Hornbarger, Jacob
000000001-000000001
Gass, Alexr.
20001-00001
Gray, Asa
1012011-1010100001
Marshall, Martha
11112-00111001
Reece, Wm.
001111-00122001
Stonecypher, Jno.
00001-10001
Hawkins, Nathan
232001-001001001
Hope, Robert
10001-21001
McNeed(McNees?), Evan
121001-200001

217

Johnston, William
1100001-0111101
Hope, Deborah
010101-011010001
Britton, Thos.
00001-1001
Semple, Robt.
00201001-10011
Simpson, Robt.
C1110001-0020101
Babb, Es.
111001-121101
Jordan, Saml.
000000001-00000001
Gaston, Joseph
10001001-01001
Ross, William
111101-110001
Gass, James
00110001-0000101
McAmis, Thos.
1001001-122101
McAmis, Geo.
011001-120001
Ellis, Saml.
000011000l-01001000l
Britton, William
10001-0001
Ellis, Jonathan
11001-201C1
Johnston, Wm.
012101-210001
McCurry, Samuel
00001-00001
Lauderdale, John
1212001-2001001
Johnston, Benjn.
1111001-1112101
Rankin, David
00001001-1220001
Peters, Warner
110001-11101
McAmis, Saml.
002101-000001
Gass, John
000000001-0
Brown, Jonathan (of D)
211001-010001
Carrick, Jas. W.
000001-22201
Gass, Balch
210001-10001
Hankins, Wm. A.
200001-11001
Kinney, Elizb.
01-00002

218

Watts, David
0-0
Brown, Hugh
10001-00001
Hankins, Sarah
0101-0020001
Winkle, F. L.
0011000l-0410001001
Brown, Jothan
0121101-0201001
Maloney, Wm.
2200010001-00001
Williams, Jane
01-001001
King, John
C20001-300010001
Lustre, Wm.
2001201-020101
Slaughter, Jeremiah
00001-000000001
Reynolds, David
111001-112101
Weston, Henry
30001-00001
Brown, Jothan
10001-1001
Simpson, Henry
20001-00001
Crafts, Mary
0021-00000001
Weems, Hannah
01011-0010001
Green, Betsy
01-001001
Riddle, Anthony
2310001-10101
Ross, Allen
010001-20001
Ross, John
00000001-000101
Ross, Wm.
01000101-111010001
Pogue, Joseph
00110001-00001001
Key, David
00100001-00000001
Key, Danl.
000000001-00001
Key, Peter
000000001-00001
Keller, Saml.
101001-221101
Burris, Peter
00000001-0001C001
Anderson, Jos.
200001-12001

219

Gass, Saml.
211001-012201
McKee, Catherine
12-20101
Jones, Thos.
20001-10001
Castile, Peter
00010001-00100001
Delashinet, John
01110001-00020001
Koons, John
210001-11001
Holder, Johnson
01011-0000001
Small, John
0000001-21101
Craddock, Jesse
000001-300001
Castile, John
000010001-00000001
Crumly, Aaron
111001-111C01
Brown, John
10001-10001
Kidwell, Elijah
02001-210001
Cooper, John
001000001-00001
Cooper, Christopher
200101-010001
Milburn, David
01010001-1111101
Castile, Jeremiah
011001-110101
Maloney, John (of Wm.)
00001-00001
Malone, Ann
0-0001000001
Malone, Humphry
00001-00001
Reynolds, Jesse
211002-C1101
Brown, Sylvester
011100001-00100001
Brown, Moses
221001-100001
German, William
210001-00101
Malone, Temperance
011-01C2001
Weems, John
00001-10001
Malone, John
00001-00001

220

Malone, William
01110001-0111001
Carden, Meshac
1111001-221001
Justice, Thos.
11020101-01C101
Carter, Abram
010000001-000000001
Carter, J. A.
110001-11001
Burris, Peter
00001-1001
Hatly, Sherwood
110001-00001
Delashimet, David
120001-11001
Johnston, Zepher
200001-210001
Cox, Eliakim
102011-1311101001
Armitage, John
110011-120020001
Harmon, Isaac
01021C01-11C10001
Carter, Jacob
0201101-312101
Anderson, Benjn.
00101-00020001
Rutherford, Elliot
11C001-21001
Semple, William
10001-10001
Stanley, William
221001-0C1C01
Vestal, Silas
121001-001001
Vestal, Wm.
20001-00001
Culver, Nathl.
221C01-100001
Hardin, John
2012101-1220001
Carter, Benjn.
0210001-0002
Blair, William
10001-20001
Harmon, Peter
3300001-110011
Dottery, Turner
0000001-0000001
Wilson, John W.
111001-110001
Willis, John
10001-01001C001

221

Carter, Ezekiel
02112001-1011001
Allison, Hugh
00001-1C001
Russell, Elijah
011001-112001
Low, Thos.
112C101-2101001
Russell, E. Y.
0C0011-020001
Young, Danl.
111101-010001
Vance, Saml.
0000000C01-000000001
Harmon, John
0000000001-0000000001
Dyche, Emanuel
310001-110010001
Russell, Polly
0-0002001
Harmon, John
110101-10001
Carter, John
0000000001-001000001
Carter, John
030001-001
Webb, Danl. B.
10001-00001
Wilson, Jas.
00001-00000001
Snapp, John
02130011-311001
Gillespie, Allen
111110001-111301
McMackens, Rachael
0102-012001
Duncan, Saml.
111101-0201001
Falls, Sarah
01-00101001
Falls, Mary
01-000002
Falls, Jas.
001-001C01
Hartman, Levi
0002001-000C001
Falls, John
0001-001
Paine, Patsy
1-0001C01
Collet, Isaac
2221101-111C1C1
Stonecypher, Samuel
100001-10001
Carter, Giles
10001C001-0121C01

222

Stanbery, Ezekiel
121001-111001
Collet, Abraham
0122001-0131001
Stanbery, Esther
0001-10110001
Stanbery, Jacob
00001-00001
Howdashell, Ann
0-00100011
Dotson, Chas.
10001-00001
Dotson, Peter
00001-20001
Dotson, Reuben
202001-121001
Dotson, Edwd.
0000000001-0000001
Dotson, Moses
000000001-000001001
Dotson, Jas.
010001-120001
Kyle, Henry
100001-000001
Wyan, Peter
100001-00001
Depue, Jas.
101001-131001
Ellis, Jesse
11011-10001
McKeehan, Geo.
010001-30001001
Barkley, Wm.
0012001-1001001
Simpson, Jas.
110021-001001
Daily, John
000001-1210101
Hundly, John S.
1020001-01000001
Waldon, Reuben
10011-00001
Matthews, John
0011101-0001
Broyles, J. F.
00001-20001
Wright, Jacob
11001-111001
Stanfield, David
121201-110001
Wright, John
110001-10101
Babb, Joshua
100001-10001
Collins, Chas.
10001-00001

223

Britton, James
112001-000001
Harold, Uriah
100011-210001
Bayles, Elijah
1001-10001
Brown, Thos.
00110001-00010101
Rice, David
11000001-012111
Dillon, Garrett
01000001-00210001
Whennon, Josh.
300001-020001
Allen, James
200001-01001
Barkley, John
00101-0001
Matthews, William
000000001-01002
Wright, Jesse
001200001-00110001
Brown, Isaac
010001-11001
Falls, Joseph
0000001-0031101
Burden, John
0-0
Burden, Jos.
0-00001
Jones, John
0-0
Messer, Abner
0000101-000101
Green, Ira
12101001-1201001
River, John
011001-221001
Lotspich, Wm.
0011001-0000001
Hammer, Aaron
100101-00111
Pickering, Jonathan
000001-0010000001
McClure, Robt.
000001-311001
McNees, Saml.
0012001001-0010011
Lunsford, Jesse
20200001-0102111
Pickering, John
111001-122001
Marshall, John
010001-100001
Boyles, Solomon
11001001-01002001

224

Likins, Wm.
10001-1001
Stanfield, Saml.
00010000001-0000000001
Stanfield, Thos.
00001-20001
Ripley, Phoebe
0-02002001
Johnston, Hannah
0-0000001
Feller, Abm. G.
11200002-1200101
Johnston, Barton
101001-132101
Bell, George
0-0
Hise, James
00010001-0010001
Burden, Jas.
0-00001
Burden, Washington
0-0
Tilson, Stephen
0111001-011001
Johnston, Henry
10001-00001
Milburn, John
1100001-21001
Fults, John
200001-00001
Brumly, David
2112001-011101
Evans, Gilbert
0-000000101
Paulsell, David
010200001-0012201
Paulsell, John
100001-00001
Ripley, Henry
220001-111001
Ripley, Thos.
20001-10011
Ripley, Saml.
211011-101001
Johnston, Joseph
11110001-1112001
Gray, Benjn.
012011-112101
Gray, John
10012-11001
Mills, Richard
110101-012001
Small, Daniel
10002-120001
Squibb, Caleb
0012001-222011

225

Freeze, Catherine
0-0000001001
Freeze, David
110001-10001
Thompson, James
30001001-00001
Freeze, John
001001-000001
Johnston, Thos.
10011-00001
Marsh, Gravener
00111001-0101001
Small, Knights
00001-22121
Guinn, Mary
01101-12001101
Jones, Lewis
0000001-00020001
Rankin, Robert
10002001-00011001
McPherrin, William
03221001-101111
Tame, Elijah
2100001-1120001
Reid, John
01100001-0102001
Shaw, Jas.
010001-01001
Ross, Wm.
00001100001-00000001
Morrison, Ferryman
00000001-00001001
Morrison, Pleasant
10001-00001
Murphy, Wm.
00001-0001
Long, Jacob
000001-100101
Rhea, Ezekiel
030001-20001101
Holt, David
001000001-0011201
Jewell, Sebern
010001-220001
Hope, Isaac
210001-112001
Hope, Isaac
000010001-0001010101
Logan, James
10001-10001
Gass, John (of Jno.)
122001-100001
Gass, John (of Jos.)
120001-111001
Johnston, Zopher
10001-10001

GREENE

226

Kidwell, Joshua
00011001-00011001
Johnston, John
2111001-111101
Foster, Robert
0211201-1001101
Johnston, Zopher
100000001-0001
Johnston, Joseph
101001-121011
Merick, Thos.
20001-00001
McPherson, Betsy
0-100001
McPherrin, Andw.
3021001-0212001
McPherrin, James
0000000001-0000000001
Cavender, John
3030001-010001
Hoyal, Jacob
00121001-00001001
Earnest, Isaac
100021-10001
Williams, Alexr.
100001-02001
Fonville, Lewis
10001-1001
Vance, W. K.
00222101-211001
Sevier, Valentine
2211101-00111010001
Payne, Merryman
1111001-103001
Gillespie, Geo. T.
1100001-111001
McClelland, W. A.
1201111-00000011
Lincoln, Mordecai
000311-200001
Carter, William
002101-3200011
Aiken, Joseph
0210001-0011001
Hardin, Susan
0-00111
Woods, R. M.
1000001-101111
Britton, James
100001-121011
Isbell, J. R.
0211201-110001
McCorkle, F. A.
100001-10001
Wyly, Dorcas
00101-31001001

227

Wyly, J. W.
200001-01001
Rhea, John
0010201-230001
Rhea, Robt.
11021-21011
Balch, Ann
0-000110001
Wood, David
00001-10001
Haymaker, John
10001-10001
Morris, John
2001001-021001
Dukes, Jas.
30001-01001
Alexander, Thos.
00001-000001
Willis, Jotham
00001-0001
Dennis, Joshua
00001-20011
Morris, Rebecca
0001-0010201
Knowles, Archd.
100101-12001
Sevier, Elizabeth
12-000001
Broadway, George
10021-10001
Miller, Wm.
00003-20001
Brown, George
00000001-0
Anderson, John
00011101-00010001
West, Richd.
001021-221001
McCardall, Siney
0-000001
Vanvacter, Ellen
0-0
Lister, John
110211-20001
Caldwell, Newman
00001-0
Britton, Jas.
00100001-0131001
Bridewell, Elzy
211011-000101
Kilgore, J. M.
11112001-0101001
Bridewell, Lemuel
10011-3200101
Bridewell, John
00001001-00102

228

Eddleman, Michael
1000100001-000111
Green, William
01110001-1111201
Alexander, William
000000001-00020001
Alexander, Thos.
000200001-000000001
Fincher, Hiram
000001-230001
Williams, Mary
0001-000010001
Williams, John
011001-30001
Smith, Betsy
0-0
Temple, Thos.
000100001-000120001
Kennedy, J. D.
10001-11011
Dodd, John
00002-00101
Alexander, Thos.
00000001-0202201
Smith, Jas.
0-0
Alexander, Stephen K.
01111001-130001
Wyrick, Polly
2-00001
Alexander, Polly
101001-0000101
Hoyal, Benedict
11001-21001
Kennedy, Thos.
0001101-0000001
Alexander, Thos.
00001-10001
McCord, Esther
00103-00110001
Britton, John
211101-101011
McCord, Thos.
10001-10001
Alexander, David
00001-20101
McGaughy, John
121101-001001
Fry, Martin
0101-10001
Robertson, James
2120001-101001001
Dugger, Jacob
01001-10001
Wilson, David
00011001-00110001

229

Bullin, Joseph
0001001-0211001
Crigger, Peter
02011001-1020101
Low, William
100011-0001
Morrow, John
12100001-110001
Carn, John
0000101-0010001
Morrow, Jas.
00000001-0110001
Morrow, Elizabeth
0-0000000001
Murphy, Thos.
10000001-0100101
Willis, Jas.
11001-20001
Brewer, Samuel
01100001-00021001
Low, Sarah
01-011101
Jennings, William
20101-01001
Smith, George
221021-001001
Low, Ezekiel
002100011-001000001
Kelly, Jas.
10001-12001
Lemons, Polly
0011-000020001
Lemons, Danl.
00001-00001
Robertson, John
000101-000011
Robertson, James
0010001-0000001
Crennen, William
000001-00001
Low, Hugh
110001-00001
Howel, Philip
20001-00001
Howel, Philip
01111001-00001001
Low, John
011001-020001
Howell, John
20001-01001
Howell, Andw.
21001-01001
Dobson, Silas
0111001-0111001
Bratton, Isaac C.
00101-11002

230

Woolsey, Israel
1221001-110001
Thompson, Solomon
10001-10111
Barum, Haibard
221001-002001
Doak, S. W.
11214010001-1010010001
Fortner, Moses
00001-00001
Martin, John
00010001-000100001
Holt, Baratt
1521001001-111001
Gains, John L.
220001-00101
Galbreath, Elanor
00012-000010101
Moore, David
00013001-00111001
Moore, John
100001-01001
Temple, Luke
1112001-0110101
Bayles, David
00001-30001
Marsh, Hannah
00001-0000100001
Milbern, John
100101-200010001
Davis, Thos.
0-0
Marsh, James
000001-00001
Robertson, Saml.
0001100001-00000111
Haworth, Nathl.
001001-1310001
Haworth, West
00001-01011
Crumer, John
10001-00001
Crumer, Danl.
0100000001-000001001
Stonecypher, Joseph
00001-00001
Ripley, William
11001-112001
Johnston, Francis
010110001-0011
Haworth, Mary
00011-001010001
Thomason, Thos.
00001-10001
Oliphant, John
10002-110001

231

Williams, William
221001-010001
Knight, Joseph
120001-00001
Collet, Jacob
1020001-0301001
Collet, John
10001-00001
Fortner, Sugar
000010001-000000001
Fortner, Willie
20001-10001
Fortner, Jonathan
200001-11001
Oliphant, Jas.
10111001-1112201
Oliphant, Thos.
01120001-1110001
Chitester, Susanna
0011-0010001
Nelson, William
021001-001001
Freeze, Jacob
1101001-011001
Daily, Hiram
110001-111001
Rankin, Lewis
10001-00001
Roberts, Jesse
021011-10001
Mills, Jacob
000100001-000000001
Delaney, Danl.
130001-000001
Moore, James
110001-10101
Frazier, Abner
00001-10001
Henderson, Joseph
0000120002-100010001
Russell, Caron
0-0
Loyd, Thos.
0120101-1100001
Hope, Saml.
00101-210001
Knight, John
00001-0
Stanfield, William
· 011101-1210001
Milbern, Jonathan
00001-00001
Dinwiddie, Allen
100101-21011
Daily, Nancy
001-00100201

232

Reece, William
10001-000010001
Jones, Wiley
00001011-00001001
Scott, John
20001-10001
Small, Daniel
100010001-000010001
Reece, Moses
001020001-01011
Thompson, Catherine
0111-00211001
White, Danl.
221001-00001
Reece, John
0110001-0112001
Hughs, Mary
0011-0010201
Wicker, John
21001-20001
Johnston, John
00110001-00011001
Dillon, Peter
002001-231001
Dillon, Jas.
10001-00001
Dillon, Betsy
00000111-0000001
Harold, Jonathan
00300001001-0000101
Henderson, George
120001-110001
Simpson, Elias
10001-00001
Simpson, John
00021002-00001001
Simpson, Robt.
010001-210001
Rogers, John
00001001-00010001
Harold, Alexr.
10001-00001
Grubbs, Saml.
020001-00001
Grubbs, John
20001-000101
Taylor, James
10001-00001
Thornbery, Morgan
0011001-1100001
Thornbery, Elisha
00001-00001
Stanford, Jonathan
00100001-0111002
Scott, Rebecca
0001-00002001

233

Sinton, Miller
1101001-011001
Bayles, Saml.
022001-210001
Sinton, Allen
010001-10101
Sinton, Absolam
121001-100001
Dinwiddie, John
212001-012001
Dinwiddie, W. R.
110001-01001
Justice, John
1101001-210101
Collins, Uriah
30110001-012101
Houston, John
21011-01001
Myers, John
02221001-1000101
Naff, Jonathan
0000001-000201
Good, Christian
000000001-001000001
Crumer, Thos.
00001-10001
Miller, John
0002001-0001001
Hunt, Thos.
2202001-0110001
Stanbery, Isaac
20001-10001
Henry, Robt.
110000001-0121001
Naff, Abm.
000011-10001
Hacker, Isaac
000011-10001
Walles, John
0000001-020010100l
Kennedy, Joseph
00111-3001001
Armstrong, Alexr.
00131-00002
Armstrong, John
01001-30001
Dinwiddie, Jas.
000100001-10013001
Dinwiddie, J. H.
10001-10001
Linton, Lynchfield
10001-10001
Ross, Edwd.
0100000001-0000100001
Allison, William
30001-00001

GREENE

234

Tadlock, Sevier
22001-100001
Tollock, David
10002-10001
Milbern, William
000000001-000010001
Hope, Miner
00001-10001
Bayles, Mary
0-0000101
Fraker, Frd.
10001-10001
Fraker, Adam
00100001-0101001
Bayles, Stephen
00001-20001
Collet, John
0021001-0210001
McDaniel, Allen
000000001-0000000001
French, W. L.
110001-1000101
Harrison, John
10002-00001
Shanks, Moses
010001-11101
Kennedy, George
10001-0000101
Bayles, Archd.
0001-00001
Roberts, John
00101-00001
Kennedy, William
00110001-10110001
Payne, John
00001-00001
Roberts, Thos.
00001-00001
Milbern, William
000001-21101
Shanks, Silas
010001-11001
Milbern, Nancy
0001-00000001
Milbern, Joseph
20001-11001
Allison, John
0010101-0100001
McMackin, Polly
0001-00000101
McMackin, John
110001-100001
Loyd, Abel
11001-20001
Shanks, David
110001-00001

235

McMackin, James
000001-320101
Loyd, Thos.
000001-0
Hays, Saml.
10001-10001
Carson, Thos.
121001-101001
Fraker, John
01111001-0011101
Loyd, John
200001-013001
Dickinson, John
0312001-201101
Loyd, Robertson
11220001-11101
Bayles, Jacob
0101101-011
Bayles, Solomon
0000000001-010010001
Loyd, Hannah
0-000100001
Crabbtree, Wm.
000001-01001
Fraker, John
100001-01001
McNees, Gravener
211001-100001
Frazier, Abner
00011001-00001001
Collins, Joseph
10001-0001
Dillon, Garrett
01000001-00210001
Crumly, Abn.
010001-01101
Dillon, Wm.
1110001-0112001
Peters, Saml.
010011-30011
Taylor, Allen
10002-00001
Ford, Wm.
20001-00001
Maltsbarger, Michael
310101-000001
Jones, John
1201001-002001
Gillespie, G. H.
0000001-0011001
Allen, Joseph
000000001-000210001
Bayles, Jacob
1232101-110001
Ellis, Jacob
121001-111001

236

McAmis, John
0022101-011301
Whitaker, William
00001-40001
Guantt, Samuel K.
0100001-112211001
Johnston, James
00001-00001
Pierce, Thos.
1020101-1202001
Ellis, Jesse
112001-111001
Yokely, John
10001-00001
Ellis, Thos.
100001-20001
Morrison, James
100101-010001
Guantt, Samuel
0000010001-000110001
Guantt, Malachai
00001-10001

73

Rawlings, Asahel
1032001-1101101
Thurman, Stephen
1101201-2111001
Bradfield, John
100001-00001
Sroget, George
1200001-003111
Parker, Elisha
3110001-00001
Davis, George R.
10001-00001
Hartman, Martin
00001-1001
Cunningham, Jonothan
000111-000001
Elledge, James
01120110001-211001
Davis, Mary
00113-00000001001
Mitchell, Solomon P.
1011001-10001
McGuier, George
00001001-10001001
Hughs, John
10001-20001
Pugh, Joseph
000001-20011
Pagle, James K.
00001-00001
Green, Talton
10000001-00001
Mullin, George W.
10001-00001
Freeman, Alexander
000001-10011
Asher, Amos
010001-01201
Brown, William
200001-300001
Agee, James
0120001-20001
Doughtrey, Henry
110001-000010001
Jackson, Tandy
01001-20001
Loftis, Joseph J.
100001-2001
Beasley, Mitchell
00001-0001
Smith, Layton
00001-1001

74

Hall, Joel
00101-000000001
Vandegriff, Gilbert
020001-101001
Price, Dosey
011201-111001
Gann, Uriah
10001-30001
Porter, William
00001-0
Kelly, John T.(B.?)
00001-0
Brown, Berry
200001-1001000001
Sherley, John C.
0001-0
Rogers, Elisha
1104001-2030001
Smith, James M.
00001-00001
Smith, Charles
10000001-000001
Bullard, Elijah
11001-00001
Rogers, John
02011001-0020001
Rogers, Henry
10001-0001
Hibbs, Jeremiah
11110001-1011001
Clark, Isaac
020001-112101
Boydston, Thomas
21001-11001
Hughs, James
101001-120001
Jones, Thomas W.
110001-101001
Weaver, John
100101-101111
Smith, William
011001-011101
Gann, Preston
00001-110001
Smith, George
021002-311101
Frazier, Henry
1001-0001
Vent(?), Josiah
00110001-0

75

Reynolds, Gideon
01110001-0110001
Roberson, Daniel
201001-00001
Gowin, Sandford
0-0
Merley(?), Daniel
211-111001
Merley(?), Sarah
0-0
Moore, James
2220001-100101
Hall, Benjamin
203001-0101001
Archer, William
100001-131001
Gann, George
10000001-23210001
Cozby, James
0100201001-1000001
Gann, Elizabeth
0001-00000101
Holeman, Sarah
0001-000100001
Sutton, Jesse
10001-20001
Sutton, Rebecah
012-010101
Reynolds, William
20001-0001
Kerr, James
110001-20101
Mullen, Swift
00110001-2000001
Lynch, Francis S.
2100001-01101
Gowan, Laban
0-11
Gowin, Dodson
0-010001
Gowin, Roland
0-11
Layman, John
0000000001-00000001
Layman, Isaac
10001-10001
Layman, John
130001-12001
Layman, Nathan
100001-210001

76

Parrott, John
100001-21001
Brimer, James
210001-211101
Corbett, Elisha
0220001-20001
Jackson, Major A.
200011-11001
Roberts, Jesse
10001-10001
Hall, John
01010001-0001101
Keeney, John
0120001-0122001
Hartman, Jacob
00010001-01020001
Cunningham, James
1130001-1100001
Hartman, Jesse
00001-0001
Scivily, Daniel
211001-021001
Brown, John
11001-10001
Cunningham, Hugh
124011-120011
Bevin, Edward H. D.
100001-100001
Murdock, Elliott H.
110001001-11000101
Scivily, Absalom
202001-111001
Burrows, Edward
000000001-000000001
Burrows, James E.
20001-10001
Qualls, William
10001-10001
William, George
0001101-01001
Holeman, William
1010001-21201
Moss, Arnold
210101-012001
Moss, James
20001-00001
Jones, William
01000001-00023001
Qualls, James
010000001-00000001

77

Moss, Thomas
10001-1001
Tindell, Samuel
00100001-0000001
Arnold, James
00001-20001
House, James P.
000001-00001
Saxon, Elija
100001-12001
Walker, David
100001-22001
Owens, Joram(?)
10001-1001
Hartman, John
10001-1001
Cummings, Thomas
11010001-0100001
Wallin, Elisha
10001-00001
Cherry, Benjamin
021101-1201101
Cummings, John
11002-10001
Williams, Mary
0-012001
Smith, Jesse
211101-010001
McClung, Robert
222001-100001
Cunningham, David
1212001-2110001
Birdwell, George
122001-100001
Cunningham, William
00001-1001
Wadkins, Jesse
1201001-11101
Lea, Zacheriah
10001-1001
Stringer, William H.
100001-11001
Moore, Thomas A.
00001-20001
Simmerman, Henry R.
000001-00002
Wayley(?), Edward
2111201-0202201
Terrell, William
20001-11001

78

Anderson, William P.
10001-10001
Hixon, Timothy
221101-201001
Fryer, Jeremiah
00001-10001
Taylor, Ichabod
211101-111001
Foster, Shepherd T.
1012001-11001
Moore, Samuel
000010001-000000001
Hays, Gilbert
0000001-0
Jennings, Dickson
221001-110001
Hixon, William
10001-10001
Lovelady, John
2120001-011001
Johnson, Archer
12133001-0100101
Fryer, John
10001-1001
Graham, James
2100001-111001
Fryer, William
10001-1001
Fryer, Jeremiah
10100001-1110001
Adams, Ellenor
22-110001
Sherill, William
00000001-0000001
George, George
000101-000001
Sherill, Lampkin
200011-00001
Smith, Henry
10001001-1111101
Milliken, Cornelous
110001-20201
Guinn, John
1221001-102001
Smith, Elizabeth
0011-00001001
Dalyrmple, James
0010001-200001
Milliken, James
100001-20001

79

Beck, David
020310001-0021201
Wallen, William
11211001-0001101
Watson, Jesse
012001-110201
James, Thomas
000200001-0000001
Hall, Seaborn
020001-31101
Beck, William
10002-10001
Aaron, Thomas
211001-02001
Howeth, Thomas
142001-030001
Aaron, William
111001-011011
Smith, James
00001-00001
Snider, John
0000100001-0
Goulson, Aquilla
10001-10001
Tyner, John
1410001-30011001
Snider, David
300001-120001
Loftis, Berry
20011-00001
Burgess, John
0021001-01210001
Hughs, William
00001-10001
Howeth, Mary
0101-00011001
Howeth, John
11001-10001
Keeney, James
200001-21001
Rowden, Blake
0200001-211001
Bush, Joshua
12001-20001
Ford, William
00001001-00100001
Montgomery, Lewis
100001-200010001
Layman, Thomas
001101-212001

80

Perrey(?), Thomas
200001-11001
Simmons, John
31101-00011
Ferrel, Sarah
001-111111
Johnson, Elliott
1200001-110001
Pendegrass, Nimrod
1210001-0011001
Pendegrass, Jesse
10001-10001
Pendegrass, Hiram
00001-10001
Pendegrass, John
10001-0001
Grisham, Richard
3100001-011001
Bettis, Thomas
100001-210001
Posey, Benjamin
0011001-2210201
Riddle, Terry
20001-02001
Riddle, James
00000001-01000101
Dearing, Anslem
111001-001001
Glass, Jonathan H.
01101001-000001
Jones, John
120001-100001
Ray, William
321001-210001
Seabolt, David
00001-20001
Putman, Simeon
00121001-0011101
Shipley, Nathan
00001-1001
McClennahen, Joseph
010001-01011
Clark, Thomas
00001-0001
Clark, Thomas
000000001-1010101
Barnes, Abraham
111001-010101
Patterson, Robert
000001001-00110001

81

Roseygrant, Delphi
0-0000101
Witt, Charles
12120001-0011001
Richmond, Jonathan
110001-10001
Witt, Jesse
00001-00001
Hodge, John
10001-00001
Coulter, Thomas
103001-120001
Gamble, Elisabeth
0211-0001001
Dame, David
01110001-231101
Shipley, Benjamin
10001-00111
Eddridge, Fletcher
00001-00001
Clingan, James
00001-2001
Fox, Lewis
221101-010001
Saxon, John
12000101-00011101
Hall, Joseph
10001-10001
Rowark, James
210001-11002
Carr, John
00001-20011
Clingan, George W.
021201-2010001
Carr, Samuel
10101001-100100001
Brock, William
212001-12011
Potter, Moses
010001-210011
Smith, Moses
000001-11001
Smith, Martha
00023-0001001
Franklin, Bird
22210001-01221
Hughs, Hardy
00110001-0011001
Hughs, George
30001-00001

82

McCormack, John S.
10001-121001
Mitchell, Abraham
130001-111002
Hodge, John
0002001-0011001
Nash, John
20001-00001
Cloud, Jacinth
11001-20001
Kelly, Lewis M.
230001-11001
Nash, John
02011001-20004001
Hodge, Jefferson
01001-01011
Posey, Hezekiah
111001-2100010001
Daughtry, Thomas
1021001-1210001001
Walters, George
101201-121001
Payne, John M.
00001-20001
Gerrin(?), John
0-1001
Eastridge, Sarah
0001-001001
Davis, James
000000001-1001
Masey, John
00001-00001
Heaton, Smith
00100001-1100001
Henry, James
220001-00101
Henry, Nancy
03-00101
Burkhart, Catherine
0102-0010101
Davis, Jacob
01000001-000001
McGhee, George
000011-01
Gann, Thomas
000100001-00100001
Gann, Sarah
00211-020011
Gann, John
322201-000001

HAMILTON

83

Gann, Thomas
211001-110001
Olinger, Jacob
00002-21001
Olinger, Daniel
02200001-1112001
Clift, William
100001-200001
McRee, Robert C.
000001001-22000101
Hall, Robert H.
30001-00001
Finley, James
1210011-111001
Brown, John
001001-010001
Singleton, Starling
00001-20001
Campbell, John
100001-121001
Campbell, James
010001-000001
Fine, Isaac
1000001-220001
Varner, Madison
10001-1001
Jones, Jeremiah
2100210001-010001
Boatman, Elizabeth
0-000000001
Lay, Thomas
210001-13001
Hannah, John
00010001-00010001
Varner, James
0021001-0211001
Gothard, Larking
00001-00001
Rogers, Benjamin
00101-22001
Rogers, William
0020001-230001
Russell, James B.
00002-10101
Hazlett, George W.
0100101-0112
Burkhart, William
00001-0001
James, William
020001-300010001

84

Hickman, William
11002-10002
Russell, Mathew
010001-210001
Brock, Thomas
1011001-10201
Poe, Hasting
0001101-0020001
Braden, Henry
00001-000000001
Frazier, Henry
12100001-00000001
Tyner, Lewis
211001-110001
Hannah, Woodford
00001-00001
Singleton, William
000100001-00100001
Mithcell, Andrew
102001-100001
Burkhart, Andrew
20001-00001
Butler, Mary
001-000001
Jordan, John
11100001-1100001
Witt, Gibson
20001-10001
Patterson, Lewis
000001-20001
Richmond, John
01100001-0110101
Richmond, John
20001-00001
Hughs, William
31001-00001
Clark, Alexander
0001-00001
Wells, William
100001-20001
Vandergriff, Garrett
00000001-000310001
Riddle, John
10001-11001
Simpson, Pascal
100001-10001
Smith, Bird
11001-10001
Hibbs, Leroy
20001-0001

85

Vandegriff, Gilbert
 000300001-0001
Russell, John
 00000001-000000001
Starling, Thomas
 00000001-001001
McGill, William
 01222001-2111001
Rogers, Henry
 200001-20001
Hopper, John
 1210001-001201
Carr, James
 10001-11001
Perrey, James
 4100001-200101
Smith, Henry L.
 10001-00001
Kerr, John
 120001-111001
Kerr, William
 10001-21001
Rogers, Paul
 0000001-0001001
Harrell, John
 02010001-211001
Reynolds, David
 01001-11001
Ramsey, Catherine
 0011-0020001
Layman, Jacob
 00001-10000001
Flipps, Solomon
 120001-20001
Johnson, George
 00001-0
Hixon, Houston
 110001-111001
Hixon, Ephraim
 202001-110001
Sterling, Levi
 10001-00001
Tyner, Damsey
 0000000001-0000000001
Acre, Lewis
 21001-10001
Vandegriff, Joseph
 100001-21001
Barnes, Josiah
 12000001-101101

86

Smith, James
 11001001-00020001
Lovelady, Claresy
 00012-000020001
Lovelady, Gideon
 10001-2001
Putman, Hiram
 0221101-1101001
Baker, Solomon O.
 0010001-22101
McGill, John
 110001-110001
Clifton, John
 00001-0001
Clifton, Harden
 00100001-00100001
Clingan, Jane
 0001-01000001
Sanders, Shaderick
 002000001-00112001
Bean, William
 10110001-13221
Bean, George
 11001-00101
Edwards, Fletcher
 00001-00001
Scott, Isaac
 01001-32001
Scott, Goodman
 101210001-0320101
Edwards, Thomas
 0000000001-000000001
Perrey, George W.
 10101-03101
Bean, William T.
 0001-0001
Carr, James
 11001-11021
Campbell, William
 212001-100001
Campbell, George W.
 1002001-0002001
Campbell, Joseph
 000000001-000000001
Bean, William
 0001-0001
Brock(?), James
 201001-211001
Levi, George
 0001-0001
Vandegriff, Leonard
 32100001-00001
Ford, Delilah
 0-00101
Starling, John
 210001-01101

7

Parsons, Peter
0300211-101001
Armstrong, Leah
01111-111001
Huntsman, Grief B.
100001-00001
Fariss, Martha
0011-00101001
Helton, Marvel
21111001-0212101
Crowder, Nathaniel
0001001-0221001
Burks, Nathaniel
10001-0001
Young, Robert D.
210011-10101
Davis, Hezekiah
11001-10001
Bishop, Samuel
2100001-00001
Newman, William
0121001-111001
Blevins, Preston
000001-000101
Blevins, Henry
0100000001-0000101
Huntsman, Elizabeth
00001-00100001
Russell, Benjamin A.
00011-0001
Goodman, Samuel
1000001-10001
Hamblen, Henry
10001-00001
Patterson, David
01001-100001
Wilson, James I.
00010001-00110001
Lipe, Daniel
001100001-0001001
Beeler, Jesse
10001-00001
Blevins, John
1101001-12011
Lipe, William
10001-11011
McCann, Mary
11121-0120001
Reese, John M.
2021101-121101
Ball, Bennett B.
00001-0

8

Long, James
10020001-01001
Wells, Caroline
0-10001
Long, William
00001-0001
Hamblen, Hezekiah
01100001-0122101
Nugent, James
000001-000020001
Rice, Orville
100142-00011000001
Gamble, Mary
0011-011001
• Gibson, Jemima
000001-00000001
Fisher, Hutson
10101-01011
Bowling, Mitchell
201201-020011
Hutson, Peyton
11211001-010101
Hamblen, Thomas
2111001-010201001
Swain, Charles
1100000001-000000100001
Leath, Coleman
0011001-0321001
Davis, William
020001-20001
Nugent, Edward
100001-10001
Davis, Amelia
00001-000000001
Pearson, James
121001-200001
Davis, Lewis
01120001-00111001
Price, Katherine
01001-01000001
Price, Isaac
00001-0001
Tucker, James
200001-00001
Davis, Hasten
21001-00011
Barker, Obadiah
10101-22001
Johnson, John
10001-0001
Rider, George
0000001-000000001

9

Elkins, George
1000101-2110001
Davis, James
1113001-0010001
Brooks, William
1300001-2110001
Brooks, Anthony
11001-00001
Mathis, Joel
000001-31001
Altum, William
011001-111001
Jenkins, William
21001-210001
Altum, Robert
200001-001001
Stipe, George
200001-100001
Gears, Mackness
0111001-111001
Kyle, Absalom
20210011-111001
Brooks, John
2020001-11001
Brooks, James
120001-01001
Davis, Susanna
0-0110001
Whiteass, Elizabeth P.
212-000101
Meritt, Joel
30000001-040001
Hackney, Jacob
1012001-1111001
Mason, Carter
2200001-1000001
Prodew, Mary
0001-021101
Galbraith, Andrew
02311001-2001001
Measles, Moses
111001-210001
Fariss, Polly
0-00002001
Tankersley, William
0200001-120001
Lewis, Charles
00001-0
Hill, John S.
001010001-0012101
Nall, Robert
02011001-00000101

10

Kyle, Gale H.
01002-0000000001
Drumwright, William
00001-00001
Williams, Silas
000001-0220001
Shanks, Elizabeth
012-2100100l
Stewart, David W.
00001-21001
Davis, William
10001-00001
Beets, George
00010001-0212001
Russell, Jeremiah
1101001-0111001
Jones, Jonathan
00001-20001
Brooks, Henry
00001-0001
Brooks, Thomas
0010100001-00001001
Davis, Bryant E.
140001-11001
Johnson, John
21001-10001001
Johnson, John
0001000001-000000001
Johnson, Betsy
0-00001
Johnson, Thomas
10001-30001
Davis, Nelson
10001-00001
Kenner, Susan
0011-0000001
Stipe, George
121000001-0002001
Davis, Asa
020001-21001
Shanks, Christian
212101-00020001
McCollough, Henry
001200001-00101
Everett, Signer
10001-0001
Morell, Susanna
131-001001
Parrot, John
00001-1001
Karnes, George
02020001-0112201

11

Hendricks, John M.
100001-201001
Kinser, Nicholas
000001-0
Beal, George
001001-0010001
Chestnut, Samuel
000001-22001
Mason, David
0000000001-0020001
Beal, John
00000001-0011101
Seabolt, John
1001-0011
Brown, John
1200001-000001
Beal, David
00001-00001
Johnston, Mary
0000101-000021001
White, George
000001-100001
Long, Nicholas
0230001-011001
Berry, David
21001-01101
Lawson, Lewis
211101-121001
Grigsby, Nathaniel
10001-10001
Owen, Robison
31001-10001
Woods, James
120001-110001
Rutledge, Henry
000201-20001
Cole, Richard
0011101-000100101
Mooney, Rebecca
00011-00010001
Mooney, James
10011-00001
Mooney, Elizabeth
00113001-0012101
Mooney, Jonathan
100001-10101
Chandler, Timothy
0200001-10001
Moore, Cleon
1101001-212001
Bond, Wright
0100101-1233

12

Boykin, Eley
00010001-0011001
Howry, Daniel
00101001-0010001
Roberson, John
10001-10001
Karnes, Andrew
202001-0100100001
Kenner, Winder
00012001-00112
Cobb, Pharoah
0000000001-0000000001
Cobb, Jessee
100011-02002
Wright, John
00000001-10000001
Wright, Daniel
00121001-0101001
Lee, Robert
0001000001-00000001
Boykin, John B.
00001-0001
McCrary, James
1001001-010101
Farris(Harris?), Jesse
1110001-111001
Beets, Joseph
2121011-0100010001
Stubblefield, William
11101-20101
Williams, David
00002001-00001001
Littleton, Charles
0110101-0022101
Long, John
22011-00001001
Hicks, James
101001-012001
Haywood, Henry
10101-10001
Cocke, Thomas
000001-0
Mays, Beverley
00000001-00010001
Haywood, William
000310001-00110101
Haywood, Samuel
00002-0001
Stubblefield, Thomas
11001001-1122001
Mays, Flemon
20001-10011

13

Hicks, William
2101001-0111101
Stubblefield, Richard
01001-100110001
Burnison, Thomas
120001-01001
Shorter, Sarah
0011-1000001
Moffet, Jemima
0001-00000001
Dodson, Elisha
12001-01001
Johnson, James
000010001-10020001
Dodson, Rawleigh
20001-02001
Cole, Daniel
10001-100101
Evans, James
0110001-22111
Hitson, Drucills
0021-001001
Bond, Wright
0010100001-00011
Mays, William
310101-013001
Hollin, Wright
0000001-0
Creed, Lucinda
01-10001
McAnally, John
00321001-00013001
Amis, Willis
2100001-0001101
Cleghorn, James
200001-10001
Jarril, Alexander
000000001-000001001
Stubblefield, Joseph
211001-01001
Biggs, Mark
01000001-2010001
Evans, William
00100000001-00010000001
Harris, William
00101-201001
Hill, Henry
10001-11001
Rush, Elizabeth
10111-0000001
Hill, John
010000001-10020001

14

Tucker, John
01210001-1001001
Moseley, Jacob
00000001-000001
Lebo, Isaac
00001-10001
Bates, William
10001-00001
Bryan, Joseph
10001-10001
Johnson, Sanford
200001-22001
Roberts, Henry
200001-110001
Bryan, Thomas
111001-111101
Wolf, Jacob
1310001-0100001
McCraw, Washington M.
2100001-001101
Owen, Elizabeth
01-201001001
Kyle, Wilie B.
110001-21001
Johnson, William
111001-111001
Bassett, Spencer
1210001-001001
Bassett, Nathaniel
0000000001-0
Poindexter, John
000001-10001
Cocke, Sterling
1020001-120001
Jones, Thomas
000010001-000000001
Whittow(Whitlow?), Pleasant
00001-00001
Moore, Hugh G.
11002001-311101
Greene, Daniel
000001-0
Etter, George
000210001-00000001
Jones, Thomas
00001-00001
Bragg, Richard
000001-231001
Blackburn, Burwell
020212-201001
Meritt, George
00000001-10221001

15

Bassett, Burwell
10001-111001
Smith, William
00001-0001
Bear, Jacob
00112-00220001
Cozart, Littleton
20001-00001
Patrick, Michael
11001-10011
Moore, Ewell
011011-301101
Cloud, William
1121001-101101
Patrick, Jesse
000100001-0000001
Fitzpatrick, Jacob
112001-120001
Williams, James
1020101-120001
Poindexter, Thomas
0122101-1100001
Mays, Christopher
00001-10001
Conner, Thomas
0011001-000201
Cozart, Wiatt
020001-212001
Etter, James L.
100001-11011
McCraw, Gabriel
00202001-0021001
McVay, Levi
000001-0
Williams, George
222101-001001
Poindexter, John
0000000001-0001001001
McVay, Eli
221001-001001
Wells, John S.
00101001-00110001
Hawks, Nancy
001-21101001
Bear, Peter
1210001-1101001
Owen, William
110001-11001
Grady, Douglas
00001-1001
Crawford, Sarah
01-010001

16

Davis, James
00111-10021
King, David
10001-11001
Felden, William
10000101-100001
Moore, Thomas
01001-100000001
Montgomery, John
011001-200001
Gray, William
1222001-110001
Barham, Ann
0-0011001
Smith, John
01000001-011001
Weaver, Lucretia
0-200010001
Carpenter, William
00101-220001
Bassett, Hugh A.
100001-10001
Williamson, Calvin
000001-0
Watts, Walker
00001-20001
White, George
021201-011001
Sheckles, Abram
100001-134201
Loven, Benjamin
101001-111201001
Green, Samuel
00001-2001
Lee, Green
0001-10001
Lee, Edward
1110001-012101
Williford, Meredith
0010001-000101
Morissett, Mary
10101-00001001
Williams, Edward
1100201-0010101
Ford, Wilie
10001-10001
Williams, John
102101-021101
McPherson, John
02010001-1020101
Charles, Hiram
0001111-21101

HAWKINS

17

Ford, Lydia
0-0000001
Shank, Adam
021001-111001
Measles, Jonas
001001001-100010001
Ford, Burton
10001-00001
Cockreham, John
00201001-1111001
Cobble, William
00001-00001
Kenner, Escridge
11000001-1112001
Shank, Jacob
121001-10001
Beal, Peter
00001-20001
Beal, Martin
100001-0001
Walker, James
00100001-00110001
Anderson, Charles
100001-01001
Helton, Tempe
101-1201001
Murphy, Martin
1010001-11001
Chapman, John
110001-100001
Tharp, Lewis
1200001-120001
Beal, Jacob
210001-201001
Flora, Daniel
1200101-0211001
Nall, Abner F.
00001-0001
Hord, John
000001-21001
Hale, Harvey
022001-0
Garner, William
300101-021001
Bean, Andrew
0-0
Spears, Jesse
000101-221001
Lauderback, Isaac
0000111-0021102001
Beal, Frederick
000001-1001

18

Spriggs, Mary
0-0001
Jones, George B.
1110001-010001
Winston, John G.
00030001-000000101
Everett, Eppy
01110001-00010001
Williford, William
11001-20001
Chambers, Daniel
100001-10001
Cockreham, Thomas
20001-02001
Armstrong, Alexander
010001-300001
Berry, Thomas
20001-20001
Berry, George
11001-11001
Horner, David
2010001-100001
Lovin, James
000000001-0
Lovin, Edmund
20001-10001
Cobb, William
0000001-1001001
Anderson, Sarah
0011-0112001
Laughlin, Wilie S.
00001-10001
Wright, James
1200001-100101
Wright, Thomas
01010001-10201001
Wright, Richard
10001-12001
Jenkins, Oliver
00010001-00002
Wright, Wilson
00001-0001
Wright, William
10001-0001
Ballard, John
11001-10001
Watts, John
00001-30001
Ramsay, Richard
001200001-00020001
Frizzle, Jacob
00000001-00000001

19

Frizzle, Alison
0000100001-010100001
Bewley, George
110001-10101
Horner, Pleasant
00001-10001
Ooten, Elisha
00001-0000100001
Robertson, John
012001-111001
Horner, Henderson
10001-20001
Robertson, John
0001-12011
Lay, Bartley
000000001-10001
Miller, James
011001-000001
Eaton, Pleasant
10001-10001
Jones, Joshua
1010001-0212101
Pratt, Isaac
21001-10001
McCarver, William
0001101-000001
Jones, Nancy
1-000001
Dodson, Rachel
211-011001
Majors, Thomas
0010001-0120001
Johnson, James
00001-01001
Cain, Hugh
10001-0001
Cain, Hugh
000001001-000000001
Hays, Ezekiel
22001-011001
Boykin, Gracy
011-000001
Norton, Lucretia
212-1100011
Skillen, Anna
1-100001
Burnett, Claibourne
01120001-1111001
Davis, Benjamin
1101001-1201010001
Bowman, William J.
00001-31001

20

Robertson, Richard
00100001-00110001
Robertson, William
10001-10001
Tally, Benony
00001-00001
Dyer, Ephraim
10001-02001
Macks(?), Sarah
001-02001
Austin, Clisbe
11001-12001
Potter, John
30001-02001
Tally, Charles
00001-1001
Robertson, Hezekiah
00001-0
Robertson, Jesse
00001-00001
Thompson, Jacob
110001-111001
Hamilton, Robert
000121-1001
Young, Nathaniel
10001-200001
Miller, Sanders
201001-110001
Gentle, George
00001-0001
Riggs, Samuel
0011010001-0
Oliver, John
00102001-0102001
Watts, Green Berry
1011001-0110001
Cox, William
00110001-00001001
Frizzle, David
10001-10001
Miller, Robert
1210001-1000001
Cox, John
00001-20001
Frizzle, John
21001-01001
Linch, John
00010000l-0201001
Robertson, James
200001-00001
Crosby, Thomas
10010001-021

21

Ballard, Alexander
110001-100001
White, Joseph
0010100001-00001
Inness, William
10100001-0104001
Wright, Thomas
10001-11001
Ballard, David
321001-01001
Fletcher, William
100011-100001
Adams, Joseph
2110001-121001
Timonds, Nancy
0212-1001001
Smith, Bryant
201100001-100010001
Drinnen, James
01001-00001
Hale, Thomas
210011-022001
Madcap, Nancy
0001-011001
Headrick, Mansfield
10001-00001
Cassin, William
210001-010001
Crosby, William
00001-20001
Ballard, Alexander
0002000001-000100001
Smith, Bryant
00001-000010000001
White, Nathan
21000001-0000001
Pervin, Ephraim
21101-10001
Draper, John
1200000001-100001
Mooney, Joseph
11001-10001
Draper, Polly
1-110010001
Lee, Micajah
001000001-0000001
Mefford, Jacob
122101-100001
Smith, Robert
0000110000l-000000001
Roberts, Theophilus
10001-00001

22

Roberts, Thomas
10111001-011001
Nutty, John
120001-01001
McCollough, George
100001-21001
Duncay, William
0110001-111001
Dyer, Robert
0001-001
Long, Jonathan
0000100001-000000001
Tharp, William
00001-0000001
Vernon, Nathan
000100001-001000001
Cox, Tabitha
01-000001001
King, John
1101001-113
Huffmaster, Jonathan
00001-20001
Bailey, Martha
1-00001
West, John
002110001-10010001
Vernon, Harlan
00010001-0
Parrot, Charles
1210001-200101
Reynolds, David
01002-000001101001
Brown, Michael
20001-01001
Arnett, Jacob
21001-00001
Potram, Henry
100001-101101
Wilson, John
010001-110010001
McDowell, William
00001-0
Smith, William
120001-31001
Lawson, Wilie
02001-21001
Rafter, James
000001-00001
Crowder, Richard
00001-00001
Carmichael, Daniel
0000001-000001

HAWKINS

23

Keel, Jesse
10001-00001
Smith, Joshua
12020001-0210001
Leonard, David
10001001-20011
Cline, John
1111001-1101001
Dobson, George B.
000001-0
Walker, Claibourne
00001-1001
Dodson, John
00001-10001
Mooney, Thomas
10001-01001
Beckner, Joseph D.
210001-101001
Moore, James
10001-00001
Moore, John
210001-11001
Cockreham, John H.
10001-10001
Moore, William
01021001-00102
Beckner, Jacob
1102101-0030101
Beckner, Abram
100001-10011
Creech, Moody
10001-20001
Smith, Jacob
000001-300111
Phillips, Martin
00001-100101
Dobson, David W.
00012-10101
Jenkins, Matthew
1121101-210101
Mooney, Josiah
10001-10001
Davis, Eli
100001-000001
Long, John
0132001-200001
McCollough, Joseph
001010001-000001
Moreland, Benony
12001-1000100001
Self, Elija
000001-0

24

Robinson, John
020001-111
McCollough, William
220001-010001
Moore, James
000001-100001
Sheppard, William
020001-2100001
Moore, Andrew
00001-20001
Price, Thomas
011000001-111001
Ward, Enoch
10001-10001
Creech, Ezekiel
00001-00001
Walker, James
00001-0001
McCollough, Joseph
00001-00001
Walker, Joshua
00220001-01010001
Hall, Elizabeth
111-112001
Huffmaster, Goodlof
0000000001-000000001
Huffmaster, John
2200001-000001
Leonard, John
0000100001-00011001
Jackson, Robert H.
21002-01002
Hord, William
001010001-00002
King, Andrew
000010001-000100001
Mooney, George
001020001-00[illegible]200001
Reynolds, William C.
100001-22001
Dobson, Robert
010001-20001
West, William
10001-110001
Gully, William
110001-11001
Walker, Eliz.
00001-0000001
Walker, James
00001-0001
Rush, Katherine
00011-00111001

25

Headrick, John
00120001-00001001
Gully, Lewis
0121001-0010001
Snider, Michael
1211001-001000101
Arnett, John
0022001-0201001
Moreland, Richard
200001-010001
Petty, John
0101000001-12201001
Lee, Mary
01101-1010001
Todd, Rachel
0012-0111101
Lee, James
101101-103101
Moreland, Elija
0002001-1010001
Moreland, Benjamin
1210001-00011010001
Harris, Rachel
00111-11120001
Harris, Evan
1111001-000101
Hale, John
00010001-00100001
Horner, William
00001-01001
White, Thomas
00211001-0100001
Walker, Francis H.
00001-210011001
Phillips, William
00001-0001
Phillips, Isaac
10001-10001
Halloway, Jesse
20001-00001
Moore, Zadock
00101001-00000001
Coffman, David
00001-10001
Ward, Nathan
0222001-0010010001
Phillips, Micajah
110001-011001
Smiley, Jacob
00001-10001
Coffman, Jacob
01000001-00222001

26

Phillips, Amelia
0001-000000001
Keel, William
001110001-00011101
Wilson, Amos
000001-0001001
Middlecoff, Joseph
110011-100001
Beckner, Joseph
000000001-000010001
McCollough, Samuel
0000001-0000002
Crozier, John
0000001-022001
Phillips, John
0221001-001101
Moore, James
00010001-00001001
Walker, John
00001-20001
Grigsby, William
00310001-0002001
Arnett, William
01012001-0012001
Berry, John
221001-00100001
Walker, John
021001-110001001
Grigsby, James D.
210001-10101
Long, James
1000100001-1000100001
West, James
01200001-1110001
Roark, Eleanor
0-000010001
Manas, George
10001-12111
Dodson, John
0000010001-0000010001
Seister, Katherine
00001-00010001
Dodson, John
000001-10001
Williams, Darling
00000001-00000001
Coward, Anna
0201-01003001
West, John
010101-00001
Potram, Samuel
21001-10101

27

Roark, John
2100201-01201
Roark, Michael
01000000001-20001001
Hord, Thomas
10001-10001
Short, John
0001-0001
Brotherton, Betsey
01-120001
Everhart, Jacob
10212001-0010001
Louderback, Henry
00001001-0000101
Kite, Martin
10001-00001
Louderback, John
00001-00001
Smith, Barbara
12003-00021001
Kite, George
30101-00001
Kite, George
010100001-0002001
Turner, William
0100001-31001
Smith, Peter
00001-1001
Ware, Stephen
011001-100001
Reynolds, John
000101-1100001
Saunders, James
0020011-330001
Smith, Bowling
010001-210001
Samples, John
00001-21001
Smith, Judith
01111-0012001
Grigsby, Ashby
100001-01001
Lawson, Preston
10101-13001
Smith, Alexander
120001-011001
Webster, Horatio
200001-00001
Webster, John
0010000001-000000001

28

Webster, John
00001-10001
Leonard, William
00101-20001
Spears, Samuel
101000001-132000001
Willis, John
0011000001-00010001
Manas, Nancy
0001-0011001
Lawson, Jacob
000000001-000000001
Lawson, Lazarus
000001-00001
Barrett, Thomas
31001-00001
King, William
303001-022101
Lawson, Lewis
112101-112001
Smith, Susan
1-0021001
Harmon, David
200101-012001
Bailey, Alfred
00001-0001
Manas, Ephraim
1122001-101001
Johnson, William
010001-201001
Manas, Bartley
10020001-01101001
Farmer, Mullen
00211-10111001
Wright, Hans
00102001-00001
Lee, Samuel
1021001-0110001
Fain, Nancy
0-00000000001
Lee, Robert G.
00001-000001
Smith, John B.
120001-10201
Smith, Booker
.20001-11001
Manas, Daniel
2010001-0100001
Coldwell, Thomas K.
30001-00001
Fields, Martin
121001-01001

29

Fields, Obadiah
01020001-0011101
Fields, Perry
10001-10001
Fields, William
00001-20001
Smith, Caleb
00110000001-11001
Lunsford, Abram
0000001-0000001
Peterson, John
000001-0001001
Pack, John
1110201-0100001
Jones, Daniel
00001-0001
Jones, James
1120101-0112101
Stacey, Miller
00001-0000100001
Bailey, Stephen
00001-10001
Bailey, Mashac
00001-00001
Bailey, Henry
10001-1001
Vernon, William
0002111-010011
Jones, Elija
111001-112102
Jones, Daniel
0001000001-0001
Fields, Agness
0-0000001
Miller, William
20002-10011
Bough, John
20001-12001
Graham, Andrew
100001-10001
Hale, Arthur
010001-200001
Kelly, Elizabeth
00000001-00000000001
Manas, Elisha
210101-1201010001
Ball, Thomas
120001-10001
Dalton, David
100001-120001
Gray, Robert
310011-01001

30

Tate, David
100001-100001
Fields, Dida
00211-00000001
Hale, Jesse
00001-0001
Haynes, Drury
010001-012001
George, Harvard
000001001-001011001
Jones, John
1210001-102201
Bussell, William
1110000001-001020001
Roach, Wilson
01200001-01013011
Tucker, Williamson
01012-22001
Hale, Ozburn
000110001-000020001
Buram, Paschal
10011-21001
Stakeley, William M.
00001-1001
Day, William
00001001-1000101
Knox, Joseph
10001001-0002101
Bussell, Benjamin L.
130111-001001
Bough, Reuben
21001-1010101
Miller, Francis J.
00001-110001
Bough, Peter
00001-0
Yeagle, Abram
00000001-0
Hamblin, Edwin
100001-100100001
Herald, Wilie B.
111001-011001
Coward, John
00001-0
Sizemore, William
0100001-0002001
Kinyon, Joseph
0020001-0111001
Haynes, Christopher
00011000001-00010001
Kelly, Joseph
0021001-001101

31

Bental, Betsy
0-0000001
Payne, Riley
10001-01001
Luster, Stokeley D.
121201-101101
Manas, Peter
11020001-1010101
Murphy, Edward
21001-00001
Talent, William
0020001-230001
McClane, John
20001-10001
Bailey, Daniel
00000001-00010001
Bailey, Thomas
120001-10001
Dalton, Timothy
10001-10001
Gardner, Nancy
10001-00001
Shoemaker, Charles
011001-0000001
Ball, John
1110001-221101
Bailey, William
210001-20001
Lawson, Jonas
20001-10001
Patterson, Robert
0000001-020001
Linebough, John
30001-00001
Tunnell, John
220001-10001
Tunnell, James
00100001-001
Tunnell, Wesley
00001-10001
Tunnell, Jesse
0001-00001
Ball, Moses
01000000001-0000000001
Tunnell, James
10001-00001
Dalton, Timothy
000010001-0000001
Ball, William
31130001-002001
Bailey, William
000000001-100000001

32

Ball, Wesley
010201-0031001
Light, John
00110001-00001001
Light, Vachel
12101-21101
Jewell, William
00000000001-0000001
Wetherford, Daniel
010001-102101
Dalton, James
00110001-00111001
Morelock, David
112001-210001
Morelock, Samuel
1111101-0120001
Bernard, Lewis
00001-31001
Bernard, Taddock
00001-10001
Arms, Joseph
00001-0
Lane, Sarah
00001-000000001
Bernard, John
00001-1001
Bernard, Reuben
00101001-1001201
Cooper, Rachel
0-10001
Payne, Daniel L.
0001-0
Arms, Tabitha
0-0001
Ball, William
00001-0
Light, John
00001-10001
Parker, Thomas
22001-10001
Dalton, Lewis
0000001-0211001
Dalton, John
00001-00001
Morrison, William
000011-210001
Morrison, James
0000001001-0010101
Dalton, Dolly
10101-111001
Light, Jacob
1110001-0002

33

Light, William
010001-10001
Dalton, John
01001-10002
Mullens, Thomas
011001-00011
Mullens, Flower
0001000001-000000010001
Light, Rachel
11-100011
Arnold, Doctor
210001-10101
Dykes, William
0110001-13211
Dykes, William
00000000001-00000000001
Ward, Thomas
210001-01001
Barrett, Maria
0-0001
Dykes, William
20001-10002
Crawford, William
211101-101101
Ward, John
110001-11001
Ward, Elizabeth
0-00010001
Barrett, Mashac
00110001-02111001
Lame, John
000010001-1000101
Hamilton, Thomas
31002-01001
Hamilton, Robert
100010001-00022
Currey, Samuel
221002-200002101
Currey, Elizabeth
0200100001-0021101
McPheters, Lucretia
11110000001-1112001
McPheters, John
000210001-000021
Patterson, John
010021001-00021201
St. John, Thomas
110001-011001
McDowell, Nancy
0-0011001
Arnold, George
20001-01001

34

Dykes, John
01022001-0110001
Armstrong, Thomas
0000201-00012
Smith, George
212101-010001001
Smith, Joseph
00002-20001
Smith, Alexander
000000001-0
Smith, John
1101001-203001
Skelton, Reuben
00110001-0012101
Messer, Michael
001001-110001
Hicks, Riley
00001-000001
Marshall, Joseph
2310001-100001
Smith, Alexander
112001-111001
Barrett, Samuel
0001-0001
Patterson, George
20011-100001
Smith, William
002001-1211001
Skelton, James
01101001-2111001
Bozzle, Eleanor
21-002001
Lee, Robert
00000001-00000001
Reynolds, Eli
10001-0001
Patterson, Lewis C.
10001-20001
Patterson, Alexander
01110001-01000001
Patterson, Archibald
10001-20001
Dowell, Lewis
20001-10001
Lawson, Martin
000001-212001
Hicks, Stephen
10001-00001
Armstrong, John
100001-10001
Messer, Isaac
100001-11011

35

Lyons, James
01200001-1102
Skelton, James
10002-1
Christian, James
110201-122001
Christian, John
2211001-0101101
Housewright, John
0002100001-01001001
Felkner, George
10310001-020101
Felkner, Phillip
001000001-0010001
Wines, Henry
0000001-1000001
Woods, Samuel
10001-0001
Christian, William
10002-12001
Christian, Lewis
0001000001-0000000001
Bailey, Samuel
1121001-0100101
Christian, Lewis
1001-10001
McAanally, William
211001-101001
Housewright, James
130001-101001
Bramhall, Judith
001-000000001
Skelton, John
000100001-00100001
Skelton, William
000000001-000010001
Cavin, Margaret
0021-0000001001
Eaton, Joseph
200001-10001
Christian, William
21001-10001
Housewright, Benjamin
00001-20001
Figgins, William
00020001-00001001
Hundley, Jorian
10020001-0120101
Stacey, William
0000100001-000000001
Mullens, Wright
000101-001001

36

Britton, Abram
000001-0000001
Light, James
10001-200001
Morrison, James
110011-11001
Bailey, John
11001-00001
Britton, Joseph
0100001-211001
Bailey, Carr
-00000001-00001001
Bailey, William
211001-112001
White, Drury A.
00101-10001
Bailey, Carr
111001-110001
White, Charles
221001-001001
Britton, Abram
010101-0320001
Charles, Jacob
200001-00001
Lame, Matilda
0-00001
Tucker, Aulden
21011001-10001
Williams, James
1130101-1111001
North, William
1220001-0002001
North, Edward
00001-00001
Wilson, Clorcky
00231-0000001
Manas, John
00001-10001
Long, John
02201001-0001101
Long, William
20001-01001
Bailey, Thomas
0001-0000101
Bailey, James
1122001-110001
Wines, Polly
000001-100001
Armstrong, Rachel
011-012001
Hennard, James
102001-020001

37

Chambers, Betsey Ann
001-0011001
Richards, Joshua
1003101-1120001
Williams, Alexander
000000000001-00000000001
Pilant, John
0001-00001
Miller, John
00110001-001101
Charles, James
00120001-0001001
Bussell, Harrison M.
100001-10001
Shorb, John
10001-000001
Manas, William
0001001-0000001
Todd, Josiah
10001-0001
Sizemore, Anderson
00001-10001
Manas, Christopher
10001-20001
Tharp, Robert
11000001-00011001
King, Jacob
10001-31001
Flora, Joseph
230001-000001
Ward, Bartley
010001-110001
Johnston, Joseph
00001-0001
King, Charles
010001-010001001
Rowan, David
00001-0
Bradbury, Nathaniel
2020001-020001
Beal, John
011101-002001
Headrick, William
000200001-00001
Chestnut, Hugh
00112001-00100001
Boyd, William
1120001-001001001
Winterbowers, George
00110001-221001
Beare(Beard?), Charles
0-0

38

Wax, Jacob
0120001-210001
Mitchell, Stokeley D.
210001-10001
Simpson, Wm.
1210001-101101
Dalzell, Nancy
0-000001
Neill, Samuel
00100001-0000001
McCarty, James P.
002011-20011
Rogers, Joseph
000010001-00200101
Aston, John
1021101-010001
Burns, John
00002-0001001
Rice, Moses
00200001-111101
Walker, Wm. A.
000011-00001
Neill, James K.
10001-0001
Scruggs, John
000001-30001
Mitchell, Willie B.
000001-20001
Hicks, Joseph T.
00001-00001
Lackey, Joseph
111021-010001
Alexander, Dicks
100001-00001001
Mitchell, Richard H.
10001-10001
Fain, Nicholas
0012101-0001001
Winston, Wm. O.
00001-0001
Findley, John B.
10001-0001
Smith, Richard
0110201-010002
Mountcastle, Wm.
20111001-1021001
Boyd, James
00301-0001
Stewart, William
231001-001001
Armstrong, Clinton
211301-001001

39

Day, Joseph
20001-00001
Merrymon, Jesse
000010001-00011000l
Merrymon, Branch H.
00001-0001
Kershner, David
001000001-00100001
Richards, John M.
00001-1001
Kershner, John
00001-1001
Amis, Haynes
0010201-000210001
Spears, Lazarus
212001-0
Owen, Daniel
021001-201002
McKinney, Archibald
00000001-2000001
Woods, John
10001-10001
Biggs, Mary
011-00120001
Pratt, Oliver
0000001-000001
Murphy, Patrick
110001-000001
McCoy, Sarah
00001-00000001
Gross, William
011101-1001001
Finnell, William
11002001-0012001
Jackson, Polly
0-0010001
Bridwell, Telea
00001001-1001001
Haynes, Anna
00111-000101
Tyson, Thomas
10001-00001
Sturgeon, Lewis
001010001-110001001
Mee, Rachel
0-0000001
Kelly, William
011001-111001
Howell, Polly
00111-00010001
Francisco, John
010010001-01020001

40

Francisco, John
20001-1001
Woods, William
22001-00001
Francisco, George
110001-1201
Ingram, Miller
10011-1201
Francisco, Benjamin
0001-2001
Hagood, James
010200001-000001
Chambers, Daniel
00100001-01020020001
Gray, Robert
000010001-000100001
Coldwell, Thomas
00212001-00020001
Clark, Thomas
000000001-0
Young, Lucinda
0-0100001
Buckholder, Sarah
21-000001
Kincheloe, Elija
11000001-011101
Lacey, Johnson
100001-100001
Lemon, Garnett
01100001-13001
King, Barney B.
00001-0
Hicks, Joseph D.
2110001-10101
Counts, John
011001-10001
Carter, Sarah
00011-0110001
Green, Archibald
10101-00001
Grant, George
000001-0001
Harris, Thomas
10110001-0301001
Hicks, David
01002101-10121001
Woodliff, Riley
00003-00002
Rogers, John A.
122101-001111
Gray, Robert
00001-1001

41

Hicks, Sarah
01-0000100l
Beckham, Jesse L.
00001-00001
Ford, William C.
00001-00001
Mee, Joseph
000001-0
Gallaher, Allen G.
000001-110001
Ford, Isaac B.
000101-100001
Grantham, John
000001-21001
Shoults, Christopher
0000200001-10101
Lyons, William
21203001-0101002
Jones, Moses
0121001-2100001
Herald, Enoch
0100100001-000000001
Phipps, Edward E.
301001-0210001
Sanders, Merryarter
101001-1211201
Steel, Samuel
200101-012001
Phipps, William
112200001-1000101
Surguine(Surguaine?),Margaret
0011-00103001
Kistner, Phillip A.
1001-10001
Smith, George W.
11001-10001
Armstrong, William
01101-202001
Klepper, Frederick
1101001-1110001
Cook, John H.
00001-20001
Armstrong, William
0000010001-00010001
Tucker, Argelaus
00001-0
Brown, Seton
200001-100001
Staples, John Y.
120001-000001
Johnson, Nathaniel
0011101-0121101

42

Hagan, Rachel
00001-00110101
Russell, Joseph
0000102-20002
Loughmiller, Jacob
00000001-000100001
Miller, Jacob
00101001-03011301
Forgey, James
000010001-00011001
Ball, Ira
00000000001-000000001
Winegar, Alexander
120001-10001
Leeper, Gawen
00001-0001
Leeper, Francis
00000001-0000101
Brandon, John
211001-11101
Leeper, Ruth
000111-01111001
Henderson, Nathaniel
000011301-0
Henderson, Samuel
0001101-0021001
Wright, William
100001-001001
McCollough, Joseph
01000001-0102101
Eaton, Alexander
00200001-00120001
Skelton, Alexander
212001-120301
Surgener, Patience
00001-20001
Housewright, John
110001-200001
Johnson, James
31002-11011
Johnson, Reuben
00001-00001
Johnson, Jacob
010001-21001
Martin, Hugh P.
00100001-0111001
Henderson, Isaac
400001-010001
Erwin, Francis
200001-01011001
Hord, Nancy
00001-00010001

43

Felkner, Jacob
12310101-100021
Bradley, William
001001001-001001
Chester, John
00100002-000100001
Myers, John
00001-0
Boger, Joseph
2100001-010001
Hodgson, William
1200101-011101
Findley, Prudence
1-000100001
Argenbright, George
00010001-011101
Morton, Winship
0100001-112001
Cotton, William A.
320001-010001
Young, James
210011-200001
Tate, John
0121001-220001
Curtis, Elisha B.
210011-11001
Bench, Christopher
0100001-312101
Thompson, George W.
210001-1100001
Carden, James
11122-2011
Russell, Thomas
11011-1001001
Bradley, Ruth
0-000001001
Fitzpatrick, Edmond
000021-0
Mash, Wilson
000000001-000000001
Hale, Thomas
000001-300001
Goen, Betsy
0-0
Howell, Jesse
013101-020001
Everhart, John
20001-10201
Brown, George
000100001-00022001
Hagan, Thomas A.
00003-00001

44

Everhart, Christian
0011011-0102211
Pratt, Stephen
00011-11001
Nelson, Andrew
10002-10001001
Spriggs, Jordan
01101001-0210001
McWilliams, John
00003001-0010001001
Alexander, William
01110001-00212001
Gill, Joseph
100001-30101
McJohns, Walter
000020001-0000001
Scism, William
10111002-0110201
Kincaid, Margaret
11-1210301
Albert, Henry
00101001-00000001
Morrison, Thomas
0000001-00021
Morrison, Jane
010111-000000201
Morrison, George
100001-00001
King, Edmund
00001-00010001
Pryor, James
2112001-1120001
McCollough, Clement
10001-00001
Marsh, James
233001-01001
Ellis, John
00110001-0120101
Mann, Robert
1100001-1310101
Smith, Margaret
00011-00000001
Smith, Samuel
0001-0001
Lucas, Garland G.
000001-0000001
Kennedy, William
01010001-0000201
Snow, Haland
1010001-1110001
Alexander, Elizabeth
00001-0001101

45

Goddard, Sarah
0-010010001
McCollough, Clinton
00001-00001
McCarroll, James
20001-10001
Wheat, Dory
0101001-112101
Burris, John
100022001-00000101
Barney, John
00001-10001
Wadlow, Charles
10001-00001
McJohns, Austin
000011-00001
Murray, William
21001-00001
Catharwood, John H.
00001-0001
Fuller, Hosey
1100001-111201
Harris, Richard
011001-020001
Murray, Joseph
1112001-0110001
Griffin, Sylvanus
00001-00001
Heath, James
00001-10001
Harris, John
10000001-121001
Pell, Jonathan
000000001-0
Bryant, Elizabeth
01-000101
Lawson, Alexander
01001-210001
Hall, John
0200001-0021001
Morrison, Robert
210001-10001
Hicks, Joel
112100001-0202101
Henry, John
000020001-00002001
Henry, Isaac
103001-002001
Hicks, David
11001-10001
Hendow, James
000200001-00010001

46

Steven, Jefferson
00001-0
Moore, John
210001001-01001001
Francisco, James
000001-0
Combs, Thomas
100011-00001
Vaughn, John
0110101-0101101
Gardner, Sophia
00102-00010001
Ripley, James H.
1110001-112001
Lovin, Meredith
000001-10001
Forkner, Isaac
011001-130101
Worthington, George
00001-0
Smallwood, William
00102001-00200001
Pryor, John
100011-11001
Daubin, John
00000001-0
Shaw, William
130001-10001
Ross, Frederick A.
300101-11001
Clark, Lewis P.
1201001-2111001
Givens, Charles
11020001-111001
Cloud, Joseph
20003-00011
Doherty, Mary
0001-001101
Gates, Hubbard
200001-130001
Boyd, William
1130001-1022001
Norton, Margaret
0-000000001
Sensabough, David
00001-00001
Hensley, Betsy
01-000010100001
Emerson, Hezekiah
000000001-1201101
Hamilton, William
131001-200101

47

Cold, Burton
0-0
Holmes, John
100101-00001
Catron, Daniel
00010001-0002001
Mann, William
110001-300001
Hale, Thomas
0-0
Holmes, Sarah
01011-00100001
Richardson, John
1220001-110201
Crews, Jacob
00100001-001100001
Jones, Austin
00002-00001
Crews, William
000001-000001
Hale, Solomon
0-0
Ragle, George
212001-011001
Cavin, John
1100001-2120001
Hensley, Robert
000000001-000000001
Hicks, John
11001-00001
Breedlove, Edward
20010001-101001
Shifflett, Stephen
00001001-000010001
Pratt, John
000001-2200001
Critz, Phillip
000001-0
Ellis, William
00001-0
Kincaid, John
000002-000101
Lynn, James A.
1000001-12001
Hicks, Stephen
31100001-10021
Sanders, Jesse
1010301-1110001
Smith, David H.
21001-20001
Kirkland, Thomas
0001001-0021001

48

Bean, Mordica
10101001-000021
Trusler, William
10000001-022001
Surginer, Jacob
000100001-010000001
Wright, George
000100001-00101001
Guthrie, Nancy
002-001001
Harlass, Jacob
01001-20001
McMinn, Joseph
200001-030002
Harlass, Phillip
00001001-00000001
Keys, John
3211101-0001001
Hensley, William
100001-120001
Winton, James
2200001-010001
Jones, Delila
0-0110001
Winn, John
100001-122001
Cocoran, Kezia
011-110001
Sensabough, Henry
000000001-00022001
Cornell, Benjamin
3000001-000001
Warren, James
01100001-1111001
Sensabough, Jacob
111310001-1011301
Sprowl, Thomas
110001-120001
Sprowl, Thomas
000000001-00010001
Sprowl, John
000001-00001
Cacy, Theodocia
0102-0012001
Winegar, Andrew
10001-00001
Hutchisson, John
00001-10001
Armstrong, Baker
00123001-002010010000l
Larkin, Henry
10001101-00001001

49

Young, John
000031001-00021001
McKirgin, Thomas
00200001-01011001
Myers, John
1110001-032011
Loughmiller, Philip
020001-000000001
Thurman, Benjamin
200001-12001
Shoults, Sarah
0-0000001
Thurman, Elisha
100001-01001
Thurman, William
000000001-001000001
Tyre, John
11001-10001
Henry, John
000001-0000001
Loughmiller, David
010001-22001
Barner, Lewis
100001-100001
Richards, Joshua
10001-00001
Hollin, Mary
000000001-000010001
Kelly, Daniel
10001-11001
McCoy, William
100001-11001
Mee, Thomas
00000001-00010001
Gray, William
000001-110011
Severs, Jeremiah
100011-0001
Thurman, Dickinson
111001-110101
Chambers, Kennedy
00001-0001
Reynolds, Betsy
0-11011
Carroll, Samuel
0201001-1000001
Guerin, George G.
0100001-0020001
Dunavant, John
00001-0001
Ragan, Ann,
0-100010001

50

Jones, Willie
12000001-0111001
Bishop, Augustin
220100001-1121001
Britton, John
0000101-00000001
Finnell, James
00001-0001
Biggs, David
011001-210001
Pearson, Betsy
00001-00000001
Beard, Dorothy
0-00211001
Williams, John
000001-022
Grove, Jacob
031001-101101
Grove, John
001001001-010010001
Karnes, William K.
10001-10001
Hale, George
2112001-101001
Huffmaster, Joseph
0113101-2112002
Shelly, William P.
01002-10001
Bradley, George C.
01001-20001
Bradley, James
11001-11011
Mitchell, Richard
000000001-00000001
Reed, John S.
10022-10001
Bryant, Morgan
10001-0001
Bell, Thomas W.
10011-10001
McKinney, John A.
01C2101-0130001
Nugent, Nancy C.
0-000001
Crawford, R(obt.) C.
2000001-00101
Gully, Lazarus
1210001-000101
Brooks, James
10001-00001
Pleasants, William D.
22101-010001

51

Murrell, William
20001-11001
Hughes, Rebecca
0001-02201001
Williams, Aaron
0021001-3210001
Sensabough, David
12220001-01001
Groves, Jacob B.
000011-000000001
Carmack, John
0210001-0000001
Carmack, Isaac
1121001-211001
Charles, John
0001001-211101
Tucker, Thomas
320001-002101
Gautt(Gault?), Joseph
020001-210001
Kinkead, Williams
110021-211011
Kinkead, Robert W.
20001-00001
Currey, Alexander
01100001-0011001
Kelly, Daniel
000110001-00011
McBroom, Alexander
1011101-0100101
Land, James
00100011-0201001
Cox, George
0111001-000100101
Campbell, Andrew
0000001-000001
Campbell, Robert
000010001-00011000011
Campbell, Anderson
10001-0001
Rutledge, Thomas
10001-00001
Rutledge, Sarah
0001-00010001
Grantham, Sally
001-01111
Barker, William A.
00001-00001001
Wilson, Stephen
01C1101-0020001
Campbell, James Y.
1002001-111

52

Sanders, Arden
01121001-00001001
Bowdry, John
00000001-100001001
Ingram, Thomas
00010001-00010001
Owen, George W.
- 101001-11101
Robinson, Enoch
210001-110011
Mayo, Reuben
100100001-00231001
Conner, Fanny
00111-0020001
Reynolds, Iley
1300001-101C001
Amis, James
121001-112001
Armstrong, William
0021001-122001
Galbraith, Aeneas
2010101-012001
Sharp, Jacob
10001-11001
Leeper, Hugh
0131001-2001
Hord, Eldridge
00011-00001
Winegar, John
120001-111001
Winegar, William
100001-120001
Collins, James
00010001-000000001
Collins, James
10001-10001
Fish, John
0010001-2000001
Collins, William
000011-20002
Winegar, William
001100001-00101001
Taylor, Thomas
0121001-1101001
Warren, Joel
.10001-0001
Mowdy, John
000001-00000001
Davis, William
010001-22001
Trussler, John
000000001-000C1001

53

Kirkland, William D.
10001-0001
Clipper, Jacob
00001-0
Mallory, Robert
01121C001-1111001
Lerkin, Henry S.
101C001-3310001
Young, Arthur G.
300001-10001
Winegar, Isaac
10001-1001
Perrin, Nathaniel
000000001-000000001
Wills, Jacob
000001C01-0110001
Roach, John
00001-00001
Hill, Moses
0001001-000001
King, Robert
000001-00001
Long, David W.
0111001-210201
Tucker, George
211002-00002
Kelly, Thomas
10001-0001
Russell, Joshua
0001101-0001
Panter, Levi
01121001-1102001
Really, Phillip
10002-21001
Britton, Joseph
0001100001-000010001
Messer, John
01C00101-1000011
Harlass, William
10001-20001
Mayo, Richard
10001-0001
Robinson, Polly L.
1-1100101
Mayo, John
00001-001
Goddin, John
2100001-01001
Coldwell, Benjamin(Benoni?)
10131001-0121C01
Williams, Robert
000001-0

54

Day, William
1001-1001
Buram, Henry
20002-00001
Wilson, Richard
00001-00001
Luker, Jacob
201000001-110001
Stakeley, John
1121C01-0010001
Kenner, Wilie
000001-1001
Armstrong, John
01000001-C1211
Manas, Bartley
01C01-20001
Mocre, Peter
00001-1001
Leonard, John
10001-1C01C1
Hooney, Edmund
11011001-0121101
White, William
210001-011C01
McMinn, Elizabeth
00011-000000001
Stewart, Mary
0202-002101
Gray, Edward
32001-010001
White, George
2212001-011001C01
Rhodes, Barnebas
0001-0
Blevins, Abraham
00001-1100001
Forkner, Elija
100001-10001
Armstrong, Samuel
1000C1-1C00101C01
Gouldy, Andrew
23000001-111C01
Johnson, George
0021101-0111C01
Thorp, William
1C001-0001
Thorp, Wilson
00001-0
Kensinger, John
1121101-100101
Klipper, Peter
C01111-221C01

55

Klipper, Jacob
00001-00001
Long, Alexander
21120001-1100101
Wilson, Samuel
11001-12001
Shank, Michael
10001-10001
Murdock, Matthew
200002-1200010001
Yonas, Stuffle
00101-0001000001
Davis, Lilbern
0210001-00020001
Gilliam, John
22001-001001
Gilliam, Hinchea
01210001-0211001
Charlton, Jacob
00010000001-0
Johnson, Stephen
11000001-00211001
Gilliam, Joseph
00001-10001
Johnson, William
00001-00001
Hickman, Joseph
0122001-211101
Barrett, Thomas
02012001-00211001
Surginer, Charity
1-01001
Donaldson, Samuel
000000001-00000001
Donaldson, James
222011-000001
Allen, Susan
021-200001
Vaughan, William
101001-130001
Vaughan, Benjamin
00101-10001
Williams, Jane
012-001101
Cole, Stephen
20001-01001
Elkins, Winston
110001-11001
Oneel, John
01110001-00020001
Beeler, Joseph
110001-22002

56

Patterson, William
110001-110001
Collins, John
0-0
Lewis, Hays
11001-200001
Acuff, Spencer
01000001-0010101
Spires, Andrew
10001-00001
Starnes, John
01012001-01010001001
Henry, Daniel
10010001-11012
Hart, William
03011001-02012
Hart, Peter
110001-10001
Alvis, Charles D.
13023001-0020001
Webb, Theodorick
13110001-002001
Maddox, Thomas
100001-12001
Miller, Charles P.
200001-01101
Gillenwaters, David
1211001-310001
Itson, Edward
0000100001-200001
Manas, Jacob
1032101-1210101
Banks, David
0110001-1103001
Grantham, Amos
100001-131001
Amis, Lincoln
00000001-0
Begley, Henry
0101101-0110001
Willis, Larkin
00010001-1001001
Fry, Jacob
010001-22101
Been, Aaron
0-0
Rhodes, Levi
210001-11001
Wells, Sarah
00102-00220001
Hicks, John
1000001-10001

57

Kirkland, George
00000001-000001
Mance, Anna
000002-000110001
Click, Matthias
100001-120001
Staly, Betsy
21-010001
Winsted, Ezekiel
02310001-0100001
Owen, Daniel
020000001-000000001
Itson, Thomas
20001-10001
Wilson, Samuel
10111001-01101001001
Howe, John
221001-000001
Winsted, William
121001-100001
Brice, William
00112001-00212001
Howe, Jacob
1010100001-000140001
Stills, John
20001-100010001
Gillenwaters, Thomas
0211001-3100001
Molsbee, David
011001-211001
Molsbee, William
0000000001-0000100001
Molsbee, William
110201-113001
Gillenwaters, Thomas
00111001-000110001
Simmons, James
0000100001-010000001
Gillenwaters, John C.
121001-11001
Gillenwaters, Joel
000000001-000000001
Gillenwaters, Joel
10001-21001
Thomas, Edmund
100010001-200111
Richards, Martin
10001-00001
Hale, Phillip S.
000001-131001
Jones, Morten
0211001-200101

58

Jones, Jane
0-00010001
Bradshaw, Thomas
2120001-310001
Davis, Jonathan
10001-2000101
Herrin, Dulaney
000001-10001
Palmer, Malachi
0100001-0011001
Gardner, Peggy
1-000001
Winegar, George
0111201-2111001
Winegar, Henry
11001-22001
Winegar, John
01001000001-000010001
Winegar, Andrew
000120001-00120001
McCollough, William
02121001-1110001
McCollough, John
00001-00001
Loughmiller, Henry
1110001-221001
Winegar, Frederick
0020101-0112001
Winegar, Peter
21001-00101
Winegar, Phillip
0001000001-01210001
Winegar, Joseph
10001-10001
Sicke, Rebecca
1-00001
Gamble, Francis
110001-100001
Gooden, Mary
0001-01001001
Winegar, Abram
10001-10001
Herald, Daniel
110001-10101
Shough, John
01012001-0010001
Mauk, John
11000001-0010001
Mauk, George
00001-0001
Mauk, Lewis
10001-0001

59

Young, Elizabeth
00111-01112001
Anderson, Thomas
0000201-0111001
Derick, Marvel
02101-200001
Casey, Elisha
00000001-010000001
Barrett, Pleasant
21001-20001
Barrett, Hugh
00001-10001
Anderson, David M.
01001-01001
Johnson, John
22000001-0100001
Jones, Wills
21201-010001
Winegar, Phillip
10001-1001
Winegar, Stephen
00001-11001
Williams, David
1210001-0011101
Collins, Tandy
10001-11001
Dardar, Michael
2120001-01020010001
Rice, Charles
2111001-012001
Beatty, Aaron W.
221001-011001
Beatty, Walter
00000000001-000000001
Smith, John
10001-00001
Fields, Squire
03100001-002001

60

Joiner, John
111001-121001
McMinn, Robert
000000001-0
Epperson, Harrison
000001-00001
Mance, William
2010001-130201
Joiner, William
00001-00001
Winegar, Eliza
10001-10001
Crew, William
010101-221001
Wills, John
2111201-0011001
Critz, John
00100001-00100001
Wines, Jane
001-000001
McDavid, Michael
002000001-010121001

HAWKINS CO.--omissions from original book

p. 59

Moseley, Jonathan	10001-00001
Derick, John	0010001-0211001
Jones, Wills	002100001-00100001
Collins, George	010010001-00101001
Mirick, Elizabeth	001-0000001
Wright, Alice	0-00000000001
Jones, Priscilla	1-10001

p. 60

Davis, Katharine	00001-11013001
Davis, Wilson	0010001-01111001
Coward, James	001-0
Shifflet, John	00000001-0011001
Shifflet, Anderson	10001-00001
Itson, Creighton	0001-0001
Cooper, James	0001210001-000000001
Brown, Sally	1111-001002
Rhodes, Rosanna	11-000001
Cooper, James	01001-00101
Cooper, James U.	111001-100001
Cooper, John	000230001-00012001
Kinkead, Edward	0001-0001
Kinkead, David	00001-0
Sandidge, Nancy	10111-00011001

61

Hensley, John
120001-100001
Hance, William
00110001-01001001
Gibbons, John
000110001-00002001
Foster, Richard
00120001-00100001
Larkin, John
2000001-11011
Trussler, John
120001-100001
Larkin, Thomas
000040001-000000001
Bradshaw, Moses
110001-00001
Beatty, Samuel
1000001-200001
Green, Amos
010001-20001
Larkin, Henry
100001-11001
Gillenwaters, Elija C.
100001-212001
Bowman, Benjamin
0010001-0
Dardar, Henry
00011-10001
Walters, Solomon
000010001-000000011
Forgey, Andrew
00200001-00010011
Forgey, John
210001-00002
Purcell, Daniel
0001-000000001
Gamble, William
10001-10011
Williams, John
0000001-0
Walters, Elija
10001-0001
McClure, Joel B.
100001-30001
Gooden, George
2000001-10001
Hamet, Jane
0-0000001001
Johnson, James
22001001-121131
Purcell, James A.
00001-20002

62

Looney, Mary
0-00000000001
Johnson, James
000021-22002
Barrett, John
0011001-111001
Young, Robert
011001-000001
Looney, John
201001-200001
Looney, Benjamin
000001-21001
Owen, William
111001-112001
Watterson, Margaret
0-000000001
Watterson, James
010001-200001
Vaughan, Allen
101001-120001
Watterson, Henry
110001-12
Hill, William
111001-111101
Looney, Michael
000000001-000000001
Looney, Benjamin
00010001-1100201
Wright, Robert
1110001-002001
Galbraith, John
001100001-00010001
Johnson, William
20001-00001
Simmons, Katharine
10011-00101001
Simmons, Jacob
100001-20001
Shank, John
01210001-00010001
Isenberg, Jacob
0120001-210101
Hutchisson, Benjamin
00011001-00112001
Vance, David
111001-1003001
Shank, John
00001-10001
Davis, Thomas
10001-10001
Shaner, Ruth
0-0010000001

63

Hanna, James
0111001-1021001
Gross, Cornelius
041001-100001
Rafter, Abram
000000001-000000001
Gross, Nancy
0-0000000001
Gillenwaters, William
0221001-1001001
Galbraith, Andrew
100101-00001
Looney, Absalom
2200001-111001
Dunham, George W.
0200001-102101
Nooncaster, John
00001-20001
Yonas, Jacob
00001-0
Looney, Margaret
01-001001
Sanders, Nahum
00001-20001
Murphy, Thomas
011001-220001
Steely, Jesse
001101-010001
Steely, Betsy
0-120001
Brown, Sally
1-101001
Dunham, John S.
0000001-0
Jackson, Charlotte
0-0030001
Williams, William
00001-20001
Kincheloe, Thomas C.
30001-02002
Brown, Richard
01200001-101001
Shifflet, Austin
10001-30001
Mee, William
21100001-100001
Brice, Robert
210001-011001
Carmack, Cornelius
101001-20001
Gross, James
122101-1010001

64

Carmack, William
0112001-001011
Moore, James
000001-011001
Rutledge, Emanuel
200001-00001
Sharp, John
0000001-0
Rolley, James
220001-120001
Woods, John
001110001-00022001
Kenner, Malinda
000001-00000001
Price, Jacob
20001-0001
Flora, Daniel
000000001-00000001
Clark, David
001000001-00001001
Shank, Michael
0000000001-000000001
Gholson, Hiram
10001-0001
Begley, Elizabeth
0-00000001
Johnson, Aron
2000001-100001
Kenner, Markham
100002-0001001
Cook, James M.
00001-0
Sopshire, William
01010001-1122001
Smith, Phoebe
0001-00001001
Harlan, John
200121-00001001
Boykin, Osborne
11001-10002
Goen, Fountain
0-0
Pilant, Joseph
0110101-01110001
Tharp, John
20001-00001
Myers, Henry
020001-10101
Powel, Samuel
0221101-1001011
Dannell(sic), Yonas
1000001-10001

HAWKINS

65

Yonas, Christopher
0200001-22001
Stapleton, Andrew
20001-00001
Rutherford, Thomas
100001-10001
Stapleton, Nancy
0-0001001
Belcher, Bartlett
100000001-10010001
Johnson, Thomas
00000001-00110001
Johnson, Abner D.(S.?)
00001-0001
Nash, John
111001-110001
Reed, John
1101001-101001
Good, Miles
0110001001-1202001
Lawson, Banks
20001-11001
Stapleton, James
40001-00001
Mabe, Reuben
310001-221001
Willis, James
011001-1101
Rogers, Robert
30301-01001
Atkinson, Lemon
111001-121101
Rogers, George
000000001-000000001
Rogers, David
110001-12001
Fields, Anderson
131001-102001
Mitchell, John
111001-1110001
Martin, John
10001-10001
Martin, Thomas
01210001-0100001
Winsted, Ephram
2121010001-00000101
Phillips, Patsy
0-01001
Martin, William
00001-00001
Martin, James
2000101-00001

66

Pearson, Lawrence
0110001-21001
Jones, Susan
01-11001
Pearson, Henry
2101001-111001
Winsted, Matthew
0010001-0001001
Trent, Benjamin
00001-20001
Snider, Charles
00001-00001
Amix, Isaac
10001001-1212101
Drinnon, William
00001-20001
Pearson, Sarah
101-010001
Jones, James
0011001-00100001
Goodman, Joseph
10001-0001
Johnson, James
00011-21001
Robbins, Joel
00001-1001
Helton, John
00001-0001
Johnson, Enos
1010000001-0230001
Seals, Dawson
11001-11001
Murrell, Thomas
1001-10001
Overton, Eli
0010000001-00010001
Seals, John
020001-21001
Brewer, Frederick
0102001-2121001
Slatten, Hiram
110001-11101
Wileder, William
3113001-011001
Day, William
30001-01001
Drinnen, Polly
001-0000001
Seals, Peter
31000001-00011
Drinnen, Lovisa(Louisa?)
2-000001

67

Slatton, Mary
0001-00110001
Hawke, Abraham
201001-112001001
Day, John
112001-120001
Green, William
110001-302001
Elrod, William
10001-20001
Elrod, Peter
0300001-0012001001
Tucker, William
110001-221001
Mills, John
22221001-0111001
Mills, William
10001-10001
Cantrell, John
100001-10001
Tucker, George
100011-000001
Fitch, James
10001-00011
Mills, Simon
11001-10001
Wolf, Voluntine
111001-210001
Wolf, George
000110001-000220001
Sawyer, James
213001-010001
Wolf, John
210001-10002
Tucker, Hiram
00001-00001
Mills, Isham
0110000001-000100001
Mills, Hardy
10001-00001
McGinnis, Moses
0101001-1231100001
Giddins, William
211201-011001
Green, John
112001-110001
Milikan, Henry
00001-40001
Giddins, James
000000001-000000001
Davis, Solomon
100001-000001

58

Harrison, Joseph
010001-010001
Giddins, John
10001-00001
Anderkin, Francis
000010001-00000001
Brown, Elisha
01110001-1110001
Brown, John
0001-0001
King, Samuel
0000000001-0010001001
Parton, James
00001-20001
McCoy, Archibald
000000001-00011001
Jordan, Woodford
00110001-2112001
McCoy, Joel
220001-01101
McCoy, John
210001-011001
Webb, Marshall
0001-0
King, William
2110001-021001
McCoy, James
000001-000001
Province, Henry
200001-000001
Hays, John
10001-00001
Jordan, Ewell
10001-01001
Allen, Andrew
101101-112001
Epperson, Jane
0-01010001
Epperson, Thomas
00001-0001
McCoy, Archibald
100001-20001
Wolf, Charles
111001-210001
Jackson, James
110001-10001
Wolf, Peter
1220101-231301
McDonough, John
000000000001-00000001
Bray, Benjamin
200001-011001

69

Carpenter, Jesse
00000001-00000001
Carpenter, William
00001-20001
Prater, Elisha
00001-20001
Vaughan, Jonathan
12101-101101
Coffee, Benjamin
00000000001-00000000001
Coffee, Jesse
10101-21001
Coffee, Jane
0-0010201
Ferguson, Abner
2120001-010001
Wolf, George
20001-11001
Coffee, Joel
000001-000001
Ferguson, Joseph
00001-0
Giddins, Dicey
0-000101
Walker, William W.
100101-000001
Epperson, Thomas
000000001-00000001
Epperson, Shadrick
120001-10001
Allen, Walter
10000001-0000101
Allen, John
10001-00001
Brick, James
101001-111001
Coffee, John
10010001-0301001
Coffee, Benjamin
10001-00001
Coffee, Osborne
01011-20001
Coffee, Coleby
00001-10001
Hays, James
000001-10101
Oricke, Benjamin
001000001-0000001
Hays, George
00001-00001
Hays, Iham
10101-110001

70

Hays, George
000000001-000000001
Hays, Thomas
211001-010001
Walker, John
00002-30002
Wileder, James
0010001-00010001
Wileder, William
0001-0001
Williams, Moses
30101-02001
Lamb, Joseph
11001-10001
Lamb, Joseph
000010001-000000001
Lamb, Esau
110001-10001
Seals, Zachariah
01001-20101
Smith, John
1000001-021101
Cox, William
130001-322001
Wileder, Charity
0-0000000001
Wileder, William
1000001-0001
Wileder, David
121001-210001
Willis, Armsted
010001-212001
Dashears, John
0000001-0000001
Vaughan, William
310101-021001
Cope, William
10001-10001
Hansley, Bennett
10001-00001
Brewer, Millenton
01001-121001
Murrell, James
1211001-11202
Cope, John
00001-00001
Brewer, Howell
211201-012001
Phillips, Patrick
13010001-00110001
Brewer, Prettyman
010101-21001

71

Smith, Ezekiel
00001-20001
Robbins, Arthur
0001-0001
Cope, James
0111001-02211001
Brewer, Ambrose
111000001-011001
Hammonds, Micajah
0020001-121001
Hammonds, Thomas
00001-0
Cope, William
01130001-0200001
Bird, William
011001-201001
Trent, Samuel
2011001-111001
Trent, Jesse
000001-000001
Gonce, Vance
11001-20001
Trent, Alexander
000010001-10000001
Trent, George
00001-10001
Lawson, Peter
00001-10001
Mendenall, Isaac
211001-010010001
Lawson, Mace
100001-10001
Begley, John
0000000001-000001
Begley, Pleasant
00001-1001
Jones, John
00001-0
Pearson, Christian
0011101-001011
Itson, William
311001-0110001
Banks, David
10001-1101
Goodman, Priscilla
0001-00101001
Rogers, James
00001-00001
Anderson, Swimpfield
1110101-0211001
Anderson, Abija
00001-0001

72

Stapleton, Isaac
100011-120001
Sizemore, George
11110001-0110201
Monehun, Feryby(Ferryby?)
1111-111201
Stapleton, William
0000001-0100001
Stapleton, Edward
00001-00001
Brown, Thomas
121001-101001
Sizemore, Owen
0000100001-00010001
Vaughan, Benjamin
10001-01001
Sizemore, Owen
100101-010001001
Anderson, Aaron
00001-00001
Hartley, John
2110001-021001
Breedwell, Fielding
00010001-0110001
Herd, John
21011-01001
Gray, Margaret
0001-0000001
Mallet, Peter
02000001-211001
Anderson, Amos
20001-00001
Anderson, Jonathan
00001001-00021101
Anderson, George
0000001-0000001
Edens, Isham
10001-0001
Meredith, Russell
210001-02001
Johnson, John
1111001-121001
Johnson, Andrew
0001-00001
Walling, Greenberry
0001-0001
Ford, Reuben
000001-210011
Sowell, John
0000000001-0000000001
Callicutte, John
10120001-0120001

73

Ford, William
01011001-00100001
Fields, John
203001-130011
Edens, Elija
0001-0001
Ford, Beverley
10001-0001
Vaughan, James
221001-010001
Vaughan, John
010200001-00200001
Deckard, William
10001-00001
Goen, John
2-11001
Winegar, David
10001-10001
Edens, John
11001-20001
Coop, John
10001-20001
Edens, John
00110001-0100001
Church, Henry
1011001-132001
Huntsucker, Thomas
00001-00001
Monk, Shadrick
20001-100001
Medlock, Charles
2120001-012101
Grindstaff, Christina
0-010010001
Goen, William
01012001-1011001
Johnson, James
00001-00001
Thomas, John
102101-030001
Riceley, John
0000000001-000000001
Fawbush, Eli
000001-20001
Thomas, Notley
0000000001-000000101
Medlock, Richard
000200001-00000001
Lewis, John
02002-011001
Huntsucker, George
20110001-0112001

74

Spears, Andrew
000001-211001
Beesit, David
000000001-1121001
Huntsucker, John
00000001-00011001
Huntsucker, Jonathan
21001-00001
Monk, Dozewell(Dozwell?)
00001-0001
Huntsucker, George
120011-101001
Payne, Enoch
210101-112001
Rogers, Thomas
00110001-00000001
Rogers, Jesse
12101-00001
Monk, John
1222001-2000001
Medlock, Loviny
21001-00001
Rogers, John
'200001-10001001
Monk, Shadrick
00001-0001
Rogers, Dozewell(Dozwell?)
000000001-000000001
Rogers, Larkin
30001-00001
Click, Lewis
021012-20011
Herd, James
2212101-1200100001
Johnson, Molly
1021-210001
Johnson, Elija
00001-10001
Crager, Michael
2100001-0121001
Bledsoe, Isaac
0100001-021001
Minor, John
0-0
Minor, Zachariah
0-0
Henderson, George
000101001-1110010001
Herd, Elija
0321201-1001001
Herd, George
00001-0001

75

Herd, Jesse
023001-110101
Walling, William
0000000001-000000010001
Walling, William
100001-02001
Walling, Thomas
0112101-0110001
Stevens, Stephen
10001-01001
Smith, Adam
201101-211001
Bloomer, Daniel
00120001-01100001
Roller, George
00001-20001
Roller, John
11010001-0011101
Stevens, James
001100002-021000010001
Walling, John
20001-10001
Roberts, Pollyann
0-110010001
Allen, Charles
1200001-0000001
Stevens, John
20001-00001
Binyon, Isaac
120001-001001
Abshire, Elizabeth
001-00011001
Jones, Thomas
0000001-0000001
Robinson, Hugh
10001-12001
Robinson, Ezekiel
1310001001-001201
Anderson, Elija
00001-00001
Anderson, Thomas
1201001-1010001
Baker, John
20001-10001
Johnson, Israel
01111001-0011001
Livesay, George
110001-120001
Livesay, Enoch
210011-10001
Livesay, George
002000001-00000001

76

Livesay, Joseph
21001-00001
Anderson, Eli
10001-0001
Bourn, Stephen
000000001-0
Livesay, Peter
2122001-1010001
Baker, William
1102001-121001
Livesay, Edmund
220001-000010001
Bowling, Dicey
0-0
Bledsoe, Abraham
111001-21201
Bledsoe, Thomas
000000001-000000001
Johnson, Moses
1121001-000101001
Davis, Milam
110101-11011
Macksey, John
00001-01
Johnson, Moses
000000000001-00000000001
Pridmore, Hiram
110011-11001
Fletcher, John
01110001-212001
Lawson, Betsy
0-00010001
Bowling, John
0-000000001
Bowling, Michael
0-0
Babb, William
2111001-0011001
Western, James
0001-00001
Bunch, Benjamin
000000001-00120001
Bunch, Jesse
101001-12001
Bunch, Lambert
·210001-121001
Nichols, Polly
0-000101001
Collins, Wiatt
0-0

HAWKINS

77

Gibson, Charles
0-0
Gibson, Andrew
0-0
Bunch, Rachel
011-00001001
Gibson, Charles
0-0
Collins, Andrew
0-0
Gibson, Esau
0-0
Collins, Martin
0100000001-0000001
Collins, John
0-0
Gibson, Sherod
0-0
Moore, James
0-0
Moore, James
0-0
Gibson, Joseph F.
0-0
Mullens, Samuel
0-0
Collins, Solomon
0-0
Gibson, Andrew
0-0
Gibson, Sheppard
00011-100001
Burk, Lucinda
001-02002
Collins, Allen
0-0
Collins, Simeon
0-0
Gibson, Jordan
0-0
Gibson, Polly
0-0
Gibson, Jordan
0-0
Gibson, Jonathan
0-0
Gibson, Jesse
0-0
Loving, James
00001-0001
Collins, Vardy
0-0

78

Williams, Timothy
0-0
Mullens, Betsy
0-10001
Goen, George
0-0
Mahan, Celia
0-000000001
Williams, Charles
1021001-120101
Singleton, Jeremiah
01210001-0002101
Nichols, William
0000101-0011001
Miser, George
20001-00001
Nichols, William
0-0
Hughes, David
00001-21001
Berchet, John
01121001-0112001
Collins, Mary
0-0
Collins, Levi
0-0
Collins, Benjamin
0-0
Collins, Benjamin
0-0
Collins, Edmund
0-0
Collins, Millenton
0-0
Collins, Martin
0-0
Collins, James
0-0
Mullens, James
0-0
Johnson, William
220001-002001
Johnson, Levi
112000001-110001
Neill, Andrew
000100001-00201
Bird, Henry
00001-001
Newbury, Raganer
0111-110001
Bird, Levi
110001-110001

79

Bird, James
  000010001-0002001
Johnson, Moses
  010100001-20002001
Sargent, Abram
  20001-00001
Sargent, John
  0001-101
Bird, Henry
  00000001-00011001
Steel, Elias
  00001-200001
Campbell, Robert
  001001-00001
Bird, John
  10001-1001
Campbell, Joseph
  100001-21001
Campbell, Alexander
  0011001-000001
Davis, John
  00001-0
Laughmiller, Jonas
  01201001-00120001
Baldwin, Elizabeth
  0-000000001
Baker, Andrew L.
  02001-11001
Crumley, John
  00001-10001
Bunch, Paul
  1030101-4210001
Bunch, Green
  20001000001-00001
Baldwin, John
  00100001-10001
Baldwin, Nicholas
  0200001-200001
Baldwin, Rebecca
  0111-0011001
Frost, John
  00001-10001
Davis, John
  0000001-00000001
Mitchell, Richard
  00001-0001
Carr, Jacob
  21001-000001
Givine, Joseph
  00000001-00100001
Burke, James
  2001101-2112001

80

Farmer, Stephen
  00012001-00020001
Frost, Simeon
  02001-200001
Wilburn, James
  10001-11001
Baker, Joseph
  0111001-0110001
Crumley, John
  00001-1001
Garrison, John
  0010201-0222101
Livesay, George
  20001-00001
Roberts, Joseph
  0110001-0002101
Reason, Joseph
  00001-100010001
Walling, Joseph
  120001-110001
Walling, John
  211101-021001
Walling, James
  00110001-00001001001
Bryant, James
  00001-0
Bryant, William
  00001-1001
Bryant, David
  00001-001
Bryant, John
  0002001-011001
Jones, Betsy
  0-0
Bledsoe, Anthony
  210001-01001
Couch, Dempsey
  020001-10001
Delp, Jacob
  11001-10001
Goen(Goin?), Crispin
  200001-10001
Collins, James
  0-0
Collins, Harvey
  0-0
Brown, Katharine
  010011-000000001
Bloomer, Isaac
  10001-0001
Moore, William
  10001-10001

81

Cobb, Joel
  10210001-02000001
Manas, John
  113001-310001
Lawson, Edmund
  001101-0000201
Pratt, James
  00001-0001
Bloomer, James
  00001-0
Bloomer, John
  00010001-0020101
Garrison, Joseph
  3100001-010001
Frazure, Henry
  300001-02001
Manas, Willie
  10001-11001
Manas, William
  1111101-2110001
Manas, Riley
  10001-0001
Frazure, James
  00001001-01001001
Lawson, Meredith
  00001-1001
Lawson, Imanuel
  0001-00001
Lawson, Thomas
  020010001-00000001
Lawson, Anderson
  10001-10001
Manas, Jesse
  121001-000001
Anderson, Mary
  001-0111001
Sullivan, Ezekiel
  02100001-00111001
Sullivan, Thomas
  100001-00001
Sullivan, John
  00001-10001
Gray, Henry
  00001-1001
Anderson, George
  111120001-0111001
Anderson, Lewis
  200001-000001
Anderson, Polly
  0-110001

82

Vaughan, James
  00110001-00000001
Writter, William
  000001-1200101
Warden, John
  0200001-211001
Bradley, Nimrod
  2001001-010201
Pressley, Andrew
  00100000001-00020100001
Pressley, Joseph
  1010001-1210001
Pressley, John
  120001-31001
Kyle, John
  000001-20001
Goen, Harden
  0-0
Lawson, Ambrose
  1011001-120201
Ferrell, John
  4200001-1111001
Pressley, Nancy
  00101-0101001
Kyle, Robert
  00001-10001
Kyle, Sarah
  00011-000100001
Goodman, Jordan
  0-0
Goodman, Patsy
  13-0010010001
Sullivan, John
  0111001-110001
Markham, Berry
  10001-0001
Thompson, Betsy
  2-01001
Bowyers, Elias
  10001-100101
Evans, Archbald
  1010001-0221001
Manas, Calloway H.
  10001-00001
Goodman, Edmund
  0-0
Mitchell, Green Berry
  020001-10001
Goodman, William
  00001-00001
Garrison, James
  210001-11001

83

Moseley, Henry
  0-0
Carrison, William
  0310001-201001
Pridmore, Samuel
  10001-10001
Moseley, William
  11101-012201
McLane, Lewis
  100001-132001
Hammonds, Thomas
  000000001-000000001
Reed, William
  020101-201101
Osborne, Enoch
  110001-110001
Reese, Sterling
  00001-0002
Reese, Joseph
  00110001-0011001
Templeton, Absalom
  01121001-0201001
Martin, Thomas
  10001-1001
Trent, Alexander
  1110001-0021101
Hill, Willie
  10001-10001
Brisco, Nancy
  11-000001
Trent, Henry
  20001-10001
Robinson, William
  10001-10001
Berry, Thomas
  0010101-110101
Hash, Anna
  112-111001
Trent, Alexander
  111001-210001
Trent, Zachariah
  10001-12101
Trent, William
  01011001-00000001
Robinson, John
  0001-0
Cope, Jesse
  22001-00001
Holdaway, Timothy
  010001-11001
Trent, James
  100001-12001

84

Green, Richard
  310001-010001
Reese, William
  231101-100001
Baker, Maurice
  02020001-0010001
Stubblefield, Robert
  10100001-022001
Rains, Thomas
  110001-20001
Seal, Noell
  100001-12001
Hollin, John
  00020101-00012001
Hollin, Joseph
  00001-1000100001
Seal, Bailey
  1211001-220001
Bowling, Levi
  0111001-0101101
Vaughan, Wilson
  01001-10001
Matthis, Enos
  10001001-000000001
Matthis, Moses
  322001-100001
Johnson, Randolph
  00001-00002
Mays, Beverley
  01001-1100001
Slatton, Gabriel
  110002-00001
Wilson, Jesse
  00001-0001
Wilson, William
  00100001-0000001
Winkler, Jacob
  21100001-1130001
Baley, Elija
  00001-10001
Ferguson, George
  110001-210001
Johnson, William
  011001-012001
Reed, Hiram
  10001-10001
Allen, Thomas
  02001-10001
Coffee, Bennett
  12121001-0100001
Coffee, Caswell
  00001-0001

85

Mitchell, Solomon
0000000001-000000001
Mitchell, Maurice
11001-21001
Kenner, James
00001-10001
Mills, Hardy
000000001-010010001
Mills, John
230001-100001
Mitchell, Lewis
211101-01001
Mills, Joel
10001-00001
Slatton, Edmund
00112001-01103001
Hipshire, William
221001-100001
Vaughan, John
1120001-330101
Stubblefield, George R.
01001-30001
Dodson, James
10020001-1220101
Crawley, Henry R.
020100001-00200001
Prater, Thomas
0111001-1110001
Hays, George
0111000001-1000011
Mills, Sarah
00012-0111001
Carpenter, Jesse
00001-0001
Crawley, Caswell
20001-1
Ryland, Sylvester
000000001-000001
Crawley, Thomas
00001-00001
Lacock, Betsy
0-0001
Hollin, John
110001-11001
Hays, John
211001-10001
Rice, Levi
00010001-2001001
Rice, James
30001-00001
Rice, John
10001-00001

86

Cantwell, John
00011000001-00000001
Oricks, Robeson
20001-11001
Greene, Benjamin
20001-00001
Greene, Eli
110001-010001
Millikan, Solomon
2020001-1210101
Seal, Solomon
110111-0212001001
Seal, Champ
000001-10001
Baldwin, William
0011001-1200001
Atkins(on?), Benjamin
00001-01001
Hurley, Nehemiah
2210001-001001
McGee, William
2121101-100101
Brooks, Thomas
110001-10001
McKinsey, Daniel
110001-20001
Brooks, Littleton
000000001-00010001
Brooks, James
10001-0001
Frost, Thomas
111001-11001
Brooks, Joseph
101001-130001
Brooks, Littleton
00001-20001
Osborne, George
1120001-002001
Coplea, James
00120001-0110101
Madolen, George
11110001-0211001
Lifer, Jacob
000001-000001
Pratt, Thomas
000010001-00000001
Osborne, Aaron
00001-10001
Strawn, Elizabeth
1011-2210001
Begley, Elizabeth
0001-0000001

87

Creech, Jesse
0110001-0101001
Wheeler, John
00010001-00201001 0001
Nugent, Elizabeth
013-00010011
Biggs, Thomas
210001-012101

278

Rice, Augustus
101101-02011
Woods, Joseph B.
12001-10001
Felknor, James
212001-120001
Crosby, George
000210001-00011
Snoddy, Thomas
000210001-0010201
Snodgrass, Lynn
10001-00001
Jett, William A.
100001-020001
Johnson, Joseph
1101201-122001
McDonald, James
001100001-0012001
Carmon, Thomas
0011100001-0321001
Thornhill, Richard
00011-00001
Walker, James
2201001-111011
Carmon, James
0000001-100001
Amonett, Hutson
00001-1001
Skeen, Moses
021001-211011
Richey, Thomas
110001-01001
Snodgrass, David
00100001-00020001
Snodgrass, Russel
10001-00001
Brown, Thomas
110001-21001
Jayne, Nathaniel
01002001-10111001C1
Felknor, William
210001-11001
Snoddy, John D.
100001-100001
Maze, James
0010001-212001
McFarland, Andrew B.
010102-1110001000l
Hazelwood, Thomas
0110001-1211001
Drinnen, Laurence
11001-200001
Mills, Betsy
01-01011

279

McKinney, Robertson
10001-10001
McKinney, Vincent
0040100001-0001101
McKinney, John
00001-20001
McKinney, Presley
0011000001-00001000000l
McKinney, Lampkin
110001-21001
Staples, John Y.
00100001-0111201
Staples, John B.
11001-10001
McClanahan, Robert
00210001-1002001
Frank, James
10001-0101
Frank, William
000200001-022020001
Baker, William
00001-1001
Long, George
1122001-0100101
Greenlee, Alexander
1210001-221001
Cartright, William
111001-111000l
Patrick, William
00011-1000101
McFarland, John
00110001-0011101
Morris, John
12101001-101101
Woods, James
0110001-111001
Harp, Philip
1100001-20101
Stubblefield, Martin
00101001-01021000l
Fulman, Andrew
00101-02001
Riggs, Jesse W.
10001-00001
Cartright, Joseph
0200001-000011
Abbott, Susan
00101-0111000l
Philips, John
00200001-10001001
Shepherd, William
001120001-00001001
Bates, Hampton
0112101-320001

280

Cantrell, Tillmon
10001-11001
Brown, John B.
10101-01121010l
Mansfield, John
010101-110001101
McDonald, Alexander
111001-3200001
Roddy, William V.
000001-00001
Holdaway, William
201011-200001
Riggs, Samuel
10001-20001
Hodges, John
010101-0000001
Smith, Benjn.
112001-310001
Frizzle, Jacob
10001-10001
Walker, Andrew A.
00001-2001
Galaher, James
0000001-0001001
Viles, Jacob
0102001-2110001
Johnson, William
10001-10010001
Franklin, Lewis
1110001-110101
Viles, John
20001-00001
Edgar, Andrew B.
120001-031001
Lane, Plesant W.
200001-11001
Wood, Johnathan
10012-10001
Cheek, Chason
231001-000001
Smith, William
10001-11001
Statham, David
00001-1001
Morris, Shadrick
0200201-2102001
Timmons, J. W.
00001-10001
Johnson, James
110001-01001
Beaty, John W.
110021-20002
Haun, Adam
00001-20001

281

Haun, Jacob
1111001-110001
Conway, William T.
10101-10001
Marshal, Benjn.
0120001-1111001
McKinney, Vincent
00000001-0031001
Inman, John
111001-200001
Hammon, Jeremiah
00001-2100100001
Miller, George
10001-10001
Hays, Joseph
000001-210001
Hutson, Obadiah
101001-202001
Nenney, Charles P.
10001-00001
Alexander, James
30001-01001000l
Shaw, David
20001-10001
Gear, Jacob
100001-221001
Doherty, William
10101-12001
McClister, John
0000001-00001
Goan, Ezekial
10001-00001
McFarland, Robert
0001000001-001
Cox, William
123001-100001
Kirkpatrick, John
030001-00101
Anderson, Pierce B.
10101-00001001
Franklin, Henry
100001-20001
Staples, Crawford
0001-000000001
Miller, Obadiah
10001-10001
Donaldson, William
00001-0001
Philips, Washington
10001-10001
Talbott, Alexander
10001-0001
Wyatt, Solomon
00210101-00002001

282

Scroggins, Sterlin B.
1011001-0003001
Moore, Elish
113211-010001
Talley, Joseph
100001-20001
Evans, Jacob
100001001-000300001
Laramore, George K.
102101-110101
Coward, David
00001-0001
Vineyard, William
110001-121001
Day, William
0001-0001
Tylor, Jacob
1011001-1011001001
Pettit, George
011001-221001
Riggs, Lewis
00001-110001
Witt, Samuel H.
10001-00001
Austin, William
000001-11001
Long, Joseph
110001-210001
Austin, Champness W.
100001-10001
Birch, John
141001-000201
Anthony, John
000001-10001
Statham, William
10001-11001
Turner, James
0130001-010101
Birch, George
0231001-000001
Ward, John
0000201001-01110001
Lane, Tidance
120001-01101
Riddle, Abram
02001-20001
Maze, William
00001-1010100001
Yoe, Peragin G.
3222101-000001
Coffman, Nicholas
22000001-010021
Carmichael, James
01101C1-00000001

283

Courtney, Marshal
1021001-00011010l
North, Jessee
10001-20001
Brittain, Andrew
001001-21001
Shipley, John
013001-0001
Maze, John
2101101-012101
Evans, Ezekial
000 1-20001
McFarland, Alexander
00001-21001
Riddle, Bazzel
20001-11001
Johnson, Stephen
01001-10001
McFarland, John
00001001-0101101
Moore, Ephraim
100101-321101
Sturman, Thomas K.
0000001-232101
Noland, Daniel D.
00001-00001
Bolejack, William
111001-120001
Solomon--free
0-0
Ward, James
20001-01001
Carson, John L.
00000001-0000001
Holder, William
2211001-0220001
Moyers, David
000000001-00000001
Pankey, Plesant
00001-00001
Manor, Shadrick
00001-10001
Moyers, James
20001-10002
Moyers, Joshua
01112001-0010101
Randolph, Henry
00110001-00112001
Hall, Silas
01111001-1021001
Hazelwood, James
0000001-0
Deaton, Margaret
0002001-00110001

284

Sherrill, Evan
10000001-10001
Chilton, James
221001-0100100001
Laferty, James
0001100001-000110001
McKinney, George
000010002-00001000l
Hammons, William
10001-00001
Tanner, Vincent
1001001-0001011
Moser, Philip
00012001-00120001
Smith, Elias
2100001-0021001
Jarnagin, Hetty
02-111001
Patton, John
212001-011101
Harle, Baldwin
001230001-0111101
Moser, Joseph V.
100111-10002
Witt, Harmon
1011001-120201
Conyers(Canyers?), Sarah
0-0001000001
Witt, Noah
32000001-010001
Staples, James
100001001-110001
Campbell, Nancy
0102-0121101
Scaggs, William
00200001-12011001
Sharrick, Jacob
01000001-11001
Witt, Daniel
002001-012101
Williams, Christopher
10001-00010001
McClister, William
200101-00001
Maze, Lemuel
020001-302011
Smith, John
000110001-00311010l
Smith, Hester
0-00000001
Brown, Garland R.
100001-21001001
Statham, Love
011000001-00220001

285

Gregory, Isaac
1100001-0021101
Gear, William
0010000001-0010001
Fry, William
01100100001-312112
Witt, William
00011-0001
Jarnagin, Susannah
001-0012001
Jarnagin, Martha
00112-00000101
Jarnagin, Thomas B.
00001-0001
Mills, Eli
3020001-111001
Toland, James
0000001-0
Turner, Elenor
0-110001
Speckard, Jacob J.
10000001-100001
Moore, Jese
002010001-00120001
Moore, Thomas
210101-01101
Gibson, Andrew
10001-00001
Smith, Levi
112201-221001
Helm, William B.
110001-01001
Driskel, Jesse
201011-10001
Hucheson, William
0020001-00110011
Angle, Jacob
200001-120001
Churm, Joseph S.
10001-20001
Smith, Henry
00002-00001
Waikfield, John W.
000001-0
Cox, Sampson
00002-00010001
Helm, Henry
0021001-0010001
McConnel, William
000100001-11100001
Gibson, Henry
4320001-011011
Cooper, Loyd
010001-22002

286

Rodgers, George
01020001-00220001
Headrick, Joseph
331011-001001
Headrick, Jacob
00000001-000100001
Bishop, John
00001-31001
Carwile, Jacob
20001-10001
Montgomery, William
100001-000001
Holt, Leonard
12000001-101001
Frusher, Aaron
11001-21001
Carder, Archabald
1102001-1210001
Burch, Elijah
111001-200101
Lea, Rhoda
01022-00101001
Reed, Edward
00011-0
Drinnen, Elizabeth
0000200000l-0000201001
Goin, Ann
0-000010001
Dinkins, Mary
1-00002001
Travis, Philip
3000001-200001
Ryan, William
10001-00010001
Williams, James
00002-10001
Doggett, Isaac
00001-000010001
Snow, Plesant
00001-00001
Reed, Wyley
011101-111001
Curry, Nancy
0-110001
Querle, Priscilla
0-0000000l
Doggett, Jesse
22020001-21000110001
Doggett, Thomas
0000001-00101
Thompson, Richard
001000001-00001
Thompson, James
10101-20001

287

Walker, Daniel
00001-0001
Allin, Bennet
00001-0101
Elias--free
0-0
Rodgers, Jacob
000001-110001
Anderson, William
1022001-030001
Frank--a slave
0-0
Dee, Solomon
31000001-10001
Riggs, Clisbe
000010001-0000100001
Morris, Gideon
0001001-0120001
Chaney, William
00101-20001
Crow, James
10001-10001
Crow, Russel
11001-10001
McFarland, Benjn.
0023001-2200001
Summers, William
30010001-10001
Hodge, Abnor
0000000001-0000000001
Millikan, Elihu
0211001-111101
Witt, George
010021-10101
Manson, William
0000000001-010001001
Hazelwood, Blaney
21010001-1111001
Manson, William S.
211101-021001
Gibbs, Thomas
000000001-00000001
Inman, Jeremiah
10111001-1220001
Inman, Shaderick
0100000000l-00002000001
Day, Barbary
00001-0010001
Davis, Mary (grass wid)
1111-100001
Talley, Bradley
00001-0001
Epperson, John
421001-00001

288

Davis, Benjn.
010122-01001
Hamilton, Joseph
000000001-00000001
Holdaway, Jeremiah
200111-00110101
Baker, Peter
00201001-10000010001
James & wife--slaves
0-0
Anderson, Alexander
100001-30001
Colick, Moyers D.
21000001-000001
Reed, Jesse Y.
212101-011001
Dauson, Abram
21110001-0110010001
Porter, Charles T.
020000001-00001001
Star, Michael
01111000001-01101001
Holdaway, John
021001-200001
Mathis, James
1210001-1100001
Wester, John
00110001-00010001
Wester, Elias
20001-00001
Mitchel, William
0020001-0101C001
Fox, John
12101-101001
Hammons, Nancy
0001-00010001
McClister, James
010000000C1-00120001
McDonald, John
100001001-100011
Haynes, William
2101001-022101
Holdaway, Joseph
00001-21001
White, James
0013201-1310001
Austin, Archabald
10001-20001
Austin, Archey
000000001-00001001
McFarland, Robert
010001-21002
Wester, John F.
00001-0001

289

Barton, Isaac
000000000001-0000000001
Maskall, William
011001-2121C1
Hale, Richard
00110001-01001001
Hervey, John
00001-20001
Hogin, William C.
3120001-000201
Day, Isaac
11002-10001
Day, Lemuel
10001-00001
Weaver, George
00111001-121101
Holdaway, James J.
01001-11001
Holdaway, Henry
1000010001-0201001
Mourland, Absclem
0001-10001
Williams, Ezekiel
11013001-0121001
Haun, Abram
0000200001-000100001
Haun, Abram
10001-10001
Courtney, James
2210001-011101
McDonald, Alexander
000210001-001C1001
Kirkpatrick, William
10001001-00002
Ward, Levi
100201-133001
Rutherford, James
20001-10001
Burkhart, Peter
210001-02001
Kirkpatrick, Wilkins
00022001-00000001
Arnot, Holbert
301001-02001
White, William
1200001-100001
Coffman, Robert
030101-01001
Willson, Amos
000001-0001001
Kirkpatrick, Jacob
02121011-00121001
Moore, John
00011-10001

290

Moore, Elijah
000001-2001
Moore, Robert
1200101-131001
McNeas, Jonas
110001-021001
Moore, Andrew
0000001-0
Parks, Rachel
0-0010001
Pangle, Frederick
010120001-002001001
Pangle, William
00001-00001
Horner, Thomas
1201101-110101
Horner, Cavalier
0011101-111001
Horner, John
10001-21001
Herley, John
10001-10001
Moarland(Mourland?), William
00001-2001
Harvey, Richard
00000001-011101
Lane, Lydia
0-0210001
Dyer, Abram
210001-00001
Haun, Hannah
00012-0120101
Day, Rutha
11011-0111001
Brittin, Nancy (grass widow)
102-11001001
Riddle, Zach
000110001-001200001
Eldridge, Obed
0011001-1103001
Riddle, John
010001-212001
King, Ezekial
2113001-010101
Breden, Thomas
2111001-1110001
Witt, James
110101-321001
Woods, Alfred J.
10001-1001
Davis, Andrew
10210001-0200201
Merick, Tapley B.
20011001-10101001

291

Coffman, James
0000001-0
Cunningham, Mary
002-00010001
McKee, William
0110101-22110101
Alexander, Thomas
12001-10001
Cox, William
000000001-00000001
Cox, Isaac
220201-001101
Birch, Anny
00011-000030001
Stansbury, William
00001-0000000001
Hoskins, Samuel
211001-010001
Donaldson, Isabel
0002-00011001
Evans, Walter
111111-110001
Evans, Sarah
10001-00011000l
Minis, Revd William
00011-20002
Magee, Bartley
121001-112001
Magee, James
001100001-00000001
Warner (free)
0-0
Derin, William W.
100001-10002
King, Susannah
01221-0001001
Star, David
001001-220001
Milly (free)
0-0
McClanahan, William
01121011-0100101
Coffman, Samuel
00000001-0
Gibson, John
21001-11001
Tylor, Philix(Phelix?)
00001-00001
Witt, Plesant A.
130001-10001
Anderson, James
11200001-110001
Anderson, John
1112001-111001

292

Anderson, Joseph
00001-0
Anderson, James
011001-200001
Anderson, William
20011-22001
Anderson, James
01111000l-00100001
Timmons, Noble
10001-10011
Will (free)
0-0
Witsell, Eli
00001-0001
Britten, Joseph
0001001-001001
Massy, Edward
001001-3001010001
Sharp, William
1000001-013001
Philips, Johnathan
111001-101001
Coffman, Andrew
0220001-0000101
Bradley, James
112201-111001
McAlpin, Jane
000000001-00000101
McAlpin, George
10001-10001
Timmons, John
00001001-00200001
Lane, James
30001-20002
Lane, Isaac
1122001-210201
Lane, Tidance
000110001-000010001
Brittin, Hester
0-102101
Nenney, Lucia
0-00011001
Young, Evan
0001001-0000000001
Phagin, Elizabeth
2101-0101001
Pangle, John
00112001-0110001
Burket, George
00001-00001
Burket, Jacob
10001-00001
Irvin, George
000000001-00000001

293

White, Sarah
1110001-0100020001
White, Richard
002001-120001
Charles (free)
0-0
Pangle, James
000001-200001
Moore, Sally
001-0011001
Lane, Thomas
10001-110010001
Lain, Samuel
00012001-010101001
Lane, John
10001-10001
Reynolds, Sarah
0011-0111001
Horner, Spencer
30001-11001
Horner, Isaac
111002-002111
Horner, Cavalier
10001-00202
Horner, William
00021001-00200001
Legg, Samuel
110001-11001
Haun, James
20001-10001
Pullen, William
13220001-0010001
Deadrick, William H.
2010101-210111
Miller, John
1111001-2011101
Flowers, Sarah
11-000010001
Rippeto, Thomas B.
100001-20001
Clarkson, James
2111001-121001
Neil, James L.
100001-01001
Forsyth, Andrew
220001-200101
Young, Josiah
00001-0001
Hide, John
01001-00001
Perry, John
10101-00001
Austin, Joseph
1011001-221001

294

Dunavin, Thomas
00001-01011
Potter, Robert
1000001-00001
Miller, Moses
0001-00001
Young, Jesse
00001-1001
Lynch, James
00001-11001
Potter, Paul
00001001-000000001
Susan (free)
0-0
Briant, Creed
00001-0
Gist, William
00001-0001
Frisby, America
2-10001
Polly (free)
0-0
Potter, Benjn.
21001-10001
Robison, Toliver
210001-01001
Witt, Charles H.
121001-210001
McNatt, Nathan
110001-11001
Witt, Miriam
0001-000000001
Witt, Merril
10001-00001
Oliver, Lemuel
220001-200001
Taylor, Levi
00001-0001
Donaldson, John
01000001-01210010001
Harry (free)
0-0
Sharp, Turner
10000001-112001
Wotten, Turner
0021200001-000110001
Hall, Stephen A.
100101-00001
Cole, John
00113001-01010001
Dunkin, John
1110101-201001
Cox, William
0010001-010001

295

Chace, Obed
00102001-0000001001
Galbreath, Betsy
001001-000000001
Cox, Hopkins M.
020111-11201
Newman, Joseph
10111001-2112001
Mount, Humphrey
01021001-0110201
Chace, John
00001-20001
Gaut, Mathew
0112001-0220001
Baker, John
011001-020001
White, Solomon
110001-12001
Thornbury, Richard
0010101-0000001
McCuistan, Joseph
00100001-0101001
Green, Nathan
11001-12001
Combs, John C.
00001-20001
Meak, Adam K.
020001-30001
Dunkin, Joel
11101-10011
Goforth, Charles B.
21011-10001
Ingrum, John B.
01001-00001
Gilbreath, James
1000001-203001
Mills, James
011001-000001
Douglas, Alexander
0000001-200001
Bales, John
00010001-00000002
Kelley, William
010001-01
Newman, John
1022101-1200101
Gass, James T.
121001-100001
Churchman, James
3020001-0110010001
Tartan, John
22210001-010001
Jacobs, Rebecca
00001-000010001

296

Coppick, John
000001-00002
Copeland, Hamilton
10011-10011
Pierman, James P.
00011-0002
Franklin, Robert
10001-00001
Grisham, Thompson
000000001-000000001
Gass, Samuel
000000001-00011000l
Bettis, William
2221001-101001
Gass, Ewin E.
30001-00001
Franklin, Robert D.
10001-00011
Brown, Gideon L.
000101-0
Carr, Catharine
00001-00002001
Peck, Adam
120011-201101
Laning, Richard
2000001-120001
Hays, Alexander
0000101-1001001
McCall, Dugald
00001-0001
Gilbreath, Mahlon
10001-10001
Barnett, Michael
000000001-0001001
Graham, Joseph
210011-211101
Meak, James S.
0002101-101000101
Carmichael, Lemuel
00210001-00021001
Ayers, John
100000001-010010001
Elmore, Thomas
2221101-000001
Taylor, William
22010001-111001
Carney, John
0000001-21001
Hammons, William
110001-100001
Hays, Nicholas
200001-10001
Rinehart, John
10001-10001

297

Bare, Adam
100001-11001
Firman, John
0330001-1202001
Franklin, Owen
00000001-0000001
Bales, Henry
000001-20001
Nicholdson, Jeremiah
00113001-0000300101
Peck, Henry H.
300011-02101
Leeper, Mathew
2223001-000101
Carter, Pascal
111001-0011001
Turnley, John C.
110001-221001
Gaut(Gant?), John
0000110001-000130001
Hill, John
000000001-0
Drake, George W.
10001-10001
Hickman, Lear
01012-00012001
Henderson, John
2011201-0132001
Manley, William
120100001-1011001
Manley, Benjn.
1020001-1203001
Peck, John
10001-10001
Lyons, Nathaniel
0110001-30021
Denison, John
11101-000001
Denison, Joel
00011-1001
Rinehart, Michael
000110001-00010001
Grisham, Joseph
000001-2200001
Hammons, Robert
00000001-00000001
Longacre, Richard
011101-1210001
Love, Thomas
200001-10001
Bragg, Nicholas
0000001-0000001
Lyle, Fanny
01211-0001001

298

Voss, Okelley
20001-00001
Branner, Michael
000000001-000000011
McFarland, Joseph
21110001-101101
Chambers, Henry
0000001-0000001
Reneau, John
00011-11001
Russell, William
001100001-001000001
Reynolds, Stephen
010000001-000010001
McCarty, Moses
002001-0000001
Denson, Thomas
21002-00001
Crider, Isaac
00101-000001
Black, Jacob
2113101001-011001001
Newman, Aaron
10001-01001
Lyon, Wyley
10011-01001
Tompson, William
000001-000001
Henry, William
221001-12001
Bales, P. M.
10001-10001
Bales, John
120001-100001
Wilson, Israel
1111001-201101
Babey, Martin
10002-10001
Oden, John
00000001-00000001
Pierce, George
00001-20001
Douglas, John
1101-011100l
Cluck, George
11010001-2021101
Dickey, James
0000001-0020000l
Martin, Hugh
122000001-1001
Hill, William
110000001-10001
Lyon, Joab
02011-010001

299

Bradshaw, Richard
0003101-0011001
Lockhart, John
10101-0100101
Moore, William
0000201-0000001
Doherty, James T.
30011-02001
Underwood, Thomas
001010001-01201001
Mitchell, John
000001-231001
Jones, Thomas
01011001-12100001
Gibbons, James
0012301-0000001
Davis, Nicholas H.
200001-11001
Gentry, Charles
100001-20001
Doherty, John
00001-1011
Balch, James P.
000001-00001
Hill, James
1221001-11011
Corbet, James
2120001-000001
Moyers, Christopher
020011-30001
Vanhoozer, Wm.
211001-010001
Pierson, John G.
10001-20001
Taff, James
0000001-0100001
Evans, Samuel
0201001-1111001
Bragg, John
0110001-01001
Bicknell, James M.
020001-10001
Watkins, Richard
100001-11002
Vance, John
00011001-0
Tillet, James
0002001-01300010001
Hays, William
0000000001-000001001
Jones, Joshua
20001-0001
Haggard, James
10011-200001

300

Vanhozer, Vall
00001001-001010011
Chandler, William
200001-01001
Shadden, Joseph
0100101-211201
Gass, Harvey
00001-00001
Peck, Benjn.
1110101-02101
Hodges, Callaway
0011001-001001
Hynds, Robert H.
10001-1001
Rankins, Richard D.
11101-011100001
Taff, George
000120001-00001
Scott, Robert H.
000001-000000001
Castiller, Alfred
00003-21001
Bales, William
00011001-00101001
Franklin, John M.
00011001-01000001
McClure, Cyrus
010101-300111
Thornburgh, Obed C.
0001-0001
Shadden, Wm.
02111001-01121001
Sellers, Wm.
10001-10001
Caldwell, Anthony
100001-10101
McSpadden, Milton
10001-00001
Gilbreath, William
100101-21001
Caldwell, James A.
130001-200001001
Graham, David
000001-30011
Hinkle, William
211011-010001
Cluck, Daniel
011001-21101
Briden, Mark
0111001-0112201
Miller, Robert
00100001-0303001
Johnson, Thomas
12201-0301001

301

Carter, Thornton
0201001-000001
Carter, Stuart
220001-10001
Doan, John
0002000101-0001101
Nicholdson, Joseph
11001001-01210001
Watkins, Spencer
0010000001-02121101
Blake, Joab
20002-00001
Hull, Isaac
00010010001-2200100001
Anderson, James
10010001-21001
Scott, Andrew
011001-011
Hayworth, William
000020001-00010001
Baley, Car
00112001-00110001
Barnes, Moses
00011-20001
Branner, Michael
000111-001001
Adamson, Thomas
21001-00001
Blakely, Joseph
210100101-121011
Moore, Robert
0110001-00101
Edgar, Andrew
000010001-00001001
Burris, Thomas
21111001-111101
Jones, William
111101-011001
Bales, William
111101-211001
Bettis, Benona
2101101-011101
Adamson, Larkin
00001-00001
Thompson, Samuel
00011-00001
Carter, Adam
1010101-222101
Gatlin, Radford
000001-00001
Branner, Casper
0010001-001201
Wooldard, Abram
0002001-00202001

302

Hinshaw, Ezra
220001-010011
Carson, James H.
00001-00001
Day, Thomas
00122001-20012
Bradford, James
00011001-00121001
Talbott, Perry
000000001-0001
McGuire, Joseph
0100001-11020001
Jacobs, Thomas
001001-1010001
Harrison, Peter
2110001-0120001
Sehorn, John
11000100001-01002
Kimbrow, John
100001-20001
Mansfield, Sarah
00001-000000001
Lyle, Daniel
011001-0213
McCuistin, James
012100001-01101001
Miller, Russel
10001-10001
McCampbell, Revd. John
3110001-010011
Hammel, James H.
110001-02001
McSpadden, Alsy
00111-0101101
Jett, Edward
00001-10001
Churchman, John
01121001-00012001
Leath, James
0110001-221001
Inman, Perminus T.
10001-10001
Lanning, Ezekial
000000001-000010001
Cate, Charles
10001-10001
Pollard, Jesse
122201-001001
Sellars, Nathan
211001-001101
Taylor, Willis
210011-11001

303

White, Robert
10001-000010001
Watkins, Osborn R.
00001-0
Carson, James
01100001-0012001
Blackburn, John
20001-0001
Striplin, Wm.
130001-10001
Whalin, John
01001-121001
Newman, Alexander
010011-2310001
Skeen, John
000000001-000000001
Frank, John
20001-00101
Woods, Majat (widow)
001-0011001
Wilmott, Rachael
0-00100001
Parmer, Joshua
02000001-0013201
Wilmott, Francis
0011-000001
Shelton, John M.
00000001-1231101
Brown, George
10001-21001
Miller, Abram
000001-0
Talpin, Jacob
002101-01000001
Scribner, James
000001-12001
Rodgers, Alexander
0201001-0020111
Abbott, Drury
10001-21001
Moyers, John
121011-2101001
Bettis, Bradley
0201001-0010001
Walker, John
0102001-022001
Bettis, William
00000000001-0000010001
Bettis, Eli
2200001-100001
Bettis, John
10001-20001

304

Bettis, Bradley K.
10001-0001
Pate, Daniel
0001101-0000001
Daniel, Edward
003001-120101
Steel, Revd. John D.
00001-0
Jones, Revd. Lewis
00000001-0
Howerton, John
100001-100001
Brown, Polly
00001-0000001
Langdon, Johnathan K.
120001-11001
Langdon, Joseph
00203001-01020001
Cherrytree, Thomas
100001-010001
Neal, Valentine
C2000001-011001
Carwill, Maryann
00001-00010001
Rodgers, James W.
120001-010101
Nelson, Joshua
000001-00001
Brimer, Elenor
0001-00001001
Campbell, Davis
010001-20001
Hickman, Joshua
111001-12100101
Miller, Martha
0021-01000001
Wall, Wadlington
0100001-21101
Shelton, Clever
1111001-1021001
Nelson, John
000100001-00010001
Sartan, William
1001001-1210001001
Lively, Joseph
001110001-00110001
Darnel, James
10001-10001
Sartan, Levi
020000001-1101101
Riggs, John
00000000001-0000100001

305

Miller, John
10001-00001
Barley, Susannah
0001-2220101
Riggs, Azariah
11001-10001
Night, Everett
00001-30001
Graham, William
0001001-020001
Lively, Terry
00123001-00101001
Miller, Charlotte
001-0011001
Millikan, Hiram
211001-01101
Montgomery, James H.
20001-0001
Sartin, Eli
1111001-00221001
Actes, Fleming
1002101-003001
Sarton, William
0011201-0010101
Griffin, John
10001-10001
Sarton, Dorcas
2-10001
Ceratt, Thomas
000001-000001
Taylor, Betty
00000000001-000000011
Taylor, Alfred
10001-10001
Timrell, James
00001-00001
Lively, Thomas
10001-0001
White, Polly
0-0030001
Moore, Jesse
2211001-110201
Welch, James
00001-0001
Reves, James
220001-10101
Franklin, John
012000001-0011001
Allen, John
11002-20001
Carson, Samuel
001010001-00121001

JEFFERSON

306

Copeland, Zacheus
000000001-00001
Churchman, Joseph
120101-202001
Finley, David C.
20211-020001
Smith, Priscilla
00011-00110001
Acle, Peter
03221001-00103001
Jacks, Richard
0100101-2001001
Jacks, Palmon
00001-10001
Copeland, Riley
00001-20001
Dobbins, Griffin
001000001-00110100001
Newman, Elizabeth
1-01001
Graham, George
000000001-010000010001
Gentry, John
110001-101201
Blackburn, Andrew
10002001-01002001
McGuire, Michael
2200001-200001
Blackburn, John
11010001-0111101
Franklin, Wm.
20001-10001
Adams, Wiley H.
00001-0001
Reneau, Russel
00001-00001
Walden, John
20001-01001
Gentry, Sarah
00001-000010001
Adams, Tabitha
00011-0001001
Sehorn, George
002111-10000010001
Henry, John
101001-22001
Love, Wm.
01011001-02201001
Blackburn, James
0210001-000000101
Stuart, John
113001-1010001

307

Mills, Thos.
1213001-0110001
Acle, Bradley (Ade?)
00001-10001
Smith, Charles
123001-200001
Gilbreath, Samuel
002001-130001
Nelson, Wm.
01001-11001
Williams, John
00000001-0011001
Critser, Wm.
000000000001-0000100001
Bell, Mary
0-2100101
Stuart, John
11000001-0000100001
Pankey, James
211001-20101
Pankey, Sarah
001-0111001
Moyers, James
111100001-01111001
Bell, Samuel
2201201-0231001
Hunter, James
000000001-000122001
Carson, John
02011001-0001201
Witt, Elizabeth
2-00001
Hazelwood, Susan
00301-100101
Millikan, Plesant
1001-001
Day, John
000000001-00000001
Wilson, Abram
00110001-01111001
Barten, Wm.
0110011-0111001
Staples, Richard
000001-021001
Loyd, Patty
1021-2201101
Smith, James
00001-1001
Poyndexter, Wm.
010101-001001
Wells, Collman
011001-21001

308

Wilson, Robert J.
20001-00011
Millikan, Alexander
1201001-112001
Howel, Jesse
000001-220001
Howel, Wm.
011001-120001
Bettis, Saml.
110001-10001
Russel, Mathew
110001-201101
Denason, George
00100011-000001
Churchman, Stephen
0102001-10210010001
Morris, John
00001-00001
Long, Hannah
201-11001
Riggins, Ephraim
0010001-01000010001
Hodge, Stephen W.
10001-00001
Watkins, Isaac J.
1110001-110001
Greenlee, James
20011-021001
Greenlee, John
11001-21001
Ivy, Wm.
20001-10001
Campbell, Charles
011001-0201
Campbell, Thos.
000011-00002001
Hodge, Moses
01011101-0012111
Ivy, Philip
1002001-0112001
Churchman, Reuben
00111001-221101
McGinnis, Robert
221001-110001
Green, Richd.
120001-212001
Carney, Arthur
001200001-0112001
Hays, Enoch
20001-10001
Hammonds, Thos.
00010001-00100001

309

Pogue, John
00001-00001
Hill, Jethro
0001101-110101
Hammons, John
00001-10001
Swink, Susan
01011-0101001
Yates, Nicholas
3211001-012202
Mindenhall, Mordica
0112001-0012301
Haworth, Richd.
000011-0001
Letnor, Jane
01-10001
Letnor, Adam
300001-01001
Davis, Thos.
11001-00001
Babb, Philip
2210001-100001
York, Wm.
0101001-222001
Hays, Wm. W.
00002-21001
Cate, Anderson
21001-00001
Davis, James
21001-00001
Prophit, David
00010010001-00002001
Frasure, Preston
20001-0001
Combs, Alfred S.
00001-0
Gwinn, Joseph
2210001-011311
Boyd, John W.
00001-0001
Brazelton, Lanty A.
00011-21001
Harrell, Jason
000200001-00200001
Peck, Moses L.
130011-110001
Clevenger, George
2121101-010101
Peck, Elliot
1202001-011101
Richason, Elijah
00001-11001

310

Sherred, James D.
000001-22001
Farmer, Nimrod
00001-0001
Haynes, Chris.
0000100001-001001
Thomas, Griffeth
11011001-0011101
Berry, Joseph M.
20001-002001
Rice, John
10001-0001
Thomas, Edmond
00001-10001
Barns, John
1021001-100001
Kelly, Allen
1210001-0010001
McLaw, John
1211001-1001001
Maddox, Jacob
000000001-00013001
McGuire, Randolph
110011-120001
Newman, Johnathan
012001-111001
Reece, James
01001000001-00100001
Garret, Margaret
02111-110201
Binion, Richd.
01200001-1101101
Reece, J. B. M.
000002-03001
Blake, Benjn.
00000001-000000001
Farmer, Mary
00021-01011001
Rice, Luellin
10001-00001
Watkins, Mary
000011-00011001
Landen, Samuel
1110001-120001
Davis, Elias
02011001-0111101
Lawrance, John
200001-110101
Ivy, Nelson
00101-1001
Harrell, Lewis
00001-21001

311

Sunderland, Abram
01010010001-0121001001
Greenlee, Ruth
0-00100001001
Bowerman, David
122001-0000001
Dorothy, Jane
101-010001
Cardwell, John
310101-00001
Sunderland, Elizabeth
0011-012101
Hilton, Anny
000101-00001001
Rice, Wm.
20002-00001
Millikan, Wm.
20001-00001
Millikan, James
00001-00001
Maze, Berry
0001-0001
Patterson, Thos.
300001-10001
Patterson, Joab
00010101-000000001
Miller, Samuel
00001-30001
Hickey, Thos.
011001-221101
Chaney, Charles
20001-21001
Cluck, Henry
10001-10011
Clevenger, Isaac
0000001-000001
Mills, Jeresiah
00001-0001
Parks, Levi
100001-022001
Snede, Benjn.
10001-10002
Gibbons, Margaret
0-00011000l
Lankford, Nelly
2221-100201
Churchman, Rubin
00001-20001
Solomon, Gabriel
22101-0220001
Seals, Thos.
00001-20002

312

Newman, John
311001-020001
Long, Nicholas
22002-10001
Brooks, Tarlton
2020001-020111
Boman, Daniel
100001-11001
Boman, John
21001-00011
Newman, Jarret
0000201-00011001
Collins, Wm.
221001011-001001
Kile, James
000010001-00002001
Pate, Jacob
0120000001-0010101
Hanks, Matilda
112-00001
Peck, Elizabeth
00001-0000000001
Jackson, Jefrey
0-0
Harrel, David
10001-10001
Fry, Henry
10001-1001
Peck, Jacob
11120001-0021001
Curnutt, Bird
210001-111001
Elmore, Mordica
000001-00001
Neil, Jeremiah
10200001-121001
Thornburgh, Benjn.
0010000001-001000001
Thornburgh, Nimrod
000001-100001
Thornburgh, Samuel
000001-10001
Neil, Elizabeth
000001-0001000001
Grames, Mary
1-120101
Thornburgh, John
110001-122001
Jolly, Joseph
01001-00002
Crowel, Wm.
1021001-1110001

313

Gwynn, Davis
00001-0001
Neal, Isaac
3-0
Neal, Thos.
00101001-0001001
Neal, Wm.
00101001-0001001
Campbell, James
00001-10001
Crowell, Kiah
11001-210101
Fielding, Richd.
010001-201001
Fielding, Wm.
00010001-0010000001
Elmore, Austin
010110001-000120001
Fielding, Dempsey
31001-01001
Pate, Susan
02101-000101
Pate, Bird
2300001-013001
Fielding, John
0100001-0021001
Nothren, John
001210001-0000001
Nothren, John
010001-21001
Coppick, Jacob
1100001-112201
Niel, Jessee
02001001-00310001
Reasan, Benjn.
100101-0110101
Owens, Elias
000100001-00010001
Niel, Thos.
00001-0001
Johnson, Saml.
1010101-011101
Elmore, Joel
100001-00001
Helm, Isaac
021001-00101
Jolly, Abner
10001-10001
Owens, Michael
21001-11001
Letnor, Dennis
01130001-01220001

314

Crowell, Benj. 11001-20001
Rich, Tempy 0001-012001
Hays, Isaac 100001-032001
McGee, Claibourne 312001-021001
McDowell, Wm. 0211000001-010001101
Ellor, Jacob 0111000001-0110001
Flatford, Nat 000001-22101
Pierson, Wm. 000000001-010001001
Bales, Abner 1010001-20001
Murfey, Joshua 00000001-0111001
Murfey, Robt. 00001-000001
Fielding, Wm. 00001-20001
Box, Saml. 0210001-001002
Fielding, James 00001-00001
Howard, Robt. 01210001-00110101
Balinger, Wm. 00110001-0011001
Ridenour, Biddy 0010001-0101010001
Davis, James 00001-10001
Davis, James 0000001-0001
Balinger, Alsy 0112-0001001
Elmore, Wm. 010001-21001
Hammock, Pleasant 20001-00001
Box, Saml. 0000000001-01
Elmore, Archillus 13210001-1011101
Balinger, Wm. 1001-00001
Kimbrough, David 001000001-0112101

315

Balinger, John 01001-22001
Frazier, James 20001-10001
Lea, Robt. 101001-120001
Holley, Jacob 0-0
Harrison, Richd. 0-0
Davis, Thos. 0010000001-000000001
McNeas, John A. R. 0001-0001
Box, Jonathan 011001-00001
Murfey, Wm. 0000000001-000000001
Murfey, Danl. 10001-11001
Sanders, Wm. 10001-20001
McNeas, Wm. 100001-10001
Smith, Wm. 0101101-221211
Bruier, James 10002001-20001101
Purkins, Judah 0-02001
Howard, Saml. 111001-02001
Nothren, Wm. 010001-221001
Maples, John 100000001-00101001
Maples, Willson S. 0001-0001
Collins, John 0211101-0121001
Turner, James 00001-1001001
Turner, Nathan 111C001-10001
Maples, Edmund 2210001-110211
Haworth, David 3101001-000000100001
Davis, Jeremi 00000001-00001
Fitsgerald, Hugh 00002001-00000001

316

Merick, John 200001-011001
Sutherland, Wm. 12101-010001
Helm, Jacob 01000001-00200001
Martin, Lewis 220101-100001
Maples, Wm. 00000001-100001
Gideons, Saml. 10001-10001
Manis, Wm. 10000001-222201
Harrison, David 000000001-00010001
Lewis, Elizabeth 0001-011000l001
Maples, James 00201001-00031001
Lewis, Evan 00001-000100001
Vance, Andrew 10002-0001
Lewis, Henry 1200001-0010001
Adcocke, Wm. 20011-00001
O'Howell, Wm. 11120001-0120101
Bates, Joseph 00103001-00000001
Boulton, James 00100001-000001
Lea, Charles 01100001-1111001
Hammer, Jonathan 222001-122001
Mills, Hugh 11000001-1110001
Martin, Cullen 1210010001-312002
Bradshaw, Benjn. 0000200001-000000001
Bradshaw, Larner 200001-10001
Bird, Wm. 00001-00001
Perin, Vatin 00001-00001
Bradley, John 00001-0001

317

Nance, John 0221001-00000100001
Beasley, Abram 000000001-0
Barnes, Jacob 011001-10001
Gibbons, Charlotta 02-00001
Barnes, Ruth 1-11001l001
Ayers, Kessiah 0011-000001
Philips, Jeremiah 111001-121001
Thornbury, Ai 211111-121001
Grayson, Wm. 0000101-00001
Patton, Robert 10002-10001
Dove, John 11001-00001
Dick, Wm. 111111-120102
Brazelton, Isaac 20001-00001
Frazier, Eliza 00002-00000001
Breden, Richd. 200001-13001
Howell, Patten 10002-10011
Smith, Jacob C. 20001-11001
Talbott, Willisten 00000001-00111001
Shelly, Jeremiah 010001-000111
Brazelton, Wm. 001261-12001
Gibson, Richd. 100021-10001
Shelly, Nathaniel 2001101-110201
Petty, Wm. 10001-00001
Vernoy, Noah 1100001-1111001
Barbe, Eliz. 130001-000001
Williams, John 1210001-21C1001

318

Sims, Austin 00001-10001
Hill, Elijah 10001-10001
Newman, James 110001-20001
Crider, Jacob 000010001-00000001
Carmon, Wm. 00001-11001
Jacobs, Saml. 121001-122001
McGuire, Patrick 2010010001-00001C0001
Cluck, Jacob 0113001-0
Talbott, Joseph 0220001-210001
Roper, John 0000001-0000001
Branner, George 220011-10001
Beattie, F. F. 00001-0
Parrott, John 1231101-1001101
Hindrick, Wm. 121001-00001
Harriss, James A. 00001-0001
Hamilton, Joseph 11C001-1C001
Fain, John 01121001-220011
Thomas, Reuben 21C001-02101
Inman, Shadrach 000011-220011
Moyers, Jacob 00022-01001
Gass, Andw. 011011-0020001
Carter, Peyton 000101-001001
Brookner, Chas. 00011-10001
Palmer, Thos. 110001-121001
Bicknell, Danl. 100101-21001
Gass, Joseph 1C1011-111001

319

Woods, John 01001-31001
Carter, Wm. 00001-0001
Clemmons, G. W. 30001-00001
Burnett, Rhoda 02-00111001
Newman, John 20001-10001
Cary, Warrington 00001-10001
Bradford, N. B. 10001-00001
Lea, Caswell 00002-0
Upright, Jacob 13120001-2001001
Sehorn, Jacob 00101001-0113001
Bare, Henry 000110001-00002
Bare, John 111001-110001
Inman, Abednego 0000100001-0000100001
Bankston, James N. 020001-20001
McSpadden, Archd. T. 020011-1C00100001
Ellit, John 0001101-0111C01
Squires, John 0001101-000001
McCall, John 001001-000030001
Grifin, Charity 00212-0200001
Whalin, Gardner 10002-12001
Sharp, Locky M. 0212-001001
Walker, Jeremiah 1001C01-10101
Miller, Abram 000000001-100101
Hickey, John 20001-12001
Quarrell, Jos. B. 00000001-0
Coffman, Thomas K. 001001-101

320

Bell, Edmund
212001-012001
Carmichael, Thos.
10001-0001
Burchit, Sally
011-220001
Rankin, James
120001-200001
Snead, Micajah
00000001-000000001
Rankin, Wm.
012011-001101
Branham, Wm.
00001-100001
Whittington, John
010001-0000101
Patterson, Nathan
100001-2
Underwood, Margaret
00011-1000011
Jones, Miles
100001-11001
Johnson, Mathew
10001-10001
Rankin, Thos.
111001-211101
Ketchen, Eli E.
00001-00001
Lockhart, John
000100001-0200101
Caldwell, Anthony
000020001-000020001
Kimbrough, Duke
00004,0001-00103001
McLain, Flora
011-0001001
Jones, Stephn
00001-0001
Barnes, Elizabeth
0011-0010101
Heath, Chappell
110001-10001
Newman, Blair
220001-01101
Webb, Jessee
111001-31101
Newman, Isaac
00001-00001
Callin, Edward
310001-00001
Blackwell, Joab
210001-00001

321

Ortra, Phebe
1101-001211
Hammons, Willis
000001-100101
Ashmore, David
230001-102001
Caldwell, John
311001-0021001
Campbell, James
10101-020011001
Caldwell, Wm.
000110001-000000001
Caldwell, James H.
010001-30001
Newman, Aaron
00110001-0001100001
Douglas, Edward
100010001-10011000l
Hodgin, Zilpha
000110000l-000200001
Riggs, James
222001-010001
Guin, John
1000000001-0010010001
Letnor, Jacob
10001-10001
Bethel, John
1000100001-00021001
Kyle, James L.
21001-020001
Shelly(Shelby?), Elizabeth
0-000000001
Goodin, Lucian
110001-11001
Lucas, Lavina
0-0
Brazelton, Jacob
002000001-00011001
Brazelton, Wm.
111000001-00002
Powell, Alexr.
10001-11001
Jolly, Wm.
000000001-000000001
Hammons, Moses
21100001-0102010001
Dyan, Polly
1-111001
Elmore, Isaac
100001-120011
Allin, Benton
020001-001001

322

Humbird, Samuel
000001-10001
Mills, Zachariah
00200001-01102
Morgan, Wm.
00001001-0011001
Mills, Jesse
100001-22101
Lawrance, Richd.
00000001-00000001
Lawrance, Jonathan
10001-00001
McDonald, Allen
00001-1000101
Pickring, Benjn.
00001-00001
Mills, Saml.
010000001-00010001
Mills, John
000001-00001
Hinshaw, Wm.
00001-00001
Swain, John
1121101-1101001
Simmons, Wm.
1110001-111101
Dafrin, Thos.
1100001-0101001
Morgin, Wm.
120011-212001
Williams, Joseph
110001-11101
Morgan, Hezakiah
123001-200001
Pierce, George
1111001-010001
Titsworth, Thos.
00001-00001
Hammer, Elisha
1212001-001001
Mills, Jonathan
110001-210001
Lyles, Richd. J.
111001-010001
Lyles, Thos.
0000010001-00111001
Patton, Thos.
02100001-0011001
Tabler, George
10002-11001
Bales, Abagal
1-110001

323

Holder, Bevely
001001-0012001
Dick, Jacob
00002-20001
Walters(Waters?), John
10011-10001
Cross, Joseph C.
01200001-1000001
Mullins, Burel
100001-20001
Mullins, Dancy
0000001-0000001
Strong, Mastin
11020001-1121101
Stone, Allin
030001-20001
Mullins, Joseph
10001000001-00001000001
Geanway, Benjn.
01120011-0210001
Hurt, Garland
211001-020001
Lamar, Wm.
310001-00001
Housley, Robt.
021000001-100111001
Right, Jane
01-000000001
Hodges, Welcome
111101-311001
Hodges, Charles
0000100001-0000000001
James, Alvah
1311001-10000101
Morgin, Joshua
00001-11001
Branson, Levi
00000001-00100001
Howsley, Thos.
10001-0001
Ellit, Robert
010001-102001
Blakely, Joseph
02110011-022011
Glover, Daniel
211001-2010101
Lamar, Elizabeth
0021-00102001
Lamar, Thos.
10001-00001
Blagg, Joseph
010001-21001

324

Hamilton, James
220001-102001
Vance, David
032300001-3000001
Vance, Elizabeth
0-000010001
Hankins, Thos.
11111001-1102001
Foust, Wm.
10001-10001
Hankins, Edward
10001-21001
Hankins, Edward
000000001-000000001
Hargis, James
20001-01001
Hankins, James
0011101-0011001
Mitchel, John
112101-000001
Hankins, Edward 3d
00001-0001
Arms, Edward
000000001-0111001
Broke, Sharwood
0012001-10001001
Arms, Hazekiah
00001-1001
Vance, Saml.
00001-0
Vance, James
00021001-00101001
Weden, Richd.
01110001-1201001
Meak, Martha
0-000000001
Little, John
211101-0112001
Meak, A. W.
1010001-0111001
Wilson, Benjn.
10001-10001
Hancock, Berry
0001-0001
Meak, Daniel
000001-000001
Martin, Robert
01002001-000130001
Harrison, Wm.
100001-000101
Tally, Robert
10001-10001

325

Malony, John
21001-00001
Large, Wm.
1021001-2010001
Inman, Benj.
012001-220101
Price, Wm.
10001-0002
Large, Wm. L.
10001-10001
Large, Isum
210001-020001
Minter, Green W.
00001-20001
Large, Joseph
0000100001-101220001000l
Stringfield, Revd. T.
100001-0001
Brown, John
022001-010001
Cherry--free
0-0
Ruth, Solomon
00001-00001
Covey, Robt.
00001-22001
Turner, Ryal
20001-00001
Loyd, Anderson
200011-1000101
Dodd, Josiah
01001-20001
Geanway, Susan
0-0000000001
Dickson, Thos.
110001-20001
Howsley, Robert
10001-10001
Magby, Harvey
0001-00001
Hanley, Saml.
00200010001-101101
Minter, Mathias
0002000001-000000001
Evans, Andrew
101101-011101
King, Jos.
21001-11101
Shell, John
1110001-1200101
Dickson, Elisha
100001-12101

326

McCullough, Martha
0-00000010001
Houston, Thos.
00001-10001
King, John
100001-10001
Bell, Benjn.
000000001-000000001
Dunkin, Jane
001-00011001
Crobarger, Katharine
00011-00101001
Clibon, Millinder
00001-00001
Burnet, Wm.
10001-01001
Cox, Reed
2101001-1011001
Sumner, Mouring
000010001-000010001
O'Howell, James
10001-00001
Mills, John
1001-00001
Udailey, David
211001-121001
Udailey, Mary
0002-000010001
Smithson, Francis
000000001-000000101
King, James
000100001-000000001
McCoy, John
0000000001-0000001001
Walton, Wm.
00102001-0110001
Lyons, John
0000001-00011
Killey, Wm.
100001-000001
Thornton, James A.
00011001-00000001
Ore, Jacob
31001-00001
Mitchael, Berry
0003001-0111101
Cate, Wm.
10001-10001
Luck, Wm.
0001-1001
White, Joseph
210001-01001

327

Collins, Thomas
22001-11001
Cate, Richd.
0202101001-1020001
Pigg, George
00021001-00001001
Walker, James
0011101-0011101
Evans, Wm.
20001-00001
Dick, Henry
00110001-0110001
Lock, John
01110001-00000001
Lucus, Austin
0-0
Martin, Robert
000001-10001
Howsley, John W.
0011001-001011
King, Wm.
00001-00001
Russell, James
00001-10001
Kelly, Benjn.
001000001-000010001
Frazure, Solomon
10001-12001
Frazier, Wm.
000100001-000000001
Williams, Hannah
102-010001
McNight, Thos.
100001-13001
Cate, Samuel
00001-11001
Henry, Matsy
1-00001
Burnett, John
20001-01001
Turner, John
210001-110101
Russell, Abnor
0001001-01100001
Teague, Isaac
10001-00001
Smith, Ellis
000001-10001
Mount, John
110101-11001
White, Charles
120001-211001

328

Patton, Robert
001110001-00111001
Scarlett, John
03110001-0110001
Barnhill, Marid
0011-011001
Miller, Robert C.
00001-00001
Carmon, Caleb
00002001-00111001
McCormick, James
12001-10001
McCormick, Andrew
00001-100001
Rainwaters, Mathew
230001-011001
Hays, Sirus
00001-10001
Tancasly, Wm.
00001-00002
Rainwaters, Collin L.
20001-01001
McCormick, Ruth
0-000010001
Hoskins, James
00021001-0121001
Lyle, Samuel
00001000001-000001001
Smithson, Hezekiah
2021001-101101
Anderson, James
01010001-20111
McCuiston, James
100001-120001
Dalton, Casander
0001-000101
Cluck, Peter
00031001-00100001
Cluck, Jacob
11001-00001
Solomon, Henry
110001-211011
Grant, Isaac
000002001-000000001
Carter, Enoch
2211001-102101
Richey, Robert
110001-010001
Sampson, Jefferson
10001-2001
Gear, Alex.
00001-1001

329

Kizar, Richd.
301000001-010101
Templeton, Wm.
00001-10001
Doherty, Josiah
11120001-0111001
Caldwell, Wm.
00001-0001
Bonine, Smith
010011-001001
Denton, Mary
001-0012001
McAndrew, Wm.
21001-101001
Swan, Robert
022001-101001
Dafron, Owen
210001-221201
Sims, Thos.
111001-22001000001
Denton, Wm.
12001-00001
Parkes, Henry
00001-00001
Parkes, Wm.
01111001-00010001
Denton, Jacob
230001-000001
Burris, John
10001-0001
Cowan, Jonathan
10001-10001
Denton, James K.
00001-10001
Wallin, Richd.
10001-10001
Lychlyter, Frederick
00101001-01100001
Nichol, Jehel
010001-01001
Pulce, George W.
20001-10001
Kenney, Sally
00011-00010001
Reneau, Michael
20001-01001
Pucket, Frank
100011-0001
Gregory, Richd.
011110101-021000101
McAndrew, Joseph
00012001-01100001

330

Fuller, James
100001-111001
Lewis, George
001001-02001
Lichlyter, David D. N.
130001-200001
Lacy, Thos.
0022001-0101001
Parker, Jesse
200001-112001
Hickman, Elisha
00011001-0000011
Willson, Samuel
111001-011211
Donaldson, Hanable
00001-0001
North, Peter
00010001-0101101
Gregory, George
01010001-10121001
McAndrew, Richd.
00001-00001
Eslinger, Philip
00001-10001
Evans, Lucy
00203-00011001
Stuart, Thos.
0010001-122101
Swan, Katharine
00012-00020001
Lewis, Jacob
00010001-00020001
Cowan, John
000010001-100120001
Lewis, Eli
2001001-013101
Gibson, Wm.
0101101-000001
Taylor, Wm.
10001-11001
Lewis, Wm.
01112001-00100001
Copeland, Joseph
1100001-10001
Odeneal, Wm.
00010001-00100001
Cowan, George
02001-100001
Byas, Joseph
10001-1001
Byas, Betsy
021-011001

331

Denson, James
00000001-00122001
Jacobs, Jacob
00001-20001
Crow, John
22020001-2001001
Moyers, Saml.
101001-00001
Thompson, Vredinburgh
100101-01001
Kinney, Abram
010001-001011
Brown, Clabourn
31001-00001
Thompson, Isaac
200001-00002
Thompson, Baxter
00001-00001
Summers, Mouring
00001-00001
Henderson, Wm. C.
01011-00011
Pierce, Solomon
0021001-010001
Vandike, Henry
200001-01001
Jones, Isaac
1111001-111101
Right, John
010001-30001
Olderson, Isaac
10001-00001
Maru, Isaac
320001-00001
Derieux, Henry
0100001-110001
Sumsjutt?, Danl.
201101-221101
McCarter, Abram
012001-210101
Birchfield, Jos.
1131001-21011
Skean, Anderson
21001-11001
Lawrence, James
300021-00021000001
Mangrum, Pleasant
220001-00001
Newman, George
1213001-1010001
Webb, Jessee
00002001-01000001

332

Forgason, Wm.
000001-00001
Pierce, James
20001-10001
Kelley, Robt.
0000001-1010001
Elder, Martin
00001-00011
Callin, Henry
2010001-010001
Hammell, Robt.
00001000001-00001
Van Hoozer, Thos.
10001-0001
Sasseen, Randolph
011001-211101
Moore, James
10001-12001
Nucum, John
10001-20001
Bettis, David
2040001-010001
Newman, John
23101-01001
Birdit, Katharine
0111-011101
Forgason, Thos.
0000000001-000000001
Newman, Saml.
0001001-2121001
Gass, John
1200001-111001
Russell, George
000001-23101001
Henry, Loftus
100001-01001
Travillian, Joab
00001-10001
Thomas, Jacob
30001-00001
Lindsey, Chas.
000001-100001
Palmer, Abram
00001-20001
Henderson, Thos.
0100001-200101
Carr, Benjn.
11001-11001001
Lyle, Thos.
102001-210101
Watkins, John
200001-00001

333

Parker, Allin
110001-102101
Teague, Mathias
000100001-00000001
Kinney, Thos.
010001-211001
Baker, Reuben J.
01001-20001
Moore, Chaney
0012001-122001
Gibbs, Obed
010101-400001
Fain, Josiah
00001-00001
Jolly, Solomon
00001-00001
Foster, Robt. L.
10001-10001
Bales, Danl.
11001-00001
Qualls, Betsey
11-11001
Henry, David
211001-01001
Davis, Mary
00001-000012001
Tancasley, Wm.
00001-00002
Elgin, Robt.
001100001-000120010001
Putman, Elizth.
21-10001
Henry, Sarah
00011-00010001001
Killey, Susan
1-110001
Callahan, Rachel
00010000001-00000001
Thomas, Reuben
00001-00001
Callahan, Thos.
01001-00001
Hoozer, Hugh
200001-00011
Hudson, Wm.
00130001-0000001
Cooper, Jessee
200001-0001001
Coppick, Jos.
01001001-0122201
Thomas, James
00001-0

334

Scarlett, Stephn
20001-00001
Farmer, James
0000001-1100001
Dukes, Henry
10111001-0110101
Hogain, Wm.
121001-000001001
Elmore, Peter
12001000001-1100021011
Dukes, John
00001-00001
Dukes, Wyley
00001-1001
McFarland, Susan
2-10001
Hasket, John
1000000001-021001
Baley, Jessee
00001-1001
White, James
000000001-001000001
Pierer, David
00000001-0000001
Johnson, Nancy
000001-0000000001
Lewis, Wm.
1000001-120101001
Thompson, James
000000001-0
Jones, Wm.
111101-011001
Gibson, Thos.
00001-20001
Campbell, Jessee
110001-21101
Collet, Saml.
22001-00001
Davis, Rachael
011-211001
Overby, Robt.
11002-21002
Callahan, John
00101-10001
Manor, Danl.
00001-10001
Briant, James
140001-11001
Gueyonn, Wm.
011200001-0100001
Thompson, John
100001-11001

335

Rollins, David
1112001-111001
Jiner, Elvan
30101-02001
Haddock, John
20001-11001
French, Moses
021101-201101
Rainwatters, John
0002101-222101
Cooper, Mary
00101-0002001
Farrell, Henrietta
00001-000100001
Right, John
0100001-30001
Moyers, Alxr.
20001-00001
Williford, Abijah
20001-00001000001
Jones, Clabourn
10002-10001
Ashmore, Elizabeth
00011-010040001
Moyers, Peter
111101-000001
Thomas, Joseph
10001-10001
Heath, Rains
111101-010101
Patterson, Simmons
00001-30001
Balch, John
000000001-000011
Williams, David
10001-00001
Blackburn, Edward
01101001-0101001
Morrow, Priscilla
0010110001-1222301
Bettis, Rebecca
00002-00010001
Mathis, Wm.
2102101-001001
Jones, Robt.
10001-11001
Thornhill, Sarah
011-1101001
Kimbrough, Thos.
010001-210001
Kimbrough, Jessee
00000000001-0000000001

JEFFERSON

336

Pogue, Polly
11-110001
Harriss, Wm.
20100001-0110001
Denton, John
00001-10001
Haner, John
20001-010001
Cowan, Joel
120001-211011001
Pain, James
0-0
Coons, Joseph
00001001-0001101
Austell, Wm.
00020001-01120001
Moasly, Thos.
110001-01001
Swan, John
110001-10001
Elinger, Andw.
1231001-1101101
Rainwatters, Vincent
1110101-2111001
Smith, John
120001-012101
Davis, Joel
000010001-0000000001
Collins, Wm.
0000001-00001010001
Rinehart, Philip
2121001-00001100001
Russell, John
2200001-012001
Brown, Claibourn
21001-00001
Moyers, Wm.
200101-00001
Moyers, John
000100001-00010001
Lemmons, Chris
01210001-1110001
Carter, James
00001-22002001
Briant, Richd.
010010001-101010001
Castiller, Isabel
01120001-0010001
Craig, Robt.
00001001-00001001
Edmunds, George
00100001-0011001

337

Renneau, John
00100001-0101001
McCarter, Joseph
0001001-002
Chambers, Wm.
100001-1001
McCarter, Abram
012001-210101
Denton, Joel R.
00001-0001
Linsey, John
000000001-00200001
Dorathy, Wm.
100001-21001
Dorathy, George
00000000001-000102001
Parrott, Henry
00010001-00010001
Denton, Jacob
211100001-000010010001
Gann, Mary
121-000001
Russell, Wm.
11001-00001
Russell, Wm.
000011001-001000001
Renneau, Hezakiah
2111001-003001
Long, Henry
101001-120001
Clendenen, John
1111001-0111001
Green, Frederick
3230001-010001
George, Silas
000000001-000100001
George, Samuel
00001-0001
Reece, Hiram
00011-10001
George, Edward
22001-000001
Woods, James
10112001-2221101
Chambers, Isaac
10001-10001
Gan, Alex.
20001-11001
Lavina--free
0-0
Pate, Hugh
010001-120001

338

Howard, Jonathan
101001-12101
Gann, Elizabeth
0-00000001
Kitrell, Joseph
00100001-110001
Linsey, James
130001-00001
Manin, Cornelius
111001-11001
Parrott, Benjn.
10001-210001
Parrot, Jacob
30001-00001
Parrott, George
10001-00001
Hall, Moses
2102001-0200001
Birchfield, Robert
20001-00001
Brimer, Vinyard
010101-201001
Brimer, John
0211001-1001001
Baker, Margaret
00221-01000001
Reneau, Isaac
10001-00001
Aley, Jacob
1202001-012001001
Edmonds, Fanny
022-0101101
Smith, John
02200100001-001001
Slover(Sloan?), John
2211001-1111001
Miller, Jacob
01000001-0212001
Carter, James
00001-2200201
Roper, Drury
000000001-0000001
Baker, Williamson
20001-00001
Rainwaters, James
0121001-1000001
Moore, John
100000001-00013
Moore, John
121001-211001
Parks, Philip
10001-10001

339

Kidney, Jonathan
10001-10001
Baker, Thos.
220001-201001
Black, Robert
01011001-01210001
Keyton, Elijah
01010001-112101
Hill, John
02200001-1110001
Eslinger, Mary
01-10001
Thornton, Barnabus
101011-1202001
Slover, Abraham
0000000001-000010001
Kyle, Enoch G.
10001-000001
Aley, John
1120001-1202001
Smelser, Adam
0201101-0103001
Kidney, John
00000001-0000001
Eliott, George
0010001-101001
Payne, Thompson D.
1221001-0010001
Rayder, John
211001-101101
Webb, Thos.
204001-2101
Webb, John
20001-10001
Mangrum, James
00110001-00011001
Jones, Mary
11-00001
Taff, Jessee
30001-00001
Davis, John
10001-20001
Hill, Joseph
01110001-1101101
Farlis, Wm.
20001-00001
McKinney, Wm.
20001-01001
Strange, James
0110001-1011001
Lewis, John
00001-00001

340

Prophet, Samuel
21001-120001
Ellis, Uriah
000001-11001
Henderson, Wm.
10001-210001
Denton, Josiah
0222001-0101101
Richeson, Abram
10001-1100101
Griffin, John
00001-20001
Lewis, Gabrael
1102001-02100100001
Denton, George
0000000001-000120001
Hauts, John
22120001-1201001
Pulce, Frederick
00100001-0011
Garner, Permelia
01101-001001
McCloud, Wm.
00011001-001
Gregory, Joseph
000001-00001
Lincamfelter, Elizabeth
000001-00001001
Lewis, Joel
00011-00001
Turnley, George
000140001-001101001
Pierman, James
0001000001-0000001
Odeneal, George W.
10001-10001
Lennon, John
111001-101001
Thompson, Sarah Ann
0-100101
Denton, Cornelius
200001-000001
Grant, David
10001-10001
Grant, James
000001-100001
Pain, Polly
0-002101
Kidwell, David
220001-10001
Right, George
00000001-000011

341

Dair, John
00111001-0121101
Lyon, Nelly
00002-0001201
Eaton, Joseph
1101001-212001001
Thompson, Wm.
00000001-00011
Caldwell, Elexander
00100001-0001001
Shadden, James
00100001-00011001
Caldwell, John
210001-010001
Alderson, Burzilla
012000001-00011001
Hearn, Edmond
01020001-0110001
Hearn, Joseph
00001-0001
Gillerland, Joseph
00010001-00103001
Travillian, Sarah
00103-00021001
Mills, Aaron
0001001-00000100001
Bales, Ashur
3000001-0030001
Hearn, John
10001-10001
Johnson, Eli
002001-211001
Cate, Charles
10001-10001
Carpenter, Wm.
01001-20001
McClure, Wallis
00001-0001
McClure, Robert
00000001-000000001
Cate, Wm.
00001-00001
Ruth, John
1121101-1100001001
Clark, James
002001-000001
Kelsey, Elipholet
212100101-0000010001
Adamson, Elinor
021001-20100101
Adamson, Thos.
310001-00001

JEFFERSON

342

Willson, Israel
0121001-110201
Willson, Eli
11001-11001
Willson, Isaac
00001-00001
McCoy, Wm.
130001-10001
Qualls, John
101001-220001
Watkins, Wm.
102101-0100001
Pierce, Robert
00030001-00001001
Pierce, Caleb
0000001-0011001
Moore, George
000100001-00002
Williams, John
2110001-1111001
Flatford, Eleven
110001-111001
Mills, Wm.
00100001-00102001
Nelson, Hugh
00100000001-0001001
Gillerland, David
23001-010001
Powell, Sandy
10001-20001
Bennett, James
00011001-00000001
Hodge, Edmond
0021001-1011001
Sellars, John
1001-00001
Starling, James
01120001-0101001
Gass, Nancy
022-001011
Hoskins, Wm. N.
1010001-001101
Lake, Susan
0-00001001
Kitchean, Sally
0-00011101
Haggard, Lucinda
01102-00112001
Hoskins, Wm.
000020001-000010001
Franklin, James
31001-10001

343

Hays, John
0000000001-000210001
Vandike, Mary
00011-000000001
Vandike, James
20001-00001
Harris, Benjn.
00001001-00012001
Hoggatt, Saml.
0010000001-00011001
Manor, Gibson
10111001-02110001
Kelley, Thos.
02001-201101
Elder, Charles
10001-20101
Kelley, Robert
0000001-1010001
Thompson, John
00001-0001
Ballard, James
0101100001-010111001
French, Wm.
2222001-220101
Manor, Levi
110001-12001
Sellars, Saml.
120001-30001
McSpadden, Saml.
0000200001-00011001
Shubird, Philip
20001-10001
Lankston, Fanny
0102-01000001
Gaut, Robert
010001-100001
Gaut, Benjn.
100001-10001
Gaut, Wm.
120001-11001
Gaut, John
100001-22001
Chambers, John
300001-00001
Sutliff, James
100001-01010100001
Leath, Ebanesor
2000001-100101
Henry, Hugh
000000001-0000000001
Henry, John
000010001-000000001

344

Henry, Silas
001001-01011
Lindsey, Wm.
00001-210001
Dorothy, George
2130010001-0110001
Levina--free
0-0
Leeth, Josiah
0001-0001
Leeth, Jeremiah
00001-0001
Wilcox, George
101001-042101
Bishop, James
211001-010101
Wilcox, Sally
00111-000110001
Lanning, Isaac
120001-100001
Barnet, Wm.
00001-10001
Hay, Wm.
20001-10001
Swan, Katharine
0011-000001
Blackburn, Benjn.
00001-10001
Eslinger, Adam
11000001-300011
White, Margaret
0001-0000001
Harrison, Chas.
2200001-00101
McFarland, B. F.
00001-100001

315

McCain(McCarn?), Christene(?)
00011-00000001
Manwaring, Wm. F.
00001-20001
Sterling, James
00001-100001
Smith, Garnet
000000001-0
Garner, John
000100001-0000000101
Smith, Robert
10001-01001
Courtney, John
100001-11001
Robinson, Benjamin
00110001-0110002
Paul, James L.
00001-00001
Watt, James
100001-11001
Mayfield, Bradley
11000001-0012101
Bean, John
112001-110001
Ferguson, Benjamin
20002-10001
Ferguson, Mary
00101-00111001
Williams, James
00001-10001
Franklin, William
00210001-222001
Sterling, John P.
120001-100001
Badget, Ransom
0212001-0001
Badgett, Robert D.
10001-10001
Robinson, James
20001-121001
Barger, Barbara
01-12001
Barger, Frederick
00111001-021101
Barger, Nicholas
10001-200002
Harris, Tabothy
0-00000001
Harris, Nelly
0-0
Crawford, Francis
212111-001001

316

Byerly, Jacob
200001-10001
Nance, Paschal
00000001-00001
Paul, George M.
231001-000001
Camp, James
020110001-001001
Price, Thomas
21001-00001
Price, James
0000100001-00110001
Price, John
000001-23001
Courtney, Peggy
012-10100201
Smith, Thomas
212001-010001
Bennett, Haywood G.
221001-001001
Lucy(?), William
00001-0
White, Samuel
110101-1100010001
Duncan, James
20001-001001
Bearden, Marcus D.
200001-02001
Hensley, Anthony
100001-111001
Bearden, Richard
00001001-00001001
Carroll, George
131001-20001
Bearden, Nancy
00012-0121101
Fryar(Fryan?), James
100001-12100101
Bond, George
210101-111001
Cummings, Joseph
01100001-1111001
Hill, Nancy
0001-00000001
Bearden, Benjamin
121001-01101
Debusk, David
00001-21001
Rudder, Joel
00001-00001
Currier, William
0002001-00000001

317

Bond, Isaac
00011001-02200001
Scott, Polly
0-00000001
Scott, William
1001-1101
Scott, Thomas
110101-001101
Swan, Jane
000121-00010001
Ballard, James
212101-02101
Radford, N_oah
20001-10001
Swan, Moses M.
30001-000021
Hobbs, Richard
00100001-00112001
Sisk, John
221001-210011
Decker, William
200001-011001
Kirkland, Samuel
131001-200001
Jones, Lewis
002010101-021101
Johnson, James H.
00001-00001
Johnson, Martha
00111001-0101001
Jones, William
001101-010001
Hobbs, Thomas
20001-00001
Shote, James
10001-10001
Shote, Edmund
00001000001-00000000001
Rogers, James
000011-212001
Swan, George
001001001-00111001
Nealy, John
100220000001-1200001
Brock, Jesse R.
00002-10011
Watkins, Reuben
21001-01001
French, Sarah
0022-02202001
Low, John
2320001-200201

318

Watkins, William
00001-1001
Watkins, Samuel
20001-10001
Medlock, John
02121001-1100201
Campbell, Alexander
10001-100001
West, John
000001-10001
Pritchett, Edward
10001-10001
Alford, John
2110201-020101
Medearas, Margaret
011-1012101
Temple, Jane
0003-00000001
Young, John C.
0200102001-00201
Douglass, John
00011-20001
McCormack, Samuel
00001-2001
Frost, Jonas
00110101-0112001
Barnett, Judah
002-00010001
Shetterly, Michael
00002-10001
Taylor, Alex
10221001-0001101
Taylor, Alex
00001-10001
Hindman, Thomas C.
110001-220001
Wood, Washington
012001-110101
Harrelson, William
00100001-00000001
Bullen, Isaac
00001-0001
Swan, James
10002-00001
Hudson, William
1201001-0011101
Shelton, Azariah
000001-00001
Hord, Thomas
1100001-10001
Havron, John M.
010011-301001

319

Hester, Ann
0-00000001
Miles, Messimiah
0021-000101
Howard, James
22001-001001
Wells, Rosagill
00111001-0221001
Cox, Lewis
00100001-0010001
Fleming, Samuel
00001001-0011001
Rodgers, William
122001-100001
Grey, Joseph
01001101-0110011
Thomas, Reuben
1021001-21001
Greene, Joseph
00001-0001
Scott, Reuben
001101-23101
Grammer, Henry
00002-20001
Low, Mary
00012-01000101
Russell, Andrew
10022001-0120021
Baily, Thomas
210001-00001
Russell, Matthew
000000001-00001
Russell, William
130001-200001
Long, Robert
00011101-00000001
Holmes, George
2010001-001001
Gowns, William
1110001-111101
Gowns, John
010001-21101
Maples, Morgan
10001-20001
Draper, Solomon
20001-00001
Spillman, Thomas
01021101-00200001
Smith, Thomas C.
10001-00001
Craig, James W.
011110001-001

320

Bolton, Daniel
31101-00001
Martin, Samuel
2110001-122001
Bell, James
200021-11001001
Cassedy, Charles
0000001-0
Gilbreath, Samuel
000111-0001
Gilbreath, John
000001-20001
Gamble, Jeremiah
1103101-121011
Canard, Alexander
001001-001001001
Blakely, John W.
100001-11001
Everett, William C.
000001-010001
Watkins, Henry H.
110001-111001
Osborne, Fielding
00010001-00100001
Clark, Hugh M.
00001-20001
Barnhill, Robert
000001-0
Smith, David
0002000001-00001101
Clark, Thomas
00001-0001
Clark, John
000000001-010010001
Craig, Robert
10001-0001
Montgomery, James
0110001-1111001
Montgomery, Sarah
0-0001001001
Hunter, Phoebe
001-020001
Douglass, William
010100001-00001001
Lee, John
10001-20001
Click, Jacob
310001-00101
Rodgers, Joseph
000110001-000000001
Brinckle, William
0001-0

320A

Low, Jacob
211001-121001
Haynie, Samuel
0001001-000100101
Hill, William
00001-00001
Smith, Beverly
01101-20101
Harrison, William
20001-120001
Hill, Richard
210010001-001001
Knox, Matthew
01001-21011
McClellan, Matthew
310001-011001
Ross, William
10001-100010001
Grey, Robert
20001-10001
Forbice, Urqhart
000001-0
Rudder, Robert
110001-122001
Cunningham, John
210001-011011
Parham, Edmund
02010001-001001
Parham, Wilson
00001-10001
Underwood, Briton
110010001-2012001
Gravitt, William
00002-1111001
Bennett, James D.
0001001-002001
Courtenay, William
000001-00001
Crawson, Polly
0011-0012001
McCaughan, Dennis
000001001-00000001
Fannon, Thomas
100011-121001
Low, John
0010100001-0001001
Nave, John
1210001-0111001
Scott, Tandy
00001-00001
Scott, Peter
10001-00001

321

Loyd, John
10001-10001
Scott, Silas
00000001-0102001
Russell, Brice
000010001-00122
Russell, Joseph
00001-20001
Threewitt, Lewis
00001-20001
Scott, Joseph
00001-00002
Low, John
201001-02001
McCullough, James
0110100001-00000001
Propes, Nicholas
0000100001-0100010001
Torro, Susan
13-0000101
Ross, Robert
21120001-0011001
Birdwell, Russell
00001-00001
Knox, James
10002-10001
Gowns, Edward
000001001-000000001
Woodburn, Thomas
10001-10001
Martin, Samuel
221001-110001
Tonsend, Taylor
0001000001-000200001
Cannon, George R.
10001-21001
Buffalo, Isaac
0201001-0300001
Smith, William
01001001-01200001
Robinson, Cornelius
0001-0001
Smith, John
10001-00001
Tucker, Elizabeth
000300001-11201101
Vickers, Elizabeth
0111-011101
Perry, James
00020001-00002
Rowe, Levi
201101-010001

322

Harner, Mary
0001-0001000100001
Chumley, Elizabeth
00001-000110001
Derosset, Daniel
000000001-10011001
Copeland, John
1110001-010001
Bonine, Jacob
20001-00001
McCullough, John
00001-10001
Robinson, Hervey
00110001-00101001
Robinson, Benjamin
10001-00001
Carter, George
0000001-000011
Harvey, Thomas
022100001-0102101
Phillips, Ann B.
011-0110001
Lethgo, James
110101-1220001
Guthrie, Mary
01-01101
Campbell, John S.
00001-100011001
Hall, Rebecca
1211-001001
Doak, Samuel H.
10001-100011
Gilbreath, Alexander
0011001-0121
Boyd, Thomas
0000101-10001
Brandon, Daniel
0011101-000001
Wilkerson, William
00120001-00020001
Early, William
200010001-10001
Varner, Jacob
120101-112101
Lambe, Jeremiah
00001-21001
Wheat, Azariah
00000001-0
Campbell, James
010001-20001
Campbell, David
110001-10001

323

Luttrell, Silas
110101-201101
Campbell, James
0000010001-000100001
Alexander, John
010120001-0001001
Stout, Charity
0-0010001
Givings, William T.
1110001-121000101
Ramsey, Eliza
00011-00101001
Neff, Aaron
020001-21001
Kennedy, Walter
03020002-01301001
Geesler(?), Margaret
101-01001
Kidd, John
1020001-2122001
Lonas, Jacob
000110001-00002
McLain, Susannah
01122-1010001
Keith, John
0101001-1121001
Wade, Fleming
00001-20001
Renfro, John
000210001-01001001
Hayney, Mary Ann
0112-1000001
Eubank, John
10001-10001
Brown, Francis
11101-11001
Nester, John
1201101-1112001
Clark, John
120001-110001
Malone, William
100001-20002
McDonough, John
00001-10001
Lonas, Joseph
110001-10001001
Fleming, Robert
00001-10001
Walker, Reuben
220011-10011
Walker, Elijah
230002-11001

KNOX

324

Lake, Daniel
100001-10001
McReynolds, Robert D.
210001-00001001
Porter, James H.
00001-10001
Reynolds, John
00112001-021001
Kinoy, Barbara
0-001001
Marley, Margaret
01001-00220001
Walker, Matthew
00110101-0100001
Walker, William L.
00001-0001
Martin, James N.
00001-10001
Lacy, Elizabeth
0022-00103001
Martin, John
01001001-1111101
Council, Rachel
0-00000001
Haskins, John
00201001-0002
Council, Howard
210001-10001
O'Dell, William
022120001-00010001
Merriman, Martha
11-000010001
Bradberry, Michael
200001-00001
Seaton, James
1001001-021011
Wright, Elizabeth
0-000000001
Evans, Obediah
0030001-221001
Evans, William
110000001-0100001
Connely, Thomas
0010100001-0102001
Clark, Betsy
1-10001
Maples, Wilson
31001-00001
Gillespie, Jacob
0001200001-000020001
Conn, Hugh
000101001-00011001

325

Haines, Lettuce
1-110001
DeFreese, Moses
1120001-110101
Cannon, Zachariah
00002001-00110001
Cannon, Benjamin B.
00001-10001
Everett, Derritt
1023001-03000001
Everett, William
000000001-000001
Moore, John
1201001-01011
McCaleb, Samuel
110001-211001
Smith, William M.
1400010000001-10001
Temple, Jeremiah S.
00011-30001
Luttrell, Edward
0000000001-0000000001
McCowan, Matthew
00001-11001
McDaniel, William
200011-1001
Miller, John H.
00000000001-0020001
McCaleb, John
0120001-1211001
Liles, James
1110001-0110001
Wells, Archibald
00002-10001
Smith, John
000210001-0100010201
West, Catherene
00003-00020001
Evans, Mary
001-0110001
Thornton, John
0121101-1111101
Thompson, William
0110001-0002201
Alexander, William
1110010001-111002
Helums, Betsy
0001-0000001
McNeil, John
00000000001-0
King, James R.
100001-12001

326

Duncan, Mary
00001-000100001
Keener, Jacob B.
10001-00001
Graves, Daniel
00011001-00110001
Nelson, Elijah
001000001-0001101
Carpenter, John
00010001-0000101
Fisher, William
00000001-0000101
Love, Samuel
20001-0001
Wilson, Isaih
01001-011001
McCampbell, James
101001-110011
Tindell, Charles
0021001-0220001
Fleniken, Samuel
0000001-0000010001
Bell, Thomas
1203101-0110001
McLemore, William
00002-20001
Adair, Alexander
00011001-001
Pursely, Fleming
100001-20001
Kennedy, Mary
01-01111001
Graves, George
1100101-010001
Mullins, Roger
00000001-0
Dudley, Frances N. B.
00001-0001
Legg, Wesly
111001-210001
Gammon, William
1000100001-00001
Gammon, Lewis
0000001-110201
Julian, Stephen
12011001-0111201
Hicky, Elijah
00002001-000020001
Scott, James
0100000002-000010001
Cox, James
1023101-0200001

327

McCampbell, Andrew
220001-1000011
Frazier, Thomas
0021201-0011101
Marley, John
00011-1021
Couch, David
110001-0010001
Smart, James R.
11021-1120101
Findlay, John
000001-00010001
Craig, James W.
10001-0001
Findlay, Robert
00001-0
Fulks, Nicholas
000000001-00111001
McBee, G. C.
110011-1000100001
Jackson, William
02110001-1012001
Calloway, Shaderach
1101001-0010010001
Reagan, David
2110001-122101
McCampbell, Samuel S.
100001-111101
Sawyers, William
100001-00001
Pickle, Jonathan
1300001-101001
Morris, William
00010001-000001
Cruse, Gideon
10001-10001
Carter, Martin B.
20001-00002
Gallaher, Thomas
000001-20001
Waggoner, George
3211001-101201
McMillan, James
011001-311001
Murphy, James A.
010001-210001
McMillan, William
000001-21001
Hillsman, John
201000001-0111001
Shirk, John
21100001-1110001

328

Jones, George
000100001-001000001
Bright, John
00001001-00000001
Alexander, Ephraim
02110001-200101
Coker, John
10001-10001
Hudaburgh, Thomas
000000001-000100001
Courtenay, Michael
000000001-000000001
Carey, Dennis
000130001-0000001
Roberts, Obediah
00000001-2220001
Mabry, Joseph A.
110101-20001
Fleming, John H.
00001-0001
Morefield, William
1011001-1201001
Nelson, John R.
2011001-0200101
Leek, Richard
1010001-2210001
Carmichael, John
20110001-0111001
Armstrong, Robert
00100002-00120011
Luttrell, John
10001-20001001
McNutt, James
1121001-100101
Trotter, James
0010001-01120000001
Anderson, James
0001101001-1120001001
Tindell, Robert
011101-200101
Davis, Michael
0002101-00200001
Brown, Andrew M.
000001-20001
Macomb, Robert
10000001-110101001
Roberts, James
211001-210101
Smith, Charles
00001-210001
Everett, James
11001-000001

329

Roulston, Moses
00101001-0122001
Wade, Havil
100001-1000101
Morrison, Jesse
110001-11001
McAlister, Alexander
011001-201011
Warnack, William T.
00001-0001
Warnack, Henry
00001-1000100001
Landrum, Thomas
110001-012001
Minton, Jacob
123001-100001
Salmon, William W.
100011-11001
Lonas, Henry
300011-00002
Dozier, Dennis
310011-020001
Luttrell, Martha
0001-0010001
Kearns, Michael
1100201-0200101
Wade, Martin
00001-00001
Yarnell, Nancy
001-0002001
Steakly, Daniel
0100001-0010001
Thompson, James
022011-110201
McCullough, Margaret
0-0000000001
Thompson, Matthew
01100110001-211001
Pyram, Mary
0001-00000200001
Jones, George W. G.
00001-200001
Whiteman, William
000020001-00021001
Warnack, Isaac E.
11111-20001001
Moneymaker, William
300001-00001
Hewlett, Sylvester
211001-00101
Lonas, Jacob
103001-020001

330

Massy, Thomas
011201-2110001
Massy, Peter
1111101-0002001
Brown, Thomas
011000001-00121001
Reed, Jacob
0002101-1220001
Reed, Robert
00001-00001
Burns, William
000101-000001
Bales, Solomon
210001-102101
Tipton, Betsy
0-0102001
Harmon, Jacob
201000001-0102101
Lonas, Henry
000020001-1211001
Smith, Bannester
1211101-1120101
Morrow, John
02100001-1011001
Smith, Samuel
21021-10001
Webb, George
10001-10001
Jones, John
00001-30011
Minton, Ebenezer
001200001-000000001
Hubbard, Absolom
30001-01002
Tillery, Richard M.
1220001-110011
Tillery, John
0000000001-0000000001
Tillery, Thomas P.
31001-000001
Harmon, Hyrum
00001-10001
Carmichael, Pomeroy
1010101-100021
Murray, James D.
10001-00001
Wood, Margaret
11-11101
German, Robert
220001-010011
Reynolds, Elizabeth
111-0010001

331

Brown, Joseph
000000001-20001
Arnold, James
10001-00001
Murray, Margaret
000111-0002201
Messimore, John
00001-10001
Hickey, George
10001-20001
McCall, Duncan
00012-000011
Hickey, Cornelius
00010201-00120011
Powell, Jefferson
0001-0
Wade, Daniel
1020001-210101
Cates, Jesse
0010001-120001
Killingsworth, Thomas
2200001-111001
Spore, Jacob
100001-10011
Monk, Henry
0000000001-00000001
Spore, Jacob
00011001-01020001
Lonas, David
10001-10001
Dowell, Mary
01-0000101
Montgomery, William
00000001-00000001
Harrell, Sarah
0013-0000201
Williams, Joseph
102001-110011
Childress, Frances
0-0120001
Nicholson, Ede
0-0
Davis, Daniel
0000001-010001
Davis, Henry
30001-00001
Bibb, John
0010001-300001
Campbell, Robert
000002001-000001001
Allison, James
1110001-110001

332

Bohannon, James
00220001-0100202
McDaniel, John N.
2120001-120101
Morgan, Mordecai
110001-01001001
Brock, Lenard
1121001-111001
Harper, Robert
03110001-0011001
Coates, William
10001-2001
Grey, Samuel
110001-1030001
Killingsworth, Anderson
010101-100001
Thompson, David
0101001-2021001
McCall, Angus
0111001-1211001
Minton, Ebenezer
10002-00002
Moore, William
200001-100001
Coats, Benjamin
00120001-0101101
May, Thomas
102001-021001
Evans, William
0020001-2211001
Hookes, David
120001-11101
McCall, Catharine
0-001010001
Hicks, Nancy
0-000010001
Fudge, Christopher
00001-20001
Young, William
1010001-101001
Raby, Robert
01001-21001
Clark, William
111001-011101
Brock, Hezekiah
001001-111001
Shelton, John
0210001-111001
Ketcham, Joseph
002110001-01121001
McWright, George
0000000001-0

333

Courtenay, Silas
10110001-0202001
Timmons, Matthew
000001-00001
Byrd, Thomas
000110001-01011000l
Lawhorn, Joseph
0010001-22001
Council, Jesse
000000000001-000000001
Harden, Amos
01111001-00100001
Tallent, James
20001-00001
Watkins, Henry
110001-111001
Black, Isaac
20001-00001
Wilson, Margaret
00001-000010001
Adams, John
200020001-000010001
Stewart, Jonathan
11110001-0211001
Jones, Solomon
0000001-0
Bass, Willis
110001-10001
Longacre, John
10001-220011l
Tallant, Odum
21001-00001
McDade, John
101001-12101
Helums, John
00000000001-000002
Letsinger, Philip
000220001-00002001
Bryant, Lewis
21001-021001
Wallace, John
00001-10001
Holt, Joel
00020001-01200001
Mounger, Horace
10001-00101
Gallaher, George
000110001-0012
Shannon, Henry
00001-21001
Gallaher, James
310001-02001

334

Cox, Jonathan
210001-11011
Letsinger, John
120001-01101
Mounger, Peter
00001001-00121001
Johnson, George
102101-111001
Tallant, Jonathan
10110001-00000001
Johnson, Samuel
000010001-00020011
Balew, Jane
111-001001
Butler, Jacob M.
10001-21001
Hardin, Joseph
00001-00001
Warren, William
00001-0001
Tallent, Marcus
100001-21101
Brown, William
22001-00001
Shannon, John
00010001-0100001
Smith, Andrew
10001-10001
Smith, James
11010001-112001
Huling, Frances
0031-00020001
Huling, James
210001-11001
Huling, Silas
121001-200001001
Cruze, James
130001-30001
Steele, Ellender
0002-000001
Moats(?), John
220001-010001
Lee, Permit
01001-10101
Hardin, George
20001-00001
Hardin, Gibson
20001-00001
Henson, George
10001-10001
Reagan, Eli
200101-02001

335

Cobb, Archibald
01120001-0010001
Smith, William
221001-101001
Moats, Christopher
20001-10001
Burnett, Jeremiah
110001-10001
Walden, Thomas
100001-200001
Puckett, Allen
0113001-101101
Taylor, Samuel
000001-12100101
Wilkins, Richard
00003-000020001
McClure, Alexander
10001-00001
Coates, David
110001-012001
Lee, Samuel
000000001-0010101
Ellis, Abner
00101001-00210001
Godfrey, James
20001-10001
Hambright, Benjamin
0000001-00000101
Dicky, John
030001-200011
McCall, William
012101-121001
McCall, John
01001-20001
Allen, Jacob
110001-10001
Reed, Joseph
20001-01001
Larew, Francis
010001-220001
Warren, William
00001-20001
Staly, Hyram
00001-22001
Crozier, John
000120001-0030101
Oglesby, Robert
00001-10002
Coleman, James
001001-10002001
Ault, Michael
211001-112001

336

Watt, Joseph
00001-000120001
Davis, Isaac
11001-11001
Hayly, Philip
002001-01001
Simpson, Sandford
112101-1110001
Leek, John
00110001-201001
Leek, James
000001-00001
Elliott, John
00001-20002
Ramsey, J. G. M.
210001-11001
Aikman, John
000001-200001
Norman, James H.
10001-000001
Everett, Sylvanus
010001-20101
Murphy, Alexander
1021001-211111
Francis, Miller
0221001-201101
Smith, Sterling
00001-20001
Looney, Sarah
0-0000000001
Looney, Absalom
01211001-200101
Mullins, Josiah
00001-00001
Low, Nathan
2210001-011101000l
Harris, Ruth
1-01001001
Clark, James
00002001-0
McCaughan, John
10001-10001
Trout, John
10002-0001
Howser, Jonathan
010001-01001
Swan, John A.
130001-00001
Swan, Alexander
10001-00001
Paul, Edly
100001-00001

337

Palmore, John
000001-00001
Stansberry, Luke
0000000001-00001001
Didess(Dardiss?), Thomas
00001-0
Jeter, William
00001-00001
Blackwell, Julias W.
101111-01001
Griffin, Peter
0-0
Russell, Sally
0-0
Bosworth, Nathaniel
120141-20001
Dardis, Edward
00001001-00110001
Hudeburgh, Lewis
2110001-021001
McClain, Elizabeth
11-000001
Kelso, Betsy
0-0
Putnam, Caleb
210001-01001
Boyd, John
00014201-00100001
Hope, Elizabeth
00102-00001001
Crockett, Mary
01-100101
Mitchell, Luke
00001001-01110001
Stacks, Marcus D.
000001-1001
White, Wilson
0001001-010001
Samples, William
00000001-0
Tharp, Oliver
00001-01001
Nance, Polly
01011-0000101
Campbell, David
0310001-101001
Heath, William
01001001-000101
Watson, James
20032-10001
Crawford, Barnes
0001211-0

338

Williams, Ethelred
10022001-111001
McClung, Matthew
201021-02011
Heiskell, Fredrick S.
111232-10011
Lea, Luke
1030001-2100101
White, Hugh A. M.
00011-30001
Jones, Andrew
101001-021001
Parks, Alfred
010001-0010001
Lewis, Isaac
10001-00101001
McMullan, Daniel
200101-02001
Parks, Hiram
10001-00011
Titus, Robert
010001-0000011
Thacher, Samuel
100011-00001
Gill, James
0120101-310101
Mitchell, Jacob
00001-00001
Hurdell, Trueman
100001-021001
Cheatham, George
10001-10001
Atkin, Emily H.
01-02001
Doltery, Sarah
0-000001
Craighead, Temperance
10156-1032101
McAffery, William T.
00001-0001
Murray, Thomas
011001-101001
Park, Robert
000001-20001
Blalock, Henry
01101-200001
Mason, John
1020201-211101
Roberts, Jozedech
100001-131001
Churchwell, George W.
10001-20101

339

Anderson, Robert M.
100001-100001
Morris, William
10001-00001
Moore, William
00001-1001
Allison, John C.
010001-0000001
McLemore(?), Hetty
0-00000001
Boyd, Jane
0-0012101
Shields, Robert
010001-20001
Rodgers, Thomas
010002-00301
Bell, David
010102-00101
Alt, Frederick
1011001-0001001
Landrum, Thomas
0111100001-00010101
Allen, John
0000000001-000000001
Wright, John
10011-10002
Hill, William
10001-10001
Crush, William
101012-100101
Underwood, Mary
0-0
Rodgers, Reuben B.
211001-11001
Wright, John
11100001-2211001
Warsham, Mary
011-0110001
Hill, John
120001-000011
Seay, Elizabeth
01121-0112001
Chapman, Horatio A.
21001-00101
Milton, Barnett
00001-10001
Dalton, Andrew
0000001-00001
Formwault, Elizabeth
00101-0100001
McDaniel, John
1100001-0001001

340

Blang, George
0001001-010001
Grey, John W.
20011-010101
Britt, Regnum
11001-20001
Crew, Pleasant
220341-11111
Fry, Nicholas
200001-00001
Knox, William
300001-00001
Wilson, William
110001-10001
Howser, Philip P.
10001-10001
Horny, John
0000001-0
Stacks, Reuben G.
000002-00101
Parham, Lewis A.
01011001-001101
Monday, James W.
00001-10002
Morrow, George
110001-01101
Arnold, Martha
000011-01011001
Morrow, Isabella
00211-00000010001
Havely, Isaac B.
010011-11101
Carr, William
2000100001-0000200001
Bayles, Nathan
00001-000010001
Chapman, Fayette W.
00001-00001
Brown, Nathan
00001-00010001
Kennedy, James
00112101-0001
Lindsay, William
011021-121001
Webb, John
0011021-121001
Lindsay, Asenath
1222-101101
Hair, James
000101-000001
Campbell, James
01000101-00001002

341

Lindsay, Moses
0003101-000001
Howell, William S.
1210003-101001
Nicholson, Samuel
000000001-102001
Strong, Joseph C.
12000001-1021001
Roberts, Samuel
0101301-0111
Howell, Duke
1000001-01011
Tinley, John
01100001-000001
Boothe, Zachariah
1011001-311001
King, Robert
010110l-000101
McMillan, Andrew
10001-00001
Jackson, Joseph
0120401-0011001
McCampbell, Ann
0011-012611
Armstrong, Drury P.
20001-100001
Kelly(?), Samuel
210001-01001000001
Lonas, John
00016001-21
Titlow, Philip
10000001-031001
Dunn, Thomas
2220001-0111001
Mynatt, William C.
1210001-000001
Shehorn, George
1100201-20001
Blackwell, J. C. S.
001111-00001
Harris, Mary
0-0100001
McAdoo, John
111021-011001
Barton, Isaac
120011-10102
Lackey, John
010001-100001
Jarnagin, Spencer
010001-30001
Lyles, Zachariah
100001-20001

KNOX

342

Nelson, Thomas H.
00010001-011021
Ramsey, Margaret
01211-00000001
Baker, Leonidas W.
00001-0001
Baker, William J.
00011-0001
King, James
1000111-011001
Emmett, Reuben
0-0
Stephenson, James
100001-200001
Boyd, Samuel B.
00001-0001
Blackwell, Ann
0-0114101
Estabrook, Joseph
000101-0142101
Jacobs, Solomon D.
000211-01000201
Ferguson, Betsy
101-020001
Dunn, Aly
0-00001
Saunders, Patsy
0-0
Scott, Edward
00210101-00001001
Newman, James
00010001-0
Judy--free colored
0-0
Haines, Richard
1111001-011001
Dunn, Jonathan
1001101-131201
McCarroll, Nancy
0-1001
Smith, Solomon
0-0
Rutherford, John
20001-00001
Morse, Elijah
000111-000011
Barry, Hyram
21111-00011
Dews, Carter
0000001-221101
Oston, Benjamin
0120001-111101

343

Webb, Robert
0002-10001
Nelson, Daniel
11001-020001
McAffry, Patsy
0212-0003101
Dudley, John
00000001-00011001
Grainger, Belinda
0-0
Bates, James
0-0
Simpson, Elizabeth
01-000011
Campbell, Roda S. T.
00022-001111
Davis, Edward
0-0
Bartholomew, Joseph
112000001-120101
Boothe, Alcey
0-00000001
Turbeville, James
000111-20001
Mans, Richard
220001-002001
Phoebe
0-0
Beauman, Ailcy
0-0
Ede
0-0
Campbell, Philip
0-0
Miller, John
0-0
Veal, John C.
312001-0122011
Park, James
12012001-0213001
Williams, Moses
0-0
Park, William
00010001-013001
Coffin, Charles
01020001-01400001
Barry, William
0001-0001
White, George M.
100001-10001
Morgan, Calvin
01114001-0101001

344

Bowen, William
0121101-0100001
Taylor, Wilson
10001-0001
Hindman, Sarah
0-0000000001
Williams, Thomas L.
0000101-1021
Bell, Samuel
300211-010001
Crutchfield, Thomas
0-0
Delancy, Sarah
001-00000001
Hunter, James
001000001-00110001
Hunter, John
11001-20001
McClain, Tabitha
0012-00001001
Myers, Anne
0-0000000001
Keith, Andrew
11001-20001
Baldwin, Moses
0000001-230001
Robinson, Chloe
0002-00000001
Cunningham, William
00001-32001
Killingsworth, John
0000000001-0010000001
Chenoworth, Ellen
1011-0212001
Childress, Ursily
0001-000101
Childress, Mitchell
00010000001-00001001
Medlock, Nicholas
0210001-000001
Dowell, Tandy
00001-0
Armstrong, Josiah
01110001-00201001

345

Conner, William
0000000001-0000000001
Bell, James
2022001-100101
Bell, Samuel
000020001-000001001
Bell, Samuel
020001-110001
Wolfenbarger, Peter
0110000001-0103001
Yarnell, Daniel
10100001-0210001
Yarnell, Mordecai
000100001-00101201
Nelson, Southey
102201-0210001
McClain, James
01001-00001
McClain, Elizabeth
111001-021101
Messemore, William
000020001-1011000101
Ayres, Jesse
000001-10010001
Brock, John
22200001-0100001
Tillery, John
3001001-000001
Rose, Zachariah
00001001-0000300101
Dunlap, William
20001-10001
Messamore, James
10001-20001
Dunlap, George
00011001-00000001
Morton, Thomas
2030101-0101101
Minton, Isaac
11001-20011
Edmonson, Isaac
00001-00001
England, John
00001-0001
Edmonson, Samuel
000100001-00000001
Cox, Thomas B.
00001-0001
Mefford, Jacob
21001-00001
Raby, James
00111001-00100001

346

Platt, Benjamin
0011001-010001
Grason, John
000000001-000000001
Yarnell, Thomas
20001-10001
Weese, Abram
10001-10001
Hufstatler, Henry
000000001-000000001
White, Thomas
10001-10001
Raby, Sherwood
00001-10001
Williamson, Peggy
0-00001
Childress, Richard
220001-00001
Calloway, James
211101-111001
Smith, John
20001-10011
Wilkins, Benjamin
01000001-00030001
Lee, William
010001-221001
Rowark, John
000001-22101
Dickey, Samuel
200001-00001
Cobb, Milton
10001-00001
Cobb, Benjamin
00000001-0001
Dickey, Thomas
10001-00001
Dickey, John
100010001-000010001
Hambright, John
00001-0001
Clark, John
112001-120001
Councel, Isaac
0020101-0100001
Oliver, William
00001-10001
Low, Caleb
0110001-01131001
Wiseman, James
00001-10001
Robertson, Robert
10001-11101

347

Hendrix, Morgan
23012001-111101
McCollumb, Daniel
00010001-0000001
Larew, Sally
0202-001101
Alexander, Rachel
00102-000001001
Wheeler, John
20010001-0111001
Bandy, Bryant
01110001-100001
Yarnell, Amy
0-000020001
Bandy, Thomas
00001-000001
Wotan, Sarah
00101-000000001
Brock, Moses
0000000001-100000001
Wrinkle, Abram
10001-00001
Reed, Felps
110201-00001
Campbell, John
10220001-120001
Fox, Austin
220001-00011
Walker, Archibald
100001-01001
Reagan, Milly
0-0
Shelton, Ann
0-0000000001
Shelton, Paletiah
210001-011001
Reynolds, Dennis
11001-210001
Robertson, Daniel
211001-00001
Hendrix, Aaron
11011-11001
Thompson, Robert
10001-11001
Baldwin, Ezekiel
·00020001-00220001
Aldridge, Mary
00001-000100001
Tindell, Joshua
101001-1110001
Gentry, Aaron
12210001-1012001

348

Stowell, John
110001-11011
Lucas, George
02222001-1001001
Henderson, Michael
131001-201001
Marshall, Richard
00020010001-001001
Ingram, Purnell
00000001-00001001
Dempsey, David
20001-00001
Edmonson, Louis
10001-20001001
Doolen, Amos
00021001-01102001
Williams, Samuel
20001-10001
Henderson, Jesse
0100001-1300010001
Childress, Robert
2103001-012001
Graham, Thomas
210001-110001
Cox, James
2111001-011101
Fowler, John
002110001-00020001
Elliott, James
10001-10001
Medders, Maston
20001-00002
Petree, George
20001-01001
Weaver, John
12100001-1001001
Brummitt, John
02010001-1120001
Weaver, John
00001-0001
Williams, Berry
10001-01001
Holbert, Stephen
11010001-1011100l
Jackson, Henry
101000001-1102001
McHaffee, Andrew
112000001-0001101001
Cox, Henry
340001-00001
Conner, William
01210001-0212201

349

Petree, John
003011-120011
McHaffie, James
10001-00001
Cox, Moses
30001-20001001
Cox, Curd
000000001-000010001
Cox, Richardson
131001-02001
Williams, Johnathan
000110001-00010001
Conner, Lewis
1000001-00001
Lumpkins, William
20001-00001
Kearns, Henry
01220001-1300101
Jett, John
12001-110001
Jett, John
00001101-00001001
Bradley, Elija
10001-0001
Rhodes, Unice
11-001001
Rhodes, Mary
00001-000100001
Howard, Polly
021-0000001
Lumpkins, Robert
00100001-00000001
Julian, John
1021001-0201001
Conner, John M.
00001-00001
Childress, Lindsey
100001-231001
Childress, John
0000000001-0001000001
Haskew, Catharine
00111-00011001
Childress, Robert
00001-0001
Childress, James
1011101-211201
Gentry, James O.
20001-00001
Ross, Samuel
12110001-00001111
Yarnell, Joel
0112001-12011

350

McClain, Andrew
21120001-0111001
Wood, Sarah
0001-00000001
Stowell, Alexander
1010001-0110011
Renfro, William
0002001-111001
Conner, Thomas
010001-212101
Tindell, William
0200001-10120001
Cowan, Newton
10001-10001
Brown, John
100001-20001
York, John
111001-201101
York, Samuel
200001-11001
Newblin, William J.
1103001-1000001
Jarman, Emery
00001-20001
Carnes, Catherine
0002-00000001
Coen, Mary
0011-00100001
Williams, William
10001-11001
Norman, Courtney
00000001-000100001
Gault, Rhoda
0021-00021001
Scott, John
1122001-0101001
Brown, Maxwell
120001-110001
Christian, John A.
10001-00001
Hunter, James
110001-110001
Smith, Robert
000000001-00001001
Scott, James
101001-10001
Carnes, William B.
001200101-101001
Crawford, Moses
11001-10001
Smith, Edward
000100001-000020001

351

Gault, Thomas
0001-10001
Crawford, Hugh
00011-2011
Williams, Larken
10001-00001
Smith, John
100001-12002
Findley, James P.
0101001-0001001
Smith, Adam
020001-021001
Murphey, John
0001001-101211
Brown, Joshua
201001-010001
Hall(Hale?), Thomas
0000100001-0000000001
Israel, Buckner
00111001-00110001
Williams, Benjamin
00000000001-000001
Dowel, Elijah
001000001-00110001
Coupland, David D.
2101001-00101
Tindell, Henry
1000100001-10001
Fleming, Washington S.
10101-10001
Smith, Alexander
010200001-00000001
Elliott, Isaac
01001-21001
Chapman, John A.
10001-00001
Walsh, Edmund
112110001-0100001
Mynatt, James
00001-10001
Israel, Byrd
00001-00001
Gammon, Harris
1210001-101001
Renfro, David
1200001-200001
Ally, Isham
20001-10001
Perry, George
021010001-10001
Smith, Phillip
0020001-12001

352

Scapford, Wilmoth
0-00000001
Caldwell, Margaret
0-0000000001
Larew, Benjamin
001001-00001
Nelson, Thomas
20001-00001
Fraker, Fredric
1011101-1111001
Bradley, William
00111001-1102201
McCloud, James
00110001-00100001
Coupland, Andrew
2111001-001001
Mynatt, John
1102101-0111001
Caldwell, Robert
0001101-201001
Lindsay, John
000001-10001
William, John
1102001-0220001
Ogg, Peter
00000001-0
Bradley, Willie
100001-00101
McClain, James
0000001-000001
Aldred, John
2200010001-010001
York, William
000000001-000000001
Tindell, Beriah
00001-10001
Munday, John
0021001-0101001
Bradley, John
1100001-100001
Munday, Reuben
00010001-200010001
Wood, Josiah
10001-00001
Wood, Clement C.
112101-200001
Munday, Tandy
010001-20101
Doolen, James
02001-2122201
Aldred, John
11001-11001

353

Mitchell, Samuel
00010001-0011101
Conner, Anne
0021-0202001
Keith, Sarah
0001-0011001
Bell, Rebecca
00001-000010001
Cox, Zachariah
01210001-0001001
Elliott, Hannah
00001-00000001
McClain, James
00001-0001
Parker, Johnathan
000100001-00102001
Parker, Wilson
020001-200001
Wade, John
00000001-000110001
Brown, Francis
000001-221001
Parker, Jesse
210001-121001
Hall, Edmund
300001-020001
Coupland, William
00001000001-0000000001
Rickets, Reuben
0001001-0001001
Tass, William
220001-001001
Carmichael, Hugh
0000000001-00001001
Barnwell, Robert H.
2200001-01001
Koonse, David
00001-0
Carmichael, Hugh
02111001-0111201
Carmichael, William B.
00001-00001
Cliburne, Lasby
10001-31001
Mitchell, Henry T.
00001-100001
Johnson, Isaac
00001-311001
Larew, Sarah
00001-000010101
Koonse, Jacob
0000001-0

KNOX

354

Larew, Joseph
011001-11001
Walker, Richard
120001-21001
Arnold, James
1111101-0102001
Wall, John
100001-11001
McNutt, Melinda
011-001001001
Simpson, Jesse
00013001-00001001
Glass, Betsy
000001-00001
Carrick, Annice
00011-00011001
Lane, Robert
1000001-031201
Wall, James
11001-21001
Wall, William
10001-00001
Howell, David
000200001-0220001
Fortner, Henry
00000001-0000001
Chesture, Dennis
110001-11001
Brooks, Joseph
00001-10001
Bounds, Francis
10011001-00011001
Burnett, Joseph
21001-01001
Ault, John
111001-11001
Cole, John
1001001001-0000101
Ault, Jacob
10001-10001
Ault, George
010001001-000000001
Brit, Solomon G.
10001-10101
Allen, John
01001-11001
Welker, Jacob
00001000001-0001000001
Williams, David
100001-10001
Houston, Robert
000020001-000010001

355

Howell, Martha
00001-10011001
Bell, Joseph
00000001-0122201
Brit, Thomas G.
100001-10011
Turbeville, Jesse
000000001-001110001
Newman, Catharine
0201-0021001
Newman, Joseph
02000010001-1100001
Luttrell, James
1000100001-0000100001
McKamy, Robert
10000001-0100201
Roddy, John
020211-1111001
Fann, Willie
100011-0012001
Pratt, James
1110102-1101001
Briggs, Samuel
00002-000010100001
Cliburne, Jubal
2221001-011001
Armstrong, Addison
10001-10001
Welker, George
0002101-00001001
Steele, Elizabeth
0-00001101
Roddy, Moses
00110001-001010001
Love, John
01002001-0001101
Roddy, Peter
00002-10001
Burnett, Mable
01001-210001
Martin, James
010000000001-01210111
Martin, John
0300001-1110101
Vernon, Solomon
00001001-0002001
Mundy, John
02211001001-0101001
Hill, Chambleys
00111001-00110001
Davis, John
01001-000010001

356

McCampbell, John
111001-210001
McCampbell, Polly
001-00003001
McCampbell, William A.
20001-000010001
Rosen, Ira
1120001-122001
McMahan, Peggy
00011-0000001
McNeel, David
012010001-00200001
Collins, John
0001-0001
Chapman, Miles
011001-0010001
Shockey, Mary Ann
0001-010001
Thompson, Patterson
00200001-000310002
Chapman, Thomas
2122001-110001
Sherry, Polly
0-000001
Chapman, Asael
00110001-10121001
Waggoner, Peter
020001-20001
Waggoner, Henry
000001-0000000001
Barnwell, Robert
00013001-000020001
Edmonson, John B.
11001-100001
Browning, James
000100001-000020001
White, William
1012001-1211001
White, Reuben
1011001-222001
Everett, Nimrod
1102001-111001
Edmonson, Esther
0-000010001
Wilkerson, Sarah
00001-0002001
Renfro, Larkin
000101-0000101
Harrell, Thomas
110001-110001
McCampbell, William A.
0001001-010001

357

McCampbell, Benj. B.
20001-000001
George, Solomon
0002100001-0000001
Crawford, Rachel
01001-00000100001
White, Jane
0-00000001
Dobbins, Cornelius
1310001-1020001
Scott, Hampden S.
220001-1100101
Ally, John
000001-100001
Crawford, Joseph
111001-0011001
Smith, John
010001-1100200001
Weir, John
110001-012101
Hall, Jemimah
0-000000001
Hall, William
0201001-102001
Grills, Elliott
000020001-0001
Renfrow, James
200001-110011
Yost, Francis
0000000001-001000001
McSherry, William
00110001-1210001
Jarman, Emery
000000001-000000001
Tillery, Sampson
1310001-101001
McCampbell, John
000010001-000010001
McKinley, Samuel
000010001-00001100l
Wood, James
0110001-0000001
Kearns, John
111001-20201
Kearns, Hannah
0-00000001
Shetterly, Michael
00010001-000120001
Williams, John
10101001-0202001
White, Hugh L.
01001001-0020101

358

Keyhill, Richard
00001-10001
Baker, Caleb H.
000101-20001
Cwens, John
010001-11001
Beard, John
2113001-022001
Walker, Thomas
101110001-00001
Perry, Allen
10001-00001
Dearmond, John
000020001-00010001
Ore, Sarah
1011-211001
Edington, Joseph
11011-01011
Badgett, James
100001-22001
Jett, Jefferson
10001-0001
Gibbons, William
1111201-101000100001
McCarrell, Joseph
1110101-0001101
Doyle, William
300001-10001
Doyle, John
00000000001-0
Anderson, Thomas
00010001-00111001
Moore, James
02210001-000010100001
Cotterel, Samuel
0001-0001
Davis, Edmund
00001-00011001
Coker, James
210001-21001
Weaver, Sophia
00011-000000001
Hood, Aaron
001000001-000100001
Mason, Edward
012000001-011021001
Doyle, John
1101001-101101
Burnett, Joseph
00001-10001
Cunningham, Paul
000001-10002

359

Barnett, Jane
.00001-0001001
Anderson, Samuel
01112001-01200001
Childress, William
0000010001-000100001
Jett, John
132001-201001
Hood, Andrew
10001-10001
Gossett, Joel
00001-20001
Berry, Hugh L.
200001-00001
Parker, Susanna
0011-0101001
Gossett, Absolom
01102001-00110001
Gideons, Aaron
1001001-121001
Gossett, William
000001-10001
Husong, Jacob
000000001-000000101
Kidd, Chastian
0-100010001
Cruse, James
1120001-120001
Childress, James
01100001-0002001
Joiner, William
0-0
Tipton, Johnathan
120001-01101
Coker, Cumberland
101001-111001
Casteel, Francis
0000000001-0000210001
Hinton, James
20001-00101
Williams, Jesse
000001-000001
Casteel, Abednego
0012101-1300101
Wood, Susanna
.0101-012001
Casteel, Daniel
110001-2222001
Freeman, Joshua
0000010001-00000011
Tipton, Isaac
111201-1110001

360

Pryor, William
002001-0000001
Cunningham, Timothy
000000001-000100001
Tipton, Abraham
0001001-0001001
Reed, Jacob
1200001-112001
Hinton, Sally
02-101001
Hinton, Patsey
0-13001
Hall, Thomas
2000011-11001
Goldsby, Mariah
03-01011
Rule, John
10001-10001
Rose, James
110001-120001
Goddard, Elizabeth
01112-0211101
Johnson, Jeremiah
110001-120001
Johnson, Robert
0010000001-0000000001
Wilson, William
0000001-0101001
Wheeler, Allen
00001-10001
Foster, Nancy
0-0001
Parker, Francis J.
10001-00001
Porter, James J.
00111001-0001101
McCammon, Thomas
000020001-0110001
Rhea, William
00001-10002
Davis, Alexander
020001-11101
Daniel, Betsey
122-0000001
Rhea, James
1101100001-011001
Johnson, Michael
211001-100001
McBath, Alexander
000001-200001
Evans, Sarah Ann
0-1001

361

Armstrong, Susanna
0000001-00000000101
Miller, Jacob
1112001-0020002
McNair, John
2100001-11101
Armstrong, Aaron
1220001-11002000001
Sherretz, Coonrad
01121001-01010002
Sherretz, John
210001-10001
Burnett, Howel
10101-10001
Cain, John
0000000001-0000100001
Haire, Nancy
0011-0000001
Wilkerson, Major
0000000001-001031
Meek, Robert
0010201-0001001
Chumley, John
01000001-1112001
Harris, Stephen
2101001-0211001
Maggett, Hugh B.
000001-10001
Crow, John
00000001-00001001
Brannum, Turner
0111001-0102001
Price, Charles W.
2200001-111101
Hixson, William
11110001-00101
Cliburne, Lorenzo
11001-100001
Carter, Amos
220011-000001
Hunter, Casper
00001-0001
Harrell, John
0011001-001101
McBee, William C.
00001-00001
Shadwick, Barnett
11001-01001
McCloud, Robert
00101001-11101001
Lyons, Nathaniel
121001-110001

362

Yonker(?), William
020001-200001
Luttrell, William
01010001-0111001
Luttrell, Lewis
2000001-12101
Lyons, Nathaniel
20001-00001
McCloud, William
00001-00001
Brewer, George
10000001-420001
Thompson, Joseph
01001-20001
Carter, Winston
21001-00001
Hankins, Wesley
121001-110001
Franklin, Clem
0-0
Stewart, Joseph
1110001-20101
Hankins, Abel
000110001-000000001
Hankins, Thomas C.
10001-20002
Hankins, Nimrod
010201-1321001
Thompson, Richard
00100001-00120001
Quales, John
20001-00001
Nance, Joel
20001-0001
Frost, McCaslton
0210101-112111
Packett, William
210001-10101
Shetterly, John
300001-01001
Faulker, George
210001-11200l001
Boyd, Catharine
0-0000000001
Everett, Aquiller
020001-301001
McCampbell, Isaac
00000001-10001
Chandler, John
00000000001-00000001
Chandler, Elizabeth
021-001001

363

Eppes, Edward
00210001-0101001
Martin, William
10001-00001
Connoway, John
03002001-0022101
Davis, William
2000101-11001
Simpson, John
02020001-301101
Price, Edward
000011000l-000100101
Little, Adam
000000011-3000101
Roche, James
01001-21001
Tinker, Obediah
010001-00001
Shipe, George
1111001-021001
Price, Richard
1202001-020101
Huffer, Sarah
02-1020001
Nance, Josiah
0011001-0000001
Lyons, John
000011-00010001
Grove, George
02021001-0011201
Davis, John
000001-00011
Webster, Bartlett
00011001-0101001
Mowry, Peter
001000001-000001
Johns, Samuel
00001-20001
Packett, Reuben
000030001-00001001
Mowry, Moses
021001-201001
Keys, Henry
30001-01001
Faulkner, David
001100001-0000101
Ayles, William P.
10001-0001
Starn, Joseph
1220101-210001
Chamberlain, Aiman
220001-1110001

364

Clapp, Lewis
00010001-000000001
Chumley, John
10001-00001
Webster, John
120001-100001
Warsham, George J.
00001-0001
Gallaher, Jane
0012-0100001
Thompson, Harvey D.
010001-21101
Harvey, Nathan
00010001-100100010l
Mynatt, John
100001-010001
Cruse, Henry
20001-000001
Burrit, Nathaniel
31001-00002
Legg, Edward
0001000001-001101
Johnson, Mary
00011-00010001
Johns, Zephaniah
00000000001-0000000001
Wells, John
00201001-0101001
Foust, Lewis
10001-0001
Frost, Samuel
1110001-311101
Jones, Betsey
00002-10012101
Lyons, Thomas
00110001-00000001
Lyons, Caswell
300001-10001
Maggett, Martha
12222-0111001
Stout, Samuel
210001-220001
Bell, Loyd
10101-00001
Hicks, Haston
1111001-110001
Keys, Mathew
000000001-000000001
Keys, Peggy
3-00001
Harper, Michael
0021001-0110001

365

Hancock, Berry
0001-00011
Hall, Hardy A.
010001-0200001
Jones, James
001010001-0001001
McBee, Lemuel
2121001-0010001
Duncan, Benjamin
10001-21001
Cruse, William
00001001-0000101
Whitecotton, Elizabeth
001-011001
Hankins, William
0001-0001
Chamberlain, Thompson
110011-110001
Smith, Sterling
100001-2101
Childs, Paul
01210001-111101
Hancock, Elisha
00100001-0220001
Penn(?), David
0-0
DeWolfe, Fredric S.
10002-00001
Stanley, Rufus
000001-00001
Crabtree, John
11010001-00101
Davis, James
0112101-201001
Rhea, Elizabeth
0001-00101001
Hart, Adam
2132001-0000001
Walker, Daly
1100001-001001
Crawford, Henry
01110001-0010001
Faulkner, Ellen
0111-200001
Johnson, David
000001-21001
Johnson, Robert
001000001-0012001
Dunning, Samuel
000000001-01000001
Staunton, John
000000001-00010001

366

McAfee, Samuel
110000001-010000101
Mowry, Lewis
210001-03001
Ferguson, Mary Ann
000001-10000011
Lisby, Moses
011000100001-0112101
Longworth, Nancy
2021-0000101
Shipe, Adam
13010001-11200001
Berry, Ruth
1-00000100001
Williams, James
10001-10001
Everett, Ralph
10001-10001
Foster, Henry
00110001-01102001
Shaneberry, George P.
12020001-0020101
Nichodemus, Fredric
011010001-000111
Chapman, John
0001-0001
Parker, Jesse
1110001-101201
Tindell, Abner
00001-10001
Ryals, Thomas
010001-221001
Doran, James
00100001-00101001
Bronley(?), Achilles
010001-11101
Bishop, Stephen
000000001-000000001
Caldwell, Benjamin
01230001-0001001
Renfro, Stephen
011001-111001
Elkins, Peyton
00001-10001
Hall, Hugh
20001-10001
Hall, Benjamin
0111001-211001
Williams, Samuel
12111001-2111101
Bishop, Anne
01102-00200001

367

Weaver, William
10001-20001
Koonts, John
2000001-00001
Simmons, William
10002-00001
Israel, Benjamin
00100001-0010101
Davis, William
0000001-00000001
Baker, Henry
11001-20001
Haven, James
00001-1001
Warrick, Wilus
0221101-1001001
Weaver, Arthur
1000101-0101001
Whitehead, John
00001-1001
Hall, Obediah
1100001-002001
Gentry, Martin
011001-210001
Bolton, Jemimah
0-0000001001
Mitchell, Charles
20001-11001
Mitchell, William
00000001-00020001
Mitchell, Rachael
02-10001
Gentry, Jesse
0000000001-00000001
Mitchell, Chesley
00001-0001
Davis, Clayton
1111001-202101
Kirkpatrick, Robert
000001-303001
McPherren, Samuel
10001-00001
Lewis, William
10100001-00000001
Lewis, Allen
21001-00001
Gentry, Isaac
120001-100001
Bayless, Isaac
11001-11001
Bayless, John
00001001-00010001

368

Kirkpatrick, Martin
101101-012001
Bayless, John
11001-10001001
George, Travis
00001-20001
George, Travis
000110001-00001001
Qualls, David
00000001-20012001
George, Parnick
100011-030001
McPherren, Harvey
10001-10001
McPherren, William
0031001-210101
McPherren, Samuel
00000001-00000001
Graves, Henry
10001-32001
Sommers, Johnson
110001-111001
Miller, John
2100201-0202001
Miller, John
0000000001-000000001
Wilson, Solomon
110001-13211
Kissinger, Matthias
110001-21001
Miller, Jacob
210001-01002
Johnson, George
12011001-111011
Ailor, James
00010001-2221001
Ailor, Luke
10001-10001
Flemming, John W.
00110001-0001001
Carroll, Wilie
111001-20001
Skaggs, James
11110101-00012001
Skaggs, Moses
100001-21001
Smith, David
02020001-211001
Johnson, Joab
0001-00001
Wallis, John
00121001-0110101

369

Skaggs, Solomon
013001-010101
Skaggs, James
220001-112001
Frost, John
11001-11001
Warrick, Wiatt
000200001-0011001
Nichodemus, Jesse
10001-20001
Chadwick, William
110001-12001
Pate, Jeremiah
000010010001-00000001
Hoover, John
0000001-0010001
Goodman, Lynch
10001-00001
Leggerwood, James
01220011-2110001
Hankins, Abraham
001100001-00010101
Cox, Bruas
11001-10001
Skaggs, Eli
000010001-0000001
Sherrod, Simon
000100001-00111001
Riley, John
00001-30001
Gattney, Thomas
3000001-011001
Hansard, John W.
10001-10001
Leggerwood, Samuel
10001-00001
Doyle, John
0210001-20230101
Johnson, John T.
10001-1001
Hall, Andrew
000001-31001
Hansard, William
001210001-00010001
Hansard, John
101001-001011
Tinsley, Anson
110001-312101
Hansard, William
00001-00001
Miller, Pleasant
00001-0001

370

Draper, Thomas
0120001-1110001
Nelson, Doctor W.
1000011-020001
Bright, James
20001-00001
Nelson, Pulaski
10001-10001
Blackburn, Salathiel
00001-00001
Hammock, Ephraim
210001-12001
Bolton, Thomas
0211001-230001
Nelson, James
00001-0001
Hill, Marvell
10001-11001
Hinds, Josep(h)
00001-00001
Hinds, Samuel
000000001-000000001
Curd, Charles
0010001-0000001
Nelson, John M.
10001-00001
Smith, John
1120001-0100001
McCloud, Levi
10012-10001
Duncan, Robert
00100001-00100001
Brown, William
121001-110011
Lamay, George
100001-100001
Smith, Mickall
020001-001101
Jackson, Milton
00001-10001
McCloud, John
021001-201001
McCloud, James
000000001-010000001
Smith, Elizabeth
0001-00010001
Mynatt, Richard
10001-10001
Nelson, Abram
00001-00001
Hinds, Samuel
20001-01001

371

Kirkpatrick, John
01011001-0021101
Mynatt, Joseph
00001-00001
Frazier, Samuel
00000000001-00001000001
Baber, Lewis
000001-1001
Hall, Zachariah
110001-221001
Taylor, William
10001-0001
Gerrin, Hyram
00001-00001
Crank, Jesse
00001-1001
Bayless, Samuel
00001-10001
Fraker, Mary
00112-0312001
Elkins, David
00002-10001
Gault, John
11001-20001
Bell, Philip
10001-10001
Weir, William
00001-21001
Brown, James
000001-01001
Gerren, Joseph
00002001-00210001
Hudson, Thomas
1000001-0001101
Brown, Martha
0001-0010001
Warren, Henry
00000001-00120001
Hall, Absalom
021001-100001
Larew, William
211001-02001
Coupland, William
0011001-00022
Cliburne, John
000010001-000000001
Tindell, Samuel
01110001-0112101
Anderson, James
00000001-0
Caldwell, Hugh
3010001-121001

KNOX

372

McCampbell, Solomon
0100000001-00001001
Meek, Joseph
1200001-111101001
Eagleton, Elijah
10001-00001
Gibbs, Jacob
00100001-10011001
Crank, Thomas
002000001-00020001001
Shell, John
100001-121001
Bright, Elias R.
11001-10001
Stephenson, Isaac H.
00001-10001
Major, William
201001-11001
Bayless, Nancy
1-01001
Major, Smith
002110001-01112001
Pew, John
00001-20001
Sumpter, Thomas
000100001-00011001
Stephenson, Robert
000101001-00110001
Cole, Samuel
220001-10101
Gibbs, Daniel
1111101-02020010001
Gibbs, Rachael
0002-0000001
Crippen, James
0001102-0020001
Pew, Daniel
11001001-1013001
Woods, Joseph
00111001-0000101
Dunlap, Jane
0002-0101201
Shell, William
220001-1000001
Walker, Robert J.
130001-11001
Clapp, David
00000001-00100001
Graves, Henry
0111001-110001
Wood, Wryon
00111001-00010001

373

Graves, David
201001-02001
Baine, Arthur
10101-12001
Bryan, Gideon
31001-00001
Clapp, Solomon
012011-10101
Harris, Patsy
00101-0200001
Gibbs, David
00102001-01122001
Dove, William
10001-1001
Rector, Benjamin
100001-10002
Smith, Robert
100001-210001
Miltebarger, John
1100001-210001
Gibbs, Nicholas
200201-2001
York, John
020001-102001
Cassidy, Andrew
000001-10001
Clapp, Daniel
020002-111001
Harbison, William P.
310101-020001
Graves, Boston
00000000001-0000000001
Graves, John
01010001-0001101
Rutherford, Margaret
001-0001001
Rutherford, Ezekiel
100100100001-0011001
Damewood, John
00100001-00022001
Damewood, Nathan
310001-000001
Roberts, Henry
10001-00001
Crawford, English
000010001-00010001
McHaffie, Andrew
100021-11001
Forgey, Alexander
22100001-0013001
Damewood, Malkiah
00010000001-000020101

374

Watlington, Ann
001-0000002
Miltebarger, Jacob
1221001-01010010001
Woods, Samuel
000010001-10001
Hubbs, John
210100001-010211
Mynatt, Elizabeth
11-102101
Clapp, Boston
100001-22001
Hughs, George
0210001-201001
Roberts, James
10001-0001
Hickle, George
000100001-01000001
Roberts, Andrew
110001-110001
Ballinger, James
00001-00001
Ferguson, William
00200001-000010001
Howell, William
21001-001001
Smith, Stephen
00000001-0
Sutherland, Ambrose
00001-10001
Sharp, Isaac
11001-10001001
Sharp, Samuel
0000100001-010000001
Sharp, Thomas
100001-02011
Hinds, William
101001-12001
Sawyers, Josiah
130001-10001
Langford, Nathan
2011001-0110101
Mynatt, John
10001-0001
Mynatt, Sabina
01111-00101001
Mynatt, Joseph
1010001-00001
McCloud, Seth
101000001-00010001
Hickle, John
01100001-0111001

375

Mynatt, William
1000000001-00001
Cooper, William
12101001-0012101
Graham, Nancy
00011-00003101
Dyer, James
30001-00001
Weaver, Absalom
00000001-00000001
Zachary, John
00001-1001
Zachary, James
00001-11001
Zachary, Gilbert
00201001-0101001
Frye, James
00101-010001
Walker, Daly
0000000001-0000010001
Kearns, James
01200001-0001201
Fitzgerald, John
00210001-0001101
Foust, John
0020000001-200001
McDaniel, Rebecca
00002-00012001
Ballinger, Jane
001-0000101
Rutherford, William
00000000001-000001
Rutherford, James
100001-0001
Rutherford, Absalom
000000001-000000001
Rutherford, Absalom
20001-00001
Kelly, Joseph
000001001-000000001
Hart, John A.
00001-10001
Kelly, Nathan
110001-02001
Myers, Peggy
0-1100101
Booker, Magdaline
00012-0001201
Zachary, William
010111-102101
Kearns, John
00001-00001

376

Sawyers, John
1020001-0202001
Sawyers, John
00000000001-0000000001
Norwood, Nicholas
1010001-220001
Ailor, Samuel
00001-10001
Kline, John
220001-012001
Harmon, Leonard
2201101-0021001
Coil, Margaret
01-201001
Rutherford, William
0001-00001
Tarber, Samuel
001000001-000001001
White, Willis
00102001-00010001
Harvey, Zachariah
010001-120001
Ingrum, John
000000001-000000001
McCampbell, James
1200001-100001
Harbison, Aaron
131101-1011001
Roberts, William
0022201-12110010001
Trout, George
00011001-00101
Davis, James
110001-00001
Legg, James
0102001-0221001
Parsely, William
11210001-1012001
Foust, Daniel
10001-00001
Foust, Jacob
0311001-1020001
Trout, William
20100001-110001
McClain, John
000001-222001
Anderson, Jacob
00000001-00121001
Walker, Barclay
000001-0001
Mynatt, Martin L.
221011-100001

377

Foust, Daniel
00001-10001
Graves, George
00001-00001
Foust, Lewis
10001-00001
Clapp, Adam
100001-11001
Norman, Jesse
200001-02001
Brooks, John
110001-00001
Wiseman, Mary
200102-10100100l
Cassady, William
00030001-00010101
Foust, George
00120001-02001C01
Foust, Philip
00110101-20021001
Foust, John
10001-0001
Thompson, Sarah
12-110001
Slagle(?), Michael
000001-200001
Devault, David
1220001-0120001
Pratt, Willis
00001-0000l001
Sharp, John
0010001-311101
Skaggs, Stephen
212001-000001
Foust, Jacob
110001-10001
Trout, James
00001-1001
Foust, John
20001-01001
Wolfe, Philip
001001-000001
Coffman, Michael
000100001-00200001
Cassedy, Richard
00001-30001
Craig, Samuel
0102101-2000001
Lyons, Washington
000001-320001
Thompson, Irby
20001-10001

378

Ingrum, William
11001-200001
Burton, Isaac
10001-00001
McCampbell, Martha
000001-0000101001
Harris, Simon
0012-00101001
Douglass, Jonathan
0001-00011001
Crawford, Thomas
000001-00001
Chumley, Robert
0011101-1300001
Shipe, Henry
200001-120001
Burkhart, Peter
1120101-111201
King, Mary
01002-1021001
Williams, Ephraim
00010001-00001001
Horn, Nicholas
001-0000001
Vineyard, John
0312001-1102101
Cooly, Josiah
0100001-110001
Nance, Peter
00122001-1111001
Dearmond, David
00010001-00000001
Masterson, Thomas W.
00001-0001
Henson, William
000010001-00121001
Thurman, Jabez
130001-20101
Tipton, Reuben
0101101-00101
Badgett, Burwell F.
110011-211101
Scott, Arthur
000000001-0010001
Bandy, Peter
2001-20011
Mitchell, David
21221001-0001001
Smith, Joseph
0011000001-0010010001
Chumlay, William
00001-00001

379

Dearmond, Richard
001C1001-012001
Childress, Sally
0001-001001
Williams, Jason
100001-00001
Henson, William
11001-20001
Humphrey, Dennis
000100001-000001C2
Kidd, Hezekiah
011001-000001
Williams, Joel
00011-00011
Howell, Elijah
001100001-0001001
Vineyard, Muse
00001-00001
Humphrey, Elijah
00001-00001
Smith, George W.
00001-10011
Anderson, Daniel
10001-00001
Johnson, Thomas
12001-20001
Bowman, Samuel
01010001-00010001
Maxey, Edward
00001-100010001
McCarrell, Joseph G.
020001-211001
Hommell, Daniel
0112101-1110001
Massy, Thomas
01100000001-000101
Wells, George
100001-101001
Nethery, Samuel
000001-0
Varner, George
0211001-1010001001
Jordan, John
1200002-10101
Conner, Daniel
00001-00001
Wells, Jesse
0000001001-0000000001
Howser, Daniel
300001-00001
Ford, John
0121001-201101

380

Maxwell, James
0100101-002001

Campbell, Archibald
01010001-01010001

Somers, Thomas
01000001-2121101

Somers, Mary
0-0011010101001

Massy, Sherrod
01001-12001

Edington, Wyley
10001-0001

Willoughby, Andrew
0010001-0101001

Coker, Joel
001101-000001

Berry, George
10001-10001

Smith, Elias
000011-111101

Howser, David
000001-0

Coker, Bryant
3111001-112001

Howser, John
00000000001-00100001

Doyle, David
10001-00001

Henson, John
321001-110001

Fleniken, John
002001-021101

Wells, Hannah
01001-0101001

Fleniken, Samuel
10001-10001

Fleniken, Wallace
00000001-0100001

Thomas, Polly
011-000001

Dunn, Rudice(?)
01-00010001

Johnson, James
0000000001-00000001

Baker, William
0000010001-41001

Baker, Christian
00001-00001

Howser, Susanah
0000001-000001

Rains, James W.
0100001-20001

381

Cruze, Robert
100001-11011

Lowasse, Coonrod
1020001-120200101

Shook, Isaac
20000001-00004001

Baker, Thomas
0120001-111001

Brown, Richard
0010001-101001

Payne, Edmund
020001-11001

Payne, Chesly
000010001-000000001

Nelson, John L.
030001-101001

Williams, William
20001-00001

Hinds, Isaac
010101-222001

Woods, William
011110001-00111001

Gibson, John
00001-1001

Wilson, Isaac
00002001-00103001

Allison, John
020001-203101

McBath, Robert
000101-0001000001

McMullan, Andrew
110001-200001

Langly, Washington
10001-10001

Lowasse, George
100001-11001

Slater, Ann
00001-00101211

Houston, Matthew
000001-100001

Houston, Robert
0011010001-00101

Slater, John
10001-10001

Cruze, James
0000101001-00000002

Maxy, Shaderach
000010001-010112

McBath, William
00110001-0101001

Delwit(Dewitt?), John
00000000001-0

382

Horn, Jacob
00010001-02100001

Harmon, George
00000000001-0000000001

Tarwater, William
2120001-110111

Howser, George
100001001-00001001

Holles, Catharine
0-00000001

Johnson, Elijah
011001-310002

French, Jacob
20001-00001

Rule, George
00020001-01100001

Edington, Philip
101001-121001

Giffen, John
210001-011001

French, George
001001-101001

Horn, Jacob
31001-00001

French, Peter
000000001-000110001

French, Michael
001001-30001

Johnson, Joseph
00012001-10101101

Reed, Frederick
0-0000101

Weaver, John
2100001-001001

Cook, Joseph
101001-1020001

Criswell, Joseph
00000000001-00000110001

Weaver, Solomon
110001-01001

Weaver, Mary
2011-121001

Tarwater, David
0000101-0000001

Rule, Michael
0012001-21201

Mingy, Henry
000001-200001

Haines, Zachariah
2121001-0111001

Brown, John
0002001-00012001

383

Anderson, James
120001-120101

Houser, Jacob
110101-1120001

Coleman, Sally
0-001001

Howser, Jonathan
10001-20001

Whortenbarger, Elizabeth
111-1110101

Suttle, William
0210201-111201

Harris, Solomon
0-0

Varner, Henry
11001-00001

Pryor, Harris
000210001-00100001

Maxy, Walter
0030001-200101

Howser, Jacob
21001-11001

Howser, Joseph
10001-10001

Spangler, Frederick
201001-022001

Lane, Joseph
010001-0000001

Lane, John
0110001-01100001

Kirby, Francis
01112001-1100001

Boyd, Bowman
10001-10001

McCall, John
2100001001-0100001001

Magree(?), Mary
0301-010001

McCammon, John
0010200001-00002

Howser, David
000001-000001

Low, Thomas
00001-00001

Matthews, Penelope
0121-0100001

Weaver, Absalom
00001-0001

Cardwell, Perrin
012100001-000120001

Cardwell, Thomas G.
110001-10001

KNOX

384

Cliburne, John
0001-00001

Cliburne, Skelton
021001-1012001001

Sterling, Samuel
01020001-112101

Cliburne, Jonas
000001-1001

Hanks, Luke
00110001-00011001

Crawford, Samuel
120001-110001

Crawford, Nancy
00001-100110001

Murphy, William
21001-10001

Murphy, Robert
0000100001-000001001

Crawford, Andrew
2000001-11

Lyon, William
0021001-1011001

McClung, Charles
000000001-0001

McLemore, James
10101-00001

Haines, James
00001-00011

Coinely(?), Richard
10001-0001

385

Thomas, Adam
001100001-0000001

Cruze, William
2101001-10201

Davenport, Thomas
100001-0001

Keyhill, Elizabeth
00011-00001001

Carr, Benjamin
2000001-00011

Simpson, Daniel
002020001-0101001

Keyhill, Thomas
000001-0000001

Anderson, Mahala
0-10001

Walker, William
011101-100001

Burnitt, Berry
21001-100001

King, William
0010001-0100001

Ford, Joseph
00013-001100001

King, John
120001-102101

Murphy, Malachi
002110011-01120001

Coker, Charles
000110001-001100001

Brown, William
1201001-1012101

Johnson, Dempsey
10001-10001

Murphy, Hugh
110001-11001

Munday, Joshua
0121201-1002001

Meek, Jonas
000001-000001

Gibson, Mary
001-00001001

Ferguson, Robert
000001-22101

Reagan, John
000000001-000001

Wilhite, James
012001-210101

Bean, Jacob
00111-00011

Brummit, Jesse
0111001-21

386

Johnson, Jonathan
122101-100001001
Hinds, Robert
0110101-0011001
Irvin, William
10001-1101
Hunter, Clifus
10001-10001
Rose, Benjamin C.
110101-11201
Wrinkle, George
00001001-0022100101
Porter, Boyd
100001-11001
Wrinkle, Sophia
2-00001001
Bell, Betsy
001-00001
Conner, Samuel
10001-10001
Kimes, Mathias
0000000001-00010001
McCarter, Betsy
1002-0010101
Bales, Anderson
00001-00001
Widener, William
101001-22001
Covington, Francis
00000000001-0000000001
Lonas, Sally
0-001001
Huffacre, John
1201201-002101
Greene, Benjn.
001000001-00120001
Huffacre, George
0002100001-011000001
Huffacre, Henry
00002-00001
Bales, Asher
10001-11001
Patterson, James
110010001-10001
Greene, James H.
00001-000011
Keener, Peter
0000000001-0000000001
Whittle, John
2100001-02001
Keener, Abraham
210011-01001

387

Widener, Peggy
1-00001
Widener, Henry
1001-0001
Wrinkle, Jacob
0100201-00011010001
Johnson, Jeremiah
1120011-010001
Wade, George
00001-00001
Ferguson, James
00100001-00020001
Patterson, Alexander T.
10001-0001
Gains, John
100001-10001
Dunlap, William
210001-020101
Montgomery, William S.
00011-321001
Stansberry, Luke
11001-00001
Dunlap, Polly
22001-01001
Montgomery, Samuel
000110001-00111101
Montgomery, James M.
20001-00001
Bowman, Samuel
0100001-000020101
Swaggerty, Claiborne
00001-1001
Larence, John
0111001-1011201
Swaggerty, Benjn. A.
10001-01001
Ward, Margaret
011-00101
McNutt, Robert
00000001-00220001
Stansberry, Andrew
000001-10001
Munday, Tolliver
00001-1001
Dikes, Isham
1111001-111101
Julian, Nancy
2211-0100101
Burnett, Samuel
00002-10001
Wilhite, Felicia
0011-1000001

388

Wilhite, George
22001-01101
Montgomery, John H.
102001-000001
Dunlap, John
00000001-0
Grizzle, Susannah
2-01101
Hickey, John
111001-11011
Aily, Catharine
001-0010001
Jones, Jesse
0001-0001
Harris, Hyram
022101-301001
Ford, Blakely
003110001-010000001
Ford, Elisha
00100101-10122101
Burnett, Zachariah
001001-111
Ford, Fanny
0-00000010001
Arthur, James
010001-01001
Porterfield, Richard
3000000001-00101
Murray, Edmund
31001-00001
Tarwater, Jacob
1212001-011011
Burnett, Lemuel
020001-20001001
Burnett, Judah
000111-00001001
Johnson, Jane
10012-0222001
Hickman, William
000101-010001
Dawson, John
10001-00001
Simpson, Matthew
00001-00001
Michels, Jacob
001120001-00000001
Walker, Anne
012-001201
Michels, Joseph
100001-10001
Wright, William
0010201-220201

389

Davis, Ashley
1010011-011001
Anderson, John
110001-10001
Coker, Leonard
10001-0001
Simpson, Demarcus
000001-1020101
Walker, Thomas
110001-01001
Betty
0-0
Davis, Cynthia
0001-002001
Edington, James H.
010101-30001
Scott, Thomas
0-0
King, Samuel
00001-00101
Anderson, Willis
00001-0001
White, Isabela
1-01012001
McFarland, Mary
0-032001
Elledge, Thornberry
1112001-0111001
McMillan, Alexander
00000000001-000000001
Reed, John
00001-1001
Reed, Isabel
00001-000010001
Sherretz, Henry
0022101-2210001
Brewer, Micajah
010001-211001
Wilson, Thomas
0100001-0002001
Barber, Unice
01-10101
Balew, Micajah
0312001-0110101
Brown, Felix
02001-00001
Clift, James
00010001-00002001
Pearce, Robert
10001-10001
Jordan, Thomas
00110001-01010001

KNOX

390

Jordan, Wyley
00001-0001
Newman, John
0102001-121011
Evans, Samuel
110001-201001
Evans, Joseph
0001200001-000002001
Revely, Joseph
000000001-000000001
Covey, Joshua
011001-212001
Taylor, William
12200001-1002001
Fulton, Hugh
00000001-000000001
Fulton, Thomas
12001-11001
Samples, Samuel
0000000001-000010001
Samples, Samuel
20001-01001
King, Eli
0000101-0122001
Kennedy, Adam M.
0100001-120001
Taylor, Andrew
00001-0001
Walker, George
0000001-000001
Bean, Jacob
01000000001-0010011
Mulvany, Henry
00001-20001
Todd, Samuel
00000001-0
Walker, James
1020201-1100001
Hogarth, William
00001-00001
Zimmerman, Thomas
2200001-0230101
Vanhoy, Henry
100001-10001
Adamson, Jacob
011001-021001
Bolling, Noble
00001-20001
Oglesby, Peter
10000001-11001001
Oglesby, Thomas
00001-10001

391

McMillan, Susannah
0102-113001
Parker, Marcus
0101001-221101
Nichols, Matthew
00101000001-001110001
Fulton, William
020001-110001
Walker, Prudence
000002-000000101
West, James
1300001-101001
Blake, Adam B.
10001-00001
Molden, Hezekiah
00000001-000000001
Molden, William
000001-30001
McNutt, Peter
0000001-10001
McMillan, William
1102001-212111
Carr, David
100001-100001
McCarty, James
0211001-2121001
Chessny, Nathaniel
010001-201001
Underwood, John
011220001-1112001
Hickman, Caleb
0122001-1100001
Keith, Gabriel
1110101-000011
Cates, Samuel
00010001-11110001
Callen, Archibald
210001-02101
Douglass, John
0110001-1110002
Mulvany, John
012200001-11001
Hickman, John
20001-10001
Little, Elisha
000120001-000000001
Franklin, Thomas
20001-10001
Routh, Edward
020000001-10112001
Kennedy, John
0000000101-0001001001

392

Henson, Lazarus
00001-10001000001
Baily, Charles
000000001-1000101
Smith, Jesse
120101-103001
Smith, Joseph
110001-12001
Hadley, John
00001-10001
Smith, Elizabeth
0-00020001
Smith, John
1101001-0110001
Mulvany, Jacob
020001-110001
Bales, Jane
02111-010111
Smith, Birdine
10001-21101
Kellums, Betsy
2-11001
Smith, Asa
111001-11101
Smith, Cassy
1-0211101
Roberts, Patsy
0001-0010001
Gwinn, James
00001-0001
Bowman, Samuel
0000000001-00000001
Newman, Edmund
000010001-0100101
Rodgers, Peter
0001-00001
Cunningham, Jesse
0001-0001
Coker, Fanny
001-100001
Underwood, Thomas
00001-00001
King, John
00012001-00210101
King, George
0001-0001
Dunlap, James
01021001-0010001
Palmore, John
30001-00001
Frazier, William
211001-101001

393

Wrinkle, Henry
00001-00001
Pickle, Mary
00001-00000001
Pickle, Samuel
00001-00001
Pickle, Christian
01310001-1101001
Goddard, William
110011-1210001
Goddard, Ann
01-110001
Hackney, Charles
1100001-201001
Lane, William
100000001-10101001
Pickle, William
311001-011001
Ferguson, Stephen
230001-10001
McNutt, Benjamin
000200001-00002101
Mason, Windsor
0100011-3110001001
McMullan, Thomas
1210001-200001
Dowler, William
0011-0001001
Campbell, James
010001-200001
Atkinson, Peter
210101-01001
Molden, Peyton
00001-00001
Palmer, William
01001-10001
Lane, William
22001-01001
Gibson, John
01110001-00100001
Palmer, William
00001001-11011001
Widener, Michael
000000001-00001001
Pratt, John
110001-11001
White, John
100001-11001
Roland, Thomas
1110001-110001
White, William
100011-10001

394

McNutt, John
120000010001-0010001
McNutt, John
00001-0001
Bowman, Patsy
2-00001
Davis, Grizzia
000121-00002001
Hazlewood, Benjamin
0000000001-0010001
Jack, James
310001-023001
Dixon, George
0010000001-00011001
Brooks, Martha
0101-121101
McMillan, John
0111001-0102001
Smith, Daniel
00001-20001
Luttrell, Elizabeth
10012-10002001
Pursely, Sarah
00011-000000001
Reed, Abraham
211001-01001
Felts, Randolph
210101-111001
Carpenter, Leroy
00001-000001
Armstrong, Moses
0121001-201001
Craighead, Thomas G.
00001-10001
Davis, Robert
1020001-1200001
Barnett, William
00001000101-00020001
Craighead, William
00020001-00000001
Carpenter, James
10001-00002
White, Thomas
210001-110001
Luttrell, John
000110001-000010001
Pratt, David
000011-0000000001
Cole, John
00010001-0000001
Miller, Freeman
00001-00001

395

Campbell, Betsy
102-022001
Campbell, Mary
01001-000110001
Kennedy, Samuel
10001-00001
Fisher, Daniel
0010001-121101
Bell, Samuel J.
001001-221011
Rodgers, James
000020001-000020001
Murray, Eliel P.
00001-210001
Tummins, Betsy
10101-000001
Thompson, Sarah
000001-00000110001
Merriman, Peter
0110101-0121001
Robertson, William
000000001-00010001
McLemore, John
001000001-00001
Harthorn, John
100001-12001
Harthorn, Mary
001-000001001
Harthorn, Jesse
00001-00001
Luttrell, Jackson
10001-0001
Graham, Isaac
0021001-211001
Baldwin, Henry
10001-00001
Burnett, Elisha
00001-10001
Cunningham, Andrew
21201001-2002001
Perry, Lewis
20001-10001
Barnett, John
00001-10001
Perry, Jesse
0000100001-000010001
Grasty, George
00000000001-010110001
McMillan, John
10001-00001
McMillan, Barbara
00011-00000001

KNOX

396

Peile, John
1100001-210001
Graham, Henry
01001-20001
Graham, Asa
00001-1001
McMillan, Charles
22001-10001
Perry, Joseph
210001-01001
Swink, Elizabeth
0001-0001001
Plumbly, William
2200001-201001
McLemore, Greene
10001-11001
Stewart, Nancy
101-0012001
Edington, John
300000001-00001
Hackney, Barton
100001-10001
Amy
0-0
Hagar, Jacob
000001-000001
Graham, Isaac
0001000101-00000001
Brantly, Phineas
000001-000001
Cash, Shaderach
10001-11001
Patton, Isaac M.
00001-01001
Jack, Jeremiah
0000010001-0000001
Jack, Allen
220001-12001
Priscilla
0-0
Horn, William
00001-10001
Roddy, Nancy
01-001001
Doyle, Isaac
101001-2201
Sutton, John
20000001-0020001
Kirkum, Esther
0-0000001

44

Rankin, David
100111-10001
Rodgers, George
21101-10001
Rodgers, Anderson
20001-01001
Dunham, David
12001-10001
Stephens, Rufus M.
00001-0
Hill, William
1100001-01001
Arnett, William
110111-10101
Everett, Bird F.
10001-00002
McRay, Malcolm
000010001-0
Thatch, Josiah D.
201001-20001
Roberts, Isaac
00001-00001
Ealey, Samuel
000001-0022001
Wyrick, Martin
111011-0001
Brown, John
22010001-1011101
Hatfield, David
00001-10001
Chaudoin, James
102011-120001
Rice, John
021011-110101
Stewart, Joshua
000001-00001
Windham, Thomas
000011-00001
Wood, William
10021-10001
Price, William
2011101-0210001
Kelly, Joshua
01000001-02001001
Cunningham, John
000211-0020001
Mullins, Morgan
10012-00011
Humble, Jessee
30001-0
Winn, Anderson
00001-1001
Reed, Amos
0001-0

45

McReynolds, Stephen
0001-0
Standifer, Alfred
00001-000010001
McCord, David C.
10001-10001
Rice, George W.
00002-10001
Kelly, James M.
10002-01001
Pankey, James
02100001-0011
Mitchell, Howell
0100001-01221
Morefield, Hiram
10001-11001
Blevins, Richard
000000001-000000001
Branson, John
00001-0001
Morefield, Seth
000100001-00000001
Marcum, William
000011-31001
Newman, John
201001-130001
Hendrix, Luke
02010001-0011101
Burgess, James
320001-110001
Nichols, Michael
00012001001-001001
Steele, Isaac
313201-010001
Brown, Samuel
330001-00101
McNew, Henry
11002-020001
Stinnett, Reuben
00200001-01111
Nichols, James J.
00001-0001
Drewin(?), William
11001-000001
Hays, William
000000001-0
Hays, William
00001-001
Nelms, David
011001-01001
Chaudoin, David
000000001-00101001
Bruce, James
111210001-0102001

46

Jones, William
11002-010001
Wood, George W.
00001-10001
Kelly, John
01201011-0102001
Holloway, John
10201-001001
Myers, Lawrence
00011-00001
Townson, John
0010001-0012010001
Pearson, Robert
02210001-21000001
Tollet, Mark
0210001-20001
Jones, James
220011-221001
Cooper, James
000101-0010010001
Reese, William
000011-20001
Conn, Josiah
0001001-2220001
Inlow, John B.
20001-0011
Rice, John
0000001-0130001
Hall, Roswell
20110001-0100001
Kroft, Phillip
100001-10001
Brown, Solomon
00001-10001
Hudgeons, Benjamin K.
10001-0001
Matthews, William
10002-20002
Keeton, Warner
11001-11001
Dunham, Henry
2110001-120011
Simms, Gilbert
10001-202001
McCain, James
00121001-01000001
Alley, Erasmus
20102-10002
Bryant, Archilus
00001-10001
Bassham, William
1101001-1120301
Barnes, William
300011-01

47

Hale, John
000111-000001
Mitchell, John
10222001-2111001
Gott, Samuel
0201101-20212
Hale, Willis
210001-001001
Deckor, Joseph
0000001-0
Beene, Obadiah
0011001-231101
Beene, Robert
021101-111001
Martin, John
12130001-0100101
Shelton, Temperance
000221-0011001
Hatfield, Hiram
00001-210001
Hall, Ignatius
010001-220101
McCarty, Isaac
101101-200001
Jones, Joseph
0100001-22001001
Glazier, Wesley
002111-000001
Martin, Joseph
00003001-0100101
Rodgers, Jessee
112101-210011
Dame, John
2010101-0121001
Cohorn, John
000010001-00010001
Pryor, Matthew
0100100001-000010001
Looney, Peter
00000001-00000001
Roberts, Isaac H.
011001-11101
Dooley, Matthew
00220001-0011001
Nixon, John
10130001-0011101
Harriss, William
102001-20011
Canatsor, Daniel
230001-10011
Stinnett, Hiram
100001-20001
Smith, Abbott
00001-10001

MARION

48

Long, George W.
00001-0001
Pryor, Green H.
1310001-001001
Newman, Jonathan
100001-121001
Mead, Samuel B.
000001-0001
Thompson, Stephen
20101001-12101
Rodgers, Jeremiah
00010001-00300001
Brumley, John
10001-20001
Hefley, Phillip
20001-00001
Neighbors, Isaac
0210001-0011101
Adams, Henry
110101-110101
Minton, Isaac
112001-211001
Rawlings, Daniel R.
00001-00001
Condra, James
200010001-10002
Campbell, William
1120101-2110001
Goins, William
310001-011001
Salmonds, John
310200001-1000011
Kelly, Alexander
0010001-110001
Kelly, William
0212001-200001
Blevins, Tarlton
3001001-1111001
Edmonson, Sterlin
1210001-0
Bryant, John
010011001-0012201
Everett, Larkin
1112101-0102001
Carr, John
000001100001-00000011
Allison, Willis
21002-10001
Gunter, Thomas
000101-032001
Everett, John C.
100011-10001
Lewis, Archibald
2010201-1212001

49

Davidson, Samuel C.
00001-0
Rodgers, James
110001-21001
McChord, James
010001-320001
Bryson, James
0102001-1013001
Stewart, James
00020001-03010001
Neeley, William
00001-0
Shropshire, John
002000001-03110101
McMurry, Alexander
0110101-000101
Caldwell, Mary
00021-00111001
Braden, Isaac
22000001-000201
Matthews, Burgess A.
00001-10001
Lain, John
20001-00001
Wheeler, John
220001-12001
Nolin, David
1002-00001
Mitchell, Joel D.
11003-10001
Moore, George
100001-10101
Mitchell, William C.
00022-0010101
Suddarth, Samuel
110001-00101
Lafary, George W.
210001-00001001
Davis, Robert
0011000001-00210001
Standifer, Jane
0001-010001
Lawson, William
001100001-00101001
Glover, Samuel
100001-001001
Dalrymple, Allen
00111-01002
Hornbeak, Elijah
0101101-021101
Hawkins, William
100200001-01100001
Pope, Jonathan
2111001-0112001

MARION

50

Anderson, William
112101-210101
Goler(?), James
0001001-112001
Caldwell, John
00001-30002
Bullard(Ballard?), Howard
1100001-101101
Haines, Laster
011001-01001
McCannon, Isaac
00001-00001
Coplen, James
00100001-0111001
McNew, George
111000001-0110001
Perry, Alexander
120001-201001
Rodgers, John
20111-01001
Woodley, Harrison
10011-00011
Wheeler, Joel
00001-00001
Riggle, Jacob
1101001-103001
Shelton, William H. K.
111001-210001
Matthews, Mary
21012-0021001
Majors, Berry
10001-11001
Frogg, John
21001-01001
Brannum, Ephraim
31110101-0100001
Woods, John
1113001-201001
Cagle, George
1110001-130001
Easterley, Moses
1201101-121001
Oiles(Oiler?), Frederick
0122001-1101001
Carter, John
110001-11001
Hendrix, Larkin
10002-2111
Harriss, William
232001-000001
Cooper, Cannon
220001-110001
Ward, David
10001-20001

51

Belsher, Joseph
00001-30001
Jackson, John
2111001-1112101
Kirklin, Allen
000011-20101
Stewart, William
000011001-00010001
Elliott, William
000110001-00000001
Davis, James
2102001001-110101
Brown, Peter
0121101-0010001
Dodson, Thomas
100001-20001
Mooney, Sampson
221011-010101
Williams, John
2100001-011001
Walker, Sanders
10001-1001
Wheeler, Joel
300001-20001
Cooper, William
01210001-0001001
Matthews, Nancy
1301-001001
Worley, John
210001-111001
Seaborn, John
01130001-30013
Hicks, Stephen
000001-11001
Sherrill, Jessee
0001001-01001
Seaborn, Edward
10011-20001
Tackett, Hampton
0101-00011
Grayson, Benjamin
1211-0110001
Lasseter, Johnsey
022101-01001
Shaddick, Hardy
01210001-1101101
Lewis, Robert
1100001-1001001
Grayson, Jessee
02012001-01110001
Pearson, Usry
2011001-201001
Dunaway, James
00220001-00000001

52

Fricks, Henry
2231101-0111101
Bennett, John
211001-00001
Farmer, Andrew
00200001-00010001
Farmer, John
00001-0001
Barker, William
210001-00001
Stewart, David
00001-00001
Rodgers, Dauswell
1211001-102101
Hicks, Isaac
121011-00002101
Williams, William
000010001-000110001
Williams, Matthias
20001-10001
Hackworth, Austin
00000000001-01001000001
Tatum, Henry
000001-21001
Grayson, Patsy
00101-01110001
Crownover, Daniel
111001-101001
Coffelt, Jacob
000011-1001
Huffman, Jacob
101001-210001
Hammet, Robert
0021001-0000001
Jackson, James
10001-10001
Hall, Alexander
010001-000000001
Coffelt, Isaac
300001-00001
Pickett, John
212001-21001
Pickett, Edward
11001-10001
Standifer, William H.
1021001-200001
Smith, Daniel
011101-110001
Wilson, Andrew
20001-10001
Earls, Frederick
20000001-012101
Briggs, John
1102001-102301

53

Lett, Matthew H.
10310001-1202001
Stone, William
120001-012201
Pankey, Batts
00111-000001
Weaver, James
210001-110001
Jones, Robert
11101-01001
Braden, Margarett
0-00000100001
Griffeth, Thomas
2003001-0210101
Barker, Mary
001-00010001
Stephens, Mashack
010110001-0011000001
Salmonds, Jacob
0001-000001
Littrell, William
10110001-0120101
Hicks, Elijah
00000100101-0000000101
Hicks, Elijah M.
00001-20001
Cleckler, John
000001-000001
Horsler, Abram
110001-11101
Cowan, William
21001-10001
McLain, Daniel
1000001-011001
Hargess, Solomon
1201001-111101
McReynolds, Samuel
01111001-0100101
Hudson, Elijah
30011-10001
Burgess, William
1111001-0021001
Griffeth, David
10111001-211101
Pickett, William
00001-10001
Masey, Solomon
00001-00001
Heath, John
10001-00001
Brumley, Charity
2011-00001001
Johnston, Lewis
110001-1100001

54

Burgess, William
000010001-000030101
Smith, William
1110001-1010001
Coffelt, Abraham
0100001-22101
Elsy, John
001110001-0010001
Burgess, Samuel
100001-00001
Anderson, Andrew
00001-101
Ward, Kessiah
201-00001001
Nelms, John B.
00001-20001
Belsher, Elizabeth
0011-0001001
Burkhalter, Michael
212001001-10100101
Anderson, James
1110001-12001
Hilliard, Joel
000020001-001110001
Ketner, David
00011-0001
Smith, Thomas
0511001-0021001
Baker, James
000001-11001
Griffeth, Samuel
2211001-020001
Bowers, Jonas
221001-100001
Baker, John
001210001-02111001
Tatum, Howel
00001-10001
Ashborne, Thompson
21001-01001
Floyd, William
31001-10001
Madcap, William
001110001-00001001
Smith, Rewbon(Reuben?)
11001-10001
Floyd, Thomas
01001-20001
Kilgore, William
20121-111001
Blevins, Jonathan
300001-02001
Mason, William
000010001-000000001

55

Day, Joseph
0100001-0010001
Blevins, William
10001-1001
Griffeth, James
00001-0001
Kilgore, Joseph
00001-00011
Nichols, David
002210001-00011
Bradford, Richard
00001-00001
Harriss, Frederick
020001-20001
Copinger, Walter
1202101-1120001
Kelly, Alexander
10012-10001
Oatts, David
00000001-00003001
Parker, John
00020001-00200001
Bradley, John
0001100001-000010000001
Watson, Elijah
01220001-1200101
Watts, William
10001-00001
Newbern, John
000110001-0010001
Thomas, Alexander
1100001-000011
Gocher, Henry
101001-121001
Winn, Matthew
00001-10001
Stone, Solomon
0000000001-0000000001
Stone, Noble
211011-112001
Hooper, Enniss
02011000001-0002001
Stone, William
111101-120001
Walker, William C.
20002-0100101
Smith, James
00000001-00000001
Smith, Wright
00001-20002
Page, Johnston
10001-00001
Marcum, Carter
11111001-0021001

MARION

56

Tollet, Elijah
0001-10001
Bryant, William
10011-10001
Carroll, George
210001-01001
Webb, Wiley
10001-01001
McColliers, David
001000001-00120001
Barbee, Matthew
11101011-1110001
Warren, John
21001-10001
Klepper, James
131201-211011
Anderson, Samuel
0111101-10002
Hargess, John
1010001-221201
Aiken, John H.
00012-0001
Trussel, Matthew
00000001-0001001
Bass, Andrew
30001-00001
Towry, John
12010001-1100001
Trussel, William
00100001-0000010001
Bible, Christopher C.
000021-1001
Gillam, Isham
00002-0
Ladd, Noble
10001-10011
Holley, James
0001000001-00100001
Robinson, Thomas
0123001-111001
Stanfield, David
01100001-0000001
Simms, James
01012001-0021201
McKeehen, James
00000001-01011001
Gowers, William
0220001-1012001
Hulvy, Coonrod
00001001-211301
McMurry, William
001101-10011
McCormack, Benjamin
11001-10001

57

Tate, John K.
122001-100001
Garner, William
00001-0010001
Hutchins, James
22001-02001
Franklin, Nathan
01002-11001
McCoy, William
000001-00001
Ayres, Jacob
00010001-0021001
Ayres, Daniel
00001-00001
Ayres, Green L.
00001-00001
Reaves, Nathan
21222001-1100101001
Brooks, Thomas
10001-10001
Pyborne, Mary
00001-00110001
Towry, Martin
10001-1001
Cross, Joel
00002001-000100001
Patton, John
1020001-000201
Burriss, Hudson
111001-001101
Wilson, Samuel
00000001-0001001
Beene, Samuel
00210001-00110001
Wood, James
11011-10001
Sales, Ezekiel
101001-10001
Cross, Zachariah
120001-20001
Pyburn, Riley
11001-22001
Pyburn, Love
10001-10001
McBee, Jessee
222001-000001
Norman, Daniel
10001-01101
Hampton, Benjamin
10001-0001
Webb, Melchiradee
20001-00001
Clouse, George
0001-00000001

58

Whitehead, Thomas
301001-010001
Nunley, Archibald
00001-20001
Maxwell, Thomas
00001001-0000001
McGown, Solomon
3210001-20001
Floyd, Enoch
44012001-12203021
Dulany, Martin
31001-11001
Vickry, Luke
0000000001001-0000001
Tatum, Mary
00001-0001101
Livingston, Preston
12102-211201
Casteel, Nancy
02001-000001
Marler, Allen
112000001-0100001
Webb, Ellis
1101001-1221001
Jones, Levin
2211001-100101
Hughs, James
00001-20001
Eves(?), William
01001-21001
Hefner, Peter
120001-10001
Burns, Mary
00001-0000101
Anderson, Josiah
00002-10001
Martin, Urias
221011-10001
Easterley, Isaac
01001-10012
Davis, William
10011-10001
Norwood, Samuel
10101-20001
Cooper, Isaac
310001-10001
Guthrie, Thomas
200101-00011
Hendrix, Mark
20002-00001
Maxwell, John
11001-12001
Murphy, Abraham
000001-0

MARION

59

Heaton, Josiah
20001-20001
Lawson, Bartholomew
210001-001001
Hampton, Thomas
110001-10001
Hawkins, Robert
01120001-10102001
Lowry, John
00100001-00110001
Lindsay, John
10001-00001
Aarons, George
00001-0001
Campbell, John
00001-20001
Condra, James
100010001-10001
Smith, Thomas A.
001001-012101
Price, Charles
21101-00001
Elliott, John
00001001-00001
Shropshire, John
10001-11001
Allison, Hugh
00001-00001
Mahan, Milly
0011-00010001
Hooper, Daniel
100001-10001
Roberts, Samuel
1001-0001
Martin, Fields
00001-00000001
Berry, John
120001-10001
Bryant, Henry
1200001-111001
Kersey, Thomas
000210001-000000001
Sweeten, John
002001-0
Sweeten, Moses
0100000001-000000001
Maxwell, Ebenezer
20011-00001
Matthews, Alpheas
00001-0001
Hawkins, Joseph
102101-10001
Gaines, David
01000001-011

60

Roy, George
22001-020001
Killingsworth, John
200001-01001
Dunham, Lewis
213101-020001
Ballard, John
0011001-0000001
Silman(Gilman?), Benjamin
021101-211001
Cross, William D.
010001-31001
Landrum, William
00001-0
Davis, Nathaniel
00110001-0000001
Pearce, Green
10001-10001
Thurman, Ephraim
121001-10101
James, Samuel
110101-10011
Frigmore, Ephraim
0011001-122101
Rorack, Charles
00001-0002
Hale, William
11001-11001
Boyd, William
10001-10001
Webb, Jacob
20001-20001
Hixon, John
120101-31101
Nunley, Jeremiah
01221001-110011
Bellew, Rebecca
0101-001011
King, Charles
110101-211001
Alder, John
000000001-00000001
Cheek, Anderson
000001-000001
Bruce, Mordica
000000001-0000000001
Kersey, Hiram
010001-10001
Hammett, Nathan
01112001-1101001
Williams, John
300001-000010001
Moore, John
000000001-00001

61

Raines, Robert
012001-111001
Pryor, William
0000001-000001
Pryor, William
0011-1001
Devenport, Wesley
10001-10001
Williams, Paul M.
10001-00001
Teasley, Daniel
00110001-1110101
Robinson, Richard
001100001-00022001
Jackson, Churchwell
32101-01001
Lewis, George W.
1211101-2012001
Lard, Nancy
01-020001
Jones, William
110001-212001
Weaver, Dempsy
200001-00001
Holloway, William
00011-220001
Stephens, Benjamin
00001-100001
Stephens, Washington
12220001-0100001
Tygart, John
02210001-00100001
Stephens, Robert
00001-10001
Farmer, James
131001-210001
Dodson, Thomas
01121001-10110001
Minton, Richard
10200001-0221001
Shockley, Richard
000000001-101010001
Jones, Herculas
2111101-0011001
Robinson, Jacob
0210001-1002001
Elliott, Josiah L.
0000011-20001
McClure, Lashwell G.
110001-11001
Dill, John
011001-210001
Mansfield, John
201101-110011001

62

Still, Boaz
001000001-001110001
Lacky, John P.
00001-0001
Clemmons, Adam
120001-00100101
Wooton, Rebecca
00002-0012001
Herd, Jessee
00110001-00010001
Herd, Vernon
10001-0001
Kennon, James E.
110001-10001
Crawford, John
010000001-000000001
White, Silas
31010001-0110001
Allen, Robert
00001-11001
Curnutt, John
20001-10001
Rodgers, Emanuel
301101-01101
Hatfield, Abe
10001-21001
House, Mary
00001-00001101
Hatfield, Jonathan
101201-222001
Stewart, George
101001-20001
Oden, Henry D.
00001-1001
Deakins, Absolam
01111001-1010001
Stewart, James
10200001-0002101
Rodgers, William
103001-120101
Smith, Burwell
1212001-1312201
Hatfield, James
1011101-1211001
Curnutt, David
20000001-0112101
Smith, Aaron
00001-21001
Hefner, Daniel
200100001-000010001
Richee, John W.
110001-01001
Williams, Samuel
010001-000200001

63

Allen, James
2110001-101201
Gowers, Matthew
11001-10001
Brown, James
000100001-000000001
Richards, Stephen
0111001-0020001
Golston, Thomas
220001-01001
Curtiss, David
22001-00001
Moore, Haines
100001-21101
Moore, Anthony W.
0000100001-000110001
Lamb, Hugh
00001-0001
Davis, Nathaniel
0002-0001
Farmer, Bird
00001-11011
Kell, Thomas
100001-2120010001
Stone, Richard
000011-220001
Coffelt, Daniel
00002001-00020001
Street, Alferd
00012-00001
Hughs, William
00221001-00000001
Hackworth, Austin
210001-010001
Grayson, Henry
210001-010001
Roberts, John
201001-111001
Jackson, Ephraim
101110001-00112001
Stewart, Robert
011120001-11011001
Condra, Benjamin
320001-000001
Hendrix, Squire
12013001-0102001
Martin, James
11230001001-01102110001
White, William
10001-12001
Pickett, John
0202001-1010001
Richee, Mary
0001-111001

64

Fredericks, Henry
10211001-0201111
Glase(?), William
210001-00001
Stewart, William
010010001-000010001
Rodgers, William
000001-120001
Richee, David P.
00001-00011
Merret, Samuel
10001-00001
Rodgers, Joseph
00001-20001
Lovern, Gabriel
1110001-0111001
Thomas, Barnabas
0010001-0000101
Pryor, John H.
011001-32001
Holt, Henry
1000001-0111001
Merryman, William
210001-130001
White, Abraham
01211001-0001001
Irby, William
1000010001-0001001
Lovern, Thomas
10001-01001
Kell, John
012002-011001
Holloway, Elizabeth
111-111101
Burnett, John
222001-000001
Marler, Stephen
110001-110001
Smith, Reuben
00001-10001
Bowman, John
200001-10001
Watson, Henry
001001-320001
Wood, Reuben
0001-1001
Pickett, Edward
000001-00001
Blagg, John M.
21001001-01001
Blagg, Israel
00001-00001
Looney, John
200001-120001

65

Fullen, James
20001-03101
Shahan, David
11001-01001
Scrimshire, George
220001-00001
McKinney, Jacob
20001-00001
Hogue, John
000001-10001
Napier, Samuel
00001-00002
Evans, Burwell P.
100001-122001
Rawlings, Benjamin
22110001-0021001
Gunter, Augusta
20001-00001
Butler, Pleasant H.
100001-00001
Clark, William
3111001-0002001
Lain, William
00201-20002001
Cagle, John
010001-110001
Francis, Joseph
00020001-00001001
Pryor, Phillip
112001-110001
Troxell, Jacob
002000001-020001
McNew, Churchwell
221001-00101
Hainey, Richard
01101001-10020001
Runnels, Amos
0000001-0000001
Reddin, William
01100001-2111001
Temples, Dixon
00120001-0000001
Kennedy, John
121001-000001
Kilgore, Charles
212001-210001
Lain, David
202001-111001
Bryant, William
0010001-001001
Griffeth, Matthew
01110001-101001
Lain, John
000100001-0000000001

66

Smith, John
21-111001
Holloway, John
21101-10001001
Young, Henry
00001-20001
Conatsor, Henry
120001-110001
Tharp, Katharine
00001-0000001
Longacre, John
10001-10001
Polk(?), Hugh
0001001-1320001
Merritt, Barbara
00101-10010001
Richee, James
000100001-000101001
Bennett, Henry
0001-0001
Bennett, Jessee
101100001-1101001
Cooper, Pleasant
20001-01001
Brewer, Betts
0-0011001
Lewis(?), Samuel
00011-10101
Aldridge, Nancy
001-00000001
Coffelt, Henry
101001-211001
Dodson, Samuel
13001-30001
Herd, John
0111001-0100001
Deakins, John
00001-00001
Chambers, Jeremiah
00001-10001
Stover, Isaac
2100001-11001
Stanley, John
1010001-0210001
Walker, George
120011-011011
Kell, Robert
000001-12001
Jones, Leven
1221001-200001
Shaddick, Martin
10100101-00011001
Farmer, Frederick
00200001-0101301

67

Stone, Ezekiel
0000000001-000000001
Richmond, James
110001-120001
Hendrix, Gabriel
000001-20001
Ransom, John
200001-11011
Davidson, William
0110001-0101101
Beason, James
00011-00001
Nichols, John
00001-32001
McDowel, Robert
2111-011001
Shelton, Ralph
00001-30001
Pankey, Smith
1200001-111001
Francis, Josiah
100011-10001
Hunt, Henry
10001-00001
Jackson, Samuel
110001-01201
Kilgore, Stephen
100100001-00000001
Hamilton, John
10100001-0122001
Mitchell, Samuel B.
000001-31001
McCannon, Cornelias
00100001-00001001
Hamilton, Harvey
10001-00001
Phillips, Richard
02122001-0021201
Smith, Isaac
10001-0001
Dame, Valentine
10001-10002
Vickry, Aaron
010001-200001
Crawford, Joseph
210001-100000001
Ward, John
10001-22001
Cummins, William
10001-10012
McBride, Pleasant
1110001-122101
Harriss, George
2211001-112001

68

Baker, James
0010001-1121101
Beshears, Wilson
0121001-100001
Overturf, Adam
30001-00001
Bryant, James
00001-300010001
McNabb, David
0001-10001
Scott, Elijah
000001-20001
Pride, William
300001-00001
Stone, Solomon
111001-0112
Gross, Thomas
2111001-0020001
Kirkendall, Beene
010001-20001
Gober, Daniel
00001-10001
Beene(?), William
10001-0001
Paine, Robert
221001-12001
Winn, Polly
0011-0110001
Kerkindall, John
00001-00001
Bible, John
011100001-00200001
Cross, Alferd
20001-11001
Matthews, Burgess
00000001-0000001
Stinnett, Jessee
20002001-0211001
Stone, John
210001-201001
Cohern, Moses
20001-00001
Denny, Joseph
00011001-00010001
Hendrix, William
000011-210010001
Speagle, Phillip
102101-231001
Hargess, Abner
1212001-2010001
Allison, Benjamin
00001001-00000001
Ailey(Akley?), Henry
1000001-0211001

69

Riggle, Daniel
000001001-00001
Ladd, Amos
102110001-1111001
Wilson, Aaron
2231101-1001001
Winn, John
22001-01001
Ray, Thomas
1111001-121101
Dooley(?), Henry E.
110001-200001
Smith, Henry
011101-211001
Baker, Daniel C.
201001-020001
Williams, Hardy
000000001-00110001
Winn, Thomas
221001-01001
Morgan, Mark
00001-0001
Harriss, Samuel
00100001-0022001
Russell, James
21100101-2000101
Russell, Thomas J.
1310001-110001
Rawlings, John
32130001-0011001
Box, William
021001-10002001
Blevins, Richard
012001-300101
Roberts, Richard
011001-20001
Johnston, John
01010001-2120001
Presley, Peter
00000001-0
Carpenter, John
1011001-120101
Higdon, Charles
000001-00001
Allen, Benjamin
100001-11001
Maxwell, Calvin
10001-30001
Berklin, Samuel
100001-10001
Dixon, Juble
0023101-0110001
Wilhight, George
2220001-112101

70

McCallie, Andrew
212001-111101
Smith, James
10001-00001
Smith, Moses
001120001-00012001
Hall, Thomas
02100001-2011201
Smith, Moses
10001-00001
Farmer, Elijah
10101-20001
Boyce, William A.
00222001-1220001
Carroll, Daniel
20001-121001
Francis, Edward
20001-00001
Belsher, Wiley
3001621-01001
Coulter, Alexander
01221001-0000011
Porter, Samuel
210001-20101
Porter, Joshua W.
01001-20101
Haines, Archibald
001010001-0011001
Griffeth, Amos
2112101-1110001
Walker, Samuel
1102001-0201201
Doss, Joel
20000100001-121001
Stegall, Sarah
002-020001
Hays, Ezekiel
20001-000001
Hunt, David
11000001-01101
Walker, Micky
01-201001
Britt, Elizabeth
1101-100001
Lay, Stephen
00001-0001
Adams, Rachel
2012-0000001
Vickry, Charles
011010001-00000101
Thomas, Benjamin
000001-10001
Hancock, William
12001-10001

71

Gunter, William
00001-00001
Glazier, Mornock
2210001-122001
Braden, Ansel
211001-002001
Deaton, Dison
01111001-0111001
Drain, Ruanna
113-1101001
McDaniel, Rachel
0001-00211001
McDaniel, John
12001-200001
Murray, John
111011-21200100001
Hood, Benjamin
00001-0001
Gunter, Augusta
000000001-012001001
Morgan, Riley
1011-010001
Overturf, John
111001-211001
Choat, Thomas
221201-001001
Salmnods, Lewis
20101-10002
Eves, William
001000001-000000001
Simmons, Rody
0102-011001
McBee, James
2301001-101101
Gibson, William
202001-110001
Towry, William
00001-20001
Bassham, Alexander
0200101-00210001
Hainey, John
000001-20001
McBee, Obadiah
00001-2001
Wooton, Jessee
10001-11001
Wooton, John
10001-0001
Lemons, Samuel
22210001-1321001
Trussel, Ashur
0000001-10001
McCain, Glover
00001-10001

72

Trussell, Benjamin
2211001-0120001
Buzby, Susan
011-0011001
Dooley, Almond
00001-00001
Dooley, Alferd
10001-0001
Morriss, John
200001-0120001
Hargiss, Abram
10010001-2110001
Hargiss, Peggy
0-000001
Ray, Winny
01-10001
McCain, Gale
10001-00001
Heath, John
00000001-0000001
Clark, Joseph
10001-20001
Holley, Jacob
0000000001-01001
Salmonds, John
1100001-110001
Dooley, Thomas
2020001-0110001
Thompson, Moses
122001-101101
Nunley, Rebecca
001-00011001
Williams, Samuel
010101-100200001
Ladd, Constantine
111001-101001
Roberts, Phillip
00001-0001000001
Dunnam, James
0000000000001-0
Long, Henry
20120001-1110101
Shropshire, Joseph
11001-10001
Harriss, Calloway
00001-0001
Ellis, William
1100101-111201
Dunham, Daniel
010001-210001
Dunham, Richard
120001-21001
Davis, George
21001-10001

73

Parker, Jessee
00001-0001
Smith, Hiram
00001-0001
Parker, John
00020001-00100001
Davis, Nathan
10001-10001
Craig, James
110010001-10001
Chambers, Squire
11001-10001
Harriss, Charles
10001-00001
Pittman, John
01010001-0123401
Scott, Elizabeth
0001-00010001
Cummins, William
10001-10001
Isby, Miller
01001-10001
McKinley, James
00011001-00000001
Scott, John
11001-1001
Houk, Henry
000001-10001
Shaddick, Thomas
022001-30001
Bodley, Charles
00110001-0001101
Short, William
0000101-001101
Forbes, James
101001-201101
Starlin, John
00001-20011
Musgrove, Jason
10001-00101
Lusk, Sarah
01-111001
Lusk, Josiah
000001-12011
Davis, Nathan
10001-1001
Black, Susan
0-200001
Long, Anderson
1101101-0120001
Douty, Moses
100002-11001
King, Juliann
00003-10101001

74

Bectal, John
20001-10001
Jones, John
0000200001-000110001
Kilgore, Thomas
0011001-0112001
Kilgore, Stephen
00001-20001
Rice, William
00021-00001
Kilgore, John
11001-10001
Hopkins, John
320001-20001
Wooton, James
11001-20001
Bradley, Benjamin
000001-10001
James, Evan
1220001-1010001
Cozby, Polly
00101-200101
Piner, Polly
01111-0120001
Griffeth, Arden E.
10001-10001
Lain, Abraham
11001-20001
McChord, David
000000001-0010201
Lain, Isaac
0001-10001
Horsler, Adam
2010001-021001
McBee, Jessee
10001-20001
Brown, Thomas G.
100100001-0012001

130

Cooper, Ebenezer
120011-122001
Brown, Abigail
0-000000001
Barnett, Josephus D.
10001-10001
Norman, Bennet
10101-210001
Williams, Robert
110001-11001 0001
Bridges, James H.
2121001-0101001
Mountcastle, George E.
00112-1011
Ragsdale, Benjamin
00111-0001
Barclay, Elihu S.
20001-0100101
Trotter, James
00002-0001
Crow, Isaac
00011-01001
Senter, Seburn
211001-0010001
Lusk, Sally
0-0
Lusk, Eddy
2-01001
Crawford, Barshaba
1-00101
Farmer, John K.
120001-00101
Farmer, John W.
2100001-00001
King, John B.
00001-0001
Roberts, Joshua
100001-0100001
Mason, William S.
000001-001011
Brown, Sarah
0022-0101001
Austin, John
100001-21001
Earles, James
000000001-00000001
Anderson, William W.
10002-00001
Horn, George
000011-00001
Morgan, George
2100101-100101
Doran, John G.
10001-30001

131

Welcker, William L.
10001-10001
Crutchfield, Thomas
20013-01001
Worley, Hiram
1110101-2211001
Brown, Joel K.
102111-100011
Mayo, George W.
00112-10011
Shook, William
210001-101001
Fyffe, James H.
200021-10001
Murrell, Onslow G.
000011-20001
Horn, Riley
30101-00002
Fyffe, Margaret L.
2-10001
Bogart, Solomon
10001-10001
Cooke, George W.
00001-31001
Woods, Stephen
0000001-000001
Hogue, Patsy
0-010001
Hickox, Horace
100001-01001
Stout, Jane C.
011-01001
Hogan, William
0001401-022101
Kindar, Peter
00022001-0112001
Whitsel, Michl.
100001-0000101
Thorpe, Harris D.
1101-10-3--001111
Turk, Archd. R.
000101-000011
Crawford, John
000101-1001
Gettys, James
100221-200001
Mitchell, James C.
2001101001-001002
Thompson, Geo. W.
00001-00000001
Johnson, Uriel
000101-01001
Matthews, Aaron
010001-100001

132

Hoss, Jacob
00002-0001
Meigs, Return J.
20001-00101
Armstrong, Benjamin D.
1000201-00101
Colville, Natty
00101-11011
Bush, George
100001-00001
Pope, Revd. Fielding
10001-20001
Hood, John B.
12011001-00101100001
Smith, Revd. William
000001-0
Pride, Oliver
0000000001-000000001
Brown, John
2101001-012001
Worley, Joseph
20002-00001
Lowry, William
210131-021001
Yountt, Peter
210001-1100001001
Gantt, Saml. M.
120001-10001
Prigmore, Thomas
0000001-003400101
Foster, John
1010101-0212001
Peake, Jacob
10001-00001
Burnett, John
21000001-111111
Montgomery, George
100001-21001
Blythe, Saml. M.
20001-00001
Vestal, James
210001-01101
Hoyle, John
1220001-100001
Sligar, Adam
100001-00001
Oliver, Isaac
01001-20001
Brown, Alexander
000210001-01200001
Tate, James
110001-21011

133

Reddin, Rebecca
0121-0001001
Heraldson, David
211200001-011101
Cannon, William
0111001-0111001
Robison, John
10001-00001
Pearson, William
0000001-0
Hutcheson, Saml.
10001-00001
Foster, William
21001-00001
Fields, Thomas
00001-00001
Field, Joseph
00010001-00011001
Dotson, William
0134001-020000101
Spears, Ashbury
10001-00001
Gossage, Thomas
210001-020001
Smith, James
10101-00001
McFail, Danl.
00001-10001
Casey, Amner
201001-101101
Casey, John
0001-001
Purcell, Daniel
0000121-00001001
Kennedy, Moses A.
211001-10001
Langford, Thomas
3211001-001101
Carrell, Henry
212001-001001
Casey, Moses
0001-0001
Ellison, Robert
10001-20001
Newman, Bird
2201001-0110010001
Fields, Beeson
10001-10001
Hall, Fielding
100001-10001
Ivey, Curtis
200001-010001
Ivey, Hartwell
0112-0001001

McMINN

134

Wyrick, Frederick
100001-101101
Wyrick, William
1001-00001
Hardin, Patsy
0-000001
Hardin, Joseph
100001-210001
Christian, Benjamin
00110001-10000101
Beshears, Polly
011-000101
Dehart, John
20001-00001
Dehart, John
10100001-0000001
Golding, Jacob
00110001-00010001
Eakin, Isaac
20001-00001
Morris, Thomas
20001-01101
Crawford, Andrew
1200001-111001
Branham, Jefferson
010101-20001001
Crow, Benjamin S.
20001-01001
McCall, Sarah
01-300001
Turner, Danl.
101201-112001
Branam, Palmer
1223001-2100001
Spencer, Levi
300001-01001
Bower, John
00001-21
Bower, John
001000001-00000101
Matthews, Talton
00102-10101001
Grantham, John
00100001-01001
Sellars, James
10001-00001
Spencer, Levi
000210001-01000001
Sellars, William
00001-00001
Sellars, Micah
0120101-022201
Wasson, Conrad(Conrod?)
0000000001-0000000001

135

Crow, Robert C.
00001-10001001
Crow, Catherine
210001-01121001
Dyer, James
103001-11101
Witten, James
210001-010001
Witten, John W.
10001-100001
Dixon, Thomas
1001001-111101
Kennedy, James
01120001-00000001
Hackler, George
002110001-01021101
Riddle, Saml.
01110001-22200001
Reno, Saml.
01000001-221101
Ragsdale, Jane
0-0020101
Brittain, Nathan
20001-00001
Dotson, John
00001-0001
Monroe, Robert
10001-0001
Monroe, George
011110101-11110001
Hix, James
1131001-000101
Ellisson, Hinson
000001-00001
Coe, Westallen
00001-10001
Ragsdale, Willie
10001-11001
Ellison, Robert
000100001-001
Gossage, Sarah
01-0110001
Ray, Thomas
3111001-001111
Goodson, Leander L.
00001-00001
Power, Holloway
21110001-102001
Kitchen, John
10001-0001
Richards, Frederick
20001-10001
Spradling, Standly
00001-10001

136

Hodges, Thomas
02011001-1020101
Potter, Solomon
0112001-0110001
Sligar, Jacob
20001-00001
Small, Matthew
10001-10001
Spradling, Richard
00111001-0120011
Wade, James
20001-0001
Small, James
21001-00002
Davidson, Jesse
010001001-010000101
Buckner, Burrow
210001-011001001
Lawson, Nathan
01020101-01110001
Lawson, Allen
221001-011001
Wheeler, Saml.
210001-121001
Atkinson, Patsy
0-00010001
Atkinson, John
00001-00001
Campbell, James
00100001-1021001
Arthur, William
110001-12001
Blakely, Saml.
11001-21011
Gresham, Michl.
2120001-0100001
Thomas, Jonathan
11001-10001
Gresham, John
121001-111001
Knox, William
020001-20201
Lawson, David
10101-10001001
Walker, Geo. W.
00001-0001
Walker, William
20001-1000101
Foley, Sarah
10111-0111101
Atchley, Joseph
130001-1021
Rowden, Sookey
01-00111001

137

Rowden, Elkanah
20001-10101
Rowden, John
00001-10001
Smith, Riley
20001-00001
Hannah, David
11001-11001
Hannah, William W.
10001-10001
Hannah, Robert
000100001-000000001
Hannah, Joshua
101001-120001
Knox, John
000100001-000000001
Taylor, Charles
100001-121001
Walker, Hatton
00001-10001
Murphey, John
020001-30001
Wheeler, James
100001-20001
Lawson, David
0002001-002101
Knox, James
310001-0021
Lawson, Tyre
211001-221001
Heart, John
1011001-221001
Larrison, William I.
00001-10001
Larrison, James
0011001-001101
Heart, Elliot
0001-0001
Shelton, David
00000001-0020001
Lawson, John
0000000001-0000100001
Bennet, Rachel
12002-01310001
Bolling, William
00001-00001
Shelton, Park
201101-001001001
Shelton, Joseph
000001-200001
Brewer, Isaac
000200001-00101001
Brewer, Nathan
10001-020001

138

Richardson, John
011001-201001
Hatfield, Joseph
01001-12001
Bolling, Elisha
01111-110001001
Bolling, David
00010001-000001011
Newman, William H.
00001-0
Gibson, Jourdon
2100001-121001
Lawson, Jacob
1110001-0002101
Lawson, Richard
2121001-020001
Shelton, Saml.
00200001-010001
Royster, Hardy M.
010011-211101
Kincannon, John
210001-11001
Stockton, Danl.
2120001-2001001
Stuart, Charles
10001-0001
Miller, William
230000001-200001
Perrin, John
10001001-00000001
Biddle, George
02110001-1211001
Flannegin, James
0000001-00001
Peirce, John
01100001-0012001
Willis, William
10001-10001
Richardson, William
00010001-000000001
Merrit, Thomas
121001-200010001
Norman, William
200100001-0001001001
Larrison, Peter
010001-00001
Porter, James B.
10001-11001
Dickinson, John
101101-110001
Lawson, Asa
1120001-101101
Newman, Danl.
00202001-00110001

139

Howard, William
00221001-1000001
Price, Henry
2021001-200001
Thompson, William
112200001-010001
Willis, Saml.
20001-11001
Price, Charles
20001-00001
Billingsly, James
110001-10001
Dotson, Nicholas
10001-00001
Billingsly, Walter
00012001-00110001
Cash, Thomas
10001-10001
Dotson, Warren
0001-1001
Shelton, William
23011-110001
Porter, John R.
000001-11001
Coxy, Absalom
11100001-211001
Coxy, George
000001-31001
Stayner, Conrad
2100001-12001
Lowrey, Sarah
1002-0110101
Collins, Thomas
1100001-1111001
Oden, Peter
020100001-1101101
Guinn, Joshua
2100001-111101
Zeiglar, William
0020001-0100001
Walker, William H.
2120101-1213001
Marshall, William
110001-110001
Marshall, John
000000001-00012001
Coxey, John
110001-01101
Donaldson, William
0000001-0010001
Marlow, George
320011-010001
Ward, Benjamin
210111-000001

140

Farless, James
02010001-0021001
Farless, James R.
00001-00001
Campbell, John
11001-10001
Campbell, David
01101001-0000001
Morriss, Joseph B.
00001-00001
Allen, Benjamin
000000001-000001001
Elder, John S.
0100001-000001
Cantrell, Nimrod
12221001-110001
Stewart, Chapman
10011001-00010101
Stewart, David
000001-0001
Stewart, Hamilton
100001-20001
Lowry, Susan
1-000001001
Davis, Jacob
110101-001001
Newton, Bey(Benj.?)
1001001-212001
Henderson, William
1201001-102001
Henderson, Allen
10001-00001
Henderson, John
3210010001-000001
Stokes, Sylvanus
110001-012001
Hays, Solomon
101001-1211011
Burton, Thomas
00000001-22001
Philips, Robert
20001-12001
Walker, William D.
11001-20001
Haynes, John
10001-20001
Henderson, Peggy
101-01001
Haynes, Joseph
00001-1001
Powe(Poe?), Jemima
001-212001
Hugart, William
010001-10001

141

Gragg, James
010001-10001 0001
Pugh, Fleming
00001-10001
Pugh, John
00111001-012120011
Sebourne, James
210001-10001
Sebourne, Kinsey
00001-30001
Henderson, Polly
0111-1000101
Knight, William
21001-000001
Greer, David
0101101-0201001
Tucker, John
111001-110001
Jamison, Benjamin C.
0001010001-000010001
Hackworth, Henry
0000001-000001
Daniel, Ann
1101-010001
Underwood, Saml.
001020001-002010001
Elder, John
10001-00001
Fitzgerrald, Will
11200001-0010201
Fitzgerrald, Saml.
00001-30001
White, Jesse
1101001-001001
Farris, John
012101-210001
Farris, Stephen
020000001-00011
Farris, Rachel
01-011001
White, Will R.
2110001-220001
Fitzgerrald, John
00001-0001
Webb, John
00001-0001
Davis, John
0001-0001
Childress, Isaac
00001-1001
Shively, John
10001000001-000010001
Webb, Julius
0010001-2122001

142

Faris, Jeremiah
001001-000001

Quiet, Cyrus
300001-00001

Tarley(Turley?), Charles
00110001-011001

Stepp, William
00001001-20122001

Stepp, David
10001-1001

Smith, John
200001-23001

Fowler, John
211001-111001001

Laslie, Jesse
012101-1110111

Bonner, Ezekiel
00010001-000111

Davis, Benjamin
2101001-111101

Morris, Hardy S.
0010001-0012001

Allen, Benjamin
10001-11001

Hutson, Luraner
001-121102

Bowner(?), James
00001-20001

Atkinson, James
200001-10001

Atkinson, John
000001-11001

Brock, Blassingim
100001-11001

Ballard, William
10001-00021

Vance, William
2300001-11001

Carroll, Richmond
10001-220001

Hooper, Andrew
20001-00001

McDowell, Isaac
10001-0001

Sebourne, John
30011-00001

Sebourne, Joseph
0100001-0000001

Cowan, David
00001-1011

Sharp, Eli
200001-100011

Chester, Benjamin
00001-1001

143

Sharp, Jacob
001310001-00000001

Sharp, Joel
01001-11

Graves, Christopher
212001-011001

Sharp, Robert
010001-111001

Roach, John
0100001-111001

Wright, Joseph C.
00001-0001

Riddle, Roland
00001-20001

Lawson, William
0100001-000001

Ward, Benjamin
00010001-0101001

McKeel, Singleton
001011-01001

Scott, Abraham
002010001-012001

Scott, Jeremiah
200001-0001

Shelton, James
111001-10101

Erwin, John
10001-00001

Robertson, John H.
10001-0001

Scivils, Wallis W.
1000001-21001

Scivils, Absalom
210001-01001

Carmack, Joseph
010001-211001

Brock, Terry
000001-22001

Smith, Willis
00001-30001

Smith, James
01020001-0010001

McDowell, John
00001-10001

McDowell, John
1110001-2011001

Walker, Robert
1101001-0121001

Walker, James
10001-0001001

Lee, William
1011001-01101

Kibble, John
1111001-300001

144

Teague, Joseph
20001-00002

Irwin, William
110001-21001

Irwin, James
001110001-10101001

Lee, James
10001-00001

Walker, John
00101001-00120001

Murphy, Robert
001001-01101

Hawkins, James
000001-2000101001

Ball, Levin S.
210001-01001

Shields, George
10100001-0111001

Vinzant, Jacob
1311001-1010001

Morris, Littlebury
00001-10001

Haynes, Aaron
21001-00001

McEnturff, John
010020001-001000001

McEnturff, Thomas
010011-1101

Williams, Garland
00001-1001

Hickman, Elias
110001-10001

Robinet, Michl.
000001-10001

Ramsay, Lewis
00001-10001

Ramsay, Nancy
001201-001001001

Blevins, Allen
20001-10002

Roberts, John
00001-0001

Bedford, Jonas
000001-10001

Owens, Jonathan
02001-11001

Thornhill, Armsted
000010001-1121001

Cunningham, James
000010001-00002001

Stewart, David
1010001-201001

Foster, Jarret
011001-21001

145

Murphy, John
0112001-0000001

Crownover, Banja.
0000001-012101

Morgan, Silas
20001-10001

Carnes, Jehu
21001-11001001

Burkes, Willis
0110001-2112001

Burkes, Allen
00001-10001

Bramlett, Nathan
200001-0100001

Crabtree, Nancy
101-00001

Roberts, John
0100012-1111001

Billingsly, Walter
11001-01001

Randolph, Robert
0000001-0001001

McNabb, James
022101-2

Jones, William
20001-01001

Roberts, Edmond
0001000001-100000001

Madden, Jane
00001-00001001

Madden, James
10001-00001

Hambrick, Jeremiah
1010001-2212001

Henly, James D.
11210001-0101001

Spearman, Wesly
110002001-110101

Gregory, Taply
012001-210001

Dennis, Allen
20001-111010001

Mansel, Burrell
101101-222001

Roberts, Edmond W.
011001-001001

McCann, James
0000001-000001

Lough, Elenor H.
0-000000001

Helvy, Polly
00011-0002101

Havens, Charles
1102001-131201

146

Wilson, Ransom
210001-100001

Meadows, William
0210001-100001

Hood, Hawthorn
000000001-00000001

Patterson, Nancy
02-101101

Wolfe, Jeremiah
1210101-210101

Dennis, Allen
102101-100001

Bedford, Stephen
010001-322001

Moore, David
0000001-0

White, Obediah
2100001-01001

Taylor, Larkin
00011-10001

Roberts, Thomas
101001-010001

McCormack, Robert
001110001-0110001

Carpenter, Saml.
20001-00001

Moore, Kinsey
000001-11001

Roberts, Benjamin
1200101-101211

Evans, Jonathan
101001-111001

Ripley, Thomas C.
100001-11101

Beatty, William
10001-000010001

Isham, John
000001-211001

Dickan, John
000201-22201

Rodgers, Lawson
10001-1001

Owens, John
01001-20002

Dyer, William
10001-00001

Dennis, James
10001-21001

Dennis, Isham
220001-110001

Chambers, John
000001-001001

Lewallen, Willie
21001-01001001

147

Atchly, Joshua
100001-110001

Butler, Allen
10011-11200100l

Isham, William
00001-00001

Isham, Charles
1110101-0001001

Ewbanks, Saml.
000001-0

Martin, Matthew
0000001-002001

Baker, Alexander
11010001-11111

Sterling, John
20001-10001

Coats, William
1012001-111

Musick, Sally
10001-000001

Mullins, Nancy
000001-0

Grisham, Asa
001001-120001

McGuiston, Andrew
00120001-00010001

Beasly, Josiah
20101-0100l001

Copeland, William
212001-011001

Copeland, Joseph
00001-20001001

Lutrell, Winsted
11121001-0010101

White, Thomas
0200001-212001

Taff, Peter
00110001-01211

Goddard, Thorton
102001-120001

Rubel, Peter
1000001-100001

Wiseman, Porter D.
001011-120001

Orr, James
0120001-0010001

Abel, Moses
300001-01001

Arnold, Bennet
0200000001-011101

Arnold, James
0001-0001

McCroy, Henry
001000001-000100001

148

Morris, Dickerson
1101001-010101
Fitzgerrald, Joseph B.
10001-20001
Fitch, Jacob
400001-100001
Kirkpatrick, John
01001001-1121101
Hood, William
201001-120001
Jameson, David F.
100001-10001
Moss, William W.
1000001-00001
Robertson, James
10001-20001
Snow, Elizabeth
00001-00100001
McCully, Alexander
110001-11001
Small, John
100002-10001
Thomas, James
001200001-0010100101
Moreland, George
00110001-01110010001
Pace, Robert
20001-00001
Smith, Jacob
00001-20001
Lutrell, Richard
10001-10001
Atkinson, William
20001-10001
Walling, Thomas
00111001-0102001
Frey, Harvey
00001-0001
Ellis, William
121001-01001
Lacy, Philemon
0000000001-0010010001
Lacy, William
00110001-0010201
Lacy, Levi
10001-00001
Winkle, Abraham
210001-110011
Garrisson, Robert
0100001-100101
Davis, Aaron
0101201-1011001
Pearson, Doctor
1000001-13211

149

Goddard, Hugh
000001-000000001
Washam, Hannah
0-0000001
Gladden, William
300001-00001
Brandon, Ann
0012-01010001
Glaze, Henry
1111101-111101
Roberts, James
2220001-0200001
Hood, John
320001-000001
Carman, Thomas
20001-00001
McCall, John
132001-100102
Robinson, Barbara
0-0000001
Dodd, William
01210001-00010001
Oliver, Franky
1-11001
Pace, Leonard W.
1100001-10001
Hamilton, Elijah
110001-21001
Barnes, Danl.
00001-00001
Burnett, Joseph
00001-330001
Bryant, Ellison
10001-00001
Bryant, William
000010001-02003
Stone, John
0101001-0010001
Jones, William
0010000001-000000001
Davis, Silas
00001-10001
Neil, John
1211001-0011001
Hemphill, Thomas
00001-10001
Hemphill, John
100001-10001
Neil, Pryor
10001-0001
Barnett, Rowland
10001-10001
Jones, Joel
2122101-000101

150

Hardin, Martin
1001-00001
Wassom, Jonas
112001-230001
Parmer, William
00001-10001
Edging, Johnston
00001-10001
Tinker, John
111001-012001
Bell, John
110001-30001
Hardin, Harry
0020001-100001
Shultz, David
110001-200001
Grisham, Simeon
020101-311001
Weaver, Adam
00001-30001
Cate, Amos
10001-00001
Ewbank, Philip
110002-01011
Bollinger, Peter
120001-312101
Lane, Tidence C.
100001-11001
Morrisson, John
00011-1000100001
Cawood, Joshua B.
2021001-112101
Goss, Allen G.
00001-10001
McLain, Hugh
001001-0101001
Goss, John
0022001-02000010001
Minzes, Joseph
0010001-0000001
Cecill, Thomas
00001-10001
Shoemaker, John
2002001-011001
Lyles, Martha
0-12101
Rush, William
0011101-10211001
Albert, William
10001-00001
Arnwine, John
0100101-2212101
Willis, James
01100001-00201001

151

Boggs, John O.
010001-22001
Sallee, Joseph
0011001-2211001
Matlock, Henry
3100002-010001
Rector, Maxamillian
0000000001-000000001
Rector, Elijah
100001-00001
George, William
310001-01001
McPherson, Barton
000010001-001210001
Johnston, Thomas
001001-000001
McPherson, Alexd.
200001-100001
Geerin, Thomas
122001-110111
Anderson, Isaac
1010001-0202001001
Neeley, Joseph
0000100001-00010001
Center, Francis K.
00001-00001
Grisman, Neely
211201-011001
Peirce, John
10001-00001
Metcalfe, Charles
222002-01001
Lowry, James
10001-10001
Orr, William
1012101-1100001
Shadle, James
10011-100010001
Guthry, Thomas
11001-10001
Young, Nathan M.
102001-230001
Witt, James
011001-300001
Cate, John
001000001-000000001
White, Abraham
0100001-12001
Lambert, John
1100001-01001
Smith, Nathl.
211001-12001
Forester, William
2000001-120001

McMINN

152

Kirkpatrick, Joel
1010001-10001
Keith, Zachariah
2010101-11101
Slagle, David
21001-00001
Starnes, Saml.
212000001-121001
Stout, Daniel
200001-00002
Cruise, Gilbert
111101-210001
Vinton, David
0000001-0
Legg, Saml.
010301-0200001
Broyles, Cornelias
121001-110001
Browder, Matthew
10001-11001
Browder, Edmond
0402001-0032001
Mullens, Joel
00000001-01010001
Roper, James
010001-0200011
Broyles, Danl.
0000000001-0000010001
Kennedy, Malinda
02-102101
Cate, Simeon
10002-10001
Armstrong, Eli D.
011001-122001
Hickman, John
000010001-000010001
Smith, Stephen
00001001-0000001
Newman, Jesse
0003101-0022001
Franklin, Esom
21221001-0120101
Crow, John H.
20200001-0100001

154

Derrick, John
0000001-213001
Jackson, John
100001-21001
Reynolds, Henry
0001001-001001
Morris, Stephen
200001-02001
White, Jonathan
220001-201001
Byler, John
111001-121001
Newman, Robert
2000210001-0221010001
Rutherford, Larkin
32001-001001
Neill, John
01222001-00000001
Murray, John
10001-10001
Carroll, William
000000001-000000001
Thomas, William
00111001-00000001
Thomas, John
01001-21001
Thomas, Joseph
30001-00001
Thomas, Nathan
00001-00001
Crisp, Jno.
001100001-00021001
Crisp, James
00001-20001
Maxwell, Robert
11100001-2101001
Maxwell, William
00001-00001
Carroll, Nathl.
00001-10001
McKeehan, James
00100001-00000001
McKeehan, Aaron
11001-21001
McKeehan, Job
00001-00001
Teffitalla, Joseph
100001-112001
Christian, Lewis
1012101-1021001
Christian, William
10001-10001
Edwards, Walter
00011001-00021001
Baker, Thomas
00001-10001

155

Bradford, Mary
10101-0012001
Saunders, Clemons
120001-21100101
Carter, William
210001-110001
Carter, Charles
000010001-0
Brown, Joseph
10001-10001
Brown, Elizabeth
000020001-01021
Headrick, William
211001-220001
North, Peyton
000001-0
Felcker, Peter
210001-00001
Haney, William S.
2110001-202101
Elder, Elijah
1001-00001
Wright, Willis
221001-110001
Hix, George
12001-20001
Barb, Abraham
100001-122001
Miller, Adam
000001001-000000001
Watson, William
210001-00001
Whitten, Stephen
011-001001
Treadway, Richard
11010001-122101
Felker, Jonathan
000000001-000100001
North, George
10001-10001
Harel, John
310001-10001
Brown, John
1102001-021001
Miller, John
10001-11001
January, John
11001-10001
Harel, Enoch
00001-10011
Harel, John
00000001-0010001
Officer, Wallis
10001-10001
Smith, Sarah
0111-2102101

156

Barnett, John W.
102001-120001
Williams, Frederick
01001-010001
Richards, Asa
2000001-0200100001
Browder, Joseph
0012001-001001
Barnett, William
000010001-001000001
Barnett, Saml. H.
00001-00001
Coffey, Marvel
110001-112001
Boone, Israel
1111001-0110001
Cansler, John
10001-20001
Hardin, Isaac
0000000001-00100001
Barnett, William H.
00001-20002
Rowell, Henry
10011-10101
Moore, Jesse C.
110001-110001
White, Reubin
00101001-00000001
Boone, Jonathan
10211001-0100001
Boone, Sarah
0-0000000001
Williams, James
00000001-00110001
Wilson, Allen
10001-10001
Raybun, Joseph
20001-0001
Hale, William
10001-00001
Copeland, John
211001-110001
Copeland, Alexd.
221001-100001
Tankersly, William W.
00001-00001
Wilson, Saml.
201001-120001
Collett, Mary
0-0000000101
Reynolds, Isham
200001-100001
Burns, Sherwood
0011001-000011
Evans, James
002001-111101

157

Selph, Aaron
01110001-2202001
Willson, Sarah
00001-0010001
Norris, John
0010000001-0000100001
Norris, Wyatt
10001-21001
Dunn, Amy
0013-001001
Richards, Adam
00000001-001101001
Boone, Betsy
0-10001
Allen, Ananias
0222001-010001
Cantrell, Jacob
212111-000001
Cantrell, David
010001-300001
Thompson, Danl.
200001-00001
Armstrong, Carey A.
00001-00001
Erskine, Hugh
110001-13001
Ramey, Thomas
00001-10001
Maples, William
0200001-1203001
Reynolds, Greene S.
110001-10000101
Chesnut, James
00001-000001
Chesnut, Ralleigh
1000101-20001
Amerine, Isham
10001-0001
Long, James
320001-101101
Armstrong, John
2110101-1010001
Cox, James
0021101-000111
Amerine, George
0000000001-0000000001
Brookshire, John
1100001-110001
Wilson, William
21001-010001
Letherwood, Aquilla
1110001-110001
Losson, Isham
2120001-210201
Wells, Jesse
0012101-0111001

158

Johnston, Jarret
120001-210001
Armstrong, William
00012101-00101001
Simpson, John
110001-11001
Armstrong, John
0000001-320001
Armstrong, Thomas
00013001-00210001
Armstrong, Elizabeth
0-0000011001
Fite, Elias
00001-00001
Fite, Peter
001010001-0010011
Fite, Peter
200001-10001
White, Nathanl.
1011101-0111001
Stoker, Hilary
201001-110001
Goode, John
011001-001001
Marston, John B.
000001-0
Marston, Thomas W.
000001-00001
Crow, Lydia
0-00002
Collier, James
1112001-011001
Pow, William
110001-301001
Triplett, Lewis
111001-110001
Stubblefield, William
10001-00001
Stubblefield, Polly
0001-00000001
Miller, James
0000001-22101
James, John
10011001-1112001
Russell, James
0001000001-0000100001
Miller, Julius
01000001-0100001
Saunders, Dorcas
01-1100001
Massingale, James
0101001-0011001
Henry, Bartholomew
0100001-210001
McDaniel, John W.
11002-111001

159

Taylor, Edward
10001-10001
Taylor, James
10001-10001
Rucker, Mordeica
20001-01001
Devine, Thomas
0000000001-0000000001
Devine, James
122001-110001
Haney, Martin
1000001-0000001
Vaughn, Thomas
220001-101001
Chapman, E. W.
0032201-0311101
Proffet, Arrington
110001-11101001
Ramey, Christopher
00020001-10101001
Morris, John
002111-230001
Endsly, William
210001-210001
Rose, Saml.
200001-220001
Dacker(?), Allen R.
00010001-0010001
Moss, Edward
010011-20001
Edmondson, Abraham
120001-010001
Moore, William
00001-11001
Bivins, Nathanl.
01020001-011010001
Hinkle, Caty
01121-00110001
Hinkle, Jesse
10101-100001
Touchstone, Solomon
110101-222001
Farmer, William
0003001-211001
Bowman, Robert P.
10001-00001
Farmer, Henry
10001-10001
Bingham, Benjamin
120001-101001
Sewell, James
10230001-1110001
Hinkle, Philip
2100001-111001
Bowman, Levi
00001-10001

160

Decker, Allen W.
30001-00001
Pickens, Robert
10001-01001
Yancy, Alexander
21001-01001
Doan, Mary
0003-000001
Thompson, William
100001-11001
Grills, Thomas J.
01001-20001
Haney, Robert
011001-21001
Kincannon, Francis F.
210001-12001
McCroskey, Robert
10011-00001
Barker, Burrell
011001-112001
Barker, Burrell
110001-13001
Smith, Evan
20001-00001
Wood, William
01101-0110001
Foster, Danl.
0120001-010001
Ash, Hugh B.
20001-10001
Ash, Robert
00001001-000010001
Allen, William
000001-121001
Cansler, William
1210001-000001
Coats, Jesse
31001001-00141001
Coats, Miles
20001-2001
Kilgore, Selah Ann
0-00010001
Scott, Robert
01001-20001
Stevenson, Andrew
01001001-2022001
Smith, Caleb
1021001-221001
Allen, Edward
0121201-01100001
Love, John
000000001-00100001
Love, Thomas B.
100001-10001
Reeveley, Francis
20001-10001

161

White, Howell
201001-120001
Walker, William
020001-10001
Wear, Abraham B.
111001-100001001
Davis, Henry
02220001-110101
Queener, John
0111000001-0011001
Wheeler, Gabriel
10001-20001
Armstrong, James
1100001-111101
Funkhouser, Henry
01101001-000000010001
McClary, Robert W.
221001-10001
Tankersly, Richard
1101001-110001
Baker, Joseph
000001-11201
Short, Polly
0111-1100011
Williams, Shadrack
10001-1001
Bryant, John
01110001-0211101
Wilson, William J. B.
10001-10001
Morris, James
0010100001-00001000001
Duff, Thomas
00001-1001
Rodgers, Ozne
011001-100001
Crittenden, Charles
00011001-0
McKinley, John
0110001-0111001
Haskings, Dennis
110001-011001
Bradford, Michael
01203001-0112101
Edmondson, John
110001-101001
Davis, Burton
100010001-000010001
Davis, Benjamin
212001-011001
Davis, Robert
10001-10001
Walker, James
310001-00001
Pursely, Nancy
1120101-0102001

162

Carnes, Nicholas
11001-20001
Bailey, William
010000001-000020001
Bailey, John
200001-010001
Wilson, James
10001-00001
Shamlin, William
011110001-01011001
Shamlin, John
10001-21001
Baker, George
1001001-10001
Cromwell, James
100001-00011
Cromwell, Nancy
00001-00002001
Dickey, David H.
30001-00001
Dickey, Samuel
00010001-000210001
Harrisson, Danl.
021101-0010001
Saunders, William
20001-01001
Price, George
1010001-0120001
Moore, Jacob
01000001-0022001
Bailey, Lewis
1200001-222001
Baker, William
00102-10002
Snider, William
00000001-00100001
Bailey, James
00001-10001
Queen, John
00001-0001
Glass, James
210001-001001
Amos, John
00102001-00220003
Howell, Robert
101001-130001
Cobb, George
00001-00001
McCartney, James
210011-021001
Fox, Abraham
11112001-0101201
McCartney, John
202001-110001
Clarke, John
100001-00001

163

Armstrong, Ambrose N.
20001-010111
Meigs, Elizabeth
2002-0000201
Danivan, Michael
20001-00001
McCallister, James
000002-000001
Patrick, John
100001-100001
Eddington, Joseph
02110001-201001
Barnes, Abraham
210002-1011001
Reid, George
0010001-121001
McCallister, Wesly
21001-01001
Hambright, Frederick
1020001-0000001
Jarrett, Aaron
1100001-310001
Fox, Anna
0-11001
Harris, James
00001-00001
McCartney, John
0000000001-001001001
McClain, John
30001-10001
Bell, William
10101-11001
Smith, Ayres
10001-00001
Lemmons, William
10021-10001
Williams, Peter S.
10001-00011
White, William
21001-01001
Williams, Frederick
000000001-000000001
Williams, Danl.
100001-10001
Baker, Crisley
00000001-00031001
Gibbs, Fleming
10001-1001
Pitman, Barnes
010001-20001
Pool, Young H.
111101-122001
Saddler, Thomas
02001001-00132001
Hamilton, Jesse
00011001-01020001

164

Thompson, Thomas
1200000001-0010200001
Myers, Jourdin
01001-1110010001
Patterson, William T.
210001-001001
Johnston, Jacob
01110001-210201
Longley, Priscilla
221-201001
Wasson, William
00100001-00211001
Bryant, Richard A.
3202001-012001
Rutherford, John
1110001-1221001
Farmer, Thomas
00101001-00111001
Young, Saml.
000000001-0
Farmer, William
322001-000001
James, Andrew
1110001-1120001
Barger, Susanna
0203-0010001
Frazier, Thomas
00001-20001
Bond, Joannah
0-12011
Bond, Amond
301011-12101
Bond, Henry
1001000001-0102001001
Lowe, Isaac
11001001-0101001
Dixon, Saml. W.
21002-10001
Fain, Ebenezer
1200001-0100001
Hayes, William
111000101-31101
Lowe, Abraham
01001-00001
Barnett, James M.
00001-20001
Middleton, John
02020001-0020201
Heard, Rebecca
21-00002
Martin, John
00001-01001
Richardson, Susanna
0-11001
Dixon, Eli
00001-00001

165

Bond, Martha
01-1111001
Bond, Benjamin
011001-121001
Stalcup, Isaac
2100001-011101
Smith, Thomas
210001-101001
Overby, Haram
00001-10001
Russell, Curtis
210001-01001
French, Gideon
00001-20001
Smith, John
311001-01001
Hill, Saml.
2011001-111201
Roach, John
00120001-1011101
Swan, Isaac
00001001-00000001
Elder, Saml.
21001-10001
Swan, Robert M.
200002-00001
Smith, Nancy
0001-0011
O'Donnald, Isaac
01111001-0011101
Smith, Mary
0022-011001
Dixon, James
210001-111001
Dixon, Edom
11001-11001
Shoemaker, Alfred
11001-11001
Martin, Holden
100001-11001
Melton, Elijah
0110001-110001
Harelson, William
00201-0011101
Stotherd, Thomas
00001-000010001
Peirce, Weston
212001-110001
Blackburn, James
21001-10001
Dearmond, Ury, Mrs.
001-00111001
Wilson, Alexander M.
100001-20001
Cooke, William
222001-100001

166

Blackburn, Saml.
00022001-00010001
Wilson, James
12110001-00010001
Franklin, Edmond
10001-10001
Ramey, Christopher
00020001-10101001
Stephenson, Jonathan
1010001-111001
Westwood, John
101111-110101
Hale, Christopher
1210001-0010001
Franklin, Gillis
00100001-01001001
Franklin, Bennet
00001-20001
Tunnell, John
1102001-2110101
Lane, Noah
210001-12101
Bowman, Leroy
10001-0001
Penn, William
202001-120001
Miller, John
121001-111001
Thompson, John
2000001-010001
Trotter, Ison
2120101-0102101
Farmer, Jasiah
00001-00001
McDow, John
111111-1210201
Smith, Jackson
00101001-01111101
Davis, Isaac
2101001-011001
Griffin, William
00011001-0110000101
Griffin, William
00001-0001
Harris, James
00001-00001
Beckham, Jesse
1100001-21001
Randolph, Peyton
0001-0001
Magby, William
202001-220201
Randolph, William
111001-011001
Beene, Jesse
31001-12001

167

Beene, William
210201-002001
Lemmons, Thomas
11210001-1101001
Dyer, Archibald
2100001-2321001
Vinzant, Reubin
00001-21001
Brock, Joel
21001-01001
Brock, Benjamin
000000001-000000001
Longley, John
00001-10001
Seybert, John
00010001-01020001
Johnston, Polly
1-000001
Adams, Thomas
1211001-001001
Harris, John
1120001-100101
Swinford, James
211000001-2100101
Woods, Joseph B.
010001-210001
Forgy, Nancy
0111-0123001
Ray, William
00000001-00121001
Nicholls, Cloe
011-01001
Brookshire, James
00101-21001
Payne, Lewis
121101-100001
Swinford, Jonathan
21201-00001
Suttherd, James
1302001-211101
Pickens, Nancy
00021-01100001
Woodall, John
0101101-0211
Swinford, Levi
110001-210101
Childress, Walter
100001-122101
Shamlin, Archibald
10001-00001
Childress, John
000000000001-0000000001
Childress, James
0001-0001
Barker, Thomas
10001-00001

168

Harrisson, Richard
010001-21001
Hardin, Richard
20001-01001
Corn, George
312001-010001
Childress, Robert
220201-0100101
Whitten, Archibald
0311101-200101
Kidd, James
200001-03001
Culpepper, Joel
1201201-310101
Gibson, Thomas
2110001-110001
Baker, Andrew
1021001-120101
Wheat, Drury
20011-100001
Jones, Thomas
11011001-0012001
Prater, Edward
000010001-00000001
Brinlee, Stephen
00000001-00000001
Clayton, John
00001-0001
Goodwyn, John
10001-21001
Morris, James
2010001-121101
Hall, John
11001-20001
Wilson, William
10001-00001
Maxfield, David
0020001-00010001
Maxfield, Edward
110001-011
Maxfield, John
20001-00001
Johnson, Mary
0-0100101
Scarborough, Robert
10010001-0220001
Scarborough, Michael
10001-00001
Hassler, John
30001-00001001
Jones, James
10001-10001
Powe, John
112101-210001
Cooke, Jacob
0100001-220001001

169

Hamby, Jesse
0001-0001
Hamby, Isaac
10010001-0011001
Hamby, Michl.
11001-21001
Helms, William
01000001-0123101
Hicks, Richard
111001-110001
Boone, Joseph
110001-11300101
Jones, Jasaac(Isaac?)
00001-1001
Dickison, Garland T.
00001-00001
Brownlow, William G., Revd.
00001-0
Dickison, Griffith
01000001-00110201
Seson, James
000000001-0011001
Johnston, William
200001-21001
Roberts, John
1121001-110101
Walling, Jesse
111101-201001
Hanks, John
0111001-0202001
Dodd, William
000010001-000000001
Jenkins, David
21001-10101
Walling, James
0221001-0101001
Southerd, Miles
020001-11101
McMurry, Polly
1-10001
Woodall, Avarilla, Mrs.
02001-0100000001
Helms, James
00001-01001
Fulcher, Saml. H.
10001-10001
Weeks, William
30001-00001
Weeks, Michl.
000200001-00200001
Edmondson, Saml.
110001-210001
Weeks, David
000001-31001
Fulcher, Sarah
1-00101001

170

Oswalt, Simeon
31001-00001
Jones, William
0022001-0000001
Jones, Silas G.
00001-00001
Hampton, William
0000100001-00000001
Griffith, William
300001-000001
Hampton, William
10001-00001
Kinslow, Kesiah
1-2221001
McKnight, Saml.
20001-00001
Robeson, Charles
120001-20001
Tedford, John
130001-213001
Helms, John
00120001-0211201
Gillehan, Major
210002-111001
Hamby, Pamela
001-120001
Brinlee, Asa R.
021001-210001
Hambright, Nancy
00002-001002101
Hambright, John
00001-00001
McAllister, Jesse
21001-01001
Hambright, Peter
1120021-111001
Hambright, Benjamin
100001-00001
Camp, Starling
00011001-00100001
Porter, Robert
000001-21011
Smedly, William
00013001-00210001
Smedly, Thomas D.
00001-20001
Haynes, Christopher
00001-20001
Smedly, William
10001-20001
Gillehan, John
01012001-1111001
King, Nathl.
00110001-00010001
Selvage, John
00001-10001

171

Cowan, William
000001-00001
Dotson, Oliver
042-111001
Wasson, David C.
000001-10001
Cunningham, William H.
000200001-00001001
Hardwick, John
100001-22201
Montgomery, Hugh
000000001-00000001
Hale, Frederick
100001-010001
Hannah, Joseph M.
100101-11001
Rogers, Achilles
211001-010001
Douglass, William R.
100001-01001
Harrill, Saml. H.
211201-2110001
Pickens, Reese
10001-1001
Norvell, Clinton
20001001-0223001
Gonce, Abraham
11001-01001
Cunningham, Moses
000001-20001
Weir, George
1010001-0012001
Kindrick, Franky
001-0122001
Pierce, Edmond
00201-0001001
McWiatt, James
00001-0001
Pierce, David
1112101-1011001
Pierce, Thomas
100001-221101
Kelly, Nathan
1000001-20001
Kelly, Jonathan
11010001-10210010001
Peirce, Daniel
00000000001-0000010001
Frazier, Saml.
210001-01001
Frazier, John
00101001-03212001
Dixon, Ann
2-11001
McRoberts, Saml.
00002000001-000100001

172

Edmondson, Southard
00001-30001
Ewing, Saml. A.
120001-101001
Archart, Peter
02001-0100010001
Coffy, Ely
000000001-000000001
Cooper, Bennet
110001-111001
Cartwright, Levi
10001-20001
Allen, John
001000001-000020001
Hardy, Saml.
1002001-2220001
Gault, James
1111001-022001
Campbell, Andrew
200001-220001
Cowan, Rosannah
0011-00011001
Cowan, Campbell G.
10001-10001
Cate, Gideon
110001-21001
Stephenson, Robert
00000001-0000001
Wakefield, Thomas
000001-00001
Wakefield, Charles
000000001-01000001
Wakefield, Alexander
00001-00001
Rowell, William
210001-02101
Orr, William
1022001-1111001
Hampton, James
0010001-110001
Cowan, Robert
2010101-0211001
Triplett, Nimrod
0220001-110001
Owens, Wilson
11001-11001
Prater, Saml.
03001-30001
Newland, James
2110001-102001
Jones, Alban
1000001-121001
Rudd, John
0111001-0111001
Cunningham, Margaret
00001-01002001

173

Cunningham, Pleasant
00001-10001
Morrisson, Nathaniel
100021-21001
Gonce, John R.
00001-1001
Ballew, William
00211001-0101201
Wilson, David
00020001-00020001
Center, Willis S.
100012-10001
Rice, Tandy
00001-22001
Anderson, Martin B.
10001-10001
Mendenall, John
2111001-111001
Atkinson, James
1001-0002
Wilson, Hugh P.
310001-01001
Titsworth, Jesse
100001-210001
Stalcup, Moses
2220001-000101
Brown, Jesse
000100001-000100001
Isbell, Benjamin
0100001-311001
Lowry, Isaac
214001-300001
Lowry, James
00002001-000000010001
Cunningham, John
10001-00011
Key, Thomas
10001-10001
Lowry, Daniel
100001-21001
Trout, John
00012001-0221101
Simms, Vincent
200001-10002
Bible, Henry
00001-10001
Hale, Catherine
121-011101
Hale, Saml.
00001-101010001
Wilson, Alexander H.
10001-10001
Rice, Martha
0112-001101
Boyd, Herbert
00001-0000001

174

Barksdale, Douglas
00000001-00001001
Romack, James
0011-1001
King, Alfred
10001-20001
Lusk, John
02110001-1012101
McCarrol, Simon
0201001-211001
Johns, Robert
00001-0001
Key, John
00101001-00013001
Robinson, Elizabeth
10001-0120101
Southard, Gillam
1221001-201001
Jones, John
01000001-012001
Presly, Elias
000001-020001
Johns, William
00001-0001
Johns, Ezekiel
001000001-02100001
McDaniel, Thomas
00201001-02011001
McDaniel, Alexander
10001-11001
Smith, Joseph
1221101-001001
Tate, John
010001-002
Matthews, John
0211001-0021001
Birch, John
00001001-00110001
Steed, Thomas
0000002001-11002001
Rothwell, Richard
022011-201
Hitower, William
200001-120001
Houston, Preston
00001-0001
Robinson, Joseph
01111-00201
Casey, Demsy
000001-20001
Bradley, William
1131001-1102101
Reynolds, Humphrey
0121001-110001
Smith, Bolling
0201101-0112101

175

Slover, Abraham
230001-000001
Oneal, Silas
10000001-00111001
Senter, Martin
200001-00001
Mayfield, Jesse
001021001-00101001
Shoopman, Jacob
00001-10001
McGee, George
220001-10001
Dixon, John
00014-2000101
Triplett, William
00200010001-001001
Humphreys, John
200001-00001
Casada, Reuben
01111001-0121001001
Kelly, Joel
00222001-00110001
Reid, Robert
000001-01001
Dolton, David
0000001-0000001
Lankford, Gipson
30001-00001
Jarnagin, Caswell
102011-10001
Thompson, Alexandr B.
2001001-01011
Rudd, William
321101-1200001
Workman, Saml.
001001-22001
Kean, Solomon
110001-111001
Triplett, Joel
0100001-003201
Weathers, George
330001-00001
Hays, John
130001-00001
Prater, William
1101001-11201
Hays, William
20001-00001
Randolph, Pleasant
120001001-110001
Williams, Alexd.
3121001-111001
Moss, John
0000001-0111001
Steed, James
01311001-1201001

176

Cassada, Martin
00001-0001
Jackson, John B.
32001-010001
Pearson, Edmond
300001-00001
Mackey, Benjamin
3310001-000301
Campbell, Phoebe
0112-0010001
Neil, John H.
1000001-231201
Neil, Abraham B.(P.?)
10001-00001
Lankford, Robert
200001-10001001
Heath, Elias T.
100001-10001
Leonard, Joshua
1321001-0110001
Keith, Charles F.
1211001-201001
Wilson, John S.
100001-0001
Reid, William P.
222001-000001
Napier, Archd. H.
1120001-220001
Donohoo, Erwin
10001-10001
Smith, Henry
0010000001-0000011
Miller, Thomas
2210001-0112001
Smith, Isaac
200001-10001
Gee, John
210001-00001
Kelly, Matthew
00011001-00021001
Martin, Charles W.
320001-111011
Lynch, James M.
10012-00001
England, Joseph
220001-110001
Robeson, Alexd. C.
3101001-0031001
Burke, Andrew
00200001-00100001
Hughes, Leander
110001-10001
Parkeson, John
20001-00001
Kelly, Squire R.
20001-00001

McMINN

177

McCasland, James
002001-030001
Raines, Philip
0001101-0010001
Hambrick, Selah
00012-0112001
Raines, Mary
111-101101
McMahan, John
100001-11001
Ragan, Danl.
1000001-1112001
Cooke, Jediah
000001-221001
Raines, William
10001-10001
Culton, James
00111001-0110001
Reid, Jeremiah
11110001-121001
Riddle, Francis
01111-00001
Riddle, Lewis
10001-00001
Owen, Thomas
0000001-02010001
Hafley, Cornelius
1100001-20101
Benton, Jesse H.
020001-211001
Laughlin, Edward
00000001-00000001
Lane, Tidence
1111001-101101
Ellis, John
000001-21001
Morris, William N.
020001-20001
Ponder, Nathl.
10001-20001
Blankenship, John
110001-112101
Hays, Josiah
10000101-000010001
Hickman, Thomas
0022001-210001
Mount, Thomas
00210001-020011
Mount, Patsy
0-11101
Blankenship, Elijah
000010001-000100001
Hunt, Lewis
000001-22001
Harkrider, David
11011-00121001

178

Bennett, Solomon
10111001-00020001
Adams, Danl.
00210001-00110001
Riggins, Thomas
0100201-1012001
Daniel, Coleman
010001-000001
Cate, Robert
10001-10001
Grisham, Elijah
0220001-200001
Riggans, William
10001-10001
Eastridge, Axey
0111-110001
Burns, John
000101-00010001
Witt, Silas
2122001-111001
Mooney, David
201001-230001
Staggs, Walton
10001-10001
Staggs, Thomas
00001-10001
Hickman, John
00001-10001
Vance, Robert
0000001-000001
Riggans, James
0000000001-0000000011
Cate, William
211020001-101011001
Cate, John
101001-110001
Legg, Saml.
02000001-100001
Campbell, William
0101001-0020001
Jenkins, William
1010001-001101
Staggs, Saml.
010001-110001
Vickers, Thomas
10010001-01001
Rucker, James
01101001-0001
Kelly, William
00001-10001
Hinds, Zachariah
00001-20001
Moore, John
000000001-100100001
Tallent, Enoch
00001-10001

179

Mansel, Robert 010001-111001
Fisher, John B. 000001-00001
Tallant, Richard 000200001-000000001
Epperson, Thomas 10001-10001
Epperson, Jesse 010010001-00111001
Wasson, Benjamin 3111001-110101
Hawkins, John 121001-11001
Stephens, David 10001-0001
Only, Mary 00001-00000001
Kinman, Saml. 000000001-000000001
Coxe, Sarah 00001-00111001
Kinman, Claiborne 120001-210001
Combs, Elizabeth 1011-00110011
Colville, George 000001001-00012001
Hawkins, William 0120001-210301
Rucker, William 00001-0001
Grisham, James 00001-0001
Allen, William 100001-211001
Hankins, Wright 021001-221001
Stephens, Nehemiah 210001-111001
Pitner, John 211001-102001
Coxe, Philip 110001-21001
Calahan, James A. 110001-10001
Hale, William 1000000001-011011001
Weir, Saml. 21120001-0021001
Thompson, Jehorde(?) 211001-01001
Colville, Joseph 210001-22001
Edens, Archd. 112001-121001

180

Wyatt, James 1102001-2110201
Colville, George 10001-00002
Blackburn, James 0010001-210011
Smith, Joseph 2110001-1021001
Torbett, John 22110001-211001
Potter, William 30001-00001
Morgan, Silas 00000001-00100001
Morgan, Richard 200001000001-12001000001
Bullard, Joseph 0111101-0021001
Bullard, Henry 121101-101101
Clanton, John 0001-0001
Oldham, James T. 300001-10001
Courtney, John 0001001-0001001
Ramsay, Edmond 10001-10001
Cochran, John 00001-20001
Taylor, Charles 101101-112001
Atkinson, Ann 10102-00011001
McMinn, John 011120001-12110001
Lewis, John 00001-00001
Turnley, James A. 202001-10001
Dearmond, William 00003-1112001
Iford, Mary 112-010001
Sullens, John 10002-00002
Deering, Alfred 112001-111001
Agee, Ambrose 211101-1111001
Lusk, Joseph 0020000001-000101
Couch, Jonathan 1010001-121001
Stanphill, James 0000000001-0001000001

181

Gilleland, Danl. 10001-10001
Lett, Ambrose 1210001-110001
Miser, John 00310001-00001001
Kinman, Wesley 10001-10001
Cowan, James 20001-110001
Kinman, William 122001-110001
Cowan, James 00100001-00021001
Lard, David 122001-100001
Cox, William 200001-120001
Mount, John 212001-0120001
Rice, Jesse 100001-1001
Benton, Thomas 22001-11001
Benton, John 011001-222001
Benton, Thomas 00000001-210011001
Cate, Saml. 00001-00001
Hicklin, Barnett 211001-11001
McMurry, John 100001-20001
Porter, Henry H. 1211001-211001
Coxe, Benjamin 20001-00002
Young, John 101001-221001001
Essman, William 10001-00001
McLane, Robert 0000001-01000001
Cate, Joseph 111001-111001
Rice, John 00001-00001
Douglas, Andrew 30001-020001
Witt, Joseph 10001-00001
Cellars, Edward 300001-30101
Witt, Sally 00112-000000001

182

Witt, Polly 11001-0021001
Baxter, Levi 0110001-200001
Moore, James 000001-00002
Cate, William 310001-01001
Cate, Charles 10001-00001
Thomas, John 000010001-0000101
Hix, Timothy 00001-21001
Hix, William 10001-00001
Hill, Joab 02111001-0101001
Hill, Claiborne 10002-11001
Hill, Isaac 20001-00001
Romines, Jasper 121001-100011
Hurst, Elijah 0001101-0011001
Goodwin, James 00001-0001
Thacker, Jesse 100011-21001
Goodwin, Walker 02201001-1001001
Peake, Byrd 21001-01001
Dixon, Solomon 200001-01011
Bass, William 00100001-100201
Whittenburg, John 11213001-0000101
Lane, Russell 220001-00001
Sherman, Thomas 00001001-00010001
Ragan, Ephraim 320001-000001
Holt, Sarah 1101-01210011
Feaster, Levi 2321001-100201
Collins, Henry 20001-00001
Brittain, John 20001-01001
Blades, Isaac 311201-111001

183

Hasting, Isaac 111001-21001
Ragan, James 00001-01
Moreland, John 00001-1001
Frye, Philip 0002101-0022001
Shipley, Elizabeth 22211-001011
Rutherford, James 21100001-001011
Rutherford, Edward 211101-10201
Miller, Caty 11-0122001
Small, William 00130001-00000001
Foster, Thomas 000001-11001
Lane, John F. 11001-100011
Lane, Isaac 0002000001-0020000001
McRoy, Curtis 020001-211001
Adams, Saml. 00010001-001000101
Adams, Nelson 00001-00001
Griffith, Benjamin 2021001-020101
Fisher, Noah 22120001-011001
McCormack, Benjamin 00001-00001
Cate, Elijah 21001-01001
Barksdale, Nathan 321101-101001
Adams, Byrd 00001-00001
Elledge, Rowland 21001-100001
Terry, William 100001-21001
Cate, Gibson 120001-200001
Robeson, John 0230001-0000001
Dobkins, Jesse 200001-12001
Cate, Lucy 0011-00120001
Austen, Thomas 00000001-0

184

Cate, Baldwin 10001-00001
Sullens, Nathan 2212101-0021001
Barnes, Pleasant 110001-12001
McNally, Charles 120001-11001
McClure, Holbert 01001-21001
Sherrill, Eli 310001-202001
Barnett, John 000000001-000000001
Seay, John 110001-20001
Casteel, Alexd. 11001-10001
Hussong, James 2000001-00001
Gaston, Joseph 0211001-0110001
Casteel, Elijah 10001-00002
Scarborough, James 210001-00001
Randolph, Lancaster 200010001-01001001
Girsham, Jesse 00000001-0000101
Hickman, Frederick 1100001-110001
Amerine, Henry 0200001-0100010001
Cowan, Andrew 022001-201001
Morton, Saml. 20001-10001
Grisham, Jesse 20001-00001
Roberts, Joseph 311001-112001
Shook, John 0020001-2202001
Shook, William 0001-00001
Melton, Carter 220001-102001
Porter, William 122001-1000001
Trammel, James 1010001-2110001
Rentfro, Robert 3220101-001001
Hawkins, Benjamin 110001-110001

185

Rice, John
22001-110001
Burton, Thomas
00100001-0000001
Cate, Ephraim
00000001-00000001
Cate, James
0001-00001
Richardson, Thomas
00001-0001
Dodson, Jesse
222101-010101
Dotson, Levi
0001-00001
Wilson, Saml.
110001-112001
Wilson, William R.
10001-10001
Price, William
0210201-2011001
Hudnall, Mary L.
0002-00000001
Parsons, Thomas
1112101-3111201
Parsons, John
10001-10001
McMilland, Mary
000011-000011001
Agee, James
10001-00001
Alexander, John
2101011-00000101
Hickey, James
110001-310011
McCully, George
01011011-1020101
Westmoreland, Alexd.
00111001-120101
Price, William
1032001-121001
Jameson, Saml.
001001-021
Huffacre, Isaac
011001-311001
Brittain, William
000011-323001
Wolfe, Mary
0001-0000101
Wolfe, John
00001-1001
Horne, William
100001-10001
Hagler, Waden W.
3110001-112101
Varrell, John
221101-101001

186

Varnell, William
231001-010001
Varnell, James
10001-10001
Bates, William
112001-12001001
Rogers, William
10001-11001
Mitchell, James
0000001-22001
Pitner, Adam
000100001-01100001
Williams, James G.
001001-121001
McCarty, John L.
1001001-20001
Tedford, James
1001-10001
Senter, William T.
10002-0001
Owens, Danl.
000010001-01001
Ross, Nath. J.
310001-01101
Edington, Jesse W.
010001-21002
Timmons, Thomas
1010001-121002
Aikin, Saml. J.
200001-00001
Stafford, William
00001-00001
Boatman, William
1012101-033101
Dorion, Charles H.
00001-00001
Bridges, James S.
000001-322001
Martin, Isaac
220001-10101
Farnsworth, Solomon
100001-10001
Cleague, Saml.
00002001-00000001
Harris, Josiah
20001-1001
Cate, Thomas
00210001-10001001
Rice, Isaac
00002-31002
Herrick, Jonathan
30001-20001
Johns, William
022001-200001
George, Isaac
200001-00001

187

Miller, John
1022101-0110001
Pearson, Ally
00201-0101001
Maze, Caleb
102101-030101
Weaver, William
00100001-00111001
Bradford, Henry
12011001-0000001
Bradford, Henry C.
20001-02001
Jay, John
011010001-100000001
Gillenwaters, Elijah
00002-00001
Crumley, John
00000001-00002001
Weaver, John
0010101-1111001
Reed, Robert
1200211-11002
Taylor, Sam
0-0
Bradford, Hamilton
21001-00001
Norris, Archd.
011001-220001
Reed, Saml. M.
10001-0001
Russell, Elizabeth
000001-0000000001
Reelin, William
10001-1011
Bailey, Levi
0000001-0
Cobb, Robert
010000001-110101
McJunkin, Saml.
010001-10101
Rash, James
10001-20002
Brown, James
00100001-00000001
White, John
00011001-0101101
Taylor, Will L.
1132201-0000001
Sheilds, Banner
00010001-0020001
Sloane, James
20001-00001
McConnell, Saml.
0010111-1111101
Patton, Robert H.
211001-010001

188

Wear, John
00000001-01211001
Haney, William
110001-21001
Coffey, Asbury M.
10001-00001
Waters, Lewis
1100001-112101
Wear, Saml.
00001-00001
Lenox, Richard
0111001-003001
Biggs, William M.
110011-210001
Meadows, Absalom
2211001-1011001
Hood, Robert
21001-112001
Cromwell, Patience
001-000001
Smith, Saml.
001101-1210001
Heard, Abraham A.
00001-10011
Skelton, Thomas
00001-30001
McNabb, Matthew
110001-10001
Bolling, James
2011001-111101
Drake, Taylor
00000001-0001001
Hudgeons, Josiah
10101-110001
Adams, John
100001-21001
Grogin, Williford
210001-00001
Mayfield, Pearson
3122001-000001
Bolling, Joseph
0011101-2210001
Blackwell, Peter
1222001-211001
Patterson, Robert
1122001-211001
Collins, James
101001-220001
Yancy, Cyrus
00002-0113
Morgan, Joshua
121001-102101
Morgan, Saml.
00001-00001
Gee, John
010010001-00020001

189

Witt, Burgess
000120001-00002001
Hopper, John
2220001-1100001
Hopper, Augustus
00001-00001
Crawford, Thomas
1112001-1110001
Grigg, Joel
2111001-122001
Bolling, Obediah
100000001-010001001
Bolling, William
200001-200001
Mulky, William
100001-221001
Philips, William
111001-222001
Cameron, Archibald
11300001-00020001
Warnack, Andrew
03100001-1104001
Wells, Thomas P.
31001-000001
Hughes, James
11000001-00120001
Mayfield, Rachel
10011-01010101
Brown, Thomas
210001-11001
Weatherly, Mary
0001-00021001
Satterfield, Edward
110001-10201
Calhoon, James
0011101-0002001
Douglass, Robert
0000000001-0000000001
Kerr, William
100110001-1001001
Douggar, Ralph
0000000001-000000001
Douggar, Henry
000001-212001
Dotson, George
222101-000001
Sewell, Dennis T.
00001-1002
Hoyle, Peter
000210001-000010001
Lankford, John
2002001-110010001
Fore, Augustin P.
0000001-0100001
Douglass, John
101001-12001

190

Cantrell, Moses
001000001-100110001
Cantrell, John
200001-000001
Cantrell, James
3200001-10002
Reves, Ewell
110001-101301
Burnett, James
111001-011101
Huffaker, Lewis
2011001-012201
Childress, Nancy
0101-00110001
Childress, William
11001-11101
Goff, Thomas
120001-00001
Starr, Caleb
110001001-00110001
Jones, William
11100001-012011
Cocke, William H.
110120101-032100101
Brittain, William C.
012001-020001
Black, David
200001-10001
Thompson, Mary
00201-01020001
Thompson, Alfred
21001-10001000001
Thompson, Samuel
210010001-10001
Wadkins, William
010001-302001
Ryan, John
00001-00001
Thompson, Robert
00001-10001
Ryan, Amos
2100001-102111
Shelton, Thomas
0010000001-221101
Scrimshear, John
00000000001-000000001
Womble, William
120001-200001
Hopkins, Thomas
2100201-0021001
Witt, Valentine
20001-11001
Lesly, Thomas
000110001-000001001
Hester, Isaac
21001-1001

191

Highsaw, Joseph 00001-10001001
Officer, James 00001-10001
Dotson, James 00000001-00000001
Dotson, Martin R. 00001-1001
Dotson, Jno. M. 0001-0001
Boring, Nicholas 1011001-10001
Lane, Saml. 01000001-1120001
Cain, Leonard 101001-31001
Smith, John 200001-00001
Childress, Josiah 0012101-00010001
Greenwood, John 011001-210001
Jackson, Thomas 101001-210001
Thatch, Maria(?) 0-10001
Farbank, William 00001-210001
Humphrey, Owen 00022001-00020001
Hooper, William 00001-20001
Hooper, John 000000001-0010000001
Greenwood, Hutson 012001-0201001
Benton, Edmond 002200011-0101001
White, Danl. 1000001-00100001
White, Elisha 121001-011001
White, John 000110001-00001001
Henderson, Isaac 0211001-110001
Elliot, Jesse 0301001-1012001000001
Burger, Geo. 30001-00001
Hiler, James 10011-00001
Hiler, William 00001-1001
Hiler, James 00100001-01122

192

Hiler, Joseph 200001-00001
Randolph, Hezekiah 1120001-0102001
Yates, Saml. 31001-00001
Manery, Edward 21001-11001
Bradley, Danl. 00120001-3211001001
Henderson, James 11001-11101
Pack, Thomas 00001-1001
Wilson, William 11010001-0020001
Henderson, William 12001-10001
Parker, David 10001-10001
Burke, Benjamin 2121001-0201001
Ellis, Joshua 0001001-0010001
Pack, John 021200001-0101001
Elliot, John 00001-00001
Doherty, Matthew 20001-02001
Cass, James 00120001-00000001
Doherty, Charles 10001-10001
Elliott, John 01110001-0210001
Barnett, Lemuel 220001-011001
Stanberry, Thomas 00001-30001
Massey, Hugh 200001-111001
Casteel, Edmond 000000001-1011
Brock, Martha 201-02001
Adams, John 00001-00001
Kelly, William 21001-120001
Kelly, Danl. 10001-01001
Chatine(?), Jane 221-020001
Kelly, William 010100001-000120001

193

Kelly, Richard 00101-010101
Campbell, John 110001-012001
Toney, Priscilla 1-01001
Lower, Michael 1001001-2221101
Adams, William 100000001-100101
Adams, William E. 00001-20001
Ditmore, John 21020001-002001
Jack, John 00001-00001
Ditmore, Edwin 00001-0001
Dearmond, John 01100001-0100001
Riggs, Saml. 0001101-1002
Langum(?), Elias 112001-110001
Howard, Thomas 010001-221101
Tilleston, Spencer 002001-220001
Childress, John 10001-00001
Childress, Saml. 10001-00001
Brock, Elbert 10001-0001
Brock, Henry 00020001-00000001
Moss, Eli 110001-111001
Doublefield, Abel 000001-20101
Carson, Nancy 111-111001
Kaskey, Thomas 210001-01001
Spriggs, Ezekiel 100001-230001
Cobbs, David A. 120001-010001
Hoyle, John 01112001-01110001
Wolfe, Adam B. C. 00002-00011
Douthet, John 100001-0001
Douthet, David 001001-121001

194

Riggs, Rodah 00011-1002001
Satterfield, Robert 000000001-000010001
Parris, William 2101101-1131101
Barksdale, John 21120001-0101001
Huffaker, Christn. 010101-21001
Gilbreath, Elizabeth 120001-010001
Gibbs, Richard 02001-20001
Bolling, John 210001-01001
Cobbs, Joseph 000100001-000000001
May, William 2320001-001101
Sloane, Archd. 10001-00011
Sloane, Robert 01201001-1102001
Cobb, Joseph 00001-10001
Dickey, Franklin H. 100001-120001
Parris, Moses 1111101-100101
Greene, John 0000000001-1001101
Douglass, James 00001-00001
Carlisle, Joseph 0100001-000001
Saxon, Russell 100011-10001
Logan, William 211120001-100110001
Lattimore, John 10220001-2200101
Cobbs, John 01002-20001
Coxe, John 00001-10001
Douglass, Jesse 01111001-1120011
Hoyle, David 1110101-1001001
Mitchell, Zerah 210001-11001
Roberts, Morgan 30001-00001
Hoyle, Peter 00001-1001

195

Devine, John 1000001-220001
Sykes, Josiah 11001001-0001101
Greene, James S. 00011-0001
Satterfield, Jas. 10001-20001
Harris, William 001001-22001
Hoyle, Thomas 20001-00001
Rinehart, Danl. 00130001-0210001
Payne, Isaac 1230001-0001001
Foster, Simpson 010002-22001
Bolling, Collins 01113001-00010001
Ellis, John 00101001-01110001
Ellis, Henry 10001-00001
Essman, John 2202101-1120001
Kirksey, Elisha 21000011-013001
Witt, James H. 00001-00001
Witt, Rutherford 201101001-0112201
Witt, Burgess 11101-10001
Collins, John 20001-10001
McBrier, Will S. 101001-210001
Everton, Thomas 1100001-001001
Hughes, Jacob 10001-20001
Bradly, Ambrose 0031001-222101
Witt, Joshua 0010001-0101101
Brown, Joseph 10001-00101
Lee, Major 00001-00001
Kirksey, George 222001-001001
Lee, Abner 020001-0011101
Smith, Joseph 00001-0001

196

Smith, William 000000001-000000001
Rinehart, Ephraim A. 00001-1001
Saxon, William 0111001-111001
Finney(?), Isaac 1011001-0020101
Brown, William 220001-100001
Firestone, Matthias 00012001-00000001
Cantrell, Gabriel 200001-00001
Kasky, John 310001-011001
Roper, Joseph 1001001-111001
Edgar, John 100001-11001
Smith, John 001121-111001
Smith, Robert 10001-0001
Carlock, Isaac 12010001-0110001
Smith, John W. 02001-20001
McGowan, Francis 000001-10001
Brown, William 0021001-00020001001
Firestone, Saml. 10001-000001
Firestone, William 100001-1
Cantrell, Isaac 231101-100001
Cantrell, Elijah 210001-120001
Burnett, John S. 100001-000001
Anderson, Danl. 00100001-00122001
Anderson, John 100001-00002
Braden, James 2220001-1002001
Cloud, Isaac 1010201-121101001
Wood, William 000101-211101
Rue, Joseph 00100001-2212
Sparks, William 10001-01001

197

Jack, James
01101-1001101
Hill, John
1301001-103001
Rodes, David
021201-200001
Kelly, John
021001-302101
Dotson, Jane
0-000000001
Dotson, Fanny
011-120001
Dotson, William
10001-11001
Gentry, Allen
11101-00101
Stiff, Jacob
000010001-000000001
Cansler, Polly
010011-001201
Caruth, Walter
0011101-110001
Caruth, Ann
011-0000002
Meazle, Luke
010001-220001
Stanberry, Saml.
211001-01201
Gentry, Allen
0121201-1011001
Wilkerson, Lemuel
01000001-0000001
Torbet, John
011001-110001
Hawkins, David
00001-10001
Hawkins, Joseph
00010001-0001101
Pack, Jeremiah
203001-010001
Upshaw, Forrester
00020001-00001001
Prince, Ephraim
10001-10001
Helton, Peter
122010001-10011001
Robison, Danl.
0001001-00001
Stephenson, Alexd.
2102101-0011001
Simons, John
111001-211001
Young, Gersham
120001-110001
Love, John
20001-10001

198

Wiggins, William
0001001-000101
Campbell, Sarah
001-111001
Felcker, Peter
20001-10001
Freeman, Francis
01120001-01100001
Lee, William
0120001-111001
Shelton, Thomas
10100101-212101
Rice, Lyman
0001101-0001001
Gilley, Milley
12-10001
Saunders, Richard
0010001-00110001
Philips, William
10001-10001
Hix, Charles
0001-0001
Philips, Charles
0011001-000001
Walker, Elias
211001-211001
Hix, Shadrack
00121001-0010001001
Graddy, Susannah
1021-0011001
Blackstone, Argyle
000001-000001
Robeson, Thomas
1100001-110001
Cartright, Lemuel
00110001-0000001
Cartright, Thomas
1001-10001
Cathcart, Joseph
01000000001-10001000001
Felcker, Nicholas
00001-0001
Letherwood, Reuben
210001-11001
Heydon, David
001001-031001
Swafford, Thomas
00001-00001
Pangle, Andrew
221001-000101
Bryant, Peter
1201001-200001
Cooper, Philip
00012001-00012001
Reynolds, George
1100001-122001

199

Perry, James
112101-111001
McMahan, Jane
101-003001
Killingsworth, William
110001-11001
Elder, James
11001-11001
Killingsworth, Reubin
1210001-011001
Lassiter, Wiley
0212001-0021001
Patty, Obed
2200101-1022001
Patty, Benj. W.
30001-00001
Patty, George C.
00001-10001
Crocket, David
10001-00001
Broyhill, James
001000001-000000001
Buckner, Garret
10001-0001
Broyhill, James
12001-10001
Derrick, Michl.
00110101-00010001
Hale, Lewis
10001-10001
Brown, Nathan
100101-1212001
Morriss, John
0012101-01001001
Logan, John
1100002-000001
Erwin, Benjamin
20001-00001
Copeland, Joseph
320001-210001
Cloud, John
10001-11001
Chambers, Edmond
1111001-211
Newman, William
10001-1001
Newman, James G.
10001-10001
Ferguson, William
1110001-111001
Crockett, John
01211001-01101001
Smith, Saml.
01111001-0111001
Byler, David
000000100001-00000001

201

King, William
101001-121001
Beeler, John
1010001-111001001
Reid, David
0000100001-000021
Thomas, George
010011-21001
Bassinger, Jacob
110001-10001
Peters, Christian
00001-00001
Anderson, Jesse
002111-121001
Richards, Richard
220011-110101
Babb, Joseph
0000000001-0000100001
Harkrider, John
20001-10001
Greene, Phoebe
11-011001
Peirce, Lewis
2221101-0102
Dearmond, Jonas
10001-10001
Dearmond, James
20001-11001
Mackey, John
00000001-0000001
Combs, William
1120101-0102001
Hays, Absalom
00001-10001
Hays, James
000001-10001
Davis, Nancy
0002-00100001
Angel, Hezekiah
111001-110001
Thompson, John
00000001-000000001
Thompson, John
10001-00001
Wright, Benjamin
010001-31101
Eaton, Clement
221001-10101
Hays, William
00011C001-000000001
Coxe, George R.
0210001-0011001
Parker, Aaron
1101101-0000001
Strange, Jeremiah F.
00001-0000100001

McMINN

202

Becket, Thomas
00001-2001
Patterson, Saml.
10001-00001
Seay, Woodson
1001-0001
Peirce, Daniel
121011-010001
Crittenden, Nathanl.
21001-10001
Gee, Charles W.
10001-00001
Smith, James
1120001-210101
Crittenden, Charles
10001-00001
Hunt, Grandison
10001-20001
Becket, Josiah
0100001-0030001
Benson, Matthias
0210001-0000001
Walker, Henry
200001-010001
Burke, Andrew
0001-00010001
Wilson, Absalom
10001-00001
Burke, William
11001-2000101
Moore, Littlebury
0001001-0120101
Haymes, Joshua
00000001-00011001
Haymes, David
00001-20001
Kinnard, George
110001-100001
Jones, Reese
01C01-00001
Dotson, William
00001-00001
Wilson, Martha
001-00030001
McDugal, Malcom
0110001-012001
Fitzgerrald, John
1320001-100301
Bromfield, Meady A.
00001-20001
Davis, William
000001-10001
Haymes, Caleb
321001-000001
Bromfield, William
00000001-000000001

203

Haymes, William
00011001-00011001
Haymes, William
00001-0001
Haymes, Sarah
001-010001
Covington, William
110001-220001
Dotson, Henry
0001-00101
Peirce, James
1100001-2221001
Porter, James
00011001-0001101
Slaughter, Jacob
10001-0001
Templeton, John
11111001-22101
Waters, Isaac
0002101-0000101
Smith, James
10001-100010001
Templeton, Nancy
1022-201101
Young, Isaac
00000001-0000001
Caldwell, Joseph
00010001-00121001
Caldwell, Robert
20001-00001
Bean, William
00113001-00110001
Duffey, John
1002001-1020010001
Newton, John
2000001-0122001
Dotson, Elisha
0200001-3110001
Matlock, John
000001-0
Dotson, Warren
0001-1001
Thompson, William
00010011-0010001
Johnson, Hutson
100001-30001
Gibson, Matthew R.
11001-11001
Smith, Asa
00001-1001
Wilson, Catr.
0-0
Dotson, Jesse
00000000001-0001
Dotson, William
110001-1111001

McMINN

204

Smith, Isaac
20001-10001
Smith, William
2211001-1C1101
Parkeson, Manuel
0101001-101001001
Parkeson, John
20001-00001
Cade, Hughes
000000001-0
Parker, William
1120001-110001
Dotson, Jesse
10001-10001
Hafley, David
0011001-121201
Boyd, Silas
012001-220101
McCallie, William T.
001002-101001
McClatchy, John
00111002-0001001
Ford, Thomas F. C.
00000001-0000001
Thornberry, John
21010001-0231101
McClelland, John
200011-10002
Bailey, Lucy
0001-00000001
Michaels, Frederick
420001-01002
Lafferty, Shirley
01100001-010001
McClatchy, Adolphus
10001-00001
Bailey, Wesly
10001-20001
Smedly, John
20001-110001
Murphy, Robert
10001-10001
Murphy, Saml.
000000100001-0000001
Liner, Christopher
130200001-0300101
Hughes, Pryor
10001-1001
Johnston, James
10001-0001
Camp, John
10001-00001
Mitchell, William
00000001-0000000001
Wilson, George
01001-00001

205

Vinzant, Jonathan
100001-020011
Liner, James
1200001-2012001
Liner, Oswell M.
00001-0001
Teague, Moses
1411001-001101
Hix, James
001100001-0100001
Davidson, Mrs. Beady
00002-00010001
Wilson, Enoch
10001-00001
Whitmore, John
210001-000001
Mayfield, James
100011-12101
Wilhite, Kinsey
00002-21001
Strickler, Barbara
01111-001201
Moore, Jabez G.
21001-10001
Shipley, Quiller
130001-00001
Plowman, Jacob
00111001-2110001
Parker, Mary
0-0002001
Harvey, Allen
1102001-1010101
Woods, James
2010101-1112001
Senter, James
1200001-110001
Harris, James G.
0001001-00000001
Bigham, Andrew
100000001-10001
McDaniel, William
120001-20001
Slaughter, William
0101101-0111001
Crawford, Matthias
20010001-000101
Walling, John
0001000001-00100001
Page, Betsy
1-10001
Walling, Thomas
211001-110001
Bigham, Eli
210001-00101
Bigham, Matilda
0001-000001

206

Woods, Vincent
0100001-101101
Hampton, Wade
1111101-101101
Burke, John
001100001-00010001
Burke, James
00001-0001
Burke, John
00001-10001
Townsend, Thomas
1010001-100001
Bowerman, John
120001-110001
Miller, John
0001-2001
Mitchell, Allen
312001-00111
Randolph, Peyton
12000l001-101001
Lankford, Leassel
1001-0001
Mulky, Jonathan
210001-121001
Morton, Joseph
10001-0001
Long, George
000000001-00100001
Long, Mayples
10001-10001
Long, Isaac
0001-00001
Long, Moses
110001-11001
Maroney, Lloyd
0002101-0001001
Long, George
200001-11001
Longley, James
200001-12201
McDaniel, James
100011-12101
Vinzant, John
0011101-0001001
Vinzant, Ezekiel
10001-00001
Wilson, Richard
20101001-10001
Brown, Joshua
120001-2021001
White, James
111001-110001
Mulky, John
10001001-200210001
White, William
0001001-0000001

207

Hanks, David
10001-10001
Castelow, George W.
20001-10001
Slaughter, John
00001-0001
Smith, George
220101-011001
Johnston, Lewis
00001-10001
Johnston, Joel
-01010001-0001101
Wilson, William
02001-11001
Newton, Edward
322001-100001
Kerr, James
10001-0001
Longley, Jonathan
2220001-110201
Larrimore, Hugh
000000001-000000001
Larrimore, Rowland
110001-221201
Caldwell, Solomon M.
200001-120001
Longley, William
100000001-010010001
Carroll, Elijah
111001-102101
Grisham, John
12110001-00121001
Chitwood, Lazarus
01101001-01110001
Leeper, Nancy
101-001101
Long, John
100001-121001
Caldwell, William
20001-10001
Ware, Allen
120001-11001
McKnight, Robert
01100001-0001001
Goode, William
10001-10001
Long, James
101001-12101
Martin, Robert
1111101-02110001
Longley, Joel
101001-010001
Thompson, James
000001-02001
Dodson, Jehu
00000001-00000001

McMINN

208

Dotson, Jesse
10001-0001
Mulky, James H.
10001-00001
Emmerson, William
220001001-001010001
Adams, Joshua
10001-10001
Greenway, David
00001-20001
Crittenden, John
20001-10001
Seay, John L.
10001-10001
McCoy, Birden
1100001-212001
Williams, John
122101-000101
Williams, Sarah
0-000210001
Griffen, Oswell
10001-10001
Griffen, Young H.
110001-220001
Endsly, William
120001-201001
Hand, James
210011-132001
McMahan, John
0000100001-001100001
Edmondson, Manuel
121001-120001
Gill, Henry
1100101-1022101
Brown, William
1120201-210101
White, Ephraim
10001-1001
Davis, Calvin
20001-00001
Akin, John D.
121001-101001
Smith, Joseph
00001-1001
Casada, Martin
2212001-112001
Bassinger, Michael
11001-00001
Peters, Landon
1121001-1102001
Hanby, John
000001-12
Rudd, Sarah
00001-0001001001
Beavers, Spencer
2100001-210002

209

Potts, Amos
012011-120001
Johnson, Samuel
0222011-0001011
Coley, Jim
0-0

80

Chapman, Elizabeth
11-11001001
Reagan, David
0002101-1230001
Rutledge, James
00120001-00100001
Springfield, Hugh
320001-000001
Dillard, John
00000001-1220001
Campbell, Reubin
00001-1001
Rutledge, Wilson
00001-0001
Walker, Caswell
001001-22001
Yearwood, Elijah
00001-00001
James, Joshua
00002-000021
McCRay, William
1111001-101
McCLary, Joseph
00011001-0221
Reagan, Peter
001101-212201
Morrow, William J. J.
1011-10001
Carson, Robert
000010001-000010001
Dyer, John
001001-210001
Mowry, Adam
00001-03002
Price, Josiah
010001-220001
Monger, Joseph
021001-02001
Stephenson, William M.
102001-20001
Boyles, Samuel P.
0221001-2201101
Summy, Solomon
02001-10001
Reasoner, Nicholas
112001-121001
Whitson, Charles
111001-121001
Morrow, John
000001-230001
Lea, James
00001-0001

81

Lillard, Augustine
00001-0001
Dean, Alexander L.
20001-011001
Harmon, Trenton
10001-20001
Weare, Hugh
0121001-20001
Vaugn, James
110011-110001
Mosier, Peter
221101-011001
Cook, Jacob
010001-100001
Harmon, Dooley
10001-11001
Brown, John G.
021000001-1003001
Haun, Abraham
1200001-100001
McCaslen, William
00001-10001
Brown, Joseph
221001-121001
Brakebill, Henry
111101-111001
Brakebill, Peter
00000000001-00000000001
Mashburn, William
00010001-00010001
Dyer, Abraham
211001-090001
Chaney(Channy?), Abel R.
0100001-221001
Adcock, William
20001-0001
Wilson, Nancy
0-00120001
Crimitt, Samuel
000011-11001001
Hickey, Joseph
000001001-03201
Grior, James
0000000001-001001001
Callaway, John
11021001-0120101
Cleveland, Eli
02102001-1022001
Roy, James
20001-10001
Glass, Jessee
000001-200010001
Cleveland, Presley
11100001-111001

82

Laws, James
100001-012001
Lillard, William
100001-00001
Samples, Charles
10000001-1221001
Philpott, John
11002-10101
Lawson, Peter
030010001-10121101
Stone, Edward
00001-0001
Lawson, John
30001-00001
Mashburn, William
00001-0001
Carter, Jesse
01120001-00100001
Hankins, Richard
110001-001001
Johnston, Francis H.
30011-00001
Grant, William
21000100001-210001
Nation, Thomas
3120001-021001
Duncan, Andrew
100001-122001
Woodfin, Dillen
00001-11001
Hague, James
11002-11101
Blanton, Vincent
111001-112001
Hughs, Moses
20101-10001
Johnston, William
021000001-00010001
Porter, Melvan
10001-10001
Grayson, William
001100001-10112001
Julian, Isaac
0120001-1100101
McNabb, Thomas
000000001-002002
Fryar, Thomas
00001-1001
Shaddick, Joseph
01000001-0000001
Snead, Robert
100001-21001
Williams, Levi
00001-0001

83

Carnes, Frederick
10001-00001
Beeler, Armstead
1230101-010201
Dyer, Manore
0000000001-000030001
Grayson, Joseph
110011-111011
McGill, Martha
0-023001
McCoy, John
00001-00001
Cook, Thomas
120001-20001
Coffle, Susan
0112101-0010001
Wyatt, William
10110001-00121001
Edmundson, Allen
10001-0001
McCasland, Lydia
000211-00002001
McCasland, John
110001-10001
Brown, Angeline
01001-000010001
Watkins, Fanny
221-101101
Grisham, Collens
2110001-0021201
Hutcheson, James
10200001-011100101
Pennington, William
10000001-10001001
Botkin, Thomas
00000001-1211001
Lain, Lindsey
00001-0001
Odoneal, George M.
10001-200001
Cannon, John
20111-110001
Mount, Julius
10001-20001
Montgomery, George C.
000011-000001
Morton, Jesse
000000001-000001
Hankins, Joseph G.
2010010001-110201001
Selvidge, William
00120001-32100011
Stow, Solomon L.
10000101-02001001

84

Minick, John
110001-10001
Chesnut, Peggy
0001-021001
Burton, John
10001-200001
Trim, Anderson
110101-321011
Laws, Dinah
01101-00110011
Laws, Elisha
10001-10001
Simons, Archibald
20002-1001
Simpson, Thomas
0111001-21
Robertson, Thomas
010010001-000101001
Patton, William
001001-210001
Patton, Jacob
0000110001-001002101
Patton, Samuel
210001-00001
McHenry, Robert
200101-1001
Clark, Thomas
2110001-101001
Jameson, Benjamin C.
020001-220001
Richeson, James
103101-101001
Christian, William C.
300001-01101
Fannon, John
121001-100001
Bell, Anna
0-00002
Goodman, Henry
01200001-0120010001
Giles, William
2032101-0100001
Jones, Repts
10002-10001
Stow, Samuel
011001-12001
Swadley, Mark
0010000001-000000001
Martin, James
00020001-223211
Mitchell, Jacob
0211001-1111001
Clark, Joseph M.
1212001-101001

85

Cate, Moses
00210001-0100101
McClure, James
00103001-00100001
Vernon, Thomas (Rev. pension)
001011001-120001
Proctor, James
1110101-0112001
Miller, Jacob
10001-1001
Gourley, John
110001-21101
Witten, Lititia
00001-00020001
Witten, Abot
10001-00001
Murray, James
00001-00001
Killingsworth, Isaac
10011-10001
Richeson, Jesse
10001-02001
Richeson, James
000100001-0000001
Murray, Barbara
001-00110001
Miller, Frederick
00001-200001
Douglass, Jonathan
110101-001001
Brown, Thomas
000011-11001
Hobbs, Henry
1111001-121001
Stamper, Asa
300001-12001
Finder, Michael
00020001-00100001
Cook, John
000100001-00100001
Arnold, John
00001-00001
Miller, Mark
00001-10001
Carter, Caleb
100101-101001
Day, John
01110001-003001
Cook, John
21001-20001
Robertson, Lindsey
211001-100211
Smith, Joseph
00001-110011

86

Johnston, Zye
00001-0001
Bicknell, Thomas
000001-10001000001
Bruster, William
00001-1001
Jones, Edna
031-0010001
Wilds, James
0120001-111101
Brandon, George
100001-100010001
Davis, Lewis
102101-121001
Yearwood, William
11101001-110101
Alexander, Thomas
0001001-21201
Heralson, William
0100001-001001001
Campbell, Thomas
00001-1001
Robertson, Glosyann
0-00111001
Cole, James E.
00001-00001
Baley, John
00210001-0001001
Miller, George
2110001-011001
Wood, Zebedee
001010001-01110001
Baley, Alfred
0001-00001
Jameson, Samuel
000210001-000020001
Reynolds, William
001001-02
Wilson, Samuel
00000001-00000001
Reed, John
10001-21001
Lowe, Martin
100001-12001
Lea, Hiram
211101-120001
Wordin, Johnson
20101-10001

87

Kelly, Samuel D.
00003-10001
Anderson, Isaac
121001-20002
Bicknell, Samuel
0121101-1011001
McFarland, James
00014201-00211001
Bayles, Samuel
0102111-0000001
Toomy, William
02111-210001
Waugh, David V.
00001-00002
Roberts, John W.
20001-11001
Thompson, William
000001-00001
Hampton, Thomas
000001-21001
Cusong, Rebecca
01-000011
Humble, Isaac
211011-101001
Hood, Alexander
00002-0002
Stephens, Wesley
00001-00001
Mansfield, Thomas
220011-11001
Pain, Jacob
11001-10001
Whitson, Jesse
120001-210001
Irwin, Thomas
10011-10001
Jordan, Anderson P. H.
10001-100001

88

Bunch, Anderson
2112001-111001
Heiskell, Daniel
110111-10101
McCluskey, John
201001-110001
Routh, Jacob
010101-22201
Bounds, John W.
10001-00002
Richy, John
10001-210010001
Dillard, William
21001-00001
Lea, Clemmons
01001-20001
Patton, James
2211001-0021001
Gamble, Robert
0000001-110002
Lowe, Stephen
111101-100101
Lowe, David
10001-00001
Gaston, Thomas
1210001-10001
Shaddick, John
10001-20001
Morphew, William
10001-1001
Bunch, Thomas
010100001-00010001
McGwire, Josiah
221001-110001
Shaddick, Hardy
310001-00001
Miller, Nelson
010001-1111001
Biggs, Alexander
1010101-020001
Sligger, Thomas
220011-00001
Fine, John
0111101-1111201
Dieter, John
00100001-0210001
Spears, William
00001-00001
Whitinburg, Isaac
000001-000101
Climate, Turner
0001-0001
McClama(McClarna?), James
210001-010001

89

Lodspeach, John
0112301-121011
Warsham, Joseph
210001-01001
Neel, Elizabeth
0-00000010001
Neel, Jesse
1000001-111001
Neel, William
0011001-1101101
Grayson, Henry
-10001-20001
Harvason, Milley
0-00010001
Harliss, John
01001-11001
Brandon, Jefferson
00001-0001
Brandon, Joseph
01001-120011
Arnold, Bennett
00001-10001
Warsham, Nancy
0-10001
Wright, Zadok
11001-10001001
Lawson, Henton
121001-10001
Whitinburg, Abraham
00001-10011
Anderson, William
11010001-211001
Patton, William
210001-100001
Wiseman, Albert G.
001010001-31001
Burgerson, James
11001-11001
Blades, Edward
21000001-11101
Rutherford, William
200001-21001
Blades, Nancy
000001-000000001
West, William
011001-212001
Beasley, James
2111001-010001
Newman, Wade H.
10001-11001
Crawford, Carter
03210001-1112101
Whitenburg, Henry
00101001-00020001

MONROE

90

Sliger, Adam
00200001-0022
McCully, Jonothan
10001-11001
Davis, Thomas
110001-020001
Gilleland, James
00010001-0221101
Axley, James
20001001-02001
Ramsey, John
000001-100010001
Fryer, John
011220001-01010001
Hathaway, Samuel
0011101-0010001
Bennett, John
2100001-0002001
Snow, Horrace
200011-21001
Hearlson, Elijah
00001-100001
Gregory, Clemment
201001-120001
Hague, John
22200001-0121001
Johnes, John
01100001-1220001
Dillard, Stephen
00001-0001
Scroggins, Samuel
01201001-2011001
Dillard, William
2113001-111100101
Renshaw, Jame
0211-2000101
Routh, Joseph
10130001-0120001
Thompson, Adam
1001001-1111001
Ward, Hardy
10001-10001
Gregory, Few H.
000001-0
Duggan, Daniel
21001-10201
Tharp, Jacob A.
00000001-00001
Purdy, William
10001-100001
Brown, Ephraim
00001-000001001
Ward, Hannah
0-010111

91

Blackston, Joice
00001-000100001
Johnston, Josiah K.
00001-00001
Hunt, Uriah
0022001-1011
Brown, Jacob E.
10001-10001
Chapman, Samuel
00001-10001
Clinton, William
10001-0001
Melton, Jesse
0010101-00110001
Hudgens, Carter
01222001-0002001
Hudson, Eli
110001-11001
Blackburn, Samuel
1001101-113101
McSpaddon, Thomas
0001101-0121001
Craig, James
20002-00001
McGill, Robert
110001-10001
Grubb, Jesse
20001-00001
McRaynolds, David W.
110101-210001
Grigsby, James
1010001-220001
King, Elijah
2230001-0011001
Laughlin, Alexander
10001-10001
Ault, William
10001-00001
Dean, Richard
1110001-120201
Moore, David W.
0001-0011001
Hair, James A.
0020001-210102
Jones, Thomas
100001-111001
Norton, Sampson
011101-111001
Laughlin, Thomas
110001-11101
Philpott, Barton
00101-10101001
Grayhan, William
3100001-0121001

92

Johnston, Samuel M.
120011-201001
Johnston, John H.
010101-221001
Forshee, John
101100001-02101001
Moore, James
0111001-0110101
Wall, Barthomow
12110001-102001
Hull, Abraham
12001-11001
Howard, Mahala
1-10001
Bond, Stephen
00100001-0001201
Price, Joseph
100011-210001
Carter, Georg
01111-21011
Borden, Augustine
00010001-0021001
Wilkins, Thomas
0120101-0102001
Lanston, Benton
000001-31101
Walker, Micajah
0012001-1100001
Whitlock, Robert
21000001-0021201
McGee, Meriman
0001001-0000001
Carter, John
0101001-000001
Hood, Joel
10011-20001
Thornberry, Thomas
00111-0100001
Pelfrey, Pricey
00111-012101
Farner, Abraham
00001-212001
Quillen, Charles
0200001-0011001
Curtis, Lydia
0011-0011001
Swaggerty, William J.
00001-11001
Gowens, Levi
10101-1000101
Going, Obadiah
00000001-00100001
Sellers, Thomas
10001-00001

93

Prock, Elijah
0001001-2221201
Mowry, John
011000001-0001100101
Goodwin, Abraham
00020001-0130001
Russell, Sarah
0010001001-0110001
McGuire, Thomas
0112001-201001
Lain, Street
10101-11011
McKoy(McRoy?), Adam
00111001-01110001
McGuire, Nicholas
02100001-002001
Goodwin, Isaac
000001-220001
Haddick, David
00001-1001
Hall, Elijah
21001-10002
McManness, Hannah
01-0110101
Hickman, Benjamin
220001-220101
Evans, Harris
121001-000001
Brown, George
20001001-0
Richards, Aaron
10100001-0202101
Mowry, John
010001-211101
Ezel, James
1020001-23001
Evans, Samuel
011100001-0000001
Holston, John
10131-00001
Watts, Richard
110001-11001
Thompson, Isham
01001-20001
Humphreys, John
211001-00001
Frizzle, Nathaniel
111001-110001
Taylor, Margaret
0-0001101
Blair, Josiah
22001-10011

94

Young, William
10001-12101
Smith, Jesse
1210001-010001
Watts, John
10001-10001
Couch, Edmund
10001-0001
Dearmon, Robert
100001-00001
Fulks, Ephraim
00001-0001
Smith, Alexander
211001-110001
Blair, Samuel
0111001-0010101
Haskins, Hiram
001001-200001
Fulks, Elias
0001-0001
Fulks, George
00001-20001
Fulks, John
00001-10001
Bell, John
1000101-21001
Graham, Benjamin
11201000001-10001000l
Bell, Elizabeth
001-0000001
Harmon, Joseph
01101001-0001
Mills, Josiah
00200001-00010001
Worthy, Armel
210001-12101
Anderson, Robert
10001-110001
Duggan, John
0001-001
Fulks, David
01010001-0020001
Brown, Christian
10010000001-0111001
Ault, Jacob
10110001-121001
Warren, Samuel D.
1202001-0220001
Thompson, Martha
000001-00110101
Hall, John
000001-000001
Berry, John
11121001-0221101

95

Derossett, Edmund
10001-10001
Doughty, Sampson
110001-00001
Parks, Samuel
2210001-102101
Vire, William
00001-22001
Anderson, Johnathan
120001-11001
Wooden, Henry
10001-21001
Reins, Hiram
10001-00001
Holler, Zecheriah
120110001-0020001
Wiley, Harris K.
001000001-00020001
Davis, Jonathan
0002101-01011001
McGuire, Michael
21001-011001
Sutton, James
10001-20001
Lain, Middleton
121-010001
Stanton, John
01010001-0111001
Bowman, George
1010001-111101
Gorsuch, William
1121001-00111
McKoy(McRoy?), Lewis
21002-10001
Allen, Job
1000001-1200001
Cowan, Matthew
010001-11001
Bradon, Berry
00001-0001
McCollister, James G.
12110001-1111001
Tummins, Barbara
1-011001001
McGuire, Henry
0100001-2112001
Hall, Eleanor
00202-00011001
McMiness, Eli
10001-210001
Ray, Archibald
0000001-00000001
McKechan, Landern C.
230001-000001

MONROE

96

Chaddick, Timothy
210001-20001
Watkins, Rachel
2-110001
Humphreys, James
100001-00001
Malone, Michael
10102-11001
Roach, William
00001-100001
Knox, John
103011-020101
Helms, Susannah
11-001201
Rector, Uriah
00001-0001
Taylor, Campbell
00001-01001
Smith, Robert
010001-200011
Worthy, Anderson
211001-020001
Worthy, Lucinda
11-11001
Worthy, George
00112001-0001001
Kenedy, Daniel R.
20001-00002
Mayo, Valentine
000000001-00010001
Patton, Robert
10011-0001
Alexander, James H.
00101-000001
McCroskey, Samuel
1000001-000011
Crane, Ephraim
000001-21001
Butler, Jesse
311001-011001
Falkinberry, William
11100001-0203001
Shelton, Polly
011-0000010001
Harris, Mary
0-0100001
Falkinberry, Andrew
2110001-120001
Underwood, Wesley
30001-00011
Prock, Silas
10002-10011

97

Prock, Agatha
1112-000000101
Kile, Henry
0011101-0000101
Ellison, Joseph
100001-021001
Falkinberry, Benjamin
0220010001-200001
Moody, John
02001-100001
Roaper, John
0021001-130111
Roaper, John
0001-0000000001
Maddon, George
11001-10001
Arhart, Elizabeth
0-00000001
Townson, John
2001001-011001
McReynolds, Robert
00011001-0012001
Tucker, Wiley
1011001-112101
Tucker, James
0000000001-1000100001
Whitlock, Tillet
20001-01001
Hardin, Isaac
211001-00001
Moore, Jonathan
110001-110001
Brazelton, Isaac
010020001-000110001
Mayness, Ephraigm
20001-10001
Earnest, Wesley
210001-01101
Wilson, John
10001-10001
Marshall, Amelia
00001-0012001
Raigains, William
2111001-1021001
Wilson, Joseph
11110001-121101
Griggsby, Samuel
000001-00001
Tankestly, Richard
000001-0002
Clark, Russell
1001-0001

MONROE

98

Hughes, Francis
1210101-1012001
Talbott, Jacob C.
00001-00001
Roberts, Isham
010001-211001
Tucker, James
0001101-2021101
Maston, John
00001-20001
Thacker, Valentine
200001-110001
Hinds, James
3100001-102201
Coleman, Marshal
310011-01001
Chambers, Henry
10001-10001
Pennell, John
020001-101101
Webb, Willis
211001-122001
Chambers, James
2011001-1211001
Kelsoe, Sarah
2211-0110010001
Moore, Robert
111001-110001
Moore, Randolph
00001-1001
Moore, James
111001-110001
Prewitt, John
222101-000001
Moore, Prudence
10001-000020001
Evans, Ruben
10001-10001
Harison, Charles
1100001-0121011
Mowry, David
00001-00011
Gardner, John
1101001-020101
Wood, Joel
0110001-221101
Sellers, Samuel
00000001-00000001
Nolen, Thomas
110001-21311
Adams, John
1012101-0221001
Ruble, Joseph
010001-200001

99

Johnston, Katharine
0012-0002001
Blanton, Joshua
20001-20001
Kitrell, Pleasant
2111001-001001
Routh, Pleasant
00001-1
Cook, William
100001-10001
Swanson, William
100001001-0000001001
Parsons, Dennis
00001-10001
Raigains, William
10001-10011
Parsons, James
20000001-100101
McRoy, James
110001-21101
Dean, William
2210001-011001
Henderson, Margot
0001-0210001
Tedford, William
10001-00001
Furgerson, John
00002-00001
Johnston, Francis
01200001-0000101
Grubb, Washington
200101-00001
Duggan, John
10001-20011001
Duggan, James
00001-00001
Caldwell, Thomas
00001-1001
Duggan, William
00341-11001
Anderson, Nancy
0-0111001
Dunlap, Henry
000001001-00102
Henderson, John
00101001-00010001
Johnston, Esther
1-200001
Campbell, Evan
10001-1001
Eaton, Henry
21001-11001
Hensley, Philip
00001-00001

100

Nave, Michael
001011-121101
Cusick, Joseph
00001-0001
Shelton, Isaac
2211001-0100001
Mason, Richard C.
01111-000001
Chestnut, John
00001-1001
Firddle, John
111001-1000001
Privitt, James
332201-001001
Mayo, Blackmore H.
101011-230001
Robinson, Isaac
10001-0000101
Dean, Aaron
0322101-001001
Cawhorn, Alexander
000001-22101
Wilson, John
00001-00001
Pagot(?), Richard
1100011-10001
Selvige, George
3111001-000111
Pipington, Cornelius
01001001-00000001
McSpaddon, Moses
0001100101-000000011
Lowe, Samuel
20001-000001
Grigory, William
000001-10001001
Grigory, Robert
0000001-000011
Hammontree, William
0120001-110201
Morriss, Fanny
0-1001
Fuquay, Margaret
0001-0000001
Grisham, Joseph
00001-0001
Cline, William
101001-11001
Richey, John
12002-20001
Ausburn, James
123001001-10001
Ausburn, Roady
012-111201

101

Twill, John W.
00001-10001
Shugart, Rebecca D.
000011-00000001
Woodard, Alexander
00002-10001
Smith, Hugh
001061-10001
McGinis, Jesse
120001-100001
Crawford, Simms
00001-10001
Yoakum, George
0111001-301101
Lowe, Abraham
10011-0001
Johnston, Lewis
120001-10001
Bacome, James
0012001-000011
Innman, David
000021-1001
Kelsoe, Charles
0010101-021101
Chesnut, Henry
1120201-120201
Broyhill, William
100001-201001
Grayson, John
000101-2000001
Maddy, James
2200101-001101
Carnes, Elizabeth
01-0010001
Scates, Joseph
200001-00002
Owen, Charles
210001-120001
Spears, Peter
0000100001-000001001
Johnston, James H.
10001-00001
McRoy, Adam
00001-10001
McRoy, John
00001-10001
Laughlin, Joseph D.
010011-12001
Bledsoe, John
10001-00001
Tolbert, John
000002-000001
Torbett, John H.
00001-0001

MONROE

102

Farris, Georg W.
21001-010001
Cardon, Maryann
121-0000001
Davis, John
0220001-2012001
Grimett, John
0211001-0221001
Henderson, Samuel
00001-00001
West, John
00001-00001
Blanton, John
00000000001-000000001
Blanton, Ezekiel
00101-10001
Moore, William
1010101-2010101
McCroskey, John
110001-01001
Marshall, John
120001-100001
Grayson, Benjamin
000001-10001
Boyd, Hugh
1000201-222001001
Coose, John
210101-02001
Golden, John
001001-000011
Nelson, Mathew
02210001-0001101
Allen, Andrew
00011-0001
Glass, John G.
00001-20001
Upton, Thomas
01002-10001
Price, Addison S.
00001-0011
Laws, Levi
010011-221001
Price, Isaac
10011-0001
Dodd, James
1021001-11401
Huson, John B.
00001-10001
Pearson, Jacob
01120002-20100102
Penington, John
11001-10001
Cannon, Bartlet
00000101-00010001

103

Shealds, James
00001-00000001
Croden, Thomas
311001001-00001
Hollaway, Minter
01121001-0131001
Snider, Elisha
00002-10001
Farmer, Maryan
031-001101
McBryant, Biddy
0-0001110001
Baker, Isaac
0000001-01000001
Lambert, Polly
00101-01130001
Phillips, Hannah
0-000000001
Buck, Daniel
110001001-20001
Perry, Silas
1200011-1011001
Tipton, John B.
200001-11001
Tipton, Jonothan
00311001-01001001
Kile, George
00002001-00010001
Cunningham, William
100001-02101
Garren, Adam
020001-00010001
Elmore, Jesse
001101-210001
Torbett, John
00121001-10002001
Detharo, Elizabeth
000011-0002001
Wright, William
0001-0001
Rhine, Philip
1010001-0000001
Scruggs, Richard M.
210001-130001
Detharo, Joel
10002-00001001
Anderson, James W.
10001-00011
McCissick, William
000010001-0
Mize, Rebecca
21-000001

104

Hickman, James
00001-10001
Deputy, James
00001-0001
Randolph, Jepthy
10001-10001
Randolph, Thomas
100001-00001
Johnston, Samuel
000100001-000100011
Nicholson, Thomas
121001-111101
Campbell, John
00000001-0000001
Richy, Elizabeth
00001-0022001
Lawson, Russell
110001-200001
Lovewille(Lovebille?), William
0121001-2101001
Walker, David P.
010101-11001
Rogers, Cullinas M.
000001-00001
Copeland, Solomon
01001-20001
Dillard, Elijah
01001-00001
Dunkin, Francis
000011-000010001
Carter, Margaret
111-00110101
Dunkin, John
10001-10001
Burton, Robert
100001-210001
Rowan, Josiah
121001-110001 0001
Montgomery, James
130211-102001
Bowman, Mary
0001-0000 2001
Fisher, Jacob
201001-121001
Bowman, James A.
010001-20001
Cox, John
130001-1010001
Rubell, Peter
010001-000001
Bell, Samuel S.
210001-110001
Hammontree, Jacob
0000001-223001

105

Swanson, Mary
200001-011001
Russell, Robert
10012-10001
Miller, John
0012001-3111001
Hunt, Thomas
1122001-210101
Clark, Fetherston
100001-00001
Carter, Levi
20001-10001
Luster, Rueben
100001-11101
Parker, Caleb J.
0120001-310201
Smith, Joseph
00001-20001
Malone, Zachariah
20001-00001
Cunningham, John
00001-1001
Kile, Jacob
0012001-021101
Thompson, John
100101-00011 0001
Hall, Thomas
100001-00001
Beasley, Fuquay
000001-001100001
Mosier, John
211001-01101
Carey, Thomas
013001-001
Johnston, Samuel
120001-20001
Anderson, George W.
01100001-0011001
Johnston, William E.
200001-10001
Richey, Samuel
00001-10001
Duggan, William
001100001-000000001
Dorothy, Joseph
01001-30001
Duggan, Samuel
010001-20001
Hardin, William
0001-00001
Norris, Sarah
00001-00220001
Walker, Joseph
002100001-0100001

106

Tatum, Hardy C.
122001-000011
Whorton, Solomon
10001-10001
Robinson, Hezekiah
110011-110001
Whorton, Hirano
30001-0001
Norman, Allen
10001-10001
White, William
20001-10001
Newland, Eli
1001001-211001
Shaver, Elizabeth
1-010101
Ross, John
1012001-022001
Rickett, John
010001-001001
Chapman, Samuel
00001-10001
Cunningham, Joseph
00212001-00110001
Pilkinton, John
00000001-00201001
Cunningham, Elizabeth
01002-0002001
Hightower, John
21001-200001
Richeson, Joseph E.
022001-201101
McCully, Henry F.
100001-00001
Rickett, Abel
010011-00011
McCully, James
011001-201001
Capps, Joanah
11-011001
Thomas, Andrew
112001-111001
Carson, William
210001-221001
Weathers, Wilson
0110001-110001
Pilkinton, Henry
10001-20001
Bell, Nancy
1-20001
Roy, John
100001-21001
Roy, Frances
00101-00101101

107

Clark, Sally
0101-010201
Stephens, George
1111111-011101
Renfrow, Bartlet
01110001-2001101
Renfrow, John
00001-0001
McNabb, Andrew
1102101-001001
Davis, William
0-0
Furgerson, Robert
210200001-0100001
Furgerson, Moses
10001-10001
Patterson, Silas
011001-210001
Thomas, Sally
11-000010001
Taylor, Isaac
330001-201001
Grigsby, John
10001-01001
Cunningham, Jesse
1100001-020001
Carter, John
00012001-0000001
Page, Jacob
000001-120001
Laramore, John
00000001-000000001
Coffman, Joseph
00001-10001
Laramore, James
1100101-02001
Walker, Samuel
221001-100001
Thomas, James
120001-11001001
Pervine, Nancy
00011-00000001
Barnett, Joseph
1120001-0121001
Christian, Mary
11121-0120001
Kinser, John
102301-2201101
Buckner, James
01010001-00100001
Wilds, William
11101-0000101
Wilds, Alexander
000100001-00001

108

McGronigle, Floyd
012101-120101
Shirley, Samuel
00001-00001
Wattson, John
02220001-0100001
Stowe, Jarret
00001-10001
Denton, James
10001-0001
Lea, Mannan
1000001-11011
Malone, Jesse
0021001-00001010001
Smith, Russell
210001-000010001
Bordin, John
032001-201001
Lundy, John
2000001-10001
Millin, Joseph
00000000001-0000100001
Robinson, Jane
0-00110001
Stone, William
100021-11102
Robertson, James
00001-1001
Stone, Thomas
120001-10101
Wimpy, Aden
0010101-0213101
Baker, John
133001-010001
Casteel, Edward
10001-0001
Casteel, Daniel
0110001-00221001
Hix, Jacob
0002001-001101
Smith, Joshua
2012001-0120001
Jarvis, James
21001-01001
Hix, Gilbert
10001-01001
Kelley, Samuel
20001-00002
Whitley, Mary
0002-0000000001
Woods, Joseph
1122001-0211001
Dotson, Coatney
0101-001001

109

Cartright, David
100001-10001
McCarrell, Sally
011-0011001
Cunningham, Robert
01001-2000011
Hutson, Harbert
00012001-00000001
Humble, Jacob
000111-000001
Reaveley, James
000011-21001
Dannel, Mathew
01002-0021101
McSpaddon, John
212201-0100001
Bible, Thomas
200101-00001
Humphreys, Cyrus
111001-102001
Lucky, John
200001-00001
Jones, Martha
0-0
McGill, Nathaniel
010101-20001
Tatum, Haley S.
00001-00011
Presswood, Austin
2211001-011001
McSpaddon, Mathew
010001-002
McSpaddon, Alfred
10001-10001
Stanberry, Solomon
210111-212201
Grubb, David
10001-120001
McAllester, James B.
00001-20001
Thomason, Alfred
10012-00001
Mitchell, Jefferson
10001-00001
Missamore, Henry
0113001-2112001
Brown, Aaron
0001200001-000020001
Telford, John
2110001-1011101
Tedford, Henry P.
10001-10001
Campbell, Andrew
00001-00001

MONROE

110

Norman, John
00200001-00033001
Chaney, Hezekiah
0122001-1200001
Craighead, William B.
000001-0
Thompson, Robert
212001-020001
Miller, Michael
2000001-010001
Hutson, Robert
10001-00001
Anderson, Nathan
20001-00001
Waddle, Richard
00200001-0101101
Presley, Charles
010001-10001
Frazier, Thomas
1111101-111101
Addcock, Joseph
00001001-00020001
Raigan(s?), Daniel
110001-11001
Brown, James
10001-10001
Maberry, Repts
110001-20001
Carter, Micajah
211001-211001
Trimm, Carter
20001-11001
Matlock, Jason
330001-013001
Bradley, Isham
01001001001-000000101
Tayler, Leroy
122001-001001
McSpaddon, Stewart
200001-02001
Carter, James
10001-20001
Carter, Allen
220101-112001
Bright, John H.
00001-0002
Carter, Jabish
101001-312001
Carter, Henderson
11001-21001
Simmon, George
010011-10001
McSpaddon, Joseph
110101-110011

111

Key, John
110001-10001
Forshee, Joseph
200001-12001
McCord, Benjamin S.
0020101-0202001
Forshee, Jesse
000001-20001
'Parker, Evan
002001-000011
Edington, Hugh D.
00001-10001
Hargis, William
0121001-000001001
Brown, David
10000001-00021
Gibson, James
10001-21001
Forshee, Richard
202001-010101
Edington, Samuel
010011-00001
Dean, Byjah
00001-00001
Province, William
111001-120001
Province, Elizabeth
002-01010001
Wolf, Jacob
000100001-000210001
Farmer, Alexander
21001-10002
Morrow, Charles
1001-01001
Pratt, Henry
21001001-21001
Lain, Carter
10001-0001
Green, James
01020001-200001
Carter, Lewis
100001-210010001
Carter, John W.
20001-12011
Mashburn, John
000001-100010001
Wolf, John
310001-110001
Gibson, Alexander
00001-10001
Forshee, William
20101-03001
Trim, Henderson
200001-11001

112

Hackerly, Bartlet
1010001-210111
McSpaddon, Samuel
00001-10011
Bogard, Charles
00001-100010001
McKinsie, John L.
20001-02002
Daniel, John
02000001-01100001
Morrow, Richard
000000001-000000001
Love, John
000220001-00010001
Wooddy, Robert
00001-30001
Smith, Thomas H.
100001-000001
Gibson, William
01121001-2200001
Myers, William
1020001-2201001
Hargis, Nathan
2110001-1000001
Dean, John
00010001-0021001
Harris, Durwin(Drury?)
00001-00001
Dunsworth, Thomas
02210001-111102
Sheats, Jacob
0000100001-00010001
Sadler, Thomas
01230001-0201001
Love, Jeremiah D.
01001-11001
Carter, Aaron
001001-01001
Carter, Mark
1001-01011
McCray, Thomas
0110101-1111001001
Parker, Benjamin
0000001-0001
Forsyth, William
0001-00001
McKehan, George
100001-011101
Lewis, Abijah
1111101-1101011
Saunders, Peter
120001-111001
Gilbreath, John
010001-210001

113

Edington, Sarah
0-0000000001
Ensley, James
010001-110001
McMahan, Thomas
010001-200010001
Stewart, William
000001-10002
Carey, John
111001-301001
Cook, Henry
10220001-010011
Detharo, Jacob
0100001-112001
Phelen, Thomas
220001-021101
Lillard, Jeremiah
010001-0
Carson, John
100001-00001
Harmon, Stephen
02100001-10110001
Snodgrass, Robert
00120001-01011001
Smith, Josiah P.
00111001-02010001
Morrow, Armstrong(Armsbrag?)
00002-00001
Lea, Thomas
110011-000001
Thompson, John C.
000001-00001
Pearce, ______
100001-21001
Masburn, Mathew
10001-0001
Kees, Thomas
22000001-000001
Beasley, Jonathan
1001-00001
Beasley, Fuquay
00000001-00101001
Davis, James
0100001-10001
Bucknor, Daniel
1011-000001
Carter, Caleb
10110001-11211010001
Brown, Thomas
11001-10001
Lowry, William
110111-010010001
Cannon, James
10001-0000100001

MONROE

114

Bogard, John
11000001-11211
Dunkin, Andrew
00001-00001
McSpaddon, Samuel
212001-000011
Rogers, Stephen
212001-000101
Hunt, Levi
100001-221001
Hankins(Hawkins?), Daniel
1021001-1200001
Spraggins, William
3000001-2221001
Marrs, Benjamin
000201-103101
Riley, Charles
111001-0211
White, William
200001011-10001001
Ingram, Aaron
1110001-231001
Brown, Jesse
10001-00001
Parker, Benjamin
00200001-0111101
Wiggins, John
2001-20001
Mashburn, David
00001-20001
Peals, Nancy
001101-000101
Psalms, Kirby
122001-10001
Cook, Moses
2010001-021201
Daniel, Robert
10030001-0210101
Clark, Sarah
0011-00023001
Snider, Frederick
00221001-00112001
Murray, Isaac
111001-01101
Colier, Wilson
001001-22001
Davis, Peter
020011-00211
Henry, Happy
0-21001
Timmins, Samuel H.
00102-010001
Carson, Robert
101001-031001

115

Grimmett, Jacob
0111201-2010001
Clamour, John
12101001-1001101001
Blankinship, Stephen
001001-11001
Keith, Isham
1111101-2211001
Parker, Harmon
10001-0001
Ayrehart, Nicholas
2100101-1011101
Harmon, John M.
20001-10001
Harmon, Stephen
0001-10001
Wiggins, Elijah
10001-00001
Roach, Andrew
00001-00001
Lillard, Elizabeth
21-120001
Buck, Jacob
00001-00001
Blankinship, William
00001-2001
Blankinship, Spencer
0201001-1010001
Blankinship, Barton
0001-0001
Sheats, John
11001-11001
Shields, Joseph
00001-00000001
Cook, Jacob
00001-00001
Clark, Harris
000000001-00111001
Boyd, Jeremiah
3120001-011101
Buck, Mathias
00001-0001
Roberts, Moses
00001-00001
Ensly, Alexander
00001-0001
McKey, John
111001-012101
White, John
0122101-011001
Davis, William
11001-10011
Tindell, John
1001001-0110001

116

Tipton, Wiley B.
10001-10001
Blackwell, Sarah
1001-00102001
Coffman, William
2000001-0210001
Cooper, Edward
201001-11001
Prock, John
000001-01001
Parker, Margaret
01211-001001
Blankinship, John
00001-00001
Coffman, Isaac
00211-0
Girner, Michael
100001-20001
Mosier, Francis
311000001-020001
Roberts, William
030001-00001
Tinker, William
00012001-0000001
Vincants, Hiram
320001-010001
Cathcart, David
0220001-001001
Samples, William
000001-0
Dearman, Allen
1111001-012101
Hall, James
2212001-101011
Gaston, James
310001-001001
Watson, James
10002-20001
Thompson, Daniel
112101-201011
Carson, John
110020001-000110001
Patterson, Samuel
00101-001001
Mullins, Alexander
110001-122001
Young, John
00001-1001
Forsyther, James
000021001-00001001
Hackney, Samuel
211001-101101
Detharo, Jonathan
200001-100001

120

Harris, Robert M.
000111-210101
James, William
1122101-1100001
Beard, Willcom
1021101-1212001
Caldwell, Thomas J.
10002-00001
Caldwell, John
2211001-012001
Couch, James
00100001-00100001
Mason, John
10001-210001
Ivy, Baxter
01001-20001
Smith, Joseph
00002-12001
Wright, Josiah
110011-220001
Cook, George
00011-11001
James, Blackburn
10101-11001
Hackney, Hugh
20011-20002
Mason, William
00101-00001
Capp, John
00101-20001
Willson, William
00001-00001
Burriss, William
10001-20001
Mulhollen, William
000000001-00000000101
McGinnis, Christopher H.
210332-10001
Hunt, Edmund
00000001-211201
Williams, William
1003-00001
Harris, Alfred
10041-00001
Morris, John
0010002-0000001
Pesterfield, John
200001-00001
Harvy, Polly
131-00001
Siler, William
010101-000001
Hicks, Tolburt
110001-01001

121

Patton, Susan
111-021001
Harp, Alexander
200001-111101
Hicks, George
1023101-1102001
Millard, George W.
10001-11001
Broyls, James
11005-110001
Willson, Robert
00102-10001
Bicknell, Young L.
00002-31001
Edmondson, Samuel
100001-000001
Cannon, John O.
10101-00001
Foute, George W.
00001-0001
Bane, Daniel
1110001-111201
Sloan, Alexander
110001-20001
Samples, John
11001-110001
Caldwell, David
01112001-0020101
Sloan, Archibald
200001-12001
Marshall, Joseph
220011-000011
McLamore, Archibald
2222101-0110001
Burlesson(?), Isaac B.
000010001-00001
King, Henry L.
110101-12001
Cunningham(?), Cleveland
00001-0001
Perkins, John
000001-011001
Peck(Peckl?), Jacob J. M.
00002-0001
Davis, Samuel
00001-0001
Fetser, Margaret
00101-0000001
Mason, James
0120101-0111001
Eldrige, Thomas
122101-1010001
Henderson, John F.
201001-111101

122

Mathews, Elijah
00001-20001
Davis, Thomas
00110001-02100001
Gentry, Allen D.
121101-201001
Mathews, Allen H.
00001-21001
Cannon, John R.
100101-20001
Clift, Benjamin D.
1010001-1100010001
Hays, Nathaniel
00001-10001
Avins, John
10001-0001
Smith, Jarvice
010001-210001
Fulton, Creed
00003-10001
Michael, Peter
100001-000101
Sitsler, John
2120001-0201001
Waugh, John
0221011-0010101
Isbell, Jason
20001-00001
Isbell, Martin
10001-00001
Fetser, John
10001-00001
McClellen, Robert
2011001-1210001
Hicks, William
10101-00001
Gideons, Randolf
00001-00001
Shamblin, George
120001-000001
Bare, Adam
111001-01001
Harris, Nathan
120211-10001
Smith, Nancy
0212-0011001
Wilcox, Hiram
00011-0001
Smith, William
00010001-00011001
Lusk, Samuel
001010001-00001001
Gray, Robert
2130001-2102001

MONROE

123

Lyle, William G.
2111001-1000001
Craft, Thomas
020101-101001
Craft, Rachel
0001-200010001
Prater, Thomas
2220001-0211001
McAffray, John T. C.
200001-01001
Booker, Peter F. R.
000011-10001
Walker, Thomas
100001-01001
Matthews, Martha
0101-00210011
Kennard, William
1012001-101001
Hawkings, Thomas
211002-101101001
Stephens, Levi P.
210001-000001
White, William
00220001-00100001
White, David
10001-21001
Colman, William
3212001-001001
Hicks, Zacheas
001100001-0010101
Russell, Thomas
020001-10001
Hunt, William
120001-11001
Morrison, Thomas
01101001-10033001
James, Alfred
00001-00001
Shoemaker, John
0010001-1201001
Michael, William
200001-012001
Michael, Barney
01020001-01102001
Ragsdale, Hubbord
1100001-112001
Webb, William
20101-22001
Hamentree, Harris
110001-20002
Townsley, John
2011001-1211001
McFarland, Robert
20001-10011

124

Hawkings, Richard
102001-12011
Davis, Adam
00001-21001
Ball, John
10001-10001
Hart, Edward
0021001-00001001
Coffman, John
322001-120001
Sitsler, William
1022001-1100101
Williams, David
1100001-111001
Hedspath, Ayres
10001-00001
Thompson, William
0220001-121001
Brown, James
200011-000101
Smith, John
130001-101001
Averhart, James
10001-01001
Cross, William
0013001-0100001
Clayton, Robert
21001-00001
Sutton, William
110001-20001
Dunn, Perry
00101-0002101
Webb, Martin
001001-000001001
Chadwick, Jacob
001001-000010001
Burns, George
111001-10011
Tallent, Jefferson
0001-0101
Addams, Robert
100001-12001
Addams, James
11001-10001
Raper, John
11001-20001
Honeycutt, Joseph B.
00001-00001
Tallent, Thomas
00001-00001
Raper, James
00001-0001
Anderson, James
00110001-1022001

125

Webb, John
30001-01001
Tallent, Moses
113001-110001
Gray, Samuel
100001-00011
Robeson, William
0010001-0001001
Jackson, Josiah
120001-110001
Breeden, William
012001-010001
Miller, John
12001-11001
Addams, James
000100001-01100001
Farren(?), Henry
11001-121001
Johnson, Thomas
011001-221001
Crossling, Charles
01001-11001
Raper, William
221001-020001
Miller, Samuel
001010001-201001001
Campbell, William
2110001-011001
Scrimpshire, Earby(Early?)
10001-00010001
Miller, James
00001-0001
Malone, Edward D.
101001-10001
Webb, Larcon
001001-02111101
Hicks, Harold
00001-00001
Miller, Jessee
00001-20001
Cook, Isaac
111011-000001
Moses, James
101011-0012001
Stephens, Obediah
20001-00001
Gideons, Nancy
01-1011001
Caves, Gabriel
01100001-00010001
Wouldridge, Elen
10001-000001
Wayman, Edmund
000011-20011

126

McKinney, James
00001-20001
Marton(Martin?), Samuel D.
21001-10001
Ray, Margaret
1001-10002001
Rodgers, Jones
00011001-00010001
Tate, Robert
1111001-211101
Gray, John W.
1121001-2102001
Tolbert, Andrew
00111-1001
White, Benjamin
100001-000001
Hutcherson, Elias
110001-110001
Potter, Andrew
11001-11002
White, Thomas
220011-110001
Phillips, Abraham
2011001-101001
Napper, John
00001-30001
Akin, Jonathan
000001-0001
Ward, Samuel
1201101-200001
Hooker, Myren
101-0000001
Lane, John
311001-110011
Wright, James
00001-10001
Smith, Lewis
3111101-001111
Dyer, Elisha
100001-20001
Foster, Elizabeth
0002-010001
McCracken, George
00003001-11010001
Jones, Obediah
1110101-0102101
Strutton, John
210011-200001
Ray, Stephen
00001-0001
Crusoe(?), John
0-0
Maroone, John
110001-21001

127

Parsons, Joshua
1110111-0012001
Roberts, William
11001-02001001
Milligan, Joseph S.
1121101-0102001
Gormly, Hugh
1321011-10000101
Justice, John R.
20001-10001
Devenport, Samuel
00001-1001
Rose, James
210001-12001
McCrarey, Hugh
10000001-10001
Lemmons, Ann
31-111001
Williams, John
01210001-1011001
Russell, David
01110001-00102001
Johnson, Eliz.
00001-210001
Dyer, Benjamin
110001-21001
Brown, William
110001-00000100001
Ragan, Benjamin
2110001-201001
Johnson, Pheob
0-000010001
Dyer, Rebecca
00013-00030001
Mooney, William
000011-20001
Cunningham, Hugh
1110001-111001
Holt, John
1100001-111001
Addams, Benjamin T.
010001-200001
Boyers, Nicholas
00000001-0
Davis, William
3310001-101001
Shelly, Joseph
20001-00011
West, Allen
11001-10002001
Belk, Isaac
10001-010001
Denton, Isaac
112001-0200001

128

Denton, John
0000000001-100010001
Ramey, Butler
110001-110011
McCullock, William
11100001-100001
Howard, Cornelius
00001-10001
Caruthers, Samuel
10001-21001
Henry, William
21100001-112001
Ivens, Eliz.
0-0
Lowry, John
00011101-00011101
Ivens, Barbary
0-0
Defreese, Hiram A.
0100101-123001
Glass, Samuel
200101-011001
Devine, Thomas
212001-010001
Ivens, Joseph
00011001-1100101
Starret, Preston
221102-100111
Humble, Samuel
001001-20001
Johnson, William
1001-00001
Cox, John
110001-210101
Fetser, George
10001-10001
Grimes, Samuel
011001-210001
Marley, Archibald
1100001-2120001
Brannum, John
10001-0001
Samples, Levi
11001-000001
Kennedy, John
0000001-12101
James, John
20001-00001
Bowers, William
010001-210011
Ely, David S.
00001-11001
Edwards, William
20001-10001

MONROE

129

Stricklin, George
10001-10001
Morgan, John
010001-211001
Baldwin, Joseph
10001-10001
Acklin, Samuel
011001-11001
Cole, John
00011-0001
Snider, George
00001-00001
Wayman, Charles
20001-00001
Montgomery, William
32110001-1121001
Wayman, Meshac
10001-10001
Gunn, John
11001-10001
Robeson, John
221001-11001
Cordial, Nathan
000001-10001
Snider, Michael
00110001-0000001
Gamble, William
20001-10001
Callaway, Carey S.
10001-10001
Davis, Peter P.
020001-00301
Patterson, LittleBerry
00102001-00020001
Cole, Philip
010110001-00110001
Bowling, William
2121001-101201
Brown, James
200002-000001
Alexander, John
011101-102001
Watson, William
211001-120001
Dean, Aron
0111001-0010001
Isbell, Miller
00002001-00020001
Curtis, James
111001-100001
Upton, William
101101-200001
Hacket, Oliver
0100001-0102001

130

Snider, George
000010001-000000001
Basinger, Thomas
000010001-000100001
Wimberly, Major
20001-1001
Cunningham, Miles
21101001-0001201
Beaty, John
00012001-0121001
Donahoo, Charles
11102001-0102101
Henly, Arthur H.
1110011-111001
McCool, John
200100001-10011001
Holcum, Moses
110001-01011001
Jones, Ellenor
11-100001
Frisby, Joshua L.
2120001-210001
Frisby, Robert
10001-10001
Phillips, Polly
0011-110001
Carver, Cornelius
121100001-00120001
Rich, William
10001-21011
Cline, Margaret
00001-10001
Hannah, Samuel
02102001-00100001
Phillips, Josiah
220021-200021
Ball, James
0000010001-2100010001
Horsly, Henderson
001001-220001
Downey, Samuel
0001001-011001
Edwards, William
10001-11001
White, David
1000001-22201
Routh, Hezekiah
001001-220001
Thomas, William
02001-11001
Snider, Wyley
00011-0001
Spradling, David
10001-00001

131

Gay, Elizabeth
1002-00010001
Poland, Samuel
00111001-011
Earden, Joshua
00011001-00010001
Tunnell, Robert
0012001-1210001
Dearmond, Thomas
0000001-00000001
Ray, Robert
001200001-00000001
Henderson, William M.
000001-10001
Culver, William
00001-00001
Justice, Ann
0-11001001
Briant, Nancy
1-10001
Couch, Silvanus
100001-230001
Brawner, William
002100001-0011001
McCurry, Jonathan
01000001-1021001
Brawner, Bazel H.
10001-00001
Williams, William
11001-10001
Crawford, George W.
11100010001-1210010001
Conner, Samuel
011001-00101
Campbell, John
00200001-0112201
Miller, Cullinas
01121001-0000001
Hicks, Mathew
21001-10001
McCray, Elisha
1011001-011011
Shell, John
0001-001
Mull, Marshall
10001-10001
Capely, William
111001-120001
Watson, Nathaniel
10102-10001
Harris, John
01101010001-2110001
Watson, Valentine
01000001-21301001

132

Grisham, Sarah
0001-00100001
Hensly, Thomas
00001-1000101
Johnson, Benjamin
100001-10001
Wheeler, William
1111001-211001
Flannagin, William
100001-20011
Stephens, Henry
10020001-10001
Hensly, Samuel
010001-20001
Millsap, Andrew
21001-00101
Roddy, Samuel
10001-00011
Pain, John C.
011001-221001
Solomon, King
0-0
Ledford, Absalom
33110001-1011001
Roddy, William
11001-11101
Willson, John
110001-01201
Harrison, William
02211001-1012101
Humphreys, Melvin
11101-30002001
Lemmons, Jessee
0211101-000100101
Ledbetter, George
0201101-0110101
Lemmons, John
101001-01001
Harrison, James
20001-00001
Cooper, Robert
01020001-22101001
Parnell, John
001000001-000030001
Solomon, King
0-0
Carter, Samuel
2100011-100001
Devenport, Randle
1110001-0110001
Belew, Robert
00001-00001
Millsap, Jonathan
20001-10001

133

Millsap, Michael
210001-10001
Pesterfield, David
21001-1000101
Rollins, Nathan
120001-101001
Payn, Green B.
100001-10001
Grisham, John
21110001-001101
Edmunds, Nancy
111-121001001
Rollins, George
01300001-0200001
Morgan, Gideon
00100001-010001
Dewberry, Felix
00001-200001
Parks, Jane
00111-00001001
McGhee, Mathew W.
0000200001-0
Luske, Robert
10001-00001
Smithe, William
000001-00001
Akin, William
20010001-0212101
Napper, Hugh
0101101-11211001
Cline, Stephen
10001-00001
Wear, Samuel
01110001-1101001
Akin, Benjamin
000001-0100000001
Akin, Solomon
220101-110001
Stafford, Lucy
1201-0122001
Denton, Reuben
1200001-1202001
Stepp, Robert
0130001-0310001
Stepp, Akilles
210001-1220010001
Stepp, Thomas
100001-110001
Barnett, Thomas
220101-012001
Callaway, Joseph
0001101-012101
Travers, Joseph
21001-11001

134

Vest, William P.
210001-000001
Sinkler, James
00011-20001
Hart, Ellinder
00001-000100001
George, Thomas
21001-100001
Snider, William
10001-0001
Stead, Justice
000101-0
Hess, Charles
11001-10001
Hagler, Isaac
00124001-01110001
McGhee, Edy
0-0000002
Howard, John
01001-10001
Gowger, John
1120001-120001
McClure, Thomas
000000001-000010001
Hope, Thomas
000000001-000000001
Bane, Robert
121001-020001001
Bane, James
10001-20001
Callens, George
00001-10001
Callens, James
10001-00001
Forgeson, Calvin
00001-1001
Patterson, James
000100001-000000001
Gunter, David
1022101-00030001
Hampton, Lent
12100001-0022001
Prewit, Elisha
11111-111101
Basinger, John
012001-110001
Ragan, James
110001-110001
Bradley, Richard
21000001-1131001
Gray, John
20001-00001
Angelly, John P.
01101-00011

135

Prewit, Dehishabe
0-0001
Ellidge, Joseph
1011001-100001
Pitman, John
000001-100001
Pitman, Jessee
01110001-00000011
Colvit, Stephen
2201101-212101
Upton, Elizabeth
00001-000001001
Smith, Benjamin
210001-120001
Crawford, Elizabeth
01-002001
Steel, Samuel
001000001-00000001
Ragsdale, Edward
2110001-001001
Wayman, Margarett
0-0000000001
Bird, James
112000001-112001
Swanson, Philip
00000001-00020001
Campbell, John
100001-12000101
Baker, Jacob
02100001-200001
Barnett, Thomas
02100001-0122201
Witt, John
0210001-100001
Stephens, Nancy A.
00002-0102001
Stephens, Richard
11011001-111111
Greer, Sarah
0-00000001
Harrington, Timothy
0000000001-0
Greer, Mary
0-00000001
Twomey, Thomas L.
1C21001-1301001
Patterson, William
10001-001001
Bonham, Samuel D.
00001-20011
Stone, Conway
000010001-000030001
Hicks, Elihu
0000100001-00001

136

Carson, William
01101-100001
Mason, Nancy
0001-00000001
Mason, David
11001-100001
Henry, Happy
0-21001
Dearmon, Allen
11110001-0121001
Blair, William S.
110001-220001
Spraggins, Thomas
0000000001-11001C001
White, William
0000001-01121
White, Margarett
0-0001C22
Watson, David
00001001-10011001
Nicholass, John
121001-30001
Farner, Isaac
1020001-220001
Brown, Benjamin
210001-20001
Watson, Thomas
000001-210001
Hedrick, John
000100001-00010001
Blair, David
000011-1C0011
Dean, Francis
01101-00001
Kimbrough, William
2301001-001101001
Cooke, William
020101-30001
McNabb, Babtist
001000011-00110001
Scrimpshire, James
1100001-1211001
McKinney, Andrew
00001001-00020001
Davis, John R.
000011-0
Spraggins, Elisha
001101-000001
Aynesworth, William
000031-001021
Coleman, William
000C -00001
Young, Mathew M.
21200001-100101

137

Stephenson, Andrew
100001-100011
Francis, John
C000001-002201
Rodgers, John
00001-00001
Burress, John A.
100001-21001
Washburn, Nevils
00001-00001
Stephenson, Joseph
C00010001-000000001
Mangus, Henry
211001-11001
Washburn, Reuben
2201001-1C01001
Ballenger, Amazeah
00001-20001
Snider, John
210001-111001
Manifee, John
000100001-000020001
Robison, James
0000200001-000020001
Roberts, Philip
020001-310001
Stephens, Joshua
00010001001-00002001001
Blair, Thomas
11212001-1102001
Upshaw, Peter
0000001-231010C0001
Warren, Jacob
0023001-000101
Kirkpatrick, Phoeb
00002-000010001
Kirkpatrick, Thomas
110001-110001
Cooke, Joseph
2201001-0220001
Lea, Alfred
110001-12001
Orr, Findley
100001-10011
Low, Samuel
322001-120001
Moore, Nathaniel B.
2100001-121001
Moore, William
000100001-0000000001
Dewit, Clinton
30001-11001
Trotter, Philip
CC1100001-00111001

138

Bishop, Sarah
0-0000000001
Ivy, Burrell
01C00001-00110001
McClung, John
0C001-10001
Collet, Joel
01001-10001
Marshall, William
011001-111001
Martin, Philip H.
20003-1001100l
Caves(?), William
00001-21C01
Lyckings, John
201000001-00022001
McCollister, Athael
0202001-311101
Hicks, Charles
1C21101-0000011
Givens, John
00001000001-0001000001
Givens, Zacheriah
11C001-000001
Newton, Henry
2220001-211101
Hawkings, Gregory
00001-1001
Hawkings, James
2120001-120201
Lane, Samuel
2211001-3101001
Moore, Isaac
00000001-0
Lane, John B.
00001-30011
Lane, John
00000000-000000001
Hicks, John
0000001-0001001
Bayless, William
00121001-00110001
Duncan, Charles
00001-000010001
Stone, Mary
001001-00000001
Mitchell, Mordica
0001-0001
Stephens, Absalom
10001-10011
Goiss, Christopher
00001-10001
Coltharp, John
011C0001-01110011

139

Henderson, Maston
10001-10001
White, Thomas
220101-1C000101
Coltharp, James
10001-00001
Green, William
000001-010001
Hankins, John
000001-20101
Clift, Mary
0-000000001
Willbourn, Jessee
002001-021001
Willbourn, Isaac
011000001-1111001
Duffy, John
1011001-111000101
Denton, Isaac
00001-10001
Harrell, Catharine
0-000020001
Denton, James
02200001-10021001
Grigsby, George
1222001-0001001
Marrs, Joseph
010001-11001
Hamilton, William
001100001-00013001
Hicks, Maredy
10001-10001
Mitchell, John
12111001-00120001
Addams, Elijah
10001-21001
Marshall, Henry
2011001-0200101
Griffeth, Edward
01001-00002
Lea, Mary
0222-000011
Carter, Isaac
1021001-1101101
Boyd, Thomas
0100001-000201
Gragg, John
00201-0101101
Tayber, John H.
210001-110201
Griffeth, John
000001C001-000011C001
Gibson, Elijah
0120001-2101C10001

140

Harrell, Absalom
10001-00001
Willson, John
12001-100001
Willson, Charles
212001-111001
Harris, George C.
01220001-1122001
Campbell, John
001001-110000l001
Millens, Demarcus
0120001-011C01001
Blair, John
00001-10001
Hutson, Robert
2011001-0101201
Griffeth, Elizabeth
000001-0000110001
Taylor, William
0021001-120101
Gentry, Meshac
000000001-0000000001
Samples, John
000001-10001
Hicks, Isaac
211001-01110l
Brown, Abijah
01-01001
Griffeth, William
001001-00101
Revers(?), Joseph
110001-10001
Guinn, Elizabeth
0001-0010001
Coleman, Spencer
00000000001-00100000001
Bell, Mary
0C001-0100010001
Bell, Martha
001-0011201
Tucker, Henry
12110001-1100001
Mull, John
00000001-11101
McCleur, Samuel
21001-00001
Nail, John
0000000001-0100000001
Nail, Robert
100001-21001
Isbell, William
310001-010001000l
Burnett, Rachel
0-000020001

141

Ray, Aron
00001-10001
Hicks, Elihu
10001-0100011
Turk, Harein K.
022001-000001
Cobbs, Lucy
01-11011001
Addams, Moses H.
000001-00001
Clayton, Elijah
301001-104001
Cammeron, James
01001-100001
Boyd, Irby
110201-110001
Stewart, Robert
210001-10001
Pitman, Thomas
320001-100001
Henderson, David
01100001-0010001
Chambers, Ann
00011-00000001
Crook, James
101001-011001
Gains, Joshua
3110001-00001
Orr, Arthur
1211001-0220001
Anderson, James
20001001-2011101
Peck, Andrew H.
00001-10001
Henderson, George
100101-33001
Carden, John
00011-00001
Hensly, Benjamin
20001-0001
Hensly, Randle
00001-0001
Smith(Smithe?), James
100101-020101
Carden, Lenard
0211101-0002001
Swafford, William
00001-00001
Blackwell, Joel
100001-000001
Smith(Smithe?), Joseph
11001-10001
Rodgers, Joseph
002110001-00002001

142

Bell, Silas
1222001-120002
Bradley, William
00001-1000101
Thomas, Jonathan
002100001-00000001
Morgan, Rebecca
0001301-00210001
Plumly, Daniel
0001001-0000111
Addams, James
02001-200001
Addams, Ely
0001-1001
Knox, Joseph J.
101001-11101
Phillips, Baty
110001-210001
Humphreys, Sarah
00112-0100000l
Clark, James
000002-00103001
Starret, David
0000001-000001100001
Boyd, Levi
12001-01001
McCurdy, Henry
0110001-1100001
Tallent, William
00001-10001
Wright, Jonathan
00100001-1211
Higdon, John
1200001-012001
Higdon, Thomas
0001-0001
Sexton, Mary
001-00010001
Sexton, Joseph
00001-0001
Cane, William
220001-012001
Rollins, George
020001-0
Rollins, Robert
10001-10001
Harvy, Michael
0001-0001
Smith, David
00120001-1100001
Lea, Elijah
000000001-000000001
Rollins, William
00001001-001010001

143

Darnel, Adam
10001-01001
Torbet, Hughs
10001-10001
Westmoreland, Edward
10001-12001
Clayton, Austin
00110001-00100101
Carden, Larcon
1021101-3111001
Vann, Edward
00201001-00111001
Davis, William
210000001-10014
Bowring, John D.
121001-210001
Blackston, John
00001-00001
Rodgers, William
1010001-1110001
Roberts, Josiah
20001-10001
Stephens, Caleb D.
20001-00001
Cossner, Michael
10002-1002
Jack, Jeremiah
0220001-0010101
Mason, Anderson W.
10001-00001
Johnson, Zacheriah
1101001-101101
Moore, Enoch
3100001-010001
Edmunds, George
10001-11001
Edwards, John
020001-10001
Hendrix, Nathan
0121101-1100001
Cunningham, David
01010001-00222001
Lockhard, William
00001001-00001001
Scrimpshire, James
40001-00001
Reed, Abraham
0011000001-0010201
White, Samuel W.
001001-010001
Everett, Boling
C10001-220011

144

Scrimpshire, James
10100001-0211001
Ragan, William P.
100001-212101
Houston, Thomas
10001-10001
Johnson, James
2100001-123001
Blanton, Jefferson
10001-00001
Wooddy, James
0110010001-011100101
Blithe, William
10000001-1000001
Strickling, Joseph
000020001-000100001
Gilbreath, Joseph
11101-000001
Blithe, Andrew B.
10001-11001
Snider, John
010100001-0110101
Blanton, Lewis
00001-30001
Blanton, Claibourn
000000001-00030001
Blanton, Burrell
1001-0001
Goodson, Seabourn
101001-11001
Howard, Benjamin
00101-00001
Hawkings, John
000001-000000001
Davis, Benjamin
0001001-0000001
Capp, Benjamin
210001-21001
Hampton, Joseph
00001-2001
Stedham, William
210001-00001
Girganess(?), Parmela
011-00000101
Hensly, Trent
00200001-0110001
Taylor, James
001230001-00112001
Willicks, Robert
0020001-131001
Breeden, George
00011-0001

145

Breeden, William
000000001-110103001
Graves, Kissy
12301-0111001
Breeden, George
000000001-00110001
Breeden, Reuben
00001-0011
Hensly, Temple
012000001-1002101
Vann, James
10001-00001
Johnson, Robert
1110001-12001
Brimer, William
2000101-1110001
Capp, Jacob
200020001-0000101
Pettigrew, Bennet
20001-11111001
Gray, John
00000001-00000001
Brimer, John
0001-1001
Hooper, Thomas
00001-0001
Carter, Amos
110001-120010001
Redmond, William
10110001-2201001
Lucas, Joel
000000001-000100001
Gadd, William
12110001-0112001
Mooreland, Thomas
0000000001-0000000001
Stephens, Mary
00111-0201001
Ray, Henry D.
11011-20001
Gray, William
02111001-3221001
Lemmons(?), Catharin
0-1001001
Pesterfield, John
10001-00001
Glenn, Austin
00001-10001
Dougherty, John
20100001-10011001
Dougherty, John
11011-10111

146

Patten, Jane
1001-0001001
Prewit, Noah
00001-00001
Prewit, Henderson
00001-10001
Johnson, William C.
120001-100001
Hale, Archibald
20001-10001
Aldridge, Francis
0111001-111001
Gray, James
00001001-00201001
Fardly(?), Daniel
111001-220101
Williams, Comfort
0-0000200001
Satterfield, John
110000001-01000101
Arp, James
11001-01001
Taylor, Shaderick M.
100001-10001
Butler, William H.
00001-000000001
Crawford, John
00001-00001
Crawford, Samuel
00001-10001
Arp, Benjamin
100001-012001
Pannell, Littleton
000001-1001
Fridle, David
10001-1001
Carter, Caleb
1000001-2322101
Dyer, John
00001-10001
Laws, David
0011101-00100001
Johnson, John
031000001-0
Bradley, Andrew
20001-01001001
Glenn, Squire S.
100001-10001
Smallen, Robert
100001-11001
McCollum, James
000210001-00110001

MONROE

147

Waldroop, Joshua
100001-00001
Smallin, Samuel
000100001-000000001
Davis, Wesly
00001-300001
Smallin, Nathaniel
120001-010101
McNabb, David
00110001-0000001
Smith, William
00001-20001
Woods, Isaac
0111001-0010201
Smallin, Jonathan
0011001-0110001
Smallin, Samuel
110001-220001
Carver, Campbell
21001-00001
Davis, William
0001-0001
Smithe, Philip
0102000001-0111001
Hart, Josiah
110000001-000120001
Hooper, John
001001-03001
Lemmons, Sarah
2111-001001
Hooper, Enis
200001-11011
Neel, Thomas
112001-111101
Poland, John
210001-12001
Lynn, Thomas
20110001001-100101
Williams, William
00000001-200001
Perry, Daniel
10111001-00121001
Amarine, George
2200001-00001
McCurry, George
220001-01101
McCurry, Joseph
C1000001-210010001
Akin, Thomas
000211-122011
Able, Thomas
10001-00001001

148

Prewit, Ransom
0121001-10001001
Lemmons, Levi
20001-00001
Felton, Gary
0000001-2000001
Rush, John
2210011-001001
Stephens, David
230001-221001
Putnun, Hillery
30001-00001
Case, Robert M.
00001-0001
Case, Jessee
00103001-1130001
Stephens, Isaac
220001-00001
Carr, William
0110001-0110201
Anderson, John
320001-0110201
Hiter, Abraham
2001101-0111001
Peck, Nicholas S.
0000001-0012101
Peck, Patrick S.
00001-0001
Lynn, William
0210001-211001
Nelson, Enoch R.
02001-200010001
Charles, Samuel
00001-10001
Gladdon, Littleton
00001001-0011001
Peck, Tho. P. K.
00001-10001
Jones, Joshua
0000001-0000001
Jones, James
100001-020001
McCollem, Andrew
00001-20001
Edwards, Thomas E.
1100001-1111001
Henderson, Robert
110001-20001
Duff, Nelson
00001-10001
Jackson, John
2100001-122001

149

Davis, Micaijah 010001-10001
Henderson, Andrew 0000000001-0
Martin, George 021001-100001
Bradford, Mary 11-00001001
Holly, Mitchell 120001-20001
Webster, Edward 1010001-10001
Donly, Patsy 101-00001
Ellison, James 00000001-00010001
Loftis, George 0210000001-00100001
Thompson, Martin 110001-21001
Gentry, Reynolds 000001-001001
Shadden, John 120001-10101
Strain, James 0111001-0111001
Ray, Singleton 12101-200001
Rider, Alexander 2100001-01001
Carroll, Michael 0011001-0111101
McReynolds, John T. 000001-0
Lea, John 00001-0001
Armstrong, Benjamin 00001-0001
Thompson, John 00000001-0
Duggan, Sarah S. 01001-000100001
Peck, Jacob F. 001001-321101
Burress, John 000000001-01000001
Irwin, George 1012001-1101101
Swarengen, Samuel 01100000001-010101
Barnett, Warren 020001-11001

150

Hopkins, George 0000000001-011
Gollahorn, Mary 0-000010001
Anderson, Stephen 11101-02001
Gollahorn, Ace K. 110001-00001
Holloway, John 00021001-00201001
Colman, Jesse 00000001-00000001
Mooreland, Hardin 10001-00101
Mooreland, William 111001-001201
Secriss, William 000000001-00010001
Secriss, Michael 000001-221001
McNabb, William 12030001-0210001
McTeer, Robert 10001-0001
Miller, John A. 0111201-0101001
Dodd, William 30101001-02200001
Nickalson, James 1101001-1120001
Roach, James 001110001-01000001
Mise, John 00001-10001
Wallace, George W. 00001-0001
Carson, Samuel 20000001-0010001
Davis, Nathan 20001-10001
Randle, Jane 22-220001
Killens, John 310001-1100001
Utter, William R. 000001-111001
Alexander, Joseph 001000001-00010001
Thomason, William 20001-10001
Scroggin, Richard 31101-01001

151

Harvy, Susannah 002-00000001
Hicks, William 32001-01001
Moorelock, Susannah 111-101001
Chambers, James 20001-10001
North, George 01011001-0111001
Cross, Jacob 20001-00001
Miller, Ruthy 0011-000000101
Chambers, Samuel 00001-0001
Miller, John 20001-00001
Carson, John 20001-01001
McCollister, John T. 10001-00001
Ireland, Sarah 1-010000001
Freeman, Alsy 0020001-11022001
Newberry, Thomas 023001-1001001
Paton, Rachel 0-000010001
Huffman, Joseph 0000001-0000001
Givens, Samuel 21001-00001
Moore, Sarah 0-01000001
Gray, Michael 00001-10001
Kell, John 3000001-02001
Walker, Samuel 00001-10001
Harvy, Thomas 20001-01001
Harvy, Robert 001001-11001
Carney, Ely 10001-0001
Addams, Elizabeth 01012-1011101
Litten, William 010001-110001

152

Carson, Samuel W. 00001-10011
Carner, John 00001-20001001
Cannon, Jonathan 12110000001-110001
Garsun, James 000110001-000010001
Harrelson, Peter B. 110001-11001
Sherrell, William 00210001-011101
Chambers, John 11001-00101
Bowling, Samuel 21110001-1111001
Belser, Jacob 0011001-001001
Carden, James 00001-00001
Prince, Josiah 00200001-00200001
Prince, Ephram 10001-10001
Selvage, Archibald 0001001-011101
Gregory, Russell 112001-211001
Ivins(Ivens?), Robert 1111001-012011
Shannon, Moses 110001-311001
Gregory, John 000130001-000020001
Peeler, Joseph 20001-10001
Hankings, John 1120001-000001
Brown, William 10001-10001
Irwin, Paterick 12111001-00000001
Chambers, Robert 201001-11101
Nickalson, William 010001-00001
Raper, Henry 00001-0001
Irwin, William 10101-20001
Morris, John 0000001-01000001

153

Peeler, Benjamin 021001-120001
Casteel, Barney 3122001-110001
Peeler, Abner 000001-110001
Upshaw, John 010001-220001
Allen, Berry 11001-10001
Tate, Simon 110001-01001
Morgan, Presly 12000001-111101
Prince, William 10001-0001001
Hawkings(Hankings?), Wm. 10101-10001
Benton, John 300001-00001
Goard, Ayres 00202001-00010001
Roach, Aron 120001-112001
Goard, Hirem 2100101-00001
Goard, Jacob 00001-20001
Goard, Littleton 0001-0001
Simmons, Mary 011-100001
Carden, Catharine 0-0000000001
Brown, Levi 00000001-00000001
Carter, Rollins 00001-0
Hambleton, Hugh S. 011001-101001
Peeler(?), Allen 0001-0
Sterling, William 10000001-000001
Allgood, John 001000001-00010001
Waters, Peter J. 11001-01001
Smithe, William 100001-31001
Duggan, Hugh 00001-0001

154

Hamilton, James 000011-00011
Akin, Polly 00012-00010001
Hughs, John C210010002-3100010001
Hester, Abraham 00002001-000000001
Hughs, Josiah 332001-010001
Hackney, Joseph 2103001-1012101
Land, William 320001-001001
Ireland, Jonathan 101001-12001
Anderson, Samuel 00001-12101
Cane, Isaac 11001-100001
Gay, Alexander 110001-20001
Nickalson, Isaac 2111001-1111001
Shook, John 0001-0001
Nickalson, Amos 101001-110001
Morgan, Levi 0000001-311101
Williams, Ellis 00011001-00010001
Gormly, James 100101-13001
Gormly, Elizabeth 01001-01001001
Gormly, Pleasant N. 00001-10001
Young, Jacob 00001-0001
Thompson, Joseph 000001-00001
Roberts, Bazel 110001-210001
Smith, William 001001-100001
Eddington, Eseneth 1222-0100001
Morgan, Mark 000211-001001
Bell, Blaney 0011-020001

155

Lasly, James
200001-00001
Rose, Betsy
1011-0002001
Samples, Sarah
01-000101
Eddington, Thomas
00000001-2001
Davis, Sarah
0-0001
Ward, Samuel
110000001-00101001
Robison, John
110001-11001
Caskey, Robert
000001-10001
Bailey, Robert
10001-1001
Buckhannon, Robert
00201001-1021001
Washam, Mary A.
0-21001
Morrison, John
10100001-0001001
Rodgers, George
11020001-001111
Gormly, Michael
0110001-001101
Cantrell, Minter
01011-0000001
Buckhannon, Robert
00001-0001
Burnett, William
000000001-00000001
Floyd, Samuel
02000100001-00001
Morrison, John T.
01001-20001
Helton, Joseph
1210001-02211
Morrison, Joel
00001-1001
Loftis, Anderson
1100001-112101
Millsap, Joseph
0000001-0
Newman, Joshua
1101001-010101000001
Fotheree, Sarah
0002-00001001
Fotheree, William
00001-10001

156

Young, Nathan
00001-00001
Shadden, Flora
00001-000030001
Shook, Daniel
110001-310101
Rider, Austin
2322001-101001
Lacefield, William
0201001-0010001
Snider, Joseph
20001-00001
Able, Joseph
00001-0001
Snider, Isaac
10001-0001
Boyd, John
020001-02001
Samples, Alexander
1110001-111001
Able, James
10001-10001
Morrison, William
32001001-1011001
Willson, Benjamin
0101001-1021001
Smithe, James
10001-0001
Henderson, Thomas
00001002-100100001
Wear, John
001210001-2100101
McIntyre, Isaac
1000001-100001
Duff, Sarah
10102-0101001
Cunningham, David
20001-0001
Greenseal, Lewis
111001-211001001
Jamerson, Jehu R.
110001-100001
Henderson, Andrew L.
031002-1001001
Henderson, John
110101-120001
McSpadden, James
000001-0001
Fulton, Francis
20001-10001
Boyd, Joseph
010101-21001

157

Tankersly, Fountain
0010001-2310001
Page, Joshua
10001-100001
Turnbell, Nancy
0101-011001
Johnson, William
130000001-1010010001
McDaniel, Briant
10110001-0201001
Hensly, Benjamin
00100001-00000001
Houston, Margaret
0011-0001101
Brimly, Isaac
11020001-0010001
Rodgers, Travers
31001-00001
Hamentree, Alexander
100001-121001
Malone, Zacheriah
20001-00001
Wallace, Eve
0-000000010101
Scrimpshire, Robert
000000001-200010000l
Barns, Edward
21020001-1013001
Ragan, Jeremiah
0111001-120001
Coker, William
12210001-2101001
Findley, Robert
110001-11001
Avens, Isom
10001-0001
Dial, James
1110101-0010101
Raper, Jacob
001010001-000000001001
Tallent, Elisha
031001-00001
Boyd, Levi
12001-01011
Saffle, John
211201-001001
McGhee, John
1100101-01
Swanson, Isaac
100001-110001
Harget, Johnston
00001-00001

158

Carver, Jacob
0000010001-1111
Thomas, Jacob
0010001-010101
Pettigrew, Ebenezer
020001-301001
Bell, Mary
0-0000001
Neymon, Jacob
1012101-111001
Weldon, John
011001-112001
Lemmons, Joshua
101001-121001
Shook, Isaac
1210001-101001
Willson, John T.
11020001-00010001
Willson, Alexander
11020001-0100001
Coker, Charles
00001-1001
Willson, John B.
10001-10001
Triplett, Thomas
000000001-00001
Cathy, Archibald
00110001-1011001
Davis, William
110001-10001
Carney, Joshua
00003001-00012001
Triplett, George
010101-02111
Triplett, John
21001-21101
Colquit, John
002001-111001
Snider, Joseph
11001-000001
Snider, Isaac
10001-000001
Peoples, James
02012001-00121001
Wilbourun, Arger
0002-0000001
Forrester, Mary
0001-0022001001
Roach, David
00001-21001
Eddington, James
0010101-222001

159

Nickalson, Isaac
0010000001-0000000001
Nickalson, William
10001-00001
Smithe, Jacob
002101-220001
Hooker, Cornelius
0010000001-000001
Houke, Michael
1000100001-0000000001
Baldwell, Henry
10100101-1200001
Houke, Enoch
000001-00001
Harris, Goodwin
0001001-121101
Hellms, Legate
10001-0001
Secress, Ewin
110001-100001
Nipper, Pace
000000001-10001
Smithe, John
0211101-1011001
Black, William
000001-230001
Melton, Elisha
100001-0001
Miller, John
11001-11001
Meek, James
00001-10001
Smith, David
10002-10001
Thatch, Henderson
22210001-000011
Holcum, Benjamin
0121001-0101001
Harvy, John
210001-00001
Caldwell, Anders
10001-10001
Yarberry, Edward
0001001-000001
Holcum, Alexander
0001-00001
Holcum, Joshua
20001-00001
Holcum, Isaac
10001-00101
Johnson, James
010101-01101

160

Shatteen, Abner
20001-00001
Johnson, John
10001-00001
Thompson, James
11001-01101
Dunn, Margarett
01-001001
Davis, George
10010001-111001
Mosley, Joshua
021001-100001
Duggan, William
011001-1010010001
Addams, Martha
00011-00010001
Harris, Joshua
200001-01001
Duggan, Thomas
01001-00001
Brown, Robert
100201-111001
Addams, James
111001-11001
Avery, James
011001-101001
Wright, Elizabeth
000001-00000001
Statton, Aron
20001-00001
Walker, Naomi
03011-12103001
Carden, John
100001-11001
Crosling, Jefferson
00001-00001
Crosling, James
002001-110001
Crosling, William
000000001-01000001
Swafford, Isaac
00000001-10001
Boyd, Margarett
101-011101
Woods, John
10001-00001
Carter, John
0210101-01221010001
Moses, Samuel
000000000001-0000000001
Roach, John
10001-0000101

161

Hicks, Abraham
0100001-1120001
Miller, Henry
10001-00001
Mosly, Šamuel
2100001-001001
Cavet, Simeon
1010001-210201
Wright, John
220001-12002
Vincent, Delila
112-2012001
Gunter, Daniel
0100001-100001

88

Laymance, John
12011001-10011001
Garret, Jonathan
10001-00001
Mumford, Jessee
01000001-00200001
Ciccil, Joseph
110001-11101
Adams, Daniel
0011101-0021002
Gilstrap, Isaac
010001-21001
Hale, Hezekiah
1000001-220001
Hamby, Jeremiah
20001-10001
Melton, John
000110001-001000001
Melton, Richard
210001-11001
Barger, John
0011001-0111001
Smith, David
0121001-0001111
Stepheson, Hyrum
10001-300001
Somers, John A.
30001-00001
Ross, Thomas
10001-10001
Cassey, Jessee
22001-11101
Davis, Thomas
10001-10001
Williams, Sterling
220101-00001
Goodard, David
000001-311001
Goddard, Thomas
021100001-100010001
Futsnor, Daniel
210001-0120001
Goddard, William
010100001-100001
Curtice, Nathaniel
120001-01001
Allen, Mary
0101-001210001
Goddard, Henry
10001-10011
Pruitt, Gilbert
11001-11001
Reece, Shearwood
12001-20001
Brazeal, Nancy
12001-12000l001

89

Stinecipher, Samuel
0221101-0001101
Stinecipher, Benjamin
0111001-1010001
Curtice, Rachel
0-000001
Stinecipher, Daniel
210001-111001
Williams, Elizabeth
20001-110020001
Pruitt, Elisha
1210001-111001
Craig, George
00001-0001
Eastus, John
101001-210001
Lawson, Joshua
22110001-0010001
Jones, James
110001-31001
Lowe, Jacob
30001-10001
Davis, Walter
01100001-0002001
Scarborough, John
000001-212001
Davis, Robert L.
1200001-21001
Patterson, James
001001-211001
Maberry, Solomon
11001-10001
Philops, Jesse
00011-01001
Hicks, Joseph
100001-020001
England, Pheba
0102-01000001
Holloway, John
000000001-100010001
Bird, John
11000001-20121001
Thornton, Berry
01110001-0011001
Wilkins, William
2111101-1221201
Morgan, Alfred
10001-100200001
Williams, Charlott
01-100101
Somers, David
2322001-1012
Melton, Nathaniel
01001001-1010100001

90

Stinecipher, Ezra
0022001-1200001
Stinecipher, Noah
200001-1001
Brazeal, Rhoda
0022-0000001
Jones, James R.
120001-11001
Somers, Nicholas
2213001-010001
Hall, Garrett
1010001-0110010001
Boman, Samuel
3020001-010001
Ross, Alexander
010001-221001
Frields, Edward
1100000001-210001
Boman, Peter
11010001-00121001
Dabney, Robert
00001-000001
Webb, John
1212001-1100001
Scott, Thomas
000022-10002001
Human, Bazel
00210001-0011001
Boman, William
10001-31001
Morris, Nathan
20001-00011
Harmon, Peggy
0-0011001
Reece, Elijah
000000001-0000000001
Goddard, John
000001-00001
Bird, Vardamon
10001-10002
Laymance, John
20001-11001
Duncan, John
40001-00001
Stinecipher, Thomas
00001-10001
Spencer, William
1110001-12101
McGuffie, James
00001-10001
Craig, David
010001-202001
Fields, William
20001-22001

91

Yeates, Alexander
22001-00001
Williams, Mathias
000000001-0
Ross, Andrew
00001-00001
Kelly, James
10101-10001
Hurt, Albert
10001-00001
Ballard, Richard
C0001-C001
Goddard, Thomas G.
00001-10011
Gardenor, John
0002001-0000001
Ramsowr, Michael
10001-00001
Grammer, James
20001-00101
Bagley, Henry
C0001-31001
Bagley, John
30001-00001
Kingston, Barnard M.
20001-00001
Hall, Samuel
2001001-122001
Smith, Isaac M.
011001-210001
McCart, Robert
0210101-0121201
Kittrell, Wylie
00001-01001
Hall, Martin D.
10001-10201
Hall, David
220001-101001
Scott, Russel
C0C01-10001
Keys, Hugh
1110001-001001
Webb, Francis
100000001-00012
Hall, Martin
000000001-010000101
Mystt, Eldridge
100011-1001
Hughs, John H.
1000001-123001
Prisley, William
010001-21001
Burwick, William
100001-10001

92

Wilson, Meredith
110101-20001
Staples, William
10002-01001
Covington, Richard
1110001-211001
Laughern, Axum
3201001-022001
Hill, John
200101-20001
Stinecipher, Michael
00000001-0000001
Evans, Jeremiah
2111001-113001
Lavender, Daniel S.
1311C001-00012001
Pennington, Benajah
13210001-001001
Callaher, Harris B.
1000001-00001
Henderson, Lavin R.
000001-00001
Broadric, William
2120001-200011
Jones, Reubin
00021-000001
Atkinson, Charles
01001001-00010001
Webb, Mitchell
2111001-10111
Davis, John M.
11020001-00100001
Stuart, William
1100001-30001
Sexton, Moses
212001-102001
Tripilitt, Jesse
00011-00001
Henderson, Sebird
00001-10001
Williams, Benjamin
1000001-101001
Hall, Letishia
00012-000000001
Stuart, James
0010000001-101001001
Leuellin, Joel
10001-40001
Cross, Abraham
C0001-C0001C001
Hamby, Henry
0200001-121001
Elliott, Bartholomew
00100C001-00010001

93

Sexton, John
301001-00C01
Tripilett, John
000121001-00011001
Williams, Elijah
00001-30001
Webb, Cutbirth
10001-00001
Ross, James
00001-000011
Gawslin, Wesley
12-100001
Griffith, Fieldind
2011001001-11102
Robins, Michael
12100001-100001
Leuellin, William
0012-0000001
Sexton, Aaron
100001-221001
Parker, Andrew
112001-12001
Sexton, Timothy
10010001-1221001
Sexton, Timothy
00000000001-000000001
Bagely, Elijah
00001-0002
Bagely, Henry
000110001-00001001
Newport, Ezekial
02220001-0111101
Richardson, Lewis
0012101-1010101
Somers, John
1221000101-0111001
Staples, John
001010001-000230001
Baldwin, Isaac D.
2211C01-011201
Snow, Ebenezer
1010000001-000110101
Hill, Susan
1001-031001
Snow, James
00001-21001
Kittrell, Roling
30001-00001
Dildine, Johnathan
100000001-120001
Ketchum, Nancy
102-00C001
Dougherty, Joseph
0120001-0010001

94

Clark, John
 210001-120001
Clark, Robert
 10001-20001
Grainger, John
 010000C001-000000001
Cain, Jacob
 3200010001-0000020011
Asher, Charles
 002001-00101
Casey, Turner
 10001-010010001
Kittrell, John
 03100001-0000001
Snow, William
 1010001-120001
Snow, Solomon
 120001-10001
Munds, Needham
 00101001-00110001
Feagins, John
 C00001-0010001
Hatfield, Jeremiah
 10110001-1010001
McRoberts, John
 110001-201001
Staples, John M.
 131101-021001
Boling, Absalom
 00000001-0001001
McGuffie, Edmond
 00010001-0000001
Snow, William
 10012001-1211001
Russel, Moses
 0000000001-000000001
Joiner, William
 00000011-000001
Jones, Shaderack
 11010001-113001
Griffis, John
 100001-00001
Hart, Henry
 1101C20001-1C1001002
Capps, Moses
 10001-10001
Coventon, John
 0001-00001
Wilson, George
 20001-10001
Ramsowr, Michael
 010110001-0000110l
Brown, James
 220201-111C001

95

Ramsowr, John
 200001-12001
Jones, Robert
 010001-21001
Griffis, Henry
 0011200l-0111C001
Dishman, Jefferson
 01210001-00101001
Kirk, Hyram
 00001-0001
Kingston, John
 000020001-000000001
Brown, Thomas
 20002-111001
Buck, Elijah
 12200001-00011001
Young, John
 10001-00001
Guffie, William
 11C0011-1C2001
Hurst, Jeremiah
 2211001-111001
Brown, Sarah
 000001-000000001
Hatfield, Joseph
 301001-012001
Hood, John
 111001-111001
Franklin, Isaac
 2400001-110001
Turner, James
 20101-11001
Dishman, Archabald
 10001-000010001
Dishman, Thomas
 00001-10001
Hoffman, Barnet
 0020000001-000101
Wilson, Edward
 300101-123101
Ramsey(?), Charles C.
 10001-00001
Atkinson, Joel
 C1C21C1-0120001001
Runnels, Matthew
 10001-11001
Ramsey, William
 02211001-00001001
Adams, Thomas
 33001-10001
Wyatt, Nimrod
 011000001-0002C001
Coons, George
 C1C10C1-203C01

96

Wyatt, James
 20001-10001
Copeland, John
 22110001-1121001
Satterfield, William
 300001-1C01
Gregory, James M.
 20001-10101
Cypher, George
 2000001-111101
Satterfield, Edward
 000100001-0010001
Welch, Matthias
 00001-31001
Moore, William
 120001-301001
Hyder, Adam
 0023001-00000001
Robertson, David
 002010001-00020001
Manderville, John
 310101-002001
Mandervill, Goodman
 01101-21001C001
Stephens, John
 00002001-000200001
Patton, John
 3212001-0011C1
Patton, Joseph
 100020001-00020001
Patton, William
 110001-11001
Adams, William
 00001-30001
Adams, Nelson
 00001-00C01
Gill, Richard
 010101-011
Smith, Alexander
 10001-20001
Gatewood, Charles C.
 00001-10001
Hall, Luke
 1110001-011001
Howard, Samuel
 12010001-0011001
Brown, James
 10001-0001
Lavender, Elijah
 01C011-10001
Green, Mashack
 010001001-10021001
Green, John
 110001-00101

97

Green, Solomon
 00001-30001
Davis, John
 00021001-0121201
Elmore, Daniel
 000001-30001
Elmore, Nancy
 00101-10012001
Elmore, Allen
 30001-00001
Stinecipher, John
 3000010001-000010001
McCoy, Martin M.
 10001-00001
Barnes, John
 001001-210001
Barnes, Terril
 020001-20001
Jackson, Benjamin
 000001-10001
Burk, John K.
 0000001-0
Adams, William
 1100000001-0000010001
Kindred, Thomas
 000000lC01-000000001
Hood, Jonathan
 010001-102001
Cook, Michael
 00000001-01C100001
Wilson, Jeremiah
 111001-110001
Tabor, Eli S.
 120001-210101
Price, Ryal
 00021001-0
Richardson, James
 00001-00001
Butrum, William
 10001-20011
Butrum, John
 000100001-00000001
Ciscil, Samuel
 1010001-1210001
Butrum, James
 001001-221C01
Butrum, Andrew
 310001-02101
McCoy, Neal
 00012-001C2
Daugherty, Rachel
 1012-000001
Potter, William
 10001-00001

98

Peak, Abel
 01011-0011001
Potter, John
 110001-10001
Adiar, John
 101001-11001
Turman, Nancy
 1111-001201
Leuellin, Andrew
 010001-111001
Davis, James
 0120001-1100001
Potter, Benjamin
 0C1000001-00011001
Garrett, John
 10001-00001
Lowe, John
 110011-22001
Massengill, Demcy
 31120001-0110101
Ciscil, William
 11001-10001
Ciscil, James
 2010001-0210010001
Carpenter, Timothy
 101001-222001
Carpenter, Timothy
 00010001-000001001
Peters, James
 200001-12001
Carpenter, Dan
 00001-0001
Frogg, Cornealus
 010001-32101
Carpenter, John
 00001-10001
Davis, Matthew
 00001-10001
Ragsdale, Hezekiah
 111001-110001
Hay, William
 11001-10002
Daniel, Paul
 2000001-000001
Stephens, Shaderack
 310001-11001
Adcock, Tyra
 1010001-020001
Roberts, John
 00001-1001
Millinder, Charles
 21001-00001
Rector, David
 10001-10101

99

Thornton, Henry
 00001-00001
Justus, Abraham
 211101-101101
Millin(Milton?), John
 011001-3410001
Williams, William
 20001-10001
Fairchild, Lewis
 110001-1111
Kindred, Thornton
 310001-00101
Stringfield, Richard
 021001-30001
Butler, Richard
 10001-020011
Scott, Samuel
 21001-11001
McPeters, Joseph
 000000001-0
Baley(Batey?), William
 00001-0001
Shannon, Andrew
 0202001-1021001
Burketh, Needham
 00001-10001
Solomon, Thomas
 001000001-00001
Jack, Thomas
 1100101-10111
Stuart, Barnabas
 110001-00001
Johnston, Stephen
 21001-21101
Adkinson, James
 200001-00001
Curnel(Crumel?), Hyram
 10100lC11-10002001
McCoy, Joseph
 101100001-00200001
Kingston, Nicholas J.
 20001-11001
Roberts, Joshua
 011000001-0111C01
Williams, Reubin
 111001-20001
Ragon, Absalom
 20001-10001
Bush, Robert
 C0001-0
Wood, Frances
 11001-10011
McCurt, Robert
 12001-00001

MORGAN

100

Howard, John
113000001-0002001
Davidson, James
1210101-0002001
Gibson, Archillas
2110010001-2001210001
Parker, Thomas
20001-00001
Moser, Nicholas
11010001-102101
Kingston, William E.
011001-321001
Truhite, Jesse
021001-301001
Truhite, Levi
211011-11001001
Millinder, Williamson
21000001-1120101
Pruhitt, Andrew
01121001-1101001
Young, Jeremiah
00001-30001
Cope(Cole?), Willis
11001001-00010001
Bird, William
00100001-0032001
Prince, George
10120001-110001
Howard, Nathan
12002201-11231001001
Howard, Jesse
10001-20001
Reece, John(?) C.
210001-010001
Laymance, Jacob
121011-221001
Duncan, John
0120001-101101
Duncan, Jephthah
310001-001010001
Rowark, John
011001-111001
Ragon, Jacob
0101001-011201
Davis, Ephraim
0000001-0
Hunter, Alexander
11001-10001
Baley, Robert
00001-0
Barger, Henry
10012001-100010001
Byad, Henry
10001-00001

101

Roberts, Nelson
0001-0001
Williams, John
110011-100101
Watts, Roling
311001-101001
Scott, Samuel
00010001-00010001
Brewer, Solomon
000000001-000001
Nicholson, Alfred
111001-101001
Lawson, Bartholomew
1131000001-211011001
Sullins, Larkin
00002-00001
Russell, John
10001-00001
Rector, Martin
000010001-00010001
Williams, John
000000001-0000011001
Thacker, Benjamin
0000010001-0010000001
Lawson, Charles
132001-10001
Griffin, Benjamin
00000001-100001
Burns, John
1201001-102001
Davis, Robert W.
300001-10001
Gallaway, James
11001-100001
Wilson, Henry
110001-11101
Philips, Thoar
0122001-1100001
Green, Alfred
10001-12001
Eaton, Joshua
00001-22001
Burwick, Norris
000001-12001
Brewer, Lewis
1010001-210001
Hollin, William
002010001-000000001
Adcock, Archabald
1100001001-010001
Lawson, John
0001000001-000010001
Lawson, William
2111001-112001

102

Craig, Barbary
01C01-0000100001
Miles, John
10011-000100001
Philops, Clemmons
000100001-1210001
Adkinson, William
111110001-00110001
Thrailkill, Levi
11010001-0121001
Honeycutt, Hardy
01200001-0002001
Honeycutt, Allen
00001-10001
Henderson, Ephraim
00001-00001
Honeycutt, Richard
00000001-0
Hacklor, Hyram
00001-10001
Daniel, Paul
1000000001-101001001
Stuart, John
00001-10001
Key(?), Elizabeth
1-00001
Hollaway, Joseph
41001-01001
Cook, William
00001-11001
Henderson, Oma
00021-00001001
Collins, Eli
100001-10001
Hamby, John
00210001-0102001
Garrett, Margaret
20011-0000101
Stringfield, Rebecka
0012-000001001
Lea, Thomas S.
110011-10001
Baker, Catharine
0-000000001

172

Stone, John
0000101-000001
Fox, James
10001-10001
Arnold, Jesse
000001-0
Green, William
00010001-00000001
Coop, Alexander
0-0
Holsey, John
100001-311001
Lewis, John
10001-11001
Gibson, John
00001-00001
Martin, Robert
000101001-000010001
Scott, Martin
000001-110001
Perry, Richard
20001-00001
White, Austin
10001-10001
Philpot, Samuel
0012101-0101101
Stone, Useburn
1101001-111001
Stone, Jeremiah
111001-101001001
Stone, Richard
11001-00001
Sims, William
21001-00001
Stone, William
1112001-1010001
Daly, William
1221001-000201
Peterman, George
10101000001-021001
Arms, John
0001-0001
Cousins, Rosy
0-0
Parrish, John
112110001-0100001
Downing, Abednago
0001000001-0010000001
Overstreet, John
0010001-011001
Jenings, John
10000001-01222001
Burris, William
1010001-110001
Prewitt, Abraham
0100101-21001

173

Sevier, Elizabeth
00002-000020001
Hord, John
100001-1001
Davis, Leonard
0000000001-0000010001
Martin, Joseph
21211101-002101
Davis, Mathew
2000001-210111
Davis, William
10001-20001
Sevier, Samuel
2111001-1101001
Coffee, Joel T.
100001-01101
Dale, William
00001-10001
Dale, Thomas
00001-00001
Dale, William
00010001-00100001
Sisk, Allen
20001-10001
Barksdale, Sarah
00011-00302001
Holeman, William
222001-01201
Wriston, Basdale
000110001-11122101
Wriston, John
00001-10001
Dale, John
112001-010001
Jenings, Samuel
3230001-000001
Webb, Mary
00004-000000001
Ashlock, Thomas
1121101-2110100001
Hord, Patsey
001-212001001
Donnoldson, William
00001-10102
Smith, Charles
2120001-0100001
Smith, Stephen
10001-0001
Hamilton, Joseph
200001-032001
Dial, John
0201001-11011
Chandler, Jacob
20001-00001
Stegall, William
100001-130001

174

Campbell, George W.
00002-21001
Farmer, William
0001-20001
Miller, Henry D.
010001-121001
Cooper, Cornelious
10200001-000101
Bibbert, Peter
10001-0001
Ashlock, William
221101-100001
Ashlock, Jessee
000000001-0000000001
Grogan, Prestly N.
110001-20001
Stephens, William
0220001-2220001
Cummins, Andrew
2110001-01111
Buford, John
10002-1001
Chandler, Ruben
10110001-0301001
Aggrippa, Clary
10001-0001
McCawley, Alexander
21001-11001
Jenings, Ezekiel
0112001-0010001
Coffee, Pleasant B.
000001-01101
Scott, Allen
001-0001
Chandler, Isaac
00001-10001
Chandler, Thomas
010001001-1210001
Coleman, Alvin
200101001-0211001
Coleton, Allen
10001-11001
Armes, Archibald
012101-2210001
Thurman, John
0120001-1000001
Martin, Henry
0010001-0110001
Lewis, Henry
20001-0000101
Odle, Asbury
100010001-00001
Scott, John
01001-10001
Nevens, Robert
101101-121001

175

Scott, Samuel
212001-010001
Green, William
1101-01101
Kellman, James
3211001-101101
Mabury, Frederick
23001-000001
Whitter, Thomas
0201101-0010001
Kelly, Mason
11121001-0200001
Chowning, Hannah
0-0000000001
Fletcher, Russel
20101-10001
Davis, William
20003-10001
Dougherty, Elizabeth
002102-011101
Killman, Aron
0011201-0000101
Sulivan, William
00001-000001
Sevier, John
221001-102001
Chowning, Chatten
1102001-102101
Rion, John
00123001-00011001
Smith, John
01110001-00100001
Smith, Samuel
10012-10001
Spears, Benjamin
0001010001-010011000l
Welsh, Isaac
100011-20001
Welsh, Elija
310001-00011
Overstreet, William
0310101-1000001
Jourdan, William D.
00001-1001
Dougherty, Alexander
100100001-000020001
West, Miles
232001-01101
Sevier, George W.
1211001-1100001
Trusdale, Nathan
000000001-0000001
Ratledge(u?), Joseph
01020001-0100001
Matlock, Mary
0101-101001

176

Murphy, Thomas
10011-00001
Sevier, Margaret
1-012111
Sherrell, John S.
001001-10001
Sherrell, Uriah
000001-000010001
Van, William
1102101-3111001
Wilbourn, William
010101-31101
Philips, Samuel
120001-210001001
Tompkins, William
002100001-01002001
Baily, Sarah
001-0000001
Griffin, John
020201-3220011
Smith, John
000001-000001
Parsons, William
101001-201101
Grose, Jacob
200001-03101
Pearse, Hardy
010000001-00100001
Pearse, John M.
00001-10001
Sewell, Stephen
1212001-201102
Griffin, Mary
11-320001
Lee, Richard
10001-00001
Ferrell, Smith
000100001-00200001
Ferrell, James
00001-21001
Tompkins, Joseph
230001-00011
Harrison, Benjamin
1110001-210001
Lips, Jessee
21002-10001
Thrasher, Isaac B.
00001-0001
Sewell, Jessee
20002-11001
Dillon, Jacob
000011001-10001
Cargile, James
110000001-230001
Hull, William
210001-12001

177

Hull, Elizabeth
0001-0000001
Thacker, Joel
0201001-013001
Huddleston, Wiley
20111001-1111001
Grimsley, Abraham
210001-00002
Hisaw, John
10001-10001
Brock, George A.
2010201-031201
Brock, Thomas
10001-0001
Harris, Joseph
110001-212201
Norman, James
10001-10001
Staly, Adam
2101201-1020001
Hull, Jessee
00010001-0012
Noland, Jessee
000001-000001
Burris, William
0010001-0000001
Hill, Mary
0-0
Davis, Thomas
0112001-221101
Hill, Milly
0-0
Poindexter, Thomas
10002-21001
McDonnold, Thomas H.
200001-00001
McDonnold, Elizabeth
00011-001201
Hogan, William
1220001-111101
Wallis, George
02100001-0002
Smith, Benjamin
10010001-01110001
French, Thomas
000001-221001
Moor, Samuel
101001-120001
Nealy, Robert
000220001-0111001
Flowers, Roland
000000001-001000001
Flowers, Arthur
020001-220001
Holeman, James
10000001-2000001

178

Flowers, Levi
20001-00001
Huddleston, Leonard
10001-00001
Felkins, William
1001101-1121001
Felkins, John
000000001-000000001
Felkins, Ruben
10001-00001
Flowers, Thomas
0012001-1110001
Story, Archabald
1100001-1112001
Zachry, John
30002-10001
Riley, Isaac
212111-101101
Perrish, Joel
01203001-01010001
Omnett, Frederick
20001-10001
Brown, John
0111101-111001
Garrott, Joshua
20001-1001
Gunnels, Nicholas
200001-011001001
Garrott, David
220011-01001
Garrott, Joshua
01000001-00010001
Prior, William
2220001-1001001
Garrott, Ledaine(Lodowic?)
0001-1001
Hill, George W.
120001-10201
Hill, William
000000001-0000000001001
Murphey, John B.
010001-200001
Cray, Jeremiah
10001-00001
Hill, William
00001-20001
Huddleston, William
00001-10001
Huddleston, John
0020101-0001201
Young, Henry
20011-00001
Flowers, Benjamin
1110001-111001
Chilton, William
0000000001-00000001

179

Taylor, Ruben
20001-00001
Barnes, Joseph
010001-12001
Fleming, Rody
001-0011001
Lee, Charles
111001-111001
Lee, John
211001-21001
Mullins, Mathias
01001-200001
Mullins, Nicholas
111001-112001
Harrison, William
0000010001-0001110001
Thomas, Alfred H.
20001-00001
Mullins, Valentine
0012001-00010001
Barnes, James
100001-220001
Jewett, Thomas
100001-11001
Jewett, Mathew
01010101-00321001
Raybourn, Richard
11001-110001
Raybourn, Silvana
000100001-000010001
Armstrong, Robert
00001-1001
Johnson, Enoch
010001-21001
Lanier, Sarah
1-020201
Lanier, George
0101001-122101
Armstrong, Hugh F.
000011-00101
Armstrong, Nancy
00001-000000001
Armstrong, Micager
00001-00001
Brown, Sarah
00001-00001001
Brown, Gordon
011001-0000001
Colston, Susanna
00111-1011101
Wicuff, Elizabeth
001-020011
Slinker, Eli
00001-10001
Fox, Enoch
00010001-00111001

180

Holeman, Absolen
00001-11001
Colston, John
00001-00001
Ketcham, Elizabeth
031-30002
Sevier, James
10001-00001
Turner, William
002011-121101
McCraw, Samuel
000000001-000001001
Arney, Henry
211001-121001
Arney, Peter
01100001-0001000101
Herd, William
321011-00001
Pirtle, Carr
011011-3110001
Arney, Adam
220001-01001
Stegall, William
00002001-00210001
Stewart, David
110001-211001
Arnett, John
101000001-00110001
Ashbourn, Andrew
1121201-1110001
Becknell, Henry
10000001-0000001
Fleming, Talathier
1-20001
Sevier, Robert
000001-010000002
Johnson, John
12120001-0011201
Maxwell, James
01220001-00100001
Stegall, Solomon
210001-11002
Sidwell, William
100001-120001
Arney, Tobias
00001001-11021001
Paine, Mathew
111001-012001
Arney, John
00001-10001
Stewart, John
10012001-0211201
Brown, Elias
100001-21002
Smith, Thomas
220001-10001

181

Hickey, Banister
20011-01001
McMillian, Keenan
211011-020001
Sims, John
121001-000010001
Flin, Rial
20001-10002
Nevins, James
220101-010001
Brown, Jessee
0000010001-12001001
Bowman, Sarah
102-120111
Rich, Jessee
2112001-0110001
Smith, James
010101-00001
Holeman, Wilson
10001-20001
Watkins, Moning
12210001-0001001
Holeman, Mary
00001-000000001
Rich, Obadiah
10001-10001
Roper, David
111001-110001
Dale, William
00001-00001
Wiley, Abner
00001-210001
Johnson, Isam
000001-0001001
Cox, William
110101-10011
Holeman, Sarah
0011-0110001
Johnson, Charity
10011-000000001
Cook, Sarah
001-110011
Johnson, William
201001-110001
Johnson, Benjamin
10001-10001
Johnson, Hicksy
0-10001
Johnson, Sian
10001-000001
Johnson, Turner
101001-00010001
Holeman, William
00110001-02010001
Shin, John
00110001-0001001

182

Beckham, Sarah
01001-01001
Stephens, Henry
20001-01001
Stephens, Jeremiah
00001-00001
McCarver, James
110001-11001001
Carver, John
110001-00001
Hickey, James
0001-0001
Peterman, William
100101-12101
Peterman, Jacob
000001-001001
Garrott, Martin
200001-00101
Moor, Benjamin
00001001-00000001
Carver, Jerald
000001-212001
Harp, Simon
000000001-0001001
Harrison, Eli
00101001-00120001
Odle, Joseph
0001001-0020001
Harp, Norman
10001-1001
David(Davis?), Elija
122101-101001
Harp, William
21010001-0231101
Harp, Sampson
011101-210101
Bohannon, Susannah
0-0011001
Harp, Burton
0000001-032001001
Kilpatrick, George
1101001-1120001
Fisk, Nathaniel
000011001-0000010001
Fox, Joseph
10001-11001
Brown, William
01100001-00200001
McBride, Amos
01001-20001
Allen, Isaac
10001-10001
Fisk, Moses
011110001-3120001
Bender, Samuel
200011-12002

183

Bohannon, William
10001-0001
Harp, Ickabod
2100011-01110011
Henderson, Davis
2101001-0232001
Murray, James
1011001-131001
Brown, John
10101-10002
Allen, Josiah
100001-10001
Allen, William
1210001-00010001
Travis, Beverly
11100101-212002
Masters, Davis
201001-13001
Allen, Hiram
122001-201001
Smelser, John
0001101-0111001
Raybourn, Robert
20101-00001
Garland, Joshua
00000001-00100001
Boyd, Robert
0100001-20001
Grist, Robert
01100001-0201
Chapin, Paul
100000001-12121001
Worthan, James
30001-00001
Worthan, Isakiah
11001-010001
Thompson, William
100001-1001
Greer, Walter
000100001-000000001
Greer, James
2130001-1302001
Greer, William
1210001-110011
Raybourn, Sarah
01-103201
Doty, Isaac
00100000001-00010000101
Doty, Isaac
100001-20001
Henson, Henry
00111001-00011001
Griffin, Thomas
010001-100010001
Greer, George W.
12101-20001

184

Spicer, Wilson
1100001-212201
Taylor, William
211001-02001
Dillon, Henry
111101-212001
Brown, Samuel
020001-121101
Cox, Martin
23001-10001
Harman, Benjamin
100011-13001
King, Fanny
0-0
Ramsey, Alexander
000001-220001
Ledbetter, Aron
1110100001-110101
Hughs, Olando
11011001-0012001
Matlock, Valentine
1000001-111001
Matlock, Isaac
01-100001
Nelson, John
0000000001-0000000001
Grace, Thomas
12001-010001
Bowles, John
10001-0001
Fancher, James
000010001-00000001
Mackey, Benjamin
01111001-021101
Jackson, Jobe
10001-10001
White, Samuel
00001001-20001001
Workman, John
411101-121101
Carpenter, Lewis
00011001-1230001
Kendal, John
00001-10001
Good, John
000001-00000201
Rigsby, Hillman
111001-01000101
Roberts, Wiley
110201-112001
Norman, William
01120001-00010001
Sevier, Abraham
0010000001-000010001
Mullins, Lewis
10001-1001

185

Parrott, Benjamin
200011-02001
Martin, Ann
0001-00100001
Burris, Isaac
02111001-221201
Burris, Ruben
20001-00001
Hickey, Middleton
10012-30002001
Vanhoozier, Abraham
00000001-00100001
Robinson, Mark
212001-11110101
Jones, Zebedee
10001-120001
McCord, John
11101001-0202101
McCord, James
10110001-00031001
Richey, Maddison
01001-00001
Carr, Thomas
10000001-12001
Ledbetter, Arthur
310001-11002
Jones, Isaac
000000001-00100001
Martin, Menan
23100001-1103101
Ward, Nathan
10001-21001
West, Isaac
321001-0012001
Fanchir, Alexander
100001-21101
Goodpaster, John
31030001-0012001
Rooker, Jessee
010001-21001
Harris, Susan
00121-1100001
Linn, William
30001-10001
Morris, William
20001-00001
Hayter, Thomas B.
120001-20001
Lansiter(?), James K.
20001-01001
Tate, Alfred
020001-21001
Jackson, John
000001-300011
McDonnold, Thos. K.
100001-10001

186

Wortham, William
010010001-000200001
Wells, Stephen
100001-00001
Dennis, Ruben
20001-10001
Peake, James
000001-221101
Ragan, William
00001-000001
Hawl, William
0010001-0400001
Moor, Dempsey
111101-121101
Copeland, Josiah
000010001-00020001
Ragan, Charles
2000011-11001
Harrison, James
0112101-0100001
Hatcher, Harris
20110001-0202001
Fancher, James
1000001-111001
Copeland, John S.
021101-01011
Carlock, Jobe
32110001-001001
Brown, William
10001-20001
Brown, Adam
1001-20001
Brown, Zachriah
0001-1001
Matox, Absolom
110110001-20012
Looper, Magness
1111001-1010001
Lyon, Edmond
0111001-0010001
Pool, Patrick
01011001-211001
Hayter, William
12313011-201001
Stewart, David
1111001-121001
Patrick, John
101000001-001000001
Oglesby, Ware
000000001-0000001
Bates, Henderson
0021001-1001001
Walker, John
300311-022001
White, Joseph
0101201-1212001

187

Gray, James
00000001-00110001
Gill, Buckner
10001-11001
Armstrong, William L.
000001-000001
Lampton, Benjamin
01000001-0000001
Hays, George C.
200001-00002
Mongold, John
1110201-110001
Hughs, Aron
000100001-000200001
Marchbanks, William
0000001-1001
Wright, Joshua
20011001-0500101
Gunnels, Daniel
120001-21001
Reed, Jessee
111001-3210101
Sells, John
10001-20001
Sevier, John F.
320001-200001
Ray, Richard
01010001-0120001
Armstrong, Landon
21110001-101101
Dennis, James
113001-210101
Fancher, James
200001-11001
Whitehead, Benjamin
0010001-0310101
Winton, Robert
01001001-0000001
Rodgers, Theopolis
00001-0
Duese, John
00002-00001
Windle, Joseph H.
01011001-014111
Matlock, Thomas
000001-1001
Oxendine, Archabald
0-0
Robinson, Alfred C.
02001-000001
Snodgrass, William
000111-21001
McDonnold, James
110101-121101
Garrott, Jacob
000010001-000010001

188

Bledsoe, Benjamin
10001-00001
Cravens, Joseph
00010000001-00100001
Jackson, Thomas
00001-00001
Elder, William
1111001-102001
Stinson, Lewis C.
2101201-110101
Flaty, William
0000001-200001
Cherry, William
121001-1022001
Cox, Jarrott
0110001-111101
Bozwell, William
10000100001-31100101
Jackson, Dary
2100001-01101
Mathews, William
0110001-100001
Mayfield, Stephen
011001-001001
Allred, Solomon
01110001-101001
Quarles, John
001100001-00100001
Garrott, John
122001-310001
Hartsaw, Frederick
1011001-100001
Hinds, Simeon
00111001-00100001
Dennis, Levi
01030001-2110101
Gray, John
00001-2001
Eldridge, Thomas
100011-01001
Andrews, Daniel
101130001-1201101
Cullom, Alvin
100001-121001
Christian, John
00212001-01100001
Bozwell, Andrew
00120001-1121001
Miller, William
321000001-0100101
Hill, Thomas
22000101-11012002
Cherry, Peterson
001000001-000200001
Craven, Joseph
20001-01001

189

Bozwell, James
2111001-202001
Patterson, Samuel
11001-10001
Cherry, John
110001-210001
Stockton, Samuel
011010001-02201001
Copeland, Stephen
0000000001-000000001
Smith, John
2110001-201001
Gardenhire, Thompson
3002001-0240001
Gore, Joseph
010001-22001
Maxwell, Henry S.
001101-001001
McDonnold, John
102201-20011
Cummins, David
100001-11001
Smith, John
221001-21001
Hunt, William
00000001-00103001
Winningham, James S.
10001-10001
Sells, Henry
120001-211001
Worley, Hiram
00001-31001
Smith, George
0000000001-0000000001
Hayter, Abraham
1102001-111101
McDonnold, Allen
02112001-01111010001
McDonnold, John
000110001-00000001
Deck, Frederick
00020001-00000001
Deck, Adam
110001-10001
Dennis, Zachriah
000001-00001
Daniel, Levi
01001-20001
Coffee, John
210000001-20001
Gors, Elizabeth
000001-00010101
Robins, Isaac
00300001-00100001
Conner, Wilson
0220001-002001

190

Goad, William
00020001-0012101
Copeland, William
020000001-100001001
Cullom, Edward N.
220001-10101
Wray, William
0020201-000101
Vickory, Abner
210001-000001
Copeland, Josiah S.
000001-0
Mayfield, Mary
0-00101
Winningham, Richard
22011001-202111
Weeks, Gamblis
001001-221001
Winningham, Adam
1100201-1200101
Elem, Edward
100001-112101
Oliver, George
0032101-0001001
Savage, William R.
10001-10001
Alley, Walter
00200001-00010001
Hunt, John
020002-20001
Robins, James
0010001-210101
Prior, James
200001-11001
Nations, Isaac
111201-02101
Nelson, Samuel
10001-00001
Ledbetter, Buckner
000200001-00200001
Gore, William
0111001-000102
Gabbard, Benjamin
000011-1001
Parrott, Riland
00001-1001000001
Marchbanks, William
00001001-0
Atkinson, Henry H.
0000011-230001
Windle, Robert S.
0001-0001
Maxwell, Isaac
01001-20001
Carmack, Jessee
022000001-210001

191

Maxwell, David
2101001-0122001
Forbes, William
110100101-101001101
Copeland, Green
00001-00001
Armstrong, Hugh C.
012011-010001
Robinson, Orman
20001-20001
Taylor, Isakiah
210001-22001
Savage, Robbert
20221001-1110001
Hayter, Israel
321001-101001
Breeding, Lucy
00001-0400001
Christian, George
111000001-1002001
Carmack, James
1101301-2111001
Ashbourn, Jessee
1102001-0110001
Barnes, Thompson
00011-00012
Matox, Thomas
110001-20001
Gunnels, Panina
0002-00001001
Taylor, Moses
0010001-221001
Taylor, Joseph
00000001-010004001
Paine, Ledford
01000001-101001
Taylor, Joseph
20001-01001
Taylor, Ruben
1110001-121001
Conner, Joseph
111001-120001
Bolem, Marcom
211001-01001
Roberts, Solomon
000010001-0000001
Guin, John
0001-0001
Ford, John
00001-0001
Roberts, Gabriel
112001-110001
Scribner, Green
220001-000001
Ford, Henry
221001-101002

192

Hampton, Nancy
00021-0000000001
Turner, James
01200001-1013101
Turner, John M.
10001-00001
Chandler, Jane
000011-0000001
Martin, Elizabeth
11-00001
Johnson, David
00001-00001
Davis, John
0010001-120001
McCluny, John
101000001-1111001
Richey, Mary
0001-0000001
Henderson, Gideon
00002-00001
Marshal, David
002000001-001010001
Carpener, Abner
12000001-121001
Hunter, Linsey
10001-20001
Grisson, Ezekiel
000000010001-0010001
Walker, Samuel
110001-11011
Ogletres, Pleasant
110000011-2213001
Forbes, William
2001001-101010101
Watson, Rebecca
00202-200020001
Wadds(?), Isaac
1111001-211001
Bilberry, Lawrence
10000001-121101
Gord(Gore?), John
000000001-000001001
Gore, Isaac
010011001-000000001
Travis, Isaac
001111-000101
Houton, Elija
1320101-1011001
Bradshaw, James
00020002-0211001
Sidwell, John
121001-00101
Patterson, John
03031-0011001
Gibbons, Edmond
022000001-300101

193

Brown, Daniel
001110001-00100001
Solomon, Alvin
220101001-2121001
Joones, Moer
10001-00001
Wheeler, William
00001-10001
Moor, Lewis
100001001-1001100001
Stewart, Jessee
222001-100101
Step, Joshua
21001-10001
Smeedy(?), Robert
01110001-0000100001
Petree, John
102110001-1111001
Kingery, Joseph
00001-00101
Terry, Joseph
000001-10101
Terry, Nancy
00003-00000001
Terry, James
110001-10002
Maxwell, Joel
021001-10021
Maxwell, Mary
10011-12111010001
Bartlett, Evins
20001-10011
Bartlett, Joseph
002100001-00000001
Brewington, Jane
2112-000001
Barnett, John
02010001-00100001
Hern, Abner
200001-00001
Donahoo, Rice
0110101-1111001
Johnson, John
2110102-121001
Miller, William
01001-01001
Williams, Thomas J.
00002-0
Maxwell, George
00001-00001
Heath, Elizabeth
00001-000020001
Fowler, Sarah
0001-00201001
Brown, James
1010001-21001

194

Burton, Charles
0001101-001
Poteet, James
10002-20001
Barnes, Lewis
11101-00001
Murphey, Enoch
1002001-000001
Marchbanks, Nathaniel
00001-1001
Peak, Judah
0-1002101
Fowler, William A.
10001-10001
Peak, Robert
110001-10001
Moor, Joseph
0001-00001
Travis, Jeremiah
0121001-0101001
Wilmouth, Abraham
0002001-0000001
Wilmouth, John
11101-20001
McKiney, Henry
000010001-000100001
Quarles, Ann
00002-010010001
Quarles, William
110001-21001
Barrott, Jeremiah
0000001-0
Garner, Mary
1-10001001
Ward, Kelly
011001-310001
England, Jeremiah
1101001-101101
Webb, Stephen
2120001-0101001
Webb, Cherly
00001-1001
Jackson, James
02100001-0022101
Pollard, Jessee
1100001-00001
Eli, George
2222001-010011
Cooper, Nathan
211001001-001100001
Cooper, Thomas
00001-1001
Webb, John
0201001-122100001
Wilmouth, Wilson
11001-11001

195

Simpson, Thomas
2011001-1111000101
Douglas, William
00001-10001
Douglas, Thomas
00001-0001
Douglas, Jonathan
020001-210001
Dickson, Ruben
100100001-200000101
Reed, Zebulon
10100001-010001
Holdford, John
011100001-0201001
Poteet, Jane
00111-00010001
Cooper, David
311001-00001
Moor, Jonathan
1130001-2210001
Holdford, Mathew
00001-1001
Davis, Eliza
0012101-310101
Morris, William
1202001-2111001
Patrick, Edward
0001000001-00011001
Jones, Joseph
0000001-1212001
Pig, John
00001-10001
Anderson, Jacob
10001-0021
Anderson, Joseph
2112001-001101
Conaway, Jessee
00010001-101001
Robinson, Mark
212001-12010101
Townsend, Nathaniel
221001-003101
Williams, Nathan
0121001-1110101
Lankford, Rufus W.
21001-010001
Patterson, James
2011001-132001
Harp, William
10001-11001
White, Timothy
00100011-0110001
Harp, William
000030001-01011001

196

Gaddis, Susannah
00021-00000001
Moor, George
2202001-001001
Moor, Francis
101001-211001
Webb, Elija
30001-0101
Stone, William
11001-00001
Cooper, William
0221001-0101001
Stockton, John
10210001-2212001
Warren, Sarah
001-110001
Warren, Robert
110001-211001
Webb, Thomas
211001-00001
Welsh, Isaac
2001001-022101
Brown, David
00001-00001
Marchbanks, Josiah
22221001-0001001
Officer, Robert
1100001-200001
Biby, Richard
0000001-2110101
Searcy, John
10001-10001
Colter, Richard
00001-21001
Harris, Richard
203001-1110001
Johnson, Jefferson
1000011-0000100001
Gardenhire, Adam
021001-111001
Johnson, Westly
30001-00021
Johnson, Hubbard
020001-210001
Biby, Thomas
10001-10001
Webb, Thomas C.
10011-10001
Harday, Thomas
01220001-1000001
Dodd, Aron
001001-00001001
Harris, Sterling
0101001-220001

197

Lovelady, Jessee
01111001-1101001001
Patterson, Simmons
1000001-000011
Morgan, Loyd
100001-200001
Marchbanks, Josiah
210001-10001
Bartlett, Jessee
00001-00001
Rankin, James
00000001-0110001
Briant, William
20001-00001
Whitacker, James
0101001-1031001
Coldsby, Jane
01001-0111001
Craige, William
0302001-2030001
Richardson, John
00001-2001
Goldsby, Wade
031001-210001
Hawkins, John
220001-00101001
Richardson, John
00010001-01020001
Lawson, Wiley
000100001-20002
Lawson, Jessee
210001-120001
Bell, John
10001-11001
King, Hiram
111001-112001
Gibbons, Epps
100001-122101
Lee, Jessee
011001-111001
McKinley, James H.
002001-21001
Rosier, David
011001-0010001
Dickerson, Benjamin
00001-31001
Houghton, James
110001-12001
Masters, Robert
3101001-012101
Hensley, Obadiah
21010001-0110101
Gord, (Gore?), Henry
2022001-010001

198

Gord(Gore?), John
000101-000101
Cook, James
10001-0001
Dillen, Marthy
0-000010001
Harday, William
00001-10001
Brewer, Edmond
01010001-0111101
Dillen, Samuel
200001-121001
Ray, Nelson
1121001-0002001
Nelson, Robert
200001-101101
Nelson, William
000000001-001000001
Ray, George
00001-00001
Ray, Biddy
0-11001
Bilberry, Herrod
12101-00001
Bilberry, Benton
010001-101101
Stewart, John
0001-0001
Cundus, Cruse(?)
02-101001
Nichols, Fincous
10001-20001
Nichols, Joshua
0001-0001
Stewart, Benjamin
20001-0001
Stewart, Mary
0012-0000001
Dodson, James
00000001-00011001
Dodson, James
10001-100001
Harris, David B.
0010001-0001001001
Simcock, Hobby
0-0010001
Crawford, Thomas
1210001-100001
Crawford, William R.
1001001-022001
Duke, Hiram
100001-011002
Dickenson, Bengis
110000001-001001

199

Nelson, Joseph
2200001-210001
Goodbar, Joseph
20201-0210001
Watkins, Elizabeth
232-3001111
Carmack, Jonathan
120001-100001
Marshal, John
200001-00001
Frisby, Alexander
0001-001
Brady, John S.
2010001-121001
Holland, John S.
001001-1000001
Davis, Thomas
100001-220001
Masters, Hannah
0101-1310001
Whitehead, William
110001-0010001
Cane, George
221001-100001
Masters, William
0022101-000001
Masters, John
00001-00010001
Masters, James
110001-210001
Cofman, Coonrod
300001-02001
Jackson, James
11000001-11001
Davis, Thomas
00000001-00001001
Standridge, Zephna
0000001-0001
Smith, Laban
00001-1001
Brown, Benjamin
10001-10001
Brown, Nathaniel
10001-00001
Dodson, William
21201-000101
Lankford, John
210001-102101
Durant, Edward
00011001-0002101
McConnel, James A.
1110201-2202101
Murphey, Joseph
01002001-0001001

200

Murphy, Thomas
00001-00001
Goldsby, John
0101001-011001
Mitchel, Arthur
120001-211001
Briant, Nathan
110101-012101
Lankford, Enoch
200001-000001
Brayfield, Walter
221001-101001
Addington, Bird
00001-20001
Mitchel, Robert
000000001-000000001
Goodpaster, Arthur
0111001-0101001
Mitchel, Saml. C.
01001-01001
Mitchel, Robt. L.
00001-0001
Matlock, John
0010001-10210001
Genkins, James
0-0
Colier, Sterlin
0000001-000000001
Manor, Malinda
01-011001
Shelton, Isaac
110001-11001
Fisk, Selir
10001-0001
Hood, Thomas
101000001-30001
Davis, David
10001-1001
Smith, William
3000001-11001
McMillian, James
1002101-0320001
Roberts, Jessee
000011-0010001
Ledford, Jessee
02201-0001001
Hoover, Henry
00001-0001
Holeman, Hudspeth
002101-1010001
Holeman, Absolan
000000001-000000001
Daughterty, Cornelius R.
210001-11001
Johnson, Isaac
11110001-2111001

201

Carter, Jobe
0101001-0010101
Grace, Leven
00000001-0021
Davis, Jonathan
10210101-00001001
Burris, Jacob
100001-10001
Stephens, Arkillias
02000001-0110001
Taylor, Simeon
100001-21001
Reeder, Robert
000001001-00000001
Dennis, James
20001-0001
Canifax(?), John
220001-000001
Daniel, William
11220001-01111
Martin, Eli B.
200001-000001
Freman, Elija
002-200111
Cope, Thomas
11001001-1222001
Garrott, Joseph
2011001-001001
Stafford, John
110001-01001
Padget, William
10001-00001
Webb, James
0010001-000000001
Flowers, James
1200001-01001
Grayham, Sarah
00001-01110001
Stafford, Robert
00001-30001
Mullins, James
110001-10001
Hord, John
10002-110001
Davis, John
00001-10001
Zachry, James
010101-011001
Stone, Meredith
11001-00001
Sharp, Daniel
2111001-0101001
Howard, James
100210001-0101

202

Dolton, John
101001-220001
Riley, James
0112100001-0001101
Huddleston, Garrott
11211001-110001
Huddleston, Willis
211001-012101
Davis, Anthony
002011-11001
Greer, William
1200001-300001
Dalton, Meed(?)
21001-10001
Crocket, James
010001-310001
Padget, Ruben
01110001-2022001
Huddleston, Simon
000110001-000000001
Garrott, Elija
02210001-0001001
Garrott, Stephen
10001-00001
Walker, Nancy
1101-222101
Reeder, John
010001-30001
Odle, Samuel
2200011-10001
Dalton, Carter
010010010001-0000201
Poor, Samuel
210001-011001
Garrott, John
0100001-000001
Garrott, Lucy
001-0000010001
Garrott, Absolom
10000001-0101001
Miller, William
101001-1110001
Wilson, Benjamin
10001-00001
Zachry, James
0101001-001101
Nichols, Cornelious
10001-1001
Garrott, William
0000001-0032101
Brock, Joel
0211001-0001001
Flowers, Anthony
00000001-00111001

203

Huddleston, Field
2110001-122001
Story, Roland
10001-10001
Jones, Abraham
200011-13001
Flowers, Samuel
00001-1001
Flowers, David
0000001-10001000001
Grayham, Henry
00001-00001
Tuck, Moses
040001-201001
Bullard, Isaac
11001-00001
Vanhoozer, Isaac
200001-10001
Coleman, James
2220101-010101
Garrott, Thomas
20000001-121001
Crouch, Mary
0012-00011001
Padgett, Ruben
10001-00001
Alberson, Solomon
1010101-101301
Robins, Isaac
20001-10001
Night, Josiah
000001-0
Lucas, Stephen
0-0
McDonnold, Macky
0-0
Oxendine, Charles
1-0001
Winningham, Abraham
011001-110001
Cravens, Henry R.
101001-10001
Crouch, William
121001-101001
Oxendine, Levi
0-00001
Mayfield, Mary
0-001101
Levingston, Henry
00110001-00211002
Copeland, Joseph
022111-100001
Clark, Sarah
11-000011001

204

Clark, David
312101-101011
Mabury, Frederick
000100001-00101001
Davis, William
0101001-222001
Davis, John
01000000001-020001
Davis, Mathew
00000001-0
Martin, Francis
00011-01110001
Ledbetter, Jones
110001-21001
Butts, Nathaniel G.
310001-00001
Ledbetter, William
0001-0001
Smith, Richard
2011201-1220001
Eldridge, Thomas
220001-200001
Lee, Richard
20001-10001
Garrott, John
0100001-000001
Brown, Thomas
0020001-122101
Bates, Joseph
20101001-100011
Linch, Nancy
1112-1110001
Carter, George
20001-20001
Jones, Rachiel
000021-0001001
Paine, Simeon
10001-00001
Ferrell, Robert
00001001-00012001
Johnson, William
00001-10001
Franklin, Nathaniel
0021-001001
Williams, Ezekiel
22001-00001
Hughs, Benjamin
10001-20001
Allred, Robert
2201101-302211
Huntsman, Elizabeth
0-0021001
Jackson, Dawson
00001-00001

205

Matlock, Overton
00001-10001
Gray, William
00001-0001
Ledbetter, James
10001-20001
Williams, Easter
00021-1211001
Bowlin, William J.
00001-00001
Miller, Riley
110001-22001
Levingston, Thomas
01001-210001
Roberts, Elizabeth
002-122001
McDonnold, James
10001-0011
Bowles, James
000000001-00120001
Melton, Richard
0000100001-10001
Hogue, Anderson
10001001-000101
Robins, James
10001-00001
Alberson, Early
0000000001-0000021001
Crawford, Abigil
0002-00000001
Crawford, David
000011-10011
Runnels, John
20001-100010001
Bridgewaters, John
1200011-1000101
Bridgewaters, William
01100101-000000101
Cowan, Mary
0001-0000001
Standridge, William
00001-0003
St. Clair, William
00003001-00030001
Moor, Robert
001000001-0110001
Warren, Joseph
1111001-211001
Ledford, John
21001-110001
Gregory, Alexander
10002-10011
Prior, Jessee
000000001-00102001

206

Robins, Levi
20001-00001
Livingston, Peter
00001-21001
Johnson, John
00100001-01001001
Johnson, John
20001-0001
Hughs, Thomas
1110001-111001
Ashbourn, Washington
00001-20001
Kemp, Solomon
101000001-0102001
Hawkins, Thomas
10001-00001
Nealy, Charles
000020001-00011001
Tays, John
0000010001-00021
Nealy, John
210001-12001
Richardson, James
01001-100011
Garrott, Elija
00001-00001
Brown, James
10010001-0121
Crabtree, Isaac
0010000001-0000000001
Crabtree, Esquire
01121001-0110001
Chany, Robert
20001-0000100001
Chany, Francis
102001-10101
Pittman, Elija
211001-121001
Williams, Keelin
122001-100001
Pitts, Elija
0321001-2200001
Eldridge, Nathan
022000001-00021001
Bilberry, John
000000011-000010001
Bilberry, Enoch
01001-11010001
Davis, Middleton
10001-20001
Richards, John
011100001-10102
Green, Elija
11001-11001
Greenwood, Yancy
02010001-30101

207

Swollows, Jacob
0020001-3202001
Swollows, Andrew
0001-00001
Swollows, Isaac
10001-0001
Speck, George
00011001-01320001
Riley, Miller
21001-10001
Newbury, Elija
20001-11001
Brigs, Feby
0001-0011001
Francis, Benjamin
10001-00001
Bowman, James
2210001-010201
Philips, Ruben
1211001-0011001
Looper, William
010001-201001
Stephens, Meshack
20002-11011
Thompson, Elija
000011-012001
Looper, Samuel
221201-011001
Looper, Joseph
000000001-000000001
Ray, John C.
00001-1001
Philips, William L.
00001-1001
Austin, William
00001-2100101
Philips, William
1400100001-1100200001
Philips, Adam
20002-01001
Bowman, Patton
00001-00001
Bowman, Josiah
00100001-120001
Richardson, Amos
10001-00011
Bowman, Allen
00001-1001
Madock, Nancy
01101-0010101
Bowman, Thomas
10001-11001
Weeks, Jarrott
10001-00001

208

Crabtree, William
310001-11001
Allred, William
3201001-013101
Brown, Thomas W.
00001-00001
Allred, Solomon
00000000001-0000100001
Allred, Solomon
1100101-1232001
Allred, John
02210001-0001001
Stringfellow, Rebecca
0-000000001
Philips, George
10001-000010001
Bunch, Nathaniel
113101-10100101
Allred, Samuel
00001-0001
Thompson, George M.
00001-00001
Newbury, Stephen
200011-12001
Newbury, William
020001-00001
Newbury, Sarah
0-00000001
Key, Anderson
20001-00001
Kenatsey, Abraham
0000001-0000001
Speck, Isaac
00001-20001
Miller, Alexander
21001-11101
Miller, Robert
100001-20001
Sisco, Thomas
21121-011001
Sisco, John
000001-0010001
Miller, Hugh
0242001-100001
Miller, Landon
00001-0
Watson, John
200001-10001
Sisco, John
30001-00001
Philips, Moses
3212201-1120001
Cofman, John
300001000001-00011000001

209

Matlock, Moor
00020001-00101001
Matlock, Absolom
000001-23001
Matlock, Thomas
000001-1001
Matlock, Landon
00001-0001
Speck, Michael
00010001-10011001
Speck, Pleasant
20001-10001
Chany, John
12201-100101
Ray, Leonard
1001001-0101001
Cox, Larkin
0000001-010001
France, John
10001-10001
France, Elizabeth
001102-0000001
Snowden, James
1010001-10101
Chany, James
00001-00001
Chany, William
02111001-1101201
Sevier, Bailey
10002-01001
Bilberry, John
111001-20001
Fancher, Thomas
000101-0010100001
Winders, John
10001-00001
Bunch, Charles
300001-01001
Netherton, James
0202101-0111001
Whitaker, John
0111001-0111001
Quarles, James
0011001-2211001
Allred, Baily
00001-00001
Cooksey, Jessee
020002-111001
Eldridge, John
02110001-00010001
Gardenhire, John
201001-0100110010l
Walker, Benjamin
2121001-0010001
Finley, Ruben
1012101-1210101

210

Eldridge, Sampson
11101001-0001101
Deck, Henry
10001-00001
Copeland, Richard
0110001-2012001
Jackson, Stephen
10001-00001
Dodson, Isaac
21201001-0001001
Cannon, Thomas
10200001-1201001
Brown, Alfred
10001-00001
Quarles, Archabald
10001-0001
Moor, Richard
0311001-00110011
Briant, Thomas
01111001-00112001
Looper, Joseph
20001-21001
Holland, Abner
10001-20001
Martindale, John
00001-10011
Lee, Jonathan
10001-11001
York, John
00001-001
Upton, David
100001-0001
Gilbreth, John
10001-10001
Moor, Fariner(Farmer?)
10001-0001
Mathews, Lawrence
00001-0001
Copeland, Mark
10001-00001
West, Barnabus
00001-00001
Martindale, Thomas
0001-0001
Stewart, David
0021-000001
Allred, Theofolis
01001-20011
Allred, John
10001-10001
Allred, Solomon
01101-10001
Stockton, Thomas
00001-10001

211

Copeland, Philip
10001-0001
Walker, Jerry
1101-10001
Jackson, George
100001-210001
Davis, Henry
120001-111101
Brown, Alfred
10001-00001
Bilberry, William
120001-10001
Quarles, William
20001-10001
Wilson, William
00001-0
Lee, John
303001-120101
Bilberry, Thomas
010011-200001
Bilberry, John
00001-00001
Bilberry, William
111001-21001
Cooksey, William
020001-201001
Roberts, Elizabeth
21001-100111
Officer, John
0111101-1010001
Bilberry, Laird
20001-11001
Allred, Jonathan
1110001-010001
Copeland, James
2111001-111101
Johnson, Holland
00101-001121
Eldridge, James
200001-10001
Belk, Carter
20001-110001
Gardenhire, William
00001-00001
Gardenhire, George
0121001-1101001
McCormack, George
111001-110001
Carson, Robert
100001-21001
Harris, Moses
1112001-211101
Hammons, William
00001-00001

212

Riley, Stephen
1141-3200001
Hawl, Michael C.
010001-001
Daniel, Samuel
11001-20001
Dickerson, Wiley
00001-20001
Hammock, John
00111001-00201001
Copeland, William
004000001-010011001
Belk, Joseph
0001-00020001
Maxwell, James
020001-11001
Mathews, John
20001-11001
Philips, Leah
00021-0001001
Philips, Andrew B.
00001-10001
Wilson, Nancy
0-0120001
Poston, Richard
1140001-3111001
Loonday, Elija
0010001-2122201
Maxwell, Thomas
211001-111001
Maxwell, John
000011-110020001
West, Stephen
000010001-000100001
Swallows, Andrew
0000000001-0010100001
Fite, Winney
0001-0020001
West, John
20011-11001
West, Barnabus
1011001-0000001
Bilberry, Isaac
210001-11001
Hammock, John
10001-10001
Hammock, Laird
12001-10001
Bilberry, Isaac
00010001-001010001
Bilberry, Thomas
00001-300001
Bilberry, Josiah
10001-20001

213

Hammock, William
000001-111101
Fleming, William
2110001-100001
Copeland, Stephen
110001-011001
Townsend, John
2100001-01001
Townsend, Joseph
1000100001-100100001
Carmack, Cornelious
0000000001-000100001
Carmack, Isaac
1100001-1101001
Arnett, Jessee
1101101-112001
Carmack, Cornelious
10001-10001
Linder, Joseph
0112001-0010301
Hawkins, Thomas
10001-00001
Linder, John
010001-21001
Linder, George
00001-31001
Carr, Fanny
00021-0010101
Pritchet, Thomas
11001-01101
Eldridge, Mary Ann
1211-1102101
Cook, Thomas
10001-00001
Eldridge, Stephen
300011-20011
Bates, Harvy J.
00001-00001
Dobkins, James
00110001-002101
Tays, James
00001-10001
Upton, John
20001-21001
Upton, William
000000001-000100001
McBath, Thomas
210001-100001
Clark, Robert
13001-20001
Peter, Peck
100001-220001
Mattox, Ennis
00001-2001

214

McCorkel, Robert
002100001-00011001
Colier, David
11100001-01001
Adcock, Tery
0100001-1200001
Sea, Eliza
0-10001
Ledbetter, Washington
1221101-311101
Hover, Henry
11000001-01011001
Shutters, Nancy
011-001101
Williams, Ezekial
31001-00001
Lee, Richard
10001-30002
Shelton, William
10001-00001
Carwile, John
000000001-0000001
Upton, Stephen
0110001-0012001
Taylor, Alfred
120001-100001

352

Dillard, William
100001-1001
Cates, Daniel
111101-10002
Rice, John
211001-011001
Runyan, John
10101001-1200001
Elder, James
10101-10001
Moore, James A.
00001-10001
Tillery, William
011001-221001
Cole, Thomas
00001-201001
Kincannon, Andrew
121011-10101
Knight, Jacob
000001-000101
Kincannon, Geo.
000010001-00010001
Massengill, James
122001-201001
Stuourt, John
300001-21201
Knight, Edd.
20201-000001
Ward, Nicholas
10001-00001
Ward, Celey
0-000000001
Knight, Thomas
00001-2001
Fine, Peter
0001001-000001
Cates, James
101001-202101
Monday, Frank
20001-011
Farmer, Wm.
1001-20011
Staples, David B.
000001-000001
Gallion, William
0101001-111101
Mitchell, Joseph
01101-20001
Mitchell, James
2120101-32101
Thrailkill, Joseph
10001-210001
Bennett, John
1001-2001

353

Atchley, John
10001-10001
Atchley, Hannah
00001-0000001
Atchley, Martin
0101000001-00000001
Wiett, Moses
01001-20001
Carson, Thomas S.
121001-10001
Dykes, David
1111-200001
Hawell, John
100001-1001
Hill, Sarah
011-0011101
Marphy, Dennis C.
011-00011
Tindle, Jereny
10001-00001
Walker, John
1110101-110001
Atchley, Joshua
00000001-00000001
Doke, John
21110001-122001
Norman, Matthew
1110001-0200001
Davis, John
01001-20101
Janoe, Patsy
31-000001
Atchley, John
1001-0001
Atchley, Armistead
00001-01001
Atchley, Tousy(?)
1001011-110101
Janoe, Permelia
1-10001
Harmer, James
00301-100001
Blackwell, Charles
11000011-0131101
Wytham, Elizabeth
0111-0110001
Sundagire, John
110011-110001001
Birdwell, John
22010001-01110101
Bedwell, Leroy
00001-0001

354

Rowden, Asail
202001-031001
Smith, Nathaniel
11001-11001
Foster, Racher
111-0011001
Sliger, John
00003-000001
Fields, Jediah
00002-000001
Christian, James
00001-1001
Butram, Jacob
00000001-00110001
Chrisman, Isaac
210001-10001
Sellers, Isaih
210001-10001
Wattenbarger, Peter
000001-20001
Hodge, William
11001-20001
Potter, James
231001-0110010001
Sams, Warren
00200001-0101101
Myers, George
00011-20002
Crawford, Jonathan
20201-00001
Keyton, Burton
2000101-02001
Buttram, Noah
20001-01001
Laskin(Larkin?), Butram
010001-21001
Buttram, Heil(Hul?)
210001-11
Cash, John D.
00100001-02001001
Chrisman, Charles
00001-01001
Moody, Thomas
20201-201001
Lacky, Hugh
01011001-0002001
Lacky, Robert
20001-00001
Burton, David
003201-221001
Carroll, Luke
01010101-00110001

355

Miller, George L.
00001-0001
Dolen, John
1110001-11101
Castell(Casteel?), Morris
001101-32201
Fraby, Nichols
0010001-01011010001
Miller, John L.
2010001-0121001
Culberson, John
000001-20001
Butram, James
111001-002001
Riply, Pleasant
01011-321001
Cornelius, Abner
20001-10001
Greene, James R.
0010001-311101
McPherson, Danel
20001-1001000001
Wyler, Robert
00001-00001
Martin, Johnston
100001-011001001
Spencer, James
10001-00001
Miller, William L.
200001-10101
Hutson, John B.
02010001-10101001
Hutson, Jesse A.
0001-1001
Fields, Green
001-1001
Weatherly, Abner
010001-22101
Keyton, William
1010001-11001
Goddy(Gaddy?), Jeremiah
01021001-00120001
Goddy(Gaddy?), William H.
00001-10001
Tefford, John
10001-21001
Keyton, Allen
00000001-0000001
Keyton, Littleton
10101-2001
Johnston, Henry
100001-00001

RHEA

356

Bidwell, Caleb
10001-00001
Butram, Elijah
2210001-000001
Sellers, Sampson
010001-211001
Miller, Hyram
132001-010101
Love, Edmend
000000001-0001001
Louden, Nathaniel
12101-01001
Rodgers, John
00001-00001
Bredwell, Augustine
0120001-111101
March, Alfred
40001-000101
Rodgers, Elijah
111001-31101
Newkirk, Henry
00111001-0000001
Rodgers, William M.
010001-11001
Carroll, James
210111-011101
Mattock(Matlock?), William
110101-0111011
Stockton, Clayton
001110001-010000001
Cahill, Joseph
10001-0001001
Coppick(Cafysick?), Aaron
20001-00001
Richards, Carter
0001-12101
Lebes, Philip
112001-001001
Gragg, Abner
102001-122001
Wickliff, John
31001-10001
Gallant, James
01300001-3010001
Hickman, Samuel
002000001-00010001
Goldwin, William
200001-111001
Croid, William
100011-220001
Keeton, James
120011-11201

357

Armstrong, Abel
00001-01001
Cash, James J.
11001-100001
Smith, Theophilius
0121001-10001
Hellams, John
10001-200001
Newkirk, Uriah
01001-10001
Arrington, Abel
1111001-0110001
Gibson, Allen
00001-000001
Harmon, William
000020001-00012001
Bick(Beck?), J. H.
30001-00001
Molton, Noble
00001-00001
Harmon, Richard
00001-1001
Casey, Abner
0310001-0011001
Allen, James
1200001-102101
Allen, Mark
202001-022001
Sutton, John
0000100001-000100001
Tharp, John
0000000101-00000001
Clowers, James
111101-101001
Brandon, Adam
0010001-10001
Grein(Green?), Brincle
00121-0010101
Harus(Hanes?), Samuel
300001-01111001
Jones, William
00110001-000100001
Davis, John
0001-00001
Fyke, Josiah
10001001-111101
Fisk, William H.
0111001-0020101
Redmond, Nancy
003001-01001
Cash, Bogan
00001-01001

358

Rodden, Abraham
10011-10001
Sears, William
120001-1111001
Davis, Samuel
0001-00001
Davis, Thomas
0001-00001
Mantcheck(?), Samuel
111001-10001
Ellison, Peter
110001-11101
Burton, Fielding
1200101-11001
Pharis, Robert
20401001001-00010201001
Dunlary(?), James
10000001-00010001
Brandon, Philip
00001-10101
Brandon, Lewis
1010001-010201
Greene, William
11100100001-21001
Miller, J. M.
00001-0001
Kunnles(Runnles?), John
011011-21101
Miller, William
11112001-1100001
Wilson, P. W.
00011-20001
Clack, M.
120001-11001
Kerr, Robert
101001-13001
Shields, Daniel
110011-11001
Wilson, James
30010001-0011001
Townsley, John
000000001-00000001
Stockton, D. M.
2000001-112001
Collins, Jonathan
01011-411001
Brock, Eli
00101-2101
Stockton, David
10001-000001
Stockton, James
01001-2020001

359

Stockton, William H.
00001-0001
Beddesville, Squire
20001-100011
Price, Jacob
33001-00101
Edington, James
2011001-00101
Hannah, Arra
00101-000201
Bennett, George
00001-30001
Tankersly, Pabble
00001-110011
Witt, Elijas
211001-0203001
Buther, Caroline
021-100001
Briggs, Daniel
211001-110001
Carton(Curton?), Lewis
1021001-0100101
Jones, James B.
00001-00101
Pipe, Wm.
0011001-000201
Gibson, Hiram
010001-110001
Wann, William
1001101-122101
Newton, James
00001-21001
Johnson, Mark
0112001-2121001
Johnson, David
00001-0001
Cole, Adam
0101001-001101
Carr, Thomas J.
1001-10001
Robertson, Calvin
001001-001001
Gibson, James
10001-10001
Cowly, Isaac
01101001-0210001
Pharis, John
20001-111001
Pjaris, Isaac
120001-101101001
Orr, Sarah
022211-0

360

Whitner, Joseph
10001-30001
Massy, James
00000001-321001
Brady, Frederick
00001-000000001
Brown, Isaac
000000001-000000001
Briton, Thomas
112001-2000001
Fergason, Tolifer
00001-0001
Tharp(Thorp?), Elisha
011121-22001
Dack, Keir
0001-0001
Oldham, John
101101-120001
Stockton, Robert
10001-11001
Griffith, James
00001-101
Raglin, Gideon
0000001-0100001
Baldwin, William
1201101-102101
Richardson, John
22101-000001
Massy, Mark
010101001-001100001
King, Samuel
00001-1000101
Davis, Benjamin
00111-1001301
McCallen, John
1100101-22101
Hounshell, David
001211-000001
Larence, Mary
101-0001101
Hambert, William
110001-01101
Winton, Stephen
10011001-1221001
Tally, William
000001-0001
Mee, Joseph
00212001-00011001
Hale, Abednego
00211001-00011001
Wilson, Eliz.
1-201001001

361

Davis, Robert B.
10001-00001
Thompson, John
000000001-000200001
Knight, Preston
20001-00001
Knight, Levi
00001-100001
Humbert, Jaden
100001-1001
Davis, Abraham
200001-00101
Lea, Edward
010001-200001
Wallenden, Wm.
10001-0001
Fullington, John
10001-11001
Fullington, Wm.
322001-0001001
Baker, Samuel
00011-000100001
Wilson, Henry
2001-10001
Wilson, Hansel
0010001-00000001
Wilson, Adam
00001-10001
Baker, Isaac
201001-210001
Parker, John H.
10001-10001
Parker, Wm.
0000001-0021001
Parker, Thos.
00001-0001
Parker, Berry G.
00001-001
Hudson, Jesse
0012101-0000001
Parker, Johnsey
10001-20001
Miatt, John
00011001-1120001
McCarty, Thomas
12101-101001
McCarty, Benjn.
000101-121001
Case, John
11001-20001
McCarty, Wm.
100001-311001

RHEA

362

Gather, Sarah
0111-00201
Gather, Beal
0210001-111101
Csborne, Mary
0001-000001
Rowork, Thomas
0001-000001
Murphy, Robert
01001-30001
Rush, Lorenzo
10001-20001
Rush, Isaac
0002111-0020000101
Brady, Aaron
212001-1000100001
McCall, Alexander
110001-010001
Parker, Solomon
00001001-00000001
Parker, Alvice(Alvia?)
120001-001001
Baker, John
0000011-21001
Humbert, Samuel
220001-11001
Preston, George
0100001-21001
Daniel, John
2000001-121201001
Rowark, Thomas
420011-20101
Rowark, Samuel
111001-111001
Wills(?), James
2011001-0110001
Rhea, Herietta
10001-0001201
Blackwell, James
01211001-2100201
Burton, Sarah
10101-010101
Blackwood, Nathan
100001-31001
Burton, Squire
11001-20001
Duckworth, John
1001-0001
Ward, Wesley
100001-0001
Smith, John
000001-0001

363

Ford, Stephen
20001-20001
Ford, Edmund
201001-10001
Ford, Stephen
100001-20001
Ford, Edmund
0000000001-220010001
Vandegriff, Lucretia
211-011001
Renfrow, Mark
311-00112001
Renfrow, Joshua
2001-00001001
Smith, Martha
0002-12000001
Butler, William
2210001-002001
Emery, Benjn.
421001-011101
Ryan, Abner
220011-121011
Brown, Jeremiah
111101-000001
Parker, G. G.
100001-00001
Parker, Francis
1011-011101
Christian, John
10101-0
Gibson, Randolph
001110001-00100001
Chapman, Jeremiah
00001001-001001
Hudson, David
1210001-100201
Hudson, Benjn.
00001-100001
Foshee, John
000200001-10001001
Johnson, John L.
00001-31001
Curton, George
031101-011001
Foshee, Sampson
012011-22001
McCoy(McCay?), John
00110001-0002001
Snelson, Samuel
221001-100001
Joeland, Wm.
200011-211001

363A

Carter, Thomas
000001-23101
Johnston, John
120001-10001
Snelson, Thomas
11001-21002
Parker, Eli
110001-10001
Cunningham, Sarah
32001-00001
Rice, Roge
0211001-210001
Miller, John
020001-221001
Hornsby, B.
10002-00001
Moore, James
101001-001101
Putman, Benjn.
21001-10011
Baker, Uriah
200001-00011
Brown, Abner
020001-000101
Reice, Jesse
000002001-00000001
Quinton, Alsey
00201-00010001
McCoy(McCay?), Wyley
10001-0001
Glinn, Robert
230001-101001
Glinn, Joseph
0000001-00000001
Richmon, John S.
11001-30001
Martin, _____
211001-210001
Farmer, John
00121001-00110001
Farmer, Fredk.
20001-00101
Wright, Jimimah
0-000101
Mousy(?), Hiram
10001-11001
Heff, John
0130001-100101
Haines, Thomas
310000001-220001
Todd, William
121001-1010001

364

Swader, Francis
10001-10001
Swader, Christian
0002-00000001
Chasteen, Joseph
1210001-1000001
Chasteen, Rial
212001-11001
Vincent, Woodson
200001-10001
Miller, John
0021101-1202001
Vincent, John
200001-210001
Daniel, Plummer
10001-21001
Hilborne, Sarah
01-101001
Buster, M. W.
020101-102001001
Wood, Wm.
00002-20001
Price, Thomas
1122000101-10200010001
Turner, Nathan
10001-1010101
Watson, Peggy
10001-0000001
Cate, Robert
0220101-200101
Mitchell, David
01001-00001
Sam(?), Wm.
0100001-11
Kimbrell, Benjn.
011002-20130001
Farmer, John
0120101-300021
Huckabay, Arthur
0000001-01001
Carns, Josiah
000011-1001
Mitchell, John
2010101-0210001
Atchley, Thomas
0221001-001001
Singleton, James
231001-1001
Collins, William D.
10101-022001
Fergason, John
210001-01001

365

Huff, Susan
101012-110101
Frazier, Samuel
100001-1
Thompson, Joseph
111001-0021001
McAmmes(?), John
010001-201001
Reynolds, Elijah
200001-11001
Boman, Mary
001011-022101
Peters, Aggy
11001-122201
Roddy, Rosanna
0101-0000001
Haines, Jeremiah
0100011-0022002
Thompson, Mary
01-0100001
Duncan, John
221001-01001
Dunlap, John
11001-01001
Ferguson, Eli
110001-11001
Owens, John
22001-00101
Meadows, David
22001-10001
Hill, Nathan N.
00001-110001
Bryant, Wm.
2100001-11001
Rice, Aaron
00001-0
McCarrell, John
00110001-0020001
Mullins, Joseph
00001-001
McCarter, Wm.
23200001-001001
Miller, John
2213001-1010001
Erwin, Benjn.
100001-220001
Ferguson, Levi
00001-10001
Ferguson, John
001000001-001012001
Beck, Jacob
02000001-10300001

366

Kerten(?), Joseph
12210001-0101101
Ferguson, James
0000010001-000000001
Ferguson, Robert
011001-01001
Ferguson, John
00001-01001
Kelly, Elijah
010001-111
Dyer, Spills B.
0122001-1100001
Holloway, Saml.
12001-020001
Peterson, Joseph
1210001-101201
Thornton, Joseph
0001-21001
Locke, Robert
032101-111201
Fowler, Wm.
000001-22102
Smith, John
111201-0310001
Mathews, Berry G.
11001-11001
West, Warren
00001-00001
West, Mary
01001-021101
Allen, Andrew
200001-02001
Swan, James
0101101-221211
Hornsby, Winny
0011-0211101
Whitmond, Thos.
100001-1211
Bradford, Richard
121001-11101
Johnson, Joseph
01001-21001
Ferguson, Moses
0000000001-000022001
Thomas, Lewis
10001-00001
Ferguson, Leroy
10001-00001
Ferguson, Saml.
200001-02201
Ferguson, Wm.
110001-20001

367

Godbyhere, Thos.
11100001-1100001
Warner, John
20120001-0221001
Meadows, David
130001-100001
Wheeler, John
000001-00001
Garrison, Joseph
10001-12001
Wassom, Jacob
000010001-00100001
Wassom, Andrew
010001-31001
Coulter, James
00012001-01114
Lea, Jno.
03221001-0101
Preliman, Jacob
10110001-21301
Fry, Saml.
0100001-221111
Fry, Jno.
1210001-1221
Fry, P.
3200000001-200001
Watkins, P.
220001-12101
Fry, Jonathan
11001-2001
Joons, Henry
100011-20001
McDonald, Bryant
1000102-2001
Sikes, Drury
0001001-21001
Bell, Robert
100001-20001
Garner, Alfred
100001-101
Harrod, Bedden
01101-2101
Moyers, John
10021001-02011
Dail, Isaac
000000001-000001
Lea, George
0021001-2
Qualls, Hubert
1011001-1121
Gallen, Wm.
102101-2122001

368

Qualls, Hubert
100001-0001
Benzon, Benjn.
101101-2211
Oneel, A.
311101-1011
Chatten, Jno.
11010001-012101
Sellers, Wm. W.
2010001-13101
Brightwell, Leonard
121001-3111001
Henley, Wm. C.
001001-22101
Hunter, Wm.
110001-1001
Boling, Jeremiah
0010101-12111
Gamble, Saml.
2000001-100011
Blake, Howel
0010001-0111
Aikens, Jos.
000110001-111221
Holloway, Jesse
120001-1001
Campbell, David
2000001-130001001
Green, Jno.
00001-30001
Russell, Saml.
2001-001
Gamble, Robt.
0010101-0000101
Merson, A. P.
1001-01
Moore, Jno.
1001-0000001
Goodwin, Sarah
0112-0101011
Cowan, Jas.(Jos.?)
01101001-001101
Gerald, Anderson F.
220001-001101
Gamble, Robt.
1001001-0001101
Moore, Wm.
1110001-00211001
Lee, Wm.
122001-0010111
Martin, Robt.
0100001-0010111

369

Reynolds, Jas(Jos.?)
00010001-001001

Campbell, Jno.
0100001-010001

Stanley, Jonathan
11001-2001

Hickman, Henry
10001-31001

McKinzie, Benjn.
121020001-0002001

Massey, Abel
221001-10001

Denton, Uriah
10001-000001

Cox, Meredith
1100001-1211101

Armstrong, B. D.
320001-10001

Coluns, Joseph
110101-201111

Pierce, Wm.
0100001-200010001

Hays, Jno. P.
100001-000001

Weaver, Jno.
000001-000001

Blankenship, Thos.
01130001-00000001

Jones, Oliver
021-011001

Blankenship, Thos.
20001-00001

Ryce, Wm.
300101-0220001

Gerald(Fitzgerald?), A. F.
1112001-011001

Keer(Keen?), Wm.
10001-10001

McCarrell, Jas.(Jos.?)
00100001-00110011

Starr, Jas.(Jos.?)
0020000011-001000001

Bolt, Adam C.
001000001-00100001

Whittenbarger, Benjn.
020001-200001

Mathews, Jesse
010001-2100001

Wilson, N. W.
100001-0201001

Harp, Joseph
00000001-0001001

370

McUen, Wm.
111001-000101

Rice, Alex.
20001-00001

Russell, Wm. B.
00001-1001

Riggs, Martin
20101-00001

McClanahan, Jno.
00001001-01020001

Thornberry, Jno.
0022001-11101

Gross, Jacob
320001-0001

McClanahan, Mason
00001-00001

McClanahan, Jno.
10001-00010001

Whitmore, Jesse
000100001-001

Gamble, Jno.
001110001-12100001

Mahan, Isaac
20021-12100101

Mahan, David
1010001-121001

Mahan, Brazeal
0100001-200001

Gibson, David
111001-101001

Dobbs, Caleb
11201-300001

Womack, Jacob
20001-100001

Dorton, Allen
3001-001011

Blackwood, Wm.
000101-0000001

Mahan, Alex
11001-21001

Bullerd, Isaac
1220001-010011

Powers, John T.
001001-0000001

Riggs, Addison
10001-10001

Riggs, Townsley
0010001-01010001

Kennedy, Gilbert
212101-01110001

Bates, Ezekiel
112001-201001

371

Philpot, Alex
1100101-20020101

Gerald(Fitzgerald?), Sam
10010011-1111001

King, Anthony
000001-1000101

Martin, Robert
000001-11001

Moore, Jno.
11001-012010001

Knight, Jno.
000001-2001

Anderson, Jno.
011001-120101

Aikens, Henry
10001-0

Anderson, Lath
00001-0

Harp, Thos. M.
110001-0

Mason, Isaac
000001-1001

Sutton, Jeremiah
001001-11001

Templeton, Ed
2111011-111101

Caisey, E.
1111-1011

Skeen, Eli
000000001-001001

Martin, Jno.
1111000001-0000000001

Howser, Jas.(Jos.?)
110001-011001

Stuart, Jno.
2210001-0020001

Gerald(Fitzgerald?), Jno. F.
300000001-01111

Gourd, Ruthy
0001001-0

Aikens, Jas.(Jos.?)
1011-00001

Moyers, Cornelius
10002-200011

Eaves, Thos.
211101-22101

King, Amos
1001-0001

Martin, Wm.
0000001-00010001

Martin, Saml.
201-0001

372

Armstrong, Benjn.
00101-12001

Johns, Jno.
30001-0101001

Martin, Jno.
0200011-1101

Martin, Jesse
3112001-010001

Moreland, Thos.
321001-010001

Croft(Craft?), Jesse
00001-120001

Eperson, Jas.(Jos.?)
01101-320101

Moore, Richd.
02001-21211

Giles, Paden H.
210001-31211

Bandy, Wm.
012101-1101001

Howser, Josiah
100001-30001

Grub, Elbridge
00001-2100001

Bandy, George
1111101-001001

Blakely, Jas.(Jos.?)
0000001-001001

McDaniel, Joseph
000011-000001

McDanel, Jno.
000001-0000100001

Campbell, Jno. B.
010101-011001

Rody, Jno.
110001-011001

McDannel, Saml.
01000101-32001

McDannel, Chas.
10001-100002

Nideffer, Solomon
220101-101001

Lewis, Elizabeth
01-20000001

Shafer, Thos.
10001-10001

McCorcle, Joseph
200011-10001

Hart, Saml.
11001-110101

Waland, Stephen
00002-11011

Igon, Jno.
30001-02011

373

Cooly, Robert
100001-22002

Haines, Ira
110001-1000001

Hackworth, Rebecca
0-220001

Stuart, Saml.
012001-400201

Masoner, Jno.
000001001-010001000l

Williams, Jno. D.
0100001-0

Cox, Thos.
0100211-012

Lust, Joseph
020101-011001

Blevins, Isaac
000001-000100001

Thomason, Arnold
00210001-0011001

Lawson, Barklay
11001-0011010001

Stokes, Edwane
000111001-001010001

Knight, Lewis
320001-010001

Coffy, Jno.
202101-020101

Roper, David
00112001-11100001

Outlaw, Reddie
12101-00001

Looney, Saml.
00000001-00202001

Cox, Abraham
20011-100010001

Goff, Ambrose
00001-0001

Godsey, Drury L.
100001-10001

Cox, Saml.
0000001-01000001

Davis, Nancy
10001-0

Lewis, David
10101-20001

Moore, Stephen
011001-22001

Lillard, Jno.
122001-200001

Morris, Jourdan
2220001-10101

374

Campbell, Wm.
100001-20001

Moore, Wm.
211001-20001

Blevins, Wm.
30001-10001

Boling, Jno.
0001001-0001001

Hughs, Caswell
02001-20001

Blevins, Hardin
00211001-2120001

McClure, Hosea
200101-21011

Shafer, Mathias
01010101-10011

Bidwell, Arsted
00001-20001

Breedwell, Yoden
101011-23101

Vaughn, Jno.
11001-20101

Gwynn, Almon
230101-102001001

Breedwell, George
21001-101001

Galloway, Wm.
110001-10001

Cox, Thos.
00001-0001

Gwynn, Absolom
210001-20101

Woods, Jno. W.
101001001-10101

Taylor, Jno.
0111001-211001

Seay, Thos.
1111001-11111

Lillard, Jos.(Jas.?)
210111-20001

Brooks, Leonard
0000101-1222101

Keenum, George
0101001-1220001

Kincannon, George
10001-0001

Coleman, Absolom
2011001-2110001

Buster, Sarah
0201-110111

Thomas, Jonathan
0101001-03121

375

Tillery, Ann
11011-20101
Stover, Patsy
1012-1000001
Stockton, Joseph
210001-211
Box, Saml.
4120001-10101
Lowery, Ellenor
0-100000001
Richardson, Zadock
11001-110001
Frieze, Geo.
2010001-1020001
Giret(?), Elizabeth
00001-00010001
White, Daniel
10001-00001
Porter, John H.
01010001-2210001
Fairbanks, Jno.
20201-310010001
Elder, Robt.
10010011-1200001
Tap, Jno.
221101-00102
Moore, Jas.
02000000001-1001
Quick, Eoli
0001-11001
Igon, Saml.
000011-11001
Vernon, Miles
122211-2100001
Lucus, Thos.
00111-0000101
Clark, Henry
0000000001-10100101
Taylor, A.
20001-1000101
Blevins, Jas.(Jos.?)
10011-02
Blevins, David
00000001-02010001
Davis, Miles B.
11110001-0111001
Ingle, Wm.
0120001-0110001
Long, Jerry
12101-310001
McKinly, John
0110001-110001

376

Long, Benjn.
00011-22001
Poe, P.
000001-210001001
Godsey, Mary
012-0100101
Dunn, Eliz.
0121-001001
Vines, Jno.
01-010101
Long, Wm.
0011001-00012001
Long, Wm.
300001-010001
Long, Jno.
100001-0000101
Dunn, David
1202011-1100001
Jenkins, Edward
1211001-1011001
Poe, Jesse
0300001-101001
Little, Thos.
00101001-01001001
Wommack, Thos.
10001-0101
Arman(DeArmand?), Mary D.
00003-20000001
Lewis, Margaret
011-0010001
Taylor, Jas.(Jos.?)
12001-201
Bevins, H. L.
10001-00001
Hunter, Joshua
00000000001-0000000001
Taylor, P.
10001-10001
Hunter, Thos.
01111001-0111201
Lasatly(?), Jno.
0102001-01000001
Smith, Jno. A.
0113101-1100001
Allend, Robert
110001-11001
Smith, Memford
000000000001-0
Pannel, Thos.
21001-20001
Singener, Richard
110001-110011
Mapes, J. W.
12001-111

377

Langlywith, Burgess
00001-10001
Cate, Clark
20001-01001
Rice, Wm.
200011-00011
Click, E.
012-100101
Stockton, J. P.
011000001-000000001
Pellet, Sarah
0101-211101
Rice, Wm.
00101001-0122001
Carrell, Grisan
10001-100001
Warmac, Jacob
00001001-000100001
Rivers, Wm.
010001-10001
Powel, Scott
110001-10001
Cate, Jno.
00001-100001
Lowry, Wm.
212002-010001
Chattan, Jesse
10001-0001
Paul, W.
100001-20001
Kelly, Jos.
0000001-11201
Caldwell, David
013200001-1002001
Love, Jefferson
10001-00001
Ferrell, Jno.
220001-11001
McClure, Robt.
000001-00010001
Ferrell, Jas.(Jos.?)
0001001-0000001
Henniger, Jno.
1100001-112001
McClure, Jno.
11310001-110001
Harris, A.
00010001-0212101
Varner, Henry
20101-00001
Vaughn, Margaret
001-0100001
Woody, Joseph
10001-20001

378

Caldwell, Alex.
020001-1001
Bandy, David
10001-0001
Ryon, Thos.
000000001-030000101
Ryon, Harris
10001-0001
Ricer, Jno.
1001-00001
Ricer, Margaret
0003-100121
McCracken, Robt.
2111001-111101
Jacobs, Jacob
100000011-1000101
Smith, Chas.
02101-010001
Gerren, J. W.
0200001-011001
Frazier, Beriah
010110001-1121101
Tally, David
01001-010011
Woods, Jas.(Jos.?)
12100001-0010001
Shelton, Ezekiel
00001-0001
George, Thos.
102101-1110001
Moore, Robert
20011-100001
Goldsby, Chas.
01210001-0010001
Owens, J. F.
1021001-110001
Moore, Abbegail
0112-0020001
Cozby, Jno.
110101010001-202101
George, W. H.
00001-0001
Smith, Jas.(Jos.?)
0100001-0100001
Davis, Thos.
2311001-101111
Casteel, Jno.
01111001-0120101
Woods, Jno.
00001-00001
Casteel, David
10001-00001
Casteel, Andrew
11001-10001

379

Casteel, Joseph
10001-10001
Boling, John
011011-002011
Bandy, Jesse
010200001-01101201
George, David
210001-01001
Jacobs, David
00001-00000101
Singleton, John
2111101-03021
Lea, John
010000001-00110001
Weeks, W. W.
310001-11001
Romines, Samuel
020000001-00000001
Romines, Mary
02-0010001
Goff, Wm.
001-00001
Yates, John
201001-21001
Greene, J. S.
200001-02201
Binson, Isaac
0100001-00001
Stover(Stoner?), Michael
001201-000101
Bell, Robert
001000001-0
Hughs, Nancy
012-01100001
Fatten, Uriah
002000001-0001001
McDonald, James
1100001-120011
McDonald, Wm.
010001-20001
Jackson, Reuben
00112001-001000001
Alexander, John
20001001-001000001
Kelly, Wm.
10001-10001
Man(Marr?), David
0010001-0110001
Clingan, David
120001-200001
Gentry, Robert
000011-10011
Murphy, James
21001-10011

380

Murphy, John
00000001-00000001
Hughs, John
000110001-00000001
Hughs, Thomas
11001-20001
Simms, Vincent
0110001-1111101
Gray, Edmund
000030001-00001001
Shelton, C. E.
0111001-001101
Jones, Benjn.
00001-00002
Baker, William
1100001-012001
Martin, Patrick
100001-202201
Martin, Joseph
011001-2111
Jervel(?), Wm.
1111001-110001
Pucket, James
00001-000001
McBride, David
001000011-0
Inland, Lewis
0000001-22001
Romines, Jacob
000000001-01001001
Barnes, Mahala
00001-100001
Romines, Thomas
010001-1001
Romines, Latin
012011-1201
Lea, James
00010001-0010001
Cranmore, Sarah
21-00001
Gothard, James
20001-20001
Gothard, George
20001-02001
McBride, Wm.
00001-00011
Johnson, Sarah
101-11101
Taylor, Darcas
11-10001
Binson, Robert
20001-00001
Silcock, John
00001-00001

381

Boulton, Lewis
0121-0011001
Gothard, Allen
2000001-01131
Everette, William
000001-00001
Boulton, Robert
110101-00111001
Henderson, Martha
1-0000111
Cranmore, Mary
010201-1101001
Benson, Spencer
100000001-0000000001
Ross, Charles
11001-20001
Benson, Spencer
110021-20011
Smith, William
0111100101-002001
Able, John
010101-01200011
Carter, William
11001-101
Weeks, Thomas
21001-10001
Carter, James
222000001-0001001
McFarland, Elias
0001-0111001
Bice, William
22210001-100010001
Bryson, Hannah
0-0000000001
Bryson, A.
101001-12201
Sullivan, John
0001010001-00223001
Sullivan, William
000001-20001
Wilson, James
00001-20001
Hood, Robert
21012001-102001
Land(Sand?), Franklin
20000000001-130001
Mahan, John
011101-110001
Jones, Frank
110001-110001
Able, Cain
03020001-00010001
Fleming, D. H.
00001-11001

382

Lauderdale, Nancy
00101-0001001
French, Eliza
00111-10100001
Merchant, William L.
0002101-000101
Alenander, William
1102101-0110101
Witt, Jesse
00101001-11011
Shelton, David
200011-21001
Witt, Abner
200011-11001
Lamply, Jesse
00001-11001
Witt, John
10001101-11
Morgan, Lewis
1320011-11011
West, W. W.
11001-100001
Morgan, Lethby
101-1000101
Morgan, Washington
21001-011001
Selkirk, Eliza
0-001000001
David, A.
001000004-010000101
Hensley, Terry H.
0022011-0000101
David, Owen
000000001-0
Whaly, John
22002-100101
Russell, William S.
10001-00011
Kelly, Thomas
0011201-00021001
Montgomery, Samuel
00001-02001
Montgomery, James
21120001-00103001
Hardwood, Joseph
000040001-02021001
Harwood, Randolph
10001-11001
Barnwell, John
01011001-00010001
Taylor, William
100001-11001
McCarver, Archibald
10101001-1201001

383

Manteith(?), Robert
011201-321001
Robison, Robt.
2101001-011201
Lewis, William
01001001-20001001
Armstrong, D. D.
12100001-0011001
Lewis, William
00001-01001
Piper, James
00001-022001
Rayder, William
00001-000001
Barnes, A.
210001-010001
Clifton, Baly
2130101-01200101
Beal, Nancy
0-110000001
Fritwell, William
000001-00001
Defriece, A. P.
110021-21101
Brown, Jacob
31110001-010101
Walker, Jesse
0-00000000001
Miller, Abraham
01102-000011
Stewart, Mercy
001-00100001
Parker, John
0011302-02002
Luty, Mary
21-011011
Roddy, Isaac
2100001-010001
Reynolds, Jacob
0000010001-210101
Waterhouse, Blackstone
00002-00001
Day, John
101101-1
Parker, Hannah
01-10000001
Gillespie, R. A.
00001-0001
Gist, Richard
00001-00001
Luty, David
110052-002011
Roddy, Jane
1111-00101

384

Tucker, Samuel
000020001-01011001
Freemen, Reuben
1020001-0100001
Love, Joseph
00112001-0021001
Miller, Olivar
00001-0001
Miller, J. P.
20002-02001
Johnson, William
00000001-000000001
Cooper, Kennally
000001-311101
Montgomery, J. T.
10001-00101
Miller, Eliza
0001-0001001
Rawlings, Resin
0101001-01111
Long, William
00001001-011001
Kennady, Allen
01053-221001
Hazelrigg, Thos. J.
1001-00010001
Thompson, J. B.
00001-00001
Beene, Edmond
010101-11001
Blythe, Mary
1001-1230001
Lock, William
1100101-0
Robertson, J. F. K.
111101-10001
Oden, Vincent
11011-0001001
Lock, John
0001011-0001001
Moore, Rebecca
0-000001001
Johnson, Bright
00001-0001
Hacket, Samuel R.
000111-000010001
Berry, James
101001-000001
Campbell, T. J.
120111-111011
Taylor, Robert
030000001-00022001
Holland, Allen
0301-110001

385

Randolph, Mary
0001-0000201
Evens, Andrew
010120001-2212101
Edwards, William
0110101-2212101
Poe, James
110001-21001
Harwood, Hals
11001-10001
Baker, John
232001-01001
Gross, George
00012001-01000001
Kilgore, Wilson
01001-00001
Henry, Thomas
010001-20101
Henry, Heny
00001-20001
Rowden, Saml. E.
00011-00001
Henry, George
0000200001-00020001
Henry, George
00101-00001
Hinds, Nat
0212001-201001
Minnick, Peter
1120001-1201
Passenger, George
10100001-00110001
Seymore, William
211001-01100001
Moore, William
20001-10001
Wice, John
21100001-220201
Wice, William
00001-0001
Walker, Anderson
10101-0001
Walker, John
110001-200001
Walker, Daniel
000001-0001
Walker, Daniel
100100001-010100001
Murfree(Murpee?), William
0011000001-00010001
Smith, Right
0130001-0111
Clack, John
100001-10001

386

Clack, Raleigh
11101001-2111001
Davenport, Jeremiah
01220001-110101
Creed, Thornton J.
01201-11001
Hillborn, John
21001-100010001
Hillborn, Allen
1000001-000001
Smith, William
00021001-02110001
Smith, Anderson
200001-00001
Smith, William
10001-00001
Smith, Mumford
0001101-1211101
Hale, George
12001-101001
Hamilton, Thos.
000020001-10021001
Walker, William
0-0
Moore, William
00000001-00010001
Wilson, James
11110001-0011001
Powell, James
2020001-0011001
Putman, Moris
01001-21001
Putman, Rebecca
0111-01111001
Pitman, Winsy
00021-0102001
Minnick, Saml.
222001-211
Hill, John
01212001-02110001
Hill, William
21001-00001
Scruggs, Gross
21001-121001
Breedwell, Hiram
10001-22001
Johnson, William
00001-00001
Merriman, William
0002000001-000000001
Burton, Nancy
001-11101101
Shafer, Henry
00001-20011

387

Lisendy, William S.
120001-202001
Davenport, John
111001-031001
Riggle, John
0102001-0210001
Ray, Hugh
11012001-110011
McCary, Sarah(?)
00001-00001
Anderson, Thomas
2100001-0022001
Rigle, Geo. W.
011001-00120001
McCanse, James
03110001-10100101
Temple, John
100001-01001
Rector, Landon
200011-01011
Euaks(Evans?), Willis
200001-11001
Creal, William
020001-101001
Broles, Nathan
0211101-2110001
Tyson, Jesse
00010001-0010001001
Brady, Farlee
12001-11002
Attley(?), Thomas
10001-2002
Holoman, Pleasant
0002-2002
Alexander, Wm.
000010001-00000001
Harris, Cornelis
100001-20001
Snelson(Nelson?), James
000030001-000010001
McCoy, James
210001-11001
Johnson, William
0210001-00101001
McFalls, John
0031001-12000101
Pantter(?), Joseph
2100001-0110001
Snow, John
213001-020001
Qualls, James
0001-1001
Smith, James
210001-111001

388

Miller, Robert
01120001-1022001
Looney, Moses
222001-110101
Gillespie, George
023220001-0000001
Blane, James H.
00001-00001
Allen, Matthew
20001-2001
Nelson, John
0000000001-000000001
Nelson, William
00003-101001
Nelson, John
200001-0401
Harris, Harrison
00001-00001
Harris, Thomas
102020001-00001001
Marshburn, Levi
000001-20010001
Rector, Cumberland
0102001-0001
Ellison, Bunch
13010001-100001
Camp, William D.
0000001-100001
Baily, James
220201-100101
Preston, James
0102001-0020001
Briggs, James
10001-0001
Kelly, William
2120001-021011
Bennett, William
21001-00001
Manley, Joshua
00000001-000000001
Rogers, James
00110001-000110001
Gilthand, Nat
2201010001-01001001
Cooper, Hiram
0101-20001
Beene, Hark
0211301-2021001
English, Matthew
00201101-00001001
Stewart, Edward
00000001-222001

389

Roddy, Jesse
000011001-00111001
Smith, Washington
111001-010101
Davis, George
01000001-122001
Roddy, James
11001-20001
Walker, Tobitha
12202-101321
Briggs, M. D.
11001-01001
Noblet, William
00101001-0012001
Noblet, Thos.
200002-00002
Perrin, Betsy
00001-20001
Pardo, John
100001-2000001
Cisly(?), Berron N.
00022001-00100001
Thompson, Margaret
0-00001001
Paul, A. D.
00001-31001
Williamson, John
0021001-001001
Thompson, Moses
1102001-0210001
Malone, David
00101001-00121001
Thompson, Thos.
1112301-1120101
Crews, Nancy
11101-1101101
Crews, Martin
10001-0001
Edington, J.
10001-00001
Edington, Ann
0-0002101
Thompson, Jas.
02131001-0100001
Thompson, Jno.
000001-000001
Owens, Jno.
31001-01001
Moore, Jas.(Jos.?)
200001-100010001
Garrison, Jacob
010001-10001
Garrison, John
10001-1200002001

390

Thompson, Polly
21001-00001
Thompson, Josiah
21001-00001
Nail, James
2110001-111201
Thompson, Jesse
1110101-120201
Gorden, William
00001-21001
Majers, Peter
00200001-01211001
Roddy, Jesse
00001-03001
Davis, J. P.
00121001-01100101
Stafford, Washington
2001-10001
Williams, Danil
01001-00001
Avery, Silas
00001001-10010001
Looper, Allen
20001-11001
Gibson, William
10003-0001
Hill, Hiram
20001-01001
Monday, Arther
00111001-01100001
Brady, Merrel
10001-1001
Green, Robert
1000101-200001
Garrison, John
10001-11001
Stephens, Burt S.
201001-120001
Brown, D. W.
000001-21001
Holloway, William
31001-01001
Davis, Rebecca
1-000011
Daniel, Peter
101101-111101
Gillenwatters, Wm. T.
01131-010001
Harris(Hanes?), Henry
220001-01211
Classcock, Acy
10001-10001
Thompson, Moses R.
20001-110012

391

Atchley, Abram
0012000001-00000001
Gibson, G. W.
1101-01002
Swann, Jno. B.
000010001-000000001
Swann, Thos. B.
20001-000001
Mitchell, Charles
001002-111001
Pollard, Thos.
000000001-00000001
Paul, James A.
21001-01001
Paul, Moses F.
00001001-00000001
Paul, Thos. G.
00001-00001
Magors, Thomas
11011-20001
Horerton, Jeremiah
022001-200201
Daniels, Joseph
200001-10001
Stewart, Layton
11001-10001
Fulton, Arthur
120111-1020001
Garrison, Isaac
10001-00001
Derossett, Margaret
0-0001101
Owens, Henry
12000001-01010001
Layman, Wm.
01001-10001
Rice, Roger
01001001-0000101
Rhea, Aron
00001-10001
Rice, Henry
10011-000001
Baldin, Nancy
2001-001001
Casey, Randolph
0310001-200001
Stacy, Mark
0121101-0101101
Holloway, James
1001-00001
Majors, Jesse(?)
001-00001
Majors, Abnor
001000001001-001001001

392

Haws(?), Richard
00001-10001
Stephens, William
2000100001-000001
Ewing, William
010000001-000100001
Alexander, John
1112001-111001
Owen, Alexander
30001-0000101
Louvett(?), Joseph
11111-111021
Holloway, McGhee
01001-10001
Holloway, Bermetta
002210001-00000001
Perkins, Benjamin
000001-000101
Holland, John
010011001-0011101
Lea, Miller
11001-22001
Lea, William
20001-00101
Mitchell, Jas. C.
2211001001-202010101
Allen, Andrew
200001-2001
Bennen, Peter
000001-000000001
Kennally, William
0020101-2001201
Logan, Samel
0111001-1001001001
Logan, Jno.
10001-00001
Conley, Jno.
000000001-0000000001
Mullins, Eliza
11-1020001
Furguson, Elias
10001-20001
Ransom, George
000001-321001
Wheeler, Mary
00002-0002001
Poston, William
011001-210001
Lyons, David
20001-21002
Buck, Peggy
0021-0000001
Cooper, Newcome(?)
10000001-00001001

393

Smith, T. B.
20000001-0100001
Taylor, Sealon
1200001-210001
Alexander, T. J.
000001-100011
Collins, Lewis R.
000001-100001
Runnolds, Henry
1001011-2311001
Ferguson, Abegail
01-011001
Goad, Mary
0-000001011
Jackson, Wm.
1101101-12111011
Jackson, Simeon
0012001-00000001
Pearcy, Jas.(Jos.?)
101001-11002
Woodwood, Wm.
200001-11002
Woodwood, Chas.
1000001-21000101
Goad, Joshua
10001-0001
Goad, Robert
001001-000001
Houpt, Volotine
12001001-111101
Woodward, Jas.(Jos.?)
100001001-111101
Compton, Wm.
1101001-0020101
Tipton, Rebecca
0-000000001
Compton, Zacharia
010001-22101
Gasque, Jas.(Jos.?)
20001-00001
Hoverton, Jackson
2211001-002001
Bell, Lucinda
001000001-0
Hooverton, Ed
100101-120221001
Hooverton, Micajah
001001-0001
Darwin, Jas.(Jos.?)
1030011-221111
Triplet, Abner
021001-110001
Collins, Henry
0111101-1111001

394

Chilton, Palatiah
001111-0121
Rowe, Thos. C.
02122001-112001
Sillvey, Wm.
101001-111011
Goan, Thos.
11122001-1100101
Underwood, John
11001-2001
Bandy, Dempsy
110001-21200101
Paine, Orville
100011-00011
Barnett, Jno.
2002-12001
Day, Jesse
00001001-00000001
Stuart, Jas.(Jos.?)
0132001-1020101
Stokes, Levin
122001-211001
Atkins, Wm.
01001-1001
Knight, Jno.
10001-0001
Sheppard, Jno.
0001001-210111
Hope, Wm.
200001-00001
Gunther, Jno.
10001-01001
Jack, Jeremiah
10001-01001
Manis, Geo.
0133101-1210101
Ragsdell, David
3210101-011001
Bolton, Wm.
00001-00001
Pickett, Chas.
0011-002001
Rollston, Betsy
0011-0002001
Lowry, Adam
10011-00001
Airheart, Henry
10232001-0101101
Hilton(Helton?), Jas.
10001-10001
McNutt, Thos.
120101-001101
Jack, Jno.
011-002001

395

Howard, Wm.
221101-01001
Johnson, Asail(?)
0110001-01110001
Bean, Hazard
100001-00001
Lauderdale, Jas.(Jos.?)
10001-10001
Lewis, Wiley
00002-11002
Howard, Saml.
000101-112001
Johnson, Caswell
10111-01001
Howard, Eliza
1111-0010201
Davis, Henry
021001-010111
Humpry, David
1011-2222001
Loy(Lay?), Richd.
00001-20001
Henry, Nancy
0-000101001
Privett, Micajah
00001-001
Crawford, Wm. A.
0210201-01111011
Haines, Thos.
01001001-011001
Clift, Eliza
011-1111201
Miller, Abraham
1200001-112001
Griffith, Jane
00001-0000101
McCarroll, John
01110001-00200001

2

Allison, Nancy C.
0001-12011
Owen, George
00011-10001
McDaniel, Daniel
231001-11001
Smith, Arthur
011101-00201
Blutter(?), Gideon
00001-30001
Allison, Robert
20001-02001
Stewart, George
00110001-0002
Hicks, (Ab)solem
200001-00001
Delozier, George
0221001-0111001
Cazey, John
0010001-1211101
Cazey, Levi
00001-00001
Allison, James
00001-01001
Mitchell, George
00001-00001
Ewing, Jacob
01001-200001
Clift, Wm.
20211001-014201
Mitchell, Morris R.
00001-00001
Ewing, Elizabeth
00101-00011
Holland, Wm.
111110001-122001
Perry, Josiah
10001-00001
King, Wm. Y.
011001-40001
King, Richard
00100001-00101001
Henderson, Wm.
20000001-04101
Short, Willis
04-01001
Turner, (mut)
01011001-0021001

(next three names obliterated)

3

Turner, John
20001-00001
Ferrol, Thomas(?)
012000001-0000101
Wester, Wm.
00001-10101
Roberson, Christopher
3223001-000001
Clark, Charles
200001-130001
Smith, John
0001101-1122000101
Shields, John
100001-110101
Wester, Daniel
111101-101001
Ewing, Joseph
210001-30001
McKiney, Thomas
0001001-1302101
Ahart, Mitchell
02001-200001
Hudson, Wm. B.
10001-10001
McClure, John
301001-10101
Jones, John
00002-0000001
Rimmel, Jessee
121000001-010201
Mitchell, Stephen
10101-30001
Mitchell, Betsey R.
11-021111
Goodman, Wm.
000001-000001
Mitchell, James
2112001-121001
Mitchell, Morris
002000001-00010001
Smith, Wm.
2100011-11001
Mitchell, Elijah
00001-00001
Mitchell, Jessee
021001-20001
Boyd, Wm.
0000000001-00000001
Smith, Drewry
0022001-201001
McK (mut), Wm.
00002001-1122001

(last name obliterated)

4

Smith, David
00001-11001
Rowden, Elijah
210001-021001
Hughs, Abraham
11001-1101
Hughs, Delila
001-01111001
Atkinson, Alexander
01003-00011
Hornsbey, James
20000l-031001
Duncan, Benjamin
10001-21001
Utley, Wm.
001021-020001
Austin, George
120001-10001
Adkins, Morris
0300001-01011
Magill, Robert
02110001-002001
Fuller, Abraham
20001-00101
Bennet, John
01110001-0120101
Hanner, James
00100001-0000001
Austin, Joseph
21000001-1111001
Jaquess, John
2001000001-00001000101
Bennet, Wm.
21001-010001
Rice, John F.
122000001-0000101
Hembree, Isaac L.
110001-02001
Bridges, Ephraigm
0010001-111101
Johnson, James
00001-00001
Johnson, Samuel
100011-010001
Magill, James
10001-20001
Cash, Wm.
12001-01101
Box, McL
1032001-0100001
Murphey, Benjamin
020001-2020001
Izerail, James
10000001-0001

5

Brown, Joseph
111001-101001
Butler, James
3000110001-100210001
Hornsby, Wm.
020001-200001
Dixon, Alexander
200001-002001
Beason, Mary
20001-00110001
Wilcox, Elisabeth
0-1111101
Runalds, George
3000001-20002
Jackson, Wm.
10001-10001
Smith, Wm.
210002-11001
Donaldson, Hugh
01111001-01101001
Donaldson, James
11001-10011
Wilcox, P. D.
010011-21001
Rowden, Abednago
001001-100001
Rowden, Meshack
201001-010001
Ford, Wm. D.
220001-21101
Maddon, George
00001-22001
Smith, Thomas
000001-001001
Blake, Thomas
30020001-0201001
McKiney, David
00001-00001
McKiney, Augustus
012100001-0010101
Basket, Wm.
10001-10001
Blake, Wm.
21002-10001
Moss, Joseph
110001-10001
Niocks(?), Wm. J.
000001-00001
Bennet, John
10001-100001
Burnes, Laird
0001100001-00101
Isley, George
110020001-11001

6

Burnes, James
00001-10001
Man, Robert
100001-00001
Man, Wm.
00001001-100100001
Man, Sarah
01-010101
Pride, Allen
211001-021001
Preston, James
1111001-1120001
Loughary, John
00000001-00012001
McCloud, Andrew
00100001-01010001
Butler, Mary
003-00010001
McIntire, Archibald
12010001-101101
Byrd, Joseph
2210001-010001
Miller, Wm. D.
112101-121101
Burke, Elizabeth
002-0101001
Gilburt, Alexander
00001-01001
Eavans(?), Patrick
00001-0
Byrd, Jessee
000010001-00120001
Wright, Joel
00002-00001
Byrd, Joseph
00000001-000000001
Renfroe, John
2101001-012001
Young, Solomon
10001-00001
Young, Prissella
01-000201
Ahart, Adam
000010001-00102001
Ahart, Adam
20001-000001
Gdell, Neamiah
1113001-1110001
Lacey, Abraham
200101-112001
Preston, George
10001-20001
Matheny, James
010001-000001

7

Yandle, Henry
1111001-100101
Still(Steel?), Elizabeth
0-0000000001
Ahart, Burris
000001-21001
Row, Mary
11101-121101
Breaden, John
000010001-001000001
Steely, Sarah
2-01001
Breeden, John
201001-12101
Massey, James
21001001-0000101
Massey, John
210001-11001
McDuffie, Angus
02010001-2030001
Suell, Wm.
11001-10001
Suell, Catherine
0-0011001
Mouldan, Elieu
21001-01001
Suell, James
10001-00001
Copeland, John
021001-30101
Muller, George
0000000001-000000001
Clower, Daniel
1110101-110101
Crabtree, Job
201001-121001
Cook, John
010001-21202
Earpe, Wm.
0011000001-0011100001
Morrel(?), Thos.
0200201-0101001
Jones, Wm.
00001-20001
Jones, John
10001-000001
Lewallen, John
00100001-2101101
Davis, Joseph
40001-00001
McPherson, Barton
1111101-111101
McAdams, Joseph
01000001-22001

8

Patterson, Reuben
00101-21001
Webb, Allen
110001-21001
Deatherage, A. J.
10001-20001
Cole, Nancy
11-10001
Deatherage, Byrd
00101001-00110001
Wyatt, Thos.
00001-0
Rigg, Wm.
111001-101101
English, Andrew
10001-00001
Jennings, John
000001-100001
Jolly, Wm.
11001-21001
Deatherage, Philomon
0112001-0101001
Cloud, Joseph
0001201-01222
Morrison, John
2100001-111101
Harden, Mark
1100001-1200001
Macolum(?), Macum
0000001-0000101
Tilley, John
11200001-0110001
Henson, Jeremiah
20110001-0211001
Ambrouse, David
100001-11001
Caldwell, John
100001-02101
Casteel, Zacheriah
021001-20001
Killingsworth, Mary
0-000000001
Preston, Jessee
110001-12001
Hervey, John C.
1110001-11001
Swain, Elizabeth
1-00001
Cox, Thos.
2210001-00012
Howel, Halichi
10000001-01011001
Howel, Benjamin
31001-00001

9

Barnard, Samuel
11001-11001
Ballard, James
00001-0
Jolly, Dudley
00001-2001
Bedsaul, George
111001-210001
Jaquess, John
00001-1001
Barnard, Johnathan
1221001-110101
Jolly, Wm.
000000001-00010001
Deatherage, Peggy
012-001001
Matheny, Samuel
211001-130001
Grimsley, John
00011-000020001
Matheany, Elijah
00010001-00111001
Jaquiss, Isaac
10001-20001
Edgeman, Thomas
310001001-01001
McDuffee, Daniel
100001-10001
Pearcey, Samuel
21001-02001
Edgeman, Branton
0001-0
McKey, Mary
0-001001
McDuffie, Mary
00021-01001001
Pearce, Sarah
0-0001
McPherson, Spencer
11001-01001
Jaquiss, Gabriel
00001-00001
Henson, Johnathan
00001-10001
Jolly, James
010001-0100001
Pearcy(?), Thomas
0001-0
Sherald, Isaac
00011001-10021001
McIntire, Nancy
12-00001
Baley, Isaac
1010101-1121001

10

Luttrell, George
200201-112001
Kelley, John
1112101-0010001
Painter, George
1101001-0111
Tate, Wm.
00210001-0001
Felts, James
00100001-00000001
Longbottom, Elijah(?)
10001-11001
Felts, Aaron
00001-10001
Cooley, Joshua
02001-200001
Walker, Isaac
121001-000001
Norman, Pleasant M.
00001-00001
Norman, Martha
0-00001
Felts, James
10001-00001
Easther, Hellen
00111-00000001
Easther, Peter
221001-000001
Edwards, Wm.
20001-11001
Cooley, John
00110001-00210001
Woods, Christopher
20001-10001
Caps, Sarah
001-0100001
Smith, Sebastian
0000000001-000000011
Barger, John
2110001-020001
Hicks, Williamson
00101-30001
Edgemon, Johnston
10001-10001
Odem, John
0010001-220101
Tate, Isaac
00000001-0
Foust, Jacob
10001-00001
Edgemon, Wm.
100200001-000001
Patty, Josiah
10121001-1112010001

11

Easther, Joseph
101001-12101
Jones, Benjamin
100001-21001
Hurt, Eli
201001-102001
Bryant, Joseph
001201001-001010001
Forester, Milley
0-000000101
Wease(?), Wm.
00001-10001
Williams, Mathew
0111001-211101
Martin, Hugh
000010001-00120001
Hatfield, Valentine
411001-032001
James, John
110001-10001
Sisco, James
212101-020001
Hatfield, Valentine
11200001-0000010001
Roberts, Hugh
1210101-0001001
Lemmon, Levi
11110001-2010001
Carrington, James
100001-11001
James, Edmond
00100001-00110001
Moreland, Thomas
20001-11001
Tally, Elizabeth
0001-221001
Davis, James
10001-11010001
Hatfield, Clary
0111-0011001
Spencer, Hyram
00001-10011
Webb, Wm.
10001-00001
Alloy, James
1000000001-00001
Keeling, Wm.
01210001-0011101
Mathis, Obediah
300001-00001
Forester, John
0112001-2011001
Dixon, Elijah
011100001-2401001

12

Brackett, Morgan
2210001-1011001
Hatfield, Wm.
31001-112001
Edmondson, Samuel
00001-00001
Lewis, Aaron
100001-00001
Fike, Harland
210001-110001
Tindle, Elizabeth
0-00001
Harmer, Adam
00001-30001
Weace, Landon
21001-12001
Weace, Susan
0011-01101000001
Baker, Elizabeth
21-010001
McNutt, Wm.
010001-21001
Massey, Levina
0-0001
McNutt, Robert
00001-10001
Wilson, Samuel
021001-110001
Reed, Wm.
2310001-011101
Brackett, Eady
00011-10001001
Brackett, Morgan
00001-20011
Wilson, James
10001-10001
Montgomery, Rebeca
00001-000000001
West, John
00001101-00001001
Browder, Wm.
111001-201001
Smith, Joseph
00001-00001
Breadlofe, Wm.
2100101-020001001
Hudson, Armisted
011001-311001
Beverly, Wm.
11001-00001
Cooley, Elijah
1100001-0111001
Scroggins, David G.
1110001-100001

13

Alley, David
012001-110001
Canine, C.
10001-1001
Campbell, Robert
1101001-1210001
Clarke, Benjamin
000110001-01102001
Branham, Thomas
00021001-0112001
Morgan, Wm.
1001-00001
Roberts, John
00001-0001
Hughs, John
10001-00001
Brogdon, Hubbard
21001-011001
Tutten, Zacheus
00010001-0003001
Fuller, George
11011-100001
McCully, Samuel
100001-1001
Fullington, Sarah
2011-0000101
Newcome, Levi
0010001-00000001
Lewis, Hercules
000000001-000000001
Lewis, Moses
100001-0001
Oden, Leroy(?)
200001-11001
Callihan, Wm.
11001-21001
Smalley, George
010001-021001
Brackett, Burrell
00001-00001
Lewis, Samuel
000001-000001
Lewis, Reuben
00001-10001
Hurtley, Hugh L.
10001-120001
Burke, Milton
00001-10001
Allen, Wm.
010000001-030100001
Sparks, Abijah
121001-320001
Jones, Wiley
121001-110001

14

Weaver, James
000000001-0
Sparks, Richard
00311001-1200001
Smalley, Phillip
0110001-211001
Padget, Jessee
00001-10001
Padget, Francis
10010001-00101001
Padget, Nathaniel
11001-01001
Pew, Andrew
2110001-011001
Roberts, Littleberry
1220101-110101
Parmley, John
01110001-0111001
Martin, Wm.
00001-20001
Hartley, John
00020001-0122101
McCloud, James
000001-120001
Preston, Moses
122001-110001
Galloway, Jessee
1121001-122201
Line, Wm.
300001-012201
Harvey, Wm.
210001-10001
Deatheage, Abner
01001001-211101
Deatheage, Byrd
10001-20002
Yandle, Wm.
1003001-121001
Woodey, Elizabeth
021-111101
Jones, Vincen
1211001-100101
Yandle, Willes M.
10001-00001
Deatheage, Alexander
000001-00001
Jolley, John
00001-1001
Hodge, Wm.
00001-20001
Renfroe, Lewis
12000001-0110001
Teener, Jacob
00122001-0001101

15

McAleb, Andrew
0010001-321001
Starmer, Alexander
10012-11001
Burnett, Wm.
00010001-00212001
Eanis, Wm.
00001-0100100001
Eanis, Jacob
00001-00001
Turner, Andrew
20001-110001
Branham, Wm.
10001-00001
Eavans, Darcass
012-0000001001
Davis, David
00001-20001
Cain, James
10001-10001
Davis, Isaac
001100001-00100001
Foust, Wm.
00001-10001
Foust, Phillip
00101-00001
Droke, George
0001-0
Dennis, Joseph
11010001-10001101
Dennis, Joseph
110001-11001
Brown, John
10001-10001
Patty, Jessee
01011-20001
Patty, Zorabable
02010001-1020001
Ballard, Nuton
00001-00001
Ballard, John
011100001-00000001
Brock, Micajah
0000000101-0000000011
Fender, Daniel
10001-00001
Cooly, Micajah
00001-011001
Ausburn, Nathaniel
0000000001-00100001
Smith(?), M. G.
120001001-002001
Weace, George
122201-101001

16

Weace, Peter
000000001-000000001
Wright, Wm. B.
00001-0
Benton, Francis
3200010001-0000100001
Williams, Wm.
221001-201101
Powers, Robert
01001-10001
Ford, Nacy
00001-000110001
Chapman, Benjamin
000110001-00000001
Stamper, Diyard
110001001-100020001
Weace, Wm.
0011001-121001
King, Robert
2101001-0101001001
Griffen, Wm.
00001-00001
Niper, James
121001-110001
Eavins, Elizabeth C.
001-011001
Gamble, Thomas
000000001-000000001
Giles, John
001-0
Gamble, James
000111-30101
Jones, Wm.
000001-0001
Miller, Robert
0001-0001
Payne, Joseph
102001-020001
Dickey, James M.
110011-211001
Slackburn, James
1001-1001
Billingsley, John
001101-22011
Elkins, Wm.
30001-10001
Pursely, Wm.
3000001-00001
Harris, Jessee
000200001-00002001
Moon, Jonas
02201001-00010001
Vernon, Anderson
20001-00001

17

Denny, Wm.
001101-000001
Carter, Wm.
221011-220101
Carter, Leroy
0000001-0
Hawks, Solomon
00001-0001
Hyden, Richard
00101001-002001
Drowk(?), John
02001-20001
Bowman, Samuel
20001-10001
Denny, Farroe(?)
020011-200010001
Collins, Jane
0-0
Miles, Samuel
0-0
Hyden, Wm.
22001001-112101
Hyden, Anderson
00101-10001
Bohannon, Thomas
110101-211001
Vance, Hugh
10001-00001
Humbard, Reason
0000001-10002001
Maxfield, Benjamin
1100001-012001
Anderson, Peter
002100001-00200001
Bowman, Wm.
0110001-100001
Smith, Hezeciah
00001-1001
Johnston, Benjamin
210001-01001
Coffee, John
010001-010010001
Taylor, Martha
0-000000020001
Julian, John C.
000001-10001
Taylor, Thomas
00110001-00110011
McCatney, James
000001-0
Davidson, Henry
10101-00001
Henderson, Colburk
0001-10001

18

Selvige, Michael
000000001-110300001
Brooks, Caty
012-0021001
Surret, Thompson
11001-00001
Roberts, Jessee M.
10001-10001
Hall, James S.
1000001-110001
Pursley, James
0320001-200101
Murry, John
210001-000001
Smith, John
00001-10001
Bower, Wm.
112001-020101
Blair, John
1011001-131101
Lewis, Lewallen
11001-10001
Stults, Abner
110001-11011
Edwards, John
00001-0101
Derossett, Henry
10001-20001
Hyden, Thomas
10001-00001
Branham, Wm.
2021001-11001
West, Stephen
10001-00100001
Selvage, Wm.
001111-0100101
Selvage, MK
0002-00001
Ballard, Wm.
11001001-2122001
Branham, Jefferson
0001-0
Selvage, John
00001-00101
Tallifaroe, Richard
00011-20011
Taylor, James
000101-000001
Branham, Louis
11-010001
Hankins, John
11012001-0111001
Childress, Kelly
0-00000001

19

Branham, Milley
101-200001
Wallace, Thomas
20001-0001
Rodgers, Andrew
100001-03111
Scott, Alfred
0-000001
Talifaroe, John
300001-00001
Wright, John
20111001-0111001
McKenzie, Samuel
110001-01001
Brook, John
11001-00001
Swisher, Michael
000020001-0101001
Swisher, Henry R.
10001-00001
Irwin, Robert
00121001-00211001
Branham, Tarlton
2112001-1112001
Risher(?), John
0110001-10101001
Webb, Wiley
12001-20101
Irwin, Samuel
00001-21001
Bower, Benjamin
220001-0010001
Heflin, Wm.
00001-00001
Duncan, Thomas
000000001-00000001
Householder, Joshua
012111-2200100001
Madden, James
0111001-002001
Scarborough, John
0112001-0021101
Taflifaroe, Charles
121101-10001
Snow, Richard
00001-0001
Falkner, Laurence
00001-10001
Ault, Conrad
111101-0010001
Stephens, Phillip
121011-100001
Rose, McKenzie
2101101-1101101

20

Tipton, Mary
0-00000000001

Davis(?), Alfred
2110001-011001

Wilkens, Solomon
110101-111001

Eblen, Samuel
210001-0110001

Lay, Wm.
001010001-00110001

Lay, John
10101-20001

Morris, John
11001-01001

Rose, Allen
31001-00001

Rose, Elijah
10001-10001

Lay, Jessee
000001-21001

Crumpley, Eli
210101-0110001

Dodson, Alexander
0000001-0100010001

Matheny, John
101001-211101

Matheny, Thomas
230001-101001

Matheny, James
00000001-10001001

Ketchen, Thomas
00001-00001

McCain, Elizabeth
101-010001

McCain, Edward
000001-00001

Bogart, Henry
10011-10001

Carter, Thos. F.(?)
000011-20001

Matlock, Jessee
120101-10001

Branham, Benjamin
012000001-2210001

Walker, Buckner
0100001-2122001

Foust(?), John
210001-10001

Hill, John
1220001-101101

Allen, Reuben
20001-00001

Breazeale, David
021201-110001

21

Turner, John
13201-2100011

Stockton, Sanford
00001-10011

Breazeale, Wood
000100001-00010001

Little, Daniel
112100101-0101001

Little, John
00001-0001

Smith, John
00010001-00300001

Gibbs, Nacy
111-0102101

Cooley, James
110010001-000010001

Wilson, Elizabeth
211-000001

Branham, Thomas
100001-21101

Branham, John
00001-0001

Culvahouse, Edward
200001-020001

Stow, Robert
00101-00001

Cave, John
210001-02001

Blake, William
00001-1001

Stockton, Thomas
1312001-0001001

Marney, Amos
101001-212101

Branham, Mary
0002-00100001

Lovelace, Wm.
10001-20011

Qualls, Nathaniel
01200001-211301

Bell, John
12110001-2000001

Bowers, Levi
10001-00001

Keeling, Wm.
02001-10001

McCain, John
100110001-00002

Harold, Balis
00000001-00000001

Rinkle, John
01101-300010001

Rinkle, Daniel
32000001-1100001

22

Johnston, Seth
320001-121001

Johnston, Edmond
000000001-000110001

Johnston, Little Berry
21001-00001

Balding, Francis
00001-00001

Johnson, Francis
00000000001-00100011

Johnson, Isaac
0222001-0012001

Johnson, Hyram
10001-10001

Johnson, Wm.
00010001-0001001

Rinkle, Jacob
20001-10001

Sharp, Meredith
010001-10001

Sharp, Samuel
312001-001001

Brown, Edward
01001001-00000001

Parker, Josiah
0001-0001

Parker, James
12010001-201001

Gallyon, Abraham
00001-10001

Gallyon, John
112000001-1000001

Gallyon, Isaac
20001-00001

King, Curby
20001-01001

Gallyon, Wm.
200001-021001

Hensley, Benjamin
021011-201101

Maynard, Reuben
00001-20001

Dotson, Stephen
00001-00001

Griffin, Harmon
10001-110001

Dotson, Archibald
10101-20001

Smith, Merald
0021001-0101001

Smith, Jorden
010000001-0000010001

McCoy, Wm.
00001-00001

23

Wilson, George
201001-021101

McCoy, Daniel
121200001-0010001

Cooper, Johnathan
110001-00001

Sevddle, Thomas
311001-020001

Haighwood, Benjamin
0020001-0200001

Talburt, Micajah
22200001-0202101

Lawrance, Joseph
00001-00001

Ross, Martin
01001-100011

Bunden, Thomas
0000001-0010001

Tuten, Absolem
0001-0001

Fender, Johnathan
10001-00001

Little, James
110001-11101

Brock, Zacheriah
2000001-223001

Brock, Mary
1-0001

Cooley, James
100001-200001

Keeling, Welding
00001-10001

Dotson, Fountain
10001-00001

Russell, Sarah
0-00011001

Weace, John
00001-20001

Lovelace, Zedde
10001-11001

Chadwick, Mathew
220001-10101

Bowman, John
0000000001-000000001

Bowman, Lewis
00001-10001

Bower, James
100001-112001

Phillips, Jacob
20001-02001

Green, Samuel
3100001-110001

Wilson, Thomas J.
10001-100001

24

Holeman, Daniel
2112001-123201

Carter, Robert
10101-20101001

Cooper, Daniel
113100001-0100201

Hawks, Mary
00101-0011001

Lain, John
210001-110001

Lain, Joseph
000010001-0000000001

Lain, Jordan
0112201-0120001

Derossett, Willis
00001-20001

Grimet, Wm.
00010001-00001001

Grimet, John
10001-001001

Edwards, Isaac H.
10001-0001

Durham, Singleton
10001-10001

Murphey, Obediah
0200001-101001

Durham, John
10110001-0212001

Bowers, Green
11200001-01010001

Yoakum, Sharlotte
12121-0121201

Goodin, John
00113001-00110001

Phillips, Auswell
010101-021001

Bell, Thomas
00011001-00112001

Duncan, John
10001-000010001

Edwards, Edward
01011001-00010001

Carmichael, Jane
00111-0011001

Bacon, Allen S.
2101201-0102001

Whitten, John
310001-01001

Childress, Martha
01111000001-0121101

Day, Wm.
00001-10001

Brogan, Robert C.
10001-00001

25

Purkey, Daniel
210001-03101

Robinson, Joseph
011001-100001

Archer, Aaron
000001-01001

Brown, Wm. L.
000011-221001

McCormick, Clayton
31001-11001

Mizell, Daniel
21001-12101

Fain, Misser
0010001-2101001

Robinson, John
1030001-401101

Jones, Hardy
1110001-111001

Bloom, Elias
00002-10001

Haskins, Joseph
00100001-001001

Blair, Wm.
00001-00001

Miller, Jacob
1100001-022001

Duncan, Berry
200111-012101

Freeman, James
00011-00001

Huff, John
01110001-0111001

Huff, Wm.
00001-00001

Gardiner, James
001000001-0100001

Tunnel, Wm.
01210001-1001101

Miller, Henry
0011001-0002

Harrison, John
00001001-00000011

West, Nicholas
211001-120001

Harrison, James
0300001-102001

Harrison, Hannah
0-000010001

Grissham, Neamiah
11002-00002

Parks, Jacob
00101-20100001

Brown, Nancy
0011-0001001001

ROANE

25A

Miller, Dopson
21001-01001

Hart, Tarlton
311001-010001

Hart, James
10001-10001

Phifer, Faris
1230001-200101

Johnston, James
1120311-1112001

Williams, Gomrey
00001-0

Rice, John
0010001-100101

Lain(?), Daniel
11001-12001

Johnston, Ebenezah
000011-0

Faris, Peter
020001-10001

Faris, Samuel
10001-11001

Pope, Wm. E.
120001-10001

Buckhannon, Wm.
10001-21001

Hawks, John
10311001-010101

Nancy
0-0

Stone, Jeremiah
122001-0010001

Davis, Briton
01110001-0100000101

Renalds, Susanah
0-20001

Parks, James
00001-0001

Blanton, Abner
100001-13001

Julian, Wm. C.
20101-00001

Parks, Wm.
02101001-00222001

Britton, Joseph
10001-10001

Cannon, Robert
0200101-0111010001

Green, James J.
01110001-0000201

Green, James B.
20001-01001

Riddle, Hugh
0101001-1020001

26

Kendrick, John
00001-00001

Knave, Samuel
0121001-2101001

Tucker, Lewallen
121100001-000101

Yoakum, Peter
0212001-210001

Green, Don F.
21001-01001001

Reynolds, Wm.
1000100001-01000001

Long, Samuel
110001-011001

Murphey, Elizabeth
0000001-010021001

Burnett, Samuel
100001-120001

Cash, Benjamin
210001-01002

Stults, James
020001-10001

Love, Robert
001001-20001

Funderburk, Lanez
00010001-000010001

Bagwell, Thomas
00001001-000200001

Stephens, Thomas
101101-121001

Franklin, Barnard
1100001-11001

Grigsby, John
0022101-110011

Lawson, Stephen
1010001-201001

Lawson, Reuben
0000000001-000010001

Evans, Samuel
30001-10001

Langley, Wm.
10001-11001

Haskins, Preston
30001-00001

Brown, George
100001-10001

Fain, David
2220101-0102101

Bowers, George
000[illegible]1-0

Gallahaw, Joannah
12202-001101

New, Wm.
00000001-1000001

27

Lovelace, George
00100001-0011001

Chapman, John P.
300001-01001

Johnston, Wm.
21001-10001

Tipton, J. S.
10001-20001

Galaspie, Wm.
00001-20001

Daniel, Thomas
021001-201001

Stephens, Solem
00001-0001

Webster, Nancy
001-011001

Maghee, Silas M.
00001-20001

Lain, Samuel
121001-111

Robinson, John
01001-20101

Carson, Absolem
11020101-202001001

Tallifaroe, Mary
0-0001

Haskins, John T.
10110001-00021001

Christian, Henry
00001001-01110001

Lovelace, Wm.
10001-000001

Constant, Wm.
11001-00000101

Johnson, Thomas
01000001-0132001

Mowrey, Samuel
111001-11001

Robinson, James
210001-11011

Henderson, Hilry
00001-10001

Young, Thomas D.
20001-1201

Robinson, Thomas
1010001-2221001

Blair, John
10011-00001

Yoakley, Hannah
001-001101

Blair, Jane
0002101-00000001

Haskins, John
00001-0001

28

Lilburn, Andrew
010001-011001

Dawson, Wm.
00011001-00011

Thompson, John
100001-221011

Rowden, Hamadather
00001-10001

McMillen, John
0010001-1100001

Derossett, John
1010001-121001

Baker, Henry
000001-20001

Basket, Wm.
11230001-21002001

Shugart, Earl
00001-20001

Carrick, Addison
2100001-011101

Marton, George
10001-00001

Dolton, James
110001-0

Dolton, Thomas
000011-22001

Dolton, Joseph
00001-000001

McIntire, John
00101-10001

McIntire, Samuel
200001-00001

Clift, James
10001-1001

Baber, Woodson
20001-10001

ROANE

33

Martin, James
121001-100001

Moore, Thomas
0111001-211101

Bandy, Jesse
11001-20001

Coulter, John
001010001-10012

Acord, David
11001-20001

Shell, John
0011001-0000001

Acord, Crunimum
0000000001-000000001

Acord, Cornelius
11001-21001

Acord, John
220001-000001

Bolin, Isham
12110001-1111001

Moore, James
1200101-01001

Gaines, George W.
200001-00001

Shields, Benjamin
1210001-1101101

Asher, Leonard
210101-11011

Rector, John
00000001-0000101

Smith, Josiah
20001-00001

Davis, Lewis
10001-00001

Ellis, Francis
011010001-01120001

Hankins, Thomas
0000101-010201

Walker, Samuel
00010200001-0

McKamy, Jane F.
0011-1200001

Shields, John S.
00001-00001

Stewart, Nancy
01002-0002001

White, Elizabeth
001-00100001

Cardwell, Thomas P.
10001-11001

Boxley, George
000000001-000100001

Boxley, Burwell
10001-0001

34

Graves, George
00000001-0000000001

Threwits, John
11101-01001

Clayton, Nancy
0-00000001

McDaniel, John
10001-00001

Dunnagin, David
30011-000101

Hornsby, Ebenezar
10111001-0000101

McDaniel, Abner
00001-00001

Kindrick, Jacob F.
10001-20001

Kindrick, Samuel
000220001-00102001

Rector, Richard
0022101-0000101

Rector, Uriah
0100000001-00010001

Joinder, Charlton
101101-112001

Bailey, Elizabeth
00011-00102001

Hembree, Obediah
1000001-12101

Yearls, Archibald
000001-31101

McAnally, Charles
1221001-011101

Coleman, William S.
120001-10001

Brandon, Plesant
0101101-00121001

Headerick, John
120001-10011

Smith, William
10001-10001

Smith, John
00002-1001

Gibson, Jonathan
00001-20001

Long, Joel
1011001-1211101

Whiteley, James
0011011-000001

Kirk, William
000010001-000110001

Smith, John
000110001-001200101

York, Flemming
211001-020001

35

Parks, Robert
1101001-1322001
Howard, Allison
12011-10001
Smith, Anthony
111002-211001
Good, Gimeral
100131-00101
England, John
20001-11001
Owings, Samuel
001001-222001
Haynes, James P.
010101-221001
Coggburn, James A.
00001-1001
High, Benjamin
0201001-212101
Houston, Adam
11001-110010001
Underwood, John
00012001-00111001
Isham, Henry
00011001-00001001
England, Dabney
00110001-00110001
Low, Jesse M.
20001-01001
Franklin, Polly
0-10010001
Russell, Jesse
0010101-0010101
Willett, Nathaniel
00001-0001
Underwood, James
00001-0001
Montgomery, John
1111001-111001
Clark, Thomas N.
000011001-000100001
Hays, Jeremiah
110001-11001
Galbreith, William
0000210001-002011
Moore, John
122011-100101
McEwen, Elizabeth
00131-0030001
Jordan, Lewis W.
001011-11001
Crow, William
2100001-102101
Harvey, Jonathan
011100011-00203001

36

Blackwell, Hugh
00001-00001
Marney, Robert
110001-10001
Bussell, William
20011-10001
Wilmot, James
00001-00011
Tuten, Wyley
1110001-121001
Blackwell, David
0100000001-000010001
Richards, Richard
0002101-1000001
Breazeale, John W. M.
200011-01002
Sturgess, Westley
10001-0001
Beddo, Philip
130101-100001
Loyd, Rachel
0-00010001
Ashley, Noah
11000001-010001
Liggett, Henry
102102-12100101
Shackleford, Thos. L.
00130001-00200001
Jones, Cary A.
10101-0001
Landrum, Robert M.
00001-30002
McKamey, William C.
011000101-0000001
Morgan, Gideon
0001000001-0000001
Smith, Samuel H.
10001-0001
Patton, David
2202001-002001
Musgrove, William
200001-00001
Burnett, Hiram
20001-01001
McConnell, Thomas
110001-111001
Jones, Ambrose
1112301-121101
Purris, Sarah
000011-000000101
McCampbell, James
1010001-010001
Bolin, Mary
0-02002

37

Brown, Nancy
011-0000001
Jenkins, Henry
0010001-130101
Webb, Joseph
21001-00011
Sutherland, Alvis
01011-02001
Bazil, Caty
00001-000000001
McCall, Samuel
001000001-00100001
Bazil, Samuel
000001-0
Walker, Thomas
00012-00010001
Reeder, William
120001-101101
Gilliland, Robert S.
010101-12001
Smith, Meriwether
000111001-00010002
Hart, William
01210001-1012001
Martin, John
0002001-00300001
Tucker, Robert
11210001-211001
Sutherland, Robert
10001-00001
Smith, John Y.
00001-00001
Gravely, William
00001001-00110001
Reid, Robert
100001-120001
Jane, Zophar
00011-10001
Brashears, Joseph
00001-00001
Rayburn, John
00001-0001
Gardenhire, Geo. W.
000011-20001
Buckhannan, James
1120101-211001
Crumbliss, James
1100001-210010001
Hankins, Lemuel J.
1020001-2111001
Hooper, Robert
000001-00011
Philips, Reuben
3113001-1010001

38

Manifold, George
21200001-0022001
Underwood, George
0120001-012001
Haley, John C.
11101002-0020001
Tompkins, George
000001-0
Able, David
0111001001-1102001
Matlock, John C.
0000001-0000001
Steen, William
200101-03001
Kindrick, Henry
200001-021011
McLewee, Ferraly
001-0002101
Pritchett, William
010001-11001
Winton, James
1112001-211001
Douglas, William
20002-00001
Able, John
00011-200010001
Pritchett, John
20002-10001
Perry, John
0001000001-00010001
Kelsoe, Charles B.
0001101-0111001
Winton, William
1110001-111301
Harner(?), David
220001-001001
Pollard, Jacob
01100001-01110001
Acre, John W.
21001-10001
Douglas, Thomas
000001-0
Fletcher, Burgess
10001-0001
Hughs, William
10001-10011
Acre, James
1000000001-010001
Johnston, William
111101-0110001
Dunahoo, James E.
100001-00001
Rhea, Francis
110001-00011

39

White, Benjamin
000001-10001
White, John
000100001-00001001
Roarke, Levin
00100001-00000001
Tindel, Lucy
00101-0001101
Longacre, Benjamin
0100000001-021001
Longacre, Benjamin
2110101-0212101
Perkins, David
21001-10011
Murrain, Henry
000001-10001
McKiddy, Thomas
0000200001-0000000001
Weeks, George
1000201-01011
Majors, Elias
0221001-0101001
Leffew, Pleasant H.
10001-30001
Wright, Abraham
11001-10001
Majors, Larkin
10011-00001
Mashburn, Huldy
01011-1000101
Jones, Samuel
11001-10011
Johnston, Tarlton
312001-0110001
Jackson, John
002101-110101
Looney, Joseph
002300001-10002001
Murphy, Silas
000002-3100101
Robbs, James
110001-11001
Medley, Sanford
11001-20001
Mayfield, Avary
11001-10001
Hamlet, John
110001-20001
Hamlet, Margaret
0002-000001
Jones, Henry
10101-00001
Robbs, Edward
01000001-00000001

40

Roads, John
10001-00011
Jones, Richard
10110001-0100001
Nethery, John
00002-00001
Henson, Thomas
230001-000001
Randolph, Martin
000001-210001
White, Charles
101201-121101
Mee, John
20103-00001
Cooper, Isham
10001-11001
Gordon, George
02001001-01010011
Durton, Philip
001001-1210001
Madden, John
100001-210001
Honey, Stephen
10001-0001
Griffith, William
00000001-0
Hinds, Silvanas
00110001-1200001
Higgins, Martha
00001-000010001
Newport, Calvin
10001-00001
Newport, Asa
20101-12001
Hinds, James
20001-00001
Hensley, Edmund
00000001-0000000001001
Tredaway, Edmund
010001-20001
Cates, Benjamin
100001-00001
Hinds, Eli S.
10001-0001
Hinds, John
00100001-1000101
Breeding, Evan
00001-0001
Hinds, Abigail
1001-00001011
Newport, Hannah
0-000000001
Hinds, Joseph
201111-021101

ROANE

41

Haukins(Hawkins?), Ruth
00001-00001001
Dickey, Anthony H.
0010101-010011001
Matlock, Isaac
111101-021001
Smith, Benjamin
1310001-101001
Haley, Allen
00011-01001
Mahan, Robert S.
0002001-00000010001
Clark, John M.
000001-23001
McPherson, Mary
001-00110001
McPherson, John
00001-0001
Rice, Henry
0001-0
Moore, Joshua
200101-01001
Bolin, Valentine
0001-00010000001
Willett, Enoch
1212001-1100001
East, John T.
10001-00011
Day, William
0010001-0100001
McPherson, James
1110001-101201
Haley, David
000100001-11010001
Fleenor, Henry
10001-01001
Brown, William
00001011-001001
Sanford, George
000001-0001
Kimbrough, Joseph
21000100001-0000100001
Jarrott, Nathaniel R.
10001-10001
Pankey, John
1100001-1113001
Wells, Josiah
01211001-0100001
Tedder, John
1200001-001001
Hudson, Joshua
000001-30001
Hudson, Peter
100200001-000100001

42

Hudson, Hampton
21001-11001
Ewell, Isaac
200001-00001
Evans, Amos
011001-001001
Mitchell, Amos
11001-11001
Ewell, Conner
000000001-00001001
McCarroll, John
00001-0001
Ewell, Wilea
00001-10001
McElwee, William
000001-0001
Eblen, Isaac
0020001-0001001
Hembree, Joel
000011-000000001
Crouch, John
122001-111101
Isham, Elijah
321001-010001
Owings, William
000001-00001
Owings, John
1211001-110001
Russell, Moses
121001-101101
Owings, Edward
000000001-000130001
Owings, Alfred
12000101-01001
Wilhite, John
10001-0001
Wilhite, Elijah
00001001-2221101
Wilhite, Isaac
00001-1001
Scoggin, Jacob M.
10001-20001
McPherson, Joseph
00000001-0001001
McPherson, Geo. W. C.
00001-0001
Griffis, Needam
20001-11001
Daniel, Ezekiel
10001-20001
Asher, Thomas
00001-10001
Pierce, Walker
10001-20001

43

Parks, George
21110001-1011101
Willis, Elizabeth
001-00010001
Cofer, Abram
00001-00001
Allen, Lucy
0-000101
Derrick, Andrew
32111-11001
Margrave, Samuel
001101-221001001
Clark, Jesse
00000001-00310001
Black, Mitchell
0120101-0012101
Stout, Mourning
1201-0001101
Richardson, Thomas
0300001-31001
Asher, David
0000000001-001110001
Luster, Jonathan
10001-10001
Derrett, Willis
0100001-2300010101
Green, Enoch
00001-0
Evans, Benjamin
01000001-212201
Brumley, Lewis
0001-1001
Thomas, John
200001-0110100001
Dugger, Alexander
11011001-1001101
Brumley, Wyatt
12020001-00010001
Richardson, Samuel
1000100001-00001
Green, Thomas
00010001-00000001
Underwood, Baldwin
011101-230001
Kirkpatrick, Lewis
2201001-10101
Center, Milton
00000001-000010001
Frank, Jesse
100001-10001
Love, Hezekiah
200001-020001
James, James
2221001-122001

44

Edwards, James
10002-0001
Henderson, Charles
001001-021001
Marney, Samuel
310001-01001
Vaughn, Jesse
0221001-0100101
Eastridge, Ezekiel
00001-10001
Breazeale, Henry
000110001-00021001
Goldston, John
00001-0
David(Daniel?), Thompson
000000001-0012000101
Crowder, Daniel
10001-0001
Gardner, Thomas
0010001-2020101
Blackwell, George
00001-10001
Crow, Edward
30201-00101
Hostler, Michael
11001001-111310101
Willitt, William
20200001-0001001
Funk, Samuel
000020001-02010001
Clark, Jesse
10001-0001
Martin, George
100000001-011010001
Martin, Moses
0000001-00001
Brown, Henry
000000001-0010100001
Brown, Henry
10001-20001
Carson, Adam
001110001-00000001
Ives, William
12200001-100101
Shaddick, John
00000001-00000000001
Green, Theoderick
210001-00002
Green, Blueford E.
00001-00001
Cooper, Cathrine
00011-000100100001
Bowers, William
00100001-00000001

ROANE

45

Clark, Williamson
10001-10011
Bowers, James
110011-12001
Clark, Richard
00001-10001
Bowers, John
02001-10001
Tedder, James
120001-00011
Tedder, Benagy
0000001-0000000001
Taylor, James
121201-011001
Martin, Elisha
1101001-1131001
Fisher, Noah
000101-00001
Suddath, John
10002-00001
Green, Seaton
00001-00011
Scott, David
0-0
Taylor, Albert
00001-10001
Russell, James
20001-01001
Ellis, Edmund
003020001-0012001
Brown, Thomas
00000001-0000001
Gardenhire, Matthew
10001-100011
Wheat, Levi
2220001-0003
Harvey, Lemuel
001001-0001
Wakefield, James
101000001-0011401
Burnett, Jefferson
21002-00001
Hector, Jacob
131001-201001
Price, William
1001001-00020001
Morehead, Richard
000001-00001
Manning, Peter
10020001-011101
Eskridge, Samuel
000010001-00000001
Stephenson, John
00210001-0201201

46

Eblen, Ann
000001-001001001
Morris, James
1011100011-00111001
Burris, Isaac
11001-1101
Price, Lewis
10001-10001
Robinson, Drury
10002-00001
Able, John
00001-21001
Adams, Asa
00210001-1011001
Talant, Lot
0120001-0012101
Miller, James H.
01201001-0101001
Wooddy, Hugh
001001-130001
Moore, George
00000001-0
Pritchett, Thomas
10000001-13001001
Anderson, Stephen
210010001-31001
Hewett, Nathaniel
0000001-00011001
Utley, Jacob
100001-000001
Sylar, Jane
00001-00010001
Wilkinson, William G.
300001-00001
Hartley, Peter
0000000001-001001
Foson, Elizabeth
001-00020001
Houston, Samuel
1101101-0330010001
Freeman, Davis
10001-00001
Gragg, Hezekiah
0010000001-10020001
Lamb, William
00001-10001
Hotchkiss, Hezekiah
310121-112101
Mead, William
0100010001-2110010001
Gordon, John
1211001-101002
Prater, Thomas
21001-010001

47

Lamb, Alexander
000001-200010101
Mead, William M.
21001-20001
Miller, Hezekiah
10001-20001
Soward, Elijah
1110001-0110001001
Cook, John
20001-01001
Best, Jeremiah
0000001-0001001
West, John B.
2201001-0221001
West, James
0120001-220001
Prater, Benjamin
00010001-00000001
Brittain, William
000000001-000010001
Griffits, Eli
0000101-2212101
Blaylock, Squire
1200001-0110001
Temple, James H.
300101-10001
Bell, William H.
00001-0
Matlock, Jason
001000001-1211001
Foute, Jacob
00000001-00020001
Matlock, Samuel E.
10001-0001
Amos, William
00010001-121111
Lutterell, Nelson
00010001-0101101
Kimbrell, Benjamin A.
00001-00001
Hope, James
01113001-02131001
Mederis, Sarah
0011-011001
Goans, Zephamiah
0-0
Foute, William L.
100001-10001
Meredith, Richard
000100001-00010001
Soward, Henry
01210001-0020100101
Soward, Joshua
10001-10001

48

McDaniel, Caleb
110001-020001
Rector, Landon
00200001-01021001
Lutterell, Mason
0000001-2322001
Lane, Joseph
00001-0001
Minton, John
110001-010001
Winton, John
000010001-000010001
Powell, Martin
0110101-00001001
Pearson, Thomas
2120001-211101
Clowney, Delia
00001-0101001
Brown, Thomas
00001-0
Alexander, George
0101001-01223001
Box, Robert
10100101-0120101
Williams, Powell
110100001-001001
Lenoir, William B.
02121001-1011001
Galloway, Levi
110101-110001
Allison, Martha
002-0201102
Johnston, William
00001-1001
Carter, John
232101-1010010001
West, Jesse
120001-10001
Burnet, Moses
00100001-0012101
Amos, Daniel
222001-010001
Amos, Daniel
0000001001-0000001001
Godfrey, Zachariah
00000001-0100001
Ladd, Nelson
200002-01001
Lackey, John
0000000001-000010001
Alexander, Lawson
100001-000011
Chambers, William
021000001-100001

49

Freeman, John
10211001-0010001
Stone, Menoah
3221001-1101001
Eldridge, Jesse
100110001-122001
Irwin, George
110101-10001
Findlay, George
00001-20001
Ponder, Valentine
0111001-0000001
Findlay, James
00111001-00111001
Huffine, Daniel
00001-10001
Spence, Thomas
00010001-00011002
Spence, Robert
2100001-010001
Spence, Rachel
0-0000010001
Alexander, Samuel
0022001-221021
Bruce, John
00001-000001
Spratt, James
0212001-0010101
Irwin, Bird
00001-21001
Wooddy, John
0010000001-00010001
Thompson, James
00020001-00101001
Wright, John B.
01030001-0020001
Hide, Hiram
312001-02100101
Moore, Nimrod
10001-10001
Breazeale, James
11110001-2111001
Breazeale, Henderson
10001-00011
Hood, John
112001-110201
Turner, Haysher
10001-21001
Johnston, Dempsey
001030001-00110001
Veal, Dempsey
000000001-0
Tucker, Lidia
11-000011

50

Lackey, James
2000001-10001
Wells, James
101001-12101
Wells, Moses
001001-020001
Warren, Jacob
1112001-31021
Snow, Dudley
20002-00001
Pickle, George
2020001-121101
Roach, Littleton
1001101-211201
Williams, Robert
1000001-0000001
Duncan, Evan E.
111001-120001
Matlock, Moore
10001-1001
Branam, Livingston
21002-20001
Turner, Elisha
21001-00001
Wooddy, John
11002-000010l001
Marney, Amos
0000000011-010100001
Gilbert, Archibald
1120001-001
Johnston, Peter
0110001-0211001
Booth, David
00100001-00131001
Tinel, Lindsey
321001-11001101
Mansfield, Nicholas
000110001-110010001
Baley, Daniel
300001-021001
Parmer, David
01100001-00101001
Bacon, Washington
000001-20001
Allen, Richard
0000001001-1000101
McInturf, Manuel
00000001-000001
Tummons, John
011001-211001
Cook, John
2010001-00001
Littleton, Thomas
00210001-1111001

ROANE

51

Littleton, Pleasant
10001-0001
Matthews, James
11001-11001
Littleton, William
10001-10001
Wilson, Joseph
10001-10001
Matthews, Ansel
00120001-03200001
Sylar, Peter H.
000101-00002
Narramore, Frederick
1200001-1101001
McMullen, Rebecca
1101-012101
Breazeale, Elijah
00001-30001
Talant, Malichi
10001-00001
Wooddy, Samuel
010101-201101
Breazeale, Willis
01001001-01021001
Mann, John
10011-10002
Ward, Ezekiel
1211001-0000101
Williamson, Elisha
001100001-00010001
Narramore, William
10001-10001
Anthony, Jacob
01002001-0121001
McCain, Sarah
21-011101
Pritchett, John
011001-10001
Eblen, John
030101-00001
Baley, David
00101000001-0
Heith, Thomas
00001001-00100001
Scott, John
0-000001
Miles, Ginney
0-0
Morgan, Thomas
2120001-1100001
Lovelace, David
01010001-0202001
Stephenson, James
00001-00001

52

McMullen, Thomas
00001-1011
Farmer, Nathaniel
0110001-111101
Baker, Fanny
001-0000201
Baker, Jacob
20001-11001
Vaughn, Archilaus
000100001-00101001
Felts, William
10001-10001
Farmer, Archilaus V.
010001-10001
Farmer, Elijah
2110001-111001
Bogart, Abram
01101001-00021001
Bogart, William
12001-10001
Liles, Samuel
220001-11001
Oliver, Joel
1100001-021001
Townsley, Elizabeth
011-101001
Breazeale, Benjamin
21001-01001
Ingrum, Sanford
20001-01001
Ingrum, Gallant
00100001-01110001
Blackburn, Paul
00100001-21111
Hankins, Kesiah
01-00000101
Duggins, Pouncy
10002-20001
Davis, John
10001-00001
Breazeale, Franklin
0002001-0012001
Breazeale, Henry W.
10011-00001
Breazeale, Robert H.
200001-10001
Moore, James
010000001-000031001
Ross, John K.
200001-021001
Sowell, Edmund
2110001-0101001
Hotchkiss, Jarad
011010001-00011001

53

Thomas, Abner
11001-11001
Hotchkiss, Samuel
00001-10001
Stinnitt, Preston
00001-00001
Rich, James
0002001-02000001
Langsdown, Elizabeth
0-0000001
Harrison, Benjamin
1001001-112101
Dempsey, David
001000001-00000001
Reid, Thomas
21021-01011
Anderson, Thomas A.
10022-10001
Moore, John
211011-002001
Apperson, Edwin L.
10011-00001
Woolley, Hiram
00011-30001
Moore, George
0010001-221101
Alexander, Joshua
20001-00001
Warren, Ailsey
0-000000001
Elkins, John
10011-11001
Shahan, David
020001-200010001
Collins, John
11001-30001
Starkey, Samuel
00001-21001
Parks, Samuel
21100001-1201101
Moore, William
221001-001001
Snow, William
00001-11001
Richardson, David
10000001-01201
Moore, George
0122001-101001
Parks, John
010001-11011
Eldridge, Westley
00001-0001
Carmichael, John
11121001-010001

54

Gardenhire, William
00110001-00211001
Owings, Stewart
100001-120011
Palmer, Jesse
01110001-1011101
Lovelace, George
0001-00001
Blair, William
01111001-011101
Deavours, John
30101-11001
Moore, Joseph
100001-10011
Tucker, John
122001-110011
Browder, John
00001-1001
Browder, Nancy
01011-000120001
Browder, Fanny
00002-000010001
Fletcher, James A.
210011-10001
Nicholson, Thomas
0021001-010201
Freeman, Silvestria
10001-00011
Curd, Richard
110001-11001
Brittain, Robert
011001-20001
Lowman(?), Rosannah
0-0
Polson, Absolom
11001-20001
Pritchett, John
100001-01001
Norton, Winney
0-000000001
Eldridge, Benjamin
011001-10001
Huffine, Rachel
0211-2000201
Eldridge, Simeon
000000001-000000001
Jackson, Able
00001-0
McGhee, James
2101001-0110101
Grammar, Joseph
0021000001-00010001
Foson, Stephen
10001-10001

55

Scroggins, Berry
02221001-2000001001
Lutterell, Martin
1011001-0001101
Hoffman, Adam
1210001-0110001
Rankin, John
1010001-1222001
Harvey, Onus
10001-0001
Boothe, Aaron
11001-00001
Goforth, Elizabeth
11-010001
Boothe, William
20001-11001
McCulley, Elizabeth
001-0010001
Nelson, Elijah
0011001-0220001
Winton, Westley
000001-00001
Rankin, Charles
10001-10001
Mederaris, Henry
00001-0
Hankins, Isabella
41-0110010001
Breazeale, Hugh L.
20001-00001
Brown, John
00101001-011
Walker, John
11000001-1000001
Roberts, John
223001-010001
Boyd, Michael
100011-1100101
Burns, William
1100001-001001
Westbrook, Thomas
01100001-1220001
King, Walter
002000001-0002101
Ballad, Charles
011001-110001
Blackwell, Betsey
22-001001
Sharp, John A.
12001-10101001
McCloud, Jesse
00001-00001
Monger, Joseph J.
10002-00001

56

Breashears, Margaret
0001201001-00111001
Walker, Audley P.
0100001-210131
Barnett, Carter
110010001-1002001
Hacker, Sally
1212-000001
Eblin, William
0101001-1120001
Hamilton, William
012100001-0100101
Liles, Henry
10001-20001
Babb, Hiram
011001-011001
Shadwell, Margaret
02-0000001
Sexton, William
00001-20001
Morrison, Edward
111001-111001
Dixon, Rebbeca
0-00100001
Moore, James
110000001-0210011
Penick, Henry
10001-11001001
Wooddy, Robert
1100001-1220001
Penick, Cathrine
0-00012001
Capps, Gideon
1010001-0100001
Monger, Williamson
13200001-200101
Gideon, Magdaline
111-0111001
Blevins, Delany
2-1000101
Fritz, Henry
01111001-10001101
Pickle, John
1220001-1001001
Grubb, Daniel
000110001-10000001
Burk, Robert
001120001-00111001
Miller, Adam
000100001-00110001
Mead, John
0111001-221001
Amos, James
00001-20011

57

Shinpaugh, Elizabeth
0011-000101
Soward, William
20001-10001
Liles, James
00001-1001
Kimbrell, Peterson
00001001-00100001
Shutterly, Philip
00001001-00110001
Hagler, John
0210101-201201
Evans, Evan
1001101-0211101
Huffsetler, Jacob
120001-100001
Lewis, Larkin
00001-10011
Goodin, Beal
10001-00001
Fritz, David
20001-010001
Cook, Elizabeth
0001-00010001
Prewett, Willis
30001-02001
Lamb, William
00001-10001
Young, John
1211101-000001
Pickle, Henry
00210001-0001001
Fritz, George
000001-00001
Williams, John
01110001-00011001
Thompson, Aaron
22100001-100001
Hicks, John
00010001-00121001
Barger, Isaac
0001001-0211001
Adams, John A.
1000001-200001
Crafford, John H.
00001-000001
Andrew, Mary
0-00100001
Miller, Absalom
220001-01001
Cook, John
1020001-3200001
Davis, Matthew
03310001-2001001

58

Davis, George
00011001-0011211
Davis, John
10001-10001
Monger, Henry
0211001-0011001
Andrew, William
11001-000001
Waller, Carr
20001-00001
Waller, Mary
002-0012001
Waller, George
10001-00001
Eblin, William
00001-30011
Waller, John B.
00001-30001
Stubbs, Mary
0-000000001
Stubbs, George
1121001-2111101
Laney, Tidus
20001-10001
Liles, David
011101-203001
Laney, John
00010001-00110001
Arnold, Jonas
340001-001001
McNott, John
000000001-0010001
Henry, Benjamin
0000000001-0010000001
Moore, John
320001-10101
Roberts, Wright
000100001-01110001
Snow, Elizabeth
0012-00200001
Casey, Alexander
00000000001-0000000001
Roberts, David
10001-0001
Raybourn, Thomas
000000001-0000000001
Jenkins, Elisha
10001001-0322101
Raybourn, Jesse
120001-22101
Raybourn, Joseph
1110001-112001
Berry, Robert
120001-201001

59

Snow, John
01000001-1121001
Francis, Hugh
00011001-001
Funk, Isaac
021001-110001
Berry, Samuel
01100001-0021001
Berry, William
1001-10001
Crow, Robert
0010100001-101101
Crow, Robert
021001-201101
Young, Isham
000100001-02110001
Harvey, William
00000000001-000010001
Crowder, William
1001001-1111001
McKinney, Nancy
00011-0021001
Roberts, Nancy
00011-00001001
Newman, Conrod
0210001-10001
Akins, James
111000001-010201
Breashears, Robert
00011-10001
Roberts, Breashear
000001-10001
Taylor, James D.
000001-1212100001
Baker, Charles
2110001-001001
Christian, Robert
000100001-10112001
Moore, James
001001-000001
Moore, David
01210001-00012001
Terry, Jesse
011100001-0120001
Potter, Thomas
211001-110001
Christian, Gilbert
000001-10001
Center, Tandy
000010001-1310001
Geren, Solomon
000110001-000010001
Wiley, John
0111001-0010001

60

Copeland, Ambrose
10101001-0110101
Crow, Willis
1100001-1100001
King, Henry
11000001-0010001
Forrester, Thomas
010101-221001
Wilson, John
00002-0001
Holder, Henry
00001-11001
Dugger, Alexander
1122001-0101001
Wilson, Michael
00100001-00123001
Wiley, Henry H.
0100110001-210010001
Cox, Samuel
00001-01001
Cox, Allen
10001-1000101
White, George
00100001-1200001
Doughty, John
010001-010001
Roberts, Zedekiah
00001-00001
Arnold, George
000001-0000000001
Spraggin, Thomas
00001-00001
Ladd, John C.
22100001-12001
Robinson, James
00001001-00010001
Burris, Lewis
200002-00011
Nail, Alexander
000011-0000001
Suddath, Benjamin
001100001-00010101
Suddath, Hargiss
130001-10001
Ramsey, Randle
100001-01001
Forrester, Alexander
010001-021001
Hart, Sawyer
210001-10001
Nail, Andrew
320101-100001
Maberry, William
001110001-00111001

61

Keith, Gemima
0011-020001
Cofer, Thomas
110110001-11001001
Dickey, Samuel
01110001-1100001
McCormack, John
010001-111001
Burnett, James
000000001-000000001
Rich, William
2000001-120001
Land, Ralph
100001-00001
Bell, Thomas
1000001-10001
Spicer, Henry
100001-121001
Mitchell, Betsey
1-000010001
Liles, Robert
2300000001-100120001
Edwards, Henry
01100001-111101
Thralekill, William
000010001-10001001
Liles, Robert
20001-00001
Adkinson, Absalom
011001-21101
Liles, Thomas
11001-00001
Cofer, George
0012001-0020101
Terry, Samuel
0000001-0000001
Williamson, John
0-0
Gallamore, James
0-0
Dugger, Daniel(David?)
00111001-1011001
Cofer, James
000001-32001
Buller, Isaac
11200001-21200001
Hall, William
11001-10001
Shaw, Jesse
11211001-1112101
Goddard, John
210001-010001
Griffis, Ephraim
00000001-0000001

62

Wilson, John
000001-10001
Wilson, Wm.
21001-01101
Wilson, Michael
10001-1001
Bennet, Sally
111-120001
Crow, Able
00010001-00011001
Crow, Alexander
30001-00001
Henderson, Mourning
001-0010001
Gallimore, David
0-0
Greene, Thomas
011001-010001
Dearmond, James
11001001-1221301
Potter, Absalom
112001-210001
Evens, Ardin
0000000001-0000000001
Thacker, Anderson
0100001-210001
Prewett, Charles
00011001-00101001
Sullens, Josiah
10211001-010000010001
Borum, John
00230001-01101001
Davis, John
1112001-011101
Butler, Elias
110001-120001
Winters, Moses
00001001-0001100101
Gallaher, James
000200001-101012
Crow, George
1012001-121011
Gallaher, George
000001-10001
Pryor, Harris
00011-00001001
Rector, John
00001-1001
Ollis, Daniel
10001-00001
Ollis, Bsoton
0000100001-0001000001
Cain, Peter
1201101-110011

63

Prewett, Robert
11001-01001
Prewett, Betsy
0-001100001
Russell, James
00001-00010001
Soloman, John
20110001-0102001
Cunningham, Valentine
0110000001-1100001
Russell, Christopher
002000001-00010001
Williams, John
011100001-1120001
Overton, Avis
0011-01100001
Liles, Joseph
11001-00101
Sylvy, Charles
10001-10011
Sylvy, John
11001-11001
Richmond, John
0011201-0210001
Crass, Jacob
02111001-0101
Davis, James
012101-12011
Davis, Jonathan
0000000001-000010001
Howard, Alexander
11020001-1220101
Sylvy, Samuel
001001-010001
Sylvy, William
110001-22101
Sylvy, William
001110001-0000000101
Thomarson, Jones
00001-0001
Sylvy, Samuel
021000001-1021001
Bottom, Allen
30001-00001
Nelson, John E.
0101001-211001
Hacker, Joseph
00120001-00110001C02
Underwood, Jonathan
000021-00111
Merit, William
00001-00001
Sylvy, Polly
111-00002

64

Ives, Thomas
0000000001-0
Crenshaw, John W.
0001-0001
McKinney, Jesse
00001-00001
Smith, William
0021001-21201
Smith, Elizabeth
01-2200101
Foster, Louisa
0-1001
Galloway, Charles
1111001-212101
Gardner, William H.
10001-00001
Bottom, Thomas
01101001-1101001
Roberts, Robert S.
1110001-122001
Burns, Robert
00201001-00100001
Roberts, Rebecca
000001-00010001
Davis, Edward
10001-20012
Ellis, Joseph
00001-0001
Lower, Andrew
01121001-00010001
Lower, Sarah
00001-20001
Dunnavant, Demarcus
00001-10001
Herbert, Benajah
0001C01-0
Lansden, Abner W.
100001-00001
Gallaher, Thomas
000010001-001110001
McConnell, Samuel
0010001-000000001
McConnell, William
120001-100001
Stubbs, Sarah
11-10001
Maddock, John
120001-122001
Shaddick, Joseph
00001-10001
Silvey, John
200001-01C01
White, Luther
011011-211001

ROANE

65

White, William
1000100001-1000200001
McKamy, John
001200001-1110201
Gammon, John
00101001-1002101
Melton, James
000001-00001
Cluff, Robert
100110001-0111301
Hudson, Berry
10001-10001
Scarborough, James
110101-301001
Christenbury, Joshua
01320001-2111001
White, Moses
10001-10001
Christenbury, William
10001-11001
McNight, Baxter
10001-0110001
Merrit, Thomas
101020001-200210001
Grevatt, John
00010001-00001001
Nail, Jane
0011-00101001
Lawhorn, Joel
10110001-1120001
Hanks, Mary
0-002101
Harvey, John
000001-10001
Smith, John
100011-10002
Smith, Alexander
100010001-20002
McCally, Samuel
00120001-0121201
Wilson, Sampson
2020011-120001
Hembree, Joseph
2120001-211101
Rather, Jesse
000000001-100010001
Nail, John
10001-00001
Magill, John
00010201-00015
Magill, Hugh
10001-10101
Wyatt, Joseph
12001001-0021001

66

Wilker, Henry
12131001-1010001
York, John
00001-000001
Cook, Peter
0211001-1000001
McLane, Daniel
010101-212001
Gamble, Ebenezar
00001-0001
Keller, Cornelius
10001-00001
White, Richard
00001-000000001
White, Daniel
11001-10001
Merrett, Edgecomb
2010001-12001
Copeland, Jessee
00001-0001
Dacon, Barnett
00001-1001
West, Reuben
20001-00001
West, Reuben
00010001-00100001
West, Greene B.
00001-0001
Todd, Martha
011-2021001
Davis, Miles
201000001-0300001
Hatney, Ann
12201-0000101
Montgomery, Josiah
010100001-000001
Smith, John
10002-10001
Ladsinger, Philip
00001-20001
Fritz, John
200001-020001
Fritz, Jacob
020001-10001
Hicks, Hilliard
111001-002001
Duncan, Robert
10002-00101
Cook, Reuben
10001-00001
Ervin, Francis
10010001-00010001
Ervin, James
01001-10001

67

Walker, Isaac
00000001-0001001
Haggard, Samuel
211001-011101
Alexander, David
001111-211001
Fritz, Peter
20001-00001
Goodwin, William
00001-10002
Goodwin, Jane
0002-0010001
Coleman, Matthew
100001-10001
Haggard, Nathaniel
10001-10001
Haggard, John
011000001-00110001
Mason, Daniel
00001001-321001
Christenberry, Greene
00001-10001
Jenkins, Ezekiel
10000001-00120001
Haggard, Gray
2110001-011101
Rodgers, Thomas
001100001-01010001
Baloo, John
10001-11001
Leonard, John
0000000001-000000101
Branham, Nathan
0011001-0110001
Billingsly, Mary
00001-0000001
Reed, Thomas
0010000001-0000100001
Birdwell, Joshua
11100001-0121001
Carden, James
1421001-000001
Baloo, Daniel
0001001-0100001
Baloo, Reason
00001-00002
Akin, James
00001-2001
Groom, Thomas
01001-20001
Jones, James
0202001-1121001
Rather, John
1020001-100001

68

Dillion, Mary
0-02001001
Watson, John
01102001-1112001
Cox, John
0000100001-100000001
Bledsoe, Mary
11-1111001
Scott, Nancy
0-0000001
Maberry, John
10001-00001
Lamb, John
10001-10012
Newman, Mary
10011-00001001

89

Porter, George W.
212011-111001
Hill, John
11000001-022101
Blair, Samuel
112001-110001
Abbott, Absolum
11001-10001
Matthews, William
10001-10001
Hooft, Jacob
0100100001-000010001
Blair, Nathaniel L.
310001-00001
Owens, Allen
1200001-11101
Porter, John W.
000201-000001
McKinsey, Kneel
00001-0001
Andes, Solomon
110101-110011
Preston, Alexander
0000001-0
Wilson, James
1011001-111001
McKinan, John
021001-001001
Catlett, Richard
100011-100001
Catlett, John
1000101-2111001
Dickey, Rebeca
0001-00100001
Beagles, David D.
10001-10001
Porter, James P. H.
11110001-1110101
Cannon, James
2001200001-100010001
Porter, Nicholas C.
00001-30001
McGaughy, William
010101-10001
Toomy, John
011101-120001
Bolton, Clark
000001-20001
Long, Reubon
00010001-01000001
Catlett, Benjamin
111001-001001
Clack, Spencer
00001000001-00010000001

90

Henderson, Mary
00011-01011001
Abbot, Absalom
0001001-00000011
Wear, John
00000000001-1000100001
Wilson, Susan
0001-000001
Crow, Moses
00101-20001
Goforth, Hugh
1310001-0101001
Morris, Jessee
010000001-0220001
Glass, Lewis
110001-21001
Cannon, John
00011101-1100101
Henderson, _______
2210001-1012101
Rogers, Elijah
00120001-00010001
Bowers, Anderson
10001-10001
Kerr, John
10001-010000001
Hodges, Henry
120001-20001
Talbot, Thomas
100001-122001
Burns, Adam
210001-110001
Burns, Mary
0000101-010000001
Burns, James
300101-10001
Varnell, Jessee
100101-12101
Norton, William
111001-101001
Cowan, Martha
00001-00110010l
Jones, John
001110001-0100110l
McMurry, John
1100001-210001
Reagan, Richard
212001-100001
Merrit, William
11200001-0000001
Berrier, Jackson
1001-10001
Brabson, John
00123011-121001

91

Gallion, Gilbert
010001-01001
Sneed, William
01001-00011
Rogers, Josiah
000000001-00011001
Rains, Isaac
00000001-00020001
Devenport, John
210001-100011
Owens, Jacob
2211001-0111201
Bowers, Agustin
01322001-0000301
McCown, George
1020001-020101
McMahon, James
0012310001-10002001
Tunis, William
0012001-1010101
Reagan, Timothy
221011-000001
Jenkins, John
0011001-0100001
Clark, John
00000001-0000001
Richards, John
0100001-1100001
Nichols, Edward
00001-0000000001
Thomas, John
121001-101001
Porter, Mitchel
0100200001-000010001
Mullendore, John
00101-00001
Riggin, Ignatius
10001-00101
Dowell(Dowdle?), Samuel
00001-10001
Rogers, Micaja C.
111011-100001
Lea, Augustin B.
110101-01001
Bricker, David
00001-00011
Andes, Alexander
00002-00001001
Blair, Samuel
0010100001-00000011
Rustin, John
10001-00001
Carringer, John
10001-10001

92

Parker, Martin
10001-20001
Hooft, John
101001-0001
Henderson, William
0121201-2201101
Matthews, Jeremiah
1010001-0002201
Jenkins, James
000010001-00000001
Foster, James
1000l001-20101001
Moon, John
00000001-040110010001
Mock, Philip
010111-110011
West, Samuel
301011-001001
Gilbert, Richard
00002-0001
Bush, George
000000001-0001000001
Agnew, Samuel
100011-21002
Walker, John
010111-32002
Roberts, William
0210001-0011201
Buckner, John
010001-32001
Christian, Thomas
0000001-1211001
Buckner, Thomas
210101-012001
Smith, Tamsey
01102-0213001
Ogle, Hercules
000001-200001
Andes, John
000001-21001
Anderson, Joseph
20001-12001
Axley, Felix
00001-0001
Hunter, John
10001-120001
Mitchell, Dennis M. B.
10001-00001
Shields, Robert
101201-120001
Shields, Stockton
00001-1001
Dixon, Isaac
221001-100001

93

Kerr, John, MC
010001-22001
Kerr, James
0001010001-000010001
Floyd, Burgess
11001-10001
Benson, James
0011001-3121101
Pharis, John
30001-01001
Sharp, Willis B.
1101010001-00001
Duggan, Robert
011110001-00000001
Gilbert, John
00111001-0000001
Dicky, John
00001-20001
McKinly, Peter
00001-0001
Allen, John R.
101100001-00111001
Clabough, John
00001-0001
Fowler, Enoch
10001-10001
Hurst, George
00102001-00100001
Breeden, John
111001-133101
Stafford, Henry
01310001-3201101
Harper, William
20001-20001
McKisick, William
101001-11101
Long, Maples
10001-10001
Keeler, Joseph
3122101-1200201
Snapp, Peter
1100001-001101
Dobbins, Johnson
2100101-121201
Emmet, Elisabeth
0002-0021001
Henry, William
20001-0001
Maples, James
1200001-1021001
Duggan, Hugh
1022001-120001
Allen, Sandford
020001-20001

94

Layman, Jacob
0011000001-0011001
Hill, Tilery
10001-10001
Pharris, Samuel
00111001-0100001
Fowler, Richard
40200001-22101001
McMahan, George
00011-0021
Clark, Isom
110001-20001
McKisick, John
000001-21001
Dennis, Owen C.
100001-12001
Ridings, William
000001-01
Houk, Adam
110001-00001
Shoults, Martin
02120001-10000001
Nations, Christopher
10101-10001000l
Burnine, Moses
0001001-20111
Clarck, John
11110001-0111001
Rainwatters, Allen
100001-21000101
Norton, James
100001-11011
Cusick, Samuel
1001001-0221101
Delosure, Asa
1110001-10101
Hale, Guy
20001-00101
Nichols, John, NC
00120001-00011001
Cagle, Elijah
20001-01001
McNew, Elijah
20100001-0110001
Vaun, William
00001-0001
Manes, Samuel
1021001-113001
Pickens, Samuel
220001-00001
Shamblin, William
010001-210001
Sage, Morgan
10001-00001

95

Langston, Jesse
01001-00001
Owen, Hester
0100001-21001
Cate, Elijah
100001-120001
Berrier, Ferril
00001-0001
Reneau, Lewis
2002101-012101
Hatcher, John R.
110101-10001
Spencer, William
000001-00001
Jenkins, John, GC
10001-10011
McKinsey, John
0120001-222001
Crouch, William
1010001-020001
Harris, James
331001-002101
Preswood, Josiah
00001-21001
Miller, Isaac A.
0000101-00001
Varnell, Richard
01101001-0011
McKinsey, Roger
020000001-000010001
Runyan, John
000001-120001
Baker, Henry
2211101-020101001
McKinsey, Charles
220001-001001
Varnell, Thomas
10001-20001
Clarck, Daniel
01001-30001
Cannon, William
00000001-0112
Hardin, Catherine
00001-0011001
Thomas, William, NC
00121001-00010001
Cagle, Henry
01021001-10101
Cagle, John, NC
20001-10001
Sage, Samuel
0210001-1110001
Hardin, Thomas
00001-1001

96

Hatcher, John
00020001-00110001
Patterson, Samuel
00010001-00110001001
Thomas, Isaac
20001-010011
Manes, Jacob
02000100001-310001
Petty, John
00001-0001
Findly, George
220001-10001
McMurry, Archibald
100001-11001
Evans, Bartholomew
00001-00000001
Byrom, Thomas
00010001-00010001
Cowan, Hugh
0232001-0
Cowan, Mary
0111-0001001
Burns, Wilson
2000101-10011
Jones, Alston
310001-100001
Warren, Collin
00001-10001
Hamilton, James
000000001-00111001
Chandler, John
0212101-001
Stansbury, Solomon
10001-10001
Moore, John
20001-11001
Hooper, Thomas
1001-00001
Covington, John
1011011-121001
Kenester, John
11110001-0120001
Underwood, Benjamin
00001-0
Houk, John
01002001-00121001
Link, Matthias
00010001-00000101
Shields, Samuel
10001-00001
Ellice(Elliot?), John
000001-00001
Hodges, William
020001-1001001

97

Underdown, Stephen
310001-00002
Ellice, James W.
20001-00001
Franklin, John
000011-10001
Irvin, Armstrong G.
00012-20001
Whittle, Levi
00111001-0100102
Ellice, William
101001-10111
McCrosky, John
010002-21001
Bowen, Nancy
01001-0200001
Roberts, Benjamin
10001-100011
Knight, Asa
00001-10001
McCally, Alexander
0021001-0100101
Randalls, Rhody
00111-00002101
Fannon, William
010001-0101001
Randles, William
1111001-1021001
Randles, John
01221001-0000101
Cagle, John
110001-20001
Pearson, Mindy
120101-10001
Williams, Joshua
020001-20001
Jones, John
00001-01001
Hany, Richard
02000000001-0001000001
Williams, John
000002001-00012001
Huffaker, George S.
10001-0001
Pitner, John
001010001-01110001
Kerr, John A.
10001-10001
Whittle, George
2200001-111001
Reid, Charles
002201-011101
Barier, Armstead
10000001-10001

98

Roberts, Isaac
0000000001-0000000001
Roberts, Elisha
10001-00001
Creswell, Samuel
122011-110001
Floyd, Betsey
12-00000101
Fagala, Michael
20002-00001
Fagala, Adam
00014101-00011001
Sharp, John
000000001-000100001
Hicks, Elisabeth
0011-00010001
Anderson, Bartlett
10001-10001
Huber, Jacob
000001-0020001
Wood, Elijah
121001-2012010001
Clabough, Samuel
01010001-2011201
Shields, Barbary
0-1000100001
Aden, Christopher
11011-010011
Thomas, Henry M.
100001-10101
McMahon, Robert
0100001-121001
Alfred, William
0113001-210101
Matson, Sally
31112-0010101
Rambeau, Peter
1110101-10201
Porter, William
1101001-0021001
Nichols, John J.
1110001-010001
McCarty, John
20001-01001
Evans, John
211001-010001
Lawson, Anthony
1000201-12310010001
Lewelling, James
00001-11001
Lewelling, Margaret
0-201001
Lewelling, Martha
00001-00001002

99

Kiker(Kifer?), Jacob
010221-012111
Seaton, Philip
001001-02201
Nichols, Robert
110001-10002
Nichols, William
110001-02001
Lawson, Andrew
0000001-200001
Montgomery, William
1000001-3001100001
Lewelling, Alexander
110001-11001
Montgomery, Robert
0101001-00011
Holland, Benjamin
3112001-1020101
Compton, Cyrus
10001-0001
Compton, Jeremiah
1001000001-000010001
Shields, Robert
20012001-00111001
Mills, Curtis
00001-00001
Lewis, Levi
1200001-102001
Love, Isaac
0122301-2201101001
Hufft, Joseph
00201001-01020001
Hufft, John
00001-0001
Trotter, Archibald
20001-02001
Thompson, Absolom
0100101-0001001
Price, James
020001-201001
Shields, Richard
022001-00001
Huff, Leonard
01000001-3022101
Kerr, James
10001-0001
Fanshire, David
00012101-00100101
Fanshire, Samuel
100001-120001
Haun, Adam
220001-120001
Gobble, Catherine
000021-0000000001

100

White, William
0110001-00110001
Fanshire, John
00001-00001
Adams, Johnson
1201001-1020001
Roberts, William
10001-20001
Roberts, Ely
0000100001-210010001
Flynn, George
00001-20001
Roberts, John
01112001-0011001
Gobble, Amos
20001-10001
Marshall, John
001000001-0000101
Evans, John
200001-10011
Marshall, Robert
10001-10001
Roberts, Mark
10001-0001
Floyd, Nathaniel
00010001-00210001
Floyd, Jonathan
12001-000001
Varnell, Josiah
00001-10001
Henly, Polly
01-001101
Henley, James
100001-310101
Trotter, John
10001-00001
Butler, Horatio
300001-02001
Butler, Henry
000000001-000011001
White, William, MC
1110101-110201
Clabough, Cumberland
0200110001-12101
Ferguson, James
100001-1001201
Ferguson, William
10002-20001
Low, Thomas
010001001-10000101
Manes, Elijah
1100001-0121001
Davis, William
00002-00001

101

Manes, Amos
00001-1001
Maples, Abijah
21001-00001
Maples, Elijah
10000001-021201
Adair, James
10001-10011
Lawson, Reynolds
10002-20001
Earnest, James
1112101-12020001
Bush, Andrew
2010001-110001
Karnes, Hubbard
010001-22001
Buchhannan, Harry
10001-10001
King, George
00001-10001
Francis, Joseph
00001-20001
Borden, Elisha
100001-00001
Maples, Ephraim
100001-22101
Rainwatters, Moses
01110001-01010001
Clark, Joseph
22200001-0101201
Blackburn, Benjamin
0130001-310101
Rainwatters, John N.
120001-00001
Low, Jacob W.
10011-10001
Renfro, Mark
00001-10001
Anderson, Joseph
00110001-00100001
Etherton, William
111001-2110011
James, Randall
001101-110001
Robertson, Elijah
010001-20001
Perryman, James
20101-0000011
Maples, Thomas
021001-2011011
Low, Jefferson
20001-0001
Smith, William
0010001-0003101

102

Anderson, James
3002001-000001
Burk, Joseph
101100001-1200001
Seaton, James
021101-301001
Wall, Absalom
000001-120001
Moon, William
10001-10001
McDaniel, Sarah
00101-00011001
Tanner, John
1020001-120211
Johnston, Solomon
000000001-000000001
Snapp, Joseph
232101-100001
King, William
20001-20001
Snapp, George
111011-201001
Feazle, John
100001-100001
Robertson, Cleson
00021-2000101
Frazier, David
210001-11101
Maples, Peter
00000001-00001
Houk, Martin
01011001-00110001
Kerr, John
12000001-000001
Petty, Horatio
00001-0001
Robertson, Mark B.
01221001-21000001
Rauhooft, Sampson
1001-00001
McNew, Elijah
0001-0001
Hooker, Drury
21000001-00300001
Kagle, William
0000100001-000100001
Kagle, Polly
0111-010001
Hale, Elisabeth
0101-11010101
Collier, Aron
310001-01000101
Shamblin, John
002300001-00000001

103

Shamblin, Lot
00001-00011
Gallion, Thomas
20001-00001
Thomas, Antipast
100001-31001
Thomas, Benjamin
20001-10001
Ledgerwood, David
00120001-0010000001001
Watters, Ezekiel
0110001-0202101
Hess, James
10012-0001
McNew, Betsey
0-21001
Dixon, Alfred
00001-20001
Clark, James
10001-10001
Manes, Joseph
100001-230001
Holms, Sally
001-0010001
Haggard, Martin
02001-20001
Toomy, James
100001-10001
Hill, Randall
20000100001-00001001
Hill, John
10001-10001
Atchley, William
10002-00001
Runyan, Aron
2122001-201101
Pate, Samuel
011001-41001
Haggard, Atchley
10001-10001
Hill, Isaac
03010001-1100201
Atchley, Thomas
210001-012001
Blair, Hugh
2023101-1210001
Haggard, James
12100001-0010001
Kerr, Amy
00002-00010001
Kerr, William
022001-001001
Robertson, Samuel
10010001-0311001

104

Atchley, Thomas
0001000001-100100002
Atchley, Noah
20001-10001
Thornburg, William
20001-10001
Bruster, James
11100001-1011001
Trotter, William
00010001-0111001
Wood, Richard
00001-300001
Atchley, Isaac
0122001-11001
Atchley, Joshua
010001-010001
Ballard, Betsey
1-0100001
Austin, Nathaniel
000001-0
Langston, James
00001-0
Rustin, Hanah
0001-00100101
Huskey(Hurky?), John
1100001-12001
Ireland, Thomas
10100001-0122001
McChandler, Rassel
00001-0001
Robertson, Isbel
0002-0000201
Maples, Jessee
1220001-201001
Ellison, Johnathan
1201001-0120001
Wood, Joseph P.
1100001-0100001
Wood, Richard
000010001-1100000001
Witener, William
10001-21001
Hooft, William
100001-00001
Rogers, George
0002001-212011
Chambers, Andrew
210001-11001
Romines, Benjamin
00001-0002
Cham, Andrew
10001-0001
James, Milly
02-001001

105

Patterson, Caleb
10001-30001
Crow, Elizabeth
011-100001
Canterbury, William
000000001-0001000001
Lindsy, John
102001-22001
Thomas, Benjamin
0120001-1103001
Atchley, Joseph
110001-10001
Atchly, Joshua
10011-10001
Atchley, Daniel
000001-0000101
Butler, Williamson
0001-0001
Trotter, Clabourn
00001-00001
Thompson, Dorcas
10012-01011001
Richards, Robert
0001-10001
Atchley, Benjamin
2210001-001101
Richards, Isaac
00100001-0010001
Ogle, Isaac
220001-211001
Ogle, William
110201-222001
Ogle, William
00001-20001
Trentham, William
020001-20001
Reagan, Joshua
20001-1001
McCarty, Joseph
00001-0001
Huskey, Albert
10101-10101
Reagan, Daniel
00001-0001
Ogle, Thomas
2200001-0201001
Wheyley, William
3112001-120001
McCarty, William
00011-0001
Evans, Daniel
00001-0
Reagan, Jeremiah
11001-11001

106

Whealy, Middleton
011001-0020001
Maning, Thomas
20001-0001
Reece, Nancy
01-10001
Jenkins, Polly
111-001101
Shahan, Judea
01-100001
Lovedy, Edward
00012001-00010201
Smallwood, John
1132001-100001
Lewelling, Allen
00001-0001
Thomas, John, LEF
01100001-11101
Maning, Honor
001-0001001
Williams, Catherine
1011-0010201
Brown, Samuel
10001-20001
Maning, Joab
000000001-00000001
Rudd, Burdenham
021110001-0110001
Cagle, William
110001-211001
Rice, James
00001-10001
Cuningham, Christopher
030001-210101
Compton, Joseph
1011001-0121001
Fann, John
0203001-2101001
Fann, William
10001-0001
Cuningham, John
120001-20001
Lovelady, Amos
02110001-101001
Thomas, Dennis M.
12002-10001
McBrian, Spencer
110001-30001
McBryan, William
000001-32001
Caldwell, Thomas
0010001-00000001
Renfro, John
32001-010001

107

Murphy, Joseph
000001-000100001
Compton, William M.
00001-0001
Wear, John
211001-112001
Ramsey, Samuel
100001-010010001
Wear, Mary
00001-0013011
Wear, P. M.
00001-20001
Taylor, Isaac
00001-0001
Cuningham, Moses
00111001-00000001
Morgan, Willis
12000001-0110001
Hooper, Isaac
10002-10001
Hooper, Jacob
10001-0001
Nichols, John
1121001-210001
Gipson, Stepen
20001-10001
Hatcher, Reuben
220001-200001
Alfred, Charles
1021001-010001
Babb, Caleb
201001-10001
Harrison, Jerimiah
00100001-121001
Mattocks, William
10110001-0111101
Richardson, William
0000001-0011001
Rimer, John
10001-00001
Williamson, John
10001-30001
Saunders, John
00001-00111
Martin, Abner
00000001-0
Ogle, John
0211101-2110001
Seaton, Jacob
112001-110001
Taylor, George
11010001-0110101
Taylor, Peter
00001-1001

108

Kelly, Andrew
0010000001-000000001
Parsons, George
000100001-011101
Pierce, John
12111001-0201201
Cummings, James
0000001-10001001
Mullendore, Abraham
001110001-000001001
Bowman, Polly
01-01001
Waddle, Betsey
0-00010001
Henly, William
1001000001-00020001
Riggin, Mary
001-000000001
Murphy, Samuel
000001-21001
Miller, Joseph
12120001-010001
Murphy, Edward
12110001-000001
Emery, James
1210001-11001
Murphy, Elisabeth
0101-01010001
Crowson, Aron
01101001-00001001
Holland, Jacob
3201-111001
Lusk, Morris
20001-10001
Derick, Jonas
2012001-0111001
Paterson, Cornelius
00001-300010001
Patterson, Charles
0111001-211201
Patterson, George
00001-00001
Kenatcher, Andrew
1110001-211101
Wells, Andrew
120001-100001
Maning, George
22001-110001
Fox, George
1021101-1212101
Fox, Mark
130001-10000l001
Maning, Henry
C10001-112001

109

Lovedy, Robert
001001-010001
Bird, John
0100011-31001
Webb, Thomas
0110001-0010101
Montgaue, Cyrus
1010001-123001
Maples, William
002000001-00000001
Long, George
20001-10001
Wells, Andrew
0121100001-0102201
Bird, Andrew
10001-00001
Fox, William
10002-200010001
Catlett, Samuel
01001-320010001
Fate, Charles
2212001-0110001000l
Allen, Alfred
10001-10001
Bodine, Francis
121000001-00001
Fox, John
1100201-1211001
Baker, Martin
210001-320002
Baker, Samuel
2010001-112201
Houk, Henry
100001-100010001
Mason, James
20001-10001
Routh, Jerimiah
000101-002001
Bailes, Robert
10011-100001
Huffaker, Wesley
100101-41013101
Underwood, Enoch
111101-121001
McClary, Joseph
0201001-0011001
Cate, Elisha
110001-220001
Bryan, Allen
10001-20001
Kerr, Daniel
000011-121001
Cate, Joshua
111001-110101

110

Rice, John
10001-100001001
Bailes, Caleb
11001001-0011001
Knight, Thomas
0311001-400101
Ellice, Christopher
0000100001-000020001
Hooft, Benjamin
110001-100001001
Porter, William
00010001-000110001
Porter, William
00001-00001
Snoddy, William
100020001-000021
Cusick, Joseph
00012001-00001001
Cusick, David
12020001-112121
Houk, Jordan
000010001-20001
Pitner, Adam
0131111-211001
McGaughy, Peggy
00002-000120001
McCrosky, William
210001-00001
McCrosky, Robert
1100001-110011
Burnet, Blackburn
310001-10001
Been, Jacob
10011-00001
Morgan, Jordan
00001-10001
Dunlap, Adam
010001-000001
Parmer, John
2101001-0210001
Chandler, James
2211001-100001
McCrosky, Jane
0001-000100001
McCrosky, John
0100100001-0
Randles, Richard
00001-0
Reid, William
201101-020001
Chandler, George
00000000001-100000001
Castle, Elizabeth
00111-00102001

111

Rains, James
110001-010001
Hodges, John
20001-000001
Reid, John
200011-20001
Fox, Abraham
000001-10001
Been, Isaac
1101001-01111001
Malcomb, William
00011001-00102001
Hooper, John
00011-1001
Kenester, Reuben
00001-20001
Rose, Elisha
112001-120001
Dunn, Richard
01000001-1220001
York, John
31002001-020301
Rose, John
111101-111101
Rose, Hosea
00000000001-000000001
Cuningham, John
11001-11001
Abbot, Catherine
0002-0010101
Criswell, Andrew
0000000001-000010001
Wayland, Lewis
01110001-00011001
Shahan, John
10220001-1301011
Chandler, Catherine
00111-0101001
Whittle, Campbell
00001-20001
Hatcher, Mary
00101-00010001
Hatcher, John, W.C.
20001-10001
Cox, John
00100001-1111001
Hooper, Hiram
00001-0
Baily, Samuel
221001-002001
Carson, Robert
120001-10001
Cuningham, David
00000001-00000001

112

Pierce, Mary
0-00101001
Cotter, John
00110001-00110001
Follet, George
10100001-1213001
Michell, John
11000001-3201001
Hederick, Henry
10000010001-00011
Cotter, William
223001-100001
Gipson, Atlass
11001-110001
Prince, James
00000000001-0000000001
Smith, Thomas B.
10001-10001
Starkey, Joel
220001-002001
Clinton, William
1100001-03010001
Mills, James
000100001-0001001
Petty, James
11010001-012101
Duggan, Daniel
021001-20201
Clark, Amos
112001-111001
Trotter, John
01211001-0110001
Claber, William
1200001-110001
Hodges, Edmund
11201001-301201
McCrosky, David
10001-00001
Ferguson, Richard
00001-1001
Shewbird, Robert
30001-00001
French, Joseph
10001-10002
Clifer, William
00001-10001
Flemons, Jeremiah M.
100011-01011
Smith, Peter
001001-1200001
Henry, Aikman
00001-0001
McClelan, Ferguson
00001-1001

SEVIER

113

Stephens, Andrew
20001-01001
Hickman, James
00001-00001
Bryan, Ahas
230001-010001
Bryan, William
121001-110001
Hurst, George
212001-111101
Husky, Isaac
00001001-00010001
Varnell, Lyda
00001-001100001
Hill, Thomas
000200001-00001001
Stephens, Nehemiah
20020001-01100101
Keener, George
111210001-11102001
Brown, John
22111001-0000001
Hickman, Sally
001-00000001001
Pitts, Nancy
0-00010001
Newman, Isaac
0020001-0012101
Thompson, Elisabeth
102-00012001
Hodges, Charles
022101-000001
Robertson, William
000010001-000020001
Bryan, Thomas
1220001-1211010001
Turner, Henry
00001-001001
England, Alexander
20001-00001
Randles, Andrew
10001-10001
Franklin, Willis
100001-00001
Routh, Jeremiah
00001-0001
Roberts, Bennet
000001-211001
Underwood, John
31001-01001
Allen, John
010001-220001
Mulvany, William
00001-10001

114

Mopin, Morgan
0110101-12201
Mason, Jessee
00101-00001
Underwood, George
010001-121001
Cowden, Lynn
01002-20001
Duke, Washington
20001-0000101
Laning, John
210001-0101101
Kelm, John
00011-20011
Stockton, Patience
1201-1021100l
Shewbred, Charles
200001-11001
Sallens, Joseph
00000001-00000001
Davis, Jessee
21001-11001
Douglas, John
100001-300001
Bryan, Allen
0110000101-3011102
Kelso, Matthew
0110001-01110001
Thomas, David
120000001-200001
Henry, Benjamin
0110001-120101
Douglas, Alexander
21001-02001
Higgins, Alfred
10001-00001
Beryer, John
10000001-1001
Stallions, Matthew
00101001-20130001
Goforth, Russell
20001-10001
Thomas, Johnathan
122001-110201
Douglass, Thomas
00010001-000000001
Douglass, Samuel
101001-02002
Campbell, Jane
12101-00002001
Wilson, Elisabeth
0-0000000001
Henry, Samuel
2000101-01001

115

Hudson, George
001020001-01110001
O'Connel, William
00001-0
Stanley, Nathan
0000001-10001
George, Charles
10001-10001
Keener, William P.
100001-121001
Atchley, Martin
000001-10001
Laning, Mary
00102-000010000l
Cate, Thomas
10001-20001
Steel, John
1111001-101001
Long, Moses
00110001-00100001
Cox, Henry
0000000001-000000001
Cox, Nathan
30001-10001
Wilson, John B.
00001-0
Johnson, Thomas
110001-01001
Smith, Betsey
0-100001
Gallion, Thomas
111001-1113001
Routh, James
01000001-0120001
Scruggs, Archibald
00001-10101
Henry, Hugh
303000001-0211001
Toliver, Zechiriah
0010001-000101
Harper, James
0210001-1100001
Hickman, William
002001-221001
Routh, Zechiriah
0000001-222101
Shields, William
001300001-00010001
Cole, James
020200l-112001
Teage, Matthias
000100001-00000001
Hickman, Thomas
220100100001-101201

116

Towls, Eliza
0-201001
Cliffin, Patsey
132-1000001
Ogle, Hercules
0001-10001
Renfro, Jessee
00001-20001
Large, Robert
0001-0001
Hurst, John
01001-21001
Breeden, Bryant
00001-21001
Hurst, Sevier
00001-1001
Ridings, James
200001-0001
Matthews, Robert
1200001-2032001
Webb, Joseph
311101-012001
Hurst, Henry
120001-011001
Barnheart, Coonrod
111001-220101
Moon, John
10001-10001
Layman, Michael
10001-10001
Smallwood, William
00001-20001
Husky, Stephen
00001-1001
Reagan, Timothy
100001-03001
Husky, Isaac
111001-121001
Evans, Richard
1100101-110101
Romines, Henry
10001-00001
Shoults, Jacob
10001-00001
Clinton, John
10001-00001
Williams, David
10001-11001
Emmit, Daniel
111002-3110010001
Lovedy, Henry
110001-20001
Richards, Jacob
10001-000001

SEVIER

117

Thompson, Joseph
10001-00001
Derrick, Jacob
0000000001-0000000001
Bird, Jacob
002120001-00120001
Black, Griffie
10001-00001
Baker, Joseph
20001-10001
Baker, James
000100001-00010001
Malcomb, Peggy
0001-01000001
Mangrum, Joseph
010001-210001
Nichols, William
0-0
Bromfield, Burrel
100001-10001
Long, James
10001-0001
Lewis, Samuel
100001-20001
Layman, Daniel
00120001-01000001
Martin, William
0220001-1002001
Bird, Lewis
211001-11101
Webb, Joseph
2111001-121211
Webb, Elisabeth
0-000000001
Seevely, Silas
00001-20001
Shrader, Jacob
100001-10001
Shrader, Christopher
00110001-2111001
Rader, Casper
00000001-0000001
Shrader, Joseph
20001-10001
Ogle, John
1001-1001
Foster, Frank
00001-20001
Walker, Polly
0-0010000l
McMahon, David
223001-100011
Romines, Latin
021110001-0110001

118

Woods, Jane
022-201101
Richards, Isaac
000001-00001
Romines, John
000001-121001001
Stiner, Alexander
0001-0001
Large, John
001001-202001
McMahon, Redman
120001-10001
McMahon, James, JC
200001-10001
Earnest, Hanah
1121-021101
Perryman, Elisabeth A.
01-11104001
Rowland, Jacob
00001-1001
Beasly, James
221101-011001
Clark, Silva
00020001-0000010001
Beasly, Elisabeth
1001-0230001
Gibson, Nathan
10001-00001
Maples, Sarah
00011-001000l001
Terfataller, Daniel
00101-1001000l
Henry, William
1000001-120001
Prophet, Benjamin
120001-220001
Henry, Hugh
1001001-10001
Large, James
10001-00001
Shoults, Philip
210001-000001
Ogle, William
20001-01001
Layman, Jacob
00001-0001
Howard, John
10001-10001
McMahon, William
10001-10001
Fergason, Samuel
00001-00001
Ward, Thomas
0010000l-000001

SEVIER

119

Ivy, Joel
000000001-0000100001
Ivy, William
00001-12001
Fergason, John
1000011-2220001
Bohannon, Henry
110000001-000001
Henly, Thomas
211001-1001
Farr, James
00000001-0001
Roberts, Aron
001001-010001
Jones, Laymon
20001-10001
Jones, John
00001000001-00010001
Stover, Elisabeth
1002-301001
McKinley, Ann
00101-001001001
Williamson, Nelson
10001-0001
Paterson, Christina
001-00010001
Brimer, William
000000001-001001001
Lewis, David
0010001-0111001
Layman, John
00001-10001
Fraim, Mary
1-120011
Budin(Birdin?), Patsy
111001-40002
Thomas, William, LP
0111001-1000001
Maples, Josiah
12210001-10100100001
Breedin, Hanah
21-000020001
Breedin, William
0110101-310201
Hurst, Betsey
11-01001
Hurst, Nancy
001-201001
Richardson, William
0000000001-000000001
Howard, Barbary
0003-10101001
Scott, William
010001-222001

120

Benson, John
1100001-121101
Dunn, John
100001-01001
Large, Isaac
20001-00001
Ellige, James
311001-010101
McMahon, Archibald
001120001-01101001
Smith, William, JC
1100001-221001
Hurst, William
21001-00001
Large, Samuel
01100001-011001001
Henry, John
1131001-0101001
Dockery, Benjamin
20001-0001
Ridings, Thomas
00001-010001001
Williams, Polly
00011-000000101
Stinet, Riley
10001-1001
Henry, William
00000000001-001000001
Stinett, John
210000001-012101
Henry, Robert
110001-212001
Reagan, Susanah
2001-10101001
Dickerson, Mary
0001-00000001
King, Willie
20001-10001
Evans, Jacob
010001-11001
Husky, William
112001-220001
Ownsby, John
1012101-0110001
Davis, Sarah
0011-01000101
Lindsy, Jessee
1011001-121101
Williams, John
10001-001101
McMahon, Ely
0200001-0000001
Smallwood, William
000000001-000000001

121

Williamson, William
000100001-00100001
Sampson, Lewis
111001-110001
Gallion, Amos
10000001-00001001
Billy
0-0
Fox, Adam
112001-111001
Blalock, Jeremiah
200001-0001
Rainwatters, Polly
101-110011
Bertin, George
0-0

294

Gammon, George
011211101-1102101
Yoakley, Peter
1113001-1110001
Hawk, Martin
100001-01101
McNabb, John
210001-01101
Hilton, James
00101001-00011002
McCuller, Robert
000120001-001030001
King, James H.
3000101-021001
Strickler, John
00001-00001
Shipley, Joshua
112011-1110001
Cade, Hugh
01101001-00100001
Brunstetter, Martha
0001-000100001
Ford, Mary
02111-011001
Cox, William
1211001-1102001
Cox, John W.
10001-00001
Cox, Jeremiah
0000001-0000001
Brunstetter, Henry
10020001-21100001
Odell, David
112101-1001101
Duncan, Alfred
000101-22001
Kitsmiller, Henry
10101-10001
Coin, Andrew
11001-21001
Mondy, Wm.
10101-012001
Jones, John of Wm.
01100010101-0001001
Hunt, John
00011001-1111001
Fitzgerald, Randolph
200001-10001
Webb, James
00000001-0011001
Mosely, Isaac
0-0
Hulse, Abraham
201011-00101

295

Cox, Abram
00011101-0210001
Chase, Rolin P.
01001-31001
Keen, Elizabeth
01-021101
Jones, Harvey
100001-10001
Proffit, Jeremiah
11110001-0010001
Conkin, Geor.
0122001-0111001
Sneider, Jacob
021001-31001
Fink, John M.
2211001-000011
Smith, Calvin
111001-110111000l
Tyler, Bartlet
0-0
Hulse, Wm.
10001-10001
Conkin, John
00001-00001
Tredaway, John
211001-202001
Gott, Rolin
00001-1001
Vincent, Thomas
0001001-100021
Strickler, Samuel
0000001001-000000001
Strickler, Reuben
100001-100001
Strickler, Samuel
110001001-21001
Bacon, Abijah
000001-0
Baxter, Green
00001-1001
Pickens, James
00000001-0000001
Jones, John S.
0001000001-00000010001
Aikin, John
11001-010111
Cox, John
001010001-000000101
Jobe, Samuel
0200010101-02101001

(last name illegible)

296

Hale, Micajah B.
010001-20000101
Jones, Charles
000000001-000000001
Jones, Wm. of Charles
2000001-0100001
Fulkeson, Isaac W.
10001-01001
Woods, Elijah
01120001-1000101
Dolin, Isaac
00001-00101
Hickman, Geo.
301001-1200111
Davidson, John
000001-00011
Trebut(?), Robert
2111001-111201
Hashbarger, David
0112001-01200001
Dills, Thomas
01001-20001
Gott(?), Lott C.
02211001-0011201
Chester, Mark
200101-011002
Worley, John & Henry
211412-310211
Murry, Mark
11001-10001
Grimsley, Gage
0022001-2110001
Cox, Wm. H. C.
010020001-000101001
Allen, James
101001-0000000001
Fink, George
1100002-2001
Keen, Joseph
0000000101-000000101
Mowle, Benjamin
0011001-101101
Moore, Claibourn
10001-11001
Crawford, Thomas
01001-1000100001
Grimsley, Joseph
01000000001-0000101
Holmes, John
1021101-1200101
William
3202001-011101

297

Morgan, Gabriel
03131001-202001
Varner, Wm.
20001-02001
Crawford, John
10001-00001
Bowser, Elizabeth
0001-00100001
Arnold, John K.
3141001-111001
Howlton, Wm.
100001-12001
Hensley, Isam
010000001-0001000001
Vincent, John
0011001-012001
Goard, Wm.
1100000001-0000000001
Tredaway, Thomas
11111001-00001001
Carr, Geo.
110001-101001
Peavey, James M.
10001-10001
Russell, Moses
0-0000000001
Russell, Jeremiah
0-0
Crawford, Martin
200001-100001
Crawford, John
213001-120001
Crawford, David
210001-00001
Ford, Isaac
310101-012001
Mosely, George
0-0
Moulton, Ammey
0-1012l001
Short, David
3221001-200001
McConald, Wm.
100001-22001
Pearce, Joshua
120001-11001
Russell, Mes(Maj?)
0-0
Thacker, Fly
0110001-321201
Baughman, Thomas
011011-20001

SULLIVAN

298

Brag, Thomas
1011001-111001
Murrell, Richard
121101-102101
Mipper, James
2010001-003001
Conkin, George
11001-11001
Pickens, John
20001-00001
Pickens, Wm.
010110101-1101101
Brag, David
0000000001-000000001
Baughman, Solomon
00011-0001
Hale, Lewis
221001-012001
Murrell, Richard
0000000001-0001000001
Peoples, John
13420111-0132001
Slagle, Henry
100000001-000000001
Slagle, Absolem
00001-01001
Early, Samuel
1100001-020101
Murrell, Thomas
10011-01101
Slagle, Frederick
10001-00001
Baughman, Johnathan
000010001-01110001
Baughman, David
20001-01101
Hickman, John
11001-01001
Hickman, Daniel
100001-01201
Burk, Reuben
0100101-0211001
Straley, J. L.
000001-0
Creasy, Pleasant
1100011-01101
Dolen, Timothy
00110001-00001001
Winkles, James
0100000001-002201
Holloway, Wm.
0111101-0011101

299

Depew, Isaac
0000100001-001011
Depew, Isaac
100001-001001
Light, Zach
000000001-0000001
Vines, Margarett
1-01001
Lingo(?), John
00110001-100100001
Lingo, Matty
0-0
Vine, Alexander
00021-20001
Coomer, Bricen
211201-000001
Christopher, Garret
20001-0001
White, Jacob
221111-011001
Casbury, John
1010011-013001
Steadman, John
0001-0001
Steadman, John
00000001-00120001
Golden, Bay
10001-01001
Steadman, Thomas
00001-30001
Pearce, Wm.
1122001-1100001
Light, Right
110001-10001
Ellis, James
2110001-000001
Cowsart, John
0010001-001101
Baughman, Jonathan
10002-30001
Kington, Michael
10001-10001
Golden, Abram
10001-01011
Easly, Vincent
210101-000001
Easley, John
0012001-2110101
Rickard, John
100001-200001
Copes(?), Thomas
0211101-00101001

300

Jackson, Gillam
30101-01001
Fitsgerald, Geo.
110001-12001
Whitlock, Charle
10002-100001
Guy, Lott
11011-10002
Peterfish, Henry
000101-011001
Lingo, Smith
20012-00001
Gerrel, John
2002-0010101
Brown, John
01202001-00000001
Roberts, Sam
001-0001001
Tredaway, Robert
000100001-000001001
Pearson, Frances
0-0001
Tredaway, Robert
10001-10001
Fergeson, Alex
10001-10001
Wexler, Johnathan
120001-0000001
Hickey, Henry
00001-0001
Embree, Nancy
0-0
Kearly, Wm.
0122001-010120001
Gillis, John
111000001-000011001
Birdwell, Benj.
001120001-00003001
Emmert, Wm.
10001-10001
Whaley, Luster
200011-120001
Williard, Geo.
00002001-0010001
McCallister, Charles
001100001-1110101
Slade, James
00000001-00002001
Farrow, John G.
000001-0
Morison, Thomas
02101001-0002101

301

Hunt, Girgh
110101-001101
Osburne, John
0000001-00001
Willard, Dulaney
00001-001
Vincent, Frances
010011-221001
Cox, J. B.
10001-20001
Buckalew, Johnathan
1002001-0010001
Coin, Jane
00010001-00100001
Perry, David
01001001-1111001
Waller, John
10002-10001
Mosley, Sally
0001-00000001
Ship, William
20000001-2010001
Thomas, Daniel & Lydia
20001-20002
Waller, John
000010001-000020001
Waller, Wm.
410001-01001
Waller, James
2210001-001101
Perry, David
00010000001-00000001
Crudgenton, Roger
221100001-0021001
Newcomb, Lemuel
0000001-22001101
Gallaher, Wm.
00001-10210010001
Jones, David
110001-000001
Crabtree, Samuel
00001-2001
Proffit, Geo. W.
00001-1001
Osburne, Zetha
12-001010001
Paxton, David
01111001-0012101
Tearsey, Ozella
01201-0100001
Serat, Patsy
002-0200001

302

Copinger, Hager
01111001-0001001
Depew, John
0300001-01101
Warren, James
200001-01001
Boyd, Wm.
2110001-011101
Jones, Nancy
011-0101001
Copes, Wm.
2220101-100101
Webb, Lydia
001-0010001
Jones, John F.
001111001-000120001
Warren, Maggarett
0001-000100001
Wells, Jeremiah
1113001-2100101
Keen, Erce(?)
11-021101
Hunt, John
10001-0001
Hennard, Rebecca
01001-000020001
Arteburn, Isaac
10001-21001
Boyd, James
000010001-210010001
Irvin, Miles
00001-1001
Campbell, Geo.
00000001-0001001
Easly, Thomas
1020001-121001
Helton, John
00001-2101001
Guy, Moses
21101-00101
Easley, Stephen
2124001-10011
Malier, John
00000001-0000001
Pearler(?), Henry
01001-2001
Vincent, Geo.
0000000001-000010001
Hennard, Elijah
000101-30001
Hensley, Benj.
0200001-11001

303

Fenler, Wm.
0100001-0111001
Light, Joshua
01110001-00111001
Coomer, Daniel
1113101-1012001
Baughman, Nathan
00133001-20011001
Baxter, John
001001-111001
Dillon, Peter
210001-00101
Chester, John
0011200001-01010201
Fergeson, Wm.
00001-00001
Lawson, Jonas
030001-00101
Peeples, John
20111-00001
Eperson, David
2000101-00101
Riggs, Jesse
000101-0020001
Ritter, Eve
0012-011002
Crudgenton, Nancy
0001-0000021001
Roberts, Polly
2-210001
Proffit, Robert
1001-00102001
Hedrick, Jessee
10001-012
Proffit, Geo.
21001-10001
Hedrick, Isaac
10001-21001
Hale, Jeremiah
20001-10001
Hedrick, Elizabeth
01-00110001
Light, Michael
10001-0001
Jones, John of John
2013001-0011001
Kellow, W. C.
020001-10002
Johnson, Thomas
111001-211001
Arteburn, James
00111001-00210001

304

Chenith, Archibald
001000001-00200001
Boweer, Geo.
120001-20001
Barnes, Geo.
01101-220001
Hulse, Wm.
0210100001-011001
Landon, Mary
0020000001-0100001
Cox, John
111001-110001
Copes, John
00030001-1140001
Copes, Wm.
00001000001-01000000001
Birdwell, Alex
0100001-0112001
Chase, Nancy
0012-01000001
Sylvester, Fanny
0-0001001
McCaleb, Thomas
20001-0001
Proffit, John
00010001-0001001
Proffit, Wm.
20001-00001
Proffit, Jeremiah
20001-00001
Zimmerman, John
220101-11011
Zimmerman, Fanny
00001-00001001
Hall, Thomas
10001-00001
Cunningham, Nancy
00001-0000101
Ford, James
01200001-1103101
Ford, John
10001-0001
Artiburn, John
101001-230001
Ford, Loyd
10001-10001
Hoppkins, Robert
0-0
Parker, Thomas
20001-00001
Carrol, Geo.
20001-1000101

305

Cox, James
0200001-201201
Slaughter, Abram
220201-111001
Brown, Henry
100001-12101
Brown, Sarah Ann
00001-00010001
Carrol, Lewis
011000001-0000001
Carlton, Geo.
001100001-0001001
Carlton, Blake
100001-010001
Pursell, Charles
200001-02001
Cox, Wm.
111001-000001
Lowdermilk, John
00001-00001
Stephens, Samuel L.
00001001-1000101
Hodges, Wm. of Wm.
200001-21001
Hamilton, Thomas
3100101-020101
Fuller, Wm.
0010001-1020001
Smith, Esther
0021-0000001
Ellis, Eleazer
200201-10001000l
Milhorn, John
141001-100101
Pollard, Wm.
00100001-0120001
King, John
00010001-00113
Johnson, John
110000100001-001001
Hysinger, Barbary
00111-0012101
Sells, Abram
020001-10001
Spurgher, Joseph
2000111-2100100001
Yoakley, Wm.
00110001-01000001
Miller, Joshua
111001-110011
Cook, Henry
00001-00001

306

Hull, Frederick
01112001-0111101
Smith, Jesse
10001-00001
Rhea, Samuel
10001001-00122001
Hamilton, John
0001001-23001
Hamilton, Catharine
10002-00210001
Dulany, Elcaney R.
01021001-00101002
Rader, Peter
0012101-0012001
Hamilton, John
3202020001-0000010001
Anderson, Edward B.
120102-201001
Beard, Wm.
010101-01001
Denton, Wm.
00001-10001
Poindexter, James
312001-001001
Smith, Robert
00011-10001
Cross, Elijah
110201-202001
Standfield, Sarah
11-112001
Cox, Wm.
00010001-01110001
King, Amos
0000001-0000002
Standfield, John
0100001-0000001
Yoakley, Richard
020001-111001
Beard, John
011110001-00103001
Taylor, John
2110101-111101
Ford, Enoch
000001-31001
Breedwell, Sandford
1000111-21001
Fain, Thomas
1120001-100101
Branstetter, Micahel
10001-10001
Barns, John
1130110001-120001

307

Crauford, Hugh
000001001-0000001001
Spurgen, John
011101-211201
Cranford, Wm.
1001001-0211001
Smith, Abram
00001-0
Hilton, Joseph
000001-00001
Hilton, Charles
00111001-00001001
Baker, Charles
00001-20001
Carlton, Frederick
100001-00001
Yoakley, James
20001-1001001
Galloway, James
220011-021001
Bowery, Frances
00001-00001
Yoakley, Henry
000001-220001
Yoakley, Benj.
000001-000001
Mead, Elizabeth
0-00001101
Mead, Wm.
00001-10001
Meredith, Susana
0002-00000001
Hartman, Thomas
011001-110001
Wantland, Abram
0000000001-000111001
Snapp, John
001000001-000001
Slaughter, Isaac
00001-310001
Gates, Alexr.
10001-01001
Taylor, Elenor
011-000110001
Gallaway, Abram
10001-10001
Maiden, Geo.
220001-110001
Sampson(Simpson?), Jeremiah
11001-11001
Gamble, Mary
00002-00022101

308

King, Wm. of John
211101-01001
Dyer, Allen
30101-00001
Reanhart, Susan
11-100001
Reanhart, Geo.
1120001-010001
Gregg, Rachel
00001-000030001
Hodge, Robert
10001-00001
Majors, Wm.
2020001-1011001
Davidson, John
00012001-00022001
Hodges, William
0000100001-000010001
King, John
0011100001-1200001
King, Thomas
0000000001-000002
Berry, Thomas
21001-10001
Dyer, Alexr.
141001-210001
White, Adam
0330001-201001
Marsh, David
00001-0100101
Hamilton, Joshua
0001100001-000120001
Sanders, John
1210001-002101
Sanders, John
0000000001-000011
Smith, Abram of Wm.
20001-10001
King, Johnathan
000001-200001
Hodge, Francis
110011-00001
Collins, Jessee
110001-20001
Lilburn, Samuel
100001-11001
Smith, Wm. of Samel
00001-00001
Waggoner, Jacob
000001-000102
Smallen, Thomas
1000001-1112001

309

Waggoner, Barbary
011-0010001
Geesling, Jacob
011102-121001
Geesling, John
0111101-2110001
Waggoner, Mary
001002-000120101
Hix, Richard
000100001-021000001
Devault, Gabriel
002000001-000000001
Devault, Samuel
00002-00001
Smith, Catharine
21111-0111001
Cox, Godfrey
001101-000010101
Cross, Zacheriah
2220001-200001
Malone, Wm.
1100001-020001
Malone, Rachell
0001-0000000001
Malone, Geo.
01111-1001001
Emmert, Jacob
1001001-123101
Smith, John
000000001-000000001
Smith, Robert
000101-22001
Cross, Jessee
102001-20011
Collins, Charles
100001-12001
Blair, Richard
01001-22101
Weaver, Coonrod
000001-22001
Milds, David
20001-00001
Webb, David
00011-10101
Morgan, Solomon
00001001-000101
Jones, Frederick
10011-00001
Emmert, John
10001-10011
Massengale, Henry
0021000001-0000001

SULLIVAN

310

Jones, Henry
00022001-01100001
Jones, John of Henry
01001-10001
Smallen, Catharine
101-00001001
Smith, John
001020001-01033001
Feathers, John L.
2111001-1220001
Mathorn(Mothorn?), Nicholas
2110010001-1002010001
Mathorn(Mothorn?), Henry
120001-201001
Hunt, Peter
210001-030001
Beard, Thomas
01001-20001
Greenway, Joseph
00122001-000010000001
Emmert, Geo.
00001-00011
McCorcle, Samuel
0111001-222001
Newton, Jane
1-000001
Cole, Elisha
0122100001-00010001
Little, Valentine
0011001-00020001
Waggoner, Mary
1110001-11001
Woods, David
00020001-00110001
Woods, John
00001-1001
Troxwell, David
02002001001-00310001
Hickey, John
220001-10001
Barnet, Nancy
0-0
Arrons, Wm.
00001-2000101
Smith, Mary
001-00001001
Smith, John of Solomon
2001001-111101
Arrons, Harmon
10101-00001
Arrons, Richard
1100201-210001

311

Foster, Benj.
00000001-100001
Smallen, Robert
1110001-111001
Hughes, Thomas
000001-0001
Collack, John
1211101-2210001
Hanks, John
110000001-1000001
Guynn, Rachel
103-111101
Taylor, Jacob
0011000001-000110001
Geesler, Adam
0010001-010001
Hughs, Robert
201001-10001
Massingale, Michael
130011-1210101
Martin, Alfred
00001-00001
Emmert, Jacob
000000001-000200002
Emmert, Peter
100001-20001
Little, Wm.
000001-0001
Byers, Benj.
200001-10001
Hughs, David
0000100001-0
Geesler, Ann
001-0101201
Himes, Abram
00110001-00120001
Smith, Same(Saml?)
0010001-000001
Collins, Joshua
1210001-2012001
Weaver, Michael
11112001-01111001
McCalley, Isaac
00000001-0
Scott, Joseph
0202001-110001
Smith, Sarah
0-01001
Cole, Elizabeth
0012-01000001
Cole, John
10001-00001

312

Scott, Samuel
111001-220001
Scott, Fanny
0-111001
Milhorn, Geo.
010101-001201
Milhorn, Agnes
0-00000000001
Newton, Sarah
0-00110001
Ford, Micajah
0111001-00101
Hiet, Edward
10001-02101
Scott, Isaac
000001-0010001
Scott, John
21100001-0110001
Scott, John
00001-00011
Woods, Aden
100001-11001
Myers, Henry
0010001-021200101
Taylor, Stephen
100121-10001
Myers, Jacob
20001-01001
Fulmer, Andrew
00001-1002101
Torbert, John
32100001-001001
Torbet, Joseph
00012001-00112001
Allison, Failey
00000001-01010001
Allison, Martha
000011-0000200001
Hodges, Francis
00011101-00132001
Hodges, Wm.
000001-00101
Hodges, John
000001-00001
Blakley, James
1100001-21001
Hodges, Josiah
000101-10001
Andrews, Rachel
21-001101
Stewart, John
020001001-10000001

313

Allison, John
0001200001-00001101
Dyer, David
010000001-100001001
Trassell(Trussell?), Nell
00001-00010001
Scott, Wm.
01100011-0001001
Rhea, Amos
21001-10001
Mathorn, Geo.
0100001-1110001
Edwards, Owens
11001-00011
Carr, Joseph
21020001-0211001
Glover, John
10001-11001
Samms, Obidiah
1102001-222101
Jones, William
21001-01001
McIntosh, Jesse
122001-12001
Glever, John R.
240001001-010001
Glever, Alfred
10001-10001
Glever, Richard
0000100002-0000001
Norman, Wm.
2210001-0110001
Carr, Wm.
0000000001-00000001
Glever, James
1020101-110301
Ford, Ezekiel
210101-20001
Nichols, Richard
0122101-0110001
Hix, Edward
200001-00001
Hix, Jacob
000010001-000010001
Troxwell, Eve
1002-00001
Morrils, Isaac
110001-20001
Combs, Thomas
10001-10001000001
Shell, Aaron
001101-000101

314

Hix, Elijah
100001-200001
Morrell, Wm.
11210001-1220001
Ford, Thomas
00001-10001
Troxwell, Geo.
21011-20001
Riley, James B.
000001-0
Hix, Geo.
10001-20001
Boyd, Andrew
300001-120001
Shell, Andrew
000101-23002
Boyd, Jacob
00011000001-00001001
Roiston, Benjamin
1002001-0112201
Rachhold, Wm.
00100001001-221001
Underwood, Richard
111001-111001
Hix, Wm.
00120001001-02021001
Crumley, Jacob
211011-011121
Nichols, Wm.
00001-22001
Underwood, John
01011001-00110001
Meredith, Bradley
100001-00001
Glever, Thomas
0230101-0001201
Berry, George
00001-10001
Shell, Mary
0001-0001001
Woods, Wm.
00001-10001
Berry, Samuel
00111-20001
Smith, Jeremiah D.
1211001-1100001
Crumley, Geo.
11101-0200001
Godsy, Wm.
0000200001-000000001
Carrier(?), John
01211001-0112010001

315

Jones, Samuel
0110101-0101001
Jones, Peter
00001-10001
Samms, Nancy
0101-0011201
Samms, Little Berry
00000001-00000001
Masten, John
000001-100001
Moulton, Geo.
0201001-1021101
Jones, Thomas & John
000110001-00011001
Crumley, Daniel
000010001-0001001
Crumly, Geo.
121001-100001
Vandevender, Abram
0000000001-000011
Vandevender, Peter
121210011-1110101
Carrier, Johnathan
01011001-1020001
Mather, James
1011001-0111001
Odell, Thomas
0101001-000101
Combs, Johnathan
00010001-00001001
Comes, Edwards
00001-00001
Odell, Wm.
001001-000001
Taylor, Jacob
12001001-00210001
Morrell, Thomas
000000001-00000001
Odell, David
300001-000010001
Morell, Caleb
2210001-000001
Morrell, Jessee
110001-111001
Blevins, John R.
00000101-0000001
Blevins, John H.
00001-10001
McGairy, John
100001-20000101
Merrell, Nathan
110201-112101

316

Hatcher, Joana
01-100020001
Alfred, Mary
011-1112001
Russell, John
0000101-0011001
Morrell, Abigale
0-0000010001
Rutledge, Geo.
200101-00001
Blevins, Milly
1-01001001
Majors, Thomas
00110001-100001
Bolin, Isaac
020001-201001
Bolin, Larkin
100101-11111
Keywood, James B.
410001-010001
Cawood, John
001200001-00101001
Cawood, Ann
1011-0111010101001
Morrell, Johnathan
1111201-0111001
Milburne, Elizabeth
0-0020001001
Baker, Wm.
000001-2
Airs, Margerett
0-0
Underwood, Joseph
210001-000011
Mahaffy, Hugh
100001-10001
George, Nancy
021-0011101
Richardson, David
1210001-1103001
Richardson, Thomas
00001-10001
Miller, Henry
20001-01001
Willet, Nathan
1010001-1110101
Mahaffee, Samuel
000001-11001
Spurrier, Thomas
011011-212011
Clayman, George
1001001-0221001

317

Smith, Benj.
00001-00001
Offield, Jessee
2201001-001101
Orfield, Joseph
000001-20001
Orfield, Lewis
10001-001010001
Orficld, Lewis
00021001-0011001
Claymon, Isaac
100001-00001
Helvey, Jacob
0211001-0120001
Shoop, Jacob
200001-02001
King, Wm.
1201001001-110001
Kellon, Samuel
01210011-2011001
Carson, David
00011-00123001
King, Wm.
1011001-102
Dulany, Wm. & Jno. R.
00001100001-20011
Right, Wm.
11001-021001
Pemberton, Thomas
20000111-01001
Carmack, Joseph
110001-101001
Crocket, Silas
0100001-00000010001
Nelson, Reason
0011001-0002001
Cowan, Andrew
110001-100001
Hammond, Mackey
000001-0000000001
Montgomery, John
2200001-110001
Dickerson, Peter
0-0
Miller, Geo.
011100001-101011001
Brooks, Moses
2111101-2112001
Denton, Wm. & James
100010001-10001001
Denton, James & Ely
12201-50002

318

Wilder, Moses
12200001-0002001
King, David O.
00001-10001
King, David
001000001-00021
Carson, Susan
0001-00010011
Stuffle, Henry
000210001-000001001
Morison(Nelson?), Wilson
10001-00001
Laughlin, Alex
0012101-2020001
Grubb, Abram
02011001-00113
Colbach, John
121001-210001
Miller, Jacob
001130001-0032
Nelson, James
10001-01001
Thomas, John
0100301-0101001
Dryden, David
001100001-0001
McCrosky, Mathew
00001-10001
Smith, Alex
1101101-013101
Richards, Elijah
22011-01001
Booher, John
213101-020001
Richards, Benj. A.
01011001-0012001
Thomas, Jacob
301201-0201101
Daniel, Mary
10001-20010001
Booher, Adam
000001-000010001
McCrosky, Wm.
10001-0
Booher, Martin
0011101-131201
Booher, Peter
1121001-0001001
Combs, John
10001-21001
Blevins, Russell
2101001-020101

319

Williams, Elizabeth
01-00101
Thompson, Joseph
20001-00001
Bridleman, Valentine
2000101-00011
Cawood, Benj.
0000001-000001
Cawood, Berry
100001-00001
Cawood, Thomas
0000001-0
Bolin, John
1210001-000101
Bolin, John
000010001-000000001
Wilson, Robert
20001-00001
Acree, John
000120001-00020001
Rockhold, Frances
0012001-0210001
May, James S.
10001-00001
Wilson, John
111001-021201
Cawood, Allen G.
10001-30001
Rockhold, Thomas
0000001-000011
Shell, Andrew
12000001-00123001
Shell, Mary
1-01001
Blevins, James of Jas.
110001-000101
White, Benjamin
001100001-00102001
Blevins, Wm.
3332001-010201
Hughs, Peter
001010001-000020011
Washham, Robert
20101-01001
Blevins, John
02222001-1000201
Green, Drury
100101-12010201
Hughs, Wm.
1101-121001
Blevins, James R.
0000101-0000112

320

Work, Wm.
00001-20001
Hughs, Rosanah
012-01001
Hughs, David
2011001-000101
Milliard, Samuel
0302001-2021001
Milliard, Abiah
1100001-12001
Feathers, John
11001-10001
Edwards, Joshua
00202001-010201
Bolins, Lucy
0001-0010001
Bullock, Wm.
00121101-01111001
Jones, Squire
110001-221001
Longacre, Anson
01101001-00111001
Vance, John
3212101-0001001
Stoffle, Abram
120001-10001
Boyd, Adam
00011001-0011001
Milliard, John
21110001-0121101
Crumly, Daniel
20021-10011
Crumly, John C.
11001-20001
Sampson, Jacob
100001-12001
Layne, Thomas
10001-00001
Geesler, Jacob
011001-10201
Riley, Andrew
00212001-0030001
Crumley, John B.
221001-10101
Roiston, Abram
10001-20001
Roiston, Isaac
10001-10001
Harkleroad, Jacob
10001-01001
Miller, Daniel
001001-00001

321

Cox, John
00011-11001
Cox, Samuel
200001-001001
Cox, Edward
100120001-1101101
Cox, Jacob
200112-01011
Mawk, Henry
2211001-02101
Bradley, Daniel
002021-012001001
Miller, Wm.
10001-003
Miller, John
10001-11001
Wolf, Henry
02100001-1111001
McCrairy, James C.
21001-01001
McCrary, Walker
10001-00001
Webb, Geo.
000210001-0110100101
Miller, Richard
100001-11301
Foster, Elizabeth
00011-0001001
Hix, Nathaniel
2221001-000111
Rogers, Nancy
0001-0001001
Hix, John
1001001-0012001
Webb, Nathan
0111101001-11122011
White, Wm.
220001-11001
Hilton, Hannah
0-0
Hilton, John
0022201-00111001
Cross, John
20001-00001
Shelby, John
0-0
Morgan, Nathaniel
11001-12101
Rhea, John
00000000001-0
Cross, William
2123101-200101

322

Crocket, Aaron
101001-0023201
Hymis, John
000101-0000101
Cross, Abram
132001-100001
Cross, David L.
00001-01001
Cray, Wm.
00120001-020101
Cells, Thomas
22-00001
Cross, Elijah
0000000001-0
Lacy, Wm. P.
2121001-001001
Hix, Isaac
110001-12101
Carithers, Samuel
000001-20001
Gregg, Abraham
000001-111101
Spergins, Samuel
012001-320001
Griffith, Ruben
010001-20001
Smith, James
1100001-013211
Rogers, David
120001-01011
Gammon, Susan
1002-0112001
Watt, Joseph
0102001-11111
Bear, Margarett
02111-0001001
Harrison, Thomas
11020001-00010001
Night, Margarett
1000201-00011001
Nellums, David
12201001-100001
Malier, Bird
10001-20001
Wright, John
123010001-100201
Wright, Charles
011101-00011
Right, Robert
22001-1111000001
Dickson, William
2010001-01211

323

Titsword, Lilburn
00001-10001
Titsword, Thomas
200011-00001
Coats, Christopher
130001-11111
Poston, Edward
110001-12001
Netherland, Samuel
11001-12001
Lowdermilk, Jacob
00001001-0004001
Gammon, Noah
20011-00001
Shipley, Rachel
0-000000001
Lingo, Matty
1-101001
Hall, Nathaniel
210001-112001
Vance, Theodocia
00001-00120001
Harvey, James
230001-10001
Pegg, Frederick
010001-20001
Angel, Catharine
001-0000101
Hartman, William
21012-01001
Devenport, Jno. N.
110001-101001
Snapp, Laurence
020101-01001
Hawley, John
000001-0001
Gifford, Ann
11211-001101
Myers, Frederick
01000001-00000001
Rhea, Samuel
100101-0022001
Rhea, James
12000001-101001
Deery, Wm.
02102001-21001101
Kelly, Benj.
3120001-101201
Dulany, Wm.
100011-10001
Day, Geo. W.
00011-00001

324

Sturm, Jacob
10002001-132201
Richardson, Jane
0-00010101
Canole, Wm.
020211-300001
Smith, Briant L.
01001-011001
Davidson, Egnu
00020001-001011
Watkins, Walker
112001-110001
Thomas, Joseph
000001-010001
Irvin, Montgomery
00111-00011001
Shaver, David
210001-10001
Richardson, John M.
200001-02001
Blair, Wm. K.
00001-10002
Netherland, Geo. W.
000021-20001
Gammon, Richard
11002-00011
Gammon, Richard
0001100001-00000001
Fain, John R.
1010201-0122001
Shelly, Charles
00202-20101
Nolly, Gray
00002-0
Rhea, Joseph M.
0200001-2011101
Dogget, Daniel B.
0111101-0011001
Cox, Jacob
00001-10001
Gibson, Alex
0000001-0000001
Powell, Robert
1010001-031001
Rogers, Elizabeth
11-010031
Morgin, Wm.
000001-000001
Smith, Luallen
10001-00001
Landon, Martha
31-0002101001

325

Curt, Briant
0-0
Bright, Isaac
10001-0001
Cross, David
121001-21001
Poe, Henry
0100000001-000000001
Zimmerman, Snapp Z.
0000100001-10011
Philips, Asael
111001-210001
Malone, Joseph
2100001-001101
Smith, William
1120001-210001
Anderson, Wm.
002101-20001
Malone, Isaac
020101-010001
Malone, Wm.
0112001-2310001
Smith, J. B.
1010001-121001
Deck, Samuel
10001-21001
Turner, Wm.
0102001-100001
Hashbarger, Andrew
00001-0001
Rogers, Thomas
10111-01001
Miller, Indimon
10001-0
Morison, Andrew S.
00022001-0100101
Pile, Obrien
10001-00001
Pile, Philip
111200001-01200001
Smith, Joseph
11001-00001
Hashbarger, Philip
0000011001-000100001
Whisenand, Wm.
00001-00001
Hamilton, Joshua
000101-02001
Warren, Michael
00101001-00021001
Wallis, Joseph
0000100001-00002

326

Renfroe, Joseph
000000001-00000001
Elkins, Larkin
0120101-0102001
Crocket, Jane
0101-01000001
Crocket, James
001001-0111010001
Carr, Patrick
0110001-0110201
Canell, Samuel
000001-022001
Picket, Henry
01000001-0000001
Cross, Abram
0001100001-0000220001
Cross, John
2200001-001001
Cross, Abram
20001-01101
Whisenand, Isaac
110101-010201
Anderson, Wm.
10001-10001
McClellan, Abram
1121101-0001001
Boober, Benj.
1100101-1210001
Millard, Timothy & Samuel
12123001-0021101
Carr, Gordon
11001-00001
Hughs, Geo.
0010001-121201
Crocket, Andrew
10010000001-01101001
McCrairy, Joseph
00001-00001
Rutledge, Robert
000130001-00000001
McCrosky, Francis
110001-30001
Milliard, Hugh
00001-10001
Richards, Richard
220001-011001C001
Nicholds, John
00001-10001
Philips, John
210011-10001
Rhea, Wm.
1000200001-100020001

327

Rhea, Robert
00001-100020001
Buckhaven, Ryburn
000001-200001
Braiden, Jane
0-0002001
Whitt, Matilda
2-00001
Fitzer, Jacob
0010001-211001
Ivins, Samuel
00101001-00134
Smith, John J.
3211101-101111
Butler, Ephraim
10001-00001
Cox, Thomas
0100000001-0001
Deck, Jacob
001210001-0102001
Cowen, Wm.
200001-10001
Thomas, Adam
021001-202001
Walford, Wm.
301001-01001
Arnold, Sarah
0-000000001
Snodgrass, Wm.
200001001-10001
Crauford, James Y.
000001-10001
Babb, John
10012-00001
Malone, Michael
00100011-01201
Webb, James
201001-120001
Mason, James
011101-2000001
Steel, James
0012001-0010201
Aikin, Robert
00001-10001
Owens, Jessee
000002-21011
Lundy, Edward
000001-001001
Pair, Hathew
100011-20001
Flemmings, John
10101-120001

328

Smith, William
120001-10001
Cox, Cairy
110001-210001
Ryan, William
0000001-0
Sinmaker, Elijah
00211C0001-00011101
Steel, David
0022001-1211001
Godsy, Benj.
00131001-00011001
Steel, Eve
00001-0000001
Hickman, Susana
0-0002001
Mills, Catharine
1-0011101
Stoffle, Jacob
001010011-001101
Buckles, James
00001-00101001
Bushing, Geo.
001001-420001
King, James
0-0
Bushong, David
00001-00001001
Conant, Catharine
0012-00100001
Sells, Samuel
210012-110001
Ekerd, Adam
3220001-001
Hampton, Samuel & Michael
20001001-12012001
Hawk, Jacob
001C010001-00100001
Frick, Christopher
000001-00001
Hughs, Thomas
000000001-010001001
Washham, John
100020001-01001001
Bealer, Wm.
001100200001-0110011
Wassum, Johnathan
111101-012201
Sells, Allen
12001-10001
Bear, Andrew
000000001-00101

329

Booher, Daniel
1132001-1000101
Sells, Joseph & David
010001001-121001001
Wilcby, William
0000001-02000001
Laughlin, Ann
0-0000000001
Sawyer, Hatwell
1101001-012001
Wiloby, Wailis
00110001-0001101
Sells, Andrew
01010001-00112001
Hartsook, Isaac
000001001-12100100101
Sherid, Elizabeth
0222-0012001
Babb, Geo.
11100100001-011101
Stidevant, Antney
0011001-1100001
Clayman, John
001010001-00210001
Gray, Joseph & Moses
000021001-20001001
Vance, David
22200100001-000001
Bealer, James
11000100001-000001
Gray, John
200001-000001
Johnson, Garrit F.
000001-0
Weaver, Peter
132001-1010101
Shell, Sally
0-0000001
Washham, John
01110001-21120001
Wassham, Jefferson
10001-20001
Snapp, Magdalene
0-001020001
Burkhart, Geo.
01201001-0113001
Miller, Adam
00001-0001
Stuffle, George
000001-10102
Bealer, Jacob
000001-000010001

330

Henderson, Andrew
2200001-010001

Cowan, Geo.
100001-100001

Botner, Joseph
0000000001-000000001

Bear, John
10001-10001

Carmack, Pleasant
10001-00001

Godsey, Jeremiah
10001-10001

Hammer, William
21002-02001

Smith, Gasper
300101-100010001

Messick, Jacob T.
100001-10001

Hughs, James
00001-01001

Miller, Jacob
0010001-000201

Devault, Adam
1110101-101011

Neely, John
00001-00001

Babb, James
1021001-0000011

Stedivant, Robert J.
00001-0001

Smithton, Briant
001000001-0001001

Booher, Jacob
02121001-00111001

Weaver, Frederick
0000100001-000030001

Peter, Isaac
2012001-221201

Peters, John
0000100001-0001

Barnet, Nicholas
11001-120010001

Griffith, James
10001-10011

Akard, Jacob
0012001-0012001

Harkleroad, Martin
01010002-1100101

Shull, Samuel
0000000001-0

Leonard, George
0010001-33001

331

Harkleroad, Henry
11002000001-000101

Slagle, Geo.
101101-0210101

Godsey, Emery
00001-10001

Sprowls, James
00000001-0

Bates, James
000200001-000000001

Holt, James
211001-10011

Hawk, John
210010001-0100101

Galloway, John
1102001-200001

Bates, Wm.
21001-00001

Rogers, Nicholas
01001-10002

Wright, Patrick
000000001-000030001

Roler, John
0000000001-0000000001

Lady, Margaret
0-0000000001

Veede, Harman C.
10210001-0201101

Lotts, Henry
001100001-01210001

Roler, Jacob
301001-100001

Lotts, Jacob
00001-1001

Irvin, David
0100101-211101

Cartright, Wm.
00001-00001

Cliant, Jacob
0000011-01001

Cox, Thomas
002001-203101

Irvin, John
0102001-102001

Peterfild, Jane
011-001001

Hawley, James
3112001-001111

Hawley, Wm.
001001-00101

Foust, John
220001-10001

332

Mingo, Peter
01011001-00001001

Roler, David
0101001-2111001001

Dutton, Abram
011001-001001

Trower, Thomas
0000101001-0001001001

Richardson, Nathan
200011-01001

Hanby, Francis
000010001-000000001

Wilson, William
1120001-0112201

Shoemaker, Daniel
00110001-001002

Kemplin, Geo.
12001-01001

Cook, Jacob
000100001-000100001

Horn, John
01102001-00110001

Harber, Elisha
000020001-00002101

Harbour, Moses
100001-02101

Shipley, Samuel
0120001-0002001

Dutton, Elizabeth
0-000100001

Hale, Richard
0-0

Moss, Drury
0-0

Easly, Robert
0000000001-000000001

Easly, Hugh
0-0

Moody, Valentine
100001-011011

Isely, Martin
220001-001101

Rose, Joseph
00011-010001

Fansler, David
20001-00001

Roler, Martin
000000001-00000001

Moody, Geo.
00110001-0201011

Moody, Joseph
00001-000001

SULLIVAN

333

Moody, William
20001-000001

Ridgly, John
0-0

Childress, Burtin
20211001-2112001

Childress, Finly
00001-10001

Stokes, Adam
000001-20001

Shipley, Cabel
2000100001-10001

Stockes, Barbary
0-000100001

Moore, James
1000001-221001

Galloway, Thomas
2121001-012001

Holt, Ambrose
0110011-0100101

Bowery, John
02111001-1011001

Smith, Joseph
100110001-000001

Bond, William
010000001-0000011

Jackson, John
0000001-0203101

Mawk, Andrew
000010001-10002

James, Walter
000020001-100010001

Newhouse, Isaac
000001-00001

Smith, Alex
1011201-0210001

Droke, Peter
002000001-000120001

Parry, Thomas
02100001-1101001

Rutledge, Wm.
0100101-000000001

Goodman, Jacob
20011-00001

Angel, Samuel
0001-00001

Goodman, Peter
00001-00001

Sright, Mary
0-00012101

Ragle, Henry
3310001-001201001

334

Barger, Nicholas
0011101-02121

Mackey, John
0000110001-0000002002

Snodgrass, Hugh
01002001-21012001

Farrow, Henry
2010001-011001

Pair, Mathew
000110001-00010101

Snodgrass, David
0011101-2221001

Crussel, Nicholas
0001100001-0110001

Moore, James & John
210011-110011

Hickman, John
11001-10001

Leonard, Samuel
00001-0001

Leonard, Casper
00001-22001

Cliant, John
10001-00001

Hickman, Isaac
0-00020001

Gale, Mathew
1100001-111001

Susong, Alex
000001-011001

Williams, Alexr.
00001-21001001

Hawkins, Rolin
200001-10001

Balazell, David
020011-10001

Bair, Geo.
12010101-10000101

Johnson, John J.
21120111-101020101

Slagle, Catharine
11-0110001

Hasharger, John
00022001-00013001

Drake, John
10001-21001

Drake, David
0010001-001001

Blackmore, Rachel
002-00010010001

Blackmore, Robert
0110001-0110001

335

White, Thomas
1112001-101101

Wise, Elisha
200001-100001

Hartsock, Charles
1101101-0011101

Waterford, Adam
0-0

Stone, Lewis
10110001-0111001

Lane, Thomas
00001-00001

Lane, William
00121001-01101001

Harr, David
12100001-0001001

Gale, N.
000000001-0

Millen, Washington
00001-00001

Hudson, John
1100000001-11001

Woodroe, Wm.
10001-00001

Wilhelms, Geo.
2111001-0200001

Burkhart, Goodman & Peter
0000100001-00010001

Canalis(Canoles?), John
110002-00001100001

Wilson, Polly
0-0

Deck, Abrams
100001-12101

Keesling, Jacob
110001-02001

Green, Wm.
00101-10001001

Burron, Martha
00102-00002001

Sanders, John
1100001-100001

Swatt, John
131001-00001

Sloane, James
100001-21001

Curtin, John
000100001-00100001

Johnson, Benjamin
1112001-201001

Pair, Jacob
1011001-111101

336

Gray, Jesse
10001-21001
Simons, Patsy
0-0
Tipton, Abram B.
001001-001001
Morla, Ransom
30011-00001
James, Amos
020001-110001
Taylor, Edward
010001-01001
Taylor, Samuel
0000100001-001100001
Palmer, Samuel C.
10001-10001
Slagle, Joseph
10101-10001
Nicly, Widow
0-000010001
Handshaw, Wm.
0020001-032101
Garner, Lewis
0-0
Gray, Anderson
120101-102101
Daniel, Obediah
101001-22001
Vincent, Jacob
11001-00001
Almaurode, Wm.
2000101-00001
Wolford, Geo.
000210001-000100001
Whitman, Saml. W.
100001-200010001
Priestley, Wm. (Congressman)
1001001-0110001
Whitman, Henry
0110001-1102001
Wilson, John
10001-300011
Nelson, Mary
001-00021001
Steers, John
000000001-00000001
Cutsinger, Jacob
001001-001001
Butler, Zacheriah
0001000001-001000001
Falkner, Daniel
000110001-01100001

337

Whitman, Frederick
000000001-0001010001
Hughs, Samuel
11111-11011
Falkner, James
20001-10001000l
Krutsinger, Solomon
000041001-00000001
Drake, John
310001-001001
Burk, Robert
10001-00001
Cane, Leonard
1112101-0011001
Drake, Jacob
00121001-01101001
Drake, David
100001-20011
Harr, John
010001001-001002
Rodekeffer, Geo.
02100001-1012101
Harr, Rebecca
012-0022101
Cox, Nicholas
000001-000001
Harr, Simon
1210001-0010101
Letture, Catharine
0011-0002101
Anderson, John
001210001-00111001
Powell, Geo.
1230001-100101
Snapp, Jacob K.
120101-01011
Johnson, Thomas
012010001-01031001
Anderson, Grimes
10001-100001
Green, Edward
220001-00101
Mobly, Rachel
001-021101
Adams, Michael
000040001-000020001
Standfield, Alex
20001-20001
Gunning, Sinclear
1210011-01
Ford, Mordica
0022001-1110101

338

Ford, Horatio
10001-00001
Lowery, John
0101001-0011001
Lady, Geo.
021001-111101
Wright, James
1300011-103001
Gifford, Wm.
0000000001-0000010001
Bond, Wm.
210001-120001
Bond, James
210001-10001
Moore, James C.
10001-1002
Roach, Wm.
00001-30001
Gans, Ambrose
000100001-00001001
Smith, Delila
0-1211001
Edgmund, Samuel
0000100001-00000001
Gooding, Jeremiah
0000001-0000000001
Catron, Mary & Henry
10210001-01212001001
Rennel, Charles
00001-1001
Martin, Christian
22001-10001
McGinsly, G. G.
01000101-00011001
Newlin, Joseph
00002001-0011001
Butler, Aaron
20011-10001
Wadly, Wm.
100121-10101
Catron, Peter
02100001-0010001
Pearce, John
00100001-0001
Quillen, James C.
00001-0001
Drake, Wm. R.
10001-00001
Aikins, Abraham
000001-00001
Hix, James
3210001-0010001000l

339

Wadle, Daniel
012001-012001
Catron, John
20001-10002
Booher, Wm.
0010101-2112001
Pone, David
200001-10001
Childress, David
000010001-00101001
Taylor, Elijah
0120001-2120001
Fawbush, Andrew
210001-00001
Fawbush, John
100001-221101
Wantland, Marshal
100001-110002
Clinant, Jacob
200002-00001
Patton, Robert
10001-11001
Carithers, John
000200001-00102001
Cook, Edward
0-0
Ginnens, Christopher
0-0
Fouste, Henry
00001-00001
Shipley, Richard
000001-01001
Roler, Elizabeth
00101-00111001
Hughs, Abner
21011001-1111001
Fitch, John
001020001-00110001
Pore, Jessee
00010001-00002001
Fouste, Lewis
1012001-1010001
Craft, Susana
0001-00011001
Pectal, Mary
01001-0101001
Waddle, James
00021-0000001
Catron, John
00101001-0200001
Nelms, William
010201-01101

SULLIVAN

340

Moore, John C.
102000001-010020001
King, Dickson
10001-12001
Moore, Samuel
000000001-0
Fansler, John
121001-002001
Holt, Gabriel
110001-310001
Fouste, Philip
20001-00001
Wyatt, Joseph
00111001-00010001
Pannell, Luke
2111001-2111101
Maggard, Henry
01000010001-10001
Childress, James
1010001-111101
Beason, Nathaniel
00000001-0001101
Catron, Christian
210001-010001
Goodin, David
2000001-10001
Bolin, Reason
100001-020001
Mowdy, Rachel
0-00101
Johnson, Jacob
11001001-00010001
Johnson, Wm.
200011-21001
Newlin, Wm.
10001-00001
Bohanen, John
00001-10001
Pectal, Frederick
12000001-10211010001
Beshiers, Isaac
100001-11001
Beshiers, Margarett
00001-00000001
Fouste, John S.
00001-1001
Weaks, Zacheriah
00011001-00001001
Butler, Wm.
001121-100011
Hughes, James
10001-00001

341

Massey, John
010001-000001
Burk, James D.
21101-10001
Shaver, John
10001-10001
Shaver, David
00201001-0000001
Bright, Ansel
100001-00001
Meridith, Sarah
0-0100001
Lacy, Valentine
101001-011001
Letture, Harmon
0000300001-00003001
Corwallis, Lord
0-0
Shipley, John
01000001-112211
Beachboard, Levi
1110001001-0110021
Howell, Peter
0000000001-0001000001
Good, Thomas
22001-0001
Howell, Milly
12-100101001
Lacy, Micajah
10001-01001
Good, Spencer
10001-0001
Cox, Joseph
0000000001-000000001
Hall, Martin
100101-000001
Perry, Thomas
1210001-0111001
Cartright, Wm.
0000100001-000000001
Bright, James
00001000001-0010100001
Catron, Zacheriah
00001-20001
Baren(Boren?), Joshua
001001-000001
Bohannon, Elizabeth
0-00000001
Dutton, Samuel
00001-10001
Beshiers, John
10001-10001

342

Good, John
110001-20001
Marion, Wm.
01110001-221001
Pendergrass, Serrena
01-21001
Wyatt, John
00101-011011
Fawbush, Lewis
21-00001
Clark, John
00003-0000001
Gardner, Peter
000001-0
Darnel, Eli
2220001-001001
Cookernowr, Jacob
0100001-2202001
Pannel, Mariah
1-00001
Shaver, Michael
100001-11001
Clayman, John
212001-010101
Hess, Henry
000001-10001
Hess, Michael
00110001-00202001
Treble, Mary
0011-01000001
Steel, James
211001-01001
Shoemaker, James
10001-21001
Smith, Thomas
00001-11001
Bowton, Mathew
210001-10001
Marion, Mathew
012001-111001
Marion, John
01111001-0111201
Soper, Alvin
010000001-0121011
Myers, Jacob
000130001-2012001
Wall, Armsted
210001-0100011
Christian, C. L.
01210001-0110001
Marion, Geo.
01220001-00001

343

Hill, Wm. & Foster
002200001-01010001
Patton, Samuel
110101-10001
Hill, Green
0-000001
Starns, Wm.
000010001-000001
Hill, Greenbury
00001-001
Mitchell, Sarah Ann
1001-00201010001
Payne, David
310001-001101
Martin, James
220001-100001
Birchfield, Wm.
000011-00001
Roberts, Aaron
111001-111001
Rimmer, James
2223001-110001
Jones, Calvin
110001-11101
Dickerson, Moses
0-0
Harkleroad, Samuel
2111101-0201001
McDonald, Silas
100001-00001
Morris, Mary
21-110001000l
Shipley, Adam
200001-11001
McNabb, Manly
210001-12001
Gains, John S.
211101-022101
Hughs, Wm.
301001-11001
Hickman, Adam
00000101-00020001
Mowdy, Michael
00001001-20001
Rhea, Joseph R.
00001-00001
Horn, John
1100001-1122001
Murfrey, Wm.
10001-0001
Fouste, Jacob
002001-020001

344

Irvin, James
100001-211001
Hark, Andrew
20001-100001
Fouste, George
0001001-000101
Rhea, Robert
01011001-2011001
Rhea, Margarett
00011-00112001
Booher, Wm.
000001-200001
Slaughter, Jacob
00002-00001
Slaughter, Wm.
00001-30001
Holt, James
0200000001-000010001
Rogers, Jessee
2210001-01111
Booher, Christian
01200001-11210001
Sullins, Richard
01200001-2102101
Thomas, Geo.
22000001-01001
Powell, Joseph
0001101-1021001
Hamilton, Timothy
100001-10001000l
Lewis, Henry
10001-00001
Smith, Samuel F.
1010001-221001
Hurndenn, John
021001-210001
Tipton, Sialy
00011-101001
Childress, John
00021001-01210001002
Shipley, Benj.
0121101-1130001
Poore, Wm.
10001-201001
Shipley, Orson
10001-00001
Hill, Thomas & Zacheriah
0-0
Moss, Alex
0-0
Cliant, Peter
02211001-0001001

345

Barger, John
110001-111001
Shipley, Sally
0211-1011101
Cliant, Samuel
200001-000001
Cliant, John
100001-10001
Devault, Daniel
112001-101101
Olinger, Jacob
2131001-2000201
Titsworth, Thomas
000000001-00010001
Fouste, Solomon
00002-00001
Beverly, Herad
001-0
Everett, Joseph
00101001-2112001
Rimmer, John
01030001-220001
Brogdon, Thomas
10001-11001
Brunstetter, Daniel
0120001-230201
Chuchwell, Henry
11002-10001
Hix, Joseph
100001-132001
Peevler, Jacob
00001-0001
Coats, Wm.
000001-0001010001
Marion, Bartholemew
000000001-0100111
Weatherford, William
0-0
Banks, John
00001-10001
Goomer, Anne
0-000000l001
Neely, Samuel
1201001-0120001
Sright, Jacob
000101-00001
Roe, Mary
01-010001
Philips, George
0100001-000001
Netherland, Richard
00010001-00000001

346

Williams, Henry
110011-0020101
Gains, Susan
0-00000101
Briant, Wm.
110001-11001
Fortner, Wm.
021001-201001
Oury, John S.
20101-00001
McLean, Joseph
040001-300001
Waters, John L.
410001-100001
Sikes, Wm. H.
0100011-011101
Thomas, Stephin
010001-20011
Young, Johnathan
0011001-0210101
Goshen, Jacob
0001001-0020001
Sikes, James
10001-00001
Netherland, James
00001-1001
Lewis, Benjamin
00010001-00020001
Patton, John
01101001-0011001
Myers, Edward
00001-10001
Jinkins, John
00200001-0100001
Ferril, Charles
2110001-00001
Reer, James
10002-100011
Spurlock, Emmely
2-10001
Lewis, Micajah
00001-00001
Keene, Jacob
221021-000111
Chester, Richard
0-0
Pryor, John
002120001-00001001
Milas, Wm.
000001-11001
Ragain(Rogan?), Amos
320001-100011

347

Cloud, Henderson
110001-11001
Pryor, Isaac
00021-1001
Mitchell, Wm.
10001-00001
Cloud, Jeremiah
0000010001-00002
Ferrald, Antoney
111001-110001
Poore, Wm.
10001-01001
Clark, Thomas
220001-000001
Netherland, Samuel
11001-01001
Parker, Richard
2000001-011101
Birchfild, James
201001-010001
Lynn, John
01220001-10111
Smith, Alex
110001-11101
Smallwood, Elisha
210001-010001
Speers, J.G.H.
10101-20112
Guyer, David
0000001-001001
Weatherford, Wm.
32001001-110011
Bearding, A.
(included in Weatherford)
Umphreys, J. Minor & T.
200110001-00011
Keene, Mathew
1010201-0012001
Campbell, Ansil
0000101-0110001
Huffman, Aaron
00003-0002
Fennerson, Ezekial
120021-00001
Regan(Rogan?), Griffith
010101-00001
Lynn, John
000001-10001
Ragan(Rogan?), Daniel
01110001-00010001
Rhea, Joseph C.
000011-0
Lynn, James
00001-00001

SULLIVAN

348

Spurlock, Widow
0-000010001
Pulliam, William
00011001-00001
O Brien, James
0200001-2010100001
Moore, Thomas
0-0
Mead, John
10001-10001
Pemberton, Benjamin
2300001-000001
Jones, William (of John)
21001-00001
Flowers, William
1101001-1211001
Frasure, F. William
00001-10001
Cowan, James
0200001-001101
Milliard, Levi
12101-201001
Hix, Isaac
1100001-11001
Ford, Thomas
2302001-01101

200

Hale, John (of Thos.?)
00001-20001
Bowman, Joseph (of Jno.?)
00001-1001
McEfee, John
00102001-2211001
Beagles, Mrs. Mary Ann
00001-00000001
Hodge, Rowland
00100001-0010001
Hale, Thomas
00010001-00001001
Minic, Michael
100001-00001
Northington, David
0010001-0122001
Massengill, Henry
10001-00001
White, James
00001-10001
Bacon, Isaac
120011-11001
Zimmerman, Jacob
00001-00001
Bowman, John
11232101-00002001
Matlock, Isham
1111001-1001001
Jones, Abram
10001-20001
Crouch, John
202001-00111
Crouch, Jesse
000100001-000000001
Crouch, Jonathan
00001-00001
Crouch, Heter
10001-00001
Hodge, James
20002-00001
Little, John
20011-00001
Hammit, John
01111001-1111001
McNabb, Robert
000000001-001001001
Gilliam, Jeremiah
1120101-0102001
Moser, Sarah
01-0000000001
Beagles, William
12001-11001
Hodge, Edmund
2310001-101101
Snider, Daniel
001010001-001020001

201

Hall, James
10000001-11120010001
Lane, Ancil
01001-00001
Fox, Solomon
00001-0001
Duncan, Rice
00001001-001010001
Duncan, Jesse
00000001-0
Hamilton, Isaac
201101-021101
Parker, Quiller
000001-21001
Spurgin, William
0021011-1110001
Spurgin, Samuel
10001-11001
Mohler, Henry
01110001-010201
Maden, Andrew
100000001-10101011
Sheets, Jacob
01001-2001
Hall, Nathaniel
10001-00001
Bowman, John
300001-010001
Gray, James
2110201-1011001
Hale's, Ned (family)
0-0
Bowman, Jacob
212001-000001
Porter, Joseph
10001-00001
Hall, Henry
000001-1200101
Jenkins, George
10001-00001
Jenkins, Joseph
00001-00001
Chapman, Polly
0-0010001
Chapman, Saml.
0010001-232101
Reynolds, Geo. G.
0000001-00001
Hale, George
002010001-00010001
Miller, Abram
10001-00001
Powers, David
00100001-00031101
Powers, Edward
211001-11001

202

Hodge, William
21001-20002
Hodge, Michael
111001-221001
Hodge, Howell
0010001-1112001
Bowman, Isaac
10001-20001
Hodge, Rowland
21001-20101
Shipley, Benja S.
1020001-121001
Hodge, John
011201-111001
Ensor, William T.
00010001-00010001001
Miller, Thomas
0100101-01011001
Newman, Eleanor
0-00000101
Henry, Sitnea
1-10001
Bull, Vinson
01001000001-200010001
Crouch, John
0001000001-0010001
Bean, Robert
210001-111001
Crouch, Sandford
30001-01001
Hincle, Nancy
2-10002
Hincle, Margaret
101-0001001
Gray, Joshua
00001-10001
White, Jesse
0211001-1111001
Fox, Adam
11110001-0011001
Hendry, Eli
10100001-110001
Cash, John
10131001-0020011
Kitzmiller, Martin
00111001-00010001
Kitzmiller, Martin
10101-00001
Fulmer, John
120001-0000001
Collins, Joseph
2000100001-10001
Campbell, James
10001-00001
Campbell, Galloway
10021-2000101

203

Coatner, Charles
20001-01001
Massengill, William
01101001-121200101
Himes, John
0000001-3120001
Davault, Valentine
01121001-0010111
White, William
311001-110001001
Hammer, Jacob
010100001-000000001
Hammer, Isaac
000010001-00010000001
White, James
0001001-0021101
Hammer, Sarah
01102-00110001
Luny(?), William G.
100011-10001
Scalf, David
12100001-101001
Sell, Adam
110001-21001001
Stackhouse, Wm.
210011-01001
Miller, Joseph
210001-22001
Crouse, Michael
00000001-000010001
Humphrey, George
000120001-000010001
Dulany, Rebecca
00002-0001001001
Range, John
02220001-10011001
Melvin, Joseph
1200001-101011
Carr, Richard, esq.
0010201-0001001
Melvin, Hannah
0-0000010001
Young, Hugh
100001-211001
Crouse, Daniel
100001-11001
Crouse, Michael
10001-10001
Duncan, William
1003201-2210101
Melvin, James
0010001-00021001
Miller, Henry
11001-21001
Melvin, Rachel
0-010001

204

Onksel(?), David
20001-10001
Kelly, Kinchen
20001-10001
Miller, John
120001-211001
Caruthers, Jonathan
000001-00001
Kelly, Kinchen
0100000001-100001001
Duncan, John
3030201-120111
Little, George
21001-30001
Young, John
00010001-00000001
Hopper, Harden
20001-00001
John, Jenkins
0010001-1011101
Crouse, Solomon
110101-11001
Dewalt, Jacob
00230001-02002
Milburn, Samuel
001000001-0101001
Bowers, Joshua
20001-0001
Hunt, Joshua
03020001-2021001
Melvin, Joseph
00010101-00012001
Bowman, Daniel
00012001-00011001
Fox, Daniel
00001-00001
Sliger, John
000010001-02002001
Lilburn, Andrew
0001100001-000011
Johnston, Merryweather
000000001-000000001
Bowman, Elizabeth
00001-000010001
Miller, Samuel
1121001-211101
Beard, Joseph
210001-11001
Mitchell, William
10001-01001
Nelson, Mark W.
120101-320001
Brown, Abram
200000001-000010001
Caruthers, Jonathan
001210001-10031101

205

Kennedy, Samuel
00001-20001
King, Revd. James
11200001-0111001
Gillespie, Maj. James F.
00001-0
West, Humphreys
10001-0001
Willet, Maj. Washington
00001-00001001
Wright, Samuel
010001-100001
Huffman, Samuel
00001-00001
Smith, William
000120001-100200001
Deakins, Charles
010001-21011
Templin, William
001100001-00102001
Lyon, Ezekial
1021001-0110001
Clarke, Joseph
121001-1101001
Bales, Joseph
01010001001-0200110001
Barron, Thomas
00011001-02100001
Hicks, Jetur
020001-1100100001
Cox, John
1202001-0021001
Gates, John
000100001-000000001
Klepper, Susan
011-221001
Klepper, Jacob
120011-211001001
Range, Isaac
111001-010001
Crouch, George
0002001-1221001
Clayton, William
012001-010001
Norris, John
002001-000001
Crouch, Polly
0002-001000101
Taylor, Jacob
310001-00001
Hale, Mark
0211101-200201
Patterson, Lacy (free)
0-0
Deaderick, Sam (free)
0-0

206

Keyker, Joseph
00230001-1100001
Robinson, David
0010101-2022001
Hartsell, Isaac
1213301-2112101
Douglas, Jacob
100101-01001
Clarke, Henderson
1200001-10001
Hoss, Hannah
0012-0011001
Harwood, Jesse
020001-041211
Hartzell, Col. Jacob
0111101-0212001
Herington, Peter
01012001-00221001
Casheda, John
010001-11001
Keefhaver, Nicholas
00001001-000000001
Geisler, Samuel
100001-111001
Geyer, Henry
00100001-00000001
Jackson, Samuel
0000000001-000000001
Brobeck, Philip
1200101-0020201
Mathews, George L.
01011001-0110101
Hendly, Isaac
0210001-2000011
Thompson, Samuel
10001-00001
Boren, Greenbery
120201-020101
Robinson, James
00001001-00120001
Thompson, William
0001000001-0010001
Ruble, Duke
10001-11001
Slaughter, William
2112001-0110001
Hunter, John
113001-12001
Spring, Nicholas
000100001-11011001
McCrau, Napoleon
00001-00001001
Saylor, John
00120001-01121001
Davis, Thomas
1011101-111011

207

Hale, Joseph
000000001-00112001
Bayless, Hezekiah, esq.
000001-000001001
Scott, David
01001-1001
Hedlock, Ransom
0110001-221201
Bayless, Henry
20001-10001
Taylor, Robt.
0111001-210001
Davis, Samuel
210001-310001
Wolfe, Capt. Henry
200001-20011
Elsey, John
2121001-0000101
Dosser, William
020011000001-10002
Oliver, Mrs. Mary
00102-0000101
Taylor, Christopher
00000000001-0000000001
Taylor, Henry
000010001-0000201
Harris, W. Adison
01001-20001
May, C. Barnabas
11101-11001
King, Thomas
0011201-00100001
Mathews, William
10001-10001001
Clarke, William
21310001-0021001
Wilson, William
0313101-1000001
Charleton, John
00010001-0002001
Sherfey, Solomon
00002-0001
Longmires, Joseph
00010001-0011201
Early, Samuel
2310001-110001
Hoss, Abram
1110001-1002101
Moore, James
000001-100001
Bottles, John
020011-10011
Brown, Maryan
0-000000001
Johnson, Col. James S.
0000001-000001

208

Parker, Josiah
01110001-1102201
Leslie, Sally
1-010001
Walker, Gabriel L.
0110001-1100001
Bayless, Reuben
2111001-0120001
Vest, James
0110001-301101
King, George
00001001-00011
Jackson, Benja.
1002001-0110001
Morris, Ephraim
100000001-020001
Aiken, Col. Mathew
02020002-111011
Gillespie, James
00121001-00000001
Patton, William
10001001-010011
McAdams, William J.
0020100001-0000000101
McCray, Capt. Henry
21121001-1111101
McGinniss, David
2211101-111101
Elliot, Patric
00000000001-000010001
Bales, Isaac
00001-10001
Pitcock, John
001000010001-00021101
Mitchell, James
20001-10001
Mitchell, William
00111001-010001
Marks, Jacob
00000001-20111
Stewart, Montgomery
0011101-0010001
Mayfield, Charles
20110001-10010001
McKee, Robert
1121101-1102001
Shannon, Elijah
000011-10101
Squib, George
000001-00101
Patton, George
20001-0101
Patton, Thos. C.
2001201-0221001
Roberts, William
0121001-211101

210

Boren, Elijah
00011001-0012
Waddle, Charles
00021001-00002001
Click, Peter
00201001-0001101
Sherfey, John
000012001-10010001
Ruble, John G.
2111101-01101
Chase, Walter
1131101-0000201
Barnes, James
13210001-0212001
Denton, Jonas
0120001-0102001
Morrison, Horatio
20001-00001
Ryan, Jessee--free
0-0
Payne, William
0221101-100101
Furguson, Thomas
00002001-00010001
Stewart, John
22111001-0011001
Kibler, John
0422101-2001001
Smith, William B.
00010001-00001001
Bean, Joseph
000002-30001
Cloyd, Samuel
2211101-1010001
Nelson, John
0000010001-000000l001
Keplinger, Mary
0-000000001
McGlaughlin, Ephraim
20001-01001
Mitchell, John
01001-22001
Murray, John
1121101-111001
Deakins, Daniel
101001-0110001
Keiker, Conrad
1000001-012010001
Starmer, John
00110001-00120001
Keplinger, Samuel
10201001-1101001
Hunter, David C.
001001-00001
Watenbarger, Elizabeth
0012-00010001

WASHINGTON

211

Basket, John
2021001-0100001
Drain, Benjamin
000000001-000000001
Bottles, Joseph
20001-10001
Guinn, John G.
00002-00001
Hederick, Samuel
0101101-0121001
Coppinger, John
20101-100110001
Walters, Clara
0001-000010001
Sherfig, Joshua
0121001-2111001
Walters, William
00001-0001
Overholser, Samuel
00110001-0111001
Hunt, Jesse
0101101-0120101
Boren, Joshua, esq.
00020001-20001001
Million, Robert
00000001-0000001
Stevens, John
020111-120101
Lineberger, Jacob
00001-10001
Lineberger, Nicholas
0111000i-0111001
Ambrose, Jonathan
00001-0001
Ambrose, William
00001-00001
Bacon, Jonathan
0110001-1011101
Woods, Lucretia
0201-1020101
Tucker, Abraham
100001-120001
Biddle, John
1101101-1111001
Deakins, Henry
110001-011001
Irvin, William
100011-100001
Slagle, John
010001-110001
Sherfig, Samuel
011011-201101001
Slagle, Peter
20001-00001
Hammer, John
00000001-00000001

212

Martin, Richard
110001-00001
Galloway, Thomas
000110001-0011001
Keyes, Philip
1000000001-00100001
Million, John
01010001-0010101001
Taylor, Isaac
022001-11001
Carson, Samuel
1021101-0121201
Murr, George
210001-11001
Walters, George
010001-021001
Gray, Robert
1210001-1001100001
Cowan, James
0101001-1121001
Chenowth, Parmenus
00000001-000000100001
King, Thomas
300001-00001
Messer, Thomas
00111-10001
Brown, Stephen
111201-211001
Fine, Abram
1001001-11200101011
Simpson, James
01023001-01021001
West, Mark
00011-0
Roberts, Thomas O.
02101-10001
Kirts, Martin
00001-0001
Hale, Henry
211001-020001
Hale, Chenowth
00001-00001
Linder, Thomas
10001-11001
Blithe, Andrew
100001-10001
Conly, Samuel
200001-01001
Smith, Turner
01101001-1132001
Hare, Henry
220001-001011
Alison, Robert
010011-1100001
Alison, John
010001-20001

213

Tipton, Col. John
000100001-001011
Tucker, John
100001-112001001
Mahoney, John
00001-0
Starnes, Jesse
1001001-2312001
Evans, (f) Edmund
0-0
Pritchett, Singleton
02121001-0111101
Bales, David
002100001-01101001
Mitchell, James
121001-100001
Oliver, Samuel
1000200001-000130001
Murray, Rowland
10001-20001
Long, Christain
201001-111001
Moore, Robert
00000002-00000001
Mitchell, Thomas
0100101-0122001
Telford, Mrs. Marium
00001-30001
Vance, Solomon
001000001-0000001
Rock(?), John
0000000001-00001001
Combs, William
20001-00001
Edwards, Samuel E.
00002-20002
Ruble, John
1110001-0110001
Drake, Ephraim
1102001-122101
Simpson, James
20001-00001
Jobe, Enoch
000010001-00022001
Odell, Mary
00003-00001001
Isbell, Hickman
000000001-0
Ruble, Henry
11211001001-00100010001
Jackson, Alfred E.
20001-00001
Young, James, esq.
1000001-021101
Barkley, Danl., esq.
201200101-111000101

214

Marsh, Henry
000110001-000020001
Glass, Hiram
110002-20002
Burts, Joseph L.
300001-01001
Mitchell, Adam
00200001-00110001
Mahoney, William
001001-0100001
Mitchell, William
010001-321010001
Wheeler, William
000111-0010101
Pierce, Ezra
0101001-011001
Wolfe, Andrew
000001001-00001001
Pursell, George
00011-00001
Templin, John
10012-00001
Kinchelow, John
1211001-1021101
Medley, Johnson
110001-01001
Blackburn, William
201001-10001
Bayless, Daniel
00010001-00000001001
Rogers, Maj. Reuben
1021001-0110001
Bacon, John
0001101-0021101
Wyatt, Jesse
011001-000101
Bean, Baxter
0220110001-220010001
Hare, Isaac
100001-00201
Smith, Jesse
012001-100011
Emmerson, Thomas, esq.
00012001-00000001
Scruggs, Andrew
0002101-0021001
Ingle, John
20001-01001
Ingle, John
000001-001000001
Devault, Frederick
10112001-1110101
Hummons, Thomas
00013001-0000001
May, Samuel
120011-010001

215

Hunt, Maj. Saml.
11112001-00010001
Graham, John
000011-2001
Bell, Joseph H.
0000001-001101
Stuart, Nathaniel M.
10001-00001
Barnes, Mary
00011-000000001
Murr, John
231110001-001111
Deakins, Richard
20001-10001
Boyd, Bartley
0210001-1011101
Murray, Ephraim
000200010001-000020001
Hunt, Benjamin
20001-00001
Sliger, Adam
00001-00001
Owens, James
00002-10001
Jackson, Samuel
20001-111001
Jackson, William
000110001-0001
Kibler, Jacob
000010001-200010001
Harris, William
110001-110010001
Carson, Moses W.
0110011-1110011
Delishment, Moses
01001101-20011
Robinson, James
0001001-000101
Bricker, John
0000001-00000101
Kennedy, Samuel
1321101-000021
McCall, John
00001-00001
Shannon, John
002010001-01110001
Humphreys, John
002001-232001
Holt, Jacob
021001001-000130001
Patton, Nancy
0-000001
Nelson, John
101001-10011
Clawson, Samuel
112001-12001

216

Earley, Benja
21001-01001
Summers, Anna
0-000010001
Gasheda, Robert
00012001-00000001
McCall, James
000001-000010001
Crumly, John L.
10001-0001
Gyer, Jonas
000011-100030001
Malone, John
10031001-1220101
Salts, Henry
010000001-00210001
Kibler, Jacob
123101-211001
Crouse, Jacob
00001-0
Bell, James
120001-100001
Tipton, Wyly
2112001-1001001
West, Edward
000100001-00000001
Kuhn, Peter
111001-0200010001
Duncan, James
1111001001-0101101
Brittain, Sally
0-1000101
Snapp, Lawrence
1200001-111201
Campbell, Lawson
00001-10001
Brown, William
002010101-112010001
Smith, John
100201-00001
Arington, Thomas
211001-111001
Kirlin, William
1010101-011101
Basket, Charles
2100001-1100100001
Goodman, Andrew
0110001-002101
Treadway, William
10003-01001
Greenway, Richard
0010001-111001
Zimmerman, Daniel
11012-10011
Sliger, Christopher
0021001-00011001

217

Miller, Simon
01110001-1110001
Collins, Catharin
00001-010001
McBride, John
11110001-0001001
Day, Thos.
00001-00001
Bowser, John
200001-01001
Conkin, Moses
0111001-11101
Acor, Jacob
0000000001-0
Guinn, Thomas
2012101-1100101
Saylor, John
100001-111011
Nelson, Thomas
11100001-111101
Brown, Conrad
11010001-0110101
Swingle, George, esq.
0021100101-1011001001
Hains, Jonathan G.
00001-0
Bradley, James
000110001-000110001
Smith, John T.
00001-00001
Hunter, Jacob, esq.
000010001-0001000101
Miller, Solomon
001001-001101
Finchum, William
10210001-1100001
McBride, John
0311001-000101
Price, James
0011001-121002
Deckard, John
100001-00001
Folston, John
0000001-00000001
Boothe, Joseph
0001001-0112001
Brown, Jesse
1011001-121001
Dean, John A.
00001-0
Rhea, John
121010000001-100001
Beard, Samuel
000001-10001
Humphreys, Westley
1100201-1011001

218

Bacon, Mrs. Abigail
00003-000000001
Watembarger, Solomon
10001-11101
Fenceler, Frederic
0000001-0000001
McGhee, William
000120001-01120001
McInturf, John
10001-10011
Fitzgerald, Aiken
211001-110001
Webb, Merry
02000001-111
Stewart, James B.
00001-0001
Robinson, John
000001001-11001001
Slagle, Henry
20010001-00021001
Bell, Revd. L. G.
0201011-111101
Smith, William C.
100001-10001
Jones, Henry
010012-110001
Campbell, Catharine
00101-00101101
Campbell, Enos
00001-10001
Ellis, Jacob, esq.
1021001-212101
Erwin, William
00000001-00000001
Fine, Elijah
22110001-0001101
Sellars, David
20000200001-000010001
Oliver, Samuel
0000300001-000131001
Nelson, William
12110001-0011001
Hare, Jacob
001000001-000110001
Oliver, Jno. Lewis
110001-00001
Ambrose, Fowler
00102001-10011001
King, Michael
101011-020001
Finger, John
00001-00001
Deaderick, Mrs. M.
010101-00100001
Chinowth, Nicholas
01211001-001010001

219

Colier, William, esq.
0012101-1010001
Bowers, Nancy
00012-0000101
Mathews, Alexander
00011001-00000001
Bowman, David
010001-123001
Strain, John, esq.
0010100001-000010001
Melvin, John
01001-11001
McCracken, Samuel
00012001-0002101
Fellows, Jacob G.
0010101-1122101
Mulkey, Isaac
2101101-023101
Isenberger, Elizabeth
00001-000000001
Payne, Samuel
011001-0201001
Kelley, Jonathan
10001-10001
Carmicle, William
213101-110011
Hale, Sam (fc)
0-0
Stephenson, Maj. Mathew
00000001-000010001
Keener, Joseph
1210001-1111001
Bean, Rosamond
0001-00100001
Archer, Joseph
1221001-101021
Whitson, Zechariah
111001-11001
Brown, Col. Jacob
200011001-000010001
Jobe, Abram
00110101-0
Cloyd, John
011001-011
Cooper, James
1102-10001
Bowling, Philip
111001-201001
Clarke, Nancy
00001-00010001
Baysinger, Henry
100001-200001
May, Cassimore
0000100001-0000000001
Robs, Alexander
30001-01001

220

Hickey, William
00221001-00100001
Deakins, John
00100001-00122001
Jenkin, Jesse
01101-12001
Tittle, Allen
00001-00001
Jones, Thomas
0001001-00000001
Deakins, Richard
010001-200001
Nelson, John
11001-11001
Holt, Peter
021001-200001
Morgan, James R.
00001-00001
McInturf, Christopher
00001-30001
Longmires, William
00001-1001
Peterson, John F.
200001-10001
Brown, John C.
00000000001-0001000001
McGimpsey, William
00100001-1311001
Keener, Elkanah
10001-0001
Keener, Ulrich
00000000001-0
Swingle, Leonard
0000000001-0000000001
Morris, Margaret
1211-10001l001
Smith, Seth
00001-00001
Devenport, Harmon
200001-01001
Loveless, William
001200001-00010001
Robinson, John
0010001001-11001
Norris, Hardin
10001-00001
Whitson, William
00001001-000000001
Honeycut, David
00001-00011
White, John
12011001-1031100001
Hawn, George
000001-12001

221

Garland, Joseph
0000001-1110001
Hampton, Winey
02-021101
Rowe, Joseph
131001-100001
Edwards, John
110001-10001
Edwards, Thomas
00100001-0112001
McInturf, Izrael
00001-00001
McInturf, Izrael
00011001-00010001
Tipton, Wyly
1121001-1000101
Hopkins, Benja. P.
20001-00101
Banner, Henry
00010011-0140101
Jones, Siras
10001-00001
Bayless, Jesse
031001-200001
Mathews, James
11001-00001
Bogard, Jeremiah
12001-20011
Nelson, James
10001-10001
Bales, John S.
11001-110001
Hooker, John
110001-112001
Jones, Aaron
00000001-00002001
Leslie, Jonathan
0001201-00001
Howring, Benja.
120001-21001
Hensely, William
101001-20001
O Donnel, Daniel
20001-12001
Bayless, Daniel L.
00220001-01000001
Acton, James
110001-10001
Mitchell, Maryan
0-132001
McCray, Capt. Philip
000001-000000001
Hooker, Esau
100001-110001
Brown, Thos. J.
220001-00001

222

Shannon, Samuel
00001-0001
Dyke, Jacob
01001-10011
Colier, Martin
00001-00001
Hendly, Catharine
00002-000010001
Crouch, Joseph
0121001-112001
Hendly, George
011001-311001
West, Edward
100111-10001
Holtsinger, John
01110001-201101
Hendly, Joshua
1211001-011101
Miller, William
0110101-1110001
Baily, Alex
20001-000001
Slemmons, William
00020001-0001l001
McCrakin, Catharine
1-0000101
Hunt, Westley
1001001-12010010001
Williams, Joel
210001-022201
Bedsal, Eleanor
0-00110001
Vinegar, Rachel
00011-0100001
Salts, John
00001001-00001001
Moore, Samuel
03010001-0030001
Gann, Nathan
1000000001-011001
Smith, Thomas
10001-10001
Glasscock, Archibald
000000001-000000001
Alexander, John
11110001-0001301
Felts, William
1010101-011101
Payne, Joseph
111001-12111
Nelson, Thomas
000010101-0012
Orandalph, John
100010001-20002

223

Browning, Charles
00200001-000001
Furguson, John
01021001-1111001
Gilleland, William, esq.
0201211-0100111
Copp, Michael
001010001-00110000101
Range, Jacob
1010001-1310010001
Waddle, John
10001-21001
Fulkerson, James
010001-110001
Fulkerson, Alexander
112001-011001
Mares, Sarah
00111-0012001
King, Henry
000001-0000000001
Stevens, Thos.
0021101-2112001
Caruthers, James
100001-0130011
Houston, James
01001-10001
Tilly, Westley
00001-20001
Hoss, John
01210001-0101001
Hendry, Edward
2212001-011001
Boren, Vincent
20001-00001
King, Ruth
00002-000000100001
Floyd, Isaac
1220001-10110101
Taylor, John
1131001-1100001
Houston, William
010021-010101
Houston, Dugins
112101-0000011
Houston, John
120000001-010101
McCamy, John
111001-210001
Smith, Zebulon D.
0000100001-00011
Smith, Ruth
0-222001
Sellars, Solomon
0001-10001
Stevins, Margaret
0-0000000001

224

Douglas, Samuel
101001-130001
Hampton, Jesse
3111001-0220001
Rose, Elizabeth
0111-00022001
Rockhold, Francis W.
1011001-1210201
Smith, George L.
120001-001001
Gibson, Thomas
0220001-0011101
Gibson, Pierce
00001-00001
Thompson, Moses
000001-11001
McFall, Keziah
00122-00000001
Gibson, Jeremiah D.
0100001-0001001
Wolfe, John
100001-220001
Boren, John
001010001-000100001
Sailor, Abram
20001-00001
Ingle, John
0210001-0100001
Boren, Chana
00000001-0101001
Young, James R.
11020001-000101
Range, Peter
110001-013001
Crouch, James
200001-10001
Barret, Jane
01-101011001
Philips, John
110101-21001
Girrin, James
0100100001-00001001
Harwood, John
00211001-00210001
Parker, William
210001-01001
Price, Benja.
01220001-0
Price, Rachel
0-00000001
Price, Margaret
002-1111001
Francis, Daniel
100001-000200001
Bowman, Othaniel
00001-10001

225

Casheda, James
00001001-0001201
Francis, Ephraim
111001-000001
Young, Thos. T. (M.D.)
00001-1001
Gains, Dorcas
0101-00002101
Jones, Sevier
11001-00001
Parker, Josiah
12001-10001
Young, Esther
0-00000001
Patton, Joseph M.
120001-101002001
Gains, John
110001-01001
Young, William H.
10001-00001
Brummit, Margaret
00001-00010001
Dulany, Elizabeth
0111-011101
Parker, John
00111001-0000311
Scott, Absolom
0001000001-00100001
Leach, James
0022001-0100001
Odom, Eldridge
10001-0001
Brummit, Micajah
110001-110101
Bowman, John
111101-1111
Andes, Adam
2220001-011001
Andes, John
000001-130001
Harvey, Alexander
00001-000001
Andes, Barbara
0-000000001
Harvey, John
10001-110001
Mullins(Cooper?), Mary
11011-01211001
Odim, Bethany
0012-01000101
Walker, John S.
1021001-1101001
Grant, John S.
2210001-012001
Scott, Wilson
010001-10001

226

Linder, Abram
02001-20001
Andes, William
0121001-0212001
Harvey, John
0230001-1211001
Peoples, Nathan
22120001-1010101
Brummit, John
232001-000001
Ruble, Martha
11-000010001
Ruble, Margaret
1-00001
Oliver, Jesse
20002-00001
Ruble, John E.
010000001-0
Ruble, Henry E.
100001-100001
Goins, Ephraim
110001-10001
Freeman, George
02001-200001
Watson, Catharine
0-000000001
Kelly, Rebecca
001-0000001
Harvey, George
0001101-00000001
Martin, Michael H.
210101-012001
Bayless, Reece
0001101-00111010001
Orr, Sample
1200001-11101
Kennedy, John, esq.
01002101-00110001
Hornbarger, Jacob
110101-111101
Linder, Jacob
11001-10001
Shepherd, William
00110001-00111001
Higgins, William
12101-11001
Rogers, Benja.
10001-00001
Hartsell, Jane (fc)
0-0
Hais(Hair?), John
310001-001001
Harvey, William
00001-30001
Hunter, Joseph
00112001-01100000001

227

Brummit, Micajah
10110001-1100001
Johnson, Elim
00001-30001
Harvey, Willoughby D.
00001-0
Huffhine, Jacob
0010101-0112
Hartsell, Hannah
0-0000000001
Davis, Charles
2110001-0220001
Leach, Truston
01001-10001
Cordill, Isom
011001-411001
Robinson, Charles
000000001-0001001
Reed, George
1101-0001
Sliger, William
10001-10001
Templin, Jacob
310101-000101
Allen, Isaac
2300001-20001
McDonald, Nancy
0122-221101
Lemon, Christy
01010001-00210001
Copeland, Alexander
20001-10001
Lilburn, Jesse(?)
20001-10001
Harrison, Peachy
00001-10001
Scott, Jane
1-010001
Campbell, Alexander
121001-20001
Lemon, Jacob (fc)
0-0
Miller, Samuel
1310001-211101
McLin, Joseph L.
101001-220001
White, Terrig(Terry?), esq.
0020001-0100010001
Carey, Joseph
1000010001-00001
Armstrong, Sarah
0001-00011001
Finch, Thomas
1111001-012201
Finger, Jona
00001-20001

228

Philips, John
0112101-1011101
Boothe, John
2021001-030101
Brown, Jacob
1000001-1121001
Lemon, John
0011101-0201101
Bedsal, John
21001-00101
Davis, John
00010001-0000001
Heart, John (German)
00001-0
Awald, John (German)
00001-0
Brown, William
0120001-220001
Freeman, Zechariah
000001-23001
Wyatt, Jesse
0110101-000101
Garland, John
101001-10001
Brown, Gabriel
100001-100001
Breesly, James H.
10001-20001
Sliger, Henry
00001-00001
Million, Edward
00010001-0010001
Sliger, Henry
00001001-001010001
Cloyd, James
02101001-0001
Bayless, Saml. G.
110001-21001
Roberts, Mrs. Macky
0-0022001
Frost, Rolly(free)
0-0
Bayless, William
00001-00001
Ingle, Adam
0000000001-000000001
McClure, Capt. Ewing
100001-0000011
Fulks, Nicholas
0000000001-0000000001
Nelson, Mrs. Minerva
01-001001
Ingle, Betsy
00001-0001001
Nelson, Dinah (fc)
0-0

233

McMahan, John
00001-00001
Bricker, William
1130101-1102001
Fulks, Abraham
1-110001
Lotts, Rhoda
00002-00102001
McGhee, John
112001-121001
Click, Henry
0011001-00111001
Brown, Joseph
2100001-1121001
Wood, Henry
120001-01001
Carr, John
0100001-000011
Mock, Samuel
111001-110101
Broyles, Julius
0002001-1121001
Broyles, Ezekiel
00010001-0112001
Broyles, James
21001-10002
Broyles, Philip
0001-00001
Holtsepitter, Jacob
02310001-001101
Moore, Rebecca
00212-00021001
Gann, Reuben
000001-002001
Hale, Archibald
1101001-2022001
Seaton, David
020001-21101
Greene, Rebecca
10012-11011001
Bitner, Margaret
0002-0001001
Painter, Adam
000100000001-00000001
Painter, Samuel
100001-10001
Painter, David
0120001-2212001
Baily, John
10001-00001
Painter, Aaron
20001-02001
Smith, William
00000000001-0
Broyles, David
20001001-02001

234

Nelson, Henry
10101001-22202001
Hains, David D.
20001-00001
Cannon, John
201001-110001001
Broyles, Michael
12111001-1111001
Painter, Philip
010001-100001
Broyles, William
310001-32002
McNeil, Anna
0101-0001101
Hice, Jacob
231101-0000001
Copp, Jacob
01200001-2101001
Burkheart, Michael
110101-002201
Walters, John
210001-00001
Rymall, Elias
00001-100001
Winkle, John
02031001-0010100101
Winkle, Jacob
00001-100001
McNeil, John
00001-0001
Glaze, Lawrence
1310001-100201
Wilson, Elijah
10002-000001
Wallace, Davis
132111-000101
Wilson, Isaac
00010001-00020001
Wilson, George
01001-00001
Skiles, William
11010001-0021001
Riddle, Enibo
001-00011001
Howser, John
111001-210001
Bell, Brooks
10101100001-12001
Miller, Barbary
200021-00020001
Miller, Peter
00001-0000001
Miller, Jacob
1102001-2320101
Nelson, David
122001-110001001

235

Jennings, Joshua
00001-0001
Cummings, William
01001-121010001
Broyles, Simeon
01111001-0011001
Harmon, Ira
00001-00001
Harmon, Adam
101010001-0120001
Harison, Samuel
011101-212001
McGinniss, Ann
11-10001
English, John
01011001-01232001
Ford, Enoch
000001-200001
Garrett, James
1020001-1011101
Smith, Rebecca
0-0001101
Snodgrass, William
2000001-10001
Massy, Jubell
020001-20001
Love's, Polly, estate
0-10001
Casheda, Adam
01001-10001
Beard, James
0201101-0012101
Hice, John
00001-00001
Bacon, Elizabeth
002-001111
Miller, Peter
102011-210001
Marsh, Henry
110001-101001
Brown, Silas
000001-10001
Haggard, James
0011001-1110001
Keyes, Jeremiah
100001-00001
Wilson, David
00001-0001
Gray, John
00121001-00101001
Broyles, James
001110001-00110001
Waddle, Jonathan
11210001-1000001
Waddle, Seth
210001-000011

236

Baily, John
00101001-0102001
Brown, David
1011201-0101001
Baker, William
110001-011001
Davitt, Mary M.
0-002101
Mitchell, Nancy
011101-000201
Gribal(?), Augustus
2110001-0011001
Snapp, Abraham
10000100001-00002
Snapp, Jacob
10001-00001
Gann, Daniel
00111001-01220001
Rymall, Jacob
001001-010001
Broyles, Jacob
21001-20001
Harmon, Jacob
20001-20001
Waddle, William
10001-10001
Cook, Henry
1010001-221001
Broyles, Jacob
00001-00001
Richards, Henry
2121101-010200101
Bell, Andrew E.
200001-11001001
Collom, Jonathan, esq.
0001000001-000030001
Woodff, John
00022101-00100001
Shields, David
000020001-0001001
Boyd, David
1221001001-110101
Greenway, William
0100210001-0000100001
Jourdan, John
121101-100001
Bell, Elizabeth (free)
0-0
Hepple, Jacob(?)
1202001-001001
Stout, Allen
00001-10001
Britt, Martin
10001-10001
Sylva (free woman)
0-0

237

Broyles, Isaac
10001-10001
Pickering, Enos
2131101-0101001
Broyles, Adam
00010001-000111001
Prather, Jonathan
110001-100001
Mercer, Joseph
0121001-021001
Massengill, William
211001-100001
Phelps, James
130001-103001
McCracken, John
00101001-00222001
Bartley, John
10011-10001001
Freeman, Zadoc
1010001-011001
McNeese, Joab
00101-0210101
Graham, Charles
001110001-00010001
Graham, Sarah
0-00000000001
Greene, Joshua
1221001-1100001
Bunker, Moses
020001-20001
McNeese, Geo. A. G.
10001-00001
Hendly, Henderson
10001-00001
Greenway, Richard
0010001-011101
Hannah, Andrew
001120001-000020001
Boyd, Henry
00001-30001
Jones, Sarah
0121-100001
Doak, John N.
00001-00001
Doak, Jane
002-00020001
Murr, Jacob
010001-300001
Mathews, John
0012001-1100001
Mathews, Sam (f)
0-0
Bell, Joshua (f)
0-0
Cunningham, Wm. M.
00001-0

238

Wallace, Jane
0001-0020101
Wilson, Nancy
0201-210001
Birely, Michael
110001-012001
Bottles, Henry
0100000001-010000001
Kelsey, Samuel
00001-10001
Mitchell, David
000000001-000010001
Cloyd, William
000000001-010000001
Morris, Laban
00100001-000000001
Miller, Isaac
00011001-01010001
Crecilus, Samuel
00001-10001
Million, Joseph
010001-00001
O'Niel, Catharine
00001-0001001
Moore, Moses
0011001-0101001
Moore, John
20001-10001
Moore, Isaac
220001-10001
Mitchell, Thomas
1100201-1023001
Brown, George
0012000001-0000001
McGinnis, Hannah
1-11001
Edwards, Jeremiah
00000l001-000000001
Wormsley, Thomas
1000001-0000001
Edwards, Rainy
11-100001
Thacker, Thomas
0000001-000101
Thacker, William
000000001-0000000001
Reid, Robert
0001001-10102
Thornburg, John
00110001-0011001
McGinniss, Polly
0-11001
Hincle, Benja.
20001-100011
Terry, William
00010001-0012002

239

Brown, Hezekiah
00001-0001
Keziah, William
1012001-00101
McCracken, John
00001-200001
Tucker, Nicholas
011100001-0001201
Salts, Daniel
111001-001101
Mathews, Jesse
10001-10001
Becknell, Mary Ann
01-110002
Hale, Zechariah
0210001-001101
Carey, Martin
00001-20001
Boothe, John
01101-10001
Bayless, Nancy
0-00100001
Gray, Richard
00011-10001
Ellis, James
001010001-00110001
Nelson, Berryman
0010010001-000100001
Tilson, William
120001-010001
Register, Francis
0210001-102001
Kinchelow, James
100011-12001
Deakins, John
100011-00001
Hale, Enoch
10001-10001
Williams, John
010001-11001
May, Adam
220001-112101
Bayless, John
0011001-0210101
Kerlin, Elijah J.
10001-10002
Williams, Ann
00102-000011001
Lowry, Samuel
0000001-0
Edwards, Abel
0201001-2112301
Andrew, Danl. D.
0101001-1122011
Goad(Good?), Jacob
000121001-00002

240

Frame, Archibald
00000001-000000001
White, John
111001-0001
Beals, Thomas
120001-11001
Biddle, Samuel
0110001-110001
Deakins, Thomas
010000001-0001011
McCray, Charles
00001-0
Chenowth, Richard
10001-10001
Duncan, Robert A.
0001-00001
Payne, William
0221101-100101
Ford, William
100001-000001
Russell, David
1200001-102101
Burriss, Thomas
000111-10101001
Halls, Bacchus (family)
0-0
Slagle, John
001230001-0101101
Stewart, Elizabeth
0-10101
Sweany, Hiram
110011-10001
Beals, Samuel
11002-10001
Irvin, Alexander
2121001-1002101
Bayless, Richard
000001-0
Walker, William
000020001-00001001
Aiken, James
000010001-00000101
Hale, Jack (f)
0-0
Shipley, James
101010001-00002001
Bacon, Jonathan
10001-20001
Barron, Daniel
211001-120001
Yeager, Daniel
0001101-011101
Taylor, Skelton
21001-00001
Morris, James
220001-100001

241

Russell, Letty (f)
0-0
Brown, Jesse
00001-10001
Brown, Peter
10001-0002
Brown, Jacob
02100000001-000101
Philips, Jacob
110001-10001
Salts, Andrew
100001-011001
Reeser, John
00001-10001
Salts, John
20001-00001
Scroggs, Rufus
10001-000001
Brown, Elijah
011001-110001
Million, Jeremiah
00001-20001
McCracken, Henry
1221001-2110001
Wattenberger, Michael
10001-10001
Jourdan, Lewis
0000010001-0000000001
Payne, Jesse
0000000001-10001
Barnes, Nathan
00012001-000101
Payne, Eleazer
00201-000011
Stout, John
10111001-102111
Boyd, Jacob
00001-10001
Blackburn, Joshua (f)
0-0
Clapp, John H.
00001-10001
Byerly, Samuel
120001-210001
Byerly, Michael
0000000001-100021001
Huffman, Saml.
00001-00001
Morison, Elizabeth
0011-0011101
Williams, Samuel
200001-10001
Stanbury, Edward
121001-100001
Cowan, John
1210001-0010001

242

McPherson, Isaac
300001-02001
Barncroft, Jonathan
000010001-00121001
Bowman, Elias
100001-00001
Kirtz, John
00000001-0010000001
Aston, John
00001001-0010001
Collins, Thomas
011101-120101
Glass, William
00100001-001
Cochran, George
110101-011001
Collins, John
1111001-0120001
McRoberts, William
00001-1001
Campbell, Leroy
10001-00001
Campbell, William
000001-10001
Campbell, Sarah
011-011001001
Barkley, Ebenezer
000002-0000010001
Barkley, John
00001-1001
Beals, Solomon
00001-110001
Hendly, James
111001-010001
Miller, Jacob
101201-1311001
Lemon, Abram
1010101-0303001
Richards, Henry
1011001-012001
Whistler, Jacob
0001001-0211101
Biddle, James
00001-00001
Ingle, Henry
20001-00001
Link, John, esq.
12011001001-0001001
Marsh, Abel
20011-00001
Overholse, Christopher
10001-00001
Isles, William
112001-1301001
Overholse, Ephraim
10101-10001

243

McNutt, John
0000010001-0000300001
Crookshanks, Wm.
11100010001-0120001
Helms, Nancy
0-000010101
Haize, John
020211-1100001
Good, Jacob
120101-212001
McLin, Richard
000011-00001
Brannon, Ann
0-000010001
Collins, Ambrose
200001-120001
Holms, Samuel
100001-11001
Partiller, Robert
11001-00101
Hincle, George
210001-010110001
Zetty, Christian
110001-20001
Mathews, George
120001-113001
Nelson, Robert
11001-00001
Nipper, Solomon
21110001-11310001
Kitchell, Milden
100021-000001
Charlton, Pointon
00100001-0103001
Hunter, Joseph
1100001-002001
Strain, Robt. W.
0210001-00101
Odell, Andrew
20001-00001
Kelsey, John
00020001-00000001
Kelsey, William
00001-10001
Good, Jacob
30001-00001
Corps, Richard
00000000001-000000001
Corps, Thomas
000001-0
Carson, Moses
101101-1311001
Miller, Peter
0003101-1000101

244

Colier, Leonard
11001-400001
Rankin, Samuel
000001-22001
Graham, Allen
10011-21001
Hunt, Peter
10001-1200010001
Orton, Jehu
10001-00001
Royston, Joshua
11221001-0010101
Davis, John
011210001-0211301
Haws, William
20001-0000101
Brabson, Thomas
00012001-00110001
Crawford, John, esq.
11110001-0021001
McWhirter, James
00001000001-00000001
Seahorn, Agness
000010001-00001001
Seahorn, Wm. R.
200001-010001
Lane, Abram
121001-010001
Cosson, Margaret
0-0210001001
McCoy, William
1011001-01211
Beals, Solomon
00001-10001
Shanks, Joseph
001001-011001
Bales, Levi
2011001-012001
Wilson, Pheobe
0-000020001
Campbell, Hugh
00102001-0121101
Barger, Wyly
211101-021101
Wiggins, Rhoda
0-00010001
Bane, Roderick (free)
0-0
King, Jonas L.
00001-10001
Tucker, Thompson
21001-10001
Evans, Joseph (free)
0-0
Carmicle, David
010001-000011

245

Coleman, Andrew
00001-00001
Harsh, Jonas
102011-12001
Keizer, Isaac
10001-10001
Buchanan, Andrew
00001001-00111001
Mitchell, Stephen
100001-00001
Blair, John
101001-111101
Leak, Jacob
01100001-21001
Loyd, John
012001-110001
Mahoney, James
120001-10001
Beals, Daniel
0011000001-0111011
Fields, Lafayette
012001-100001
Harrison, Ambrose
01001-21001
Harrison, Hannah
0-021001
Balinger, James
10020001-1221001
Shanks, Olden
00001-0002
Williams, Levon
21001-00001
Harrison, Jesse
10002-10001
Ruston, Robert
01001-01001
Smith, Solomon
000001001-0000100001
Myers, Isom
01000001-1020001
Gyer, Elizabeth
011-0010001
Williams, Abram
0000000001-0001000001
Caruthers, Samuel
00000001-0
Sands, Isaac
0001001-00100001
Haize, Susannah
10011-00011000l
McGhee, Robt.
01101-010001
McGhee, John
11002-11011001
McCall, Robt. S.
102001-120001

246

White, Thomas
002001-1111001
Sands, Joseph
0100201-113100101
White, John
111001-230001
Thompson, Ann
0111-000001
Reid, James
00001-00001
Simmons, James
103101-0121101
Mitchell, David
0201001-102201
McCall, William
2112201-1010201
Pursell, John
10110001-120001
Hartman, Joseph
0001-0001
Hartman, Joseph
0221001-211101
Carder, George W.
00001-20001
Tadlock, Carter
11001-00001
Shields, James
10001-0100101
Mullins, Jesse
10001001-022101
Horton, Daniel
100011000l-01101
Horton, Isaac
1011001-0102001
Horton, Jesse
01011-01001
Hale, Shadrac
0011000001-000020001
Hale, Amon
2011101-022011
Haws, Conrad
00000001-000011
Haws, James
120101-102101
Gibson, Mary
0123-00001001
Hale, Charles
010001-21001
Rector, Benja.
0120101-1111101
Ritter, John
010001-100001
Page, Nathan
1110001-002201
Parks, Susannah
0-2000001

247

White, Stephen
1001001-103001
White, David
01020001-10321010001
Haws, John
01111001-0110101
Lightner, Christian
1111001-011101
Denton, Daniel
0010001-0100001
Whillock, James
11103001-1112001
English, Nathan
00001-0001
Lewis, Zodoc
00001-00001
Stephenson, William
0000100001-10101
Whitlock, John
213102-011001
Whitaker, Thomas
1220001-111001
Hunt, Jesse (of Uriah)
110001-010001001
Hale, Joshua
022001-200001
Myers, George
00001-10001
Stevens, Samuel H.
10001-0001
Gott, John, esq.
011020001-01111201
Fulkerson, Thomas
2110010001-01011
Fulkerson, Allen S.
100001-10002
Douglas, Young
10001-11001
Gott, Sarah
0-00000000101
Jones, John
110001-112101
Hale, Amon
000010001-000000001
Elsey, Jane
0003-0020101
Jackson, John
10001-10001
Arterburn, Elias
10001-200011
Kinchelow, Charles E.
00001-20001
Keene, Iona
00101001-000100001
Wood, Josiah
00001-20001

248

Jobe, Lidia
0002-00000001
Hunt, Peter
02021001-0101101
Ford, Loyd
0000001-0
Kinchelow, Enoch
00001001-000010001
Gibson, David
22010010001-0212001
Kinchelow, George
000000001-0000001
Hale, Archibald
10001-00001
Guinn, Andrew
00011-0
Conkin, Moses
1012001-012001
Cox, James
000200001-0010001
Cox, Samuel
00001-00001
Hartman, John
1010001-122101
Beard, Robert
101001-110001
Brown, John W.
1100001-212001
Rader, Magdalen
00001-01000001
Ford, James
000000001-000100001
Copass, Nathan
00001-21001
Copass, William
22001-01001
Harshbarger, Noah
11001-10001
Fulkerson, Abram
000001-000001
Jackson, Polly (free)
0-0
Ford, Jason (family)
0-0
Tucker, Reece
0000001-00000001
Perkins, Rev. Elijah
00001-0
Conkin, John
10101001-010001
Ellis, William
10001-00001
Hale, Chase
100001-132001
Robinson, Jacob
01123101-0001111

249

Howard, Joseph
22001-00001
Hale, Leroy
0000001-0
Douglas, John
001000001-00000001
Newman, Peter
01110001-1111001
Jones, James
00001-000011
Mills, Hurr
00000001-00010001
Cade, Thomas
1110001-0200001
Kibler, James
0100001-101001
Bane, Samuel
110001-103001
Anderson, Patric
0000001-0
Irvin, George
00120001-0000001
Whillock, John
000010001-0001000001
Whillock, Enoch
110001-12001
Scalf, Elizabeth
1-01001
Kinchelow, Charles
0000000001-0000000001
Alfred, Ryly
000001-10002
Hale, George
010001-12101
Irvin, Francis
210010001-00112001
Basket, Richard
10001-10001
Jones, Samuel
001001-12001000l
Brown, Solomon
3111001-001001
Williams, Norris
10001-00001
Alison, Jane
1-11110001
Alison, Dilly (f)
0-0
Mitchell, William
00120001-0100001
Brown, John
0010101-3222001
Lyon, Asher
011001-220001
Blekely, John
00110001-011101

250

Stephenson, John, esq.
00020011-0120101
Blair, Hannah
003-000001001
Mathews, John
30012-00001001
Nelson, George M.
00001000001-100001
Mathews, James
000010001-00000001
Shields, Joseph
000010001-0001001
Campbell, James
2111001-022101
Owens, Bazil
100001-00001
Strain, John
000001-21001
McCalebs, Penina
0-00100001
Taylor, Leroy
0000000001-0
Deakings, James
10001-20001
Mahoney, Philip
00001-0
Nelson, Levi
0001-0
Mahoney, Jona
20001-00001
Duncan, Joseph
2022011-0101001
Hunt, Smith
111101001-010111001
Bayless, John (tchr.)
010001-020001
Jones, Allen
11001-110101
Squib, Payne
20001-00001
Hartman, Henry
211000l001-00131010001
Sherfey, Samuel
00001-0
Spears, George
121001-10001
Stewart, Mary
0011-000020001
Miller, Hamilton
00001-20001
Ball, Joseph
211101-0203001
Patterson, Samuel (f)
0-0
Conly(?), Josiah
00001-00001001

WASHINGTON

251

Irvin, Patric
00110001-0010201
Rodgers, Susannah
11011-0121201
Keyes, Aaron
10002-00001
Nelson, Nathan
00001-10001
Bray, James
110001-110001
Million, Andrew
10001-2001
Robinson, Samuel
00101-100001
Walker, John
100001-10001
Sheperd, Sally
0001-100001
Mitchell, Nelson
12001-12101
Deakins, Absolom
00001-00001
Folio, Ham
0-0
Bell, George
0000000001-00005
Bell, Thomas
00001-00001
Welsh, Parker
0100001-010001
Cooper, Isham
00001-00001
Cooper, Stephen
0011001-1311101
Squib, John
000100001-00000001
Galloway, Daniel
10101-10001
Bacon, Thomas
020001-20002
Keefhaver, Henry
30001-00001
Jones, John B.
021001-30001
Jones, Maryan
001-01001
Stewart, Richard (f)
0-0
Bacon, John
120001-200001
Shields, Joseph
11010001-1121001
Hall, William
012000001-0000001

252

Bacon, James
110201-202001
Kitzmiller, David
000001-320101
Newman, Isaac
00001-20001
Bacon, Rohama
00002-00010001
Goforth, John
01001-20001
Sherfig, Jacob
00001-11001
Galloway, John
010001-31001
Bacon, Charles
000001-0
Vaughn, William
00201-000101
Harison, Nathaniel
000001-300001
Murray, Christopher
310001-0000011
Harrison, William
110001-110001001
Billingsly, James
10001-100001
Arterburn, Elsey
11001-110001
Crouch, Joseph
001101-2220001
Moore, John
020001-1100001
Murray, Shadrac
000000001-000001001
Shipley, Enoch
310001-011001
Vaughn, Sherod
010010001-1001010001
Archer, Benja.
1110001001-120021
Isenberger, Daniel
100001-12102
Medlock, John
20001-00001
Grisham, George
112001-011101
Fawbush, Thomas
112201-1000001
Ellis, John
0000100001-0000000001
Smith, John
10001-00001
Quimby, James
10001-10001
Porter, Charles
0000000001-001010001

253

Fox, Henry
000001-110001
Crouch, Joseph
00000000001-0000000001
Crouch, William
023001-200001
Oliver, Thomas
00001-0000101
Higgins, Ryly
00001-10001
Scalf, Benja.
010300001-0001001
Scalf, Lewis
00001-00001
Childers, Elizabeth
0-0010001
Oliver, William
00102000001-11040101
Graves, Solomon
10001-00001
Parker, John
00001-00001
Templon, Samuel
120001-100001
Black, James
01120001-0000001
Embree, Elijah
0113001-00013
Poore, Robert
210001-110001
Parks, Philip
00221001-1111001
Yokely, John
0000001-000000001
Salts, Jesse
10001-10001
Howard, Abram
00000001-0
Fulker, Mrs. Mary
0011-00121001
Starnes, Fred A.
1210001-002011
Slagle, William
0000001-01001
Starnes, Isaac
0001-0001
Seabolt, Jacob
0010000001-000100001
Ferguson, William
200001-021001
McCoy, Andrew
00001-0001
Hill, Jeremiah
10001-00001
Taylor, Robert
1000001-01001

254

Osborne, Moses
00001-21001
Carter, Abram
20001-11001
Underhill, William
00001-0001
Williams, Isaac
113211-11010100001
Thompkins, Isaac
02001-21001
King, Elias
10002-00001
Jones, Andrew
00001-10001
Hensely, Robert
00001-10001
Seabolt, William
00001-10001
Rolston, Mitchell
021001-1211
Hardbarger, Daniel
1121001-111001
Litteril, Hutson
0120001-0
Denham, Franklin
000001-0
Erwin, William
00110001-01110001
Baker, Love
1321001-1101001
Casa, John
000100001-0
Casa, Barnet
00001-10001
Longmires, John
11001-00001
Tapp, Margaret
00222-00000001
Davis, James C.
100011-010010001
Clouse, William
20020001-1321001
Tinker, James
10001-000010001
Bean, Charles
010001-203001
Tilson, Peleg
220001-01001
Tilson, Hilings D.
10001-0001
Thompkins, Benja.
20001-00001
Foster, Thomas
12010001-012
Tinker, Abram
00201001-0000001

255

Tittle, John
0111001-112001
Murray, Thomas
00001-0001
Higgins, Barbary
0122-022101
Hensely, Benja.
1122001-1201001
Bell, Richard
0002001-0000001
Harris, Hugh
0000000001-0000000001
Harris, Hugh
0110001-010001
Moore, David
00001-0
Harris, Myra
21-011101
Hensely, John
10001-00001
Crooms, George
12001-101011
Medcalf, Absolum
00001001-0001001
Medcalf, Joseph
01201001-210011
Moore, John
200001-12001
Moore, Bayless
0001-00000001
Shelton, Roderick
1001-0001
Shelton, Armsted
1110101-0020001
Moore, William
111101001-11201101
Lisenby, Reuben
10101001-1010201
Murray, William
0002001-222001
Brown, John
1112101-21102
Tilson, John
3010001-021201
Clouse, Jacob
20001-00001
Erwin, William S.
0102001-112001
Jones, John L.
100000001-00022001
Foster, Charles
00002-0001
Tilson, Thomas
010101-213001
Nelson, William
00010001-00020001

256

Carroll, William
0010001-00000001
Brown, Jane
01101-001201
White, George
121001-100001
Lemon, Jacob
211001-101001
Loposser, Joseph
1000001-1011
George, Rebecca Ann
01-11001
Sliger, Christian
0001-0001
Finch(Linah?), Sinah
0-0010000001
Watson, Christianna
00022-00010001
Cloud, Nancy
2-02101
Harris, Dr. Jno. C.
01211001-01020001
Hampton, Robert
0011001-0011101001
Edwards, William
10001-0001
Thomas, David
0100001-011001
Taylor, Christ, Squire's Wife
0-0
Grist, John
00000001-0001001
Spradling, John
000001-1121001
Pierce, Catharine
1011-000001
Bartley, Robert
01110001-10013001
Million, Edward
20001-10001
Mitchell, William
10001-01001
Buckingham, Thomas
01220001-1101101
Moore, James
00001-20001
Wilcox, Miss Polly
0-000101
Clark's, Henderson, Jack
0-0
Cox, Rhode
0-0001000001
Hussy, Benja.
1000001-0000001
Furguson, Eleanor
1010000001-000011001

257

Murray, Shadrac
10001-10001
Renshaw, Samuel
00001001-00001001
Keyes, Isaac
100001-123001
Allgood, John
000100001-0001
Pitcock, Thomas
00001-20001
Miller, Abram
10001-00001
Bacon, Jacob
02001-20001
Miller, Revr. James
200001-00001
Beard, Thomas
0000000001-010000001
Hale, Mary
0-0010000001
Matlock, Capt. Martin
211001-001001
Matlock, Margaret
0-0010001
Matlock, Zachariah
000110001-1000100001
Hoss, Jacob
21001-00001
Hoss, John V.
111001-211001
Davault, Daniel
000001-300001
Isenberg, John
12001-00001
Bean, Margaret
001-01001001
Kitzmiller, John
10001-100001
Smith, Samuel
00001-000001
McClure, Nancy
101-010001
Dunham, Martha
01-02001
Zell, Peter
000001-220001
Dyer, Robert
10101-10001
Shipley, Nathan
10011-10001
Hederick, Nancy
0-200001
Shipley, Adam
000011-11001
Chamberlain, James
0000100001-0000100001

258

Vaughn, Peter
00001-10001
Hale, Mark
10001-00001
Chenowth, Henry
00101-1001
Chenowth, Joseph
320001-00101
Chandler, David
00210001-01101001
Hale, James
221001-101011
Sword, Daniel
100201-00001
Carter, William
110001-11001
Ford, Grant
0120001-221101
Ford, Alexander
100001-01002
Ford, Loyd
0000100001-000000001
Ford, Benja.
100001-20101
Ford, Thomas
10001-00001
Ford, Leah
101-0000001
Ford, Lisby
1110001-110001
Jobe, Enoch
10100001-0321001
Hite, Jacob
1200001-110001
Billingsly, James
01000001-01131001
Webb, John
200000001-020001
Jones, John
0200001-112101
Hopkins, William
0000000001-000000001
Hopkins, Richard
2000001-301001
Cox, Charles
200001-00001
Jackson, James
00001-10001
Jackson, Jacob
220001-000001
Jackson, Jonathan
10100000001-0000001001
Hale, Robt. G.
010001-11101
Jobe, Lydia & Rachel
0001-01110011

259

Jobe, Nathan
0000001-21001
Stars, John
210001-10001
Jobe, Zechariah
210001-01001
Dickinson, Martha
0-0001001
Bowser, John
110510001-0120001
Bowser, Moses
00001-0001
Conkins, William
010001-21001
Winters, Polly
001-001001
Whillock, John
02210001-0010201
Conwell, John
20001-00001
Kinchelow, William
100001-00001
Jackson, Peter
0100001-110001
Barron, William
0000101001-0000000001
Jackson, George
000100001-10010001001
Jones, Nathan
0000101-000001
Painter, Johnson
00001-20001
Chase, John
00001-22001
Elsey, Isaac
110001-111001
Jackson, Laban
00001-00001
Fitzgerald, James
10000101-2140001
Cox, John
011001-131001
Barron, Mrs. Margaret
0-00010001
Jobe, John
10001-00001
Patterson, Gilbert
01001-20001
Dunham, Charles
0200000001-1010001
Crow, George
0101001-2130101
Walker, Joseph
00001-30001
Ford, John
11111001-3022101

260

Grills(Grillz?), Polly
1-020101
Hale, Stephen
0-0
Wheeler, Eleanor
0001-021012001
Johnston, James
0011001-0210001
Beard, Robert
000000001-000000001
Keyes, John
0221001-101001
Sherfig, Benja.
100001-022001
Sherfig, John (of Benj.?)
100001-220001
Sherfig, Anna
0-100010001
Noddy, Tony (of Lucy Bowlen)
0-0
Nichols, Doctor (f)
0-0
Dodge, Revd. Jeriel
1120101-210001
Cox, Elijah
0000000001-00000001
Cox, Elizabeth
0-010001
Hoss, Sarah
0-00000001
Nichols, Sally (f)
0-0
Mains, David
11000001-131101
Eason, John G., esq.
1210101-002101
Brown, James
01101-20002
Wilds, John A.
11001-00001
Sevier, James
00000001-000000001001
Jones, James H.
00022-1001
Atkinson, Wilton
100001-22101
Smith, John
000001-0
Fickel, A. B.
000001-0

261

Grove, Christian
10031-100011001
Clemm, Michael
110211-11001
Chester, Samuel G.
010001-221011
Howell, Charles
0000000001-00100001
Anderson, James V.
00002001-0011001
McCorkle, John
021111-201001
Guinn, James
010001-21001
Gammon, Nathan
00011-10001
Damron, John
00001-0
Anderson, Joseph B.
001011-100101
Ryland, Col. John
100042-22111
Chester, Dr. John P.
110001-10001
Belsher, George
10001-0000101
Estes, Capt. Jno. B.
120001-100001
Green, John
2110001-001001
McGinly, Alexander
140001-200101
Brown, Elizabeth
0-001000001
Smith, John M.
001000001-010001000l
White, Sterling
22210001-100001
Shepherd, John
10102-10001
Cunningham, Polly
001-000101
Maxwell, Samuel
0101011-0111001
Smith, Jeremiah M.
1111001-211001
Naff, Jacob
10001-0001
Thompson, Jesse M.
012001-110001
Cosson, Dr. John E.
1000001-10001
McDowell, Lewis
10001-00001
Brown, Dr. Jacob K.
10001-00001

262

McClellan, Margaret
0-000110001
Howard, Jacob
102101-21001
Starnes, Jacob
100200001-0001001
Crawford, Samuel
0221001-000011
Chester, William P.
00001-21001
Cunningham, Dr. Saml. B.
100001-01011
Greer, Samuel, esq.
0000001101-0012001
Hale, Walter
200001-031001
Harvey, James
1000201-122001
Boyce, Cpt. Wm.
100001-00001
Willet, Nimrod C.
0110001-211001
Stephenson, Eleanor
00201-0100001
McCrackin, Margaret
0-0001000001
Garner, Adam
101022-010001
Renshaw, Hosea
10002-20001
Falland, Agness
0-000001001
Whitson, Enoch
00001-1001
Blair, John, Honbl.
220001001-01200101
McLin, Robert
1020101-01001
Boyd, Jeremiah
10012-11001
Osborne, Elenor (f)
0-0
Stewart, Thomas
00001101-0000001
Dunham, Rebecca (f)
0-0
Harris, Benjamin C.
01110001-2121001
Watkins, Mrs. Susan W.
0-000001

INDEX

Aaron, Abraham Gr-187
Thomas H-79
William H-79
Aarons, George M-59
Abanathes, Berry Bl-270
Abbet, Benjamin Co-270
Abbot, Absalom S-90
Catherine S-111
Abbott, Absolum S-89
Drury J-303
Susan J-279
Abel, Jonathan Gr-191
Moses Mc-147
William Ca-28
Abernathy, Berry Bl-270
Able, Cain R-381
David Ro-38
James Mo-156
John Bl-255, R-381, Ro-38, Ro-46
Joseph Mo-156
Thomas Mo-147
Abshire, Elizabeth Ha-75
Acklin, Samuel Mo-129
Acle, Bradley J-307
Peter J-306
Acnes, John A-176
Acor, Jacob W-217
Acord, Cornelius Ro-33
Crunimum Ro-33
David Ro-33
John Ro-33
Acre, James Ro-38
John W. Ro-38
Lewis H-85
Acree, John Su-319
Acres, Danl. C-212
Actes, Fleming J-305
Acton, James W-221
Acuff, Anderson G-370
Benjamin G-353
Charles G-370
Clabourn G-367
David G-370
Jeremiah G-365
John B-265, G-370, G-370
Nicholas B-276
Richard G-370
Spencer Ha-56
Thomas G-370
William B-265
Adair, Alexander K-326
James S-101
Adams, Ann Gr-177
Anna G-377
Asa Ro-46
Byrd Mc-183
Danl. Mc-178, Mr-88
David Ca-3
Ellenor H-78
Henry M-48
Isam Bl-268
Adams, Jacob Cl-126
Jessee Ca-25, Ca-3
John Mo-98, K-333, Mc-188, Mc-192, Bl-262, Gr-177
John A. Ro-57
Johnson S-100
Joseph Ha-21
Joshua Mc-208, Ca-12
Lemuel Bl-252
Michael Su-337
Nelson Mc-183, Mr-96
Rachel M-70
Saml. Mc-183
Tabitha J-306
Thomas Gr-182, G-372, Mc-167, Mr-95
Wiley H. J-306
William Ca-26, Cl-133, G-373, Mc-193, Mr-96, Mr-97
William E. Mc-193, C-234
Adamson, Elinor J-341
Jacob K-390
Larkin J-301
Thomas J-341, J-301
Adcock, Archabald Mr-101
Tery O-214
~~Mr-98~~ Tyra Mr-98
William Mo-81
Adcocke, Wm. J-316
Addams, Benjamin T. Mo-127
Elijah Mo-139
Elizabeth Mo-151
Ely Mo-142
James Mo-124, Mo-125, Mo-142, Mo-160
Martha Mo-160
Moses H. Mo-141
Robert Mo-124
Addcock, Joseph Mo-110
Addington, Bird O-200
Ade, Bradley J-307
Aden, Christopher S-98
Adiar, John Mr-98
Adimson, Seth Bl-256
Adkins, Elijah A-185
George C-235
Henry C-237
J. G. C-216
John C-238
Joseph C-238
Levi A-186
Mahala C-235
Morris Ro-4
Richd. C-216, C-238
Shared C-215
Williams Ca-21
Adkinson, Absalom Ro-61
James Mr-99
William Mr-102, G-401
Adkyns, John Ca-12
Agee, Ambrose Mc-180
Benjamin O-364
Isaac C-223
James H-73, C-222, Mc-185
Jessee C-222
Michael B-267
Agers, Mahala C-218
Aggrippa, Clary O-174
Agnew, Samuel S-92
Ahart, Adam Ro-6, Ro-6
Burris Ro-7
Mitchell Ro-3
Ahl, Benjamin B-275
John B-276
Aiken, David Gr-170
Geo. A-194
James W-240
John A. Bl-286
John H. M-56
Joseph Gr-226
Mathew W-208
Samuel Gr-170
William Gr-171
Aikens, Henry R-371
Jas. R-371
Jos. R-368
Aikin, John Su-295
Robert Su-327
Saml. J. Mc-186
Aikins, Abraham Su-338
Aikman, John K-336
Ailey, Henry M-68
Ailor, James K-368
Luke K-368
Samuel K-376
Aily, Catharine K-388
Airheart, Henry R-394
Airs, Margerett Su-316
Akard, Jacob Su-330
Akeman, James B. F-8
Akeridge, Abel Bl-283
Akers, Danl. C-212
Akin, Benjamin Mo-133
James Ro-67
John D. Mc-208
Jonathan Mo-126
Michael G-367
Polly Mo-154
Solomon Mo-133
Thomas Mo-147
William Mo-133
Willis G-367
Akins, James Ro-59
Wm. Bl-268
Akley, Henry M-68
Albany, John Ca-12
Albason, John A-182
Alberson, Early O-205
Solomon O-203
Albert, Henry Ha-44
William Mc-150
Albertson, Easly F-7
John F-5
Albright, John A-187
Philip A-189
Simpson A-189
William A-168
Alder, Barnabas C-222
John M-60
Alderson, Burzilla J-341
John F-2
Aldred, John K-352, K-352
Aldrid, Solomon A-185
Aldridge, Francis Mo-146
Joel G-378
Mary K-347
Nancy M-66
Alenander, William R-382
Alexander, David Gr-228, Gr-176, Ro-67
Dicks Ha-38
Elizabeth Ha-44
Ephraim K-328
Ezekiel Bl-304
Francis Bl-272
George Gr-165, Gr-198, Ro-48
James J-281, Bl-271
James H. Mo-96
John Mo-129, W-222, Bl-272, R-392, R-379, K-323, Mc-185
Joseph Mo-150
Joshua Ro-53
Lawson Ro-48
Lorenzo Gr-198
Polly Gr-228
Rachel K-347
Samuel Ro-49
Stephn K. Gr-228
T. J. R-393
Thomas Mo-86, J-291, Gr-227, Gr-228, Gr-228, Gr-228
William K-325, Ha-44, Gr-198, Gr-228, R-387
Aley, Jacob J-338
John J-339
Alford, John K-318
Thomas Cl-134
Alfred, Charles S-107
James B-282
Mary Su-316
Richard B-286
Ryly W-249
William S-98
Alington, Samuel Co-270
Alison, Dilly W-249
Jane W-249
John W-212
Robert W-212
Allen, Abraham Co-270
Alfred S-109
Allen, Ananias Mc-157
Andrew Mo-102, R-392, R-366, Ha-68
Benjamin Mc-142, Mc-140, M-69
Berry Mo-153
Betsy B-273
Charles Ha-75
Daniel Gr-167
Edward Mc-160
Hiram O-183
Hyram Co-260
Isaac Co-260, W-227, Bl-267, O-182
Jacob K-335
James Gr-223, Co-270, Cl-109, M-63, R-357, Su-296, Co-264, Co-246, C-227
Job Mo-95
John Co-270, Co-244, Mc-172, K-354, K-339, S-113, Ha-69, Bl-277, J-305
John R. S-93
John T. Ca-39
Joseph Gr-235, C-218
Josiah O-183
Josiah R. B-266
Lucy Ro-43
Mark R-357
Martha Gr-167
Mary Mr-88, Co-246
Matthew R-388
Reuben Ro-20
Reuben B. Co-274
Richard Ro-50
Robert Bl-277, M-62
Saml. C-217, C-236
Sandford S-93
Sarah Bl-256
Susan Ha-55
Thomas Ha-84, Co-264
Walter Ha-69
William Co-264, Mc-179, O-183, Ro-13, Mc-160, C-218
Allend, Robert R-376
Alley, David Ro-13
Erasmus M-46
Walter O-190
Allgood, John W-257, Mo-153
Allin, Bennet J-287
Benton J-321
Thomas Bl-262
Allison, Benjamin M-68
David Gr-165
Ewen Gr-196
Failey Su-312
Hervey Gr-196
Hugh M-59, Gr-221
James Ro-2, K-331
Allison, John K-381, Su-313, Gr-153, Gr-234
John C. K-339
Martha Ro-48, Su-312
Nancy C. Ro-2
Robert Ro-2
William Gr-233
Willis M-48
Alloy, James Ro-11
Allred, Baily O-209
John O-210, O-208
Jonathan O-211
Robert O-204
Samuel O-208
Solomon O-210, O-188, O-208, O-208
Theofolis O-210
William O-208
Allsup, Henry G-382
William G-383
Ally, Isham K-351
John K-357
Almaurode, Wm. Su-336
Alt, Frederick K-339
Alton, James Gr-188
Altrum, Spencer A-174
William A-173
Altum, Robert Ha-9
William Ha-9
Alvis, Charles D. Ha-56
Aly, Solomon Cl-148
Amarine, George Mo-147
Ambrester, John Bl-289
Ambrose, Fowler W-218
Jonathan W-211
William W-211
Ambrouse, David Ro-8
Amburn, Joseph Bl-263
Amerine, George Mo-157
Henry Mc-184
Isham Mc-157
Amis, Haynes Ha-39
James Ha-52
Lincoln Ha-56
Willis Ha-13
Amix, Isaac Ha-66
Amonett, Hutson J-278
Amos, Daniel Ro-48, Ro-48
James Ro-56
John Mc-162
William Ro-47
Amus, Blick A-194
Anderkin, Francis Ha-68
Anderson, Aaron Ha-72
Abija Ha-71
Alexander J-288
Amos Ha-72
Andrew Cl-132, M-54
Bartlett S-98
Benjn. Gr-220
Charles Ha-17, Ca-30
Daniel Mc-196, K-379

Anderson, David M. Ha-59
Edward B. Su-306
Eli Ha-76
Elija Ha-75
George Ha-81
George W. Mo-105
Grimes Su-337
Isaac Mc-151, Mo-87, C-217, Bl-286, Ca-11
Jacob C-213, O-195 K-376
James J-291, J-292, J-328, J-301, Bl-270, Mo-124, Mo-141, M-54, Bl-263, K-383, K-328, S-102, K-371, J-292
James M. Bl-286, B-289
James V. W-261
James W. Mo-103
Jesse Mc-201
John F-7, A-195, C-217, A-190, Mo-148, J-291, Gr-227, G-273, R-371, Mc-196, K-389, Su-337
Johnathan Mo-95
Jonathan Ha-72
Joseph J-292, S-92, O-195, Gr-218, S-101
Joseph B. W-261
Josiah M-58
Lath R-371
Lewis Ha-81
Mahala K-385
Mansfield Bl-301
Martin B. Mc-173
Mary Ha-81
Nancy Mo-99
Nathan Mo-110
Patric W-249
Peter Ro-17
Pierce B. J-281
Polly Ha-81
Rachel Cl-122
Readick Co-243
Robert Mo-94
Robert M. K-339
Russell F-15
Samuel K-359, M-56, C-213, Mo-154
Sarah Ha-18
Stephen Ro-46, Mo-150
Swimpfield Ha-71
Thomas K-358, R-387, Ha-59, Ha-75
Thomas A. Ro-53
Vincent Gr-168
William Mo-89, Su-325, M-50, Bl-287, B-267, J-292, J-287, Su-326
William D. Bl-295
William P. H-78
William W. Mc-130
Anderson, Willis K-389
Andes, Adam W-225
Alexander S-91
Barbara W-225
John S-92, W-225
Solomon S-89
William W-226
Andrew, Danl. D. W-239
Mary Ro-57
William Ro-58
Andrews, Andrew Gr-180
Daniel O-188
George Gr-188
Harvey G-387
Rachel Su-312
Andross, John A-192
Richard A-188
Angel, Archibald C-217
Catharine Su-323
Hezekiah Mc-201
Jas. C-218
Samuel Su-333
Squire F-11
Angelly, John P. Mo-134
Angle, Jacob J-285
Anglea, William G-378
Anthony, Jacob Ro-51
John J-282
Apperson, Edwin L. Ro-53
Archart, Peter Mc-172
Archer, Aaron Ro-25
Benja. W-252
Enoch C-218
Isaac C-221
Jas. C-214
John Ca-16
Joseph W-219
William H-75
Argabright, Susan A-176
Argenbright, George Ha-43
Arhart, Elizabeth Mo-97
Arington, Thomas W-216
Arman, Mary D. R-376
Armes, Archibald O-174
Armitage, John Gr-220
Arms, Edward J-324
Hazakiah J-324
John O-172
Joseph Ha-32
Tabitha Ha-32
Armstrong, Aaron K-361
Abel R-357
Addison K-355
Alexander Ha-18, Gr-233
Ambrose N. Mc-163
B. D. R-369
Baker Ha-48
Benjamin Mo-149, R-372
Benjamin D. Mc-132
Carey A. Mc-157
Clinton Ha-38
D. D. R-383
Armstrong, Drury P. K-341
Eli D. Mc-152
Elizabeth Mc-158
Hugh C. O-191
Hugh F. O-179
Isaac A-178
James Mc-161
John Mc-157, Mc-158, Gr-233, Ha-34, Ha-54
Josiah K-344
Landon O-187
Lannty Gr-211
Leah Ha-7
Micager O-179
Moses K-394
Nancy O-179
Rachel Ha-36
Robert K-328, O-179
Samuel Ha-54
Sarah W-227
Susanna K-361
Thomas Mc-158, Ha-34
William Mc-158, Bl-265, Ha-41, Ha-52, Ha-41
William L. O-187
Arnet, Jacob G-384
John G-401
Arnett, Jacob Ha-22
Jessee O-213
John O-180, Ha-25
William M-44, Ha-26
Arney, Adam O-180
Henry O-180
John O-180
Peter O-180
Tobias O-180
Arnold, Alexander Ca-32
Andrew Ca-32
Bennet Mc-147
Bennett Mo-89
Doctor Ha-33
Elijah Ca-28
George Ha-33, Ro-60
James H-77, K-331, K-354, Mc-147
Jarret Ca-22
Jesse O-172
John Mo-85, Ca-22
John K. Su-297
Jonas Ro-58
Martha K-340
Richard Ca-23
Sarah Su-327
William Ca-21
Arnot, Holbert J-289
Arnwine, Albartis G-366
Daniel G-366
James G-366
John G-360, Mc-150
Rosannah G-366
Arp, Benjamin Mo-146
James Mo-146
Arrawood, Loyd Ca-32
Arrington, Abel R-357
Arrons, Harmon Su-310
Richard Su-310
Wm. Su-310
Arteburn, James Su-303
Isaac Su-302
Arterburn, Elias W-247
Elsey W-252
Arthur, James K-388
William A-185, Mc-136
Artiburn, John Su-304
Arwine, Jas. C-233
Asberry, James G-371
Ash, Hugh B. Mc-160
Robert Mc-160
Ashborne, Thompson M-54
Ashbourn, Andrew O-180
Jessee O-191
Washington O-206
Asher, Amos H-73
Charles Mr-94
David Ro-43
Leonard Ro-33
Solomon Bl-260
Thomas Ro-42
Wm. Bl-260
Ashley, Noah Ro-36
Ashlock, Henry A-171
Jessee O-174
Obadiah A-169
Thomas O-173
William A-171, O-174, A-168
Ashly, Josph Bl-262
Ashmore, David J-321
Elizabeth J-335
Ashurst, John A-195
John M. A-186
Aston, James Bl-257
John W-242, Ha-38
Saml. M. Bl-252
Atchley, Abram R-391
Armistead R-353
Benjamin S-105
Daniel S-105
Hannah R-353
Isaac S-104
John R-353, R-353, B-268
Joseph S-105, Mc-136
Joshua R-353, S-104
Martin S-115, R-353
Noah S-104
Thomas R-364, S-103, S-104
Tousy R-353
William S-103
Atchly, Joseph S-105
Joshua Mc-147, S-105
Atkin, Emily H. K-338
Atkins, Anderson G-381
Benjamin Ha-86
Atkins, George G-356
Harrison G-369
John G-360
John T. Bl-287
Lewis G-360
Morris G-365
Moses G-364
Peter G-368
Wm. R-394
Winright G-368
Winston G-368
Atkinson, Alexander Ro-4
Benjamin Ha-86
Ann Mc-180
Charles Mr-92
Geo. Gr-214
Henry H. O-190
James Mc-173, Mc-142
Joel Mr-95
John Mc-136, Mc-142
Lemon Ha-65
Patsy Mc-136
Peter K-393
William F-12, Mc-148
Wilton W-260
Atkison, Betsey G-362
Attley, Thomas R-387
Ault, Conrad Ro-19
George K-354
Jacob K-354, Mo-94
John K-354
Michael K-335
William Mo-91
Ausamus, Benjamin Cl-142
Henry Cl-142
Ausburn, James Mo-100
Nathaniel Ro-15
Roady Mo-100
Austell, Wm. J-336
Austen, Thomas Mc-183
Austin, Archabald J-288
Archey J-288
Champness W. J-282
Clisbe Ha-20
Edward B-287, Ca-29
George Ro-4
John Mc-130
Jonathan B-288
Joseph Ro-4, Ca-29, J-293
Nathaniel S-104
William O-207, J-282
Zachariah B-270
Avens, Isom Mo-157
Averhart, James Mo-124
Avery, James Mo-160
Silas R-390
Avins, John Mo-122
Awald, John W-228
Axley, Felix S-92
James Mo-90
Ayers, John J-296
Kessiah J-317
Ayles, William P. K-363
Ayleshire, John Gr-167
Aylette, Sally Bl-284
Aynes, Gabriel Cl-128
Reuben, Cl-127
Aynesworth, William Mo-136
Ayrehart, Nicholas Mo-115
Ayres, Daniel M-57
Green L. M-57
H. C-226
Jacob C-226, M-57
Jesse K-345
Samuel Gr-185
Babb, Abner Gr-215
Caleb S-107
Elizb. Gr-213
Es Gr-217
Geo. Su-329
Henry Gr-213
Hiram Ro-56
Isaac Gr-216
James Su-330
John Su-327
Joseph Mc-201
Joshua Gr-222
Philip Gr-203, J-309, Gr-216
Saml. Gr-215
Seth Gr-214, Gr-215
William Ca-27, Ha-76
Baber, Lewis K-371
Woodson Ro-28
Babey, Martin J-298
Bacome, James Mo-101
Bacon, Abigail W-218
Abijah Su-295
Allen S. Ro-24
Charles W-252
Elizabeth W-235
Isaac W-200
Jacob W-257
James W-252
John W-214, W-251
Jonathan W-211, W-240
Rohama W-252
Thomas W-251
Washington Ro-50
Badget, James Bl-275
Ransom K-315
William B-286, Bl-252
Badgett, Burwell F. K-378
James K-358
Robert D. K-315
Samuel Bl-282
Bagely, Elijah Mr-93
Henry Mr-93, Mr-91
John Mr-91
Bagwell, Thomas Ro-26
Bailes, Caleb S-110
Robert S-109
Bailey, Alexr. W. Gr-153
Alfred Ha-28
Carr Ha-36, Ha-36

Bailey, Daniel Ha-31
Elizabeth Ro-34
Henry Ha-29
James Ha-36, Gr-158, Gr-153, Mc-162
John Ha-36, Mc-162, Co-248
Levi Mc-187
Lewis Mc-162
Lucy Mc-204
Martha Ha-22
Martin Gr-213
Mashac Ha-29
Nancy Gr-169
Phoebe Gr-205
Robert Mo-155
Samuel Ha-35
Stephen Ha-29
Thomas Gr-205, Ha-36, Ha-31
Wesly Mc-204
William Ha-31, Ha-31, Ha-36, Mc-162, Co-260
Baily, Alex W-222
Charles K-392
Cil A-175
James R-388
John W-233, Ca-21, W-236, Bl-252
Samuel S-111
Sarah O-176
Thomas K-319
Bain, Wm. Bl-267
Baine, Arthur K-373
Bains, James Bl-274
Bair, Geo. Su-334
Bakeman, Joseph F-3
Baker, Abraham F-10
Alexander Mc-147
Allen Cl-119, Gr-187
Andrew Mc-168
Andrew L. Ha-79
Benjamin Ca-21
Bowling C-221
Caleb H. K-358
Catharine Mr-102
Charles Ro-59, Su-307
Christian K-380
Christopher A-181
Crisley Mc-163
D. C-238
Daniel Ca-24
Daniel C. M-69
Elizabeth Ro-12
Fanny Ro-52
George Mc-162, A-180, C-219, C-240
Henry Ro-28, K-367, S-95
Isaac R-361, Mo-103
Jacob Mo-135, Ro-52
James Co-251, C-221, S-117, M-54, M-68

Baker, John Ca-20, Bl-307, J-295, Ha-75, Mo-108, C-221, R-385, M-54, R-362, Cl-119, Cl-120
Joseph Ha-80, S-117, Mc-161
Leonidas W. K-342
Love W-254
Margaret J-338
Martin G-370, S-109
Mathias Ca-20
Maurice Ha-84
Peter J-288
Reuben J. J-333
Robert C-226, C-240
Samuel C-240, S-109, R-361
Solomon A-181
Solomon O. H-86
Thomas C-214, J-339, Cl-119, F-13, Mc-154, K-381
Uriah R-363A
William Cl-120, G-355, Ca-16, J-279, Ha-76, C-222, R-380, W-236, Su-316, K-380, Mc-162
William C. Gr-187
William J. K-342
Williamson J-338
Balazell, David Su-334
Balch, Ann Gr-227
James P. J-299
John J-335, Gr-176
Mary Gr-182
Baldin, Nancy R-391
Balding, Francis Ro-22
Baldwell, Henry Mo-159
Baldwin, Elisha Ca-23
Elizabeth Ha-79
Ezekiel K-347
Henry K-395
Isaac D. Mr-93
John Ha-79
Joseph Mo-129
Moses K-344
Nicholas Ha-79
Rebecca Ha-79
William R-360, Ha-86
Bales, Abagal J-322
Abner J-314
Alexander Cl-128
Anderson K-386
Archibald Cl-128
Asher K-386
Ashur J-341
Caleb Cl-114
Danl. J-333
David W-213
Henry J-297
Isaac W-208
Jane K-392
John J-298, J-295

Bales, John S. W-221
Joseph W-205
Levi W-244
P. M. J-298
Solomon K-330
William J-301, G-372, J-300, Cl-128
Balew, Jane K-334
Micajah K-389
Baley, Alfred Mo-86
Car J-301
Daniel Ro-50
David Ro-51
Elija Ha-84
Isaac Ro-9
Jessee J-334
John Mo-86
Robert Mr-100
William Mr-99
Balinger, Alsy J-314
Dempsey Bl-250
James W-245
John J-315
Wm. J-314, J-314
Ball, Bennett B. Ha-7
George Cl-128
Ira Ha-42
James Mo-130
John Ha-31, Cl-128, Mo-124
Joseph W-250
Levin S. Mc-144
Lewis Gr-159
Moses Ha-31
Nelson Ca-25
Osbern Co-262
Royal Co-262
Samuel Co-243
Thomas Ha-29
Valentine Cl-132
Wesley Ha-32
William Ha-32, Ha-31
Ballad, Charles Ro-55
Ballard, Alexander Ha-21, Ha-21
Betsey S-104
David Ha-21
Howard M-50
James K-317, J-343, Ro-9
Jefferson B-274
John Ha-18, M-60, Ro-15
Micajah C-222
Nuton Ro-15
Richard Mr-91, C-230
Stephen B-274
William Ro-18, Mc-142
Winston C-222
Ballenger, Amazeah Mo-137
Ballew, William Mc-173
Ballinger, James K-374
Jane K-375
Lydia Bl-300
Baloo, Daniel Ro-67

Baloo, John Ro-67
Reason Ro-67
Baltesmon, William B-275
Baltrip, Elizabeth Cl-146
William Cl-148
Bandy, Bryant K-347
David R-378
Dempsy R-394
George R-372
Jesse R-379, Ro-33
Peter K-378
Robert Co-272
Thomas K-347
William R-372
Bane, Daniel Mo-121
James Mo-134
Robert Mo-134
Roderick W-244
Samuel W-249
Banks, David Ha-71, Ha-56
John Su-345
Joshua Ca-20
Moses Ca-16
Uriah Ca-16
William Ca-16
Bankston, James N. J-319
Banner, Henry W-221
Banset, John Co-273
Bansom, Berril Bl-275
Rice Bl-274
Thomas Bl-275
Banter, Hale Gr-210
Baratt, Miles Gr-202
Barb, Abraham Mc-155
Barbe, Elis J-317
Barbee, Matthew M-56
Barber, Unice K-389
Barclay, Elihu S. Mc-130
Bare, Adam Mo-122, J-297
Henry J-319
John J-319
Baren, Joshua Su-341
Barger, Barbara K-315
Frederick K-315
Henry Mr-100
Isaac Ro-57
John Mr-88, Ro-10, Su-345
Nicholas K-315, Su-334
Susanna Mc-164
Wyly W-244
Barham, Ann Ha-16
Barier, Armstead S-97
Barker, Burrell Mc-160,(2)
Mary M-53
Obadiah Ha-8
Simeon B-282
Thomas Mc-167, G-405
William M-52
William A. Ha-51
Barkley, Danl. W-213
Ebeneser W-242
John W-242, Gr-223
Wm. Gr-222

Barksdale, Douglas Mc-174
John Mc-194
Nathan Mc-183
Richard H. Cl-107
Sarah O-173
Barley, Susannah J-305
Barlow, John Ca-11
Barnard, Johnathan Ro-9
Samuel Ro-9
Barnawell, Benjamin B-278
Barncroft, Jonathan W-242
Barner, Lewis Ha-49
Barnes, A. R-383
Abraham H-80, Mc-163
Danl. Mc-149
Elizabeth J-320
Geo. Su-304
Jacob J-317
James O-179, W-210
John Mr-97
Joseph O-179
Josiah H-85
Lewis O-194
Mahala R-380
Mary W-215
Moses J-301
Nathan W-241
Pleasant Mc-184
Ruth J-317
Terril Mr-97
Thompson O-191
Westly Gr-180
William M-46
Barnet, Anderson Cl-105
George Cl-110
James Cl-105, Bl-268, Ca-37
John W. Gr-162
Jonathan Cl-110
Nancy Su-310
Nicholas Su-330
Wm. J-344
Barnett, Carter Ro-56
James G-362
James M. Mc-164
Jane K-359
John Mc-184, O-193, R-394, K-395
John W. Mc-156
Joseph Mo-107
Josephus D. Mc-130
Judah K-318
Lemuel Mc-192
Michael J-296
Rowland Mc-149
Saml. H. Mc-156
Thomas Mo-135, Mo-133
Warren Mo-149
William Mc-156, K-394
William H. Mc-156
Barnette, John Bl-311
Barney, Benjamin Cl-132
John Ha-45
Pierson Cl-133

Barnhart, Felix Gr-201
Henry Gr-201
M. H. Gr-201
Barnheart, Coonrod S-116
Barnhill, David Bl-258
Marid J-328
Robert K-320
Wm. Bl-270
Barns, Edward Mo-157
John Su-306, J-310
Thos. Gr-196
William Gr-181, Bl-274
Barnwell, John R-382
Robert K-356
Robert H. K-356
William Cl-124
Barret, Jane W-224
Barrett, Hugh Ha-59
John Ha-62
Maria Ha-33
Mashac Ha-33
Pleasant Ha-59
Samuel Ha-34
Thomas Ha-28, Ha-55
Barron, Daniel W-240
Joseph C-219
Margaret W-259
Robert Ca-37
Thomas W-205
William W-259
Barrott, Jeremiah O-194
Barrow, Jno. C-227
Barry, Hyram K-342
Thomas Ca-32
William K-343
Bartee, George Ca-37
John Ca-31
Barten, Wm. J-307
Bartholomew, Joseph K-343
Bartlett, Evins O-193
Jessee O-197
John Cl-104
Joseph O-193
Bartley, John W-237
Robert W-256
Barton, Azariah Cl-116
Hugh A-167
Isaac K-341, J-289, G-387
John F-14
Sarah G-401
Barum, Haibard Gr-230
Basendine, Charles Ca-31
Basham, Archibald C-225, C-226
Elizabeth C-229
Nathan C-237
Bashears, John Ha-70
Basinger, George Gr-169
Jacob Gr-169, Gr-169
John Mo-134
Michael Gr-169, Gr-173
Philip Gr-169
Thomas Mo-130

Basket, Charles W-216
John W-211
Richard W-249
Wm. Ro-5, Ro-28, Gr-207
Bass, Andrew M-56
Benjamin Co-249
Drury G-371
William Mc-182
Willis K-333
Bassett, Burwell Ha-15
Hugh A. Ha-16
Nathaniel Ha-14
Spencer Ha-14
Bassham, Alexander M-71
William M-46
Bassinger, Jacob Mc-201
Michael Mc-208
Bates, Charles F-2
Ezekiel R-370
Hampton J-279
Harvy J. O-213
Henderson O-186
James K-343, Su-331
Joseph O-204, J-316
Bates, Pegg A-191
William Ha-14, Mc-186, Su-331
Batey, William Mr-99
Baughman, David Su-298
Johnathan Su-298, Su-299
Nathan Su-303
Solomon Su-298
Thomas Su-297
Bausom, Thomas Bl-275
Bausum, Berril Bl-275
Baxley, Zephaniah Gr-191
Baxter, Aaron Co-260
Barnett Gr-209
Edwd. Gr-209
Green Su-295
James Co-263, Gr-208
John Su-303
Levi Mc-182
Bayles, Abraham Cl-151
Archd. Gr-234
David Gr-230
Elijah Gr-223
Jacob Gr-213, Gr-235(2)
Mary Gr-234
Nathan K-340
Samuel Gr-233, Mo-87
Solomon Gr-235
Stephen Gr-234
Bayless, Daniel W-214
Daniel L. W-221
Henry W-207
Hezekiah W-207
Isaac K-367
Jesse W-221
John K-367, W-239, W-250, K-368
Nancy W-239, K-372
Reece W-226
Reuben W-208
Bayless, Richard W-240
Samuel K-371
Saml. G. W-228
William Mo-128, W-228
Baysinger, Henry W-219
Bazil, Caty Ro-37
Samuel Ro-37
Beach, Joel Cl-138
Tabitha A-182
Beachboard, Levi Su-341
Beagles, David D. S-89
Mary Ann W-200
William W-200
Beal, David Ha-11
Frederick Ha-17
George Ha-11
Jacob Ha-17
John Ha-11, Ha-37
Martin Ha-17
Nancy R-383
Peter Ha-17
Bealer, Jacob Su-329
James Su-329
William Su-328
Beals, Daniel W-245
Samuel W-240
Solomon Gr-178, W-242, W-244
Thomas W-240
William Gr-165
Bean, Andrew Ha-17
Baxter W-214
Charles W-254
George H-86
Hazard R-295
Jacob K-390, K-385
Jesse G-406
John K-315
Joseph W-210
Margaret W-257
Mordica Ha-48
Robert W-202
Rosamond W-219
William H-86, Mc-203, H-86
William T. H-86
Bear, Andrew Su-328
Jacob Ha-15
John Su-330
Margarett Su-322
Peter Ha-15
Beard, Charles Ha-37
Dorothy Ha-50
James W-235
John K-358, Su-306
Joseph C-217, W-204
Robert W-248, W-260
Samuel W-217
Thomas W-257, Su-310
Willcom Mo-120
William C-217, G-378, Su-306
Bearden, Benjamin K-316
Marcus D. K-316
Bearden, Nancy K-316
Richard K-316
Wm. A-178
Bearding, A. Bearding Su-347
Beare, Charles Ha-37
Beasan, Benjn. J-313
Beasley, Abram J-317
Cornelius Bl-275
Fuquay Mo-113, Mo-105
James Mo-89
Jonathan Mo-113
Mitchell H-73
Beasly, Elisabeth S-118
James S-118
Josiah Mc-147
Beason, James M-67
Joseph B-276
Mary Ro-5
Nathaniel Su-340
Solomon B-269
Beats, Daniel A-174
George A-174
John A-174
Beattie, F. F. J-318
Beatty, Aaron W. Ha-59
Samuel Ha-61
Walter Ha-59
William Mc-146
Beaty, David F-4, F-16
George F-2
Hugh B-270
John Mo-130, F-2
Thomas F-3
William Cl-147, F-16
Beaulipaw, Geo. Gr-166
Beauman, Ailcy K-343
Beavers, Spencer Mc-208
Beck, David H-79
Jacob R-365
William H-79
Becket, Josiah Mc-202
Thomas Mc-202
Beckham, Elijah G-398
Jesse Mc-166
Jesse L. Ha-41
Sarah O-182
Becknell, Henry O-180
Mary Ann W-239
Beckner, Abram Ha-23
Jacob Ha-23
Joseph Ha-26
Joseph D. Ha-23
Bectal, John M-74
Beddesville, Squire R-359
Beddo, Philip Ro-36
Bedford, James Bl-272
Jonas Mc-144
Joseph Bl-272
Stephen Mc-146
Bedsal, Eleanor W-222
John W-228
Bedsaul, George Ro-9
Bedwell, Leroy R-353
Beech, Abram F-4
Beech, Benjamin F-11
Enoch F-11
William F-4, F-7
Beeler, Adam Cl-140
Ann A-170
Armstead Mo-83
Daniel Cl-124
Jesse Ha-7
John Mc-201, Cl-138
Joseph Ha-55
Peter Cl-138
Woolry G-361
Beelor, Daniel G-366
Isaac G-370
John G-366
Joseph G-365
Been, Aaron Ha-56
Isaac S-111
Jacob S-110
Beene, Edmond R-384
Hark R-388
Jesse Mc-166
Obadiah M-47
Robert M-47
Samuel M-57
William Mc-167
Beene, William M-68
Beesit, David Ha-74
Beeson, Jacob F-7
Beets, George Ha-10
Joseph Ha-12
Begley, Elizabeth Ha-86, Ha-64
Henry Ha-56
John Ha-71
Pleasant Ha-71
Belberry, James B-273
Belcher, Bartlett Ha-65
Belew, Robert Mo-132, Bl-273
Belk, Carter O-211
Isaac Mc-127
Joseph O-212
Bell, Andrew E. W-236
Anna Mo-84
Benjn. J-326
Betsy K-386
Blaney Mo-154
Brooks W-234
David K-339
Edmund J-320
Elizabeth Mo-94, W-236
George Gr-170, W-216, Gr-224
James K-345, W-216, K-320
John Mo-94, Mc-150, Ro-21, O-197
John B. Bl-271
Joseph K-355
Joseph E. Gr-164
Joseph H. W-215
Joshua W-237
L. G. W-218
Lewis G-400
Bell, Loyd K-364
Lucinda R-393
Martha Mo-140
Mary Mo-140, J-307, Mo-158
Nancy Mo-106
Philip K-371
Rebecca K-353
Richard W-255
Robert R-379, R-367
Samuel K-344, J-307, K-345(2)
Samuel J. K-395
Samuel S. Mo-104
Silas Mo-142
Thomas Ro-61, W-251, Ro-24, K-326, Bl-290
Thomas W. Ha-50
William Mc-163
William H. Ro-47
Bellew, Rebecca M-60
Thomas Bl-293
William Bl-294
Belser, Jacob Mo-152
Belsher, Elizabeth M-54
George W-261
Joseph M-51
Wiley M-70
Bench, Christopher Ha-43
Bender, Samuel O-182
Benham, John Gr-206
Bennen, Peter R-392
Bennet, John Ro-5, Ro-4
Rachel Mc-137
Sally Ro-62
William Ro-4
Bennett, George R-359
Haywood G. K-316
Henry M-66
James Gr-215, J-342, B-271
James D. K-320A
Jessee M-66
John R-352, M-52, Mo-90
Rezin B-278
Solomon Mc-178
William B-278, R-388
Benson, Daniel Gr-171
Eason Co-261
James S-93, Gr-172, Gr-187
John S-120
Matthias Mc-202
Spencer, R-381, R-381
Bental, Betsy Ha-31
Bentley, William G-388
Benton, Edmond Mc-191
Francis Ro-16
Jesse H. Mc-177
John Mc-181, Mo-153
Thomas Mc-181(2)
Benzon, Benjn. R-368
Berchet, John Ha-78
Berklin, Samuel M-69
Bernard, John Ha-32
Lewis Ha-32
Reuben Ha-32
Taddock Ha-32
Berrier, Ferril S-95
Jackson S-90
Berry, Betsy Bl-294
Charles Ca-32
David Ha-11
George Ha-18, K-380, Su-314
Hugh L. K-359
James Bl-285, R-384, Ca-35
John Mo-94, M-59, Cl-142, Ca-4, Gr-162, Ha-26
John S. Bl-287
Joseph Cl-141
Joseph M. J-310
Matthias Gr-186
Mary Cl-151
Robert Ro-58
Ruth K-366
Samuel Su-314, Ro-59
Thomas Ha-18, Cl-150, Ha-83, Su-308
Thomas J. Cl-149
William Ca-28, Ro-59
Bertin, George S-121
Beryer, John S-114
Beshears, Polly Mc-134
Wilson M-68
Beshiers, Isaac Su-340
John Su-341
Margarett Su-340
Best, Christopher Bl-262
Daniel Bl-262
David W. Bl-272
Henry Bl-262
Jeremiah Ro-47
John Bl-263
Bethel, John J-321
Bettis, Benona J-301
Bradley J-303
Bradley K. J-304
David J-332
Eli J-303
John J-303
Rebecca J-335
Saml. J-308
Thomas H-80
William J-296, J-303
Beverly, Herad Su-345
Wm. Ro-12
Bevin, Edward H. D. H-76
Bevins, Elijah A-179
H. L. R-376
Bewley, Anthony Gr-184
George Ha-19
Jacob M. Gr-187
John Gr-174
Bewly, Anthony Gr-185
John W. J-280
Biba, Pryor G-396

Bibay, Thomas Co-258
William Co-265
Bibb, John K-331
Bibbert, Peter O-174
Bibee, Joshua C-211
Bible, Adam Gr-171
Abraham Gr-185
Christian Gr-185(2)
Christopher C. M-56
George Gr-184
Henry Mc-173
Isaac Gr-184
Jacob Gr-185, Gr-187
John M-68, Gr-185
Jonathan Gr-186
Lewis Gr-185
Philip Gr-185
Thomas Mo-109
Biby, Richard O-196
Thomas O-196
Bice, John Ca-34
William R-381
Bick, J. H. R-357
Bicknell, Danl. J-318
James M. J-299
Samuel Mo-87
Thomas Mo-86
Young L. Mo-121
Biddie, Elvin G-409
Biddle, George Mc-138
James Bl-283, W-242
John W-211
Samuel W-240
Bidwell, Arsted R-374
Caleb R-356
Biggs, Alexander Mo-88
David Ha-50
James Gr-165
John Bl-270
Mark Ha-13
Mary Ha-39
Thomas Ha-87
William M. Mc-188
Bigham, Andrew Mc-205
Eli Mc-205
Matilda Mc-205
Bilberry, Benton O-198
Enoch O-206
Herrod O-198
Isaac O-212(2)
John O-206, O-211, O-209
Josiah O-212
Laird O-211
Lawrence O-192
Thomas O-211, O-212
William O-211(2)
Bilderback, Jacob Bl-251
Billings, Bowling Co-265
Billingsley, John Ro-16
Billingsly, James W-258,
W-252, Mc-139
John B-276(2)
Jonathan B-276
Mary Ro-67, B-276
Billingsly, Samuel B-276
Walter Mc-139, Mc-145
William P. Cl-148
Bingham, Benjamin Mc-159
Bingly, Charles Bl-300
Bingum, Wm. Bl-268
Binion, Richd. J-310
Binns, Joseph F-2
Binson, Isaac R-379
Robert R-380
Binyon, Isaac Ha-75
Birch, Anny J-291
George J-282
John J-282, Mc-174
Birchell, Thomas G-404
Birchfield, Jos. J-331
Robert J-338
Wm. Su-343
Birchfild, James Su-347
Bird, Andrew S-109
Christopher Co-260
Daniel Bl-311
David Gr-160
Dennis Co-261
Ephraim Gr-158
Henry Ha-78, Ha-79
Jacob S-117, Bl-311
James G-372, G-400,
Ha-79, Mo-135
Jessee C-238
John S-109, Mr-89, Ha-79,
Gr-200(2)
Levi Ha-78
Lewis S-117
Matthias Gr-158
Philip Gr-167
Vardamon Mr-90
William C-239, J-316,
Ha-71, Mr-100
Birdit, Katharine J-332
Birdwell, Alex Su-304
Benj. Su-300
George H-77
John R-353
Joshua Ro-67
Russell K-321
Birely, Michael W-238
Birk, Mary C-217
Birket, Mary G-391
Bishop, Anne K-366
Augustin Ha-50
David Ca-8
James J-344
John J-286
Joseph Cl-121
Samuel Ha-7
Sarah Mo-138
Stephen K-366
William Cl-121, Ca-4
Bitner, Margaret W-233
William Gr-199
Bittle, Benjamin G-392
Charles G-395
Bivens, Frances G-397
Bivins, Nathanl. Mc-159
Black, Adam F-8
David Mc-190
Eleanor Gr-183
George W. B-270
Griffie S-117
Isaac K-333
Jacob J-298
James W-253
Jane Bl-297
John Bl-266, C-233,
Gr-175
Joseph Co-245, A-172,
Gr-179
Mitchell Ro-43
Myra Gr-175
Reuben Co-248, Co-248
Robert J-339
Susan M-73
William Mo-159
Blackburn, Andrew J-306
Benjn. J-344, S-101
Burwell Ha-14
Edward J-335
James Ro-16, Mc-165,
J-306, Mc-180
John A-180, J-303,
J-306
Joshua W-241
Paul Ro-52
Salathiel K-370
Samuel Mo-91, Mc-166
Thomas Bl-274
William W-214
Blackmore, Rachel Su-334
Robert Su-334
Blackston, John Mo-143
Joice Mo-91
Blackstone, Argyle Mc-198
Blackwell, Ann K-342
Betsey Ro-55
Charles R-353
David Ro-36
George Ro-44
Hugh Ro-36
J. C. S. K-341
James R-362
Joab J-320
Joel Mo-141
Julias W. K-337
Peter Mc-188
Sarah Mo-116
Blackwood, Nathan R-362
Wm. R-370
Blades, Edward Mo-89
Isaac Mc-182
Nancy Mo-89
Blagg, Israel M-64
John M. M-64
Joseph J-323
Blain, Robert G-376
Blair, Alexander G-410
David Mo-136
Hannah W-250
Blair, Hugh S-103
James G-410
Jane Ro-27
John Ro-18, Ro-27,
W-245, Bl-312, Mo-140,
W-262
Josiah Mo-93
Nathaniel L. S-89
Richard Su-309
Robert Bl-290
Samuel Bl-312, F-2,
Mo-94, S-89, S-91
Thomas Mo-137
William Bl-312(2), Ro-25
Wm. K. Su-324
William S. Mo-136
William Ro-54, Gr-220,
Co-268, G-388
Blaizar, Daniel Co-249
Blake, Adam B. K-391
Benjn. J-310
Ewen Gr-196
Howel R-368
Joab J-301
Thomas Ro-5
Wm. Ro-5, Ro-21
Blakely, John Gr-176, W-249
John W. K-320
Joseph J-323, J-301
R-372
Saml. Mc-136
Blakley, James Su-312
Blalock, Henry K-338
Hubbert B-275
Jeremiah S-121
Nelley B-272
Blancet, William G-354
Blane, James H. R-388
Blang, George K-340
Blankenship, Elijah Mc-177
Gilbert Bl-255
John Mc-177
Thos. R-369, R-369
Blankinship, Barton Mo-115
John Mo-116
Spencer Mo-115
Stephen Mo-115
William Mo-115
Blanton, Abner Ro-25A
Burrell Mo-144
Claibourn Mo-144
Ezekiel Mo-102
Jefferson Mo-144
John Gr-203, Mo-102
Joshua Mo-99
Lewis Mo-144
Vincent Mo-82
Blaylock, Squire Ro-47
Blazer, Christian Gr-161
Blazier, Adam Co-252
Daniel Co-249
Samuel Co-251
Blecker, Dolphus Bl-282
Bledsoe, Abraham Ha-76
Bledsoe, Anthony Ha-80
Benjamin O-188
David Cl-116
Grigsby Bl-261
Giles J. G-378
Isaac Ha-74
John Mo-101
Mary Ro-68
Moses Bl-288
Thomas Ha-76
William G-361
Blevins, Abraham Ha-54
Abram F-15
Allen Mc-144
Bounaparte Ca-38
Daniel Cl-121
David R-375
Delany Ro-56
Dillian Ca-38
Gatewood Ca-38
George Ca-8
Hardin R-374
Henry Ha-7
Isaac R-373
James Su-319, R-375,
Ca-38
James R. Su-319
John Su-319, Ca-38,(2)
Ha-7, Ca-36
John M. Su-315
John R. Su-315
Jonathan M-54
Mary Cl-128
Mathew Ca-38
Milly Su-316
Moses Ca-5
Preston Ha-7
Richard M-69, M-45
Russell Su-318
Sarah Ca-38
Tarlton M-48
Walter Ca-36
William Ca-38, R-374,
Su-319, M-55
William R. Ca-38
Blithe, Andrew W-212
Andrew B. Mo-144
William Mo-144
Bloom, Elias Ro-25
Bloomer, Daniel Ha-75
Isaac Ha-80
James Ha-81
John Ha-81
Blooper, Armstead B. Ca-13
Blutter, Gideon Ro-2
Blythe, Mary R-384
Saml. M. Mc-132
Boatman, George G-409
Elizabeth H-83
Ezekiel G-407
Henry G-400
William Mc-186
Boatright, Chesley H. A-184
William G-397
Boaz, Obadiah G-387
Bodine, Francis S-109
Bodley, Charles M-73
Bogard, Charles Mo-112
Jeremiah W-221
John Mo-114
Bogart, Abram Ro-52
Henry Ro-20
Samuel Ca-15
Solomon Mc-131
William Ro-52
Boger, Joseph Ha-43
Boggs, John O. Mc-151
Bogle, Elizabeth Bl-301
Hugh Bl-301
Joseph Bl-301
Margaret Bl-297
Robert Bl-264
Samuel Bl-297
Bohanen, John Su-340
Bohannon, Elizabeth Su-341
Henry S-119
James K-332
Robert Bl-302
Susannah O-182
Thomas Bl-302, Ro-17,
Bl-305
William O-183
Bohart, Barbary Gr-183
Jacob Gr-180
John Gr-180
William Gr-180
Boils, John G-383
Bolds, Jessee Ca-36
Bolejack, William J-283
Bolem, Marcom O-191
Bolen, Alexander G-380
David G-391
Edmund G-407(2)
Ezekiel G-407
James G-380
Reuben B-281
Washington G-391
Bolerjack, Joseph B-281
Boleyn, Edmund Gr-176, Gr-183
Joshua Gr-176
William Gr-186
Bolin, Isaac Su-316
Isham Ro-33
John Bl-251, Su-319(2)
Larkin Su-316
Mary Ro-36
Reason Su-340
Valentine Ro-41
William Cl-122
Boling, Absalom Mr-94
Jeremiah R-368
John R-374, R-379
Bolinger, David Cl-142
Frederick Cl-139
Bolins, Lucy Su-320
Bolling, Collins Mc-195
David Mc-138
Elisha Mc-138

see p. 213

Bolles, Elizabeth Gr-186
Jacob Gr-186
Bolling, James Mc-188
John Mc-194
Joseph Mc-188
Noble K-390
Obediah Mc-189
William Mc-189, Mc-137
Bollinger, Peter Mc-150
Bolt, Adam C. R-369
Bolton, Clark S-89
Daniel K-320
James C-219
Memimah K-367
Jessee C-219
Peter G-360
Solomon Bl-260
Thomas K-370
Wm. R-394
Bolyn, Joshua Gr-184
Boman, Daniel J-312
Jeremiah G-371
John J-312
Mary R-365
Peter Mr-90
Samuel Mr-90
William Mr-90
Bond, Amond Mc-164
Benjamin Mc-165
George K-316
Henry Mc-164, Bl-274
Isaac K-317
James Su-338
Joannah Mc-164
Jonah Bl-277
Martha Mc-165
Stephen Mo-92
William Su-333, Su-338
Wright Ha-11, Ha-13
Bonham, Benj. Bl-251
John Bl-282
Martin Bl-249
Samuel D. Mo-135
Bonine, Jacob K-322
Smith J-329
Bonner, Ezekiel Mc-142
Booher, Adam Su-318
Benj. Su-326
Christian Su-344
Daniel Su-329
Jacob Su-330
John Su-318
Martin Su-318
Peter Su-318
Wm. Su-339, Su-344
Booker, Abraham Co-268
George G-355
Greenlee Co-268
Magdaline K-375
Peter F. R. Mo-123
Bookout, Maringduke A-186
Thomas A-180
Boone, Betsy Mc-157
Israel Mc-156
Boone, Jonathan Mc-156
Joseph Mc-169
Sarah Mc-156
Booth, David Ro-50
Boothe, Aaron Ro-55
Alcey K-343
Jas. Gr-203
John W-239, W-228
Joseph W-217
William Ro-55
Zachariah K-341
Borden, Archibald Co-273
Augustine Mo-92
Daniel Gr-164
Elijah Co-252
Elisha S-101
John Co-251
Bordin, John Mo-108
Boren, Chana W-224
Greenbery W-206
Elijah W-210
John W-224
Joshua W-211, Su-341
Vincent W-223
William Ca-6
Boring, Ezekiel Bl-276
Isaac Bl-249
Joshua Bl-254
Morris Bl-249
Nicholas Mc-191
Borland, Betsy Bl-298
Larkin Bl-298
Shade Bl-298
Borlind, Robert Bl-296
Boruff, Christian Cl-137
Borum, John Ro-62
Boswell, Harrison C-211
Bosworth, Nathaniel K-337
Botkin, Thomas Mo-83
Botner, Joseph Su-330
Bottles, Henry W-238
Jacob Gr-183
John W-207
Joseph W-211
Bottom, Allen Ro-63
Thomas Ro-64
Botts, John Cl-131
Seth Cl-125
Boucher, Thos. Gr-198
Boudin, Elias F-10
Bough, John Ha-29
Peter Ha-30
Reuben Ha-30
Boulton, James J-316
Lewis R-381
Robert R-381
Bounds, Francis K-354
Jesse G-354
John W. Mo-88
Bourdon, Jacob Bl-311
Bourn, Stephen Ha-76
Bowdon, Enoch G-410
Bowdry, John Ha-52
Boweer, Geo. Su-304
Bowen, Abraham Gr-188
Charles Bl-284
George A. G-371
Henry G-397
Joseph G-371
Nancy S-97
Polly G-386
Reece G-405
Sally G-386
William K-344
Bower, Benjamin Ro-19
James Ro-23
John Mc-134(2)
Wm. Ro-18
Bowerman, David J-311
Henry Bl-254
John Mc-206
Michael Bl-254
Peter Bl-253
Bowers, Agustin S-91
Anderson S-90
Andrew G-366
David G-354
Elizabeth Gr-176
George Ro-26
Green Ro-24
Henry G-366, Ca-7
James Ro-45
Joel Gr-173
John G-366, Ro-45, Gr-159
John T. Ca-7
Jonas M-54
Joshua W-204
Levi Ro-21
Moses Gr-176
Nancy W-219
Valentine Ca-4
William Ro-44, Mo-128
Bowery, Frances Su-307
John Su-333
Bowie, William Gr-157
Bowlen, Lucy W-260
Bowles, Green Cl-113
James O-205
John O-184
Martin Cl-123
Robert F-16
Sarah Cl-123
Bowling, Absolom A-177
Andw. C-237
Dicey Ha-76
John Ha-76
Larkin H. A-176
Levi Ha-84
Michael Ha-76
Mitchell Ha-8
Philip W-219
Samuel Mo-152
William Mo-129, C-216
Bowlin, William J. O-205
Bowman, Allen O-207
Barnabas Ca-34
Benjamin Gr-197, Ha-61
Bowman, Cornelius Cl-142
Daniel W-204, B-285
David W-219
Elias W-242
Elijah Ca-17
Elizabeth W-204, B-285
George Mo-95
Isaac W-202
Jacob W-201, Gr-214
James O-207
James A. Mo-104
John W-201, W-225, W-200, Gr-175, Cl-140, Ro-23, M-64
Joseph W-200
Josh. Gr-214
Josiah O-207
Leroy Mc-166
Levi Mc-159
Lewis Ro-23
Mary Mo-104
Othaniel W-224
Patsy K-394
Patton O-207
Peter Ca-12
Polly S-108
Robert P. Mc-159
Samuel K-392, Ro-17, K-379, Gr-205
Sarah O-181
Spurling Gr-197(2)
Thomas O-207
William Ca-11, Ro-17, Cl-139, Cl-140
William J. Ha-19
Bowner, James Mc-142
Bownman, Samuel K-387
Bowring, John D. Mo-143
Bowser, Elizabeth Su-297
John W-259, W-217
Moses W-259
Bowton, Mathew Su-342
Bowyers, Elias Ha-82
Box, James G-390
Jonathan J-315
McL Ro-4
Robert Ro-48
Saml. R-375, J-314(2)
William M-69
Boxley, Burwell Ro-33
George Ro-33
Zephaniah Gr-191
Boyce, Cpt. Wm. W-262
William A. M-70
Boyd, Adam Su-320
Alexander B-283
Andrew Su-314
Ann Bl-268
Bartley W-215
Bowman K-383
Catharine K-362
David W-236
Elizabeth Ca-34
Elliot H. B-282
Boyd, Henry W-237
Herbert Mc-173
Hugh B-289, Mo-102
Hugh M. B-266
Irby Mo-141
Jacob W-241, Su-314
James Bl-302, Bl-288, G-395, Su-302, Ha-38
Jane K-339
Jeremiah Mo-115, W-262
John Bl-288, Mo-156, K-337, Cl-138, Ca-12
John W. J-309
Joseph Mo-156
Levi Mo-157, Mo-142
Margarett Mo-160
Michael Ro-55
Robert O-183
Samuel Bl-304, K-342
Silas Mc-204
Thomas Mo-139, K-322
William Ca-13, B-269, Su-302, Ro-3, M-60, Ha-37, Ha-46
Boydston, Jacob Co-246
Nathaniel Co-245
Thomas Co-245, H-74
William Co-245
Boyer, Aaron Co-259
Henry Co-252
Isaac Co-252
Jacob Co-252
John Co-268
Lewis Co-252
Samuel Co-274
Boyers, Abraham Cl-124
Michael Cl-124
Nicholas Mo-127
Boykin, Eley Ha-12
Gracy Ha-19
John B. Ha-12
Osborne Ha-64
Boyle, John Gr-180
Boyles, George Gr-180
Samuel P. Mo-80
Solomon Gr-223
Bozwell, Andrew O-188
James O-189
William O-188
Bozzle, Eleanor Ha-34
Brabson, John S-90
Robert Gr-176
Thomas W-244
Brackett, Burrell Ro-13
Eady Ro-12
Morgan Ro-12, Ro-12
Bradberry, Michael K-324
Milton Bl-254
Wm. Bl-255
Bradbury, Nathaniel Ha-37
Braden, Alexander Cl-137
Ansel M-71
Edward G-353, G-363, C-229
Braden, Henry H-84
Isaac M-49
James G-363, Mc-196
John Cl-136
Margarett M-53
Bradfield, John H-73
Bradford, Hamilton Mc-187
Henry Mc-187
Henry C. Mc-187
James J-302
Mary Mc-155, Mo-149
Michael Mc-161
N. B. J-319
Richard R-366, M-55
Bradley, Andrew Mo-146
Benjamin M-74
Daniel Su-321, Mc-192
Elija K-349
George Ca-25
George C. Ha-50
Isaac G-379
Isham Mo-110
James W-217, Ca-25, Ha-50, J-292
James L. Ca-5
John K-352, J-316, M-55
Joseph Gr-216
Nimrod Ha-82
Richard Mo-134
Ruth Ha-43
Stephen A-173
William Mo-142, K-352, Mc-174, Ha-43
Willie K-352
Bradly, Ambrose Mc-195
Bradon, Berry Mo-95
Bradshaw, Benjn. J-316
James O-192
Larner J-316
Moses Ha-61
Richard J-299
Sally Ann Bl-301
Susannah G-378
Thomas Ha-58
Brady, Aaron R-362
Farlee R-387
Frederick R-360
John Gr-161
John S. O-199
Merrel R-390
Nancy Co-258
Brag, David Su-298
Thomas Su-298
Bragg, Ephm. Gr-190
John J-299
Nicholas J-297
Richard Ha-14
William Co-254, Gr-190
Braiden, Jane Su-327
Brakebill, Henry Mo-81
Peter Mo-81
Bramhall, Judith Ha-35
Bramlett, Nathan Mc-145
Bramly, Joseph Bl-292

Branam, Livingston Ro-50
Palmer Mc-134
Brandon, Adam R-357
Ann Mc-149
Daniel K-322
George Mo-86
James Gr-207
Jefferson Mo-89
John Ha-42, Gr-207
Joseph Mo-89
Lewis R-358
Philip R-358
Plesant Ro-34
Thomas Gr-207(2)
Wm. Gr-208
Branham, Benjamin Ro-20
Jacob C-219
Jas. C-218
Jefferson Ro-18, Mc-134
John Ro-21
Louis Ro-18
Mary Ro-21
Martin C-219
Milley Ro-19
Nathan Ro-67
Tarlton Ro-19
Thomas Ro-13, Ro-21
Wm. Ro-15, J-320, Ro-18
Branner, Casper J-301
George J-318
Michael J-298, J-301
Brannon, Ann W-243
Richard B-279
William Gr-193
Brannum, Ephraim M-50
John Mo-128
Turner K-361
Branscomb, Joseph Cl-142
Branson, Andrew B-273
John M-45
Lemuel G-366
Levi J-323
Nathaniel G-365
Sarah Cl-123
Solomon G-357
Susannah G-357
Branstetter, Micahel Su-306
Brantley, Thos. C-223
Brantly, Phineas K-396
Branum, Chas. A-186
Jonathan A-186
Brasfield, Jas. C-228
Brashears, Joseph Ro-37
Brassfield, Thomas Cl-137
Bratcher, Benjamin B-287
Biddy C-224
Charles C-225
F. H. C-222
John Cl-136
Bratten, William B-265
Bratton, Isaac C. Gr-229
Brawner, Bazel H. Mo-131
William Mo-131
Bray, Abijah Cl-109
Bray, Benjamin Ha-68, Cl-109
James W-251
Mary Cl-111
Stogner, Cl-109
Thomas Cl-107
Brayfield, Walter O-200
Brazeal, Nancy Mr-88
Rhoda Mr-90
Robert G-394
Brazelton, Isaac J-317, Mo-97
Jacob J-321
Lanty A. J-309
Wm. J-317, J-321
Breaden, George Cl-126
Isaac A-190
Jas. A-182
John Ro-7
Breadin, Andrew A-188
Breadlofe, Wm. Ro-12
Breakbill, John Bl-303
Peter Bl-296
Sally Bl-300
Breashears, Margaret Ro-56
Robert Ro-59
Breazeale, Benjamin Ro-52
David Ro-20
Elijah Ro-51
Franklin Ro-52
Henderson Ro-49
Henry Ro-44
Henry W. Ro-52
Hugh L. Ro-55
James Ro-49
John W. M. Ro-36
Robert H. Ro-52
Willis Ro-51
Wood, Ro-21
Breden, Andrew A-182
Richd. J-317
Thomas J-290
Bredwell, Augustine R-356
Breeden, Bryant S-116
George Mo-144, Mo-145
John Ro-7, S-93
Reuben Mo-145
William Mo-125, Mo-145
Breedin, Hanah S-119
William S-119
Breeding, Bryant Cl-104
Evan Ro-40
John Cl-123
Lucy O-191
Breedlove, Edward Ha-47
Breedwell, Fielding Ha-72
George R-374
Hiram R-386
Sandford Su-306
Yoden R-374
Breesly, James H. W-228
Brewer, Acy Bl-311
Ancil G-400
Ambrose Ha-71
Benjamin Ca-36
Brewer, Betts M-66
Daniel Bl-311
Edmond O-198
Elijah B-277
Frederick Ha-66
George K-362
Howell Ha-70
Isaac Mc-137
James Cl-131, Bl-310
Joab Cl-108
John Bl-309
Lewis Mr-101
Micajah K-389
Millenton Ha-70
Nathan Mc-137
Nicholas Bl-310
Prettyman Ha-70
Samuel Gr-229
Solomon Mr-101
Sylvester Cl-135
Zion G-403
Brewington, Jane O-193
Brewster, James F-10
Jeremiah F-9
Brey, John A-174
Briant, Creed J-294
Elias Bl-277
James J-334
Nancy Mo-131
Nathan O-200
Richd. J-336
Sarah Bl-272
Thomas O-210
William O-197, Su-346
Brice, Robert Ha-63
William Ha-57
Brick, James Ha-69
Bricker, David S-91
John W-215
William W-233
Bricky, Peter Bl-310
William Bl-310
Briden, Mark J-300
Bridendine, Thomas Co-252
Bridewell, Elzy Gr-227
John Gr-227
Lemuel Gr-227
Bridgeman, Hezekiah G-398
Rhoda G-398
Susannah G-393
Bridges, Ephraigm Ro-4
Harris A-191
James Cl-135
James H. Mc-130
James S. Mc-186
Jesse Co-245
Reuben H. Cl-133
Thomas Cl-135
Wm. A-191, Cl-135(2)
Bridgewaters, John O-205
William O-205
Bridgman, John B-266
Wm. C-211
Bridleman, Valentine Su-319
Bridwell, Telea Ha-39
Wm. C-218
Briggs, Daniel R-359
James R-388
John M-52
M. D. R-389
Samuel K-355
Bright, Ansel Su-341
Chas. Gr-213
Elias R. K-374
Isaac Su-325
James Su-341, K-370
Jasper Bl-250
John K-328
John H. Mo-110
Michael Bl-249, Gr-208, Gr-208
Brightwell, Leonard R-368
Brigs, Feby O-207
Brim, Henry C-233
Jno. C-233
Brimer, Elenor J-304
James H-76
John Mo-145, J-338
Vinyard J-338
William B-277, Mo-145, S-119
Brimly, Isaac Mo-157
Brinckle, William K-320
Brinlee, Asa R. Mc-170
Stephen Mc-168
Brisco, Nancy Ha-83
Bristoe, Nathaniel B-277
Brit, David Ca-15
Jessee Ca-17
John Ca-16
Solomon G. K-354
Thomas G. K-355
William Ca-16
Briton, Thomas R-360
Britt, Elizabeth M-70
Martin W-236
Mary Gr-207
Regnum K-340
Brittain, Andrew J-283
John Mc-182
Nathan Mc-135
Robert Ro-54
Sally W-216
William Mc-185, Ro-47
William C. Mc-190
Brittin, Hester J-292
Nancy J-290
Britton, Abram Ha-36,(2)
Daniel Gr-178
James Gr-226, Gr-223, Gr-227
John Ha-50, Gr-228
Joseph Ro-25A, Ha-53, Ha-36, J-292
Thos. Gr-217
Wallan Gr-215
William Gr-215, Gr-217
Brizenden, Clem Co-253
Brizindine, John Co-253
Broadric, William Mr-92
Broadrick, Hugh Co-274
Broadway, George Gr-227
Brobeck, Philip W-206
Brock, Benjamin Mc-167
Betsy B-290
Blassingim Mc-142
Daniel Cl-134
Elbert Mc-193
Eli R-358
George G-363
George A. O-177
Henry Mc-193
Hezekiah K-332
James G-353, H-86
Jesse R. K-317
Joel Mc-167, O-202
John K-345, Cl-116
Judah Cl-134
Lenard K-332
Martha Mc-192
Mary Ro-23
Micajah Ro-15
Moses K-347, G-363
Obediah A-180
Ragan Cl-126
Terry Mc-143
Thomas O-177, H-84
William H-81
Zacheriah Ro-23
Brocks, John Bl-272
Brockus, Mary G-378
Brogan, John Cl-133
Robert C. Ro-24
Brogdon, David B-290
Hubbard Ro-13
Thomas Su-345
Broiles, Samuel Co-263
William Co-263
Broke, Sharwood J-324
Brolee, Nathan R-387
Bromfield, Burrel S-117
Meady A. Mc-202
William Mc-202
Bronley, Achilles K-366
Bronner, Bazel Bl-258
Brook, John Ro-19
Brookner, Chas. J-318
Brooks, Anthony Ha-9
Armstead Cl-130
Bartley Cl-115
Boling Bl-256
Caty Ro-18
Charles G-406
David Ca-22
Gideon Cl-130
Henry Ha-10
Hezekiah Cl-114
Jacob Gr-165
James Ha-50, Ha-86, Ha-9
Jeremiah Bl-253
Joel Co-248
Brooks, John K-377, Ha-9
Joseph K-354, Ha-86
Leonard R-374
Littleton Ha-86(2)
Martha K-394
Mary Ca-36
McCall Co-272
Moses Su-317
Nancy Cl-130
Reuben Ca-36
Samuel Bl-256, Co-273(2)
Stephen Gr-181
Tarlton J-312
Thomas Ha-10, M-57, Gr-155, G-408, Ha-86
William Ha-9, Co-248
Brookshire, James Mc-167
John Mc-157
Browder, Edmond Mc-152
Fanny Ro-54
Jeptha Bl-276
John Ro-54
Joseph Mc-156
Matthew Mc-152
Nancy Ro-54
Wm. Ro-12
Broten, Isaac Ca-38
Brotherton, Benjamin Gr-182
Betsey Ha-27
James Gr-182
John Bl-274
John W. Gr-156
Patsy Gr-201
Thomas Bl-274
Wm. Gr-202
Brown, Aaron Mo-109
Abigail Mc-130
Abijah Mo-140
Abner R-363A
Abraham Gr-185
Abram W-204
Adam O-186
Alexander Mc-132
Alfred C-237, O-211, O-210
Andrew M. K-328
Angeline Mo-83
Armstead Cl-150
Bazel C. Bl-257
Benjamin O-199, Mo-136
Berry H-74
Caldwell Ca-14
Celia A-195
Charlotta Ca-32
Christian Mo-94
Clabourn J-331
Claibourn J-336
Coleman J. Cl-150
Conrad W-217
D. W. R-390
Daniel O-193, B-268, Bl-263, B-278

Brown, David Gr-204, Gr-185, Gr-188, Gr-202, O-196, Gr-191, Mo-111, W-236
Edward Ro-22
Eli A-195
Elias O-180
Elijah Co-274, W-241
Elisha Ha-68
Elizabeth Mc-155, W-261
Ephraim Mo-90
Felix C-230, K-389
Francis K-353, K-323
Gabriel W-228
Garland R. J-284
George J-303, Ha-43, Gr-191, Gr-227, Ca-26, Ro-26, Mo-93, W-238
Gideon L. J-296
Gordon O-179
Hardin Bl-307
Henry G-375, Su-305, Ro-44(2)
Hezekiah W-239
Hugh Gr-218, C-230
Isaac R-360, Gr-223, Gr-185
Jacob R-383, W-228, W-219, W-241
Jacob E. Mo-91
Jacob K. W-261
James Mr-94, Mr-96, W-260, Mo-124, Mo-129, C-230, Mo-110, M-63, K-371, O-206, O-193, G-411, Gr-204, Mc-187, A-172, A-172, Ca-38
Jane W-256
Jeremiah R-363
Jesse Bl-302, W-241, W-217, Mo-114, Mc-173
Jessee O-181
Joel K. Mc-131
John Gr-185, J-325, K-350, O-178, Su-300, Ha-11, Ha-68, H-83, H-76, F-15, Gr-219, G-373, Mc-132, S-113, Ro-55, Mc-155, C-214, C-237, Bl-251, W-255, W-249, K-382, Ro-15, O-183, M-44, Bl-289
John B. J-280
John C. W-220
John G. Mo-81
John W. W-248
Johnathan Bl-301
Jonathan Gr-217
Joseph Gr-166, Mc-195, Mc-155, K-331, Mo-81, A-194, Bl-251, Ro-5, W-233
Joshua K-351, Mc-206
Jothan Gr-218(2)
Brown, Katharine Ha-80
Larkin F-12
Levi Mo-153
Martha K-371
Martin Bl-251
Mary Gr-167, Ca-20, Co-274
Maryan W-207
Maxwell K-350
Michael Ha-22, F-6
Moses Gr-219, A-190
Nancy Ro-25, Ro-37
Nathan Mc-199, K-340
Nathaniel O-199
Petaway B-282
Peter W-241, M-51, Gr-186
Polly J-304
Reuben B-280
Richard K-381, Ha-63
Robert C-236, Mo-160
Sally Ha-60, Ha-63
Samuel S-106, C-223, Bl-298, O-184, M-45
Sarah Mc-130, O-179, Mr-95
Sarah Ann Su-305
Seton Ha-41
Silas W-235
Solomon M-46, W-249
Stephen W-212, B-273
Susannah Ca-38
Sylvester Gr-219
Thomas J-278, Ha-72, Gr-223, F-10, Gr-216, G-359, O-204, Mc-189, Ro-45, Ro-48, K-330, Mo-113, Mo-85, C-239, B-272, Mr-95
Thomas G. M-74, Gr-191
Thos. J. W-221
Thomas W. O-208
William Ca-14, O-182, Mc-196, Mc-196, Bl-264, Ro-41, C-231, Bl-254, Mo-152, W-216, Mo-127, W-228, Mc-208, K-385, K-334, O-186, K-370, Bl-301, B-275, G-375, G-389, F-14, Gr-214, H-73, Gr-200
Wm. L. Ro-25
Zachriah O-186
Browne, Milas Bl-291
Browning, Benjamin D. Gr-161
Charles W-223
James K-356
Brownlow, Henry G-399
William G. Mc-169
Broyhill, James Mc-199(2)
William Mo-101
Broyles, Aaron C-218
Adam W-237
Broyles, Cornelias Mc-152
Cyrus Gr-187
Danl. Mc-152
David W-233
Ephn. Gr-200
Ezekiel W-233
Felix C-230
Isaac W-237
J. F. Gr-222
Jacob W-236(2), Gr-200
James W-235, W-233
John Ca-13, Gr-200(2)
Julius W-233
Mary Gr-196
Mathias Ca-13
Michael Gr-199, C-217, W-234
Philip W-233
Simeon W-235
William W-234
Broyls, James Mo-121
Bruce, Danl. C-235
Hezekiah Cl-139
James M-45, B-273
John Ro-49, C-237
Major Cl-139
Masheck Cl-125
Mordica M-60
Thomas Cl-139, Cl-140
Wm. C-237
Bruier, James J-315
Brumet, Carinder Ca-17
David Ca-25
Elijah A-188
Peter A-190
Thos. A-188
Brumfield, Humphrey Gr-159
Brumley, Charity M-53
Jacob Gr-159
John M-48
Lewis Ro-43
William Gr-173
Wyatt Ro-43
Brumly, David Gr-224
Wm. A-183
Brummet, James Ca-16
Samuel Ca-13
Brummit, Jesse K-385
John W-226
Margaret W-225
Micajah W-225, W-227
Brummitt, John K-348
Bruner, Danl. Gr-205
Jacob Gr-205
Joseph Gr-212
Saml. Gr-205
Brunstetter, Daniel Su-345
Henry Su-294
Martha Su-294
Bruster, James S-104
John Cl-147
William Mo-86
Bryan, Ahas S-113
Bryan, Allen S-109, S-114
Daniel Gr-184
Elizabeth Gr-192
Gideon K-373
John Gr-192(2)
Joseph Ha-14
Thomas S-113, Ha-14
William Gr-192, S-113
Bryant, Archilus M-46
David Ha-80
Elizabeth Co-261, Ha-45
Ellison Mc-149
Henry M-59
Hesekiah Co-248
James G-372, G-397, Ha-80, M-68
John G-402, Gr-212, Ha-80, Co-261, M-48, Mc-161
Joseph Ro-11, G-402
Lewis K-333
Morgan Ha-50
Owen B-272
Peter Mc-198, G-409
Richard A. Mo-164
Sally Co-261
Tarlton Co-264
William Ha-80, B-272, R-365, M-56, Mc-149, M-65
Bryson, A. R-381
Hannah R-381
James M-49
Buchanan, Andrew W-245
Buchhannan, Harry S-101
Buck, Bathuel Ca-9
Daniel Mo-103
Elijah Mr-95
Ephraim Ca-11
Jacob Mo-115
Mathias Mo-115
Peggy R-392
Thomas F-8
Buckalew, Johnathan Su-301
Buckhannan, Henry Cl-139
James Ro-37
John Cl-139
Buckhannon, Elihu Co-245
Robert Mo-155,(2)
Wm. Ro-25A
Buckhaven, Ryburn Su-327
Buckholder, Sarah Ha-40
Buckingham, Thomas W-256
Buckler, Daniel Cl-138
Buckles, Edward Ca-38
James Su-328
Buckner, Burrow Mc-136
Daniel Co-252
Ezra G-364
Garret Mc-199
George Co-258
James Mo-107, Co-256
John Co-256, S-92
Thomas S-92, Ca-15
Bucknor, Daniel Mo-113
Budenpyl, Thomas J. B-286
Budin, Patsy S-119
Buffalo, Isaac K-321
Buford, John O-174
Bull, Clabourn G-371
Elisha G-408
George G-371
Hannah G-371
Vinson W-202
Bullard, Bowyer Cl-125
Elijah H-74
Henry Mc-180
Howard M-50
Isaac O-203
John Cl-125, Cl-125
Joseph Mc-180
William Cl-117
Bullen, Isaac G-368, K-318
James G-368
Joseph G-368
Rachel G-368
Buller, Isaac Ro-61
Bullerd, Isaac R-370
Bullin, Joseph Gr-229
Bullinger, James Bl-299
Joseph Bl-299
Bullman, John W. Co-258
William Co-258
Bullock, Elijah G-364
Jno. C-238
Samuel Ca-17
Wm. Su-320
Bumpass, Washington Gr-177
Bunch, Anderson Mo-88
Benjamin Ha-76
Betsey G-372
Charles O-209
David Cl-113
Green Ha-79
James Cl-113, A-187
Jesse Ha-76
John Cl-113, G-399
Lambert Ha-76
Nathaniel O-208
Paul, Ha-79
Pryor G-394
Rachel Ha-77
Samuel G-399
Samuel H. G-393
Thomas Mo-88
William G-369
Winslow Cl-113
Bunden, Thomas Ro-23
Bundren, Francis Cl-105
Greenzill Cl-104
Peter Cl-113
Bundy, Thomas G-353
Bunker, Jesse F. Bl-283
Moses W-237
Buntin, William Ca-20
Bunton, Hugh Ca-26
James Ca-19
William Ca-19
Buram, Henry Ha-54
Paschal Ha-30
Burch, Elijah J-286
Henry B-283
Richard Cl-105
Burchfield, Nathan Ca-16(2)
Burchit, Sally J-320
Burden, Eli B-286
Jas. Gr-224
John Gr-223
Jos. Gr-223
Washington Gr-224
Burge, Wm. C-237
Burger, Geo. Mc-191
Burgess, Elijah C-226
James B-289, M-45, G-387
John H-79
Samuel C-225, M-54
Smith B-287
Thos. C-220
William C-228, B-289, G-404, M-53, M-54
Burgner, Elizabeth Gr-200
Burk, David Cl-146
Hughs Bl-294
James D. Su-341
John K. Mr-97
Joseph S-102
Lucinda Ha-77
Reuben Su-298
Robert Su-337, Ro-56
Thomas Cl-136
Burkard, Daniel Cl-117
Burke, Andrew Mc-202, Mc-176
Benjamin Mc-192
Elizabeth Ro-6
James Mc-206, Ha-79
John Mc-206(2)
Milton Ro-13
Robert B-276
William Mc-202
Burkes, Allen Mc-145
Willis Mc-145
Burket, George J-292
Jacob J-292
Burketh, Needham Mr-99
Burkhalter, Michael M-54
Burkhard, John Cl-145
Burkhart, Andrew H-84
Catherine H-82
Frederick Gr-188
George Su-329, Gr-192
Goodman Su-335
Isaac Gr-188
Peter K-378, J-289, Su-335
William H-83
Burkheart, Michael W-234
Burks, Nathaniel Ha-7
Burlason, Margaret Co-263
Burlesson, Isaac B. Mo-121
Burnes, Dennis Cl-149
James Ro-6
Laird Ro-5

Burnet, Benjamin G-370
Blackburn S-110
Jno. C-225
Joseph G-370
Moses Ro-48
Thos. C-220
Wm. J-326, C-220
Winston A-192
Burnett, Claibourne Ha-19
Edward P. Co-242
Elias Cl-132
Elisha K-395
Hiram Ro-36
Howel K-361
James Mc-190, Ro-61
Jefferson Ro-45
Jeremiah K-335
John Mc-132, G-363, B-270, M-64, J-327
John S. Mc-196
Joseph G-370, K-354, Mc-149, K-358
Judah K-388
Lemuel K-388
Leroy Co-273
Mabel K-355
Rachel Mo-140
Reuben F-14
Rhoda J-319
Richard G-369
Robert Co-273
Samuel Ro-26, K-387
Silas E. Co-274
William Ro-15, Mo-155
Zachariah K-388
Burnette, John C. Bl-292
Burnine, Moses S-94
Burnison, Thomas Ha-13
Burnitt, Berry K-385
Burns, Adam S-90
George Mo-124
James S-90
John Ha-38, Mc-178, Bl-251, Mr-101, Mr-101
Mary S-90, M-58
Robert Ro-64
Samuel Ca-27
Sherwood Mc-156
Wilson S-96
William Ro-55, K-330
Burntregars, Martin Cl-127
Burrell, Giles Gr-168
Peter Gr-171
Burress, John Mo-149
John A. Mo-137
Burris, Isaac Ro-46, O-185
Jacob O-201
John Ha-45, J-329
Lewis Ro-60
Peter Gr-218, Gr-220
Ruben O-185
Thomas J-301
William O-177, O-172, C-232
Burriss, Hudson M-57
Thomas W-240
William Mo-120
Burrit, Nathaniel K-364
Burron, Martha Su-335
Burrows, Edward H-76
James E. H-76
Burton, Charles O-194
David R-354
Fielding K-358
Isaac K-378
John Mo-84, C-230
Nancy R-386
Robert Mo-104
Sarah R-362
Squire R-362
Thomas Mc-140, Mc-185
Wm. Bl-258
Burts, Joseph L. W-214
Burwick, Norris Mr-101
William Mr-91
Busbay, Reeve Co-250
Bush, Andrew S-101
Calvin Co-270
George Mc-132, S-92
Joshua H-79
Robert Mr-99
Bushing, Geo. Su-328
Bushong, David Su-328
Busic, Elizabeth Cl-120
Busick, Levin Cl-117
Busler, Henry Co-265
Bussel, Benjamin L. Ha-30
Harrison M. Ha-37
John Bl-251
William Ro-36, Ha-30
Buster, Archibald Gr-164
Isabella Gr-164
M. W. R-364
Sarah R-374
William Gr-164
Bustle, James Bl-277
Bustler, Christian Gr-163
Butcher, Barnabas Cl-116
David A-181
Ezechael A-181
Isaac B. G-358
Jacob G-361
Polly G-357
Richard Cl-133
Saml. A-186
Buther, Caroline R-359
Butler, Aaron Su-338
Allen Mc-147
Caleb A-170
Elias Ro-62
Enoch G-384
Ephraim Su-327
Henry A-178, S-100, A-169
Horatio S-100
Hosaeh C-223
Huldah Gr-187
Jacob A-170
Butler, Jacob M. K-334
James Ro-5
Jesse Mo-96
John Co-261
Mary Ro-6, H-84
Pleasant H. M-65
Richard Mr-99
Samuel Gr-196
Stephen G-398
Thos. A-178
Tolofor C-229
William A-169, A-170, A-188, A-178, R-363, Su-340, Gr-180, A-170
William H. Mo-146
Williamson S-105
Zacheriah Su-336
Zarah Co-261
Butram, Andw. C-236
Elijah R-356
Jacob R-354
James R-355
Laskin R-354
Butrum, Andrew Mr-97
James Mr-97
John Mr-97
William Mr-97
Buttram, Noah R-354
Buttery, Robert Cl-109
William Cl-109
Buttram, Heil R-354
Butts, Nathaniel G. O-204
Buxton, John F-9
Buzby, Susan M-72
Byard, Henry Mr-100
Byas, Betsy J-330
Joseph J-330
Byerly, David Bl-282
Jacob K-316
Jasper Bl-249
Michael Bl-283, W-241
Samuel W-241
Byers, Benj. Su-311
Sally Co-263
Byler, David Mc-199
John Mc-154
Byrd, Jessee Ro-6
Joseph Ro-6(2)
Thomas K-333, S-96
Byse, Abraham Cl-118
Cabbage, Adam G-364
Jacob G-360
John G-353, C-224
Cabel, Benjamin Ca-20
Casper, Ca-20
Conrad Ca-20
Daniel Ca-32, Ca-34
Joseph Ca-36
Cable, Peter Bl-307
Samuel Bl-309
Cacy, Theodocia Ha-48
Cade, Hugh Su-294
Hughes Mc-204
Cadle, Abraham Cl-152
Cadle, James Cl-150, Cl-152
Jason Cl-148
Mark Cl-115
Mary Cl-150
Zachariah Cl-152
Cagle, Charles B-281
Christian Bl-305
Elijah S-94
George M-50
Henry S-95
John B-281, S-97, M-65, S-95
William S-106
Cahill, Joseph R-356
Cain, Hugh Ha-19(2)
James Cl-136, Ro-15
Jacob Mr-94
Jesse Cl-136
John K-361
Leonard Mo-191
Peter Ro-62
William C-225, G-388
Caisey, E. R-371
Calahan, James A. Mc-179
Caldwell, Alex. R-378
Altha Bl-264
Anders Mo-159
Anthony J-320, J-300
Benjamin K-366
Carson Bl-283
David R-377, Mo-121
Elexander J-341
Hugh K-371
James Bl-295, K-346, J-300
James H. J-321
John B-280, Mo-120, J-321, J-341, M-50, Ro-8, Bl-295
Joseph Bl-283, Mc-203
Margaret K-352
Mary M-49
Newman Gr-227
Robert Mc-203, K-352
Saml. Gr-209
Solomon M. Mc-207
Thomas Mo-99, S-106, Bl-285, Gr-209
Thomas J. Mo-120
William J-329, Mc-207, J-321
William F. Bl-295
Call, Joseph Gr-170
Callahan, Ann Gr-185
James Gr-162
John J-334
Rachel J-333
Thos. J-333
Callaway, Carey S. Mo-129
John Mo-81
Joseph Mo-133
Callen, Archibald K-391
Callens, George Mo-134
James Mo-134
Calhoon, James Mc-189
Callicutte, John Ha-72
Callihan, Wm. Ro-13
Callin, Edward J-320
Henry J-332
Calloway, Shaderach K-327
William Bl-306
Cameron, Absalom G-394
Archibald Mc-189
Jacob Ca-3
James Bl-309
Margaret Bl-284
Cammeron, James Mo-141
Samuel Bl-311
Camp, James K-316
John Mc-204
Starling Mc-170
William D. R-388
Campbell, A. B. Bl-286
Abel C-238
Abraham Cl-114
Alexander Ha-79, W-227, K-318
Anderson Ha-51
Andrew Ha-51, Mo-109, Mc-172
Ansil Su-347
Archibald Gr-205, Cl-105 K-380
Barney Cl-130
Betsy K-395
Catharine W-218
Charles J-308
David Gr-181, K-337, Mc-140, K-322, Ca-4, R-368
Davis J-304
Eli Bl-296
Elisha Ca-3
Enos W-218
Evan Mo-99
Galloway W-202
George Cl-111, Su-302, Co-267
George W. O-174, H-86
Hugh W-244
Isaac Ca-33, Bl-313, B-273, Ca-4
Jacob Cl-107
James Gr-172, Ca-26, H-83, Cl-130, Gr-210, G-376, W-202, W-250, J-321, J-313, K-340, K-393, Mc-136, F-2, C-215, Co-254, K-322, K-323
James Y. Ha-51
Jane S-114, C-224
Jessee J-334
Jeremiah Bl-307, C-239
John H-83, Cl-107, Mo-135, G-404, Mo-140, Mo-131, Mo-104, K-347, M-59, Mc-193, Mc-140,
Campbell, John Bl-250, R-369, G-369, C-231, Co-254
John B. R-372
John S. K-322
Joseph F-12, Ha-79, Bl-309, Co-266, C-215, H-86
Lawson W-216
Leroy W-242
Mary K-395
Matthew G-376
Nancy J-284, C-230
Nathaniel Ca-33
Philip K-343
Phoebe Mc-176
Reubin Mo-80
Robert G-403, Ha-79, Ha-51, K-331, Ro-13
Roda S. T. K-343
Sarah W-242, Mc-198
Silas Bl-305
Susannah G-374
T. J. R-384
Thomas J-308, Mo-86
Westly Bl-307
William H-86, Bl-292, W-242, Mo-125, M-48, Mc-178, R-374
Zachariah C-230,(2), Ca-4
Campble, Jeremiah Ca-39
Camran, George Co-243
Camren, Elijah B-282
Camron, Greenvelle C-271
Jeremiah Bl-272
Joseph Co-273
Martin Co-273
Polly Gr-155
Canalis, John Su-335
Canard, Alexander K-320
Canatsor, Daniel M-47
Cane, George O-199
Isaac Mo-154
Leonard Su-337
William Mo-142
Canell, Samuel Su-326
Canifax, John O-201
Canine, C. Ro-13
Cannaday, Rebecca Bl-294
Cannady, William G-399
Cannon, Bartlet Mo-102
Benjamin B-266
Benjamin B. K-325
George R. K-321
James S-89, Mo-113, C-227, Gr-161
John S-90, Mo-83, W-234, Gr-163, Bl-252
John O. Mo-121
John R. Mo-122
Jonathan Mo-152
Leonard C-215
Mary Cl-130

Cannon, Robert Ro-25A
Stephen Gr-197
Thomas O-210
William Mc-133, Gr-200, S-95
Zachariah K-325
Canole, Wm. Su-324
Canoles, John Su-335
Cansler, John Mc-156
Polly Mc-197
William Mc-160
Canston, Levi Bl-275
Canterbury, William S-105
Cantrell, David Mc-157
Elijah Mc-196
Elisha B-287
Gabriel Mc-196
Isaac Mc-196, Ca-34
Jacob B-268, Bl-265, Mc-157
James Mc-190
John Mc-190, Ha-67
Joseph Ca-34
Minter Mo-155
Moses Mc-190
Nimrod Mc-140
Rayburn B-286
Richard B-281, Bl-263
Tillmon J-280
William Ca-34
Cantwell, John Ha-86
Canyers, Sarah J-284
Capely, William Mo-131
Capp, Benjamin Mo-144
Jacob Mo-145
John Mo-120
Capps, David G-364
Gideon Ro-56
Joab G-362
Joanah Mo-106
John Cl-124, G-362
Moses Mr-94
Sarah G-362
William G-353, Cl-125
Caps, Sarah Ro-10
Caragin, James Bl-294
Caraiger, Christian Ca-18
Carback, Elisha G-385
Carden, Answell L. A-183
Armstead C-225
Catharine Mo-153
David D. B-282
James Mo-152, Ha-43, Ro-67
John Mo-141, Mo-160, G-358
Larcon Mo-143
Lenard Mo-141
Meshac Gr-220
Robert G-356
William G-356
Carder, Archabald J-286
George W. W-246
Cardon, Maryann Mo-102
Cardwell, Anthony G-395
Asia F. Co-247
John G-391, Cl-133, J-311
Perrim Cl-133
Perrin K-383
Richard Cl-122
Robert G-390
Royal Cl-123
Thomas G. K-383
Thomas P. Ro-33
William Cl-113
Wm. P. Bl-305
Carey, Dennis K-328
John Mo-113
Joseph W-227
Martin W-239
Thomas Mo-105
Cargile, James O-176
Carhon, Jesse Bl-273
Carithers, John Su-339
Samuel Su-322
Carland, Joshua O-183
Carless, Wm. C. C. Bl-283
Carlisle, Joseph Mc-194
Carlock, Isaac Mc-196
Jas. C-220
Jobe O-186
Joseph C-213
Carlton, Alfred Bl-301
Blake Su-305
Frederick Su-307
Geo. Su-305
Carmack, Cornelious O-213(2)
Cornelius Ha-63
Isaac Ha-51, O-213
James O-191
Jessee O-190
Jesse B-281
John Ha-51, B-281
Jonathan O-199
Joseph Mc-143, Su-317
Levi Cl-129
Pleasant Su-330
William Ha-64
Carman, Thomas Mc-149
Carmichael, Daniel Ha-22, G-400
Hugh K-353(2)
James G-408, J-282
Jane Ro-24
John K-328, Ro-53
Lemuel J-296
Pomeroy K-330
Thos. J-320
Wiliam B. K-353
Carmichel, John Co-242
Carmicle, David W-244
William W-219
Carmon, Caleb J-328
James J-278
Thomas J-278
Wm. J-318
Carn, John Gr-229
Carnes, Catherine K-350
Elizabeth Mo-101
Frederick Mo-83
Jehu Mc-145
Mary B-268
Nicholas Mc-162
William B. K-350
William D. B-291
Carney, Arthur J-308
Ely Mo-151
John Co-245, J-296
Joshua Mo-158
Carnlet, John Ca-29
Carns, Josiah R-364
Carpener, Abner O-192
Carpenter, Armsted Bl-273
Consider F-3
Dan Mr-98
Drucilla Cl-105
James Cl-105, K-394
Jesse Ha-69, Ha-85, Cl-106
John Cl-106, M-69, Mr-98, K-326
Kinchea Ca-33
Leroy K-394
Lewis O-184
Saml. Mc-146
Timothy Mr-98, Mr-98
William C-227, Ha-69, Ha-16, J-341
Wilson Cl-105
Yelvoten Cl-106
Carper, Joseph B-286
Carr, Benjamin K-385, J-332
Catharine J-296
Daniel Cl-150
David Bl-260, K-391
Fanny O-213
Geo. Su-297
Gordon Su-326
Henry G-382
Jacob Ha-79
James Cl-142, H-86, H-85
Jesse Cl-150
John M-48, H-81, W-233, Cl-141, Cl-143
Joseph Su-313
Patrick Su-326
Ransom Bl-260
Richard W-203
Samuel H-81
Thomas O-185
Thomas J. R-359
William Su-313, Mo-148, K-340
Carragin, Phillamon Bl-294
Carrell, Crisan R-377
Drew A-193
James Cl-149, Cl-148
Katharin A-181
Carrick, Addison Ro-28
Annice K-354
James W. Gr-217
Carriger, James Ca-36
John Ca-17
Tennessee L. Ca-38
Carrier, John Su-314
Johnathan Su-315
Carringer, John S-91
Carrington, James Ro-11
Carrol, Andw. C-237
Geo. Su-304
Isaac Ca-14
Jacob Ca-11
James Ca-15
John Ca-17
Lewis Su-305
William Ca-15, Ca-16
Carroll, Benjamin Cl-116, G-401
Daniel M-70
Elijah Mc-207
George M-56, Cl-137, K-316
Henry Mc-133
Hugh G-367
James R-356
John A-194(2), A-193
Luke R-354
Mary G-371
Michael Mo-149
Morton A-190
Nathl. Mc-154
Page G-389
Richmond Mc-142
Samuel Ha-49
Talton G-367
Wilie K-368
William Mc-154, Cl-141, A-187, W-256
Carrooth, James A-183
Carson, Absolem Ro-27
Adam Ro-44
Alexr. Bl-268
David Su-317, Bl-269
James Bl-312, J-303
James H. J-302
John Bl-270, C-239, J-307, Mo-151, Mo-113, Mo-116
John L. J-283
Joseph Bl-269
Moses W-243
Moses W. W-215
Nancy Mo-193
Robert Mo-114, Mo-80, S-111, Bl-273, O-211
Samuel W-212, J-305, Mo-150
Samuel W. Mo-152
Susana Su-318
Thos. Gr-235
Thomas S. R-353
William Mo-136, C-213, Gr-177, Mo-106
Carta, George W. Ca-26
Carter, Aaron Mo-112
Carter, Abel Gr-203
Abram W-254, Gr-220
Adam J-301
Alfred M. Ca-3
Allen Mo-110
Amos Mo-145, K-361
Barton Gr-190
Bazzel Bl-252
Benjn. Gr-202, Gr-220
Caleb Mo-146, Mo-113, Mo-85
Charles Mc-155
Eli Gr-202
Elias Gr-202
Elisha Gr-202
Ellis Gr-182
Enoch J-328
Esther Co-268
Ezekiel Gr-221, Gr-190
Fedarick Co-247
George Mo-92, K-322, O-204
Giles Gr-221
Henderson Mo-110
Hugh Gr-215
Isaac Mo-139
J. A. Gr-220
Jabish Mo-110
Jacob Gr-220, Gr-203
James Bl-313, R-381, J-338, J-336, Mo-110
Jesse Mo-82
Jobe O-201
John Mo-160, B-266, Gr-203, Ro-48, M-50, Mo-92, Mo-107, Gr-221 Gr-221
John W. Mo-111
Joseph Bl-271
Leroy Ro-17
Levi B-290, Mo-105
Lewis Mo-111
Margaret Mo-104
Mark Mo-112
Martin B. K-327
Micajah Mo-110
Pascal J-297
Peyton J-318
Robert Ro-24
Rollins Mo-153
Samuel Gr-202, Mo-132
Sarah Ha-40
Stuart J-301
Thomas Ca-15, R-363A
Thomas F. Ro-20
Thornton J-301
William W-258, Ca-9(2), Gr-226, G-359, R-381, Ro-17, Mc-155, J-319
William B. Ca-3
Winston K-362
Young Cl-133
Carton, Lewis R-359
Cartright, David Mo-109
Cartright, Fanny Bl-274
Joseph J-279
Lemuel Mc-198
Levi Mc-172
Thomas Mc-198
William Su-341, Su-331, J-279
Caruth, Ann Mc-197
Walter Mc-197
Caruthers, James Bl-258, W-223
Jonathan W-204,(2)
Samuel W-245, Mo-128
Carver, Campbell Mo-147
Cornelius Mo-130
Jacob Mo-158
James Bl-309
Jerald O-182
John O-182
Thomas Bl-309
Carwile, Jacob J-286
John O-214
Carwill, Maryann J-304
Cary, Warrington J-319
Casa, Barnet W-254
John W-254
Casada, Martin Mc-208
Reuben Mc-174
Casbury, John Su-299
Case, Jessee Mo-148
John R-361
Laxton Co-260
Robert M. Mo-148
Casey, Abner R-357
Agness G-385
Alexander Ro-58
Amner Mc-133
Demsy Mc-174
Elisha Ha-59
John Mc-133
Moses Mc-133
Randolph R-391
Simpson Gr-168
Turner Mr-94
Cash, Benjamin Ro-26
Bogan R-357
James J. R-357
John W-202
John D. R-354
Shaderach K-396
Thomas Mc-139
Wm. Ro-4
Casheda, Adam W-235
James W-225
John W-206
Robert W-216
Casheer, Samuel B-270
Caskey, Robert Mo-155
Casner, Susan Gr-187
Cass, James Mc-192
Cassada, Martin Mc-176
Cassady, William K-377
Cassedy, Charles K-320
Richard K-377

Cassel, Jacob Cl-142
Cassey, Jessee Mr-88
Cassidy, Andrew K-373
Cassin, William Ha-21
Casteel, Abednego K-359
Alexd. Mc-184
Andrew R-378
Barney Mo-153
Daniel Mo-108, K-359
David R-378
Edmond Mc-192
Edward Mo-108
Elijah Mc-184
Francis K-359
Jno. R-378
Joseph R-379
Nancy M-58
Zacheriah Ro-8
Castell, Morris R-355
Castelow, George W. Mc-207
Caster, Jess Bl-275
Castile, Jeremiah Gr-219
John Gr-219
Peter Gr-219
Castiller, Alfred J-300
Isabel J-336
Castle, Elizabeth S-110
Catching, John Gr-183
Cate, Amos Mc-150
Anderson J-309
Baldwin Mc-184
Charles Mc-182, J-302, J-341
Clark R-377
Elijah Mc-183, S-95
Elisha S-109
Ephraim Mc-185
Gibson Mc-183
Gideon Mc-172
James Mc-185
John Mc-178, R-377, Mc-151
Joseph Mc-181
Joshua S-109
Lucy Mc-183
Moses Mo-85
Richd. J-327
Robert Mc-178, R-364
Samuel J-327, Mc-181
Simeon Mc-152
Thomas S-115, Mc-186
William Mc-178, J-326, J-341, Mc-182
Cates, Benjamin Ro-40
Charles G-390
Daniel R-352
Hubbard Ha-46
James R-352
Jesse K-331
Reuben S. Bl-286
Samuel K-391
Catharwood, John M. Ha-45
Cathcart, David Mo-116
Joseph Mc-198

Cathey, Archibald B-266
Cathy, Archibald Mo-158
Samuel B-279
Samuel B. B-276
Catlett, Benjamin S-89
John S-89
Richard S-89
Samuel S-109
Catron, Christian Su-340
Daniel Ha-47
Jacob Gr-188
John Su-339,(2)
Mary & Henry Su-338
Peter Su-338
Valentine Gr-180
Zacheriah Su-341
Cave, John Ro-21
Cavender, Benjamin G-379
Francis A. Co-262
Henry G-376
John Gr-226
Caver, Benjamin Ca-35, Ca-33
Delila Ca-34
Caves, Gabriel Mo-125
William Mo-138
Cavet, Betsy Bl-299
James Bl-300
Simeon Mo-161
Cavin, John Ha-47
Margaret Ha-35
Cawhorn, Alexander Mo-100
Cawood, Allen G. Su-319
Ann Su-316
Benj. Su-319
Berry Su-319
John Su-316
Joshua B. Mc-150
Thomas Su-319
Caylor, James Bl-303
Cayton, Stephen Bl-301
Caywood, Stephen Ca-238
Cazey, John Ro-2
Levi Ro-2
Cazzort, David B-289
Cecil, Benjamin S. F-15
Jas. C-236
Cecill, Thomas Mc-150
Cellars, Edward Mc-181
Cells, Thomas Su-322
Center, Francis K. Mc-151
Milton Ro-43
Tandy Ro-59
Willis S. Mc-173
Ceratt, Thomas J-305
Chace, John J-295
Obed J-295
Chaddick, Timothy Mo-96
Chadwell, David Cl-118
George Cl-112
Chadwick, Jacob Mo-124
Mathew Ro-23
William K-369
Cham, Andrew S-104

Chamberlain, Aiman K-363
Andrew G-392
Daniel C. Co-242
James W-257
Thompson K-365
Chambers, Andrew S-104
Ann Mo-141
Betsy Ann Ha-37
Daniel Ha-40, Ha-18
Edmond Mc-199
Elizabeth Ca-35
Henry Mo-98, J-298
Isaac J-337
James Ca-34, Mo-98, Mo-151
Jeremiah M-66
John Gr-167, Mc-146, B-265, Mo-152, J-343
John W. B-266
Kennedy Ha-49
Moses Bl-270
Riley C-239
Robert Mo-152
Samuel Mo-151
Squire M-73
Thomas C-212
William Ro-48, J-337, Gr-170, C-214, C-212
Champlain, Elizabeth Gr-168
James Gr-168
Thomas G-375
Chanay, Abraham G-392
James G-407
John G-405
William G-392
Chance, Daniel Ca-37
Chandler, Catherine S-111
Daniel G-365
David W-258
Elizabeth K-362
George S-110
Isaac O-174
Jacob O-173
James S-110
Jane O-192
John S-96, K-362
Richard Bl-283
Ruben O-174
Thomas O-174
Timothy Ha-11
William J-300
Chaney, Abel R. Mo-81
Charles J-311
Hezekiah Mo-110
William J-287
Chany, Francis O-206
James O-209
John O-209
Robert O-206
William O-209
Chapin, Paul O-183
Chapman, Asael K-356
Benjamin Ro-16
E. W. Mc-159

Chapman, Elizabeth Cl-120, Mo-80
Fayette W. K-340
Horatio A. K-339
Jeremiah R-363
John Ha-17, F-2, K-366
John A. K-351
John H. A-173
John P. Ro-27
Joshua H. Cl-119
Luna Co-244
Miles K-356
Polly W-201
Robert C-235
Samuel Mo-106, Mo-91, W-201
Sarah Gr-164
Thomas K-356, Cl-136
William Gr-165, C-214, Co-249
Charles, Hiram Ha-16
Jacob Ha-36
James Ha-37
John Ha-51
Samuel Mo-148
Charleton, John W-207
Charlton, Jacob Ha-55
Pointon W-243
Chase, John W-259
Nancy Su-304
Rolin P. Su-295
Walter W-210
Chasteen, Joseph R-364
Rial R-364
Chatine, Jane Mc-192
Chattan, Jesse R-377
Chatten, Jno. R-368
Chaudoin, David M-45
James M-44
Chavis, Burrel C-230
Dicy C-222
Jessee C-228
Sally C-240
Cheatham, George K-338
Cheek, Anderson M-60
Chason J-280
Corbin Cl-115
James Cl-130
Milton G-368
Richard Cl-115
Chenith, Archibald Su-304
Chenoworth, Ellen K-344
Chenowth, Henry W-258
Joseph W-258
Parmenus W-212
Richard W-240
Cherry, Benjamin H-77
John O-189
Peterson F-7, O-188
William O-188
Cherrytree, Thomas J-304
Chesher, Edmund G-381
Thomas G-383
Thornton G-411

Chesney, John G-355(2)
Chesnut, Henry Mo-101
James Mc-157
Peggy Mo-84
Ralleigh Mc-157
Chessny, Nathaniel K-391
Chester, Benjamin Mc-142
John Ha-43, Su-303
John P. W-261
Mark Su-296
Richard Su-346
Samuel G. W-261
William P. W-262
Chestnut, Hugh Ha-37
John Mo-100
Samuel Ha-11
Chesture, Dennis K-354
Childers, Curtis C-229
Elizabeth W-253
John Co-244
Mary G-383
Childres, Jeremiah Cl-105
Childress, Burtin Su-333
David Su-339
Finly Su-333
Frances K-331
Isaac Mc-141
James K-349, Su-340, Mc-167, K-359
John K-349, Mc-193, Su-344, A-184, Mc-167
Joseph Gr-205
Josiah Mc-191
Kelly Ro-18
Lindsey K-349
Martha Ro-24
Mitchell K-344
Nancy Mc-190
Richard K-346
Robert K-348, K-349, Mc-168
Sally K-379
Saml. Mc-193
Ursily K-344
Walter Mc-167
William Mc-190, A-193, A-182, K-359
Childs, Amelia A-193
Henry A-193
Micajah A-193
Paul K-365
Thomas A-193
Chiles, John A-173
Paul G-376
Chilton, George F-6
James J-284
Palatiah R-394
William O-178, F-2
Chinowth, Nicholas W-218
Chipman, Betsy B-283
Washington B-283
Chitester, Susanna Gr-231
Chitwood, Danl. C-234
Jas. C-213

Chitwood, Jno. C-213
Lazarus Mc-207
Pleasant C-239
Shadrac C-239
Wm. C-216, C-217
Choat, Austin F-16
Christopher F-9
Edward F-5
Jacob F-9
John F-9
Thomas F-9, M-71
Chowning, Chatten O-175
Hannah O-175
Chrisman, Charles R-354
Isaac R-354
Lewis Cl-119
Christain, Anthony Co-258
Thomas Co-258, Co-258
Christenberry, Greene Ro-67
Christenbury, Joshua Ro-65
William Ro-65
Christian, Anthony Co-258
Benjamin Mc-134
C. L. Su-342
George O-191
Gilbert Ro-59
Henry Ro-27
James R-354, Ha-35
John R-363, O-188, Ha-35
John A. K-350
Lewis Mc-154, Ha-35(2)
Mary Mo-107
Robert Ro-59
Thomas Co-258, S-92
William Ha-35(2), Mc-154
William C. Mo-84
Christie, Norman Ca-28
Christopher, Garret Su-299
Chuchwell, Henry Su-345
Chumlay, William K-378
Chumley, Andrew Cl-151
Elizabeth K-322
John K-361, K-364
Lewis Cl-151
Robert K-378
Church, Allen Co-246
Henry Ha-73
Samuel Ca-35
Churchman, Edward G-379, G-390
Elizabeth G-379
James J-295
John J-302
Joseph J-306
Reuben J-308
Rubin J-311
Stephen J-308
Churchwell, George W. K-338
Churm, Joseph S. J-285
Ciccil, Joseph Mr-88
Ciscil, James Mr-98
Samuel Mr-97
William Mr-98

Cisly, Berron N. R-389
Claber, William S-112
Clabough, Cumberland S-100
John S-93
Samuel S-98
Clack, John R-385
M. R-358
Raleigh R-386
Spencer S-89
Clamour, John Mo-115
Clanton, John Mc-180, F-14
Clapp, Adam K-377
Boston K-374
Daniel K-373
David K-372
Lewis K-364
Solomon K-373
Clarck, Daniel S-95
John S-94
Clardy, John A-175
Machael A-175
Clark, Alexander H-84
Alfred Co-270
Amos S-112
Anderson B-269
Betsey K-324
Charles Ro-3, B-276
David Ha-64, O-204
Edward G-370
Eli G-365
Fetherston Mo-105
Francis Cl-138
Harris Mo-115
Henry R-375
Hugh M. K-320
Hyram Co-269
Isaac H-74
Isom S-94
James Bl-288, Mo-142, Ca-7, Co-267, Co-265, B-269, J-341, K-336, S-103, Bl-295
Jesse Ro-44, Ro-43
John G-370, G-391, Co-267, Co-243, S-91, Co-259, B-279, Su-342, Mr-94, K-346, K-320, K-323
John M. Ro-41
Joseph Cl-110, M-72, S-101, G-370
Joseph M. Mo-84
Lewis P. Ha-46
Peter Cl-144
Richard Ro-45
Robert Mr-94, O-213
Russell Mo-97
Sally Mo-107
Sarah Mo-114, O-203
Shelton Co-265
Silva S-118
Tapley B-266
Thomas Mo-84, Ha-40, Su-347, K-320, H-80(2)
Clark, Thomas N. Ro-35
William M-65, K-332, Cl-105, G-370
Williamson Ro-45
Clarke, Benjamin Ro-13
Henderson W-206
John Mc-162
Joseph W-205
Nancy W-219
William W-207
Zachariah Bl-307
Clarkson, James J-293
Clary, Zachi Gr-179
Clauson, James Ca-28
James W. Ca-25
Robert Ca-19
William Ca-28
Clawson, Elizabeth Gr-166
Samuel W-215
Claxton, Farwix Cl-114
Sarah Cl-128
Clay, William G-386
Clayman, George Su-316
John Su-342, Su-329
Claymon, Isaac Su-317
Claypole, Joseph G-399
Clayton, Austin Mo-143
Elijah Mo-141
John Mc-168
Nancy Ro-34
Robert Mo-124
William W-205
Cleague, Saml. Mc-186
Clear, Peter A-187
Cleckler, John M-53
Cleghorn, James Ha-13
William Cl-146
Clem, Martin Gr-173
Clemens, Hanibal F-5
John M. F-5
Joseph Bl-292
Peter Bl-292
Clements, Hezekiah B-274
Clemm, Michael W-261
Clemmons, Adam M-62
G. W. J-319
William B-265
Clendenen, John J-337
Cleveland, Eli Mo-81
Martin G-365
Resley Mo-81
Clevenger, George J-309
Isaac J-311
Clevinger, Elias Co-272
John Co-260
Nancy Co-274
Cliant, Jacob Su-331
John Su-334, Su-345
Peter Su-344
Samuel Su-345
Clibon, Millinder J-326
Cliburne, John K-384, K-371
Jonas K-384
Jubal K-355
Cliburne, Lasby K-353
Lorenzo K-361
Skelton K-384
Click, Catherine Gr-198
E. R-377
George Gr-200, Co-269
George L. Co-243
Henry W-233
Jacob K-320
James Co-260
John Gr-198
Lewis Ha-74, Co-269
Malachai Gr-200
Martin Gr-200
Matthias Ha-57
Peter W-210
Clifer, William S-112
Cliffin, Patsey S-116
Clift, Benjamin D. Mo-122
Eliza R-395
James K-389, Ro-28
Mary Mo-139
William Ro-2, H-83
Clifton, Baly R-383
Harden H-86
John H-86
Climate, Turner Mo-88
Clinant, Jacob Su-339
Cline, John Ha-23
Margaret Mo-130
Stephen Mo-133
William Mo-100
Clingan, David R-379
George W. H-81
James H-81
Jane H-86
Clinton, John S-116
William S-112, Mo-91
Clipper, Jacob Ha-53
Clodfelter, Frederick C-240
Clonch, Daniel G-369
Jacob G-368
Cloninger, Daniel Gr-163
Cloud, Abner Cl-115
Benjamin Cl-106, Cl-118
Greenberry Cl-130
Henderson Su-347
Isaac Mc-196
Jacinth H-82
Jacob Cl-115
Jane Cl-107
Jeremiah Cl-149, Su-347
John Mc-199
Joseph Ro-8, Ha-46
Nancy W-256
Reuben A-180
Samuel Cl-135, Bl-277, C-219
Thomas Ca-33
William Cl-106, Ha-15
Clouse, Christian Cl-119
Ezekiel Cl-119
George M-57
Jacob W-255
Clouse, William W-254
Clower, Jacob Co-253
Clowers, James R-357
John Gr-172
William Gr-172
Clowney, Delia Ro-48
Cloyd, James W-228
John W-219
Samuel W-210
William W-238
Cluck, Daniel J-300
George J-298
Henry J-311
Jacob J-318, J-328
Peter J-328
Cluff, Robert Ro-65
Clyborn, Jno. C-228
Clybourn, Leonard F-4
Coates, David K-335
William K-332
Coatner, Charles W-203
Coatney, James Bl-276
Coats, Benjamin K-332
Christopher Su-323
David G-380
Jesse Mc-160, G-363
Lewis G-375
Miles Mc-160
Richard G-376
William Su-345, Mc-147
Cobb, Ailey G-389
Archibald K-335
Benjamin K-346
George Mc-162
Jesse F-5
Jessee Ha-12
Joel Ha-81
Joseph G-401, Mc-194
Milton K-346
Morris Cl-125
Pharoah B. G-401
Robert Mo-187
Silvester Bl-270
William Bl-262, Ha-18
Cobble, Adam Gr-179
Jacob Gr-179
John Gr-179
Peter Gr-179
Philip Gr-183
William Ha-17
Cobbs, David A. Mc-193
John Mc-194
Joseph Mc-194
Lucy Mo-141
Cochran, George W-242
Job Co-266
John Mc-180
Robert Gr-173
Samuel Co-261, Gr-164
Cocke, James R. G-393
John G-393
Sterling Ha-14
Thomas Ha-12, G-395
William E. G-399
Cockram, David G-385
Matthew G-385
Cockran, Abner A-178
Cockreham, John Ha-17
John H. Ha-23
Thomas Ha-18
Cocoran, Kezia Ha-48
Cody, John G-390
Coe, Westallen Mc-135
Coen, Mary K-350
Cofer, Abram Ro-43
George Ro-61
James Ro-61
Thomas Ro-61
Coffee, Asbury M. Mc-188
Benjamin Ha-69(2)
Bennett Ha-84
Caswell Ha-84
Coleby Ha-69
George G-373
Jackson Co-266
James G-382, Co-254
Jane Ha-69
Jesse Ha-69
Joel Ha-69, G-381
Joel T. O-173
John Ha-69, Ro-17, O-189
Meredith G-382
Osborne Ha-69
Pleasant B. O-174
Thomas G-373
Coffelt, Abraham M-54
Daniel M-63
Henry M-66
Isaac M-52
Jacob M-52
Coffey, Marvel Mc-156
Coffin, Charles K-343
Coffle, Susan Mo-83
Coffman, Andrew J-292, G-408(2)
Barton G-407
David G-391, Ha-25
Daniel Gr-186
Harmon Gr-174
Isaac Mo-116
Jacob Ha-25, Gr-176
James J-291
John Mo-124
Joseph Mo-107
Leonard G-360
Michael K-377
Nicholas J-282
Rinehart G-363
Robert J-289
Samuel J-291
Thomas K. J-319
William G-360, Mo-116
Cofman, Coonrod O-199
John O-208
Coffy, Ely Mc-172
Jno. R-373
Coger, Isaac C-225
Coggburn, Archibald Gr-162
Coggburn, James A. Ro-35
John Gr-164
Patrick Gr-160
Coher, Isaac C-225
Cohern, Moses M-68
Cohorn, John M-47
Coil, Margaret K-376
Coin, Andrew Su-294
Jane Su-301
Walter D. G-406
Coinely, Richard K-384
Coker, Bryant K-380
Charles K-385, Mo-158
Cumberland K-359
Fanny K-392
James K-358
Joel K-380
John K-328
Leonard K-389
Thomas G-372
William Mo-157
Colbach, John Su-318
Colbaugh, Henry Ca-9
Colburn, Wm. Bl-255
Cold, Burton Ha-47
Coldsby, Jane O-197
Coldwell, Benjamin Ha-53
Robert Bl-258
Thomas Ha-40
Thomas K. Ha-28
Cole, Adam R-359
Andrew Bl-270
Benjamin Ca-32
Daniel Ha-13
Elisha Su-310
Elizabeth Su-311
Isaac Ca-32
Israel Cl-120, Ca-33
James S-115
James E. Mo-86
Jesse Ca-38
John K-354, Cl-139, J-294, Su-311, K-394, Mo-129
Matthew G-397
Nancy Ro-8
Phemonus Cl-149
Philip Mo-129
Richard Ha-11
Sampson Ca-38
Samuel K-372
Sarah Gr-209
Stephen Ha-55
Thomas R-352
William Cl-122
Willis Mr-100
Zacheriah Ca-4
Coleburn, Jane Gr-163
Coleman, Absolom R-374
Alvin O-174
Andrew W-245
Benjamin Co-260
Consellar Co-265
James O-203, K-335

Coleman, Jesse Co-262
Marshal Mo-98
Matthew Ro-67
Spencer Co-270, Mo-140
Sally K-383
William Mo-136, Co-265
William S. Ro-34
Coleson, Elijah Gr-211
Thos. Gr-210
Coleton, Allen O-174
Coley, Jim Mc-208
Colick, Moyers D. J-288
Coliens, Moses G-374
Colier, David O-214
Leonard W-244
Martin W-222
Sterlin O-200
William W-219, Co-253, Co-255
Wilson Mo-114
Collack, John Su-311
Collens, George W. G-385
Griffin G-375
Larkin G-375
Levi G-375
Collet, Abraham Gr-222
Andw. C-228
Isaac Gr-221
Jacob Gr-231
Joel Mo-138
John Gr-234, Gr-231
Saml. J-334
Collett, Mary Mc-156
Collier, Aron S-102
Henry C-211
James Mc-158
Rebecca Gr-209
Thos. Gr-209
Collins, Alexander Cl-124
Allen G-374, Ha-77
Ambrose W-243
Andrew G-373, Ha-77
Aron Bl-284
Benjamin Ha-78(2)
Catharin W-217
Charles Gr-222, Su-309
Condly G-373
David Cl-125
Dowel G-373
Edmund G-373, Ha-78
Eli Mr-102
Encey G-373
George Ha-59
Griffin G-403
Hardin G-373
Harvey Ha-80
Henry R-393, Mc-182
James Ha-52(2), Mc-188, Ha-80, Ha-78
Jane Ro-17
Jessee Su-308
John W-242, Ro-53, J-315, K-356, Mc-195, Ha-77, Ha-56
Collins, Jonathan R-358
Joseph Gr-235, W-202, G-374
Joshua Su-311
Larkin Cl-144
Levi Ha-78
Lewis G-373
Lewis R. R-393
Martin Ha-77, Ha-78
Mary Ha-78
Matthew Cl-136
Millenton Ha-78
Moses Cl-116
Owen Cl-136
Sarah Cl-136
Simeon Ha-77
Solomon Ha-77
Tandy Ha-59
Thomas W-242, J-327, Mc-139
Uriah Gr-233
Vardy Ha-77
Wiatt Ha-76
William Ca-27, Ha-52, J-312, J-336
William D. R-364
Collingworth, Adison G-390
Frances Cl-150
John G-389
Collison, Samuel G-393
Collom, Jonathan W-236
Collons, Aaron Bl-268
Colman, Charles B-282
Jesse Mo-150
William Mo-123
Colmon, Thomas P. Cl-119
Colquit, John Mo-158
Colston, John O-180
Susanna O-179
Colter, Richard O-196
Coltharp, James Mo-139
John Mo-138
Colton, James Gr-216(2)
Coluns, Joseph R-369
Colville, George Mc-180, Mc-179
Joseph Mc-179
Natty Mc-132
Colvin, James G-359
John G-357
William G-357
Colvit, Stephen Mo-135
Colwell, John Bl-263
Colyer, John G-403
Combs, Agness G-389
Alfred S. J-309
Elizabeth Mc-179
John Su-318, F-13
John C. J-295
Johnathan Su-315
Joseph Ca-13
Philip G-389
Pleasant G-389
Sarah G-389
Combs, Thomas Ha-46, Su-313
William Mc-201, W-213
Comer, John C-221
Comes, Edwards Su-315
Compton, Cyrus S-99
Jeremiah S-99
Joseph S-106
Wm. R-393
William M. S-107
Zacharia R-393
Conant, Catharine Su-328
Conatser, Nicholas F-7
Conatsor, Henry M-66
Conaway, Jessee O-195
Condra, Benjamin M-63
James M-48, M-59
Condray, John Cl-113
William Cl-147
Condry, Dennis G-357
Hanson G-357
Isaac G-362
Conger, Abijah Bl-258
Conkin, George Su-298, Su-295
John W-248, Su-295
Moses W-248, W-217
Conkins, William W-259
Conley, Jno. R-392
Samuel Ca-8
Silas C-222
Conly, Josiah W-250
Samuel W-212
Conn, Hugh K-324
James G-403
Josiah M-46
Connatser, John F-4
Philip F-4
Connely, Thomas K-324
Conner, Anne K-353
Daniel K-379
Fanny Ha-52
James Co-255, Bl-269
John B-267, G-385
John M. K-349
Joseph O-191
Julius Co-255
Lewis K-349
Mus. Co-256
Samuel Mo-131, K-386
Thomas Ha-15, K-350
William K-345, K-348
Wilson O-189
Connor, Priscilla B-279
Connoway, John K-363
Constant, Wm. Ro-27
Conway, James Co-256
William Gr-185
William T. J-281
Conwell, John W-259
Conyers, Sarah J-284
Cook, Adam Gr-161
Alexander Bl-262
Augustus Ca-22
Christian Gr-171
Cook, Edward Su-339
Elizabeth Ro-57
George Bl-274, Mo-120, Gr-164
Henry Gr-156, Su-305, Mo-113, W-236
Isaac Mo-125
Jacob Mo-81, Mo-115, Su-332
James Bl-262, G-361, O-198
James M. Ha-64
Joab Cl-104
John Gr-158, Mo-85, Bl-271, Ro-7, Ro-50, Ro-57, Bl-262, Ro-47, C-235, Mo-85
John H. Ha-41
Joseph K-382
Marcarias G-362
Marcurius Cl-107
Margaret Bl-261
Martin G-361
Michael Mr-97
Moses Mo-114
Peter Ro-66
Reuben Ro-66
Sarah O-181
Thomas Mo-83, Ca-22, O-213
William Cl-106, Ca-23, C-235, G-361, Mo-99, Mr-102
Cooke, George W. Mc-131
Jacob Mc-168
Jediah Mc-177
Joseph Mo-137
William Mo-136, Mc-165, Mc-190
Cookernowr, Jacob Su-342
Cookran, James Bl-267
John Bl-267
Robert Bl-267
Cookron, John Bl-269
William Bl-269
Cooksey, Jessee O-209
William O-211
Cooley, Elijah Ro-12
James Ro-23, Ro-21
John Ro-10
Joshua Ro-10
Daniel R. Cl-122
Cooly, Josiah K-378
Micajah Ro-15
Robert R-373
Coomer, Bricen Su-299
Daniel Su-303
Coons, George Mr-95
Joseph J-336
Coop, Alexander O-172
John Ha-73
Cooper, Alexander B-267
Andrew F-7
Archibald Cl-118
Cooper, Armstead B. Ca-13
Benj. A-186
Bennet Mc-172
Cannon M-50
Cathrine Ro-44
Chas. A-186
Christopher Gr-219
Cornelious O-174
Daniel Bl-289, Ro-24
David O-195
Ebeneser Mc-130
Edward Mo-116
Eli C-231
Hiram Ca-12, R-388
Irby B-278
Isaac M-58, Co-259(2)
Isabela Bl-260
Isham W-251, Ro-40
Jacob F-5
James Ha-60(2), W-219, M-46
James Y. Ha-60
Jessee J-333
Joel Ca-10(2)
John Gr-219, Ha-60, B-270, Co-251
Johnathan Ro-23
Joseph Cl-145, Co-265
Kennally R-384
Loyd J-285
Margaret F-16
Mary Ca-38, J-335
Nancy F-6
Nathan O-194
Necome R-392
Peter C-232
Philip Mc-198
Pleasant M-66
Rachel Ha-32
Robert Mo-132, Co-250
Sally A-190
Saml. A-185
Stephen W-251
Thomas F-16, O-194
William M-51, K-375, Bl-260, C-218, O-196
Coose, John Mo-102
William G-393
Cooter, Abraham G-392
John Gr-204
Philip Gr-203
Copass, Nathan W-248
William W-248
Cope, Betsy Ann Bl-262
James Ha-71, Bl-259
Jesse Ha-83
John Ha-70
Saml. Bl-260
Thomas O-201
William Ha-70, Ha-71
Willis Mr-100
Copeland, Alexd. Mc-156, W-227
Ambrose Ro-60
Copeland, Green O-191
Hamilton J-296
James O-211
Jessee Ro-66
John Ro-7, K-322, Mr-96, Mc-156
John S. O-186
Joseph J-330, Mc-199, O-203, Mc-147
Josiah O-186
Josiah S. O-190
Mark O-210
Philip O-211
Richard O-210
Riley J-306
Solomon Mo-104
Stephen O-189, O-213
William Mc-147, O-212, O-190
Zacheus J-306
Copes, John Su-304
Thomas Su-299
Wm. Su-302, Su-304
Copinger, Hager Su-302
Walter M-55
Copland, Reuben G-400
Thomas G-397
Coplea, James Ha-86
Coplen, James M-50
Copley, James F-15
Coplin, Wm. Bl-254
Copp, Jacob W-234
Michael W-223
Coppack, Elizabeth Bl-277
Coppick, Aaron R-356
Jacob J-313
John J-296
Jos. J-333
Coppinger, John W-211
Coram, Frederick G-377
Martin G-376
Sally G-378
Travis G-378
William G-377
Corbet, James J-299
Corbett, Elisha H-76
Corcelis, George F-4
Cordell, Jas. C-216
Corder, John Gr-208
Jonathan Gr-209
Richard Cl-137
Cordial, Nathan Mo-129
Cordill, Isom W-227
Corley, Wm. Bl-251
Cormony, John Cl-139
Corn, George Mc-168
Cornelius, Abner R-355
Hannah C-216
Cornell, Benjamin Ha-48
Cornwell, James Gr-166
John Gr-166
Corps, Richard W-243
Thomas W-243
Correll, Wm. C-222

Corum, Thornton G-379
Corwallis, Lord Su-341
Cosby, David Cl-145
Cossner, Michael Mo-143
Cosson, Margaret W-244
John E. W-261
Cothron, Lemuel G-391
Cotner, Elizabeth G-385
Martin G-385
Cotter, John S-112
William S-112
Cotterel, Samuel K-358
Cotton, Aaron W. C-213
James Gr-216(2)
William A. Ha-43
Couch, David K-327
Dempsey Ha-80
Edmund Mo-94
James Mo-120
John Gr-189, Bl-273, Gr-201
Jonathan Mc-180
Peter Gr-202
Silvanus Mo-131
Coughron, Barnabas Bl-266
Coulston, John Bl-253
Coulter, Alexander M-70
Alexander H. B-290
Andrew Bl-295
Charles B-271, Bl-312
Elizabeth Bl-293
James R-367
John Ro-33, Bl-292, Gr-166
John J. B-288
Louisa B-290
Robert Bl-312
Stephen Bl-293
Thomas H-81
Councel, Isaac K-346
Council, Howard K-324
Jesse K-333
Rachel K-324
Counts, Aaron G-386
David G-386
Henry G-386
Jesse G-394
John Ha-40
Nicholas G-397, G-386
Rachel G-394
Coupland, Andrew K-352
David D. K-351
William K-353, K-371
Courtenay, Michael K-328
Silas K-333
William K-320A
Courtney, Fielding Gr-174
George Gr-174
James Gr-174, J-289
John K-315, A-182
Marshal J-283
Peggy K-316
Courtny, Jefferson Bl-282
Cousins, Rosy O-172
Coutch, John Cl-120
Coventon, John Mr-94
Covey, Joshua K-390
Robt. J-325
Covington, Francis K-386
John S-96
Richard Mr-92
William Mc-203
Cowan, Alfred F-7
Andrew Bl-265, Bl-285, Su-317, Mc-184
Ann Cl-122
Campbell G. Mc-172
David Mc-142
George Su-330, J-330
Hugh S-96
James W-212, B-266, Su-348, R-368, Mc-181 Mc-181
Jane Bl-299
Joel J-336
John J-330, W-241
Jonathan J-329
Martha S-90
Mary O-205, S-96
Matthew Mo-95
Newton K-350
Robert Mc-172
Rosannah Mc-172
Samuel B-282, C-225
William M-53, Mc-171
Coward, Anna Ha-26
David J-282
Isaac A-173
James G-409, Ha-60
John A-173, Ha-30
Solomon G-409
Thomas A-174
Cowen, Wm. Su-327
Cowly, Isaac R-359
Cowden, Henry Bl-306
Lynn S-114
Thomas Bl-306
Cowsart, John Su-299
Cox, Abraham R-373
Abram Su-295
Allen Ro-60
Ambrose Bl-253
Benjamin G-405
Bruas K-369
Cairy Su-328
Caleb B. Ca-32
Charles W-258
Curd K-349
Edward Su-321
Eliakim Gr-220
Elijah W-260
Elisha Bl-275
Elizabeth W-260
George Ha-51
Godfrey Su-309
Hardy B-277
Harmon G-409
Henry K-348, S-115
Cox, Higgason Cl-137
Hopkins M. J-295
Isaac J-291
J. B. Su-301
Jacob Su-321, Su-324
James Su-305, K-348, C-237, Mc-157, K-326, W-248
Jarrott O-188
Jeremiah Su-294, G-409
John Su-321, Su-304, G-353, A-179, Bl-250, S-111, Ro-68, G-407, W-205, W-259, Mo-128, Mo-104, Ha-20, Su-295
John W. Su-294
Jonathan K-334
Joseph Su-341
Larkin O-209
Lewis K-319
Martin O-184
Mary G-389
Matthew C-217, Gr-185
Meredith R-369
Moses K-349
Nathan S-115
Nathaniel Bl-249
Nicholas Su-337
Noah C-237
Rachael Gr-174
Reed J-326
Rhode W-256
Richardson K-349
Samuel Su-321, R-373, Ro-60, W-248, G-409
Sampson J-285
Sarah G-405
Solomon G-409
Tabitha Ha-22
Thomas R-374, R-373, Ro-8, Su-331, Su-327
Thomas B. K-345
Widener A-183
William O-181, Su-305, Mc-181, J-281, Su-294, Su-306, Ha-70, Ha-20, J-294, J-291
Wm. H. C. Su-296
Zachariah K-353
Coxe, Aaron Cl-148
Benjamin Mc-181
George R. Mc-201
John Mc-194
Philip Mc-179
Sarah Mc-179
Coxey, John Mc-139
Coxy, Absalom Mc-139
George Mc-139
Coyle, James F-10
Cozart, Littleton Ha-15
Wiatt Ha-15
Cozby, James H-75
Jno. R-378
Polly M-74
Crabbtree, Peggy Gr-211
William Gr-211, Gr-235
Crabtree, Esquire O-206
Isaac O-206
James F-14
Jesse C-216
Job Ro-7
John K-365
Nancy Mc-145
Richard F-10
Samuel Su-301
Thomas F-10
William O-208, A-172
Craddock, Jesse Gr-219
William Gr-213
Crafford, John H. Ro-57
Craft, Rachel Mo-123
Susana Su-339
Thomas Mo-123
Crafts, Mary Gr-218
Crager, Michail Ha-74
Cragg, Hezekiah Ro-46
Craig, Barbary Mr-102
Chas. A-192
Cornelius B-268
David Mr-90
George Mr-89
Hugh Bl-299
James M-73, Mo-91
James W. K-327, K-319
Jno. C-223
Mahala F-14
Reuben C-233
Robert J-336, K-320, Gr-166
Samuel K-377
Thomas B-278
Craige, Jane I. Gr-169
William O-197
Craighead, Benjamin G-399
Temperance K-338
Thomas G. K-394
William K-394
William B. Mo-110
Craigmiles, Joseph G-387
Crain, Charles G-381
Crane, Charles G-381
Ephraim Mo-96
John G-382
Pleasant G-381
Cranford, Wm. Su-307
Crank, Jesse K-371
Thomas K-372
Cranmore, Mary R-381
Sarah R-380
Crass, Jacob Ro-63
Crauford, Hugh Su-307
James Y. Su-327
Craven, David
Jeremiah C-216
Joseph C-234, O-188
Joshua C-216
Meriday C-235
Richd. C-215
Cravens, Henry R. O-203
Joseph O-188
Robert B-271
Crawford, Abigil O-205
Andrew K-384, Mc-134
Barnes K-337
Barshaba Mc-130
Carter Mo-89
David O-205, Su-297
Elizabeth Mo-135
English K-373
Francis K-315
Gazzaway B-279
George W. Mo-131
Henry K-365
Hugh K-351
James Bl-267
John Mc-131, B-291, M-62, Su-297(2), Gr-210, W-244, Mo-146
Jonathan B-274, R-354
Joseph K-357, M-67, F-10
Martin Su-297
Matthias Mc-205
Moses K-350
Nancy K-384, B-291
Rachel K-357
Robt. C. Ha-50
Samuel K-384, Gr-210, Mo-146, W-262
Sarah Ha-15
Simms Mo-101
Thomas Mc-189, O-198, K-378, Su-296
William Ha-33, G-390, Bl-267
Wm. A. R-395
William M. Gr-160
William R. O-198
Crawley, Caswell Ha-85
Henry R. Ha-85
Hugh Cl-108
Jarret B-282
John G-372
Thomas Ha-85
William Cl-108
Crawly, Gabriel Bl-285
Crawson, Polly K-320A
Creach, John G-369
Creal, William R-387
Creasy, Pleasant Su-298
Crecilus, Samuel W-238
Creech, Ezekiel Ha-24
Jesse Ha-87
Moody Ha-23
Creed, Lucinda Ha-13
Thornton J. R-386
Crennen, William Gr-229
Crenshaw, John W. Ro-64
Cress, David Ca-30
Samuel Ca-30
Creswell, Evans Bl-302
Samuel S-98
Crew, Pleasant K-340
Crew, William Ha-60
Crews, Hard Bl-303
Jacob Ha-47
John Bl-300
John B. Ca-36
Joseph Bl-303
Martin R-389
Nancy R-389
Tolivar Bl-292
Wat Bl-302
William Ha-47
Crider, Isaac J-298
Jacob J-318
Crigger, Peter Gr-229
Crilley, David Co-245
Crippen, James K-372
Crisp, James Mc-154
Jno. Mc-154
Crissenberry, Hiram C-240
Cristain, James Co-258
Criswell, Andrew S-111
Joseph K-383
Critchfield, James Cl-147
Jesse Cl-150
John Cl-134
Joshua Cl-138, Cl-150
William Cl-145
Zophar Cl-151
Critser, Wm. J-307
Crittenden, Charles Mc-161, Mc-202
John Mc-208
Nathaniel Mc-202
Critz, John Ha-60
Phillip Ha-47
Crobarger, Katharine J-326
Crocket, Aaron Su-322
Andrew Su-326
David Mc-199
James O-202, Su-326
Jane Su-326
Silas Su-317
Crockett, Anthony Cl-141
John Mc-199
Mary K-337
William F-12
Croden, Thomas Mo-103
Croft, Jesse R-372
Croid, William R-356
Cromwell, Andrew Bl-267
James Mc-162
John Bl-263
Nancy Mc-162
Patience Mc-188
Thomas L. Bl-267
Crook, James Mo-141
Crookshanks, George Co-265
Wm. W-243
Crosby, Elizabeth Gr-186
George J-278
Thomas Ha-20
William Ha-21
Crosling, James Mo-160
Jefferson Mo-160

Crosling, William Mo-160
Cross, Abraham Mr-92
  Abram Su-326(2), Su-322
  Absolom C-235, S-214
  Alferd M-68
  Caswell C-216
  Catherine Ca-33
  David Su-325
  David L. Su-322
  Elijah Su-322, A-172, Su-306
  Elisha Ca-32
  Jacob Mo-151
  Jas. A-189, Ca-33
  Jessee Su-309
  Joel M-57
  John Su-321, Su-326
  Joseph C. J-323
  Mary A-169
  Micager C-222
  Solomon Ca-33
  William Su-321, A-171, F-6, Mo-124, Ca-33
  William D. M-60
  Zachariah M-57, Su-309
Crossling, Charles Mo-125
Crosswhite, George Ca-31
  Jessee Ca-31
  John Ca-31
  Wm. C-220
Crouce, Jacob Gr-182
Crouch, George W-205
  Heter W-200
  James F-13, W-224
  Jesse W-200
  John Ro-42, F-13, W-202 W-200
  Jonathan W-200
  Joseph W-252, W-253, W-222
  Martin F-12
  Mary O-203
  Polly W-205
  Sandford W-202
  William S-95, O-203, F-13, W-253
Crouse, Daniel W-203
  Jacob W-216
  Matthias G-374
  Michael W-203(2)
  Solomon W-204
  William G-374
Crow, Able Ro-62
  Alexander Ro-62
  Benjamin S. Mc-134
  Campbell Ca-17
  Catherine Mc-135
  Edward Ro-44
  Elizabeth S-105, Ca-14
  George Ro-62, W-259
  Isaac Mc-130
  James J-287
  John K-361, J-331
  John H. Mc-152
Crow, Lydia Mc-158
  Moses S-90
  Robert Ro-59(2)
  Robert C. Mc-135
  Russel J-287
  Thomas Ca-18
  William Ro-35
  Willis Ro-60
Crowder, Daniel Ro-44
  Nathaniel Ha-7
  Richard Ha-22
  William Ro-59
Crowel, Wm. J-312
Crowell, Benj. J-314
  Kiah J-313
Crownover, Benja. Mc-145
  Daniel M-52
Crowson, Aron S-108
Croxdale, Isaam Cl-116
  John Cl-128
Crozier, Arthur A-167
  John Ha-26, K-335
  John B. A-167
  Thomas Gr-189
Crudgenton, Nancy Su-303
  Roger Su-301
Crues, John G-399
  William G-399
Cruise, Gilbert Mc-152
Crum, Jacob Gr-153
  John Gr-156, Gr-153
  Margaret Gr-157
  Michael Gr-157
Crumbliss, James Ro-37
Crumel, Hyram Mr-99
Crumer, Danl. Gr-230
  John Gr-230
  Thos. Gr-233
Crumley, Daniel Su-315
  Geo. Su-314
  Jacob Su-314
  John Mc-187, Ha-79, Ha-80
  John B. Su-320
  Samuel Gr-190
Crumly, Aaron Gr-219
  Abn. Gr-235
  Daniel Su-320
  Geo. Su-315
  John C. Su-320
  John L. W-216
Crumpley, Eli Ro-20
Cruse, Gideon K-327
  Henry K-364
  James K-359, C-218
  William K-365
Crush, William K-339
Crusoe, John Mo-126
Crussel, Nicholas Su-334
Crutchfield, Palmer Cl-115
  Richard Cl-127
  Sarah Cl-118
  Thomas K-344, Mc-131
Cruze, James K-334, K-381
Cruze, Robert K-381
  William K-385
Crye, John Bl-263
Culberson, John R-355
Culbyhouse, John G-354
  Lewis G-378
Cullom, Alvin O-188
  Edward N. O-190
Culpepper, Joel Mc-168
Culton, James Mc-177
  Patrick Bl-257
Culvahouse, Edward Ro-21
Culver, John F-16
  Nathl. Gr-220
  William Mo-131
Cuming, Andrew Bl-257
Cumming, John G-403
Cummings, Agnes Gr-197
  James S-108
  John H-77, Bl-287
  Joseph K-316
  Luraney Gr-197
  Martha A-194
  Saml. A-194
  Thomas H-77
  William W-235, Bl-297(2)
Cummins, Andrew O-174
  David O-189
  William M-67, M-73
Cundus, Cruse O-198
Cuningham, Benjamin Bl-302
  Christopher S-106
  David S-111
  John S-111, S-106
  Moses S-107
Cunningham, Andrew K-395
  Cleveland Mo-121
  David Mo-156, H-77, Mo-143
  Elizabeth Mo-106
  Hugh Bl-269, H-76, Mo-127
  Hurd Bl-295
  James Mc-144, H-76
  Jesse K-392, Mo-107
  John Bl-269, K-320A, Mc-173, M-44, Gr-161, Mo-105
  Jonothan H-73
  Joseph Mo-106
  Margaret Mc-172
  Mary J-291
  Miles Bl-265, Mo-130
  Mordeca Cl-107
  Moses Mc-171
  Nancy Su-304
  Paul K-358
  Pleasant Mc-173
  Polly W-261
  Robert Mo-109
  Saml. B. W-262
  Sarah R-363A
  Timothy K-360
  Valentine Ro-63
Cunningham, William Cl-107, H-77, Mo-103, K-344
  William H. Mc-171
  Wm. M. W-237
Cupp, Abigail Cl-135
  Abram Cl-135
  David Bl-289
  George Bl-303, Bl-289
  Jacob Cl-131, Bl-303, Bl-303
  Valentine Cl-131
Curd, Charles K-370
  Ezekiel Ca-23
  Richard Ro-54
Curl, John T. G-411
  William G-411
Curnel, Hyram Mr-99
Curnutt, Bird J-312
  David G-379, M-62
  John G-381, M-62
  William G-380
Currd, William Ca-16
Currey, Alexander Ha-51
  Elizabeth Ha-33
  Samuel Ha-33
Currier, Jas. Bl-274
  Polly Bl-252
  Richard Bl-252
  William K-316
Curry, George G-392
  Margaret G-405
  Nancy J-286
Curt, Briant Su-325
Curtice, Nathaniel Mr-88
  Rachel Mr-89
Curtin, John Su-335
Curtis, Cyrus Bl-293
  Elisha B. Ha-43
  James Mo-129
  John Ca-8, B-275, Bl-287
  Lydia Mo-92
  Mary Ca-8
Curtiss, David M-63
Curton, George R-363
  Richard Gr-187
  Thomas Gr-176
Cusick, David S-110
  John B. Bl-287
  Joseph Mo-100, S-110
  Samuel S-94
Cusong, Rebecca Mo-87
Cutshall, Catharine Gr-157
  John Gr-157
Cutshaw, Christopher Gr-155
Cutsinger, Jacob Su-336
Cutter, Joseph Gr-166
Cutts, Robert G-364
  William G-365
Cuszort, David B-289
Cypher, George Mr-96
Cyrus, John G-361
Dabney, Cornelius C-211
  Robert Mr-90
  Thomas C-220
Dack, Keir R-360
Dacker, Allen R. Mc-159
Dacon, Barnett Ro-66
Dafrin, Thos. J-322
Dafron, Owen J-329
Dagley, Benjn. C-216
  Elias C-230, A-176
  Jonathan C-216, C-222
  Joseph C-222
  Lucy A-176
  Thos. C-231
Dail, Abel G-359
  Abner G-359
  Isaac R-367
  James G-359
Daily, Hiram Gr-231
  John Gr-222
  Nancy Gr-231
Dair, John J-341
Dale, James A-177
  John O-173
  Thomas O-173
  William A-167, O-173, O-173, O-181
Dalrymple, Allen M-49
  James H-78
Dalton, Andrew K-339
  Carter O-202, G-364
  Casander J-328
  David Ha-29, G-366
  Dolly Ha-32
  Enos G-373
  James Ha-32
  John Ha-33, B-270, Ha-32
  Lewis Ha-32
  Matilda G-373
  Meed O-202
  Meredith G-373
  Reuben G-373
  Timothy G-373, Ha-31(2)
Daly, Jacob Bl-250
  William O-172
Dalzell, David Bl-290
  James Bl-290
  Nancy Ha-38
  Robert Bl-290
Dame, David H-81
  John M-47
  Valentine M-67
Damewood, Henry G-355
  Isaac G-355
  James G-356
  John K-373
  Malkiah K-373
  Nathan K-373
Damron, John W-261
  Joseph Cl-104
Daniel, Ann Mc-141
  Betsy K-360
  Coleman Mc-178
  Edward J-304, G-396
  Ezekiel Ro-42
  Garret G-377
  James G-396
Daniel, John R-362, G-394, G-396, Gr-156, Mo-112 Cl-146
  Joseph G-396, G-397
  Levi O-189, Co-266
  Mary Su-318
  Obediah Su-336
  Paul Mr-98, Mr-102
  Peter R-390
  Plummer R-364
  Polly Gr-158
  Robert G-377, Mo-114
  Samuel O-212
  Sarah A-172, A-174
  Thomas Ro-27
  Thompson Ro-44
  Washington A-176
  William G-396, G-369, O-201, Bl-250
Daniels, Joseph R-391
  Noah Ca-9
  William Ca-9
Danivan, Michael Mc-163
Danly, Hezekiah Bl-313
Dannel, Dicy C-223
  Mathew Mo-109
Dannell, Yonas Ha-64
Dardis, Edward K-337
Dardar, Henry Ha-61
  Michael Ha-59
Darnel, Adam Mo-143
  Abraham G-408
  Eli Su-342
  James J-304
Darwin, Jas. A. R-393
Daubin, John Ha-46
Daugherty, Cornelius R. O-200
  Jacob Ca-21
  Rachel Mr-97
  William Ca-8
Daughtery, John C. Ca-3
Daughtry, Thomas H-82
  William G-375
Dauson, Abram J-288
Davault, Daniel W-257
  Valentine W-203
Davenport, Absolom Ca-20
  Jeremiah R-386
  John R-387
  Thomas K-385
David, A. R-382
  C. M. C-214
  Isaac C-219
  Owen R-382
  Sampson F-11
  Wm. C-236
Davidson, Abner F-6
  Alexander A-170, F-6
  Beady Mc-205
  Edward G-359
  Egnu Su-324
  Frances F-6
  Henry Ro-17
  Isaac G-377

Davidson, James C-219, G-378, G-358, F-6, Mr-100
Jesse Mc-136
John A-171, Su-296, Su-308
Joseph F-6
Michael F-11
Nusom C-219
Samuel C. M-49
Thomas F-11
William M-67, F-17, G-377
Davis, Aaron Mc-148
Abraham R-361
Adam Mo-124
Alexander K-360, Cl-107
Alfred Ro-20
Amelia Ha-8
Anderson Cl-138
Andrew J-290, Cl-131, B-288
Andrew P. B-280
Anthony O-202
Arabian Bl-260
Asa Ha-10
Ashley K-389
Athur Co-253
Benjamin J-288, Mc-142, Ha-19, Cl-134, R-360, Mo-144, Co-245, Mc-161
Briton Ro-25A
Bryant E. Ha-10
Burton Mc-161
Calvin Mc-208
Charles W-227, A-182
Clayton K-367
Cynthia K-389
Daniel K-331
David Ro-15, O-200
Edmund K-358
Edward Ro-64, K-343
Eli Ha-23, Cl-122
Elias J-310
Elija O-182
Elisha Cl-135
Eliza O-195
Elizabeth Cl-141, Gr-196
Ephraim Mr-100
Fields Gr-213, Gr-163
George M-72, R-389, Bl-297, Mo-160, C-218, C-237, C-239, Ro-58
George R. H-73
Grizzia K-394
Harmon Cl-135, Cl-141
Hasten Ha-8
Henry O-211, Ca-30, R-395, K-331, Mc-161
Henry Scott Bl-307
Hezekiah Ha-7
Hiram Ca-30
Hugh A-167
Davis, Isaac Mc-166, K-336, Ro-15, G-362
Isabella Bl-311
J. P. R-390
Jacob Mc-140, H-82
James Mr-98, Ro-11, J-309, J-314(2), Ha-9, Ha-16, H-82, F-14, G-363, G-385, M-51, Bl-298, Bl-297, Bl-306, Bl-304, K-376, Ro-63, Mo-113, C-213, K-365
James C. W-254
Jeremi J-315
Jessee S-114
Joel J-336
John Mr-97, O-204, O-192, O-201, Mc-141, J-339, K-355, G-382, Ha-79(2), Gr-153, G-385(2), Gr-178, R-353, R-357, Bl-307, Bl-290, W-228, W-244, Mo-102, Ro-52, Ro-62, Ro-58, K-363
John L. G-385
John M. Mr-92
John R. Mo-136
Jonathan O-201, Ha-58, Ro-63
Jonothan Mo-95
Joseph Ro-7, Cl-107, Co-261, Gr-183
Joshua Cl-107
Katharine Ha-60
Leland Gr-183
Leo. Bl-311
Leonard O-173
Leroy T. C-218
Lewis Ha-8, G-400, Mo-86, Ro-33
Lilbern Ha-55
Martin Co-247
Mary J-333, J-287, H-73
Mathew O-204, O-173
Matthew Mr-98, Ro-57
Micaijah Mo-149
Michael K-328
Middleton O-206
Milam Ha-76
Miles Ro-66
Miles B. R-375
Morgan Bl-261
Moses Cl-135, Cl-141
Nancy Mc-201, R-373, Co-255
Nathan M-73(2), Gr-184, Mo-150
Nathaniel Gr-216, M-63, M-60
Nelson Ha-10
Nicholas H. J-299
Noble Co-271
Paul Gr-178
Davis, Peter Mo-114
Peter J. Co-245
Peter P. Mo-129
Phillamon C-220
Phillip Bl-306
Rachael J-334
Rebecca R-390
Richard Bl-306
Robert K-394, Bl-268, M-49, Mc-161, C-238
Robert G. R-361
Robert L. Mr-89
Robert W. Mr-101(2)
Sally Bl-255
Samuel G-385, R-358, W-207, Mo-121
Sarah Gr-213, Cl-147, Mo-155, S-120
Silas Mc-149
Solomon Ha-67
Susanna Ha-9
Thomas Mr-88, O-199(2), O-177, J-309, J-315, Gr-196, Gr-230, Ha-62, G-384, F-15, Cl-134, Gr-177(2), R-358, Bl-301, R-378, W-206, Bl-312, Mo-90, Mo-122, Co-249
Thompson Ro-44
Timothy B-285
Vachal C-230
Walter Mr-89
Wesly Mo-147
William Mc-202, O-204, M-58, O-173, O-175, Ha-52, Ha-10, Ha-8, Bl-253, B-287, B-285, B-265, Bl-260, Bl-307, Ca-22, Cl-151, Bl-306, K-367, Bl-298, S-100, Mo-158, Mo-127, Mo-115, Mo-147, Mo-143, Co-255, Co-264, Mo-107, K-363
William F. Cl-147
Wilson Ha-60, C-239
Davison, William A-171(2)
Davitt, Mary M. W-236
Daw, Fanny Bl-294
Dawn, John Bl-294
Dawson, Amos Co-258
Charles Gr-171
George B-282
James Co-252, Gr-161
John K-388
Sally Co-258
Wm. Ro-28
Day, Ambrose Cl-112(2)
Barbary J-287
Garland Cl-123
Geo. W. Su-323
Isaac J-289
Jesse R-394, B-272
Day, John Ha-67, J-307, Mo-85, Cl-112, R-383
Joseph Ha-39, M-55
Lemuel J-289
Ransom Cl-112(2)
Reuben Cl-112
Rutha J-290
Samuel Cl-110, C-225
Sarah Cl-112
Thomas W-217, J-302
William Ha-66, Ha-30, Ha-54, J-282, Ro-41, Ro-24
Deaderick, Sam W-205
Mrs. M. W-218
Deadney, Mary Bl-304
Deadrick, William H. J-293
Deakins, Absolam M-62
Absolom W-251
Charles W-205
Daniel W-210
Henry W-211
James W-250
John W-220, M-66, W-239
Richard W-220, W-215
Thomas W-240
Dean, Aaron Mo-100
Alexander L. Mo-81
Aron Mo-129
Byjah Mo-111
Francis Mo-136
John Mo-112
John A. W-217
Reuben Cl-128
Richard Mo-91, Co-271
William Mo-99, Co-269, Co-258
Deane, Silas Bl-298
Dearing, Anslem H-80
Dearman, Allen Mo-116
DeArmand, Mary R-376
Dearmon, Robert Mo-94
Dearmond, David K-378
James Mc-201, Ro-62
John Mc-193, K-358, Bl-290
Jonas Mc-201
Richard K-379
Thomas Mo-131
Thomas S. Bl-285
Ury Mc-165
William Mc-180
Deatheage, Abner Ro-14
Alexander Ro-14
Byrd Ro-14
Deatherage, A. J. Ro-8
Byrd Ro-8
Peggy Ro-9
Philomon Ro-8
Deaton, Dison M-71
Joseph A-192
Margaret J-283
William B-271
Deaver, William Bl-286
Deavours, John Ro-54
Debusk, David K-316
Elias Bl-257
Elijah Gr-187
Mary Gr-183
Deck, Abrams Su-335
Adam O-189
Frederick O-189
Henry O-210
Jacob Su-327
Samuel Su-325
Deckar, Joseph M-47
Deckard, John W-217
William Ha-73
Decker, Allen W. Mc-160
William K-317
Deckor, Joseph M-47
Dee, Solomon J-287
Deen, Godfrey Ca-24
Deering, Alfred Mc-180
Deery, Wm. Su-323
Defreese, Hiram A. Mo-128
Moses K-325
Defriece, A. P. R-383
Dehart, Jefferson Co-265
John Mc-134(2)
Wm. C-232
Delancy, Sarah K-344
Delaney, Benjn. Gr-208
Danl. Gr-231, Bl-263
Delashimet, David Gr-220
Delashinet, John Gr-219
Delishment, Moses W-215
Delk, Gabl. C-235
John C-235
Joseph C-238
Jourdan C-237
Delosure, Asa S-94
Jesse Bl-301
Delozier, George Ro-2
Delp, Jacob Ha-80
Delvit, John K-381
Delwit, John K-381
Delzell, Wm. Bl-259
Demarcus, Amos A-184
Job A-184
Mary A-184
Dempsey, David K-348, Ro-53
Denason, George J-308
Denham, David Cl-121
Franklin W-254
Denison, Joel J-297
John G-391, J-297
Dennis, Allen Mc-146, Mc-145
Isham Mc-146
James O-187, Mc-146, O-201
Joel Co-262
John G-360, G-364
Joseph Ro-15(2), G-353(2)
Joshua Gr-227
Levi O-188
Dennis, Owen C. S-94
Robert Co-263
Ruben O-186
Thomas G-353
William A-191, G-354
Zachriah O-189
Denniston, Robert G-379
Denny, Farroe Ro-17
Joseph M-68
Wm. Ro-17
Denson, James J-331
John G-406
Thomas J-298
William G-406
Dent, John G-380(2)
Denton, Abraham Co-270
Benjamin B-291
Cornelius J-340
Daniel W-247
George J-340
Isaac Mo-139, Mo-127
Jacob J-337, J-329
James Mo-108, Mo-139
James & Ely Su-317
James K. J-329
Jonathan Co-269
John J-336, Bl-307, Mo-128
Joel R. J-337
Jonas W-210
Jonathan B-291
Joseph Ca-11
Josiah J-340
Mary J-329
Reuben Mo-133
Samuel Co-264
Thomas Co-270
Uriah R-369
William J-329, Su-306, Co-260
Wm. & James Su-317
Depew, Isaac Su-299(2)
John Su-320
Depue, Jas. Gr-222
Deputy, James Mo-104
Derick, John Ha-59
Jonas S-108
Marvel Ha-59
Derieux, Henry J-331
Derin, William W. J-291
Derosset, Daniel K-322
Derossett, Edmund Mo-95
Henry Ro-18
John Ro-28
Margaret R-391
Willis Ro-24
Derrett, Willis Ro-43
Derrick, Andrew Ro-43
Jacob S-117
John Mc-154
Jonathan Mc-186
Michl. Mc-199
Descarn, Elisha Bl-282
Dethard, Elizabeth Mo-103

Detharo, Jacob Mo-113
Joel Mo-103
Jonathan Mo-116
Detheridge, John Gr-208
Devault, Adam Su-330
Daniel Su-345
David K-377
Frederic W-214
Gabriel Su-309
Isaac G-354
Jacob B. G-376
John G-354
Samuel Su-309
Devenport, George Bl-263
Harmon W-220
John S-91, Ca-19
Jno. N. Su-323
Randle Mo-132
Samuel Mo-127
Wesley M-61
Devine, James Mc-159
John Mc-195
Thomas Mo-128, Mc-159
Devolt, Catharine Cl-105
Hiram Cl-105
John Cl-107
Dew, John Ca-32, A-189
Robert A-185
Wallah A-179
Dewalt, Jacob W-204
Dewberry, Felix Mo-133
Dewit, Clinton Mo-137
Dewitt, Frances Gr-166
John K-381
Richard B. Co-266
William H. Co-266
DeWolfe, Fredric S. K-365
Dews, Carter K-342
Dial, James Mo-157
John O-173
Tapley C-222
Dick, Henry J-327
Jacob J-323
William J-317
Dickan, John Mc-146
Dickenson, Bengis O-198
Dickerson, Benjamin O-197
Mary S-120
Moses Su-343
Peter Su-317
Wiley O-212
Dickey, Anthony H. Ro-41
David H. Mc-162
Franklin H. Mc-194
James J-298
James M. Ro-16
John K-346
Rebeca S-89
Samuel Ro-61, Mc-162, K-346
Thomas K-346
Dickinson, James Cl-119
John Mc-138, Gr-235
Martha W-259
Dickison, Garland T. Mc-169
Griffith Mc-169
Dickson, Elisha J-325
John Gr-166
Lucinda Ca-9
Ruben O-195
Thomas Bl-282, J-325
William Gr-166, Su-322, A-167
Dicky, John S-93, K-335
Diddep, John G-401
Didess, Thomas K-337
Dieter, John Mo-88
Dikes, Isham K-387
Thos. A-189
Dildine, Johnathan Mr-93
Dildy, Allen M. Ca-30
Dill, Henry Gr-203
John M-61
Joseph B-287
Mary Gr-203
Nimrod B-287(2)
Dillard, Benjamin Gr-158
Elijah Mo-104
James Gr-167
John Mo-80
Stephen Mo-90
William Mo-90, Mo-88
Dillen, Marthy O-198
Samuel O-198
Dillion, Mary Ro-68
Dillon, Betsy Gr-232
Garrett Gr-223, Gr-235
Henry O-184
Jacob O-176
James Gr-232, Co-272
John Co-272
Peter Gr-232, Su-303
Thomas Co-271
Wm. Gr-235
Dills, Thomas Su-296
Dinkin, Mary Ann Cl-148
Dinkins, Mary J-286
Dinsmore, Adam Gr-155
Elizabeth Gr-155
James Gr-155
Samuel Gr-155
Dinwiddie, Allen Gr-231
J. H. Gr-233
Jas. Gr-233
John Gr-233
W. R. Gr-233
Dishman, Archabald Mr-95
Jefferson Mr-95
Thomas Mr-95
Disney, Thomas A-168
Ditmore, Edwin Mc-193
John Mc-193
Dixon, Alexander Ro-5
Alfred S-103
Ann Mc-171
Edom Mc-165
Eli Mc-164
Elijah Ro-11
Dixon, George K-394
Hannah G-392
Isaac S-92
James Mc-165, Bl-260
John Mc-175
Juble M-69
Rebbeca Ro-56
Reuben G-383
Robert Bl-259
Saml. W. Mc-164
Solomon Mc-182
Thomas Mc-135
Dixson, Saml. Bl-259
Dizmany, Dudley A-174
Dizney, Elisha A-177
Solomon A-177
Thomas A-177
Dkinkins, Douglass Ca-29
Doak, David C-229
Jane W-237
John N. W-237
Robert C-225
S. W. Gr-230
Samuel H. K-322
Doan, John J-301
Mary Mc-160
Dobbins, Andw. Gr-210
Cornelius K-357
Griffin, J-306
Johnson S-93
Wm. Gr-210
Dobbs, Caleb R-370
Ephraim Cl-124
Hezekiah Cl-150
Hiram Cl-124
James Cl-107
John Cl-114
Lucy Cl-114
Moses C-213
Dobkins, George Cl-130
Jacob Cl-111
James O-213
Jesse Mc-183
John Cl-114
Lorenzo Dow Cl-114
Solomon Cl-111
Dobson, David W. Ha-23
Edmund Gr-189
George B. Ha-23
Joseph Bl-257
Robert Ha-24, Gr-193
Samuel Gr-189
Silas Gr-229
Dockery, Benjamin S-120
Dockro, Abel Bl-273
Dockry, Greenville G-367
Dodd, Aron O-196
James Mo-102
John Gr-228, Gr-212(2)
Josiah J-325
Thos. Gr-212
William Gr-213, Mo-150, Mc-169, Mc-149
Dodge, Jeriel W-260
Dodsen, Rheuben Ca-22
Dodson, Alexander Ro-20
Elisha Ha-13
George Cl-108
Isaac O-210
James O-198(2), Ha-85
Jehu Mc-207
Jesse Mc-185
John Ha-23, Ha-26(2)
Jourden Ca-23
Rachel Ha-19
Rawleigh Ha-13
Reuben G-366
Sampson Cl-130
Samuel M-66, Cl-149, G-367, Cl-130
Thomas Cl-108, M-61, M-51
William Ca-31, O-199
Degget, Daniel B. Su-324
Doggett, Isaac J-286
Jesse J-286
Thomas J-286
Doherty, Charles Mc-192
Daniel A-168
James T. J-299
John J-299
Josiah J-329
Mary Ha-46
Matthew Mc-192
William J-281
Dohorty, Edward Bl-269
Doke, John R-353
Dolen, John R-355
Timothy Su-298
Dolin, Isaac Su-296
Doltery, Sarah K-338
Dolton, Cassey Co-266
David Mc-175
James Ro-28
John O-202
Joseph Ro-28
Thomas Ro-28
Donahoo, Charles Mo-130
Rice O-193
Donaldson, Hanable J-330
Hugh Ro-5
Isabel J-291
James Ro-5, Ha-55
John J-294
Samuel Ha-55
William Mc-139, J-281
Donalson, Betsey Bl-301
Robert Bl-301
Donathen, Elizabeth Ca-35
Donley, Richard Ca-28
William Ca-31, Ca-30
Donly, Patsy Mo-149
Donnoldson, William O-173
Donohoo, Erwin Mc-176
Doolen, Amos K-348
James K-352
Dooley, Alferd M-72
Almond M-72
Dooley, Basil Cl-129
Henry E. M-69
Matthew M-47
Thomas M-72
Dooly, Charles Cl-129
James Cl-129(2)
Thomas Cl-129
Dooset, Tempy C-223
Doran, James K-366
John G. Mc-130
Dorathy, George J-337
Wm. J-337
Dorin, Elizabeth Ca-29
Robert L. Ca-29
William Ca-29
Dorion, Charles H. Mc-186
Dorothy, George J-344
Jane J-311
Joseph Mo-105
Dorse, William F-15
Dorset, Edmd. C-228
Dorton, Allen R-370
Dorum, Lydia Cl-147
Doss, Joel M-70
Thomas G-372
Dosser, William W-207
Dosset, Robt. C-229
Dotson, Abner G-369
Archibald Ro-22
Chas. Gr-222
Clabourn G-369
Coatney Mo-108
Edwd. Gr-222
Elisha Mc-203
Fanny Mc-197
Fountain Ro-23
George Mc-189
Henry Co-250, Mc-203, Co-250
James Mc-191, Gr-222
Jane Mc-197
Jesse Mc-204, Mc-203, Mc-208
Joel G-268
John Mc-135, G-369
Jno. M. Mc-191
Levi Mc-185
Martin R. Mc-191
Moses Gr-222
Nicholas Mc-139
Oliver Mc-171
Peter Gr-222
Reuben Gr-222
Samuel G-369
Stephen Ro-22
Warren, Mc-139, Mc-203
William Mc-202, Mc-133, Mc-203, Mc-197, B-269 G-369
Dottery, Turner Gr-220
Doty, Isaac O-183(2)
Douggar, Henry Mc-189
Ralph Mc-189
Dougherty, Alexander O-175
Dougherty, Elisha C-235
Elizabeth O-175
Ezekiel Cl-146
James Cl-147
Joseph Mr-93
John Mo-145(2), C-224
N. C-238
Solomon A-193
Doughtrey, Henry H-73
Doughty, Benjamin Co-268, Co-254
James Co-254, Co-258
John Ro-60
Rebeca Co-268
Sampson Mo-95
Douglas, Alexander S-114, J-295
Andrew Mc-181
Edward J-321
George P. C-218
Jacob W-206
Jas. H. C-218
John W-249, S-114, J-298
Jonathan O-195
Matthew C-218
Samuel W-224
Thos. C-219, Ro-38, O-195
William C-218, Ro-38, O-195
Young W-247
Douglass, James Ca-13, Bl-276 Mc-194
Jesse Mc-194
John K-391, Mc-189, K-318
Jonathan Mo-85, K-378
Robert Mc-189
Samuel S-114
Thomas S-114
William K-320
William R. Mc-171
Zilpha Ca-31
Dougterty, Asa A-195
Douthet, Davis Mc-193
John Mc-193
Saml. Bl-276
Douty, Azariah Gr-214
Ephm. Gr-214
Jesse Gr-214
Moses M-73
Dove, John J-317
William K-373
Dowdle, Samuel S-91
Dowel, Betsey C-227
Elijah K-351
Dowell, Lewis Ha-34
Mary K-331
Samuel S-91
Tandy K-344
Dowler, William K-393
Downes, Daniel S. Bl-286
Downey, Samuel Mo-130
Downing, Abednago O-172

Doyle, David K-380
Isaac K-396
John K-358, K-369, K-358
William K-358
Dozier, Dennis K-329
Drain, Benjamin W-211
Peggy Gr-212
Ruanna M-71
Drake, Abraham Ca-13
David Su-334, Su-337
Ephraim W-213
Gabriel Gr-188
George W. J-297
Jacob Ca-9, Su-337
John Su-334, Su-337
Saml. Ca-5
Thomas Cl-147
Tyler Mc-188
Wm. R. Su-338
Draper, John Ha-21
Polly Ha-21
Solomon K-319
Thomas K-370
Drewin, William M-45
Drinnen, Elizabeth J-286
James Ha-21
Laurence J-278
Lovisa Ha-66
Polly Ha-66
Drinnon, William Ha-66
Driskel, Jesse J-285
Driskell, Joshua Co-258
Thomas T. Co-258
Driskill, David Co-253
John Co-273
Moses Co-253
Thomas Co-254
Droke, George Ro-15
Peter Su-333
Drowk, John Ro-17
Drummond, William Cl-135
Drumwright, William Ha-10
Drury, Emery C-221
Dryden, David Su-318
Duckworth, John R-362
Dudley, Frances N. B. K-326
George W. Gr-158
John K-343
Thompson Gr-158
Dudly, Samuel B-278
Duese, John O-187
Duff, Josiah B-282
Nelson Mo-148
Sarah Mo-156
Thomas Mc-161
Duffe, John T. Bl-295
Duffey, John Mc-203
Duffy, John Mo-139
Duggan, Daniel Mo-90, S-112
Henry Bl-310
Hugh S-93, Mo-153
James Mo-99
John Mo-99, Bl-268, Mo-94
Duggan, Robert S-93
Samuel Mo-105
Sarah S. Mo-149
Thomas Mo-160
William Mo-105, Mo-99, Mo-160
Dugger, Abel Ca-18
Alexander Ro-60, Ro-43
Daniel Ro-61
Jacob Gr-228
Joel Ca-19
John Ca-20(2)
Joseph Gr-205
Julius A. Ca-33
Julus Ca-19
Mendy Ca-27
Thomas Ca-27
William Ca-27, Ca-20(2)
Duggins, Pouncy Ro-52
Duglass, John G-393
Duke, Hiram O-198
Nelson N. C-223
Washington S-114
Dukes, Henry J-334
Jas. Gr-227
John J-334
Wyley J-334
Dulany, Elcaney R. Su-306
Elizabeth W-225
Martin M-58
Rebecca W-203
Wm. Su-323
Wm. & Jno. R. Su-317
Dulen, Spencer C-229
Dun, Booker Ca-23
Godfrey Ca-24
Dunahoo, James E. Ro-38
Dunavant, John Ha-49
Wilson G-402
Dunavin, Thomas J-294
Dunaway, James M-51
Dunbar, Samuel G-368
Duncan, Abner Ca-26
Alfred Su-294
Andrew Mo-82, Bl-271
Barkly Bl-269
Benjamin Ca-26, Bl-305, K-365, Ro-4
Berry Ro-25
Charles Mo-138
Enoch Ca-13
Evan E. Ro-50
George Bl-267, Bl-284, Bl-291
James W-216, Bl-271, K-316
Jephtha Mr-100
Jeremiah Bl-283
Jesse W-201
John R-365, W-204, Mr-90 Bl-269, Ro-24, Mr-100
Joseph F-4, W-250, Bl-271, Bl-269
Josh. Gr-213
Duncan, Macedonia B-279
Marvel Bl-269
Mary K-326
Philip G-376
Rice W-201
Robert K-370, Ro-66
Robert A. W-240
Saml. Gr-221
Thomas G-376, Ro-19
William W-203
Duncay, William Ha-22
Dunehewe, Henry G-354
William G-358
Dungy, Charles Co-266
Dunham, Charles W-259
Daniel M-72
David M-44
George W. Ha-63
Henry M-46
John S. Ha-63
Lewis M-60
Martha W-257
Philip G-406
Rebecca W-262
Richard M-72
Dunington, Joshua A-192
Dunken, Alfred A-182
Dunkin, Andrew Mo-114
Francis Mo-104
George C-217
Henry C-221
Isaac A-190
James A-195
Jane J-326
Jeremiah C-218
Joel J-295
John Mo-104, C-218, Bl-291, J-294
Joseph Bl-291
Joshua C-212, B-271
Judge A-195
Moses A-188
Peter C-217
Dunlap, Adam S-110
Ephraim Bl-254
George K-345
Henry Mo-99
James K-392
Jane K-372
John K-388, Bl-258, R-365, Gr-167
Polly K-387
William K-387, K-345, Gr-176
Dunlapp, James Bl-296
Joseph Bl-296
William Bl-296
Dunlary, James R-358
Dunn, Aly K-342
Amy Mc-157
Booker Ca-23
Daniel Bl-311
David R-376
Drury Cl-126
Dunn, Eliz. R-376
Francis Cl-137
John S-120, Cl-142
Jonathan K-342
Joseph Cl-116
Levi Bl-311
Margarett Mo-160
Perry Mo-124
Richard S-111
Rudice K-380
Saml. A-176
Thomas K-341, Cl-142
William Bl-311
Dunnagin, David Ro-34
Dunnam, James M-72
Dunnavant, Demarcus Ro-64
Dunnigan, David Gr-175
Nicolas Gr-175
Dunning, Samuel K-365
Dunnington, Reuben A-192
Dunsmore, Joseph Cl-104
Moses G-374
Nathan Cl-104
Sarah Cl-110
William Cl-112
Dunsworth, Thomas Mo-112
Dunwoody, John Gr-180
Patrick M. Gr-182
William Gr-181
Dupee, James Cl-130
Durant, Edward O-199
Durham, John G-400, Ro-24
Singleton Ro-24
Durossett, Benj. Bl-253
Durret, Goodly A-171
William A-169
Durston, Abraham Gr-168
Isaac Gr-173
Rachael Gr-168
Durton, Philip Ro-40
Dutton, Abram Su-332
Elizabeth Su-332
George G-399
Katharine G-398
Samuel Su-341
Duvall, John F-15
Dyan, Polly J-321
Dyar, Jas. A-189
Dyche, Andrew Gr-177
Charles Gr-177
Christian Gr-153
Emanuel Gr-221
Henry Gr-172, Gr-169(2)
Jacob Gr-167
John Gr-178
Joseph Gr-207
Michael Gr-187
Moses Gr-160
Catharine Gr-177
Dyer, Abraham Mo-81
Abram J-290
Allen Su-308
Alexr. Su-308
Archibald Mc-167
Dyer, Benjamin Mo-127
Charlton G-366
David Su-313
Elisha Mo-126
Ephraim Ha-20
George G-366, G-354
Isaac G-354, G-385
Jacob Gr-193, Bl-250
James K-375, Mc-135, G-366, G-359(2)
Jesse G-362
John Gr-175, Gr-192, Mo-146, Mo-80, Bl-250
John B. Co-269
Joseph G-382, G-367
Josiah Bl-266
Lydia B-273
Manore Mo-83
Owen G-361
Rebecca Mo-127
Robert Ha-22, W-257, B-271
Ruth Gr-192
Samuel Gr-183
Spills B. R-366
Thomas G-357, G-385
William G-354, G-360, G-398, Mc-146
William S. G-385
Wilson G-411
Dyke, Jacob W-222
Dykes, Bryon Bl-259
David R-353
Jesse Cl-115
John Ha-34
William Cl-131, Ha-33(3)
Eagleton, Elijah K-372
John Bl-288
Robert Bl-288
Eakin, Isaac Mc-134
Ealey, Samuel M-44
Ealy, Adam Gr-169
Eanis, Jacob Ro-15
Wm. Ro-15
Earden, Joshua Mo-131
Earles, James Mc-130
Earley, Benja. W-216
Charles Co-265
Earls, Frederick M-52
Early, Andrew Bl-257
Samuel Su-298, W-207
William Bl-257, K-322
Earnest, Barton Gr-201
Felix Gr-201
Hanah S-118
Henry Gr-201
Isaac Gr-226
Jacob Gr-201
James S-101
Laurence Gr-201
Mary Gr-201
Peter Gr-201
Wesley Mo-97
Earout, Isaac Bl-257
Earpe, Wm. Ro-7
Earvans, James Co-245
Easley, Daniel G-410
John Su-299
Mary G-405
Stephen Su-302
Warham G-404
Easly, Hugh Su-332
Robert Su-332
Thomas Su-302
Vincent Su-299
Eason, Adin Gr-167
John G. W-260
East, John T. Ro-41
Eastas, Micajah Co-247
Easterley, Anne Gr-163
Caspar Gr-177
George Gr-162
Isaac M-58
Jacob Gr-163
Moses M-50
Philip Gr-163
Easterly, Conrod Bl-261
Jacob Co-252
John G-387
Easther, Hellen Ro-10
Joseph Ro-11
Peter Ro-10
Eastredge, Margret Co-247
Eastridge, Axey Mc-178
Ezekiel Ro-44
Sarah H-82
Eastus, John Mr-89
Eatherton, James Co-252
Eaton, Alexander Ha-42
Clement Mc-201
Daniel G-390
Henry Co-258, Mo-99
James G-391
Joseph Ha-35, J-341
Joshua Mr-101
Pleasant Ha-19
Robert D. G-374
William G-390, Bl-254
Eavans, Darcass Ro-15
Patrick Ro-6
Samuel Ro-26
Eaves, Thos. R-371
Eavins, Elizabeth C. Ro-16
Ebbs, John Co-250
Eblen, Ann Ro-46
Isaac Ro-42
John Ro-51
Samuel Ro-20
Eblin, William Ro-56, Ro-58
Eddington, Eseneth Mo-154
James Mo-158
Joseph Mc-163
Thomas Mo-155
Eddleman, John Gr-153
Michael Gr-228
Eddridge, Fletcher H-81
Edens, Archd. Mc-179
Elija Ha-73

Edens, Isham Ha-72
James Ca-5
John Ha-73(2)
Nathaniel Ca-5
Edes, Jesse Cl-135
Edgar, Alexander G-387
Andrew J-301
Andrew B. J-280
John Mc-196
Edgeman, Branton Ro-9
Saml. Gr-207
Thomas Ro-9
Edgemon, Johnston Ro-10
Wm. Ro-10
Edging, Johnston Mc-150
Edgmund, Samuel Su-338
Edington, Ann R-389
Hugh D. Mo-111
J. R-389
James R-359
James H. K-389
Jesse W. Mc-186
John K-396
Joseph K-358
Nancy Co-256
Philip K-382
Samuel Mo-111
Sarah Co-256, Mo-113
Wyley K-380
Edmonds, Fanny J-338
Richard B-275
Edmondson, Abraham Mc-159
John Mc-161
Manuel Mc-208
Samuel Ro-12, Mc-169, Mo-121
Southard Mc-172
Wm. Bl-267
Edmons, Matthew Bl-262
Wm. Bl-262
Edmonson, Esther K-356
Isaac K-345
John A-187
John B. K-356
Louis K-348
Parker Bl-252
Samuel K-345
Sterlin M-48
Edmonston, David Bl-277
Edmunds, George J-336, Mo-143
Nancy Mo-133
Edmundson, Allen Mo-83
Lewis A-173
Samuel A-174
Edwards, Abel Ca-32, W-239
Arthur F-10, Cl-120
Edward Ro-24
Ezechal A-175
Fletcher H-86
Henry Ro-61
Hiram Cl-106
Isaac H. Ro-24
Edwards, James Co-274, F-10 Ro-44, Cl-134
Jeremiah W-238
John Mo-143, W-221, Ro-18
Joshua Cl-120, Su-320
Mary A-183, G-399
Owen Ca-36, Su-313
Rainy W-238
Samuel E. W-213
Spencer Cl-126
Thomas H-86, W-221
Thomas E. Mo-148
Walter C-219, Mc-154
William R-385, W-256, Mo-130, Ro-10, Mo-128
Whyly B. Ca-36
Eidleman, Daniel F-9
Ekerd, Adam Su-328
Elborn, Joseph B-265
Elder, Andrew G-372
Charles J-343
Elijah Mc-155
James Mc-199, R-352
John Mc-141
John S. Mc-140
Martin J-332
Robt. R-375
Saml. Mc-165
William O-188
Eldridge, Benjamin Ro-54
James O-211
Jesse Ro-49
John O-209
Mary Ann O-213
Nathan O-206
Obed J-290
Sampson O-210
Samuel Cl-122
Simeon Ro-54
Stephen O-213
Thomas O-188, O-204, Mo-121
Westley Ro-53
Elem, Edward O-190
Elgin, Robt. J-333
Eli, George O-194
Elinger, Andw. J-336
Elington, David C-228
Eliott, George J-339
Elkins, David K-371, G-354
George Ha-9
Harmon Gr-171
James G-375
John Ro-53
Larkin Su-326
Peyton K-366
William Ro-16, Gr-167
Winston Ha-55
Ellage, John B. Bl-277
Elledge, James H-73
Rowland Mc-183
Thornberry K-389
Eller, William Gr-193
Ellet, Thomas Ca-13
Ellice, Christopher S-110
James W. S-97
John S-96
William S-97
Ellidge, Joseph Mo-135
Ellige, Betsy Bl-299
James S-120
Ellington, John Cl-137
William Cl-137
Elliot, James Co-266
Jesse Mc-191
John Mc-192, S-96
Moses Bl-257
Patric W-208
Robert C-229
Thos. C-225
Elliott, Bartholomew Mr-92
Hannah K-353
Isaac K-351
James K-348
John K-336, M-59, Mc-192
Josiah L. M-61
William M-51
Ellis, Abner K-335
Edmund Ro-45
Eleazer Su-305
Enis Bl-256
Francis Ro-33
Henry Mc-195
Jacob W-218, Gr-235
James Co-248, Cl-149, W-239, Su-299
Jesse Gr-236, Gr-222
John Co-271, B-286, W-252, Ca-39, Ha-44, Mc-177, Mc-195
Jonathan Gr-217
Joseph B-287, G-369, Ro-64
Josiah B-270
Joshua Mc-192
Lewis G-393
Moses Co-272
Nathaniel Co-272
Radford Ca-17
Samuel Cl-128, Gr-217
Solomon Ca-36
Thos. Gr-236
Uriah J-340
William W-248, Ha-47, Mc-148, M-72
Wyly Ca-38
Ellison, Berry Cl-137
Bunch R-388
Jacob Co-247, Co-246
James Cl-137(2), Mo-149
Jesse Co-247
John Co-247
Johnathan S-104
Joseph Mo-97
Martha Co-248
Peter R-358
Ellison, Robert Mc-135, Mc-133, C-232
Ellisson, Hinson Mc-135
Ellit, John J-319
Robert J-323
Elloitte, Sally Bl-289
Ellor, Jacob J-314
Elmore, Allen Mr-97
Archillus J-314
Austin J-313
Daniel Mr-97
George Bl-277
Isaac J-321
Jesse Mo-103
Joel J-313
Mordica J-312
Nancy Mr-97
Peter J-334
Thomas J-296
Wm. J-314
Elrod, Peter Ha-67
William Ha-67
Elsey, Isaac W-259
Jane W-247
John W-207
Elswick, Charity C-236
Jacob C-227
Elsy, John M-54
Ely, Barton Cl-152
David S. Mo-128
Isaac Cl-151
Solomon Cl-152
William Cl-152
Embree, Elijah W-253
Nancy Su-300
Embry, Joel G-401
Emerson, Hesekiah Ha-46
Emery, Benjn. R-363, C-240
James S-108, C-222
Emmerson, Thomas W-214
William Mc-208
Emmert, George Ca-8, Ca-7, Su-310
Jacob Su-311, Su-309
John Su-309
Lucas Ca-9
Peter Su-311
Wm. Su-300
Emmet, Andrew Ca-37
Elisabeth S-93
Emmett, Peter Ca-7
Reuben K-342
Emmit, Daniel S-116
Emmitt, Frederick Bl-310
Endsly, William Mc-159, Mc-208
England, Alexander S-113
Alfred A-178
Andrew A-178
Dabney Ro-35
James Cl-149
Jeremiah O-194
John Ro-35, K-345
Joseph Mc-176
England, Pheba Mr-89
Thomas Cl-149
Titus A-189
Wesley Cl-149
Wm. A-178
Zepheniah A-171
English, Alexr. Gr-208
Andrew Gr-208, Ro-8
Charles Cl-150
John W-235, Gr-208, Gr-207
Matthew R-388
Nathan W-247
Robert Cl-117
Sally Bl-303
Samuel Cl-150
Thos. Gr-206
Enos, Elizabeth Bl-253
Thomas Bl-253
Ensor, William T. W-202
Ensley, James Mo-113
Ensly, Alexander Mo-115
Eperson, David Su-303
Jas. R-372
Epison, Josuah A-167
Epley, John Ca-13
Epperson, Harrison Ha-60
Jas. A-179
Jane Ha-68
Jesse Mc-179
John J-287
Shadrick Ha-69
Thomas Ha-69, Ha-68, Mc-179
Eppes, Edward K-363
Eppison, James A-180
Epps, George Co-243
Erskine, Hugh Mc-157
Ervin, Francis Ro-66
James Ro-66
Saml. A. Ca-4
Erving, Martha Bl-299
Erwin, Benjn. R-365, Mc-199
Francis Ha-42
John Mc-143
William W-254, W-218
William S. W-255
Erwine, John C-234
Eskridge, Samuel Ro-45
Eslinger, Adam J-344
David Co-252
Mary J-339
Philip J-330
Essman, John Mc-195
William Mc-181
Estabrook, Joseph K-342
Estep, Barshaby Ca-35
Enoch, Ca-37
Isaac Ca-37
John Ca-33
Levi Ca-37, Ca-8
Moses Ca-18
William Ca-5
Estes, Elisha Cl-111
Estes, James Cl-1[illegible]
John Cl-107, [illegible]-388, G-386
John B. W-261
Lawson Cl-148
Richard Cl-135
Washington G-388
William G-388
Etherton, William S-101
Etter, George Ha-41
James L. Ha-15
Jefferson Gr-183
John Gr-183
Samuel A-186
Washington Gr-180
Eubank, John K-323
Evans, Absalom G-374
Ambrose G-400
Amos Ro-42, G-360
Andrew J-325
Archibald Ha-82, F-3
Bartholomew S-96
Benjamin Ro-43
Burwell P. M-65
Charles Gr-161
Cornelius A-179
Daniel S-105
David G-357
Edmund W-213
Elijah G-361, Cl-118
Elizabeth G-240
Evan Ro-57, Gr-173
Ezekial J-283
Flemming B. G-386
George G-371
Gilbert Gr-224, Gr-178
Hamilton Cl-113
Hannah Gr-173
Harris Mo-93
Jabez F-6
Jacob S-120, J-282
James Mc-156, Ha-13
James H. Bl-302
Jane F-13
Jeremiah Mr-92
Jesse F-17, G-404, Cl-112
John S-98, S-100, F-12, G-392, Cl-110, Bl-297
Jonathan Mc-146
Joseph K-390, Cl-136, F-7, W-244
Lucy B-273, J-330
Mary K-325, F-17
Nathan F-4
Obediah K-324
Peter A-189
Richard S-116
Robert Gr-163
Ruben Mo-98
Samuel K-390, J-299, F-10, Mo-93
Sarah J-291
Sarah Ann K-360
Simes F-10

Evans, Walter J-291, Cl-118
  William K-324, K-332, Ha-13, G-391, G-371, F-6, J-327, Gr-178, Cl-107, Cl-112, A-184, Bl-302
  Willis R-387
Evens, Andrew R-385
  Ardin Ro-62
Everett, Aquiller K-362
  Bird F. M-44
  Boling Mo-143
  Derritt K-325
  Eppy Ha-18
  James K-328
  John G. M-48
  Joseph Su-345
  Larkin M-48
  Nimrod K-356
  Philip Gr-155
  Ralph K-366
  Signer Ha-10
  Sylvanus K-336
  William Co-268, K-325
  William C. K-320
Everette, James Bl-295
  Margaret Bl-295
  Mary Bl-293
  Thomas Bl-292
  William R-381, Bl-292
Everhart, Christian Ha-44
  David Gr-202
  Jacob Ha-27
  John Ha-43
Everley, John Gr-160
Everton, Thomas Mc-195
Eves, William M-58, M-71
Evilciser, Philip Gr-178
Evitt, John B-275
  William B-275
Ewbank, Philip Mc-150
Ewbanks, Samuel Mc-147
Ewell, Conner Ro-42
  Isaac Ro-42
  Wilea Ro-42
Ewing, Elizabeth Ro-2
  George Bl-296
  Jacob Ro-2
  James Bl-299
  Joseph Ro-3
  Samuel Bl-299
  Saml. A. Mc-172
  William Bl-267, Bl-304, R-392
  Wm. M. Bl-272
Ezel, James Mo-93
Ezell, George G-390
  Jesse G-383
  Solomon G-395
Fain, Ebenezer Mc-164
  David Ro-26
  John J-318, Gr-184
  John R. Su-324
  Josiah J-333
Fain, Misser Ro-25
  Nancy Ha-28
  Nicholas Ha-38
  Thomas Su-306
Fairbanks, Jno. R-375
Fairchild, Joel Cl-108
  Lewis Mr-99
Fagala, Adam S-98
  Michael S-98
Fagan, Widow A-170
Fagg, James Bl-293
  John A. Bl-295
  William Bl-295
Falkinberry, Andrew Mo-96
  Benjamin Mo-97
  William Mo-96
Falkner, Daniel Su-336
  James Su-337
  Laurence Ro-19
Falland, Agness W-262
Falls, Jas. Gr-221
  John Gr-221
  Joseph Gr-223
  Mary Gr-221
  Sarah Gr-221
Fan, Frederick Gr-156
  George Gr-156(2)
  Hiram Gr-157
  Solomon Gr-156
Fancher, James O-186, O-187, O-184
  Thomas O-209
Fanchir, Alexander O-185
Fann, George Gr-160
  John S-106
  William S-106, Bl-300
  Willie K-355
Fanner, Nancy Gr-198
Fannon, Greenberry H. Gr-155
  John Mo-84
  Thomas K-320A
  William S-97
Fanshier, John Co-252
Fanshire, David S-99
  John S-100
  Samuel S-99
Fansler, David Su-332
  John Su-340
Farbank, William Mc-191
Fardly, Daniel Mo-146
Faris, Jeremiah Mc-142
  Peter Ro-25A
  Samuel Ro-25A
Fariss, Martha Ha-7
  Polly Ha-9
Farless, James Mc-140
  James R. Mc-140
Farlis, Wm. J-339
Farmar, Alexander Mo-111
Farmer, Abner A-169
  Alfred Gr-197
  Andrew M-52
  Aquilla B-280
  Archilaus V. Ro-52
Farmer, Bird M-63
  Elijah Ro-52, M-70
  Fany A-193
  Fredk. R-363A, M-66
  Green Bl-312
  Henry A-175, A-182, Mc-159
  James J-334, M-61
  James W. Bl-306
  Jasial Mc-166
  John Gr-197, Bl-299, R-363A, R-364, M-52, G-369
  John K. Mc-130
  John W. Mc-130
  Luke A-188
  Mary J-310
  Maryan Mo-103
  Mary Ann Bl-254
  Mullen Ha-28
  Nathan Bl-312
  Nathaniel Ro-52
  Nimrod J-310
  Patsy A-176
  Stephen Ha-80
  Thomas Mc-164
  William R-352, B-269, O-174, Mc-154, Mc-159
Farner, Abraham Gr-160, Mo-92
  Catharine Gr-168
  Conrad Gr-167
  Daniel Gr-167
  Isaac Mo-136
  Jacob Gr-173(2)
  John Gr-173
Farnsworth, David Gr-196
  Elizabeth Gr-215
  George Gr-156
  Henry Gr-165
  Henry A. Gr-153
  Jane Gr-159
  Rebeckah Gr-160
  Robert Gr-159
  Solomon Mc-186
  Thomas Gr-155
Farnswoth, Jeremiah Gr-170
Farr, David Bl-306
  Henry Bl-290
  James S-119
  Samuel Bl-290
Farrell, Henrietta J-335
Farren, Henry Mo-125
Farris, Georg W. Mo-102
  Gideon Cl-116
  Jesse Ha-12
  John Mc-141
  Maple Cl-129
  Martin Cl-120
  Rachel Mc-141
  Robert Cl-129
  Stephen Mc-141
  William Ca-29
Farrow, Henry Su-334
Farrow, John G. Su-300
Faubian, Abraham Co-244
  Diana Co-250
  Jacob Co-250, Co-252
  John Co-250
  Moses Co-250, Co-243
  Spencer Co-250
  William Co-244, Co-252
Faulker, George K-362
Faulkner, David K-363
  Ellen K-365
  Jas. C-217
  Mary C-232
Fawbush, Andrew Su-339
  Eli Ha-73
  John Su-339
  Lewis Su-343
  Thomas W-252
Fawcett, Rebecca B-290
Fay, James Co-252
Feagins, John Mr-94
Feaster, Levi Mc-182
Feathers, John Su-320
  John L. Su-310
Feazle, Henry Gr-168
  John S-102
Febrie, Alexander Ca-6
Feild, Adam A-190
Felcker, Nicholas Mc-198
  Peter Mc-198, Mc-155
Felden, William Ha-16
Felker, Jonathan Mc-155
Felkins, John O-178
  Ruben O-178
  William O-178
Felkner, George Ha-35
  Jacob Ha-43
  Phillip Ha-35
Felknor, James J-278
  William J-278
Felkor, William Co-269
Feller, Abm. G. Gr-224
Fellers, Jacob Gr-155
  M. J. Gr-201
  Michael Gr-155
  T. J. Gr-201
Fellows, Jacob G. W-219
Felps, Henry Cl-113
  Solomon Cl-124
  Valentine Cl-124
Felton, Gary Mo-148
Felts, Aaron Ro-10
  James Ro-10(2)
  Randolph K-394
  William W-222, Ro-52
Fenceler, Frederic W-218
Fender, Daniel Ro-15
  Johnathan Ro-23
Fenler, Wm. Su-303
Fergason, John R-364, S-119
  Samuel S-118
  Tolifer R-360
Fergeson, Alex Su-300
  Wm. Su-303
Ferguson, Abegail R-393
  Abner Ha-69
  Andrew G-379
  Benjamin K-315
  Betsy K-342
  Eli R-365
  George Ha-84
  Henry F-15
  James S-100, K-387, R-366
  John G-393, R-365, R-366
  Joseph Ha-69
  Leroy R-366
  Levi R-365
  Mary K-315
  Mary Ann K-366
  Moses R-366
  Nancy G-379
  Richard S-112
  Robert R-366, K-385
  Saml. R-366
  Stephen K-393
  Thomas G-379
  William R-366, Mc-199, W-253, S-100, K-374
Ferrel, James Cl-150
  Jonathan Cl-151
  Joseph Cl-144
  Roger Cl-145
  Sarah H-80
Ferrell, James O-176
  Jas. R-377
  John Ha-82, R-377
  Robert O-204
  Smith O-176
Ferril, Charles Su-346
Ferrol, Thomas Ro-3
Ferrold, Antoney Su-347
Ferry, Daniel Cl-137
  Joseph Stigal Cl-137
Feters, Isam B-269
Fetser, George Mo-128
  John Mo-122
  Margaret Mo-121
Fickel, A. B. W-260
Field, Joseph Mc-133
Fielden, Joseph Cl-146
Fielding, Dempsey J-313
  James J-314, G-383
  Jesse Gr-175
  John J-313
  Malinda Gr-175
  Richd. J-313
  Wm. J-313, J-314
Fields, Agness Ha-29
  Anderson Ha-65
  Beeson Mc-133
  Dida Ha-30
  Green R-355
  Jediah R-354
  Joel G-360
  John Ha-73
  Lafayette W-245
Fields, Lansford Gr-190
  Lucy Cl-132
  Martin Ha-28
  Obadiah Ha-29
  Perry Ha-29
  Robert G-358
  Squire Ha-59
  Thomas Mc-133
  William Mr-90, Ha-29
Figgins, William Ha-35
Fike, Harland Ro-12
Finch, Abraham Co-269
  George F-8
  Sinah W-256
  Thomas W-227
Fincher, Chas. Gr-210
  Hiram Gr-228
  John Gr-211, Gr-210
  Josh. Gr-208
  Polly Gr-208
  Richd. Gr-210
Finchum, William W-217
Finder, Michael Mo-85
Findlay, George Ro-49
  James Ro-49
  John K-327
  Robert K-327
Findley, James P. K-351
  John B. Ha-38
  Prudence Ha-43
  Robert Mo-157
  Samuel B-279
  Wm. Bl-265
Findly, George S-96
  James Bl-292
Fine, Abraham Co-275
  Abram W-212
  Elijah W-218
  Isaac H-83
  John Mo-88
  Peter R-352
Finger, Henry Bl-289
  John W-218
  Jona W-227
Fink, George Su-296
  John M. Su-295
Finlay, James F-4
  Hiram F-15
Finley, David C. J-306
  James H-83
  John Bl-253
  Patsey G-380
  Ruben O-209
  Samuel A. G-375
Finnel, James Ha-50
  William Ha-39
Finney, Isaac Mc-196
Fipps, Peter F-10
Firestone, Matthias Mc-196
  Saml. Mc-196
  William Mc-196
Firman, John J-297
Fish, John Ha-52
Fisher, Bazil Cl-137

Fisher, Daniel K-395
Hutson Ha-8
Jacob Mo-104
John B. Mc-179
Noah Ro-45, Mc-183
William K-326
Fisk, Moses O-182
Nathaniel O-182
Selir, O-200
William H. R-357
Fitch, Jacob Mc-148
James Ha-67
John Su-339
Fite, Elias Mc-158
Peter Mc-158(2)
Winney O-212
Fitsgerald, Geo. Su-300
Hugh J-315
Fitzer, Jacob Su-327
Fitzgerald, Aiken W-218
James Cl-112, W-259
John K-375
Patrick Bl-287
Randolph Su-294
Fitzgerrald, John Mc-141, Mc-202
Joseph B. Mc-148
Saml. Mc-141
Will Mc-141
Fitzpatrick, Edmond Ha-43
Jacob Ha-15
Flatford, Eleven J-342
Nat J-314
Flannagin, William Mo-132
Flannegin, James Mc-138
Flatt, Benjamin F-2
John F-13
Flaty, William O-188
Fleenor, Henry Ro-41
Fleming, D. H. R-381
John H. K-328
Robert K-323
Rody O-179
Sally Bl-284
Samuel K-319
Talathier O-180
Washington S. K-351
William O-213
Flemming, Bird M. C-215
John W. K-368
Flemmings, John Su-327
Fleniken, John K-380
Samuel K-326, K-380
Wallace K-380
Fletcher, Alfred Cl-122
Burgess Ro-38
James Cl-145
James A. Ro-54
John Ca-5, Ha-76
Russel O-175
Silas Ca-21
William Ha-21
Flin, Rial O-181
Flinn, James Gr-160
Flinn, Joseph Bl-310
Sarah G-411
William Bl-310
Flipps, Solomon H-85
Flora, Daniel Ha-17, Ha-64
John G-401
Joseph Ha-37
Flowers, Anthony O-202
Arthur O-177
Benjamin O-178
Charles Gr-174
David O-203
James O-201
Levi O-178
Roland O-177
Samuel O-203
Sarah J-293
Thomas O-178
William Su-348
Floyd, Betsey S-98
Burgess S-93
Enoch M-58
Hiram G-358
Isaac W-223
Jonathan S-100
Lemuel G-384
Nathaniel S-100
Nimrod C-222
Samuel Mo-155
Thomas M-54
William M-54
Flynn, George S-100
Foley, Sarah Mc-136
Folio, Ham W-251
Follet, George S-112
Follot, Jerh. Gr-213
Folsom, Malcolm N. Ca-3
Folston, John W-217
Fonville, Lewis Gr-226
Forbes, James M-73
William O-192, O-191
Forbice, Urqhart K-320A
Forbush, David Ca-37
William Ca-37
Ford, Alexander W-258
Benjamin W-258, Bl-264, G-374
Beverley Ha-73
Blakely K-388
Burton Ha-17
Delilah H-86
Edmund R-363(2)
Elisha K-388
Enoch W-235, Su-306
Ezekiel Su-313
Fanny K-388
George Cl-125
Grant W-258
Henry O-191
Horatio Su-338
Isaac Su-297
Isaac B. Ha-41
James W-248, Su-304
Jane G-367
Ford, Jason W-248
John W-259, B-277(2), Su-304, O-191, K-379
Joseph K-385
Leah W-258
Lisby W-258
Loyd W-248, W-258, Su-304
Lydia Ha-17
Mary Su-294, Gr-214
Micajah Su-312
Mordecai C-217
Mordica Su-337
Nacy Ro-16
Ralph G-386
Reuben Ha-72, B-277
Stephen C-214, R-363(2)
Thomas W-258, Su-314, Su-348
Thomas F. C. Mc-204
Tipton Co-272
Wilie Ha-16
William H-79, Gr-212, W-240, Gr-235, Ha-73
William C. Ha-41
Wm. D. Ro-5
Fore, Augustin P. Mc-189
Forester, John Ro-11
Milley Ro-11
William C-229, Mc-151
Forgason, Thos. J-332
Wm. J-332
Forgerson, James Cl-148
John Cl-149
Thomas Cl-135
Forgeson, Andrew Bl-273
Calvin Mo-134
Hugh Bl-261
Jas. Bl-271
John Bl-271(2)
Forgey, Alexander K-373
Andrew Ha-61
James Ha-42
John Ha-61
Forgoson, Andrew A-193
Forgy, Nancy Mc-167
Forkner, Elija Ha-54
Isaac Ha-46
Formault, Jacob Bl-287
Formwaule, Elizabeth K-339
Forrester, Alexander Ro-60
Evelon B-281
Mary Mo-158
Susan Bl-301
Thomas Ro-60
Forrister, John Ca-39
Forshee, Jesse Mo-111
John Mo-92
Joseph Mo-111
Richard Mo-111
William Mo-111
Forsyth, Andrew J-293
William Mo-112
Forsythe, James Mo-116
Fortenbury, Jacob Co-247
Fortner, Henry K-354
Jacob Gr-178
Jonathan Gr-231
Moses Gr-230
Sugar Gr-231
Wm. Su-346
Willie Gr-231
Foshee, John R-363
Sampson R-363
Foson, Elizabeth Ro-46
Stephen Ro-54
Foster, Benjamin Ca-6, Su-311
Charles W-255
Danl. Mc-160
Elizabeth Su-321, Mo-126
Enoch B-285, A-188
Frank S-117
George D. B-267
Henry K-366
Isaac A-185
Jas. C-239, B-283, S-92
Jarret Mc-144
John Mc-132
Joseph G-376
Louisa Ro-64
Nancy K-360
Peter R. Gr-181
Rachel R-354
Richard Ha-61
Robert Gr-226
Robt. L. J-333
Saml. A-193
Shepherd T. H-78
Simpson Mc-195
Thomas Mc-183, W-254, Ca-18
William B-282, Mc-133
William R. Gr-180
Fotheree, Sarah Mo-155
William Mo-155
Foust, Daniel K-376, K-377, A-179
George K-377
Jacob K-376, K-377, Ro-10
John K-375, K-377(2), Su-331, Ro-20
Lewis K-377, K-364
Philip K-377
Phillip Ro-15
William J-324, Ro-15
Fouste, George Su-344
Henry Su-339
Jacob Su-343
John S. Su-340
Lewis Su-339
Philip Su-340
Solomon Su-345
Foute, Daniel D. Bl-287
George W. Mo-121
Jacob Ro-47
Jacob F. Bl-287
Foute, William L. Ro-47
Fowler, Agel F-7
Alice Gr-207
Ann M. Gr-196
Asa C-228
Banjamin Gr-169
Enoch S-93
Isaac Co-258
John Mc-142, K-348
Larkin Co-258
Philo Bl-255
Richard S-94
Sarah O-193
Thomas Co-249
William Bl-259, Co-248, R-366
William A. O-194
Fox, Abraham S-111, Mc-162
Adam W-202, S-121
Andw. Gr-201
Anna Mc-163
Austin K-347
Daniel W-204
Elihu Co-243
Elijah Co-259
Enoch O-179
Esekial Gr-200
George A-190, S-108
Henry W-253
Isaac Gr-201, A-190
James Gr-201, O-172
John J-288, A-190, Co-272, S-109
Jonathan Co-243
Joseph O-182
Lewis H-81
Mark, S-108
Mathew Co-269
Ransome Co-259
Sarah Gr-201
Solomon W-201
William S-109, Co-255
Fraby, Nochols R-355
Fraim, Mary S-119
Fraker, Adam Gr-234
Frd. Gr-234
Fredric K-352
John Gr-235(2)
Mary K-371
Frame, Archibald W-240
France, Elizabeth O-209
John O-209
Francis, Benjamin O-207
Burgess Co-268
Daniel W-224
David Co-268
Dolly G-375
Edward M-70, Co-268
Ephraim W-225
Hugh Ro-59
John Mo-137, F-12
Joseph M-65, S-101
Josiah M-67
Miller K-336
Francisco, Benjamin Ha-40
George Ha-40
James Ha-46
John Ha-39, Ha-40
Frank, James J-279
Jesse Ro-43
John J-303
William J-279, G-391
Franklin, Barnard Ro-26
Bennet Mc-166
Bird H-81
Clem K-362
Edmond Mc-166
Edward F-8
Esom Mc-152
Gillis Mc-166
Henry J-281
Isaac Mr-95
James J-342
John J-305, S-97
John M. J-300
Lawson B. Co-266
Lewis J-280
Nathan M-57
Nathaniel O-204
Owen J-297
Patsy F-2
Polly Ro-35
Robert J-296
Robert D. J-296
Thomas K-391
William K-315, J-306
Willis S-113
Frasher, Alexander Cl-111
Fleming Cl-105
Robert Cl-104
Frasure, F. William Su-348
Preston J-309
Frazer, Joshua Ca-32
Frazier, Abner Gr-235, Gr-231
Benjamin Co-271
Beriah R-378
David Gr-191, S-102
Eliza J-317
George Gr-191
Henry H-74, H-84
James J-315
John Mc-171, Bl-307, Gr-191
Johnson Gr-191
Martin Co-272
Robert B-271
Samuel K-371, Mc-171, R-365
Thomas Gr-181, Mc-164, Mo-110, K-327
William K-392, J-327
Frazure, Henry Ha-81
James Ha-81
Solomon J-327
Fredericks, Henry M-64
Free, Jesse Co-248
John Co-274

Freels, Isaac A-170
Freeman, Alexander H-73
Alsy Mo-151
Davis Ro-46
Elijah Co-274
Francis Mc-198
George W-226
James Ro-25
John Bl-285, G-404, Ro-49
Joshua K-359
Mary Cl-141, Cl-151
Samuel Bl-307
Silvestria Ro-54
Thomas Cl-141
William Cl-142
Zadoc W-237
Zechariah W-228
Freemen, Reuben R-384
Freeze, Catherine Gr-225
David Gr-225
Jacob Gr-231
John Gr-225
Freman, Elija O-201
Lewis A-172
French, Eliza R-382
George K-382
Gideon Mc-165
Henry Gr-177
Jacob K-382
John P. Gr-153
Joseph S-112, F-9
Martin L. F-9
Michael K-382
Moses J-335
Peter K-382, Bl-304
Sarah K-317
Stephen Gr-200
Thomas O-177
W. L. Gr-234
Wm. J-343, Bl-250
Freshour, George Gr-157
John Gr-161, Gr-159
Joseph Gr-158
Frew, Isabella Bl-257
James Bl-257
John R. Bl-257
Frey, Harvey Mc-148
John Co-252
Frick, Christopher Su-328
Fricks, Henry M-52
Friddle, John Mo-100
Fridle, David Mo-146
Frields, Edward Mr-90
Firer, Daniel Cl-110
Thomas Cl-146
Frieze, Geo. R-375
Frigmore, Ephraim M-60
Friley, Mary C-224
Frisby, Alexander O-199
America J-294
Joshua L. Mo-130
Robert Mo-130
Frishower, John Co-258
Fritwell, William R-383
Fritz, David Ro-57
George Ro-57
Henry Ro-56
Jacob Ro-66
John Ro-66
Peter Ro-67
Frizzle, Alison Ha-19
David Ha-20
Jacob Ha-18, J-280
John Ha-20
Nathaniel Mo-93
Frogg, Arthur R. F-7
Cornealus Mr-98
Evan F-14
John M-50
Strother F-14
Frost, John Ha-79, K-369
Jonas K-318
Joshua A-173
Lewis A-168
McCaslton K-362
Rolly W-228
Samuel A-168, K-364
Simeon Ha-80
Stephen G-359
Thomas Ha-86
Frusher, Aaron J-286
Fry, Benjamin G-367
Christopher Gr-179
Elizabeth Gr-179
Gabriel G-368
George A-170, Gr-179
Henry J-312, Gr-181
Jacob Ha-56
James Gr-179
John A-170, R-367
Jonathan R-367
Martin Gr-228
Nicholas Ca-16, K-340
P. R-367
Peter Gr-179
Philip Gr-179
Robert G-367
Saml. R-367
William J-285
Fryan, James K-316
Fryar, James K-316
Thomas Mo-82
Frye, James K-375
John Cl-130
Philip Mc-183
Fryer, Hamilton Bl-256
Jeremiah H-78(2)
John Mo-90, H-78
William H-78
Fudge, Christopher K-332
Fugate, Elizabeth Cl-128
Henley Cl-127
Martin Cl-136
William Cl-116
Fugatt, Exekiel Co-246
Fugett, James Co-247
Fugitt, Irvan Co-247
Fugitt, John Co-246
Fulce, John Cl-146
Fulcher, Saml. H. Mc-169
Sarah Mc-169
Fulker, Mary W-253
Fulkerson, Abram W-248
Alexander W-223
Allen S. W-247
James W-223
Thomas W-247
Fulkeson, Isaac W. Su-296
Fulkner, Jacob Bl-288
Fulks, Abraham W-233
David Mo-94
Elias Mo-94
Ephraim Mo-94
George Mo-94
John Mo-94
Nicholas W-228, K-327
Fullen, James M-65
Fuller, Abraham Ro-4
Eliza Bl-291
George Ro-13
Hosey Ha-45
James J-330
Wm. Su-305
Fullington, John R-361
Sarah Ro-13
Wm. R-361
Fulman, Andrew J-279
Fulmer, Andrew Su-312
John W-202
Fulton, Arthur R-391
Creed Mo-122
Francis Mo-156
Hugh K-390
Thomas K-390
William K-391
Fults, John Gr-224
Funderburk, Lanez Ro-26
Funk, Isaac Ro-59
Samuel Ro-44
Funkhouser, Henry Mc-161
Fuquay, Margaret Mo-100
Fur, Sherred Ca-18
Furgerson, James Mo-89
John Mo-99
Moses Mo-107
Robert Mo-107
Furguson, Eleanor W-256
Elias R-392
John W-223
Thomas W-210
Furry, Jno. C-224
Futhy, John M. Bl-291
Futsnor, Daniel Mr-88
Fyffe, James H. Mc-131
Margaret L. Mc-131
Fyke, Josiah R-357
Gabbard, Benjamin O-190
Gable, Barney Gr-159
Elias Gr-159
Gadd, William Mo-145
Gaddis, Susannah O-196
Gahagan, Joseph B-274
Gailor, Allen C-232
John C-230
Thos. C-235
Gaines, David M-59
George W. Ro-33
Gains, Abraham Co-272
Dorcas W-225
John K-387, W-225
John L. Gr-230
John S. Su-343
Joshua Mo-141
Robert G-380
Susan Su-346
Galaher, James J-280
Galaspie, Wm. Ro-27
Galbraith, Aeneas Ha-52
Andrew Ha-9, Ha-63
John Ha-62
Peter B-291
Thomas B-291
Galbreath, Betsy J-295
Elanor Gr-230
Galbreith, William Ro-35
Gale, Mathew Su-334
N. Su-335
Gallahaw, Joannah Ro-26
Gallaher, Allen G. Ha-41
Benjamin A-189
George Ro-62, A-189, K-333
Harris B. Mr-92
James A-189, Ro-62, K-333
Jane K-364
Thomas K-327, Ro-64
Wm. Su-301
Gallahorn, Robert Bl-276
Gallamore, James Ro-61
Gallant, James R-356
Gallaway, Abram Su-307
James Mr-101
Gallen, Wm. R-367
Galler, Allen A-177
Gallimore, David Ro-62
Gallion, Amos S-121
Gilbert S-91
James G-383
John G-383
Thomas S-115, S-103
William R-352
Galloway, Charles Ro-64
Daniel W-251
James Su-307
Jessee Ro-14
John Su-331, W-252
Levi Ro-48
Thomas Su-333, W-212
Wm. R-374
Gallyon, Abraham Ro-22
Isaac Ro-22
John Ro-22
Wm. Ro-22
Gambil, Robert A-171
Gamble, Alexander B. Bl-293
Aron Bl-295
Ebenezar Ro-66
Elisabeth H-81, Bl-293
Francis Ha-58
James Ro-16
Jeremiah K-320
John Bl-295, R-370
Joseph C. Bl-293
Josias Bl-285
Mary Su-307, Ha-8
Moses Bl-293(2)
Robert Mo-88, R-368(2)
Saml. R-368
Thomas Ro-16
William Ha-61, Mo-129
William B. Ca-26
Gamel, William A-171
Gamewell, Jonathan G-402
Gammon, George Su-294
Harris K-351
Henry Gr-163
Ivy Gr-162
John Ro-65
John K. Gr-175
Lewis K-326
Nathan W-261
Noah Su-323
Richard Su-324(2)
Susan Su-322
Westley A-170
William K-326
Gan, Alex J-337
Ganaway, Thomas B-272
William B-272
Gann, Christopher Co-272
Daniel W-236
Elizabeth H-75, J-338
George H-75, Gr-160
Isaac Co-273
John Co-272, Co-274, H-82
Mary J-337
Nathan Co-275, W-222
Preston H-74
Reuben W-233
Sarah H-82
Thomas H-83, H-82
Uriah H-74
William Co-275
Gannon, Jesse Gr-163
Gans, Ambrose Su-338
Gant, John J-297
Gantt, Saml. M. Mc-132
Gardenhire, Adam O-196
George O-211(2)
George W. Ro-37
John O-209
Matthew Ro-45
Thompson O-189
William C-211, Ro-54
Gardenor, John Mr-91
Gardiner, James Ro-25
Gardner, Adam Bl-298
Gardner, Dolly Bl-297
Henry Bl-298
James B-289
John Mo-98, Bl-298
John Fush Bl-313
Michael Bl-261
Nancy Ha-31
Peggy Ha-58
Peter Su-342, Bl-298
Sophia Ha-46
Thomas Ro-44, B-268
William H. Ro-64
Garland, John W-228
Joseph C-222, W-221
Samuel Ca-36
Susannah Ca-16
Tabitha Cl-131
William Ca-8, Ca-36
Garner, Adam W-262
Alfred R-367
John Mo-152, A-167, K-315
Lewis Su-336
Mary O-194
Permelia J-340
William Bl-263, Ha-17, M-57
Garren, Adam Mo-103
Garret, Jonathan Mr-88
Margaret J-310
Garretson, Job G-408
John G-388, G-407
Garrett, Britton Bl-287
Jacob Gr-161
James W-235, Co-263
John Mr-98, Co-246
John J. Cl-127
Margaret Mr-102
William Co-275, Co-250
Garrison, Isaac R-391
Jacob R-389
James Ha-82
John R-389, Ha-80, R-390
Joseph Ha-81, R-367
William Ha-83
Garrisson, Robert Mc-148
Garrott, Absolom O-202
David O-178
Elija O-206, O-202
Henderson F-11
Jacob O-187
John O-188, O-202, O-204
Joseph O-201
Joshua O-178(2)
Ledaine O-178
Lucy O-202
Martin O-182
Stephen O-202
Thomas O-203
William O-202
Garsun, James Mo-152
Garvin, John Gr-165
Gasperson, John A-196
Gasque, Jas. R-393

Gass, Alexr. Gr-216
Andw. J-318
Balch Gr-217
Betsy B-288
Charles Gr-171
Ewin E. J-296
Harvey J-300
James Gr-217
James T. J-295
John J-332, Gr-217, Gr-215, Gr-225(2)
Joseph J-318
Nancy J-342
Samuel J-296, Gr-219
William Gr-215
Gastin, Alexander A-173
Gaston, James Mo-116
Joseph Gr-217, Mc-184
Thomas Mo-88
Gates, Alexr. Su-307
John W-205
Gatewood, Charles C. Mr-96
Gather, Beal R-362
Sarah R-362
Gatlin, Radford J-301
Gattney, Thomas K-369
Gauch, William Co-259
James Mc-172
John Bl-258, K-371
Rhoda K-350
Thomas K-351
Gault, Joseph Ha-51
Gauney, John F-9
Timothy F-15
Gaut, Benjn. J-343
John J-343, J-297, Bl-289
Mathew J-295
Robert J-343
William J-343, Bl-287
Gautt, Joseph Ha-51
Gawslin, Wesley Mr-93
Gay, Alexander Mo-154
Elizabeth Mo-131
Wm. Bl-261
Geanway, Benjn. J-323
Susan J-325
Gear, Alex. J-328
Jacob J-281
William J-285
Gears, Mackness Ha-9
Gee, Charles W. Mc-202
John Mc-176, Mc-188
Geerin, Thomas Mc-151
Geesling, Jacob Su-309
John Su-309
Geesler, Adam Su-311
Ann Su-311
Jacob Su-320
Margaret K-323
Geisler, Samuel W-206
Genkins, James O-200
Gentle, George Ha-20
Gentry, Aaron K-347
Gentry, Allen Mc-197(2)
Allen D. Mo-122
Anderson A-181
Benjamin Ca-30
Charles J-299
David Ca-29
Isaac K-367
James O. K-349
Jesse K-367, F-7
Jessee Ca-38, Ca-30
John J-306, Ca-38, Ca-30
Joseph Ca-30, Ca-29
Martin K-367
Meshac Mo-140
Reynolds Mo-149
Richd. Gr-211
Robert R-379
Sarah J-306
Simon Gr-211
William F-11, Ca-30
George, Alexander Bl-283
Charles Bl-283, S-115
David R-379
Edward Bl-250, J-337
George H-78
Harvard Ha-30
Isaac Mc-186
Michael Gr-155
Nancy Su-316
Parnick K-368
Rebecca Ann W-256
Samuel J-337, Bl-282
Silas J-337
Solomon K-357
Thomas Mo-134, R-378
Travis K-368(2)
W. H. R-378
William Mc-151, Gr-166
Gerald, A. F. R-369
Anderson F. R-368
Jno. F. R-371
Saml. R. R-371
Geren, Solomon Ro-59
German, Robert K-330
William Gr-219
Gerrel, John Su-300
Gerren, J. W. R-378
Joseph K-371
Gerrin, Hyram K-371
John H-82
Gett, Edward Co-253
Gettys, James Mc-131
Geyer, Henry W-206
Gholson, Hiram Ha-64
Gibbons, Charlotta J-317
Edmond O-192
Epps O-197
James J-299
John Ha-61
Margaret J-311
William K-358
Gibbs, Daniel K-372
David K-373
Fleming Mc-163
Gibbs, Jacob K-372
James Cl-146
John A-183, A-184
Nacy Ro-21
Nicholas K-373
Obed J-333
Rachael K-372
Richard Mc-194
Samuel Bl-283
Smith Gr-156
Thomas J-287
Gibson, Andrew Ha-77(2), J-285
Alex Su-324
Alexander Mo-111
Allen R-357
Amos Ca-28
Archillas Mr-100
Benjamin B-277
Bryson Cl-121
Caleb G-374
Charles Ha-77(2)
David W-248, R-370, Bl-288
Drury Cl-112
Elijah Mo-139
Esau Ha-77
G. W. R-391
George B-279
Henry J-285, Cl-144
Hiram R-359
James R-359, Co-243, Mo-111, Gr-170
Jemima Ha-8
Jeremiah D. W-224
Jesse Ha-77
John Cl-147, K-381, K-393, O-172, J-291, Gr-169
Jonathan Ro-34, Ha-77
Jordan Ha-77(2)
Joseph F. Ha-77
Jourdon Mc-138
Mary W-246, K-385
Matthew R. Mc-203
Nathan S-118
Pierce W-224
Pleasant B-277
Polly Ha-77
Randolph R-363
Richd. J-317
Robert Cl-140
Sarah G-411
Sheppard Ha-77
Sherod Ha-77
Thomas Mc-168, J-334, G-372, W-224
William B-277, R-390, Mo-112, M-71, J-330, Gr-170
Giddens, Edward Cl-132
Giddins, Dicey Ha-69
James Ha-67
John Ha-68
Giddins, William Ha-67
Gideon, Magdaline Ro-56
Gideons, Aaron K-359
Isham G-372
Nancy Mo-125
Randolf Mo-122
Saml. J-316
Giffen, John K-382
Giffin, Ann Bl-282
David Bl-285
Gifford, Ann Su-323
William Su-338, Ca-6
Gilbert, Archibald Ro-50
John S-93
Pleasant A-190, A-183
Richard S-92
Gilbreath, Alexander K-322
Alexander M. B-265
David B-266
Elizabeth Mc-194
James J-295
John K-320, Mo-112
Joseph Mo-144
Kamus A-190
Mahlon J-296
Samuel K-320, A-188, J-307
William J-300
Gilbreth, Alexander A-169
John O-210
Robert A-170
Gilburt, Alexander Ro-6
Giles, John Ro-16
Paden H. R-372
William Co-263, Mo-84
Gill, Alexander F-7
Buckner O-187
Charles M. F-8
Henry Mc-208
James K-338
Joseph Ha-44
Richard Mr-96
Thomas B-269, G-401
Gillam, Isham M-56
Gilland, William Co-263
Gillehan, John Mc-170
Major Mc-170
Gilleland, Danl. Mc-181
James Ca-25, Mo-90
Robert Co-264
William Co-264, W-223
Gillenwaters, David Ha-56
Elija C. Ha-61
Elijah Mc-187
Joel Ha-57(2)
John C. Ha-57
Thomas Ha-57(2)
William Ha-63
Gillenwatters, Wm. T. R-390
Gillerland, David J-342
Joseph J-341
Gilles, John Gr-208
Gillespie, Allen Gr-221
G. H. Gr-235
Gillespie, George R-388
Geo. T. Gr-226
Jacob K-324
James Bl-250, Bl-251, W-208, Bl-296
James F. W-205
John Bl-250
R. A. R-383
William Bl-283
William C. Bl-296
Gillespy, James H. Bl-286
Thomas Bl-252
Gillet, Abner Gr-174
Nancy Gr-174
Gillett, John Co-258
William P. Co-259
Gilley, Milley Mc-198
Gilliam, Hinchea Ha-55
Jeremiah W-200
John Ha-55
Joseph Ha-55
Gilliland, James Co-263
Robert S. Ro-37
Gillis, John Su-300
Thomas Ca-15
Gilman, Benjamin M-60
Gilmore, James G-383
Hugh G-383
Peter G-383
Samuel G-380
Thomas G-382
William G-383
Gilpin, Elias F-11
Gilson, Enoch C-236
Gilstrap, Isaac Mr-88
Gilthand, Nat R-383
Ginnens, Christopher Su-339
Ginnings, Anderson Cl-110
Edward Cl-111
Elizabeth Cl-123
George Cl-140
Isham Cl-123
John Cl-108, Cl-117
Joseph Cl-113
Sarah Cl-123
William Cl-112
Ginway, Joseph Cl-118
Gipson, Atless S-112
Daniel Bl-273
Stepen S-107
Girdner, Conrad Gr-169
Giret, Elizabeth R-375
Girganess, Parmela Mo-144
Girner, Michael Mo-116
Girrin, James W-224
Girsham, Jesse Mc-184
Gist, Richard R-383
William J-294
Givens, Charles Ha-46
Edward Cl-113
John Cl-113, Mo-138
Samuel Mo-151
Thomas Cl-108
William Cl-110
Givens, Zacheriah Mo-138
Givine, Joseph Ha-79
Givings, William T. K-323
Gladden, William Mc-149
Gladdon, Litleton Mo-148
Gladin, John Gr-159
Glascock, George C-218, Gr-192
John Gr-188
Glase, William M-64
Glasgow, Thomas G-409
Glass, Betsy K-354
Harvy Bl-271
Hiram W-214
Isaac Bl-266
James Bl-273, Mc-162, Gr-169
Jessee Mo-81
John Bl-290, Bl-273, Gr-170
John G. Mo-102
Jonathan H. H-80
Lewis S-90
Martha Gr-169
Robert Bl-273
Samuel Mo-128
William W-242
Glasscock, Acy R-390
Archibald W-222
Glaze, Henry Mc-149
Lawrence W-234
Glazier, Mornock M-71
Wesley M-47
Glenn, Austin Mo-145
Jas. C-212
Robert C-227
Squire S. Mo-146
Glever, Alfred Su-313
James Su-313
John R. Su-313
Richard Su-313
Thomas Su-314
Glinn, Joseph R-363A
Robert R-363A
Glossep, Zachariah G-396
Glossup, William G-409
Glover, Daniel J-323
John Su-313
Samuel M-49
Goad, Ephraim C-239
Jacob W-239
Joshua R-393, C-214
Mary R-393
Robert R-393
William O-190
Goan, Clabourn G-407
Daniel G-398
David G-359
Drury G-398
Ezekial J-281
Fanny G-406
Jeremiah R. G-398
John G-406
Nancy G-406

Goan, Preston G-406
Shadrach G-407
Thos. R-394, G-406
Goans, Zephamiah Ro-47
Goard, Ayres Mo-153
Hirem Mo-153
Jacob Mo-153
Littleton Mo-153
Wm. Su-297
Gobble, Amos S-100
Catherine S-99
Gober, Daniel M-68
Gocher, Henry M-55
Godbyhere, Thos. R-366
Goddard, Ann K-393
Elizabeth K-360
Henry Mr-88
Hugh Mc-149
John Mr-90, Ro-61
Sarah Ha-45
Thomas Mr-88
Thomas G. Mr-91
Thornton Mc-147
William Mr-88, K-393
Goddy, Jeremiah R-355
William H. R-355
Godfrey, James K-335
Zachariah Ro-48
Godsey, Bartley B. G-387
Drury L. R-373
Emery Su-331
Jeremiah Su-330
Mary R-376
Godsy, Benj. Su-328
Wm. Su-314
Godwin, Jacob G-393
John G-401
Peter G-393
Goen, Betsy Ha-43
Crispin Ha-80
Fountain Ha-64
George Ha-78
Harden Ha-82
John Ha-73
William Ha-73
Goff, Ambrose B-269, R-373
Thomas Mc-190
Wm. R-379
Goforth, Charles B. J-295
Elizabeth Ro-55
Hugh S-89
Isaac G-363
John W-252
Russell S-114
Goin, Ann J-286
Canada C-225
Crispin Ha-80
Edward Bl-261
Isaac Cl-134(2)
Isham C-226
James Cl-106
Levi Cl-131(2)
Pleasant Cl-124
Thomas Cl-134
Goin, Uriah Cl-131(2)
William Cl-134, Cl-124, Cl-125, G-222, Cl-113
Going, Obadiah Mo-92
Goins, Ephraim W-226
William M-48
Goiss, Christopher Mo-138
Gold, John Bl-270
Golden, Abram Su-299
Bay Su-299
John Mo-102
Golding, Jacob Mc-134
Goldsby, Chas. R-378
John O-200
Mariah K-360
Wade O-197
Goldston, John Ro-44
Goldwin, William R-356
Goler, James M-50
Gollahorn, Ace K. Mc-150
Mary Mo-150
Golliher, William Co-256
Gollihon, Elizabeth Cl-121
Isaac Cl-123
John Cl-121
Golson, Reuben A-172
Golston, Reuben A-192
Thomas M-63
Gonce, Abraham Mc-171
John R. Mc-173
Vance Ha-71
Good, Christian Gr-233
David Gr-165
Emanuel Gr-200
Gimeral Ro-35
Jacob W-243(2)
John O-184, Gr-180, Su-342
Miles Ha-65
Spencer Su-341
Thomas Su-341
Goodard, David Mr-88
Goodbar, Joseph O-199
Goode, John Mc-158
Nancy F-15
William Mc-207
Gooden, Elizabeth Co-258
George Ha-61
Mary Ha-58
William P. Co-259
Goodin, Beal Ro-57
David Su-340
John Ro-24, Ha-53
Joseph C-237
Lucian J-321
Gooding, Jeremiah Su-338
Goodlink, Michael Bl-257
Saml. Bl-257
Goodman, Andrew W-216
Edmund Ha-82
Henry Mo-84, A-194
Jacob Su-333
John Bl-254
Jordan Ha-82
Goodman, Joseph Ha-66
Lynch K-369
Patsy Ha-82
Peter Su-333
Priscilla Ha-71
Samuel Ha-7
Solomon F-11
William Ro-3, Ha-82
Goodpaster, Arthur O-200
John O-185
Goodson, Leander L. Mc-135
Seabourn Mo-144
Goodwin, Abraham Mo-93
Greene Gr-181
Isaac Mo-93
James B-275, Gr-182(2)
Jane Ro-67
John B-272
Lawson Ca-19
Sarah R-368
Thomas B-280
Walker Mc-182
William Ro-67
Goodwyn, John Mc-168
Goomer, Anne Su-345
Gord, Henry O-197
John O-198, O-192
Gorden, William R-390
Gordon, George Ro-40
John Ro-46
Robert C. Gr-186
Gore, Isaac O-192
Joseph O-189
William O-190
Goreley, Charles M.D. Ca-15
Thomas Ca-15
Gorely, James Ca-12
Samuel Bl-309
Thomas Ca-7
Gorley, Edward Bl-249
Gorman, John Co-272
Gormly, Elizabeth Mo-154
Hugh Mo-127
James Mo-154
Michael Mo-155
Pleasant M. Mo-154
Gors, Elizabeth O-189
Gorsuch, William Mo-95
Goshen, Jacob Su-346
Gosnell, Elizabeth Gr-173
Goss, Allen G. Mc-150
John Mc-150
Gossage, Mary Bl-255
Sarah Mc-135
Thomas Mc-133
Gossett, Absolom K-359
Andrew A-168
Joel K-359
William K-359
Gothard, Allen R-381
George R-380
James R-380
Larking H-83
Gott, John W-247
Gott, Lott C. Su-296
Richard B-272
Rolin Su-295
Samuel M-47
Sarah W-247
William Ca-3
Gouch, Martin Co-259
Gould, John Bl-265
Saml. Bl-265
Gouldy, Andrew Ha-54
Goulson, Aquilla H-79
Gourd, Ruthy R-371
Gourley, Hannah Ca-10
John Mo-85
Gowan, Laban H-75
Gowens, Hugh Bl-290
Levi Mo-92
Gower, John C. Cl-126
Gowers, Matthew M-63
William M-56
Gowger, John Mo-134
Gowin, Dodson H-75
Roland H-75
Sandford H-75
Sheadrick Co-254
Gowins, Joseph Gr-157
Gowns, Edward K-321
John K-319
William K-319
Grabel, Jacob G-398
Grace, Azariah Ca-15
David Ca-24
Leven O-201
Thomas O-184
Graddy, Susannah Mc-198
Grady, Douglas Ha-15
Kenny G-370
Lewis Cl-146
Gragg, Abner R-356
James Mc-141
John Mo-139, Co-251, Co-250, Gr-164
Robert Gr-164
Ruth Co-250
Thomas Co-251
William Gr-164
Graham, Allen W-244
Andrew Ha-29
Asa K-396
Benjamin Mo-94
Charles W-237
David J-300, B-271
Esther B-284
Francis Cl-131
George J-306
Henry K-396
Hugh Cl-118
Isaac K-395, K-396
James H-78, Ca-14
John Bl-287, W-215, Gr-168, F-7, Cl-131
Joseph J-296
Nancy K-375
Sarah W-237
Graham, Spencer C-215
Thomas K-348, B-284
William J-305, A-180, A-181, Gr-168, Cl-131
Grainger, Belinda K-343
John Mr-94
Grames, Mary J-312
Grammar, Joseph Ro-54
Grammer, Henry K-319
James Mr-91
Grant, David Ca-17, C-231, J-340
George Ha-40
Isaac J-328
James J-340, C-224
Jno. C-231(2)
John S. W-225
Jonathan C-231
William Mo-82
Grantham, Amos Ha-56
John Mc-134, Ha-41
Richard G-388
Sally Ha-51
Willis G-388
Grason, John K-346
Graston, Josiah Bl-290
Grasty, George K-395
Gravely, William Ro-37
Graves, Adam Bl-297
Anthony G-361
Boston Cl-141, Cl-136, K-373
Christopher Mc-143
Daniel K-326
David K-373
Elias Cl-133
George K-377, Ro-34, K-326
Hardy C-221
Henry K-372, K-368
James Ca-34
Joel C. S. B-265
John K-373, Cl-133, Cl-132
Kissy Mo-145
Solomon Cl-132, W-253
Thomas B-282
Gravitt, William K-320A
Gray, Anderson Su-336
Andrew C-220
Asa Gr-216
Benjn. Gr-224
Edmund R-380
Edward Ha-54
Elizabeth Co-275
Henry Ha-81
Jacob C-212
James G-373, W-201, Mo-146, C-212, O-187, Co-244
Jeremiah O-178
Jesse Su-336
John W. Mo-126
Gray, John G-392, Mo-134, W-235, Cl-108, Mo-145, Su-329, O-188, Gr-224
Jos. C-235
Joseph & Moses Su-329
Joshua W-202
Margaret Ha-72
Michael Mo-151
Moses G-363
Nathan C-234, G-410
Peter Cl-147
Richard W-239
Robert W-212, Mo-122, Ha-40(2), Ha-29, Gr-211
Samuel Mo-125
William Mo-145, Cl-108, A-180, Su-322, Co-260, Ha-16, O-205, Ha-49
Willis Co-260
Grayham, Henry O-203
Sarah O-201
Grayhan, William Mo-91
Grayson, Benjamin M-51, Mo-102
Henry Mo-89, M-63
Jessee M-51
John Mo-101
Joseph Mo-83
Patsy M-52
William J-317, Mo-82
Green, Alfred Mr-101
Amos Ha-61
Archibald Ha-40
Betsy Gr-218
Blueford E. Ro-44
Don F. Ro-26
Drury Su-319
Edward Su-337
Elija O-206
Elijah Ca-29
Enoch Ca-14, Ro-43
Ephraim Bl-310
Francis Co-263
Frederick J-337
Ira Gr-223
James Mo-111
James B. Ro-25A
James J. Ro-25A
John W-261, Mr-96, Ha-67, Co-263, Co-258, R-368
Jonathan Gr-203
Joseph W. Co-242
Mashack Mr-96
Nathan J-295
Phillmore Bl-288
Richard Ha-84, J-308
Richard G. Cl-137
Robert R-390
Seaton Ro-45
Samuel Ro-23, Ha-16
Solomon Mr-97
Talton H-73
Theoderick Ro-44

Green, Thomas Ro-43
William Mc-139, Cl-111, Su-335, Bl-252, Ha-67, Gr-228, O-175, O-172
Greene, Benjamin Ha-86, K-386
Daniel Ha-14
Eli Ha-86
J. S. R-379
James H. K-386
James R. R-355
James S. Mc-195
John Mc-194
Joseph K-319
Joshua W-237
Phoebe Mc-201
Rebecca W-233
Thomas Gr-184, Ro-62
William R-358
Greenfield, Catharine Bl-299
Peter Bl-298
Greenlea, Civiletz Gr-171
John Gr-169
Marion Gr-187
Rainey Gr-187
Greenlee, Alexander J-279
Eli G-395
James J-308
John G-395, J-308
Ruth J-311
Greenseal, Lewis Mo-156
Greenway, David Mc-208, Bl-274
George W. Ca-5
Joseph Su-310
Nancy Bl-274
Richard W-216, W-237
William Bl-274, W-236
Greenwood, Hutson Mc-191
John Mc-191
Yancy O-206
Greer, Archibald G-360
Arthur Bl-264
Ashur Bl-267
David Mc-141
Frances Bl-267
George W. O-183
Hosias B-291
James O-183, Bl-313
John Cl-130, G-376, Ca-23, Ca-12
John F. B-267
Joshua Ca-23
Mary Mo-135
Nathan G-376
Richard Ca-12
Robert Ca-12
Samuel W-262
Sarah Mo-135
Stephen G-404
Thomas Ca-29
Walter O-183
William Ca-12, O-202, O-183
Greer, William W. G-362
Gregg, Abraham Su-322
Rachel Su-308
Gregorory, George Co-258
Gregory, Alexander O-205
Clemment Mo-90
Few H. Mo-90
George E-279, J-330
Isaac J-285
James H. Mr-96
John Mo-152
Joseph J-340
Mary Co-261
Richard Co-258, J-329
Russell Mo-152
Taply Mc-145
William Co-261
Grein, Brincle R-357
Gresham, John Mc-136
Michl. Mc-136
Grevatt, John Ro-65
Grey, John Ca-23
John W. K-340
Joseph F-319
Robert K-320A
Samuel K-332
Thomas Ca-29
Griams, Margaret G-365
Gribal, Augustus W-236
Griffen, Oswell Mc-208
Peter Cl-149
Richard Cl-133
Wm. Ro-16
Young H. Mc-208
Griffeth, Amos M-70
Arden E. M-74
David M-53
Edward Mo-139
Elizabeth Mo-140
James M-55
John Mo-139
Matthew M-55
Nancy Cl-150
Samuel M-54
Thomas M-53
William Mo-140, C-230
Griffin, Benjamin Mr-101
Harmon Ro-22
James Bl-291, G-378
John J-340, O-176, J-305
Madison G-377
Mary O-176
Noah Co-268
Peter K-337
Sylvania Ha-45
Thomas O-183
William Mc-166(2), G-378
Griffis, Ephraim Ro-61
Henry Mr-95
John Mr-94
Needam Ro-42
Griffith, Benjamin Mc-183, B-289
Griffith, Fieldind Mr-93
James Su-330, R-360
Jane R-395, C-237
Martin C-232
Richd. C-237
Ruben Su-322
Scott B-288
Thomas B-288
William A-170, Ro-40, Mc-170
Griffits, Eli Ro-47
Griffitts, Geo. Bl-272
John Bl-272
Wm. Bl-272
Griffy, Jesse Bl-291
Grifin, Charity J-319
Grigg, Joel Mc-189
Griggsby, Samuel Mo-97
Grigory, Robert Mo-100
William Mo-100
Grigsby, Ashby Ha-27
George Mo-139
James B-266, B-280, Mo-91
James D. Ha-26
John Mo-107, Ro-36
Nathaniel Ha-11
Samuel B-281
William Ha-26
Wm. A. Bl-276
Grills, Elliott K-357
Polly W-260
Tanner G-361
Thomas J. Mc-150
Grimes, Gainford Cl-127
George C-220
Henry Cl-129
James Gr-215
John Cl-139, Cl-129(3)
Samuel Mo-128, C-213
William Cl-127
Grimestaff, Catherin Ca-16
Henry Ca-9
John Ca-26, Ca-37
Michael Ca-33, Ca-37
Nicholas Ca-25
Grimet, John Ro-24
Wm. Ro-24
Grimett, John Mo-102
Grimitt, Samuel Mo-81
Grimmett, Jacob Mo-115
Grimsley, Abraham O-177
Cage Su-296
John Ro-9
Grimsly, Joseph Su-296
Grimstaff, Nicholas Ca-25
Grindstaff, Christina Ha-73
Grior, James Mo-81
Grisby, Elizabeth Bl-276
Grisham, Asa Mc-147
Collens Mo-83
Elijah Mc-178
George W-252
James Mc-179
Grisham, Jesse Mc-184
John Mo-133, Mc-207
Joseph J-297, Mo-100
Richard H-80
Robert Cl-109
Sarah Mo-132
Simeon Mc-150
Thompson J-296
Grisman, Neely Mc-151
Grissham, Neamiah Ro-25
Grissom, Archibald Bl-292
Grisson, Ezekiel O-192
Grist, John W-256
Robert O-193
Grizzle, Susannah K-398
Grogan, Prestly N. O-174
Grogin, Williford Mc-198
Groom, John F-12
Nelly F-12
Thomas Ro-67, F-12
Grooms, George W-255
Grose, Jacob O-176
Gross, Cornelius Ha-63
Edmd. C-226
George R-385
Isaac C-224
Jacob R-370
Jas. C-211, Ha-63
Nancy Ha-63
Thomas K-68
William Ha-39
Grove, Christian W-261
George K-363
Jacob Ha-50
John Ha-50
Groves, Jacob B. Ha-51
Reuben G-397
Grub, Elbridge R-372
Grubb, Abram Su-318
Daniel Ro-56
Darius Cl-119
David Mo-109
Edwin Gr-213
Henry G-402
Jacob G-380(2)
Jesse Mo-91
John Cl-124, G-379
Washington Mo-99
William Cl-124
Grubbs, John Gr-232
Saml. Gr-232
Wm. Gr-210
Guantt, Malachai Gr-236
Samuel Gr-236
Samuel K. Gr-236
Guerin, George G. Ha-49
Gueyonn, Wm. J-334
Guffey, Ephraim F-12
Guffie, William Mr-95
Guin, John O-191, J-321
Rachael Gr-169
Guinn, Abel Ca-20
Andrew W-248
Austin Ca-14
Guinn, Elizabeth Gr-191, Mo-140
James W-261, Gr-168, Ca-20
John H-78, Gr-166
John G. W-211
Joshua Mc-139
Mary Gr-225
Peter R. Gr-171
Robert C. Gr-178
Thomas W-217
William Gr-174
Gully, Emily Cl-122
Lazarus Ha-50
Lewis Ha-25
William Ha-24
Gummels, Ann Gr-187
Gunn, John Mo-129
Gunnels, Daniel O-187
Nicholas O-178
Panina O-191
Gunning, Sinclear Su-337
Gunter, Augusta M-65, M-71
Daniel Mo-161
David Mo-134
Thomas M-48
William M-71
Gunther, Jno. R-394
Gurthman, Daniel Ca-38
Guthery, Henry Cl-143
John Cl-151
Guthney, John F-3
Guthrey, George F-5
George L. F-7
Young F-7
Guthrie, John Gr-187
Mary K-322
Nancy Ha-48
Thomas M-58
Guthry, Thomas Mc-151
Guy, David Ca-23
Lott Su-300
Moses Su-302
Sarah Ca-10
Guyer, David Su-347
Guynn, Rachel Su-311
Gwinn, Austin Ca-14
David Ca-7
James K-392
John F-2, C-232
Joseph J-309
Saml. C-232
Gwynn, Almon R-374
David J-313
Gyer, Elizabeth W-245
Jonas W-216
Gynn, Absolom R-374
Hacker, Isaac Gr-233
Jacob Gr-209
John Cl-123
Joseph Gr-209, Ro-63
Julius Cl-123
Sally Ro-56
Hackerly, Bartlet Mo-112
Hacket, Oliver Mo-129
Samuel R. R-384
Hackler, Aaron C-218
George Mc-135
Hacklor, Hyram Mr-102
Hackney, Barton K-396
Benjamin P. A-167
Benjamin R. A-169
Charles K-393
Hugh Mo-120
Jacob Ha-9
Jane Bl-256
John Bl-254, Bl-256
Joseph Mo-154
Samuel Mo-116
Thomas Bl-256
Hackworth, Austin M-52, M-63
Henry Mc-141
Mary A-171
Rebecca R-373
Hadden, George Bl-301
Haddick, David Mo-93
Haddock, John J-335
Haddon, Zachariah C-227
Haddox, Ben Bl-234
Haddrix, James Bl-305
Hadley, John Co-267, K-392
Hafley, Cornelius Mc-177
David Mc-204
Hagan, Rachel Ha-42
Thomas A. Ha-43
Hagar, Jacob K-396
Hageton, Prudence Co-244
Haggard, Atchley S-103
Gray Ro-67
James S-103, W-235, J-299
John Ro-67
Lucinda J-342
Martin S-103
Nathaniel Ro-67
Samuel Ro-67
Haggerty, Isabella C-399
Hagler, Isaac Mo-134
John Ro-57
Waden W. Mc-185
Hagood, James Ha-40
Hague, James Mo-82
John Mo-90
Haighwood, Benjamin Ro-23
Hail, Alexr. Bl-259
Howard B-270
John B. Bl-263
William B-266, B-270
Haines, Archibald M-70
Ira R-373
James K-384
Jeremiah R-365
Laster M-50
Lettuce K-325
Richard K-342
Stephen K-361
Thomas R-363A, R-395
Zachariah K-382

Hainey, George G-399
Jeremiah G-399
John M-71
Richard M-65
Heins, David D. W-234
John Bl-266
Jonathan G. W-217
Hair, Jacob Bl-273
James K-340
James A. Mo-91
John H. Bl-274
Joseph Bl-271
Haire, Nancy K-361
Hais, John W-226
Haize, John W-243
Susannah W-245
Hale, Abednego R-360
Alex Gr-171
Amon W-246, W-247
Archibald Mo-146, W-233
W-248
Arthur Ha-29
Catherine Gr-185, Mc-173
Charles W-246
Chase W-248
Chenowth W-212
Christopher Mc-166
Elisabeth S-102
Enoch W-239
Frederick Mc-171
George R-386, W-201,
W-249, Ha-50
Guy S-94
Harvey Ha-17
Henry W-212
Hezekiah Mr-88
Hugh D. Gr-176
Isham B-282
Jack W-240
James W-258
Jeremiah Su-303
Jesse Ha-30
Jesse W. Gr-190
John M-47, W-200, B-278
B-278, Ha-25, Gr-156
Joseph W-207, Gr-185,
Gr-164
Joshua W-247
Leroy W-249
Lewis Mc-199, Su-298
Mark G-388, W-205,
W-258
Mary W-257, B-274
Micajah B. Su-296
Mishac Gr-209
Ozburn Ha-30
Patrick H. Gr-185
Phillip S. Ha-57
Richard Su-332, J-289
Robert B-291
Robt. G. W-258
Sam W-219
Saml. Mc-173
Shadrac W-246
Hale, Solomon Ha-47
Stephen W-260
Thomas W-200, Ha-43,
Ha-21, K-351, Ha-47
Thomas L. Gr-185
Walter W-262
William M-60, Mc-156,
Co-248, Mc-179,
Cl-129(2)
Willis M-47
Zechariah W-239
Hale's, Ned (family) W-201
Haley, Allen Ro-41
Clabourn G-377
David Ro-41
John C. Ro-38
Martha G-377
Hall, Absalom K-371
Alexander M-52
Andrew K-369
Ann Co-267
Benjamin K-366, H-75
Betsey Bl-292
Charles Gr-179
Crawford Bl-293
David Mr-91, A-173,
A-172, Gr-208
Edmund K-353
Eleanor Mo-95
Elijah Mo-93
Elisha B-272
Elizabeth Ha-24, Co-254
Endimgon Gr-208
Fielding Mc-133
Garrett Mr-90
Hardy A. K-365
Henry W-201
Hugh K-366
Ignatius M-47
James Gr-207, Gl-275,
W-201, A-172, Mo-116
James S. Ro-18
James T. B-272
Jemimah K-357
Jesse B-291
Joel H-74, B-270
John Ha-45, H-76, B-278
B-278(2), A-173,
Co-267, Mo-94, Bl-263
Mc-168
John W. Co-242
Joseph H-81
Letishia Mr-92
Luke Mr-96
Martin Mr-91, Co-258,
Su-341
Martin D. Mr-91
Milly G-404
Moses J-338
Nathaniel W-201, Su-323
Obediah K-367
Rebecca K-322
Robert H. H-83
Roswell M-46
Hall, Royal C. Co-242
Samuel Mr-91, Co-267
Seaborn H-79
Siles J-283
Stephen A. J-294
Thomas K-351, A-171,
Mo-105, K-360, Su-304
M-70
Washington Co-253
William Gr-165, K-357,
Gr-208, B-278, W-251,
Co-267(2), Ro-61
William S. Co-242
Wilson Gr-179
Zachariah K-371
Zibadee Co-259
Halloway, Jesse Ha-25
Halls, Bacchus W-240
Halnan, Malinda Bl-303
Halpain, Josiah Bl-263
Haly, David Bl-303
Hambert, William R-360
Hamble, David Bl-259
Henry Bl-259
Hugh Bl-259
James Bl-258
Robert Bl-262
Saml. Bl-263
Hamblen, George Cl-139
Henry Ha-7
Hezekiah Ha-8
Thomas Ha-8
Hambleton, Hugh S. Mo-153
Hamblin, Edwin Ha-30
Hambrick, Jeremiah Mc-145
Selah Mc-177
Hambright, Benjamin Mc-170,
K-335
Frederick Mc-163
John Mc-170, K-346
Nancy Mc-170
Peter Mc-170
Hamby, Henry Mr-92
Isaac Mc-169
Jeremiah Mr-88
Jesse Mc-169
John Mr-102
Michl. Mc-169
Pamela Mc-170
William Bl-309
Hamentree, Alexander Mo-157
Harris Mo-123
Hamers, Joel G-397
Hamet, Jane Ha-61
Hamilton, Alexander G-356
Benjamin B-271
Catharine Su-306
Elijah Mc-149
George B-268
Harvey M-67
Isaac W-201
James Cl-150, S-96,
Cl-148, Mo-154, J-324
Jesse Mc-163
Hamilton, John M-67,
Su-306(2)
Joseph Cl-115, O-173,
J-318, J-288
Joshua Su-325, Su-308,
Bl-259
Matthew Cl-149
Nancy Bl-288
Peter G-377
Robert Ha-33, Ha-20
Robert T. G-356
Samuel Cl-117
Thomas Su-305, R-386,
Ha-33
Timothy Su-344
William Ro-56, G-356,
Mo-139, Ha-46
Hamlet, John Ro-39
Margaret Ro-39
Hammack, Daniel G-363
John G-360(3)
John B. G-363
Noah G-364
William G-363, G-364
Hammel, James H. J-302
Hammell, Robt. J-332
Hammer, Aaron Gr-223
Elisha J-322
Isaac W-203
Jacob W-203
Jesse Bl-274
John W-211
Jonathan J-316
Sarah W-203
William Su-330
Hammers, Enos G-393
Ezra G-385
Hammet, Robert M-52
Hammett, Nathan M-60
Hammit, John W-200
Hammock, Ephraim K-370
John O-212(2)
Laird O-212
Martin Cl-126
Pleasant J-314
William O-213
Hammon, Jeremiah J-281
Milley C-230
Hammond, Mackey Su-317
Hammonds, Absolem F-11
Micajah Ha-71
Richard Ca-23
Thomas J-308, Ha-71,
Ha-83
Hammons, John J-309
Moses J-321
Nancy J-288
Robert J-297
William J-284, J-296,
O-211
Willis J-321
Hammontree, Jacob Mo-104
Joseph Bl-288
Sally Bl-288
Hammontree, William Mo-100
Hamontree, Hugh Bl-269
James Bl-269(2)
Jeremiah Bl-270
Jesse Bl-269
John Bl-270
Phil Bl-269
Wm. Bl-270
Hampton, Ann Ca-10
Benjamin M-57
Elisha Cl-138
Hamilton B. Ca-28
Jacob Ca-28
James Mc-172
Jesse W-224
Jobe Co-258
John Co-258
Johnson Ca-28
Johnston Ca-34
Jordan G-360
Joseph Mo-144
Lent Mo-134
Mary Ca-26
Nancy O-192
Robert W-256
Samuel & Michael Su-328
Sarah G-356
Thomas Mo-87, M-59,
Ca-26
Wade Mc-206, Co-258
William Mc-170(2)
William L. Ca-26
Winey W-221
Hanby, Francis Su-332
John Mc-208
Hance, James Cl-143
Samuel Co-267
William Co-274, Ha-61
Hancock, Benjamin G-384
Berry J-324, K-365
Elisha K-365
Joseph A-185
Martin C-231
William C-231(2), M-70
Hancocke, Edwin G-374
James G-399
John G-393(2)
Hand, James Mc-208
Spencer G-378
Handcock, Lewis A-175
Handcoke, William W. Co-251
Handley, Michael Gr-172
Handsford, Archibald A-181
Handshaw, Wm. Su-336
Haner, John J-336
Haney, Francis B-282
Hiram B-285
Martin Mc-159
Robert Mc-160
Sarah B-286
William Mc-188
William S. Mc-155
Hankings, John Mo-152
Hankins, Abel K-362
Hankins, Abraham K-369
Anne G-376
Barbara B-291
Daniel Mo-114
Edward J-324(3)
Eli G-377
Isabella Ro-55
James J-324
John Mo-139, Ro-18
Joseph G. Mo-83
Kesiah Rc-52
Lemuel J. Ro-37
Mary B-274
Nimrod K-362
Richard Mo-82
Sarah Gr-218
Stephen G. B-274
Thomas J-324, Ro-33
Thomas C. K-362
Wesley K-362
William K-365, G-377(2)
Wm. A. Gr-217
Wright Mc-179
Hanks, David Mc-207
John Mc-169, Su-311
Luke K-384
Mary Ro-65
Matilda J-312
Hanley, John Cl-116
Saml. J-325
Hanna, James Ha-63
Hannah, Andrew W-237
Arra R-359
David Mc-137
Jane Bl-290
John H-83, Bl-290
Joseph M. Mc-171
Joshua Mc-137
Matthew Bl-290
Robert Mc-137
Samuel Mo-130
William W. Mc-137
Woodford H-84
Hanner, James Ro-4
Hansard, John K-369
John W. K-369
William K-369(2)
Hanshaw, Uriah Bl-254
Hansley, Bennett Ha-70
Hany, Richard S-97
Haphly, Betsy Bl-304
John Bl-301
Peggy Bl-303
Harber, Elisha Su-332
Harbin, John G-401
Harbison, Aaron K-376
William P. K-373
Harbour, Moses Su-332
Harday, Thomas O-196
William O-198
Hardbarger, Daniel W-254
Harden, Amos K-33
Elish Ca-6
Mark Ro-8

Harden, Robert G-359
Hardin, Benjamin Co-265
Catherine S-95
George K-334
Gibson K-334
Harry Mc-150
Isaac Mc-156, Mo-97
John Ca-7, Gr-220
Joseph Mc-134, K-334
Kelley Ca-7
Martin B-275, Mc-150
Mary Bl-295
Patsy Mc-134
Richard Mc-168
Susan Gr-226
Thomas S-95
William Mo-105
Harding, Jacob A-167
Martin A167
Toloson A-168
Hardwick, John Mc-171
Hardwood, Joseph R-382
Hardy, James Gr-190
John S. Cl-147
Saml. Mc-172
Stephen Cl-118
Thomas Cl-111
Thomas J. Cl-117
Hare, Abraham Cr-156
Henry W-212
Isaac W-214
Jacob W-218
Harel, Enoch Mc-155
John Mc-155(2)
Harelson, William Mc-165
Hargess, Abner M-68
John M-56
Solomon M-53
Harget Johnston Mo-157
Hargis, James J-325
Nathan Mo-112
William Mo-111
Hargiss, Abram M-72
Peggy M-72
Hargrove, Thomas Co-244
Harison, Charles Mo-96
Nathaniel W-252
Samuel W-235
Hark, Andrew Su-344
Harkins, Samuel R. Cl-114
Harkleroad, Henry Su-331
Jacob Su-320
Martin Su-330
Samuel Su-343
Harkrider, David Mc-177
John Mc-201
Harlan, John Ha-64
Harlass, Jacob Ha-48
Phillip Ha-48
William Ha-53
Harle, Baldwin J-284
Harliss, John Mo-89
Harlos, Philip A-183
Harman, Benjamin O-184
Harmer, Adam Ro-12
James R-353
Harmon, Adam W-235
Caleb F-6
Christian Gr-170
Conrad Bl-271
David Ha-28
Dooley Mo-81
Elisha B. C-227
George K-382
Henry Cl-149
Hyrum K-330
Ira W-235
Isaac Gr-220
Jacob K-330, Gr-179, W-236
John C-240, Gr-178, F-12, Gr-221(2), Gr-191
John M. Mo-115
Joseph Mo-94
Leonard K-376
Lewis Cl-149
Moses Gr-189
Paul G-240
Peggy Mr-90
Peter Gr-220
Philip Gr-178(2)
Richard R-357
Samuel C-370
Stephen Mc-113, Gr-189, Mo-115
Trenton Mc-81
William B-287, R-357
Harned, David Co-252
Samuel Co-252
Harner, David Ro-38
Mary K-322
Harness, Christopher C-221
Jno. C-221
Thos. C-221
Harold, Alexr. Gr-232
Amasa Gr-214, Gr-209
Balis Ro-21
Jesse Gr-208
Jonathan Gr-232, Gr-214
Uriah Gr-223
Harp, Alexander Mo-121
Burton O-182
Elijah Cl-131
Ickabod O-183
Joseph R-369
Norman O-182
Philip J-279
Sampson O-182
Simon O-182
Thomas Cl-149
Thos. M. R-371
William O-195(2), O-182, Bl-294
Harper, Elizabeth Cl-122
George Co-270
James S-115
John Cl-116
Harper, Michael K-364
Richard Cl-115
Robert K-332
Thomas Bl-294
William S-93
Willis Cl-127
Harr, David Su-335
John Su-337
Rebecca Su-337
Simon Su-337
Harrel, David J-312
Harrell, Absalom Mo-140
Gason J-309
Catharine Mo-139
John H-85, A-185(2), K-361
Lewis J-310
Sarah K-331
Thomas K-356
Wm. A-182
Harrelson, Peter B. Mo-152
William R-319
Harrill, Saml. H. Mc-171
Harrington, Timothy Mo-135
Harris, A. R-377
Alfred Mo-120
Amy Gr-159
Benjn. J-343
Benjamin C. W-262
Cornelis R-387
Darcas Bl-304
David B. O-198
Durvin Mo-112
Elenier G-402
Elizabeth A-170
Ellender Bl-285
Evan G-381, Ha-25
George C. Mo-140
Gideon G-411
Goodwin Mc-159
Harrison R-388
Henry R-390
Hugh W-255(2)
Hyram K-383
Isaac G-381
James S-95, Mc-166, C-216, Bl-284, Mc-163
James C. Mc-205
Jane G-388
Jessee Ro-16
John Mo-131, Cl-142, Mc-167, Ha-45
Jno. C. W-256
John R. Ca-3
Joseph O-177
Joshua Mo-160
Josiah Mc-186
Malen G-402
Mary K-341, Mo-96
Miles G-402
Moses O-211
Myra W-255
Nathan Mo-122
Nathaniel Bl-284
Harris, Nelly K-315
Patsy K-373
Peter G-385
Rachel Ha-25
Richard O-196, G-403, Ha-45
Robert G-376
Robert M. Mo-120
Ruth K-335
Simon K-378
Solomon F-233
Sterling O-196
Susan O-185
Tatothy K-315
Thomas R-388, G-405, Ha-40, Cl-104
W. Adison W-207
William Bl-262, Mc-195, Ha-13, Bl-285, V-215
William P. Co-247
Harrison, Abner Co-255
Ambrose W-245
Benjamin O-176, Ro-53
Chas. J-344
Cyrus Co-263
David J-316
Eli O-132
Elics Cl-116
Hannah, W-245, Ro-25
Ignicious Co-255
Isaiah Gr-153
James Ro-25, O-185, Mc-132, Co-255
Jeremiah Gr-155
Jerimiah S-107
Jesse W-245, Gr-215, Gr-187
John G-387, Gr-234, Ro-25
John K. Gr-153
Joseph Ha-68
Josiah Gr-153, Gr-184
Nathaniel Bl-263
Peachy W-227
Peter J-302
Reuben Co-262
Richd. J-315
Solomon Gr-186
Thomas Su-322
William Cl-115, Mc-132, Co-255, C-179, W-225, Gr-155, J-324, K-320A
William A. G-361
Harriss, Calloway M-72
Charles M-73
Frederick M-55
George M-67
James A. J-319
Samuel M-69
William J-336, M-50, M-47
Harrisson, Danl. Mc-162
Richard Mc-168
Harrod, Bedden R-367
Harshbarger, Noah W-248
Hart, Adam K-365
Burgess Co-269
Caleb Co-271
Edward Bl-284, Mc-124
Ellinder Mo-134
Henry Mr-94
James Ro-25A
Joel H. D-277
John A. K-375
Joseph C-211
Josiah Mo-117
Peter Ha-56
Saml. R-372
Sawyer, Ro-60
Tarlton Ro-25A
Thomas Bl-284
William Ro-37, Ha-56, Bl-261
Harthorn, Jesse W-395
John K-395
Mary K-395
Hartley, Daniel Gr-182
John Ha-72, Ro-14
Peter Ro-46
William C-224
Hartman, Henry W-250
Jacob H-76
Jesse H-76
John W-248, H-77
Joseph W-246(2)
Levi Gr-221
Marshall Gr-178
Martin H-73
Thomas Su-307
William Su-323
Hartsaw, Frederick O-182
Hartsell, Hannah W-227
Isaac W-206
Jane W-226
Hartsock, Charles Su-335
Hartsook, Isaac Su-329
Hartzell, George Bl-283
Jacob W-206
John Bl-291
Harus, Samuel R-357
Harvason, Milley Mo-39
Harvey, Alexander W-225
Allen Mc-205
Eczier G-372
George W-226
James W-263, Su-323
John W-225, W-226, Ro-63
Jonathan Ro-35
Lemuel Ro-45
Lorada G-371
Nathan F-364
Onus Ro-55
Phebe Co-255
Pryor C-403
Richard J-290
Thomas K-322
William W-226, Ro-14, Ro-59
Harvey, Willoughby D. W-227
Zachariah K-376
Harville, John K-373
Harvy, John Mc-159
Michael Mo-142
Polly Mo-120
Robert Mo-151
Susannah Mo-151
Thomas Mo-151
Harwood, Jesse W-206
John W-224
Hals R-385
Randolph R-382
Hash, Anna Ha-83
Hasharger, John Su-334
Hashbarger, Andrew Su-325
David Su-296
Philip Su-325
Hasket, John J-334
Haskew, Catharine K-349
Haskings, Dennis Mc-161
Haskins, Hiram Mo-94
John K-324, Ro-27
John T. Ro-27
Joseph Ro-25
Preston Ro-26
Samuel Co-242
Hasless, Joel C-216
Hassler, John Mc-168
Hasting, Isaac Mc-193
Hatcher, Elijah Bl-312
Harris C-186
Joana Su-316
John S-96
John R. S-95
John, W.C. S-111
Mary S-111
Reuben Ca-6, S-107
Samuel P-288
Thomas Ca-15
William Ca-7
Hatfield, Abe M-62
Abner Cl-120
Ali F-15(2)
Andw. C-215
Armstead F-10
Clary Ro-11
David M-44
Davis C-213
Emanuel C-235
Ephraim F-14
George Cl-129
Hiram M-47
Isaac Cl-129
James M-62, F-13, C-220(2)
Jeremiah Mr-94, C-221, C-234
John F-14
Jonathan M-62
Joseph C-236, Mc-138, Mr-95
Lynch Cl-129
Ralph Cl-127

Hatfield, Reuben C-214
Valentine Ro-11(2)
Wm. Ro-12
Hathaway, Elijah Ca-39
John Ca-5
Samuel Mo-90
Hatly, Sherwood Gr-220
Hatmaker, Francis C-232
Jacob A-177
Joseph C-232
Wm. C-232
Haukins, Ruth Ro-41
Haun, Abraham Mo-81, Ca-11
Abram J-289(2)
Adam S-99, Ca-11, J-280
David Ca-11
Hannah J-290
Jacob J-281
James J-293
John Ca-12
Nathaniel G-392
Hauts, John J-340
Havely, Isaac B. K-340
Haven, James K-367
Havens, Charles Mc-145
Havron, John M. K-318
Hawell, John R-353
Hawey, Sarah B-286
Hawk, Jacob Su-328
John Su-331
Martin Su-294
Palser Gr-157
Hawke, Abraham Ha-67
Hawkings, Gergory Mo-138
James Mo-138
John Mo-144
Richard Mo-124
Thomas Mo-123
William Mo-153
Hawkins, Benjamin Mc-184
Daniel Mo-114
David Mc-197
Edward A-188
James Mc-144, Co-244
John Mc-179, O-197
Joseph Mc-197, M-59
Nathan Gr-216
Robert M-59
Rolin Su-334
Ruth Ro-41
Saml. B. Gr-204
Spears S. Gr-206
Thomas O-206, O-213
William M-49, Mc-179
Hawks, John Ro-25A
Mary Ro-24
Nancy Ha-15
Solomon Ro-17
Hawl, Michael C. O-212
William G-186
Hawley, James Su-331
John Su-323
Wm. Su-331
Hawn, Catharine Gr-192
Hawn, Christopher Gr-192
Daniel Gr-192
George W-220
John Gr-192
Haworth, Absalom Gr-201
David J-315
Mary Gr-230
Nathl. Gr-230
Richd. J-309
West Gr-230
Haws, Conrad W-246
James W-246
John W-246
Richard R-392
William W-244
Hay, William J-344, Mr-98
Hayes, James B-277
William Mc-164
Haygler, Thomas A-188
Hayly, Philip K-336
Haymaker, John Gr-227
Haymes, Caleb Mc-202
David Mc-202
Joshua Mc-202
Sarah Mc-203
William Mc-203(2)
Haynes, Aaron Mc-144
Abner Gr-212
Abn. Gr-206
Anna Ha-39
Azariah Gr-212
Carlisle G-353
Christopher J-310, Ha-30
Mc-170
David Ca-11
David R. B-265
Drury Ha-30
George Ca-15
James P. Ro-35
John G-353, Mc-140
Joseph Mc-140
Robert G-363
Sterling G-362
William G-362, J-288
Hayney, Mary Ann K-323
Haynie, Samuel K-320A
Hays, Absalom Mc-201
Alexander J-296
Avice Bl-251
Batson C-224
Chas. Gr-211
David Ca-6
Enoch J-308
Ezekiel M-70, Ha-19
George Ca-17, Ha-69,
Ha-70, Ha-85
George C. O-187
Gilbert H-78
Harmon G-372
Iham Ha-69
Isaac J-314
J. L. Gr-211
James Ha-69, Mc-201
Jeremiah Ro-35
Hays, John Gr-211, Ha-85,
Ha-68, J-343, Cl-149,
Mc-175
Jno. P. R-369
Joseph Gr-211, J-281
Josiah Mc-177
Nathaniel Mo-122
Nicholas J-296
Ransom Cl-107
Robert Gr-211
Saml. Gr-235
Sarah Gr-196
Sirus J-328
Solomon Mc-140
Thomas Ha-70, G-372
William Gr-209, G-372,
F-5, J-299, M-45(2),
Mc-201, Mc-175
Wm. W. J-309
Hayter, Abraham O-189, C-211
Israel O-191
Sarah C-213
Thomas B. O-185
William O-186
Haywood, Henry Ha-12
Samuel Ha-12
William Ha-12
Hayworth, William J-301
Hazelrigg, Thos. J. R-384
Hazelwood, Blaney J-287
James J-283
Susan J-307
Thomas J-278
Hazlett, George W. H-83
Hazlewood, Benjamin K-394
Joshua G-392
Head, Alexander S. Ca-36
Headerick, E. W. Gr-207
John Ro-34
Headrick, Jacob J-286
John Ha-25, Co-273
Joseph J-286
Mansfield Ha-21
William Mc-155, Ha-37
Headdrix, Jacob Bl-311
Heanny, Jeremiah Ca-35
Heard, Abraham A. Mc-188
Byram B-287
Rebecca Mc-164
Hearlson, Elijah Mo-90
Hearn, Edmond J-341
John J-341
Joseph J-341
Heart, Agnes Ca-34
Elliot Mc-137
Isaac Bl-309
John W-228, Mc-137
Leonard Ca-5(2)
Solomon Ca-7
Thos. A-186
Heartsill, Abraham Bl-249
Heath, Chappell J-320
Elias T. Mc-176
Elizabeth O-193
Heath, James Ha-45
John M-53, M-72, G-383
Leroy Ca-23
Rains J-335
Richmond C-233
William K-337
Heathcock, James Co-267
Heathcocke, Thomas Co-268
Heatherly, John G-223
Wm. C-223
Heaton, George W. Ca-27
John Co-273
Joseph Ca-27
Josiah M-59
Smith H-82
Thomas Co-273
Vaught Ca-26
Heavens, John A-189, A-180,
A-186
Joseph A-180, A-186
Richard A-189, A-180
Heddrix, John Bl-311
Sally Bl-309
William Bl-311(2)
Hederick, Henry S-112
Nancy W-257
Samuel W-211
Hedgcocke, Sally Co-258
Hedgecoff, John B-277
Hedrick, Elizabeth Su-303
Isaac Su-303
Jessee Su-303
John Mo-136, G-372
Hedspath, Ayres Mo-124
Heff, John R-363A
Hefley, Phillip M-48
Heflin, Wm. Ro-19
Hefner, Daniel M-62
Peter M-58
Heiskell, Daniel Mo-88
Fredrick S. K-338
Heith, Thomas Ro-51
Hellams, John R-357
Hellms, Legate Mo-159
Helm, George F-12(2)
Henry J-285, F-14
Isaac J-313
Jacob J-316
William F-14
William B. J-285
Helms, James Mc-169
John Mc-170
John C. Ca-5
Nancy W-243
Rachael Ca-14
Susannah Mo-96
William Mc-169
Helmstatler, Francis Ca-29
Helton, Alexander G-408,
G-400
Alexander G. Cl-109
James G-408, Co-244
John G-407, Su-302,
Ha-66, Ca-15
Helton, Joseph Mo-155
Marvel Ha-7
Peter Mc-197
Silas Ca-4
Tempe Ha-17
Trueman Ca-5
William G-390
Helums, Betsy K-325
John K-333
Helvey, Jacob Su-317
Helvy, Polly Mc-145
Hembree, Isaac L. Ro-4
Joel Ro-42
Joseph Ro-65
Obediah Ro-34
Hemphill, John Mc-149
Thomas Mc-149
Henderson, ______ S-90
Alexn. Bl-266
Allen Mc-140
Andrew Su-330, Mo-149
Andrew L. Mo-156
Charles Ro-44, Gr-167
Christiana Bl-295
Colburk, Ro-17
David Mo-141
Davis O-183
Edward Cl-144
Ephraim Mr-102
F. J. Bl-274
George Gr-232, G-388,
G-391, Mo-141, Ha-74
Gideon O-192
Hilry Ro-27
Isaac Ha-42, Mc-191,
Cl-133
James B-290, Mc-192
Jeremiah Cl-130
Jerry A-189
Jesse K-348
John G-389, Gr-160,
Gr-179, Bl-276, B-266
Mo-156, Mo-99, Mo-140
J-297, Gr-162, Gr-163
Gr-183
John F. Mo-121
Joseph Gr-231, Bl-256,
Bl-256, Gr-162
Lavin R. Mr-92
Margot Mo-99
Martha R-381
Mary S-90
Mastin G-408
Maston Mo-139
Michael K-348
Mourning Ro-62
Nancy C-403
Nathaniel Ha-42
Oma Mr-102
Peggy Mc-140
Pleasant A-176
Polly Mc-141
Preston Cl-111
Robert Mo-148
Henderson, Samuel Gr-159,
Ha-42, Mo-102
Sebird Mr-92
Thomas G-403, B-290,
Mo-156, Cl-111, J-332
William Ro-2, S-92,
Cl-114, Bl-251, Bl-252
Bl-256, A-181, Mc-192
Mc-140, Gr-171, J-340
Wm. C. J-331
William G. Cl-146
William M. Mo-131
Hendly, Catharine W-222
George W-222
Henderson W-237
Isaac W-206
James W-242
Joshua W-222
Hendon, Elijah A-173
Hendou, James Ha-45
Hendricks, John Ca-9
John M. Ha-11
Mary Ca-28
Solomon Ca-6, Ca-7
Tobias Ca-8
Hendrix, Aaron K-347
Gabriel M-67
John Bl-312
Larkin M-50
Luke M-45
Mark M-58
Morgan K-347
Nathan Mo-143
Sarah Cl-146
Squire M-63
William Bl-293, M-68
Hendrixson, Charity Bl-255
Jesse Bl-266
John Bl-255
Wm. Bl-255
Hendry, Edward W-223
Eli W-202
Henkins, John Ca-25
Henkle, George Ca-36
Samuel Gr-172
Henley, James S-100
John Bl-253
Wm. C. R-368
Henly, Arthur H. Mo-130
James D. Mc-145
Polly S-100
Thomas S-119
William S-108
Hennard, Elijah Su-302
James Ha-36
Rebecca Su-302
Hennegar, Henry Gr-172
Henniger, Jno. R-377
Henry, Aikman S-112
Bartholomew Mc-158
Benjamin S-114, Ro-58
Daniel Ha-56
David J-333
Gabrael Gr-213

Henry, George R-385(2)
Happy Mo-136, Mo-114
Heny R-385
Hugh J-343, S-118, S-115, Bl-296, Bl-299
Isaac Ha-45
James H-82, Bl-296(2), Bl-264, Bl-262, Bl-264 Gr-173
John J-343, S-120, Bl-296, Co-269(2), J-306, Ha-49, Ha-45
Josh. Gr-203
Loftus J-332
Mary Bl-264(2)
Matsy J-327
Nancy R-395, H-82
Reuben Co-260
Robert S-120, Co-269, Gr-233
Samuel S-114, Bl-305, Bl-264
Sarah J-333
Silas J-344
Sitnea W-202
Smith Gr-215
Spencer Bl-305
Thomas R-385
Thornton Gr-212
William Bl-275, S-93, S-118, S-120, Co-260, Mo-128, J-298, Gr-212
Hensely, Benja. W-255
John W-255
Robert W-254
William W-221
Henshaw, Washington Gr-198
Hensley, Anthony K-316
Benj. Su-302, Ro-22
Betsy Ha-46
Edmund Ro-40
Isam Su-297
Isham Ha-61
Obadiah O-197
Philip Mo-99
Robert Ha-47
Saml. Gr-207
Terry H. R-382
William Ha-48
Hensly, Benjamin Mo-141, Mo-157
Randle Mo-141
Samuel Mo-132
Temple Mo-145
Thomas Mo-132
Trent Mo-144
Henson, George K-334
Henry C-183
Isom Bl-304
Jeremiah Ro-6
John K-380, B-290
Johnathan Ro-9
Jonathan B-268
Lazarus K-392
Henson, Philip Bl-272
Thomas Ro-40
William B-290, K-378, K-379
Hepple, Jacob W-236
Herald, Daniel Ha-58
Demsey Cl-104
Drury Cl-114
Elizabeth Cl-114
Enoch Ha-41
Ezekiel Cl-112
Wilie B. Ha-30
William Cl-128
Heraldson, David Mc-133
Heralson, William Mo-86
Herbert, Benajah Ro-64
Herd, Elija Ha-74
George Ha-74
James Ha-74
Jesse Ha-75
Jessee M-62
John M-66, Ha-72
Vernon M-62
William O-180
Herington, Peter W-206
Herley, Daniel A. Co-267
John J-290
Hern, Abner O-193
Herrald, Baldwin Bl-266
Herrell, Elijah S. G-398
Larkin C. G-368
William G-368
Herrelson, Predina G-355
Herrin, Dulaney Ha-58
Wm. C-226
Herring, Armisted A-187
Delany B-287
Herron, Delany C-228
Hervey, John J-289
John C. Ro-8
Hess, Charles Mo-134
Henry Su-342
James S-103
Mary Bl-299
Michael Su-342
Hester, Abraham Mo-154
Ann K-319
Isaac Mc-190
Owen S-95
Thomas Ca-20
Hetherly, Ewings Ca-18
Hewett, Nathaniel Ro-46
Hewit, Danl. C-239
Wm. C-212
Hewlett, Sylvester K-329
Heyden, James A. Bl-286
Heydon, David Mc-198
Hibbs, Jeremiah H-74
Leroy H-84
William A-182
Hice, Jacob W-234
John W-235
Hickambotam, Moses Ca-38
Hickey, Banister C-181
Hickey, Cornelius K-331, C-227
George K-331
Henry Su-300
Isaac Co-251
James Mc-185, O-182, Ca-20
John J-319, K-388, Su-310
Joseph Mo-81
Joshua G-393
Middleton O-185
Thos. J-311
William W-220
Hickle, George K-374
John K-374
William G-354
Hicklin, Barnett Mc-181
Hickman, Adam Su-343
Benjamin Mo-93
Caleb K-391
Daniel Su-296
Elias Mc-141
Elisha J-330
Frederick Mc-184
Geo. Su-296
Henry R-369
Isaac Su-334
James Mo-104, S-113
John Mc-178, G-362, K-391, Mc-152, Su-334 Su-298
Joseph Ha-55
Joshua J-304
Lear J-297
Sally S-113
Samuel R-356
Susana Su-328
Thomas Mc-177, S-115
William H-84, K-388, S-115
Hickox, Horace Mc-131
Hicks, Abraham Mo-161
Abram F-7
Absolem Ro-2
Charles Mo-138
David Ha-40, Ha-45
Elihu Mo-135, Mo-141
Elijah M-53
Elijah M. M-53
Elisabeth S-98
George Mo-121
Harold Mo-125
Haston K-364
Hilliard Ro-66
Isaac F-7, M-52, Mo-140
James A-168, C-235, Ha-12, F-14
Jetur W-205
Joel Ha-45
Joel D. Ca-35
John Cl-151, Ha-56, Ha-47, F-7, F-16, Ro-57, Mo-138
Hicks, Joseph Mr-89
Joseph D. Ha-40
Joseph T. Ha-38
Maredy Mo-139
Martin Bl-249
Mary A-168
Mathew Mo-131
Nancy K-332
Richard Mc-169
Riley Ha-34
Russell Ca-18
Sarah Ha-41
Stephen Ha-47, Gr-207, Ha-34, M-51
Thos. C-215
Tolburt Mo-120
William Mo-151, Mo-122, Ha-13, Cl-107, F-6, Ro-10
Zacheas Mo-123
Hicky, David Bl-302
Elijah K-326
Hide, Hiram Ro-49
John J-293
Hiet, Edward Su-312
Higdon, Charles M-69
John Mo-142
Thomas Mo-142
Higgins, Alfred S-114
Barbary W-255
Martha Ro-40
Ryly W-253
William W-226
Higgs, Alexander G-378
High, Benjamin Ro-35
Samuel Co-256
Highsaw, Joseph Mc-191
Hightower, Allen Co-269
Epaphroditas G-410, G-386
John Mo-106
Joshua G-398
Thomas Co-269
Hilborne, Sarah R-364
Hildrith, Henry F-14
Hiler, James Mc-191(2)
Joseph Mc-192
William Mc-191
Hill, Abel G-359
Chambleys K-355
Claiborne Mc-182
David C-234
Elijah J-318, C-233
George W. O-178
Green Su-343
Greenbury Su-343
Henry Ha-13
Hiram R-390
Isaac S-103, Mc-182
James J-299, Cl-104, G-358, G-359
Jeremiah W-253
Jethro J-309
Joab Mc-182
Hill, Joh Mc-197
John Ha-13, J-297, S-89 J-339, Mr-92, Cl-104, Cl-130, R-386, G-401, G-360, Ro-20, K-339, S-103
John S. Ha-9
Joseph J-339, G-358, G-353
Lettess G-358
Marvell K-370
Mary O-177
Masten A-168
Matthew C-234
Milly O-177
Moses Ha-53
Nancy K-316
Nathan N. R-365
Pleasant Gr-181
Randall S-103
Richard K-320A
Robert Gr-174
Saml. Mc-165
Sarah R-353
Susan Bl-303, Mr-93
Terry C-231
Thomas O-188, Cl-105, S-113
Thomas & Zacheriah Su-344
Tilery S-94
Whitnell Gr-189
William Ha-62, O-178, J-298, O-178, Cl-104, R-386, G-354, M-44, K-320A, K-339
Wm. & Foster Su-343
Willis Ha-83
Wyatt Gr-177
Hillard, Jesse Bl-251
Hillborn, Allen R-386
John R-386
Hilliard, Joel M-54
Hills, Peter Ca-29
Hillsman, John K-327
Hilton, Anny J-311
Charles Su-307
Hannah Su-321
James R-394, Su-294
John Su-321
Joseph Su-307
Himes, Abram Su-311
John W-203
Hincle, Benja. W-238
George W-243
Joseph Ca-16
Margaret W-202
Nancy W-202
Hindman, Sarah K-344
Thomas C. K-318
Hindrick, Wm. J-318
Hinds, Abigail Ro-40
Eli S. Ro-40
Isaac K-381
Hinds, James Mo-98, Ro-40
Joel F-5
John F-3, Ro-40
Joseph Ro-40, K-370
Levi F-3
Nat R-385
Robert K-386
Samuel K-370(2)
Silvanas Ro-40
Simeon O-188
William K-374, F-3
Zachariah Mc-178
Hines, James G-411
William B. G-398
Zepheniah G-380
Hinkle, Caty Mc-159
Jesse Mc-159
John Ca-37
Philip Mc-159, Gr-161
William Gr-159, J-300
Hinshaw, Anne G-381
Ezra J-302
John G-381
Joshua G-382
Wm. J-322
Hintch, John B-271
Hinton, James K-359
Patsey K-360
Sally K-360
Hipshan, Henry G-372
Hipsher, Henry G-372
Jacob G-373
John G-374
Hipshire, William Ha-85
Hisaw, Andrew F-3
John O-177
Hise, Jacob Gr-162
James Gr-224
Hislop, Thomas Cl-139
Hitch, Archibald Bl-304
Eleven Bl-291
Elias Bl-284
Loyd G-353
Wise Bl-313
Hite, Jacob W-258
Hiter, Abraham Mo-148
Hitower, William Mc-174
Hitson, Drucills Ha-13
Hix, Charles Mc-198
David Co-262, Co-261
Edward Su-313
Elijah Su-314
Geo. Su-314, Mc-155
Gilbert Mo-108
Isaac Su-322, Su-348
Jacob Mo-108, Su-313
James Mc-135, Mc-205, Su-338
John Co-274, Su-321
Joseph Su-345
Moses Co-264
Nancy Co-264
Nathanel Su-321
Richard Su-309

Hix, Saml. A-193
Shadrack, Mc-198
Thomas Bl-305
Timothy Mc-182, Co-264
William A-189, Mc-182, Su-314
Hixon, David B-277
Ephraim H-85
Houston H-85
John M-60, G-396, G-393
Timothy H-78
William Gr-156, H-78
Hixson, Alexander B-284
Ephraim B-285
Ingoba B-274
John B-285
Joseph B-284, B-274
William B-285, K-361
Hobbs, Hardy Cl-106
Henry Mo-85
Jno. C-235
Richard K-317
Thomas K-317, Cl-119, Cl-104
Hockety, Jonathan Ca-21
Hodge, Abnor J-287
Benjamin Ca-37
Edmond J-342
Edmund W-200
Francis Su-308
Howell W-202
James W-200
Jefferson H-82
John W-202, H-82, H-81
Michael W-202
Moses J-308
Robert Su-308
Rowland W-200, W-202
Silas Gr-182
Stephen W. J-308
William R-354, W-202, Ro-14
Hodges, Andrew Co-253, Gr-172
Bibby Cl-110
Callaway J-300
Canada Cl-130
Charles S-113, J-323
Edmund G-407, S-112
Edward Cl-112
Eli G-405
Francis Su-312
Frazar G-389
Henry S-90
James G-405, Cl-131, Cl-115
Jesse G-394
John S-111, Su-312, J-280, Cl-104
Josiah Su-312
Philip G-393
Rachel G-407
Rebecca G-379
Samuel C. G-379
Thomas Mc-136
Hodges, Welcome J-323
William Su-305, S-96, Su-312, Su-308, G-394, G-394
Hodgin, Zilpha J-321
Hodgson, William Ha-43
Hoffar, Walker A. Bl-287
Hoffman, Adam Ro-55
Barnet Mr-95
Hogain, Wm. J-334
Hogan, William O-177, Mc-131
Hogarth, William K-390
Hoge, Barbara B-286
James B-286
Joseph B-286
William S. B-285
Hoggatt, Anthony Gr-213
Nathan Gr-213
Saml. J-343
Hogin, William C. J-289
Hogshead, Ann A-182
Hogue, Anderson O-205
John M-65
Patsy Mc-131
Hokiett, Henry Co-250
Holaway, James F-7
Holbert, Joel F-10
Joseph Bl-295
Stephen K-348
Holcum, Alexander Mo-159
Benjamin Mo-159
Isaac Mo-159
Joshua Mo-159
Moses Mo-130
Holdaway, Henry J-289
James J. J-289
Jeremiah J-288
John J-288
Joseph J-288
Timothy Ha-83
William J-280
Holden, James Ca-34
Samuel B-272
Holder, Bevely J-323
Henry Ro-60
Johnson Gr-219
Rachael Gr-215
William J-283
Holdford, John O-195
Mathew O-195
Holeman, Absalom O-200
Absolen O-180
Daniel Ro-24
Hudspeth O-200
James O-177
Mary O-181
Sarah O-181, H-75
William H-76, O-181, O-173
Wilson O-181
Holla, David Ca-33
Holland, Abner O-210
Allen R-384
Andw. Gr-210
Holland, Benjamin S-99, Co-246
Daniel B-280
Hugh L. Co-246
Jacob S-108
James Co-246
John Co-246, Co-245, R-392
John S. O-199
Joseph R. B-288
Josiah G-353
Thomas Co-244, Co-246, Co-246
William Co-245, Ro-2, Cl-148
Hollaway, Barns Bl-261
Joseph Mr-102
Minter Mo-103
Hollaws, Zach. Bl-276
Holler, Zecheriah Mo-95
Holles, Catharine K-382
Holleway, Sally Co-256
Holley, Jacob J-315, M-72
James M-56
Hollin, John Ha-85, Ha-84
Joseph Ha-84
Mary Ha-49
William Mr-101
Wright Ha-13
Hollingsworth, Abraham Gr-170
Danl. G-226
Jno. C-226
Rebecca C-226
Hollinsworth, Wm. Bl-255
Hollis, Martha G-374
Zacheriah G-374
Holliway, Jeremiah C-213
Holloway, Bermetta R-392
Catharine B-269
Elizabeth M-64
James R-391
Jesse R-368
John Mo-150, Mr-89, M-46, M-66
McGhee R-392
Saml. R-366
William Su-298, R-390, M-61
Holly, Mitchell Mo-149
Obadiah Cl-118
Holman, Reuben B-280
Holmes, George K-319
John Ha-47, Su-296
Rebeccah Cl-125
Sarah Ha-47
Holms, Sally S-103
Samuel W-243
Holoman, Pleasant R-387
Holsey, John O-172
Holston, John Mo-93
Lucy G-388
William G-387
Holt, Ambrose Su-333
Asia Co-256
Holt, Baratt Gr-230
Basdell Co-256
Berry Co-258
David G-375, Gr-225
Edward Co-258
Gabriel Su-340
George Co-258
Henry M-64, C-216
Jacob Gr-161, W-215
James Co-258, Su-331, Su-344
Jesse Gr-157
Joel K-333
John Mo-127
Leonard J-286
Peter W-220
Preston Cl-130
Sarah Mc-182, G-408
William B. Ca-11
Holton, Allen Cl-145
Elizabeth Cl-150
Wright Cl-131
Holtsepitter, Jacob W-233
Holtsinger, John W-222
Homel, Henry G-402
Hommell, Daniel K-379
Honey, John Cl-145
Stephen Ro-40
Honeycut, David W-220
Jacob Cl-132
John Cl-136
Honeycutt, Allen Mr-102
Hardy Mr-102
John F-7
Joseph B. Mo-124
Richard Mr-102
Honn, Cinthy G-368
Hood, Aaron K-358
Alexander Mo-87
Andrew F-16, K-359
Benjamin M-71
Elisha F-16
Hawthorn Mc-146
Isaac Bl-284
Joel Mo-92
John Mc-149, Bl-249, Mr-95, Ro-49
John B. Mc-132
Jonathan Mr-97
Luke Bl-284
Mary F-9
Nathaniel Bl-250
Phebe Co-275
Robert R-381, Mc-188
Sally Co-275
Thomas O-200
William Mc-148
Hoodenpyl, David B-269
Peter B-267
Philip B-291
Hoof, Nancy Ca-18
Hooft, Benjamin S-110
Jacob S-89
John S-92
Hooft, William S-104
Hooke, Harvy Bl-295
Robert Bl-295
Hooker, Cornelius Mo-159
Drury S-102
Esau W-221
John W-221
Myren Mo-126
William Cl-144
Hookes, David K-332
Hooks, Andrew Bl-249
John B-287
Philip B-287
Willaby Bl-253
Hooper, Andrew Mc-142
Andy Co-245
Clemman Co-246
Clemmon Co-246
Daniel M-59
Enis Mo-147
Enniss M-55
Hiram S-111
Isaac S-107
Jacob S-107
James Bl-301(2)
John Mc-191, S-111, Mo-147
Moses Bl-297
Robert Ro-37
Thomas Mo-145, S-96
William Mc-191, Cl-116
Hoose, John V(an) F-3
Hoover, Fedarick Co-267
Henry O-200
James F-8
John K-369
Hooverton, Ed. R-393
Micajah R-393
Hoozer, Hugh J-333
Hope, Abner Gr-153
Deborah Gr-217
Elizabeth K-337
Isaac Gr-225(2)
James Ro-47
Miner Gr-234
Robert Gr-216
Samuel Gr-231, Bl-285
Thomas Mo-134, C-212
Wm. R-394
Hopkins, Adam Cl-121
Benja. P. W-221
Elijah Cl-121
George Mo-150, Cl-120
Isaac Cl-121
Jabish Cl-122
John M-74
Nehemiah Cl-120
Richard W-258
Solomon Co-246
Stephen Cl-121, Cl-120
Thomas Mc-190, Cl-122
William W-258
Hopper, Augustus Mc-189
Charles C-214
Hopper, Elizabeth Cl-142
Hardan W-204
Harmon Cl-134
Jesse Cl-134
John Mc-189, H-85
Joshua G-397
Thomas Cl-134
William Cl-133
Hoppkins, Robert Su-304
Hopson, Jesse Cl-113
John G-367
Penelope Cl-114
Richard Cl-113
Sarah Cl-114
Hopton, Aaron Gr-197
Hord, Eldridge Ha-52
John O-173, O-201, Ha-17
Nancy Ha-42
Patsey O-173
Thomas Ha-27, K-318
William Ha-24
Horerton, Jeremiah R-391
Horn, Daniel B-285
David B-285
George Mc-130
Henry B-284
Jacob K-382(2), B-285(2)
Joh Su-343
John Su-332, B-279, B-285
Nicholas K-378
Riley Mc-131
William K-396
Hornbarger, Jacob Gr-216, W-226
Hornbeak, Elijah M-49
Horne, William Mc-185
Horner, Cavalier J-293, J-290
David Ha-18
Henderson Ha-19
Isaac J-293
John J-200
Pleasant Ha-19
Spencer J-293
Thomas J-290
William Ha-25, J-293
Hornsbey, James Ro-4
Hornsby, B. R-363A
Ebenezar Ro-34
Wm. Ro-5
Winny R-366
Horny, John K-340
Horsler, Adam M-74
Abram M-53
Horsly, Henderson Mo-130
Horton, Daniel W-246
Fanny A-169
Isaac W-246
Jesse W-246
John Gr-159
Hoskins, George A-178
James Cl-145, J-328

Hoskins, Jessee A-176
John A-192
Samuel J-291
Thomas Cl-135, Cl-145
Wm. J-342
Wm. N. J-342
Hoss, Abram W-207
Catherine Ca-35
Hannah W-206
Henry Gr-171
Jacob Mc-132, W-257
John W-223
John V. W-256
Sarah W-260
Hostler, Michael Ro-44
Hotchkiss, Nesekiah Ro-46
Jarad Ro-52
Samuel Ro-53
Houghton, James O-197
Houk, Adam S-94
Henry S-109, M-73
John S-96
Jordan S-110
Martin S-102
Houke, Enoch Mo-159
Michael Mo-159
Hounshell, David R-360
Houpt, Volotine R-393
House, George Gr-197
James P. H-77
Mary M-62
Householder, Joshua Ro-19
Houser, Jacob K-383
Housewright, Benjamin Ha-35
James Ha-35
John Ha-35, Ha-42
Housley, Howel Ca-3
James Ca-37
Joseph C-227
Ransome G-361
Robert J-323
Thomas G-361
William G-361
Housmon, Benjamin Cl-133
Catharine Cl-133
Houson, James B-272
William B-277
Houston, Adam Ro-35
Dugins W-223
George Gr-200
Howell Gr-159
Hugh G-393
James Bl-260, W-223, Bl-283
John Gr-233, Bl-287, W-223, Bl-251
M. M. Bl-250
Margaret Mo-157
Mary Bl-289
Matthew K-381
Preston Mc-174
Robert K-354, K-381, Bl-290, Bl-304
Samuel Bl-290(2), Ro-46
Houston, Thomas Mo-144, J-326
William Gr-156, Cl-118, W-223, B-272
Houton, Elija O-192
Houts, Christopher Gr-205
Hover, Henry O-214
Hoverton, Jackson R-393
Howard, Abram W-253
Alexander Ro-63
Allison Ro-35
Baldwin Ca-26
Barbary S-119
Benjamin Mo-144
Buckner B-289
Cornelius Mo-128
Eliza R-395
Geo. Bl-265
Jacob W-262
James O-201, K-319
Jesse Mr-100
John Ca-25, Mo-134, S-118, Mr-100
Jonathan J-338
Joseph W-249
Mahala Mo-92
Nathan Mr-100, B-289
Polly K-349
Rezin B-289
Robt. J-314
Samuel Mr-96, R-395, J-315, Ca-26
T. A. Co-242
Thomas Mc-193
William Mc-139, B-287, R-395
Howarton, Benjamin Cl-106
William Cl-105
Howdashell, Ann Gr-222
Howe, Jacob Ha-57
John Ha-57
William Cl-121
Howel, Benjamin Ro-8
Jesse J-308
Malichi Ro-8
Philip Gr-229(2)
Susannah Bl-276
Wm. J-308
Howell, Andw. Gr-229
Benjamin G-407
Caleb G-391
Charles W-261
David K-354
Duke K-341
Elijah K-379
James G-376
Jesse Ha-43
John Gr-229
John J. Co-242
Joseph Gr-181
Martha K-355
Milly Su-341
Patten J-317
Peter Su-341
Howell, Polly Ha-39
Robert Mc-162
Thomas K. G-407
William K-374
William S. K-341
Howerton, John J-304
William G-354
Howeth, John H-79
Mary H-79
Thomas H-79
Howlet, Alfred Gr-158
Howring, Benja. W-221
Howry, Daniel Ha-12
Howser, Daniel K-379
David K-380, K-383
George K-382
Jacob K-383
Jas. R-371
John K-380, W-234
Jonathan K-336, K-383
Joseph K-383
Josiah R-372
Philip P. K-340
Susanah K-380
Howsley, John W. J-327
Robt. J-325
Thos. J-323
Hoyal, Benedict Gr-228
Jacob Gr-226, Gr-200
Michael Gr-199
Hoyle, David Mc-194
John Mc-193, Mc-132
Peter Mc-189, Mc-194
Thomas Mc-195
Hoyt, Darius Bl-286
Jno. G-218
Hubbard, Absolom K-330
David Cl-126
James C-225
Hubboard, John Bl-307
Hubbs, John K-374, G-354
William G-359
Huber, Jacob S-98
Hucheson, William J-285
Huckaba, Wm. A-175
Huckabay, Arthur R-364
Huckaby, George F-9
John F-8, C-239
Polly A-188
Thomas F-11
Huckebaugh, Robert Bl-274
Hudaburgh, Thomas K-328
Huddleston, David Cl-139, Cl-116
Effy Cl-139
Field O-203
Garrott O-202
John O-178, Cl-114
Leonard O-178
Pleasant Cl-140
Robert G-364
Simon O-202
Wiley O-177
William O-178
Huddleston, Willis O-202
Hudeburgh, Lewis K-337
Hudenpyl, Thomas J. B-286
Hudgens, Carter Mo-91
Hudgeons, Benjamin K. M-46
Josiah Mc-188
Wm. Bl-277
Hudlin, Nathaniel Co-243
Hudnall, Mary L. Mc-185
Hudson, Armisted Ro-12
Benjn. R-363
Berry Ro-65
Calvin C-224
Clark Ca-8
David R-363
Eli Mo-91
Elijah M-53
Gabriel Ca-8
George S-115
Hampton Ro-42
Harmon Cl-128
Jesse R-361
John Su-335, C-223
Joshua Ro-41
Peter Ro-41
Sarah Ca-8
Thomas Bl-267, K-371, A-169
William K-318, J-333, C-215
Wm. B. Ro-3
William J. Gr-192
Huff, Daniel Cl-147
David Co-273
Elizabeth Co-270
John Ro-25, Co-261, F-14
Johnathan Co-273
Joseph Gr-168, Co-247
Leonard S-99
Samuel Ca-18
Stephen Co-244
Susan R-365
Thomas Co-245
William Co-267, Ro-25
Huffacre, George K-386
Henry K-386
Isaac Mc-185
John K-386
Peter Cl-151
Huffaker, Christn. Mc-194
George S. S-97
Lewis Mc-190
Wesley S-109
Huffer, Sarah K-363
Huffhine, Jacob W-227
Huffine, Daniel Ro-49
Rachel Ro-54
Huffman, Aaron Su-347
Henry A-195
Jacob M-52
Joseph Mo-151
Moses Ca-3
Samuel W-241, W-205
Huffmaster, Goodlof Ha-24
John Ha-24
Jonathan Ha-22
Joseph Ha-50
Huffsetler, Jacob Ro-57
Hufstatler, Henry K-346
Huffstutler, Adam Bl-288
Hufft, John S-99
Joseph S-99
Hugart, William Mc-140
Hughes, David Ha-78
Francis Mo-98
Jacob Mc-195
James Mc-189, Su-340
Leander Mc-176
Pryor Mc-204
Rebecca Ha-51
Thomas Su-311
Hughs, Aaron B-284
Abner Su-339
Abraham Ro-4
Aron O-187
Benjamin O-204
Caswell R-374
David Su-320, Su-311
Delila Ro-4
Ephraim B-284
George H-81, Su-326, K-374
Hardy H-81
Hezakiah B-283
Hesekiah Gr-153
Hiram Bl-275
James M-58, Su-330, H-74, Ca-10
John Ro-13, Mo-154, R-380, B-283, H-73
John H. Mr-91
Josiah Mo-154
Mary Gr-232
Moses Gr-153, Mo-82
Nancy R-378
Neill Gr-212
Olando O-184
Peter Su-319
Robert Su-311
Rosanah Su-320
Samual Su-337
Saml. M. Ca-3
Thomas Su-328, R-380, O-206
William Ro-38, M-63, Su-343, Su-319, H-79, Ca-6, H-84
Hughy, James G-408
Huling, Frances K-334
James K-334
John A-194
Jonathan A-195
Silas K-334
Hull, Abraham Mo-92
Daniel F-2
Elizabeth O-177
Frederick Su-306
Hull, Isaac J-301
Jacob Gr-177
Jessee O-177
John Gr-177(2)
Moses F-2
William O-176
Hulse, Abraham Su-294
Wm. Su-304, Su-295
Hulstine, Peter G-399
Hulvy, Coonrod M-56
Human, Basel Mr-90
Humbard, Aden Gr-216
Henry Gr-216
Jacob G-380
John Gr-216
Jonathan Gr-214(2)
Reason Ro-17
William G-380
Humbert, Jaden R-361
Samual R-362
Humbird, Samuel J-322
Humble, Isaac Mo-87
Jacob Mo-109
Jessee M-44
Samuel Mo-128
Hume, Charles G-375
David Bl-299
Elizabeth G-375
Margaret G-375
Hummons, Thomas W-214
Humphrey, Dennis K-379
Elijah K-379
George W-203
Owen Mc-191
Humphreys, Alexr. Bl-273
Cyrus Mo-109
David Bl-270
Elisha Ca-6
James B-279, Mo-96
Jessee Ca-6
John W-215, Mc-175, Mo-93
Mary Ca-10
Melvin Mo-132
Sarah Mo-142
Westley W-217
William B-287, Ca-8
Humpry, David R-395
Hundley, James G-358
Jordan Ha-35
William G-357
Hundly, John S. Gr-222
Hundoss, Thos. A-186
Hunington, Alexander Bl-291
Hunt, Benjamin W-215
David M-70
Edmund Mo-120
Girgh Su-301
Grandison Mc-202
Henry M-67
Henson Ca-10
James Bl-273
Jesse W-247, W-211

Hunt, John O-190, Su-294, Su-302, Bl-253, Bl-111
Joshua W-204
Levi Mo-114
Lewis Mc-177
Peter W-244, Su-310, W-248
Saml., Maj. W-215
Smith W-250
Thomas Bl-273, Mo-105, Gr-233
Uriah Mo-91
Westley W-222
William Mo-123, O-189
Hunter, Abm. C-225
Alexander Mr-100, B-284
Andw. C-240
Casper K-361
Clifus K-386
David C. W-210
Frederick B. Cl-142
Jacob W-217
James K-344, K-350, J-307, A-179, Cl-145
Jesse B-283
John K-344, S-92, W-206, Gr-182, C-230
Joseph W-243, W-226, Cl-141
Joshua R-376
Linsey O-192
Mary Gr-181
Phoebe K-320
Saloma Cl-124
Thomas R-376, Bl-256, Gr-181
William R-368, B-289
Huntsman, Elizabeth O-204, Ha-7
Grief B. Ha-7
Huntsucker, George Ha-73, Ha-74
John Ha-74
Jonathan Ha-74
Thomas Ha-73
Hurdell, Trueman K-338
Hurky, John S-104
Hurley, Jonathan G-372
Joseph Gr-192
Moses Cl-108
Nehemiah Ca-37, Ha-86
Polly Gr-176
Zachariah Gr-175
Hurndenn, John Su-344
Hurst, Aaron Cl-122
Andrew Cl-130
Arthur Cl-116
Betsey S-119
Calvin Cl-135
Charles Cl-122
Elijah Cl-115, Mc-182
Fielding Cl-131
George S-93, S-113
Harmon Cl-131
Hurst, Henly Cl-112
Henry S-116
Hiram Cl-110
Jeremiah Mr-95
Jesse Cl-116, Cl-104(2)
John S-116, Cl-123, Cl-117, Cl-111
Mark Cl-148
Nancy S-119, Cl-149
Rody Cl-123
Sevier S-116
Simpson Cl-112
Squire Cl-130
Thomas Cl-105
Thompson Cl-122
Uriah Co-273
William S-120, Cl-127, Cl-104
Hurt, Albert Mr-91
David B-271
Eli Ro-11
Garland J-323
Henry G-374
Joseph B-271
Hurtley, Hugh L. Ro-13
Huskey, Albert S-105
John S-104
Husky, Isaac S-116, S-113
Stephen S-116
William S-120
Huson, John B. Mo-102
Husong, Jacob K-359
Hussong, James Mc-184
Hussy, Benja. W-256
Hutcheons, Jessee Ca-23
Hutcherson, Elias Mo-125
Hutchesan, Julian G-355
Hutcheson, Alfred B-290
Charles B-266
James Mo-83
Jeremiah G-371
John B-280, Bl-256
Philip B-274
Rebecca B-290
Saml. Mc-133
William B-266, Bl-251
Hutchins, James M-57
Hutchinson, Joseph Gr-157
Hutchisson, Benjamin Ha-62
John Ha-48
Hutson, Clinton Co-258
Harbert Mo-109
Jesse A. R-355
John Co-258
John B. R-355
Luraner Mc-142
Obadiah J-281
Peyton Ha-8
Robert G-410, Mo-140, Mo-110
Starling Co-258
William B. Co-242
Hutton, Josiah Bl-260
Wm. Bl-260
Hybarger, David Gr-208
Jacob Gr-204
Joseph Gr-168
Saml. Gr-214
Hyden, Anderson Ro-17
Richard Ro-17
Thomas Ro-18
Wm. Ro-17
Hydenrick, Gregory Gr-159
Hyder, Adam Mr-96
Benjamin Ca-5, Ca-33
John Ca-15
Johnathan Ca-15
Jonathan Ca-15
Jonathan H. Ca-12
Joseph Ca-8
Michael Ca-12
Michael E. Ca-15
Hymis, John Su-322
Hynds, Robert H. J-300
Hyre, Alexr. Bl-276
Hysinger, Barbary Su-305
Icenhower, John Co-249
Martin Co-248
Idol, Adam G-365
Iford, Mary Mc-180
Igon, Jno. R-372
Saml. R-375
Imes, John G-372
Ingle, Adam W-228
Betsy W-228
Henry W-242
John W-214(2), W-224
William R-375, Gr-180
Inglebarger, Catharine Cl-133
Ingledon, William Gr-179
Ingledove, Hiram Gr-183
William Gr-183
Inglish, Jas. C-225
Joshua C-213
Tony C-228
Ingram, Aaron Mo-114
James B-278
John Gr-166
Miller Ha-40
Purnell K-348
Sarah Ca-16
Thomas B-286, Ha-52
William B-281
Ingrum, Gallant Ro-52
John K-376
John B. J-295
Sanford Ro-52
Thomas A-173
William K-378
Inks, Jemima Ca-9
Inland, Lewis R-380
Inlow, John B. M-46
Inman, Abednego J-319
Benj. J-325
Daniel Co-254
David Mo-101
Green Co-271, Co-244
Henry Co-244
Inman, Jeremiah J-287
John J-281, Ca-13, Co-254
Jonathan Co-254
Lazarus C. Ca-6
Perminus T. J-302
Shaderick J-287
Shadrach J-318
Inmon, Lazarus Bl-268
Wm. Bl-268
Inness, William Ha-21
Inser, John H. Ca-3
Thomas L. Ca-9
Irby, James G-397
William M-64
Ireland, Jonathan Mo-154
Sarah Mo-151
Thomas S-104
Irick, Benjamin A-186
Irish, Solomon A-167
Irvin, Alexander W-240
Armstrong G. S-97
David Su-331
Francis W-249
George J-292, Bl-289, W-249
James Su-344
John Su-331
Joseph Bl-269
Miles Su-302
Montgomery Su-324
Patric W-251
Squire Cl-108
William K-386, W-211
Irvine, George Gr-176
Irwin, Bird Ro-49
George Ro-49, Mo-149
James Mc-144
Paterick Mo-152
Robert Ro-19
Samuel Ro-19
Thomas Mo-87, Cl-108
William Mc-144, Mo-152
Irwine, Francis C-231
Isbell, Benjamin Mc-173
Hickman W-213
Jason Mo-122
J. R. Gr-226
Martin Mo-122
Miller Mo-129
William Mo-140
Isby, Miller M-73
Isely, Martin Su-332
Isenberg, Jacob Ha-62
John W-257
Isenberger, Daniel W-252
Elizabeth W-219
Ish, A. Bl-253
Isham, Charles Mc-147
Elijah Ro-42
Henry Ro-35
John Mc-146
William Mc-147
Isle, James B-280
Isles, Wm. Bl-268, W-242
Isley, George Ro-5
Israel, Benjamin Gr-188, K-367
Buckner K-351
Byrd K-351
Itson, Creighton Ha-60
Edward Ha-56
Thomas Ha-57
William Ha-71
Ivens, Barbary Mo-128
Elis. Mo-128
Joseph Mo-128
Ives, Thomas Ro-64
William Ro-44
Ivey, Curtis Mc-133
Hartwell Mc-133
Henry G-391
John G-395(2)
Sarah B-277
Ivins, Robert Mo-152
Samuel Su-327
Ivy, Absolom C-223
Baxter Mo-120
Benjamin G-396
Burrell Mo-138
Danl. C-223
Hamilton G-406
Henry G-396
James G-404, C-223
Joel S-119
Nancy G-400
Nelson J-310
Patsy C-223
Philip J-308
Thomas G-396
William J-308, S-119
Winney C-222
Isely, John C-211
Iserall, James Ro-4
Jack, Abraham Gr-193
Allen K-396
Catharine Gr-159
Elizabeth G-403
Henry Co-265
James Gr-160, K-394, Mo-197
Jeremiah R-394, Mo-143, Gr-158, K-396
John R-394, Mc-193
Nancy Co-274
Samuel G-360
Thomas Mr-99
Jacks, Palmon J-306
Richard J-306
Jackson, Able Ro-54
Alfred E. W-213
Archibald F-6, Ca-22
Benjamin Mr-97, W-208
Charlotte Ha-63
Churchwell A-183, M-61
Claiborn A-179
Corbin G-354
Daniel Gr-181
Jackson, Dary O-188
David C-215
Dawson O-204
Ephraim M-63
Evin C-224
George O-211, Gr-174, W-259
Gillam Su-300
Henry K-348
Jacob W-258
James B-289, B-279, W-258, Ha-68, M-52, O-194, O-199
Jefrey J-312
Jobe O-184
John Mc-154, Bl-257, Ro-39, Mo-148, W-247, M-51, Su-333, O-185
John B. Mc-176
Jonathan W-258
Joseph K-341
Josiah Mo-125
Laban W-259
Laetitia Gr-164
Major A. H-76
Michael C-234
Milton K-370
Nancy C-233
Peter W-259
Polly Ha-39, W-248
Reuben R-379
Robert H. Ha-24
Sally A-193
Samuel Bl-259, A-183, W-206, W-215, M-67
Simeon R-393
Stephen Ca-30, O-210
Tandy H-73
Thomas C-233, Gr-186, Gr-175, Mc-191, O-188
Vincent Gr-181
William K-327, R-393, A-182, Co-267, W-215, Cl-145, Ro-5, Gr-207, Gr-205
Jacobs, Alford Bl-254
David R-379
Jacob J-331, R-378
Lewis Gr-170
Rebecca J-295
Saml. J-318
Solomon D. K-342
Thomas J-302
Jamerson, John R. Mo-156
James, Alfred Mo-123
Alvah J-323
Amos Su-336
Andrew Mc-164
Benjamin Bl-249
Betsey A-175
Blackburn Mo-120
Edmond Ro-11
Edward Bl-311
Evan M-74

James, Henry Co-268
James G-394, Ro-43
Jesse Bl-252, Bl-251
John Ro-11, Mc-158, A-180, C-221, Mo-128
Joshua Mo-80
Milly S-104
Randall S-101
Rolling C-227
Samuel M-60
Thomas H-79
Walter Su-333
William H-83, G-390, Mo-120, A-190, G-383, Co-268
William W. Bl-311
Jameson, Benjamin C. Mo-84
David F. Mc-148
Samuel Mo-86, Mc-185
Jamison, Benjamin C. Mc-141
John G-409
Jane, Zophar Ro-37
Janoe, Patsy R-353
Permelia R-353
January, Isaac G-381
John Mc-155
Thomas G-374
William Cl-125
Jaquess, John Ro-9, Ro-4
Jaquiss, Gabriel Ro-9
Isaac Ro-9
Jarman, Emery K-357, K-350
Jarnagin, Asa G-399
Caswell Mc-175
Chester G-399
Chesley G-410
Francis G-378
Hetty J-284
James G-398
Jeremiah G-386
John G-386, G-398
Martha J-285
Noah G-386
Spencer K-341
Susannah J-285
Thomas G-410
Thomas B. J-285
Jarrett, Aaron Mc-163
Jarril, Alexander Ha-13
Jarrott, Nathaniel R. Ro-41
Jarvis, James Mo-108
Jayne, Nathaniel J-278
Jeanes, Wyatt Ca-15
Jeans, William Gr-186
Jefferson, Richard Co-248
Jeffreys, Francis Gr-170
Marmadick, G-396
Robert Gr-182
Thornton Bl-251
Jeffries, Archd. C-215
James Bl-301, C-236
John C-212, Gr-204
Margaret Bl-297
Orsborn Gr-202
Jeffries, Robert C-237
W. W. Gr-202
Wm. C-239
Jenings, Ezekiel O-174
John O-172
Samuel O-173
Jenkin, Jesse W-220
Jenkins, Bradley Co-273
David Mc-169
Edward R-376
Elijah Co-262
Elisha Ro-58
Ezekiel Ro-67
George W-201
Henry Ro-37
Hugh Ca-27
James S-92
Jeremiah Co-262
Jesse Co-262
John S-95, Co-262, W-204, S-91
Joseph W-201
Matthew Ha-23
Obadiah B-290
Oliver Ha-18
Phillip Co-262
Polly S-106
Thomas Co-260
William Mc-178, Ha-9, Cl-148
Jennes, Nancy G-357
Jennings, Daniel A-174
Dickson H-78
Geo. Gr-200
James Co-244, Gr-198
Jesse Co-264
Jessee A-185
John Gr-200, Ro-8
Joshua W-235
Mark F-13
Nancy F-6
Samuel Co-263
Thomas Co-272, A-177
William Gr-229, Gr-198
Jervel, Wm. R-380
Jester, Isaac Co-244
Jacob Co-255
John Co-244
Joseph C-212
Jeter, William K-337
Jett, Edward J-302
Jefferson K-358
John K-349(2), K-359
William A. J-278
Jewell, Sebern Gr-225
William Ha-32
Jewett, Mathew O-179
Thomas O-179
Jiles, Daniel Co-263
Jesse Co-262
Jiner, Elvan J-335
Jinkins, Caty A-173
Emanuel Ca-36
Henry Cl-151
Jinkins, James Cl-115
James H. Ca-7
Jessee Ca-18
John Su-346, Cl-151
Joseph Ca-32
Noah Ca-35
Rowland Ca-24
Thomas Cl-150
William Cl-151
Jinnings, John G-368
John P. G-372
Pleasant G-374
Ryal G-368
Joans, James Gr-172
Job, Joshua Bl-307
Winney Co-243
Jobe, Abram W-219
Enoch W-258, W-213
John W-259
Lidia W-248
Lydia & Rachel W-258
Nathan W-259
Samuel Su-295
Zechariah W-259
Joeland, Wm. R-363
Johnes, John Mo-90
Johns, Ezekiel Mc-174
Henry G-383, R-367
Jno. R-372
Robert Mo-174
Samuel K-363
William Mc-186, Mc-174
Zephaniah K-364
Johnson, Abner D. Ha-65
Alexander B-285
Allen Gr-166
Almerin Cl-117
Anderson Gr-176
Andrew Gr-166, Ha-72
Aquilla B-280
Archer Bl-276, H-78
Aron Ha-64
Asa F-12
Asail R-395
Benjamin O-181, Su-335, Mo-132, A-178, B-270
Betsy Ha-10
Bright R-384
Caswell R-395
Charity O-181
Charles Bl-309
Claiborne C-234
Craven A-176, A-188
Daniel A-177, B-290
David O-192, K-365, R-359
Dempsey K-385
Eli J-341
Elija Ha-74
Elijah K-382
Elim W-227
Eliz. Mo-127
Elliott H-80
Enoch O-179
Johnson, Enos Ha-66
Ezekiel Bl-296
Francis Ro-22
Garrit F. Su-329
George K-333, K-368, Ha-54, H-85
Hardin F-8
Hicksy O-181
Hiram Cl-146
Holland O-211
Hubbard O-196
Hutson Mo-203
Hyram Ro-22
Isaac Ro-22, O-200, K-353
Isam O-181
Israel Ha-75
Jacob Ha-42, Su-340
James K-380, Ro-4, J-280, Ha-62, Ha-61, Ha-66, Ha-73, Mo-144, C-214, B-283, Ha-19, Ha-13, Ha-42, G-380, Bl-309, Cl-150, Cl-123, Bl-303, Mo-159, Bl-294, F-9, F-8, G-358
James H. K-317
James S. W-207
Jane K-388
Jefferson O-196
Jeffry Bl-303
Jeremiah K-360, K-387
Joab K-368
John O-206(2), O-193, O-180, Su-305, Ha-59, Ha-72, Mo-146, A-177, Ha-10(2), Ha-8, G-357, Cl-113, Mo-160
John J. Su-334
John L. R-363
John T. K-369
Jonathan K-386
Joseph K-382, J-278, Co-272, R-366, Cl-113
Joshua G-380
Josiah Bl-272
Kinza A-168
Larkin Gr-165, Cl-148
Lazarus Bl-276
Lee B-269
Levi Ha-78
Lewis Cl-109
Logan Co-247
Mark A-168, R-359
Martha K-317
Martin Cl-152
Mary K-364, Mc-168
Mathew J-320
Michael K-360
Molly Ha-74
Moses Ha-76(2), Ha-79
Nancy J-334, Ca-21
Nathaniel Ha-41
Obadiah Gr-182
Johnson, Peter A-178
Pheob Mo-127
Pleasant C-233
Randolph Ha-84
Rebecca G-392
Reuben Ha-42
Richard Gr-180
Robert K-360, K-365, Mo-145
Samuel Mc-208, K-333, Ro-4, J-313
Sanford Ha-14
Sarah R-380
Sian O-181
Solomon B-282
Stephen J-283, Ha-55, G-410
Tandy B-272
Thomas J-300, Su-303, Su-337, Ro-27, S-115, K-379, Ha-65, Mo-125, Ha-10, G-403, Ca-27, Ca-30, Ca-28, Gr-155
Turner O-181
Uriel Mc-131
Westly O-196
William O-181, O-204, Su-340, J-280, Ro-22, Ha-84, Ha-55, Ha-62, Ha-78, Mo-128, A-177, R-384, R-387, R-386, Ha-14, G-375, Cl-107, Bl-298, Mo-157, F-8, Bl-301, Ha-28
William C. Mo-146
Wilson A-192
Wright B-280
Zacheriah Mo-143
Johnston, Barton Gr-224
Benjamin Gr-217, Ro-17
Dempsey Ro-49
Ebenezah Ro-25A
Edmond Ro-22
Esther Mo-99
Francis Mo-82, Mo-99, Gr-230
George Gr-205
Hannah Gr-224
Henry Gr-224, R-355
J. Benj. Bl-261
Jacob Mc-164
James Gr-208, Gr-236, W-260, Ro-25A, Mc-204
James H. Mo-101
Jarret Mc-158
Joel Mc-207
John Gr-208, Gr-232, R-363A, Gr-226, M-69
John H. Mo-92
Joseph Gr-224, Ha-37, Gr-226
Josiah K. Mo-91
Katharine Mo-99
Johnston, Lewis Mo-101, Mc-207, M-53
Little Berry Ro-22
Mary Ha-11
Merryweather W-204
Peter Ro-50
Polly Mc-167
Samuel Mo-104, Mo-105
Samuel M. Mo-92
Seth Ro-22
Solomon S-102
Stephen Gr-198, Mr-99
Tarlton Ro-39
Thomas Gr-225, Mc-151, Ca-28
William Gr-217, Bl-249, Mo-82, Gr-217, Ro-27, Gr-199, Ro-38, Ro-48, Mc-169
William E. Mo-105
Zopher Gr-226, Gr-225, Gr-220
Zye Mo-86
Joice, John M. C-212
Joinder, Charlton Ro-34
Joiner, John Ha-60
William Mr-94, K-359, Ha-60
Jolley, John Ro-14
Jolly, Abner J-313
Dudley Ro-9
James Ro-9
Joseph J-312
Solomon J-333
Wm. J-321, Ro-8, Ro-9
Jonas, Jacob G-410
Joner, Elizabeth F-9
Jones, Aaron W-221
Abraham O-203, B-270, W-200, Ca-28
Abram A-188
Alban Mc-172
Alexander Gr-165, Gr-212
Allen W-250
Alston S-96
Ambrose Ro-36
Andrew K-338, W-254
Aquilla G-403
Bayles Gr-196
Benjamin Ro-11, R-380
Betsey K-364, G-403
Betsy Ha-80
Caleb Gr-215
Calvin Su-343
Cary A. Ro-36
Charles Su-296
Clabourn J-335
Daniel B-289, Co-253, Cl-121(2), Ha-29(2)
David Su-301, B-274
Delila Ha-48
Edna Mo-86
Elija Ha-29
Elijah Cl-147

Jones, Elisha Cl-130
Elizabeth F-9
Ellenor Mo-130
Foster Cl-120
Francis Bl-256(2)
Frank R-381
Frederick Su-309
Georden Ca-33
George K-328, Gr-166, Gr-196
George B. Ha-18
George F. B-271
George W. G. K-329
Hardy Ro-25
Harvey Su-295
Haskins Co-244
Henry Su-310, Ro-39, C-212, W-218
Herculas M-61
Hiram Bl-253
Hugh G-392
Hustin Ha-47
Isaac J-331, O-185
Isaah Cl-121
Isabella B-274
James M-46, Mr-89, Ro-67, Mc-168, K-365, Ha-66, W-249, Mo-148, B-289, Bl-256, G-402, Cl-121, Bl-271, Ha-29 Bl-272, G-410, Ca-35
James B. R-359
James H. W-260
James R. Mr-90
Jane Ha-58, Gr-211
Jasaac Mc-169
Jeremiah H-83
Jesse K-388, Cl-146
Joel Mc-149
Johanna Gr-173
John Ro-3, M-74, Mc-174 Su-303, Su-310, S-119 Su-294, S-97, S-90, K-330, Ro-7, Ha-71, C-229, W-258, Co-249, Bl-250, Bl-309, Cl-121 H-80, Bl-306, W-247, Ha-30, Gr-223, Gr-235 Cl-130, Cl-112
John B. W-251
John F. Su-302
John H. B-273
John L. W-255
John S. Su-295
Johnson Bl-272
Jonathan Ha-10
Joseph O-195, M-47, Bl-272
Joshua J-299, Mo-148, Ha-19
Josiah Bl-305
Judah Bl-270
Layben Bl-305
Laymon S-119
Jones, Lemuel H. Gr-182
Leven M-66
Levi F-13
Levin M-58
Lewis Gr-190, Bl-309, K-317, Gr-225, J-304
Martha Mo-109
Martin Gr-171
Mary J-339, C-219, B-283
Maryan W-251
Michael Bl-307
Miles J-320
Morten Ha-57
Moses Ha-41
Nancy Su-302, Ha-19, Ca-34
Nathan W-259
Obediah Mo-126
Oliver R-369
Peter Su-315, G-367
Phinas Gr-165
Priscilla Ha-59
Rachael Gr-213
Rachel Cl-121
Rachiel O-204
Reese Mc-202
Repts Mo-84
Reubin Mr-92
Richard Ro-40, Bl-271
Robert Mr-95, J-335, M-53
Russel Co-247
Samuel Su-315, Ro-39, Gr-173, Gr-190, W-249 Bl-254, Cl-121, Bl-271
Sarah W-237
Satira G-397
Sevier W-225
Shaderack Mr-94
Silas G. Mc-170
Simin F-4
Siras W-221
Solomon K-333, C-235
Squire Su-320
Stephn J-320
Susan Ha-66
Thomas J-299, Gr-196, Mc-168, C-219, Mo-91, Ha-75, Ha-14(2), Bl-309, Cl-146, Cl-151 Cl-112, Cl-122, W-220 Bl-271, Gr-219
Thomas & John Su-315
Thomas W. H-74
Vincen Ro-14
Wiley Ro-13, Bl-303, Gr-232
William Mc-145, Mc-190, M-46, Mc-170, Su-296, Su-348, J-301, J-334, Su-313, M-61, K-317, Mc-149, Ro-7, Ro-16, Gr-190, A-190, Ca-6,
Jones, William (cont.) H-76, B-274, R-357, Ca-20
Willie Ha-50
Wills Ha-59(2)
Zebedee O-185
Joones, Moer O-193
Jordan, Allis G-372
Anderson P. H. Mo-87
Ewell Ha-68
John H-84, K-379
Lavina B-289
Lewis W. Ro-35
Nathan G-361
River Gr-182
Saml. Gr-217
Thomas K-389
Woodford Ha-68
Wyley K-390
Jordon, John Bl-285
Jourdan, John Ca-33, W-236
Lewis W-241
William D. O-175
Joyce, James G-396
John G-396
Thomas G-397
Wortham G-396
Julian, George Bl-300
Isaac Mo-82, Bl-299
James Bl-296
John K-349
John C. Ro-17
Nancy K-387
Stephen K-326
Wm. C. Ro-25A
Justice, Ann Mo-131
Charles Ca-19
Clabourn Ca-4
Eli Co-249
Isaac Gr-215
John Gr-233
John R. Mo-127
Martin Co-251
Polly Co-249
Reubin Co-248
Sarah Ca-4
Thos. Gr-220
Justis, Alfred Gr-162
George Gr-186
Justus, Abraham Mr-99
Kade, Lewis Ca-33
Kagle, Polly S-102
William S-102
Kanada, Alexander Bl-264
Andrew Bl-264
Kanady, Geo. W. Bl-274
Karnes, Andrew Ha-12
George Ha-10
Hubbard S-101
William K. Ha-50
Karr, Jesse Bl-266
Kaskey, Thomas Mc-193
Kasky, John Mc-196
Kates, Barney Ca-14
Ester Ca-14
Kates, Jeremiah Ca-12
Kean, Solomon Mc-175
Kearley, William B-269
Kearly, Daniel B-278
Wm. Su-300
Kearns, Hannah K-357
Henry K-349
James K-375
John K-357, K-375
Michael K-329
Keasle, John Gr-183
Kebble, Manly Bl-312
Keble, Thomas Bl-299
Keck, Andrew Cl-133
Christian Cl-132
John Cl-115
Kee, Andrew Bl-249
David A-178
Matthew A-183
Keebing, Elijah Bl-273
Keedy, Lewis B-283
Keefhaver, Henry W-251
Nicholas W-206
Keel, Jesse Ha-23
William Ha-26
Keeler, Joseph S-93
Keeling, Carlton A-167
Thomas Bl-273
Welding Ro-23
Wm. Ro-21, Ro-11
Keen, Elizabeth Su-295
Enoch Bl-274
Eroe Su-302
Joseph Su-296
Mathias Ca-11
Keene, Iona W-247
Jacob Su-346
Mathew Su-347
Keener, Abraham K-386
Elkanah W-220
George S-113
Jacob B. K-326
John Ca-16
Joseph W-219
Peter K-386
Ulrich W-220
William P. S-115
Keeney, James H-79
John H-76
Michael Co-243
Keenum, George R-374
Keeny, Joseph A-176
Michael A-176
William A-176
Keer, Wm. R-369
Kees, Thomas Mo-113
Keesling, Jacob Su-335
Keeton, James R-256
Joel F-12
John G-410
John W. F-14
Miles F-6
Warner M-46
William B-273
Keeton, Yearby F-12
Keezal, Andrew Co-274
Keezling, David A-173
Keezy, Henry B-280
Keiker, Conrad W-210
Kein, Anderson G-363
Eli G-406
William G-363
Keith, Andrew K-344
Charles F. Mc-176
Gabriel K-391
Gemima Ro-61
Isham Mo-115
John K-323, A-192
Margaret A-168
Sarah K-353
Spencer A-182
William Bl-286
Zachariah Mc-152
Keiser, Isaac W-245
Kell, John M-64, Mo-151
Robert M-66
Thomas M-63
Kellar, Leonard Gr-156
Keller, Benjn. Gr-204(2)
Cornelius Ro-66
Danl. Gr-204
Eli Bl-310
George Bl-310, Bl-288
Jacob Gr-215
Leonard A-186
Mary Bl-293
Nickolus A-186
Saml. Gr-218
William Bl-310
Kelley, Eleanor Gr-153
Jacob Gr-164
John Ro-10, Co-253, Gr-155
Jonathan W-219
Mary B-267
Richard Ca-17
Robert J-332, J-343
Samuel Co-264, Mo-108
Thos. J-343
William J-295, Co-250, Co-271
Kellman, James O-175
Kello, Nehemiah Cl-131
Kellon, Samuel Su-317
Kellow, W. C. Su-303
Kellums, Betsy K-392
Kelly, Alexander M-48, M-55
Allen J-310
Anderson G-377
Andrew S-108
Benjn. J-327, Su-323
Daniel Mc-192, Ha-49, Ha-51
David Gr-198
Elijah R-366
Elizabeth Ha-29
George Gr-196
Kelly, James Gr-229, Gr-157, Mr-91
James M. M-45
Joel Mc-175
John Mc-197, M-46
John T. H-74
Jonathan Mc-171
Joseph Ha-30, R-377, K-375
Joshua M-44
Kinchen W-204
Lewis M. H-82
Mason O-175
Matthew Mc-176
Nathan K-375, Mc-171
Rebecca W-226
Richard Mc-193
Samuel K-341
Samuel D. Mo-87
Solomon Bl-289
Squire R. Mc-176
Thomas R-382, Ha-53
Vincent Ca-6
William Ha-39, R-379, R-388, M-48, Mc-178, Mc-192(2)
Kelm, John S-114
Kelsey, Aaron Cl-126
Eliphblet J-341
John W-243
Samuel W-238
William W-243
Kelso, Betsy K-337
Matthew S-114
Kelsoe, Charles Mo-101
Charles B. Ro-38
Sarah Mo-98
Keltner, John Bl-282
Kelton, Henry F-13
Patsey Ca-10
Kemp, Solomon O-206
Kemplin, Geo. Su-332
Kenady, Catharine Bl-265
Kenatcher, Andrew S-108
Kenatsey, Abraham O-208
Kendal, John O-184
Kendall, Wm. Gr-199
Kendred, William Ca-14
Kendrick, Edom Co-267
John Ro-26
Kenedy, Daniel R. Mo-96
Kenester, John S-96
Reuben S-111
Kennady, Allen R-384
Kennally, William R-392
Kennard, William Mo-123
Kennay, Sina G-401
Kennedy, Adam M. K-390
Allen Gr-198
Danl. Gr-197
George Gr-234
Gilbert R-370
J. D. Gr-228

Kennedy, James Gr-198,
Mc-135, K-340
John K-391, M-65, W-226
Mo-128, Gr-198
Joseph Gr-233
Malinda Mc-152
Martin A-194
Mary K-326
Moses A. Mc-133
Samuel W-215, W-205,
K-395
Thos. Gr-228
Walter K-323
William Ha-44, B-285,
Gr-198, Gr-234
Kennemon, James Bl-295
Kenner, Escridge Ha-17
James Ha-85
Malinda Ha-64
Markham Ha-64
Susan Ha-10
Wilie Ha-54
Winder Ha-12
Kenney, Sally J-329
Kennich, David R. Ca-26
Kennon, Hugh G-397
Isaac B. G-401
James G-394
James E. B-287, M-62
John G-395(2)
Kennonmon, Dicy Bl-294
Kenny, John Bl-304
Kensinger, John Ha-54
Kent, John Gr-158
Keplinger, Mary W-210
Samual W-210
Kerbough, Daniel Gr-177
Jacob Gr-178
John Gr-178
Kerby, James Bl-282
John G-367
William Bl-303
Kerkindall, John M-68
Kerklen, Elisha B-265
George B-269
Matthew B-267
Kerlin, Elijah J. W-239
Kerneld, Thos. H. A-189
Kernell, Goodley A-171
John A-194
Thomas A-171
Kerr, Amy S-103
Daniel S-109
James Mc-207, S-92,
S-99, H-75
John S-90, S-93, S-102,
H-85
John A. S-97
Robert R-358
William S-103, Mc-189,
H-85, Gr-196
Kersey, David Cl-104
Hiram M-60
Thomas M-59
Kershner, David Ha-39
John Ha-39
Kerten, Joseph R-366
Kesterson, Abel Cl-130
Charles Gr-175
David Bl-111
John Gr-175(2), Cl-119
Syvester A-178
Thomas Gr-175
William Cl-110, Gr-175
Ketcham, Elizabeth O-180
Joseph K-332
Ketchen, Eli E. J-320
John Bl-293
Thomas Ro-20
Ketchum, Joseph B-267
Nancy Mr-93
Ketherly, Simpkin C-238
William C-212
Ketner, David M-54
Key, Adonijah G-384
Anderson O-208
Betsey A-196
Danl. Gr-218
David Bl-252, Gr-218,
Gr-193
Elizabeth Mr-102
James Bl-251
John Mc-111, Mc-174
Joseph Bl-255
Peter Gr-218, Bl-252
Thomas Mc-173
Urijah G-384
Keyes, Aaron W-251
Isaac W-257
Jeremiah W-235
John W-260
Philip W-212
Keyhill, Elizabeth K-385
Richard K-358
Thomas K-385
Keyker, Joseph W-206
Keys, Henry K-363
Hugh Mr-91
James Ca-29
John Bl-294, Ha-48
Mathew K-364
Peggy K-364
Keyton, Allen R-355
Burton R-354
Elijah J-339
Littleton R-355
William R-355
Keywood, Ednay Bl-285
James B. Su-316
Madison Bl-283
Rebeccah Cl-140
Kesiah, William W-239
Kibble, John Mc-143
William Bl-299
Kibler, Jacob W-215, W-216
James W-249
John W-210
Kickchie, Ely Bl-271
Kid, Johnson Ca-31
Kidd, Chastian K-359
Elias F-13
Hezekiah K-379
Horatio Bl-288
James Mc-168
John K-323
Lewis Bl-295
Randolp Bl-283
Kidney, John J-339
Jonathan J-339
Kidwell, David J-340, G-395
Elijah Gr-219
John G-395
Joshua Gr-226, G-396
Kifer, John Gr-172
Kiker, Jacob Gr-183, S-99
John Gr-163
Peter Gr-157
Kilday, John Gr-177
Kile, George Mo-103
Henry Mo-97
Jacob Mo-105
James J-312
Kilgore, Charles M-65
J. M. Gr-227
Jane Co-267
John M-74
Joseph M-55
Margaret Gr-171
Martha Gr-171
Sally B-274
Selah Ann Mc-160
Stephen M-67, M-74
Thomas Gr-171, Co-249,
M-74
William M-54
Wilson R-385
Killens, John Mo-150
Killey, Susan J-333
Wm. J-326
Killian, Jesse B-289
Killingsworth, Anderson K-332
Isaac Mo-85
John K-344, M-60
Mary Ro-8
Reubin Mc-199
Thomas K-331
William Mc-199
Killion, William Cl-114
Killman, Aron O-175
Kilpatrick, George O-182
Kimbrell, Benjn. R-364
Benjamin A. Ro-47
Peterson Ro-57
Kimbrough, David J-314
Duke J-320
Jessee J-335
Joseph Ro-41
Thos. J-335
William Mo-136
Kimbrow, John J-302
Kimes, Mathias K-386
Kimmer, John B-273
Kimmon, John Gr-184
Kimry, Sarah Gr-160
Kincaid, Jas. C-215
John C-215, Ha-47
Margaret Ha-44
Martha C-228
William C-226, Cl-115
Kincannon, Andrew R-352
Francis F. Mc-160
George R-352, R-374
John Mc-138
Kincheloe, Elija Ha-40
Thomas C. Ha-63
Kinchelow, Charles W-249
Charles E. W-247
Enoch W-248
George W-248
James W-239
John W-214
William W-259
Kindar, Peter Mc-131
Kindead, David Ha-60
Robert W. Ha-51
Kinder, Jacob G-383
Kindred, Thomas Mr-97
Thornton Mr-99
Kindrick, Franky Mc-171
Henry Ro-38
Jacob F. Ro-34
Samuel Ro-34
King, Alfred Mc-174
Amanda F-16
Amos R-371, Su-306
Andrew Cl-109, Cl-109,
Ha-24
Anthony R-371
Barney B. Ha-40
Burwell Cl-108
Charles M-60, Ha-37
King, Curby Ro-22
David Su-318, Ha-16
David O. Su-318
Dickson Su-340
Edmund Ha-44
Eli K-390
Elias W-254
Elijah Mo-91
Ezekial J-290
Fanny O-184
Frances Ann Bl-292
Francis Cl-139
George Gr-188, W-208,
K-392, S-101
Henry W-223, Ro-60
Henry L. Mo-121
Hiram O-197
Jacob Ha-37
James W-205, J-326,
K-342, Su-328
James H. Su-294
James R. K-325
King, John C-221, Bl-296,
Gr-218, F-16, Ha-22,
J-326, K-392, K-385,
Su-308, Su-305
John B. Mc-130
Johnathan Su-308
Jonas L. W-244
Joe J-325
Juliann M-73
Mary K-378
Michael W-218
Nancy A-186
Nathl. Mc-170
Rebeccah Cl-128
Richard B-287, Ro-2
Robert F-16, Ha-53,
Ro-16, K-341
Ruth W-223
Samuel Ha-68, R-360,
K-389
Stephen Gr-180, Bl-264
Susannah J-291
Thomas Cl-120, W-207,
W-212, Su-308
Thos. M. C-218
Walter Ro-55
William C-214, Ha-28,
Ha-68, Bl-265, B-287,
J-327, Mc-201, K-385,
S-102, Su-308,
Su-317(2)
Wm. L. Bl-252
Wm. Y. Ro-2
Willie S-120
Kingcade, Clinging A-189
Thos. A-189
Kingery, Joseph O-193
Kingston, Barnard M. Mr-91
John Mr-95
Nicholas J. Mr-99
William E. Mr-100
Kington, Michael Su-299
Kinkead, Edward Ha-60
Robert W. Ha-51
Williams Ha-51
Kinkton, John A-192
Kinman, Claiborne Mc-179
Saml. Mc-179
Wesley Mc-181
William Mc-181
Kinnard, George Mc-202
Kinney, Abram J-331
Elisb. Gr-217
John Gr-203
Thos. J-333
Kinoy, Barbara K-324
Kinsard, Abner C-221
Kinser, George Gr-183
Henry Gr-130
Jacob Gr-179(2)
John Mo-107
Nicholas Ha-11
Kinslow, Kesiah Mc-170
Kinyon, Joseph Ha-30
Kirbaugh, George Gr-182
Kirby, Christopher Gr-182
Danl. Gr-211
Francis K-383
Jesse Gr-178
Kirk, Alexander G-374
Armstead G-400
Barbary Gr-183
Coly G-397
Elijah A-184
George Gr-208
Hyram Mr-95
James Gr-183
John A-178, A-179,
Gr-183
Jonathan C-229
Josiah M. C-232
Thos. C-228, A-178
William G-405, Ro-34
Kirkendall, Beene M-68
Kirkendoll, John Co-251
Kirkham, Elizabeth G-388
Kirkland, George Ha-57
Samuel K-317
Thomas Ha-47
William D. Ha-53
Kirklin, Allen M-51
Elisha B-265
George B-269
Matthew B-267
Kirkpatrick, Arthur A-177
Jacob J-289
James A-185
Joel Mc-152
John J-281, Mc-148,
K-371
Lewis Ro-43
Martin K-368
Nancy Bl-302
Phoeb
Robt. A-179, K-367
Thomas Bl-304, Mo-137,
Bl-287
Wilkins J-289
Will Bl-266
William J-289
Kirksey, Elisha Mc-195
George Mc-195
Kirkum, Esther K-396
Kirlin, William W-216
Kirts, Martin W-212
Kirtz, John W-242
Kisling, John Gr-180
Kissinger, Matthias K-368
Kistner, Phillip A. Ha-41
Kitchean, Sally J-342
Kitchell, Milden W-243
Kitchen, John Mc-135, A-190
Kitchie, Robert Bl-271
Kite, Anderson Ca-5
George Ha-27(2)
Isaac Ca-11
Jacob Bl-292
Martin Ha-27

Kitrell, Joseph J-338
Pleasant Mo-99
Kitsmiller, Henry Su-294
Kittrell, John Mr-94
Roling Mr-93
Wylie Mr-91
Kitts, Jacob G-356
John G-356
Peter G-374, G-356
Polly G-359
Kitzmiller, David W-252
John W-257
Martin W-202(2)
Kizar, Richd. J-329
Klepper, Frederick Ha-41
Jacob W-205
James M-56
Susan W-205
Kline, Jacob G-393
John K-376
Klipper, Jacob Ha-55
Peter Ha-54
Knave, Samuel Ro-26
Knight, Asa S-97
Edd. R-352
Jacob R-352
John Gr-231, R-371, R-394
Joseph Gr-231
Levi R-361
Lewis R-373
Preston R-361
Richard Co-247
Thomas R-352, S-110
Tristram D. G-401
William Co-247, Mc-141, Co-247
Knipp, John F-17
Knowles, Archd. Gr-227
Jonathan Gr-157
Knox, James Mc-137, K-321
John Mo-96, Mc-137
Joseph Ha-30
Joseph J. Mo-142
Matthew K-320A
William Mc-136, K-340
Koons, John Gr-219
Koonse, Adam Bl-297
David K-353
Jacob K-353
Michael Bl-300
Koonts, John K-367
Kroft, Phillip M-46
Krutsinger, Solomon Su-337
Kuhn, Jacob Ca-8
John Ca-10
Peter W-216
Kunnles, John R-358
Kyle, Absalom Ha-9
Enoch G. J-339
Gale H. Ha-10
Henry Gr-222
James L. J-321
John Ha-82
Kyle, Robert Ha-82
Sarah Ha-82
Wilie B. Ha-14
Labens, Thomas L. F-13
Lacefield, William Mo-156
Lacey, Abraham Ro-6
Alexander Ca-4
George Ca-5
James G-392, Ca-13
John G-353
Johnson Ha-40
Mark Ca-5
Philemon Ca-6, Ca-7
Rheuben Ca-7
Samuel Ca-14
Lackey, James Ro-50
John Ro-48, Gr-174, K-341
Joseph Ha-38
Lacky, Hugh R-354
John P. M-62
Robert R-354
Lacock, Betsy Ha-85
Elizabeth Cl-105
Lacy, Elizabeth K-324
Hannah Ca-8
John Bl-306
Levi Mc-148
Micajah Su-341
Philemon Mc-148
Thos. J-330
Valentine Su-341
William Mc-148
Wm. P. Su-322
Ladd, Amos M-69
Constantine M-72
John C. Ro-60
Nelson Ro-48
Noble M-56
Ladsinger, Philip Ro-66
Lady, Geo. Su-338
John Gr-192
Margaret Su-331
William Gr-192
Lafary, George W. M-49
Laferty, James J-284
Lafferty, John G-403
Shirley Mc-204
Lain, Abraham M-74
Azariah Co-274
Carter Mo-111
Charles Bl-276
Daniel Ro-25A
David M-65
Isaac M-74
John Co-266, M-49, M-65, Ro-24
Jordan Ro-24
Joseph Ro-24
Lindsey Mo-83
Middleton Mo-95
Moses Co-275
Peyton Bl-255
Randolph Co-264
Lain, Samuel J-293, Bl-253, Ro-27
Street Mo-93
Tandy Bl-254
Thomas Bl-253
William Co-264, Co-265, M-65
Laka, James Cl-116
Lake, Daniel K-324
Susan J-342
Lamar, Elizabeth J-323
James Cl-142, Cl-137
Mary Cl-142(2)
Thos. J-323
Wm. J-323
Lamarr, Charles A-185
James A-185
John M. A-186
Wm. A-185
Lamay, George K-370
Lamb, Adam B-289
Alexander B-289, Ro-47
Esau Ha-70
Hannah C-221
Hugh M-63
Jeremiah C-219
John C-221, Ro-68
Joseph Ha-70(2)
Marmaduke Gr-187
William Ro-57, Ro-46
Lambdin, John G-358
Lambe, Jeremiah K-322
Lambert, Adam Gr-177
Hiram Bl-288
John Mc-151, Bl-292
Lytle B-273
Mary Bl-311
Polly Mo-103
Lambeth, Joseph B-278
Samuel B-278
Lame, John Ha-33
Matilda Ha-36
Lamply, Jesse R-382
Lampton, Benjamin O-187
Lance, Samuel F-15
Land, Ann Co-265
Franklin R-381
James Ha-51, Co-265
Ralph Ro-61
William Mo-154
Landen, Samuel J-310
Landon, Martha Su-324
Mary Su-304
Landrum, James Gr-186
Johanna Gr-184
Joseph A-191
Robert M. Ro-36
Thomas A-179, K-329, K-339
William M-60
Lane, Abram W-244
Ancil W-201
Ann Cl-118
Dutton Gr-214
Lane, Elizabeth Gr-197
Ephm. Gr-197
Isaac J-292, Mc-183
Isaac C. Cl-118
James J-292, G-354
Jesse Bl-306
John J-293, Gr-213, Gr-197, K-383, Mo-138 Mo-126
John B. Mo-138
John F. Mc-183
Joseph Ro-48, K-383
Lydia J-290
Noah Mc-166
Patsy Bl-307
Plesant W. J-280
Robert K-354
Russell Mc-182
Samuel Gr-213, G-359, Mo-138, Mc-191
Sarah Ha-32
Thomas J-293, Su-335, Bl-302
Tidance J-292, J-282
Tidence Mc-177
Tidence C. Mo-150
William Su-335, K-393(2) G-354, R-364
Laney, John Ro-58
Tidus Ro-58
Langdon, Johnathan K. J-304
Joseph J-304
Langford, James Bl-299
John Bl-251
Nathan K-374
Thomas Mc-133
Langley, Cornelius Cl-140
James Cl-140
William Cl-140, Ro-26
Langly, Nathaniel B-283
Washington K-381
Langlywith, Burgess R-377
Langsdown, Elizabeth Ro-53
Langston, James S-104
Jesse S-95
Langum, Elias Mc-193
Lanham, Abel Cl-111
Joseph Cl-149
Randolph Cl-130
William Cl-111
Lanier, George O-179
Sarah O-179
Laning, John S-114
Mary S-115
Richard J-296
Lankford, Benjamin Cl-114
Enoch O-200
Gipson Mc-175
John O-199, Mc-189
Leassel Mc-206
Nelly J-311
Robert Mc-176
Rufus W. O-195
Lankston, Fanny J-343
Lanning, Esekial J-302
Isaac J-344
Lannum, Cluffy Gr-175
Lansden, Abner W. Ro-64
Lansdowne, Joel Ca-18
Rheuben Ca-18
Lansiter, James K. O-185
Lanston, Benton Mo-92
John Bl-306
Mary Bl-306
Lant, Reuben C-228
Laramore, George K. J-282
James Mo-107
John Mo-107
Lard, David Mc-181
Nancy M-61
Larence, John K-387
Mary R-360
Larew, Benjamin K-352
Francis K-335
George Co-268
Joseph K-354
Sally K-347
Sarah K-353
William K-371
Large, Eliza Gr-186
Hugh G-365
Isaac S-120
Isum J-325
James S-118
John G-377, S-118
Joseph J-325
Mary G-365
Robert S-116
Samuel S-120
Thomas Cl-135
Wm. J-325
Wm. L. J-325
Larkin, Henry Ha-61, Ha-48
Henry S. Ha-53
John Ha-61
Thomas Ha-61
Larrimore, Hugh Mc-207
Rowland Mo-207
Larrison, James Mc-137
Peter Mc-138
William Mc-137
Lasatly, Jno. R-376
Lashley, Alexr. Gr-204
Laslie, Jesse Mc-142
Lasly, James Mo-155
Lassater, Johnsey M-51
William M. B-269
Lassiter, Burrel B-284
Hardy B-284
Wiley Mc-199
Lassley, Jane Co-273
Latham, Birdy B-284
Clabourn G-371
James G-404
John G-368
Mary Bl-297
Sally Bl-300
Lathem, John G-368
Latlers, Fielding Gr-160
Lattimore, John Mc-194
Lauderback, Isaac Ha-17
Lauderdale, James Gr-167
Jas. R-395
John Gr-217
Jos. R-395
Margaret Gr-167
Mary Gr-171
Nancy R-382
Samuel Gr-167
Laughern, Axum Mr-92
Laughery, Jas. A-187
Laughlin, Alex. Su-318
Alexander Mo-91
Ann Su-329
Edward Mc-177
Joseph D. Mo-101
Thomas Mo-91
Wilie S. Ha-18
Laughmiller, Jonas Ha-79
Laughner, Christian Gr-183
Daniel Gr-180
John Gr-183
Launcford, Elisha Ca-26
Launy, William G. W-203
Laurence, Beverage Bl-266
Lavender, Daniel S. Mr-92
Elijah Mr-96
Law, Abram Bl-310
Mary Gr-192
Lawery, Mourning Co-267
Lawhorn, Joel Ro-65
Joseph K-333
Lawless, Benjamin Cl-109
Lawrance, John J-310
Jonathan J-322
Joseph Ro-23
Richd. J-322
Lawrence, James J-331
Thomas Cl-149
Laws, David Mo-146
Dinah Mo-84
Elisha Mo-84
Elizabeth Ca-26
James Mo-82, Co-254, Ca-25
Jeremiah Ca-20
Joseph Co-248
Levi Mo-102
Lucinda Ca-26
Welcome Ca-20
Lawson, Alexander Ha-45
Allen Mc-136
Ambrose Ha-82
Amos Cl-127
Anderson Ha-81
Andrew S-99
Anthony S-98
Asa Mc-138
Banks Ha-65
Barklay R-373
Bartholomew Mr-101, M-59
Betsy Ha-76

Lawson, Charles Mr-101
David Mc-137, Mc-136, C-212
Drury Cl-127
Edmund Ha-81
Elisha C-235
Henton Mo-89
Howel Bl-310
Imanuel Ha-81
Jacob Ha-28, Mc-138
Jessee O-197
John Mc-137, Mo-82, Mr-101
Jonas Ha-31, Su-303
Joshua Mr-89
Lazarus Ha-28
Lewis Ha-11, Ha-28
Mace Ha-71
Martin Ha-34
Mary C-239
Maxwell C-235
Meredith Ha-81
Nathan Cl-120, Mc-136
Peter Mo-82, Ha-71
Preston Ha-27
Randolph C-236
Reuben Cl-127, Ro-26
Reynolds S-100
Rhilley Co-246
Richard C-237
Russell Mo-104
Saml. C-237
Stephen Ro-26
Stokely Cl-107
Thomas Cl-127, Gr-158, Ha-81, C-236
Tyre Mc-137
Wiley O-197
Wilie Ha-22
William Mc-143, Bl-310, Mr-101, M-49, Cl-120, Cl-117
Lax, Obeisence Co-261
Lay, Bartley Ha-19
David C-217, Cl-133
Jesse Cl-136
Jessee Ro-20
John Ro-20
Jno. D. C-217
Jno. M. C-217
Lewis Cl-132
Stephen M-70
Thomas H-83, Cl-132
William Ro-20, G-356
Laycocke, Thomas G-371
Layman, Daniel S-117
Isaac H-75
Jacob S-94, S-118, H-85
John S-119, H-75(2)
Joseph Bl-283
Michael S-116
Nathan H-75
Thomas H-79
Wm. R-391
Laymance, Jacob Mr-100
John Mr-88, Mr-90
Layne, Thomas Su-320
Lea, Alfred Mo-137
Augustin B. S-91
Caswell J-319
Charles J-316
Clemmons Mo-88
Edward R-361
Elijah Mo-142
Eppa Co-259
Francis B-277
Frank Bl-313
George R-367
Harmon G. G-376
Hiram Mo-86
Isaac B-277
James Mo-80, R-380, F-8
John Cl-151, R-367, B-268, R-379, Mo-149
John H. Ca-9
Lavinia G-377
Luke K-338
Major Cl-151
Mannan Mo-108
Mary Mo-139
Miller R-392
Pryor G-377
Rhoda J-286
Robt. J-315
Saml. Bl-275
Thomas Mo-113
Thomas J. G-398
Thomas S. Mr-102
William R-392, B-277, F-8
Zacheriah H-77
Leach, Hannah Cl-140
James W-225
John A-190, Cl-142
Landon Cl-140
Tilman C-234
Truston W-227
William A-188, Cl-140
Leak, Jacob W-245
Leath, Coleman Ha-8
Ebenesor J-343
James J-302
Willis A-171
Leatherwood, Thomas Co-262
Lebes, Philip R-356
Lebo, Isaac Ha-14
John G-402
Joseph G-409
Lebow, Daniel Cl-113
Isaam Cl-116
Mary Cl-123
Ledbetter, Aron O-184
Arthur O-185
Buckner O-190
George Mo-132
James O-205
Jones O-204
Ledbetter, Washington O-214
William O-204
Ledford, Absalom Mo-132
Jessee O-200
John O-205
Ledgerwood, David S-103
Lee, Abner Mc-195
Abraham Cl-133
Archer Cl-138
Charles O-179
Edward Ha-16
Ephraim Bl-256
Green Ha-16
Henry Cl-148
James Ha-25, Mc-144
Jessee O-197
John K-320, Co-272, Cl-137, O-179, O-211
Jonathan O-210
Jubal Cl-144
Major Mc-195
Mary Ha-25
Micajah Ha-21
Nathan Bl-251
Permit K-334
Richard O-214, O-176, O-204
Robert Ha-34, Ha-12
Robert G. Ha-28
Samuel K-335, Ha-28
Stephen Co-271
Thomas Cl-144
William R-368, K-346, Mc-143, Mc-198
Leech, David Cl-140
Leek, James K-336
John K-336
Richard K-328
Leeper, Francis Ha-42
Gawen Ha-42
Hugh Ha-52
Mathew J-297
Nancy Mc-207
Ruth Ha-42
Leeth, Jeremiah J-344
Josiah J-344
Leeton, James F-3
Lefew, Elisha G-367
Joseph G-367
Lavina G-367
Samuel G-367
William C-367
Leffew, Elisha G-393
Pleasant H. Ro-39
Leforce, Renny Cl-138
Robert Cl-139
Leger, Peter Cl-108
Legg, Edward K-364
James K-376
Samuel J-293, Mc-178, Mc-152
Wesly K-326
Leggerwood, James K-369
Samuel K-369
Leiper, Hugh B. Bl-258
Lemar, Zach. Bl-273
Leming, Robert Gr-180
Lemmon, Levi Ro-11
Lemmons, Ann Mo-127
Barbary G-378
Catharin Mo-145
Chris J-336
Jessee Mo-132
John Mo-132, G-375
Joshua Mo-158
Levi Mo-148
Sarah Mo-147
Thomas Mc-167
William G-378, Mo-163
Lemon, Abram W-242
Carnett Ha-40
Christy W-227
Jacob W-227, W-256
John W-228
Lemons, Danl. Gr-229
John Gr-186
Polly Gr-229
Samuel M-71
Lennon, John J-340
Lenoir, William B. Ro-48
Lenox, Richard Mc-188
Leon, William Ca-4
Leonard, David Ha-23
Gasper Su-334
George Su-330
John Ha-54, Ha-24, Ro-67
Joshua Mc-176
Samuel Su-334
William Ha-28
Leonax, John Co-265
Leslie, Jonathan W-221
Sally W-208
Lesly, Thomas Mc-190
Letchworth, John G-367
Polly G-367
Letherwood, Aquilla Mc-157
Reuben Mc-198
Lethgo, James K-322
Leunor, Adam J-309
Dennis J-313
Jacob J-321
Jane J-309
Letsinger, John K-334
Philip K-333
Lett, Ambrose Mc-181
Elizabeth A-184
John A-183
Matthew H. M-53
Wm. A-184
Letture, Catharine Su-337
Harmon Su-341
Leuellin, Andrew Mr-98
Joel Mr-92
William Mr-93
Levi, George H-86
Rice A-169
Levingston, Henry O-203
Thomas O-205
Lewallen, John A-175, Ro-7
Willie Mc-146
Lewelling, Alexander S-99
Allen S-106
James S-98
Margaret S-98
Martha S-98
Lewis, Aaron Ro-12
Abijah Mo-112
Allen K-367
Archibald M-48
Benjamin Su-346, G-367, Co-264
Charles Ha-9, Ca-36, Cl-125
David S-119, R-373
Davis B-265
Eli J-330
Elizabeth R-372, J-316
Ephraim Ca-9
Evan J-316
Fielding Cl-126
Gabrael J-340
George Co-264, Cl-125, J-330
George W. M-61
Hays Ha-56
Henry O-174, Su-344, B-284, Bl-254, J-316
Hercules Ro-13
Howel Ca-32
Isaac K-338
Isbel Cl-131
Jacob Co-264, J-330
James Ca-36
Jesse Cl-114
Jessee A-181
John Co-264, Co-260, B-291, Ha-73, O-172, Mc-180, J-339
Joel J-340
Larkin Ro-57
Leah Co-260
Levi S-99
Lewallen Ro-18
Lowis D. Ca-12
Margaret R-376
Micajah Su-346
Mordecai F-6, F-12
Moses Ro-13
Nancy F-11
Peter Co-273, Ca-36
Reuben Ro-13
Robert M-51
Samuel Ro-13, Bl-272, M-66, S-117
Seth G-366
Solomon Cl-138, Cl-143
Thomas Bl-254
Wiley R-395
William Cl-123, R-383(2) J-334, G-381, Ca-34, J-330, Ca-19, K-367
Zodoc W-247
Lichlyter, David D. N. J-330
Licklighter, Peter Cl-134
Lide, John W. G-404
Lifer, Jacob Ha-86
Liford, John Cl-129
Liggett, Henry Ro-36
Light, Enoch Gr-196
Jacob Ha-32
James Ha-36
John Ha-32(2), Gr-197
Joshua Su-303
Michael Su-303
Obadiah Gr-197
Rachel Ha-33
Right Su-299
Vachel Ha-32
William Ha-33
Zach Su-299
Lightner, Christian W-247
Likins, William Gr-160, Gr-224
Lilburn, Andrew Ro-28, W-204
Jesse W-227
Samuel Su-308
Liles, David Ro-58
Henry Ro-56
James Ro-57, K-325
Joseph Ro-63
Robert Ro-61(2)
Samuel Ro-52
Thomas Ro-61
Lillard, Abraham Co-264
Augustine Mo-81
Elizabeth Mo-115
James Co-264
Jeremiah Mo-113
John R-373, Co-270
Jos. R-374
William R-352, Mo-82
Limbough, Danl. Gr-204
Jacob Gr-204(2)
John Gr-212, Gr-204
Saml. Gr-204
Linard, Jacob A-175(2)
Wm. A-175
Lincamfelter, Elizabeth J-340
Linch, John Ha-20
Nancy O-204
Lincoln, Mary Ca-18
Mordecai Gr-226
Linder, Abram W-226
George O-213
Jacob W-226
John O-213
Joseph O-213
Thomas W-212
Lindsay, Asemath K-340
John M-59, K-352
Moses K-341
Wm. C-215, K-340
Lindsey, Chas. J-332
Elizabeth Gr-181
Wm. J-344
Lindsy, Jessee S-120

Lindsy, John S-105
Line, Wm. Ro-14
Linebach, Nancy Ca-10
Linebarger, Charles Gr-162
Lineberger, Jacob W-211
Nicholas W-211
Linebough, John Ha-31
Liner, Christopher Mc-204
James Mc-205
Oswell M. Mc-205
Lingcumfelter, Jacob Bl-252
Lingear, Mary Cl-151
Lingo, John Su-299
Matty Su-323, Su-299
Smith Su-300
Link, John W-242
Matthias S-96
Linn, William O-185
Linsey, James J-338
John J-337
Linster, William Ca-7
Linton, Lynchfield Gr-233
Lintz, Elizabeth Gr-155
George Gr-155
Jacob Gr-155
Jonathan Gr-155
Lipe, Daniel Ha-7
William Ha-7
Lips, Jessee O-176
Jonathan Ca-18
Lipscombe, Elizabeth G-405
Lisby, Moses K-366
Lisenby, Charles Ca-17
Reuben W-255
Lisendy, William S. R-387
Lister, John Gr-227
Litten, William Mo-151
Litteril, Hutson W-254
Little, Adam K-363
Daniel Ro-21
Elisha K-391
George W-204
James Ro-23
John J-324, Ro-21, W-200
Thos. R-376
Valentine Su-310
Wm. Su-311
Littleton, Charles Ha-12
Pleasant Ro-51
Thomas Ro-50
William Ro-51
Litton, Jas. C-213
Littrell, William M-53
Liveday, Jas. C-227
Lively, Clarissa A-195
Joseph J-304
Nancy G-366
Robt. G. A-187
Terry J-305
Thomas J-305
Livesay, Edmund Ha-76
Enoch Ha-75
George Ha-80, Ha-75(2)

Livesay, Joseph Ha-76
Peter Ha-76
Livingston, Jacob G-408
Jesse G-406
Peter O-206
Preston M-58
Lloyd, James B-267
Lock, John J-327, R-384
William R-384
Locke, Robert R-366
Locket, Benjamin A-170
Lockard, Robert Bl-268
William Mo-143
Lockhart, John J-320, J-299
Lodspeach, John Mo-89
Loe, Fielding C-214
John C-230
Loftis, Anderson Mo-155
Berry H-79
George Mo-149
Joseph J. H-73
Lofty, Abraham Co-258
Page Co-258
William Co-258
Logan, Alexander Bl-300
Alfred Cl-151
David Gr-206
Elizabeth Bl-266
Hannah Bl-300
Henry Bl-264
James Gr-225
John R-392, Bl-269, Bl-297, Mc-199
Joseph Bl-268
Samuel R-392, Bl-262
William Mc-194
Lomex, Theophilus Bl-260
Lonas, Adam Gr-180
David K-331
George Gr-183
Henry K-330, K-329
Jacob K-323, K-329
John K-341
Joseph K-323
Sally K-386
Long, Abraham Cl-124
Alexander Ha-55
Anderson M-73
Arthur G-389
Benjn. R-376
Christain W-213
Conrad Cl-136
David W. Ha-53
Elijah A-185
George S-109, J-279, Mo-206(2)
George W. M-48
Hannah J-308
Henry A-187, Bl-289, M-72, Gr-157, J-337, Cl-136(2)
Isaac A-186, Mc-206
Jacob Gr-225, Cl-135

Long, James A-184, Mc-157, S-117, Ha-26, Ha-8, Gr-199, Mc-207
Jerry R-375
Joel Ro-34
John Bl-252, R-376, Cl-110, G-398, G-401, G-364, Ca-37, F-13, Cl-135, Ha-36, Ha-23, Ha-12, Mc-207
Jonathan Ha-22
Joseph J-282
Lawson G-402, G-389
Maples S-93
Mary G-401
Mayples Mc-206
Moses S-115, Mc-206
Nicholas Ha-11, J-312
Peter Bl-289
Pirtman Cl-110
Piteman G-403
Reuben G-403(2)
Reubon S-89
Robert G-388, K-319
Samuel G-389, Ro-26
Thomas B. A-185
William R-376(2), R-384, Ha-8, Ha-36, Gr-190
Longacre, Anson Su-320
Benjamin Ro-39(2)
John K-333, M-66
Richard J-297
Longbottom, Elijah Ro-10
Longley, James Mc-206
Joel Mc-207
John Mc-167
Jonathan Mc-207
Priscilla Mc-164
William Mc-207
Longmire, Elijah C-223
Jno. C-222
Robert C-234
Longmires, John W-254
Joseph W-207
William W-220
Longworth, Nancy K-366
Loonday, Elija O-212
Looney, Absalom Ha-63, K-336
Benjamin Ha-62(2)
John Ha-62, M-64
Joseph Ro-39
Leroy B-278
Margaret Ha-63
Mary Ha-62
Michael Ha-62
Moses R-388
Peter M-47
Saml. R-373
Sarah K-336
Looper, Allen R-390
Joseph O-207, O-210
Magness O-186
Samuel O-207

Looper, William O-207, F-13
Loposser, Joseph W-256
Losson, Isham Mc-157
Lotspich, Wm. Gr-223
Lotspitch, James Gr-155
Samuel Gr-155
Lott, D. Su-296
Lotts, Henry Su-331
Jacob Su-331
Rhoda W-233
Louden, Nathaniel R-356
Louderback, Henry Ha-27
John Ha-27
Loudermilk, Adam Ca-10
Henry Ca-10
Loudin, James B-277
William B-277
Lough, Elenor H. Mc-145
Loughary, John Ro-6
Loughmiller, Henry Ha-58
David Ha-49
Jacob Ha-42
Philip Ha-49
Louthen, James Cl-146
Louvett, Joseph R-392
Lovday, Henry Cl-132
Love, Ann Gr-172
Benjamin G-376
Charles J. Gr-163
Edmend R-356
Hezekiah Ro-43
Isaac S-99
Jefferson R-377
Jeremiah D. Mo-112
John Mo-112, Mc-160, Gr-158, Gr-171, K-355 Gr-172, Mc-197
Joseph R-384
Polly W-235
Robert Ro-26, Bl-257
Samuel K-326, Bl-286
Thomas J-297
Thomas B. Mc-160
Thomas D. Ca-14
Wm. J-306, Bl-312
Loveday, Jas. C-227
Lovedy, Edward S-106
Henry S-116
Robert S-109
Lovelace, David Ro-51
George Ro-54, Ro-27
Thomas Ca-38
Wm. Ro-27, Ro-21
Zedde Ro-23
Lovelady, Amos S-106
Claresy H-86
Gideon H-86
Jessee O-197
John H-78
Loveless, Charles Ca-11
William W-220
Lovell, Jeremiah G-355
John G-355
Lovely, Polly A-176

Lovely, Wm. A-193
Loven, Benjamin Ha-16
Lovern, Gabriel M-64
Thomas M-64
Lovet, Francis C-238
Lovewille, William Mo-104
Lovin, Edmund Ha-18
Garland F-11, F-4
James Ha-18
Meredith Ha-46
Loving, James Ha-77
Low, Abner G-392
Abraham Ca-31
Caleb K-346
Ezekiel Gr-229
Hugh Gr-229
Jacob K-320A, Ca-31
Jacob W. S-101
Jefferson S-101
Jesse M. Ro-35
John K-321, K-317, K-320A, Gr-229, Gr-197
Mary K-319
Michael A-194(2)
Nathan K-336
Philip A-194
Samuel Mo-137
Sarah Gr-229
Thomas S-100, K-383, Gr-221
William Gr-197, Gr-229
Lowasse, Coonrod K-381
George K-381
Lowdermilk, Jacob Su-323
John Su-305
Lowe, Abraham Mc-164, Mo-101
Andrew B-272
Andrew R. B-280
David Mo-88
Isaac Mc-164
Jacob Mr-89
James Gr-190
John Ca-12, Mr-98
Martin Mo-86
Moses B-271
Samuel Mo-100
Stephen Mo-88
Lowell, John Co-258
Lower, Andrew Ro-64
Jacob G-361
Jno. C-234
Michael Mc-193
Sarah Ro-64
Lowery, Ellenor R-375
John Su-338, A-171
Lowman, Rosannah Ro-54
Lowrey, John G-392
Sarah Mc-139
Lowry, Adam R-394
Alexander B-291
Betsy B-290
Catharine Cl-114
Charles Gr-179, Cl-150
Daniel Mc-174

Lowry, Henry Cl-132
Isaac Mc-173
James Mc-151, Mc-173
Jane Bl-294
John Mo-128, B-291, M-59
Levi B-291
Samuel W-239
Susan Mc-140
William Mo-113, R-377, Bl-313, Bl-294, Mc-132, Gr-173
Loy, George A-190
Jacob A-178
John A-187, C-231(2)
Peter C-233
Richd. R-395
Wm. A-178
Loyd, Abel Gr-234
Anderson J-325
Hannah Gr-235
Jesse Bl-250
John W-245, Ca-30, Gr-235, K-321
Patty J-307
Pleasant Co-272
Rachel Ro-36
Robert G-391
Robertson Gr-235
Thomas Gr-235, Gr-231, G-390
Loyed, Absolam Ca-30
Lozig, James Gr-182
Luallen, Charles A-183
Patton A-181
Richard A-175
Lucas, Garland G. Ha-44
George K-348
Joel Mo-145
Lavina J-321
Samuel Co-266
Stephen O-203
Luck, Wm. J-326
Lucky, John Mo-109
Lucus, Austin J-327
Seliah Co-243
Thos. R-375
Lucy, William K-316
Luker, Jacob Ha-54
Lumpkins, Robert K-349
William K-349
Lundy, Edward Su-327
John Mo-108
Lunsford, Abram Ha-29
Ailsy Bl-256
Jesse Gr-223
Luny, William G. W-203
Lusk, Eddy Mc-130
John Mc-174
John L. Ca-13
Joseph Mc-180
Josiah M-73
Morris S-108
Sally Mc-130

Lusk, Samuel Ca-12, Mo-122
Sarah M-73
Luske, Robert Mo-133
Lust, Joseph R-373
Luster, Henry Bl-305
Jonathan Ro-43
Mary Gr-184
Robert Ga-24, C-233
Rueben Mo-105
Stokeley D. Ha-31
William Gr-184
Zach Gr-190
Lustre, Wm. Gr-218
Lutes, Luz A-187
Lutrell, Richard Mc-148
Winsted Mc-147
Lutterell, Martin Ro-55
Mason Ro-48
Nelson Ro-47
Luttrell, Edward K-325
Elizabeth K-394
George Ro-10
Jackson K-395
James Gr-163, K-355
John K-394, K-328
Lewis K-362
Martha K-329
Prestly Gr-163
Silas K-323
William K-362, Gr-163, Cl-123
Luty, David R-383
Mary R-383
Lychlyter, Frederick J-329
Lyckings, John Mo-138
Lyle, Allen Ca-10
Daniel J-320
Fanny J-297
Samuel J-328
Thos. J-332
William G. Mo-123
Lyles, Martha Mc-150
Richd. J. J-322
Thos. J-322
Zachariah K-341
Lynch, Aaron Cl-137, Cl-142
Alfred Cl-137
Chany Cl-141
Francis S. H-75
James J-294, Gr-177(2)
James M. Mc-176
Jesse Cl-142
Lynn, James Su-347, G-399
James A. Ha-47
John Su-347(2)
John W. F-9
Thomas Mo-147
William Mo-148, G-404
Lyon, Asher W-249
David Bl-307
Edmond O-186
Ezekial W-205
Joab J-298
Nelly J-341
Lyon, Stephen B-270
William K-384
Wyley J-298
Lyons, Caswell K-364
David R-392
Ezekiel Ca-8, Ca-29
James Ha-35
John K-363, Ca-18, J-326
Michael Ca-8
Nathaniel K-362, J-297, K-361
Thomas K-364
Washington K-377
William Ha-41
Lytle, Rebeckah Gr-153
Lytterell, John Ca-11
Lyttle, George Ca-36
Mabe, Reuben Ha-65
Maberry, Isaac A-186
Jas. A-191
John Ro-68
Michal A-194
Repts. Mo-110
Solomon Mr-89
William Ro-60
Mabry, Joseph A. K-328
Mabury, Frederick O-175, O-204
Macafee, Thomas Bl-296
Macan, Moses M. A-175
Mace, David Gr-188
Henry F-3
John Gr-188
Nicholas Gr-188
Mackey, Benjamin Mc-176, O-184
John Su-334, Mc-201
Macks, Sarah H-20
Macksey, John Ha-76
Macky, Enoch G-372
William Bl-309
Maclin, George A-172
Macolm, James Bl-305
Macolum, Macum Ro-8
Macomb, Robert K-328
Madcap, Nancy Ha-21
William M-54
Madden, James Mc-145, Ro-19
Jane Mc-145
John Ro-40
Maddern, John Ca-31
Maddock, John Ro-64
Maddon, George Ro-5, Mo-97
Maddox, Jacob J-310
Jessee Ca-17
Thomas Ha-56
Maddux, Joseph Co-271
Nathaniel Co-271
Schofield Co-270
Maddy, James Mo-101
Mann Cl-143
Maden, Andrew W-201
Madison, Mary Ca-35
Madock, Nancy O-207
Madolen, George Ha-86
Magby, Harvey J-325
William Mc-166
Magee, Bartley J-291
James J-291
Nehemiah G-397
Tera G-400
Maggard, Henry Su-340
Maggett, Hugh B. K-361
Martha K-364
Maghee, Silas M. Ro-27
Magill, Hugh Ro-65, Gr-171
James Gr-172, Ro-4
John Ro-65
Robert Ro-4
Thomas Gr-172
Magors, Thomas R-391
Magree, Mary K-383
Mahaffee, Samuel Su-316
Mahaffy, Hugh Su-316
Mahan, Alex R-370
Brazeal R-370
Celia Ha-78
David R-370
Isaac R-370
John R-381
Joseph Cl-122
Milly M-59
Robert S. Ro-41
Mahoney, James W-245
John W-213
Jona W-250
Philip W-250
William W-214
Maiden, Geo. Su-307
James Cl-109
Mains, David W-260
Majers, Peter R-390
Major, Smith K-372
William K-372
Majors, Abnor R-391
Berry M-50
Elias Ro-39
Jesse R-391
Larkin Ro-39
Thomas Ha-19, Su-316
Wm. Su-308
Malcomb, Peggy S-117
William S-111
Malcon, Alexr. Bl-275
Malicoat, Dedmon G-368, G-369
James G-390, G-392
James K. G-368
John G-369(2)
Larkin G-361
William G-368
Malier, Bird Su-322
John Su-302
Mallet, Peter Ha-72
Mallicoat, Phillip C-238
Mallory, Robert Ha-53
Malone, Alexander Gr-169
Amy Gr-215
Malone, Ann Gr-219
David R-389
Edward D. Mo-125
Geo. Su-309
Humphry Gr-219
Isaac Su-325
Jesse Mo-108
John W-216, Gr-219
Joseph Su-325, Gr-215
Michael Mo-96, Su-327
Rachell Su-309
Richd. C-214
Temperance Gr-219
Weston Gr-205
William Su-309, K-323, Su-325, Gr-220
Zachariah Mo-105
Zacheriah Mo-157
Maloney, Hugh Gr-176
John Gr-219
Robert Gr-166
Wm. Gr-218
Malony, John Gr-215, J-325
Maloy, Hugh Gr-167
Jacob Co-249
James Co-249
John Gr-164
Thomas Gr-166
Maltsbarger, Geo. Gr-198
John Gr-206, Gr-211
Michael Gr-235
Mamer, George Gr-163
Man, David R-379
Robert Ro-6
Sarah Ro-6
Wm. Ro-6
Manar, Nathan Co-245
Manas, Bartley Ha-28, Ha-54
Calloway H. Ha-82
Christopher Ha-37
Daniel Ha-28
Elisha Ha-29
Ephraim Ha-28
George Ha-26
Jacob Ha-56
Jesse Ha-81
John Ha-81, Ha-36
Nancy Ha-28
Peter Ha-31
Riley Ha-81
William Ha-81, Ha-37
Willie Ha-81
Mance, Anna Ha-57
William Ha-60
Mandervill, Goodman Mr-96
Manderville, John Mr-96
Manery, Edward Mc-192
Manes, Amos S-101
Elijah S-100
Elizabeth Ca-31
Jacob S-96
Joseph S-103
Josiah B-280
Samuel S-94
Manes, Stephen Gr-189
Maness, James G-406
Maney, Nathaniel B-278
Mangrim, Goodrich Bl-252
Mangrum, James J-339
Joseph S-117
Pleasant J-331
Mangus, Henry Mo-137
Manifee, John Mo-137
Manifold, George Ro-38
Manin, Cornelius J-338
Maning, George S-108
Henry S-108
Honor S-106
Joab S-106
Thomas S-106
Manis, Geo. R-394
Wm. J-316
Manley, Answell A-169
Benjn. J-297
John A-192
Joshua R-388
William J-297
Manly, David G-385
John M. G-374
Mann, Celia G-387
John Ro-51
Robert Cl-122, Ha-44
William Ha-47
Mannan, John Gr-210
Manning, David Co-259
Joseph Co-267
Mary Cl-129
Peter Ro-45
Richard Co-259
Sarah Cl-129
Tobitha Co-259
Manns, Robert B-289
Manor, Danl. J-334
Gibson J-343
John Co-247
Levi J-343
Malinda O-200
Shadrick J-283
Mans, Richard K-343
Mansel, Burrell Mc-145
Robert Mc-179
Mansfield, John J-280, M-61
Nicholas Ro-50
Sarah J-302
Thomas Mo-87, B-286
Manson, William S. J-287
William J-287
Mantcheck, Samuel R-358
Manteith, Robert R-383
Mantooth, James Co-271
John Co-269
Thomas Co-272, Co-271
William Co-272
Manus, John B-281
Manwaring, Wm. F. K-315
Mapes, J. W. R-376
Maples, Abijah S-101
Edmund J-315
Maples, Elijah S-101
Ellison C-217
Ephraim S-101
James J-316, S-93
Jessee S-104
John J-315
Josiah G-374, S-119
Morgan K-319
Peter S-102
Sarah S-118
Thomas S-101
William Cl-125, J-316, Mc-157, S-109
Willson S. J-315
Wilson K-324
Marbury, Josiah Co-248
March, Alfred R-356
Marchbanks, Josiah O-197, O-196
Nathaniel O-194
William O-187, O-190
Marcum, Anne C-235
Carter M-55
Daniel B-279, Cl-118
Elizabeth C-221
Jo. C-216
Patience B-279
Peter Cl-118
Reuben B-279
William M-45
Mares, Sarah W-223
Margrave, Samuel Ro-43
Tennessee Cl-117
Marion, Bartholemew Su-345
Geo. Su-342
John Su-342
Mathew Su-342
Wm. Su-342
Markham, Berry Ha-82
Markland, Parrot W. Ca-31
Marks, Jacob W-208
Markum, William Cl-118
Marler, Allen M-58
George C-217
Joseph Cl-138
Stephen M-64
Marley, Archibald Mo-128
John K-327
Margaret K-324
Marlow, George Mc-139
John A-193
Marney, Amos Ro-21, Ro-50
Jeremiah Bl-288
Robert Ro-36
Samuel Ro-44
Maroney, Lloyd Mc-206
Marony, Phil D. Bl-261
Wm. Bl-261
Maroon, Saml. Bl-262
Maroone, John Mo-126
Marphy, Dennis C. R-353
Marrs, Benjamin Mo-114
Joseph Mo-139
Mars, Jas. J. C-225

Marsh, Abel W-242
David Su-308
Gravener Gr-225
Hannah Gr-230
Henry W-235, W-214
James Gr-230, Ha-44
John B-267
Jonas W-245
William B-274
Marshal, Benjn. J-281
David O-192
Hardy A-173
John O-199
Mark A-193
Stephen A-173
Marshall, Amelia Mo-97
Henry Mo-139
John S-100, Mc-139, Mo-102, Gr-223
Joseph Mo-121, Ha-34
Richard K-348
Robert S-100
William Mo-138, Mc-139
Marshburn, Levi R-388
Marshell, Martha Gr-216
Marston, John B. Mc-158
Thomas W. Mc-158
Marten, George A-188
Robt. A-191
Martin, Abner S-107
Alfred Su-311
Ann O-185
Betty Cl-127
Catharine Cl-145
Charles W. Mc-176
Christian Su-338
Cullen J-316
Danl. Gr-202, C-211
Eli B. O-201
Elisha Ro-45
Elizabeth O-192
Fields M-59
Francis O-204
George Ro-44, A-168, Mo-149
Henry O-174
Holden Mc-165
Hugh Ro-11, J-298
Hugh P. Ha-42
Isaac Mc-186
Jacob Bl-293
James Ha-65, Su-343, Ro-33, M-63, K-355, Bl-287, Mo-84, Co-254
James N. K-324
Jesse Cl-108, R-372
Jessee C-233
Joel G-362, Cl-114
John F-5, R-371, R-372, Ha-65, Gr-230, Ro-37, Mc-164, K-324, M-47, K-355, Bl-304, A-169, Co-255
Johnston R-355
Martin, Joseph R-380, M-47, Gr-191, O-173
Joseph J. Co-242
Lewis J-316
Martha Bl-304
Matilda Bl-261
Matthew Mc-147
Menan O-185
Michael H. W-226
Moses Ro-44
Nancy Cl-120
Onell B. Bl-312
Patrick R-380
Philip H. Mo-138
Richard W-212
Robert G-354, R-368, R-371, Mc-207, O-172, J-327, J-324
Samuel R-371, K-321, K-320, Co-255
Sarah Cl-144
Solomon G. F-7
Thomas Gr-202, Ha-83, Ha-65
Thomas D. Cl-127
Thomas J. Co-242
Turner Ca-35
Urias M-58
Wilkerson Cl-121
William G-363, G-358, Ro-14, R-371, Ca-21, Ha-65, A-168, K-363, S-117, C-238, A-175, Gr-165
Wilson Cl-144
Zerah F-7
R-363A
Martindale, John O-210
Thomas O-210
Marton, George Ro-28
Samuel D. Mo-126
Maru, Isaac J-331
Masburn, Mathew Mo-113
Masengill, Matthew A-194
Masey, Charles B-267
John H-82
Solomon M-53
Mash, Wilson Ha-43
Mashburn, David Mo-114
Huldy Ro-39
John Mo-111
William Mo-82, Mo-81
Maskall, William J-289
Masmer, Teter Gr-164, Gr-162
Mason, Anderson W. Mo-143
Carter Ha-9
Daniel Ro-67
David Mo-136, Ha-11
Edward K-358
Isaac R-371, F-11
James S-109, Su-327, Mo-121, Co-252
Jessee S-114
Joel Co-256
Mason, John K-338, Mo-120, Cl-107
Nancy Mo-136
Polly Co-252
Reuben Cl-107
Richard C. Mo-100
William M-54, Mo-120
William S. Mc-130
Windsor K-393
Masoner, Jno. R-373
Massengale, Henry Su-309
Massengill, Bennet Ca-36
Dency Mr-98
Henry W-200
James R-352, G-390
Michael G-384
Robert G-386
William W-203, W-237
Massey, Abel R-369
Hugh Mc-192
James Ro-7
John Su-341, Ro-7
Joseph Gr-175
Levina Ro-12
Richard B-273
Massingale, James Mc-158
Michael Su-311
Massy, Charles B-267
Edward J-292
James Bl-255, R-360, Cl-144
Jubell W-235
Mark R-360
Peter K-330
Sherrod K-380
Stephen Gr-172
Thomas K-330, K-379
Mastagill, Matthew A-194(2)
William A-194
Mastason, John A-195
Masten, John Su-315
Mastengill, Nicholas A-168
Masters, David O-183
Hannah O-199
James O-199
John O-199
Robert O-197
William O-199
Masterson, Thomas W. K-378
Maston, John Mo-98
Matheany, Elijah Ro-9
Matheny, James Ro-20, Ro-6
John Ro-20
Samuel Ro-9
Thomas Ro-20
Mather, James Su-315
Mathes, Peter G-405
Mathews, Alexander W-219
Allen H. Mo-122
Berry G. R-366
Elijah Mo-122
Elizabeth Ca-23
George W-243
George L. W-206
Mathews, James W-250, W-221
Jesse W-239, R-369
John W-250, W-237, O-212
Lawrence O-210
Sam W-237
William W-207, O-188
Mathis, James J-288
Joel Ha-9
Obediah Ro-11
Wm. J-335
Mathorn, Geo. Su-313
Henry Su-310
Nicholas Su-310
Matlock, Absolom O-209
George W. G-404
Henry Mc-151
Isaac O-184, Ro-41
Isham W-200
Jason Ro-47, Mo-110
Jessee Ro-20
John O-200, Mc-203
John C. Ro-38
Landon O-209
Margaret W-257
Martin W-257
Mary O-175
Moor O-209
Moore Ro-50
Overton O-205
Ruth Ca-10
Samuel E. Ro-47
Sarah Cl-128
Thomas O-209, O-187
Valentine O-184
William Cl-128
Zachariah W-257
Matney, Ann Ro-66
Maton, John W. Ca-25
Matox, Absolom O-186
Thomas O-191
Matrin, Daniel A-189
Matson, Sally S-98
Matthas, James Bl-272
Matthews, Aaron Mc-131
Alpheas M-59
Ansel Ro-51
Burgess M-68
Burgess A. M-49
Hening B-273
James Gr-184, Gr-174, Ro-51, B-268, B-291
Jeremiah S-92
John Gr-222, Mc-174
Joseph Gr-174
Martha Mo-123
Mary M-50
Nancy M-51
Penelope K-383
Richard B-278
Robert S-116
Talton Mc-134
William Gr-223, S-89, Gr-174, M-46
Matthis, Enos Ha-84
Harlin Bl-272
Moses Ha-84
Mattock, William R-356
Mattocks, William S-107
Mattox, Ennis O-213
Mauk, George Ha-58
John Ha-58
Lewis Ha-58
Maupin, Amos C-226
Overton C-225
Mawk, Andrew Su-333
Henry Su-321
Maxey, Edward K-379
Maxfield, Benjamin Ro-17
David Mc-168
Edward Mc-168
John Mc-168
Maxwell, Arch. Bl-261
Calvin M-69
David O-191
Ebenezer M-59
George O-193
Henry S. O-189
Isaac O-190, G-388
James Bl-259, O-180, O-212, K-380
Joel O-193
John B-265, Bl-261, M-58, O-212
Mary O-193
Moses Gr-169
Robert Mc-154
Samuel W-261
Thomas Bl-259, M-58, O-212
William Bl-283, Mc-154
Maxy, Shaderach K-381
Walter K-383
May, Adam W-239
Barnabas W-207
Cassimore W-219
Elizabeth Ca-23
Frederick G-399
James Bl-260
James S. Su-319
John Bl-258, Mc-187
Littleberry Bl-258
Peter G-404
Samuel W-214, Ca-13
Thomas K-332
William Mc-194
Mayberry, David F-5
Jacob F-7
Mayfield, Avary Ro-39
Bradley K-315
Charles W-208
Gideon B-288
James Mc-205
Jesse Mc-175
Mary O-203, O-190
Pearson Md-188
Rachel Mc-189
Stephen O-188
Maynard, Reuben Ro-22
Mayness, Ephraigm Mo-97
Mayo, Benjamin B-282
Blackmore H. Mo-100
George W. Mc-131
John Ha-53
Reuben Ha-52
Richard Ha-53
Valentine Mo-96
Mays, Beverley Ha-12, Ha-84
Christopher Ha-15
David Bl-303
Dudley G-396
Edward G-395
Elizabeth Ca-23
Flemon Ha-12
Gardner Bl-303
Goodwin G-397
Henry G-397, Gr-179
James G-389
Jesse Gr-206
John Gr-206, G-399
Jonathan Cl-125
Legan G-397
Levi Bl-258
Liggon Cl-149
Nancy Cl-119
Peter Gr-206
Rachel G-396
Sherod Cl-126
Sherred G-396
Susannah Cl-112
Thomas G-395, Cl-126
William Ha-13, G-394
Willie Cl-125
Maze, Berry J-311
Caleb Mc-187
James J-278
John J-283
Lemuel J-284
William J-282
McAanally, William Ha-35
McAdams, Joseph Ro-7
Thomas Gr-181
William J. W-208
McAdoo, John A-167, K-341
McAfee, Archd. Gr-196
Samuel K-366
McAffery, William T. K-338
McAffray, John T. C. Mo-123
McAffry, Patsy K-343
McAleb, Andrew Ro-15
McAlister, Alexander K-329
McAllester, James B. Mo-109
McAllister, Jesse Mc-170
McAlpin, George J-292
Jane J-292
John Gr-170
McAmis, Geo. Gr-217
James Gr-203
John Gr-236, Gr-181
Robert Gr-171
Saml. Gr-217
Thomas Gr-217, Gr-169

McAmis, William Gr-213
McAmmes, John R-365
McAmy, Alexander Gr-163
Robert Gr-163
Samuel Gr-163(2)
McAnally, Charles G-371, Ro-34
David G-371(2), G-410
John Ha-13
McAndrew, Joseph J-329
Richd. J-330
Wm. J-329
McBath, Alexander K-360
Andrew Bl-284
John F-9
Robert K-381
Thomas O-213
William K-381
McBee, Alexander Cl-123
Caswell Cl-124
G. C. K-327
George H. G-353
Isaac Cl-124
Israel G-353
James M-71
Jessee M-57, M-74
John G-362
Lemuel K-365
Obadiah M-71
Pryor G-354
Samuel Cl-110
Silas G-358
William Cl-124
William C. K-361
McBrian, Spencer S-106
McBride, Amos O-182
David R-380
John W-217(2), Gr-192
Pleasant M-67
Robert G-377
Wm. R-380, Gr-168
McBrier, Will S. Mc-195
McBroom, Alexander Ha-51
James Cl-115
Mary G-399
McBryan, William S-106
McBryant, Biddy Mo-103
Richard Bl-310
William Bl-310
McCain, Christene K-315
Edward Ro-20
Elizabeth Ro-20
Gale M-72
Glover M-71
James M-46
John Ro-21
Sarah Ro-51
McCaleb, Jas. N. C-219
John K-325
Samuel K-325
Thomas Su-304
McCalebs, Penina W-250
McCall, Alexander R-362
Angus K-332
McCall, Catharine K-332
Dugald J-296
Duncan K-331
James W-216
John K-335, W-215, Mc-149, J-319, K-383, Bl-265
Robt. S. W-245
Samuel Ro-37
Sarah Mc-134
William K-335, W-246
McCalland, James Bl-262
McCallen, John R-360
McCalley, Isaac Su-311
McCallie, Andrew M-70
William T. Mc-204
McCallister, Charles Su-300
James Mc-163
Wesly Mc-163
McCally, Alexander S-97
Samuel Ro-65
William Bl-290
McCalpin, Alexr. Gr-203
Henry Gr-196
McCamble, Wm. B. Bl-258
McCammon, John K-383
Saml. Bl-263
Thomas K-360
McCampbell, Andrew K-327
Ann K-341
Benj. B. K-357
Isaac K-362
James K-326, Ro-36, K-376
John K-357, J-302, K-356
Martha K-378
Polly K-356
Samuel S. K-327
Solomon K-372
William A. K-356(2)
McCamy, David Bl-258
James Bl-262
John W-223
Robert Bl-293
William Bl-258
McCandlass, Daniel Bl-287
McCandless, Richard A. B-267
McCann, James Mc-145
Mary Ha-7
Michael Ca-28
McCannon, Cornelias M-67
Isaac M-50
McCanse, James R-387
McCardall, Siney Gr-227
McCarmack, John Cl-104
McCarn, Christine K-315
McCarny, James Bl-267
McCarrell, Jas. R-369
John R-365
Joseph K-358, R-369
Joseph G. K-379
Sally Mo-109
William Cl-147
McCarrol, Simon Mc-174
McCarroll, James Ha-45
John R-395, Ro-42
Nancy B-288, K-342
McCart, Robert Mr-91
McCarter, Abram J-337, J-331
Betsy K-386
John Gr-188
Joseph J-337
Wm. R-365
McCartney, James Mc-162
John Mc-162, Mc-163
McCarty, Benjn. R-361
Dabney C-229
Danl. C-228
Isaac M-47, G-395
James K-391
James P. Ha-38
John S-98, G-396
John L. Mc-186
Joseph S-105
Moses J-298
Noah C-228
Thomas R-361
William R-361, S-105
McCarver, Archibald R-382
James O-182
William Ha-19
McCary, Sarah R-387
McCasland, James Mc-177
John Mo-83
Lydia Mo-83
McCaslen, William Mo-81
McCatney, James Ro-17
McCaughan, Dennis K-320A
John K-336
McCauly, Archibald Bl-302
Esther Bl-292
John Bl-284, Bl-302
Robert Bl-300
McCawley, Alexander O-174
McChandler, Rassel S-104
McChord, David M-74
James M-49
McCinsly, G. G. Su-338
McCissick, William Mo-103
McClain, Andrew K-350
Daniel Co-246
Elizabeth K-345, K-337
James K-345, K-352, K-353
John K-376, Mc-163
Tabitha K-344
Thomas Cl-140, Gr-205
McClama, James Mo-88
McClanahan, David Bl-306
James Bl-310
Jno. R-370(2)
Mason R-370
Robert J-279
William J-291
McClane, John Ha-31
McClannahan, Robert B-266
McClary, Andrew Cl-111(2)
Joseph S-109
Robert W. Mc-161
Thomas R. Cl-104
McClatchy, Adolphus Mc-204
John Mc-204
McCleary, Jno. C-229
Wm. C-229
McClelan, Ferguson S-112
McClellan, Abram Su-326
James Bl-299
John F-3
Margaret W-262
Matthew K-320A
Samuel B-274
McClelland, John Mc-204
W. A. Gr-226
McClellen, Robert Mo-122
McClendon, Joseph B-276
Willis B-278
McClennahen, Joseph H-80
McCleur, Samuel Mo-140
McClister, James J-288
John J-281
William J-284
McCloud, Andrew Ro-6
James K-370, Ro-14, K-352
Jesse Ro-55
John K-370
Levi K-370
Robert K-361
Seth K-374
William K-362, J-340
McClung, Charles K-384
John Mo-138
Matthew K-338
Robert H-77
Wm. Bl-266
McCluny, John O-192
McClure, Alexander K-335
Charles Bl-284
Cyrus J-300
Elizabeth Bl-274
Ewing W-228
Galaza B-288
Holbert Mc-184
Hosea R-371
James Mo-85
Joel B. Ha-61
John Bl-283, R-377, Ro-3
Lashwell G. M-61
Nancy W-257
Robert Gr-223, R-377, A-189, J-341
Robesen Bl-284
Thomas Mo-134
Wallis J-341
William Bl-284
McClurg, James Bl-302
John Bl-264
Wm. Bl-256
McCluskey, John Mo-88
McCollem, Andrew Mo-148
McColliers, David M-56
McCollister, Athael Mo-138
James G. Mo-95
John T. Mo-151
McColloch, Samuel Bl-296
Thomas Bl-284
McCollom, Jas. Gr-214
John Gr-206
Nancy Gr-213
William G-404
McCollough, Clement Ha-44
Clinton Ha-45
George Ha-22
Henry Ha-10
John Ha-58
Joseph Ha-23, Ha-24, Ha-42
Samuel Ha-26
William Ha-58, Ha-24, Cl-109
McCollum, Alexr. Bl-269
James Mo-146
Martha Cl-109
McCollumb, Daniel K-347
McCommon, James Bl-276
McConald, Wm. Su-297
McConky, John Cl-108
McConnel, Abraham G-393
Betsy Bl-292
James A. O-199
Tedford Bl-296
William J-285
McConnell, Frank Bl-293
James Bl-267
John Bl-271
Samuel Mc-187, Ro-64
Thomas Ro-36
William Ro-64, Cl-119
McCool, John Mo-130
McCorcle, Joseph R-372
Samuel Su-310
McCord, Benjamin S. Mo-111
David C. M-45
Esther Gr-228
James O-185
John O-185, Gr-197
Joseph B-284
Thos. Gr-228
McCorkel, Robert O-214
McCorkle, F. A. Gr-226
John W-261
McCormac, Benjamin Mc-183
McCormack, Benjamin M-56
George O-211
John Ro-61
John S. H-82
Robert Mc-146
Samuel K-318
McCormick, Andrew J-328
Clayton Ro-25
James J-328
Ruth J-328
McCorry, Thos. A-193
McCowan, Matthew K-325
McCown, George S-91
McCoy, Adam A-190
Andrew W-253
Archibald Ha-68(2)
Birden Mc-208
Catharine C-231
Cornelius F-15
Daniel Ro-23
David G-373(2)
George G. Gr-158
James R-387, Ha-68
Joel Ha-68
John J-326, Ha-68, Gr-191, R-363, Mo-83
Joseph Mr-99
Martin M. Mr-97
Nancy Gr-158
Neal Mr-97
Sarah Ha-39
William W-244, M-57, Ro-22, Ha-49, Gr-164, Gr-198, J-342
Wyley R-363A
McCracken, George Mo-126
Henry W-241
John W-237, W-239
Robt. R-378
Samuel W-219
McCrackin, Margaret W-262
McCrairy, James C. Su-321
Joseph Su-326
McCrakin, Catharine W-222
McCrarey, Hugh Mo-127
McCrary, George Cl-116
James Ha-12
John Cl-148
Lydia Cl-146
Walker Su-321
McCrau, Napoleon W-206
McCravy, Benjamin G-405
McCraw, Gabriel Ha-15
Samuel O-180
Washington M. Ha-14
McCray, Charles W-240
Elisha Mo-131
Henry W-208
Philip W-221
Thomas Mo-112
McCroskey, John Mo-102
Robert Mc-160
Samuel Mo-96
McCrosky, David S-112
Francis Su-326
Jane S-110
John S-110, S-97
Mathew Su-318
Robert S-110
William S-110, Su-318
McCroy, Henry Mc-147
McCubbin, James Cl-147
John Cl-117
William Cl-123
Zachariah Cl-110
McCuistan, Joseph J-295

McCuistin, James J-302
McCuiston, Andrew Mc-147
  James J-328
McCuller, Robert Su-294
McCulley, Elizabeth Ro-55
  John G-361
  Peter C-234
McCullock, William Mo-128
McCullough, James K-321
  John K-322
  Margaret K-329
  Martha J-326
McCully, Alexander Mc-148
  George Mc-185
  Henry F. Mo-106
  James Mo-106
  John Bl-257, Bl-287
  Jonothan Mo-90
  Joseph Bl-255
  Robert Bl-255
  Samuel Ro-13, Bl-267
McCurdy, Henry Mo-142
McCurry, George Mo-147
  Jas. Gr-206
  John Gr-216, Gr-212
  Jonathan Mo-131
  Joseph Mo-147, Gr-203
  Josh Gr-203
  Josiah Gr-216
  Robert Gr-216
  Samuel Gr-217
McCurt, Robert Mr-99
McDade, John K-333
McDaniel Aaron C-220, B-280
  Abner Ro-34
  Alexander Mc-174
  Allen Gr-234
  Amos C-236
  Briant Mo-157
  Caleb Ro-48
  Charles G-402
  Daniel Ro-2
  Elizabeth G-390
  Fredrick Bl-309
  James Mc-206, Ca-27, G-371, G-390
  John Gr-189, M-71, K-339, Ro-34, G-354, Gr-208, R-372, G-390
  John N. K-332
  John W. Mc-158
  Joseph R-372
  Rachel M-71
  Rebecca K-375
  Sarah S-102
  Thomas Mc-174
  William K-325, Mc-205
McDannel, Chas. R-372
  Saml. R-372
McDavid, Michael Ha-60
McDildy, Allen Ca-30
McDonald, Alexander J-280, J-289
  Allen C-212, J-322
McDonald, Bryant R-367
  James J-278, Bl-293, C-236, R-379
  John J-288
  Jonathan Gr-165
  Nancy W-227
  Silas Su-343
  Wm. R-379
McDonnold, Allen O-189
  Elizabeth F-3, O-177
  James O-187, O-205
  John O-189(2)
  Macky O-203
  Thomas H. O-177
  Thos. K. O-185
McDonough, Andrew B-282, B-283
  Calvin B-283
  John K-323, Ha-68
  William B-283
McDow, John Mc-166
McDowel, Joseph B-274
  Robert M-67
  William B-274
McDowell, Henry Cl-147
  Isaac Mc-142
  John Cl-128, Cl-147, Mc-143(2)
  John P. Cl-124
  Lewis W-261
  Michael Cl-128
  Nancy Ha-33
  Nathan S. Cl-115
  William Ha-22, J-314
McDuffee, Daniel Ro-9
McDuffie, Angus Ro-7
  Mary Ro-9
McDugal, Malcom Mc-202
McEfee, John W-200
McElhaney, Alexander G-397
  Hugh G-394
  Moses G-397
  Nancy G-405
McElwee, William Ro-42
McElyea, Henry Ca-24
  Larken Ca-23
McEnturff, John Mc-144
  Thomas Mc-144
McEwen, Elizabeth Ro-35
McFadden, Ellendor Bl-282
McFail, Danl. Mc-133
McFall, Arthur Bl-306
  Keziah W-224
McFalls, James Co-261
  John R-387
McFarland, Alexander J-283
  Andrew Gr-203, Gr-202
  Andrew B. J-278
  B. F. J-344
  Benjn. J-287
  Betsey Gr-203
  Elias R-381
  J. H. Gr-203
  James F-12, Mo-87
McFarland, John J-279, J-283
  Joseph J-298
  Mary K-389
  Robert Mo-123, J-288, J-281
  Susan J-334
McFetridge, William G-357
McGahee, Robert Co-262
McGairy, John Su-315
McGaughy, Aaron Bl-263
  Daniel Bl-276
  John Gr-228
  Peggy S-110
  William S-89
McGee, Claibourne J-314
  George Mc-175
  Jas. C. C-238
  John G-402, C-219
  Meriman Mo-92
  Robert F-5
  William Ha-86
  William H. F-5
McGehen, Brewer Ca-13
  John Ca-13
  Samuel Ca-13
McGhee, Alexander Bl-289
  David B-269
  Edy Mo-134
  George H-82
  James Ro-54
  John Bl-260, W-233, Mo-157, W-245
  John W. Bl-265
  Mathew W. Mo-133
  Philo Bl-287
  Robt. W-245
  William W-218, Bl-260
  Wm. R. Bl-265
McGhill, Robert Bl-270
McGill, Hamilton Co-268
  John H-86
  Martha Mo-83
  Nathaniel Mo-109
  Robert Bl-305, Mo-91
  Rowland G-396
  William G-407, H-85
McGimpsey, William W-220
McGinis, Jesse Mo-101
McGinley, Ebenezer Bl-296
McGinly, Alexander W-261
  James Bl-292
McGinnis, Aaron G-372
  Andrew B-273
  Christopher H. Mo-120
  Hannah W-238
  Moses Ha-67
  Robert G-374, J-308
  William G-405
McGinniss, Ann W-235
  David W-208
  Polly W-238
McGlauchlin, Chas. C-228
McGlaughlin, Ephraim W-210
McGlothlen, Nancy C-228
McGoldrick, James G-401
McGowan, Francis Mc-196
McGown, Solomon M-58
McGraw, John B-269
  Rachael C-224
McGronigle, Floyd Mo-108
McGuffie, Edmond Mr-94
  James Mr-90
McGuier, George H-73
McGuire, Henry Mo-95
  Joseph J-302
  Michael Mo-95, J-306
  Nicholas Mo-93
  Patrick J-318
  Randolph J-310
  Thomas Mo-93
McGwire, Josiah Mo-88
McHaffee, Andrew K-348
  John G-360
McHaffie, Andrew K-373
  James K-349
McHenry, Hugh Ca-19
  Robert Mo-84
  Thomas Bl-300
  William Cl-152
McHeran, Wm. Bl-251
McHone, Micajah G-353
  Zacheriah G-399
McIntire, Archibald Ro-6
  John Ro-28
  Martin Cl-149
  Nancy Ro-9
  Samuel Ro-28
McIntosh, Abel Gr-192
  Adam Ca-14
  Anguish Ca-4
  Jesse Su-313
McInturf, Christopher W-220
  Israel W-221(2)
  John W-218
  Manuel Ro-50
McInturff, John Ca-14, Ca-11 Ca-11
  Thomas Ca-14
  William Ca-11
McIntyre, Isaac Mo-156
McJohns, Austin Ha-45
  Walter Ha-44
McJunkin, Saml. Mc-187
McKamey, James Bl-300
  William C. Ro-36
McKamy, Andrew A-170
  Jane P. Ro-33
  John Ro-65, A-195
  Robert A-182, K-355
  Wm. A-187, Bl-294
McKaskle, Geo. W. Bl-256
  John B. Bl-267
McKay, Abraham Co-273
  Argus Co-251
  Jeremiah Co-273
McKechan, Landern C. Mo-95
McKee, Catherine Gr-219
  David Ca-10
McKee, Robert W-208
  William J-291
McKeehan, Aaron Mc-154
  Betsy Gr-202
  Geo. Gr-222
  James Gr-153, Mc-154
  Job Mc-154
  John Gr-202, Gr-170
  Samuel Gr-170
McKeehen, James M-56
McKeel, Singleton Mc-143
McKehan, George Mo-112
McKenney, Charles Ca-36
McKenzie, Samuel Ro-19
McKey, Alexr. Bl-276
  John Mo-115
  Mary Ro-9
McKiddy, Thomas Ro-39
McKinan, John S-89
McKiney, Augustus Ro-5
  David Ro-5
  Henry O-194
  Thomas Ro-3
McKinley, Ann S-119
  James M-73
  James H. O-197
  John Mc-161
  Samuel K-357
McKinly, John R-375
  Peter S-93
McKinney, Andrew Mo-136
  Archibald Ha-39
  George J-284
  Jacob M-65
  James Mo-126, B-284
  Jesse Ro-64
  John J-279, G-379
  John A. Ha-50
  Lampkin J-279
  Nancy Ro-59
  Peggy B-273
  Presley J-279
  Robertson J-279
  Seth G-377
  Vincent J-279, J-281
  Wm. J-339
McKinnon, Angus G-404
  Peter G-403
  Roderick G-403
McKinsey, Charles S-95
  Daniel Ha-86
  John S-95
  Kneel S-89
  Roger S-95
McKinsie, John L. Mo-112
McKinsie, Benjn. R-369
McKirgin, Thomas Ha-49
McKisick, John S-94
  William S-93
McKleehan, George Ca-13
McKnight, Robert Mc-207, G-401
  Saml. Mc-170
McKonky, Saml. A-176
McKoy, Adam Mo-93
  Lewis Mo-95
McLain, Daniel M-53
  Flora J-320
  Hugh Mc-150
  John Bl-276
  Susannah K-323
McLamore, Archibald Mo-121
McLane, Daniel Ro-66
  Lewis Ha-83
  Robert Mc-181
McLary, Joseph Mo-80
McLaughlin, Alexander B-271
  Charles Cl-138
  John Ca-16
  Willis Co-245
McLaw, John J-310
McLay, Robert Bl-255
McLean, Joseph Su-346
McLemore, Greene K-396
  Hetty K-339
  James K-384
  John K-395
  William K-326
McLeod, Abner Ca-5
McLewee, Ferraly Ro-38
McLin, Elizabeth Bl-273
  John Bl-256
  Joseph L. W-227
  Richard W-243
  Robert W-262
  Wm. A-179
McMackens, Rachael Gr-221
McMackin, James Gr-235
  John Gr-234
  Polly Gr-234
McMahan, Alexander G-362
  George S-94
  James G-366, Bl-259
  Jane Mc-199
  John Mc-208, Bl-260, Mc-177, W-233
  Peggy K-356
  Thomas Mo-113
McMahon, Archibald S-120
  David S-117
  Ely S-120
  James S-118, S-91
  Redman S-118
  Robert S-98
  William S-118
McManness, Hannah Mo-93
McMathan, Anderson Co-270
  Eli Co-262
  Sanders Co-262
McMillan, Alexander K-389
  Andrew K-341
  Charles K-396
  Barbara K-395
  James K-327
  John K-395, K-394
  Mary Mc-185
  Susannah K-391
  William K-327, K-391

McMillen, John Ro-28
Thomas G-353
McMillian, James O-200
Kennan O-181
McMiness, Eli Mo-95
McMinn, Elizabeth Ha-54
John Mc-180
Joseph Ha-48
Robert Ha-60
McMullan, Andrew K-381
Daniel K-338
Thomas K-393
McMullen, Drury Gr-192
John Gr-174
Rebecca Ro-51
Thomas Ro-52
McMurry, Alexander M-49
Archibald S-96
John S-90, Mc-181
Joseph Bl-302
Newton Bl-302
Polly Mc-169
William M-56, Bl-302
McMurtay, Joseph Co-251
McMurtry, James Gr-161
John Gr-161
McNab, Absolom Bl-268
Andrew T. Ca-15
Elizabeth Ca-14
Nathaniel Ca-14
Taylor Ca-8
Wm. Bl-261
McNabb, Andrew Mo-107
Babtist Mo-136
David M-68, Mo-147
George Co-271
James Mc-145
John Co-271(3), Su-294
Manly Su-343
Margaret Co-271
Matthew Mc-188
Robert W-200
Thomas Mo-82
William Co-244, Mo-150
McNair, John K-361
McNally, Charles Mc-184
McNatt, Nathan J-294
McNealy, George C-223
Wm. C-223(2)
McNeas, John A. R. J-315
Jonas J-290
Wm. J-315
McNeed, Evan Gr-216
McNeel, David K-356
McNeelance, John Cl-131
McNeely, Fryer G-368
James Bl-297
Robert Bl-268
McNees, Evan Gr-216
Gravener Gr-235
Marmaduke Gr-214
Rachael Gr-205
Saml. Gr-223
McNeese, Geo. A. G. W-237

McNeese, Joab W-237
McNeil, Anna W-234
John W-234, K-325
McNeis, Saml. Gr-213
Wm. Gr-206
McNew, Betsey S-103
Churchwell M-65
Elijah S-94, S-102
George M-50
Henry M-45
Isaac Cl-123
James Gr-164
Sarah Cl-134
Shadrach Gr-157
William Gr-153, Cl-140
McNiece, Samuel G-392
McNiel, Elizabeth Cl-122
George Cl-121
John Cl-108
Neal Cl-122
McNight, Baxter Ro-65
Joseph Cl-111
Thos. J-327
McNott, John Ro-58
McNully, John Bl-301
McNutt, Alexander Bl-304
Benjamin K-393
James Bl-283, K-328
John W-243, K-394(2)
Melinda K-354
Peter K-391
Robert K-387, Ro-12
Thos. R-394
Wm. Ro-12
McPeters, Joseph Mr-99
McPherren, Harvey K-368
Samuel K-368, K-367
William K-368
McPherrin, Andw. Gr-226
James Gr-226
William Gr-225
McPherron, Andrew Gr-188
Susan Gr-188
McPherson, Alexd. Mc-151
Barton Ro-7, Mc-151
Betsy Gr-226
Danl. Gr-209, R-355
Geo. W. C. Ro-42
Isaac W-242
James Ro-41
John Ro-41, Ha-16
Joseph Ro-42
Mary Ro-41
Spencer Ro-9
McPheters, Andrew G-370
Daniel G-370
John Ha-33
Lucretia Ha-33
McQuaig, William Bl-291
McQueen, Thomas Ca-30
William Ca-30
McQuimy, Malcolm Bl-288
McRanels, Joseph Bl-267
McRannels, Joseph Bl-264

McRay, Malcolm M-44
William Mo-80
McRaynolds, David W. Mo-91
McRee, Robert C. H-83
McReynolds, James Bl-289, Bl-290
John Bl-256
John T. Mo-149
Rachael B-284
Robert Mo-97
Robert D. K-324
Samuel M-53, B-283
Stephen M-45
McRoberts, John Mr-94
Saml. Mc-171
William W-242
McRoy, Adam Mo-101, Mo-93
Curtis Mc-183
Henry Bl-255
James Mo-99
John Mo-101
Lewis Mo-95
Nancy Bl-266
McSherry, William K-357
McSpadden, Asly J-302
Archd. T. J-319
James Mc-156
Jno. C-230
Milton J-300
Samuel J-343
McSpaddon, Alfred Mo-109
John Mo-109
Joseph Mo-110
Mathew Mo-109
Moses Mo-100
Samuel Mo-114, Mo-112
Stewart Mo-110
Thomas Mo-91
McSwain, Mordica Co-269
McTeer, Martin Bl-301
Robert Mo-150
William Bl-297
McTerr, Samuel Bl-264
McTier, James Bl-262
Martha Bl-265
Robert Bl-269, Bl-303
McUen, Wm. R-370
McVay, Eli Ha-15
Levi Ha-15
McVey, Eli Cl-106
William Cl-107
McWiatt, James Mc-171
McWilliams, John Ha-44, B-286
Nelson Cl-148
Robert Bl-258
McWhirter, James W-244
McWright, George K-332
Mead, Elizabeth Su-307
John Su-348, Ro-56
Samuel B. M-48
William Su-307, Ro-46
William M. Ro-47
Meador, Jason C-226

Meador, Joel C-226
Meadows, Absalom Mc-188
David R-365, R-367
William Mc-146
Meak, A. W. J-324
Adam K. J-295
Daniel J-324
James S. J-296
Martha J-324
Means, John Bl-258
Wm. Bl-259
Measles, Jonas Ha-17
Moses Ha-9
Measle, Luke Mc-197
Medcalf, Absolum W-255
Joseph W-255
Medders, Maston K-348
Medearas, Margaret K-318
Mederaris, Henry Ro-55
Mederis, Sarah Ro-47
Medley, Bryan Gr-191(2)
Isham Gr-191
Johnson W-214
Sanford Ro-39
Medlin, Abraham Gr-166
Medlock, Charles Ha-73
John W-252, K-318
Loviny Ha-74
Nicholas K-344
Polly Gr-196
Ransom W-207
Richard Ha-73
Mee, John Ro-40
Joseph R-360, Ha-41
Rachel Ha-39
Thomas Ha-49
William Ha-63
Meek, James Mo-159
John G-395
Jonas K-385
Joseph K-372
Robert K-361
Meeler, John Cl-150
Mefford, Jacob K-345, Ha-21
Meigs, Elizabeth Mc-163
Return J. Mc-132
Melson, Abraham Bl-263
Isaac Bl-253
Melton, Archelous Co-263
Carter Mc-184
Elijah Mo-165
Elisha Mo-159
James Ro-65, A-190
Jesse Mo-91
John Mr-88
Nathaniel Mr-89
Richard O-205, Mr-88
Melvin, Hannah W-203
James W-203
John W-219
Joseph W-204, W-203
Rachel W-203
Mendenall, Isaac Ha-71
John Mc-173

Mercer, Elbert Bl-266
Joseph W-237
Merchant, William L. R-382
Meredith, Bradley Su-314
James F-11
John F-8
Richard Ro-47
Russell Ha-72
Susana Su-307
Merick, John J-316
Tapley B. J-290
Thos. Gr-226
Meridith, Sarah Su-341
Merit, William Ro-63
Meritt, George Ha-14
Joel Ha-9
Merley, Daniel H-75
Sarah H-75
Merony, Philip N. Cl-125
Merrell, Nathan Su-315
Merret, Samuel M-64
Merrett, Edgecomb Ro-66
Edward G-356
Merriman, Martha K-324
Peter K-395
William R-386
Merrit, Benjamin Ca-18
John G-370
Thomas Mc-138, Ro-65
William S-90
Merritt, Barbara M-66
Merryday, Jane Gr-184
Merryman, William M-64, Gr-190
Merrymon, Branch H. Ha-39
Jesse Ha-39
Merson, A. P. R-368
Mesemore, Francis Ca-25
Messamore, James K-345
Messeck, William Ca-3
Messemore, Peter Gr-160
William K-345
Messer, Abner Gr-223
Isaac Ha-34
John Ha-53
Michael Ha-34
Thomas W-212
Messick, Jacob T. Su-330
Messimore, John K-331
Mary Gr-179
Messor, Thos. Gr-201
Metcalfe, Charles Mc-151
Michael, Barney Mo-123
Peter Mo-122
William Mo-123
Michaels, Frederick Mc-204
William Ca-29
Michell, John S-112
Michels, Jacob K-388
Joseph K-388
Middlecoff, Joseph Ha-26
Middleton, John Mc-164
Midkiff, Isaiah G-408
Miklesan, John Co-251

Milas, Wm. Su-346
Milbern, John Gr-230
Jonathan Gr-231
Joseph Gr-234
Nancy Gr-234
William Gr-234(2)
Milburn, David Gr-215, Gr-219
John Gr-224
Samuel W-204
Milburne, Elizabeth Su-316
Milds, David Su-309
Miles, Ginney Ro-51
John Mr-102
John W. G-401
Messimiah K-319
Rebeca A-183
Samuel Ro-17
Milhorn, Agnes Su-312
Geo. Su-312
John Su-305
Milican, Harve A-167
James A-167
Mary A-174
Milikan, Henry Ha-67
Millacan, Julius A-183
Millaken, Julius A-183
Millakin, John A-177
Millard, George W. Mo-121
Timothy & Samuel Su-326
Millen, Washington Su-335
Millens, Demarcus Mo-140
Miller, Abraham R-395, R-383, Co-274
Abram W-201, J-303, J-319, W-257
Absalom G-400, Ro-57
Adam Gr-199, Mc-155, Ro-56, Su-329
Alexander O-208
Andrew Bl-264
Ann Ca-11
Barbary W-234
Bayles Ca-4
Caty Mc-183
Charles Co-251
Charles P. Ha-56
Charlotte J-305
Christopher Gr-179
Cullinas Mo-131
Daniel Cl-104, Su-320, Cl-104
David F-10
Dopson Ro-25A
Eliza R-384
Elizabeth Gr-164
Francis J. Ha-30
Frederick Mo-85
Freeman K-394
George Gr-199, Su-317, Co-265, Mo-86, J-281
George L. R-355
Hamilton W-250

Miller, Henry Mo-161, W-203
B-268, Ro-25, Su-316
Henry D. O-174
Hezekiah Ro-47
Hugh O-208
Hyram R-356, A-191
Indimon Su-325
Isaac W-238, A-183,
Cl-115
Isaac A. S-95
J. M. R-358
J. P. R-384
Jacob W-234, W-242,
Ca-34, Gr-157, Ca-37,
Ha-42, Ro-25, K-361,
K-368, Su-330, Su-318
Mo-85, J-338, Ca-14
Ca-4
James W-257, Ha-19,
Mc-158, Co-268, Co-266
Mo-125, Cl-139, Ca-19
James H. Ro-46
Jane G-400
Jessee Mo-125
John W-204, Mo-159,
R-363A, R-364, R-365,
Gr-233, Gr-157, Ca-12
Ha-37, Mc-155, Mc-166
K-343, K-368(2),
Mo-151, Su-321, C-225
A-177, C-234, A-182,
Mo-105, Mo-125, J-305
J-293, Mc-187, Mc-206
John A. Mo-150
John H. K-325
John L. R-355
Joseph W-203, S-108
Joshua Su-305
Julius Mc-158
Landon O-208
Levi G-384
Lewis A-183
Mark Mo-85
Martha J-304
Martin Ca-30, Cl-132
Mary A-171
Michael G-400, A-177,
Mo-110
Moses J-294
Nancy Bl-275
Nelson Mo-88
Nimrod C-225
Noah G-384
Obadiah J-281
Olivar R-384
Pearson F-14
Peter W-235, W-234,
W-243, Co-246
Pleasant K-369, A-169
Reuben Ca-32
Richard Su-321
Riley O-205
Robert R-388, Ha-20,
Ro-16, J-300, O-208
Miller, Robert C. J-328
Russel J-302
Ruthy Mo-151
Samuel Ca-7, W-204,
W-227, Gr-174, J-311,
Co-268, Mo-125
Sanders Ha-20
Simon W-217
Solomon W-217
Susannah C-238
Theophilus C-212
Thomas B-278, W-202,
Mc-176
Thomas P. Cl-112
William R-358, W-222,
Gr-227, Bl-259, Ha-29
Gr-197, O-188, Gr-170
Mc-138, C-229, O-193,
Co-255, Su-321, O-202
Wm. D. Ro-6
William L. R-355
Milliard, Abiah Su-320
Hugh Su-326
John Su-320
Levi Su-348
Rial H. B-272
Samuel Su-320
Milligan, Joseph S. Mo-127
Millikan, Alexander J-308
Benjamin G-391
David G-391
Elihu J-287
George G-405
Hiram J-305
James J-311
Plesant J-307
Solomon Ha-86
William J-311, G-405
Milliken, Cornelous H-78
James H-78, Co-242
Millikin, Saml. Gr-214
Millin, John Mr-99
Joseph Mo-108
Millinder, Charles Mr-98
Williamson Mr-100
Million, Andrew W-251
Edward W-256, W-228
Jeremiah W-241
John W-212
Joseph W-238
Robert W-211
Mills, Aaron J-341
Benj. Bl-254
Betsy J-278
Catharine Su-328
Curtis S-99
Eli J-285
Hardy Ha-67, Ha-85
Henry Co-253, G-371
Hugh J-316
Hurr W-249
Isham Ha-67
Jacob Gr-231
Mills, James Cl-109,
J-295, S-112
Jeremiah J-311
Jesse J-322
Joel Ha-85
John J-326, J-322,
Ha-85, Ha-67
Jonathan J-322
Josiah Mo-94
Richard Gr-224, G-391
Saml. J-322
Sarah Ha-85
Simon Ha-67
Thos. J-307, Gr-207
William J-342, Ha-67
Zachariah J-322
Millsap, Andrew Mo-132
Jonathan Mo-132
Joseph Mo-155
Michael Mo-133
Millsapp, Hiram F-5
Thomas F-16
Millsaps, Jesse Bl-293(2)
Milstead, John C-234
Miltebarger, Jacob K-374
John K-373
Milton, Barnett K-339
John Mr-99
Mims, Alfred Co-252
Mincy, Samuel G-362
Mindenhall, Mordica J-309
Mingo, Peter Su-332
Mingy, Henry K-382
Minic, Michael W-200
Minick, John Mo-84
Minis, Robert Bl-258
Saml. Bl-258
William J-291
Mink, John Ca-30
Minks, Hiram T. Ca-21
Minnick, Peter R-385
Saml. R-386
Minor, John Ha-74
Joseph B. B-286
Zachariah Ha-74
Minter, Green W. J-325
Mathias J-325
Minton, Ebenezer K-332,
K-330
Isaac C-239, K-345,
M-48
Jacob K-329
John Ro-48
Richard M-61
Robert F-15
Minzes, Joseph Mc-150
Mirick, Elizabeth Ha-59
Mise, John Mo-150
Miser, George Ha-78
John Mc-161, B-291
Misor, George Bl-254
Henry Bl-254
Missamore, Henry Mo-109
Mitchael, Berry J-326
Mitchel, Arthur O-200
James Cl-107
John A-168, J-324
Robert O-200
Robt. L. O-200
Saml. A-192
Saml. C. O-200
William J-288
Mitchell, Abraham H-82
Adam W-214
Allen Mc-206
Almerin Cl-149
Amos Ro-42
Andrew H-84
Aquilla G-383(2)
Arthur O-200, Ca-3
Benjamin G-382
Betsey Ro-61
Betsey R. Ro-3
Charles K-367, R-391
Chesley K-367
David W-246, W-238,
R-364, K-378
Dennis M. B. S-92
Edward Bl-300
Elijah Ro-3, G-382
George Ro-2
Greenberry Ha-82, G-378
Henry T. K-353
Howell M-45
Jacob K-338, Mo-84
James W-208, W-213,
R-352, Ro-3, Mc-186
Jas. C. R-392, Mc-131
Jefferson Mo-109
Jessee Ro-3
Joel D. M-49
John W-210, Mo-139,
R-364, Cl-106, Ha-65,
M-47, J-299
Joseph R-352
Jubal G-382
Lewis Ha-85
Luke K-337
Mary G-395
Maryan W-221
Mary Ann G-379
Maurice Ha-85
Mordica Mo-138
Morris Ro-3
Morris R. Ro-2
Nancy W-236
Nelson W-251
Rachael K-367
Richard Ha-79, Ha-50
Richard H. Ha-38
Robert G-393
Sarah Ann Su-343
Samuel K-353
Samuel B. M-67
Solomon Ha-85
Solomon P. H-73
Stephen W-245, Ro-3
Stokeley D. Ha-38
Mitchell, Tabitha G-377
Thomas W-238, W-213,
Gr-188(2)
William W-249, W-256,
W-208, W-214, W-204,
G-383, K-367, Su-347,
Mc-204, Ca-3
William C. M-49
Willie B. Ha-38
Zerah Mc-194
Mize, Littleton Cl-111
Rebecca Mo-103
Thomas Cl-106
William Cl-152
Mizell, Daniel Ro-25
Mizer, Mary Cl-144
Moad, Danl. C-220
Jas. C-240
L. C-226
Thos. C-239
Moarland, William J-290
Moasly, Thos. J-336
Moats, Christopher K-335
John K-334
Moberley, Rebecca G-393
Mobley, Archibald C-217
Mobly, Rachel Su-337
Mock, Philip S-92
Samuel W-233
Modlin, Charles Ca-22
Moffet, Jemima Ha-13
Moffitt, William B-280
Mohler, Henry W-201
Molden, Hezekiah K-391
Peyton K-393
William K-391
Moles, David F-5
George F-6
Thomas F-17
William F-6
Molsbee, David Ha-57
William Ha-57(2)
Molton, Noble R-357
Monday, Arther R-390
Frank R-352
James W. K-340
Mondy, Wm. Su-294
Monehun, Feryby Ha-72
Moneymaker, William K-329
Monger, Henry Ro-58
Joseph Mo-80
Joseph J. Ro-55
Williamson Ro-56
Mongold, John O-187
Monk, Dozewell Ha-74
Ezekiel Cl-147
Henry K-331
John Ha-74
Shadrick Ha-73, Ha-74
Monroe, George Mc-135
John G-356
Mark G-364
Robert G-356(2), Mc-135
Monteith, George Gr-211
Monteith, Henry Gr-210,
Gr-211
Montagaue, Cyrus S-109
Montgomery, A. N. C-211
Andrew C. Bl-289
George Mc-132
George C. Mo-83
Hu C-212
Hugh Mc-171, Cl-127
J. T. R-384
James K-320, Mo-104,
Bl-268, R-382
James H. J-305
James M. K-387
John Ha-16, Su-317,
Bl-287, Ro-35
John M. K-388
John P. Bl-268
Josiah Ro-66
Lettitia Gr-203
Lewis H-79
Mary Bl-268
Rebeca Ro-12
Robert S-99
Samuel Bl-264, K-387,
R-382, Ca-18
Sarah K-320
Thomas Bl-271
William K-331, S-99,
Mo-129, J-286
William S. K-387
Moody, David C. Ca-5
Geo. Su-332, G-396
John Mo-97, F-12,
Gr-211, G-404
Joseph Su-332
Thomas R-354
Valentine Su-332
William Su-333
Moon, James Ca-16
John S-92, S-116
Jonas Ro-16
William S-102
Mooney, David Mc-178
Edmund Ha-54
Elizabeth Ha-11
George Ha-24
James Ha-11
Jonathan Ha-11
Joseph Ha-21
Josiah Ha-23
Rebecca Ha-11
Sampson M-51
Thomas Ha-23
William Mo-127
Mooneyham, Thomas Co-245
William Co-245(2)
Moony, John A-179
Moor, Andrew Bl-263
Benjamin O-182
Dempsey O-186
Fariner O-210
Francis O-196
George O-196

Moor, James Bl-259
Jonathan O-195
Joseph O-194
Lewis O-193
Richard O-210
Robert O-205
Samuel Bl-265, O-177, Bl-267
Wm. D. Bl-259
Moore, Abbegail R-378
Abnr. Gr-207
Abram Gr-208
Abeolom Ca-12, Gr-207
Alfred Cl-125
Andrew Ha-24, J-290
Anthony W. M-63
Bayless W-255
Chaney J-333
Claibourn Su-296
Cleon Ha-11
David W-255, Cl-139, Ro-59, Gr-230, Mc-146 Cl-119
David W. Mo-91
Edwd. Gr-205
Elijah J-290
Elish J-282
Elizabeth Gr-205
Enoch Mo-143
Ephraim J-283
Ewell Ha-15
George M-49, Ro-46, Ro-53(2), J-342, A-167
Greene Ca-22
Haines M-63
Hugh G. Ha-14
Isaac Mo-138, W-238
Jabez G. Mc-205
Jacob Mc-162
James W-207, W-256, Bl-255, R-375, B-284, R-389, Bl-309, H-75, Ro-33, K-358, Ro-52, Ro-59, Ro-56, Gr-231, Su-333, Ha-26, Ha-24, Ha-77, Ha-64, Ha-23, Ha-77, Gr-205, A-180, Mo-98, Mo-92, J-332, Mc-182, R-363A
James A. R-352
James C. Su-338
James & John Su-334
Jese J-285
Jesse Bl-299, J-305
Jesse C. Mc-156
John W-252, W-255, W-238, R-371, R-368, Cl-111, Bl-309, G-402 G-365, M-60, K-325, Ro-35, Ro-58, Ro-53, S-96, Gr-230, Ha-23, J-289, Ha-46, Mc-178, J-338, J-338
John C. Su-340
Moore, Jonah Cl-114
Jonathan Mo-97
Joseph Ro-54
Joshua Ro-41
Katharine G-365
Kinsey Mc-146
Lasarus A-174
Lemuel G-410
Linch C-230
Littlebury Mc-202
Mackness G-402
Mary Cl-139
Mastin G-410
Moses W-238
Nathan Cl-125
Nathaniel B. Mo-137
Nimrod Ro-49, B-267
Peter Gr-189, Ha-54
Prudence Mo-98
Randolph Mo-98
Rebecca W-233, R-384
Rice G-402
Richd. R-372
Robert W-213, R-378, Mo-98, J-290, J-301
Rufus Ca-22
Sally J-293
Samuel W-222, G-365, Gr-156, H-78, Cl-125, Su-340
Sarah Mo-151
Shadrick Cl-128
Stephen R-373
Thomas Ro-33, Su-348, Ha-16, J-285
Thomas A. H-77
W. L. Gr-210
William R-386, R-385, Mo-137, W-255, R-374, R-368, Cl-110, K-332, K-339, Mc-159, Ro-53, Ha-80, Ha-23, Mr-96, Gr-189, Mo-102, J-299
Zadock, Ha-25
Mooreland, Hardin Mo-150
Thomas Mo-145
William Mo-150
Moorelock, Susannah Mo-151
Mopin, Morgan G. S-114
More, Daniel Co-256
Dempsey Co-256
Eli Co-255
James A-180
Joseph A-179
Lemuel A-180
Osten A-180
Saml. A-179
Seth Co-266
White Co-259
William Co-253
Morefield, Henry Ca-29
Hiram M-45
James Ca-28
John Ca-24, Ca-29
Morefield, Seth M-45
Vincent Ca-27
William K-328
Morehead, Richard Ro-45
Moreland, Benjamin Ha-25
Benony Ha-23
Charles Ca-19
Elija Ha-25
George Mc-148
John Ca-24, Ca-12, Mc-183
Richard Ha-25
Sarah Ca-24
Thomas Ro-11, Ca-14, R-372
Wright Ca-19
Moreley, James B. Ca-27
Morell, Caleb Su-315
Susanna Ha-10
Morelock, Catherine Gr-206
David Ha-32
Enoch Gr-204
Geo. Gr-216
Jonathan Gr-216
Nathan Gr-211
Samuel Ha-32
Morely, Sarah Ca-27
Morgan, Adonijah Gr-198
Alfred Mr-89
Allen A-177
Anne G-393
Calvin K-343
Charles C-213, B-276
Chesley G-394
Dotson G-394
Gabriel Bl-282, Su-297
George Mc-130
Gideon Mo-133, Ro-36
Hezakiah J-322
Hugh Gr-164
James Ca-18, B-276
James R. W-220
Jesse Gr-203
Jessee C-213
John Mo-129, C-227, Gr-199(2), Ca-10, G-394, F-10, Cl-137
Jordan S-110
Joseph C-239
Joshua Mc-188, Ca-12
Josiah Gr-153
Leonard Ca-33
Lethby R-382
Levi Mo-154
Lewis Gr-199, Gr-182, Ca-14, R-382
Loyd O-197
Mark Mo-154, M-69
Martin Bl-305
Mordecai K-332
Nathan F-2
Nathaniel Su-321
Obadiah Bl-277
Presly Mo-153
Morgan, Randal F-7
Rebecca Mo-142
Richard Mc-180
Riley M-71
Saml. Mc-188
Sarah Cl-108
Silas Mo-145, Mc-180
Solomon Su-309
Stephn. Gr-200
Thomas Bl-304, Gr-199, Gr-159, Ro-51
Valentine G-392
Washington R-382
William J-322, Bl-282, Ro-13, Gr-199, Cl-129
Willis S-107
Morgin, Joshua J-323
Wm. J-322, Su-324
Moris, Hampton Bl-270
Morison, Andrew S. Su-325
Elizabeth W-241
Thomas Su-300
Wilson Su-318
Morissett, Mary Ha-16
Morla, Ransom Su-336
Morphew, William Mo-88
Morrel, Thos. Ro-7
Morrell, Abigale Su-316
Jessee Su-315
Johnathan Su-316
Thomas Su-315
Wm. Su-314
Morrils, Isaac Su-313
Morris, Dicy G-354
Dickerson Mc-148
Edward Ca-32
Elisha Gr-198
Ephraim W-208
Gideon J-287
Hardy S. Mc-142
Howell Gr-176
James Ro-46, Mc-161, Mc-168
Jessee S-90
John J-308, J-279, Mo-120, Gr-227, Mc-159 Ca-16, Ro-20, Mo-152
Jourian R-373
Laban W-238
Littlebury Mc-144
Lucy G-376, B-280
Margaret W-220
Mary Su-343
Moses Ca-23
Nathan Mr-90
Rebecca Gr-227
Robert Bl-276, Ca-7
Shadrick J-280
Stephen Mc-154
Thomas Cl-109, Mc-134
William K-339, O-195, O-185, Co-243, K-327
William N. Mc-177
Morrison, Alexander Co-264
Morrison, Edward Ro-56
Elijah Gr-212
Ferryman Gr-225
George Ha-44
Horatio W-210
Isham Ca-14
James Ha-36, Ha-32, Gr-236
Jane Ha-44
Jesse K-329
Joel Mo-155
John Co-251, Ro-8, Gr-212, Mo-155
John T. Mo-155
Pleasant Gr-225
Robert Gr-200, Ha-45
Thomas Mo-123, Ha-44
Wesley Gr-212
William Ha-32, Gr-212, Cl-145, Mo-156
Morriss, Fanny Mo-100
John M-72, Mc-199
Joseph B. Mc-140
Mary C-235
Richard C-220
Morrisson, John Mc-150
Nathaniel Mc-173
Morrow, Ann A-181
Armstrong Mo-113
Charles Mo-111
Elizabeth Gr-229
George K-340
Isabella K-340
James Bl-277, Gr-229
John Mo-80, Gr-229, K-330, G-389
Priscilla J-335
Richard Mo-112
William J. J. Mo-80
Morse, Elijah K-342
Mort, Adam Ca-20
Morten, James A-181
Mortin, Sarah Bl-265
Morton, Alexander Ca-4
David A-181
Houston Bl-296
James Bl-288
Jesse Mo-83
John Bl-291, F-3
Joseph Mc-206
Rachel Cl-133
Saml. Mc-184
Thomas K-345
Tilda A-181
William Bl-261, Bl-294
Winship Ha-43
Moseley, Benjamin Ca-16
Henry Ha-83
Jacob Ha-14
Jonathan Ha-59
William Ha-83
Mosely, George Su-297
Isaac Su-294
Thomas Cl-134
Moser, Abraham A-190
Abram A-190
John A-191
Joseph V. J-284
Nicholas Mr-100
Philip J-284
Sarah W-200
Moses, James Mo-125
Samuel Mo-160
Mosier, Francis Mo-116
Jeremiah K. Bl-264
John Mo-105
Peter Mo-81
Mosler, Adam C-232
Mosley, Joshua Mo-160
Sally Su-301
Mosly, Samuel Mo-161
Moss, Alex Su-344
Ann Bl-260
Arnold H-76
Drury Su-332
Edward Mc-159
Eli Mc-193
James H-76
John Mc-175
Joseph Ro-5
Joshua Cl-144
Marcellus Cl-143
Reuben Cl-143
Thomas H-77
William B-275
William W. Mc-148
Mothorn, Henry & Nicholas Su-310
Motron, John Ca-9
Mouldan, Elieu Ro-7
Moulder, Valentine G-357
Moulton, Ammey Su-297
Geo. Su-315
Mounger, Horace K-333
Peter K-334
Mount, Humphrey J-295
John Mc-181, J-327
Julius Mo-83
Patsy Mc-177
Thomas Mc-177
Mountain, James Cl-113
Mountcastle, George E. Mc-130
Wm. Ha-38
Mourland, Absolem J-289
William J-290
Mousy, Hiram R-363A
Mowdy, John Ha-52
Michael Su-343
Rachel Su-340
Mowle, Benjamin Su-296
Mowlton, Wm. Su-297
Mowrey, Samuel Ro-27
Mowry, Adam Mo-80
David Mo-98
John Mo-93(2)
Lewis K-366
Moses K-363
Peter K-363

Moyer, Henry Cl-135, Cl-136
John Cl-141
Michael Cl-141
Philip Cl-141
Moyers, Alxr. J-335
Christopher J-299
Cornelius R-371
David J-283
Jacob J-318
James J-283, J-307
John J-303, J-336, R-367
Joshua J-283
Mary G-399
Peter J-335
Saml. J-331
Wm. J-336
Moyres, Abm. C-224
Isaac C-220
John C-221
Muckelroy, Elizabeth Bl-309
Mulhollen, William Mo-120
Mulkey, Isaac W-219
Mulky, James H. Mc-208
John Mc-206
Jonathan Mc-206
William Mc-189
Mull, John Mo-140
Marshall Mo-131
Mullanin, Elizabeth Gr-207
Mullen, Swift H-75
Mullendore, Abraham S-108
John S-91
Mullens, Archibald G-358
Betsy Ha-78
Flower Ha-33
James Ha-78
Joel Mc-152
John G-364, C-229
Sally G-364
Samuel Ha-77
Thomas Ha-33
William Ca-28
Wright Ha-35
Muller, George Ro-7
Mullin, George W. H-73
Mullinax, Eli F-4
Israel F-4
Nathaniel F-4, F-12
Mullins, Alexander Mo-115
Barnet L. G-353
Burel J-323
Dancy Mc-147, J-323
Eliza R-392
Freelove Ca-31
James O-201, Ca-24
Jesse W-246
Joab Ca-27
John G-354
Joseph J-323, R-365
Josiah K-336
Lewis O-184
Mary W-225
Mathias O-179
Mullins, Morgan M-44
Nicholas O-179
Roger K-326
Valentine O-179
William Gr-211
Mulvany, Christopher Bl-275
Henry K-390
Jacob K-392
John K-391
William S-113
Mumford, Jessee Mr-88
Mumpower, Jonathan G-402
Muncher, John Gr-197
Munday, John K-352
Joshua K-385
Reuben K-352
Samuel Cl-138
Tandy K-352
Tolliver K-387
Munds, Needham Mr-94
Mundy, Elizabeth Cl-152
James Cl-151, Cl-115
John K-355
William Cl-148
Munroe, John W. Gr-184
Murdock, Elliott H. H-76
Matthew Ha-55
Murfey, Danl. J-315
Joshua J-314
Robt. J-314
Wm. J-315
Murfree, William R-385
Murfrey, Wm. Su-343
Murphey, Benjamin Ro-4
Elizabeth Ro-26
Enoch O-194
John Mc-137, K-351
John B. O-178
Joseph O-199
Obediah Ro-24
Murphy, Abraham M-58
Alexander K-336
Edward S-108, Ha-31, Gr-205
Elisabeth S-108
Hugh K-385
James R-379
James A. K-327
John Mc-145, Cl-117, R-380
Joseph S-107
Malachi K-385
Martin Ha-17
Mary Bl-303
Patrick Ha-39
Randpolph G-388
Robert Mc-204, Mc-144, K-384, R-362
Samuel S-108, Mc-204
Silas Ro-39
Thomas O-200, O-176, Gr-229, Ha-63
William K-384, Gr-225, Cl-117
Murr, George W-211
Jacob W-237
John W-215
Murrain, Henry Ro-39
Murray, Barbara Mo-85
Christopher W-252
David C-224
Edmund K-388
Eliel P. K-395
Elizabeth Cl-145
Ephraim W-215
George Gr-175
Isaac Mo-114, Co-256
James C-219, C-211, Mo-85, Bl-291, O-183
James D. K-330
John C-232, C-220, Bl-291, M-71, Mo-154, W-210
John C. A-167
Joseph Ha-45
Leah C-220
Margaret K-331
Martha C-230
Morgan C-235
Reuben Gr-174
Robert C-227
Rowland W-213
Shadrac W-257, W-252
Thomas W-255, K-338
William W-255, Ha-45
Murrell, James Ha-70
Job Co-261
Onslow G. Mc-131
Richard Su-298(2)
Thomas Su-298, Ha-66
William Ha-51, Co-261(2)
Murrh, Jeremiah Co-261
Murrin, Robert Bl-297(2)
Murry, Ambrose Cl-139
Jabus Ca-14
John Ro-18
Mark Su-296
Ryland S. Ca-3
Musgrave, Aaron Ca-21
Enoch Ca-22
Isaac Ca-21
John Ca-22(2)
Samuel Ca-22
Musgrove, Elijah Cl-142
Jason M-73
William Ro-36
Wilson C-231
Musick, Sally Mc-147
Musingo, Jno. C-224
Myatt, Eldridge Mr-91
Nimrod Mr-95
Myers, Allen Co-256
Anne K-344
Barbary Gr-189
Barney Gr-157
Christopher Gr-202, Gr-189
Edward Su-346
Myers, Elizabeth Gr-175
Frederick Su-323
Gabriel Gr-156
George W-247, R-354
Henry Gr-206, Ha-64, Su-312, Gr-178, Gr-206
Isom W-245
Jacob Su-342, Gr-189, Bl-273, Su-312
John Bl-310, Gr-181, Ha-49, Ha-43, Gr-233
Jonathan Gr-178
Jourdin Mc-164
Lawrence M-46
Martha Gr-175
Michael Gr-202, Gr-189
Nancy Gr-191
Peggy K-375
Philip Bl-250
William Mo-112
Wilson Gr-176
Mynatt, Elizabeth K-374
James K-351
John K-352, K-364, K-374
Joseph K-374, K-371
Martin L. K-376
Milly G-354
Richard K-370
Sabina K-374
Silas G-377
Thomas G-376
William K-375, G-376(2)
William C. K-341
Myres, Daugharty Ca-8
John Cl-145
Peter Ca-36
Mysinger, John Gr-157
William Gr-157
Naff, Abm. Gr-233
Jacob W-261
Jonathan Gr-233
Nail, Alexander Ro-60
Andrew Ro-60
Aquilla B-277
James R-390
Jane Ro-65
John B-275, Mo-140, Ro-65
Robert Mo-140
Thomas B-273
Nale, Joseph Cl-147
Nall, Abner F. Ha-17
Robert Ha-9
Nance, Clement C. G-397
Joel K-362
John J-317
Josiah K-363
Paschal K-316
Peter K-378
Polly K-337
Reuben G-379
Nanny, Nicholas B-290
Napier, Archd. H. Mc-176
Napier, Isaac F-6
Samuel M-65
Napper, Hugh Mo-133
John Mo-126
Narramore, Frederick Ro-51
John B-283
William Ro-51
Nash, Abraham Bl-267
Arthur Cl-132
Dedmon G-368
Gilbert Co-260
John Ha-65, H-82(2)
Marvell G-371
Noah C-233
Robert Cl-126
Thomas Cl-126, G-368
Nation, Thomas Mo-82
Nations, Christopher S-94
Isaac O-190
Sarah Cl-132
Thos. C-231
Nausler, Sebastian C-232
Nave, Abraham Ca-4, Ca-9
Eli Ca-7
Godfrey Ca-5
Henry Ca-7
Henry H. Ca-5
John Ca-38, K-320A
Michael Mo-100
Tennessee Ca-36
Thomas Ca-8
William Ca-6(2)
Neal, Isaac J-313
Jesse Cl-118
Joseph Cl-110
Peter Cl-116, Cl-118
Thos. J-313
Valentine J-304
Wm. J-313
Nealy, Charles O-206
John K-317, O-206
Robert O-177
Neatherton, Enoch Co-272
Henry Co-245
James Co-243
Moses Co-243
Needham, Henry G-362
Ira G-365
John G-363, G-367
Neel, Elizabeth Mo-89
Jesse Mo-89
Landon G-369
Thomas Mo-147
William Mo-89
Neeley, Joseph Mc-151
William M-49
Neely, Benjamin G-392
John Bl-309, Su-330
Samuel Su-345
Neese, Abraham Gr-162
Adam Gr-161
John Gr-161(2)
Philip Gr-162
Samuel Gr-162
Neff, Aaron K-323
Isaac Co-273
Neighbors, Isaac M-48
Neil, Abraham B. Mc-176
Elizabeth J-312
George Gr-189
James L. J-293
Jeremiah J-312
John Mc-149
John M. Mc-176
Obadiah Gr-189
Pryor Mc-149
Neill, Andrew Ha-78
Chas. Gr-210
James K. Ha-38
John Mc-154
Samuel Ha-38
Stetherd Gr-208
William B-271
Neilson, Archibald Gr-163
George Gr-185
Joseph Gr-185
Nancy A. Gr-153
William D. Gr-185
Nellums, David Su-322
Nelms, David M-45
John B. M-54
William Su-339
Nelson, Abram K-370
Andrew Co-254, Ha-44
Berryman W-239
Carrick W. Ca-6
Daniel K-343
David Ca-3, W-234
Dinah W-228
Doctor W. K-370
Elijah K-326, Ro-55
Enoch R. Mo-148
Gabl. C-234
George B-266
George M. W-250
Henry W-234
Hugh J-342
James Bl-251, B-270, W-221, K-370, Su-318
Jeremiah Gr-197
Jessee Ca-13
John Gr-199, J-304, O-184, R-388(2), W-215, W-220, W-210
John E. Ro-63
John L. K-381
John M. K-370
John R. K-328
Joseph O-199
Joshua Gr-166, J-304
Levi W-250
Lewis G-387
Mark W. W-204
Mary Su-336
Mathew Ca-13, Mo-102
Minerva W-228
Moses A. Co-272
Nathan W-251

Nelson, Pulaski K-370
Reason Su-317
Robert O-198, W-243
Samuel O-190
Southey K-345
Susannah C-231
Thomas W-217, W-222, K-352
Thomas H. K-342
William Gr-197, Gr-231, J-307, O-198, R-388, W-218, C-234, W-255
Nemore, Hiram M. G-380
Nenney, Charles P. J-281
Lucia J-292
Nester, John K-323
Nestor, Frederick C-212
Netherland, Geo. W. Su-324
James Su-346
Richard Su-345
Samuel Su-323, Su-347
Netherly, Nancy Ca-26
William Ca-24
Netherton, James O-209
Nethery, John Ro-40
Samuel K-379
Neumon, Catharine Bl-303
David Bl-303
George Bl-303
Nevens, Robert O-174
Nevins, James O-181
New, Wm. Ro-26
Newbern, John M-55
Newberry, Thomas Mo-151
Newbery, William Gr-201
Newblin, William J. K-350
Newbury, Elija O-207
Raganer Ha-78
Sarah O-208
Stephen O-208
William O-208
Newby, William Cl-118
Newcomb, Lemuel Su-301
Newcome, David Co-261
John Co-261
Levi Ro-13
Newell, John Gr-174
Margaret Gr-175
Newhouse, Isaac Su-333
Newkirk, Henry R-356
Uriah R-357
Newland, Eli Mo-106
James Mc-172
Newlin, Joseph Su-338
Solomon A-177
Wm. Su-340
Newman, Aaron J-321, J-298
Alexander B-287, B-289, J-303
Bird Mc-133
Blair J-320
Catharine K-355
Conrod Ro-59
Danl. Mc-138
Newman, Edmund K-392
Eeleanor W-202
Elizabeth J-306
George J-331
Isaac J-320, W-252, S-113
Jacob Gr-211
James K-342, J-318
James G. Mc-199
Jarret J-312
Jesse Mc-152
John J-312, K-390, B-288, M-45, J-332, J-295, G-410, J-319
Johnathan J-310
Jonathan M-48
Joseph B-277, K-355, J-295
Joshua Mo-155
Mary Ro-68
Peter W-249
Robert Mc-154
Saml. J-332
Sarah B-288
Wade H. Mo-89
William Mc-199, Ha-7
William H. Mc-138
Newport, Asa Ro-40
Calvin Ro-40
Ezekial Mr-93
Hannah Ro-40
Newson, Robert B-273
Newton, Bey Mc-140
Edward Mc-207
Henry Mo-138
James R-359
Jane Su-310
John Mc-203, G-408
Sarah Su-312
Neymon, Jacob Mo-158
Nicely, Benjamin G-364
David G-363
Elizabeth G-364
George Cl-123
James G-364
John G-364
Katharine G-410
William G-390
Nichodemus, Fredric K-366
Jesse K-369
Nichol, James B-273
Jehel J-329
Nicholass, John Mo-136
Nicholdson, Jeremiah J-297
Joseph J-301
Nicholes, James Co-248
Nicholls, Cloe Mc-167
Thomas Ca-3
Nichols, Charles Co-245, Gr-190
Christopher Co-247
Cornelious O-202
David M-55
Doctor W-260
Nichols, Edward S-91
Fincous O-198
Isaac G-411
James J. M-45
John M-67, S-107, Su-326
John J. S-98
John, N.C. S-94
Jonathan G-384
Joshua O-198
Matthew K-391
Matthias G-380
Michael M-45
Polly Ha-76
Richard Su-313, Co-244
Robert S-99
Sally W-260
William Su-314, S-117, S-99, Bl-293, Ha-78, Ha-78
Nicholson, Alfred Mr-101
Ede K-331
Elijah Co-256
Maclin Ca-37
Samuel K-341
Thomas Ro-54, Mo-104
Nickalson, Amos Mo-154
Isaac Mo-159, Mo-154
James Mo-150
William Mo-159, Mo-152
Nickle, James A-171
William A-171
Nicly, Widow Su-336
Nidefer, George Ca-17
Nideffer, Solomon R-372
Niece, Adam Co-252
George Co-251
John Co-258
Joseph Co-252
Michael Co-251
Niel, Jessee J-313
Thos. J-313
Night, Everett J-305
Josiah O-203
Margarett Su-322
Niocks, Wm. J. Ro-5
Nip, Daniel Gr-187
Varner Gr-187
Niper, James Ro-16
Nipp, Annis Cl-134
Nipper, James Su-298
Pace Mo-159
Saml. Bl-250
Solomon W-243
Nite, Geo. A-178
Nixon, John M-47
Robert Gr-211
Noble, John H. Bl-275
Leroy Bl-275
Noblet, Thos. R-389
William R-389
Noddy, Tony W-260
Noe, Daniel G-408
David G-406
Noe, Jacob G-400
John G-408(3)
Jonathan G-406
Joseph G-406, G-408
Solomon G-407
Noel, Alfred Cl-118
Elizabeth A-171
Martha A-168
Noland, Daniel D. J-283
Jessee O-177
William F-2
Nolen, Thomas Mo-98
Wiley Co-259
William Co-246
Nolin, David M-49
John G. A-195
Nolly, Gray Su-324
Nolon, Joseph Bl-261
Nooncaster, John Ha-63
Norman, Aaron A-185
Allen Mo-106
Bennet Mc-130
Courtney K-350
Daniel M-57
Eli A-185
Henry A-185
Hiram A-174
Isaac A-174
James O-177
James H. K-336
Jesse K-377
John Mo-110
Martha Ro-10
Matthew R-353
Pleasant M. Ro-10
William O-184, Mc-138, A-188, Su-313
Wilson A-185
Norris, Alfred A-181
Archd. Mc-187
Brown G-355
Garland G-355
George G-355(2)
Hardin W-220
James G-355, W-240
Jarret G-355
John W-205, Mc-157
Milly G-355
Reuben G-355
Sarah Mo-105
Thos. A-181
William G-355(2)
Wyatt Mc-157
Norrod, John Co-273
North, Anderson Co-270
Edward Ha-36
George Mc-155, Mo-151
James Co-260
Peter J-330
Peyton Mc-155
William Ha-36
Northington, David W-200
Norton, Alexander Bl-300
James S-94
Norton, Lucretia Ha-19
Margaret Ha-46
Nicholas Bl-300
Sampson Mo-91
Susanna Gr-205
William G-392, S-90
Wilson Bl-296
Winney Ro-54
Norvel, Timothy Cl-117
William Cl-151
Norvell, Clinton Mc-171
James Cl-147
Mary Cl-140
Thomas C. Cl-144
Norwood, John Bl-286, A-185
Nicholas K-376
Ruth Bl-250
Samuel M-58
Westly Bl-269
Nothren, John J-313(2)
Wm. J-315
Nuckles, Overton G-369
Nuckolls, Thomas Bl-294
Nucum, John J-332
Nugent, Edward Ha-8
Elizabeth Ha-87
James Ha-8
Nancy C. Ha-50
Nunley, Archibald M-58
Jeremiah M-60
Rebecca M-72
Nunn, Elisha Cl-110
Harmon Cl-113
Jeremiah Cl-114
Thomas Cl-145
Whorton Cl-113
Nutty, John Ha-22
Oakly, John G-400
Oaks, Absalom G-375
Barnabas Ca-18
Isaac G-357
Joshua C-233(2)
Josiah A-183
Richard G-357, G-358
Oatts, David M-55
O'Brien, Brien Ca-7
James Su-348
John Ca-8
Joseph Ca-33
William Ca-9
Obrient, Isaac F-10
Obryant, Holcomb G-362
Mary G-362
O'Connel, William S-115
O'Conner, Thos. D. Bl-255
Odel, John B-291
Odell, Andrew W-243
Benjamin Co-243
Caleb Co-264
David Su-315, Su-294
Easther Co-264
Mary W-213
Neamiah Ro-6
Rachel Co-264
Odell, Solomon Co-273
Thomas Su-315
Wm. Su-315, K-324, Co-269
William H. G-364
Odem, John Ro-10
Oden, Henry D. M-62
John J-298
Leroy Ro-13
Peter Mc-139
Vincent R-384
Odeneal, George W. J-340
Wm. J-330
Odim, Bethany W-225
Odle, Asbury O-174
John F-2
Joseph O-182
Margaret F-3
Samuel O-202
Odom, Eldridge W-225
Odoneal, George M. Mo-83
O'Donnald, Isaac Mc-165
O'Donnel, Daniel W-221
O'Donnell, Daniel Cl-106
Officer, James Mc-191
John O-211
Robert O-196
Wallis Mc-155
Offield, Jessee Su-317
Ogan, John G-371
Peter G-371
Ogden, Joseph Co-275
Rachel Co-265
William Co-267
Ogg, Peter K-352
Ogle, David Bl-310
Hercules S-116, S-92
Isaac S-105
John S-117, S-107
Joseph B-267
Thomas B-275, S-105
William S-118, S-105(2)
Oglesby, Peter K-390
Robert K-335
Thomas K-390
Ware O-186
Ogletree, Pleasant O-192
O'Howell, James J-326
Wm. J-316
Oiles, Frederick M-50
Olderson, Isaac J-331
Oldham, James T. Mc-180
John R-360
Olinger, Daniel H-83
David Gr-205
Jacob H-83, Su-345
John Gr-177, Gr-206
Sylvanus Gr-177
Oliphant, Jas. Gr-231
John Gr-230
Thos. Gr-231
Oliver, Charles Y. A-168
Duglas A-170
Duglass A-171

Oliver, Franky Mc-149
George Ca-33, O-190
Isaac Mc-132
James Bl-307
Jesse W-226
Joel Ro-52
John Ha-20, Ca-5,
Bl-307
Jno. Lewis W-218
Lemuel J-294
Mary W-207
Richard A-170
Samuel W-213, W-218
Thomas W-253
William W-253, K-346
Wilson G-400
Ollis, Boston Ro-62
Daniel Ro-62
Ommett, Frederick O-178
O'Nail, James B-289
O'Neal, Darius Co-252
John A-173
Joseph Co-242
Margret Co-258
Silas Mc-175
Washington Co-252
O'Neeil, James B-289
Oneal, A. R-368
John Ha-55
O'Niel, Catharine W-238
Onks, David W-204
Only, Mary Mc-179
Ooten, Elisha Ha-19
Orandalph, John W-222
Ore, Jacob J-326
James G-379
Joseph G-385
Sarah K-358
Wilson G-390
Orfield, Joseph Su-317
Lewis Su-317(2)
Oricke, Benjamin Ha-69
Oricks, Robeson Ha-86
Orm, Elly B-268
Orman, Mary Bl-300
Ormand, Henry Bl-299
Orme, James B-271
Moses B-271
Nathan B-271
Ormund, Daniel Bl-298
Martin Bl-298
Orr, Arthur Mo-141
Either Bl-267
Findley Mo-137
James Mc-147
Sample W-226
Saml. Bl-268
Sarah R-359
William Mc-172, Mc-151,
G-388
Orsborne, Elihu Gr-213
Orton, James Ca-17
Jehu W-244
Ortra, Phebe J-321
Osborne, Aaron Ha-86
Elenor W-262
Enoch Ha-83
Fielding K-320
Geoffrey Gr-189
George Ha-86
Hiram Gr-171
Mary R-362
Moses W-254
Osburne, John Su-301
Zetha Su-301
Ostern, Joseph Ca-21
Oston, Benjamin K-342
Oswalt, Simeon Mc-170
Ottinger, Jacob Gr-161
John Gr-159, Gr-162
Jonas Gr-164
Oury, John S. Su-346
Ousley, Isaac Cl-140
John Cl-117
Matthew Cl-132
Stephen Cl-117
Outlaw, Reddie R-373
Overby, Haram Mc-165
Robt. J-334
William Ca-35
Overholse, Christopher W-242
Ephraim W-242
Overholser, Samuel W-211
Overhults, Hannah Ca-13
Overstreet, George Ca-37
John O-172
William O-175
Overton, Avis Ro-63
David A-194
Eli Ha-66
Hal A-191
James A-191, Cl-115,
F-13
John A-191, Cl-115
Joseph A-180
Overturf, Adam M-68
John M-71
Owen, Alexander R-392
Bailey F-2
Baxter F-16
Benjamin H. G-384
Charles Mo-101
Daniel Ha-39, Ha-57
Elizabeth Ha-14
George F-16, Ro-2
George W. Ha-52
Hester S-95
Jas. C-216
Joshua F-2
Reuben F-16
Richard Gr-184
Robison Ha-11
Thomas Mc-177
William Ha-15, Ha-62,
F-2
Willis F-15
Owens, Allen S-89
Bazil W-250
Owens, Daby A-180
Danl. Mc-186
David G-410
Elias Gr-204, J-313
Elijah Cl-142
Henry R-291
Isaac Cl-139
J. F. R-378
Jacob S-91, Cl-144
James W-215
Jane Bl-289
Jessee Su-327
John K-358, Mc-146,
R-365, R-389
Jonathan Mc-144
Joram H-77
Mathew Cl-144
Michael J-313
Pleasant Cl-144
Reuben A-180
Thomas Bl-276
Westley F-7
William Ca-11
Wilson Mc-172
_____?, H-77
Owings, Alfred Ro-42
Edward Ro-42
John Ro-42
Samuel Ro-35
Stewart Ro-54
William Ro-42
Owins, Jas. C-231
Ownsby, John S-120
Oxendine, Archabald O-187
Charles O-203
Levi O-203
Oxendyne, Edny B-290
Oxsheer, Samuel B-270
Pace, John Cl-117
Leonard W. Mc-149
Robert Mc-148
Pacely, Hezekiah Bl-265
Pack, Ellias Co-251
Henry Gr-162
Jeremiah Mc-197
John Mc-192, Ha-29
Noah Gr-172
Thomas Mc-192
Packett, Reuben K-363
William K-362
Padget, Francis Ro-14
Jessee Ro-14
Nathaniel Ro-14
Ruben O-202
William O-201
Padgett, Ruben O-203
Page, Betsy Mc-205
Elizabeth G-374
Jacob Mo-107
Johnston M-55
Joshua Mo-157
Nathan W-246
Pagget, Joseph Co-244
Pagle, James K. H-73
Pagot, Richard Mo-100
Pain, Aquilla G-371
Charles G-392
Jacob Mo-87
James J-336
John C. Mo-132
Moses G-372
Polly J-340
Tanda Bl-263
Paine, John A-168
Ledford O-191
Mathew O-180
Orville R-394
Patsy Gr-221
Robert M-68
Samuel Bl-282
Simeon O-204
Walter R. B-276
Painter, Aaron W-233
Adam W-233, Gr-199
David W-233
George Ro-10
Jesse Gr-199
Johnson W-259
Nathaniel B-267
Philip W-234
Samuel W-233
William Gr-199
Pair, Jacob Su-335
Mathew Su-327, Su-334
Palmer, Abram J-332
Benoni Co-248
Charles Co-256
Jesse Ro-54
Malachi Ha-58
Robert Cl-126
Samuel Bl-300
Samuel C. Su-336
Thomas Co-256, J-318
William Co-258, K-393(2)
Palmore, John K-337, K-392
Paney, Nathan Co-272
Pangle, Andrew Mc-198
Frederick J-290
James J-293
John J-292
William J-290
Pankey, Batts M-53
James M-45, J-307
John Ro-41
Plesant J-283
Sarah J-307
Smith M-67
Pannel, Mariah Su-342
Thos. R-376
Pannell, Littleton Mo-146
Luke Su-340
Panter, Levi Ha-53
Panther, John Bl-306
Pantter, Joseph R-387
Parcons, Robert Bl-260
Pardo, John R-389
Pardu, James Gr-186
Parham, Allen B-270
Parham, Edmund K-320A
John B-273
Johnson B-280
Lewis A. K-340
Wilson K-320A
Park, Andrew Gr-181,
Gr-178
Enos Gr-198
James Gr-178, K-343
Robert K-338
William K-343
Parker, Aaron Mc-201
Allin J-333
Alvice R-362
Andrew Mr-93
Anna G-370
Benjamin Mo-112, Mo-114
Berry G. R-361
Caleb J. Mo-105
David Mc-192
Delila C-236
Elender Bl-252
Eli R-363A
Elisha H-73
Evan Mo-111
Francis R-363
Francis J. K-360
G. G. R-363
Hannah R-383
Harmon Mo-115
Hezekiah B-276
Isaac Cl-142
James Ro-22, Cl-145
Jesse J-330, K-353,
K-366
Jessee M-73
John M-73, M-55, W-253,
Cl-141, W-225, Cl-106
R-383
John H. R-361
Johnathan K-353
Johnsey R-361
Joseph G-406
Josiah Ro-22, W-208,
W-225
Lilly Cl-144
Luke Cl-127
Marcus K-391
Margaret Mo-116
Martin S-92
Mary Mc-205
Quiller W-201
Richard Su-347
Solomon R-362
Susanna K-359
Thomas Mr-100, Su-304,
R-361, Ha-32
William Mc-204, W-224,
R-361,
Wilson K-353
Parkerson, Peter B-288
Parkes, Henry J-329
Lewis B-282
Wm. J-329
Parkeson, John Mc-204,
Mc-176
Manuel Mc-204
Parkey, Sarah G-356
Parks, Abial C. Ca-3
Abner Bl-253
Alfred K-338
Charles Bl-290
Franklin Cl-111
George Ro-43
Hiram K-338
Isra Bl-291
Jacob Ro-25
James Ro-25A, Bl-254
Jane Mo-133
John Ro-53, A-173
Joseph A-178
Joshua Bl-283
Levi Cl-127, J-311
Philip W-253, J-338
Rachel J-290
Robert Ro-35
Robert G. Cl-111
Samuel Ro-53, Mo-95
Susannah W-246
Wm. Ro-25A
Parky, Joseph Cl-119
Peter Cl-128
Parmer, David Ro-50
John S-110
Joshua J-303
William Mc-150
Parmley, John Ro-14
Parnell, John Mo-132
Parr, Abner A-182
Parrett, George Co-248(2)
Jacob Co-248
Parris, Moses Mc-194
William Mc-194
Parrish, Joel O-178
John O-172
Parrot, Charles Ha-22
Eli C-230
Jacob J-338
Joel C-226
John Ha-10
Parrott, Benjamin O-185,
J-338
David B-275
George J-338
Henry J-337
James Cl-138
John H-76, Cl-128,
J-318
Job Co-248
Reuben Cl-138
Riland O-190
Samuel Co-242
Parry, David Ca-17
Thomas Su-333
Parsely, William K-376
Parsley, Jesse G-381
Parsly, Betsy Bl-284
Parson, John Gr-156

Parsons, Dennis Mo-99
George S-108
George M. B-290
James Mo-99
John Mc-185
Joshua Mo-127
Peter Ha-7
Stitherd Ca-32
Thomas Mc-185
William O-176
Partiller, Robert W-243
Partin, Benjamin Co-249
Gabriel Co-249
Parton, James Ha-68
Winston G-375
Passenger, George R-385
Pate, Anthony Co-274
Bird J-313
Charles S-109
Daniel J-304
Hugh J-337
Jacob J-312
Jeremiah K-369
Samuel S-103
Susan J-313
Paterson, Christina S-119
English A-194
Matthew A-194
Robert A-194
William A-194
Paton, Rachel Mo-151
Patrick, Edward O-195
James L. Gr-172
Jesse Ha-15
John Mc-163, O-186
Michael Ha-15
William J-279
Patten, Jane Mo-146
Uriah R-379
Patterson, Archibald Ha-34
Alexander Ha-34
Alexander T. K-387
Andrew Gr-158
Caleb S-105
Charles S-108
Cornelius S-108
David Ha-7
Francis Cl-106
George Ha-34, S-108
Gilbert W-259
James Gr-166, Mr-89, O-195, K-386, Mo-134
Joab J-311
John O-192, A-188, Ha-33
Lacy W-205
Lewis H-84
Lewis C. Ha-34
Littleberry Mo-129
Mary Ca-36
Nancy Mo-146
Nathan J-320
Nathaniel G-378
Rachael C-224
Patterson, Reuben Ro-8
Robert Mc-188, H-80, Ha-31
Samuel Mc-202, O-139, S-96, Mo-116, W-250
Silas Mo-107
Simmons J-335, O-197
Thomas J-311, G-378
William C-224, Mo-135, Ha-56
William T. Mc-164
Patton, David Ro-36
George W-208
Isaac M. K-396
Jacob Mo-84
James Mo-88
John J-284, Mr-96, M-57, Su-346
Joseph Mr-96
Joseph M. W-225
Nancy W-215
Robert J-317, J-328, Su-339, Mo-96, B-271
Robert H. Mc-187
Samuel Mo-84, Su-343
Saml. E. Ca-6
Susan Mo-121
Thos. J-322
Thos. C. W-208
William Gr-201, Mr-96, Mo-84, Mo-89, W-208
Patty, Benj. W. Mc-199
George O. Mc-199
Jessee Ro-15
Josiah Ro-10
Obed Mc-199
Zorabable Ro-15
Paul, A. D. R-389
Edley Bl-254
Edly K-336
George M. K-316
James Bl-283
James A. R-391
James L. K-315
Joseph Cl-137
Moses F. R-391
Thomas Co-259
Thos. G. R-391
W. R-377
Paulsell, David Gr-224
John Gr-224
Paxton, David Su-301
Thomas Ca-32
Paylor, Henry Ca-10
Payn, Green B. Mo-133
Payne, Chesly K-381
Daniel L. Ha-32
David Su-343
Edmond K-381
Eleazer W-241
Enoch Ha-74
Isaac Mc-195
Jesse W-241
John Gr-234
Payne, John M. H-82
Joseph W-222, Ro-16
Lewis Mc-167
Linsey F-4
Merryman Gr-226
Nicholas Ca-15
Riley Ha-31
Samuel W-219
Thompson D. J-339
William Gr-191, W-210, W-240
Payton, John Co-266
Peace, James Gr-168
Peak, Abel Mr-98
Jacob A-171
Judah O-194
Robert O-194
Peake, Byrd Mc-182
Jacob Mc-132
James O-186
James H. Ca-18
Peals, Nancy Mo-114
Pearce, Anderson Ca-18
Arthur Ca-35
George Ca-4
Green M-60
Griffith Ca-33
Henry Ca-19
James Gr-166
John Cl-140, Su-338
Joshua Su-297
Michael Ca-18
Robert K-389
Sarah Ca-37, Ro-9
Scion Ca-35
Wm. Su-299
Mo-113
Pearcey, Samuel Ro-9
Pearcy, Jas. R-393
Thomas Ro-9
Pearler, Henry Su-302
Pearse, Hardy O-176
John M. O-176
Pearson, Ally Mc-187
Betsy Ha-50
Christian Ha-71
Doctor Mc-148
Edmond Mc-176
Frances Su-300
Henry Ha-66
Jacob Mo-102
James Ha-8, A-181
John Cl-106
Lawrence Ha-66
Malen G-382
Michael Cl-106
Mindy S-97
Robert M-46
Sarah B-288, Ha-66
Thomas Ro-48
Usry M-51
William Mc-133
Peavey, James M. Su-297
Pebley, George C-225
Pebley, Jno. C-226
Sarah C-228
Thos. C-225
Peck, Adam J-296
Alexander Cl-117
Amelia A-170
Andrew H. Mo-141
Benjn. J-300
Charles Cl-121
Elizabeth J-312
Elliot J-309
George Cl-123
Henry H. J-297
Jacob J-312
Jacob F. Mo-149
Jacob J. M. Mo-121
John J-297
Moses L. J-309
Nicholas S. Mo-148
Patrick S. Mo-148
Peter Cl-127
Tho. P. K. Mo-148
Pectal, Frederick Su-340
Mary Su-339
Peeler, Abner Mo-153
Allen Mo-153
Benjamin Mo-153
Joseph Mo-152
Peeples, John Su-303
Peery, Thomas Ca-39
Peevely, Elijah Cl-140
Peevler, Jacob Su-345
Pegg, Frederick Su-323
Peile, John K-396
Peirce, Daniel Mc-171, Mc-202
James Mc-203
John Mc-138, Mc-151
Lewis Mc-201
Weston Mc-165
Peler, Solomon Ca-10
Pelfrey, Pricey Mo-92
Pell, Jonathan Ha-45
Pellet, Sarah R-377
Pemberton, Benjamin Su-348
Thomas Su-317
Pendegrass, Hiram H-80
Jesse H-80
John H-80
Nimrod H-80
Pendergrass, Serrena Su-342
Pendland, William Co-244
Pendley, James Co-245
Penick, Cathrine Ro-56
Henry Ro-56
Penington, John Mo-102
Penn, David K-365
William Mc-166
Pennell, John Mo-98
Penney, James Ca-14
Pennington, Benajah Mr-92
Edward Ca-23
William Mo-83
Pennycuff, John F-4
Penrod, Daniel B-265
Peoples, James Mo-158
John Su-298
Nathan W-226
Samuel W. Ca-13
William Ca-17
Winney Ca-14
Percilla, Susannah Ca-24
Perin, Vatin J-316
Perkins, Benjamin R-392
David Ro-39, Bl-271
Elijah Gr-204, W-248
Jefferson C-217
John Bl-269, Mo-121, C-230
Joshua Ca-25
Levi Bl-255
Nancy Ca-25
Peter C-214
Stephen C-220
William C-214, Ca-25
Perman, Emanuel Gr-158
John Gr-160
Joseph Bl-311
Perrey, George W. H-86
James H-85
Thomas H-80
Perrigin, Sally B-279
Perrin, Betsy R-389
Joab G-378
John Mc-138
Mary G-379
Nathaniel Ha-53
William G-379
Perry, Abraham B-283
Alexander M-50
Allen K-358
Andrew Bl-299
Benjamin Cl-134
Daniel Mo-147
David Su-301(2)
Edmond Cl-134
Edward Cl-116
George K-351
Irvin Cl-135
James Ca-13, A-186, K-321, Mc-199
Jesse K-395
John Ro-38, J-293
Joseph K-396
Josiah Ro-2
Lewis K-395
Luke Cl-134
Matilda G-381
Nathan Cl-116
Patrick Co-272
Richard O-172
Silas Mo-103
Solomon Co-270
Thomas Su-341, G-398
William Cl-135, Cl-133, Ca-13, Bl-298
William S. Gr-166
Perrygin, Isaac B-270
Perryman, Charles M. G-389
Elisabeth A. S-118
James S-101
Nancy Cl-107
Pervin, Ephraim Ha-21
Pervine, Nancy Mo-107
Pesterfield, David Mo-133
Henry Bl-254, Bl-255
John Mo-145, Mo-120
Peter, Isaac Su-330
Peck O-213
Peterfild, Jane Su-331
Peterfish, Henry Su-300
Peterman, George O-172
Jacob O-182
William C-182
Peters, Abraham Gr-161
Aggy R-365
Benjamin Ca-37
Charles B-272
Christian Mc-201
Elizabeth Gr-169
Henry A-172(2)
Hugh H. G-355
Jacob Gr-161
James Mr-98
John G-355, Gr-162, Su-330, A-189
Landon Mc-208
Milly Ca-36
Saml. Gr-235
Thomas A-172
Tobias A-192
Warner Gr-217
William Ca-36, G-355
Peterson, John Ha-29
John E. W-220
Joseph R-366, C-211
William G-364
Petery, John G-366
Petree, Danl. C-228
Emanuel C-220
George C-226, K-348
John O-193, K-349
Saml. C-220
Pettigrew, Bennet Mo-145
Ebenezer Mo-158
Pettit, George J-282
Joel Gr-184
Jonas C-230
Jos. C-230
Nehemiah Gr-193
Petty, Horatio S-102
Isaac B-269
Jacob Co-251
James S-112
John S-96, Ha-25
Joseph F-4
Wm. J-317
Pew, Andrew Ro-14
Daniel K-372
John K-372
Jonathan Bl-264
Phagin, Elizabeth J-292

Pharis, John R-359, S-93
  Robert R-358
Pharoah, Stephen G-389
  Thomas G-391
Pharris, Samuel S-94
Phelen, Thomas Mo-113
Phelps, James W-237
  Nancy B-288
  Robert B-288
  William B-288
Phibbs, Matthew A-179
  Nancy A-173, A-179
  Wm. A-185
Phifer, Faris Ro-25A
Philips, Adam O-207
  Andrew Cl-117
  Andrew B. O-212
  Asael Su-325
  Charles Mc-198, Gr-209
  George O-208, Su-345
  Jacob W-241
  Jeremiah J-317
  Jesse Gr-168
  John W-224, W-228, Su-326, J-279
  Johnathan J-292
  Leah O-212
  Micajah A-192
  Moses O-208
  Reuben Ro-37
  Robert Mc-140
  Ruben O-207
  Ryal Gr-209
  Samuel O-176
  Thoar Mr-101
  Washington J-281
  William Mc-189, Mc-198, O-207
  William L. O-207
Phillips, Abraham Mo-126
  Amelia Ha-26
  Ann B. K-322
  Auswell Ro-24
  Baty Mo-142
  Chas. A-193
  George Gr-209
  Hannah Mo-103
  Isaac Ha-25, G-394
  Jacob Ro-23
  James G-402
  Joel G-405
  John C-211, C-238, G-404(2), Ha-26
  Jonathan C-213
  Joseph Co-263, C-237
  Josiah Mo-130
  Martin Co-268, Ha-23
  Micajah Ha-25
  Patrick Ha-70
  Patsy Ha-65
  Polly Mo-130
  Pleasant F-11
  Richard M-67
  Robert Co-255
Phillips, Thomas C-214, Gr-188
  William C-222, G-398, Ha-25
Philops, Clemmons Mr-102
  Jesse Mr-89
Philpot, Alex R-371
  Samuel O-172
Philpott, Barton Mo-91
  John Mo-82
Phinney, Thomas Co-265
Phipps, Edward E. Ha-41
  James G-356
  William Ha-41
Piatt, Benjamin K-346
Pickens, Alexander Bl-302
  James Su-295
  John Bl-302, Su-298
  Nancy Mc-167
  Reese Mc-171
  Robert Gr-210, Mc-160
  Samuel S-94
  Wm. Su-298
Pickering, Ellis Gr-211
  Enos W-237
  John Gr-223
  Jonathan Gr-223
  Nancy Gr-211
  Phins Gr-211
Picket, Henry Su-326
  William Ca-12
Pickett, Chas. R-394
  Edward M-64, M-52
  John M-63, M-52
  William M-53
Pickins, John Bl-274
Pickle, Christian K-393
  George Ro-50
  Henry Ro-57
  John Ro-56
  Jonathan K-327
  Mary K-393
  Samuel K-393
  William K-393
Pickring, Benjn. J-322
Pierce, Caleb J-342
  Catharine W-256
  David Mc-171
  Edmond Mc-171
  Ezra W-214
  George J-298, J-322
  James Gr-203, J-332, C-228
  John Gr-200, S-108
  Jonathan Gr-207
  Mary S-112
  Richd. Gr-207
  Robert J-342
  Solomon J-331
  Thomas Gr-236, Mc-171
  Walker, Ro-42
  Wm. C-229, R-369
Piercy, Stephen Co-263
Pierer, David J-334
Pierman, James J-340
  James P. J-296
Piermon, John G. J-299
Pierson, Wm. J-314
Pig, John O-195
Pigg, George J-327
Pike, Benjamin Cl-137
  Hugh B-290
  Jacob Cl-117
  John B-282
Pilant, James G-371
  John Ha-37
  Joseph Ha-64
Pile, Conrad F-13
  Elijah F-14
  Jehu F-9
  Nancy F-17
  Obrien Su-325
  Philip Su-325
  Wm. A-184
Pilkinton, Henry Mo-106
  John Mo-106
Pilot, John Gr-191
Piner, Polly M-74
Piott, John G-395
Piper, James R-383
  Wm. R-359
Pipington, Cornelius Mo-100
Pirtle, Carr O-180
  Nelson G-373
Pitcock, John W-208
  Thomas W-257
Pitman, Barnes Mc-163
  Clarisa A-193
  James A-193
  Jessee Mo-135
  John Mo-135, A-172
  Reason A-193
  Thomas Mo-141
  Wm. A-192
  Winsy R-386
Pitmon, James Cl-146, Cl-112
  John Cl-127, Cl-126
  Samuel Cl-145, Cl-146
  William Cl-126
Pitner, Adam S-110, Mc-186
  John S-97, Mc-179
Pitsenbarger, John Gr-173
Pittman, Elija O-206
  John M-73
Pitts, Elija O-206
  Nancy S-113
Pjaris, Isaac R-359
Plank, Benedict Cl-121
  Christian Cl-123, Cl-110
  John Cl-128
Pleasants, William D. Ha-50
Plemons, Jeremiah M. S-112
Powman, Jacob Mc-205
Plumblee, Stephen Bl-304
  Stephen J. Bl-304
Plumbly, William K-396
Plumer, Joseph Bl-262
Plumlee, Stephen Bl-304
Plumly, Daniel Mo-142
Plummer, John Bl-260
  Joseph Bl-260
Poe, David Co-267
  Hasting H-84
  Henry Su-325, Cl-119
  James R-385
  Jesse R-376
  P. R-376
  Wm. H. Gr-184
Pogue, Farmer Gr-191
  Howell Gr-190
  John J-309, Gr-202
  Joseph Gr-218
  Joshua F-5
  Nancy Gr-190
  Polly J-336
  Thomas Gr-181
  William Gr-190
Poindexter, Chapman G-410
  James Su-306
  John G-409, Ha-14, Ha-15
  Samuel Cl-132
  Thomas O-177, Ha-15
Poiner, William B-288
Poland, John Mo-147, Bl-260
  Samuel Mo-131
Polk, Hugh M-66
Pollard, Hansford B-274
  Jacob Ro-38
  James G-394
  Jesse J-302
  Jessee O-194
  Samuel G-393
  Thomas R-391, F-6
  Wm. Su-305
Polson, Absolom Ro-54
Ponder, Nathl. Mc-177
  Valentine Ro-49
Pone, David Su-339
Pool, Patrick O-186
  Young H. Mc-163
Poor, Calaway F-11
  Joseph F-3
  Mary F-6
  Moses F-3
  Peter A-183
  Samuel O-202
  Robert W-253
  Wm. Su-347, Su-344
Pope, Fielding Mc-132
  Jonathan M-49
  Simon Gr-207
  Wm. E. Ro-25A
Popejoy, Nathaniel G-354
Pore, Jessee Su-339
Porter, Boyd K-386
  Charles W-252
  Charles T. J-288
  George M. Co-275
  George W. S-89
  Henry H. Mc-181
  James Mc-203, B-291
Porter, James B. Mc-138
  James H. K-324
  James J. K-360
  James P. H. S-89
  John H. R-375
  John R. Mc-139
  John W. S-89
  Joseph W-201
  Joshua W. M-70
  Lorenso Co-244
  Melvan Mo-82
  Mitchel S-91
  Nicholas C. S-89
  Robert B-266, Bl-313, Mc-170
  Samuel M-70, Gr-158
  William Mc-184, S-110, S-98, S-110, H-74
Porterfield, Richard K-388
Portwood, Micajah A-167
  Page A-168
Posey, Benjamin H-80
  David C. Cl-106
  Hezekiah H-82
Poston, Edward Su-323
  Richard O-212
  William R-392
Poteet, James O-194
  Jane O-195
  Wm. C-237
Potram, Henry Ha-22
  Samuel Ha-26
Pots, Thomas Ca-18
Potter, Absalom Ro-62
  Andrew Mo-126
  Benjamin J-294, Mr-98
  Daniel Ca-19
  Elizabeth F-15
  James R-354, Co-251
  John Ha-20, Mr-98, Ca-19, Ca-22, Bl-295, Cl-134
  Johnson Ca-19
  Moses H-81
  Paul J-294
  Peter Ca-19
  Robert J-294
  Solomon Mc-136
  Thomas Ro-59
  William Mc-180, Mr-97
Potts, Amos Mc-208
Pow, William Mc-158
Powe, Jemima Mc-140
  John Mc-168
Powel, Samuel Ha-64
  Scott R-377
Powell, Absalom Cl-131
  Alexr. J-321
  Geo. Su-337
  Green Ca-31
  James R-386
  Jefferson K-331
  John Cl-124
  Jonathan Cl-131
Powell, Joseph Cl-125, Ca-3, Su-344
  Martin Ro-48
  Rachael A-182
  Robert Su-324
  Sandy J-342
  Wm. C-215, A-182
Power, Holloway Mc-135
Powers, David W-201
  Edward W-201
  John T. R-370
  Robert Ro-16
Poyndexter, Wm. J-307
Prady, John Co-270
  Pettis Co-270
Prater, Benjamin Ro-47
  Delilah Gr-200
  Edward Mc-168
  Elisha Ha-69
  John B-269
  Saml. Mc-172
  Thomas B-274, Mo-123, Ro-46, Ha-85
  William B-269, Mc-175
Prather, Jonathan W-237
Prator, George W. Bl-253
Pratt, Achilles Gr-213
  Alexander Gr-190
  Constant Gr-190
  David K-394
  Henry Mo-111
  Isaac Ha-19
  James K-355, Ha-81
  John K-393, Ha-47
  Mary Gr-206
  Oliver Ha-39
  Robert Gr-189
  Stephen Ha-44
  Thomas Ha-86
  Willis K-377
Preliman, Jacob R-367
Presley, Charles Mo-110
  Peter M-69
  William B-281
Presly, Elias Mc-174
Pressley, Andrew Ha-82
  John Ha-82
  Joseph Ha-82
  Nancy Ha-82
  Sally Co-274
Pressnell, Stephen Co-242
Presswood, Austin Mo-109
Prestly, David Gr-190
Preston, Alexander S-89
  George R-362, Ro-6
  James R-388, Ro-6
  Jessee Ro-8
  Moses Ro-14
Preswood, Josiah S-95
Prewett, Betsy Ro-63
  Charles Ro-62
  Robert Ro-63
  William G-408
  Willis Ro-57

Prewit, Dehishabe Mo-135
Elisha Mo-134
Harden C-237
Henderson Mo-146
Noah Mo-146
Ransom Mo-148
Prewitt, Abraham O-172
John Mo-98
Price, Addison S. Mo-102
Benja. W-224
Charles Mc-139, M-59, A-167
Charles W. K-361
Christopher Ca-17
David Ca-22
Dosey H-74
Edward K-363
George Mc-162
Gooden G-396
Henry Mc-139
Isaac Mo-102, Ha-8
Jacob Ha-64, R-359
James K-316, S-99, Co-262, F-16, W-217, B-277
John Gr-202, Gr-181, K-316, Ca-20
Joseph Mo-92
Josiah Mo-80
Katherine Ha-8
Lewis Ro-46
Margaret W-224
Mordecah Cl-142
Moses Ca-22
Priscilla Co-254
Rachel W-224
Richard K-363
Richardson Gr-202
Ruth Co-262
Ryal Mr-97
Sandy Gr-190
Thomas K-316, R-364, Ha-24
William J-325, Mc-185, Mc-185, M-44, Ro-45, Ca-22
Willis G. G-377
Prichard, Jesse Cl-132
Joseph Bl-266
Pride, Allen Ro-6
Oliver Mc-132
Samuel Bl-286
William M-68
Pridmore, Hiram Ha-76
Samuel Ha-83
Priestley, Wm. Su-336
Prigmore, Thomas Mc-132
Prince, Edward A-173
Ephraim Mc-197
Ephram Mo-152
George Mr-100
Isham Gr-188
James S-112
John A-172, G-375
Prince, Josiah Mo-152
Numon A-172
William Mo-153
Prior, James O-190
Jessee O-205
William C-178
Prisley, William Mr-91
Pritchard, Henry F-9
John F-9, F-5
Levi F-16
Thomas F-3
Pritchet, David C-233
Joseph C-227
Thomas O-213
William A-192
Pritchett, Edward K-318
John Ro-54, Ro-51, Ro-38
Singleton W-213
Thomas Ro-46
William Ro-38
Privet, Ervin C-220
Privett, Harris Bl-255
Hezekiah Bl-252
Micajah R-395
Privitt, James Mo-100
Prock, Agatha Mo-97
Christian C-240
Elijah Mo-93
Elizabeth C-238
John Mo-116
Margaret C-238
Silas Mo-96
Proctor, James Mo-85
Prodew, Mary Ha-9
Proffet, Arrington Mc-159
David C-225
Gabriel G-402
Jackson Ca-26
Jeremiah C-225
John B. G-404
Jos. C-211, G-402
Mary G-402
Turner C. Ca-26
Wm. C-224
Proffit, Geo. Su-303
Geo. W. Su-301
Jeremiah Su-304, Su-295
John Su-304
Robert Su-303
Wm. Su-304
Proffitt, Adam Gr-181
William Gr-186
Profit, David A-170
Propes, Nicholas K-321
Prophet, Benjamin S-118
Samuel J-340
Prophit, David J-309
Province, Elizabeth Mo-111
Henry Ha-68
Jas. H. C-217
Lewis G-400
Sampson G-214, C-240
William Mo-111
Pruet, Charlotta Ca-19
Pruett, Samuel Co-273
Thomas Co-268
William Co-268
Pruhitt, Andrew Mr-100
Pruit, John F-6
Micajah F-7
Pruitt, Elisha Mr-89
Gilbert Mr-88
Pryor, Green H. M-48
Harris Ro-62, K-383
Isaac Su-347
James Ha-44
John Su-346, Ha-46
John H. M-64
Matthew M-47
Phillip M-65
Rebecca A-170
William A-170, M-61(2), K-360
Psalms, Kirby Mo-114
Puck, Ellias Co-251
Pucket, James R-380
Puckett, Allen K-335
John Co-267
Polly Co-268
Rice N. Co-254
Pucket, Frank J-329
Pugh, David Ca-11
Fleming Mc-141
John Mc-141
Jonathan Ca-10
Joseph H-73
Nancy Cl-121
Samuel Ca-11
Wm. Bl-259
Pulce, Frederick J-340
George W. J-329
Pullen, James B-272
William J-293
Pulliam, William Su-348
Pullin, Leroy G-409
Pulse, John F-9
Purcell, Danial Ha-61, Mc-133
James A. Ha-61
Purdy, William Mo-90
Purkepile, Jacob G-407
John G-407
Michael G-386
Rachel G-386
Reuben G-391
Purkey, Daniel Ro-25
Purkins, Judah J-315
Purky, John G-399
Purris, Sarah Ro-36
Pursell, Charles Su-305
George W-214
John W-246
Pursely, Fleming K-326
Nancy Mc-161
Sarah K-394
Wm. Ro-16
Pursley, James Ro-18
Putman, Benjn. R-363A
Elizth J-333
Hiram H-86
Moris R-386
Rebecca R-386
Simeon H-80
Putnam, Caleb K-337
Putnun, Hillery Mo-148
Pyborne, Mary M-57
Pyburn, Love M-57
Riley M-57
Pyle, William B-270
Pyram, Mary K-329
Quales, John K-362
Qualls, Abram A-169
Betsey J-333
David K-368
Hubert R-367, R-368
James H-76, R-387
John J-342
Nathaniel Ro-21
William H-76
Quarles, Ann O-194
Archabald O-210
Gillum Cl-126
James O-209
John O-188
William O-211, O-194
Quarrell, Jos. B. J-319
Queen, Francis Cl-136
James Cl-136
John Mc-162
Queener, Danl. C-224
Henry C-216
Jacob C-214, C-221
John Mc-161, C-211
Thos. C-215
Querle, Priscilla J-286
Quick, Eoli R-375
Quiet, Cyrus Mc-142
James Bl-311
Quillen, Charles Mo-92
James C. Su-338
Quillier, Thos. C-228
Quimby, James W-252
Quinton, Alsey R-363A
Samuel Gr-173
Raby, James K-345
Robert K-332
Sherwood K-346
Rachhold, Wm. Su-314
Rader, Casper S-117
Magdalen W-248
Peter Su-306
Radford, Noah K-317
Rafter, Abram Ha-63
James Ha-22
Ragain, Amos Su-346
Ragan, Ann Ha-49
Benjamin Mo-127
Charles O-186
Daniel Su-347, Mc-177
Ephraim Mc-182
James Mc-183, Mo-134
Ragan, Jeremiah Mo-157
Jesse G-365
John Bl-276
William O-186
William P. Mo-144
Ragle, George Ha-47
Henry Su-333
Raglin, Gideon R-360
Ragon, Absalom Mr-99
Jacob Mr-100
Ragsdale, Benjamin Mc-130, B-269
Edward Mo-135
Hezekiah Mr-98
Hubbord Mo-123
Jane Mc-135
Willie Mc-135
Ragsdell, David R-394
Raigan, Daniel Mo-110
Raigans, William Mo-99, Mo-97
Rail, George G-386
Preston F. G-389
William G-389
Railey, Vincent G-357
Rainbolt, Elisha Ca-25
Raines, Joel Co-270
John Co-263
Mary Mc-177
Philip Mc-177
Robert M-61
William Mc-177
Rainey, Chloe B-280
Rains, Allen C-211
George C-221
Isaac S-91
James S-111, C-221
James W. K-380
Jesse Bl-274
John B-288, Ca-26, Bl-274
Samuel B-288
Thomas Ha-84
Rainwaters, Collin L. J-328
James J-338
Mathew J-328
Rainwatters, Allen S-94
John J-335
John N. S-101
Moses S-101
Polly S-121
Vincent J-336
Rainy, Yancy B-282
Rambeau, Peter S-98
Rambo, Aaron Ca-31
Eli Gr-199
Ramey, Butler Mo-128
Christopher Mc-159, Mc-166
Thomas Mo-157
Ramsay, Edmond Mo-180
Lewis Mc-144
Nancy Mc-144
Richard Ha-18
Ramsey, Alexander O-184
Andrew Co-259
Catherine H-85
Charles C. Mr-95
Eliza K-323
J. G. M. K-336
John Mo-90, G-395
Josiah Cl-122
Margaret K-342
Randle Ro-60
Sally Co-258
Samuel S-107
Thomas Cl-120
William Co-256, B-279, Cl-139, Mr-95
Ramsowr, John Mr-95
Michael Mr-94, Mr-91
Randalls, Rhody S-97
Randle, Jane Mo-150
Randles, Andrew S-113
John S-97
Richard S-110
William S-97
Randolph, Henry J-283
Hezekiah Mc-192
Jepthy Mo-104
Lancaster Mc-184
Martin Ro-40
Mary R-385
Nancy G-398
Peyton Mc-166, Mc-206
Pleasant Mc-175
Robert Mc-145
Thomas Mo-104
William Mc-166, B-272
Raney, Isaac B-268
Range, Isaac W-205
Jacob W-223, Ca-9
James Ca-9
John W-203
Jonathan Ca-9
Peter W-224
Rankin, Anthony Gr-187
Charles Ro-55
David Gr-217, M-44, Gr-186
James O-197, J-320
John Bl-259, Ro-55
Lewis Gr-231
Robert Gr-225
Samuel B-267, W-244, Bl-250
Thomas Bl-283, J-320
William Gr-186, J-320
William B. Co-242
Rankins, John Ca-26
Richard D. J-300
Ranney, Joseph Bl-300
Ransom, George R-392
John M-67
Ransbarger, John Bl-292
Raper, Henry Mo-152
Jacob Mo-157
James Mo-124

Raper, John Mo-124
William Mo-125
Rash, James Mc-137
Rassem, John Bl-301
Rather, Jesse Ro-65
John Ro-67
Ratledge, James Gr-172
Joseph C-175
Rauhooft, Sampson S-102
Raulston, George Bl-288
Rausum, William Bl-310
Rawlings, Asahel M-73
Benjamin M-65
Daniel R. M-48
John M-69
Resin R-384
Ray, Archibald Mo-95
Aron Mo-141
Benjamin G-384
Biddy O-198
David G-381
George O-198
Henry D. Mo-145
Hugh R-387
Jesse G-411
John C. O-207
Joseph Bl-256
Leonard Bl-264, C-209
Margaret Mo-126
Nelson O-198
Obadiah Bl-266
Richard O-187
Robert G-381, Mo-131
Samuel G-383
Singleton Mo-149
Stephen Mo-126
Thomas G-384, M-69, Mc-135
William Mc-167, H-80, Co-258
Winny M-72
Raybourn, Jesse Ro-58
Joseph Ro-58
Richard O-179
Robert O-183
Sarah O-183
Silvana O-179
Thomas Ro-58
Raybun, Joseph Mc-156
Rayburn, John Ro-37
Rayder, John J-339
William R-383
Razor, Eli Ca-20
John Ca-25
Peter Ca-24
Read, Cannon B-271
Charles G-408
Elijah Bl-287
Felps G-386
Frances G-375
George G. G-386
Mitchell Bl-295
Robert G-404
Samuel Bl-295
Read, William G-386
Reader, Alexander G-376
Benjamin A-184
Caspar Gr-188
Elizabeth Gr-192
Henry Gr-192
Jacob Gr-161
Jesse Gr-192
John Gr-188, Gr-193
Joseph Gr-192
Majors Bl-304
William Gr-186, A-184, Gr-192
Reads, John A-173
Reagan, Caleb F-4
Daniel S-105
David Mo-80, K-327
Eli K-334
Jeremiah S-105
John K-385, Bl-293
Joshua S-105
Josias Bl-307
Lear Bl-293
Milly K-347
Peter F-4, Mo-80
Rachel F-16
Rebecca F-4
Richard S-90, Bl-291
Robert A. Gr-187
Susanah S-120
Timothy S-116, S-91
William F-16, Bl-299, Bl-261
Really, Phillip Ha-53
Reames, Daniel Co-256
John Co-255
Priscilla Co-249
Reanhart, Geo. Su-308
Susan Su-308
Rear, Charles G-369
Reason, Joseph Ha-80
Reasoner, Nicholas Mo-80
Reatherford, Absolum A-193
Benj. A-187
John A-191
Joseph A-191, A-187
Julius A-191
Loyd A-187
Micajah A-187
Nancy A-191
Robt. A-191
Reaveley, James Mo-109
Reaves, George A-167
Nathan M-57
Rector, Benjamin K-373, W-246
Cumberland R-388
David Mr-98
Eli G-365
Elijah Mc-151
Elizabeth A-192
Jacob Ro-45
John Ro-33, Ro-62, Gr-168, A-192, Gr-168
Rector, Landon Ro-48, R-387
Martin Mr-101
Maxamillian Mc-151
Richard Ro-34
Uriah Mo-96, Ro-34
William Bl-284
Reddin, Rebecca Mc-133
William M-65
Redmon, John Cl-129
Reimond, Francis F-13
Nancy R-357
William Mo-145, Gr-177
Redwine, Wiley B-277
Reece, David G-407
Elijah Mr-90
Hiram J-337
Isaiah G-409
J. B. M. J-310
James J-310
John Gr-232
John C. Mr-100
Martin Cl-139
Moses Gr-232
Nancy S-106
Shearwood Mr-88
Simon G-375
Thomas G-409
Wm. Gr-216, Gr-232
Reed, Abraham K-394, Mo-143
Adam F-12
Amos M-44
David B-272, Gr-184
Edward J-286
Felps K-347
Frederick K-382
George Ca-30, W-227, B-283
Hiram Ha-84
Isaac C-214
Isabel K-389
Jacob K-330, K-360
Jesse Y. J-288
Jessee O-187
John K-389, Ha-65, C-236(2), Mo-86
John S. Ha-50
Joseph K-335, C-236
Robert Mc-187, K-330
Saml. M. Mc-187
Thomas Ro-67
William Ro-12, Ha-83
Wyley J-286
Zebulon O-195
Reeder, John O-202
Robert O-201
William G-377, Ro-37
Reel, George B-267
Reelin, William Mc-187
Reer, James Su-346
Reese, Daniel Ca-23
Isaac Ca-24
Jacob Ca-23
John Gr-163
Reese, John M. Ha-7
Joseph Ha-83
Sterling Ha-83
William Ha-84, M-46
Reeser, John W-241
Reeve, Edward Ca-29
Jesse Co-250
William Co-269
Reeveley, Francis Mc-160
Reeves, George Gr-153
Jerman B. C-215
John C-215
Moses Gr-164
Samuel Gr-153
Wm. Gr-196
Regan, Griffith Su-347
Register, Francis W-239
Reice, Jesse R-363A
Reid, Charles S-97
David Mc-201
George Mc-163
James W-246
Jeremiah Mc-177
John A-191, Gr-225, S-111
Jonathan A-190
Robert Gr-208, W-238, Mc-175, Ro-37
Solomon Gr-193
Thomas Ro-53
William S-110
William P. Mc-176
Reins, Hiram Mo-95
Renalds, Susanah Ro-25A
Reneau, Chrisley F-12
Isaac J-338
Jane F-12
John J-298
Lewis S-95
Michael J-329
Russel J-306
Renfro, David K-351
James W. Ca-13
Jessee S-116
John K-323, S-106, G-398
Joseph Ca-6
Larkin K-356
Mark S-101
Stephen K-366
William K-350
Renfroe, Absolom Bl-307
John Ro-6
Joseph Su-326
Lewis Ro-14
Renfrow, Bartlet Mo-107
James K-357
John Mo-107
Joshua R-363
Mark R-363
William B-273
Renn, Josiah Co-251
Renneau, Hezakiah J-337
John J-337
Rennel, Charles Su-338
Renner, John Gr-159, Gr-162
Michael Gr-159
Reno, Mary Ca-9
Saml. Mc-135
Renshaw, Hosea W-262
Jane Mo-90
Samuel W-257
Rentfro, Robert Mc-184
Revely, Joseph K-390
Revers, Joseph Mo-140
Reves, Ewell Mc-190
James J-305
Reynolds, Anders C-227
Betsy Ha-49
Christiana Gr-214
Clement Gr-193
David H-85, Gr-218, Ha-22
Dennis K-347
Eli Ha-34
Elijah R-365
Elizabeth K-330
Fanny B-286
George Mc-198, Gr-203
Geo. G. W-201
Gideon H-75
Greene S. Mc-157
Henry Mc-154, Gr-153, Gr-196
Humphrey Mc-174
Iley Ha-52
Isham Mc-156
Jacob R-383
Jas. R-369
Jesse Gr-219
John K-324, Gr-206, B-286, A-184, Ha-27
Joseph Gr-177, Gr-214
Lile E. A-177
Sarah J-293
Stephen J-298
Thomas Gr-158, Gr-197
Vincent Gr-177
William Gr-158, H-75, Ro-26, Mo-86
William C. Ha-24
Rhea, Amos Su-313
Aron R-391
Chas. Gr-209
Elizabeth K-365
Ezekiel Gr-225
Francis Ro-38
Henrietta R-362
James Su-323, K-360, Bl-312, Bl-304
Jesse Bl-312
John Su-321, Gr-227, A-187, W-217, Cl-109, Cl-109
Joseph C. Su-347
Joseph M. Su-324
Joseph R. Su-343
Levi A-179
Rhea, Margarett Su-344
Nancy Cl-109
Robert Su-344, Su-327, Gr-227
Samuel Su-306, Su-323, Gr-204, Bl-301
Sarah Gr-197
William B-275, K-360, Su-326, B-290
Rhine, Philip Mo-103
Rhinehart, Conrad Gr-175
Jacob Gr-172
Rhodas, John F-14
Rhodes, Levi Ha-56
Barnebas Ha-54
Mary K-349
Rosanna Ha-60
Unice K-349
Rhotan, Josiah Co-242
Rian, David Bl-262
Harris C-222
Wm. Bl-276
Rice, Aaron R-365
Alexander Bl-286, R-370
Augustus J-278
Charles Ha-59, C-233
Daniel G-384
David Gr-223
Enoch C-233
George C-232
George W. M-45
Henry R-391, Ro-41
Isaac Mc-186
James S-106, Ha-85
Jesse Mc-181
John Mc-185, Mc-181, M-46, G-387, M-44, S-110, G-362, Ro-25A, Ha-85, R-352, J-310, Co-251
John F. Ro-4
Joseph B-265
Levi Ha-85
Lewis Cl-120
Luellin J-310
Lyman Mc-198
Martha Mc-173
Moses Ha-38
Orville Ha-8
Presley G-391
Rebecca C-232
Roge R-363A
Roger R-391
Susannah Cl-120
Tandy Mc-173
William M-74, J-311, R-377(2)
Riceley, John Ha-73, R-378
Margaret R-378
Rich, Catharine F-13
George G-400
Hardin F-12
James Ro-53
Jessee O-181

Rich, John F-11
Joseph F-14, G-393
Obadiah O-181
Tempy J-314
William Mo-130, F-13, Ro-61
Richards, Aaron Mo-93
Adam Mc-157
Asa Mc-156
Benj. A. Su-318
Betsy Bl-253
Carter R-356
David B-285
Elijah Su-318
Elizabeth G-375
Frederick Mc-135
Henry W-236, W-242
Isaac S-118, S-105
Jacob S-116
John S-91, O-206
John M. Ha-39
Joshua Ha-37, Ha-49
Martin Ha-57
Polly G-375
Richard Su-326, Ro-36, Mc-201
Robert S-105
Saml. Bl-268
Stephen M-63
Thomas G-376
Richardson, Aaron C-228
Amos C-227, O-207
Danl. C-235
David Ro-53, Su-316
Hardy Cl-110
James Mr-97, O-206, Cl-148
Jane Su-324
John O-197(2), R-360, Ca-38, C-215, Ha-47, Mc-138
John H. F-14
John M. Su-324
Joseph Cl-148
Lewis Mr-93
Nathan Su-332
Robert F-14
Sally B-279
Samuel Ro-43
Solomon C-227
Susanna Mc-164
Thomas Ro-43, Su-316, C-235, Mc-185
William S-119, S-107, C-211, Mc-138
William B. F-5
Zadock R-375
Richason, Elijah J-309
Richee, David P. M-64
James M-66
John W. M-62
Mary M-63
Richeson, Abram J-340
James Mo-64, Mo-85
Richeson, Jesse Mo-85
John G-369
Joseph E. Mo-106
Richey, John Mo-100
Maddison O-185
Mary O-192
Robert J-328
Samuel Mo-105
Thomas J-278
Richmon, John S. R-363A
Richmond, James M-67
John Ro-63, H-84(2)
Jonathan H-81
Richy, Elizabeth Mo-104
John Mo-88
Rickard, John Su-299
Ricker, Frederick Gr-157
George Gr-155
Gideon Gr-157
Jacob Gr-160
John Gr-157
Martin Gr-156
Ricket, Barzilla Gr-182
Rickets, Reuben K-353
Rickett, Abel Mo-106
John Mo-106
Riddle, Abram J-282
Anthony Gr-218
Bazzel J-283
Enibo W-234
Eunace Gr-153
Francis Mc-177
Hugh Ro-25A
James H-80
John H-84, B-281, J-290
Johnson B-281
Lewis Mc-177
Roland Mc-143
Saml. Mc-135
Terry H-80
Thomas B-281
Zach J-290
Ridenhour, John Gr-202
Martin C-237
Wm. C-231
Ridenor, Elizabeth A-186
Nancy Cl-140
Ridenour, Biddy J-314
David A-188
Henry A-188
John A-188
Rider, Alexander Mo-149
Austin Mo-156
George Ha-8
John Bl-266(2)
Ridge, Abraham Bl-262
Nancy Bl-263
Ridgly, John Su-333
Ridings, James S-116
Thomas S-120
William S-94
Ridley, Margaret B-289
Rigg, Wm. Ro-8
Riggans, James Mc-178
William Mc-178
Riggin, Ignatius S-91
Mary S-108
Riggins, Ephraim J-308
Thomas Mc-178
Riggle, Daniel M-69
George Cl-134
Jacob M-50
John R-387
Riggs, Addison R-370
Azariah J-305
Clisbe J-287
Ellis G-409
James J-321
Jesse Su-303, G-388
Jesse W. J-279
John J-304
Lewis J-282
Martin R-370
Ninian G-406
Rodah Mc-194
Samuel J-280, Mc-193, Ha-20
Thos. C-220
Townsley R-370
Right, Betsy A-171
George J-340
Jane J-323
John J-335, J-331
Reason Cl-146
Robert Su-322
William A-169, Su-317
Rightsell, John Co-255
Rigle, Geo. W. R-387
Rigny, Griffith F-6
Rigsby, Hillman O-184
Riley, Andrew Su-320
Charles Mo-114
Isaac O-178
James O-202
James B. Su-314
John K-369, Cl-127
Miller O-207
Stephen O-212
Thomas F-13
William F-13
Rimer, John S-107
Rimmel, Jessee Ro-3
Rimmer, James Su-343
John Su-345
Rinehart, Danl. Mc-195
Ephraim A. Mc-196
John J-296
Michael J-297
Philip J-336
Rinkle, Daniel Ro-21
Jacob Ro-22
John Ro-21
Rion, John O-175
Riortin, Wm. C-230
Ripeto, William Co-255
Ripley, Henry Gr-224
James H. Ha-46
Ripley, Phoebe Gr-224
Saml. Gr-224
Thos. Gr-224
Thomas C. Mc-146
William Gr-230
Riply, Pleasant R-355
Rippeto, Henry Co-256
Thomas B. J-293
William B-275
Rippito, James Co-253
Riseden, Isaac C-234
Robert A-174
Riser, Jacob Gr-201
Risher, John Ro-19
Ritchie, Alexander Cl-119
Dempsey Ca-35
Ritter, Danl. Gr-209
Eve Su-303
Henry Gr-207
John W-246
Moses Cl-105
William Cl-104
River, John Gr-223
Rivers, Wm. R-377
Risdon, Wm. A-180
Roach, Absalom G-391
Andrew Mo-115
Aron Mo-153
David Mo-158
Drury G-390
Green G-393
James Mo-150, Bl-262
John Mo-160, Mc-165, Mc-143, Bl-252, Ha-53
Littleton Ro-50
Wilson Ha-30
William Su-338, G-390, C-237, Mo-96, C-215
Roadman, William C. Co-242
Roads, John Ro-40
Roaper, John Mo-97(2)
Roark, Eleanor Ha-26
John Ha-27(2)
Michael Ha-27
Roarke, Levin Ro-39
Robbins, Arthur Ha-71
Isaac A-187
Joel Ha-66
Saml. A-179
Wm. A-176
Robbinson, Saml. A-186
Robbs, Edward Ro-39
James Bl-313, Ro-39
Roberson, Christopher Ro-3
Daniel H-75
Isaac B-283
James B-282
John Ha-12
Roberts, Aaron Su-343
Andrew K-374
Aron S-119
Bazel Mo-154
Benjamin Co-243, S-97, Mc-146
Roberts, Bennet S-113
Breasheer Ro-59
Claiborne Cl-106
Collins A-170
David Ro-58
Dennis G-400
Edmond Mc-145
Edmond W. Mc-145
Elisha S-98
Elizabeth O-205, O-211
Ely S-100
Gabriel O-191
George Co-269
Henry Ha-14, K-373
Hugh Ro-11
Isaac S-98, M-44
Isaac H. M-47
Isham Mo-98
Jacob Ca-31, A-176
James B-286, Gr-165, Mc-149, K-328, K-374
Jeremiah Gr-159
Jesse H-76, Gr-231
Jessee O-200
Jessee M. Ro-18
John A-176, Gr-168, Mo-145, Mc-144, Ro-55, Gr-234, S-100, Mc-169, Mr-98, Ro-13, M-63
John W. Mo-87
Joseph Ha-80, Mc-184
Joshua Mc-130, Mr-99
Josiah Mo-143
Josedech K-338
Littleberry Ro-14
Mark S-100
Morgan Mc-194
Moses C-226, A-168, Mo-115
Nacky W-228
Nancy Ro-59
Nehemiah H. B-276
Nelson C-239, Mr-101
Minion A-168
Obediah K-328
Patsy K-392
Philip Mo-137
Phillip M-72
Polly Su-303
Pollyann Ha-76
Rebecca Ro-64
Richard Bl-312, M-69
Robert S. Ro-64
Sally B-285
Sam Su-300
Samuel M-59, K-341
Solomon O-191
Theophilus Ha-21
Thomas Ha-22, Mc-146, Gr-234
Thomas O. W-212
Wiley O-184
Roberts, William A-177, C-219, G-410, Gr-172, Mo-127, Mo-116, S-100, S-92, K-376, W-208
Williams Ca-24
Wright Ro-58
Zedekiah Ro-60
Robertson, Calvin R-359
Cleson S-102
Daniel Ca-19, K-347, G-405
David Mr-96
Delila C-224
Elijah S-101
Fanny G-404
Field G-405
Fielding C-225
George Gr-209, G-358
Glosyann Mo-86
Hezekiah Ha-20
Isbel S-104
J. F. K. R-384
James Ha-20, Gr-228, Mo-108, Gr-229, Mc-148
Jesse Ha-20
John Bl-253, Ha-19(2), Gr-229, Gr-208
John H. Mc-143
Joseph Bl-270, C-240, Ca-27
Lindsey Mo-85
Lydda Ca-31
Mark B. S-102
Richard Ha-20
Robert K-346
Samuel S-103, Gr-230
Thomas G-387, Gr-205, Mo-84, Bl-253, G-387
William Bl-270, Ha-20, C-224, S-113, G-405, K-395, G-359
Winfrey G-404
Robeson, Alexd. C. Mc-176
Charles Mc-170
James Ca-11
John Mc-183, Mo-129
Thomas Mc-198
William Mo-125
Robinet, Michl. Mc-144
Robinett, Enoch Bl-276
Moses Bl-276
Robins, Isaac O-189, O-203
James O-190, O-205
Levi O-206
Michael Mr-93
Samuel A-168
Robinson, Alfred C. O-187
Allen Cl-143
Barbara Mc-149
Benjamin K-315, K-322
Charles W-227
Chloe K-344
Cornelius K-321
David W-206

Robinson, Drury Ro-46
Elizabeth Mc-174
Enoch Ha-52
Ezekiel Ha-75
George Co-261
Henry Cl-142
Hervey K-322
Hezekiah Mo-106
Hugh Ha-75
Isaac Mo-100
Jacob W-248, M-61
James K-315, W-206, W-215, Ro-27, Ro-60
Jane Mo-108
John Co-267, Ro-25, Ha-24, Ro-27, W-220, W-218, Ha-83
Joseph Ro-25, Mc-174, A-173
Mark O-195, O-185
Orman O-191
Polly L. Ha-53
Richard M-61
Samuel W-251
Sarah Cl-119
Thomas M-56, Co-269, Ro-27
William Ha-83, Co-244
William B. Cl-118
Robison, Danl. Mc-197
James Mo-137
John Mo-155, Mc-133
Robt. R-383
Toliver J-294
Robs, Alexander W-219
Roche, James K-363
Rock, John W-213
Rockhold, Dorsen Ca-9
Frances Su-319
Francis W. W-224
Thomas Su-319
Rodden, Abraham R-358
Roddy, Alexander Bl-285
Cowan Bl-285
Gideon B. Bl-285
Henry Bl-291
Isaac R-383
James R-389
Jane R-383
Jesse R-390, R-389
John Bl-285, K-355
Moses K-355
Nancy K-396
Peter K-355
Rosanna R-365
Samuel Mo-132
William Mo-132
William V. J-280
Rodekeffer, Geo. Su-337
Rodes, David Mc-197
Rodgers, Alexander J-303
Anderson M-44
Andrew Ro-19
Beedy Bl-298
Rodgers, Dauswell M-52
Elijah R-356
Emanuel M-62
Frederick J. B-283
George J-286, Mo-155, M-44
Isaac G-228, Co-266, C-223
Jacob J-286
James Gr-206, K-395, M-49
James W. J-304
Jeremiah M-48
Jesse Bl-298
Jesses M-47
John R-356, B-289, Bl-290, Bl-298, M-50, Mo-137
Jones Mo-125
Joseph Mo-14, K-320, M-64
Lawson Mc-146
Ozme Mc-161
Peter K-392
Reuben B-276
Reuben B. K-339
Robert Co-266
Shade Bl-298
Susan Bl-298
Susannah W-251
Theopolis O-187
Thomas Co-265, K-339, Ro-67
Travers Mo-157
Vincent Bl-298
William Bl-297, K-319, Mo-143, M-64, M-62
William M. R-356
Williams Bl-305
Rody, Jno. R-372
Roe, Mary Su-345
Pharoh Cl-107
Rogan, Amos Su-346
Daniel Su-347
Griffith Su-347
Hyram A-182
Rogers, Achilles Mc-171
Benjamin W-226, H-83
Cullinas M. Mo-104
David Ha-65, Cl-139, Cl-14, Su-322, G-388
Dozewell Ha-74
Elijah S-90
Elisha H-74
Elizabeth Su-324
George S-104, Ha-65
Henry H-74, H-85
Isaac G-387
James Cl-140, Ha-71, K-317, R-388
Jesse Ha-74,
Jessee Su-344
John Cl-141, Bl-300, Ha-74(2), Cl-143, Gr-232
Rogers, John A. Ha-40
John M. Gr-206
Jonathan B-266
Joseph Ha-38, G-387
Josiah S-91
Larkin Ha-74
Lewis Cl-142
Lot Bl-297
Mary Ca-15
Micaja C. S-91
Nancy Su-321
Nicholas Su-331
Paul H-85
Reuben W-214
Robert Ha-65
Royal Cl-121
Samuel Cl-138
Stephen Mo-114
Thomas Gr-199, Su-325, Ha-74, G-386
William Cl-138(2), H-83 Mc-186, G-401
Roiston, Abram Su-320
Benjamin Su-314
Isaac Su-320
Roland, Robert Ca-15
Thomas K-393
Roler, David Su-332
Elizabeth Su-339
Jacob Su-331
John Su-331
Martin Su-332
Rolins, Absolem Ca-24
Roller, George Ha-75
John Ha-75
Rolley, James Ha-64
Rollin, Abraham L. Co-247
George Cl-134
Rollins, David J-335
George Mo-142
John Ca-5
Nancy Gr-156
Nathan Mo-133
Robert Mo-142
William Mo-142, Gr-156
Rollston, Betsy R-394
Rolston, Mitchell W-254
William Gr-172
Romack, James Mc-174
Romines, Allen G-366
Benjamin S-104
George G-377
Henry S-116
Jacob R-380
James Co-274
Jasper Mc-182
Jeremiah A-179
John S-118
Latin R-380, S-117
Layton Cl-127
Mary R-379
Samuel R-379
Thomas R-380
Rook, Hezekiah G-369
Rook, Willis G-369
Rookard, Brownberry G-359
Thomas G-354
William G-355
Rooker, Jessee O-185
Roop, Martin Bl-312
Root, Daniel Cl-143
Roper, David O-181, R-373
Drury J-338
James Mc-152
John J-318
Joseph Mc-196
Rorack, Charles M-60
Rorax, Martin Bl-288
Rose, Allen Ro-20
Benjamin C. K-386
Betsy Mo-155
Elijah Ro-20
Elisha S-111
Elizabeth W-224
Green Co-248
Hosea S-111
James K-360, Mo-127
John S-111
Joseph Su-332
McKenzie Ro-19
Reuben Cl-119
Samuel Mc-159, Ca-34
William B-271
Zachariah K-345
Roseberry, Absolem F-5
Isam F-15
Rosen, Ira K-356
Roseygrant, Delphi H-81
Rosier, David O-197
Rosinbum, Nicholas Ca-38
Ross, Alexander Mr-90
Allen Gr-218
Andrew Mr-91
Charles Co-260, R-381
Edwd. Gr-233
Frederick A. Ha-46
James A-175, Mr-93
John Bl-261, Mo-106, A-179, Gr-218
John K. Ro-52
Martin Ro-23
Mary Bl-273
Nath. J. Mc-186
Robert G-216, K-321
Sally Gr-165
Samuel K-349
Thomas Mr-88, Bl-261
William K-320A, Gr-225, Gr-218, Gr-217
Rossin, John Bl-275
Rothwell, Richard Mc-174
Roulston, Moses K-329
Routh, Edward K-391
Hezekiah Mo-130
Jacob Mo-88
James S-115
Jeremiah S-113
Jerimiah S-109
Routh, Joseph Mo-90
Pleasant Mo-99
Zechiriah S-115
Row, Frederick Gr-210
Mary Ro-7
Wm. Gr-209
Rowan, David Ha-37
Jane Bl-294
Josiah Mo-104
N. C-224
Rowark, James H-81
John K-346, Mr-100
Samuel R-362
Thomas R-362
Rowarks, John Cl-117
Timothy Cl-147
William Cl-146
Rowden, Abednego Ro-5
Asail R-354
Blake H-79
Elijah Ro-4
Elkanah Mc-137
Hamadather Ro-28
John Mc-137
Meshack Ro-5
Saml. E. R-385
Sookey Mc-136
Rowe, Abraham Ca-5
Jacob G-361
John Ca-29, Ca-12
Joseph W-221
Levi K-321
Thomas Ca-12
Thos. C. R-394
Rowell, Henry Mc-156
William Mc-172
Rowes, Alexander Gr-161
Rowland, Jacob S-118
Michael Ca-10
William Ca-26
Rowlet, John H. Cl-114
Rowork, Thomas R-362
Roy, Frances Mo-106
George M-60
James Mo-81
John Mo-106
Royal, Joseph G-410
Roysten, John Ca-32
Royster, Hardy M. Mc-138
Royston, Joshua W-244
Rubel, Peter Mc-147
Rubell, Peter Mo-104
Ruble, Duke W-206
Henry W-213
Henry E. W-226
John W-213
John E. W-226
John G. W-210
Joseph Mo-98
Margaret W-226
Martha W-226
Rucker, Colby G-373
James A-185, Mc-178
John A-194, G-373
Rucker, Mordeica Mc-159
Oston A-186
William G-372, Mc-179
Rudd, Burdenham S-106
John Mc-172
Sarah Mc-208
Stephen Bl-291
William Mc-175
Rudder, Alex Gr-191
Edward Bl-282
Joel K-316
Robert Bl-282, K-320A
Rue, Joseph Mc-196
Rule, George K-382
James F-13
John K-360
Michael K-382
Runalds, George Ro-5
Runnels, Amos M-65
John O-205
Matthew Mr-95
William G-376
Runnells, Thomas Co-264
Runner, Peter Co-251
Runnian, George Co-262
Joseph Co-263
Runnion, John Bl-263
Runnolds, Henry R-393
Runyan, Aaron B-267
Aron S-103
John R-352, S-95
Rush, Elizabeth Ha-13
Isaac R-362
James Bl-310
John Mo-148
Katherine Ha-24
Lorenzo R-362
Nancy G-402
Polly G-402
William Mc-150
Rusk, Lewis C-227
Russel, Elizabeth Cl-108
James A-174
John A-174
Joseph Cl-136
Mathew J-308
Moses Mr-94
Reuben A-169
Russell, Abnor J-327
Abram Bl-292
Andrew K-319
Archibald Gr-167
Benjamin A. Ha-7
Brice K-321
Caron Gr-231
Celia Gr-162
Christopher Ro-63
Curtis Mc-165
David Gr-168, Mo-127, W-240
E. Y. Gr-221
Elijah Gr-221
Elizabeth Mc-187
George J-332

Russell, Henry Cl-145
  Hezekiah Gr-167
  Isaac Bl-292
  Izra A-192, A-188
  James M-69, Mc-158, Ro-63, Ro-45, Cl-130, Co-246, Gr-167, J-327
  Jane Bl-304, Gr-166
  Jeremiah Su-297, Ha-10
  Jesse Ro-35
  John Mr-101, Su-316, H-85, B-281, B-285, J-336
  Joseph K-321, Ha-42
  Joshua Ha-53
  Letty W-241
  Martin Bl-309
  Mathew H-84
  Matthew G-392, K-319, G-371
  Mes Su-297
  Moses Ro-42, Su-297
  Polly Gr-221
  Richard Bl-292
  Robert Mo-105, Gr-165
  Sally K-337
  Saml. R-368
  Sarah Ro-23, Mo-93
  Thomas Gr-165, Mo-123, Bl-312, Ha-43
  Thomas J. M-69
  William Gr-212, K-319, Co-246, A-192, Gr-167 J-298, J-337(2)
  Wm. B. R-370
  William S. R-382
Rustan, Nathan Bl-312
Rusten, John Ca-23
Rustin, Hanah S-104
  John S-91
  Wm. C-219
Ruston, Robert W-245
Ruth, Isaac G-370
  Jacob G-359
  John J-341, G-369
  Solomon J-325
  Stephen G-369
Rutherford, Absalom K-375(2)
  Benjamin Gr-189
  Edward Mc-183
  Elizabeth Co-271
  Elliot Gr-220
  Ezekiel K-373
  James Mc-183, K-375, J-289
  John Mc-164, K-342
  Joseph Co-265
  Larkin Mc-154
  Margaret K-373
  Robert Co-270
  Ruth Gr-189
  Thomas Ha-65
  William Cl-132, K-376, Mo-89, K-375
Rutledge, Emanuel Ha-64
  Geo. Su-316
  Henry Ha-11
  James Mo-80
  Robert Su-326
  Sarah Ha-51
  Thomas Ha-51, Cl-130
  Wm. Su-333
  Wilson Mo-80
Ryals, Thomas K-366
Ryan, Abner R-363
  Amos Mc-190
  Christian Gr-209
  Jesse W-210
  John Mc-190
  Joseph C-216
  William J-286, Su-328
Ryce, Wm. R-369
Ryland, John W-261
  Sylvester Ha-85
Rymall, Elias W-234
  Isaac Gr-199
  Jacob W-236
  Rebecca Gr-200
Rymel, Abraham Gr-166
Rymell, Jacob Co-269
Ryon, Fuller Bl-296
  Harris R-378
  Jno. C-222
  Thos. R-378
Saddler, Thomas Mc-163
Sadler, Fleming B-275
  Thomas Mo-112, B-274
Saffell, Green B. Bl-259
  Samuel Bl-250
  Walter Bl-250
  Wm. Bl-249
Saffle, John Mo-157
Sage, Morgan S-94
  Samuel S-95
Sailor, Abram W-224
St. Clair, William O-205
St. John, Jemimah Gr-159
  Noah Co-250
  Thomas Ha-33
  William Cl-138, Gr-159
Sales, Ezekiel M-57
  Gilhampton B-268
  Thomas B-268, B-272
  William B-274
Sallee, Joseph Mc-151
Sallens, Joseph S-114
Sallsworth, Amos G-383
  John G-382
Sally, John G-357
  Willis W. A-182
Salmon, William W. K-329
Salmonds, Jacob M-53
  John M-48, M-72
  Lewis M-71
Salts, Andrew W-241
  Daniel W-239
  Henry W-216
  Jesse W-253
Salts, John W-241, W-222
Samms, Little Berry Su-315
  Nancy Su-315
  Obidiah Su-313
Samples, Alexander Mo-156
  Charles Mo-82
  Cyrus Co-269
  John Bl-265, Mo-140, Ha-27, Mo-121
  Levi Mo-128
  Matt. Bl-265
  Samuel K-390(2)
  Sarah Mc-155
  William K-337, Bl-265, Mo-116
Sampson, Charles Cl-128
  Elijah G-387
  Jacob Su-320
  Jefferson J-328
  Lewis S-121
Sams, Alfred C. Ca-7
  Warren R-354
Samsel, John G-403
  Mary G-403
Sanders, Abraham Cl-133
  Arden Ha-52
  Isaac Cl-118
  James Co-258
  Jesse Ha-47
  John G-385, Cl-124, Su-308(2), Su-335
  Marshal Cl-104
  Merryarter Ha-41
  Nahum Ha-63
  Robert Ca-11
  Shaderick H-86
  Wm. J-315
Sandidge, Nancy Ha-60
Sands, Isaac W-245
  Jacob Gr-189
  Joseph W-246
Sanford, George Ro-41
Sargent, Abram Ha-79
  John Ha-79
Sartain, Wright C-212
Sartan, Levi J-304
  William J-304
Sartin, Eli J-305
  Isaac A-191
  Will A-167
Sarton, Dorcas J-305
  William J-305
Sasseen, Randolph J-332
Satterfield, Clemmet G-394
  Edward Mc-189, Mr-96
  Elizabeth G-359
  Eunicey G-394
  George C. G-394
  Jas. Mc-195
  John Mo-146
  Levi G-394
  Matthew G-392
  Robert Mc-194
  William Mr-96
Saunders, Clemons Mc-155
  Dorcas Mc-158
  Harmon G-382
  James Ha-27
  John Cl-105, S-107
  Patsy K-342
  Peter Mo-112
  Richard Mc-198
  William Mc-162, Gr-216
Savage, Jeremiah G-358
  Robbert O-191
  Rora G-358
  William Cl-134
  William R. O-190
Sawtell, Ephraim Bl-294
Sawyer, Hatwell Su-329
  James Ha-67
Sawyers, John K-376(2), Cl-139
  Josiah K-374
  William K-327
Saxon, Elija H-77
  John H-81
  Russell Mc-194
  William Mc-196
Saxton, Mark Bl-273
Sayars, Archibald Co-245(2)
Sayers, James Co-246
  Thomas Co-246
Saylor, David Gr-204
  Godfry Gr-202
  Henry Ca-10
  Jacob Gr-202
  John W-217, W-206
  Joseph Ca-10
Scaggs, William J-284
Scalf, Benja. W-253
  David W-203
  Elizabeth W-249
  Lewis W-253
Scapford, Wilmoth K-352
Scarboro, David A-172
  Isaac A-172
  Jonathan A-172
  Milly A-171
  William A-169
Scarborough, James Mc-184, Ro-65
  John Ro-19, Mr-89
  Michael Mc-168
  Robert Mc-168
Scarbro, John B. A-192
Scarlett, John J-328
  Stephn J-334
Scates, Joseph Mo-101
Schoolfield, Aaron B-267
  James L. B-270
Schuyler, Joseph H. F-8
  Nathan F-11
Scidmore, John Cl-122
Scism, William Ha-44
Scivils, Absalom Mc-143
  Wallis W. Mc-143
Scivily, Absalom H-76
Scivily, Daniel H-76
Scoggin, Jacob M. Ro-42
Scoot, Joseph Bl-257
Scott, Abraham Mc-143
  Absolom W-225
  Alfred Ro-19
  Allen O-174
  Andrew J-301
  Arthur K-378
  Daniel Bl-310
  David W-207, Ro-45
  Edward K-342
  Elijah M-68, Gr-174
  Elizabeth M-73
  Fanny Su-312
  Goodman H-86
  Hampden S. K-357
  Isaac Su-312, H-86
  James Gr-183, K-350, K-326
  Jane W-227
  Jeremiah Mc-143
  John Ca-5, Ca-14, M-73, Gr-181, Gr-232, K-350 O-174, Su-312(2), Ro-51
  Joseph K-321, Su-311
  Martin O-172
  Nancy Ca-14, Ro-68
  Peter K-320A
  Polly K-317
  Rebecca Gr-232
  Reuben K-319
  Robert Bl-256, Mc-160
  Robert H. J-300
  Russel Mr-91
  Samuel O-175, Su-312, Mr-101, Mr-99
  Silas K-321
  Tandy K-320A
  Thomas Mr-90, K-317, K-389
  William Bl-310, Bl-257, S-119, Su-313, K-317
  Wilson W-225
Scribner, Green O-191
  James J-303
Scrimpshire, Earby Mo-125
  James Mo-136, Mo-143, Mo-144
  Robert Mo-157
Scrimshear, John Mc-190
Scrimshire, George M-65
Scroggin, Richard Mo-150
Scroggins, Berry Ro-55
  David G. Ro-12
  Samuel Mo-90
  Sterlin B. J-282
Scroggs, David Bl-290
  Miles Bl-288
  Rufus W-241
Scruggs, Andrew W-214
  Archibald S-115
  Gross R-386
Scruggs, James Gr-185
  John A-184, A-188, Ha-38
  Moses Bl-275
  Richard Gr-185
  Richard M. Mo-103
  William Gr-185
Scully, William Gr-184
Sea, Eliza O-214
Seabolt, David H-80
  Jacob W-253
  John Ha-11
  William W-254
Seaborn, Edward M-51
  John M-51
Seahorn, Agness W-244
  Wm. R. W-244
Seal, Bailey Ha-84
  Champ Ha-86
  Noell Ha-84
  Solomon Ha-86
Seales, John Co-263
  Russel Co-262
Seals, Dawson Ha-66
  Jermiah Cl-132
  John Ha-66
  Peter Ha-66
  Thos. J-311
  William Cl-109(2)
  Zachariah Ha-70
Searat, Nancy C-231
Searcey, David Co-258
Searcy, John O-196
Sears, John B-280
  William R-358, B-282
Seaton, Benjn. Gr-199
  David W-233
  Jacob S-107
  James K-324, S-102
  Moses Gr-199
  Philip S-99
Seay, Elizabeth K-339
  John Mc-184, Mc-208
  Thos. R-374
  Woodson Mc-202
Seber, Nimrod A-187
Sebourne, James Mc-141
  John Mc-142
  Joseph Mc-142
  Kinsey Mc-141
Sebre, John A-194
  Philip A-187
  Saml. A-187
Secress, Ewin Mo-159
Secriss, Michael Mo-150
  William Mo-150
Seek, Mary Cl-128
Seeton, James B-284
Seevely, Silas S-117
Seffey, Reuben G-390
Segraves, Alfred B-275
Sehorn, George J-306
  Jacob J-319
  John J-302

Seister, Katherin Ha-26
Selty, James B-271
Joshua B-271
Self, Agnes Gr-189
Claibourne Gr-189
Elija Ha-23
Thomas Gr-191
Selkirk, Eliza R-382
Sell, Adam W-203
Sellars, David W-218
James Mc-134
John J-342
Micah Mc-134
Nathan J-302
Saml. J-343
Solomon W-223
William Mc-134
Sellers, Isaih R-354
James G-363, G-366
John G-353
Robert G-365
Sampson R-356
Samuel Mo-98
Thomas Mo-92
Wm. J-300
Wm. W. R-368
Sells, Abram Su-305
Allen Su-328
Andrew Su-329
Henry O-189
John O-187
Joseph & David Su-329
Samuel Su-328
Selph, Aaron Mc-157
Selvage, Archibald Mo-152
John Mc-170, Ro-18
MK Ro-18
Wm. Ro-18
Selvidge, James G-357
Jeremiah G-357
William Mo-83
Selvige, George Mo-100
Michael Ro-18
Semore, Cardwell G-356
George G-353
Isaac G-355
James G-356
Larkin G-356
Semple, Robt. Gr-217
William Gr-220
Sensabough, David Ha-46, Ha-51
Henry Ha-48
Jacob Ha-48
Sensaboy, Jacob Bl-284
Senter, Elizabeth G-403
James Mc-205
James C. Gr-175
Martin Mc-175
Seburn Mc-130
William Gr-175
William T. Mc-186
Serat, Patsy Su-301
Seson, James Mc-169
Sevddle, Thomas Ro-23
Severs, George A-175
James A-175
Jeremiah Ha-49
John A-175
Wm. A-175(2)
Sevier, Abraham O-184
Bailey O-209
Elizabeth Gr-227, O-173
George W. O-175
James W-260, O-180, Gr-186
John Gr-176, O-175
John F. O-187
Margaret O-176
Robert O-180
Samuel O-173
Samuel R. Cl-148
Valentine Gr-226
Sewell, Benjamin Cl-118
Dennis T. Mc-189
James Mc-159
Jessee O-176
Stephen O-176
Sexton, Aaron Mr-93
Charles G-357
Hiram Gr-166
John Mr-93
Joseph Mo-142
Mary Mo-142
Moses Mr-92
Saml. C-220
Timothy Mr-93(2)
William C-236, Ro-56
Seybert, John Mc-167
Seymore, William R-385
Shackelford, Richard Bl-250
Shackleford, David Gr-209
Gabriel P. Cl-119
Thos. L. Ro-36
Shadden, Flora Mo-156
James J-341
John Mo-149
Joseph J-300
Wm. J-300
Shaddick, Hardy M-51, Mo-88
John Ro-44, Mo-88
Joseph Ro-64, Mo-82
Martin M-66
Thomas M-73
Shadle, James Mc-151
Shadon, Charles Bl-270
Shadrick, Mary B-290
Shadwell, Margaret Ro-56
Shadwick, Barnett K-361
Shafer, Henry R-386
Mathias R-374
Thos. R-372
Shaffer, Benjamin Gr-178
Frederick Gr-178
Shahan, David Ro-53, M-65
John S-111
Judea S-106
Shamblin, George Mo-122
Shamblin, John S-102
Lot S-103
William S-94
Shamlin, Archibald Mc-167
John Mc-162
William Mc-162
Shaneberry, George P. K-366
Shaner, Ruth Ha-62
Shank, Adam Ha-17
Jacob Ha-17
John Ha-62(2)
Michael Ha-64, Ha-55
Shanks, Christian Ha-10
David Gr-234
Elizabeth Ha-10
Holden Bl-271
Jas. Gr-206
Joseph W-244
Moses Gr-234
Nicholas Gr-206
Olden W-245
Silas Gr-234
Wm. Gr-209
Shannon, Andrew Mr-99
Elijah W-208
Henry K-333
Hugh Co-274
James Gr-172
John G-387, K-334, W-215
Joseph G-387
Moses Mo-152
Samuel W-222
Urwin A-189
William G-387(2)
Sharp, Aaron C-232
Adison Bl-295
Alexander Bl-304
Amos G-355
Andw. C-215
Balaam Cl-148
Christian Cl-141
Daniel Cl-144, O-201
David C-221, G-377
Eli Mc-142
George Cl-141, Cl-137, C-228, C-232(2)
Henry Cl-116, Cl-144, C-234
Isaac Cl-144, C-234, C-229, K-374
Isham C-216
Jacob Mc-143, Ha-52, C-232, C-233
James C-212
Joel Mc-143
John Ha-64, Cl-133, Cl-141, A-187, C-214, A-182, S-98, Co-247, C-240, Bl-263, K-377
John A. Ro-55
Laban C-221
Locky M. J-319
Martin Cl-141
Sharp, Meredith Ro-22
Moses G-353
Nancy G-379
Nicholas C-233, A-184
Peter Cl-132, C-229
Powel H. Cl-128
Rachel Cl-143
Richard Gr-189, C-219
Robert Mc-143, Bl-303
Russel C-227
Samuel K-374, Ro-22
Sarah C-234
Thomas K-374
Turner J-294
William Cl-133, Cl-144, Cl-137, A-187, C-238, J-292
Willis B. S-93
Sharpe, Obadiah F-3
Thomas Gr-170
William S. Gr-188
Sharps, Absolom Bl-255
Sharrick, Jacob J-284
Shatteen, Abner Mo-150
Shaven, John D. W. Bl-286
Shaver, David Su-324, Su-341
Elizabeth Mo-106
John Ca-23, Su-341
Michael Su-342
Polly Co-257
Shaw, David J-281
Francis Bl-272
James Gr-172, Gr-225
Jesse Ro-61
Joseph A-180
Saml. Bl-272
William Ha-46
Shealds, James Mo-103
Shearmon, Charles Cl-115
Sheats, Jacob Mo-112
John Mo-115
Sheckles, Abram Ha-16
Sheddan, James Bl-270
Sheets, Jacob W-201
Sheffey, John Gr-165
Sheffield, George Ca-34
John Ca-34
Shehorn, George K-341
Sheilds, Banner Mc-187
Robert Bl-310, Bl-307
Shelby, Elizabeth J-321
John Su-321
Samuel Cl-114
Shell, Aaron Ca-37, Su-313
Andrew Su-314, Su-319
Daniel Ca-34
George Ca-35
John Mo-131, Ca-25, K-372, Ro-33, J-325
Mary Su-314, Su-319
Philip Ca-25
Sally Su-329
William K-372
Shelley, Joseph Ca-27
Shelley, William Ca-31
Shelly, Charles Su-324
Elizabeth J-321
James Gr-189
Jeremiah J-317
Joseph Mo-127
Nathaniel J-317
William P. Ha-50
Shelton, Ann K-347
Armistead Co-250
Armsted W-255
Azariah K-318
C. E. R-380
Clever J-304
David Mc-137, R-382
Eli G-361
Ezekiel R-378
Gabriel G-367
Isaac Mo-100, O-200
James Mc-143, G-367
Jesse A-174
John K-332, Co-267
John M. J-303
Joseph Mc-137
Palatum A-193
Paletiah K-347
Park Mc-137
Polly Mo-96
Ralph M-67, Cl-113
Roderick W-255
Saml. Mc-138
Temperance M-47
Thomas Mc-198, Mc-190
William O-214, Mc-139, A-186
William H. K. M-50
Sheperd, Sally W-251
Shepherd, David G-386
John W-261
William Co-266, W-226, J-279
Sheppard, Jno. R-394
William Ha-24
Sherald, Isaac Ro-9
Sherfey, John W-210
Samuel W-250
Solomon W-207
Sherfig, Benja. W-260
Jacob W-252
John W-260
Joshua W-211
Samuel W-211
Sherid, Elizabeth Su-329
Sheril, Saml. E. Bl-257
Sherill, Lampkin H-78
William H-78
Sherley, Balser G-398
John C. H-74
Sherly, Jesse B-276
Sherman, Thomas Mc-182
Sherred, James D. J-310
Sherrel, Uriah Bl-287
Sherrell, Charles K. B-268
Craven B-268
Sherrell, John S. O-176
Samuel R. B-268
Uriah O-176
William Mo-152
Sherretz, Coonrad K-361
Henry K-389
John K-361
Sherrill, Eli Mc-184
Evan J-284
Jessee M-51
Sherrod, Simon K-369
Sherry, Polly K-356
Shetterly, John K-362
Michael K-357, K-318
Shewbird, Robert S-112
Shewbred, Charles S-114
Shields, Arnet Bl-310
Barbary S-98
Benjamin Ro-33
Daniel R-358
David W-236
Esther Gr-173
George Mc-144
James G-388, Ca-6, Gr-179, W-246
John Gr-173, Ca-6, Ro-3, Co-253
John S. Ro-33
Joseph Mo-115, W-251, W-250
Richard S-99
Robert S-92, K-339, S-99
Samuel S-96
Stockton S-92
William Gr-206, S-115
Shifflet, Austin Ha-63
John Ha-60
Shifflett, Anderson Ha-60
Stephen Ha-47
Shin, John O-181
Shinliver, Charles A-176
Shinpaugh, Elizabeth Ro-57
Ship, William Su-301
Shipe, Adam K-366
George K-363
Henry K-378
Shipley, Adam Su-343, W-257, G-388
Benjamin H-81, Su-344
Benja. S. W-202
Cabel Su-333
Elizabeth Mc-183
Enoch W-252
Isabella G-388
James W-240
John J-283, Su-341
Joshua Su-294
Nathan W-257, H-80
Orson Su-344
Quiller Mc-205
Rachal Su-323
Richard Su-339
Sally Su-345

Shipley, Samuel Su-332
Varner G-388
Shirk, John K-327
Shirley, Isaac Gr-162
John Gr-161
Nathan Gr-162
Samuel Mo-108
Shively, John Mc-141
Shoat, Elizabeth Bl-250
Emanuel G-378
Labe C-236
Shockey, Mary Ann K-356
Shockley, Richard M-61
Shoemake, Hannah C-223
Nancy C-220
Samuel B-268
Shoemaker, Alfred Mc-165
Charles Ha-31
Daniel Su-332
James Su-342
John Mc-150, Mo-123
Shoemate, Daniel Cl-123
Demarcus Cl-144
John Cl-117
Mark Cl-150
Thomas Cl-146
William Cl-151
Shofner, Michael Cl-133
Shomak, Thomas B-279
Shomake, Betsy B-281
Robert B-282
Sarah B-290
Shonore, Henry A-172
Shook, Daniel Mo-156
Isaac Mo-158, K-381
Jacob Bl-305
John Mo-154, Mc-184
William Mc-184, Mc-131
Shooks, Mathew Ca-8
Shooman, William A-172
Shoop, Jacob Su-317
Shoopman, David C-227
Jacob Mc-175, C-227
Jno. C-239, C-237
Wm. C-239
Shore, John Ha-37
Short, David Su-297
Elizabeth Cl-110
John Ha-27
Polly Mc-161
William M-73
Willis Ro-2
Shorter, Sarah Ha-13
Shortridge, Arthur F-17
Shote, Edmund K-317
James K-317
Shough, John Ha-58
Shoults, Christopher Ha-41
George Cl-105
Jacob Cl-105, S-116
Martin S-94
Philip S-118
Sarah Ha-49
Shoun, Leonard Ca-22
Shown, Andrew Ca-31
Frederick Ca-32
Isaac Ca-31
John Ca-30
Joseph Ca-32
William Ca-31
Shrader, Christopher S-117
Jacob S-117
Joseph S-117
Shreamsher, Mills Bl-265
Shropshire, David G-403
John M-59, M-49
Joseph M-72
Walter G-400
Shubird, Philip J-343
Shuffield, James Ca-19
Shugart, Earl Ro-28
Rebecca D. Mo-101
Shull, Samuel Su-330
Shultz, David Mc-150
Shutter, Elijah Cl-137
George Cl-138
Shutterly, Philip Ro-57
Shutters, Nancy O-214
Sicke, Rebecca Ha-58
Sidwell, John O-192
William O-180
Sigler, George H. B-275
Jacob B-275
John B-275
Philip B-276
Sikes, Drury R-367
James Su-346
Joshua Gr-165
Wm. M. Su-346
Silcock, John R-380
Siler, John Bl-256
William Mo-120
Wimer C-240
Sillvey, Wm. R-394
Silman, Benjamin M-60
Silvey, John Ro-64
Simcock, Hobby O-198
Simerly, Adam Ca-12
Henry Ca-32
Simis, Elliott Co-268
Simmerly, Jacob Ca-33
John Ca-34
William Ca-13
Simmerman, Henry R. H-77
Simmon, George Mo-110
William Gr-162
Simmons, Amos B-281
Catherine Bl-257
Enoch Cl-124
Isaam Cl-112
Jacob Ha-62
James W-246, G-385, Ha-57
Jesse B-281
John Cl-110, H-80, G-385, G-382
Joseph Cl-146, G-383, Gr-199
Simmons, Katharine Ha-62
Mary Mo-153
Robert G-380
Rody M-71
Sarah G-398, B-281
Thomas G-382
Wesley Cl-112
William K-367, Cl-124, J-322
Zachariah Gr-199
Simms, Asa B-285
Gilbert M-46
James M-56
John B-282
Thadeus B-285
Vincent Mc-173, R-380
William B-287
Simonds, John F-6
Simons, Archibald Mo-84
John Mc-197
Patsy Su-336
Thomas W. Bl-266
Simpson, Braxton F-12
Daniel K-385
Demarcus K-389
Elias Gr-232
Elizabeth K-343
Henry Gr-218
James W-213, W-212, Cl-118, Gr-215, Gr-222
Jeremiah Su-307
Jesse K-354
Job F-11
John Mc-158, Gr-232, K-363
John W. F-12
Jonathan F-14
Matthew K-388
Nancy C-235
Pascal H-84
Robt. Gr-217, Gr-232
Sandford K-336
Thomas O-195, Mo-84, Gr-214
Wm. Ha-38, Gr-205
Winney F-15
Sims, Austin J-318
Elijah G-396
Henry Cl-131
James Bl-302, Cl-106
John Bl-302, O-181
Mathew Cl-106
Milas Bl-299
Thos. J-329
Vance Bl-302
William A-196, O-172
William G. Bl-301
William R. Co-268
Willis A-170
Sinclair, Abraham A-169
James A-169
Singletary, Thomas Ca-3
Singleton, Andrew Bl-282
Catharine Bl-273
Singleton, Daniel F-2
Hugh L. Bl-282
James Bl-282, R-364
Jeremiah Ha-78
John R-379
Starling H-83
William H-84
Sinkler, James Mo-134
Sinmaker, Elijah Su-328
Sinton, Absolam Gr-233
Allen Gr-233
Miller Gr-233
Sipe, Benjamin Gr-178
Henry Gr-179
Sisco, James Ro-11
John O-208(2)
Thomas O-208
Sisk, Allen O-173
Elias Co-260
John K-317
Lawson Co-243
Toliver Co-259
Bartlett Co-269
Sitsler, John Mo-122
William Mo-124
Sittl, Isaac W. F-15
Sizemore, Anderson Ha-37
George Ha-72
Jessee Ca-34
Owen Ha-72(2)
William Ha-30
Skaggs, Eli K-369
James K-368, K-369
Moses K-368
Solomon K-369
Stephen K-377
Skean, Anderson J-331
Skeen, Eli R-371
John J-303
Moses J-278
Skelton, Alexander Ha-42
James Ha-34, Ha-35
John Ha-35
Reuben Ha-34
Thomas Mc-188
William Ha-35
Skidmore, Saml. C-215
Thos. C-215
Skiles, Ephraim B-285
Henry B-285
John Gr-197, Gr-196
Nancy B-284
William W-234
Skillen, Anna Ha-19
Skillern, Anderson B-266
James B-280
John B-280
Nancy B-279
Skipper, Jacob Ca-9
Slade, James Su-300
Slagle, Absolem Su-298
Catharine Su-334
David Mc-152
Frederick Su-298
Slagle, Geo. Su-331
Henry W-218, Su-298
John W-211, W-240
Joseph Su-336
Michael K-377
Peter W-211
William W-253
Slater, Ann K-381
John K-381
Slaton, Hampton C-214
Slatten, Hiram Ha-66
Slatton, Edmund Ha-85
Gabriel Ha-84
Hezekiah Gr-207
Mary Ha-67
Slaughter, Abram Su-305
Barnet A-173
Isaac Su-307
Jacob Su-344, Mc-203
Jeremiah Gr-218
John Mc-207
Rebecca A-185
William Su-344, Mc-205, W-206
Slavens, Daniel Cl-108
Slavey, Jonathan F-10
Susanna F-15
William F-10
Slavy, Jas. C-239
Richd. C-239
Slemmons, William W-222
Sligar, Adam Mc-132
Jacob Mc-136
Sliger, Adam W-215, Mo-90
Christian W-256
Christopher W-216
Henry W-228(2)
John W-204, R-354
William W-227
Sligger, Thomas Mo-88
Slimp, John Ca-21
Joseph Ca-21
Michael Ca-21
Slinker, Eli O-179
Sloan, Alexander Mo-121
Archibald Mo-121
John J-338
Rebecca B-279
William Bl-261, Gr-191
Sloane, Archd. Mc-194
James Su-335, Mc-187
Robert Mc-194
Slone, Thomas Ca-8
Slover, Aaron A-175
Abraham Mc-175, J-339
John J-338
Sluder, William Co-260
Small, Daniel Gr-232, Gr-224
James Cl-138, Mc-136
John Mc-148, Gr-219
Knights Gr-225
Matthew Mc-136
William Mc-183
Smallen, Catharine Su-310
Robert Mo-146, Su-311
Thomas Su-308
Smalley, George Ro-13
Phillip Ro-14
Smallin, Jonathan Mo-147
Nathaniel Mo-147
Samuel Mo-147(2)
Smallwood, Elisha Su-347
John S-106
Russel G-378
William Ha-46, S-120, S-116
Smart, James R. K-327
Smeedy, Robert O-193
Smedly, John Mc-204
Thomas D. Mc-170
William Mc-170(2)
Smelcer, George Gr-153
Henry Gr-153
Joseph Gr-176
Jacob Gr-170
Smelser, Adam J-339
Feaderick Co-251
John O-183
Smiddey, Reuben C-215
Wm. C-238
Smiddy, Fielding G-410
Jessee C-236
Reuben C-236
Smiley, Andrew Gr-179
Jacob Ha-25
Walter Gr-182
Smith, Aaron M-62, Cl-124, Gr-210
Abbott M-47
Abraham C-229
Abram Su-308, Su-307
Absalom Ca-39
Adam G-395, K-351, Ha-75
Alaxander Mr-96
Alex Su-318, Su-347, Su-333
Alexander Ro-65, Mo-94, K-351, Ha-34, Ha-27, Ha-33
Ali C-212, C-224
Ally B-272
Anderson R-386, Cl-140
Andrew K-334, F-3
Ann Cl-150
Anthony Ro-35, A-174, C-231, Gr-201
Archelus G-357
Arthur Ro-2
Asa K-392, Mc-203
Ayres Mc-163
Bannester K-330
Barbara Ha-27
Barnet G-391
Beford T. B-272

Smith, Benjamin Mc-135, Ro-41, Su-317, C-225, Cc-243, O-177, J-280, G-379
Betsey S-115
Betsy Gr-228
Beverly K-320A, Gr-202
Bird B-289
Birdine K-392
Bolling Mc-174
Booker Ha-28
Bowling A-182, Ha-27
Brachel B-274
Briant L. Su-324
Bryant Ha-71(2)
Bud H-84
Burwell M-62
Caleb Mc-160, Ca-11, Ha-29
Calvin Su-295
Cassy K-392
Catharine Su-309
Celia F-8
Charles R-278, K-328, O-173, J-307, F-9, Gr-176, H-74
Cornelius Gr-210(2)
Daniel M-52, K-394, Bl-289, F-9, Ca-4, Gr-173
David Mo-159, Ro-4, K-320, K-368, Mo-142, Mr-88, G-381, B-287
David H. Ha-47
Delila Su-338
Dixon G-394
Drewry Ro-3
Drury C-212
Edward G-411, K-350
Edward O. Co-260
Elias K-380, J-284
Eli G-384
Elisha Ca-35
Elizabeth K-392, K-370, Ro-64, F-9, H-78
Ellis J-327
Elmus Cl-143
Esther Su-305
Euricus C-226
Evan Mc-160, C-381
Ezekiel Ca-4, Ha-71
Fanny C-229
Frederick C-213, Gr-203 Cl-124
Garnet K-315
Gasper Su-330
George O-189, Bl-298, C-216, A-188, Mc-207, Ca-4, Gr-203, Ha-34, Gr-229, H-74
George L. W-224
George W. K-379, Ha-41
Smith, Henry B-270, Ca-28, M-69, Bl-289, Mc-176, J-285, H-78, F-10, Gr-201
Henry L. H-85
Hester J-284
Hezeciah Ro-17
Hiram M-73, Cl-104, Gr-206
Hozakiah Ca-33
Hugh Mo-101
Humphrey C-380
Isaac B-273, M-67, Ca-33, Cc-253, Mc-204, G-361, Mc-176
Isaac M. Mr-91
J. B. Su-325
Jackson Mc-166
Jacob Cl-129, Bl-288, Bl-289, C-226, Ca-34, Cc-245, Mc-148, Ha-23 Gr-203
Jacob C. J-317
James R-378, B-281, R-387, M-55, M-70, Su-322, K-334, C-211, Bl-289, Mo-141, O-181, Co-253, Mc-203, H-86, Mc-202, J-307, Ca-16, Mc-133, Mc-143, H-79, Gr-186, Gr-173, Gr-164, Gr-228
James B. G-396
James M. H-74
Jarvice Mo-122
Jeremiah D. Su-314
Jeremiah M. W-261
Jesse W-214, K-392, Su-306, Mo-94, Co-254 H-77
John B-289, R-362, R-366, B-274, W-216, W-260, W-252, K-392, Ro-21, Ro-34, Ro-18, O-189(2), K-325, Ro-3, M-66, K-321, K-346, Mc-165, Ro-34, Su-310 Su-309, K-370, Su-310 Ro-65, Ro-66, Bl-311, Mo-124, C-237, C-232, Co-255, Co-258, Co-254 Co-253, Co-253, Co-255 Mc-196, O-176, O-175, J-284, F-15, Gr-210, G-358, G-391, Ca-16, Cl-137, Cl-141, Mc-142 K-351, J-338, K-357, J-336, Gr-202, Ha-70, Ha-59, Ha-34, Ha-16, Mc-191
Jno. A. R-376
John B. Ha-28
John J. Su-327
John L. C-216
Smith, John M. W-261
John T. W-217
John W. Mc-196
John Y. Ro-37
Jordan B-290
Jorden Ro-22
Joseph K-392, K-378, Ro-12, Mc-208, Su-325 Su-333, Mo-141, Mo-105 Mo-120, Mo-85, Mc-195 Mc-174, Mc-180, G-395 G-365, G-356, Ha-34
Joseph G. B-265
Joseph W. Cl-130
Josh. Gr-209, Gr-213
Joshua Ha-23, Bl-287, Mo-108, Co-258
Josiah Ro-33, C-234, G-358.
Josiah P. Mo-113
Jourdain C-211
Judith Ha-27
Kinzey B-265
Laban O-199
Layton H-73
Leighton B-268
Levi B-284, J-285
Lewis Mo-126
Littleton Ca-8
Luallen Su-324
Lydia Cl-129
M. G. Ro-15
Mahaley Ca-9
Margaret Ha-44
Martha R-363, Co-253, H-81
Mary Mc-165, Su-310, G-365, Ca-4, Cl-113
Matthew F-16, F-3
Memford R-376
Merald Ro-22
Meriwether Ro-37
Michael Bl-286
Mickall K-370
Milly Gr-210
Moses B-268, M-70(2), H-81, Gr-198, G-383
Mumford R-386
Nancy B-279, Mc-165, Mo-122, C-216, Co-256
Nathaniel R-354, Mc-151
Nicholas Bl-252
Nimrod B-289
Peggy B-284, Bl-304
Peter S-112, Ha-27
Philip A-196, F-2
Phillip K-351
Phoebe Ha-64
Pleasant G-378
Priscilla J-306
Ransom C-226
Rebeca Co-255
Rebecca Bl-253, W-235
Reuben M-64, Gr-164
Smith, Rewbon M-54
Richard Ha-38, O-204
Right R-385
Riley Mc-137
Robert K-373, K-315, Su-309, Su-306, Mo-96 C-226, Mc-196, K-350, Gr-192, Gr-201, Ha-21 Gr-184
Russell Mo-108
Ruth W-223
Samuel W-257, K-330, Mc-199, Co-263, O-175 Ha-44, Mc-188, F-15, G-382, Ca-16, Su-311
Samuel F. Su-344
Samuel H. Ro-36
Sarah Mc-155, Su-311
Sebastian Ro-10
Seth W-220, G-361
Sidney Ca-22
Simon Co-256, Co-253
Solomon W-245, K-342
Stephen Mc-152, K-374, O-173, Gr-161
Sterling K-365, K-336, Bl-282, A-175
Susan B-284, Gr-183, Ha-28
Susannah G-394, Ca-35
T. B. R-393
Tamsey S-92
Theophilius R-357
Thomas B-266, B-291, W-222, Ro-5, M-54, K-316, Su-342, Mc-165 O-180, Co-253(2), Co-267, F-6, G-380, G-360, G-380, Gr-201, G-396, G-381
Thomas A. M-59
Thomas B. S-112
Thomas C. K-319
Thomas H. Mo-112
Turner W-212, Gr-210
Washington R-389
Westley G-394
Wiley C-213
William Ha-34, H-74, R-381, R-386, B-284, R-386, W-205, W-233, Mo-154, Ro-3, Ro-5, M-54, K-321, Su-325, Ro-34, Su-328, S-101, Su-308, K-335, S-120, Ca-9, Ro-64, Bl-313, Bl-310, Mo-147, Mo-122 C-224, C-217, C-212, J-315, Mc-196, Mc-204 O-200, Co-256, F-15, J-280, F-8, F-9, F-5, F-8, F-4, Gr-176 G-391, Mc-132, Ha-22, Ha-15
Smith, William B. W-210
William C. W-218
William M. K-325
Willis G-385, Mc-143
Wright M-55
Wyatt B-274
Zebulon D. W-223
Smithe, Jacob Mo-159
James Mo-156
John Mo-159
Philip Mo-147
William Mc-133, Mo-153
Smitherman, Samuel Ca-16
Smithers, Eve Gr-155
George Gr-158
Philip Gr-156(2)
Thomas Gr-180
Smithpeters, Michael Ca-26, Ca-27
Smithson, Francis J-326
Hezekiah J-328
Smithton, Briant Su-330
Smoot, Cyrus Bl-270
Snapp, Abraham W-236
George S-102
Jacob W-236
Jacob K. Su-337
John Su-307, Gr-221
John H. W-241
Joseph S-102
Laurence Su-323, W-216
Magdalene Su-329
Peter S-93
Samuel Gr-196
Snead, Micajah J-320
Robert Mo-82
Snede, Benjn. J-311
Sneed, Henly Co-274
James Co-264
Taylor Bl-294
William S-91
Sneider, Jacob Su-295
Snelson, James R-387
Samuel R-363
Thomas R-363A
Snider, Charles Ha-66
Daniel W-200
David H-79
Elisha Mo-103
Frederick Mo-114
George Mo-129, Mo-130, Bl-294
Isaac Mo-156, Mo-158
Jacob Bl-265, G-390
John Mo-137, Mo-144, H-79
Joseph Mo-156, Mo-158
Michael Ha-25, Mo-129
Moses Bl-311
Peter Bl-312
Thomas Bl-255
William Mo-134, Mc-162, Bl-292
Wyley Mo-130
Snodderly, George C-232
Jacob S-232
John C-234(2)
Snoddy, John D. J-278
Robt. H. Bl-257
Thomas J-278
William S-110
Snodgrass, David J-278, Su-334
Elijah B-266
Henderson B-281
Hugh Su-334
Hyram Co-259
John B-279
Lynn J-278
Robert B-281, Mo-113
Russel J-278
William W-235, B-289, Su-327, O-187, Cl-125
Snodoly, John A-183
Mary A-183
Snow, Dudley Ro-50
Ebenezer Mr-93
Elizabeth Ro-58, Mc-148
Haland Ha-44
Horrace Mo-90
James Mr-93
John R-387, Ro-59
Plesant J-286
Richard Ro-19
Solomon Mr-94
William Mr-94(2), Ro-53
Snowden, James O-209
Snuffer, Jacob Cl-144
Ruth Cl-144
Snyder, Abraham Gr-167
Adam Ca-23
Christly Ca-21
David Gr-167
Elizabeth Ca-29
George W. Ca-28
Mary Ca-21
Michael Ca-34
Peter Ca-21
William Ca-34
Sollars, John B. Co-250
Solls, William Ca-3
Soloman, John Ro-63
Solomon, Alvin O-193
Elizabeth G-397
Fanny G-397
Gabriel J-311
Goodwin G-397
Henry J-328
James Co-254
King Mo-132(2)
Thomas Mr-99, G-396
William Co-254
Somers, David Mr-89
John Mr-93
John A. Mr-88
Mary K-380
Nicholas Mr-90
Thomas K-380

Somlack, Jacob Bl-282
Sommers, Johnson K-368
Soper, Alvin Su-342
Sopshire, William Ha-64
Sourell, Martha Co-274
Sourett, Martha Co-274
Sorrell, Hardy G-400
Southard, Gillam Mc-174
Southard, Miles Mc-169
Southerland, Ambrose G-356
James G-395
Nancy G-380
Southern, Isaac Cl-146
Robert Cl-145
Soward, Elijah Ro-47
Henry Ro-47
Joshua Ro-47
William Ro-57
Sowder, Adam Cl-143
Daniel Cl-143
Emanuel Cl-143
Sowders, Jacob C-238
Sowell, Edmund Ro-52
John Ha-72
Spainhower, Jonathan G-358
Spangler, Frederick K-383
Sparkman, Celia G-384
Hardy G-384
James G-381
John G-384
McGilvera G-382
William G-384
Sparks, Abijah Ro-13
James Cl-136
Peterson Bl-273, Bl-271
Richard Ro-14
William Mc-196
Speagle, Phillip M-68
Spear, David Cl-138
Spearman, Wesly Mo-145
Spears, Andrew Ha-74
Ashbery Mc-133
Benjamin O-175
Eleven Gr-204
George Gr-203, W-250
Jesse Ha-17
John H. B-267
Lazarus Ha-39
Peter Mo-101
Samual Ha-28
William Mo-88
Speck, George O-207
Isaac O-208
Michael O-209
Pleasant O-209
Speckard, Jacob J. J-285
Speers, J. G. H. Su-347
Spence, Rachel Ro-49
Robert Ro-49
Stephen Bl-297
Thomas Ro-49
Spencer, Alfred Co-250
Edward Co-250
Hyram Ro-11
Spencer, James R-355
Levi Mc-134(2)
Nathaniel G-383
Phebe G-385
William Mr-90, S-95
William A. Bl-287
Spergins, Samuel Su-322
Spesard, John A-175
Micabel A-176
Spicer, Henry Ro-61
Wilson O-184
Spiers, Ruth G-363
Spillars, William Cl-118
Spillman, Thomas K-319
William Bl-289
Spires, Andrew Ha-56
William Cl-139
Spoon, Abraham G-407, G-406
Barbary G-407
Eli G-408
John G-407(2)
Sarah G-401, G-407
Spore, Jacob K-331(2)
Spradlin, John Bl-265
Nath. Bl-265
Thomas Bl-265
Spradling, David Mo-130
James Cl-106(2)
John W-256
Richard Mc-136
Standly Mc-135
Spraggin, Thomas Ro-60
Spraggins, Elisha Mo-136
Thomas Mo-136
William Mo-114
Spratt, James Ro-49
Spriggs, Esekiel Mc-193
Jordan Ha-44
Mary Ha-18
Spring, John B-279
Nicholas W-206
Rachael B-282
Valentine B-267
Springfield, Hugh Mo-80
Sprowl, Abraham Cl-106
John Ha-48
Thomas Ha-48(2)
William F-15
Sprowls, James Su-331
Spurgen, John Gr-197, Su-307
Spurgher, Joseph Su-305
Spurgin, Samuel W-201
William W-201
Spurlin, Daniel F-8
James F-8
Spurlock, Emmely Su-346
Widow Su-348
Spurrier, Thomas Su-316
Squib, George W-208
John W-251
Payne W-250
Squibb, Caleb Gr-224
Squires, John J-319
Sright, Jacob Su-345
Mary Su-333
Sroget, George H-73
Stacey, Miller Ha-29
William Ha-35
Stackhouse, Wm. W-203
Stacks, Marcus D. K-337
Reuben G. K-340
Stacy, Mark R-391
Sarah Gr-216
Stafford, Henry S-93
John O-201, Gr-199
Lucy Mo-133
Robert O-201
Washington R-390
William Mc-186
Staggs, Saml. Mc-178
Thomas Mc-178
Walton Mc-178
Stailey, John Bl-277
Stakeley, John Ha-54
William M. Ha-30
Stalcup, Aaron Ca-19
Isaac Mc-165
Moses Mc-173
Stalions, Wm. Bl-261
Stallings, William Cl-116
Stallions, Matthew S-114
Stallsworth, Martha G-382
Staly, Adam O-177
Betsy Ha-57
Hyram K-335
Stamper, Asa Mo-85
Diyard Ro-16
Stanberry, Saml. Mc-197
Solomon Mo-109
Thomas Mc-192
Stanbery, Esther Gr-222
Ezekiel Gr-222
Isaac Gr-233
Jacob Gr-222
John Gr-200
Wm. Gr-200
Stanbury, Edward W-241
Stancil, Milly Co-271
Standfield, Alex Su-337
John Su-306
Sarah Su-306
Standifer, Alfred M-45
Benjamin B-283
Israel B-290, B-275
James B-288
Jane M-49
Shelton C. B-288
William H. M-52
Standridge, William O-205
Zephna O-199
Stanfield, David Gr-222, M-56
John Bl-272
Saml. Gr-224
Thos. Gr-224
William Gr-231
Stanford, Jonathan Gr-232
Stanley, Andw. C-220
John M-66, Cl-132, A-187
Jonathan R-369
Joseph C-233
Nathan S-115
Page C-229
Reuben C-225
Roads C-235
Rufus K-365
Sabray C-220
William C-229, C-234, Gr-220
Stanphill, James Mc-180
Stansberry, Andrew K-387
Luke K-387, K-337
Stansbury, Solomon S-96
William J-291
Stanton, Charles F-8
John Mo-95
Lewis Bl-312
Staples, Crawford J-281
David B. R-352
James J-284
John Mr-93
John B. J-279
John M. Mr-94
John Y. J-279, Ha-41
Richard J-307
William Mr-92
Stapleton, Andrew Ha-65
Edward Ha-72
Isaac Ha-72
James Ha-65
Nancy Ha-65
William Ha-72
Star, David J-291
Michael J-288
Stare, Frances C-214
Starkey, Joel S-112
Samuel Ro-53
Starlin, John M-73
Starling, James J-342
John H-86
Thomas H-85
Starmer, Alexander Ro-15
Geo. A-179
John W-210
Starn, Joseph K-363
Starnes, Fred A. W-253
George D. Gr-176
Isaac W-253
Jacob W-262
Jesse W-213
John Ha-56
Leonard Gr-214
Saml. Mc-152
Wm. Gr-206
Starns, Adam G-364, G-365
Benjamin G-361
Jacob Gr-212
William Su-343, G-365
Starr, Caleb Mc-190
Jas. R-369
Starret, David Mo-142
Preston Mo-128
Stars, John W-259
Statham, David J-280
Love J-284
William J-282
Statton, Aron Mo-160
Staunton, John K-365
Thos. C-238
Stayner, Conrad Mc-139
Stead, Justice Mo-134
Steadman, John Su-299(2)
Thomas Su-299
Steakly, Daniel K-329
Stedham, William Mo-144
Stedivant, Robert J. Su-330
Steed, James Mc-175
Thomas Mc-174
Steel, David Su-328
Elias Ha-79
Elizabeth Ro-7
Eve Su-328
James Su-342, Su-327
John S-115
John D. J-304
Samuel Bl-367, Ha-41, Mo-135
Steele, Elizabeth Bl-297, K-355
Ellender K-334
Isaac M-45
William Bl-291
Steely, Betsy Ha-63
Jesse Ha-63
Sarah Ro-7
Steen, William Ro-38
Steers, John Su-336
Stegall, Sarah M-70
Solomon O-180
William O-180, O-173
Stein, Andrew Gr-162
Step, Joshua O-193
Stephens, Abner Cl-147
Absalom Mo-138
Andrew Gr-164, Gr-158, S-113
Arkillias O-201
Balam F-16
Benjamin M-61
Burt S. R-390
Caleb D. Mo-143
Daniel Co-242
David Mo-148, Mc-179, F-16
Edmond C-213
George Mo-107
Henry Mo-132, O-182
Isaac B-273, Mo-148
Isaac G. Ca-16
Isaah Cl-147
Jehu Bl-282
Jeremiah O-182
John Mr-96, C-236, Cl-147
Stephens, Joshua Mo-137, F-8
Larkin Cl-147
Levi P. Mo-123
Mary Mo-145
Mashack M-53
Meshack O-207
Nancy Bl-289, F-9
Nancy A. Mo-135
Nehemiah Mc-179, S-113
Obediah Mo-125
Phillip Ro-19
Richard Mo-135
Robert M-61
Rufus M. M-44
Samuel Gr-161
Samuel L. Su-305
Shaderack Mr-98
Silas B. G-405
Solem Ro-27
Solomon C-213
Susan Co-246
Thomas F-5, Ro-26
Washington M-61
Wesley Mo-87
William R-391, A-168, O-174, Ca-7
Zorobabel F-12
Stephenson, Alexd. Mc-197
Andrew Mo-137
Eleanor W-262
Isaac H. K-372
James Bl-311, K-342, Ro-51
John W-250, Ro-45
Jonathan Mc-166
Joseph Mo-137
Mathew W-219
Robert Mc-172, K-372
William W-247
William M. Mo-80
Stepheson, Hyrum Mr-88
Stepp, Akilles Mo-133
David Mc-142
John B-268
Robert Mo-133
Thomas Mo-133
William Mc-142
Sterling, James K-315
John Mc-147
John P. K-315
Levi H-85
Robert Bl-257
Samuel K-384
Thomas G-410
William Mo-153
Steven, Jefferson Ha-46
Stevens, James Ha-75
John Ha-75, W-211
Samuel H. W-247
Stephen Ha-75
Thos. W-223
Stevenson, Andrew Mc-160
James Bl-257

Stevins, Margaret W-223
Stewart, Alexr. Bl-255
Benjamin B-277, O-198
Britton Ca-21
Chapman Mc-140
David O-186, O-210, M-52, Mc-140, Mc-144, O-180
David W. Ha-10
Edwart R-388
Elizabeth W-240
George Ro-2, M-62
Hamilton Mc-140
Henry Cl-151
James M-62, M-49, Bl-311 Gr-215
James B. W-218
Jessee O-193
John B-285, B-273, W-210, Ca-22, O-198, O-180, Su-312
Jonathan K-333
Joseph K-362
Joshua M-44
Layton R-391
Margaret A-167
Martin Bl-306
Mary W-250, Ha-54, O-198
Mercy R-383
Montgomery W-208
Nancy Ro-33, K-396
Richard W-251
Robert M-63, Mo-141
Thomas W-262, Bl-305
William B-270, M-64, M-51, Ha-38, Mo-113, Bl-312
Stidevant, Antney Su-329
Stiff, Jacob Mc-197
Stiffey, John G-395
Still, Boas M-62
Elizabeth Ro-7
Jas. A-187
John Ha-57
Stine, John Gr-162, Gr-173
Stinecipher, Benjamin Mr-89
Daniel Mr-89
Ezra Mr-90
John Mr-97
Michael Mr-92
Noah Mr-90
Samuel Mr-89
Thomas Mr-90
Stiner, Alexander S-118
Henry Cl-136
Stinet, Riley S-120
Stinett, John S-120
Stinnett, Hiram M-47
Isaam Cl-141(2)
Jessee M-68
John Bl-305
Reuben M-45
William Cl-143
Stinnitt, Benjamin Bl-285
Preston Ro-53
Stinson, Lewis C. O-188
Martin M. B-269
Stipe, George Ha-9, Ha-10
Stoakeley, Joseph Co-244
Royal Co-247
Stockes, Barbary Su-333
Stockton, Clayton R-356
D. M. R-358
Danl. Mc-138
David R-358
J. P. R-377
James R-358
John O-196
Joseph R-375
Patience S-114
Robert R-360
Samuel O-189
Sanford Ro-21
Thomas Ro-21, O-210
William H. R-359
Stoffle, Abram Su-320
Jacob Su-328
Stoker, Hilary Mc-158
Stokes, Adam Su-333
Edwane R-373
Isaac A-180
John Gr-198
Levin R-394
Sylvanus Mc-140
Thomas J. Ca-28
Stoncypher, Danl. B-291
Stone, Allin J-323
Arthur Ca-37
Conaway Bl-275
Conway Mo-135
Edward Mo-82
Elizabeth Bl-300
Ezekiel M-67
Jane Bl-276
Jeremiah O-172, Ro-25A
Joel Bl-249
John O-172, M-68, Mc-149, Bl-249
Lewis Su-335
Margery B-275
Mary Mo-138
Menoah Ro-49
Meredith O-201
Michael H. G-378
Noble M-55
Richard O-172, M-63
Robert G-379
Solomon M-55, M-68
Susannah Cl-112
Thomas Cl-126, Cl-104, Mo-108
Useburn O-172
William M-53, M-55, Bl-268, Mo-108, O-196 O-172
Stonecypher, Absolam Gr-216
Henry Gr-208
Stonecypher, Jno. Gr-216
Joseph Gr-230
Samuel Gr-221
Solomon Gr-214
Storey, Joshua F-3
Story, Archabald O-178
James F-11, F-4
Joshua F-4
Robert F-11
Roland O-203
Samuel L. B-265
Thomas Co-258
William C. Co-242
Stothard, Thomas Mc-165
Stott, Francis Ca-31
Stourt, Daniel Ca-19
Stout, Allen W-236
Charity K-323
Daniel Ca-24, Ca-27, Ca-19, Mc-152
David Ca-27, Ca-25
Edward Ca-27
Elizabeth G-223
George Ca-25
Godfrey Ca-31
Henry Ca-24
Jane C. Mc-131
Jesse Gr-191
John W-241, Ca-30
Joseph A-194
Mourning Ro-43
Nicholas Ca-24
Peter Gr-191
Samuel K-364
William F-8
Stover, Daniel Ca-8
Elisabeth S-119
Isaac M-66
Jacob Ca-32
Michael R-379
Patsy R-375
Stow, Robert Ro-21
Samuel Mo-84
Solomon L. Mo-83
Stowe, Jarret Mo-108
Stowell, Alexander K-350
John K-348
Strader, Danl. C-231
Jacob C-231
Strage, John W. Co-265
Strain, Allen Bl-258
Henry B-270
James Mo-149
John W-219, W-250, Bl-275
Robt. W. W-243
Straley, J. L. Su-298
Strange, James J-339, G-366
Jeremiah F. Mc-201
Smith G-365
Stratton, Absolum Bl-277
Strawn, Elizabeth Ha-86
Streefle, Jane Cl-133
John Cl-133
Street, Alferd M-63
Strick, Richard Co-271
Strickler, Barbara Mc-205
John Su-294
Reuben Su-295
Samuel Su-295(2)
Stricklin, George Mo-129
Strickling, Joseph Mo-144
Stringer, William H. H-77
Stringfellow, Rebecca O-208
Stringfield, Rebecka Mr-102
Revd. T. J-325
Richard Mr-99
Striplin, Sampson Co-266
Wm. J-303
Striplinn, John Co-259, Co-266
Strong, Joseph C. K-341
Mastin J-323
William Gr-205
Stroud, Amos Gr-174
Christopher G-408
James Ca-15
Thomas Gr-174
Strutton, John Mo-126
Stuart, Barnabas Mr-99
Charles Mc-138
George Co-242
Hugh Co-251
James Mr-92, R-394
John J-307, J-306, Co-274, Mr-102, R-371
Nathaniel M. W-215
Saml. R-373
Thomas J-330
William Mr-92, Gr-162
Stubblefield, George R. Ha-85
Joseph G-410, Ha-13
Lucy Cl-125
Martin J-279
Polly Mc-158
Richard Ha-13
Robert G-390, Ha-84
Thomas Ha-12
William Mc-158, Ha-12
Stubbs, George Ro-58
Mary Ro-58
Sarah Ro-64
Stuffinstrut, George Ca-25
Stuffle, George Su-329
Henry Su-318
Stukesberry, Enoch A-191
Isaac A-191
Jacob A-191
Robt. A-190
Stukesbury, Wm. A-183
Stults, Abner Ro-18
James Ro-26
John Gr-186
Lewis Gr-186
Stuourt, John R-352
Sturgeon, Lewis Ha-39
Sturgess, Westley Ro-36
Sturm, Jacob Su-324
Sturman, Thomas K. J-283
Sublette, John S. F-2
Suddarth, Samuel M-49
Suddath, Benjamin Ro-60
Hargiss Ro-60
John Ro-45
Suell, Catherine Ro-7
James Ro-7
Wm. Ro-7
Suffrage, John Cl-152
Thomas Cl-127
Suite, Johnson Bl-307
Samuel Bl-306
Sulivan, William O-175
Sullens, John Mc-180
Josiah Ro-62
Nathan Mc-184
Sullins, Larkin Mr-101
Richard Su-344
Sullivan, Burrel Cl-122
Ezekiel Ha-81
Henry B-267
John Ha-81, Ha-82, R-381
Ruth F-16
Squire Cl-122
Thomas Ha-81
William R-381
Summers, Anna W-216
Mouring J-331
William J-287
Summy, Solomon Mo-80
Sumner, Mouring J-326
Sumpter, Charles Cl-120
Henry Cl-120
Thomas K-372
William Cl-120
Sumsjutt, Danl. J-331
Sundagire, John R-353
Sunderland, Abram J-311
Elizabeth J-311
Surgener, Patience Ha-42
Surginer, Charity Ha-55
Jacob Ha-48
Surguine, Margaret Ha-41
Surratt, Allen Co-268(2)
Samuel Co-265
William Co-265
Surret, Thompson Ro-18
Susong, Alex Su-334
Alexander Gr-168
Andrew Gr-167, Gr-169
Elisabeth Gr-168
John Gr-167
Sutherland, Alvis Ro-37
Ambrose K-374
Daniel B-269
John B-269
Robert Ro-37
Thomas B-269
Wm. J-316
Sutliff, James J-343
Suttherd, James Mc-167
Suttle, George Ca-17
William K-383
Suttles, Joseph Ca-28
Mary Bl-266
Sutton, Charles Bl-275
Cornelius Co-263
James Mo-95, Bl-275
Jeremiah R-371
Jesse H-75
John R-357, K-396, Bl-275, Co-261
Joseph Co-261
Rebecah H-75
Thomas Cl-127, F-8
William Mo-124
Swader, Christian R-364
Francis R-364
Swadley, Mark Mo-84
Swafford, Alexander B-266
Alfred B-282
Charles B-274
Elizabeth B-278
Ezekiel B-272
Isaac Mo-160
Jacob B-266
James B-278
John B-279
Larkin B-278
Sally B-291
Thomas Mc-198, B-282
William Mo-141, C-233
Wasson B-267
Swaford, John G-357
Swaggerty, Benjn. A. K-387
Claiborne K-387
James Co-259, Co-249
John Co-249
Stokely D. Bl-305
William J. Mo-92
Swain, Charles Ha-8
Elizabeth Ro-8
John J-322
Swan, Alexander K-336
George K-317
Isaac Mc-165
James K-318, R-366
Jane K-317
John J-336
John A. K-336
Jno. D. C-221
Katharine J-344, J-330
Moses H. C-211
Moses M. K-317
Robert J-329
Robert M. Mc-165
Swann, Jno. B. R-391
Thos. B. R-391
Swanner, Joshua Ca-10
Philip Ca-17
Wyot Ca-11
Swanson, Isaac Mo-157
John Bl-294
John D. Bl-293
Mary Mo-105

Swanson, Philip Mo-135
William Mo-99
Swarner, Jacob B-285
Swarengen, Samuel Mo-149
Swatt, John Su-335
Swatzel, Henry Gr-169, Gr-168
Jacob Gr-169
Joseph Gr-198
Mary Gr-170
Philip Gr-170
Polly Gr-168
Swatzell, Banjn. Gr-213
Peter Bl-296
Sweany, Hiram W-240
Sweat, Benjn. C-223
George C-223
Nathan B-276
Wm. C-223
Sweaton, Edward C-219
Rebecca C-230
Robert C-211
Sweeney, Joseph Ca-30
Sweet, David Cl-135
Isaac Gr-182
Mellissa Cl-134
Owen Cl-117
Sweeten, John M-59
Moses M-59
Swenney, William B-271
Swenny, Miles B-278
Swiner, Jeremiah F-2
Swinford, James Mc-167
Jonathan Mc-167
Levi Mc-167
Swingle, George W-217
Leonard W-220
Swink, Elizabeth K-396
Susan J-309
Swinney, Daniel Ca-20
Swisher, Henry R. Ro-19
Michael Ro-19
Swollows, Andrew O-212, O-207
Isaac O-207
Jacob O-207
Swopes, Nancy C-228
Sword, Daniel W-258
Sykes, Josiah Mc-195
Sylar, Jane Ro-46
Peter H. Ro-51
Sylcock, William A-194
Sylvester, Fanny Su-304
Jeremiah Cl-138
Sylvy, Charles Ro-63
John Ro-63
Polly Ro-63
Samuel Ro-63(2)
William Ro-63(2)
Tabler, George J-322
Tabor, Eli S. Mr-97
Tacket, George F-10
Jno. C-217
William F-15
Tackett, Hampton M-51
Tadlock, Carter W-246
James Gr-209
John Gr-209
Sevier Gr-234
Taff, George J-300
James J-299
Jessee J-339
Peter Mc-147
Taflifaroe, Charles Ro-19
Talant, Lot Ro-46
Malichi Ro-51
Talbot, Thomas S-90
Talbott, Alexander J-281
Jacob C. Mo-98
James G-379
John G-389
Joseph J-318
Perry J-302
Willisten J-317
Talburt, Micajah Ro-23
Talent, William Ha-31
Talifaroe, John Ro-19
Tallant, Jonathan K-333
Odum K-333
Richard Mc-179
Tallent, Aaron Bl-215
Elisha Mo-157
Enoch Bl-251, Mc-178
James Bl-251, K-333
Jefferson Mo-124
Marcus K-334
Moses Mo-125
Thomas Mo-124
William Mo-142
Talley, Bradley J-287
Carter Co-254
James Co-255
Joseph J-282
Joseph A. Co-254
Thomas Co-259
William Co-255
Tallifaroe, Mary Ro-27
Richard Ro-18
Tally, Bartley Co-254
Benony Ha-20
Charles Ha-20
David R-378
Dudley Co-254
Elizabeth Ro-11
Robert J-324
William R-360
Talpin, Jacob J-303
Tame, Elijah Gr-225
Tancasley, Wm. J-333
Tancasly, Wm. J-328
Tankersley, William Ha-9
Tankersly, Fountain Mo-157
Pabble R-359
Richard Mc-161
William W. Mc-156
Tankestly, Richard Mo-97
Tanner, Henry Cl-109
John S-102
Tanner, Vincent J-284
Tap, Jno. R-375
Tapley, William B-273
Tapp, Margaret W-254
Tarber, Samuel K-376
Tarbut, Hugh Bl-253
Samuel Bl-253, Bl-252
Tarley, Charles Mc-142
Tarlton, William Gr-158
Tarrant, Henry Gr-204
Tartan, John J-295
Tarwater, David K-382
Jacob K-388
William K-382
Tass, William K-353
Tate, Alfred O-185
David G-389, Ha-30, G-385
Edward Gr-205, G-389
Gershim Gr-206
Isaac Ro-10
James Mc-132
John Mo-174, Ha-43
John K. M-57
Joseph Bl-306
Robert Mo-126, Gr-206
Samuel B. G-403
Simon Mo-153
Thomas T. Cl-117
Wm. Ro-10
William T. G-403
Tatum, Haley S. Mo-109
Hardy C. Mo-106
Henry M-52
Howel M-54
Mary M-58
Tayber, John H. Mo-139
Tayler, Leroy Mo-110
Taylor, A. R-375
Albert Ro-45
Alex K-318(2)
Alfred J-305, O-214
Alfred W. Ca-4
Allen Gr-235
Andrew K-390, Ca-10(2)
Benj. Bl-261
Betty J-305
Campbell Mo-96
Caswell C. Ca-10
Charles Ca-21, Mc-137, Mo-180
Christ W-256
Christopher W-207
Daniel G-409, Bl-304
Darcas R-380
David Ca-37
E. D. C-236
Edward Su-336, Mo-159
Elenor Su-307
Elijah Su-339
Elizabeth G-373, Bl-277
George S-107
Gideon A-192
Greenfield Bl-283
Taylor, Griffin Cl-151
Henry A-183, W-207
Hughs O. G-388, G-409
Hughs W. G-388
Ichabod H-78
Isaac S-107, Ca-15, W-212, Mo-107, F-8
Isakiah O-191
Jacob Su-311, Su-315, Ca-9, W-205
James Mc-159, Ro-45, Mo-144, R-376, Ro-18, Gr-232
James C. Co-242
James D. Ro-59
James P. Ca-6
John Su-306, Ca-17, F-5, Ca-21, Ca-11, A-189, W-223, R-374, Bl-286, W-268
Johnathan Ca-10
Joseph Ca-3, O-191(2)
Joseph S. Bl-265
Joshua Bl-305
Larkin Mc-146
Leroy W-250
Levi J-294
Lucinda G-398
Margaret Mo-93
Martha Ro-17
Mary Ca-27, F-11
Moses O-191
Nelly Co-248
P. R-376
Patsey G-369
Pendleton G-373
Peter S-107
Pleasant Bl-305
Randolph Bl-262
Richard G-387
Robert R-384, W-207, W-253, B-283
Ruben O-191, O-179
Sam Mc-187
Samuel K-335, Su-336, A-189
Sealon R-393
Shaderick M. Mo-146
Simeon O-201
Skelton W-240
Stephen Ca-21, Su-312, Ca-22
Thomas Ro-17, Ha-52, Gr-187, Cl-150
Walter A-185
Will L. Mc-187
William Ca-35, Ca-17, R-382, Mo-140, J-296, J-330, O-184, K-390, Cl-149, K-371
Wm. G. Bl-271
Willis J-302
Wilson K-344
Zephaniah A-184
Tays, James O-213
John O-206
Teag, William C-224
Teage, Matthias S-115
Teague, Isaac J-327
James B-284
Joseph Mc-144
Mathias J-333
Moses Mo-205
Stephen G-369
Tearsey, Ozella Su-301
Teasley, Daniel M-61
Tedder, Benagy Ro-45
James Ro-45
John Ro-41
Tedford, David Bl-259
George Bl-261
Henry P. Mo-109
James Mc-186, Bl-258, Bl-260
John Mc-170, Bl-261, Bl-255
Mary Bl-290
Michael Bl-313
Paxton Bl-284
Robert Bl-259
William Mo-99
Teener, Jacob Ro-14
Teffetaller, Michael Bl-294
William Bl-294
Teffitalla, Joseph Mc-154
Tefford, John R-355
Teffutaller, Martha Bl-295
Teffutuller, Jacob Bl-291
John Bl-305
Telford, John Mo-109
Marium W.-213
Temple, Daniel Bl-287
James H. Ro-47
Jane K-318
Jeremiah S. K-325
John R-387, Bl-286
Luke Gr-230
Mary Gr-165
Thos. Gr-228
Temples, Dixon M-65
Templeton, Absalom Ha-83
Ed R-371
John Mc-203
Nancy Mc-203
Wm. J-329
Templin, Jacob W-227
John W-214
William W-205
Templon, Samuel W-253
Tennerson, Ezekial Su-347
Terfataller, Daniel S-118
Terrell, William H-77
Terry, Elijah C-213
James O-193
Jesse Ro-59
Joseph O-193
Josiah C-213
Nancy O-193
Terry, Samuel Ro-61
Scott B-265
William Mc-183, W-238
Thacher, Samuel K-338
Teters, Isam B-268
Thacker, Ambros F-6
Amos A-192
Anderson Ro-62
Benjamin Mr-101
Ely Su-297
Jesse Mc-182
Joel O-177
Nathaniel G-368
Thomas W-238
Valentine Mo-98
William W-238
Tharp, Elisha R-360
Jacob A. Mo-90
John Ha-64, R-357
Jonathan Bl-285
Katharine M-66
Lewis Ha-17
Oliver K-337
Robert Ha-37
William Ha-22
Thatch, Henderson Mo-159
Josiah D. M-44
Maria Mc-191
Thomarson, Jones Ro-63
Thomas, Abner C-212, Ro-53
Abraham B-290
Adam K-385, Su-327
Adonijah C-219
Alexander M-55
Alfred H. O-179
Andrew Mo-106
Anne C-229
Antipast S-103
Barnabas M-64
Benjamin M-70, S-105, S-103
Daniel & Lydia Su-301
David S-114, W-256
Dennis M. S-106
Edmond J-310
Edmund Ha-57
Elijah Gr-171
Elisha B-279
George Co-243, Mc-201, Su-344
Griffeth J-310
Henry M. S-98
Isaac S-96, Cl-121
Jacob Mo-158, J-332, Su-318
James Mo-107, B-288, Mc-148, J-333
John G-392, B-281, Ha-73, Mc-182, Mc-154, Ro-43, S-91, S-106, Su-318, Bl-309
Johnathan S-114
Jonathan Mo-142, R-374, Mc-136

Thomas, Joseph C-222, J-335, Mc-154, Su-324
Lewis B-270, R-366
Nathan Mc-154
Notley Ha-73
Polly K-380
Reuben K-319, J-333, J-318
Sally Mo-107
Saml. C-218
Sarrah Co-263
Stephin Su-346
William C-212, Mo-130, Mc-154, S-95, S-119
Thomason, Alfred Mo-109
Arnold R-373
Eliasha G-399
Howel Gr-213
James G-384
John Gr-215(2), G-384
Robert G-383
Thos. Gr-230
William Gr-205, Mo-150
Thompkins, Benja. W-254
Isaac W-254
Thompson, Aaron Ro-57
Absolom S-99
Absolum Gr-214
Adam Mo-90
Alexander Bl-302, Gr-211
Alexandr B. Mc-175
Alfred Mc-190
Ann W-246
Baxter J-331
Benj. J. Bl-267
Betsy Ha-82
Blackburn C-237
Catherine Gr-232
Daniel Mo-116, Mc-157
David K-332
Dorcas S-105
Elija O-207
Elijah Gr-187
Elisabeth S-113
Elizabeth Bl-286
George M. O-208
George W. Ha-43, Mc-131
Harmon C-236
Harvey D. K-364
Harvy Bl-270
Henry Gr-167
Irby K-377
Isaac J-331, Bl-300
Isham Mo-93
J. B. R-384
Jacob Ha-20
James Bl-288, Cl-131, Gr-176, Ro-49, K-329, Mc-207, J-286, J-334, Gr-225, Bl-300, Bl-254 R-389, Mo-160
Jane Gr-214
Jehorde Mc-179
Jesse R-390, Bl-286
Thompson, Jesse M. W-261
John G-380, J-343, Mc-166, Rc-28, Mc-201 Mc-201, J-334, Bl-291 R-361, Bl-266, R-389, Mo-149, Mo-105, A-174 Co-271, Co-256
John C. Mc-113
Joseph S-117, K-362, R-365, Mo-154, Su-319
Josiah R-390
Larkin Bl-270, Ca-8
Lewis C-236
Malinda Bl-270
Margaret R-389
Martha Mo-94, Co-265
Martin Mo-149
Mary Mc-190, R-365, A-180, Gr-212
Matthew K-329
Moses M-72, R-389, W-224
Moses R. R-390
Patterson K-356
Polly R-390
Richard K-362, J-286
Robert K-347, Mc-190, Bl-266, Bl-264, Mo-110
Samuel Mc-190, J-301, Bl-263, W-206
Sarah K-377, K-395
Sarah Ann J-340
Sol. Bl-270
Solomon Gr-230
Spencer Bl-274
Stephen G-361, M-48
Thomas R-389, Gr-212, Mc-164, Bl-291
Vredinburgh J-331
William Mc-139, Bl-296, W-206, Mo-124, Mo-87, Co-256, Cl-131, G-410 J-341, Mc-160, K-325, O-183, Mc-203
William R. Cl-117
Thornberry, John Mc-204, R-370
Thomas Mo-92
Thornbery, Elisha Gr-232
Morgan Gr-232
Thornburg, John W-238
William S-104
Thornburgh, Benjn. J-312
John J-312
Nimrod J-312
Obed C. J-300
Samuel J-312
Thornbury, Ai J-317
Richard J-295
Thornhill, Armsted Mc-144
Richard J-278
Sarah J-335
Thornton, Barnabus J-339
Berry Mr-89
Thornton, Henry Mr-99
James A. J-326
John K-325
Joseph R-366
William J. B-290
Thorp, William Ha-54
Wilson Ha-54
Thorpe, Harris D. Mc-131
Thrailkill, Joseph R-352
Levi Mr-102
Thralekill, William Ro-61
Thrasher, Isaac Gr-207
Isaac B. O-176
Samuel F-3
Threewitt, Lewis K-321
Threwits, John Ro-34
Thurman, Benjamin Ha-49
Dickinson Ha-49
Eli B-265
Elisha Ha-49
Ephraim M-60
Jabez K-378
John Bl-306, B-272, O-174
Philip B-265
Stephen H-73
William Ha-49, B-275, Bl-305
Tibbs, William B-276
Tiller, Daniel A-167
Thomas A-169
Tillery, Ann R-375
John K-330, K-345
Richard M. K-330
Sampson K-357
Thomas P. K-330
William R-352
Tilleston, Spencer Mo-193
Tillet, James J-299
Tilley, John Ro-8
Syntha Co-262
Tilly, Westley W-223
Tilson, Hilings D. W-254
James Ca-14
John W-255
Peleg W-254
Stephen Gr-224
Thomas W-255
William W-239
Timerle, Jacob G-363
Timmins, Samuel H. Mo-114
Timmons, J. W. J-280
John J-292
Matthew K-333
Noble J-292
Thomas Mc-186
William Co-272
Timonds, Nancy Ha-21
Timrell, James J-305
Tindal, Lucy Ro-39
Tindell, Abner K-366
Beriah K-352
Charles K-326
Henry K-351
Tindell, John Mo-115
Joshua K-347
Robert K-328
Samuel H-77, K-371
William K-350
Tindle, Elisabeth Ro-12
Jereny R-353
Tinel, Lindsey Ro-50
Tinker, Abram W-254
James W-254
John Mo-150
Obediah K-363
William Mo-116
Tinley, John K-341
Tinsley, Anson K-369
Tipton, Abraham Ca-3, K-360
Abram B. Su-336
Benjamin Bl-253, Bl-285
Betsy K-330
Butler Bl-309
Isaac K-359, Ca-5
J. S. Ro-27
Jacob Bl-307
James Bl-293, Bl-303
James I. Ca-5
Jemima Ca-11
John Ca-3, Bl-307, W-213, Bl-297, Bl-306
John B. Mo-103
Johnathan K-359
Jonathan F-5
Jonothan Mo-103
Joseph Bl-301, Bl-303
Mary Ro-20
Mashac Bl-312
Rebecca R-393
Reuben K-378
Samuel Ca-3, Ca-12, Bl-305
Sisly Su-344
Thomas Bl-306
Thomas J. Bl-285
Wiley B. Mo-116
William Bl-282
Wyly W-221, W-216
Titlow, Philip K-341
Titsword, Lilburn Su-323
Thomas Su-323
Titsworth, Jesse Mc-173
Thomas Su-345, J-322
Tittle, Allen W-220
John W-255
Titus, Robert K-338
Toby, Henry Gr-163
Todd, Jesse G-384
Josiah Ha-37
Martha Ro-66
Rachel Ha-25
Robert Ca-29
Samuel K-390
William R-363A
Toland, James J-285
Tolbert, Andrew Mo-126
John Mo-101
Toliver, Margaret G-375
Zechiriah S-115
Tollet, Elijah M-56
Mark M-46
Tollett, John B-271
Tollock, David Gr-234
Tompkins, George Ro-38
Joseph O-176
William Ca-27, O-176
Tompson, William J-298
Toney, Priscilla Mc-193
William Ca-15
Tonner, John G-374
Tonsend, Taylor K-321
Tool, William Bl-286
Toomy, James S-103
John S-89
William Mo-87
Toops, George Bl-302
Henry Bl-302
Torbet, Hughs Mo-143
John Su-312, Mc-197
Joseph Su-312
Torbett, John Mo-103, Mc-180
John H. Mo-101
Torbut, John Bl-289
Torro, Susan K-321
Touchstone, Solomon Mc-159
Tow, Thomas Cl-105
Towls, Eliza S-116
Townsen, Enoch Cl-129
Townsend, John O-213
Joseph O-213
Nathaniel O-195
Thomas Mc-206
Townsley, Elizabeth Ro-52
John R-358, Mo-123
Joseph G-381
William Cl-148
Townsly, George Bl-266
Townson, John M-46, Mo-97
Towry, John M-56
Martin M-57
William M-71
Trail, Archibald F-4
James Gr-174(2)
Trammel, David C-240
Jackson Cl-109
James Mc-184
Peter C-217
Rachael C-239
Trammell, Dennis C-216
Trassell, Nell Su-313
Travers, Joseph Mo-133
Travillian, Joab J-332
Sarah J-341
Travis, Beverly O-183
Isaac O-192
Jeremiah O-194
Philip J-286
William F-6
Treadway, Richard Mc-155
William W-216
Trease, George Cl-140
Treble, Mary Su-342
Trebut, Robert Su-296
Tredaway, Edmund Ro-40
John Su-295
Robert Su-300(2)
Thomas Su-297
Treece, Michael G-386
Susannah G-408
Trent, Alexander Ha-83(2), Ha-71
Benjamin Ha-66
George Ha-71
Henry Ha-83
James Ha-83
Jesse Ha-71
Samuel Ha-71
William Ha-83
Zachariah Ha-83
Trentham, William S-105
Trice, James Bl-282
Trim, Anderson Mo-84
Henderson Mo-111
Trimm, Carter Mo-110
Tripilett, John Mr-93
Tripilitt, Jesse Mr-92
Triplet, Abner R-393
Triplett, George Mo-158
Joel Mc-175
John Mo-158
Lewis Mc-158
Nimrod Mc-172
Thomas Mo-158
William Mc-175
Triplin, Elizabeth G-389
Trippet, Johnathan Bl-290
Trobaugh, Daniel Gr-171
Frederick Gr-182
Jacob Gr-182
Trobough, George Gr-178, Gr-181
William Gr-178, Gr-180
Trogdon, Abner G-382
Abraham G-381
Ezekiel G-382
Solomon G-381
Trotter, Archibald S-99
Clabourn S-105
Isom Mc-166
James K-328, Mc-130
John S-112, S-100
Philip Mo-137
William S-104, Bl-290
Troublefield, Abel Mc-193
Troubough, Nic M. Gr-178
Trout, George K-376
James K-377
John K-336, Mc-173
William K-376
Trowel, James A-174
Trower, Thomas Su-332
Troxell, Jacob M-65
Troxwell, David Su-310
Eve Su-313

Troxwell, Geo. Su-314
Truhite, Jesse Mr-100
Levi Mr-100
Trundle, James Bl-286
Trusdale, Nathan O-175
Trusler, William Ha-48
Trussel, Ashur M-71
Matthew M-56
William M-56
Trussell, Benjamin M-72
Nell Su-313
Trussler, John Ha-61, Ha-52
Tuck, Carey Bl-254(2)
Edward Bl-253
John Bl-254
Joseph Bl-274
Moses O-203
Stephen B. Bl-264
Thomas Bl-275
Wm. Bl-274
Tucker, Abraham W-211
Argelaus Ha-41
Aulden Ha-36
Caswell B-275
Elijah B-276
Elizabeth K-321
George Ha-67, Ha-53
Henry Mo-140
Hiram Ha-67
James Mo-97, Mo-98, Ha-8
John Ro-54, W-213, Cl-132, Bl-252, Ha-14, Mc-141
Lewallen Ro-26
Lidia Ro-49
Nicholas W-239
Obadiah Cl-136
Reece W-248
Robert Ro-37
Samuel R-384
Thomas Ha-51
Thompson W-244
Wiley Mo-97
William B-275, Bl-271, Ha-67
Williamson Ha-30
Tudor, Harris C-222
Tuggle, John A-192
Tullock, Magnus Bl-263
Tummins, Barbara Mo-95
Betsy K-395
Tummons, John Ro-50
Tunis, William S-91
Tunnel, Nancy A-178
Samuel A-178
William A-170, Ro-25
Tunnell, James Ha-31(2)
Jesse Ha-31
John Ha-31, Mc-166
Robert Mo-131
Wesley Ha-31
Turbeville, James K-343
Jesse K-355
Turk, Archd. R. Mc-131
Harein K. Mo-141
Thomas Bl-289
William Bl-289
Turkinett, George B-283
Turley, Charles Mc-142
Thomas G-401
Turman, Nancy Mr-98
Turnbell, Nancy Mo-157
Turnbull, Ann Bl-312
Turner, Andrew Ro-15
Archibald G-387
Danl. Mc-134
Edward G-357
Elisha Ro-50
Elizabeth Cl-124
Fielding B-286
Geo. A-181
Haysher Ro-49
Henry S-113
James Mr-95, O-192, A-181, J-315, J-282
Jerritta F-17
Jessee C-229
John Ro-21, Ro-3, A-181, A-181, B-286, J-327
John M. O-192
Joseph Cl-144
Nathan R-364, J-315
Paschal G-406
Patsy B-286
Pressley Co-261
Richd. C-240
Ryal J-325
Thomas B-286, B-280
Whaling B-287
William O-180, Cl-151, G-387, Ha-27, Su-325 (mut) Ro-2
Turnley, George J-340
James A. Mc-180
John C. J-297
Turnor, Elenor J-285
Turpin, Martin A-172
Tussy, Jonathan Cl-119
Tuten, Absolem Ro-23
Wyley Ro-36
Tutten, Zacheus Ro-13
Tuttle, James G-365
Twill, John W. Mo-101
Twomey, Thomas L. Mo-135
Tygart, John M-61
Tyler, Bartlet Su-295
Tylor, Jacob J-282
Philix J-291
Tyner, Damsey H-85
John H-79
Lewis H-84
Tyre, John Ha-49
Tyson, Jesse R-387
Thomas Ha-39
Uchabay, Thomas Bl-272
Udailey, David J-326
Mary J-326
Umphreys, J. Minor & T. Su-347
John A-180
Wm. A-184
Umphry, Nathan A-184
Underdown, Stephen S-97
Underhill, William W-254
Underwood, Baldwin Ro-43
Benjamin Bl-282, S-96
Briton K-320A
Enoch S-109
George Ro-38, S-114
Hiram Bl-275
James A-189, Ro-35
John K-391, R-394, Ro-35, S-113, Su-314
Jonathan Ro-63
Joseph Su-316
Margaret J-320
Mary K-339
Richard Su-314
Saml. Mc-141
Sarah Bl-274
Susan A-191
Thomas J-299, K-392
Washington A-192
Wesley Mo-96
Upchurch, Joseph F-13
Upright, Jacob J-319
Upshaw, Forrester Mc-197
John Mo-153
Peter Mo-137
Upton, David O-210
Elizabeth Mo-135
John O-213
Richard Cl-111
Stephen O-214
Thomas Mo-102
William Mo-129, O-213
Usery, Wm. C-232
Usher, Anna C-225
David C-228
Usra, Thos. A-195
Usrey, Thomas A-171
Uting, Henry Co-251
Utinger, Abraham Co-249
George Co-252
Henry Co-250
John Co-249
Lewis Co-249
Michael Co-249
Peter Co-250(2)
Utley, Jacob Ro-46
Wm. Ro-4
Utter, Abraham Bl-266
Saml. Bl-266
William R. Mo-150
Valentine, Henry Co-262
John Cl-147
William Co-262
Van, Darcus A-169
William O-176
Vanabel, Matilda Ca-28
Vanbibber, Gabriel Cl-143
Vanbibber, Isaac Cl-143
Isaac Cl-136
Jacob Cl-143
James Cl-143(2)
Lazarus Cl-143
Peter Cl-143
Wiliam Cl-143
Vance, Alexander Ca-15
Amy Cl-126
Andrew J-316, Bl-268
David Ha-62, Su-329, Bl-299
Elizabeth J-324
Hugh Ro-17
James Gr-181, J-324, G-406
John J-299, Ca-34, Cl-135, Su-320, G-366
Joseph Gr-190, A-178
Patrick Cl-126
Robert Ca-34, Mc-178
Samuel Gr-221, J-324, G-366
Sion Cl-126
Solomon W-213
Theodocia Su-323
W. K. Gr-226
William Mc-142
Vandagriff, David A-190
Leonard A-177
Wm. A-177
Vandegriff, Gilbert G-363, H-85, H-74
Jacob A-176
John A-176
Joseph H-85
Leonard H-86
Lucretia R-363
Vandergriff, Garrett H-84, A-178
Vanderpool, Abraham Cl-140
Samuel Cl-139
Wm. C-213
Vandevender, Abram Su-315
Peter Su-315
Vandeventer, Jacob Cl-120
Thomas Cl-121
Vandike, Henry J-331
James J-343
Mary J-343
Vanhoose, Mathias Ca-33
Valentine Ca-18
Vanhoozer, Isaac O-203
Thos. J-332
Wm. J-299
Vanhoozier, Abraham O-185
Vanhoy, Henry K-390
Vanhozer, Vall J-300
Vanhuss, Valentine Ca-18
Vanibber, James Cl-143
Vann, Edward Mo-143
Eleaser A-193
James Mo-145
Vanpelt, Joseph Bl-249
Vanssyock, Moses Gr-186
Vansel, Elias G-363
Vanvacter, Ellen Gr-227
Vanwinkle, James B-277
Varnell, James Mc-186
Jessee S-90
John Mc-185
Josiah S-100
Lyda S-113
Richard S-95
Thomas S-95
William Mc-186
Varner, George K-379
Henry R-377, K-383, Gr-158
Jacob K-322
James H-83
Madison H-83
William Gr-156, Su-297
Varnum, Betsy Gr-189
Vaughan, Allen Ha-62
Benjamin Ha-55, Ha-72
James Ha-73, Ha-82
John Ha-85, Ha-73
Jonathan Ha-69
William Ha-55, Ha-70
Wilson Ha-84
Vaughen, Joel Ca-19
Vaughn, Archilaus Ro-52
Jesse Ro-44
John R-374, Ha-46
Margaret R-377
Peter W-258
Sherod W-252
Thomas Mc-159
William F-2, W-252, Ca-13
Vaught, Andrew Bl-265
Jacob Bl-252
John Ca-24
Joseph Ca-24
Vaugn, James Mo-81
Vaun, William S-94
Veal, Dempsey Ro-49
John C. K-343
Veede, Harman C. Su-331
Vant, Josiah H-74
Vernon, Anderson Ro-16
Harlan Ha-22
Harrison B-266
Miles R-375
Nathan Ha-22
Obadiah C. B-281
Robert B-267, B-265
Solomon K-355
Thomas Mo-85
William B-266, Ha-29
Vernoy, Elijah Cl-122
Noah J-317
Vest, James W-208
William P. Mo-134
Vestal, James Mc-132
Silas Gr-220
William Gr-176, Gr-220
Vice, Abm. Gr-216
Henry Gr-212
Jacob Gr-212
Josh. Gr-210
Robert Gr-212
Sarah Gr-212
Vick, Elijah B-265
Vickeroy, Phebe Co-260
Vickers, Elizabeth K-321
Thomas Mc-178
Vickory, Abner O-190
Edmd. C-227
Jas. C-211
Vickry, Aaron M-67
Charles M-70
Luke M-58
Vicory, William Cl-145
Videloe, Elizabeth G-359
Thomas G-370
William G-365
Viles, Amas Co-260
Eli Co-260
Jacob J-280
John J-280
Vincants, Hiram Mo-116
Vincent, Delila Mo-161
Frances Su-301
Geo. Su-302
Jacob Su-336
John Su-297, R-364
Thomas Su-295
Woodson R-364
Vince, Alexander Su-299
Elias Ca-20
William Ca-20
Vinegar, Rachel W-222
Vines, Jno. R-376
Margarett Su-299
Vineyard, John K-378
Muse K-379
William J-282
Vinson, James Co-270
John Co-272
William Co-271
Vinton, David Mc-152
Vinyard, Andrew G-377
Daniel G-380
Jacob G-379
John G-378, Bl-302
Martin G-379
Matthias G-378
Nicholas G-380
Tabler Bl-284
Vinzant, Ezekiel Mc-206
George C-239
Jacob Mc-144
John Mc-206
Jonathan Mc-205
Reubin Mc-167
Vire, William Mo-95
Viteto, Jeremiah B-268
Vogles, Henry Gr-174
Levi Gr-175
Robert Gr-176

Voles, Larken A-171
Voss, Clement G-390
Okelley J-298
Vowel, Ban A-175
Vowell, Thos. A-176
Voyles, Levi Gr-175
Robert Gr-176
Waddel, George G-402
Waddell, Mary Co-243
Waddle, Benjm. Gr-196
Betsey S-108
Charles W-210
James Su-339
John W-223
Jonathan W-235
Martin Gr-196
Richard Mo-11[illegible]
Saml. Gr-200
Seth W-235
Thos. Bl-270
Washington Gr-198
William W-236
Wadds, Isaac O-192
Wade, Daniel K-331
David Ca-22
Fleming K-323
George K-387
Havil K-329
James Mc-136
John G-392, K-353
Martin K-329
Nehemiah B-288
Walter Bl-273
Wadkins, Benjamin Cl-122
Jesse H-77
Milly Cl-106
William Mc-190
Wadle, Daniel Su-339
Wadlow, Charles Ha-45
Wadly, Wm. Su-338
Waggoner, Barbary Su-309
George K-327
Henry K-356
Jacob Su-308
Joseph G-360
Mary Su-309, Su-310
Peter K-356
Samuel G-360
Thomas G-363
William G-364
Wagoner, David Ca-23, Ca-22
Jacob Ca-21
John Ca-31
Joseph Ca-25
Mathias Ca-21, Ca-22
Mathias M. Ca-23
Waikfield, John W. J-285
Wakefield, Alexander Mc-172
Charles Mc-172
James Ro-45
Thomas Mc-172
Waland, Stephen R-372
Walden, Benjn. C-217
John J-306
Walden, Thomas K-335
Uriah Gr-187
Wm. C-218
Walder, Cecilia Gr-185
Waldo, James A-168
Waldon, Reuben Gr-222
Waldriff, William F-10
Waldroop, Joshua Mo-147
Walford, Wm. Su-327
Walka, Ansel Ca-26
Walker, Anderson R-385
Andrew A. J-280
Anne K-388
Archibald K-347
Audley P. Ro-56
Barclay K-376
Benjamin G-381, O-209
Buckner Ro-20
Caswell Mc-80
Claibourne Ha-23
Daly K-375, K-365
Daniel R-385(2), J-287
David H-77, Bl-272, Co-274
David P. Mo-104
Edward Cl-119(2)
Elias Mc-198
Elijah K-323
Elisha G-372
Eliz. Ha-24
Ephraim B-285
Francis H. Ha-25
Gabriel L. W-208
George K-390, B-284, M-66
George W. Mc-136
Hatton Mc-137
Henry Mc-202
Isaac Ro-10, Ro-67
James K-390, Bl-306, C-214, Gr-172, B-280, Ha-24, Mc-161, J-278, Ha-17, J-327, Cl-138, Mc-143, Ha-24
James B. Bl-307
Jeremiah J-319
Jerry O-211
Jesse R-383, B-283(2)
John O-186, R-385, B-276, R-353, Bl-272, C-227, C-213, Gr-171, B-284, G-409, Ha-26(2), S-92, W-251, Ro-55, Ha-70, J-303, Mc-144
John S. W-225
Jonathan Cl-119
Joseph A-184, Mo-105, W-259, Cl-119
Joshua Ha-24
Lee Gr-214
Mary Bl-309
Matthew K-324
Micajah Mo-92
Micky M-70
Walker, Nancy O-202, Cl-144
Naomi Mo-160
Pleasant Bl-309
Polly S-117
Priscilla G-407
Prudence K-391
Reuben K-323
Richard B-278, K-354
Robert Mc-143
Robert J. K-372
Samuel M-70, Gr-211, Bl-305, B-270, Mo-107, Mo-151, Ro-33, Cl-119, O-192
Sanders M-51
Thomas Mo-123, K-389, G-409, Ro-37, K-358
Tobitha R-389
Vance Bl-305
West B-284
William W-240, B-265, K-385, R-386, Bl-311, C-229, C-215, Mc-161, Mc-136, G-384
Wm. A. Ha-38
William C. M-55
William D. Mc-140
William H. Mc-139
William L. K-324
William W. Ha-69
Wall, Absalom S-102
Armsted Su-342
Barthomow Mo-92
James K-354
John K-354
Margaret Gr-161
Wadlington J-304
William K-354
Wallace, Abram Bl-288
Big John Cl-135
David W-234
Dory Ca-24
Eve Mo-157
George W. Mo-150
James A-161, Cl-115
Jane W-238
Jesse Bl-286
John Cl-126, K-333, A-184, Ca-33, Ca-7
John S. Cl-112
Joseph A-184
Matt Bl-268
Robt. A-182
Thomas C-18, Bl-264, Ro-19
William Cl-135, Bl-286, Bl-249, Cl-115
Wallen, Brittain C-235
James Cl-148
William H-79
Wallenden, Wm. R-361
Waller, Aron Bl-294
Carr Ro-58
George Ro-58
Waller, Henry Bl-300
James Su-301
John Su-301(2)
John B. Ro-58
Mary Ro-58
Wm. Su-301
Walles, John Gr-233
Wallin, Elisha H-77
John Cl-116
Richd. J-329
Walling, Greenberry Ha-72
James Ha-80, Mc-169
Jesse Mc-169
John Ha-75, Ha-80, Mc-205
Joseph Ha-80
Thomas Mc-148, Ha-75, Mc-205
William Ha-75(2), Ca-17
Wallis, George O-177
John K-368
Joseph Su-325
Walsh, Edmund K-351
Walten, Allen A-182
Walters, Clara W-211
Elija Ha-61
George W-212, H-82
John J-323, W-234
Philemon A. Cl-126
Rebeccah Cl-109
Solomon Ha-61
William W-211
Walton, George Cl-149
Wm. J-326
Wamble, Zelpha Co-267
Wampler, Benjamin Gr-180
Frederick Gr-180
Henry Bl-296
Michael Gr-160
Solomon Gr-180
Wann, William R-359
Wantland, Abram Su-307
Marshal Su-339
Ward, Bartley Ha-37
Benjamin Mc-143, A-193, Mc-139
Celey R-352
Cyrus Co-275
Daniel Ca-20
David M-50
Dewey Gr-197
Elizabeth Ha-33
Enoch Gr-174, Ha-24
Ezekiel Ro-51
Gabriel Co-265
George Cl-114
Hannah Mo-90
Hardy Mo-90
James J-283
Jesse Cl-107
John Ca-29, Ha-33, Ca-15, J-282, M-67, Co-265
John M. Cl-125
Ward, Joseph Co-259
Kelly O-194
Kessiah M-54
Levi J-289
Margaret K-387
Nathan Ha-25, O-185
Nicholas R-352
Richard Cl-125
Russell Co-266
Samuel Mo-126, Mo-155, Ca-21
Stephn. Gr-201
Thomas Ha-33, S-118, Ca-21
Wesley R-362
William Gr-196, Cl-105
Warden, Hughs Ca-29
John Ha-82
Wardon, William G-388
Ware, Allen Mc-207
Stephen Ha-27
Warmac, Jacob R-377
Warman, Joseph C-221
Warnack, Andrew Mc-189
Henry K-329
Isaac E. K-329
William T. K-329
Warner, John R-367
Warren, Ailsey Ro-53
Barton L. Bl-249
Charles H. Bl-250
Collin S-96
Henry K-371
Jacob Mo-137, Ro-50
James Ha-48, Su-302
James L. Bl-250
Jane Co-246
Joel Ha-52
John M-56, Bl-250
Joseph O-205
Joshua Bl-283
Maggarett Su-302
Michael Su-325
Nelly Bl-283
Robert O-196(2)
Samuel D. Mo-94
Sarah O-196
Turner Ca-19
William K-335, K-334
Warrener, Jno. C-226
Saml. C-218
Warrick, Edmond A-181
Elias G-356
Mary G-357
Wiatt K-369
Wm. A-181
Willie A-181
Wilus K-367
Warsham, George J. K-364
Joseph Mo-89
Mary K-339
Nancy Mo-89
Washam, Hannah Mc-149
Mary A. Mo-155
Washam, Thomas G-358
Washburn, Joshua G-366
Nevils Mo-137
Reuben Mo-137
Washham, John Su-329, Su-328
Robert Su-319
Wassham, Jefferson Su-329
Wassom, Andrew R-367
Jacob R-367
Jonas Mc-150
Wasson, Benjamin Mc-179
Conrad Mc-134
David C. Mc-171
William Mc-164
Wassum, Johnathan Su-328
Watemberger, Solomon W-218
Watenbarger, Elizabeth W-210
Waterbarger, Adam Gr-204
Jacob Gr-203
Waterford, Adam Su-335
Waterhouse, Blackstone R-383
Waterman, Western B-268
Waters, Braxton G-363
Champless C-219
Isaac Mc-203
John G-360, G-364, J-323
John L. Su-346
Lewis Mc-188
Obadiah G-359
Peter J. Mo-153
Thomas G-362, G-360
William G-356
Watkins, Elizabeth O-199
Fanny Mo-83
Gasaway G-391
Henry K-333
Henry H. K-320
Isaac J. J-308
John J-332
Mary J-310
Moning O-181
Osborn R. J-303
P. R-367
Rachel Mo-96
Reuben K-317
Richard J-299
Samuel K-318
Spencer J-301
Susan W. W-262
Walker Su-324
William K-318, J-342
Watlington, Ann K-374
Watson, Andrew G-395
Azariah Cl-115
Catharine W-226
Christianna W-256
David Mo-136, G-370
Elijah M-55
Eliasear Ca-15
Henry M-64
James Mo-116, K-337
Jesse H-79
John O-208, Co-258, Ro-68

Watson, Nancy C-233
Nathaniel Mo-131
Peggy R-364
Rebecca O-192
Samuel G-385
Sarah G-389
Thomas G-400, Mo-136, G-400
Valentine Mo-131
Washington Gr-184
William G-370, Mo-129, Mc-155
Watt, James K-315
Joseph Su-322, K-336
Wattenbarger, Peter R-354
Wattenberger, Michael W-241
Watters, Enoch Bl-306
Ezekiel S-103
John Bl-306
Watterson, Henry Ha-62
James Ha-62
Margaret Ha-62
Watts, David Gr-218
Green Berry Ha-20
John Ha-18, Mo-94
Martha C-218
Richard Mo-93
Roling Mr-101
Walker Ha-16
William M-55
Wattson, John Mo-108
Waugh, David V. Mo-87
John Mo-122
Wax, Jacob Ha-38
Wayland, Lewis S-111
Wayley, Edward H-77
Wayman, Charles Mo-129
Edmund Mo-125
Margarett Mo-135
Meshac Mo-129
Waymen, Solomon Co-253
Waymire, Jonas Co-254
Valentine Co-255
Weace, George Ro-15
John Ro-23
Landon Ro-12
Peter Ro-16
Susan Ro-12
Wm. Ro-16
Weaks, Zacheriah Su-340
Wear, Abraham B. Mc-161
Hugh Bl-284, Bl-290, Bl-291
James Bl-291, Cl-106
John Mo-156, Bl-284, S-107, Mc-188, S-90
Johnathan Bl-290
Margaret Bl-283
Mary S-107
P.M. S-107
Samuel Mo-133, Bl-264, Mc-188
William Bl-284
Weare, Hugh Mo-81
Wease, Wm. Ro-11
Weatherford, William Su-347 Su-345
Weatherly, Abner R-355
Mary Mc-189
Weathers, George Mc-175
Hugh Bl-262
Wilson Mo-106
Weatly, John Co-251
Weaver, Absalom K-375, K-383
Adam Mc-150
Arthur K-367
Benj. A-183
Coonrod Su-309
David C-232
Dempsy M-61
Frederick Su-330
George J-289
Jacob A-179
James A-179, Ro-14, M-53
John R-369, Co-263, K-348(2), Mc-187, K-382, H-74, A-185
Lewis A-179
Lucretia Ha-16
Mary K-382
Michael Su-311
Peter Su-329
Robert A-174
Samuel B-279
Solomon K-382
Sophia K-358
Timothy A-184, A-180
William Bl-256, K-367, A-183, Mc-187
Webb, Allen Ro-8
Asa Cl-145
Cherly O-194
Cutbirth Mr-93
Danl. B. Gr-221
David Su-309
Elija O-196
Elisabeth S-117
Ellis M-58
Francis Mr-91
George A-175, Su-321, K-330
Isaac Co-272
Jacob M-60
James Su-327, Su-294, O-201
Jesse Cl-113
Jessee J-331, J-320
John Mo-125, W-258, A-188, J-339, Mc-141, Mr-90, O-194, K-340
John T. Bl-264
Joseph S-117, S-116, A-176, Cl-145, Ro-37
Julius Mc-141
Larcon Mo-125
Lydia Su-320
Marshall Ha-68
Webb, Martin Mo-124
Mary O-173
Melchiradee M-57
Merry W-218
Mitchell Mr-92
Nathan Su-321
Preston Cl-107
Robert K-343
Stephen O-194
Theodorick Ha-56
Theopholus Gr-214
Thomas S-109, O-196, J-339
Thomas C. O-196
Wiley M-56, Ro-19
William Mo-123, A-175, Ro-11
Willis Mo-98
Weber, Casper A-167
John A-167
Solomon A-174
Webster, Bartlett K-363
Edward Mo-149
Horatio Ha-27
John Ha-27, K-364, Ha-28
Nancy Ro-27
Weddle, Robert Cl-114
Weden, Richd. J-324
Weeks, David Mc-169
Gamblis O-190
George Ro-39
Jarrott O-207
Michl. Mc-169
Thomas R-381
W. W. R-379
William Mc-169
Weems, Abraham Gr-190
George Gr-182, Gr-204
Hannah Gr-218
James Gr-204
John Gr-219, Gr-215, Gr-204
Weese, Abram K-346
Benjamin Gr-184
Elizabeth Gr-156
Henry Gr-173
Hugh Gr-168
Weir, Ann Bl-268
George Mc-171
John K-357
Margaret Bl-267
Robert Bl-275
Saml. Mc-179
William K-371
Welch, Ephraim B-286(2)
James J-305
Lucinda Co-266
Matthias Mr-96
Welcker, William L. Mc-131
Weldon, Harvy Bl-258
John Mo-158
Welker, George K-355
Jacob K-354
Weller, John Gr-161
Wells, Andrew S-108, S-109
Archibald K-325
Caroline Ha-8
Collman J-307
Fanny Cl-123
George K-379, Bl-292, Gr-160
Hannah K-380
Humphreys Gr-158
Isaac Bl-292
Israel Gr-190
James Ro-50
Jeremiah Su-302
Jesse K-379, Mc-157
John Cl-105, K-364
John S. Ha-15
Josiah Ro-41
Lewis Gr-158, Ca-29
Moses Ro-50
Richard Cl-148
Rosagill K-319
Sarah Ha-56
Stephen O-186
Thomas P. Mc-189
William H-84
Zachariah Cl-139
Welsh, Elija O-175
Isaac O-196, O-175
Joseph Cl-123
Parker W-251
Tandy Cl-128
Welty, John Gr-172
Martin Gr-191
West, Allen Mo-127
Barnabus O-212, O-210
Catherene K-325
Charles F-10
Edward W-216, W-222
Greene B. Ro-66
Humphreys W-205
Isaac O-185, Cl-110
James K-391, Ha-26, Ro-47, G-382
Jesse Ro-48
Jessee Ca-6
John Ha-22, Mo-102, Cl-109, O-212, Ro-12, F-11, K-318, Ha-26
John A. F-5
John B. Ro-47
Joe Gr-208
Mark W-212
Mary R-366
Miles O-175
Nicholas Ro-25
Reuben Ro-66, Gr-202, Ro-66
Richd. Gr-227
Samuel G-385, S-92
Stephen O-212, Ro-18
Thomas G-389(2), Ca-17
W. R. Ca-23
W. W. R-382
West, Warren R-366
William Bl-268, F-14, Ha-24, Mo-89
Westbrook, Thomas Ro-55
Wester, Daniel Ro-3
Elias J-288
John J-288
John F. J-288
Wm. Ro-3
Western, James Ha-76
Pleasant G-397
Westmoreland, Alexd. Mc-185
Edward Mo-143
Henry F-16
John F-3
Joseph F-4
Robert F-7
Sarah F-11
Shadrick F-3
Weston, Henry Gr-218
John Gr-181
Westwood, John Mc-166
Wetherford, Daniel Ha-32
Wexler, Johnathan Su-300
Whalen, Frances G-374
Whaley, Abraham Ca-25
Jeremiah Ca-17, Ca-6
John Ca-25
Luster Su-300
Matilda Ca-17
Rachael Ca-25
Whalin, Gardner J-319
John J-303
Whaly, John R-382
Whealy, Middleton S-106
Wheat, Asariah K-322
Dory Ha-45
Drury Mc-168
Levi Ro-45
Wheeler, Allen K-360
Ben N. C-212
Benjamin B-287
Burden B-269
Eleanor W-260
Gabriel Mc-161
Isaac Gr-207
Jacob Bl-297
James Mc-137
Jesse Gr-207, Bl-298
Joel M-51, M-50, B-286
John Ha-87, M-49, K-347, B-287, R-367, Bl-285
John A. Gr-171
John E. C-211
Joe Gr-207
Lewis Gr-210
Margaret Gr-207, C-211
Mary R-392
N. B. C-215
Penelope C-221
Peter Bl-303
Richd. D. C-211
Wheeler, Riley B-286
Saml. Mc-136
Severn Bl-285
Thos. C-211
William O-193, Mo-132, W-214, Bl-285
Wheelis, Elizabeth Cl-120
Whennon, Josh Gr-223
Wherry, John B-270
Wheyley, William S-105
Whillock, Enoch W-249
James W-247
John W-249, W-259
Whisenand, Isaac Su-326
Wm. Su-325
Whistler, Jacob W-242
Whitaberry, George A-170
Whitacker, James O-197
Whitaker, John O-209
Thomas W-247
William Gr-236
White, Abraham A-177, M-64, Mc-151
Absolum Gr-214, Gr-198
Adam Su-308
Austin O-172
Benjamin Su-319, Ca-18, Ro-39, Mo-126
Blunn. Gr-213
Charles J-327, Ha-36, Ro-40
Daniel R-375, Mc-191, Gr-232, Ro-66
David Bl-288, Mo-130, Mo-123, W-247
Drury A. Ha-36
Eli Gr-198
Elisha Mc-191
Elizabeth Ro-33
Ephraim A-172, Mc-208
Fred Gr-205
George Ha-54, Ha-11, Ha-16, Ro-60, W-256
George M. K-343
Gordon Bl-304
Hannah A-177
Howell Mc-161
Hugh A. M. K-338
Hugh L. K-357
Isaac Bl-293
Isabela K-389
Jacob Su-299, A-177
James W-200, W-203, A-195, J-288, Cl-114, J-334, Mc-206
Jane K-357
Jesse W-202, Mc-141
John W-240, W-220, Bl-298, A-176, Mc-187, Mc-191, K-393, Ro-39, Mo-115, W-246
Jonathan Mc-154
Joseph Gr-184, Ha-21, J-326, O-186

White, Lawson Ca-19
Luther Ro-64
Margaret J-344
Margarett Mo-136
Mary A-177
Moses Ro-65
Nathan Ha-21
Nathanl. Mc-158
Obediah Mc-146
Polly J-305
Rebecca G-379
Reuben K-356
Reubin Mc-156
Richard J-293, Gr-209,
Cl-105, Ro-66
Robert J-303
Samuel O-184, K-316
Samuel W. Mo-143
Sarah J-293
Silas M-62
Simeon Bl-273
Solomon J-295
Stephen B-271, W-247
Sterling W-261
Terrig W-227
Thomas Mo-139, Bl-286,
Su-335, A-195, Mc-147
K-394, Ha-25, K-346,
Mo-126, W-246
Timothy O-195
Will R. Mc-141
William Mo-136, S-100,
Ro-65, S-100, A-188,
Su-321, A-195, C-238,
J-289, K-356, Ha-54,
Ca-3, Mc-206, K-393,
M-63, Mc-163, Mo-114,
Mo-123, Mo-106, W-203
Willis K-376
Wilson K-337
Whiteacre, Joseph Cl-145
Nancy Cl-148
Rice Cl-110
William Cl-146
Whiteass, Elizabeth P. Ha-9
Whitecotton, Elizabeth K-365
Whitehead, Benjamin O-187
Charity Ca-35
Drusilla G-384
James F-4, Ca-33,
F-11, Ca-19
John Ca-27, Ca-9, K-367
Thomas M-58, Ca-35
William O-199, Bl-292
Whiteley, James Ro-34
Whiteman, William K-329
Whitenburg, Henry Mo-89
Whiteside, James A. B-265
Thomas G-401
Whitinburg, Isaac Mo 88
Whitley, Mary Mo-108
Whitlock, Charles Su-300
James G-382
John G-382, W-247
Whitlock, Tillet Mo-97
Robert Mo-92
Whitlow, Pleasant Ha-14
Whitman, Frederick Su-337
Henry Su-336
Jacob C-230
Saml. W. Su-336
Whitmond, Thos. R-366
Whitmore, Jesse R-370
John Mc-205
Whitner, Joseph R-360
Whitsel, Michl. Mc-131
Whitson, Charles Mo-80
Enoch W-262
Jesse Mo-87
John A-182
William Co-270, Ca-16,
W-220
Zechariah W-219
Whitt, Matilda Su-327
Whittaberry, Geo. A-193
Whitted, Reuben Cl-134
Robert Cl-132
Thomas Cl-117
Whitten, Archibald Mc-168
Edmond A-184
John Ro-24
Neil A-190
Stephen Mc-155
Whittenbarger, Benjn. R-369
Christopher Bl-249
Henry Bl-249(2)
Matt Bl-249
Wm. Bl-249
Whittenberg, Jacob Gr-162
John Gr-186
Joseph B-268
Peter Gr-165, B-268
Samuel B-268
William Gr-187
Whittenburg, John Mc-182
Whitter, Thomas O-175
Whittington, John J-320
Whittle, Campbell S-111
George S-97
John K-386
Levi S-97
Whitton, Elijah C-227
Robt. C-238
Whittow, Pleasant Ha-14
Whortenbarger, Elisabeth
K-383
Whorton, Hirano Mo-106
Solomon Mo-106
Wiatt, John R-361
Wice, John R-385
Joseph Co-254
Peter Co-266
Simon Co-259
William R-385
Wicker, John Gr-232
Robert Gr-215
Wm. Gr-215
Wickliff, John R-356
Wickliff, Marvel M. G-399
Wicuff, Elizabeth O-179
Widener, Henry K-387
Lewis G-353
Michael K-393
Peggy K-387
William K-386
Widons, Daniel G-404
Wiett, Moses R-353
Wiggins, Elijah Mo-115
James Co-258
John Mo-114
Rhoda W-244
William Mc-198
Wigginton, John Bl-251
Wiggs, James K. G-363
Wikle, William Gr-169
Wilbourn, James Cl-108
Lewis Cl-108(2)
Richard Cl-108
Stephen Cl-127
William O-176
Wilburn, James Ha-80
Wilcox, Elizabeth Ro-5
George J-344
Hiram Mo-122
John Ca-15
P. D. Ro-5
Polly W-256
Sally J-344
Samuel Ca-35
Wilder, Moses Su-318
Wilds, Alexander Mo-107
James Mo-86
John A. W-260
William Mo-107
Wileder, Charity Ha-70
David Ha-70
James Ha-70
William Ha-70(2), Ha-66
Wiles, Banister G-398
Darling A. B-265
Haburn G-375
Wiley, Abner O-181
Abraham Co-243
Edwd. C-214
Elijah Co-243
George Co-243
Harris K. Mo-95
Henry H. Ro-60
James Bl-276
John Ro-59, C-223
Wilhelms, Geo. Su-335
Wilhight, George M-69
Wilhite, Caleb Co-270
Claibourne C-219
Elijah Ro-42
Felicia K-387
George K-388
Isaac Ro-42
James K-385, C-218
John Ro-42
Joseph C-234
Julius C-219
Wilhite, Kinsey Mc-205
Reuben Co-262
Simeon C-220
Starns C-214
William Co-263(2)
Wilhoit, James Gr-198
John Gr-200
Wilkens, Solomon Ro-20
Wilkenson, Margaret Bl-292
Wilker, Henry Ro-66
Wilkerson, Lemuel Mo-197
Major K-361
Sarah K-356
William K-322
Wilkins, Benjamin K-346
Richard K-335
Thomas Mo-92
William Mr-89
Wilkinson, Richard Gr-175
William G. Ro-46
Wilks, Henry G-366
Willard, Dulaney Su-301
Willbourn, Isaac Mo-139
Jessee Mo-139
Willbourun, Arger Mo-158
Willcox, Thomas Bl-298
Willer, John C-223
Willet, Joshua Gr-160
Nathan Su-316
Nimrod C. W-262
Washington W-205
Willett, Enoch Ro-41
Nathaniel Ro-35
Willhoite, Catharine Gr-157
John Gr-160
Philip Gr-170
Samual Gr-160
Simeon Gr-160
Solomon Gr-157
William Gr-157
William, John K-352
George H-76
Williams, A. T. C-213
Aaron Ha-51
Abram W-245
Alexander Ha-37, Gr-226
Mc-175, A-178, Su-334
Ann Bl-285, W-239
Archibald Ca-5
Benjamin K-351, Mr-92,
Gr-182
Berry K-348
Catherine S-106
Charles Ha-78, Gr-196
Charlott Mr-89
Charlotte F-13
Christopher J-284
Clement Gr-168
Comfort Mo-146
D. D. C-216
Danl. Mc-163
Danil R-390
Darling Ha-26
Williams, David Cl-126,
J-335, K-354, Ha-59,
Mo-124, Co-249, S-116
Ha-12
Easter O-205
Edmund Ca-10
Edward Fa-16
Elias Gr-180
Elijah Mr-93
Elisha Ca-37
Elizabeth Ca-7, Cl-148,
Mr-89, Co-261, Su-319
Ellis Mo-154
Enos Gr-159
Ephraim K-378
Ethelred K-338
Ezekial J-289, O-214
Ezekiel O-204
Francis G-405, F-13
Frederick A-178, Mc-163
Mc-156
Gabrael H. B-290
Garland Mc-144
George Ca-17, Ca-6,
Cl-150, G-374, Ha-15,
Bl-298
Gomrey Ro-25A
Hannah J-327
Hardin F-5
Hardy M-69
Henry G-371, G-405,
Gr-212, B-273, Su-346
Hugh Gr-206
Ira Gr-182
Isaac W-254, Co-249
James Mc-156, K-315,
Ha-36, Ca-7, Cl-125,
G-395, Ca-4, Cl-115,
J-286, Gr-155, Bl-312
Bl-277, Gr-184, K-366
Co-260, Ha-15
James G. Mc-186
James H. Cl-146
Jane Ha-55, Gr-218
Jason K-379
Jesse K-359
Joel K-379, W-222
John M-60, M-51, G-409,
Gr-228, Ca-23, J-307,
Cl-113, J-317, Ha-50,
Ha-61, Mr-101(2),
Mc-208, F-13, Bl-301,
Bl-297, W-239, A-174,
Mo-127, C-224, Co-255
Co-243, J-342, S-97,
Ha-16, S-120, Ro-63,
Ro-57, K-357
Jno. D. R-373
John L. Ca-6
Johnathan K-349
Jonathan S-3[illegible]
Jordan Co-262
Williams, Joseph Co-249,
K-331, G-409, J-322,
G-370, Gr-204, Co-249
Joshua S-97
Keland F-14
Keelin O-206
Larken K-351
Levi Mo-82
Levon W-245
Mark Ca-35
Martin Bl-260
Mary Gr-228, H-77
Mathew Ro-11
Mathias Mr-91
Matthias M-52
Mordecai Ca-18
Moses Ha-70, K-343
Nathan O-195
Norris W-249
Owens Co-253
Paul M. M-61
Peter S. Mc-163
Philip F-13
Pleasant Ca-4, Co-244
Polly S-120
Powell Ro-48
Rachel Co-271
Rebeca A-186
Rebecca G-394
Reese G-367
Reubin Mr-99
Richard Bl-297, Bl-260
Robert Ha-53, Mc-130,
Ro-50
Samuel G-409, M-62,
M-72, K-348, W-241,
A-176, A-177, K-366
Sarah G-409, Mc-208
Shadrach G-367
Shadrack Mc-161
Shadrick Cl-145
Silas Cl-136, C-219,
Ha-10
Solomon Co-262
Sterling Mr-88
Timothy Ha-78
Thos. A-178
Thomas J. O-193
Thomas L. K-344
Wesly Bl-259
William M-52, Gr-231,
Ca-22, Cl-116, K-350,
Ha-63, Mr-99, G-405,
K-381, Cl-136, Ro-16,
Mo-131, Mo-147, Mo-120
Gr-188, Gr-159, Co-253
William B. Bl-294
William T. G-404
Williamson, Calvin Ha-16
Elisha Ro-51
George Co-273
Jeremiah Gr-199
John Ro-61, S-107,
R-389

Williamson, Jos. G-226
Nelson S-119
Peggy K-346
T. W. Gr-199
Thos. Gr-199
William G-386, S-121, Bl-263
Williard, Geo. Su-300
Willicks, Robert Mo-144
Williford, Aibijah J-335
Jacob G-406
James G-406
Meredith Ha-16
Simeon G-406
William Ha-18
Willis, Armsted Ha-70
Davidson G-360
Elizabeth Ro-43
James Ha-65, Gr-229, Mc-150
Joel Cl-111
John G-360, G-398, Gr-220, Ha-28
Jotham Gr-227
Larkin Ha-56
Lavinia G-356
Mary Cl-105
Moses Cl-132
Richard G-357
Saml. Mc-139
Sarah G-394
William Cl-105, Mc-138
Woodson Cl-104
Willitt, William Ro-44
Willoughby, Andrew K-380
John Gr-188
Sarah C-229
Wm. Gr-188
Wills, Jacob Ha-53
James R-362
John Ha-60
Phebe Gr-165
Willson, Alexander Mo-158
Amos J-289
Benjamin Mo-156
Charles Mo-140
Eli J-342
Isaac J-342
Israel J-342
John Mo-132, Mo-140
John B. Mo-158
John T. Mo-158
Robert Mo-121
Samuel J-330
Sarah Mc-157
William Mo-120
Wilmot, James Ro-36
Wilmott, Francis J-303
Rachael J-303
Wilmouth, Abraham O-194
John O-194
Wilson O-194
Wiloby, Wallis Su-329
William Su-329
Wilson, Aaron M-69
Abram J-307
Absalom Mc-202
Adam R-361, Gr-171
Allen Mc-156
Alexander H. Mc-173
Alexander M. Mc-165, Ca-30
Ally A-191
Amos A-191, Ha-26
Andrew M-52, Ca-25, Ca-30
Andrew L. Ca-28
Augustus A-191
Benjamin J-324, C-202, Ca-30
Booker Ca-24
Catr. Mc-203
Charles B-276
Clercky Ha-36
David W-235, Gr-228, Cl-140, Mc-173
Edward Mr-95
Eli C-227
Elijah W-234
Elisabeth S-114
Elizabeth R-360, G-376, Ro-21
Enoch Mc-205
Ephraim Gr-165
Garland Ca-32
George Mr-94, Mc-204, Ro-23, W-234
Hansel R-361
Henry R-361, Mr-101
Hugh Gr-165, Ca-19
Hugh P. Mc-173
Isaac C-233, W-234, K-381
Isaih K-326
Israel J-298
James G-376, Bl-285, R-386, R-381, R-358, Co-249, S-89, G-382, Mc-162, Mc-166, Ro-12, Gr-221
Jas. H. C-226
James I. Ha-7
Jeremiah Mr-97
Jesse Ha-84
John Bl-269, Bl-272, Bl-258, Ha-22, Mo-100, Mo-97, Su-319, Su-336, G-383, Ro-60, Ro-62, Ca-24, Cl-111, Ca-28, F-16, F-9
John B. S-115
John D. Bl-258
John J. Ca-35
John S. Mc-176
John W. Gr-220
Joseph Bl-258, Mo-97, Co-261, Ro-51, Ca-24, Cl-115, F-2
Wilson, Josh Bl-258
Larkin Ca-7, Ca-35
Lemuel Ca-23
Margaret Co-274, K-333, Cl-108
Martha Mc-202
Meredith Mr-92
Michael Ro-62, Ro-60
Moses G. Gr-173
N. W. R-369
Nancy W-238, Mo-81, O-212
Nathan Cl-108
P. W. R-358
Peter Cl-142
Pheobe W-244
Phillip Bl-296
Polly Su-335
Ransom Mc-116
Rebecca Bl-299
Richard Ha-54, Mc-206
Robert Bl-269, Su-319, F-10
Robert J. J-308
Sally Gr-156
Sampson Ro-65
Samuel Mo-86, M-57, Ha-55, Mc-156, Cl-118, Ha-57, Mo-185, Ro-12
Sarah Bl-259
Solomon K-368
Stephen Ha-51
Susan S-90
Susannah Gr-172
Talton Ca-24
Tapley Ca-21
Temperance B-280
Thomas A-173, Gr-173, Co-244, K-389, Ca-37
Thomas J. Ro-23
William Co-269, W-207, C-235, Bl-271, K-340, K-360, Ro-62, Su-332, Mc-168, Ca-28, Mc-157, Cl-150(2), O-211, Ha-84, Mc-207, Mc-192
William J. B. Mc-161
William R. Mc-185
Wimberly, Major Mo-130
Mark Bl-266
Wimpy, Aden Mo-108
Winchester, David Bl-249
Winder, Christopher T. Bl-311
Winders, John O-209
Windham, Thomas M-44
Windle, Joseph H. O-187
Robert S. O-190
Winegar, Abram Ha-58
Alexander Ha-42
Andrew Ha-58, Ha-48
David Ha-73
Eliza Ha-60
Frederick Ha-58
George Ha-58
Winegar, Henry Ha-58
Isaac Ha-53
John Ha-52, Ha-58
Joseph Ha-58
Peter Ha-58
Phillip Ha-58, Ha-59
Stephen Ha-59
William Ha-52(2)
Wines, Henry Ha-35
Jane Ha-60
Polly Ha-36
Wingener, Richard R-376
Winkle, Abraham Mc-148
F. L. Gr-218
Jacob W-234
John W-234
Winkler, Jacob Ha-84
Winkles, James Su-298
William G-408
Winn, Anderson M-44
John Ha-48, M-69
Matthew M-55
Polly M-68
Thomas M-69
Winningham, Abraham O-203
Adam O-190
James S. O-189
John B-281
Richard O-190
Solomon F-8
Winsel, Adam Ca-28
Winsted, Ephram Ha-65
Ezekiel Ha-57
Matthew Ha-66
William Ha-57
Winston, John G. Ha-18
Wm. O. Ha-38
Winter, Andy Co-250
Catharine Co-250
Winterblowers, George Ha-37
Winters, Christopher Gr-170
Moses Ro-62
Polly W-259
Saml. Bl-273
Winton, George A-172
James Ro-38, Ha-48
John Ro-48
Robert O-187
Stephen R-360
Westley Ro-55
William Ro-38
Wirick, Christopher G-359
John G-359, G-353
Joseph G-356
Michael G-359
Peter G-355
Philip G-359
Robert G-358
Samuel G-358
William G-358
Wise, Elisha Su-335
Wisecarver, Jno. Gr-176
William Gr-184
Wiseman, Albert G. Mo-89
Wiseman, Betsey Bl-309
Davenport Bl-306
James K-346
Martin Bl-307
Mary K-377
Porter D. Mc-147
Wisener, Henry G-398
Wiser, George Cl-126
Henry Cl-126
Witener, William S-104
Witsell, Eli J-292
Witson, Stephen Co-270
Witt, Abner R-382
Burgess Mc-189, Mc-195
Charles H-81
Charles H. J-294
Daniel J-284
Edmd. C-222
Elijas R-359
Elizabeth J-307
George J-287
Gibson H-84
Harmon J-284
James J-290, Mc-151
James H. Mc-195
Jesse H-81, R-382
John Mo-135, R-382
Joseph Mc-181
Josiua Mc-195
Merril J-294
Miriam J-294
Noah J-284
Plesent A. J-291
Polly Mc-182
Rutherford Mc-195
Sally Mc-181
Samuel H. J-282
Silas Mc-178
Valentine Mc-190
William J-285
Witten, Abot Mo-85
James Mc-135
John W. Mc-135
Lititia Mo-85
Woldridge, Daniel G-392
Wolf, Adam G-373
Charles Ha-68
Elizabeth Bl-300
George Ha-69, Ha-67
Henry Su-321
Jacob Mo-111, Ha-14
James Bl-300
John Mo-111, Ha-67
Margaret Co-270
Peter Ha-68
Voluntine Ha-67
William Bl-304
Wolfe, Adam B. C. Mc-193
Andrew W-214
Henry W-207
Jeremiah Mc-146
John W-224, Mo-185
Mary Mc-185
Philip K-377
Wolfenbarger, Peter K-345
Wolfinbarger, Joseph G-365
Peter G-366
Wolford, Geo. Su-336
Womack, Jacob R-370
Womble, John Co-242, G-361
Sampson G-362
William Mc-190
Wommack, Thos. R-376
Wood, Abigail Gr-179
Catharine Co-273
Clement C. K-352
David Gr-227, Co-259
Elijah S-98
Elizabeth Co-270
Frances Mr-99
George W. M-46
Henry W-233
Isaac F-5
James K-357, M-57
Jesse F-5
Joel Mo-98
John F-9, Bl-270, Co-269, Co-259
Johnathan J-280
Joseph P. S-104
Josiah K-352, W-247
Margaret K-330
Matthew F-3
Obadiah A-169
Reuben M-64
Richard S-104(2)
Robert Bl-269
Sarah K-350
Spenser F-5
Susanna K-359
Washington K-318
William Mc-160, Mc-196, M-44, R-364
Wryon K-372
Zebedee Mo-86
Woodall, Avarilla Mc-169
Bluford Cl-110
John Mc-167
Woodard, Alexander Mo-101, C-233
Woodburn, Thomas K-321
Woodby, Eppy Ca-16
John Ca-31
Thomas Ca-24
William Ca-24
Wooddard, Abram J-301
Wooddy, Hugh Ro-46
James Mo-144
John Ro-50, Ro-49
Robert Mo-112, Ro-56
Samuel Ro-51
Wooden, Henry Mo-95
Wm. Bl-275
Woodey, Burley B-272
Elizabeth Ro-14
Wooff, John W-236
Woodfin, Dillen Mo-82
Woodley, Harrison M-50

Woodliff, Riley Ha-40
Woodroe, Wm. Su-335
Woods, Aden Su-312
Alexander T. Ca-12
Alfred J. J-290
Belfier B. C-238
Christopher Ro-10
David Su-310
Elijah Su-296
Elizabeth G-386
George A-195
Isaac Mo-147, B-269
Jacob G-402
James Ha-11, Mc-205, J-337, Gr-164, R-378, J-279
Jane S-118
John Su-310, Mo-160, R-378, Bl-287, Ha-64, J-319, M-50, Ha-39
Jno. W. R-374
Joseph K-372, Mo-108
Joseph B. J-278, Mc-167
Lucretia W-211
Majat J-303
Martin B-291
Mason A-180
Michael Gr-160
R. M. Gr-226
Samuel K-374, Ha-35
Stephen Mc-131
Vincent Mc-206
William Gr-205, Su-314, Bl-269, K-381, Ha-40
Woodson, John Cl-120
Woodward, Jas. R-393
Joseph B. B-265
Woodwood, Chas. R-393
Wm. R-393
Woody, John Co-245
Joseph R-377
Nicholas Co-247
Woolered, Joseph Ca-28
Woolhaver, John Gr-169
Philip Gr-169
Woolley, Hiram Ro-53
Woolsey, Fithias Gr-210
Gilbert Gr-155
Israel Gr-230
Jeremiah F-4
William Gr-156
Zephaniah Gr-170, Gr-160
Woolsy, William Gr-170
Woolton, James B-284
Wooton, Edward Cl-111
James M-74
Jessee M-71
John M-71
Rebecca M-62
Worden, David Co-250
Wordin, Johnson Mo-86
Work, Flemming Ro-34
Wm. Su-320
Workman, David Ca-20
Workman, Grammer Ca-22
John O-184
Saml. Mc-175
Worley, Alla Ca-27
Hiram Mc-131, O-189
James B-280
John M-51
John & Henry Su-296
Joseph Mc-132
Michael Ca-27
Valentine Ca-27
Wormsley, Thomas W-238
Worth, Jessee J-283
John Co-258
Wortham, William O-186
Worthan, Isakiah O-183
James O-183
Worthington, Elizabeth A-169
George Ha-46
Jesse A-169
John B-267
Joseph A-169
Robert B-276
Samuel B-276
Thomas B-275
William B-270
Worthy, Anderson Mo-96
Armel Mo-94
George Mo-96
Lucinda Mo-96
Wotan, Sarah K-347
Wotten, Turner J-294
Wouldridge, Elen Mo-125
Wray, William O-190
Wren, James Gr-173
Josiah Gr-187
Wright, Alice Ha-59
Abraham Ro-39
Allen Gr-190
Andrew Gr-160
Benjamin Mc-201
Charles Su-322
Daniel Ha-12
Elizabeth Mo-160, C-240, K-324
George Ha-48, G-375, Gr-177
Hannah Gr-177
Hans Ha-28
Isaac Bl-282
Jacob Gr-222
James Mo-126, Su-338, Ha-18, F-14
Jesse Gr-223, F-10
Jimimah R-363A
John Gr-170, Gr-203, Mo-161, Su-322, Ha-12 K-339(2), Gr-222, F-14, Ca-38, Ro-19, Ca-17
Joel F-10, Ro-6
John B. Ro-49
Jonathan Mo-142
Joseph C. Mc-143
Wright, Joshua O-187
Josiah Mo-120
Lindsey G-387
Mary G-380
Moses G-381, F-3
Nancy C-240, A-184
Nelson Bl-289
Patrick Su-331
Richard Ha-18
Robert Ha-62
Samuel Gr-170, W-205
Thomas Ha-21, Ha-18
William Mo-103, Ha-18, Ha-42, K-388
Wm. B. Ro-16
Willis Mc-155
Wilson Ha-18
Zadok Mo-89
Wrinkle, Abram K-347
George K-386
Henry K-393
Jacob K-387
Sophia K-386
Wriston, Basdale O-173
John O-173
Writter, William Ha-82
Wyan, Peter Gr-222
Wyath, Edward A-189
Wyatt, James Mc-180, Mr-96
Jesse W-214, W-228
John Su-342
Joseph Ro-65, Su-340
Solomon J-281
Thomas Gr-165, Ro-8
William Mo-83
Wyler, Robert R-355
Wyles, Samuel Ca-39
Wyly, Dorcas Gr-226
J. W. Gr-227
Wyrick, Frederick Mo-134
Martin M-44
Polly Gr-228
William Mc-134
Wytham, Elizabeth R-353
Yadon, David G-360, G-364
Jacob G-362
Joseph G-362(2)
Thomas G-362
William P. G-353
Yancey, Robert M. G-401
Yancy, Alexander Mc-160
Cyrus Mo-188
Uriah C-217
Yandle, Henry Ro-7
Willes M. Ro-14
Wm. Ro-14
Yarber, Albartis G-368
Wm. Bl-277
Yarberry, Edward Mo-159
Yarbrough, Abner Cl-113
Yarnell, Amy K-347
Daniel A-173, K-345
Henry A-172
Joel K-349
Yarnell, Mordecai K-345
Nancy K-329
Thomas K-346
Yates, Clifford Bl-299
James G-382
John R-379, B-270, G-381
Meredith G-384
Nathaniel Co-248
Nicholas J-309
Reuben G-384
Samuel Co-248, Gr-191, Mc-192
Yeager, Daniel W-240
Yeagle, Abram Ha-30
Yearls, Archibald Ro-34
Yearout, Abram Bl-286
Charles Gr-163
Daniel Bl-257
John Gr-163
Yerry, Adam Cl-129
Henry Cl-129
William Cl-127
Yearwood, Elijah Mo-80
William Mo-86
Yeates, Alexander Mr-91
Yett, William Co-248
Yoakley, Benj. Su-307
Hannah Ro-27
Henry Su-307
James Su-307
Peter Su-294
Richard Su-306
Wm. Su-305
Yoakum, George Cl-141, Mo-101
Isaac Cl-141
Jesse Cl-138
John Cl-143
Moses Cl-143
Peter Ro-26
Sharlotte Ro-24
Yoe, Peragin G. J-282
Yokely, Isaiah Gr-210
John W-253, Gr-236
Susan Gr-213
Yonas, Christopher Ha-65
Jacob Ha-63
Stuffle Ha-55
Yonker, William K-362
York, Andrew F-2
Crecy C-239
David A-179
Enoch A-173, G-358
Henry A-185
Jeremiah F-8
Jesse F-16
John K-350, O-210, Ro-66, S-111, K-373
Reuben C-239
Riley Cl-151
Samuel K-350
Thomas C-222, F-8
York, William C-231, K-352, J-309
Yost, Francis K-357
George Cl-149
Young, Arthur G. Ha-53
Burdine F-10
Danl. Gr-221
David B-287
Elizabeth Ha-59
Esther W-225
Evan J-292
Francis G-391
Fredk Gr-204
George C-228, Bl-252
Gersham Mc-197
Harvey Co-247
Henry M-66, O-178, Gr-192
Hugh W-203
Isaac Mc-203
Isham Ro-59
Jacob Mo-154
James W-213, Ha-43
James R. W-224
Jane Bl-295
Jeremiah Mr-100, Cl-110
Jeremiah L. Bl-249
Jesse J-294
John Ro-57, Mr-95, Mo-181, Ha-49, W-204, Mo-116, C-236, B-266
John C. K-318
Johnathan Su-346
Joseph Co-247
Josiah J-293
Loyd B. Co-242
Lucinda Ha-40
Martin C-232
Mathew M. Mo-136
Nathan Mo-156
Nathan M. Mc-151
Nathaniel Ha-20
Parkes F-11
Patsey F-9
Pleasant Co-247
Prissella Ro-6
Rebecca Bl-257
Robert Ha-62, Bl-251, Bl-259
Robert D. Ha-7
Saml. Mc-164
Saml. C. A-187
Solomon Ro-6
Thomas G-404
Thomas D. Ro-27
Thos. T. W-225
William K-332, G-361, Mo-94
William H. W-225
Willie A-179
Youngblood, Alfred G-387
Joseph Co-271
Mary Co-271
William Gr-159
Yount, Larkin Bl-291
Yountt, Peter Mc-132
Zachary, Gilbert K-375
James K-375
John K-375
William K-375
Zachry, James O-202, O-201
John O-178
Zeiglar, William Mc-139
Zell, Peter W-257
Zetty, Christian W-243
Zimerle, Jacob G-363
Zimmerman, Daniel W-216
Fanny Su-304
Jacob W-200
John Su-304
Snapp Z. Su-325
Thomas K-390

PERSONS WITH FIRST NAMES ONLY LISTED (OR SURNAMES UNINTELLIGIBLE

Amy K-396
Betty K-389
Billy S-121
Charles J-293
Cherry J-325
Danl. J-331
Ede K-343
Elias J-287
Elizabeth Ca-14
Frank J-287
Gideon Ro-2
Harry J-294
Henderson Clark's Jack W-256
James & wife J-288
Judy K-342
Lavina J-337
Levina J-344
Milly J-201
Nancy Ro-25A
Phoebe K-343
Polly J-294
Priscilla K-396
Solomon J-283
Squire's wife W-256
Susan J-294
Sylva W-236
Warner J-291
Will J-292
William Su-296, Ro-3, Ca-17
William Z. B-272
M______, Thos. Ro-7
______, Christian Ca-18

www.ingramcontent.com/pod-product-compliance
Lightning Source LLC
Chambersburg PA
CBHW081417230426
43668CB00016B/2270
9781596410336